JN449824

OK-7S256 키트

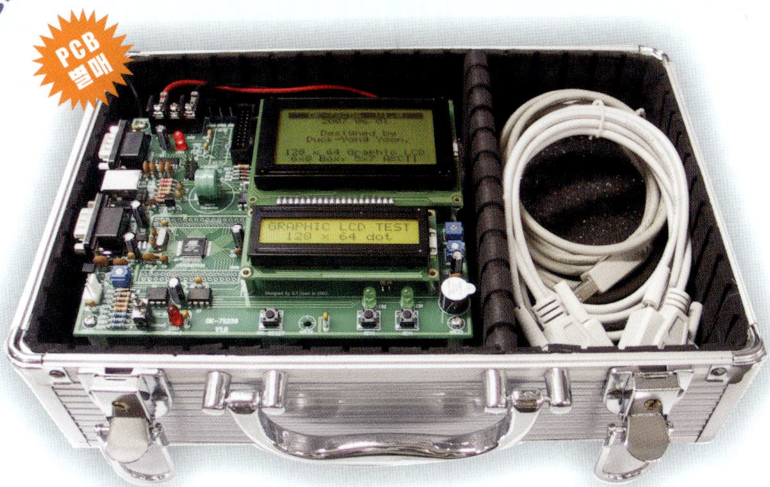

ARM 시작하기 시리즈 1

ARM7TDMI
AT91SAM7S256으로 시작하기

저 자 : 윤덕용
ISBN : 89-7101-775-9
판 형 : B5
쪽 수 : 924
가 격 : 39,000원

CPU 보드 별매

☞ CPU는 메인보드에 직접 납땜할 수도 있고, CPU보드에 납땜하여 메인보드에 장착할 수도 있다.

OK-7S256 키트의 주요 사양

항 목	사 양	비 고
CPU	AT91SAM7S256-AU-001	1.메인 보드에 직접 조립하는 방법 2.CPU 보드를 사용하는 방법(CN10~11)
ROM	CPU에 내장된 256KB(64KW)의 플래시 메모리	프로그램 및 상수 데이터 저장
RAM	CPU에 내장된 64KB의 SRAM	프로그램, 스택, 사용자 데이터 저장
프로그램의 입력/실행	1. USB포트형 다운로드 케이블을 사용하는 방법 2. 직렬포트형 다운로드 케이블을 사용하는 방법 3. JTAG 인터페이스를 사용하는 방법	1. USB A-B형 케이블 사용(기본 제공) 2. RS-232C 케이블 사용(기본 제공) 3. *OK-JTAG* 케이블 사용(선택 사양)
I/O	1. CPU 프로그램용 콘넥터 (1) JTAG 인터페이스용 20핀 콘넥터(CN2) (2) JTAG 인터페이스용 14핀 콘넥터(CN3) (3) USB 포트용 4핀 콘넥터(CN4) (4) 직렬포트 DBUG용 9핀 콘넥터(CN5) 2. SAM-BA Boot 프로그램을 플래시 메모리에 로드하는 장치(SW2 및 LED3) 3. CPU가 직접 제어하는 I/O (1) 2개의 키입력 스위치(KEY1~KEY2) (2) 2개의 상태표시 LED(LED1~LED2) (3) +5V용 버저, 스피커 사운드 출력(CN7) (4) 16×2 문자 텍스트형 LCD 모듈 (5) 128×64 도트 그래픽형 LCD 모듈 (6) LM35D에 의한 온도센서(AD4) (7) 가변저항에 의한 전압센서(AD5) (8) 외부 A/D 입력 콘넥터(CN8, AD6~AD7) (9) RS-232C 직렬통신 포트(CN6) (10) SPI를 사용한 SD/MMC 카드 인터페이스(CN9) (11) SPI를 사용한 AT93C56 직렬 EEPROM (12) TWI를 사용한 DS1307 리얼타임 클록 (13) 3개의 테스트 포인트 TP1~TP3	 Wiggler 호환의 *OK-JTAG*을 사용 Wiggler 호환의 *OK-JTAG*을 사용 표준 USB A-B형 케이블 사용 표준 9핀 RS-232C 케이블 사용 약 10초의 동작시간 동안 LED3이 점등 화면밝기 조절 및 백라이트 기능 포함 화면밝기 조절 및 백라이트 기능 포함 A/D 입력 범위는 0V~+3.3V 표준 9핀 RS-232C 케이블 사용 전원 백업 기능 포함(배터리, 수퍼캡) 각각 PWM0, PWM1, PCK1 출력
전원	+5V(키트에서 +3.3V 레귤레이터 사용)	CPU 내부에서 +1.8V 레귤레이터 사용
PCB	160×130mm 양면 에폭시 기판	

☞ *OK-7S256* 키트에는 필요하면 AT91SAM7S512/256/128/64/321을 조립하여 사용할 수도 있다.

구입문의 : 학습기기 R&C사 / 도서출판 Ohm사 ☎ 02) 776-4868-9 http://www

http://www.ohm.co.kr

Ohm사 · R&C사 홈페이지 안내

OHM사 홈페이지를 방문하시면 보다 많은 정보를 얻을 수 있습니다. 앞으로도 OHM사는 엔지니어들을 위한 학습교재와 최신 기술들을 보급하여 나가는데 최선을 다할 것이며 엔지니어들이 우대받는 세상이 되도록 선도하여 나가겠습니다.

▶ 도서상품

OHM사에서 발행되는 교재를 직접 구매할 수 있으며, 상품에 따라 정해진 마일리지를 적립하여 드리고, 일정 금액이 적립되면 현금과 동일하게 사용할 수 있습니다.

▶ 키트상품

교재와 관련하여, 부설기관인 R&C사에서 교육용 키트를 제작, 그와 관련된 장비 등의 기자재를 함께 판매하고 있습니다.

▶ 특판상품

교재와 함께 그에 관련된 학습용 키트를 한데 모아 특판 상품으로 구성하여 개별 구입시보다 저렴하게 구입할 수 있도록하여 판매하고 있습니다.

▶ 할인상품

교재 및 R&C사에서 제작되는 학습용 키트상품 중 일부 품목의 할인율을 높혀 매우 저렴한 가격에 판매하고 있습니다.

▶ 커뮤니티

교재 및 학습용 키트에 대한 의문점을 분야별로 세분화된 커뮤니티를 통해 저자들과 관련 분야의 전문가들에게 직접 질문하고 상담할 수 있습니다.

▶ 상품관련 자료실

교재 및 R&C사에서 제작되는 학습용 키트상품 관련 예제소스 등의 본사 상품에 관련된 자료을 열람하고 다운로드 하실 수 있습니다.

ohm.co.kr

E-mail : ohm@ohm.co.kr

ARM 시작하기 시리즈 ①

ARM7TDMI

AT91SAM7S256으로 시작하기

(OK-7S256 키트)

工學博士 尹 德 鏞 著

ARM AT91SAM7S256의 철저한 이해
많은 내장 I/O의 구조와 기능에 대한 이해
외부 I/O 인터페이스 설계

AT91SAM7S256의 기본적인 프로그래밍
텍스트형 LCD 모듈 기본 디스플레이 기술
그래픽형 LCD 모듈 한글 디스플레이 기술
각종 I/O에 대한 제어 프로그래밍 기술

C언어를 사용한 프로그래밍 기술
(ARM사의 ADS v1.2를 사용하는 경우)
(무료용 WinARM을 사용하는 경우)
PC에서 ISP를 이용한 프로그램 다운로드
(USB포트와 SAM-BA를 사용하는 경우)
(직렬포트와 SAM-BA를 사용하는 경우)
(Wiggler 호환형 JTAG을 사용하는 경우)
OK-7S256 키트에서의 프로그래밍 실습

OK-7S256 키트 별매

Ohm사

이 책에서 사용하는 예제 프로그램은 책 속에 디스켓이나 CD로 제공하지 않고 본사 또는 저자의 인터넷 웹사이트 자료실에 제공합니다. 따라서, 독자 여러분께서는 이를 다운로드하여 퍼스널컴퓨터에 설치, 사용하시기 바랍니다. 이 책에서 필요한 소프트웨어는 다음과 같습니다.

- ARM사의 유명한 C컴파일러 ADS v1.2
- GCC 계열의 무료 C컴파일러 WinARM
- Atmel사의 무료 다운로드 프로그램 SAM-BA GUI
- Wiggler 호환형 JTAG 인터페이스 도우미 프로그램 H-JTAG
- 한글 코드 변환 프로그램 HanConv.exe
- ADS v1.2용의 C언어 예제 프로그램 OK7S256ads.zip
- WinARM용의 C언어 예제 프로그램 OK7S256gcc.zip

이 책의 내용 또는 *OK-7S256* 키트에 관하여 기술적인 문의사항이 있는 분은 본사 또는 저자의 인터넷 웹사이트에 공개적으로 질문하여 주시면 저자가 직접 신속하고 정확하게 답변해 드리겠습니다. 그러나, 어떤 경우에도 이 책 또는 키트에 관한 기술적인 문제를 저자에게 개인적으로 전화나 메일을 이용하여 질문하시는 것은 정중히 사절합니다.

- 본사 웹사이트 : http://www.ohm.co.kr/
- 본사 E-mail : ohm@ohm.co.kr
- 저자 웹사이트 : http://cpu.kongju.ac.kr/
- 저자 E-mail : yoon3m@kongju.ac.kr

머 리 말

ARM 마이크로프로세서의 적용 분야가 날로 확장되고 있다. 1990년대 초에 태어났으나 여러 가지의 진화를 거쳐서 1990년대 후반부터 널리 소개되기 시작한 ARM은 **32비트 RISC 구조**의 고성능이면서도 **가격**이 매우 싸고 **소비전력**이 적어서 발열 문제에 대하여 매우 유리한 등의 장점을 가지기 때문에 본격적으로 이 분야의 시장에 진입한지가 불과 10년 정도에 불과하지만 고성능 임베디드 프로세서 시장을 거의 장악하고 있다. ARM이 이처럼 가격이 쌀 수 있는 것은 ARM사가 공통의 CPU 코어를 공급하고 각 반도체 회사에서 여기에 필요한 I/O 기능을 추가하여 소자를 제조함으로써 설계 개발에 필요한 비용을 절감할 수 있었기 때문이다.

그동안 ARM 마이크로프로세서는 특히 소비전력이 적고 고성능이라는 장점 때문에 휴대용 기기나 통신기기에 압도적으로 많이 사용되어 왔다. 그러나, ARM은 2000년대에 들어서면서 기능과 패키지를 간소화하고 저가격이라는 장점을 앞세워 기존의 16비트나 심지어는 8비트의 마이크로콘트롤러 시장까지 넘보게 되었다. 이러한 스마트 ARM 마이크로콘트롤러는 가격 대비 성능이나 성능 대비 소비전력의 측면에서 기존의 마이크로콘트롤러들에 비하여 충분한 경쟁력을 가지고 있기 때문에 일반 MCU 시장에서 이들 사이의 경쟁은 앞으로도 더욱 치열해질 것으로 예상되고 있다.

이 **"ARM 시작하기 시리즈"** 책은 그동안 32비트 구조의 고성능 및 다기능이라서 웬지 접근하기에 어렵게만 느껴졌던 ARM 마이크로프로세서를 이렇게 기능과 패키지가 간소화된 **스마트 ARM 마이크로콘트롤러**를 통하여 보다 쉽게 접근하고자 하는 의도로 기획되었다. 스마트 ARM 마이크로콘트롤러는 하드웨어적으로 방대한 핀 수를 갖는 BGA 패키지로 되어 있어서 취급하기가 어려웠던 소자가 아니라 수십 핀 정도의 QFP 패키지로 아마추어들도 취급하기가 쉽게 간소화되었다. 소프트웨어적으로는 외부 메모리를 사용하여 프로그램하기에 여러 가지로 복잡했던 것이 소자에 내장된 플래시 메모리에 간단하게 ISP 방식으로 사용자 프로그램을 다운로드함으로써 사용하기에 매우 편리하게 개선되었다.

이 시리즈의 첫번째 책에서는 Atmel사의 AT91SAM7S256 스마트 ARM 마이크로콘트롤러를 가지고 공부하게 되는데, 여기에는 매우 효율적인 학습을 지원하기 위하여 트레이닝용의 *OK-7S256* 키트를 함께 제공한다. 이 키트에서는 **ARM사의 유명한 ADS v1.2 C컴파일러**와 **무료용이라는 장점을 가지는 WinARM C컴파일러**의 2가지를 사용하여 C언어로 프로그램을 작성하는 기술을 익힌다. ARM 마이크로프로세서에서는 사용자가 어셈블리 언어를 사용하여 프로그램을 작성하는 경우가 매우 드물기 때문에 이 책에서도 어셈블리 언어 프로그래밍 기술은 간단하게 취급하기로 한다.

어려운 여건 속에서도 이 책을 출판해주신 Ohm사의 곽종학 사장님과 직원 여러분에게 감사드리는 바이다.

2007년 6월　　저자 尹 德 鏞 씀

차 례

제1장 AT91SAM7S256의 구조와 기능

제2장 AT91SAM7S256의 내장 I/O 기능

제3장 OK-7S256 키트 및 개발 툴

제4장 C언어 프로그래밍

부록 *OK-7S256* 키트 관련 자료

제1장

AT91SAM7S256의 구조와 기능

1.1 ARM 마이크로프로세서의 개요

1.2 AT91SAM7S256의 기본 구조와 기능

1.3 AT91SAM7S256의 ARM 명령

1.4 AT91SAM7S256의 Thumb 명령

1.5 AT91SAM7S256의 시스템 제어기

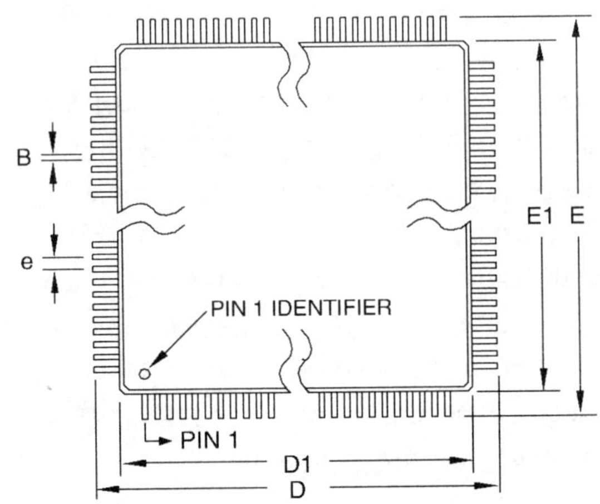

(Unit of Measure = mm)

SYMBOL	MIN	NOM	MAX
A	–	–	1.60
A1	0.05	–	0.15
A2	1.35	1.40	1.45
D		9.00	
D1		7.00	
E		9.00	
E1		7.00	
B	0.17	0.20	0.27
C	0.09	–	0.20
L	0.45	0.60	0.75
e		0.50 TYP	

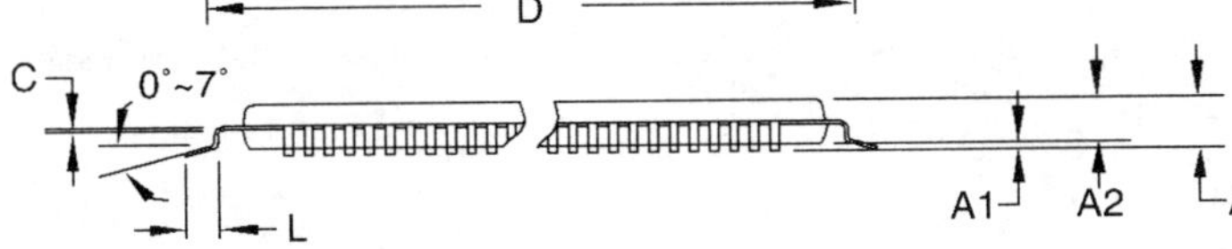

☞

이 장에서는 먼저 ARM 마이크로프로세서의 개요와 Atmel사의 스마트 ARM 마이크로콘트롤러 시리즈의 종류 및 특성을 개괄적으로 살펴보고, 그중에서 우리가 목표로 하는 AT91SAM7S256 모델에 대하여 공부를 시작한다.

이 책에서 우리가 목표로 하는 Atmel사의 16/32비트 ARM 마이크로콘트롤러인 AT91SAM7S256에 대하여는 외부 및 내부 구조에서부터 주요 기능, 레지스터 및 메모리 구조 등에 대하여 자세히 공부한다. AT91SAM7S256을 이용한 하드웨어 시스템을 설계하거나 이를 이용한 제어 프로그램을 작성하는데는 이번 장에서 설명하는 내용을 철저히 이해하는 것이 무엇보다도 중요하다.

AT91SAM7S256은 기본 CPU 코어 이외에도 매우 다양한 시스템 제어기와 I/O 기능을 내장하고 있는 마이크로콘트롤러인데, 시스템 제어기는 이번 장에서 설명하지만 I/O 기능을 수행하는 주변장치에 대하여는 여기서 설명하지 않고 제2장에서 별도로 취급한다.

대부분의 초보자들이 마이크로프로세서 또는 마이크로콘트롤러를 사용하는 기술이 어렵다고 말하는 것은 이러한 가장 기본적인 하드웨어 구조에 대한 이해를 소홀히 하는데서 기인한다. 마이크로프로세서 응용기술은 CPU 소자를 포함하는 기본적인 하드웨어에 관한 지식을 바탕으로 소프트웨어를 자유자재로 구사하는 능력에 따라 좌우된다는 사실을 명심하라.

1.1 ARM 마이크로프로세서의 개요

이 절에서는 ARM(Advanced RISC Machines) 마이크로프로세서의 탄생과 발전, 종류 및 특징을 알아보고, Atmel사의 스마트 ARM 마이크로콘트롤러를 비롯하여 여러 반도체 회사들의 MCU화된 ARM 모델들을 개괄적으로 정리하여 보기로 한다.

1. ARM 마이크로프로세서의 역사 및 특징

(1) ARM 마이크로프로세서의 역사 및 제품군 모델

ARM 계열 마이크로프로세서의 역사는 1985년에 영국의 Acorn Computers사에서 Berkeley 대학의 RISC(Reduced Instruction Set Computer) 프로젝트 결과를 기반으로 하는 세계 최초의 상업용 RISC 마이크로프로세서인 26비트 어드레스, 32비트 데이터에 3단계 파이프 라인 처리 구조를 가지는 ARM(Acorn RISC Machine) v1 코어를 개발하면서 시작되었다. 이것은 불과 25000개 정도의 트랜지스터를 사용하여 인텔의 80286과 비슷하거나 다소 우수한 정도의 성능을 발휘할 수 있었다. 이어서 1987년에는 ARM v1과 유사한 구조를 가지고 있지만 32비트 곱셈기 및 캐시 메모리를 내장하고 보조 프로세서를 지원하는 ARM v2가 개발되었다.

1990년에는 Acorn사의 기술 인력과 Apple Computer사 및 VLSI Technology사의 자본을 가지고 합작으로 새로 ARM(Advanced RISC Machines)사를 설립하고, 1992년에 MMU(Memory Management Unit)를 지원하는 32비트 어드레스의 ARM v3을 개발하여 ARM6 모델로 Apple사의 PDA 제품에 적용함으로써 ARM 칩이 모바일 임베디드 시장에 본격 진입하게 되었다. 이어서 1996년에 발표된 ARM v4에서는 16비트의 Thumb 모드 명령을 사용할 수 있게 되었고, 현재와 같은 여러가지의 기본적인 ARM 구조를 대부분 갖추게 되었다. 이것의 대표적인 모델 제품군은 ARM7TDMI, ARM8, ARM9나 인텔의 StrongARM 등이다.

ARM사는 계속하여 1999년에 DSP(Digital Signal Processing)나 Jazelle 명령 확장 기능을 가지는 ARM v5를 발표하여 ARM10이나 Xscale 제품군을 탄생시켰고, 2001년에는 Thumb-2 명령과 TrustZone 보안 기능이나 멀티프로세서싱 기능을 가지는 ARM v6을 발표하여 ARM11 및 MP Core 제품군에 적용하도록 하였다.

ARM 구조(architecture)의 버전별 역사와 주요 특징을 요약하면 <표 1.1.1>과 같다. 그러나, ARM 제품군(family)은 이와 같은 구조에 따른 버전을 따르지 않고 동일한 특징을 가지는 하드웨어 코어를 사용하는지에 따라 ARM1~ARM11로 구분한다. 이중에서 ARM1~ARM6은 처음부터 상품화되지 않았거나 또는 대부분 단종되었으며, 현재는 주로 ARM7, ARM9, ARM10, ARM11 제품군이 사용되고 있는데 이것들의 주요 특징을 요약하면 <표 1.1.2>와 같다.

〈표 1.1.1〉 ARM의 역사와 버전별 주요 특징

버전	발표 연도	특 징	적용 제품군
ARM v1	1985	최초의 상업용 RISC 프로세서, 26비트 어드레스 사용	ARM1
ARM v2	1987	32비트 곱셈기, 온칩 캐시, 32비트 보조 프로세서 지원	ARM2, ARM3
ARM v3	1992	MMU 지원, 32비트 어드레스 사용, 64비트 MAC	ARM6, ARM7
ARM v4	1996	Thumb 모드 명령 추가, 26비트 어드레스 기능 폐지	ARM7TDMI, ARM8, ARM9TDMI, StrongARM
ARM v5	1999	MAC 향상, DSP 및 Jazelle 명령 확장 기능 지원	ARM9E/J, ARM10, Xscale
ARM v6	2001	SIMD, Thumb-2, TrustZone, 멀티프로세싱 기능 지원	ARM11, ARM11 MP Core

〈표 1.1.2〉 ARM의 제품군별 주요 특징

	ARM7	ARM9	ARM10	ARM11
발표 연도	1993	1996	1998	2002
파이프라인	3단계	5단계	6단계	8단계/9단계
최고 동작 속도	133 MHz	250 MHz	325 MHz	550 MHz
소비전력	0.25 mW/MHz	0.2 mW/MHz	0.5 mW/MHz	0.6 mW/MHz
명령처리 속도	0.9 MIPS/MHz	1.1 MIPS/MHz	1.35 MIPS/MHz	1.35 MIPS/MHz
기본 아키텍쳐	폰노이만 구조 온칩 캐시	수정된 하버드 구조 명령캐시/데이터캐시	수정된 하버드 구조 명령캐시/데이터캐시	수정된 하버드 구조 명령캐시/데이터캐시
곱셈기	32×8	32×8	32×16	32×16
적용 제품 코어	ARM720T ARM7EJ-S ARM7TDMI ARM7TDMI-S	ARM920T ARM922T ARM926EJ-S ARM946E-S	ARM1020E ARM1022E ARM1026EJ-S	ARM1136J-S ARM1136JF-S ARM1176JZ-S ARM1176JZF-S

◀참고▶ 많은 반도체 회사에서는 ARM사로부터 ARM 코어를 라이센스하여 ARM 소자를 생산하고 있는데 비하여, Intel은 Digital Semiconductor사를 인수하면서 독특하게 ARM사로부터 ARM 아키텍처를 라이센스하여 사용하게 되었다. 따라서, StrongARM은 Thumb 명령을 지원하지 않는 ARM v4를 사용한 Intel의 독자적인 ARM 코어이며, Xscale은 ARM v5TE를 사용한 Intel의 독자적인 ARM 코어이다.

이 책에서 우리가 공부하고자 하는 AT91SAM7S256은 ARM7TDMI 제품군에 해당하는데, ARM 제품군의 명칭은

ARM{x}{y}{z}{T}{D}{M}{I}{E}{J}{F}-{S}

와 같은 형식으로 표기하며, 여기에 사용된 각 요소들의 의미는 다음과 같다.

x : 제품군을 표시. 7, 9, 10, 11을 사용.
y : 캐시, MMU(Memory Management Unit), MPU(Memory Protection Unit)를 내장하고 있음을 표시.
2=캐시와 MMU를 사용, 3=물리주소 캐시와 MMU를 사용, 4=캐시와 MPU를 사용,
6=캐시가 없고 쓰기 버퍼를 사용, 7=TrustZone을 사용.
z : 캐시 메모리를 내장하고 있음을 표시.
0=표준 캐시, 2=감소형 캐시 크기, 6=TCM(Tightly Coupled Memory) 사용, 8=가변형 TCM 사용.
T : Thumb instruction set. Thumb 모드의 16비트 명령어 지원. ARM v6부터는 기본 내장.
D : Debugger. JTAG 인터페이스 기능 지원. ARM v5부터는 기본 내장.
M : Long Multiply instruction. 향상된 32비트×32비트 곱셈명령 지원. ARM v4부터는 기본 내장.
I : ICE. EmbeddedICE 매크로셀을 통하여 하드웨어 브레이크 포인트와 워치 포인트 기능 지원.
E : Enhanced DSP instruction set. 향상된 추가 DSP 명령어 지원. ARM v6부터는 기본 내장.
J : Jazelle 명령으로 하드웨어적인 고속 Java 언어처리 기능 지원.
F : VFP(Vector Floating Point) 부동소수점 연산 보조 프로세서 지원.
S : 프로세서 코어를 EDA 툴로 쉽게 사용할 수 있도록 제공하는 synthesizable 버전.

(2) ARM 마이크로프로세서의 주요 특징

ARM 마이크로프로세서는 제품군에 따라 사양과 성능이 많이 다르지만, 이것들이 공통적으로 갖는 주요 특징을 요약하면 다음과 같다.

① 소비전력이 적다. ARM 마이크로프로세서는 소비전력이 적게 사용되도록 설계하여 빠른 속도에서도 발열이 적고, 이러한 특징은 ARM 모델이 배터리를 전원으로 사용하는 휴대용 모바일(mobile) 기기에서 가장 각광받는 중요한 요인이 되었다.

② 칩 면적(die size)이 작다. ARM 마이크로프로세서는 적은 트랜지스터의 수를 사용하고 초미세 공정으로 칩 면적이 작게 설계되어 소형화에 유리하고 발열 문제도 적으며 제조 원가도 싸진다.

③ 고성능 32비트 RISC 프로세서이다. ARM 마이크로프로세서는 RISC 구조로 되어 있고 캐시 메모리(cache memory)를 내장하며 파이프라인(pipeline) 처리방식으로 명령을 실행하여 평균적으로 1사이클에 1명령을 처리한다. 초기에는 폰노이만(Von Neumann) 구조를 사용하였으나 ARM7 제품군부터는 수정된 하버드 구조(Modified Harvard Architecture)를 채택하여 명령 페치와 데이터 액세스를 동시에 수행할 수 있도록 개선하였다. 또한, 명령처리 구조를 단순화하기 위하여 모든 데이터 처리나 연산 명령은 내부 레지스터를 중심으로 이루어지며, 레지스터와 메모리 사이의 데이터 이동은 별도의 로드(load) 및 스토어(store) 명령으로 수행한다.

④ 많은 범용 레지스터와 효율적인 명령 세트를 가지고 있다. ARM 마이크로프로세서는 32비트의 고정 길이 명령을 가지며, 명령의 종류가 적으나 연산 명령보다는 데이터 이동이나 제어처리 명령이 많고, 대부분의 명령에서 조건부 실행이 가능한 것과 같이 효율적인 명령 세트를 가지고 있다. Thumb 명령을 사용하는 경우에는 메모리에서 코드의 집적 효율을 더욱 높일 수 있는데, 16비트의 Thumb 명령은 32비트의 ARM 명령에 비하여 약 30% 정도 메모리를 절약시켜 주지만 반면에 프로그램의 실행 속도를 40% 정도나 저하시키는 것으로 알려져 있다. 따라서, Thumb 명령은 적은 메모리와 저소비전력을 필요로 하는 시스템에 적합하다.

⑤ 명령 세트를 확장하기가 매우 용이한 구조(ISA ; Instruction Set Architecture)로 되어 있다. ARM 마이크로프로세서는 기본적인 명령 세트 이외에 보조 프로세서(coprocessor)를 이용한 명령 세트 확장이 용이하게 되어 있는데, DSP 보조 프로세서나 VFP 부동소수점 연산 보조 프로세서 등이 이에 해당한다. 이처럼 ARM은 내부 구조가 철저하게 모듈식으로 되어 있어서 제품군에 따라 보조 프로세서는 물론이고 캐시 메모리나 MMU/MPU 또는 Jazelle, TrustZone 등의 기능을 추가로 확장하는 것이 매우 용이하게 수행될 수 있다.

⑥ 엔디안 모드를 지원한다. ARM 마이크로프로세서는 각 메모리 번지에 바이트 단위로 명령 코드나 데이터가 저장되는 바이트 머신(byte machine)인데, 4바이트의 워드가 낮은 번지에 LSB(Least Significant Byte)부터 차례로 저장되는 리틀 엔디안(little endian) 방식과 낮은 번지에 MSB(Most Significant Byte)부터 차례로 저장되는 빅 엔디안(big endian) 방식을 모두 지원한다.

⑦ ARM사는 반도체 제조회사가 아니며 ARM 마이크로프로세서 제품을 직접 만들지 않는다. ARM사는 자체적인 반도체 제품 모델이 없이 ARM 코어를 IP(Intellectual Property) 라이센스로 제공하며, 이 라이센스를 계약한 반도체 회사는 여기에 자사에서 설계한 I/O 회로를 추가하여 ARM 마이크로프로세서 제품 모델을 생산 판매하게 된다. 그러나, ARM 마이크로프로세서의 에뮬레이터와 같은 하드웨어 개발 툴이나 C컴파일러와 같은 소프트웨어 개발 툴은 ARM사에서 직접 제공한다.

⑧ 가격이 싸다. ARM 마이크로프로세서는 구조가 간단하고, ARM사에서 개발한 코어를 많은 반도체 회사에서 라이센스로 받아 동일하게 사용하므로 개발 비용이 적게 들어 제품의 가격이 싸다. 현재 ARM은 전세계 32비트 임베디드 RISC 시장의 약 75% 이상을 장악하고 있는 것으로 알려져 있는데, 현재까지 약 100여개 이상의 반

도체 회사가 ARM사와 라이센스 관계를 맺고 있으며, 삼성전자의 경우에도 1994년부터 ARM 코어를 라이센스하여 여러 가지 모델을 생산하고 있다.

◀휴게실▶ CPU에서 레지스터 중심 구조와 하버드 구조

종래의 CISC(Complex Instruction Set Computer)형 마이크로프로세서에서 연산을 비롯한 대부분의 명령처리는 누산기(accumulator)를 중심으로 수행되었다. 예를 들어 연산명령을 수행할 때 ALU에 입력되는 오퍼랜드중의 하나는 항상 누산기이며, 그 연산의 결과도 반드시 누산기에 저장된다. 그러나, 이러한 방식에서는 연산명령이 많거나 빠른 처리를 위해서는 누산기에서의 병목현상이 장애가 된다.

이를 해결하기 위하여 현재의 마이크로프로세서들은 모든 레지스터들을 누산기처럼 사용할 수 있는 레지스터 중심 구조를 채택하는 사례가 늘어나고 있으며, 따라서 대부분의 고성능 RISC 마이크로프로세서와 DSP들은 모두 이 방식을 채택하고 있다. 레지스터 중심 구조에서는 $R_0 \sim R_n$의 모든 사용자 범용 레지스터가 ALU의 입력 또는 출력으로 사용될 수 있어서 처리속도가 향상되고 프로그래밍이 용이해진다. 이러한 레지스터 중심 구조의 마이크로프로세서는 C언어로 프로그래밍할 때 특히 그 진가가 발휘된다. 왜냐하면 C컴파일러에서는 함수 호출시에 많은 파라미터들을 사용하며 함수 내에서도 많은 변수들을 사용하는데, 이것들을 데이터 메모리인 SRAM이 아니라 레지스터로 처리하면 그만큼 CPU의 처리속도가 빨라지고 프로그램의 코드 사이즈도 줄어들기 때문이다. 따라서, 오늘날은 임베디드 시스템 분야에서도 응용 프로그램을 C언어로 작성하는 경우가 상당히 많으므로 이에 유리하도록 마이크로콘트롤러도 대부분 레지스터 중심구조를 채택하는 경향이 있다.

한편, 마이크로프로세서는 명령코드를 프로그램 메모리에서 인출하여 명령 레지스터에 저장하고 나서 실행한다. 프로그램 실행중에 사용되는 오퍼랜드 데이터나 프로그램 실행으로 발생되는 데이터는 내부 레지스터나 데이터 메모리로부터 읽어들이거나 또는 저장한다. 따라서, 이와 같이 프로그램의 명령코드와 데이터는 그 저장 장소와 이동 경로가 다른데도 불구하고 종래의 마이크로프로세서에서는 1개의 데이터 버스를 공통으로 사용하므로 버스의 병목현상(Von Neumann Bottleneck)이 발생한다.

이러한 단점을 개선하고 CPU의 처리속도를 높이기 위하여 시스템의 어드레스 버스와 데이터 버스를 각각 프로그램용과 데이터용으로 분리한 것을 하버드 구조(Harvard Architecture)라고 하며, 오늘날 대부분의 고성능 RISC 마이크로프로세서와 DSP들은 이 방식을 채택하고 있다. 이와 같은 하버드 구조의 마이크로프로세서에서는 당연히 명령 캐시와 데이터 캐시를 별도로 사용한다. 그러나, 이와 같이 하버드 구조로 마이크로프로세서를 설계하면 2가지의 버스를 사용해야 하므로 매우 많은 외부 핀이 필요하다. 따라서, 외부의 버스는 프로그램용과 데이터용을 1가지로 사용하여 핀 수를 줄이고 내부의 버스에서만 이를 분리하는 수정 하버드 구조(Modified Harvard Architecture)를 채택하는 경우가 많다.

ARM의 경우 ARM7까지는 폰노이만 구조를 사용하였으나 ARM9 이후에는 수정된 하버드 구조를 사용하고 있으며, 모든 프로그램 메모리와 데이터 메모리를 CPU의 안에 내장하고 외부에는 시스템 버스를 가지고 있지 않아서 핀 수를 크게 절약한 모델도 많다.

이상에서 살펴보았듯이 고성능 마이크로프로세서들은 기본적인 RISC 구조에다 하버드 구조 및 레지스터 중심 구조를 함께 가지는 특징이 있는데, 이것들의 중요한 특징을 요약하면 다음과 같다.

- CPU가 모든 명령을 하드웨어적으로 해독하여 실행한다.
- 파이프라인 처리방식을 사용하여 대부분의 명령을 1클록 사이클 이내에 실행한다.
- 명령어의 구조가 단순하고 수가 상당히 적다.(일반적으로 128종 이하)
- 명령어 형식의 종류가 적다.(일반적으로 4종 이하)
- 명령어에서 주소지정방식의 종류가 적다.(일반적으로 4종 이하)
- 명령어 길이가 워드 및 데이터 버스폭과 같은 길이로 통일되어 있다.
- 범용 레지스터의 수가 많다.(일반적으로 16개 또는 32개 이상)
- 대부분의 연산명령은 범용 레지스터를 중심으로 동작한다.
- 모든 메모리 액세스 동작은 로드(load) 및 스토어(store) 명령으로 수행한다.

◀휴게실▶ **마이크로프로세서와 마이크로콘트롤러**

(1) 마이크로프로세서

마이크로프로세서(microprocessor, 간단히 μP로 표기)는 컴퓨터의 中央處理裝置(Central Processing Unit ; CPU)를 단일 IC 칩에 집적시켜 만든 반도체 소자로서, 이것은 1971년에 미국의 Intel사에 의하여 세계 최초로 만들어졌으며 오늘날은 이를 흔히 MPU(MicroProcessor Unit)라고 부르기도 한다.

즉, 마이크로프로세서는 CPU의 여러 형태중에서 1개의 소자로 만들어진 종류이므로, 모든 마이크로프로세서는 CPU이지만 모든 CPU가 곧 마이크로프로세서인 것은 아니다. 그러나, 이를 MPU라고 부를 때는 이것이 곧 마이크로프로세서를 의미한다. 이것은 일반 컴퓨터의 중앙처리장치에서 주기억장치를 제외한 연산장치, 제어장치 및 각종 레지스터들을 단지 1개의 IC 소자에 집적시킨 것이므로 연산, 제어, 판단, 기억, 계시(計時), 프로그램에 의한 처리 등의 기본적인 처리기능은 일반 중대형 컴퓨터의 CPU에 비하여 별로 다를 바가 없다.

이같은 마이크로프로세서를 CPU로 사용하여 만든 소형 컴퓨터를 마이크로컴퓨터(microcomputer)라고 한다. 이에 비하여 미니컴퓨터 이상의 중대형 컴퓨터에서는 CPU를 많은 소자를 사용하여 전용으로 설계하게 된다. 마이크로컴퓨터에서처럼 마이크로프로세서를 사용하여 컴퓨터를 설계하면 CPU가 하나의 IC 소자로 간단히 구성되므로 전체 시스템이 소형경량화(小形輕量化)되고, 소비전력이 적어지며, 가격이 낮아질 뿐만 아니라 부품수가 적어서 시스템의 신뢰성이 높아지는 등의 장점을 갖는다.

(2) 마이크로콘트롤러

마이크로프로세서 중에 1개의 칩 내에 CPU 기능은 물론이고 일정한 용량의 메모리(ROM, RAM 등)와 입출력 제어 인터페이스 회로까지를 내장한 것을 특별히 마이크로콘트롤러(microcontroller)라고 부른다. 이것은 마이크로프로세서가 널리 사용되기 시작하면서 1970년대 중반부터 나타난 형태로서 범용의 목적보다는 기기 제어용에 주로 사용되므로 붙여진 이름이며, 이는 1개의 소자만으로 완전한 하나의 컴퓨터 시스템 기능을 갖추고 있으므로 "단일 칩 마이크로컴퓨터(single-chip microcomputer)"라고도 부른다.

제어 응용 시스템에 마이크로콘트롤러를 사용하게 되면 범용 마이크로프로세서나 하드웨어 배선 논리를 사용하는데 비하여 다음과 같은 장점을 얻을 수 있다.

① 제품이 소형경량화된다. 시스템의 콘트롤러 부분이 마이크로콘트롤러 LSI 1개와 극히 소수의 외부 소자들로 간단히 구성되므로 크기와 무게가 현저히 줄어들고 소비전력도 적어진다.
② 제품의 가격이 싸진다. 콘트롤러 부분이 단순화됨에 따라 부품비, 제작비, 개발비가 감소되고, 개발기간도 단축된다.
③ 시스템의 신뢰성이 향상된다. 콘트롤러의 하드웨어가 단순화되어 부품수가 적어지고 고장율이 감소하며 유지보수가 용이해진다.
④ 시스템의 융통성이 커진다. 하드웨어에 의존하는 부분을 소프트웨어로 처리할 수 있게 되므로 기능의 변경이나 확장에 보다 유연하게 대응할 수 있다.

종래의 마이크로콘트롤러는 CPU 기능에다 한정된 용량의 메모리(기본적으로 SRAM을 가지고 있으며 EPROM, OTP ROM, 또는 플래시 메모리를 함께 내장하는 모델도 있음)와 인터럽트 제어기, 직렬 및 병렬 인터페이스, 타이머/카운터 등을 내장하는 정도에 불과하였으나, 최근에는 DMA 제어기와 같은 고성능의 I/O 기능, 다양한 종류의 고속 직렬통신 기능, A/D 컨버터 및 D/A 컨버터, PWM 출력 기능, SD나 MMC와 같은 보조기억장치 인터페이스 기능 등을 내장하여 각종 제어 분야의 응용 시스템에 사용하기에 보다 편리해지고 있다.

이와 같이 오늘날의 마이크로콘트롤러는 각 응용분야에 적합하도록 여러 반도체 회사에서 매우 많은 종류가 시리즈로 개발 사용되고 있으며, 범용 마이크로프로세서를 지칭하는 MPU와 구별하여 이를 MCU(MicroController Unit 또는 MicroComputer Unit)라고 부르기도 한다.

그러나, 보통 넓은 의미에서 그냥 마이크로프로세서라고 하면 범용 마이크로프로세서(MPU)는 물론이고 마이크로콘트롤러(MCU)나 RISC 프로세서, DSP 등 CPU의 기능을 갖는 반도체 소자를 모두 지칭하는 포괄적인 개념이 된다.

◀휴게실▶ "마이컴"이라는 기술용어는 없다

마이크로콘트롤러를 MCU, 단일칩 마이크로컴퓨터, 임베디드 콘트롤러 등으로 부르는 것은 모두 그 나름의 타당성이 있다. 그런데, 요즈음 일부 웹사이트나 아마추어들이 아무 근거도 없이 이를 "마이컴"이라고 부르는 경향이 있는데 이는 올바른 기술용어가 아니므로 이제부터는 사용하지 말았으면 한다. 이렇게 부르는 사람들은 아마 마음속에 "마이크로컴퓨터"라는 용어를 연상하는 듯하지만 원래 마이크로컴퓨터는 마이크로콘트롤러와는 서로 별로 관계가 없는 전혀 다른 뜻이며, 또한 "마이컴"이 "단일칩 마이크로컴퓨터(single-chip **mi**cro**com**puter)"의 준말이라고 한다면 이는 지나친 비약이다.

이것을 어원적으로 좀더 따지고 들어가 보면 천박한 일본식 조어에서 왔을 가능성이 큰 것으로 보인다. 일본에서는 퍼스널컴퓨터(パーソナル コンピュータ)를 퍼스컴(パソコン ; 빠스꼼)으로 줄여 사용했듯이 단일칩 마이크로컴퓨터(ワンチップ **マイ**クロ**コン**ピュータ ; 완찌뿌 마이꾸로꼼쀼따) 또는 마이크로콘트롤러(**マイ**クロ**コン**トローラ ; 마이꾸로꼰또로라)를 짧게 줄여서 マイコン이라고 사용하는 경우가 많은데, 일본어에서는 ㄴ받침과 ㅁ받침이 분명하게 구분되지 않으므로 이것이 "마이꼰" 또는 "마이꼼"에 가깝게 발음되며, 이를 우리나라의 지각없는 일부 사람들이 머리속에 마이크로컴퓨터라는 용어를 잘못 연상하면서 "마이컴"으로 받아들이게 된 것이 아닌가 추측된다.

공학이나 기술 분야에서는 용어가 매우 중요하다. 물론 용어도 시대에 따라 변할 수는 있는 것이지만 합리적 근거를 갖지 않은 용어를 잘못 사용하면 서로 의사소통에 문제가 발생할 수 있는 것은 물론이고 자신의 무지를 외부에 드러내는 결과가 된다.

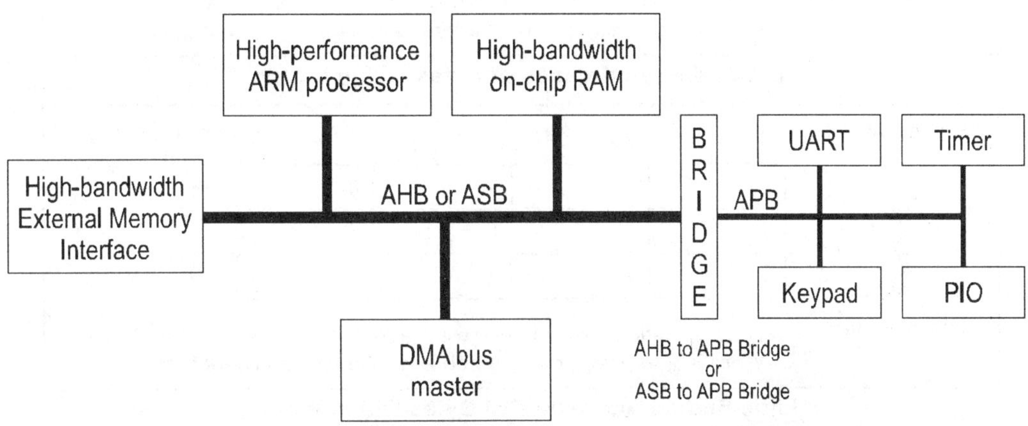

AMBA AHB
* High performance
* Pipelined operation
* Multiple bus masters
* Burst transfers
* Split transactions

AMBA ASB
* High performance
* Pipelined operation
* Multiple bus masters

AMBA APB
* Low power
* Latched address and control
* Simple interface
* Suitable for many peripherals

〈그림 1.1.1〉 ARM의 AMBA 버스

ARM 마이크로프로세서의 내부에서는 고성능의 AMBA(Advanced Microcontroller Bus Architecture) 버스 구조를 사용한다. AMBA 버스에는 <그림 1.1.1>과 같이 내부 시스템 버스로 사용되는 고성능의 AHB(Advanced High-performance Bus) 및 ASB

(Advanced System Bus) 버스와, 이보다는 느리지만 내부의 주변장치를 접속하는데 유용한 APB(Advance Peripheral Bus) 버스 등 3가지가 있다. ARM7TDMI에서는 시스템 버스로 ASB 버스를 사용하며, 내부 주변장치에는 APB 버스를 사용하고 있다.

메모리에 명령 코드나 데이터를 저장할 때 사용하는 빅 엔디안 방식과 리틀 엔디안 방식을 비교하여 설명하면 <그림 1.1.2>와 같다. 전통적으로 Intel사의 마이크로프로세서들은 리틀 엔디안 방식을 주로 사용하였으며, Motorola사의 마이크로프로세서들은 빅 엔디안 방식을 주로 사용하였다. AT91SAM7S256에서는 리틀 엔디안 방식만을 사용한다.

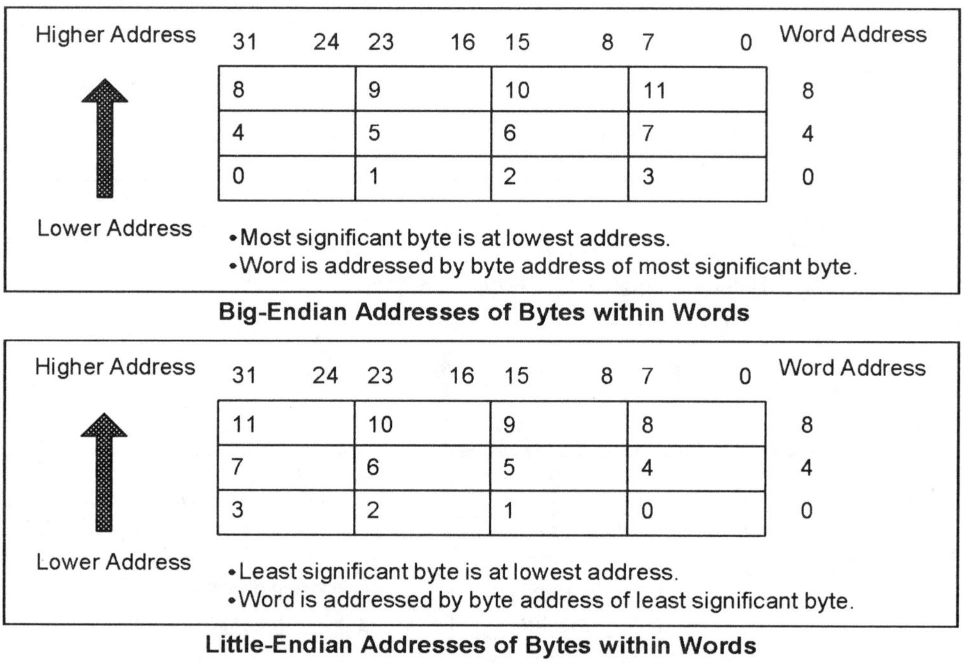

〈그림 1.1.2〉 메모리의 빅 엔디안 및 리틀 엔디안 데이터 저장 방식

(3) ARM 마이크로프로세서의 응용 분야

ARM사에서 제안하는 ARM 마이크로프로세서 제품의 응용분야는 다음과 같이 크게 3가지로 분류된다.

○ **임베디드 실시간 시스템** - 데이터 저장장치, 자동차, 산업용 기기, 네트워 장비 등과 같이 운영체제를 탑재하지 않은 프로세서 내장형 실시간 제어 시스템.

○ **개방형 응용 플랫폼** - Linux, Palm OS, Symbian OS, Windows CE 등의 운영체제를 탑재하여 다양한 응용 프로그램을 실행할 수 있는 개방형 플랫폼. 휴대용 기기, 오락기기, 디지털 영상처리 장비 등에 사용됨.

○ **보안 응용 분야** - 스마트 카드, SIM 카드, 화폐 지불 시스템 등과 같이 암호화 처리가 중요한 보안 시스템.

이러한 다양한 응용 분야에도 불구하고 오늘날 ARM 마이크로프로세서는 저전력소비와 고성능이 중요한 휴대용 통신기기나 네트워 장비에 가장 널리 사용되고 있다. 휴대용 기기는 전원으로서 배터리를 사용하기 때문에 소비전력이 적은 것이 중요하며, 대부분의 휴대용 통신기기는 고속의 무선통신이나 디지털 영상처리 목적으로 사용하기 때문에 고성능이 중요한 요소가 된다.

그런데, 이러한 휴대용 통신기기는 대용량의 데이터를 처리하고 운영체제까지 탑재하는 경우가 많기 때문에 ARM 마이크로프로세서의 외부에 대용량의 플래시 메모리 또는 DRAM을 인터페이스하게 되므로 외부 시스템 버스가 필수적으로 요구된다. 또한, 휴대용 통신기기에는 그래픽 처리용의 TFT LCD를 사용하는 경우가 많으므로 여기에 전용의 소자를 사용하지 않고 ARM 마이크로프로세서가 이를 직접 제어하게 되면 경제적으로나 제품의 경박단소화에 유리해진다.

◀휴게실▶ **임베디드 콘트롤러와 임베디드 시스템**

어느 특정한 시스템에 내장되어 지정된 제어기능을 수행하는 마이크로콘트롤러를 임베디드 콘트롤러(embedded controller) 또는 임베디드 프로세서(embedded processor)라고 한다. 이는 퍼스널컴퓨터나 서버와 같은 범용 컴퓨터에 사용되는 범용 마이크로프로세서서와 대비되는 개념으로 우리말로는 내장형 제어기라고 하며, 모든 마이크로콘트롤러는 임베디드 콘트롤러로 사용되는 것이 기본 목적이므로 이들 2가지는 유사한 개념으로 볼 수 있으나 의미상으로 따져보면 임베디드 콘트롤러가 마이크로콘트롤러보다는 좀더 넓은 개념으로 볼 수 있다.

임베디드 콘트롤러를 사용하여 특정한 제품에서 지정된 작업을 수행하도록 내장되어 있는 제어 시스템이나 솔류션을 임베디드 시스템(embedded system)이라고 하고, 임베디드 시스템에서 사용되는 특정 용도의 소프트웨어를 임베디드 소프트웨어(embedded software)라고 한다.

그러나, 이들 용어를 좀더 따지고 들어가 보면 적지 않은 애매모호함을 포함하고 있어서 이들 용어가 잘못 사용되고 있는 경우가 상당히 많다. 이 용어를 처음으로 사용하기 시작한 것은 Intel사인데 이 회사에서조차도 이것들의 의미를 종종 헷갈리게 사용해 왔다. 오늘날 이와 관련된 가장 흔한 오류는 ARM 마이크로프로세서만을 임베디드 콘트롤러로 생각하고 ARM을 사용한 휴대용 통신기기만을 임베디드 시스템인 것처럼 인식하는 경향이 있다는 것이다. 그러나, 임베디드 콘트롤러나 임베디드 시스템 또는 임베디드 소프트웨어는 위에서 정의한 의미 그대로 생각하면 된다. ARM만이 임베디드 콘트롤러일 이유가 없고 ARM을 사용한 휴대용 통신기기만이 임베디드 시스템일 이유는 그 어디에도 없다.

(a) ARM7 코어

Part Number	ARM Core	Data Bus	Cache	DMA (ch)	I/O Pins	INT (Ext)	Timers	Serial Interface	Memory Interface	Ext. I/O Interface	DRAM Interface	Others Features	Clock	Typical Application	Package Type
S3C3410X	ARM7TDMI	8/16	4KB	2	74	35 (12)	WDT/ 8Tx2/16Tx3	UART/IIC/ SIOx2	4 bank	2 bank	2 bank SDRAM	10bit ADCx8ch	40MHz	mobile application	128 QFP
S3C44B0X	ARM7TDMI	8/16/32	8KB	4	71	30 (8)	WDT/16Tx5/ internal 16T	UARTx2/ IIC/IIS	8 bank		2 bank SRAM	10bit ADCx8ch, GLCD controller	66MHz	mobile application	160 LQFP 160 FBGA
S3C4510B	ARM7TDMI	8/16/32	8KB	2	18	21 (4)	32Tx2	UARTx2/ IIC/IrDA	6 bank	4 bank	4 bank	ethernet MAC, HDLCx2ch	50MHz	network application	208 QFP
S3C4530A	ARM7TDMI	8/16/32	8KB	2	26	21 (4)	32Tx2	UARTx2/ IIC/IrDA	6 bank	4 bank	4 bank	ethernet MAC, HDLCx2ch	50MHz	network application	208 QFP

(b) ARM9 코어

Part Number	ARM Core	Cache (Inst/Data)	DMA (ch)	I/O Pins	INT (Ext)	Timers & Memory Interface	Serial Interface	USB	LCD	ADC/ DAC	Others Features	Clock	Typical Application	Package Type
S3C2410A	ARM920T	16KB/16KB	4	117	55 (24)	WDT/16Tx4PWM/ 16Tx1DMA 128MBx8 bank	UARTx3/ IIC/IIS/ SPIx2	host 2 device 1	4K color STN 16K color TFT	10bit ADCx8ch		200MHz 266MHz	mobile application	272 FBGA
S3C2412X	ARM926EJ-S	8KB/8KB	4	115	55 (24)	WDT/16Tx4PWM/ 16Tx1DMA 128MBx8 bank	UARTx3/ IIC/IIS/ SPIx2	host 2 device 1	65K color STN 256K color TFT	10bit ADCx8ch	SDRAM	266MHz	mobile application	272 FBGA
S3C2413X	ARM926EJ-S	8KB/8KB	4	129	55 (24)	WDT/16Tx4PWM/ 16Tx1DMA 128MBx8 bank	UARTx3/ IIC/IIS/ SPIx2	host 2 device 1	65K color STN 256K color TFT	10bit ADCx8ch	SDRAM, DDR, 1600x1200 pixel Camera Interface	266MHz	mobile application	289 FBGA
S3C2440A	ARM920T	16KB/16KB	4	130	60 (24)	WDT/16Tx4PWM/ internal timer 128MBx8 bank	UARTx3/ IIC/IIS/ SPIx2	host 1 device 1	4K color STN 256K color TFT	10bit ADCx8ch	4096x4096 pixel Camera Interface	400MHz	mobile application	289 FBGA
S3C2443X	ARM920T	16KB/16KB	6	174	60 (24)	WDT/16Tx4PWM/ internal timer 128MBx8 bank	UARTx4/ IIC/IIS/ SPIx2	host 1 device 1	4K color STN 16M color TFT	10bit ADCx10ch	Camera Interface	533MHz	mobile application	400 FBGA
S3C24A0	ARM926EJ-S	16KB/16KB	4	32	61 (18)	WDT/16Tx4PWM/ 16Tx1DMA NAND/SDRAM	UARTx2/ IIC/IIS/ SPIx2	host 2 device 1	4K color STN 256K color TFT	10bit ADCx8ch	SD, MMC, MPEG4, 4096x4096 pixel Camera Interface	200MHz	mobile application	337 FBGA
S3C2460	ARM926EJ-S	16KB/16KB	4	154	50 (19)	WDT/16Tx4PWM/ 16Tx1DMA NAND/SDRAM/DDR	UARTx2/ IIC/IIS/ SPI	host 2 device 1	4K color STN 16M color TFT	10bit ADCx8ch	SD, MMC, MPEG4, 3D, 4096x4096 pixel Camera Interface	266MHz	mobile application	416 FBGA
SC32442A	ARM920T	16KB/16KB	4	130	59 (24)	WDT/16Tx4PWM/ internal timer 128MBx8 bank	UARTx3/ IIC/IIS/ SPIx2	host 2 device 1	4K color STN 256K color TFT	10bit ADCx8ch	SD, MMC, 4096x4096 pixel Camera Interface	400MHz	mobile application	332 FBGA
S3C2510A	ARM940T	4KB/4KB	6	64	36 (6)	WDT/32Tx6 16MBx10 bank	UARTx2/ IIC	host 2 device 2			ethernet controller	166MHz	network application	416 PBGA

〈표 1.1.3〉 삼성전자의 ARM 제품

이러한 이유로 ARM 마이크로프로세서는 시간이 갈수록 점점 더 높은 성능이 요구되고 메모리나 TFT LCD 및 기타 외부 입출력 장치를 구동할 수 있도록 엄청나게 많은 핀수가 필요하였다. 이러한 요구에 부응하여 ARM 마이크로프로세서는 점점 고성능화 및 대형화로 치달아 현재는 1GHz에 가까운 클록 속도에 400개가 넘는 핀을 가지는 모델까지 출시되고 있으며, 따라서 외부 패키지는 거의 대부분 매우 작은 크기의 BGA형을 사용하고 있어서 아마추어 사용자들은 이 소자를 납땜하는데도 적지 않은 어려움을 겪게 된다. <표 1.1.3>에 보인 삼성전자의 ARM 모델들은 이러한 추세를 잘 보여주고 있다.

그러나, 일반적인 임베디드 시스템에서 ARM 마이크로프로세서를 마이크로콘트롤러로서 사용하고자 하는 경우에는 이와 같이 높은 성능과 다양한 기능을 가지는 방대한 모델은 오히려 거추장스러울 경우가 많다. 보통의 마이크로콘트롤러에서는 외부에 대규모 메모리를 인터페이스하기 보다는 내부에 적절한 용량의 플래시 메모리나 SRAM을 내장하여 시스템의 설계를 간단히 하고 사용자 프로그램을 쉽게 다운로드하는 것이 중요할 때가 많다. 또한, 외부에 TFT LCD를 직접 구동하도록 인터페이스하여 사용하는 경우도 드물고 필요한 I/O는 칩에 내장하여 외부 인터페이스를 최소한으로 줄임으로써 전체적으로 스마트한 콘트롤러 시스템을 지향하는 경향이 있다.

이러한 응용 분야에서는 기존의 고성능화를 지향하는 방대한 규모의 ARM 마이크로프로세서를 사용하기에는 여러 가지 측면에서 부적합하므로 2000년대에 들어서면서 스마트 MCU를 지향하는 새로운 ARM 마이크로콘트롤러들이 출현하게 되었는데, 이러한 제품들은 Atmel, NXP(구 Philips), ST Microelectronics, Analog Devices 등의 반도체 회사가 주도하고 있다. 스마트 ARM 마이크로콘트롤러는 사용할 수 있는 최고 클록 속도가 대부분 수십MHz 정도이며, CPU 코어는 캐시 메모리나 MMU를 가지고 있지 않은 ARM7TDMI인 경우가 많다. 이것들은 대부분 외부에 시스템 버스를 가지고 있지 않아 핀수를 적게 하였고, 따라서 수십개 정도의 핀을 갖는 QFP형 패키지가 많으므로 아마추어들도 이를 어렵지 않게 납땜할 수 있다. 외부에 시스템 버스가 없는 대신에 여러가지 용량의 플래시 메모리와 SRAM을 CPU 안에 내장하고 있는 모델들이 시리즈로 출시되고 있으며, 이 내부 메모리에는 USB나 RS-232C 통신을 사용하여 간편하게 사용자 프로그램을 다운로드하는 ISP(In-System Programming) 또는 ICP(In-Circuit Programming), IAP(In-Application Programming) 기능을 가지고 있다. 또한, 이러한 스마트 ARM 마이크로콘트롤러는 모델에 따라 내부에 다양한 I/O 기능을 내장하고 있어서 웬만한 응용분야에는 특별한 외부 인터페이스를 추가하지 않고 CPU 칩 자체만으로 충분하게 콘트롤러를 구성할 수 있게 된다.

이 책에서는 ARM을 공부하는 것이 목적이지만 휴대용 통신기기를 염두에 두고 만들어진 방대한 BGA형의 ARM 마이크로프로세서에는 그다지 관심이 없으며, 내부에 플래시 메모리와 SRAM을 가지고 있어서 사용자 프로그램의 다운로드가 가능하고 주로 외부 시스템 버스는 가지지 않으며 핀 수가 수십개 정도로 적어 QFP형의 패키지로 되어 있는 스마트 ARM 마이크로콘트롤러에 대하여 공부하고자 한다. 이와 같은 모델은 내부 메모리 맵이 고정되어 있어서 사용자가 스타트업 코드 작성에 특별히 신경을 쓰지 않아도 된다는 것도 장점이다.

이러한 스마트 ARM 마이크로콘트롤러 소자들은 전체 ARM 마이크로프로세서 시장에서 차지하는 비중이 아직은 상대적으로 낮은 것이 사실이지만 분명히 ARM의 새로운 위상이나 영역으로 당당하게 자리를 잡아가고 있다. 이제 ARM은 8비트 정도의 마이크로콘트롤러로는 커버하기 어려운 고성능 응용 분야에서 훌륭한 해결책으로 사용될 수 있는 보편적인 16/32비트 마이크로콘트롤러가 되었다.

2. 스마트 ARM 마이크로콘트롤러의 종류

ARM 마이크로프로세서의 외부 시스템 버스를 없애고 메모리를 CPU 소자에 모두 내장하여 핀 수를 줄임으로써 BGA 패키지를 QFP 패키지로 스마트하게 만든 모델을 Atmel에서는 "스마트 ARM 마이크로콘트롤러(SAM ; Smart ARM Microcontroller)"라고 부르고 있으며, 모델명도 AT91SAM 시리즈로 정하는 등 가장 적극적으로 ARM의 MCU화에 앞장서 나가는 회사가 되었다. 이제 스마트 ARM 마이크로콘트롤러는 더 이상 고유명사가 아니라 ARM의 새로운 응용분야로 자리잡아 가고 있다.

여기서는 스마트 ARM 마이크로콘트롤러를 주력으로 생산하는 대표적인 4개 반도체 회사인 Atmel, NXP, ST Microelectronics, Analog Devices의 주요 모델들을 요약 정리하기로 한다. 단, 일부 모델은 이 범주에 넣기가 부적합한 것도 포함하고 있다.

■ Atmel사의 스마트 ARM 마이크로콘트롤러

Atmel사의 스마트 ARM 마이크로콘트롤러는 64핀 이하의 적은 핀 수로 되어 있는 AT91SAM7S 시리즈, 외부 버스 인터페이스가 가능한 AT91SAM7SE 시리즈, 이더넷 및 CAN 통신기능이 있는 AT91SAM7X 시리즈, 여기에 암호화 보안처리용의 ADS(Advanced Encryption Standard) 및 TDES(Triple Data Encryption Standard) 기능을 추가한 AT91SAM7XC 시리즈 등 크게 4종류로 나눌 수 있다. 이상의 모델들은 모두 ARM7TDMI 코어를 사용하고 있으며, 이밖에 ARM966EJ-S 코어를 사용한 AT91SAM9 시리즈도 있다.

Atmel사의 주요 스마트 ARM 마이크로콘트롤러를 요약하면 <표 1.1.4>와 같다. 또한, 이 제품들의 로드맵을 보이면 <그림 1.1.3>과 같다.

〈표 1.1.4〉 Atmel사의 스마트 ARM 마이크로콘트롤러

모델명	ARM 코어	핀수/패키지	속도 [MHz]	플래시 [KB]	SRAM [KB]	ISP 기능	I/O 핀	WDT/BOD	16비트 타이머	USART	I2C	SPI	USB	CAN	10비트 ADC	기타 특징
AT91SAM7A1	ARM7TDMI	144 LQFP	40	-	4	-	49	○/-	9	3	-	1	-	1	8	외부 버스
AT91SAM7A2	ARM7TDMI	176 LQFP	30	-	16	-	57	○/-	10	2	-	1	-	4	16	외부 버스
AT91SAM7A3	ARM7TDMI	100 LQFP	60	256	32	○	62	○/-	9	4	1	2	1	2	16	MMC
AT91SAM7S16	ARM7TDMI	48 LQFP	55	16	4	○	21	○/○	3	2	1	1	-	-	8	
AT91SAM7S161	ARM7TDMI	64 LQFP	55	16	4	○	32	○/○	3	2	1	1	1	-	8	
AT91SAM7S32	ARM7TDMI	48 LQFP	55	32	8	○	21	○/○	3	2	1	1	-	-	8	
AT91SAM7S321	ARM7TDMI	64 LQFP	55	32	8	○	32	○/○	3	2	1	1	1	-	8	
AT91SAM7S64	ARM7TDMI	64 LQFP	55	64	16	○	32	○/○	3	3	1	1	1	-	8	
AT91SAM7S128	ARM7TDMI	64 LQFP	55	128	32	○	32	○/○	3	3	1	1	1	-	8	
AT91SAM7S256	ARM7TDMI	64 LQFP	55	256	64	○	32	○/○	3	3	1	1	1	-	8	★★★
AT91SAM7S512	ARM7TDMI	64 LQFP	55	512	64	○	32	○/○	3	3	1	1	1	-	8	
AT91SAM7SE32	ARM7TDMI	128 LQFP	48	32	8	○	32	○/○	3	3	1	1	1	-	8	외부 버스
AT91SAM7SE256	ARM7TDMI	128 LQFP	48	256	32	○	88	○/○	3	3	1	1	1	-	8	
AT91SAM7SE512	ARM7TDMI	128 LQFP	48	512	32	○	88	○/○	3	3	1	1	1	-	8	
AT91SAM7X128	ARM7TDMI	100 LQFP	55	128	32	○	60	○/○	3	3	1	2	1	1	8	이더넷, CAN
AT91SAM7X256	ARM7TDMI	100 LQFP	55	256	64	○	60	○/○	3	3	1	2	1	1	8	
AT91SAM7X512	ARM7TDMI	100 LQFP	55	512	128	○	60	○/○	3	3	1	2	1	1	8	
AT91SAM7XC128	ARM7TDMI	100 LQFP	55	128	32	○	60	○/○	3	3	1	2	1	1	8	이더넷, CAN AES/TDES
AT91SAM7XC256	ARM7TDMI	100 LQFP	55	256	64	○	60	○/○	3	3	1	2	1	1	8	
AT91SAM7XC512	ARM7TDMI	100 LQFP	55	512	128	○	60	○/○	3	3	1	2	1	1	8	
AT91RM9200	ARM920T	256 LFBGA	180	-	160	-	94	○/-	6	5	1	2	2+1	-	-	외부 버스 MMC
AT91SAM9260	ARM926EJ-S	217 LFBGA	180	-	160	△	96	○/-	6	7	1	2	2+1	-	4	
AT91SAM9261	ARM926EJ-S	217 LFBGA	180	-	160	△	96	○/-	3	4	1	2	2+1	-	-	
AT91SAM9263	ARM926EJ-S	324 TFBGA	200	-	80	△	160	○/-	3	4	1	2	2+1	-	-	

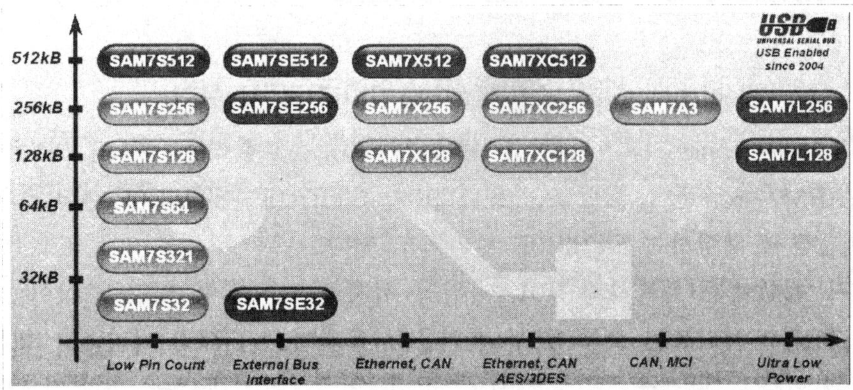

〈그림 1.1.3〉 Atmel사 스마트 ARM 마이크로콘트롤러의 로드맵

▣ NXP사의 스마트 ARM 마이크로콘트롤러

NXP(구 Philips)사의 스마트 ARM 마이크로콘트롤러는 LPC2000 시리즈로 불리는

데, 이것들은 모두 ARM7TDMI-S 코어를 사용하고 있으며, 주요 모델들을 요약하면 <표 1.1.5>와 같다. NXP사의 스마트 ARM 마이크로콘트롤러 중에는 D/A 컨버터를 내장하고 모델도 있다.

〈표 1.1.5〉 NXP사의 스마트 ARM 마이크로콘트롤러

모델명	ARM 코어	핀수/ 패키지	속도 [MHz]	플래시 [KB]	SRAM [KB]	ISP 기능	I/O 핀	WDT	타이머/ 카운터	PWM 채널	UART	I2C	SPI	USB	CAN	10 비트 ADC	10 비트 DAC	기타 특징
LPC2101	ARM7TDMI-S	48 LQFP	70	8	2	○	32	○	4+2	14	2	2	2	-	-	8	-	
LPC2102	ARM7TDMI-S	48 LQFP	70	16	4	○	32	○	4+2	14	2	2	2	-	-	8	-	
LPC2103	ARM7TDMI-S	48 LQFP	70	32	8	○	32	○	4+2	14	2	2	2	-	-	8	-	
LPC2104	ARM7TDMI-S	48 LQFP	60	128	16	○	32	○	4	6	2	1	1	-	-	-	-	
LPC2105	ARM7TDMI-S	48 LQFP	60	128	32	○	32	○	4	6	2	1	1	-	-	-	-	
LPC2106	ARM7TDMI-S	48 LQFP	60	128	64	○	32	○	4	6	2	1	1	-	-	-	-	
LPC2114	ARM7TDMI-S	64 LQFP	60	128	16	○	46	○	4	6	2	1	2	-	-	4	-	
LPC2124	ARM7TDMI-S	64 LQFP	60	256	16	○	46	○	4	6	2	1	2	-	-	4	-	
LPC2194	ARM7TDMI-S	64 LQFP	60	256	16	○	46	○	4	6	2	1	2	-	4	4	-	
LPC2119	ARM7TDMI-S	64 LQFP	60	128	16	○	46	○	4	6	2	1	2	-	2	4	-	
LPC2129	ARM7TDMI-S	64 LQFP	60	256	16	○	46	○	4	6	2	1	2	-	2	4	-	
LPC2131	ARM7TDMI-S	64 LQFP	60	32	8	○	47	○	4	6	2	2	2	-	-	8	-	
LPC2132	ARM7TDMI-S	64 LQFP	60	64	16	○	47	○	4	6	2	2	2	-	-	8	1	
LPC2134	ARM7TDMI-S	64 LQFP	60	128	16	○	47	○	4	6	2	2	2	-	-	8+8	1	
LPC2136	ARM7TDMI-S	64 LQFP	60	256	32	○	47	○	4	6	2	2	2	-	-	8+8	1	
LPC2138	ARM7TDMI-S	64 LQFP	60	512	32	○	47	○	4	6	2	2	2	-	-	8+8	1	
LPC2141	ARM7TDMI-S	64 LQFP	60	32	8	○	45	○	4	6	2	2	2	1	-	6	-	
LPC2142	ARM7TDMI-S	64 LQFP	60	64	16	○	45	○	4	6	2	2	2	1	-	6	1	
LPC2144	ARM7TDMI-S	64 LQFP	60	128	16	○	45	○	4	6	2	2	2	1	-	6+8	1	
LPC2146	ARM7TDMI-S	64 LQFP	60	256	32	○	45	○	4	6	2	2	2	1	-	6+8	1	
LPC2148	ARM7TDMI-S	64 LQFP	60	512	32	○	45	○	4	6	2	2	2	1	-	6+8	1	
LPC2210	ARM7TDMI-S	144 LQFP	60	-	16	△	76	○	4	6	2	1	2	-	-	8	-	
LPC2220	ARM7TDMI-S	144 LQFP	75	-	64	△	76	○	4	6	2	1	2	-	-	8	-	외부 버스
LPC2290	ARM7TDMI-S	144 LQFP	72	-	16	△	76	○	4	6	2	1	2	-	2	8	-	
LPC2212	ARM7TDMI-S	144 LQFP	60	128	16	○	112	○	4	6	2	1	2	-	-	8	-	외부 버스
LPC2214	ARM7TDMI-S	144 LQFP	60	256	16	○	112	○	4	6	2	1	2	-	-	8	-	
LPC2292	ARM7TDMI-S	144 LQFP	60	256	16	○	112	○	4	6	2	1	2	-	2	8	-	외부 버스
LPC2294	ARM7TDMI-S	144 LQFP	60	256	16	○	112	○	4	6	2	1	2	-	4	8	-	

▣ ST Microelectronics사의 스마트 ARM 마이크로콘트롤러

ST Microelectronics사의 스마트 ARM 마이크로콘트롤러는 <표 1.1.6>에 보인 것과 같이 ARM7 제품군에 해당하는 STR710F, STR730F, STR750F 시리즈가 있으며, ARM9 제품군에 해당하는 STR910F 시리즈도 있다.

이 회사 제품에는 독특하게 5.0V 전원을 사용하는 모델이 있다는 것이 중요한 특징인데, STR730 시리즈는 모두 5.0V 전원을 사용하며, STR750 시리즈는 대부분의 모델이 3.3V와 5.0V 겸용으로 되어 있다. 그러나, 전원전압이 5.0V로 높아진 STR730 시리즈는 동작속도가 최고 36MHz로 다소 느리다는 점에 유의해야 한다.

전력제어와 같은 많은 응용 분야에서는 시스템의 내잡음성을 좋게 하려면 마이크로콘트롤러의 전원전압이 높은 것이 아무래도 유리하며, 외부에 접속하는 주변장치도 3.3V의 저전압형보다는 5.0V형이 더 흔하다는 점에서 상대적으로 유용할 수 있다.

〈표 1.1.6〉 ST Microelectronics사의 스마트 ARM 마이크로콘트롤러

모델명	ARM 코어	핀수/패키지	전원 [V]	속도 [MHz]	플래시 [KB]	SRAM [KB]	ISP/WDT	I/O 핀	타이머/카운터	UART	I2C	SPI	USB	CAN	ADC	기타 특징
STR711FR0	ARM7TDMI	64 TQFP	3.3	50	64+16	16	○/○	30	5	4	2	2	1	-	4x12bit	16KB 데이터 플래시
STR712FR0	ARM7TDMI	64 TQFP	3.3	50	64+16	16	○/○	32	5	4	2	2	-	1	4x12bit	
STR715FR0	ARM7TDMI	64 TQFP	3.3	50	64+16	16	○/○	32	5	4	2	2	-	-	4x12bit	
STR711FR1	ARM7TDMI	64 TQFP	3.3	50	128+16	32	○/○	30	5	4	2	2	1	-	4x12bit	
STR712FR1	ARM7TDMI	64 TQFP	3.3	50	128+16	32	○/○	32	5	4	2	2	-	1	4x12bit	
STR711FR2	ARM7TDMI	64 TQFP	3.3	50	256+16	64	○/○	30	5	4	2	2	1	-	4x12bit	
STR712FR2	ARM7TDMI	64 TQFP	3.3	50	256+16	64	○/○	32	5	4	2	2	-	1	4x12bit	
STR710FZ1	ARM7TDMI	144 TQFP	3.3	50	128+16	32	○/○	48	5	4	2	2	1	1	4x12bit	
STR710FZ2	ARM7TDMI	144 TQFP	3.3	50	256+16	64	○/○	48	5	4	2	2	1	1	4x12bit	
STR731FV0	ARM7TDMI	100 TQFP	5.0	36	64	16	○/○	72	15	4	2	3	-	3	12x10bit	5.0V 전원 16xDMA RC 발진기 -40～105℃
STR736FV0	ARM7TDMI	100 TQFP	5.0	36	64	16	○/○	72	15	4	2	3	-	-	12x10bit	
STR731FV1	ARM7TDMI	100 TQFP	5.0	36	128	16	○/○	72	15	4	2	3	-	3	12x10bit	
STR736FV1	ARM7TDMI	100 TQFP	5.0	36	128	16	○/○	72	15	4	2	3	-	-	12x10bit	
STR731FV2	ARM7TDMI	100 TQFP	5.0	36	256	16	○/○	72	15	4	2	3	-	3	12x10bit	
STR736FV2	ARM7TDMI	100 TQFP	5.0	36	256	16	○/○	72	15	4	2	3	-	-	12x10bit	
STR730FZ1	ARM7TDMI	144 TQFP	5.0	36	128	16	○/○	112	19	4	2	3	-	3	16x10bit	
STR735FZ1	ARM7TDMI	144 TQFP	5.0	36	128	16	○/○	112	19	4	2	3	-	-	16x10bit	
STR730FZ2	ARM7TDMI	144 TQFP	5.0	36	256	16	○/○	112	19	4	2	3	-	3	16x10bit	
STR735FZ2	ARM7TDMI	144 TQFP	5.0	36	256	16	○/○	112	19	4	2	3	-	-	16x10bit	
STR751FR0	ARM7TDMI-S	64 TQFP	3.3	60	64	16	○/○	38	6	3	1	2	1	-	11x10bit	4xDMA RC 발진기 모터제어PWM -40～105℃
STR752FR0	ARM7TDMI-S	64 TQFP	3.3/5.0	60	64	16	○/○	38	6	3	1	2	-	1	11x10bit	
STR755FR0	ARM7TDMI-S	64 TQFP	3.3/5.0	60	64	16	○/○	38	6	3	1	2	-	-	11x10bit	
STR751FR1	ARM7TDMI-S	64 TQFP	3.3	60	128	16	○/○	38	6	3	1	2	1	-	11x10bit	
STR752FR1	ARM7TDMI-S	64 TQFP	3.3/5.0	60	128	16	○/○	38	6	3	1	2	-	1	11x10bit	
STR755FR1	ARM7TDMI-S	64 TQFP	3.3/5.0	60	128	16	○/○	38	6	3	1	2	-	-	11x10bit	
STR751FR2	ARM7TDMI-S	64 TQFP	3.3	60	256	16	○/○	38	6	2	1	2	1	-	11x10bit	
STR752FR2	ARM7TDMI-S	64 TQFP	3.3/5.0	60	256	16	○/○	38	6	2	1	2	-	1	11x10bit	
STR755FR2	ARM7TDMI-S	64 TQFP	3.3/5.0	60	256	16	○/○	38	6	2	1	2	-	-	11x10bit	
STR750FV0	ARM7TDMI-S	100 TQFP	3.3/5.0	60	64	16	○/○	72	6	3	1	2	1	1	16x10bit	
STR755FV0	ARM7TDMI-S	100 TQFP	3.3/5.0	60	64	16	○/○	72	6	3	1	2	-	-	16x10bit	
STR750FV1	ARM7TDMI-S	100 TQFP	3.3/5.0	60	128	16	○/○	72	6	3	1	2	1	1	16x10bit	
STR755FV1	ARM7TDMI-S	100 TQFP	3.3/5.0	60	128	16	○/○	72	6	3	1	2	-	-	16x10bit	
STR750FV2	ARM7TDMI-S	100 TQFP	3.3/5.0	60	256	16	○/○	72	6	3	1	2	1	1	16x10bit	
STR755FV2	ARM7TDMI-S	100 TQFP	3.3/5.0	60	256	16	○/○	72	6	3	1	2	-	-	16x10bit	
STR910FM32	ARM966E-S	80 LQFP	1.8/3.3	96	256+32	64	○/○	40	7	3	2	2	-	1	8x10bit	9xDMA 3상모터제어
STR911FM42	ARM966E-S	80 LQFP	1.8/3.3	96	256+32	96	○/○	40	7	3	2	2	1	1	8x10bit	
STR911FM44	ARM966E-S	80 LQFP	1.8/3.3	96	512+32	96	○/○	40	7	3	2	2	1	1	8x10bit	
STR910FW32	ARM966E-S	128 LQFP	1.8/3.3	96	256+32	64	○/○	80	7	3	2	2	-	1	8x10bit	
STR912FW42	ARM966E-S	128 LQFP	1.8/3.3	96	256+32	96	○/○	80	7	3	2	2	1	1	8x10bit	
STR912FW44	ARM966E-S	128 LQFP	1.8/3.3	96	512+32	96	○/○	80	7	3	2	2	1	1	8x10bit	

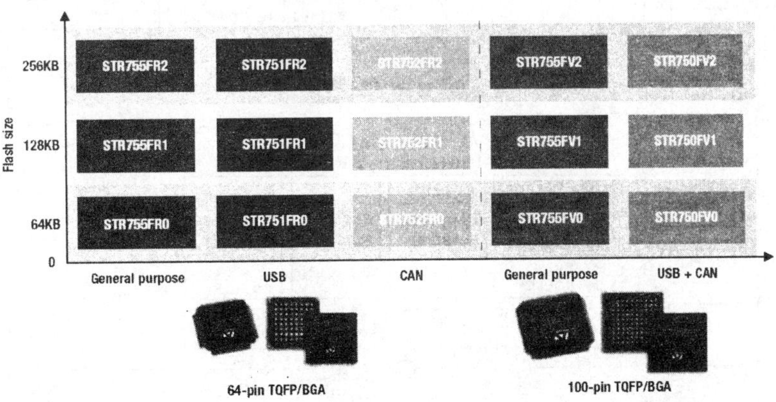

〈그림 1.1.4〉 ST Microelectronics사 STR750F 시리즈의 로드맵

▣ Analog Devices사의 스마트 ARM 마이크로콘트롤러

Analog Devices사의 스마트 ARM 마이크로콘트롤러는 이 회사의 강점인 A/D 및 D/A 컨버터 기능을 내장한 것이 특징이다. 이 회사의 제품에서는 A/D 및 D/A 컨버터 기능이 강조되기 때문에 아날로그 마이크로콘트롤러(Analog Microcontroller) 또는 마이크로콘버터(MicroConverter)라고 부르고 있다. 이들 소자에는 내부 기준전압 2.5V를 가지고 있으며, 온도센서도 내장하고 있다. 이 모델들은 모두 UART 또는 I^2C 통신을 사용하여 사용자 프로그램을 플래시 메모리에 다운로드한다.

Analog Devices사의 스마트 ARM 마이크로콘트롤러 모델들은 모두 ARM7TDMI 코어를 사용하고 있으며, 주요 모델들을 요약하면 <표 1.1.7>과 같다.

〈표 1.1.7〉 Analog Devices사의 스마트 ARM 마이크로콘트롤러

모델명	ARM 코어	핀수/패키지	속도 [MHz]	플래시 [KB]	SRAM [KB]	ISP 기능	I/O 핀	WDT	타이머/카운터	PWM 채널	UART	I2C	SPI	USB	CAN	12 비트 ADC	12 비트 DAC	기타 특징
ADuC7019	ARM7TDMI	40 CSP	44	62	8	○	14	○	2+2	-	1	2	1	-	-	5	3	
ADuC7020	ARM7TDMI		44	62	8	○	14	○	2+2	-	1	2	1	-	-	5	4	
ADuC7021	ARM7TDMI		44	62	8	○	13	○	2+2	-	1	2	1	-	-	8	2	
ADuC7022	ARM7TDMI		44	62	8	○	13	○	2+2	-	1	2	1	-	-	10	-	
ADuC7024	ARM7TDMI	64 CSP 64 LQFP	44	62	8	○	30	○	2+2	3	1	2	1	-	-	10	2	
ADuC7025	ARM7TDMI		44	62	8	○	30	○	2+2	3	1	2	1	-	-	12	-	
ADuC7026	ARM7TDMI	80 LQFP	44	62	8	○	40	○	2+2	3	1	2	1	-	-	12	4	외부 버스
ADuC7027	ARM7TDMI		44	62	8	○	40	○	2+2	3	1	2	1	-	-	16	-	
ADuC7028	ARM7TDMI	64 BGA	44	62	8	○	30	○	2+2	3	1	2	1	-	-	8	4	
ADuC7128	ARM7TDMI	64 LQFP	44	126	8	○	28	○	1+3+1	6	2	2	1	-	-	10	-	
ADuC7129	ARM7TDMI	80 LQFP	44	126	8	○	38	○	1+3+1	6	2	2	1	-	-	10	-	외부 버스

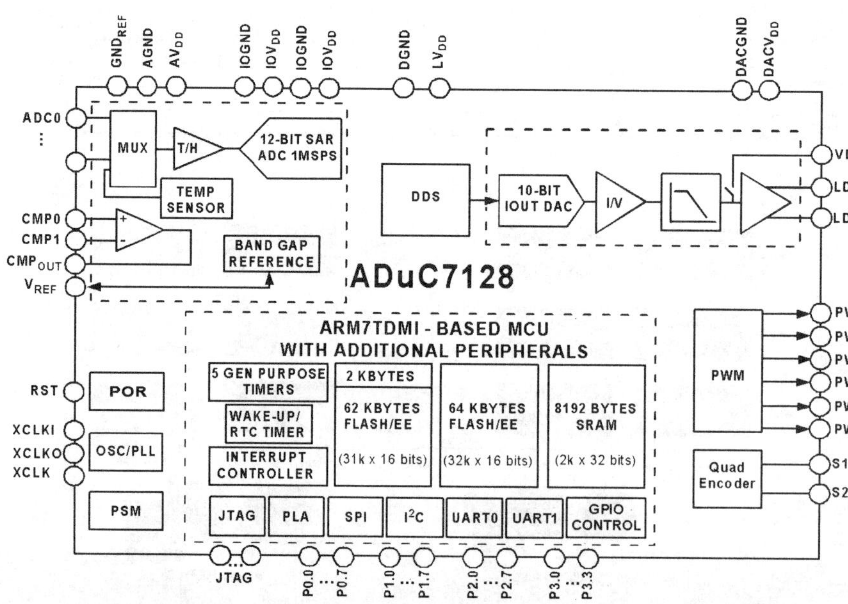

〈그림 1.1.5〉 Analog Devices사 ADuC7128의 내부 블록도

◀휴게실▶ **EEPROM과 플래시 메모리**

AT91SAM7S256에는 256KB의 플래시 메모리와 64KB의 SRAM을 내장하고 있다. 이 소자에는 없지만 어떤 MCU에는 불휘발성 데이터 메모리로서 EEPROM을 내장하고 있는 경우도 있다. EEPROM과 플래시 메모리는 하나의 뿌리에서 발전해온 매우 유사한 메모리이지만 사용방법이 서로 다르다. 이것들은 오늘날 독립된 메모리 소자로서도 널리 사용되고 있으므로 충분히 알아둘 필요가 있다.

EEPROM(E^2PROM, Electrically Erasable PROM)은 온보드(on-board) 상태에서 사용자가 내용을 바이트 단위로 리드하거나 라이트할 수 있으므로 사실상 SRAM과 유사하게 사용할 수 있는 불휘발성 메모리이며, 따라서 제조회사에 따라서는 이를 EEPROM이라고 부르지 않고 EAPROM(Electrically Alterable PROM) 또는 NVRAM(Non-Volatile RAM)이라고 부르기도 한다. 그러나, 이것의 리드 동작은 액세스 시간이 다소 느리기는 하더라도 SRAM과 유사하므로 별 문제가 없는데 비하여, 라이트 동작을 수행하는 경우에는 1바이트를 라이트할 때마다 수[ms] 이상의 시간지연이 필요하므로 SRAM처럼 사용할 수는 없다. 따라서, EEPROM은 실시간으로 사용되는 변수를 저장하는 메모리나 스택 메모리로는 사용될 수 없으며, 한번 내용을 저장하면 비교적 오랫동안 이를 기억하고 있으면서 주로 이를 읽어 사용하기만 하거나 전원을 꺼도 지워져서는 안되는 중요한 데이터를 백업하여 두어야 하는 설정값 저장용 메모리로 적합하다. 이 메모리 소자는 28Cxxx의 형태로 이름을 짓는 경우가 많다.

한편, 플래시 메모리(flash memory)는 온보드 상태에서 사용자가 내용을 바이트 단위로 자유로이 리드할 수는 있지만, 라이트 동작은 페이지(page) 또는 섹터(sector)라고 불리는 블록(block) 단위로만 수행할 수 있는 변형된 EEPROM이다. 블록의 크기는 메모리 소자나 메이커에 따라 다르지만 대체로 64바이트, 128바이트, 256바이트 등에서부터 많게는 128KB까지도 사용한다. 이렇게 플래시 메모리는 EEPROM과 매우 유사하지만 바이트 단위로 라이트하는 것이 불가능하므로 페이지 모드 라이트 기능만을 가지는 EEPROM이라고 생각하면 되며, 따라서 역시 SRAM처럼 실시간 데이터 메모리로 사용하는 것은 불가능하다. 그러나, 플래시 메모리는 EEPROM에 비해 메모리 셀의 구조가 간단하여 훨씬 더 대용량의 메모리 소자를 만드는데 적합하며, 1개의 블록 전체를 라이트하는데 수 [ms] 정도가 걸리므로 대용량 데이터를 라이트할 때는 EEPROM보다 훨씬 속도가 빠르다는 장점을 가진다.

그런데, 플래시 메모리는 내부 구조에 따라서 NOR형 플래시와 NAND형 플래시 메모리로 나눌 수 있다. NOR형 플래시는 다른 메모리 소자와 같이 외부 구조가 어드레스 버스, 데이터 버스, 그리고 몇 가지의 제어신호 및 전원으로 되어 있어서 프로그램 저장용으로 널리 사용된다. NOR형 플래시 메모리는 대부분 29Cxxx 형태의 이름을 가지고 있다. 그러나, NAND형 플래시 메모리는 어드레스 버스와 데이터 버스가 따로 있는 것이 아니고 8개(또는 16개)의 데이터 신호와 몇 개의 제어신호 및 전원핀을 가지고 있다. 8개의 데이터 신호선은 어드레스 및 제어명령을 라이트하거나 데이터 값을 읽고 쓰는 용도로 사용된다. 이렇게 하면 메모리를 읽고 쓰는 동작은 좀 번거로워지지만 메모리 용량이 증가하더라도 핀 수가 늘어나지 않으므로 하드웨어 규격을 통일할 수 있어서 플래시 메모리를 마치 하드디스크처럼 사용하는 것이 가능하다.

특히, 요즈음에는 1.8[V]나 3.3[V]의 저전압에서 동작하는 수십 MB~수십 GB짜리 대용량의 NAND형 플래시 메모리 카드가 많이 개발되어 휴대용 통신기기, 디지털 카메라, MP3 플레이어, 이동형 USB 메모리 등과 같은 용도에 널리 사용되고 있으며, 하드디스크를 NAND형 플래시 메모리로 대체하려는 노력도 활발하다. 이러한 휴대용 기기에 NAND형 플래시 메모리 카드를 사용할 때는 하드웨어 및 소프트웨어적인 호환성이 중요하므로 SD(Secure Digital), MMC(MultiMedia Card), CF(Compact Flash) 등과 같은 표준 규격이 만들어져 시장에서 치열하게 경쟁하고 있다.

〈그림 1.1.6〉 SD 카드

〈그림 1.1.7〉 MMC 카드

〈그림 1.1.8〉 CF 카드

1.2 AT91SAM7S256의 기본 구조와 기능

이 절에서는 Atmel사에서 2005년부터 출시한 AT91SAM7S 시리즈의 ARM 마이크로콘트롤러 중에서도 이제부터 우리가 공부하려는 AT91SAM7S256의 특징, 외부 및 내부 구조, 전반적인 기능 등에 대하여 설명한다.

1. AT91SAM7S256의 특징

AT91SAM7S256을 중심으로 AT91SAM7S 시리즈에 속하는 마이크로콘트롤러들의 특징을 요약하면 다음과 같다.

① 고성능 16/32비트 RISC형의 ARMv4T 구조에 ARM7TDMI 코어를 가지는 ARM Thumb 마이크로프로세서이다.

② ARM의 고성능 32비트 명령 세트와 ARM Thumb의 고밀도 16비트 명령 세트를 가진다.

③ SAM-BA Boot 프로그램을 내장하고 있어서 이는 퍼스널컴퓨터의 SAM-BA GUI 프로그램과 연계하여 사용자 프로그램을 ISP 방식으로 다운로드한다.

④ 3단계 파이프라인 처리 방식(Fetch/Decode/Execute)을 사용하여 대부분의 명령을 1클록 사이클에 실행하며, 최고 55MHz 이하에서 0.9MIPS/MHz의 명령처리 속도를 나타낸다.

⑤ IEEE Standard 1149.1 규격의 JTAG 인터페이스에 의한 디버그 기능을 가지며, 이밖에도 전용의 UART에 의한 디버그 유닛(DBGU)을 가진다.

⑥ 16개의 32비트 레지스터를 가지는데, 여기에는 스택 포인터와 프로그램 카운터를 포함한다. 이 16개의 레지스터는 5개의 동작모드에서 조금씩 다르게 사용된다.

⑦ 내부에 256KB의 플래시 메모리를 가지고 있는데, 이것은 256바이트×1024페이지의 구조로 되어 있다. 이것은 10,000번까지 지우고 다시 쓸 수 있으며, 30MHz 이하의 속도에서 1사이클에 제로 웨이트로 액세스된다.

⑧ 내부에 64KB의 고속 SRAM을 가지고 있는데, 이것은 55MHz 이하의 속도에서 1사이클에 제로 웨이트로 액세스된다.

⑨ 메모리 콘트롤러(MC)는 버스 조정기, 어드레스 디코더, SRAM 재배치, 플래시 콘트롤러 등의 기능을 가진다.

⑩ 리셋 콘트롤러(RSTC)는 전원투입 리셋 기능과 BOD 기능을 가지며, 리셋 신호를 외부에 출력할 수도 있다.

⑪ 클록 발생기(CKGR)는 32.768kHz의 내부 RC 오실레이터 회로를 가지고 있으며, 또한 외부에 3~20MHz의 수정발진자를 접속할 수 있는 발진회로도 내장하고 있다. 이들 클록은 PLL 회로에 의하여 적절히 체배될 수 있다.

⑫ 전력 관리 제어기(PMC)는 프로세서 클록 PCK, 마스터 클록 MCK, USB 클록 UDPCK 등을 임의로 조정할 수 있으며, 저주파 클록 모드와 아이들 모드로 소비전력을 제어할 수 있다. 또한, 사용하지 않는 주변장치에 클록 신호를 공급하지 않고 동작을 정지시킴으로써 소비전력을 최소화할 수 있다.

⑬ 32비트의 병렬 I/O 포트(PIO)를 가지고 있는데, 이는 Peripheral A와 Peripheral B 등 2개의 주변장치 출력 기능과 멀티플렉스되어 동작하며, 각 핀들은 출력 동작에서 오픈 드레인 또는 10kΩ의 내부 풀업저항을 사용하도록 설정될 수 있다.

⑭ 인터럽트 제어기(AIC)는 인터럽트 소스, 인터럽트 우선순위, 인터럽트 허용 여부 등을 제어할 수 있다.

⑮ 워치독 타이머(WDT)는 12비트 프로그래머블 카운터로 워치독 기능을 수행하며, 리셋 신호와 인터럽트 신호를 발생할 수 있다.

⑯ 실시간 타이머(RTT)는 알람 기능을 가지는 32비트 프리런닝 카운터로서 내부의 32.768kHz RC 오실레이터로 동작한다.

⑰ 주기적인 시간간격 타이머(PIT)는 20비트의 프로그래머블 카운터와 12비트의 시간간격 타이머를 가지고 있다.

⑱ 주변장치 DMA 제어기(PDC)는 모두 11개의 채널이 있다.

⑲ 3채널의 16비트 타이머/카운터(TC)는 업/다운 카운터로 동작할 수 있으며, PWM 출력 발생 기능, 파형 발생 기능, 입력 캡쳐 기능 등을 가지고 있다.

⑳ PWM 제어기(PWMC)는 4채널의 16비트 PWM 출력신호를 발생한다.

㉑ 전이중 통신이 가능한 동기 및 비동기 직렬통신 포트(USART)는 2채널이 있으며, Modem 제어, IrDA, T0/T1 스마트 카드, 하드웨어 핸드세이킹, RS-485 등의 기능을 지원한다. 이밖에 디버그 유닛(DBGU)도 일반 UART로 사용할 수 있다.

㉒ 동기 직렬통신 제어기(SSC)는 독립적인 클록과 프레임 동기 신호를 가지는 동기식으로 동작하며, I^2S 아날로그 인터페이스를 지원한다.

㉓ 직렬통신 포트 SPI는 마스터 및 슬레이브로 동작할 수 있으며, 8비트 및 16비트 길

이로 데이터를 전송할 수 있고 4개의 칩선택 신호를 가지고 있다.

㉔ 직렬통신 포트 TWI는 I^2C 통신을 수행하며 마스터로만 동작할 수 있다.

㉕ USB 디바이스 포트(UDP)는 USB 2.0 규격에 따라 12Mbits/s까지 동작하며, 온칩 트랜시버와 328바이트의 FIFO를 가지고 있다.

㉖ 8채널 10비트의 A/D 컨버터를 가지고 있는데, 이중에서 4개의 채널은 전용 핀을 가지고 있으며 나머지 4개는 병렬 I/O 포트의 부수적인 기능으로 되어 있다.

㉗ 모든 I/O 신호는 +5V 로직과 직접 인터페이스가 가능하며, PA3~PA0 신호는 16mA까지 드라이브할 수 있다.

㉘ 특정 비트를 제어할 때는 비트 세트 레지스터, 비트 리셋 레지스터, 비트 상태 레지스터를 가지고 있어서 6클록 사이클의 빠른 속도로 수행할 수 있다. 이에 비하여 일반적인 Read-Modify-Write 방법을 사용하면 16클록 사이클이 소요된다.

㉙ 내장된 1.8V 레귤레이터는 VDDIN 단자의 3.3V 입력전압을 사용하여 VDDOUT 단자에 1.8V의 출력전압을 발생하며 100mA까지 구동할 수 있다. VDDCORE 전원으로는 1.8V를 사용하는데 여기에는 BOD 기능이 포함되며, VDDIO 전원으로는 3.3V 또는 1.8V를 사용할 수 있다.

㉚ 64핀 LQFP(Low-profile Quad Flat Package) 또는 64핀 QFN(Quad Flat No-lead) 패키지가 있다.

㉛ AT91SAM7S256은 모두 산업용(industrial) 버전으로서 -40℃~+85℃의 온도 범위에서 사용할 수 있다.

Atmel사에서 나온 AT91SAM7S 시리즈 모델의 주요 사양을 비교 정리하여 보면 <표 1.2.1>과 같다.

〈표 1.2.1〉 AT91SAM7S 시리즈 ARM 마이크로콘트롤러의 주요 사양 비교

	플래시 메모리	SRAM	USB 디바이스	USART 채널	T/C 채널	PDC 채널	외부 인터럽트	I/O 핀	패키지
AT91SAM7S512	512KB(dual plane)	64KB	1	2	3	11	2	32	LQFP64/QFN64
AT91SAM7S256	256KB(single plane)	64KB	1	2	3	11	2	32	LQFP64/QFN64
AT91SAM7S128	128KB(single plane)	32KB	1	2	3	11	2	32	LQFP64/QFN64
AT91SAM7S64	64KB(single plane)	16KB	1	2	3	11	2	32	LQFP64/QFN64
AT91SAM7S321	32KB(single plane)	8KB	1	2	3	11	2	32	LQFP64/QFN64
AT91SAM7S32	32KB(single plane)	8KB	-	1	3	9	1	21	LQFP48/QFN48
AT91SAM7S161	16KB(single plane)	4KB	1	2	3	11	2	32	LQFP64/QFN64
AT91SAM7S16	16KB(single plane)	4KB	-	1	3	9	1	21	LQFP48/QFN48

☞ AT91SAM7S16과 AT91SAM7S161은 2007년말 현재 개발중이며 아직 출시되지 않았다.

2. AT91SAM7S256의 외부 구조

AT91SAM7S256 모델은 64핀의 LQFP 패키지와 64핀의 QFN 패키지가 있는데, *OK-7S256* 키트에서 사용하는 64핀 LQFP 패키지의 모양과 크기는 9페이지의 그림에 보였다. 패키지의 크기가 매우 작지만 손으로 납땜하는 것도 가능하다. 이것들의 외부 핀 배열은 <그림 1.2.1>과 같고, 각 핀의 기능을 요약하면 <표 1.2.2>와 같다.

<그림 1.2.1>에는 이 마이크로콘트롤러가 기본적으로 사용하는 핀의 이름만을 표시하였다. 그러나, 병렬 입출력 제어기(PIO)는 이들 각 핀을 여러 가지의 주변장치용으로 사용하도록 2가지로 설정할 수도 있는데 이를 <표 1.2.3>에 요약하였다.

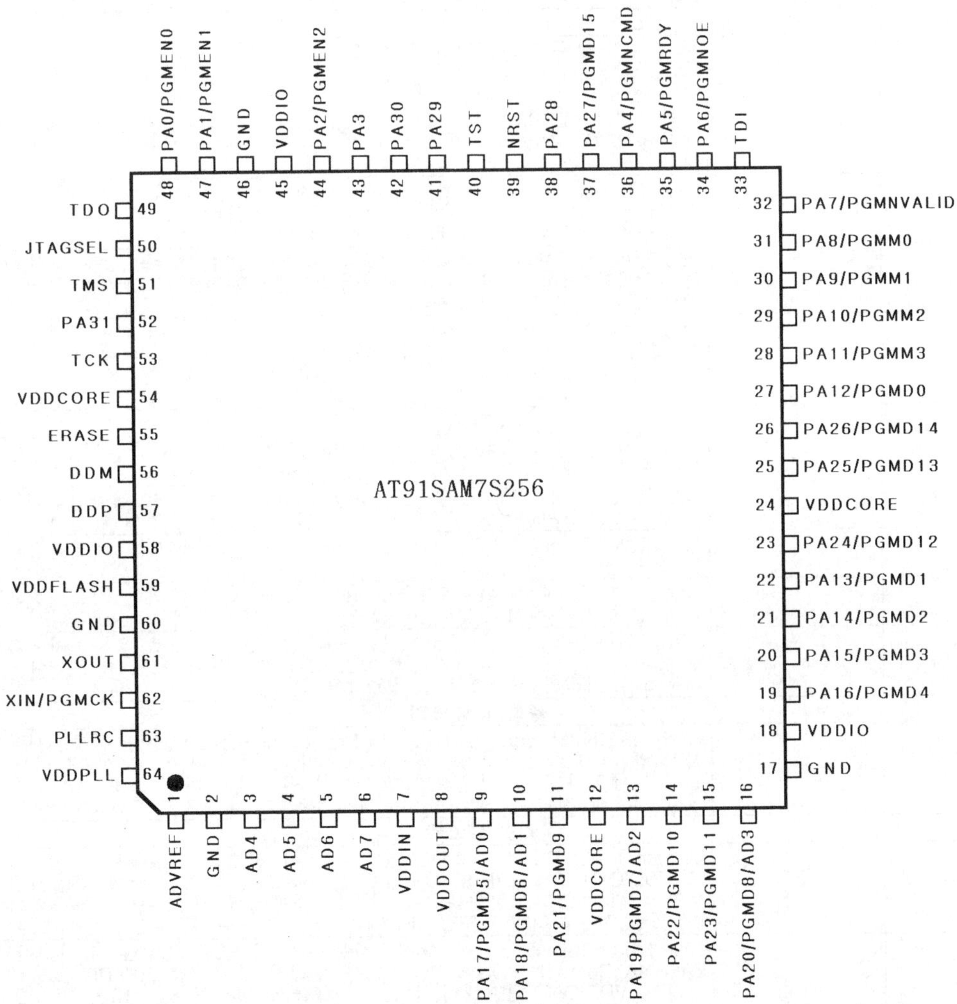

〈그림 1.2.1〉 AT91SAM7S256의 외부 구조

〈표 1.2.2〉 AT91SAM7S256 외부 핀의 기능 요약

신호 이름	핀번호	I/O	기 능
전원			
VDDIN	7	power	Voltage Regulator Input : CPU에 내장된 전압 레귤레이터의 입력 단자. 여기에는 3.0~3.6V가 입력되어야 한다. 4.7μF와 0.1μF 커패시터로 필터링 및 디커플링해주는 것이 좋다.
VDDOUT	8	power	Voltage Regulator Output : CPU에 내장된 전압 레귤레이터의 출력 단자. 여기서는 1.85V가 출력되며, 100mA까지 구동할 수 있다. 2.2μF와 0.1μF 커패시터로 필터링 및 디커플링해주는 것이 좋다.
VDDFLASH	59	power	Flash Power Supply : CPU에 내장된 플래시 메모리의 전원. 여기에는 3.0~3.6V가 입력되어야 한다. 0.1μF 커패시터로 디커플링해주는 것이 좋다.
VDDIO	18,45,58	power	I/O Lines Power Supply : 입출력 회로와 USB 부분의 전원. 여기에는 3.0~3.6V 또는 1.65~1.95V를 선택적으로 인가할 수 있다. 0.1μF 커패시터로 디커플링해주는 것이 좋다.
VDDCORE	12,24,54	power	Core Power Supply : CPU 코어와 내장 RC 발진회로, 플래시 메모리 부분의 전원. 여기에는 1.65~1.95V가 입력되어야 한다. 0.1μF 커패시터로 디커플링해주는 것이 좋다.
VDDPLL	64	power	PLL Power Supply : 메인 오실레이터와 PLL 회로의 전원. 여기에는 1.65~1.95V가 입력되어야 한다. 0.1μF 커패시터로 디커플링해주는 것이 좋다.
GND	2,17,46,60	ground	Ground : 모든 CPU 회로의 접지 단자.
클록 오실레이터 및 PLL			
XIN	62	I	Main Oscillator Input : 외부에 수정발진자를 접속하여 내부에서 클록을 발생하는 회로의 입력 단자. 여기에는 3~20MHz의 수정발진자를 접속하며, 접지와의 사이에 10pF의 커패시터를 접속한다. 수정발진자를 사용하는 대신에 외부에서 클록신호를 인가하려면 여기에 접속해야 하며, 이때 XOUT 단자는 사용하지 않는다.
XOUT	61	O	Main Oscillator Output : 외부에 수정발진자를 접속하여 내부에서 클록을 발생하는 회로의 출력 단자. 여기에는 3~20MHz의 수정발진자를 접속하며, 접지와의 사이에 10pF의 커패시터를 접속한다.
PLLRC	63	I	PLL Filter : 클록의 주파수를 체배하기 위한 PLL 회로의 2차 필터. 여기에는 1.5kΩ의 저항과 0.01μF 커패시터를 직렬로 접속한 회로에 다시 병렬로 0.001μF 커패시터를 접속한다.
PCK0~2		O	Programmable Clock Output : 전력관리 제어기(PMC)에서 출력하는 프로세서 클록신호. 이것들은 PMC_PCKx 레지스터에 의하여 각각 독립적으로 제어되며, SLCK, MAINCLK, PLLCLK 중에서 임의의 소스를 선택할 수 있고 2, 4, 8, 16, 32, 64로 분주하여 출력할 수 있다.
JTAG			
TCK	53	I	Test Clock : JTAG의 boundary scan 포맷에 의한 직렬전송의 클록 신호. 외부에서 10kΩ~100kΩ 정도의 저항으로 풀업해야 한다.
TDI	33	I	Test Data Input : JTAG의 boundary scan 포맷에 의한 직렬전송의 데이터 입력 신호. 외부에서 10kΩ~100kΩ 정도의 저항으로 풀업해야 한다.
TDO	49	O	Test Data Output : JTAG의 boundary scan 포맷에 의한 직렬전송의 데이터 출력 신호.
TMS	51	I	Test Mode Select : JTAG의 boundary scan 포맷에 의한 직렬전송의 모드 선택 신호. 외부에서 10kΩ~100kΩ 정도의 저항으로 풀업해야 한다.
JTAGSEL	50	I	JTAG Selection : 정상 동작에서는 반드시 오픈 상태로 유지하며, JTAG의 boundary scan으로 들어가려면 VDDIO에 연결해야 하는 신호. 이 신호는 내부에서 15kΩ의 저항으로 풀다운되어 있다.
플래시 메모리			
ERASE	55	I	Flash and NVM Configuration Bits Erase Command : 정상 동작에서는 반드시 오픈 상태로 유지하며, 메모리 록 비트, 안전 비트, GPNVM 비트, 전체 플래시 메모리 등을 지우려면 VDDIO에 연결해야 하는 신호(펄스폭을 50ms 이상으로 할 것). 이 신호는 내부에서 15kΩ의 저항으로 풀다운되어 있다.
리셋/테스트			
-NRST	39	I/O	Microcontroller Reset : CPU 리셋 신호. 이 신호는 내부에서 10kΩ의 저항으로 VDDIO에 풀업되어 있으며 low enable로 동작한다. 전원 투입시에 잠깐 동안 출력신호로 동작한다. 이 신호는 내부에서 기본적으로 차단되어 있으며, 이를 사용하려면 RSTC_MR 레지스터에서 URSTEN=1로 설정해야 한다.
TST	40	I	Test Mode Select : 정상 동작에서는 반드시 오픈 상태로 유지해야 하며, SAM-BA Boot 복구 모드 또는 고속 플래시 프로그래밍(FFPI) 모드로 들어가려면 VDDIO에 연결해야 하는 신호(펄스폭을 최소한 10초 이상으로 할 것). 이 신호는 내부에서 15kΩ의 저항으로 풀다운되어 있다.

〈표 1.2.2〉 AT91SAM7S256 외부 핀의 기능 요약(계속)

신호 이름	핀번호	I/O	기능
디버그 유닛(DBGU)			
DTXD	29	O	Debug Transmit Data : 디버그 유닛의 직렬 송신 데이터 출력 신호.
DRXD	30	I	Debug Receive Data : 디버그 유닛의 직렬 수신 데이터 입력 신호.
인터럽트 제어기(AIC)			
IRQ0~1		I	External Interrupt Request Input : 외부 인터럽트 입력 신호.
FIQ		I	Fast Interrupt Request Input : 외부 고속 인터럽트 입력 신호.
병렬 I/O 포트(PIO)			
PA0~31	48,47,43, ... 41,42,52	I/O	Parallel I/O Controller A : 범용 32비트 병렬 I/O 포트 신호. 입력 또는 출력으로 설정할 수 있고, 내부적으로 입력 및 출력에 대하여 모두 10kΩ 저항에 의하여 풀업되도록 설정할 수도 있으며, 오픈 드레인 출력형으로 설정할 수도 있다. 리셋 직후에는 풀업된 입력으로 동작한다. 소비전력을 줄이려면 풀업을 사용하지 않고 출력으로 설정하여 0상태로 출력하는 것이 좋다. 각 단자는 부수적으로 2가지 주변장치 신호로 설정하여 사용할 수도 있다. 특별히 SAM-BA Boot 플래시 메모리에 복구하는 모드로 들어가기 위하여 TST=1로 할 때는 PA0=PA1=PA2=1로 입력되어야 한다. 또한 고속 플래시 프로그래밍(FFPI) 모드로 들어가려면 TST=1과 함께 PA0=PA1=1, PA2=0으로 입력되어야 한다.
USB 디바이스 포트(UDP)			
DDP	57	analog	USB Device Port Data + : USB 디바이스 포트의 플러스 신호. 전형적으로 VDDIO에 1.5kΩ의 저항으로 풀업한다. USB 디바이스 포트를 사용하지 않을 때 소비전력을 적게 하려면 이 신호를 VDDIO에 연결하는 것이 좋다.
DDM	56	analog	USB Device Port Data - : USB 디바이스 포트의 마이너스 신호. USB 디바이스 포트를 사용하지 않을 때 소비전력을 적게 하려면 이 신호를 GND에 연결하는 것이 좋다.
동기 및 비동기 직렬통신 포트(USART)			
SCK0~1		I/O	Serial Clock : USART 포트0~1의 클록 입력 또는 출력 신호.
TXD0~1		O	Transmit Data : USART 포트0~1의 직렬 송신 데이터 출력 신호.
RXD0~1		I	Receive Data : USART 포트0~1의 직렬 수신 데이터 입력 신호.
RTS0~1		O	Request To Send : USART 포트0~1의 하드웨어 핸드세이킹 또는 모뎀제어 신호.
CTS0~1		I	Clear To Send : USART 포트0~1의 하드웨어 핸드세이킹 또는 모뎀제어 신호.
DTR1		O	Data Terminal Ready : USART 포트1의 모뎀제어 신호.
DSR1		I	Data Set Ready : USART 포트1의 모뎀제어 신호.
DCD1		I	Data Carrier Detect : USART 포트1의 모뎀제어 신호.
RI1		I	Ring Indicator : USART 포트1의 모뎀제어 신호.
동기 직렬통신 포트(SSC)			
TD		O	Transmit Data : SSC 포트의 송신 데이터 출력 신호.
RD		I	Receive Data : SSC 포트의 수신 데이터 입력 신호.
TK		I/O	Transmit Clock : SSC 포트의 송신 클록 신호.
RK		I/O	Receive Clock : SSC 포트의 수신 클록 신호.
TF		I/O	Transmit Frame Sync : SSC 포트의 송신 프레임 동기 신호.
RF		I/O	Receive Frame Sync : SSC 포트의 수신 프레임 동기 신호.
타이머/카운터(TC)			
TCLK0~2		I	External Clock Input : 외부 클록 입력 신호.
TIOA0~2		I/O	I/O Line A : 캡쳐 입력 신호 또는 분주된 클록 출력 신호.
TIOB0~2		I/O	I/O Line B : 캡쳐 입력 신호 또는 분주된 클록 출력 신호.
PWM 제어기(PWM)			
PWM0~3		O	PWM Channel : PWM 출력 신호.
SPI 직렬통신 포트(SPI)			
MISO		I/O	Master In Slave Out : SPI 포트의 마스터 입력 데이터 신호.
MOSI		I/O	Master Out Slave In : SPI 포트의 마스터 출력 데이터 신호.
SPCK		I/O	SPI Serial Clock : SPI 포트의 클록 신호.
-NPCS0		I/O	SPI Peripheral Chip Select 0 : SPI 포트의 마스터가 외부의 주변장치를 선택하는 신호 또는 외부의 마스터가 슬레이브를 선택하는 신호.
-NPCS1~3		O	SPI Peripheral Chip Select 1~3 : SPI 포트의 마스터가 외부의 주변장치를 선택하는 신호.

〈표 1.2.2〉 AT91SAM7S256 외부 핀의 기능 요약(계속)

신호 이름	핀번호	I/O	기 능
TWI 직렬통신 포트(TWI)			
TWD		I/O	TWI Serial Data : TWI 포트의 I^2C 통신 데이터 입출력 신호.
TWCK		I/O	TWI Serial Clock : TWI 포트의 I^2C 통신 클록 입출력 신호.
A/D 컨버터(ADC)			
AD0～3		analog	Analog Input : A/D 컨버터의 아날로그 입력 신호.
AD4～7	3,4,5,6	analog	Analog Input : A/D 컨버터의 아날로그 입력 신호.
ADTRG		I	ADC Trigger : A/D 컨버터 트리거 입력 신호.
ADVREF	1	analog	ADC Reference : A/D 컨버터의 기준전압 입력 단자. 여기에는 외부에서 2.6V～VDDIN의 전압이 인가되어야 하며, 0.1μF 커패시터로 디커플링해주는 것이 좋다. 부하전류는 1mA 이하이다. A/D 컨버터를 사용하지 않을 때 소비전력을 적게 하려면 이 단자와 AD4～AD7을 GND에 연결한다.
고속 플래시 프로그래밍 인터페이스(FFPI)			
PGMEN0～2	48,47,44	I	Programming Enable : FFPI의 플래시 프로그래밍 허용 신호. 이 모드로 들어가려면 TST=1, PGMEN0=PGMEN1=1, PGMEN2=0으로 연결해야 한다.
PGMM0～3	31～28	I	Programming Mode : FFPI의 플래시 프로그래밍의 동작 모드 선택 신호.
PGMD0～15	27,22 ...	I/O	Programming Data : FFPI의 플래시 프로그래밍 16비트 양방향 데이터 신호.
PGMRDY	35	O	Programming Ready : FFPI의 플래시 프로그래밍 명령을 받을 준비가 완료되었음을 나타내는 신호.
-PGMNVALID	32	O	Data Direction : FFPI의 플래시 프로그래밍 동작에서 데이터 버스의 방향을 나타내는 신호. 0이면 PGMD0～15는 입력방향이고, 1이면 출력방향이다.
-PGMNOE	34	I	Programming Read : FFPI의 플래시 프로그래밍 동작에서 출력 허용 신호.
PGMCK	62	I	Programming Clock : FFPI의 플래시 프로그래밍을 위한 클록 신호. 여기에는 32kHz～50MHz의 클록이 입력되어야 하며, 만약 이를 접지하면 내부의 RC 오실레이터에 의하여 동작한다.
-PGMNCMD	36	I	Programming Valid Command Available : FFPI의 플래시 프로그래밍 명령이 유효함을 나타내는 신호.

〈표 1.2.3〉 AT91SAM7S256의 PIO에 의한 외부 핀 멀티플렉싱

병렬 I/O	Peripheral A	Peripheral B	비 고	*OK-7S256* 키트에서의 사용	
PA0	PWM0	TIOA0	16mA 대전류 드라이브	PA0(LED1)/PWM0/TIOA0(TP1, 스피커)	
PA1	PWM1	TIOB0	16mA 대전류 드라이브	PA1(LED2)/PWM1/TIOB0(TP2)	
PA2	PWM2	SCK0	16mA 대전류 드라이브	PA2(버저)	
PA3	TWD	-NPCS3	16mA 대전류 드라이브	TWD	TWI 직렬통신
PA4	TWCK	TCLK0		TWCK	
PA5	RXD0	-NPCS3		RXD0	RS-232C 콘넥터(CN6)
PA6	TXD0	PCK0		TXD0	
PA7	RTS0	PWM3		PA7(KEY1)	
PA8	CTS0	ADTRG		PA8(KEY2)	
PA9	DRXD	-NPCS1		DRXD	DBGU 콘넥터(CN5)
PA10	DTXD	-NPCS2		DTXD	
PA11	-NPCS0	PWM0		NPCS0(-CS0)	SPI 직렬통신
PA12	MISO	PWM1		MISO	
PA13	MOSI	PWM2		MOSI	
PA14	SPCK	PWM3		SPCK	
PA15	TF	TIOA1		PA15(CS1)	
PA16	TK	TIOB1		PA16(USB의 DDP 신호 풀업저항 스위칭)	
PA17	TD	PCK1	AD0	PA17/PCK1(TP3, J3), AT93C56의 ORG 제어신호	
PA18	RD	PCK2	AD1	PA18(RS)	텍스트형 LCD 모듈의 제어신호
PA19	RK	FIQ	AD2	PA19(E)	
PA20	RF	IRQ0	AD3	PA20(D/-I)	그래픽형 LCD 모듈의 제어신호
PA21	RXD1	PCK1		PA21(E)	
PA22	TXD1	-NPCS3		PA22(CS0)	
PA23	SCK1	PWM0		PA23(CS1)	
PA24	RTS1	PWM1		PA24(DB0)	텍스트형 LCD 모듈 및 그래픽형 LCD 모듈의 데이터 버스
PA25	CTS1	PWM2		PA25(DB1)	
PA26	DCD1	TIOA2		PA26(DB2)	
PA27	DTR1	TIOB2		PA27(DB3)	
PA28	DSR1	TCLK1		PA28(DB4)	
PA29	RI1	TCLK2		PA29(DB5)	
PA30	IRQ1	-NPCS2		PA30(DB6)	
PA31	-NPCS1	PCK2		PA31(DB7)	

3. AT91SAM7S256의 내부 구조

(1) 전체 구조

AT91SAM7S256의 내부 구조를 자세한 블록도로 보이면 <그림 1.2.2>와 같다. 이것은 ARM7TDMI형의 CPU 코어에 기본적으로 JTAG 인터페이스가 부속되며, 내부의 시스템 버스 ASB(Advanced System Bus)를 통하여 메모리 제어기와 플래시 메모리 및 SRAM이 연결되어 있다. 또한, 플래시 메모리의 옆에는 별도로 SAM-BA Boot 프로그램이 저장되어 있는 ROM이 있다.

메모리 제어기에는 이밖에도 주변장치 데이터 제어기와 주변장치 브리지를 통하여 APB(Advanced Peripheral Bus) 버스가 연결되며, 이 버스에는 시스템 제어기와 모든 주변장치들이 접속되어 있다. 시스템 제어기에 포함되는 주변장치에는 리셋 제어기(RSTC), 클록 발생기(CKGR) 및 전력관리 제어기(PMC), 병렬 입출력 제어기(PIO), 디버그 유닛(DBGU), 고성능 인터럽트 제어기(AIC), 워치독 타이머(WDT), 실시간 타이머(RTT), 주기적인 시간간격 타이머(PIT), 메모리 제어기(MC) 등이 있다.

그밖의 일반 주변장치로는 타이머/카운터 TC, PWM 제어기 PWMC, 동기 및 비동기 직렬통신 포트 USART0~1, 동기 직렬통신 포트 SSC, 동기 직렬통신 포트 SPI, 동기 직렬통신 포트 TWI, USB 디바이스 포트 UDP, A/D 컨버터 ADC 등이 있다.

이밖에도 AT91SAM7S256의 내부에는 3.3V 전원을 1.8V로 변환하는 전압조정기(voltage regulator) 회로를 가지고 있다.

(2) CPU 코어

AT91SAM7S256의 CPU 코어는 ARM7TDMI에 해당하므로 이에 관한 자세한 사항은 참고문헌[2]의 “ARM Architecture Reference Manual(DDI 0100E)” 및 참고문헌[3]의 “ARM7TDMI Technical Reference Manual(DDI 0210B)”을 보기 바란다.

ARM7TDMI 구조의 CPU 코어는 고성능의 32비트 ARM 명령과 고밀도의 16비트 Thumb 명령을 모두 실행할 수 있는데, 이것은 ARMv4T의 폰노이만(Von Neumann) 방식을 기반으로 하는 RISC형 마이크로프로세서로서 <그림 1.2.3>에 보였듯이 3단계의 파이프라인 처리방식 Instruction Fetch(F) - Instruction Decode(D) - Execute(E)로 명령을 처리한다. 이렇게 하면 평균적으로 1클럭 사이클에 1명령씩을 실행하게 되어 파이프라인 처리를 사용하지 않는 순차처리 방식에 비하여 훨씬 빠른 명령처리가 가능해진다.

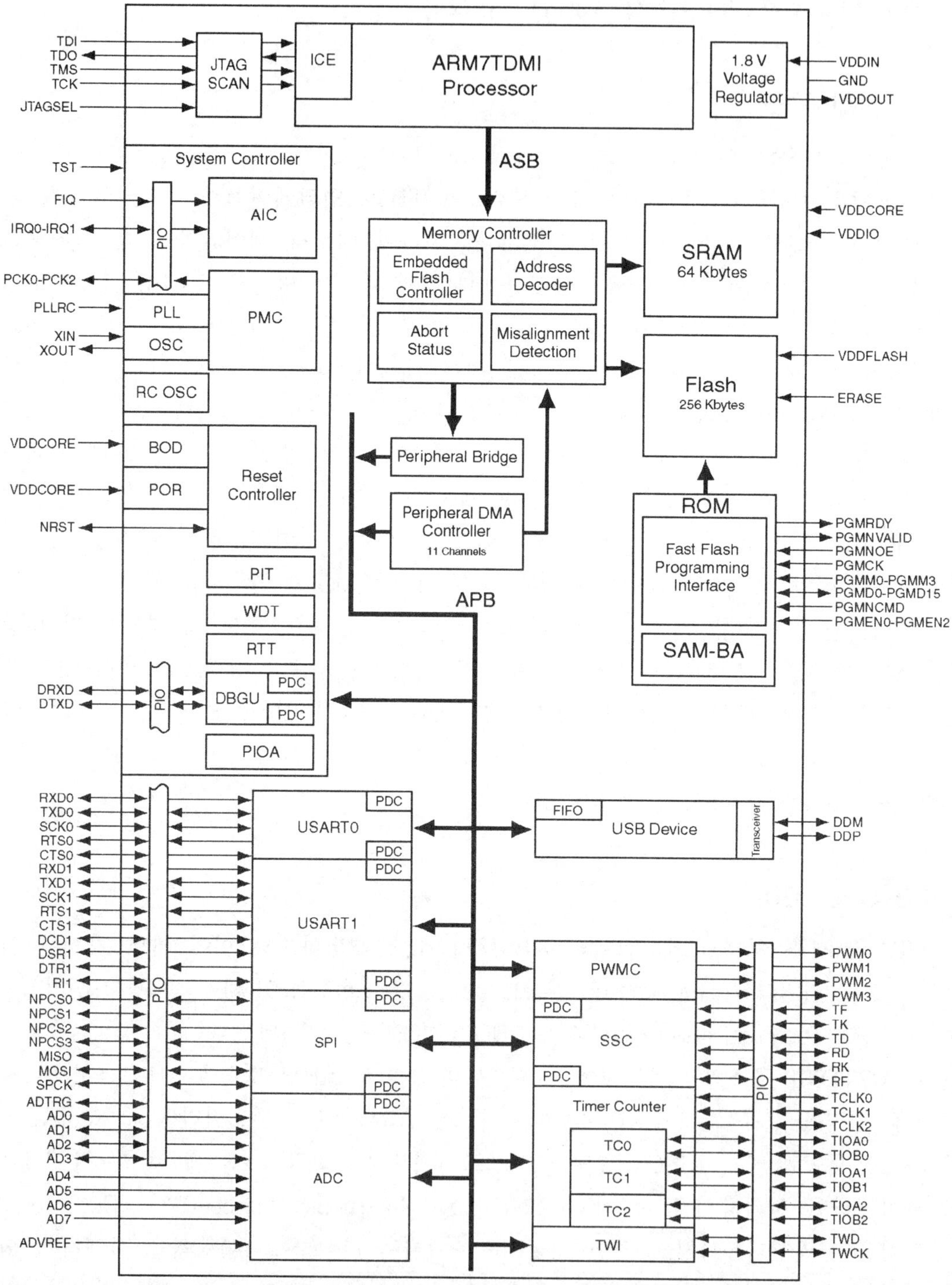

〈그림 1.2.2〉 AT91SAM7S256의 내부 구조

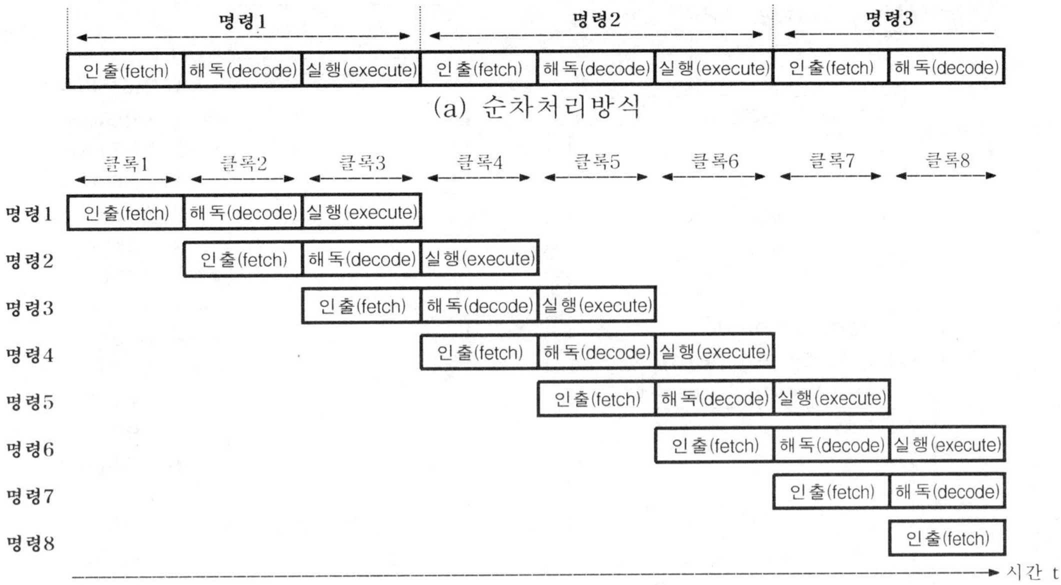

(b) 3단계 파이프라인 처리방식

〈그림 1.2.3〉 순차처리방식과 파이프라인 처리방식의 비교

ARM7TDMI CPU 코어는 <그림 1.2.4>에 보인 것처럼 명령을 인출하여 해독하고 실행하는 로직 회로와 레지스터 뱅크, 32비트 ALU, 32×8비트의 하드웨어 곱셈기, 배럴 시프터(barrel shifter) 등으로 구성되며, 여기에 별도로 JTAG 인터페이스 회로가 추가된다.

ARM7TDMI CPU는 8비트의 바이트 데이터(byte data), 16비트의 하프 워드 데이터(half-word data), 32비트의 워드 데이터(word data)를 처리할 수 있는데, 하프 워드 데이터는 2바이트 경계로 할당되어 저장되어야 하고 워드 데이터는 4바이트 경계로 할당되어 저장해야 한다.

ARM에서 데이터의 길이가 n비트일 때 unsigned로 정의된 보통의 2진 데이터 포맷은 0 ~ 2^n-1의 범위에 있는 정수를 표현할 수 있으며, signed로 정의된 2의 보수 데이터 포맷은 -2^{n-1} ~ $+2^{n-1}-1$의 범위에 있는 정수를 표현할 수 있다. 모든 연산 명령에서는 32비트 워드 데이터만을 처리한다. 그러나, 로드(load) 및 스토어(store) 명령에서는 8비트의 바이트 데이터, 16비트의 하프 워드 데이터, 32비트의 워드 데이터를 모두 처리할 수 있는데, 이중에서 바이트 데이터나 하프 워드 데이터를 32비트 구조의 레지스터에 로드할 때는 자동으로 제로 확장(zero-extending) 또는 부호 확장(sign-extending)이 수행된다.

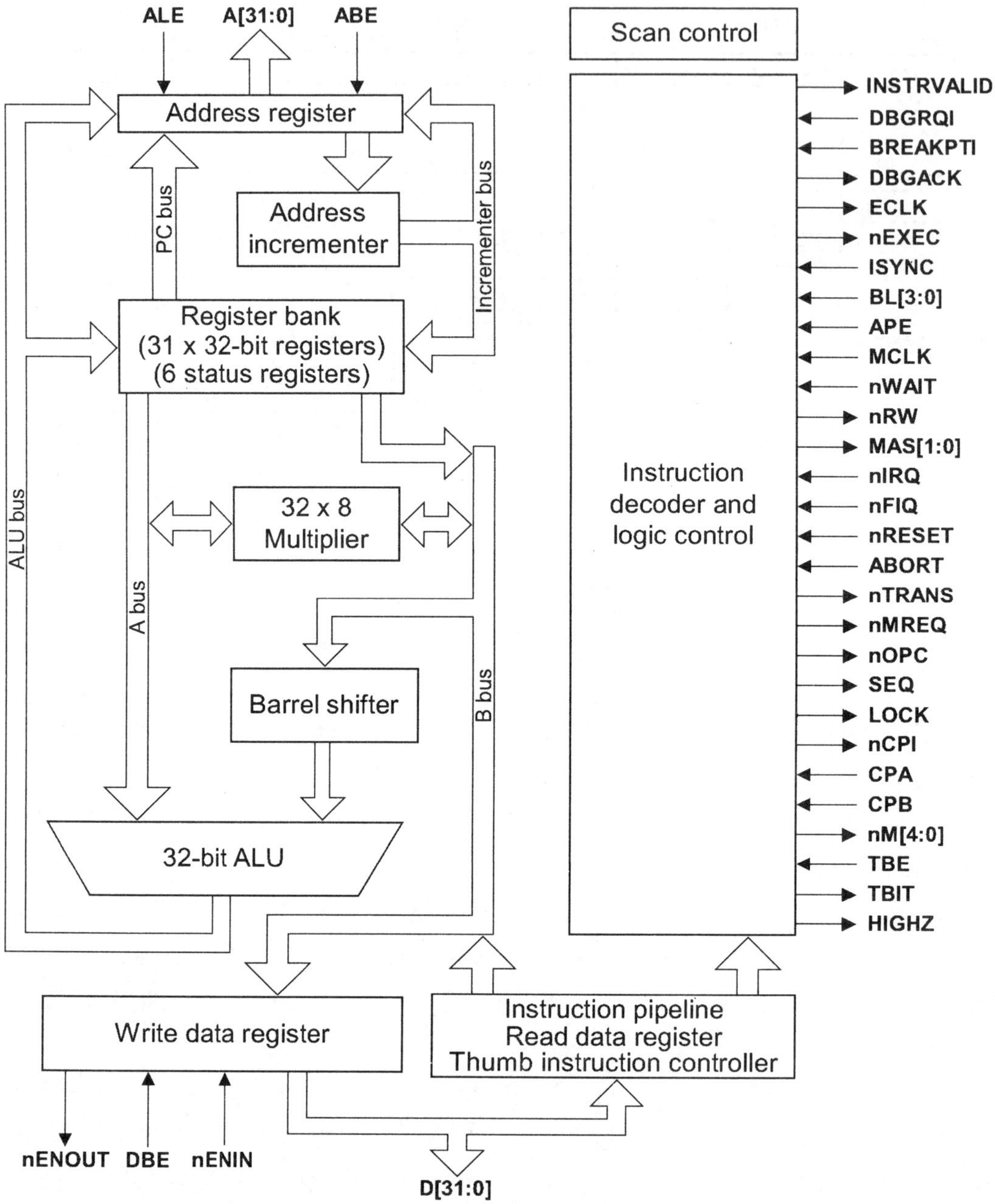

〈그림 1.2.4〉 ARM7TDMI의 CPU 코어 구조

ARM7TDMI 코어에서는 CPU가 다음과 같이 7가지의 동작 모드를 가지고 있다. User Mode를 제외한 모든 동작 모드를 특권 모드(privileged mode)라고 하는데, 여기서는 시스템 자원을 모두 액세스할 수 있으며 동작 모드를 자유롭게 변경할 수 있다.

User Mode와 System Mode를 제외한 5개의 동작 모드를 예외 모드(exception mode)라고 하는데, 이들 모드에는 특별한 예외가 발생하였을 때만 진입하며, 여기서는 User Mode에서 사용하던 레지스터의 값들을 보존하기 위하여 추가적인 레지스터들을 사용한다.

- User Mode : 일반적으로 ARM 프로그램을 실행하는 상태.
- System Mode : 운영체제를 위한 사용자 특권 모드.
- FIQ Mode : 고속의 데이터 전송이나 채널 처리를 지원하는 인터럽트 처리 모드.
- IRQ Mode : 범용의 인터럽트 처리 모드.
- Supervisor Mode : 운영체제를 위한 프로텍티드 모드.
- Abort Mode : 가상 기억장치나 메모리 보호를 구현하는 모드.
- Undefined Mode : 하드웨어 보조 프로세서를 소프트웨어적으로 에뮬레이션하는 모드.

이러한 여러 가지의 동작 모드를 사용하는 이유는 예외가 발생하였을 때 상태를 저장하는데 스택을 사용하기보다는 CPU 내부에 있는 레지스터들을 사용함으로써 처리속도를 향상시키기 위함이다.

리셋 후에는 디폴트로 Supervisor Mode에 있게 된다. 이러한 동작 모드의 변경은 소프트웨어에 의하여 제한적으로 수행될 수 있으며, 외부 인터럽트나 예외처리를 통하여 이루어지기도 한다. ARM 상태와 Thumb 상태를 전환하더라도 동작 모드는 변하지 않는다.

(3) 레지스터 구조

ARM 마이크로프로세서에서는 32비트 고성능의 ARM 상태와 16비트 고밀도 프로그램의 Thumb 상태 등 2가지 상태가 존재한다.

Thumb 코드로 작성된 프로그램은 ARM 코드로 작성하는 경우에 비하여 약 30% 정도 메모리를 적게 차지하는 것으로 알려져 있으며, 실행 속도는 약 40% 정도가 늦어진다고 한다. 또한, Thumb 코드로 작성된 프로그램을 실행할 때는 ARM 소자의 소비전력이 30% 감소한다. 이들 사이의 상태 전환은 BX 명령으로 수행한다.

▣ ARM 상태

ARM7TDMI CPU 코어는 <그림 1.2.5>에 보인 것처럼 32비트 ARM 상태에서 총 37개의 32비트 레지스터를 가지고 있는데, 이중에서 31개는 범용 레지스터(general-purpose register)이며 6개는 상태 레지스터(status register)이다. 이들 각 동작 모드의 레지스터를 모두 동시에 액세스할 수는 없으며, 프로세서의 상태나 동작 모드에 따라서 어떤 레지스터를 사용할 수 있는지가 결정된다. 항상 어느 순간에나 사용자에게는 16개의 범용 레지스터를 사용할 수 있으며 그 나머지의 레지스터들은 예외처리 동작을 빠르게 수행하기 위하여 사용된다.

ARM 상태에서는 16개의 범용 레지스터 R0~R15와 CPSR 레지스터를 직접 액세스할 수 있다. 이중에서 R0~R12는 실질적인 범용 레지스터로서 사용자가 임의로 데이터나 어드레스 값을 저장하는데 사용할 수 있으며, R13~R15는 특별한 용도로 사용한다.

R0~R7은 모든 동작 모드에서 구별하지 않고 동일하게 사용(unbanked register)되며, R8~R14는 동작 모드에 따라 뱅크로 구별(banked register)되어 각각 다른 레지스터의 용도로 사용된다. R8~R12는 FIQ 모드에서만 특별히 구별하여 다른 기능으로 사용되며 나머지의 모드에서는 모두 각각 동일한 레지스터로 동작한다.

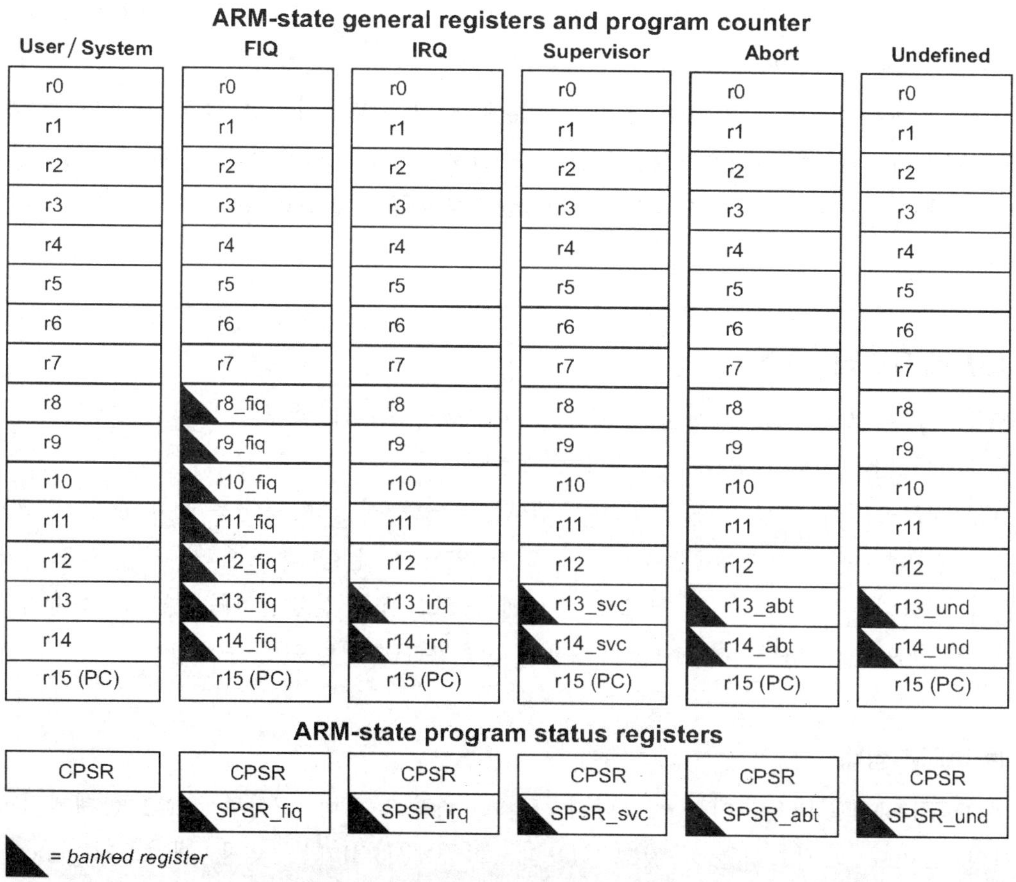

〈그림 1.2.5〉 ARM7TDMI 프로세서 ARM 상태에서의 레지스터 구조

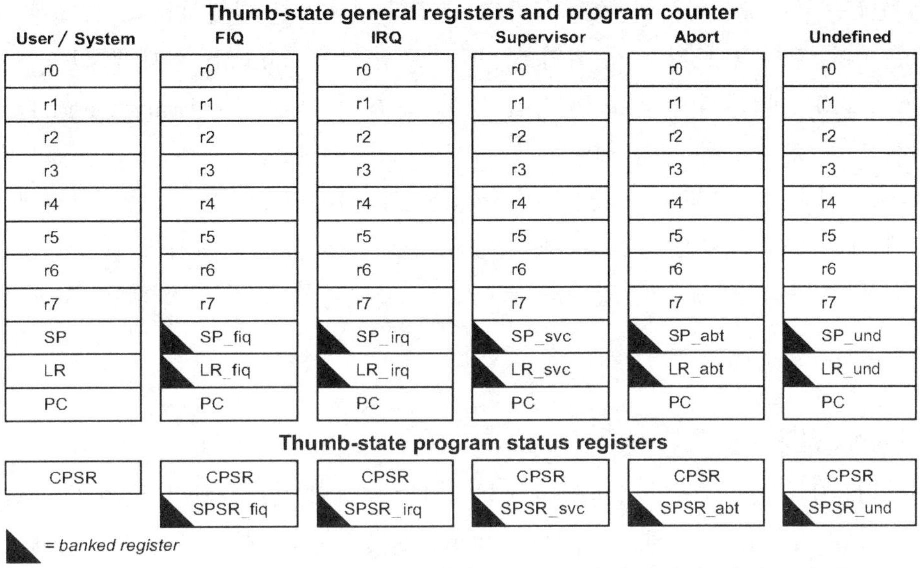

〈그림 1.2.6〉 ARM7TDMI 프로세서 Thumb 상태에서의 레지스터 구조

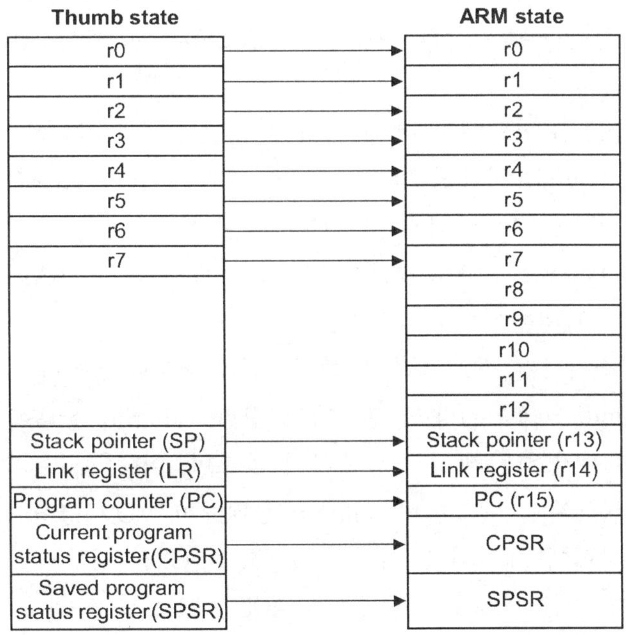

〈그림 1.2.7〉 Thumb 상태 레지스터 구조와 ARM 상태 레지스터의 비교

이들 범용 레지스터 중에서 특별히 R15는 프로그램 카운터(Program Counter)로 사용되고, R14는 서브루틴을 호출한 후에 복귀주소(return address)를 저장하는 링크 레지스터(Link Register)로 사용되며, R13은 스택 포인터(Stack Pointer)로 사용된다.

ATM7TDMI는 바이트 머신이므로 32비트 구조의 ARM 상태에서는 프로그램 카운터의 비트1~0이 정의되지 않고 무시되며, 16비트 구조의 Thumb 상태에서는 프로그램 카운터의 비트0이 정의되지 않고 무시된다. 링크 레지스터는 BL(Branch and Link) 명령을 실행할 때 프로그램 카운터의 값을 복사하여 저장한다.

특권 모드에서는 CPSR(Current Program Status Register) 레지스터 이외에 또 하나의 상태 레지스터인 SPSR(Saved Program Status Register) 레지스터가 사용되는데, 이것은 현재의 동작 모드로 진입하도록 야기한 예외처리 동작의 상태를 저장하고 있게 된다.

▣ Thumb 상태

ARM7TDMI CPU 코어의 Thumb 상태에서는 <그림 1.2.6>처럼 단지 27개의 32비트 레지스터를 가지고 있는데, 이중에서 21개는 범용 레지스터이며 6개는 상태 레지스터이다. 항상 어느 순간에나 사용자에게는 8개의 범용 레지스터 R0~R7과 프로그램 카운터 PC를 사용할 수 있으며, 스택 포인터 SP와 링크 레지스터 LR은 동작 모드마다 서로 다른 것으로 사용된다. 상태 레지스터 CPSR과 SPSR은 ARM 상태에서와 동일하게 사용된다.

ARM 상태와 Thumb 상태에서의 레지스터 구조를 서로 비교하여 설명하면 <그림 1.2.6>과 같다. 즉, Thumb 상태의 범용 레지스터 R0~R7은 ARM 상태의 R0~R7과 동일하고, Thumb 상태의 상태 레지스터 CPSR 및 SPSR은 ARM 상태의 CPSR 및 SPSR과 동일하며, Thumb 상태의 레지스터 SP, LR, PC는 ARM 상태의 R13, R14, R15 레지스터에 각각 대응한다.

간혹, 범용 레지스터 R0~R7을 하위 레지스터(low register)라고 부르고, R8~R15를 상위 레지스터(high register)라고 부르기도 한다. Thumb 상태에서는 상위 레지스터 R8~R15를 표준 레지스터 세트로 간주하지 않으며, 이는 매우 제한적으로 임시 레지스터로만 사용할 수 있다. 이를테면 Thumb 상태에서 MOV 명령으로 하위 레지스터와 상위 레지스터 사이에 데이터를 이동할 수 있고, CMP 명령으로 하위 레지스터와 상위 레지스터값의 크기를 비교할 수 있으며, ADD 명령으로 하위 레지스터에 상위 레지스터를 더할 수 있다.

ARM7TDMI CPU 코어의 ARM 명령과 Thumb 명령을 비교 정리하면 <표 1.2.4>와 같다. 이들 명령에 대하여는 제1.3절 및 제1.4절에서 자세하게 설명한다.

〈표 1.2.4〉 ARM 명령과 Thumb 명령의 비교

	ARM 명령	Thumb 명령
명령어 길이	32비트	16비트
코어 명령어	58종	36종
조건부 실행 명령	대부분 가능	분기명령에서만 가능
데이터 처리 명령	배럴 시프터와 ALU의 동시 액세스 가능	배럴 시프터 명령어와 ALU 명령어가 분리됨
프로그램 상태 레지스터	특권 모드에서만 읽고 쓰기 가능	직접 액세스 불가능
레지스터 사용	15개의 범용 레지스터 + PC	8개의 범용 레지스터(하위 레지스터) + 7개의 상위 레지스터 + PC

▣ 프로그램 상태 레지스터 CPSR 및 SPSR

프로그램 상태 레지스터 CPSR(Current Program Status Register)과 예외처리를 위한 상태 레지스터 SPSR(Saved Program Status Register)의 비트 구성은 동일하게 <그림 1.2.8>과 같다. 이 레지스터의 비트들은 가장 최근의 ALU 연산에 관련된 정보를 저장하고 있는 상태 플랙(condition code flag)과 인터럽트를 허용하거나 금지하고 프로세서의 동작 모드를 설정하는 등의 제어를 수행하는 제어 비트(control bit)로 이루어져 있다. 프로그램 상태 레지스터에서 각 비트들의 기능을 요약하면 <표 1.2.5>와 같다.

상태 플랙 비트 N, Z, C, V 비트들은 산술연산, 논리연산, 비교명령 등의 실행 결과에 의해 세트되거나 리셋되며, MSR 명령이나 LDM 명령에 의해서도 세트되거나 리셋될 수 있다. ARM 상태에서 모든 명령은 이들 상태 플랙 비트들을 조사하여 조건부로 동작(execute conditionally)할 수 있다. 그러나, Thumb 상태에서는 브랜치 명령(branch instruction)만이 조건부로 수행될 수 있다.

제어 비트 I, F, T 비트들은 예외처리가 발생할 때 변경된다. 프로세서가 특권 모드에서 동작하고 있을 때는 소프트웨어로 이 비트들을 변경할 수 있다.

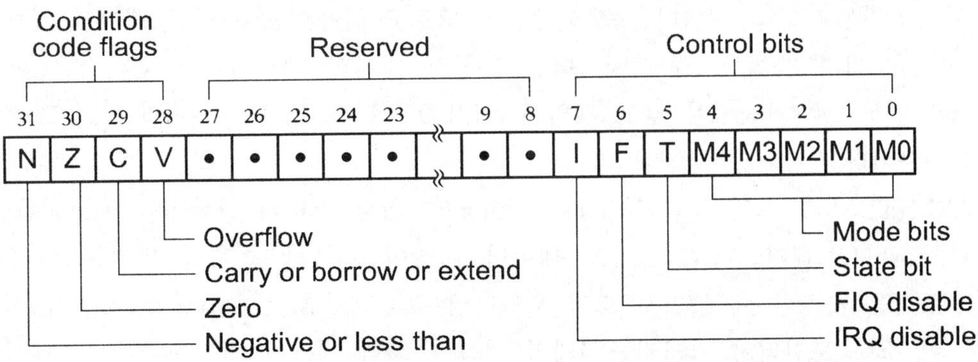

〈그림 1.2.8〉 프로그램 상태 레지스터 CPSR 및 SPSR

〈표 1.2.5〉 프로그램 상태 레지스터 CPSR 및 SPSR의 각 비트 기능

비트 이름	기 능
Bit 31 : N	Negative or Less Than Flag : 부호 플랙 비트. N = 1이면 산술연산 및 논리연산 결과 최상위 비트인 b31이 1로 되었으므로 2의 보수 표현법을 사용하는 경우 연산 결과가 음수라는 것을 나타낸다. 반대로 N = 0이면 연산 결과가 양수라는 것을 나타낸다.
Bit 30 : Z	Zero Flag : 제로 플랙 비트. Z = 1이면 산술연산 및 논리연산 결과 0이 되었거나 비교 결과가 같음을 나타낸다. 그러나, Z = 0이면 연산 결과가 0이 아니거나 비교 결과가 같지 않음을 나타낸다.
Bit 29 : C	Carry or Borrow or Extended Flag : 캐리 플랙 비트. 이것은 다음과 같은 3가지의 기능을 수행한다. ① CMN 명령을 포함한 덧셈 명령에서 자리올림(carry 또는 unsigned overflow)이 발생하면 C = 1로 된다. ② CMP 명령을 포함한 뺄셈 명령에서 자리내림(borrow 또는 unsigned underflow)이 발생하면 C = 0으로 된다. ③ 시프트 명령에서 시프트 아웃되는 비트가 C로 들어간다. 그밖의 명령을 수행하면 이 비트는 변경되지 않고 유지된다.
Bit 28 : V	Overflow Flag : 오버플로우 플랙 비트. 2의 보수 연산에서 자리넘침(signed overflow)이 발생하였다면 V = 1로 된다. 그밖의 명령을 수행하면 이 비트는 변경되지 않고 유지된다.
Bit 27~8 : (reserved)	Reserved : 사용하지 않는 비트. 향후의 모델에서는 이를 사용할 수도 있으므로 여기서는 이를 사용하지 말고 비워두는 것이 좋다.
Bit 7 : I	IRQ Disable : IRQ 인터럽트를 금지하는 비트. I = 1 이면 IRQ 인터럽트를 금지하는 것으로 설정한다. 리셋 후에 디폴트 값은 1로서 IRQ 인터럽트 금지 상태이다.
Bit 6 : F	FIQ Disable : FIQ 인터럽트를 금지하는 비트. F = 1 이면 FIQ 인터럽트를 금지하는 것으로 설정한다. 리셋 후에 디폴트 값은 1로서 FIQ 인터럽트 금지 상태이다.
Bit 5 : T	State Bit : 이것은 프로세서를 ARM 상태 또는 Thumb 상태로 설정하는데 사용한다. T = 1이면 Thumb 상태가 되고, T = 0이면 ARM 상태로 된다. 만약 MSR 명령을 사용하여 CPSR 레지스터의 T 비트를 변경하면 프로세서가 예측할 수 없는 상태로 되므로 주의해야 한다. 리셋 후에 디폴트 값은 0으로서 ARM 상태이다.
Bit 4~0 : M4~M0	Mode Bits : 이 5개의 비트는 다음과 같이 프로세서의 동작 모드를 설정하는데 사용된다. 10000 = User Mode, 10001 = FIQ Mode, 10010 = IRQ Mode, 10011 = Supervisor Mode, 10111 = Abort Mode, 11011 = Undefined Mode, 11111 = System Mode 리셋 후에 디폴트 값은 10011로서 Supervisor Mode이다. 이 비트들을 무효한 값으로 설정하면 프로세서는 예측할 수 없는 상태로 되므로 주의하여 사용해야 한다.

비트27~8은 reserved bit로서 사용하지 않으며, 이것들은 향후의 모델과의 호환성을 위하여 사용하지 않고 비워두는 것이 좋다.

▣ 스택 포인터 R13 및 SP

스택(stack)은 일반적으로 서브루틴 호출이나 인터럽트 발생시에 복귀주소(return address)를 저장하며, C언어 프로그램에서 지역변수(local variable)를 저장하고, 어셈블리 프로그램에서 임시 데이터를 저장하는 용도로도 사용되는 특별한 데이터 메모리이다. 이 메모리가 특별하다는 것은 다른 보통의 데이터 메모리처럼 임의접근(random access) 방식으로 처리되지 않고 후입선출(LIFO ; Last-In First-Out) 방식으로 사용되기 때문이다.

ARM7TDMI의 스택 포인터(Stack Pointer)는 항상 스택의 상단(top of stack)을 가리키는 32비트 레지스터로서 이는 데이터 저장이 가능한 스택의 번지를 나타낸다. push 동작을 수행할 때는 먼저 스택 포인터의 값을 4만큼 감소(pre-decrement)시키고 나서 이 스택 포인터가 가리키는 4개의 연속된 스택 메모리 번지에 32비트 데이터를 저장한다. 반대로 pop 동작을 수행할 때는 먼저 스택 포인터가 가리키는 4개의 연속된

스택 메모리 번지에서 32비트 데이터를 꺼내고 나서 스택 포인터의 값을 4만큼 증가(post-increment)시킨다.

(4) 예외처리 동작

ARM7TDMI에는 <표 1.2.6>처럼 7가지의 예외(exception)가 있다. 예외란 어떤 동작 모드에서 일을 처리하도록 CPU 내부적인 요인 또는 외부적인 신호에 의하여 발생하는 이벤트라고 할 수 있다. 인터럽트도 예외와 비슷하지만, 예외가 인터럽트를 포함하는 좀더 큰 개념이다.

흔히 사용자 프로그램을 어떤 동작 모드에서 작성해야 하는지 어려워하는 경우가 있는데 이는 전적으로 사용자의 선택에 달려있는 문제이지 특정한 원칙으로 정해져 있지는 않다. 운영체제가 없는 시스템에서 사용자 프로그램은 User Mode를 사용할 듯 하지만, 대부분의 경우는 리셋 후에 디폴트 동작 모드인 Supervisor Mode를 그대로 사용한다. 또한, 운영체제가 있는 시스템에서는 운영체제의 커널이 System Mode를 사용하고 서비스 수행시에는 Supervisor Mode를 사용하며 응용 프로그램에서는 User Mode를 사용하는 식이다.

리셋을 제외한 모든 예외가 발생하면 현재 실행하던 명령을 종료하고 나서 예외처리로 들어간다. 예외 처리가 수행되는 과정은 <그림 1.2.9>와 같다.

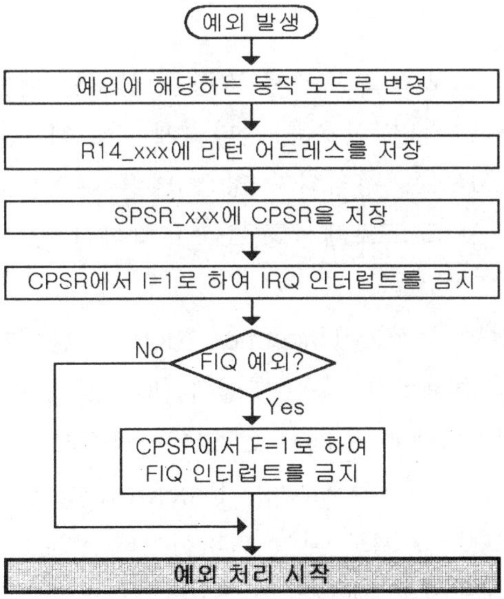

〈그림 1.2.9〉 예외 처리 수행 과정

〈표 1.2.6〉 예외의 종류와 그에 해당하는 동작 모드 및 벡터 어드레스

예외의 종류	발생 원인	동작 모드	벡터 어드레스	우선순위
리셋	리셋 신호 NRST가 0으로 입력되었을 때	Supervisor	0x0000_0000	1
정의되지 않은 명령	정의되지 않은 명령을 실행하였을 때	Undefined	0x0000_0004	6
소프트웨어 인터럽트	SWI 명령을 실행하였을 때	Supervisor	0x0000_0008	6
Prefetch Abort	잘못된 메모리 영역에서 명령의 인출을 시도할 때	Abort	0x0000_000C	5
Data Abort	잘못된 메모리 영역에서 데이터 액세스를 시도할 때	Abort	0x0000_0010	2
(reserved)	-	-	0x0000_0014	-
IRQ 인터럽트	인터럽트 신호 IRQ가 입력되었을 때	IRQ	0x0000_0018	4
FIQ 인터럽트	인터럽트 신호 FIQ가 입력되었을 때	FIQ	0x0000_001C	3

▣ 리셋

ARM 마이크로프로세서의 리셋 단자 NRST에 0이 입력되면 현재 실행중이던 명령을 즉시 중단하고 리셋 상태에 들어가며, 리셋 신호가 다시 1로 되면 ARM 마이크로프로세서는 리셋 예외가 되어 Supervisor Mode로 들어간다. 이 동작 모드에서 초기 상태는 R14_svc와 SPSR_svc 레지스터는 임의의 값을 가지고, CPSR 레지스터에서 M4~M0=10011(Supervisor Mode), T=0(ARM 상태), F=1(FIQ 금지 상태), I=1(IRQ 금지 상태)로 된다. 또한, PC=0x0000_0000으로 되어 이 리셋 벡터에서부터 프로그램이 실행되기 시작한다.

리셋 예외에서는 리턴하여 되돌아가지 않는다.

▣ 정의되지 않은 명령

ARM 마이크로프로세서가 보조 프로세서 명령을 실행할 때는 보조 프로세서로부터 이 명령을 실행할 수 있다는 확인 신호를 기다리게 되는데, 만약 보조 프로세서에서 이런 응답이 오지 않으면 ARM은 정의되지 않은 명령 예외를 발생한다. 이것은 하드웨어적으로 존재하지 않는 보조 프로세서를 소프트웨어적으로 에뮬레이션할 때 사용될 수 있다.

이 예외가 발생하면 ARM 소자는 Undefined Mode로 들어가는데, 이 동작 모드에서 초기 상태는 R14_und는 정의되지 않은 명령의 바로 다음에 있는 명령의 어드레스를 가지며, SPSR_und 레지스터에는 현재의 CPSR 레지스터 값이 복사되고, CPSR 레지스터에서 M4~M0=11011(Undefined Mode), T=0(ARM 상태), F=불변, I=1(IRQ 금지 상태)로 된다. 또한, PC=0x0000_0004로 되어 여기서부터 프로그램이 실행된다.

정의되지 않은 명령 예외에서는 MOVS PC,R14_und 명령으로 리턴하는데, 이를 실행하면 PC에는 R14_und 레지스터의 값이 복사되며, CPSR에는 SPSR_und 레지스터의 값이 복사된다.

▣ 소프트웨어 인터럽트

ARM 마이크로프로세서가 소프트웨어 인터럽트 명령 SWI를 실행하면 Supervisor Mode로 들어가는데, 이 동작 모드에서 초기 상태는 R14_svc는 SWI 명령의 바로 다음에 있는 명령의 어드레스를 가지며, SPSR_svc 레지스터에는 현재의 CPSR 레지스터 값이 복사되고, CPSR 레지스터에서 M4~M0=10011(Supervisor Mode), T=0(ARM 상태), F=1(FIQ 금지 상태), I=1(IRQ 금지 상태)로 된다. 또한, PC=0x0000_0008로 되어 여기서부터 프로그램이 실행된다.

소프트웨어 인터럽트 예외에서는 MOVS PC,R14_svc 명령으로 리턴하는데, 이를 실행하면 PC에는 R14_svc 레지스터의 값이 복사되며, CPSR에는 SPSR_svc 레지스터의 값이 복사된다.

▣ Prefetch Abort

이것은 ARM 마이크로프로세서의 메모리 시스템으로부터 신호를 받아 발생되는 예외로서, 페치된 명령이 유효하지 않거나 유효하지 않은 명령을 페치하려고 시도하면 Prefetech Abort 예외를 발생한다.

이 예외가 발생하면 ARM 소자는 Abort Mode로 들어가는데, 이 동작 모드에서 초기 상태는 R14_abt는 이 명령의 어드레스에서 +4만큼 증가된 어드레스를 가지며, SPSR_abt 레지스터에는 현재의 CPSR 레지스터 값이 복사되고, CPSR 레지스터에서 M4~M0=10111(Abort Mode), T=0(ARM 상태), F=불변, I=1(IRQ 금지 상태)로 된다. 또한, PC=0x0000_000C로 되어 여기서부터 프로그램이 실행된다.

Prefetech Abort 예외에서는 SUBS PC,R14_abt,#4 명령으로 리턴하는데, 이를 실행하면 PC에는 R14_abt 레지스터의 값이 복사되며, CPSR에는 SPSR_abt 레지스터의 값이 복사된다.

▣ Data Abort

이것은 ARM 마이크로프로세서의 메모리 시스템으로부터 신호를 받아 발생되는 예외로서, 로드나 스토어 명령으로 액세스된 데이터가 유효하지 않으면 Data Abort 예외를 발생한다.

이 예외가 발생하면 ARM 소자는 Abort Mode로 들어가는데, 이 동작 모드에서 초기 상태는 R14_abt는 이 명령의 어드레스에서 +8만큼 증가된 어드레스를 가지며, SPSR_abt 레지스터에는 현재의 CPSR 레지스터 값이 복사되고, CPSR 레지스터에서

M4~M0=10111(Abort Mode), T=0(ARM 상태), F=불변, I=1(IRQ 금지 상태)로 된다. 또한, PC=0x0000_0010으로 되어 여기서부터 프로그램이 실행된다.

Data Abort 예외에서는 SUBS PC,R14_abt,#8 명령으로 리턴하는데, 이를 실행하면 PC에는 R14_abt 레지스터의 값이 복사되며, CPSR에는 SPSR_abt 레지스터의 값이 복사된다.

▣ IRQ

이것은 ARM 마이크로프로세서에 외부로부터 IRQ 신호가 입력되면 발생하는 예외로서, CPSR 레지스터에서 I=0으로 설정된 경우에만 발생하며, 만약 FIQ 예외가 처리중일 때는 이보다 우선순위가 낮은 IRQ 예외는 발생하지 못한다.

이 예외가 발생하면 ARM 소자는 IRQ Mode로 들어가는데, 이 동작 모드에서 초기 상태는 R14_irq는 다음에 실행될 명령의 어드레스에서 +4만큼 증가된 어드레스를 가지며, SPSR_irq 레지스터에는 현재의 CPSR 레지스터 값이 복사되고, CPSR 레지스터에서 M4~M0=10010(IRQ Mode), T=0(ARM 상태), F=불변, I=1(IRQ 금지 상태)로 된다. 또한, PC=0x0000_0018로 되어 여기서부터 프로그램이 실행된다.

IRQ 예외에서는 SUBS PC,R14_irq,#4 명령으로 리턴하는데, 이를 실행하면 PC에는 R14_irq 레지스터의 값이 복사되며, CPSR에는 SPSR_irq 레지스터의 값이 복사된다.

▣ FIQ

이것은 ARM 마이크로프로세서에 외부로부터 FIQ 신호가 입력되면 발생하는 예외로서, CPSR 레지스터에서 F=0으로 설정된 경우에만 발생한다.

이 예외가 발생하면 ARM 소자는 FIQ Mode로 들어가는데, 이 동작 모드에서 초기 상태는 R14_fiq는 다음에 실행될 명령의 어드레스에서 +4만큼 증가된 어드레스를 가지며, SPSR_fiq 레지스터에는 현재의 CPSR 레지스터 값이 복사되고, CPSR 레지스터에서 M4~M0=10001(FIQ Mode), T=0(ARM 상태), F=1(FIQ 금지 상태), I=1(IRQ 금지 상태)로 된다. 또한, PC=0x0000_001C로 되어 여기서부터 프로그램이 실행된다.

FIQ 예외의 벡터는 테이블의 마지막에 있으므로 다른 곳으로 점프하는 브랜치 명령을 사용할 필요없이 여기에 직접 처리루틴을 작성할 수 있어서 유리하다. 또한, 이 예외에서는 R8~R12 레지스터를 스택에 저장하지 않고 자체적인 R8_fiq~R12_fiq 레지스터를 사용하므로 처리속도가 빨라진다.

FIQ 예외에서는 SUBS PC,R14_irq,#4 명령으로 리턴하는데, 이를 실행하면 PC에는 R14_irq 레지스터의 값이 복사되며, CPSR에는 SPSR_irq 레지스터의 값이 복사된다.

4. AT91SAM7S256의 메모리 구조

(1) 개요

AT91SAM7S256의 메모리 구조는 <그림 1.2.10>에 보인 바와 같이 크게 3개의 1MB짜리 메모리 영역과 256MB짜리 내장 주변장치 영역으로 나누어진다.

AT91SAM7S256의 플래시 메모리 영역은 0x0010_0000~0x001F_FFFF의 1MB 영역이지만 실제로는 0x0010_0000~0x0013_FFFF 번지에 256KB의 플래시 메모리를 가지고 있으며, SRAM 영역은 0x0020_0000~0x002F_FFFF의 1MB 영역이지만 실제로는 0x0020_0000~0x0020_FFFF 번지에 64KB의 SRAM을 가지고 있다.

플래시 메모리는 256바이트로 구성되는 1024개의 페이지가 있으며, 10000번까지 프로그래밍이 가능하고, 기록된 내용은 10년간 유지된다. 플래시 메모리는 30MHz까지의 마스터 클럭에서 제로 웨이트(zero wait)로 동작하고, 55MHz까지의 마스터 클럭에서 1웨이트(1 wait)로 동작한다. 여기에는 64페이지 길이의 16개 섹터가 있어서 16비트의 록비트(lock bit)가 이를 보호한다.

SRAM은 55MHz까지의 마스터 클럭에서 제로 웨이트로 동작한다. ARM은 물리적으로 프로그램 메모리와 데이터 메모리를 구분하지 않으므로 이 SRAM에서 프로그램을 실행할 수도 있다.

(2) 메모리 맵핑

AT91SAM7S256의 0x0000_0000~0x000F_FFFF의 1MB 영역은 실제로 메모리가 존재하지 않지만 플래시 메모리 또는 SRAM이 이곳으로 맵핑되어 메모리가 존재하는 것처럼 동작하는 영역이다.

리셋 후에는 디폴트로 이 영역이 0x0010_0000~0x001F_FFFF 번지의 플래시 메모리 영역으로 맵핑되므로 여기에는 마치 플래시 메모리가 존재하는 것처럼 동작한다. 그러나, MC_RCR 레지스터에서 RCB 비트를 1로 설정하면 재배치 명령(Remap Command)이 작용하여 이 영역이 0x0020_0000~0x002F_FFFF 번지의 SRAM 영역으로 맵핑되므로 여기에는 마치 SRAM이 존재하는 것처럼 동작한다. 이를 그림으로 다시 설명하면 <그림 1.2.11>과 같다.

이처럼 AT91SAM7S256은 리셋 후에 0x0000_0000~0x000F_FFFF 번지가 플래시 메모리 영역으로 맵핑되어 사용되고, SRAM은 0x0020_0000~0x0020_FFFF 번지에 존재하므로 프로그램을 작성할 때는 메모리를 <그림 3.3.45>와 같이 설정한다.

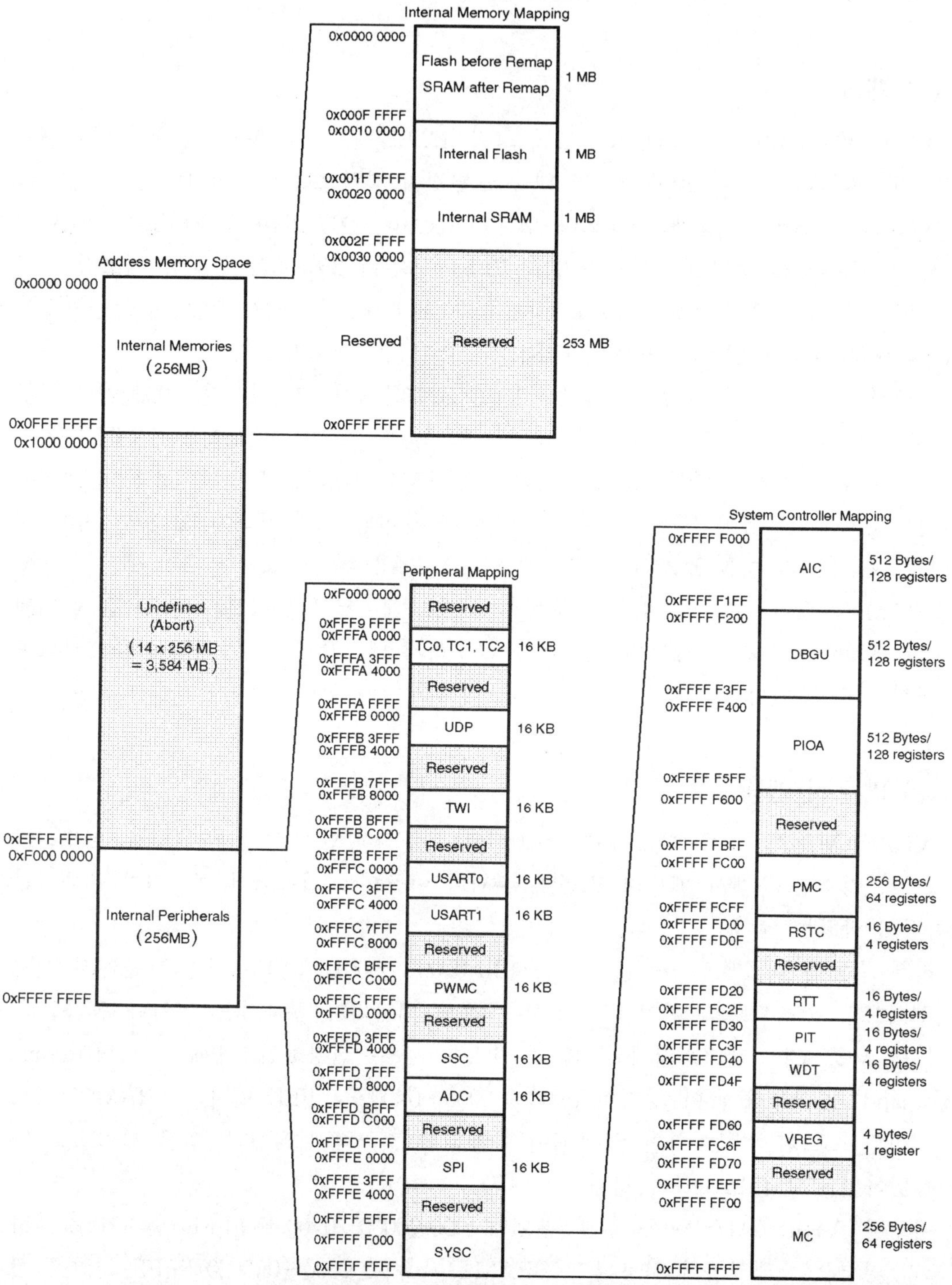

〈그림 1.2.10〉 AT91SAM7S256의 메모리 맵

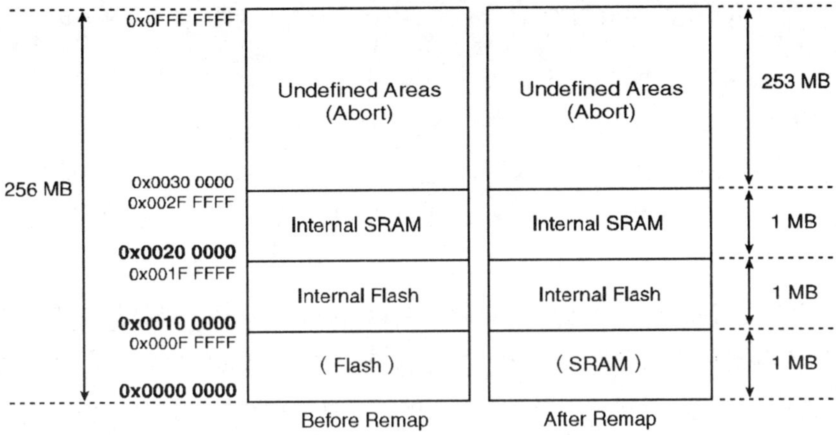

〈그림 1.2.11〉 내부 메모리 맵핑

(3) 플래시 메모리 보호기능

내장 플래시 메모리 콘트롤러(EFC ; Embedded Flash Controller)는 플래시 메모리에 관한 기능을 제어하는데, 이것은 웨이트 사이클을 설정하거나 플래시 메모리의 삭제, 프로그래밍, 액세스 등에 관련된 기능을 수행한다.

AT91SAM7S256의 이러한 플래시 메모리 관련 동작에는 보호기능이 포함되는데, EFC는 이를 위하여 16개의 록 비트(Lock Bit), 1개의 안전 비트(Security Bit), 2개의 GPNVM(General Purpose Non-Volatile Memory) 비트 등과 같은 NVM 비트들을 가지고 있다.

AT91SAM7S256의 ERASE 핀에 50ms 이상의 시간동안 1을 인가하면 플래시 메모리의 내용과 이들 NVM 비트들이 모두 삭제된다.

▣ 록 비트

16개의 록 비트는 플래시 메모리 록 영역(Lock Region)을 하나씩 개별적으로 제어하는 기능을 수행하는데, AT91SAM7S256에서 1개의 록 영역은 256바이트 짜리 페이지가 64개로 구성되므로 16KB의 크기를 가진다.

이 록 비트는 MC_FCR 레지스터를 사용하여 세트 또는 클리어시킬 수 있으며 MC_FSR 레지스터를 사용하여 상태를 확인할 수도 있다. "Set Lock Bit" 명령을 수행하여 이를 세트시키면 해당 플래시 메모리 영역이 보호된다. "Clear Lock Bit" 명령을 수행하여 이를 리셋시키면 해당 플래시 메모리 영역의 보호가 해제된다. 만약 록 비트에 의해 보호된 플래시 메모리 영역에 대하여 삭제 명령이나 프로그래밍 명령이 수행되면 플래시 메모리 콘트롤러(EFC)는 이를 무시하고 인터럽트를 요청한다.

▣ 안전 비트

1개의 안전 비트는 JTAG ICE나 FFP 인터페이스 등 어떤 방법으로도 플래시 메모리를 액세스하는 것을 금지함으로써 플래시 메모리에 들어있는 코드의 비밀을 유지하는데 사용한다.

이 안전 비트는 MC_FCR 레지스터에서 "Set Security Bit" 명령을 수행하여 세트시키며, MC_FSR 레지스터를 사용하여 상태를 확인할 수도 있다. 일단 이것이 세트되면 ERASE 핀으로 이를 삭제시키는 것 이외에는 별다른 해제 방법이 없다.

▣ GPNVM 비트

2개의 GPNVM0과 GPNVM1 비트는 저전압 검출기(BOD ; Brownout Detector)의 동작을 제어하기 위하여 사용된다.

이 GPNVM 비트들은 MC_FCR 레지스터를 사용하여 세트 또는 클리어시킬 수 있으며 MC_FSR 레지스터를 사용하여 상태를 확인할 수도 있다. "Set General-purpose NVM Bit" 명령을 수행하면 해당 GPNVM 비트가 세트되고, "Clear General-purpose NVM Bit" 명령을 수행하면 지정된 GPNVM 비트가 리셋된다.

GPNVM0 비트는 BOD 기능을 사용할지 여부를 설정하는데 사용되고, GPNVM1 비트는 BOD 출력을 리셋 신호로 사용할지 여부를 설정하는데 사용된다.

(4) 플래시 메모리 프로그래밍 기능

AT91SAM7S256의 플래시 메모리를 사용자가 프로그래밍하는데는 3가지의 방법이 있다.

첫째는 JTAG 인터페이스를 사용하는 방법으로 이는 대부분 에뮬레이터라는 특별한 장비를 필요로 한다.

둘째는 플래시 프로그래밍 인터페이스(FFPI ; Fast Flash Programming Interface)를 이용하는 방법으로서 이를 사용하려면 리셋 직후에 TST 핀을 1로 입력하고 동시에 PA0=PA1=1, PA2=0으로 해야 한다.

셋째는 SAM-BA Boot 프로그램과 USB 또는 DBGU 포트를 이용하는 방법으로서 이를 사용하려면 리셋 직후에 TST 핀을 1로 입력하고 동시에 PA0=PA1=PA2=1로 해야 한다.

5. SAM-BA 프로그램을 사용한 직렬 ISP 기능

AT91SAM7S256에는 SAM-BA(SAM Boot Assistant)라는 프로그램을 이용한 ISP (In-System Programming) 기능을 가지고 있어서 사용자가 퍼스널컴퓨터에서 작성한 프로그램을 이 소자의 플래시 메모리로 다운로드할 수 있다. SAM-BA 프로그램의 주요 부분은 직렬통신 기능이므로 이 프로그램의 일부는 퍼스널컴퓨터측에 있고 일부는 AT91SAM7S256에 내장되어 있다. 퍼스널컴퓨터에서 사용하는 SAM-BA 프로그램을 우리는 SAM-BA GUI라고 부르고, AT91SAM7S256에 내장되어 있는 SAM-BA 프로그램을 SAM-BA Boot라고 불러서 구분하기로 한다.

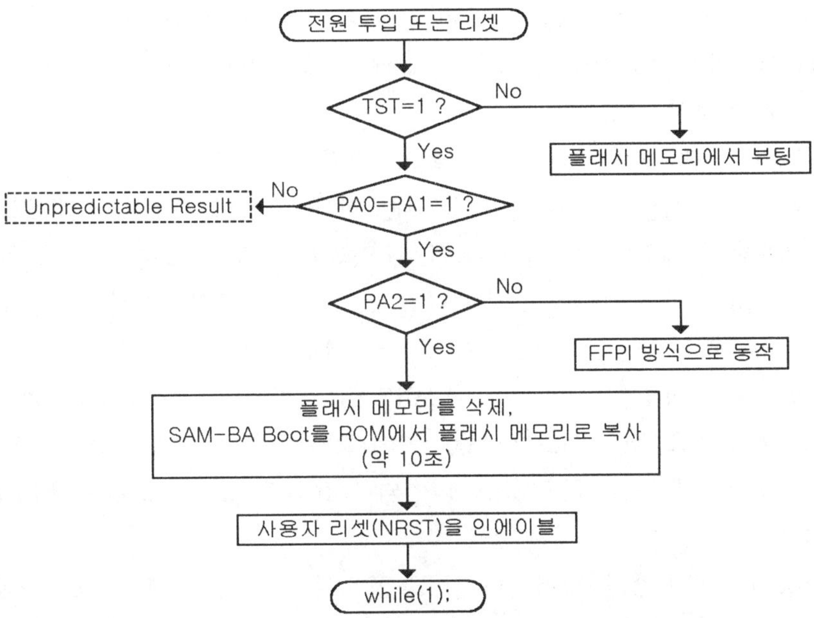

〈그림 1.2.12〉 SAM-BA Boot Recovery 동작

(1) SAM-BA Boot의 설치

AT91SAM7S256에 내장된 SAM-BA Boot 프로그램은 칩 내부의 메모리 맵에 잡히지 않은 ROM에 저장되어 있으므로 그대로는 실행될 수 없으며, 이것을 사용하려면 리셋 후에 처음으로 동작하는 플래시 메모리 영역(0x0000_0000~0x000F_FFFF 번지로 맵핑되어 있는 0x0010_0000~0x001F_FFFF 번지의 플래시 메모리 영역)으로 이를 옮겨야 한다. 이를 SAM-BA Boot Recovery라고 하는데, 이를 위해서는 리셋 직후에

AT91SAM7S256의 TST 단자에서 1상태가 검출되고 동시에 PA0=PA1=PA2=1로 입력되어야 한다.

이와 같이 플래시 메모리의 내용을 삭제하고 SAM-BA Boot 프로그램을 플래시 메모리로 복사하는 작업에는 약 10초 정도의 시간이 소요되며, 이것이 완료되면 소자의 리셋 입력신호 NRST를 인에이블하고 나서 무한 루프에 빠지므로 사용자는 다시 TST 단자에 0을 인가하고 나서 시스템 리셋 스위치를 누르거나 또는 전원을 껐다 켜야만 SAM-BA Boot 프로그램이 실행된다. 이러한 절차를 요약하면 <그림 1.2.12>와 같다.

(2) SAM-BA Boot의 동작

AT91SAM7S256에 전원이 새로 투입되거나 리셋이 되었을 때 TST 단자의 상태가 0으로 검출되면 Supervisor Mode에서 리셋 벡터 0x0000_0000 번지부터 프로그램이 실행된다. 그런데, 이제 AT91SAM7S256의 플래시 메모리에는 SAM-BA Boot 프로그램이 들어있으므로 이것이 실행된다.

SAM-BA Boot 프로그램은 USB 포트 또는 DBGU 포트의 직렬통신으로 사용자 프로그램을 다운받아 플래시 메모리에 프로그래밍하게 되는데, AT91SAM7S256의 플래시 메모리는 1개의 플레인(plane)으로 되어 있으므로 여기서 명령 코드가 실행되면서 동시에 플래시 메모리 프로그래밍을 수행하는 것은 불가능하다. 따라서, SAM-BA Boot 프로그램은 SRAM으로 복사된 후에 SRAM에서 명령 코드를 실행하면서 플래시 메모리를 프로그래밍하는 방법을 사용한다. AT91SAM7S256에서 SAM-BA Boot 프로그램이 이렇게 사용하는 SRAM은 0x0020_0000~0x0020_1FFF 번지의 8KB 영역이므로 그 나머지 사용자가 사용할 수 있는 SRAM 영역은 0x0020_2000~0x0020_FFFF 번지의 56KB가 된다.

SAM-BA Boot 프로그램이 실행되면 USB 포트를 초기화할 때 PA16=0으로 출력하여 USB 포트의 DDP 신호를 1.5kΩ의 저항으로 풀업하도록 스위칭함으로써 USB 케이블을 접속하였을 때 USB 호스트에게 USB 디바이스가 접속된 것을 인식할 수 있도록 한다. 즉, 이제부터 USB 케이블과 SAM-BA GUI 프로그램을 사용하여 사용자 프로그램의 다운로드가 가능하도록 설정하는 것이다. SAM-BA Boot 프로그램이 USB 포트를 사용하여 다운로드를 수행하기 위해서는 반드시 외부에 18.432MHz의 크리스털을 사용해야 하며, PA16을 USB 풀업저항의 스위칭 용도로 할당하고 다른 목적으로는 사용하지 말아야 한다. 또한, DBGU 포트는 클럭 주파수에 관계없이 115200 bps, 8 data bit, no parity, 1 stop bit 형식으로 동작한다.

SAM-BA Boot 프로그램의 동작 과정을 요약하면 다음과 같다.

① FIQ를 초기화한다.
② ARM의 Supervisor Mode를 위한 스택을 설정한다.
③ 임베디드 플래시 콘트롤러(EFC)를 초기화한다.
④ 외부 클록이 공급되는지를 검출한다.
⑤ 외부 클럭이 없으면 메인 오실레이터(Main Oscillator)의 발진 주파수를 조사한다.
⑥ 마스터 클럭의 소스를 슬로우 클록 SLCK에서 메인 클록 MAINCK로 변경한다.
⑦ SAM-BA Boot 코드를 SRAM으로 복사한다.
⑧ C의 변수를 초기화한다.
⑨ 마스터 클럭의 주파수가 48MHz로 되도록 PLL을 초기화한다.
⑩ 워치독 타이머를 디스에이블하고, 사용자 리셋을 인에이블한다.
⑪ USB 디바이스 포트를 초기화하고 PA16=0으로 출력한다.
⑫ USB 디바이스 포트로 통신이 되는지 체크하고, 만약 USB 통신이 수행되지 않으면 DBGU 포트의 자동 보레이트 시퀀스(AutoBaudrate sequence)를 체크한다. 이렇게 하여 USB 포트나 DBGU 포트 중에서 어느 하나라도 연결된 것이 확인될 때까지 체크를 계속한다.
⑬ USB 포트나 DBGU 포트 중에서 어느 하나라도 연결된 것이 확인되었으면 해당 포트를 사용하여 사용자 프로그램을 플래시 메모리에 다운로드한다. 따라서, 기존에 플래시 메모리에 들어있던 SAM-BA Boot 프로그램은 삭제된다.
⑭ 다운로드가 끝났으면 무한루프로 들어간다.

이와 같은 과정으로 사용자 프로그램이 플래시 메모리에 다운로드되고 나면 이제 SAM-BA Boot 프로그램은 플래시 메모리에서 삭제되었으므로 더 이상 존재하지 않는다. 따라서, 새로운 사용자 프로그램을 키트에 다운로드하려면 새로 SAM-BA Boot Recovery 과정을 거치고 나서 다시 사용자 프로그램을 다운로드해야 한다.

SAM-BA Boot 프로그램이 사용자 프로그램을 다운로드하고 나면 PA16=1로 출력되어 USB 포트의 DDP 신호에 있는 1.5kΩ의 풀업저항이 차단되고, 따라서 USB 케이블을 접속하더라도 USB 호스트가 USB 디바이스를 더 이상 인식하지 못한다. 만약, 이후에 사용자가 USB 케이블을 사용하려면 사용자 프로그램이 필요할 때 PA16 신호를 제어해야만 한다.

USB 케이블 또는 RS-232C 케이블을 사용하고 SAM-BA Boot 프로그램 기능을 이용하여 *OK-7S256* 키트에 사용자 프로그램을 다운로드하는 방법에 대하여는 제3.2절을 참조하기 바란다.

(3) SAM-BA Boot의 명령

SAM-BA Boot 프로그램에서 사용하는 명령은 <표 1.2.7>과 같다. USB 디바이스 포트는 48MHz의 클록으로 USB CDC(Communication Device Class) 드라이버를 이용하여 통신을 수행한다. Atmel사에서 제공하는 SAM-BA GUI 프로그램을 퍼스널컴퓨터에 설치하면 USB 드라이버 파일 atm6124.sys가 설치되어 USB 통신으로 ISP 다운로드를 수행할 수 있게 된다.

〈표 1.2.7〉 SAM-BA Boot의 명령

명령	동작	Argument	사용 예
O	write a byte	address,value#	O200001,CA#
o	read a byte	address,#	o200001,#
H	write a half word	address,value#	H200002,CAFE#
h	read a half word	address,#	h200002,#
W	write a word	address,value#	W200000,CAFEDECA#
w	read a word	address,#	w200000,#
S	send a file	address,#	S200000,#
R	receive a file	address,number_of_bytes#	R200000,1234#
G	go	address#	G200200#
V	display version	no argument	V#

DBGU 포트로 ISP 다운로드를 수행할 때에는 115200 bps, 8 data bit, no parity, 1 stop bit 형식의 데이터 전송 포맷과 Xmodem 프로토콜을 사용한다. 여기서 사용하는 Xmodem 프로토콜은 128바이트 데이터 블록에 2개의 CRC-16 문자로 된 checksum을 포함하여 다음과 같이 구성된다.

<SOH> <block #> <255-block #> <128-byte block> <checksum>

여기서 SOH는 0x01의 코드값을 갖는 ASCII 문자이며, block #는 0x01로부터 1씩 증가하는 데이터 블록의 번호인데 이것이 0xFF를 넘으면 0x00으로 되어 다시 증가한다. 255-block #는 255에서 block #를 뺀 값으로 block #의 1의 보수에 해당한다. checksum은 2바이트의 CRC-16 문자이다.

이러한 SAM-BA Boot 프로그램의 동작에 관한 보다 자세한 사항은 Atmel사에서 제공하는 AT91SAM7S256의 데이터 시트나 기타 관련 문서를 참조하기 바란다. 그러나, 대부분의 AT91SAM7S256 사용자들은 특별한 경우가 아니라면 이러한 기술적인 사항을 자세하게 알 필요가 없을 것으로 사료된다.

◀참고▶ 마이크로콘트롤러에서 프로그램이 실행되지 않는 상태(off-line 상태)에서 여기에 내장되어 있는 불휘발성 메모리(NVM ; Non-Volatile Memory)에 프로그램을 다운로드하는 것을 ISP(In-System Programming)라고 한다. ISP는 마이크로콘트롤러를 사용한 응용 시스템을 개발하거나 생산할 때 주로 사용한다. 이에 비하여 마이크로콘트롤러에서 프로그램이 실행되고 있는 상태(on-line 상태)에서 여기에 내장되어 있는 불휘발성 메모리에 프로그램을 다운로드하는 것을 IAP(In-Application Programming)라고 구분한다. IAP는 마이크로콘트롤러를 사용한 응용 시스템의 프로그램을 필드에서 업그레이드할 때 주로 사용한다. 그러나, 경우에 따라서는 ISP와 IAP를 모두 포괄하여 ISP라고 부르기도 한다.

6. 고속 플래시 프로그래밍 인터페이스(FFPI)

AT91SAM7S256의 고속 플래시 프로그래밍 인터페이스(Fast Flash Programming Interface)는 표준의 갱 프로그래머(gang programmer)를 사용하여 대량의 소자를 프로그래밍할 수 있도록 병렬과 직렬 2가지의 프로그래밍 방법을 제공한다.

병렬 프로그래밍은 핸드세이킹 방식으로 동작하고, 최적의 프로그래밍 성능을 발휘한다. 직렬 방식도 역시 핸드세이킹으로 동작하고, IEEE 1149.1 표준의 JTAG 프로토콜을 사용하여 최적의 프로그래밍 성능을 발휘한다.

이것들은 모두 대량의 소자들을 프로그래밍하기 위하여 제공되는 방식이므로 사용자의 개별 프로그램용으로는 잘 사용하지 않는다.

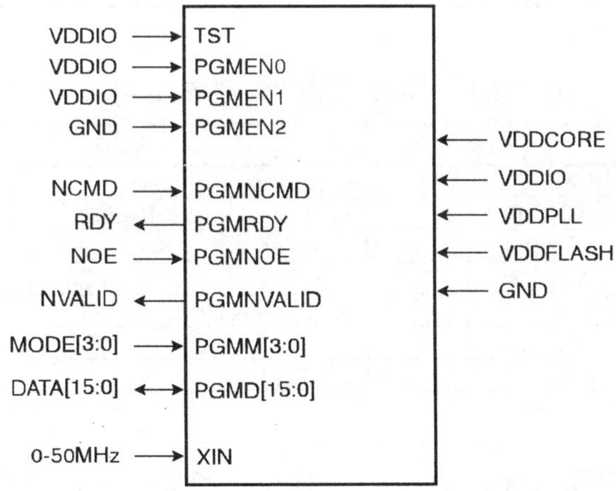

〈그림 1.2.13〉 병렬 방식의 고속 플래시 프로그래밍 인터페이스

(1) 병렬 고속 플래시 프로그래밍

병렬 고속 플래시 프로그래밍 모드는 하드웨어를 <그림 1.2.13>처럼 구성할 때 동

작하는 특별한 테스트 모드이다. 여기서 사용하는 AT91SAM7S256 소자의 각 핀의 기능은 <표 1.2.8>과 같고, 여기에 표시되지 않은 핀들은 사용하지 않고 비워둔다.

〈표 1.2.8〉 병렬 방식의 고속 플래시 프로그래밍 인터페이스에서 핀 기능 요약

신호 이름	동작 레벨	I/O	기 능
전원			
VDDCORE		전원	CPU 코어의 전원. 1.8V를 연결함.
VDDIO		전원	I/O 회로의 전원. 3.3V를 연결함.
VDDPLL		전원	PLL 회로의 전원. 1.8V를 연결함.
VDDFLASH		전원	플래시 메모리 회로의 전원. 3.3V를 연결함.
GND		전원	접지 단자.
클록			
XIN		I	메인 클록 입력. 여기에는 0~50MHz의 클록을 인가할 수 있으며, 이것을 접지하면 내부의 RC 오실레이터에 의한 슬로우 클록으로 동작한다.
테스트			
TST	H	I	테스트 모드 선택 신호. 1을 인가한다.
PGMEN0	H	I	테스트 모드 선택 신호. 1을 인가한다.
PGMEN1	H	I	테스트 모드 선택 신호. 1을 인가한다.
PGMEN2	L	I	테스트 모드 선택 신호. 0을 인가한다.
PIO			
-PGMNCMD	L	I	Valid Command Available : 플래시 프로그래밍 명령이 유효함을 나타내는 신호.
PGMRDY	H	O	Programming Ready : 플래시 프로그래밍 명령을 받을 준비가 완료되었음을 나타내는 신호.(0=busy, 1=ready)
-PGMNOE	L	I	Output Enable : 플래시 프로그래밍 동작에서 데이터 출력 허용 신호.
-PGMNVALID	L	O	Data Direction : 플래시 프로그래밍 동작에서 데이터 버스의 방향을 나타내는 신호. (0=PGMD[15:0]는 입력, 1=PGMD[15:0]는 출력)
PGMM[3:0]		I	Programming Mode : 플래시 프로그래밍의 동작 모드를 선택하는 신호.
PGMD[15:0]		I/O	Programming Data : 플래시 프로그래밍을 위한 16비트 양방향 데이터 신호.

〈표 1.2.9〉 MODE[3:0]에 의한 동작 모드

MODE[3:0]	심볼	데이터
0000	CMDE	Command Register
0001	ADDR0	LSB of Address Register
0010	ADDR1	
0011	ADDR2	
0100	ADDR3	MSB of Address Register
0101	DATA	Data Register
default	IDLE	No Register

병렬 고속 플래시 프로그래밍 모드로 들어가는 방법은 다음과 같다.

① TST=1, PA0(PGMEN0)=PA1(PGMEN1)=1, PA2(PGMEN2)=0으로 인가한다.

② GND, VDDCORE, VDDIO, VDDPLL, VDDFLASH 단자에 전원을 인가한다.

③ XIN 단자에 0~50MHz의 클록을 공급한다. 만약 이 단자를 접지하면 내부의 슬로

우 클록으로 동작한다.

④ 전원 투입 리셋이 끝나기를 기다린다.

병렬 방식의 고속 플래시 프로그래밍 인터페이스를 사용할 때 PGMM[3:0] 단자로 입력되는 MODE[3:0] 신호에 따라 지정되는 동작 모드는 <표 1.2.9>와 같다. 또한, PGMD[15:0] 단자로 입력되는 DATA[15:0] 신호에 따라 지정되는 명령은 <표 1.2.10>과 같다.

이것들의 핸드세이킹 시퀀스와 자세한 동작 타이밍에 대하여는 여기서 더 이상 설명하지 않으므로 필요하다면 AT91SAM7S256의 데이터 시트를 참조하기 바란다.

〈표 1.2.10〉 DATA[15:0]에 의한 명령어

DATA[15:0]	심볼	데이터
0x0011	READ	Read Flash
0x0012	WP	Write Page Flash
0x0022	WPL	Write Page and Lock Flash
0x0032	EWP	Erase Page and Write Flash
0x0042	EWPL	Erase Page and Write Flash then Lock
0x0013	EA	Erase All
0x0014	SLB	Set Lock Bit
0x0024	CLB	Clear Lock Bit
0x0015	GLB	Get Lock Bit
0x0034	SFB	Set General Purpose NVM Bit
0x0044	CFB	Clear General Purpose NVM Bit
0x0025	GFB	Get General Purpose NVM Bit
0x0054	SSE	Set Security Bit
0x0035	GSE	Get Security Bit
0x001F	WRAM	Write Memory
0x001E	GVE	No Register

(2) 직렬 고속 플래시 프로그래밍

직렬 고속 플래시 프로그래밍 모드는 하드웨어를 <그림 1.2.14>처럼 구성할 때 JTAG 인터페이스를 통하여 동작하는 특별한 테스트 모드이다. 여기서 사용하는 AT91SAM7S256 소자의 각 핀의 기능은 <표 1.2.11>과 같고, 여기에 표시되지 않은 핀들은 사용하지 않고 비워둔다.

직렬 고속 플래시 프로그래밍 모드로 들어가는 방법은 다음과 같다.

① TST=1, PA0(PGMEN0)=PA1(PGMEN1)=1, PA2(PGMEN2)=0으로 인가한다.

② GND, VDDCORE, VDDIO, VDDPLL, VDDFLASH 단자에 전원을 인가한다.

③ XIN 단자에 0~50MHz의 클록을 공급한다. 만약 이 단자를 접지하면 내부의 슬로우 클록으로 동작한다.

④ 전원 투입 리셋이 끝나기를 기다린다.

⑤ TMS=1로 하고 TCK에 5개의 클럭 펄스를 인가하여 TAP 콘트롤러를 리셋한다.

⑥ IR 및 DR 레지스터에 지정된 데이터를 순서대로 시프트하여 입력한다.

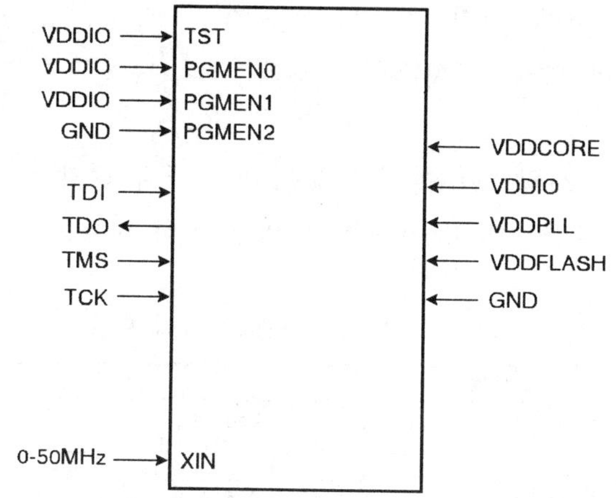

〈그림 1.2.14〉 직렬 방식의 고속 플래시 프로그래밍 인터페이스

〈표 1.2.11〉 직렬 방식의 고속 플래시 프로그래밍 인터페이스에서 핀 기능 요약

신호 이름	동작 레벨	I/O	기 능
			전원
VDDCORE		전원	CPU 코어의 전원. 1.8V를 연결함.
VDDIO		전원	I/O 회로의 전원. 3.3V를 연결함.
VDDPLL		전원	PLL 회로의 전원. 1.8V를 연결함.
VDDFLASH		전원	플래시 메모리 회로의 전원. 3.3V를 연결함.
GND		전원	접지 단자.
			클록
XIN		I	메인 클록 입력. 여기에는 0~50MHz의 클록을 인가할 수 있으며, 이것을 접지하면 내부의 RC 오실레이터에 의한 슬로우 클록으로 동작한다.
			테스트
TST	H	I	테스트 모드 선택 신호. 1을 인가한다.
PGMEN0	H	I	테스트 모드 선택 신호. 1을 인가한다.
PGMEN1	H	I	테스트 모드 선택 신호. 1을 인가한다.
PGMEN2	L	I	테스트 모드 선택 신호. 0을 인가한다.
			JTAG
TCK	H	I	JTAG의 TCK 신호.
TDI	H	I	JTAG의 TDI 신호.
TDO	H	O	JTAG의 TDO 신호.
TMS	H	I	JTAG의 TMS 신호.

직렬 방식의 고속 플래시 프로그래밍 인터페이스를 사용할 때 프로그래밍 명령어는 앞의 <표 1.2.10>을 똑같이 사용한다.

이것들의 핸드세이킹 시퀀스와 자세한 동작 타이밍에 대하여는 여기서 더 이상 설명하지 않으므로, 만약 이것이 필요하다면 AT91SAM7S256의 데이터 시트와 JTAG 인터페이스 규격서인 IEEE Std. 1149.1 "Standard Test Access Port and Boundary-Scan Architecture"를 참조하기 바란다.

7. AT91SAM7S256에 내장된 주변장치

AT91SAM7S256에는 많은 주변장치(embedded peripheral)를 내장하고 있는데, 이것들은 앞의 <그림 1.2.10>에서 보였던 바와 같이 0xF000_0000~0xFFFF_EFFF 번지의 256MB 영역에 위치한다. 각 주변장치들은 16KB의 어드레스 공간을 차지하며, 주변장치 ID(Peripheral Identifier)라고 부르는 고유의 식별 번호를 가지고 있다. 이 주변장치 ID를 요약하면 <표 1.2.12>와 같은데, 이는 전력관리 제어기나 인터럽트 제어기에서 사용된다.

〈표 1.2.12〉 AT91SAM7S256의 주변장치 ID

주변장치 번호	주변장치 ID	주변장치 약어	주변장치
0	FIQ	AIC	Advanced Interrupt Controller (FIQ)
1	SYS	SYS	System Controller
2	PID2	PIOA	Parallel I/O Controller A
3	PID3	-	사용하지 않음(reserved)
4	PID4	ADC	Analog-to-Digital Converter
5	PID5	SPI	Serial Peripheral Interface
6	PID6	US0	USART0
7	PID7	US1	USART1
8	PID8	SSC	Synchronous Serial Controller
9	PID9	TWI	Two-Wire Interface
10	PID10	PWMC	PWM Controller
11	PID11	UDP	USB Device Port
12	PID12	TC0	Timer/Counter 0
13	PID13	TC1	Timer/Counter 1
14	PID14	TC2	Timer/Counter 2
15~29	PID15~PID29	-	사용하지 않음(reserved)
30	PID30	AIC	Advanced Interrupt Controller (IRQ0)
31	PID31	AIC	Advanced Interrupt Controller (IRQ1)

☞ 전력관리 제어기에서 주변장치 ID 0~1은 제어하지 않으므로 항상 클록이 공급된다.

☞ ADC 클록은 한번 변환을 수행하면 자동으로 스타트된다. 그러나, 슬립 모드에서는 변환이 끝나면 클록이 차단된다.

1.3 AT91SAM7S256의 ARM 명령

이 절에서는 AT91SAM7S256의 ARM 명령에 대하여 정리한다. ARM 명령은 모두 32비트의 일정한 길이로 되어 있다. 어셈블리 언어로 프로그래밍하려면 당연히 ARM 명령을 철저하게 이해하는 것이 필수적인 사항이지만, C언어로 프로그래밍하는 경우에도 스타트업 코드 작성 등을 위해서는 ARM 명령에 대한 어느 정도의 이해가 필요하다.

ARM 명령 세트는 ARM의 아키텍쳐 버전에 따라 많은 차이가 있는데, 여기서는 AT91SAM7S256에서 사용하는 것을 전제로 하므로 ARM7TDMI 코어에 해당하는 v4까지 적용되는 명령만을 취급하기로 한다. 그 이상의 ARM 명령 세트에 대하여는 참고문헌[2]와 ARM사에서 제공하는 ARM Instruction Set Quick Reference Card를 참조하기 바란다.

1. ARM 명령의 개요

ARM 명령은 기본적으로 다음과 같은 형식으로 구성되어 있다. 여기서 {}는 생략 가능하다는 것을 나타낸다.

```
ADD{cond}{S}  Rd, Rn, Op2     {; Rd ← Rn + Op2}
```

여기서, cond는 이 명령이 실행되는 조건을 나타내는 접미사이다. 거의 대부분의 ARM 명령은 이와 같이 조건부 실행으로 사용할 수 있다. 이 조건은 명령의 기계어 코드에서 항상 최상위의 4비트인 b31～b28에 인코딩되어 표시되는데, 이러한 조건을 요약하면 <표 1.3.1>과 같으며, 조건을 생략하면 AL을 지정한 것과 같다.

S는 이 명령을 실행한 후에 CPSR 레지스터의 조건 플랙을 업데이트하라는 의미이다. 이를 생략하면 조건 플랙은 변화되지 않고 현재의 값을 유지한다.

Rd는 처리 결과가 저장되는 목적 오퍼랜드(destination operand)이고, Rn은 제1 소스 오퍼랜드(source operand)이며, Op2는 제2 소스 오퍼랜드이다. ADD 명령에서는 이처럼 3개의 오퍼랜드를 사용하지만, 명령에 따라서는 이들 오퍼랜드의 일부 또는 전부가 없는 경우도 있다.

〈표 1.3.1〉 ARM 명령의 조건부 실행

b31~b28	명령의 접미사	의 미	조건 플랙
0000	EQ	Equal	Z=1
0001	NE	Not Equal	Z=0
0010	CS/HS	Carry Set / (unsigned) Higher or Same	C=1
0011	CC/LO	Carry Clear / (unsigned) Lower	C=0
0100	MI	Minus(Negative)	N=1
0101	PL	Plus(Positive) or Zero	N=0
0110	VS	Overflow	V=1
0111	VC	Not Overflow	V=0
1000	HI	(unsigned) Higher	C=1 and Z=0
1001	LS	(unsigned) Lower or Same	C=0 or Z=1
1010	GE	(signed) Greater Than or Equal	N == V
1011	LT	(signed) Less Than	N != V
1100	GT	(signed) Greater Than	Z=0 and N == V
1101	LE	(signed) Less Than or Equal	Z=1 or N != V
1110	AL	Always Unconditional	-
1111	NV	(undefined instruction)	-

☞ 부호없는 정수 표현법의 비교에서는 higher 또는 lower를 사용하고
2의 보수 표현법의 비교에서는 greater than 또는 less than을 사용한다.

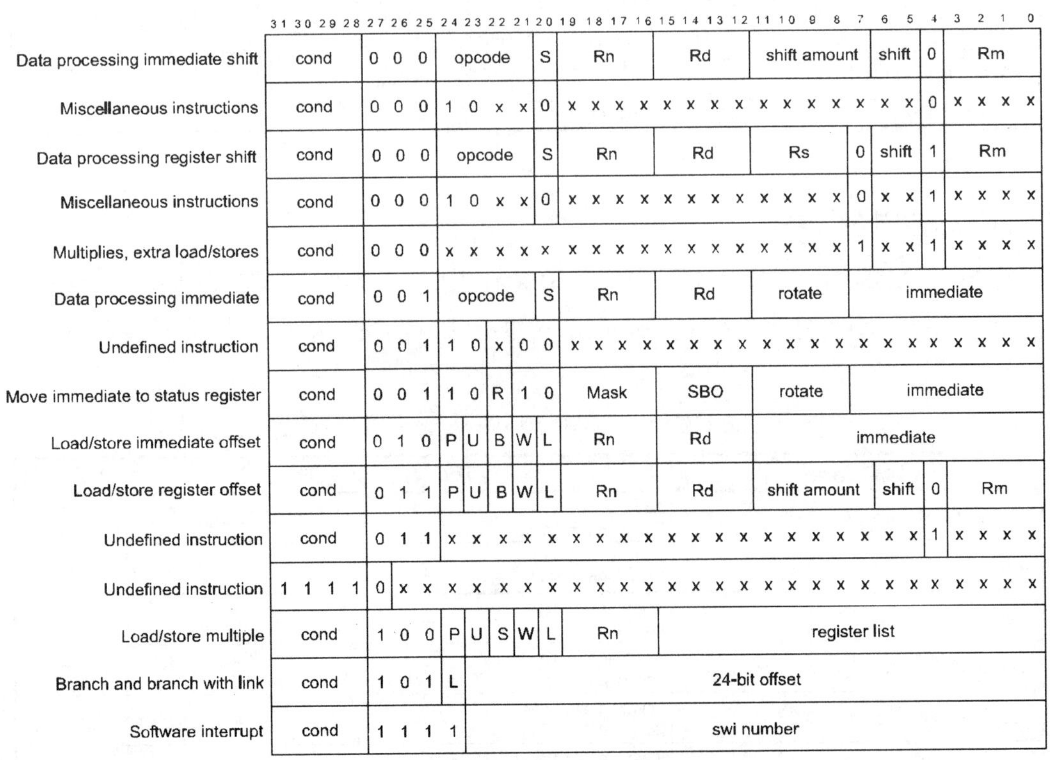

〈그림 1.3.1〉 ARM 명령의 인코딩

ARM 명령의 기계어 인코딩 방법을 요약하면 <그림 1.3.1>과 같다. 이것을 관심있게 살펴보는 것은 ARM 명령을 이해하는데 많은 도움을 준다.

2. ARM 명령 세트

AT91SAM7S256의 ARM 명령을 기능별로 분류하여 열거하면 <표 1.3.2>와 같이 58종이 있다. 분류 방법은 이밖에도 여러 가지가 있으나 여기서는 이 표와 같은 형태로 나누어 설명하기로 한다.

〈표 1.3.2〉 ARM 명령의 기능별 분류

기능별 분류	기	능						
산술연산 명령	ADD	ADC	SUB	SBC	RSB	RSC		
논리연산명령	AND	BIC	ORR	EOR				
비교 명령	CMP	CMN	TST	TEQ				
Move 명령	MOV	MVN						
곱셈 명령	MUL	MLA	UMULL	UMLAL	SMULL	SMLAL		
브랜치 명령	B	BL	BX					
로드/스토어 명령	LDR STR	LDRT STRT	LDRB STRB	LDRBT STRBT	LDRSB STRSB	LDRH STRH	LDRSH STRSH	
블록 전송 명령	LDMIA STMIA	LDMIB STMIB	LDMDA STMDA	LDMDB STMDB	LDMEA STMEA	LDMED STMED	LDMFA STMFA	LDMFD STMFD
기타 명령	SWI	SWP	SWPB					

(1) 산술연산 명령

AT91SAM7S256의 산술연산 명령은 <표 1.3.3>에 정리하였다. 곱셈명령도 산술연산 명령이기는 하지만 이는 나중에 따로 설명하며, 나눗셈 명령은 없다.

〈표 1.3.3〉 ARM 상태에서 산술연산 명령

명령 형식	명령의 기능 및 동작	상태 플랙
ADD{cond}{S} Rd, Rn, Op2	Add Rd ← Rn + Op2	N Z C V
ADC{cond}{S} Rd, Rn, Op2	Add with Carry Rd ← Rn + Op2 + Carry	N Z C V
SUB{cond}{S} Rd, Rn, Op2	Subtract Rd ← Rn - Op2	N Z C V
SBC{cond}{S} Rd, Rn, Op2	Subtract with Carry Rd ← Rn - Op2 - NOT(Carry)	N Z C V
RSB{cond}{S} Rd, Rn, Op2	Reverse Subtract Rd ← Op2 - Rn	N Z C V
RSC{cond}{S} Rd, Rn, Op2	Reverse Subtract with Carry Rd ← Op2 - Rn - NOT(Carry)	N Z C V

산술연산 명령에서 사용하는 제2 소스 오퍼랜드인 Op2에는 <표 1.3.4>와 같은 여러 가지의 형식이 사용된다. 여기서 LSL, LSR, ASR, ROR, RRX의 정확한 시프트 및 로테이트 동작을 그림으로 설명하면 <그림 1.3.2>와 같다.

〈표 1.3.4〉 산술연산 명령에서 Op2의 형식(어드레싱 모드1)

Op2의 기능	Op2의 사용 형식	비 고
Immediate value	#immediate	
Logical shift left immediate	Rm, LSL #shift5	shift5는 5비트 정수로서 Rm을 0~31비트만큼 시프트
Logical shift right immediate	Rm, LSR #shift5	shift5는 5비트 정수로서 Rm을 1~32비트만큼 시프트
Arithmetic shift right immediate	Rm, ASR #shift5	shift5는 5비트 정수로서 Rm을 1~32비트만큼 시프트
Rotate right immediate	Rm, ROR #shift5	shift5는 5비트 정수로서 Rm을 1~31비트만큼 시프트
Register	Rm	
Logical shift left register	Rm, LSL Rs	Rm을 좌측으로 Rs비트만큼 논리적 시프트
Logical shift right register	Rm, LSR Rs	Rm을 우측으로 Rs비트만큼 논리적 시프트
Arithmetic shift right register	Rm, ASR Rs	Rm을 우측으로 Rs비트만큼 산술적 시프트
Rotate right register	Rm, ROR Rs	Rm을 우측으로 Rs비트만큼 로테이트
Rotate right with extend	Rm, RRX	Rm을 우측으로 캐리 비트를 포함하여 1비트 로테이트

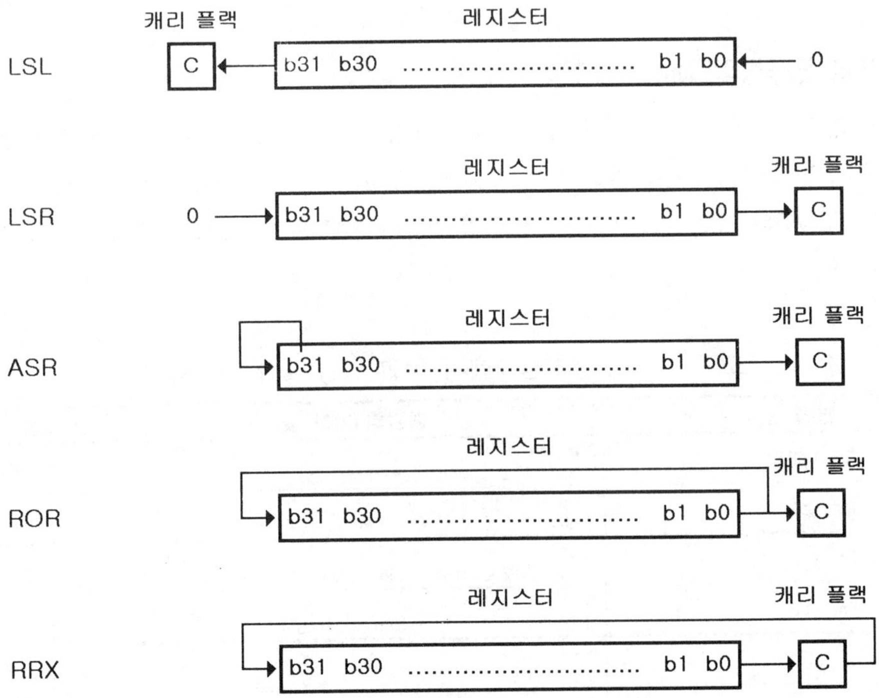

〈그림 1.3.2〉 시프트 및 로테이트 동작

(2) 논리연산 명령

AT91SAM7S256의 논리연산 명령은 <표 1.3.5>에 정리하였다. ARM사에서는 TST 및 TEQ를 논리연산 명령으로 분류하지만 여기서는 이를 비교 명령으로 취급한다.

〈표 1.3.5〉 ARM 상태에서 논리연산 명령

명령 형식	명령의 기능 및 동작	상태 플랙
AND{cond}{S} Rd, Rn, Op2	Logical AND Rd ← Rn .AND. Op2	N Z C
BIC{cond}{S} Rd, Rn, Op2	Bit Clear Rd ← Rn .AND. NOT(Op2)	N Z C
ORR{cond}{S} Rd, Rn, Op2	Logical OR Rd ← Rn .OR. Op2	N Z C
EOR{cond}{S} Rd, Rn, Op2	Exclusive OR Rd ← Rn .EOR. Op2	N Z C

논리연산 명령에서 사용하는 제2 소스 오퍼랜드인 Op2에는 <표 1.3.4>와 같은 여러 가지의 형식이 사용된다. 여기서 LSL, LSR, ASR, ROR, RRX의 정확한 시프트 및 로테이트 동작을 그림으로 설명하면 <그림 1.3.2>와 같다.

(3) 비교 명령 및 Move 명령

AT91SAM7S256의 비교 명령 및 Move 명령은 <표 1.3.6>에 정리하였다. ARM사에서는 TST 및 TEQ를 논리연산 명령으로 분류하지만 여기서는 이를 비교 명령으로 취급하였다. CMP와 CMN이 산술적 비교명령이라면 TST와 TEQ는 논리적 비교명령이라고 할 수 있다.

〈표 1.3.6〉 ARM 상태에서 비교 명령 및 Move 명령

명령 형식	명령의 기능 및 동작	상태 플랙
CMP{cond} Rn, Op2	Compare CPSR의 N Z C V 플랙 ← Rn - Op2	N Z C V
CMN{cond} Rn, Op2	Compare Negative CPSR의 N Z C V 플랙 ← Rn + Op2	N Z C V
TST{cond} Rn, Op2	Test CPSR의 N Z C 플랙 ← Rn .AND. Op2	N Z C
TEQ{cond} Rn, Op2	Test Equivalence CPSR의 N Z C 플랙 ← Rn .EOR. Op2	N Z C
MOV{cond}{S} Rd, Op2	Move Rd ← Op2	N Z C
MVN{cond}{S} Rd, Op2	Move Negative(1's complement) Rd ← Op2 .EOR. 0xFFFFFFFF 또는 Rd ← NOT(Op2)	N Z C

☞ PC가 목적 오퍼랜드에 사용되는 MOV PC,LR 명령은 서브루틴으로부터의 리턴에 사용될 수 있다.
☞ MOVS PC,LR 명령은 CPSR ← SPSR 기능을 포함하므로 예외로부터의 리턴에 사용될 수 있다.

비교 명령 및 Move 명령에서 사용하는 제2 소스 오퍼랜드인 Op2에는 <표 1.3.4>와 같은 여러 가지의 형식이 사용된다. 여기서 LSL, LSR, ASR, ROR, RRX의 정확한 시프트 및 로테이트 동작을 그림으로 설명하면 <그림 1.3.2>와 같다.

(4) 곱셈 명령

AT91SAM7S256의 곱셈 명령은 <표 1.3.7>에 정리하였다. 곱셈명령도 산술연산 명령이기는 하지만 여기서는 이를 따로 설명한다.

〈표 1.3.7〉 ARM 상태에서 곱셈 명령

명령 형식	명령의 기능 및 동작	상태 플랙
MUL{cond}{S} Rd, Rm, Rs	Multiply(signed or unsigned) Rd(32비트) ← Rm(32비트)×Rs(32비트)	N Z
MLA{cond}{S} Rd, Rm, Rs, Rn	Multiply Accumulate(signed or unsigned) Rd(32비트) ← Rm(32비트)×Rs(32비트) + Rn(32비트)	N Z
UMULL{cond}{S} RdLo, RdHi, Rm, Rs	Unsigned Multiply Long RdHi:RdLo(64비트) ← Rm(32비트)×Rs(32비트)	N Z
UMLAL{cond}{S} RdLo, RdHi, Rm, Rs	Unsigned Multiply Accumulate Long RdHi:RdLo(64비트) ← RdHi:RdLo + Rm(32비트)×Rs(32비트)	N Z
SMULL{cond}{S} RdLo, RdHi, Rm, Rs	Signed Multiply Long RdHi:RdLo(64비트) ← Rm(32비트)×Rs(32비트)	N Z
SMLAL{cond}{S} RdLo, RdHi, Rm, Rs	Signed Multiply Accumulate Long RdHi:RdLo(64비트) ← RdHi:RdLo + Rm(32비트)×Rs(32비트)	N Z

☞ MUL 및 MLA 명령에서 Rd에는 곱셈결과 64비트의 하위 32비트만 저장된다.

☞ Rd와 Rm에는 동일한 레지스터를 사용할 수 없으며, RdHi, RdLo, Rm에 대하여도 마찬가지이다.

☞ 소스 오퍼랜드나 목적 오퍼랜드에 R15(PC)를 사용할 수 없다.

(5) 브랜치 명령

AT91SAM7S256의 브랜치 명령은 <표 1.3.8>에 정리하였다. ARM 명령에서는 서브루틴 호출 명령이나 리턴 명령이 따로 없다는데 유의해야 한다.

〈표 1.3.8〉 ARM 상태에서 브랜치 명령

명령 형식	명령의 기능 및 동작	비고
B{cond} label	Branch PC ← PC + (24비트 2의 보수 〈〈 2)	직접 점프
BL{cond} label	Branch with Link R14 ← PC, PC ← PC + (24비트 2의 보수 〈〈 2)	직접 점프
BX{cond} Rn	Branch and Exchange PC ← Rn .AND. 0xFFFFFFFE, T ← Rn[0]	간접 점프

☞ B 및 BL 명령에서 점프할 수 있는 범위는 약 $\pm2^{25}$ = ±32MB(정확히 $-2^{25}\sim+2^{25}-1$)이다.

☞ BL 명령은 R14 ← PC 기능을 포함하므로 서브루틴 호출에 사용될 수 있다.

☞ BX 명령에서 Rn[0]=1로 사용하면 점프와 함께 ARM 상태를 Thumb 상태로 바꿀 수 있다.

(6) 로드/스토어 명령

AT91SAM7S256의 로드/스토어 명령은 <표 1.3.9>에 정리하였다. 여기서 amode2로 표시된 어드레싱 모드2는 <표 1.3.10>과 같고, amode3으로 표시된 어드레싱 모드3은 <표 1.3.11>과 같다.

〈표 1.3.9〉 ARM 상태에서 로드/스토어 명령

명령 형식	명령의 기능 및 동작	비고
LDR{cond} Rd, amode2	Load Register Rd ← word value by addressing mode 2	Rd != R15
LDR{cond} R15, amode2	Load Register R15 ← (word value by addressing mode 2) .AND. 0xFFFFFFFC	
LDR{cond}T Rd, amode2P	Load Register with Translation 특권 모드에서 마치 User Mode에 있는 것처럼 LDR 명령을 실행	Rd != R15
LDR{cond}B Rd, amode2	Load Register Byte Rd ← zero extend of (byte value by addressing mode 2)	Rd != R15
LDR{cond}BT Rd, amode2P	Load Register Byte with Translation 특권 모드에서 마치 User Mode에 있는 것처럼 LDRB 명령을 실행	Rd != R15
LDR{cond}SB Rd, amode3	Load Register Signed Byte Rd ← sign extend of (byte value by addressing mode 3)	Rd != R15
LDR{cond}H Rd, amode3	Load Register Halfword Rd ← zero extend of (halfword value by addressing mode 3)	Rd != R15
LDR{cond}SH Rd, amode3	Load Register Signed Halfword Rd ← sign extend of (halfword value by addressing mode 3)	Rd != R15
STR{cond} Rd, amode2	Store Register memory address by addressing mode 2 ← Rd	
STR{cond}T Rd, amode2P	Store Register with Translation 특권 모드에서 마치 User Mode에 있는 것처럼 STR 명령을 실행	
STR{cond}B Rd, amode2	Store Register Byte b7~b0 of memory address by addressing mode 2 ← b7~b0 of Rd	
STR{cond}BT Rd, amode2P	Store Register Byte with Translation 특권 모드에서 마치 User Mode에 있는 것처럼 STRB 명령을 실행	
STR{cond}H Rd, amode2	Store Register Halfword b15~b0 of memory address by addressing mode 2 ← b15~b0 of Rd	

〈표 1.3.11〉 로드 명령에서의 amode3(어드레싱 모드3)

amode3의 기능	amode3의 사용 형식	동 작
Zero offset	[Rn]	address = Rn
Register offset	[Rn, ±Rm]	address = Rn ± Rm
Pre-indexed immediate offset	[Rn, #±immediate8]!	address = Rn ± immediate8 if {cond} is true, Rn = address
Pre-indexed register offset	[Rn, ±Rm]!	address = Rn ± Rm if {cond} is true, Rn = address
Post-indexed immediate offset	[Rn], #±immediate8	address = Rn if {cond} is true, Rn = Rn ± immediate8
Post-indexed register offset	[Rn], ±Rm	address = Rn if {cond} is true, Rn = Rn ± Rm

☞ 동작 후에 조건이 참일 때 Rn 레지스터 값을 업데이트하는 것을 write-back이라고 한다.

〈표 1.3.10〉 로드/스토어 명령에서의 amode2(어드레싱 모드2)

amode2의 기능	amode2의 사용 형식	동 작
Zero offset	[Rn]	address = Rn
Immediate offset	[Rn, #±immediate12]	address = Rn ± immediate12
Register offset	[Rn, ±Rm]	address = Rn ± Rm
Scaled register offset	[Rn, ±Rm, LSL #shift5] [Rn, ±Rm, LSR #shift5] [Rn, ±Rm, ASR #shift5] [Rn, ±Rm, ROR #shift5] [Rn, ±Rm, RRX #shift5]	address = Rn ± (Rm, LSL shift5) address = Rn ± (Rm, LSR shift5) address = Rn ± (Rm, ASR shift5) address = Rn ± (Rm, ROR shift5) address = Rn ± (Rm, RRX shift5)
Pre-indexed immediate offset	[Rn, #±immediate12]!	address = Rn ± immediate12 if {cond} is true, Rn = address
Pre-indexed register offset	[Rn, ±Rm]!	address = Rn ± Rm if {cond} is true, Rn = address
Pre-indexed scaled register offset	[Rn, ±Rm, LSL #shift5]! [Rn, ±Rm, LSR #shift5]! [Rn, ±Rm, ASR #shift5]! [Rn, ±Rm, ROR #shift5]! [Rn, ±Rm, RRX #shift5]!	address = Rn ± (Rm, LSL shift5) if {cond} is true, Rn = address address = Rn ± (Rm, LSR shift5) if {cond} is true, Rn = address address = Rn ± (Rm, ASR shift5) if {cond} is true, Rn = address address = Rn ± (Rm, ROR shift5) if {cond} is true, Rn = address address = Rn ± (Rm, RRX shift5) if {cond} is true, Rn = address
Post-indexed immediate offset	[Rn], #±immediate12	address = Rn, Rn = Rn ± immediate12
Post-indexed register offset	[Rn], ±Rm	address = Rn, Rn = Rn ± Rm
Post-indexed scaled register offset	[Rn], ±Rm, LSL #shift5 [Rn], ±Rm, LSR #shift5 [Rn], ±Rm, ASR #shift5 [Rn], ±Rm, ROR #shift5 [Rn], ±Rm, RRX #shift5	address = Rn if {cond} is true, Rn = Rn ± (Rm, LSL shift5) address = Rn if {cond} is true, Rn = Rn ± (Rm, LSR shift5) address = Rn if {cond} is true, Rn = Rn ± (Rm, ASR shift5) address = Rn if {cond} is true, Rn = Rn ± (Rm, ROR shift5) address = Rn if {cond} is true, Rn = Rn ± (Rm, RRX shift5)

☞ 동작 후에 조건이 참일 때 Rn 레지스터 값을 업데이트하는 것을 write-back이라고 한다.

☞ amode2p는 Zero offset과 Post-indexed만 사용할 수 있다.

〈표 1.3.12〉 ARM 상태에서 블록 데이터 전송 명령

명령 형식	명령의 기능 및 동작	비고
LDM{cond}〈amode4〉 Rn{!} 〈reglist〉	Load Multiple register list ← 베이스 레지스터 Rn이 가리키는 번지	
LDM{cond}〈amode4〉 Rn{!} 〈reglist - PC〉^	Load Multiple User Mode Registers 특권 모드에서 User Mode의 레지스터들을 로드	PC 불포함
LDM{cond}〈amode4〉 Rn{!} 〈reglist + PC〉^	Load Multiple User Mode Registers and Branch PC가 복구되고 SPSR을 CPSR에 복사하여 예외에서 복귀	PC 포함
STM{cond}〈amode4〉 Rn{!} 〈reglist〉	Store Multiple 베이스 레지스터 Rn이 가리키는 번지 ← register list	
STM{cond}〈amode4〉 Rn{!} 〈reglist〉^	Store Multiple User Mode Registers 특권 모드에서 User Mode의 레지스터들을 스토어	

☞ !를 사용하면 베이스 레지스터 Rn이 write-back된다.

☞ reglist는 중괄호 {}로 둘러싸고 레지스터 사이에는 컴머(,)를 두며, 연속은 하이픈(-)으로 표시한다.

(7) 블록 데이터 전송 명령

AT91SAM7S256의 블록 데이터 전송 명령은 <표 1.3.12>에 정리하였다. 여기서 amode4로 표시된 베이스 레지스터 Rn의 어드레싱 모드4는 <표 1.3.13>과 같다.

〈표 1.3.13〉 블록 데이터 전송 명령에서의 amode4(어드레싱 모드4)

amode4의 기능		amode4의 사용 형식 (스택이 아닌 경우)	amode4의 사용 형식 (스택인 경우)
Block Load : Increment After	(Post-increment)	IA	FD(Full Descending)
Block Load : Increment Before	(Pre-increment)	IB	ED(Empty Descending)
Block Load : Decrement After	(Post-decrement)	DA	FA(Full Ascending)
Block Load : Decrement Before	(Pre-decrement)	DB	EA(Empty Ascending)
Block Store : Increment After	(Post-increment)	IA	EA(Empty Ascending)
Block Store : Increment Before	(Pre-increment)	IB	FA(Full Ascending)
Block Store : Decrement After	(Post-decrement)	DA	ED(Empty Descending)
Block Store : Decrement Before	(Pre-decrement)	DB	FD(Full Descending)

(8) 기타 명령

AT91SAM7S256의 기타 명령은 <표 1.3.14>에 정리하였다. ARM7TDMI 코어의 ARM 명령에는 특이하게도 NOP(No Operation) 명령이 없다. 그러나, Thumb 명령에는 이것이 있으며, ARM v5 구조 이후부터는 ARM 명령에도 NOP 명령이 있다.

〈표 1.3.14〉 ARM 상태에서 기타 명령

명령 형식	명령의 기능 및 동작	비고
SWI #immediate24	Software Interrupt SWI 예외가 발생되어 Supervisor Mode에서 0x00000008 번지를 실행	
SWP{cond} Rd, Rm, [Rn]	Swap Rd ← [Rn], [Rn] ← Rm	
SWP{cond}B Rd, Rm, [Rn]	Swap Byte zero extend of Rd ← byte of [Rn], byte of [Rn] ← LSB of Rm	

3. 수치 데이터의 처리

여기서는 ARM에서의 수치 데이터 표현 및 처리 방법에 대한 기초적인 사항을 설명한다.

(1) ARM에서 수치 데이터의 표현법

AT91SAM7S256에서 사용하는 수치 데이터의 표현 방법에는 부호없는 정수 표현법과 2의 보수 표현법이 있다.

▣ 부호없는 정수 표현법

이것은 주어진 길이의 데이터 전체가 부호없는 수의 크기를 2진수로 표현하는 방법으로 0과 양의 정수만 표현할 수 있으므로 **양의 정수 표현법**이라고도 한다.

n비트의 경우 부호없는 정수 표현법으로 표현할 수 있는 수의 범위는 $0 \sim 2^n-1$이다. 따라서, 8비트의 수라면 부호없는 정수 표현법으로 나타낼 수 있는 수의 범위는 0~255(0x00~0xFF)이며, 16비트의 경우에는 0~65535(0x0000~0xFFFF)이고, 32비트의 경우에는 0~4294967295(0x0000_0000~0xFFFF_FFFF)이다.

8비트와 32비트의 경우 양의 정수 표현법에 의한 표현 예를 각각 <표 1.3.15> 및 <표 1.3.16>에 정리하였다.

〈표 1.3.15〉 부호없는 8비트 정수의 표현

10진수	부호없는 8비트 정수	10진수	부호없는 8비트 정수
0	0b00000000	128	0b10000000
1	0b00000001	129	0b10000001
2	0b00000010	130	0b10000010
3	0b00000011	131	0b10000011
.	.	.	.
.	.	.	.
.	.	.	.
124	0b01111100	252	0b11111100
125	0b01111101	253	0b11111101
126	0b01111110	254	0b11111110
127	0b01111111	255	0b11111111

〈표 1.3.16〉 부호없는 32비트 정수의 표현

10진수	부호없는 32비트 정수
0	0b00000000 00000000 00000000 00000000
1	0b00000000 00000000 00000000 00000001
2	0b00000000 00000000 00000000 00000010
3	0b00000000 00000000 00000000 00000011
.	.
.	.
.	.
4294967292	0b11111111 11111111 11111111 11111100
4294967293	0b11111111 11111111 11111111 11111101
4294967294	0b11111111 11111111 11111111 11111110
4294967295	0b11111111 11111111 11111111 11111111

▣ 2의 보수 표현법

이것은 n비트 데이터에서 최상위 비트(b_{n-1})로는 부호를 표시(0은 양수의 +, 1은 음수의 -)하고, 나머지 n-1개의 비트들($b_{n-2} \sim b_0$)은 수의 크기를 표현하는 방법으로서, 이를 이용하면 0과 양의 정수는 물론 음의 정수까지도 표현할 수 있다. 비트 b_{n-2}~b_0에 표시되는 수의 크기는 양수의 경우에는 절대값을 그대로 2진수로 표현하며, 음수의 경우에는 이를 2의 보수(2's complement)로 표현한다.

n비트의 경우 2의 보수 표현법으로 표현할 수 있는 수의 범위는 -2^{n-1}~$+2^{n-1}-1$이다. 따라서, 8비트의 수라면 2의 보수 표현법으로 나타낼 수 있는 수의 범위는 -128~+127이며, 16비트의 경우에는 -32768~+32767이고, 32비트의 경우에는 -2147483648~+2147483647이다.

8비트와 32비트의 경우 2의 보수 표현법에 의한 표현 예를 <표 1.3.17> 및 <표 1.3.18>에 정리하였다.

〈표 1.3.17〉 8비트 2의 보수 표현

양의 정수	8비트 2의 보수	음의 정수	8비트 2의 보수
+127	0b01111111	-1	0b11111111
+126	0b01111110	-2	0b11111110
+125	0b01111101	-3	0b11111101
.	.	.	.
.	.	.	.
.	.	.	.
+3	0b00000011	-125	0b10000011
+2	0b00000010	-126	0b10000010
+1	0b00000001	-127	0b10000001
0	0b00000000	-128	0b10000000

〈표 1.3.18〉 32비트 2의 보수 표현

10진수	부호없는 32비트 정수
+2147483647	0b01111111 11111111 11111111 11111111
+2147483646	0b01111111 11111111 11111111 11111110
+2147483645	0b01111111 11111111 11111111 11111101
+2147483644	0b01111111 11111111 11111111 11111100
.	.
.	.
.	.
+3	0b00000000 00000000 00000000 00000011
+2	0b00000000 00000000 00000000 00000010
+1	0b00000000 00000000 00000000 00000001
0	0b00000000 00000000 00000000 00000000
-1	0b11111111 11111111 11111111 11111111
-2	0b11111111 11111111 11111111 11111110
-3	0b11111111 11111111 11111111 11111101
.	.
.	.
.	.
-2147483645	0b10000000 00000000 00000000 00000011
-2147483646	0b10000000 00000000 00000000 00000010
-2147483647	0b10000000 00000000 00000000 00000001
-2147483648	0b10000000 00000000 00000000 00000000

◀휴게실▶ **수치 데이터에서 2의 보수 표현법**

10진수로 된 수치 데이터를 2의 보수 표현법으로 변환하거나 반대로 2의 보수 표현법으로 된 수치 데이터를 10진수로 환산하는 방법은 프로그램을 수동 번역할 경우에 자주 사용되므로 잘 알아두어야 한다.

(1) 양수의 경우

10진수로 55를 8비트 2의 보수 표현법으로 표시하라.

i) 양수이므로 최상위의 부호 비트는 0이다.
ii) 수의 절대값을 7비트의 2진수로 변환한다.

```
2 ) 55
2 ) 27 ··· 1
2 ) 13 ··· 1
2 )  6 ··· 1
2 )  3 ··· 0
     1 ··· 1        ∴ 0110111
```

iii) 양수이므로 부호 비트 0과 7비트의 수를 그대로 합하여 2의 보수 표현법을 완성한다.

```
00110111 = 0x37
```

(2) 음수의 경우

10진수로 -55를 8비트 2의 보수 표현법으로 표시하라.

i) 음수이므로 최상위의 부호 비트는 1이다.
ii) 수의 절대값을 7비트의 2진수로 변환한다.

```
2 ) 55
2 ) 27 ··· 1
2 ) 13 ··· 1
2 )  6 ··· 1
2 )  3 ··· 0
     1 ··· 1        ∴ 0110111
```

iii) 음수이므로 부호 비트 1과 7비트의 수를 2의 보수로 나타낸 것을 합하여 2의 보수를 완성한다.

```
10110111
    ↓          (1의 보수)
11001000
+ )        1
11001001 = 0xC9 (2의 보수)
```

(3) 10진수로의 역변환

2의 보수 표현법의 수를 10진수로 역변환하는 방법은 위의 변환과 반대로 수행하면 된다. 즉, 최상위 비트가 0인 경우(양수)에는 아래 7비트의 수를 그대로 10진수로 환산하여 양의 부호(+)를 붙이면 되고, 최상위 비트가 1인 경우(음수)에는 아래 7비트의 수를 2의 보수로 변환한후 10진수로 환산하여 음의 부호(-)를 붙이면 된다.

(2) 오버플로우

연산을 수행하였을 때 지정된 데이터 길이(일반적으로 마이크로프로세서의 워드)로 표현할 수 없는 범위의 결과가 발생하는 것을 오버플로우(overflow, 자리넘침)이라고 한다. 그러나, 오버플로우가 발생하면 항상 상태 레지스터 CPSR의 오버플로우 플랙 V가 1로 세트되리라고 생각하면 큰 오산이다.

AT91SAM7S256의 ALU는 부호없는 정수나 2의 보수 표현법으로 표현된 모든 수를 가감산해야 하지만, 사실 마이크로프로세서는 연산할 데이터가 양의 정수 표현법으로 표시된 수인지 2의 보수 표현법으로 표시된 수인지를 알지 못한다. 그럼에도 불구하고 아무 문제없이 가감산이 가능한 것이 2의 보수 표현법을 사용하는 이유이다. 즉, ALU는 부호없는 정수나 2의 보수 표현법으로 표현된 수를 모두 동일한 방법으로 가감산한다는 것이다. 심지어는 결과까지 동일하게 나온다. 그러나, 계산이 끝난 후에 목적 레지스터에 저장된 결과를 부호없는 정수 표현법으로 해석하면 그에 맞는 답을 얻을 수 있고, 또한 2의 보수 표현법으로 해석하더라도 그에 맞는 답을 얻을 수 있다.

그런데, 오버플로우가 발생하였을 경우 그 표시는 다르게 된다. 즉, 32비트 2의 보수 표현법으로 가감산을 수행하였을 때 오버플로우가 발생하였다면 이는 표현가능 범위인 -2147483648~+2147483647을 벗어난 결과가 되었다는 뜻이며 그 상태는 상태 레지스터의 오버플로우 플랙에 V=1로 표시된다. 이 표현 범위를 벗어나는 경우는 이보다 더 작은 음수일 수도 있고, 이보다 더 큰 양수일 수도 있다. 이때의 오버플로우를 특별히 signed overflow라고 부르기도 한다.

그러나, 32비트 부호없는 양의 정수 표현법으로 가감산을 수행하였을 때 오버플로우가 발생하였다면 이는 0~4294967295의 범위를 초과하는 결과가 되었다는 뜻이며 그 상태는 상태 레지스터의 캐리 플랙에 C=1로 표시된다. 이 표현 범위를 벗어나는 경우는 이보다 더 큰 수가 나오는 경우뿐이다. 이때의 오버플로우를 특별히 unsigned overflow라고 부르기도 한다.

이와 같이 정수 데이터의 가감산을 수행할 때는 현재 사용하고 있는 데이터의 표현법에 따라 오버플로우가 서로 다르게 표시되는데 유의해야 한다. 다시 말하면 32비트 2의 보수 표현법에 의한 정수 연산에서의 오버플로우(signed overflow)는 상태 레지스터 CPSR의 V 플랙에 저장되고, 32비트 양의 정수 표현법에 의한 정수 연산에서의 오버플로우(unsigned overflow)는 상태 레지스터 CPSR의 C 플랙에 저장된다는 것이다.

◀**참고**▶ underflow는 이와 반대로 연산결과가 너무 작아져서 지정된 데이터 길이로는 표현할 수 없는 것인데, 이는 정수형 마이크로프로세서에서는 발생하지 않으며 부동소수점형 DSP와 같이 부동소수점 연산 명령을 갖는 마이크로프로세서에서나 발생할 수 있다.

(3) 정수의 대소관계 비교

ARM 명령에는 두 정수의 크기를 비교하는 비교 명령을 가지고 있으며, 대부분의 명령이 이 비교결과에 따라서 조건부로 실행할 수 있어서 비교기능이 아주 잘 처리되고 있다. 비교 명령은 정수의 뺄셈 명령과 똑같이 연산을 수행하지만 그 결과를 목적 레지스터에 저상하지 않고 연산결과의 상태만을 상태 레지스터 CPSR의 조건 플랙에 표시하여 나중에 이 두 수의 대소비교에 사용된다. 따라서, 비교 명령을 사용하여 데이터를 비교하면 이를 수행한 후에도 비교하는 레지스터들의 값이 변하지 않는다는 장점이 있다. 비교 명령을 사용하고 나서 수치 데이터의 대소관계를 판단하는데는 수치 데이터의 표현법에 따라 음수 플랙(N), 제로 플랙(Z), 캐리 플랙(C), 오버플로우 플랙(V) 등이 사용된다.

두 정수의 대소관계를 비교할 때는 비교하려는 두 수가 부호없는 정수 표현법에 의한 것인지 2의 보수 표현법에 의한 것인지에 따라 비교 결과가 달라질 수 있는데, 이 각각의 경우에 대소관계는 상태 레지스터의 해당 플랙 비트들을 보고 판단하게 된다. 그러나, ARM은 이러한 각각의 경우에 대하여 대소관계를 판단하고 그 판단결과에 따라 명령의 실행여부를 결정할 수 있는 다양한 조건부 실행 명령을 가지고 있어서 매우 편리하다. ARM에서 두 정수의 대소관계에 따른 조건부 실행 동작을 요약하면 <표 1.3.19>와 같다.

이 표에서 보는 바와 같이 부호없는 두 정수의 대소관계는 캐리 플랙만으로 간단하게 판단되지만, 2의 보수로 표현된 정수의 대소관계는 음수 플랙과 오버플로우 플랙의 배타적 논리합 즉 N⊕V의 값에 의해 결정된다.

〈표 1.3.19〉 두 정수의 대소관계에 따른 조건부 실행

비교	부호없는 정수 표현법의 경우		2의 보수 표현법의 경우	
Rn > Op2	HI(Higher)	C=1 and Z=0	GT(Greater Than)	Z=0 and N == V
Rn ≥ Op2	HS(Higher or Same)	C=1	GE(Greater Than or Equal)	N == V
Rn = Op2	EQ(Equal)	Z=1	EQ(Equal)	Z=1
Rn ≠ Op2	NE(Not Equal)	Z=0	NE(Not Equal)	Z=0
Rn ≤ Op2	LS(Lower or Same)	C=0 or Z=1	LE(Less Than or Equal)	Z=1 or N != V
Rn < Op2	LO(Lower)	C=0	LT(Less Than)	N != V

☞ 대소 비교는 CMP Rn,Op2 명령에 의하여 수행한 것으로 가정함.

☞ ARM에서는 뺄셈 후에 자리내림이 발생하면 C=0, 발생하지 않으면 C=1로 되는 것에 유의할 것.

(4) 제로 확장과 부호 확장

ARM에서 8비트로 구성되는 바이트(byte) 데이터를 32비트 워드(word)의 레지스터

에 로드(load)하려면 수치의 값은 그대로 유지하면서 8비트 길이의 데이터를 32비트의 길이로 확장하여야 한다. 마찬가지로 16비트로 구성되는 하프워드(halfword) 데이터를 32비트 워드의 레지스터에 로드하려면 수치의 값은 그대로 유지하면서 16비트 길이의 데이터를 32비트의 길이로 확장하여야 한다.

그러나, 이와 같이 데이터 길이를 확장하는 방법은 이 수가 부호없는 정수 표현법을 사용하고 있는지 또는 2의 보수 표현법을 사용하고 있는지에 따라 달라진다.

또한, AT91SAM7S256의 메모리는 항상 리틀 엔디안(little endian) 방식을 사용하므로 이러한 32비트(4바이트)의 데이터를 메모리에 스토어(store)할 때는 항상 하위 바이트가 낮은 번지에, 상위 바이트가 높은 번지에 저장되는 것에 유의해야 한다.

▣ 제로 확장

부호없는 정수 표현법을 사용하고 있는 8비트 또는 16비트의 정수를 32비트 길이로 확장할 때는 무조건 추가되는 상위 비트들을 모두 0으로 채우면 되는데 이를 제로 확장(zero extend)라고 한다.

예를 들어 8비트로 127인 수는 0b01111111인데 이를 32비트 길이의 127인 수로 확장하면 0b00000000 00000000 00000000 01111111로 된다. 이를 알기 쉽게 그림으로 설명하면 <그림 1.3.3>과 같다.

```
                    0b01111111 = 127 (8비트)
                        │  제로 확장
                        ▼
0b00000000 00000000 00000000 01111111 = 127 (32비트)
```

```
                    0b10000000 = 128 (8비트)
                        │  제로 확장
                        ▼
0b00000000 00000000 00000000 10000000 = 128 (32비트)
```

〈그림 1.3.3〉 8비트→32비트 제로 확장의 예

▣ 부호 확장

2의 보수 표현법을 사용하고 있는 8비트 또는 16비트의 정수를 32비트 길이로 확장할 때는 최상위 비트가 부호이므로 이 부호와 수치의 크기를 동일하게 유지하면서 길이를 확장해야 하는데 이를 부호 확장(sign extend)라고 한다. 부호 확장에서는 최상위 비트가 0인 양수의 경우에는 확장되는 상위 비트들을 모두 0으로 채우고, 최상위 비트가 1인 음수의 경우에는 확장되는 상위 비트들을 모두 1로 채우면 된다.

예를 들어 양수의 경우에 8비트로 +127인 수는 0b01111111인데 이를 32비트 길이의 +127인 수로 확장하면 0b00000000 00000000 00000000 01111111로 된다. 그러나, 음수인 경우에 8비트로 -128인 수는 0b10000000인데 이를 32비트 길이의 -128인 수로 확장하면 0b11111111 11111111 11111111 10000000으로 된다. 이를 알기 쉽게 그림으로 설명하면 <그림 1.3.4>와 같다.

0b01111111 = +127 (8비트)

↓ 부호 확장

0b00000000 00000000 00000000 01111111 = +127 (32비트)

(a) 양수의 경우

0b10000000 = -128 (8비트)

↓ 부호 확장

0b11111111 11111111 11111111 10000000 = -128 (32비트)

(b) 음수의 경우

〈그림 1.3.4〉 8비트→32비트 부호 확장의 예

이상에서는 8비트→32비트의 제로 확장과 부호 확장의 경우에만 예를 들었지만, 이 원리는 16비트→32비트의 제로 확장과 부호 확장에도 동일하게 적용된다.

(5) 논리연산 명령을 이용한 프로그래밍 기법

대부분의 마이크로프로세서에서 그렇듯이 AT91SAM7S256에서도 8비트 데이터에 대하여 AND, OR, EOR 등의 논리연산 명령을 지원한다. 사용자 프로그램에서 이들 논리연산 명령은 각각 다음과 같은 프로그래밍 기법으로 많이 응용된다. 이것은 어느 마이크로프로세서에서나 보편적으로 사용할 수 있는 프로그래밍 기법이다.

▣ AND Masking 기법

처리하고자 하는 데이터와 마스크 워드(mask word)를 AND시켜 어떤 데이터로부터 특정한 비트들을 리셋하여 제거하는 기법으로 **선택적 리셋**(selected reset)이라고도 한다. AT91SAM7S256의 경우는 AND 명령은 물론이고 BIC 명령을 가지고 있어서 매우 편리하다.

예 영문 알파벳의 소문자를 대문자로 변환하는 경우

```
      0b01100001 = "a"
AND ) 0b11011111 (mask word)
      ----------
      0b01000001 = "A"
```

▣ OR Masking 기법

처리하고자 하는 데이터와 마스크 워드를 OR시켜 어떤 데이터로부터 특정한 비트들을 세트시키는 기법으로 **선택적 세트**(selected set)라고도 한다. AT91SAM7S256의 경우는 ORR 명령을 가지고 있다.

예 영문 알파벳의 대문자를 소문자로 변환하는 경우

```
     0b01000001 = "A"
OR ) 0b00100000 (mask word)
     ----------
     0b01100001 = "a"
```

▣ EOR Masking 기법

처리하고자 하는 데이터와 마스크 워드를 EOR시켜 어떤 데이터로부터 특정한 비트들의 값을 반전시키는 기법으로 **선택적 반전**(selected complement)이라고도 한다. AT91SAM7S256의 경우는 EOR 명령을 가지고 있다.

예 프로그램으로 LED를 점멸시키는 경우(b_3과 b_0에 LED가 접속된 것으로 가정.)

```
      0b00001100 = LED 입력 데이터
XOR ) 0b00001001 (mask word)
      ----------
      0b00000101 = LED 출력 데이터
```

1.4 AT91SAM7S256의 Thumb 명령

이 절에서는 AT91SAM7S256의 Thumb 명령에 대하여 정리한다. ARM 명령이 32비트인데 비하여 Thumb 명령은 모두 16비트로 되어 있다.

Thumb 명령 세트는 ARM v4의 ARM7TDMI 코어부터 사용하였으며, ARM v6에서는 Thumb-2 명령이 추가되었다. 여기서는 AT91SAM7S256에서 사용하는 것을 전제로 하므로 ARM7TDMI 코어에 해당하는 v4에서 적용되는 Thumb 명령만을 취급하기로 한다. 그 이상의 자세한 사항에 대하여는 참고문헌[2]와 ARM사에서 제공하는 Thumb Instruction Set Quick Reference Card를 참조하기 바란다.

1. Thumb 명령의 개요

Thumb 상태 명령은 ARM 상태 명령에 비하여 다음과 같이 여러가지의 특징을 가지고 있다.

① 고성능 32비트의 ARM 명령 비하여 16비트의 Thumb 명령은 실행 속도는 40% 정도 낮아지지만, 메모리 용량을 30% 정도 절약할 수 있고 소비전력도 30% 정도가 절감된다.
② ARM 명령이 기본적으로 3오퍼랜드 형식을 가지고 있는데 비하여 Thumb 명령은 2오퍼랜드 형식을 사용한다.
③ ARM 명령은 기본적으로 모든 명령이 조건부 실행 방식으로 되어 있는데 비하여 Thumb 명령은 분기 명령에서만 조건부 실행을 사용한다.
④ ARM 명령에서는 접미사 S를 사용한 명령을 실행할 때만 CPSR 레지스터의 조건 플랙이 갱신되는데 비하여 Thumb 명령은 항상 조건 플랙의 갱신이 이루어진다.
⑤ ARM 명령에서는 기본적으로 16개의 범용 레지스터 R0~R15를 사용하는데 비하여 Thumb 명령에서는 8개의 범용 레지스터 R0~R7을 사용한다. Thumb 명령에서는 ADD 및 MOV 등 몇가지의 특별한 명령으로만 상위 바이트 R8~R15를 액세스할 수 있다.
⑥ ARM 명령에서는 1개의 명령에서 시프트/로테이트와 연산을 기본적으로 수행할 수

있었는데 비하여 Thumb 명령에서는 이것이 불가능하다. 따라서, Thumb 명령 세트에는 별도의 시프트/로테이트 명령을 가지고 있다.

Thumb 명령은 기본적으로 다음과 같은 형식으로 구성되어 있다. 여기서 {}는 생략 가능하다는 것을 나타낸다.

ADD Rd, Op {; Rd ← Rd + Op}

	15	14	13	12	11	10	9	8	7	6	5	4	3	2	1	0
Shift by immediate	0	0	0	opcode		immediate					Rm			Rd		
Add/subtract register	0	0	0	1	1	0	opc	Rm			Rn			Rd		
Add/subtract immediate	0	0	0	1	1	1	opc	immediate			Rn			Rd		
Add/subtract/compare/move immediate	0	0	1	opcode		Rd / Rn			immediate							
Data-processing register	0	1	0	0	0	0	opcode				Rm / Rs			Rd / Rn		
Special data processing	0	1	0	0	0	1	opcode		H1	H2	Rm			Rd / Rn		
Branch/exchange instruction set	0	1	0	0	0	1	1	1	L	H2	Rm			SBZ		
Load from literal pool	0	1	0	0	1	Rd			PC-relative offset							
Load/store register offset	0	1	0	1	opcode			Rm			Rn			Rd		
Load/store word/byte immediate offset	0	1	1	B	L	offset					Rn			Rd		
Load/store halfword immediate offset	1	0	0	0	L	offset					Rn			Rd		
Load/store to/from stack	1	0	0	1	L	Rd			SP-relative offset							
Add to SP or PC	1	0	1	0	SP	Rd			immediate							
Miscellaneous	1	0	1	1	x	x	x	x	x	x	x	x	x	x	x	x
Load/store multiple	1	1	0	0	L	Rn			register list							
Conditional branch	1	1	0	1	cond				offset							
Undefined instruction	1	1	0	1	1	1	1	0	x	x	x	x	x	x	x	x
Software interrupt	1	1	0	1	1	1	1	1	immediate							
Unconditional branch	1	1	1	0	0	offset										
Undefined instruction	1	1	1	0	1	x	x	x	x	x	x	x	x	x	x	1
BL suffix	1	1	1	1	1	offset										

〈그림 1.4.1〉 Thumb 명령의 인코딩

여기서, Rd는 처리 결과가 저장되는 목적 오퍼랜드(destination operand)이고, Op는 소스 오퍼랜드(source operand)이다. 이처럼 Thumb 기본적으로 2개의 오퍼랜드를 사용하지만 명령에 따라서는 오퍼랜드가 없거나 1개인 경우도 있으며, 예외적으로 몇가지 명령에서는 3개의 오퍼랜드를 사용하기도 한다.

Thumb 명령의 기계어 인코딩 방법을 요약하면 <그림 1.4.1>과 같다. 이것은 관심있게 살펴보는 것은 Thumb 명령을 이해하는데 많은 도움을 준다.

2. Thumb 명령 세트

AT91SAM7S256의 Thumb 명령을 기능별로 분류하여 열거하면 <표 1.4.1>과 같이 36종이 있다. 분류 방법은 이밖에도 여러 가지가 있으나 여기서는 이 표와 같은 형태로 나누어 설명하기로 한다.

〈표 1.4.1〉 Thumb 명령의 기능별 분류

기능별 분류	기	능				
산술연산 명령	ADD	ADC	SUB	SBC	MUL	NEG
논리연산명령	AND	BIC	ORR	EOR		
비교 명령	CMP	CMN	TST			
Move 명령	MOV	MVN				
시프트/로테이트 명령	LSL	LSR	ASR	ROR		
브랜치 명령	B	BL	BX			
로드/스토어 명령	LDR STR	LDRB STRB	LDRSB STRH	LDRH STMIA	LDRSH	LDMIA
Push/Pop 명령	PUSH	POP				
기타 명령	SWI	NOP				

(1) 산술연산 명령

AT91SAM7S256의 산술연산 명령은 <표 1.4.2>에 정리하였다. ARM 명령의 산술연산 명령에서는 일정한 형식의 어드레싱 모드가 있었지만 Thumb 명령에서는 어드레싱 모드가 일정하지 않고 명령마다 제각기 다르다.

덧셈 및 뺄셈 명령에서 CPSR 레지스터의 조건 플랙을 변화시키지 않는 것이 있으므로 주의해야 한다.

곱셈 명령은 단 1개뿐이므로 따로 독립시키지 않고 산술연산 명령에 포함시키며, NEG는 2의 보수를 취하는 산술연산 명령이다. ARM 명령에서처럼 Thumb 명령에서도 나눗셈 명령은 없다.

〈표 1.4.2〉 Thumb 상태에서 산술연산 명령

명령 형식	명령의 기능 및 동작	상태 플랙
ADD Rd, Rn, #immediate3	Add register and immediate Rd ← Rn + immediate3	N Z C V
ADD Rd, Rn, Rm	Add low register and low register Rd ← Rn + Rm	N Z C V
ADD Rd, Rm	Add low and high, or high and high register Rd ← Rd + Rm	
ADD Rd, #immediate8	Add immediate Rd ← Rd + immediate8	N Z C V
ADD Rd, SP, #immediate8 * 4	Add address from SP Rd ← SP + (immediate8 《 2)	
ADD Rd, PC, #immediate8 * 4	Add address from PC Rd ← (PC .AND. 0xFFFFFFFC) + (immediate8 《 2)	
ADD SP, #immediate7 * 4	Add value to SP SP ← SP + (immediate7 《 2)	
ADC Rd, Rm	Add with carry Rd ← Rd + Rm + Carry	N Z C V
SUB Rd, Rn, #immediate3	Subtract immediate from register Rd ← Rn - immediate3	N Z C V
SUB Rd, Rn, Rm	Subtract Rd ← Rn - Rm	N Z C V
SUB Rd, #immediate8	Subtract immediate Rd ← Rd - immediate8	N Z C V
SUB SP, #immediate7 * 4	Subtract value from SP SP ← SP - (immediate7 《 2)	
SBC Rd, Rm	Subtract with carry Rd ← Rd - Rm - NOT(Carry)	N Z C V
MUL Rd, Rm	Multiply Rd(32비트) ← Rd(32비트)×Rm(32비트)	N Z
NEG Rd, Rm	Negate(2's complement) Rd ← 0 - Rm	N Z C V

(2) 논리연산 명령

AT91SAM7S256의 논리연산 명령은 <표 1.4.3>에 정리하였다. ARM사에서는 TST 및 MVN를 논리연산 명령으로 분류하지만 여기서는 이것을 각각 비교 명령 및 Move 명령으로 취급한다.

〈표 1.4.3〉 Thumb 상태에서 논리연산 명령

명령 형식	명령의 기능 및 동작	상태 플랙
AND Rd, Rm	Logical AND Rd ← Rn .AND. Rm	N Z
BIC Rd, Rm	Bit Clear Rd ← Rn .AND. NOT(Rm)	N Z
ORR Rd, Rm	Logical OR Rd ← Rn .OR. Rm	N Z
EOR Rd, Rm	Exclusive OR Rd ← Rn .EOR. Rm	N Z

(3) 비교 명령 및 Move 명령

AT91SAM7S256의 비교 명령 및 Move 명령은 <표 1.4.4>에 정리하였다. ARM사에서는 TST 및 MVN을 논리연산 명령으로 분류하지만 여기서는 이를 각각 비교 명령과 Move 명령으로 취급하였다. CMP와 CMN이 산술적 비교명령이라면 TST는 논리적 비교명령이라고 할 수 있다.

〈표 1.4.4〉 Thumb 상태에서 비교 명령 및 Move 명령

명령 형식	명령의 기능 및 동작	상태 플랙
CMP Rn, #immediate8	Compare immediate CPSR의 N Z C V 플랙 ← Rn - immediate8	N Z C V
CMP Rn, Rm	Compare CPSR의 N Z C V 플랙 ← Rn - Rm	N Z C V
CMN Rn, Rm	Compare Negative CPSR의 N Z C V 플랙 ← Rn + Rm	N Z C V
TST Rn, Rm	Test CPSR의 N Z 플랙 ← Rn .AND. Rm	N Z
MOV Rd, #immediate8	Move immediate Rd ← immediate8	N Z
MOV Rd, Rm	Move low register to low register Rd ← Rm	N Z 0 0
MOV Rd, Rm	Move low to high, high to low, or high and high register Rd ← Rm	
MVN Rd, Rm	Move Negative(1's complement) Rd ← Rm .EOR. 0xFFFFFFFF 또는 Rd ← NOT(Rm)	N Z

☞ PC가 목적 오퍼랜드에 사용되는 MOV PC,LR 명령은 서브루틴으로부터의 리턴에 사용될 수 있다. 그러나, 이런 경우에는 ARM 상태나 Thumb 상태에 모두 적용되는 BX LR 명령이 더 좋다.

(4) 시프트/로테이트 명령

AT91SAM7S256의 시프트/로테이트 명령은 <표 1.4.5>에 정리하였다. 이것들의 동작은 <그림 1.3.2>에서 설명한 바와 같다.

〈표 1.4.5〉 Thumb 상태에서 시프트/로테이트 명령

명령 형식	명령의 기능 및 동작	상태 플랙
LSL Rd, Rm, #immediate5	Logical Shift Left (0~31 비트) Rd ← Rn 〈〈 immediate5	N Z C
LSL Rd, Rs	Logical Shift Left Rd ← Rd 〈〈 Rs[7:0]	N Z C
LSR Rd, Rm, #immediate5	Logical Shift Right (1~32 비트) Rd ← Rm 〉〉 immediate5	N Z C
LSR Rd, Rs	Logical Shift Right Rd ← Rd 〉〉 Rs[7:0]	N Z C
ASR Rd, Rm, #immediate5	Arithmetic Shift Right (1~32 비트) Rd ← Rm .ASR. immediate5	N Z C
ASR Rd, Rs	Arithmetic Shift Right Rd ← Rd .ASR. Rs[7:0]	N Z C
ROR Rd, Rs	Rotate Right Register Rd ← Rd .ROR. Rs[7:0]	N Z C

(5) 브랜치 명령

AT91SAM7S256의 브랜치 명령은 <표 1.4.6>에 정리하였다. B{cond} 명령에서 사용하는 조건을 나타내는 접미사는 <표 1.3.1>에서 보인 바와 같다. ARM의 Thumb 명령에서는 서브루틴 호출 명령이나 리턴 명령이 따로 없다는데 유의해야 한다.

〈표 1.4.6〉 Thumb 상태에서 브랜치 명령

명령 형식	명령의 기능 및 동작	비고
B{cond} label	Branch Conditionally (label은 8비트 offset으로 표시) PC ← PC + (8비트 offset << 1) ☞ -252~+258 범위에서 점프 가능	직접 점프
B label	Branch (label은 11비트 offset으로 표시) PC ← PC + (11비트 offset << 1) ☞ -2048~+2046 범위에서 점프 가능	직접 점프
BL label	Branch with Link (label은 11비트 offset으로 표시) LR ← PC, PC ← PC + (11비트 offset << 12) ☞ ±4MB 범위에서 점프 가능	직접 점프
BX Rm	Branch and Exchange PC ← Rm .AND. 0xFFFFFFFE, T ← Rm[0]	간접 점프

☞ BL 명령에서 점프할 수 있는 범위는 약 $\pm2^{22}$ = ±4MB(정확히 $-2^{22}\sim+2^{22}-2$)이다.

☞ BL 명령은 LR ← PC 기능을 포함하므로 서브루틴 호출에 사용될 수 있다.
리턴 명령으로는 MOV PC,LR이나 BX LR 또는 POP PC를 사용할 수 있다.

☞ BX 명령에서 Rm[0]=0으로 사용하면 점프와 함께 Thumb 상태를 ARM 상태로 바꿀 수 있다.

(6) 로드/스토어 명령

AT91SAM7S256의 로드/스토어 명령은 <표 1.4.7>에 정리하였다. 블록 데이터 전송 명령도 1개씩 있는데 여기에 포함시켰다.

〈표 1.4.7〉 Thumb 상태에서 로드/스토어 명령

명령 형식	명령의 기능 및 동작	비고
LDR Rd, [Rn, #immediate5 * 4]	Load Register Rd ← [Rn + immediate5 * 4]	
LDR Rd, [Rn, Rm]	Load Register Rd ← [Rn + Rm]	
LDR Rd, [PC, #immediate8 * 4]	Load Register Rd ← [(PC .AND. 0xFFFFFFFC) + immediate8 * 4]	
LDR Rd, [SP, #immediate8 * 4]	Load Register Rd ← [SP + immediate8 * 4]	
LDRB Rd, [Rn, #immediate5 * 4]	Load Register Byte Rd ← zero extend of [Rn + immediate5 * 4]	
LDRB Rd, [Rn, Rm]	Load Register Byte Rd ← zero extend of [Rn + Rm]	
LDRSB Rd, [Rn, Rm]	Load Register Signed Byte Rd ← sign extend of [Rn + Rm]	
LDRH Rd, [Rn, #immediate5 * 2]	Load Register Halfword Rd ← zero extend of [Rn + immediate5 * 2]	
LDRH Rd, [Rn, Rm]	Load Register Halfword Rd ← zero extend of [Rn + Rm]	
LDRSH Rd, [Rn, Rm]	Load Register Signed Halfword Rd ← sign extend of [Rn + Rm]	

〈표 1.4.7〉 Thumb 상태에서 로드/스토어 명령(계속)

명령 형식	명령의 기능 및 동작	비고
STR Rd, [Rn, #immediate5 * 4]	Store Register [Rn + immediate5 * 4] ← Rd	
STR Rd, [Rn, Rm]	Store Register [Rn + Rm] ← Rd	
STR Rd, [SP, #immediate8 * 4]	Store Register [SP + immediate8 * 4] ← Rd	
STRB Rd, [Rn, #immediate5]	Store Register Byte b7~b0 of [Rn + immediate5] ← Rd[7:0]	
STRB Rd, [Rn, Rm]	Store Register Byte b7~b0 of [Rn + Rm] ← Rd[7:0]	
STRH Rd, [Rn, #immediate5 * 2]	Store Register Halfword b15~b0 of [Rn + immediate5 * 2] ← Rd[15:0]	
STRH Rd, [Rn, Rm]	Store Register Halfword b15~b0 of [Rn + Rm] ← Rd[15:0]	
LDMIA Rn!, reglist	Load Multiple Increment After (write back) register list ← 베이스 레지스터 Rn이 가리키는 번지	
STMIA Rn!, reglist	Store Multiple Increment After (write back) 베이스 레지스터 Rn이 가리키는 번지 ← register list	

(7) Push/Pop 명령

AT91SAM7S256의 Push/Pop 명령은 <표 1.4.8>에 정리하였다. B{cond} 명령에서 사용하는 조건을 나타내는 접미사는 <표 1.3.1>에서 보인 바와 같다. ARM의 Thumb 명령에서는 서브루틴 호출 명령이나 리턴 명령이 따로 없다는데 유의해야 한다.

〈표 1.4.8〉 Thumb 상태에서 Push/Pop 명령

명령 형식	명령의 기능 및 동작	비고
PUSH lowreglist	Push Multiple Registers(R0~R7 only) onto Stack	
PUSH lowreglist+LR	Push Multiple Registers(R0~R7 only) and LR onto Stack	
POP lowreglist	Pop Multiple Registers(R0~R7 only) from Stack	
POP lowreglist+PC	Pop Multiple Registers(R0~R7 only) and PC from Stack	

☞ lowreglist는 중괄호 {}로 둘러싸고 레지스터 사이에는 컴머(,)를 두며, 연속은 하이픈(-)으로 표시한다.

☞ POP PC는 서브루틴에서 리턴하는 명령으로 사용할 수 있다.

(8) 기타 명령

AT91SAM7S256의 기타 명령은 <표 1.4.9>에 정리하였다. ARM 명령에서는 NOP 명령이 없으나, Thumb 명령에는 이것이 있다.

〈표 1.4.9〉 Thumb 상태에서 기타 명령

명령 형식	명령의 기능 및 동작	비고
SWI #immediate8	Software Interrupt SWI 예외가 발생되어 Supervisor Mode에서 0x00000008 번지를 실행	
NOP	No Operation	

1.5 AT91SAM7S256의 시스템 제어기

AT91SAM7S256은 ARM 코어를 가지는 MCU로서 내부에 많은 시스템 제어 기능을 가지고 있다. 이중에서 주변장치로 분류되는 부분들은 제2장에서 취급하고, 이 절에서는 기본적인 I/O 제어 시스템을 구성하는 시스템 제어기의 성격을 가지는 부분들을 정리하여 설명한다.

Address	Peripheral	Peripheral Name	Size
0xFFFF F000 0xFFFF F1FF	AIC	Advanced Interrupt Controller	512 Bytes/128 registers
0xFFFF F200 0xFFFF F3FF	DBGU	Debug Unit	512 Bytes/128 registers
0xFFFF F400 0xFFFF F5FF	PIOA	PIO Controller A	512 Bytes/128 registers
0xFFFF F600 0xFFFF FBFF	Reserved		
0xFFFF FC00 0xFFFF FCFF	PMC	Power Management Controller	256 Bytes/64 registers
0xFFFF FD00 0xFFFF FD0F	RSTC	Reset Controller	16 Bytes/4 registers
	Reserved		
0xFFFF FD20 0xFFFF FC2F	RTT	Real-time Timer	16 Bytes/4 registers
0xFFFF FD30 0xFFFF FC3F	PIT	Periodic Interval Timer	16 Bytes/4 registers
0xFFFF FD40 0xFFFF FD4F	WDT	Watchdog Timer	16 Bytes/4 registers
	Reserved		
0xFFFF FD60 0xFFFF FC6F	VREG	Voltage Regulator Mode Controller	4 Bytes/1 register
0xFFFF FD70 0xFFFF FEFF	Reserved		
0xFFFF FF00 0xFFFF FFFF	MC	Memory Controller	256 Bytes/64 registers

〈그림 1.5.1〉 시스템 제어기의 어드레스 맵

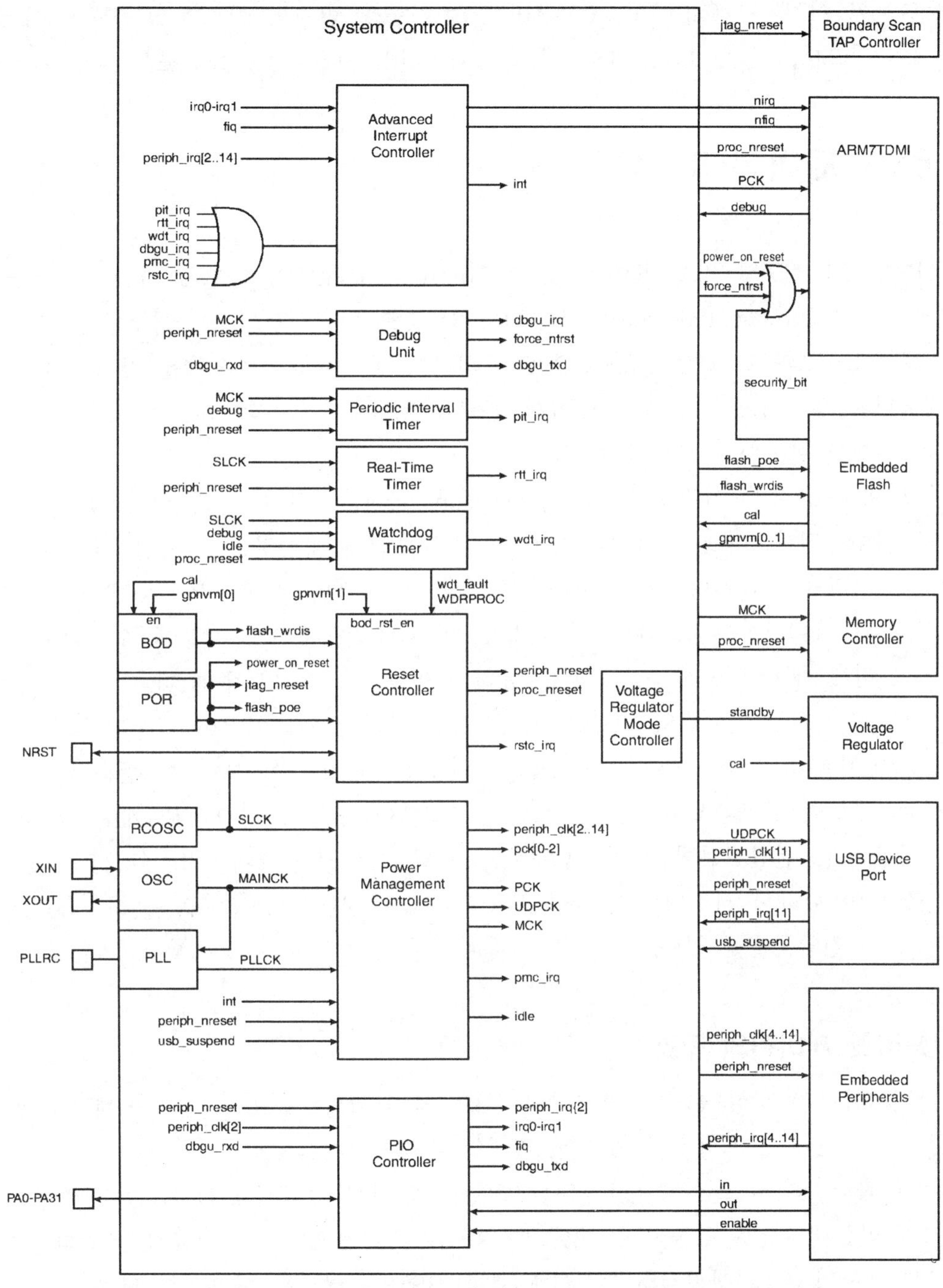

〈그림 1.5.2〉 시스템 제어기의 전체 구성 블록도

AT91SAM7S256의 시스템 제어기는 모두 10개의 디바이스가 있는데 <그림 1.5.1>에 보였듯이 이것들은 0xFFFF_F000~0xFFFF_FFFF 번지의 어드레스 공간에 차례로 배치되어 있으며, <그림 1.5.2>에는 시스템 제어기의 전체 구성 블록도를 보였다.

1. 리셋 제어기(RSTC)

AT91SAM7S256의 리셋 제어기(Reset Controller ; RSTC)는 크게 리셋 제어회로와 저전압 검출기(brownout detector ; BOD)의 2부분으로 구성된다. 이 회로들은 모두 슬로우 클록 SLCK과 전원전압 VDDCORE에 의하여 동작하고 이 전압을 감시하며, 플래시 메모리와 밀접하게 연관되어 있어서 전원을 켜거나 끄는 과정에서 프로그램 명령 코드의 실행이 잘못되지 않도록 한다.

리셋 회로는 다시 전원투입 리셋(power-on reset) 회로와 리셋 단자 NRST 관련 회로로 나누어진다. 리셋 단자에는 10kΩ의 풀업저항을 내장하고 있어서 외부에 오직 리셋 스위치만을 접속하여 리셋 기능을 수행할 수 있으며, 리셋 단자 NRST는 입력신호로서 뿐만 아니라 오픈 드레인(open-drain)형의 출력신호로도 사용될 수 있다. 리셋 직후에는 리셋 제어기 상태 레지스터를 통하여 리셋 소스를 알 수 있다.

저전압 검출기는 전원전압 VDDCORE를 항상 감시하다가 이것이 지정된 하위 문턱전압(lower threshold voltage) 레벨 V_{BOT-}(1.68V) 이하로 낮아지면 시스템을 리셋시키거나 인터럽트를 발생하도록 설정함으로써 시스템이 불안정한 상태로 계속 방치되는 것을 예방한다. 전원전압이 다시 높아지면 상위 문턱전압(upper threshold voltage) V_{BOT+}를 넘어야 다시 시스템의 동작이 복구되는데 이 사이에는 50mV의 히스테리시스(hysteresis) 전압폭을 두었다.

(1) 리셋 제어기의 구조

리셋 제어기의 구성 블록도를 <그림 1.5.3>에 보였다. 주요 구성부는 NRST 관리기, 리셋상태 관리기, 스타트업 카운터, 저전압 관리기 등이다.

NRST 관리기의 구조는 <그림 1.5.4>와 같은데 리셋 입력신호 NRST를 샘플링하여 이것이 논리상태 0으로 검출되면 리셋상태 관리기에게 user_reset 신호를 보낸다. 그러나, 리셋 제어기 모드 레지스터 RSTC_MR의 URSTEN 비트를 사용하면 NRST 신호의 입력을 금지시킬 수도 있다. NRST 입력신호의 레벨은 항상 리셋 제어기 상태 레지스터 RSTC_SR의 NRSTL 비트를 통하여 읽혀질 수 있다. NRST 신호가 0으로 입력되면 이는 RSTC_SR 레지스터의 NRSTS 비트가 세트되며 이것은 RSTC_SR 레지스터를 읽어야만 클리어된다.

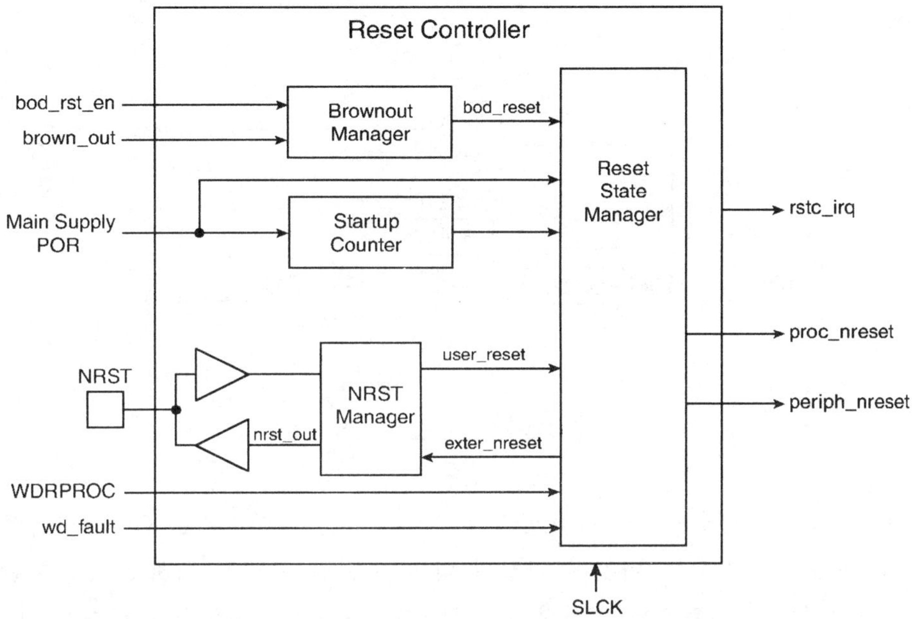

〈그림 1.5.3〉 리셋 제어기의 구성 블록도

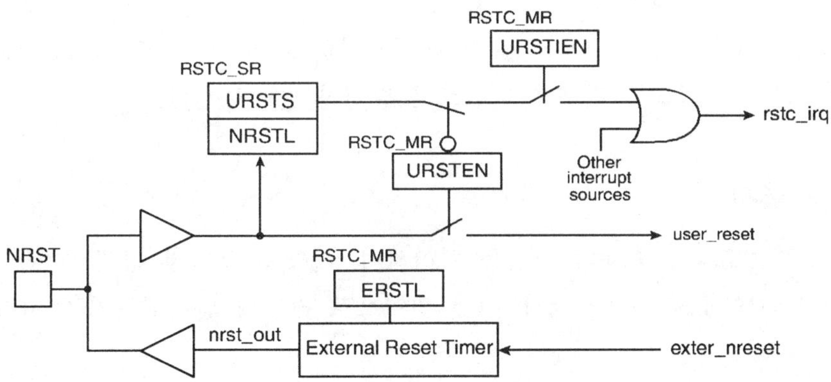

〈그림 1.5.4〉 NRST 관리기

외부 리셋신호 NRST에 의하여 내부적으로 리셋을 발생하지 않고 인터럽트를 발생하도록 설정될 수도 있는데, 이를 위해서는 리셋 제어기 모드 레지스터 RSTC_MR에서 URSTEN=0, URSTIEN=1로 초기화되어야 한다.

NRST 관리기는 리셋상태 관리기가 nrst_out 신호를 0으로 보내 요구할 때 NRST를 출력단자로 하여 논리상태 0으로 구동하기도 한다. 이렇게 출력되는 시스템 리셋 신호의 펄스폭은 리셋 제어기 모드 레지스터 RSTC_MR의 ERSTL 비트로 설정될 수 있는데, 이것에 의하여 $2^{(ERSTL+1)}$ 주기의 슬로우 클록만큼 즉 61μs~2sec 길이의 리셋 신호를 출력할 수 있다.

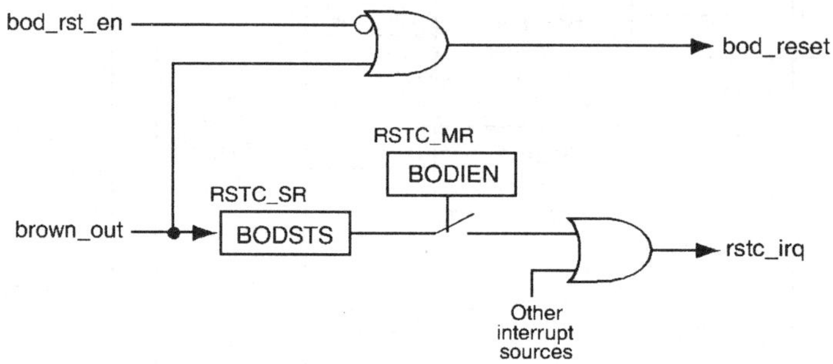

〈그림 1.5.5〉 저전압 관리기

저전압 관리기의 구조는 <그림 1.5.5>와 같다. 저전압 검출기는 CPU 코어의 전원 전압 VDDCORE를 감시하여 이것이 지정된 하위 문턱전압 레벨 이하로 낮아지면 시스템을 리셋시키거나 인터럽트를 발생하도록 설정할 수 있다. 사용자는 플래시 메모리의 GPNVM1 비트를 1로 세트시켜 bod_rst_en 신호가 항상 0으로 되도록 하면 BOD에 의한 저전압 리셋 기능을 차단할 수 있다. 그러나, 이처럼 저전압 리셋 기능을 차단하더라도 RSTC_SR 레지스터의 BODSTS 비트는 동작하며, 이것은 RSTC_MR 레지스터의 BODIEN 비트를 1로 설정할 경우 인터럽트를 발생하는데 사용된다.

(2) 리셋 동작

리셋 제어기는 5가지 종류의 리셋을 처리하며, 리셋이 끝나면 리셋 제어기 상태 레지스터 RSTC_SR의 RSTTYP 비트에 어떤 원인으로 리셋이 발생했는지를 저장한다.

■ 전원 투입 리셋

전원 투입 리셋(Power-up Reset 또는 Power-on Reset)은 전원 전압 VDDCORE의 투입에 의하여 발생한다. 이 전원이 투입되면 POR 셀이 출력신호를 발생하면서 슬로우 클록 SLCK에 의하여 동작하는 카운터에 의하여 이 발진회로가 안정될 때까지 스타트업 시간을 확보한다. 이후에 마스터 클록 MCK에 의하여 추가로 3클록 주기의 스타트업 시간이 연장된 후에 내부의 리셋이 해제된다. 반대로 POR 셀에 의하여 전원

전압 VDDCORE가 낮은 것으로 검출되면 즉시 모든 리셋 신호가 출력된다. 전원 투입 리셋의 동작은 <그림 1.5.6>과 같다.

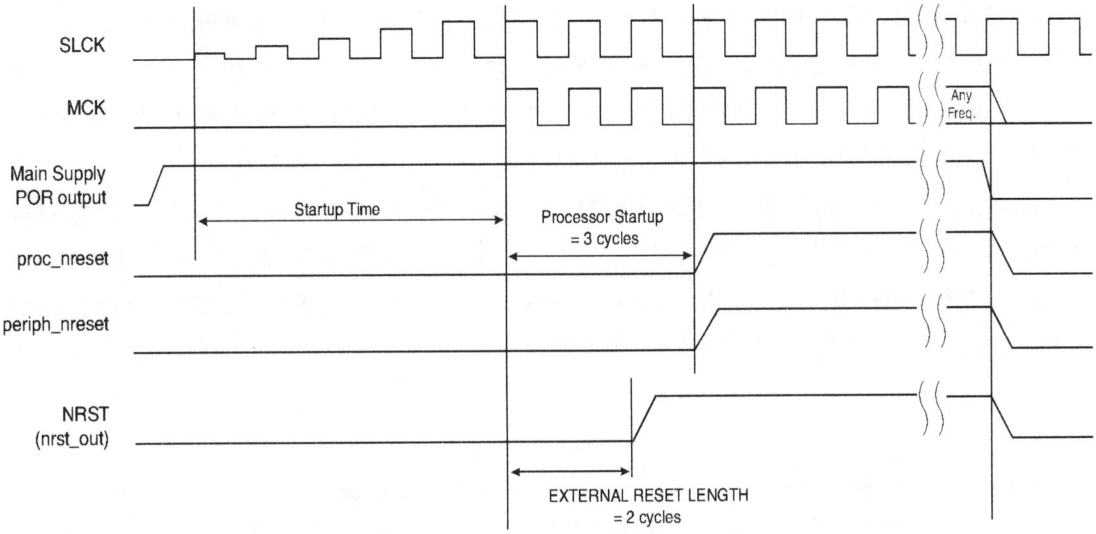

〈그림 1.5.6〉 전원 투입 리셋의 동작

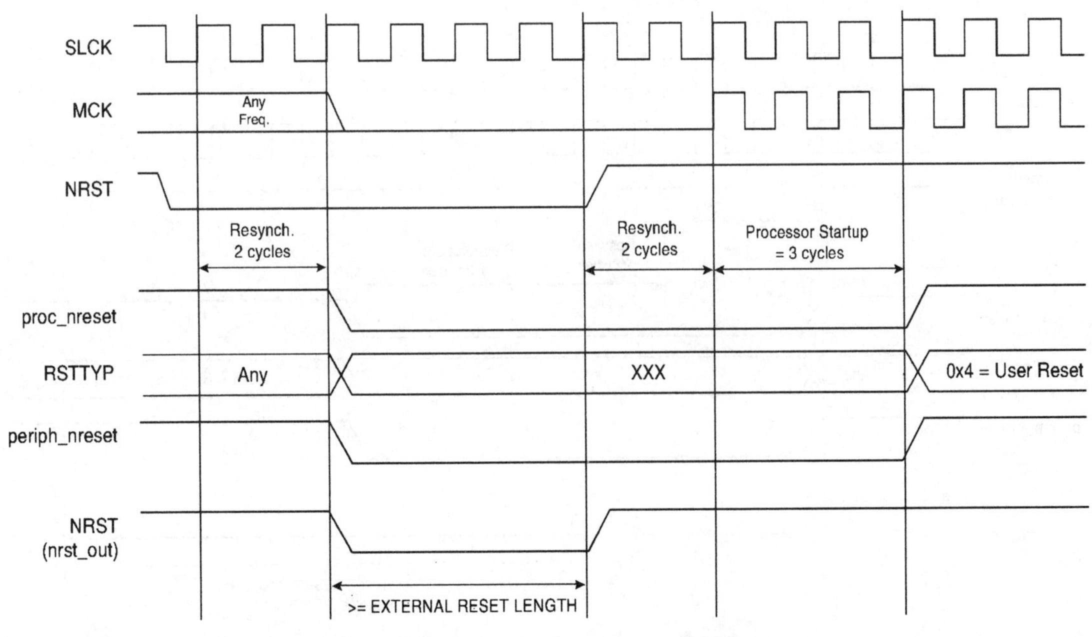

〈그림 1.5.7〉 사용자 리셋의 동작

■ 사용자 리셋

사용자 리셋(User Reset)은 RSTC_MR 레지스터에서 URSTEN=1로 설정되어 있을 때 리셋 단자 NRST에 0이 입력되면 발생한다. NRST 단자에 0으로 입력된 신호는 슬로우 클록과 동기를 취하여 약 2클록 주기 후에 내부 리셋이 발생하며, NRST 단자가 다시 1로 된 후에도 2주기의 슬로우 클록에 의한 동기 시간과 3주기의 마스터 클록에 의한 스타트업 시간이 경과한 후에야 리셋이 해제된다. 그러나, 내부에서 출력으로 구동하는 NRST 신호는 NRST 단자의 입력이 1로 되면 곧바로 해제된다.

RSTC_MR 레지스터에서 URSTEN=0 및 URSTIEN=1로 되어 있으면 리셋 단자 NRST에 0으로 입력된 신호가 리셋을 발생하지 않고 RSTC_SR 레지스터의 URSTS 비트를 통하여 인터럽트를 요청한다. 이 URSTS 비트와 인터럽트 요청신호 rstc_irq는 RSTC_SR 레지스터를 읽으면 즉시 해제된다. 전원 투입 리셋의 동작은 <그림 1.5.7>과 같다.

◀참고▶ 리셋 제어기에서 모드 제어 레지스터 RSTC_MR의 URSTEN 비트는 리셋 후에 디폴트로 0으로 되어 있어서 NRST 단자를 통하여 사용자 리셋이 수행되지 않는다. 따라서, *OK-7S256* 키트에서 리셋 스위치 SW1이 동작하도록 하려면 반드시 **사용자 프로그램에서 RSTC_MR 레지스터의 URSTEN 비트를 1로 설정**해주어야 한다는데 유의하라.

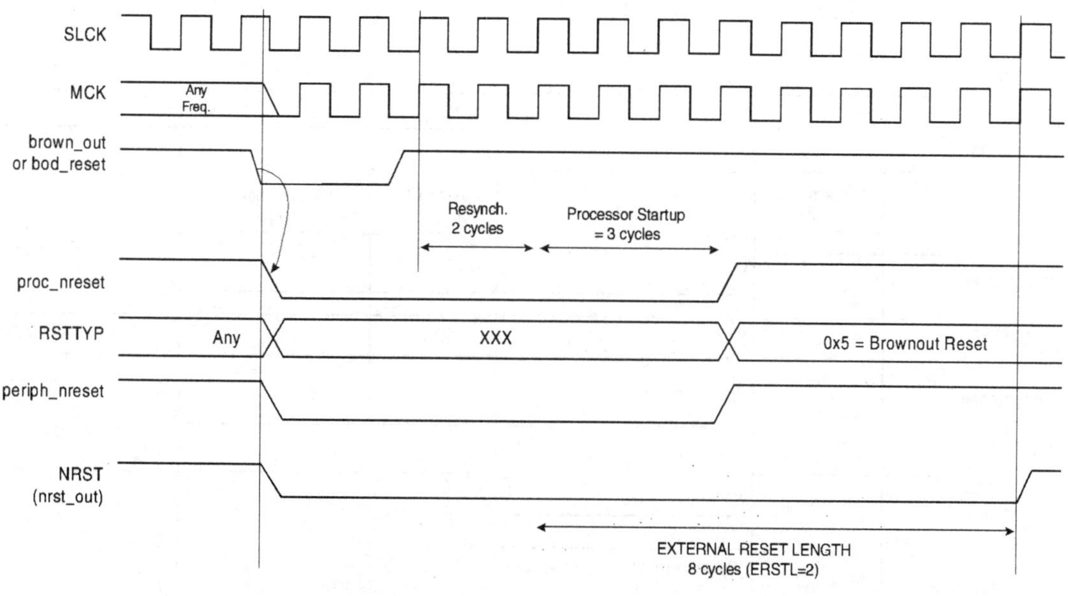

〈그림 1.5.8〉 저전압 리셋의 동작

▣ 저전압 리셋

저전압 리셋(Brownout Reset)은 저전압 검출기에 의하여 전원전압 VDDCORE가 하위 문턱전압 레벨 V_{BOT-}(1.68V) 이하로 낮아진 것이 검출되어 brown_out 신호와 bod_reset 신호가 출력되면 즉시 발생한다. 이들 신호가 다시 1로 된 후에도 2주기의 슬로우 클록에 의한 동기 시간과 3주기의 마스터 클록에 의한 스타트업 시간이 경과한 후에야 리셋이 해제된다. 저전압 리셋의 동작은 <그림 1.5.8>과 같다.

▣ 소프트웨어 리셋

소프트웨어 리셋(Software Reset)은 소프트웨어 명령으로 리셋 제어기 제어 레지스터 RSTC_CR의 PROCRST, PERRST, EXTRST 비트 등을 1로 설정함으로써 발생한다. 소프트웨어 리셋 동작이 수행중인 동안에는 RSTC_SR 레지스터의 SRCMP 비트가 1로 된다. 이들 3가지의 소프트웨어 리셋 중에서 오직 PROCRST 비트에 의한 프로세서 리셋 동작만이 RSTC_SR 레지스터의 RSTTYP 비트에 소프트웨어 리셋으로 표시된다. 소프트웨어 리셋의 동작은 <그림 1.5.9>와 같다.

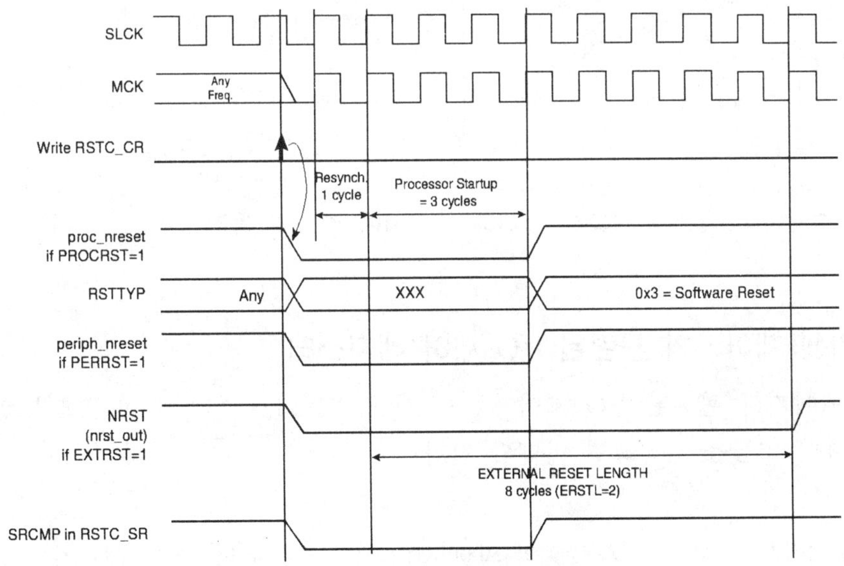

〈그림 1.5.9〉 소프트웨어 리셋의 동작

▣ 워치독 리셋

워치독 리셋(Watchdog Reset)은 워치독 타이머 모드 레지스터 WDT_MR의 WDRSTEN 비트가 1일 때 워치독 타이머의 타임 아웃에 의하여 발생한다. 이 비트는 리셋 후에 디폴트로 1이므로 기본적으로 워치독 타이머가 사용되는 상태로 있게 되며, 워치독 타이머를 사용하지 않으려면 사용자가 이 비트를 0으로 설정해야 한다.

만약, 워치독 타이머 모드 레지스터 WDT_MR의 WDRPROC 비트를 0으로 설정하면 워치독 리셋이 정상적으로 수행되지만, 이 비트를 1로 설정하면 단지 내부적으로 프로세서 리셋만 수행된다. 워치독 리셋의 동작은 <그림 1.5.10>과 같다.

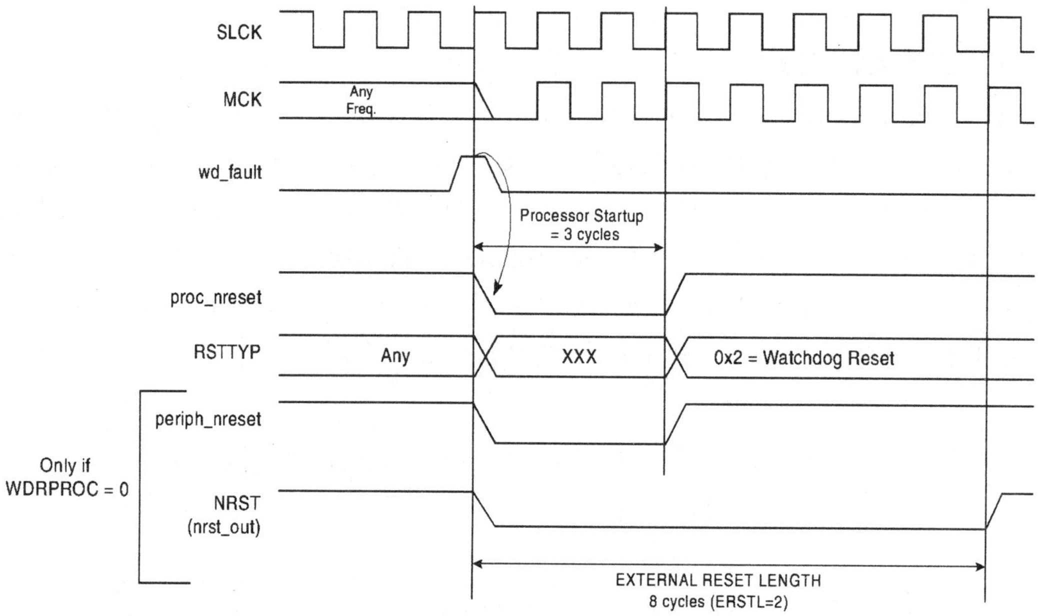

〈그림 1.5.10〉 워치독 리셋의 동작

(3) 리셋 제어기와 관련된 I/O 제어 레지스터

리셋 제어기와 관련된 I/O 제어 레지스터는 <표 1.5.1>과 같이 3개가 있는데, 이 레지스터들의 기능을 정리하면 아래와 같다.

〈표 1.5.1〉 AT91SAM7S256의 리셋 제어기와 관련된 I/O 제어 레지스터 요약

어드레스	옵셋	레지스터 이름	레지스터의 풀어 쓴 이름	액세스 속성	리셋 후 초기값
0xFFFF_FD00	0x00	RSTC_CR	Reset Controller Control Register	write-only	-
0xFFFF_FD04	0x04	RSTC_SR	Reset Controller Status Register	read-only	0x0000_0000
0xFFFF_FD08	0x08	RSTC_MR	Reset Controller Mode Register	read/write	0x0000_0000

▣ 리셋 제어기 제어 레지스터 RSTC_CR (write-only, 디폴트값 : -)

b31	b30	b29	b28	b27	b26	b25	b24	b23	b22	b21	b20	b19	b18	b17	b16
KEY								-	-	-	-	-	-	-	-
b15	**b14**	**b13**	**b12**	**b11**	**b10**	**b9**	**b8**	**b7**	**b6**	**b5**	**b4**	**b3**	**b2**	**b1**	**b0**
-	-	-	-	-	-	-	-	-	-	-	-	EXTRST	PERRST	-	PROCRST

- KEY : Password
  레지스터값 변경을 위한 암호로서 항상 0xA5를 사용한다.
- EXTRST : External Reset
  0 = 무효.
  1 = KEY 값이 0xA5로 옳으면 NRST 핀을 0으로 출력한다.
- PERRST : Peripheral Reset
  0 = 무효.
  1 = KEY 값이 0xA5로 옳으면 AT91SAM7S256에 내장된 주변장치들을 리셋한다.
- PROCRST : Processor Reset
  0 = 무효.
  1 = KEY 값이 0xA5로 옳으면 AT91SAM7S256을 내부적으로 리셋한다.

▣ 리셋 제어기 상태 레지스터 RSTC_SR (read-only, 디폴트값 : 0x0000_0000)

b31	b30	b29	b28	b27	b26	b25	b24	b23	b22	b21	b20	b19	b18	b17	b16
-	-	-	-	-	-	-	-	-	-	-	-	-	-	SRCMP	NRSTL
b15	**b14**	**b13**	**b12**	**b11**	**b10**	**b9**	**b8**	**b7**	**b6**	**b5**	**b4**	**b3**	**b2**	**b1**	**b0**
-	-	-	-	-	RSTTYP			-	-	-	-	-	-	BODSTS	URSTS

- SRCMP : Software Reset Command in Progress
  0 = 리셋 제어기가 소프트웨어 리셋 명령을 받을 준비가 되어 있는 상태(ready)이다.
  1 = 리셋 제어기가 현재 소프트웨어 리셋 명령을 수행중인 상태(busy)이다.
- NRSTL : NRST Pin Level
  마스터 클록 MCK에 의하여 현재의 NRST 핀 입력 상태를 저장한다.
- RSTTYP : Reset Type
  000 = 전원 투입 리셋(VDDCORE 전원 전압이 새로 투입됨).
  010 = 워치독 리셋(워치독 타임 아웃이 발생됨).
  011 = 소프트웨어 리셋(소프트웨어 리셋 명령이 실행됨).
  100 = 사용자 리셋(NRST 단자에서 0이 입력됨).
  101 = 저전압 리셋(BOD 회로에서 하위 문턱전압 V_{BOT-}=1.68V 이하의 저전압이 검출됨).
- BODSTS : Brownout Detection Status
  0 = 가장 최근에 RSTC_SR 레지스터를 읽은 이후에 BOD 회로가 저전압을 검출한 적이 없다.
  1 = 가장 최근에 RSTC_SR 레지스터를 읽은 이후에 BOD 회로가 저전압을 검출한 적이 있다.
- URSTS : User Reset Status
  0 = 가장 최근에 RSTC_SR 레지스터를 읽은 이후에 NRST 단자에 0이 입력된 적이 없다.
  1 = 가장 최근에 RSTC_SR 레지스터를 읽은 이후에 NRST 단자에 0이 입력된 적이 있다.

▣ 리셋 제어기 모드 레지스터 RSTC_MR (read/write, 디폴트값 : 0x0000_0000)

b31	b30	b29	b28	b27	b26	b25	b24	b23	b22	b21	b20	b19	b18	b17	b16
KEY								-	-	-	-	-	-	-	BODIEN
b15	**b14**	**b13**	**b12**	**b11**	**b10**	**b9**	**b8**	**b7**	**b6**	**b5**	**b4**	**b3**	**b2**	**b1**	**b0**
-	-	-	-	ERSTL				-	-	-	BODTIEN	-	-	-	URSTEN

- KEY : Password
  레지스터값 변경을 위한 암호로서 항상 0xA5를 사용한다.
- ERSTL : External Reset Length
  NRST 단자로 외부에 출력할 리셋 신호 펄스폭을 $2^{(ERSTL+1)}$ 주기의 슬로우 클록(61µs~2sec)으로 정의.

- BODIEN : Brownout Detection Interrupt Enable
  0 = RSTC_SR 레지스터의 BODSTS 비트가 1이 되더라도 인터럽트 신호 rstc_irq에 아무 영향이 없다.
  1 = RSTC_SR 레지스터의 BODSTS 비트가 1이 되면 인터럽트 신호 rstc_irq를 출력한다.
- URSTIEN : User Reset Interrupt Enable
  0 = RSTC_SR 레지스터의 URSTS 비트가 1이 되더라도 인터럽트 신호 rstc_irq에 아무 영향이 없다.
  1 = RSTC_SR 레지스터의 URSTS 비트가 1이 되면 인터럽트 신호 rstc_irq를 출력한다.
- URSTEN : User Reset Enable
  0 = NRST 단자에 입력된 리셋 신호가 내부에서 사용자 리셋을 발생하지 않는다.
  1 = NRST 단자에 입력된 리셋 신호가 내부에서 사용자 리셋을 발생한다.

2. 클록 발생기(CKGR)

AT91SAM7S256의 클록 발생기(Clock Generator ; CKGR)는 <그림 1.5.11>처럼 크게 RC 오실레이터, 메인 오실레이터, PLL 회로 등으로 구성된다. 클록 발생기는 뒤에서 설명하는 전력 관리 제어기(PMC)와 밀접한 관련이 있으며, 클록 발생기가 전력 관리 제어기의 내부에 포함되어 있는 것으로 보기도 한다.

RC 오실레이터는 AT91SAM7S256 소자 내부에서 자체적으로 32.768kHz의 주파수를 발생하는데, 이것의 출력을 슬로우 클록(slow clock) SLCK이라고 한다.

메인 오실레이터는 외부 단자 XIN과 XOUT에 3~20MHz의 크리스털을 접속하여 주파수를 발생하는데, 이것의 출력을 메인 클록 MAINCK이라고 한다. 외부 단자 XIN에 클록 신호를 인가할 때는 메인 오실레이터를 바이패스할 수 있다.

PLL 회로는 1~32MHz의 클록 입력을 받아서 80~180MHz로 체배하는 기능을 수행하는데, 이것의 출력을 PLLCK라고 한다.

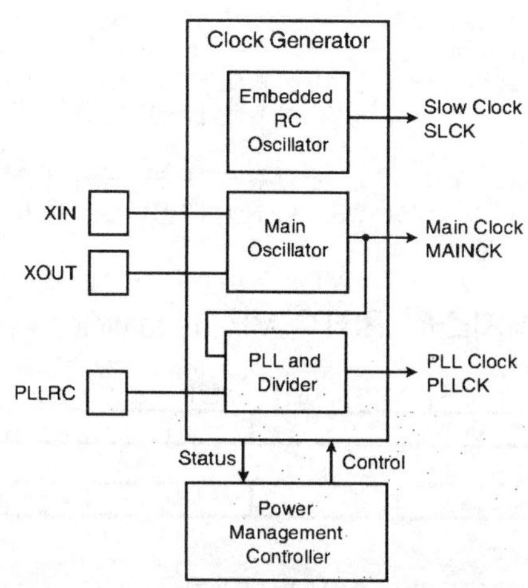

〈그림 1.5.11〉 클록 발생기의 구성 블록도

(1) RC 오실레이터 - 슬로우 클록 SLCK 발생

RC 오실레이터(RC Oscillator)는 AT91SAM7S256의 외부에 아무 추가적인 부품을 사용하지 않고 내부에서 자체적으로 32.768kHz(22~42kHz)의 주파수를 가지는 슬로우 클록 SLCK를 발생한다. 이것의 듀티 사이클(duty cycle)은 50%이며, 전원 전압 VDDPLL=1.65V 인가 후에 스타트업 시간은 75μs이다.

AT91SAM7S256은 리셋 후에 디폴트로 PMC_MCKR 레지스터에서 CSS 비트가 00으로 되어 있어서 이 슬로우 클록을 마스터 클록 및 프로세서 클록의 소스로 사용하므로 32.768kHz의 매우 느린 속도로 동작한다.

(2) 메인 오실레이터 - 메인 클록 MAINCK 발생

메인 오실레이터(Main Oscillator)의 구조는 <그림 1.5.12>와 같은데, 이것은 외부단자 XIN과 XOUT에 3~20MHz의 크리스털을 접속하여 메인 클록 MAINCK을 발생한다. XIN과 XOUT 단자에 크리스털을 접속할 때는 <그림 1.5.13>과 같이 각 단자와 접지 사이에 커패시터를 사용하는데, 이것의 정전용량은 10pF 정도면 좋다. 여기서 직렬저항 1kΩ은 크리스털이 8MHz 이하인 경우에만 사용한다.

이렇게 메인 오실레이터가 동작하려면 CKGR_MOR 레지스터에서 MOSCEN=1로 설정해야 하며, 만약 MOSCEN=0 및 OSCBYPASS=1로 설정하고 외부 단자 XIN에 클록 신호를 인가하면 이는 메인 오실레이터를 바이패스하게 되고 CKGR_SR 레지스터의 MOSCS 비트는 0으로 클리어된다. 이 클록 신호의 듀티 사이클은 50%이며, 전원 전압 VDDPLL=1.2V 인가 후에 클록이 안정화되는 스타트업 시간은 수ms 정도이다.

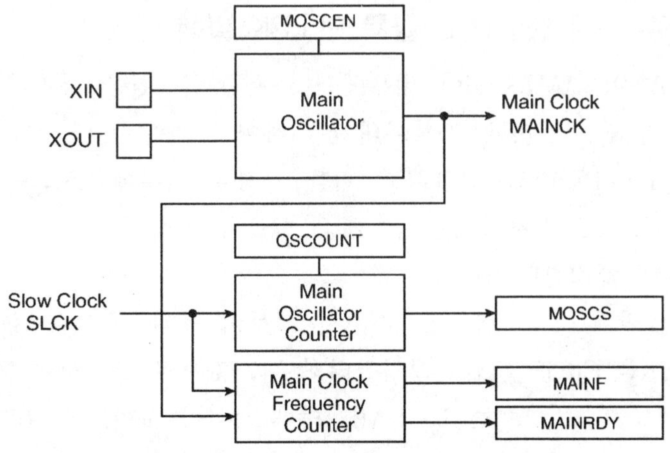

〈그림 1.5.12〉 메인 오실레이터의 동작

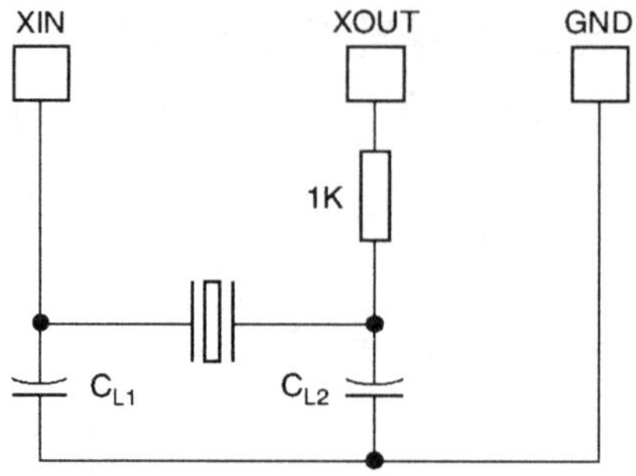

〈그림 1.5.13〉 메인 오실레이터에 외부 크리스털의 접속

메인 오실레이터를 동작시키기 위하여 CKGR_MOR 레지스터의 MOSCEN 비트와 OSCOUNT 값을 라이트하면 PMC_SR 레지스터의 MOSCS 비트가 0으로 클리어되면서 슬로우 클록을 8분주한 클록으로 OSCOUNT 값부터 카운트 다운이 시작된다. 이 카운트값이 0에 도달하면 PMC_SR 레지스터의 MOSCS 비트가 1로 되어 메인 클록이 유효하다는 것을 나타내게 되며, 이렇게 하여 8비트 OSCOUNT 값으로 지정할 수 있는 메인 클록의 스타트업 시간은 최대 62ms이다.

메인 오실레이터 회로 안에는 메인 클록의 주파수를 측정할 수 있는 특별한 기능의 메인 클록 주파수 카운터(Main Clock Frequency Counter)를 가지고 있다. 이것은 PMC_SR 레지스터의 MOSCS 비트가 1로 되면 즉시 동작을 시작하는데, 16주기의 슬로우 클록 동안에 메인 클록을 카운트하고 나서 CKGR_MCFR 레지스터의 MAINRDY 비트를 1로 세트하고 카운트한 결과를 MAINF에 16비트로 저장해 둔다. 이를 이용하면 메인 오실레이터의 출력인 메인 클록의 주파수를 계산할 수 있다.

(3) PLL 회로 - 체배된 PLL 클록 PLLCK 발생

PLL 회로는 AT91SAM7S256이 내부에서 사용할 수 있는 마스터 클록, 프로세서 클록, USB 클록 등을 정밀하게 만들어내기 위하여 주파수 체배 기능을 갖는다. PLL 회로에는 <그림 1.5.14>와 같이 PLLRC 핀을 통하여 외부에 2차 필터를 접속하여야 한다. 여기서 R, C1, C2 소자의 값들은 PLL 회로의 입력 주파수, 출력 주파수, 위상 마진 등을 고려하여 결정한다.

PLL 회로의 앞단에는 <그림 1.5.15>에서 보듯이 주파수 분주기를 가지고 있어서 메인 클록 MAINCK을 CKGR_PLLR 레지스터의 DIV 값으로 분주하여 PLL 회로에 인가한다. PLL 회로의 입력 주파수는 1~32MHz의 범위여야 하며, DIV=0으로 설정하면 분주기의 출력과 PLL 회로의 출력은 모두 0으로 유지된다.

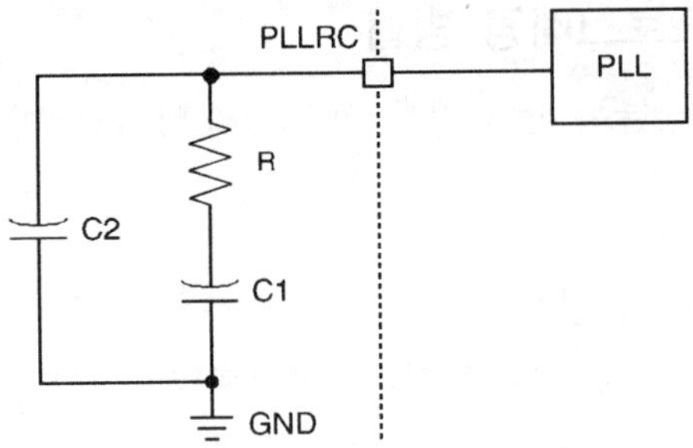

〈그림 1.5.14〉 PLL 회로에 사용하는 필터

PLL 회로에서는 입력 주파수를 CKGR_PLLR 레지스터의 (MUL+1)배만큼 체배한 출력 주파수를 발생한다. 만약, MUL=0으로 설정하면 PLL 회로의 출력은 0으로 되고 PLL 회로에서의 소비전력이 감소된다.

결국 **PLLCK = (MAINCK/DIV)×(MUL+1)**로 결정된다. 이 PLL 출력 주파수의 범위가 80~160MHz일 때 OUT=00으로 설정하고, 150~180MHz일 때 OUT=01로 한다.

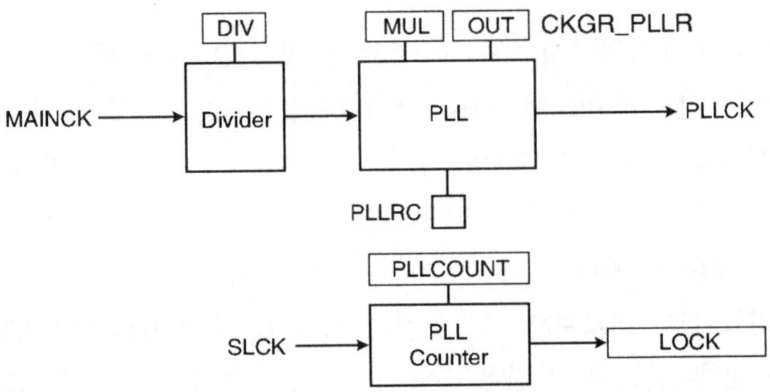

〈그림 1.5.15〉 주파수 분주기 및 PLL 회로에 의한 주파수 체배기

PLL 회로가 동작을 개시하거나 파라미터를 변경하였을 경우에는 PMC_SR 레지스터의 LOCK 비트가 0으로 클리어되고, CKGR_PLLR 레지스터의 PLLCOUNT 값이 PLL 카운터로 로드되어 슬로우 클록에 의하여 감소하기 시작하며, 이 값이 0으로 되면 PMC_SR 레지스터의 LOCK 비트가 1로 세트된다. 따라서, 사용자는 CKGR_PLLR 레지스터의 PLLCOUNT 값으로 PLL 회로가 안정화되는데 필요한 시간을 설정할 수 있는데, 이는 주로 PLL 필터에 의하여 영향을 받는다.

(4) 클록 발생기의 프로그래밍 방법

사용자가 PLL을 포함한 클록 발생기를 프로그래밍하는 방법과 순서를 정리하면 다음과 같다.

① 메인 오실레이터를 설정한다. 메인 오실레이터는 CKGR_MOR 레지스터의 MOSCEN 비트를 1로 설정함으로써 동작이 개시된다. 이때 필요하면 CKGR_MOR 레지스터의 OSCOUNT 비트들을 사용하여 8×OSCOUNT의 슬로우 클록 주기로 스타트업 시간을 함께 지정하는 것이 좋다. 이것을 설정한 후에는 PMC_SR 레지스터의 MOSCS 비트가 1로 세트될 때까지 기다림으로써 메인 오실레이터의 안정화를 확인하고 나서 다음 동작을 수행해야 한다.

② 필요하면 메인 오실레이터의 주파수를 체크하는 것이 좋다. 이는 CKGR_MCFR 레지스터의 MAINRDY 비트가 1이 될 때까지 기다렸다가 MAINF 값을 읽음으로써 수행할 수 있다. 이 MAINF 값은 16개의 슬로우 클록 주기 안에 포함되는 메인 클록 사이클의 수를 측정한 것이므로 이로부터 메인 클록의 주파수를 계산할 수 있다.

③ CKGR_PLLR 레지스터에서 주파수 분주기 및 PLL 회로의 파라미터를 설정한다. 주파수 분주비 DIV는 1~255의 범위에서 사용하며, 이를 0으로 설정하면 분주기의 출력이 차단되어 0상태로 된다. 분주기의 출력 주파수는 1~32MHz 범위로 설정한다.

체배 파라미터 MUL은 1~2047의 범위에서 사용하며, 이를 0으로 설정하면 PLL의 출력이 차단되어 0상태로 된다. 출력 주파수는 입력 주파수의 (MUL+1)배로 체배되며, 이것이 80~160MHz이면 OUT=00으로 설정하고, 150~180MHz이면 OUT=01로 설정한다. PLL이 안정되는데 필요한 시간은 슬로우 클록 주기의 수로 PLLCOUNT에 설정하는데, 이 시간이 지나면 PMC_SR 레지스터의 LOCK 비트가 1로 세트된다.

USBDIV는 PLL 출력 주파수로부터 USB에 필요한 클록을 발생하도록 설정하는데 사용한다. 여기서는 48MHz의 주파수를 얻기 위하여 PLL 출력 주파수를 1, 2, 4 중의 하나로 분주할 수 있다.

④ 마스터 클록 MCK 및 프로세서 클록 PCK를 선택한다. PMC_MCKR 레지스터의 CSS 비트로는 슬로우 클록 SLCK, 메인클록 MAINCK, PLL 클록 PLLCK 중에서 하나를 선택하고, PRES 비트로는 이것들의 분주비를 1, 2, 4, 8, 16, 32, 64 중에서 하나를 선택한다. 이렇게 하여 결정된 클록은 마스터 클록 MCK와 프로세서 클록 PCK로 사용된다. 이 레지스터의 설정이 끝나면 PMC_SR 레지스터의 MCKRDY 비트가 1이 될 때까지 기다려야 한다.

그런데, 이 PMC_MCKR 레지스터를 변경할 때는 1번에 초기화를 수행하지 말고 2단계로 처리해야 한다. 즉, 새로 PLL 클록을 선택할 경우에는 PMC_MCKR 레지스터의 PRES 비트만을 수정하고 PMC_SR 레지스터의 MCKRDY 비트가 1이 될 때까지 기다렸다가 다시 PMC_MCKR 레지스터의 CSS 비트를 수정하고 PMC_SR 레지스터의 MCKRDY 비트가 1이 될 때까지 기다려야 한다. 또한, 새로 슬로우 클록 또는 메인 클록을 선택할 경우에는 PMC_MCKR 레지스터의 CSS 비트만을 수정하고 PMC_SR 레지스터에서 MCKRDY=1이 될 때까지 기다렸다가 다시 PMC_MCKR 레지스터의 PRES 비트를 수정하고 PMC_SR 레지스터에서 MCKRDY=1로 될 때까지 기다려야 한다.

⑤ 프로그래머블 클록 PCK0～PCK2를 선택한다. 이것은 레지스터 PMC_SCER, PMC_SCDR, PMC_SCSR 등을 사용하여 사용 여부를 지정하며, PMC_PCKx 레지스터를 사용하여 클록 소스 및 분주비를 설정한다. PMC_PCKx 레지스터의 CSS 비트로는 슬로우 클록 SLCK, 메인클록 MAINCK, PLL 클록 PLLCK 중에서 하나를 선택하고, 또한 PRES 비트로는 이것들의 분주비를 1, 2, 4, 8, 16, 32, 64 중에서 하나를 선택한다. PMC_PCKx 레지스터를 설정하고 해당 프로그래머블 클록의 출력을 인에이블하였으면 이 클록이 안정된 후에 PMC_SR 레지스터에서 PCKRDYx 비트가 1이 된다.

⑥ 필요에 따라 AT91SAM7S256에 내장된 주변장치의 클록을 인에이블한다. 이것은 모두 12개가 있으며, 레지스터 PMC_PCER, PMC_PCDR, PMC_PCSR 등을 사용하여 수행한다.

이 책에서 ADS v1.2 또는 WinARM을 이용하여 사용자가 C언어 프로그램을 작성할 때 이러한 클록 주파수의 설정은 제3장의 514페이지에서 보인 바와 같이 C스타트업 파일 Cstartup_SAM7.c에서 수행한다.

(5) 클록 발생기와 관련된 I/O 제어 레지스터

클록 발생기와 관련된 I/O 제어 레지스터는 <표 1.5.2>와 같이 3개가 있는데, 이 레지스터들의 기능을 정리하면 아래와 같다.

〈표 1.5.2〉 AT91SAM7S256의 클록 발생기와 관련된 I/O 제어 레지스터 요약

어드레스	옵셋	레지스터 이름	레지스터의 풀어 쓴 이름	액세스 속성	리셋 후 초기값
0xFFFF_FC20	0x20	CKGR_MOR	Clock Generator Main Oscillator Register	read/write	0x0000_0000
0xFFFF_FC24	0x24	CKGR_MCFR	Clock Generator Main Clock Frequency Register	read-only	0x0000_0000
0xFFFF_FC2C	0x2C	CKGR_PLLR	Clock Generator PLL Register	read/write	0x0000_3F00

▣ 클록 발생기 메인 오실레이터 레지스터 CKGR_MOR (read/write, 디폴트값 : 0x0000_0000)

b31	b30	b29	b28	b27	b26	b25	b24	b23	b22	b21	b20	b19	b18	b17	b16
-	-	-	-	-	-	-	-	-	-	-	-	-	-	-	-

b15	b14	b13	b12	b11	b10	b9	b8	b7	b6	b5	b4	b3	b2	b1	b0
OSCOUNT								-	-	-	-	-	-	OSCBYPASS	MOSCEN

- OSCOUNT : Main Oscillator Start-up Time
  메인 오실레이터의 스타트업 시간을 8×슬로우 클록 주기수로 지정한다.
- OSCBYPASS : Oscillator Bypass
  0 = 무효.
  1 = 외부 클록이 XIN 단자에 연결되고, 메인 오실레이터는 바이패스된다. 이때는 MOSCEN=0으로 설정되어야 한다. OSCBYPASS=1로 설정하면 PMC_SR 레지스터에서 MOSCS=1로 된다.
- MOSCEN : Main Oscillator Enable
  0 = 메인 오실레이터를 정지시킨다.
  1 = 메인 오실레이터를 동작시킨다. 이때는 OSCBYPASS=0으로 설정되어야 한다.

▣ 클록 발생기 주 클록 주파수 레지스터 CKGR_MCFR (read-only, 디폴트값 : 0x0000_0000)

b31	b30	b29	b28	b27	b26	b25	b24	b23	b22	b21	b20	b19	b18	b17	b16
-	-	-	-	-	-	-	-	-	-	-	-	-	-	-	MAINRDY

b15	b14	b13	b12	b11	b10	b9	b8	b7	b6	b5	b4	b3	b2	b1	b0
MAINF															

- MAINRDY : Main Clock Ready
  0 = MAINF 값이 무효이거나 메인 오실레이터가 정지된다.
  1 = 메인 오실레이터가 동작하고 MAINF 값이 유효하다.
- MAINF : Main Clock Frequency
  16개의 슬로우 클록 주기 안에 들어가는 메인 클록 사이클의 수를 카운트하여 나타낸다.

▣ 클록 발생기 PLL 레지스터 CKGR_PLLR (read/write, 디폴트값 : 0x0000_3F00)

b31	b30	b29	b28	b27	b26	b25	b24	b23	b22	b21	b20	b19	b18	b17	b16
-	-	USBDIV		-	MUL										

b15	b14	b13	b12	b11	b10	b9	b8	b7	b6	b5	b4	b3	b2	b1	b0
OUT		PLLCOUNT						DIV							

- USBDIV : Divider for USB Clock
  00 = USB 클록으로 (PLL 출력 주파수 / 1)을 사용한다.
  01 = USB 클록으로 (PLL 출력 주파수 / 2)를 사용한다.
  10 = USB 클록으로 (PLL 출력 주파수 / 4)를 사용한다.
  11 = 사용하지 않음.
- MUL : PLL Multiplier
  0 = PLL 회로를 정지한다
  1~2047 = PLL 회로에 의하여 주파수가 (MUL+1)배로 곱해진다.
- OUT : PLL Clock Frequency Range (※ PLL 입력 주파수는 1~32MHz)
  00 = PLL 출력 주파수가 80~160MHz의 범위에 있다.
  01 = PLL 출력 주파수가 150~180MHz의 범위에 있다.
- PLLCOUNT : PLL Counter
  CKGR_PLLR 레지스터를 라이트하고 나서 PMC_SR 레지스터의 LOCK 비트가 1이 될 때까지의 시간을 슬로우 클록 사이클의 수로 지정한다.
- DIV : Main Clock Divider for PLL
  0 = 메인 클록이 PLL 회로에 공급되지 않는다.
  1 = 메인 클록이 그대로 PLL 회로에 공급된다.
  2~255 = 메인 클록이 DIV로 나누어져 PLL 회로에 공급된다.

☞ 결국 출력 주파수는 **PLLCK = (MAINCK/DIV)×(MUL+1), UDPCK = PLLCK/USBDIV** 로 결정된다.

3. 전력관리 제어기(PMC)

AT91SAM7S256의 전력관리 제어기(Power Management Controller ; PMC)의 구조는 <그림 1.5.16>처럼 기본적으로 프로세서 클록 PCK, 마스터 클록 MCK, USB 클록 UDPCK 등을 발생하는 회로와 이밖에 주변장치 클록과 프로그래머블 클록 출력을 발생하는 회로로 되어 있다.

이것들은 각종의 클록 신호를 발생하는 것은 물론이고 AT91SAM7S256의 각 구성요소에 필요에 따라 클록 신호를 공급 또는 차단함으로써 이 소자의 소비전력을 최적하게 제어할 수도 있다.

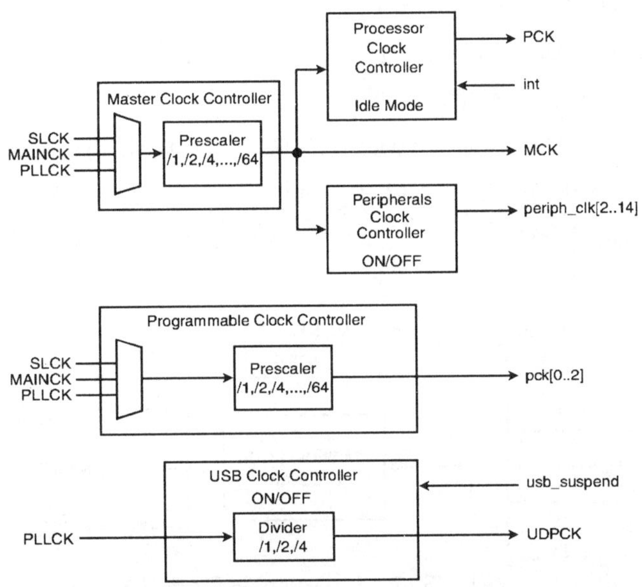

〈그림 1.5.16〉 전력관리 제어기의 구성 블록도

(1) 프로세서 클록 PCK

프로세서 클록(Processor Clock) PCK는 CPU 코어 부분에 공급되는 클록 신호로서 아이들 모드(idle mode)에서는 이 신호가 차단되어 소비전력을 크게 감소시킨다. 이것은 PMC_SCER 레지스터와 PMC_SCDR 레지스터를 사용하여 각각 공급 또는 차단되는데, 이것이 차단되면 현재 실행하던 명령이 종료되고 나서부터 클록 신호가 공급되지 않으며 따라서 프로그램의 실행이 중단된다.

프로세서 클록은 PMC_MCKR 레지스터를 사용하여 마스터 클록과 함께 설정되므로 주파수도 마스터 클록의 주파수와 같다.

(2) 마스터 클록 MCK

마스터 클록(Master Clock) MCK는 메모리 제어기나 인터럽트 제어기처럼 항상 동작하는 CPU 코어 부분에 공급되는 클록 신호로서, 이것은 또한 프로세서 클록 제어기나 주변장치 클록 제어기의 입력 신호로도 공급되므로 주파수가 이들과 항상 같다. 마스터 클록의 주파수는 최고 55MHz 이하여야 하며, *OK-7S256* 키트에서는 마스터 클록으로 48MHz를 사용한다.

마스터 클록은 <그림 1.5.17>에 보였듯이 PMC_MCKR 레지스터의 CSS 비트에 의하여 슬로우 클록 SLCK, 메인클록 MAINCK, PLL 클록 PLLCK 중에서 하나로 선택되고, PRES 비트에 의하여 이것들의 분주비가 1, 2, 4, 8, 16, 32, 64 중에서 하나로 선택된다. 리셋 후에는 디폴트로 슬로우 클록 및 분주비 1이 선택되므로 프로세서는 기본적으로 32.768kHz로 느리게 동작하게 된다.

마스터 클록을 설정하기 위하여 PMC_MCKR 레지스터를 라이트하면 PMC_SR 레지스터의 MCKRDY 비트가 0으로 클리어되며, 그 다음 동작을 수행하기 전에 이 비트가 1이 될 때까지 기다려야 한다.

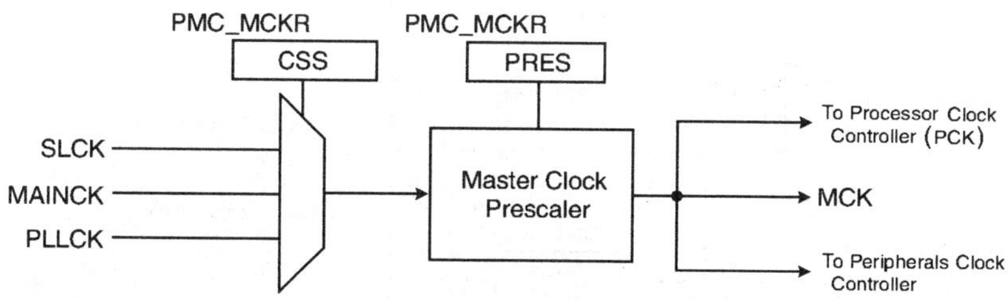

〈그림 1.5.17〉 마스터 클록 제어기

(3) USB 클록 UDPCK

USB 클록(USB Device Port Clock) UDPCK는 USB 디바이스 포트가 동작하는데 필요한 클록 신호로서, USB 직렬 통신이 올바르게 수행되려면 이 클록의 주파수는 항상 48MHz±0.25%으로 공급되어야 한다.

USB 클록은 <그림 1.5.18>에 보였듯이 CKGR_PLLR 레지스터의 USBDIV 비트에 의하여 PLL 클록을 1, 2, 4중의 하나로 선택하여 분주할 수 있다. 이 주파수가 출력되려면 PMC_SCER 레지스터의 UDP 비트를 1로 세트시켜야 한다.

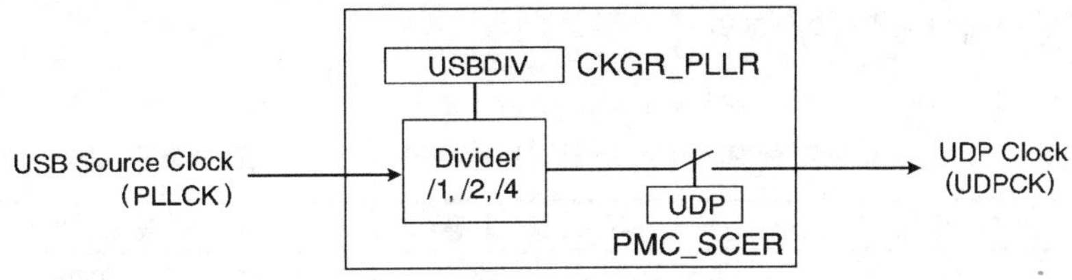

〈그림 1.5.18〉 USB 클록 제어기

(4) 주변장치 클록

주변장치 클록 제어기(Peripheral Clock Controller)는 PMC_PCER 레지스터 또는 PMC_PCDR 레지스터를 사용하여 주변장치에 마스터 클록이 공급되는 것을 허용 또는 금지할 수 있다. 주변장치에 공급되는 클록이 금지되면 해당 주변장치의 동작이 정지되어 AT91SAM7S256 소자의 소비전력이 감소한다. 리셋 후에 모든 주변장치에는 디폴트로 마스터 클록의 공급이 금지된다.

PMC_PCER, PMC_PCDR, PMC_PCSR 등의 레지스터에서 각 주변장치에 대응되는 비트 번호는 이 소자의 데이터 시트에서 주변장치 ID(Peripheral Identifier)로 제공되는데, 이 비트 번호는 전력관리 제어기(PMC) 뿐만 아니라 인터럽트 제어기(AIC)에서도 동일하게 사용되며 이를 <표 1.2.12>에 보였다.

(5) 프로그래머블 클록

전력관리 제어기는 외부에 3개까지의 독립적인 클록 주파수 신호 PCKx를 출력할 수 있는데, 이것들은 각각 PMC_PCKx 레지스터를 사용하여 제어한다. PCKx 단자에 출력할 수 있는 주파수 신호는 PMC_PCKx 레지스터의 CSS 비트를 사용하여 슬로우 클록, 메인 클록, PLL 클록 중에서 하나를 선택할 수 있고, 또한 PRES 비트를 사용하여 1, 2, 4, 8, 16, 32, 64 중에서 하나의 분주비를 선택할 수 있다.

PCKx 단자에 실제로 주파수 신호를 출력할지의 여부는 PMC_SCER 레지스터 및 PMC_SCDR 레지스터를 사용하여 설정하며, PMC_SCSR 레지스터와 PMC_SR 레지스터를 사용하여 설정 상태를 조사할 수 있다. 이 클록 주파수 신호는 글리치(glitch)에 대한 관리 기능이 없으므로, 주파수를 변경하려면 먼저 출력을 금지하고 나서 이를 변경하고 변경이 끝났으면 출력을 다시 허용하는 방법이 바람직하다.

(6) 전력관리 제어기와 관련된 I/O 제어 레지스터

전력관리 제어기와 관련된 I/O 제어 레지스터는 <표 1.5.3>과 같은데, 이 레지스터들의 기능을 정리하면 아래와 같다.

〈표 1.5.3〉 AT91SAM7S256의 전력관리 제어기와 관련된 I/O 제어 레지스터 요약

어드레스	옵셋	레지스터 이름	레지스터의 풀어 쓴 이름	액세스 속성	리셋 후 초기값
0xFFFF_FC00	0x00	PMC_SCER	PMC System Clock Enable Register	write-only	-
0xFFFF_FC04	0x04	PMC_SCDR	PMC System Clock Disable Register	write-only	-
0xFFFF_FC08	0x08	PMC_SCSR	PMC System Clock Status Register	read-only	0x0000_0001
0xFFFF_FC0C	0x0C	-	(reserved)	-	-
0xFFFF_FC10	0x10	PMC_PCER	PMC Peripheral Clock Enable Register	write-only	-
0xFFFF_FC14	0x14	PMC_PCDR	PMC Peripheral Clock Disable Register	write-only	-
0xFFFF_FC18	0x18	PMC_PCSR	PMC Peripheral Clock Status Register	read-only	0x0000_0000
0xFFFF_FC1C	0x1C	-	(reserved)	-	-
0xFFFF_FC20	0x20	CKGR_MOR ★	PMC CKGR Main Oscillator Register	read/write	0x0000_0000
0xFFFF_FC24	0x24	CKGR_MCFR★	PMC CKGR Main Clock Frequency Register	read-only	0x0000_0000
0xFFFF_FC28	0x28	-	(reserved)	-	-
0xFFFF_FC2C	0x2C	CKGR_PLLR ★	PMC CKGR PLL Register	read/write	0x0000_3F00
0xFFFF_FC30	0x30	PMC_MCKR	PMC Master Clock Register	read/write	0x0000_0000
0xFFFF_FC34	0x34	-	(reserved)	-	-
0xFFFF_FC38	0x38	-	(reserved)	-	-
0xFFFF_FC3C	0x3C	-	(reserved)	-	-
0xFFFF_FC40	0x40	PMC_PCK0	PMC Programmable Clock 0 Register	read/write	0x0000_0000
0xFFFF_FC44	0x44	PMC_PCK1	PMC Programmable Clock 1 Register	read/write	0x0000_0000
0xFFFF_FC48	0x48	PMC_PCK2	PMC Programmable Clock 2 Register	read/write	0x0000_0000
...	...	...	(reserved)	-	-
0xFFFF_FC60	0x60	PMC_IER	PMC Interrupt Enable Register	write-only	-
0xFFFF_FC64	0x64	PMC_IDR	PMC Interrupt Disable Register	write-only	-
0xFFFF_FC68	0x68	PMC_SR	PMC Status Register	read-only	0x0000_0008
0xFFFF_FC6C	0x6C	PMC_IMR	PMC Interrupt Mask Register	read-only	0x0000_0000

★는 앞의 클록 발생기(CKGR) 부분에서 설명하였으므로 여기서는 생략함.

▣ PMC 시스템 클록 허용 레지스터 PMC_SCER (write-only, 디폴트값 : -)

b31	b30	b29	b28	b27	b26	b25	b24	b23	b22	b21	b20	b19	b18	b17	b16
-	-	-	-	-	-	-	-	-	-	-	-	-	-	-	-

b15	b14	b13	b12	b11	b10	b9	b8	b7	b6	b5	b4	b3	b2	b1	b0
-	-	-	-	-	PCK2	PCK1	PCK0	UDP	-	-	-	-	-	-	PCK

- PCKx : Programmable Clock x Output Enable
  0 = 무효.
  1 = PCKx 핀의 출력을 허용한다.
- UDP : USB Device Port Clock Enable
  0 = 무효.
  1 = USB 디바이스 포트에 48MHz의 클록(UDPCK)을 공급하도록 허용한다.
- PCK : Processor Clock Enable
  0 = 무효.
  1 = 프로세서 클록(PCK)의 발생을 허용한다.

▣ PMC 시스템 클록 금지 레지스터 PMC_SCDR (write-only, 디폴트값 : -)

b31	b30	b29	b28	b27	b26	b25	b24	b23	b22	b21	b20	b19	b18	b17	b16
-	-	-	-	-	-	-	-	-	-	-	-	-	-	-	-
b15	**b14**	**b13**	**b12**	**b11**	**b10**	**b9**	**b8**	**b7**	**b6**	**b5**	**b4**	**b3**	**b2**	**b1**	**b0**
-	-	-	-	-	PCK2	PCK1	PCK0	UDP	-	-	-	-	-	-	PCK

- PCKx : Programmable Clock x Output Disable
  0 = 무효.
  1 = PCKx 핀의 출력을 금지한다.
- UDP : USB Device Port Clock Disable
  0 = 무효.
  1 = USB 디바이스 포트에 48MHz의 클록(UDPCK)을 공급하는 것을 금지한다.
- PCK : Processor Clock Disable
  0 = 무효.
  1 = 프로세서 클록(PCK)의 발생을 금지하고, 프로세서가 아이들 모드(idle mode)로 들어가도록 한다.

▣ PMC 시스템 클록 상태 레지스터 PMC_SCSR (read-only, 디폴트값 : 0x0000_0001)

b31	b30	b29	b28	b27	b26	b25	b24	b23	b22	b21	b20	b19	b18	b17	b16
-	-	-	-	-	-	-	-	-	-	-	-	-	-	-	-
b15	**b14**	**b13**	**b12**	**b11**	**b10**	**b9**	**b8**	**b7**	**b6**	**b5**	**b4**	**b3**	**b2**	**b1**	**b0**
-	-	-	-	-	PCK2	PCK1	PCK0	UDP	-	-	-	-	-	-	PCK

- PCKx : Programmable Clock x Output Status
  0 = PCKx 핀의 출력이 금지되어 있다.
  1 = PCKx 핀의 출력이 허용되어 있다.
- UDP : USB Device Port Clock Status
  0 = USB 디바이스 포트에 48MHz의 클록(UDPCK)을 공급하는 것이 금지되어 있다.
  1 = USB 디바이스 포트에 48MHz의 클록(UDPCK)을 공급하는 것이 허용되어 있다.
- PCK : Processor Clock Status
  0 = 프로세서 클록(PCK)의 발생이 금지되어 있다.
  1 = 프로세서 클록(PCK)의 발생이 허용되어 있다.

▣ PMC 주변장치 클록 허용 레지스터 PMC_PCER (write-only, 디폴트값 : -)

b31	b30	b29	b28	b27	b26	b25	b24	b23	b22	b21	b20	b19	b18	b17	b16
PID31	PID30	PID29	PID28	PID27	PID26	PID25	PID24	PID23	PID22	PID21	PID20	PID19	PID18	PID17	PID16
b15	**b14**	**b13**	**b12**	**b11**	**b10**	**b9**	**b8**	**b7**	**b6**	**b5**	**b4**	**b3**	**b2**	**b1**	**b0**
PID15	PID14	PID13	PID12	PID11	PID10	PID9	PID8	PID7	PID6	PID5	PID4	PID3	PID2	-	-

- PIDx : Peripheral Clock x Enable(☞ 주변장치 ID는 <표 1.2.12>를 참조할 것)
  0 = 무효.
  1 = 대응하는 주변장치에 클록의 공급을 허용한다.

▣ PMC 주변장치 클록 금지 레지스터 PMC_PCDR (write-only, 디폴트값 : -)

b31	b30	b29	b28	b27	b26	b25	b24	b23	b22	b21	b20	b19	b18	b17	b16
PID31	PID30	PID29	PID28	PID27	PID26	PID25	PID24	PID23	PID22	PID21	PID20	PID19	PID18	PID17	PID16
b15	**b14**	**b13**	**b12**	**b11**	**b10**	**b9**	**b8**	**b7**	**b6**	**b5**	**b4**	**b3**	**b2**	**b1**	**b0**
PID15	PID14	PID13	PID12	PID11	PID10	PID9	PID8	PID7	PID6	PID5	PID4	PID3	PID2	-	-

- PIDx : Peripheral Clock x Disable(☞ 주변장치 ID는 <표 1.2.12>를 참조할 것)
  0 = 무효.
  1 = 대응하는 주변장치에 클록의 공급을 금지한다.

▣ PMC 주변장치 클록 상태 레지스터 PMC_PCSR (read-only, 디폴트값 : 0x0000_0000)

b31	b30	b29	b28	b27	b26	b25	b24	b23	b22	b21	b20	b19	b18	b17	b16
PID31	PID30	PID29	PID28	PID27	PID26	PID25	PID24	PID23	PID22	PID21	PID20	PID19	PID18	PID17	PID16

b15	b14	b13	b12	b11	b10	b9	b8	b7	b6	b5	b4	b3	b2	b1	b0
PID15	PID14	PID13	PID12	PID11	PID10	PID9	PID8	PID7	PID6	PID5	PID4	PID3	PID2	-	-

- PIDx : Peripheral Clock x Status(☞ 주변장치 ID는 <표 1.2.12>를 참조할 것)
  0 = 대응하는 주변장치에 클록 공급이 금지되어 있다.
  1 = 대응하는 주변장치에 클록 공급이 허용되어 있다.

▣ PMC 마스터 클록 레지스터 PMC_MCKR (read/write, 디폴트값 : 0x0000_0000)

b31	b30	b29	b28	b27	b26	b25	b24	b23	b22	b21	b20	b19	b18	b17	b16
-	-	-	-	-	-	-	-	-	-	-	-	-	-	-	-

b15	b14	b13	b12	b11	b10	b9	b8	b7	b6	b5	b4	b3	b2	b1	b0
-	-	-	-	-	-	-	-	-	-	-	PRES			CSS	

- PRES : Clock Prescaler
  000 = 분주비 1. 100 = 분주비 16.
  001 = 분주비 2. 101 = 분주비 32.
  010 = 분주비 4. 110 = 분주비 64.
  011 = 분주비 8. 111 = 사용하지 않음(reserved).
- CSS : Master Clock Source Selection
  00 = 마스터 클록의 소스로 슬로우 클록(SLCK)을 선택한다.
  01 = 마스터 클록의 소스로 메인 클록(MAINCK)을 선택한다.
  10 = 사용하지 않음(reserved).
  11 = 마스터 클록의 소스로 PLL 클록(PLLCK)을 선택한다.

▣ PMC 프로그래머블 클록x 레지스터 PMC_PCKx (read/write, 디폴트값 : 0x0000_0000)

b31	b30	b29	b28	b27	b26	b25	b24	b23	b22	b21	b20	b19	b18	b17	b16
-	-	-	-	-	-	-	-	-	-	-	-	-	-	-	-

b15	b14	b13	b12	b11	b10	b9	b8	b7	b6	b5	b4	b3	b2	b1	b0
-	-	-	-	-	-	-	-	-	-	-	PRES			CSS	

- PRES : Clock Prescaler
  000 = 분주비 1. 100 = 분주비 16.
  001 = 분주비 2. 101 = 분주비 32.
  010 = 분주비 4. 110 = 분주비 64.
  011 = 분주비 8. 111 = 사용하지 않음(reserved).
- CSS : Programmable Clock Source Selection
  00 = 프로그래머블 클록x의 소스로 슬로우 클록(SLCK)을 선택한다.
  01 = 프로그래머블 클록x의 소스로 메인 클록(MAINCK)을 선택한다.
  10 = 사용하지 않음(reserved).
  11 = 프로그래머블 클록x의 소스로 PLL 클록(PLLCK)을 선택한다.

▣ PMC 인터럽트 허용 레지스터 PMC_IER (write-only, 디폴트값 : -)

b31	b30	b29	b28	b27	b26	b25	b24	b23	b22	b21	b20	b19	b18	b17	b16
-	-	-	-	-	-	-	-	-	-	-	-	-	-	-	-

b15	b14	b13	b12	b11	b10	b9	b8	b7	b6	b5	b4	b3	b2	b1	b0
-	-	-	-	-	PCKRDY2	PCKRDY1	PCKRDY0	-	-	-	-	MCKRDY	LOCK	-	MOSCS

- PCKRDYx : Programmable Clock Ready x Interrupt Enable
  0 = 무효.
  1 = 해당 인터럽트를 허용한다.
- MCKRDY : Master Clock Ready Interrupt Enable
  0 = 무효.
  1 = 해당 인터럽트를 허용한다.
- LOCK : PLL Lock Interrupt Enable
  0 = 무효.
  1 = 해당 인터럽트를 허용한다.
- MOSCS : Main Oscillator Status Interrupt Enable
  0 = 무효.
  1 = 해당 인터럽트를 허용한다.

▣ PMC 인터럽트 금지 레지스터 PMC_IDR (write-only, 디폴트값 : -)

b31	b30	b29	b28	b27	b26	b25	b24	b23	b22	b21	b20	b19	b18	b17	b16
-	-	-	-	-	-	-	-	-	-	-	-	-	-	-	-
b15	**b14**	**b13**	**b12**	**b11**	**b10**	**b9**	**b8**	**b7**	**b6**	**b5**	**b4**	**b3**	**b2**	**b1**	**b0**
-	-	-	-	-	PCKRDY2	PCKRDY1	PCKRDY0	-	-	-	-	MCKRDY	LOCK	-	MOSCS

- PCKRDYx : Programmable Clock Ready x Interrupt Disable
  0 = 무효.
  1 = 해당 인터럽트를 금지한다.
- MCKRDY : Master Clock Ready Interrupt Disable
  0 = 무효.
  1 = 해당 인터럽트를 금지한다.
- LOCK : PLL Lock Interrupt Disable
  0 = 무효.
  1 = 해당 인터럽트를 금지한다.
- MOSCS : Main Oscillator Status Interrupt Disable
  0 = 무효.
  1 = 해당 인터럽트를 금지한다.

▣ PMC 상태 레지스터 PMC_SR (read-only, 디폴트값 : 0x0000_0008)

b31	b30	b29	b28	b27	b26	b25	b24	b23	b22	b21	b20	b19	b18	b17	b16
-	-	-	-	-	-	-	-	-	-	-	-	-	-	-	-
b15	**b14**	**b13**	**b12**	**b11**	**b10**	**b9**	**b8**	**b7**	**b6**	**b5**	**b4**	**b3**	**b2**	**b1**	**b0**
-	-	-	-	-	PCKRDY2	PCKRDY1	PCKRDY0	-	-	-	-	MCKRDY	LOCK	-	MOSCS

- PCKRDYx : Programmable Clock Ready x Status
  0 = 프로그래머블 클록x가 ready 상태가 아니다.
  1 = 프로그래머블 클록x가 ready 상태에 있다.
- MCKRDY : Master Clock Ready Status
  0 = 마스터 클록이 ready 상태가 아니다.
  1 = 마스터 클록이 ready 상태에 있다.
- LOCK : PLL Lock Status
  0 = PLL이 lock되지 않았다.
  1 = PLL이 lock되었다.
- MOSCS : MOSCS Flag Status
  0 = 메인 오실레이터가 안정되지 않았다.
  1 = 메인 오실레이터가 안정되었다.

▣ PMC 인터럽트 마스크 레지스터 PMC_IMR (read-only, 디폴트값 : 0x0000_0000)

b31	b30	b29	b28	b27	b26	b25	b24	b23	b22	b21	b20	b19	b18	b17	b16
-	-	-	-	-	-	-	-	-	-	-	-	-	-	-	-

b15	b14	b13	b12	b11	b10	b9	b8	b7	b6	b5	b4	b3	b2	b1	b0
-	-	-	-	-	PCKRDY2	PCKRDY1	PCKRDY0	-	-	-	-	MCKRDY	LOCK	-	MOSCS

- PCKRDYx : Programmable Clock Ready x Interrupt Mask
  0 = 해당 인터럽트가 금지 상태에 있다.
  1 = 해당 인터럽트가 허용 상태에 있다.
- MCKRDY : Master Clock Ready Interrupt Mask
  0 = 해당 인터럽트가 금지 상태에 있다.
  1 = 해당 인터럽트가 허용 상태에 있다.
- LOCK : PLL Lock Interrupt Mask
  0 = 해당 인터럽트가 금지 상태에 있다.
  1 = 해당 인터럽트가 허용 상태에 있다.
- MOSCS : Main Oscillator Status Interrupt Mask
  0 = 해당 인터럽트가 금지 상태에 있다.
  1 = 해당 인터럽트가 허용 상태에 있다.

4. 전압 레귤레이터 모드 제어기(VREG)

(1) 개요

AT91SAM7S256에 내장된 전압 레귤레이터 모드 제어기(Voltage Regulator Mode Controller ; VREG)는 1개의 레지스터로 이루어지며, 전압 레귤레이터를 정상 모드로 동작하도록 설정할지 또는 저전력 모드(standby mode 또는 low-power mode)로 동작하도록 설정할지를 결정한다.

AT91SAM7S256의 전압 레귤레이터는 3.3V의 입력으로 1.8V의 출력전압을 발생하는데, 정상 모드에서는 90μA의 동작 전류에 최대 100mA의 출력전류를 낼 수 있지만, 저전력 모드에서는 25μA 이하의 동작 전류에 최대 1mA의 출력전류를 낼 수 있게 된다.

(2) 전압 레귤레이터 모드 제어기와 관련된 I/O 제어 레지스터

전압 레귤레이터 모드 제어기와 관련된 I/O 제어 레지스터는 <표 1.5.4>와 같은데, 이 레지스터의 기능을 정리하면 아래와 같다.

〈표 1.5.4〉 AT91SAM7S256의 전압 레귤레이터 모드 제어기와 관련된 I/O 제어 레지스터 요약

어드레스	옵셋	레지스터 이름	레지스터의 풀어 쓴 이름	액세스 속성	리셋 후 초기값
0xFFFF_FD60	0x60	VREG_MR	Voltage Regulator Mode Register	read/write	0x0000_0000

■ **전압 레귤레이터 모드 레지스터 VREG_MR** (read/write, 디폴트값 : 0x0000_0000)

b31	b30	b29	b28	b27	b26	b25	b24	b23	b22	b21	b20	b19	b18	b17	b16
-	-	-	-	-	-	-	-	-	-	-	-	-	-	-	-
b15	**b14**	**b13**	**b12**	**b11**	**b10**	**b9**	**b8**	**b7**	**b6**	**b5**	**b4**	**b3**	**b2**	**b1**	**b0**
-	-	-	-	-	-	-	-	-	-	-	-	-	-	-	PSTDBY

- PSTDBY : Power Standby Mode
  0 = 전압 레귤레이터가 정상 모드(normal mode)로 동작하도록 한다.
  1 = 전압 레귤레이터가 저전력 모드(standby mode 또는 low-power mode)로 동작하도록 한다.

5. 병렬 입출력 제어기(PIO)

AT91SAM7S256의 병렬 입출력 제어기(Parallel Input/Output Controller A ; PIO 또는 PIOA라고 2가지로 혼용함)는 32비트의 프로그래머블 병렬 입출력 비트를 제어한다. 각 비트의 신호선은 범용의 병렬 I/O 포트 PA31~PA0으로 사용될 수도 있고, 내장된 주변장치의 기능을 수행하기 위한 신호로 할당될 수도 있다.

병렬 입출력 제어기의 각 병렬 I/O 포트는 다음과 같은 특징을 갖는다.

- 전력관리 제어기에서 병렬 입출력 제어기에 클록을 공급해야만 동작한다.
- 입출력 동작에서 10kΩ의 풀업저항을 사용할 수 있다.
- 오픈 드레인 출력으로 사용하는 멀티 드라이브 기능을 사용할 수 있다.
- 1개의 라이트 명령으로 32비트를 동기시켜 출력할 수 있다.
- 1/2클럭 주기 이하의 펄스 입력은 무시하도록 하는 글리치 필터를 사용할 수 있다.
- 각 핀에서의 입력 레벨 변화(에지)가 인터럽트를 발생하도록 할 수 있다.

리셋 후에 디폴트로 병렬 입출력 제어기에는 클럭이 공급되지 않으므로 이를 사용하려면 PMC_PCER 레지스터를 사용하여 여기에 클럭을 공급하도록 설정해야 한다. 이 클럭을 공급하지 않더라도 병렬 입출력 제어기의 레지스터에 원하는 설정값을 쓸 수는 있지만 어떤 기능도 동작하지는 않는다.

(1) I/O 제어 로직

병렬 입출력 제어기의 개략적인 구성을 블록도로 보이면 <그림 1.5.19>와 같다. 또한 병렬 입출력 제어기의 자세한 내부 구조를 보이면 <그림 1.5.20>과 같다. 이 그림은 비트0에 해당하는 PA0의 경우만 보인 것이며, 이러한 구조가 전체 32비트에 대하여 동일하게 되어 있다.

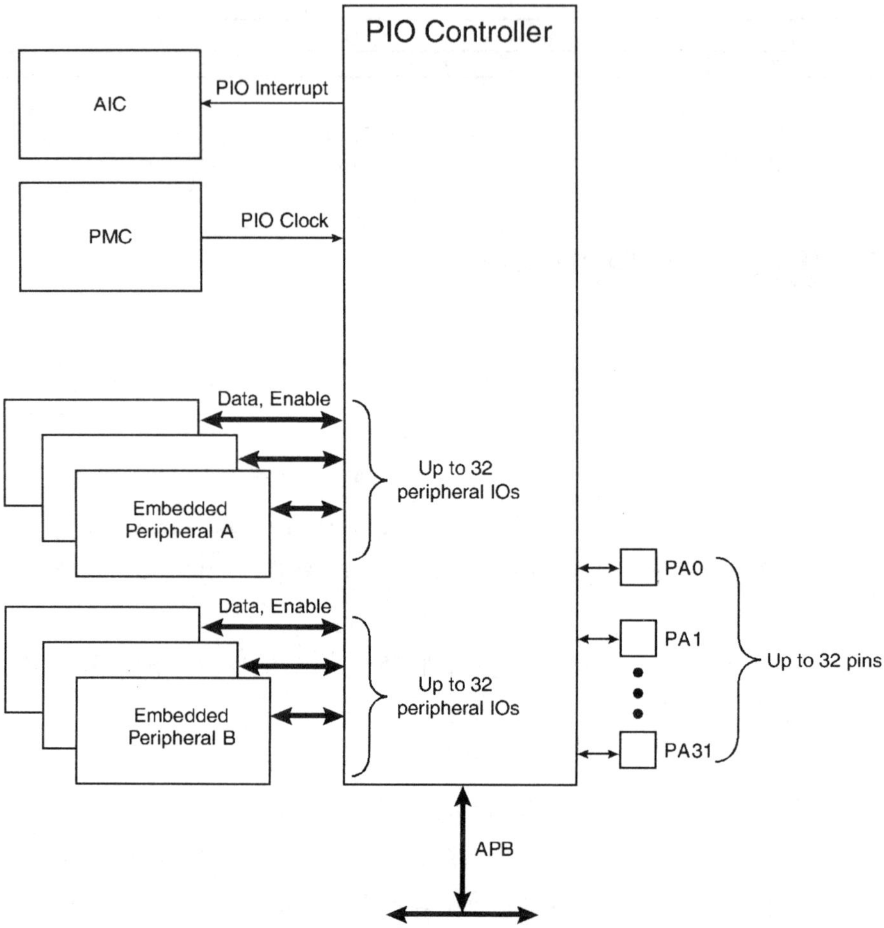

〈그림 1.5.19〉 병렬 입출력 제어기의 구성 블록도

32비트 핀은 범용의 병렬 I/O 포트 PA31~PA0으로 사용될 수도 있고, Perpheral A 또는 Peripheral B라고 불리는 주변장치 관련 신호선으로 멀티플렉스(multiplex)되어 사용될 수도 있다. 인터럽트 신호선 FIQ, IRQ0, IRQ1도 이러한 방법으로 멀티플레스하여 사용한다. 각 비트 신호선의 용도를 정리하면 앞에서 보인 <표 1.2.3>과 같다.

병렬 I/O 포트의 PA0~PA4의 핀은 전류 용량이 비교적 크게 되어 있어서 3.3V에서 최대 16mA까지 구동할 수 있고, 1.8V에서 최대 3mA까지 구동할 수 있다. 그러나, PA5~PA20의 핀은 3.3V에서 최대 2mA까지 구동할 수 있고, 1.8V에서 최대 0.5mA까지 구동할 수 있으며, 그 나머지의 PA21~PA31 핀은 3.3V에서 최대 8mA까지 구동할 수 있고, 1.8V에서 최대 1.5mA까지 구동할 수 있다.

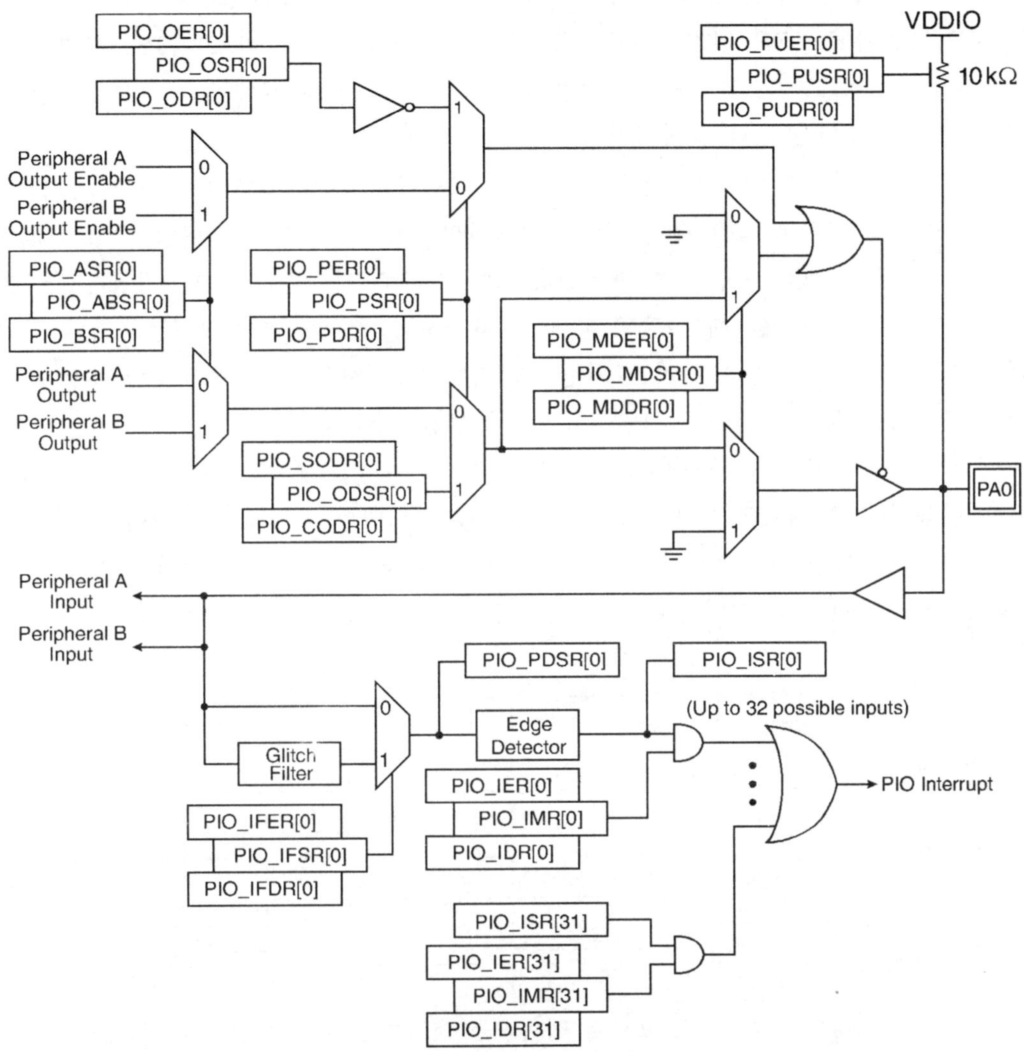

〈그림 1.5.20〉 병렬 입출력 제어기의 자세한 내부 구조

(2) 풀업저항

32비트 핀 PA31~PA0에는 각각 10kΩ의 풀업저항을 가지고 있어서 이는 어떤 동작 모드에서든지 PIO_PUER 또는 PIO_PUDR 레지스터로 인에이블 또는 디스에이블시킬 수 있다. 리셋 직후에는 디폴트로 PIO_PUSR 레지스터의 값이 0으로 되어 있어서 풀업저항이 인에이블된 상태라는 것에 유의해야 한다.

(3) 병렬 I/O와 주변장치의 선택

각 비트의 핀을 병렬 I/O 포트로 사용할 것인지 주변장치로 사용할 것인지는 PIO_PER 또는 PIO_PDR 레지스터로 선택한다. 이 레지스터의 비트를 1로 하면 병렬 I/O 포트로 동작하고, 0으로 하면 주변장치로 동작한다. 리셋 후에는 디폴트로 32비트 핀이 모두 병렬 I/O 포트로 동작한다.

각 비트를 병렬 I/O 포트로 사용하도록 설정하였을 때 이 비트에 출력할 논리값은 PIO_SODR 또는 PIO_CODR 레지스터로 지정한다. 또한 이 비트를 해당 핀으로 출력할 것인지 여부는 PIO_OER 또는 PIO_ODR 레지스터로 지정한다. 해당 병렬 I/O 포트를 입력 기능으로 사용할 때는 출력 버퍼를 차단하여 출력을 디스에이블시켜야 한다. 리셋 후에는 디폴트로 출력 버퍼가 차단되고 입력으로 사용된다. 병렬 I/O 포트로 데이터를 출력하는 동작 파형은 <그림 1.5.21>에 보인 바와 같다.

각 비트를 주변장치로 사용하도록 설정하였을 때는 PIO_ASR 또는 PIO_BSR 레지스터를 사용하여 Perpheral A 또는 Peripheral B를 선택한다. 각 비트의 핀이 이와 같이 주변장치용으로 사용되는 경우에는 사용자가 출력 버퍼를 임의로 제어하지 못하며 해당 주변장치가 자동으로 제어한다.

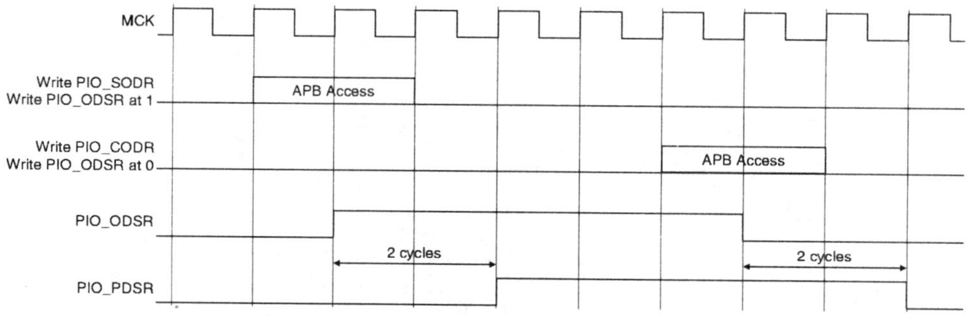

〈그림 1.5.21〉 병렬 I/O 포트로 데이터를 출력하는 경우의 동작 타이밍도

(4) 병렬 데이터의 동시 출력

32비트의 병렬 핀을 각각 제어하려면 PIO_SODR 레지스터와 PIO_CODR 레지스터에 2차례의 연속적인 라이트 동작이 필요하다. 그러나, 이렇게 하면 이 동작 사이의 시간차에 의하여 과도적으로 원하지 않는 병렬 데이터가 출력될 수 있으므로 이를 한번에 동시에 출력해야 하는 경우도 있다.

이런 경우에는 PIO_OWER 및 PIO_OWDR 레지스터를 사용하여 PIO_ODSR 레지스터를 리드/라이트(read/write) 가능하도록 설정하고 나서 출력하기를 원하는 데이터를

PIO_ODSR 레지스터에 직접 라이트한다. 결국 이렇게 함으로써 PIO_SODR이나 PIO_CODR 레지스터를 사용하지 않고 PIO_ODSR 레지스터를 통하여 직접 원하는 데이터를 출력한다. 이 레지스터들은 <그림 1.5.20>에는 표시되어 있지 않으며, 뒤에서 병렬 I/O 포트의 레지스터에 대하여 설명하는 부분을 보아야 한다.

(5) 오픈 드레인형의 멀티 드라이브 제어

32비트의 병렬 I/O 포트 각 핀은 PIO_MDER이나 PIO_MDDR 레지스터를 사용하여 오픈 드레인(open drain)형의 출력으로 동작하도록 설정할 수 있다. 이는 각 핀이 병렬 I/O 포트로 사용되거나 주변장치로 사용되거나 관계없이 적용된다.

이렇게 하면 여러 개의 출력 핀을 묶고 풀업저항을 접속하여 wired-OR 논리를 구성할 수 있다. 이때 만약 외부에서 풀업저항을 VDDIO=3.3V가 아닌 5V에 접속한다면 3.3V 로직 회로에서 5V 로직의 디지털 출력 신호를 만들어 출력할 수도 있다. 이렇게 오픈 드레인형 출력으로 5V 로직의 디지털 신호를 출력하는 경우에는 내부 풀업저항의 사용을 금지로 설정하는 것이 바람직하다.

(6) 병렬 I/O 포트 입력 및 글리치 필터

병렬 I/O 포트의 입력 데이터는 항상 PIO_PDSR 레지스터를 통하여 읽혀진다. 사실 <그림 1.5.20>에서 보는 바와 같이 이 레지스터로 읽히는 값은 실제 핀에서의 로직 레벨이기 때문에 해당 비트가 병렬 I/O 포트로 동작하든지 주변장치로 동작하든지에 관계없으며, 병렬 I/O 포트의 경우에도 입력 방향으로 설정되든 출력 방향으로 설정되든 관계없이 무조건 현재 핀의 논리 레벨이 읽혀진다.

각 핀의 입력 신호에는 PIO_IFER 또는 PIO_IFDR 레지스터를 사용하여 글리치 필터(glitch filter)를 사용하도록 설정할 수 있다. 글리치 필터를 사용하면 이것이 마스터 클록 MCK의 1/2주기 미만의 짧은 펄스는 글리치로 간주하여 자동으로 제거한다. 따라서, 확실한 입력 동작을 위해서는 신호를 MCK의 1주기 이상으로 인가해야 하며, 1/2~1주기의 신호는 입력 여부가 불확실해지므로 사용하지 않는 것이 좋다.

병렬 I/O 포트의 입력 레벨은 마스터 클록의 상승 에지에서 검출되며 이것이 인식되는데는 1클록 주기의 시간지연을 수반하는데, 이와 같은 글리치 필터를 사용하면 입력 레벨의 변화를 인식하는데 1클럭 만큼의 추가적인 시간 지연이 발생할 수 있다. 글리치 필터를 사용할 때와 사용하지 않을 때의 동작을 타이밍도로 비교하면 <그림 1.5.22>와 같다.

글리치 필터는 주변장치의 동작에는 영향을 주지 않으며, PIO_PDSR 레지스터를 통한 병렬 데이터 입력과 인터럽트 발생에만 영향을 준다.

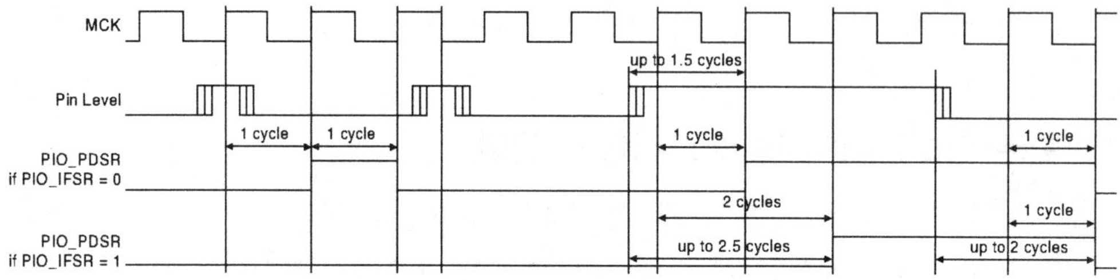

〈그림 1.5.22〉 병렬 I/O 포트의 글리치 필터와 관련된 동작 타이밍도

(7) 입력 변화 인터럽트

병렬 I/O 포트의 각 핀에서 상승 에지(rising edge)나 하강 에지(falling edge)가 발생하면 병렬 입출력 제어기 인터럽트를 요청하도록 설정할 수 있다. 이러한 입력 신호의 상태 변화는 PIO_ISR 레지스터에 저장되어 인터럽트를 요청하며, 소프트웨어로 이 레지스터를 읽으면 모든 비트가 클리어된다. 병렬 I/O 포트의 입력 변화 인터럽트에 관련된 동작 타이밍은 <그림 1.5.23>과 같다.

각 비트의 입력 상태 변화에 의한 인터럽트 요청 여부는 PIO_IER 또는 PIO_IDR 레지스터를 사용하여 설정하며, 인터럽트가 설정된 상태는 PIO_IMR 레지스터에 표시된다. 즉, PIO_IMR 레지스터에서 1로 표시된 비트는 인터럽트 허용을 나타내고, 0으로 표시된 비트는 인터럽트 금지를 의미한다.

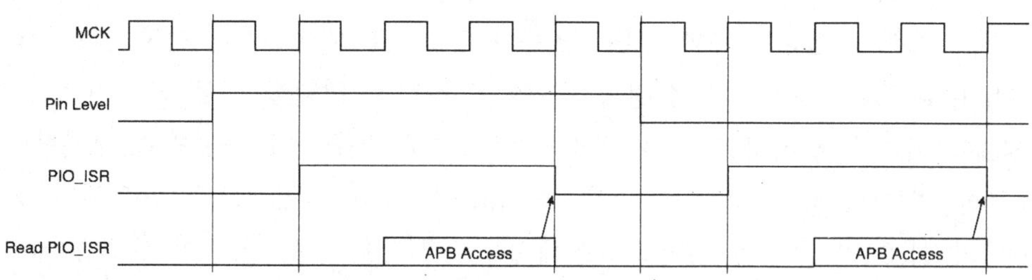

〈그림 1.5.23〉 병렬 I/O 포트의 입력 변화 인터럽트와 관련된 동작 타이밍도

(8) 병렬 입출력 제어기와 관련된 I/O 제어 레지스터

병렬 입출력 제어기와 관련된 I/O 제어 레지스터는 <표 1.5.5>와 같은데, 이 레지스터들의 기능을 정리하면 아래와 같다.

〈표 1.5.5〉 AT91SAM7S256의 병렬 입출력 제어기와 관련된 I/O 제어 레지스터 요약

어드레스	옵셋	레지스터 이름	레지스터의 풀어 쓴 이름	액세스 속성	리셋 후 초기값
0xFFFF_F400	0x00	PIO_PER	PIO PIO Enable Register	write-only	-
0xFFFF_F404	0x04	PIO_PDR	PIO PIO Disable Register	write-only	-
0xFFFF_F408	0x08	PIO_PSR	PIO PIO Status Register	read-only	0xFFFF_FFFF
0xFFFF_F40C	0x0C	-	(reserved)	-	-
0xFFFF_F410	0x10	PIO_OER	PIO Output Enable Register	write-only	-
0xFFFF_F414	0x14	PIO_ODR	PIO Output Disable Register	write-only	-
0xFFFF_F418	0x18	PIO_OSR	PIO Output Status Register	read-only	0x0000_0000
0xFFFF_F41C	0x1C	-	(reserved)	-	-
0xFFFF_F420	0x20	PIO_IFER	PIO Glitch Input Filter Enable Register	write-only	-
0xFFFF_F424	0x24	PIO_IFDR	PIO Glitch Input Filter Disable Register	write-only	-
0xFFFF_F428	0x28	PIO_IFSR	PIO Glitch Input Filter Status Register	read-only	0x0000_0000
0xFFFF_F42C	0x2C	-	(reserved)	-	-
0xFFFF_F430	0x30	PIO_SODR	PIO Set Output Data Register	write-only	-
0xFFFF_F434	0x34	PIO_CODR	PIO Clear Output Data Register	write-only	-
0xFFFF_F438	0x38	PIO_ODSR	PIO Output Data Status Register	read-only read/write	0x0000_0000
0xFFFF_F43C	0x3C	PIO_PDSR	PIO Pin Data Status Register	read-only	0x????_????
0xFFFF_F440	0x40	PIO_IER	PIO Interrupt Enable Register	write-only	-
0xFFFF_F444	0x44	PIO_IDR	PIO Interrupt Disable Register	write-only	-
0xFFFF_F448	0x48	PIO_IMR	PIO Interrupt Mask Register	read-only	0x0000_0000
0xFFFF_F44C	0x4C	PIO_ISR	PIO Interrupt Status Register	read-only	0x0000_0000
0xFFFF_F450	0x50	PIO_MDER	PIO Multi-Driver Enable Register	write-only	-
0xFFFF_F454	0x58	PIO_MDDR	PIO Multi-Driver Disable Register	write-only	-
0xFFFF_F458	0x54	PIO_MDSR	PIO Multi-Driver Status Register	read-only	0x0000_0000
0xFFFF_F45C	0x5C	-	(reserved)	-	-
0xFFFF_F460	0x60	PIO_PUDR	PIO Pull-Up Disable Register	write-only	-
0xFFFF_F464	0x64	PIO_PUER	PIO Pull-Up Enable Register	write-only	-
0xFFFF_F468	0x68	PIO_PUSR	PIO Pull-Up Status Register	read-only	0x0000_0000
0xFFFF_F46C	0x6C	-	(reserved)	-	-
0xFFFF_F470	0x70	PIO_ASR	PIO Peripheral A Select Register	write-only	-
0xFFFF_F474	0x74	PIO_BSR	PIO Peripheral B Select Register	write-only	-
0xFFFF_F478	0x78	PIO_ABSR	PIO Peripheral AB Status Register	read-only	0x0000_0000
...	...	...	(reserved)	...	...
0xFFFF_F4A0	0xA0	PIO_OWER	PIO Output Write Enable Register	write-only	-
0xFFFF_F4A4	0xA4	PIO_OWDR	PIO Output Write Disable Register	write-only	-
0xFFFF_F4A8	0xA8	PIO_OWSR	PIO Output Write Status Register	read-only	0x0000_0000
0xFFFF_F4AC	0xAC	-	(reserved)	-	-

☞ PIO_ODSR 레지스터는 PIO_ODSR에 따라서 read-only가 되기도 하고 read/write가 되기도 한다.
☞ PIO_PDSR 레지스터의 리셋 후 디폴트 값은 시스템의 구성에 따라 달라진다.
☞ PIO_ASR 레지스터에는 1을 쓰면 해당 비트가 클리어되어 Peripheral A가 선택되며,
PIO_BSR 레지스터에는 1을 쓰면 해당 비트가 세트되어 Peripheral B가 선택된다.

■ PIO 병렬 입출력 허용 레지스터 PIO_PER (write-only, 디폴트값 : -)

b31	b30	b29	b28	b27	b26	b25	b24	b23	b22	b21	b20	b19	b18	b17	b16
P31	P30	P29	P28	P27	P26	P25	P24	P23	P22	P21	P20	P19	P18	P17	P16

b15	b14	b13	b12	b11	b10	b9	b8	b7	b6	b5	b4	b3	b2	b1	b0
P15	P14	P13	P12	P11	P10	P9	P8	P7	P6	P5	P4	P3	P2	P1	P0

• Px : PIO Enable
0 = 무효.
1 = 해당 비트의 핀을 병렬 I/O 포트로 사용하도록 허용한다.(주변장치로 사용하는 것을 금지한다.)

▣ PIO 병렬 입출력 금지 레지스터 PIO_PDR (write-only, 디폴트값 : -)

b31	b30	b29	b28	b27	b26	b25	b24	b23	b22	b21	b20	b19	b18	b17	b16
P31	P30	P29	P28	P27	P26	P25	P24	P23	P22	P21	P20	P19	P18	P17	P16
b15	b14	b13	b12	b11	b10	b9	b8	b7	b6	b5	b4	b3	b2	b1	b0
P15	P14	P13	P12	P11	P10	P9	P8	P7	P6	P5	P4	P3	P2	P1	P0

• Px : PIO Disable
0 = 무효.
1 = 해당 비트의 핀을 병렬 I/O 포트로 사용하는 것을 금지한다.(주변장치로 사용하는 것을 허용한다.)

▣ PIO 병렬 입출력 상태 레지스터 PIO_PSR (read-only, 디폴트값 : 0xFFFF_FFFF)

b31	b30	b29	b28	b27	b26	b25	b24	b23	b22	b21	b20	b19	b18	b17	b16
P31	P30	P29	P28	P27	P26	P25	P24	P23	P22	P21	P20	P19	P18	P17	P16
b15	b14	b13	b12	b11	b10	b9	b8	b7	b6	b5	b4	b3	b2	b1	b0
P15	P14	P13	P12	P11	P10	P9	P8	P7	P6	P5	P4	P3	P2	P1	P0

• Px : PIO Status
0 = 해당 핀이 병렬 I/O 포트로 사용되는 것은 금지되고 주변장치를 위하여 사용되는 상태에 있다.
1 = 해당 핀이 병렬 I/O 포트로 사용되고 주변장치를 위하여 사용되는 것은 금지되는 상태에 있다.

▣ PIO 출력 허용 레지스터 PIO_OER (write-only, 디폴트값 : -)

b31	b30	b29	b28	b27	b26	b25	b24	b23	b22	b21	b20	b19	b18	b17	b16
P31	P30	P29	P28	P27	P26	P25	P24	P23	P22	P21	P20	P19	P18	P17	P16
b15	b14	b13	b12	b11	b10	b9	b8	b7	b6	b5	b4	b3	b2	b1	b0
P15	P14	P13	P12	P11	P10	P9	P8	P7	P6	P5	P4	P3	P2	P1	P0

• Px : Output Enable
0 = 무효.
1 = 해당 비트 핀의 출력 버퍼를 인에이블한다.

▣ PIO 출력 금지 레지스터 PIO_ODR (write-only, 디폴트값 : -)

b31	b30	b29	b28	b27	b26	b25	b24	b23	b22	b21	b20	b19	b18	b17	b16
P31	P30	P29	P28	P27	P26	P25	P24	P23	P22	P21	P20	P19	P18	P17	P16
b15	b14	b13	b12	b11	b10	b9	b8	b7	b6	b5	b4	b3	b2	b1	b0
P15	P14	P13	P12	P11	P10	P9	P8	P7	P6	P5	P4	P3	P2	P1	P0

• Px : Output Disable
0 = 무효.
1 = 해당 비트 핀의 출력 버퍼를 디스에이블한다.

▣ PIO 출력 상태 레지스터 PIO_OSR (read-only, 디폴트값 : 0x0000_0000)

b31	b30	b29	b28	b27	b26	b25	b24	b23	b22	b21	b20	b19	b18	b17	b16
P31	P30	P29	P28	P27	P26	P25	P24	P23	P22	P21	P20	P19	P18	P17	P16

b15	b14	b13	b12	b11	b10	b9	b8	b7	b6	b5	b4	b3	b2	b1	b0
P15	P14	P13	P12	P11	P10	P9	P8	P7	P6	P5	P4	P3	P2	P1	P0

- Px : Output Status
  0 = 해당 핀의 출력 버퍼를 금지하여 입력 기능으로만 사용되고 있다.
  1 = 해당 핀의 출력 버퍼를 허용하여 출력 기능이 허용되고 있다.

▣ PIO 입력 필터 허용 레지스터 PIO_IFER (write-only, 디폴트값 : -)

b31	b30	b29	b28	b27	b26	b25	b24	b23	b22	b21	b20	b19	b18	b17	b16
P31	P30	P29	P28	P27	P26	P25	P24	P23	P22	P21	P20	P19	P18	P17	P16

b15	b14	b13	b12	b11	b10	b9	b8	b7	b6	b5	b4	b3	b2	b1	b0
P15	P14	P13	P12	P11	P10	P9	P8	P7	P6	P5	P4	P3	P2	P1	P0

- Px : Input Filter Enable
  0 = 무효.
  1 = 해당 비트 핀의 입력에 글리치 필터를 사용하도록 허용한다.

▣ PIO 입력 필터 금지 레지스터 PIO_IFDR (write-only, 디폴트값 : -)

b31	b30	b29	b28	b27	b26	b25	b24	b23	b22	b21	b20	b19	b18	b17	b16
P31	P30	P29	P28	P27	P26	P25	P24	P23	P22	P21	P20	P19	P18	P17	P16

b15	b14	b13	b12	b11	b10	b9	b8	b7	b6	b5	b4	b3	b2	b1	b0
P15	P14	P13	P12	P11	P10	P9	P8	P7	P6	P5	P4	P3	P2	P1	P0

- Px : Input Filter Disable
  0 = 무효.
  1 = 해당 비트 핀의 입력에 글리치 필터를 사용하는 것을 금지한다.

▣ PIO 입력 필터 상태 레지스터 PIO_IFSR (read-only, 디폴트값 : 0x0000_0000)

b31	b30	b29	b28	b27	b26	b25	b24	b23	b22	b21	b20	b19	b18	b17	b16
P31	P30	P29	P28	P27	P26	P25	P24	P23	P22	P21	P20	P19	P18	P17	P16

b15	b14	b13	b12	b11	b10	b9	b8	b7	b6	b5	b4	b3	b2	b1	b0
P15	P14	P13	P12	P11	P10	P9	P8	P7	P6	P5	P4	P3	P2	P1	P0

- Px : Input Filter Status
  0 = 해당 비트 핀의 입력에 글리치 필터를 사용하지 않는 상태이다.
  1 = 해당 비트 핀의 입력에 글리치 필터를 사용하고 있는 상태이다.

▣ PIO 출력 데이터 세트 레지스터 PIO_SODR (write-only, 디폴트값 : -)

b31	b30	b29	b28	b27	b26	b25	b24	b23	b22	b21	b20	b19	b18	b17	b16
P31	P30	P29	P28	P27	P26	P25	P24	P23	P22	P21	P20	P19	P18	P17	P16

b15	b14	b13	b12	b11	b10	b9	b8	b7	b6	b5	b4	b3	b2	b1	b0
P15	P14	P13	P12	P11	P10	P9	P8	P7	P6	P5	P4	P3	P2	P1	P0

- Px : Set Output Data
  0 = 무효.
  1 = 출력 데이터의 해당 비트를 세트시켜 1로 출력한다.

■ PIO 출력 데이터 클리어 레지스터 PIO_CODR (write-only, 디폴트값 : -)

b31	b30	b29	b28	b27	b26	b25	b24	b23	b22	b21	b20	b19	b18	b17	b16
P31	P30	P29	P28	P27	P26	P25	P24	P23	P22	P21	P20	P19	P18	P17	P16
b15	**b14**	**b13**	**b12**	**b11**	**b10**	**b9**	**b8**	**b7**	**b6**	**b5**	**b4**	**b3**	**b2**	**b1**	**b0**
P15	P14	P13	P12	P11	P10	P9	P8	P7	P6	P5	P4	P3	P2	P1	P0

- Px : Clear Output Data
  0 = 무효.
  1 = 출력 데이터의 해당 비트를 클리어시켜 0으로 출력한다.

■ PIO 출력 데이터 상태 레지스터 PIO_ODSR (read-only, 디폴트값 : 0x0000_0000)
(read/write, 디폴트값 : -)

b31	b30	b29	b28	b27	b26	b25	b24	b23	b22	b21	b20	b19	b18	b17	b16
P31	P30	P29	P28	P27	P26	P25	P24	P23	P22	P21	P20	P19	P18	P17	P16
b15	**b14**	**b13**	**b12**	**b11**	**b10**	**b9**	**b8**	**b7**	**b6**	**b5**	**b4**	**b3**	**b2**	**b1**	**b0**
P15	P14	P13	P12	P11	P10	P9	P8	P7	P6	P5	P4	P3	P2	P1	P0

- Px : Output Data Status
  0 = 현재 출력 데이터의 해당 비트가 0이다.
  1 = 현재 출력 데이터의 해당 비트가 1이다.

☞ PIO_OWER 및 PIO_OWDR 레지스터를 사용하여 이 레지스터를 read/write 모드로 설정/해제한다.

■ PIO 핀 데이터 상태 레지스터 PIO_PDSR (read-only, 디폴트값 : 0x????_????)

b31	b30	b29	b28	b27	b26	b25	b24	b23	b22	b21	b20	b19	b18	b17	b16
P31	P30	P29	P28	P27	P26	P25	P24	P23	P22	P21	P20	P19	P18	P17	P16
b15	**b14**	**b13**	**b12**	**b11**	**b10**	**b9**	**b8**	**b7**	**b6**	**b5**	**b4**	**b3**	**b2**	**b1**	**b0**
P15	P14	P13	P12	P11	P10	P9	P8	P7	P6	P5	P4	P3	P2	P1	P0

- Px : Pin Data Status
  0 = 해당 비트의 핀이 현재 논리값 0의 상태이다.
  1 = 해당 비트의 핀이 현재 논리값 1의 상태이다.

■ PIO 인터럽트 허용 레지스터 PIO_IER (write-only, 디폴트값 : -)

b31	b30	b29	b28	b27	b26	b25	b24	b23	b22	b21	b20	b19	b18	b17	b16
P31	P30	P29	P28	P27	P26	P25	P24	P23	P22	P21	P20	P19	P18	P17	P16
b15	**b14**	**b13**	**b12**	**b11**	**b10**	**b9**	**b8**	**b7**	**b6**	**b5**	**b4**	**b3**	**b2**	**b1**	**b0**
P15	P14	P13	P12	P11	P10	P9	P8	P7	P6	P5	P4	P3	P2	P1	P0

- Px : Input Change Interrupt Enable
  0 = 무효.
  1 = 해당 비트의 입력 변화 인터럽트를 허용한다.

■ PIO 인터럽트 금지 레지스터 PIO_IDR (write-only, 디폴트값 : -)

b31	b30	b29	b28	b27	b26	b25	b24	b23	b22	b21	b20	b19	b18	b17	b16
P31	P30	P29	P28	P27	P26	P25	P24	P23	P22	P21	P20	P19	P18	P17	P16
b15	**b14**	**b13**	**b12**	**b11**	**b10**	**b9**	**b8**	**b7**	**b6**	**b5**	**b4**	**b3**	**b2**	**b1**	**b0**
P15	P14	P13	P12	P11	P10	P9	P8	P7	P6	P5	P4	P3	P2	P1	P0

• Px : Input Change Interrupt Disable
0 = 무효.
1 = 해당 비트의 입력 변화 인터럽트를 금지한다.

▣ PIO 인터럽트 마스크 레지스터 PIO_IMR (read-only, 디폴트값 : 0x0000_0000)

b31	b30	b29	b28	b27	b26	b25	b24	b23	b22	b21	b20	b19	b18	b17	b16
P31	P30	P29	P28	P27	P26	P25	P24	P23	P22	P21	P20	P19	P18	P17	P16
b15	b14	b13	b12	b11	b10	b9	b8	b7	b6	b5	b4	b3	b2	b1	b0
P15	P14	P13	P12	P11	P10	P9	P8	P7	P6	P5	P4	P3	P2	P1	P0

• Px : Input Change Interrupt Mask
0 = 해당 비트의 입력 변화 인터럽트가 금지되어 있다.
1 = 해당 비트의 입력 변화 인터럽트가 허용되어 있다.

▣ PIO 인터럽트 상태 레지스터 PIO_ISR (read-only, 디폴트값 : 0x0000_0000)

b31	b30	b29	b28	b27	b26	b25	b24	b23	b22	b21	b20	b19	b18	b17	b16
P31	P30	P29	P28	P27	P26	P25	P24	P23	P22	P21	P20	P19	P18	P17	P16
b15	b14	b13	b12	b11	b10	b9	b8	b7	b6	b5	b4	b3	b2	b1	b0
P15	P14	P13	P12	P11	P10	P9	P8	P7	P6	P5	P4	P3	P2	P1	P0

• Px : Input Change Interrupt Status
0 = PIO_ISR을 읽은 후에 이 비트 핀에서 인터럽트를 발생할 수 있는 입력 변화가 검출되지 않았다.
1 = PIO_ISR을 읽은 후에 이 비트 핀에서 인터럽트를 발생할 수 있는 입력 변화가 검출되었다.

▣ PIO 멀티 드라이브 허용 레지스터 PIO_MDER (write-only, 디폴트값 : -)

b31	b30	b29	b28	b27	b26	b25	b24	b23	b22	b21	b20	b19	b18	b17	b16
P31	P30	P29	P28	P27	P26	P25	P24	P23	P22	P21	P20	P19	P18	P17	P16
b15	b14	b13	b12	b11	b10	b9	b8	b7	b6	b5	b4	b3	b2	b1	b0
P15	P14	P13	P12	P11	P10	P9	P8	P7	P6	P5	P4	P3	P2	P1	P0

• Px : Multi Drive Enable
0 = 무효.
1 = 해당 비트의 핀을 오픈 드레인 출력으로 설정하여 멀티 드라이브를 허용한다.

▣ PIO 멀티 드라이브 금지 레지스터 PIO_MDDR (write-only, 디폴트값 : -)

b31	b30	b29	b28	b27	b26	b25	b24	b23	b22	b21	b20	b19	b18	b17	b16
P31	P30	P29	P28	P27	P26	P25	P24	P23	P22	P21	P20	P19	P18	P17	P16
b15	b14	b13	b12	b11	b10	b9	b8	b7	b6	b5	b4	b3	b2	b1	b0
P15	P14	P13	P12	P11	P10	P9	P8	P7	P6	P5	P4	P3	P2	P1	P0

• Px : Multi Drive Disable
0 = 무효.
1 = 해당 비트의 핀을 콤플리멘터리 출력으로 설정하여 멀티 드라이브를 금지한다.

▣ PIO 멀티 드라이브 상태 레지스터 PIO_MDSR (read-only, 디폴트값 : 0x0000_0000)

b31	b30	b29	b28	b27	b26	b25	b24	b23	b22	b21	b20	b19	b18	b17	b16
P31	P30	P29	P28	P27	P26	P25	P24	P23	P22	P21	P20	P19	P18	P17	P16

b15	b14	b13	b12	b11	b10	b9	b8	b7	b6	b5	b4	b3	b2	b1	b0
P15	P14	P13	P12	P11	P10	P9	P8	P7	P6	P5	P4	P3	P2	P1	P0

- Px : Multi Drive Status
  0 = 해당 핀이 콤플리멘터리 출력으로 설정되어 멀티 드라이브가 금지되어 있다.
  1 = 해당 핀이 오픈 드레인 출력으로 설정되어 멀티 드라이브가 허용되어 있다.

▣ PIO 풀업저항 금지 레지스터 PIO_PUDR (write-only, 디폴트값 : -)

b31	b30	b29	b28	b27	b26	b25	b24	b23	b22	b21	b20	b19	b18	b17	b16
P31	P30	P29	P28	P27	P26	P25	P24	P23	P22	P21	P20	P19	P18	P17	P16

b15	b14	b13	b12	b11	b10	b9	b8	b7	b6	b5	b4	b3	b2	b1	b0
P15	P14	P13	P12	P11	P10	P9	P8	P7	P6	P5	P4	P3	P2	P1	P0

- Px : Pull-Up Disable
  0 = 무효.
  1 = 해당하는 비트에 풀업저항을 오픈시켜 사용을 금지한다.

▣ PIO 풀업저항 허용 레지스터 PIO_PUER (write-only, 디폴트값 : -)

b31	b30	b29	b28	b27	b26	b25	b24	b23	b22	b21	b20	b19	b18	b17	b16
P31	P30	P29	P28	P27	P26	P25	P24	P23	P22	P21	P20	P19	P18	P17	P16

b15	b14	b13	b12	b11	b10	b9	b8	b7	b6	b5	b4	b3	b2	b1	b0
P15	P14	P13	P12	P11	P10	P9	P8	P7	P6	P5	P4	P3	P2	P1	P0

- Px : Pull-Up Enable
  0 = 무효.
  1 = 해당하는 비트에 풀업저항을 연결시켜 사용을 허용한다.

▣ PIO 풀업저항 상태 레지스터 PIO_PUSR (read-only, 디폴트값 : 0x0000_0000)

b31	b30	b29	b28	b27	b26	b25	b24	b23	b22	b21	b20	b19	b18	b17	b16
P31	P30	P29	P28	P27	P26	P25	P24	P23	P22	P21	P20	P19	P18	P17	P16

b15	b14	b13	b12	b11	b10	b9	b8	b7	b6	b5	b4	b3	b2	b1	b0
P15	P14	P13	P12	P11	P10	P9	P8	P7	P6	P5	P4	P3	P2	P1	P0

- Px : Pull-Up Disable
  0 = 해당하는 비트에 풀업저항의 사용이 허용 상태에 있다.
  1 = 해당하는 비트에 풀업저항의 사용이 금지 상태에 있다.

▣ PIO 주변장치 A 선택 레지스터 PIO_ASR (write-only, 디폴트값 : -)

b31	b30	b29	b28	b27	b26	b25	b24	b23	b22	b21	b20	b19	b18	b17	b16
P31	P30	P29	P28	P27	P26	P25	P24	P23	P22	P21	P20	P19	P18	P17	P16

b15	b14	b13	b12	b11	b10	b9	b8	b7	b6	b5	b4	b3	b2	b1	b0
P15	P14	P13	P12	P11	P10	P9	P8	P7	P6	P5	P4	P3	P2	P1	P0

- Px : Peripheral A Select
  0 = 무효.
  1 = 해당 비트의 핀을 주변장치 A가 사용하도록 설정한다.

▣ PIO 주변장치 B 선택 레지스터 PIO_BSR (write-only, 디폴트값 : -)

b31	b30	b29	b28	b27	b26	b25	b24	b23	b22	b21	b20	b19	b18	b17	b16
P31	P30	P29	P28	P27	P26	P25	P24	P23	P22	P21	P20	P19	P18	P17	P16
b15	b14	b13	b12	b11	b10	b9	b8	b7	b6	b5	b4	b3	b2	b1	b0
P15	P14	P13	P12	P11	P10	P9	P8	P7	P6	P5	P4	P3	P2	P1	P0

- Px : Peripheral B Select
  0 = 무효.
  1 = 해당 비트의 핀을 주변장치 B가 사용하도록 설정한다.

▣ PIO 주변장치 A B 상태 레지스터 PIO_ABSR (read-only, 디폴트값 : 0x0000_0000)

b31	b30	b29	b28	b27	b26	b25	b24	b23	b22	b21	b20	b19	b18	b17	b16
P31	P30	P29	P28	P27	P26	P25	P24	P23	P22	P21	P20	P19	P18	P17	P16
b15	b14	b13	b12	b11	b10	b9	b8	b7	b6	b5	b4	b3	b2	b1	b0
P15	P14	P13	P12	P11	P10	P9	P8	P7	P6	P5	P4	P3	P2	P1	P0

- Px : Peripheral A B Status
  0 = 해당 비트의 핀이 주변장치 A에 할당되어 사용되고 있다.
  1 = 해당 비트의 핀이 주변장치 B에 할당되어 사용되고 있다.

▣ PIO 출력 쓰기 허용 레지스터 PIO_OWER (write-only, 디폴트값 : -)

b31	b30	b29	b28	b27	b26	b25	b24	b23	b22	b21	b20	b19	b18	b17	b16
P31	P30	P29	P28	P27	P26	P25	P24	P23	P22	P21	P20	P19	P18	P17	P16
b15	b14	b13	b12	b11	b10	b9	b8	b7	b6	b5	b4	b3	b2	b1	b0
P15	P14	P13	P12	P11	P10	P9	P8	P7	P6	P5	P4	P3	P2	P1	P0

- Px : Output Write Enable
  0 = 무효.
  1 = PIO_ODSR 레지스터의 해당 비트를 read/write 모드로 설정하여 라이트가 가능하도록 한다.

▣ PIO 출력 쓰기 금지 레지스터 PIO_OWDR (write-only, 디폴트값 : -)

b31	b30	b29	b28	b27	b26	b25	b24	b23	b22	b21	b20	b19	b18	b17	b16
P31	P30	P29	P28	P27	P26	P25	P24	P23	P22	P21	P20	P19	P18	P17	P16
b15	b14	b13	b12	b11	b10	b9	b8	b7	b6	b5	b4	b3	b2	b1	b0
P15	P14	P13	P12	P11	P10	P9	P8	P7	P6	P5	P4	P3	P2	P1	P0

- Px : Output Write Disable
  0 = 무효.
  1 = PIO_ODSR 레지스터의 해당 비트를 read-only 모드로 설정하여 라이트가 불가능하도록 한다.

▣ PIO 출력 쓰기 상태 레지스터 PIO_OWSR (read-only, 디폴트값 : 0x0000_0000)

b31	b30	b29	b28	b27	b26	b25	b24	b23	b22	b21	b20	b19	b18	b17	b16
P31	P30	P29	P28	P27	P26	P25	P24	P23	P22	P21	P20	P19	P18	P17	P16
b15	b14	b13	b12	b11	b10	b9	b8	b7	b6	b5	b4	b3	b2	b1	b0
P15	P14	P13	P12	P11	P10	P9	P8	P7	P6	P5	P4	P3	P2	P1	P0

- Px : Output Write Status
  0 = PIO_ODSR 레지스터의 해당 비트가 read-only 모드로 설정되어 라이트가 불가능하게 되어 있다.
  1 = PIO_ODSR 레지스터의 해당 비트가 read/write 모드로 설정되어 라이트가 가능하게 되어 있다.

6. 디버그 유닛(DBGU)

AT91SAM7S256의 디버그 유닛(Debug Unit ; DBGU)은 UART 직렬 통신으로 이 ARM 소자의 모든 디버그 기능을 수행할 수 있는 수단을 제공한다. 이것은 디버그 통신 채널(Debug Communication Channel ; DCC)의 기능을 지원하며 ARM 프로세서의 COMMRX 및 COMMTX 신호와 인터페이스된다. 또한, 여기에는 ICE(In-Circuit Emulator)를 통하여 시스템을 액세스하는 것을 금지시킬 수 있는 Force NTRST 기능을 가지고 있다.

디버그 유닛은 일반 UART 포트로 사용할 수도 있다. 이 경우에 UART 포트는 8 데이터 비트와 1 스톱 비트로 고정되지만, 패리티 비트를 사용할 수 있고, 마스터 클록 MCK를 사용하여 보레이트를 임의로 설정할 수 있으며, 패리티 에러, 프레임 에러, 오버런 에러의 체크 기능을 가진다. 또한, 정상 모드 이외에 Automatic Echo 모드, Local Loopback 모드, Remote Loopback 모드 등을 갖는다.

이밖에도 디버그 유닛에는 칩 ID 레지스터를 가지고 있는데, 여기에는 해당 소자의 코어 구조, 모델의 시리즈명, 메모리 종류와 용량의 크기 등에 관한 정보가 들어 있다.

(1) 내부 구성

디버그 유닛의 내부 구조를 블록도로 보이면 <그림 1.5.24>와 같다. 디버그 유닛은 전력관리 제어기에서 클록을 공급해야만 정상적으로 동작하며, 이때 디버그 유닛의 주변장치 ID는 1로 간주된다. 또한, 디버그 유닛이 발생하는 인터럽트는 인터럽트 제어기(AIC)의 인터럽트 소스 1에 연결된다.

(2) UART 동작

디버그 유닛의 UART 동작은 비동기 전이중 통신으로 8 데이터 비트, 1 스톱 비트에 필요하면 패리티 비트를 사용할 수 있다. 보레이트(baud rate)는 마스터 클록 MCK를 사용하여 보레이트 발생 레지스터로 설정하며, 16비트의 분주비 CD를 이용하여 아래와 같이 결정한다. 여기서 16비트의 분주비 CD로는 1~65535를 사용한다.

$$\text{보레이트} = \frac{MCK}{16 \times CD} \ [\text{bps}]$$

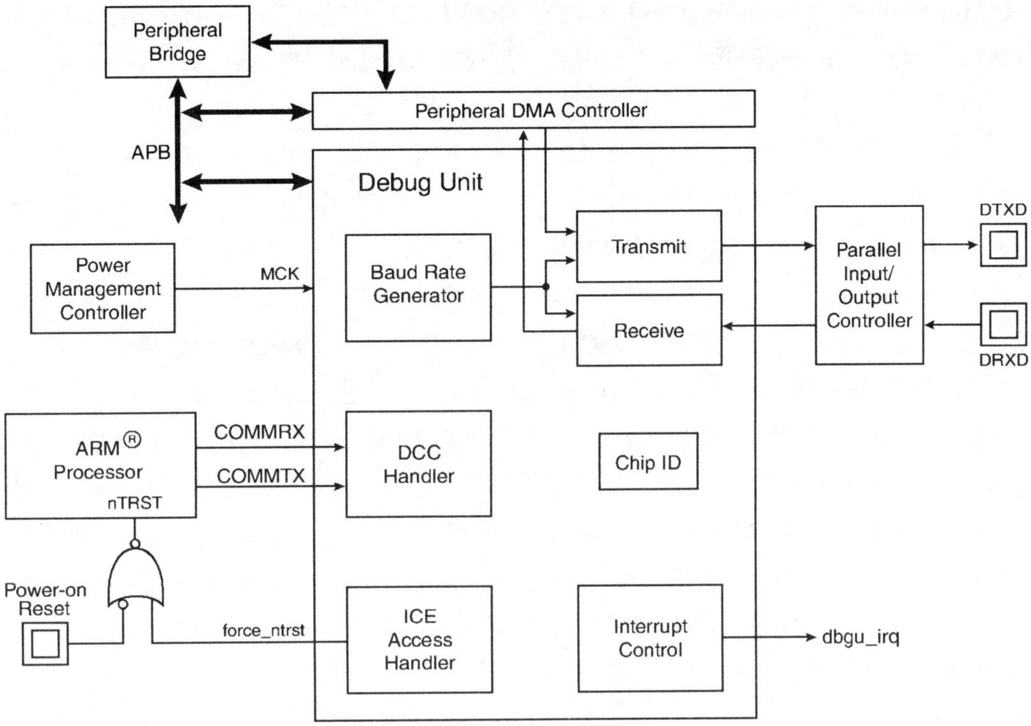

〈그림 1.5.24〉 디버그 유닛 구성 블록도

사용자가 디버그 유닛을 UART로 사용할 때 마스터 클록의 주파수가 48MHz라면 여러 가지의 전송속도에 대한 보레이트 설정 방법은 <표 1.5.6>과 같다. 모든 표준 전송속도에서 아무 문제가 없이 보레이트를 발생할 수 있음을 알 수 있다.

〈표 1.5.6〉 디버그 유닛의 UART 보레이트 설정(MCK = 48MHz)

전송속도 (bps)	CD값	오차	패리티 비트가 없는 경우		패리티 비트를 사용하는 경우	
			최대 허용오차	권장 허용오차	최대 허용오차	권장 허용오차
2400	1250	+0.00%	±5.26%	±2.5%	±4.76%	±2.0%
4800	625	+0.00%	±5.26%	±2.5%	±4.76%	±2.0%
9600	313	-0.16%	±5.26%	±2.5%	±4.76%	±2.0%
14,400	208	+0.16%	±5.26%	±2.5%	±4.76%	±2.0%
19,200	156	+0.16%	±5.26%	±2.5%	±4.76%	±2.0%
28,800	104	+0.16%	±5.26%	±2.5%	±4.76%	±2.0%
38,400	78	+0.16%	±5.26%	±2.5%	±4.76%	±2.0%
57,600	52	+0.16%	±5.26%	±2.5%	±4.76%	±2.0%
76,800	39	+0.16%	±5.26%	±2.5%	±4.76%	±2.0%
115,200	26	+0.16%	±5.26%	±2.5%	±4.76%	±2.0%
230,400	13	+0.16%	±5.26%	±2.5%	±4.76%	±2.0%
250,000	12	+0.00%	±5.26%	±2.5%	±4.76%	±2.0%
500,000	6	+0.00%	±5.26%	±2.5%	±4.76%	±2.0%
1M	3	+0.00%	±5.26%	±2.5%	±4.76%	±2.0%

UART의 수신 동작을 수행하려면 먼저 DBGU_CR 레지스터에서 RXEN=1로 설정해야 한다. 반대로 수신 동작을 금지하려면 이 레지스터에서 RXDIS=1로 설정하며, 수신부를 리셋하고 동작을 금지시키려면 RSTRX=1로 설정해야 한다.

스타트 비트에서 시작하여 각 비트의 수신 동작은 모든 비트의 중간 부분에서 검출된다. 디버그 유닛의 UART는 16배속 클럭 모드로 되어 있으며, 모든 비트는 16개의 클록 주기로 분할되어 8번째 주기에서 검출하므로 이것이 가능하다.

수신부에 1문자가 수신되면 이것이 즉시 DBGU_RHR 레지스터로 옮겨져서 저장되며, 스톱 비트가 시작되는 순간에 DBGU_SR 레지스터에서 RXRDY=1로 세트된다. 그러나, 만약 수신 도중에 패리티 에러(parity error)나 프레임 에러(framing error)가 발생하였다면 스톱 비트가 검출된 후에 즉시 DBGU_SR 레지스터에서 PARE=1 또는 FRAME=1로 각각 세트된다. 또한, 새로운 1문자가 더 수신되기까지 소프트웨어에 의하여 DBGU_RHR 레지스터를 읽지 않으면 오버런 에러(overrun error)가 발생하여 DBGU_SR 레지스터에서 OVRE=1로 세트된다. 이와 같은 통신 에러가 발생하는 동작 타이밍은 <그림 1.5.25>와 같다. DBGU_SR 레지스터에서 이런 통신 에러 비트를 모두 클리어하려면 RSTSTA=1로 설정하면 된다.

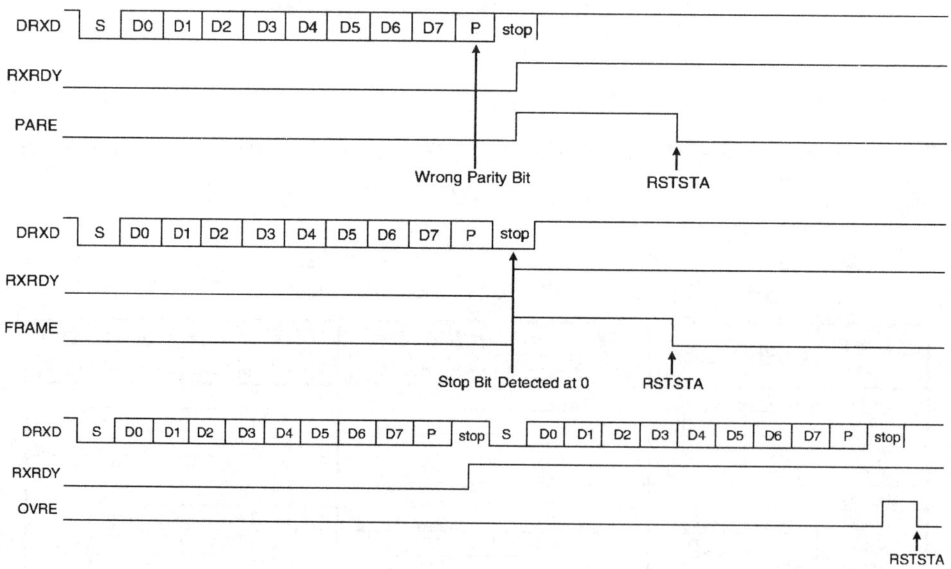

〈그림 1.5.25〉 패리티 에러, 프레임 에러, 오버런 에러가 발생하는 타이밍

UART의 송신 동작을 수행하려면 먼저 DBGU_CR 레지스터에서 TXEN=1로 설정해야 한다. 반대로 송신 동작을 금지하려면 이 레지스터에서 TXDIS=1로 설정하며, 송신

부를 리셋하고 동작을 금지시키려면 RSTTX=1로 설정해야 한다.

송신 데이터 포맷은 1 스타트 비트, 8 데이터 비트(LSB에서 MSB의 순서로 전송), 1패리티 비트, 1스톱 비트의 11비트 프레임으로 구성되며, 패리티 비트를 사용하지 않는 경우에는 10비트 프레임이 된다. 패리티 비트는 우수 패리티(even parity)와 기수 패리티(odd parity), 스페이스(space), 마크(mark) 중에서 선택하여 사용할 수 있다.

처음에 송신부가 비어 있을 때 송신할 문자를 DBGU_THR 레지스터에 라이트하면 이것은 즉시 송신부 시프트 레지스터(shift register)로 옮겨져서 송신 동작이 시작된다. 이렇게 하여 DBGU_THR 레지스터에 새로운 데이터를 라이트할 수 있는 상태가 되면 DBGU_SR 레지스터에서 TXRDY=1로 표시된다. 이때 두번째로 송신할 문자를 DBGU_THR 레지스터에 라이트하면 현재 시프트 레지스터에서 수행되고 있는 송신 동작이 완료될 때까지 여기서 대기하게 된다. 모든 송신 동작이 완료되어 DBGU_THR 레지스터와 시프트 레지스터가 모두 비게 되면 TXEMPTY=1로 표시된다. 이러한 송신 동작의 타이밍은 <그림 1.5.26>과 같다.

이러한 UART의 데이터 송수신 동작은 주변장치 DMA 제어기와 연결되어 사용될 수도 있다.

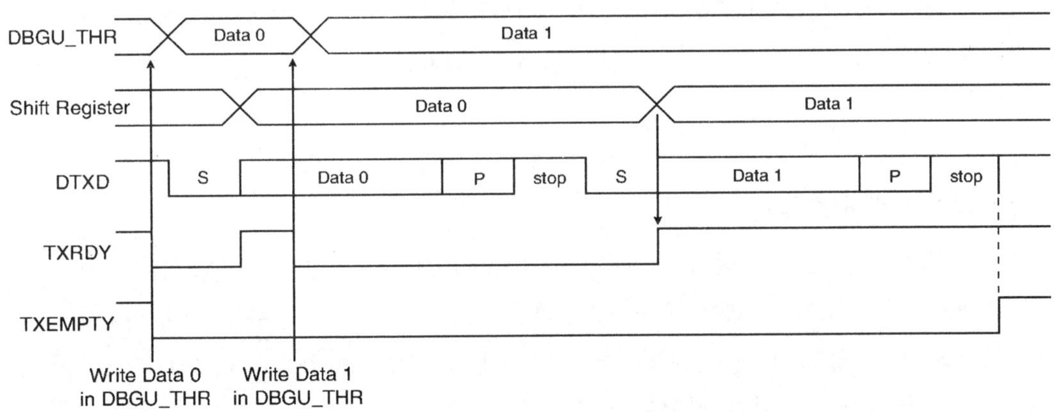

〈그림 1.5.26〉 송신 동작의 타이밍

(3) 테스트 모드

디버그 유닛의 UART 동작은 정상적인 송수신 모드 이외에 3가지의 테스트 모드를 가지고 있는데, 이는 DBGU_MR 레지스터에서 CHMODE 비트로 설정한다. 3가지의 테스트 모드는 Automatic Echo 모드, Local Loopback 모드, Remote Loopback 모드인데, 이것들의 동작은 <그림 1.5.27>과 같다.

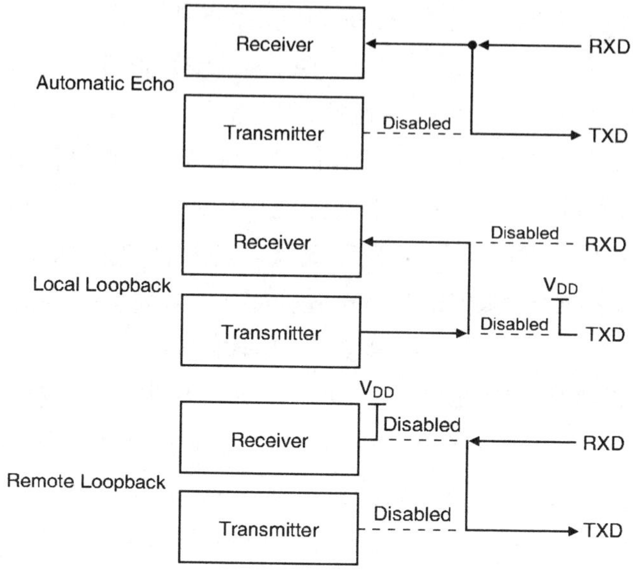

〈그림 1.5.27〉 3가지의 테스트 모드

(4) 디버그 통신 채널의 지원

디버그 유닛은 ARM의 디버그 통신 채널과 ICE 사이에 사용되는 COMMRX 및 COMMTX 신호를 액세스할 있다. 이 비트들은 DBGU_SR 레지스터의 최상위 2비트를 통하여 읽혀진다.

(5) 칩 ID 레지스터

디버그 유닛에는 2개의 칩 ID 레지스터 DBGU_CIDR 및 DBGU_EXID를 가지고 있다. 여기에는 해당 소자의 코어 구조, 모델의 시리즈명, 메모리 종류와 용량의 크기, 소자의 실리콘 버전 등에 관한 정보가 들어 있는데, AT91SAM7S256 버전0인 소자의 경우에는 0x270B0940으로 되어 있어야 한다.

(6) ICE 액세스 금지

디버그 유닛에는 ARM 프로세서가 ICE를 통하여 시스템을 액세스하는 것을 금지시킬 수 있는 Force NTRST 기능을 가지고 있다. 이것은 DBGU_FNR 레지스터를 사용하여 설정하는데, 여기에서 FNTRST=0으로 하면 ARM 프로세서 TAP 제어기의 NTRST 신호가 정상적으로 전원투입 리셋회로에 의하여 구동되면서 ICE에 의하여 액세스가 가능하고, FNTRST=1로 하면 ARM 프로세서 TAP 제어기의 NTRST 신호가 강제로 0으로 유지되어 ICE에 의한 액세스를 금지하게 된다.

(7) 디버그 유닛과 관련된 I/O 제어 레지스터

디버그 유닛과 관련된 I/O 제어 레지스터는 <표 1.5.7>과 같은데, 이 레지스터들의 기능을 정리하면 아래와 같다.

〈표 1.5.7〉 AT91SAM7S256의 디버그 유닛과 관련된 I/O 제어 레지스터 요약

어드레스	옵셋	레지스터 이름	레지스터의 풀어 쓴 이름	액세스 속성	리셋 후 초기값
0xFFFF_F200	0x00	DBGU_CR	DBGU Control Register	write-only	-
0xFFFF_F204	0x04	DBGU_MR	DBGU Mode Register	read/write	0x0000_0000
0xFFFF_F208	0x08	DBGU_IER	DBGU Interrupt Enable Register	write-only	-
0xFFFF_F20C	0x0C	DBGU_IDR	DBGU Interrupt Disable Register	write-only	-
0xFFFF_F210	0x10	DBGU_IMR	DBGU Interrupt Mask Register	read-only	0x0000_0000
0xFFFF_F214	0x14	DBGU_SR	DBGU Status Register	read-only	0x????_????
0xFFFF_F218	0x18	DBGU_RHR	DBGU Receive Holding Register	read-only	0x0000_0000
0xFFFF_F21C	0x1C	DBGU_THR	DBGU Transmit Holding Register	write-only	-
0xFFFF_F220	0x20	DBGU_BRGR	DBGU Baud Rate Generator Register	read/write	0x0000_0000
…	…	…	(reserved)	…	…
0xFFFF_F240	0x40	DBGU_CIDR	DBGU Chip ID Register	read-only	0x270B_0940
0xFFFF_F244	0x44	DBGU_EXID	DBGU Chip ID Extension Register	read-only	0x0000_0000
0xFFFF_F248	0x48	DBGU_FNR	DBGU Force NTRST Register	read/write	0x0000_0000

▣ DBGU 제어 레지스터 DBGU_CR (write-only, 디폴트값 : -)

b31	b30	b29	b28	b27	b26	b25	b24	b23	b22	b21	b20	b19	b18	b17	b16
-	-	-	-	-	-	-	-	-	-	-	-	-	-	-	-

b15	b14	b13	b12	b11	b10	b9	b8	b7	b6	b5	b4	b3	b2	b1	b0
-	-	-	-	-	-	-	RSTSTA	TXDIS	TXEN	RXDIS	RXEN	RSTTX	RSTRX	-	-

- RSTSTA : Reset Status Bits
  0 = 무효.
  1 = DBGU_SR 레지스터의 PARE, FRAME, OVRE 에러 비트를 리셋시킨다.
- TXDIS : Transmitter Disable
  0 = 무효.
  1 = 송신부의 동작을 금지한다.(현재 시프트 레지스터나 DBGU_THR 레지스터에 들어있는 문자는 송신을 완료하고 송신부가 정지한다.)
- TXEN : Transmitter Enable
  0 = 무효.
  1 = 송신부의 동작을 허용한다.
- RXDIS : Receicer Disable
  0 = 무효.
  1 = 수신부의 동작을 금지한다.(현재 수신중인 문자의 수신을 완료하고 수신부가 정지한다.)
- RXEN : Receiver Enable
  0 = 무효.
  1 = 수신부의 동작을 허용한다.
- RSTTX : Reset Transmitter
  0 = 무효.
  1 = 송신부를 즉시 리셋시키고 동작을 금지한다.(현재 송신중인 문자가 있어도 송신 동작을 중지한다.)

- RSTRX : Reset Receiver
  0 = 무효.
  1 = 수신부를 즉시 리셋시키고 동작을 금지한다.(현재 수신중인 문자가 있어도 수신 동작을 중지한다.)

▣ DBGU 모드 레지스터 DBGU_MR (read/write, 디폴트값 : 0x0000_0000)

b31	b30	b29	b28	b27	b26	b25	b24	b23	b22	b21	b20	b19	b18	b17	b16
-	-	-	-	-	-	-	-	-	-	-	-	-	-	-	-
b15	**b14**	**b13**	**b12**	**b11**	**b10**	**b9**	**b8**	**b7**	**b6**	**b5**	**b4**	**b3**	**b2**	**b1**	**b0**
CHMODE		-	-	PAR			-	-	-	-	-	-	-	-	-

- CHMODE : Channel Mode
  00 = 정상 모드.
  01 = 자동 에코 모드(Automatic Echo Mode).
  10 = 로컬 루프백 모드(Local Loopback Mode).
  11 = 리모트 루프백 모드(Remote Loopback Mode).
- PAR : Parity Type
  000 = 우수 패리티(even parity).
  001 = 기수 패리티(odd parity).
  010 = 스페이스(space : 패리티 비트를 강제로 0으로 설정).
  011 = 마크(mark : 패리티 비트를 강제로 1로 설정).
  1XX = 패리티를 사용하지 않음.

▣ DBGU 인터럽트 허용 레지스터 DBGU_IER (write-only, 디폴트값 : -)

b31	b30	b29	b28	b27	b26	b25	b24	b23	b22	b21	b20	b19	b18	b17	b16
COMMRX	COMMTX	-	-	-	-	-	-	-	-	-	-	-	-	-	-
b15	**b14**	**b13**	**b12**	**b11**	**b10**	**b9**	**b8**	**b7**	**b6**	**b5**	**b4**	**b3**	**b2**	**b1**	**b0**
-	-	-	RXBUFF	TXBUFE	-	TXEMPTY	-	PARE	FRAME	OVRE	ENDTX	ENDRX	-	TXRDY	RXRDY

- COMMRX : Enable COMMRX(from ARM) Interrupt
- COMMTX : Enable COMMTX(from ARM) Interrupt
- RXBUFF : Enable Receive Buffer Full Interrupt
- TXBUFE : Enable Transmit Buffer Empty Interrupt
- TXEMPTY : Enable TXEMPTY Interrupt
- PARE : Enable Parity Error Interrupt
- FRAME : Enable Framing Error Interrupt
- OVRE : Enable Overrun Error Interrupt
- ENDTX : Enable End of Transmit Interrupt
- ENDRX : Enable End of Receive Interrupt
- TXRDY : Enable TXRDY Interrupt
- RXRDY : Enable RXRDY Interrupt
  0 = 무효.
  1 = 해당 인터럽트를 허용한다.

▣ DBGU 인터럽트 금지 레지스터 DBGU_IDR (write-only, 디폴트값 : -)

b31	b30	b29	b28	b27	b26	b25	b24	b23	b22	b21	b20	b19	b18	b17	b16
COMMRX	COMMTX	-	-	-	-	-	-	-	-	-	-	-	-	-	-
b15	**b14**	**b13**	**b12**	**b11**	**b10**	**b9**	**b8**	**b7**	**b6**	**b5**	**b4**	**b3**	**b2**	**b1**	**b0**
-	-	-	RXBUFF	TXBUFE	-	TXEMPTY	-	PARE	FRAME	OVRE	ENDTX	ENDRX	-	TXRDY	RXRDY

- COMMRX : Disable COMMRX(from ARM) Interrupt
- COMMTX : Disable COMMTX(from ARM) Interrupt
- RXBUFF : Disable Receive Buffer Full Interrupt

- TXBUFE : Disable Transmit Buffer Empty Interrupt
- TXEMPTY : Disable TXEMPTY Interrupt
- PARE : Disable Parity Error Interrupt
- FRAME : Disable Framing Error Interrupt
- OVRE : Disable Overrun Error Interrupt
- ENDTX : Disable End of Transmit Interrupt
- ENDRX : Disable End of Receive Interrupt
- TXRDY : Disable TXRDY Interrupt
- RXRDY : Disable RXRDY Interrupt

  0 = 무효.
  1 = 해당 인터럽트를 금지한다.

▣ DBGU 인터럽트 마스크 레지스터 DBGU_IMR (read-only, 디폴트값 : 0x0000_0000)

b31	b30	b29	b28	b27	b26	b25	b24	b23	b22	b21	b20	b19	b18	b17	b16
COMMRX	COMMTX	-	-	-	-	-	-	-	-	-	-	-	-	-	-
b15	**b14**	**b13**	**b12**	**b11**	**b10**	**b9**	**b8**	**b7**	**b6**	**b5**	**b4**	**b3**	**b2**	**b1**	**b0**
-	-	-	RXBUFF	TXBUFE	-	TXEMPTY	-	PARE	FRAME	OVRE	ENDTX	ENDRX	-	TXRDY	RXRDY

- COMMRX : Mask Status of COMMRX(from ARM) Interrupt
- COMMTX : Mask Status of COMMTX(from ARM) Interrupt
- RXBUFF : Mask Status of Receive Buffer Full Interrupt
- TXBUFE : Mask Status of Transmit Buffer Empty Interrupt
- TXEMPTY : Mask Status of TXEMPTY Interrupt
- PARE : Mask Status of Parity Error Interrupt
- FRAME : Mask Status of Framing Error Interrupt
- OVRE : Mask Status of Overrun Error Interrupt
- ENDTX : Mask Status of End of Transmit Interrupt
- ENDRX : Mask Status of End of Receive Interrupt
- TXRDY : Mask Status of TXRDY Interrupt
- RXRDY : Mask Status of RXRDY Interrupt

  0 = 해당 인터럽트가 금지되어 있다.
  1 = 해당 인터럽트를 허용되어 있다.

▣ DBGU 상태 레지스터 DBGU_SR (read-only, 디폴트값 : 0x????_????)

b31	b30	b29	b28	b27	b26	b25	b24	b23	b22	b21	b20	b19	b18	b17	b16
COMMRX	COMMTX	-	-	-	-	-	-	-	-	-	-	-	-	-	-
b15	**b14**	**b13**	**b12**	**b11**	**b10**	**b9**	**b8**	**b7**	**b6**	**b5**	**b4**	**b3**	**b2**	**b1**	**b0**
-	-	-	RXBUFF	TXBUFE	-	TXEMPTY	-	PARE	FRAME	OVRE	ENDTX	ENDRX	-	TXRDY	RXRDY

- COMMRX : Debug Communication Channel Read Status

  0 = ARM 프로세서로부터의 COMMRX 신호가 없다.
  1 = ARM 프로세서로부터의 COMMRX 신호가 있다.
- COMMTX : Debug Communication Channel Write Status

  0 = ARM 프로세서로부터의 COMMTX 신호가 없다.
  1 = ARM 프로세서로부터의 COMMTX 신호가 있다.
- RXBUFF : Receive Buffer Full

  0 = 수신부 PDC 채널로부터 수신 버퍼에 수신 문자가 들어있다는 신호가 없었다.
  1 = 수신부 PDC 채널로부터 수신 버퍼에 수신 문자가 들어있다는 신호가 있었다.
- TXBUFE : Transmit Buffer Empty

  0 = 송신부 PDC 채널로부터 송신 버퍼가 비었다는 신호가 없었다.
  1 = 송신부 PDC 채널로부터 송신 버퍼가 비었다는 신호가 있었다.
- TXEMPTY : Transmitter Empty

  0 = 송신 버퍼에 송신할 문자가 들어있거나 송신 시프트 레지스터에 송신중인 문자가 들어있다.
  1 = 송신 버퍼와 시프트 레지스터에 아무 문자도 들어있지 않다.

- PARE : Parity Error
  0 = 패리티 에러가 발생하지 않았다.
  1 = 가장 최근에 RSTSTA=1로 라이트한 이후에 패리티 에러가 발생하였다.
- FRAME : Framing Error
  0 = 프레임 에러가 발생하지 않았다.
  1 = 가장 최근에 RSTSTA=1로 라이트한 이후에 프레임 에러가 발생하였다.
- OVRE : Overrun Error
  0 = 오버런 에러가 발생하지 않았다.
  1 = 가장 최근에 RSTSTA=1로 라이트한 이후에 오버런 에러가 발생하였다.
- ENDTX : End of Transmitter Transfer
  0 = 송신부 PDC 채널로부터 전송완료 신호가 없었다.
  1 = 송신부 PDC 채널로부터 전송완료 신호가 있었다.
- ENDRX : End of Receiver Transfer
  0 = 수신부 PDC 채널로부터 전송완료 신호가 없었다.
  1 = 수신부 PDC 채널로부터 전송완료 신호가 있었다.
- TXRDY : Transmitter Ready
  0 = 송신 버퍼(DBGU_THR 레지스터)에 문자가 들어있거나 송신부가 금지되어 있다.
  1 = 송신 버퍼(DBGU_THR 레지스터)에 문자가 들어있지 않아 송신 문자의 라이트가 가능하다.
- RXRDY : Receiver Ready
  0 = 수신 버퍼(DBGU_RHR 레지스터)에 문자가 들어있지 않거나 수신부가 금지되어 있다.
  1 = 수신 버퍼(DBGU_RHR 레지스터)에 문자가 들어있어 리드가 가능하다.

▣ DBGU 수신 홀딩 레지스터 DBGU_RHR (read-only, 디폴트값 : 0x0000_0000)

b31	b30	b29	b28	b27	b26	b25	b24	b23	b22	b21	b20	b19	b18	b17	b16
-	-	-	-	-	-	-	-	-	-	-	-	-	-	-	-

b15	b14	b13	b12	b11	b10	b9	b8	b7	b6	b5	b4	b3	b2	b1	b0
-	-	-	-	-	-	-	-	RXCHR							

- RXCHR : Received Character
  RXRDY=1일 때 여기에 수신된 문자가 들어있다.

▣ DBGU 송신 홀딩 레지스터 DBGU_THR (write-only, 디폴트값 : -)

b31	b30	b29	b28	b27	b26	b25	b24	b23	b22	b21	b20	b19	b18	b17	b16
-	-	-	-	-	-	-	-	-	-	-	-	-	-	-	-

b15	b14	b13	b12	b11	b10	b9	b8	b7	b6	b5	b4	b3	b2	b1	b0
-	-	-	-	-	-	-	-	TXCHR							

- TXCHR : Character to be Transmitted
  TXRDY=1이 아니라면 여기에 다음에 송신할 문자가 들어있다.

▣ DBGU 보레이트 발생 레지스터 DBGU_BRGR (read/write, 디폴트값 : 0x0000_0000)

b31	b30	b29	b28	b27	b26	b25	b24	b23	b22	b21	b20	b19	b18	b17	b16
-	-	-	-	-	-	-	-	-	-	-	-	-	-	-	-

b15	b14	b13	b12	b11	b10	b9	b8	b7	b6	b5	b4	b3	b2	b1	b0
CD															

- CD : Clock Divisor
  0 = 보레이트 클록 발생이 금지된다.
  1~65535 = 보레이트가 MCK/(16×CD)로 설정된다.

▣ DBGU 칩 ID 레지스터 DBGU_CIDR (read-only, 디폴트값 : 0x270B_0940)

b31	b30	b29	b28	b27	b26	b25	b24	b23	b22	b21	b20	b19	b18	b17	b16
EXT	NVPTYP			ARCH								SRAMSIZ			

b15	b14	b13	b12	b11	b10	b9	b8	b7	b6	b5	b4	b3	b2	b1	b0
NVPSIZ2				NVPSIZ				EPROC			VERSION				

- EXT : Extension Flag
  0 = 칩 ID가 확장 레지스터를 사용하지 않고 DBGU_CIDR 레지스터만으로 표시된다.
  1 = 칩 ID가 DBGU_CIDR 레지스터뿐만 아니라 확장 레지스터까지 사용하여 표시된다.
- NVPTYP : Nonvolatile Program Memory Type
  000 = ROM.
  001 = ROM이 없거나 또는 온칩 플래시 메모리.(on-chip flash)
  010 = 내장 플래시 메모리(embedded flash memory)
  011 = ROM 및 내장 플래시 메모리.(NVPSIZ는 ROM 사이즈, NVPSIZ2는 플래시 메모리 사이즈)
  100 = ROM을 에뮬레이션하는 SRAM
- ARCH : Architecture Identifier
  0x19 = AT91SAM9xx 시리즈.
  0x29 = AT91SAM9XExx 시리즈.
  0x34 = AT91x34 시리즈.
  0x39 = CAP9 시리즈.
  0x40 = AT91x40 시리즈.
  0x42 = AT91x42 시리즈.
  0x55 = AT91x55 시리즈.
  0x60 = AT91SAM7Axx.
  0x63 = AT91x63 시리즈.
  0x70 = AT91SAM7Sxx 시리즈.
  0x71 = AT91SAM7XCxx 시리즈.
  0x72 = AT91SAM7SExx 시리즈.
  0x73 = AT91SAM7Lxx 시리즈.
  0x75 = AT91SAM7Xxx 시리즈.
  0x92 = AT91x92 시리즈.
  0xF0 = AT75Cxx 시리즈.
- SRAMSIZ : Internal SRAM Size
  0000 = (reserved)
  0001 = 1KB.
  0010 = 2KB.
  0011 = (reserved)
  0100 = 112KB.
  0101 = 4KB.
  0110 = 80KB.
  0111 = 160KB.
  1000 = 8KB.
  1001 = 16KB.
  1010 = 32KB.
  1011 = 64KB.
  1100 = 128KB.
  1101 = 256KB.
  1110 = 96KB.
  1111 = 512KB.
- NVPSIZ2 : Second Nonvolatile Program Memory Size
  0000 = 없음.
  0001 = 8KB.
  0010 = 16KB.
  0011 = 32KB.
  0100 = (reserved)
  0101 = 64KB.
  0110 = (reserved)
  0111 = 128KB.
  1000 = (reserved)
  1001 = 256KB.
  1010 = 512KB.
  1011 = (reserved)
  1100 = 1024KB.
  1101 = (reserved)
  1110 = 2048KB.
  1111 = (reserved)
- NVPSIZ : Nonvolatile Program Memory Size
  0000 = 없음.
  0001 = 8KB.
  0010 = 16KB.
  0011 = 32KB.
  0100 = (reserved)
  0101 = 64KB.
  0110 = (reserved)
  0111 = 128KB.
  1000 = (reserved)
  1001 = 256KB.
  1010 = 512KB.
  1011 = (reserved)
  1100 = 1024KB.
  1101 = (reserved)
  1110 = 2048KB.
  1111 = (reserved)
- EPROC : Embedded Processor
  001 = ARM946ES.
  010 = ARM7TDMI.
  100 = ARM920T.
  101 = ARM926EJS.
- VERSION : Version of the Device

▣ DBGU 칩 ID 확장 레지스터 DBGU_EXID (read-only, 디폴트값 : 0x0000_0000)

b31	b30	b29	b28	b27	b26	b25	b24	b23	b22	b21	b20	b19	b18	b17	b16
EXID															
b15	**b14**	**b13**	**b12**	**b11**	**b10**	**b9**	**b8**	**b7**	**b6**	**b5**	**b4**	**b3**	**b2**	**b1**	**b0**
EXID															

- EXID : Chip ID Extension
  만약 DBGU_CIDR 레지스터에서 EXT=0이면 이 비트들은 모두 0이다.

▣ DBGU 강제 NTRST 레지스터 DBGU_FNR (read/write, 디폴트값 : 0x0000_0000)

b31	b30	b29	b28	b27	b26	b25	b24	b23	b22	b21	b20	b19	b18	b17	b16
-	-	-	-	-	-	-	-	-	-	-	-	-	-	-	-
b15	**b14**	**b13**	**b12**	**b11**	**b10**	**b9**	**b8**	**b7**	**b6**	**b5**	**b4**	**b3**	**b2**	**b1**	**b0**
-	-	-	-	-	-	-	-	-	-	-	-	-	-	-	FNTRST

- FNTRST : Force NTRST
  0 = ARM 프로세서 TAP 제어기의 NTRST가 전원투입 리셋 신호에 의하여 구동된다.
  1 = ARM 프로세서 TAP 제어기의 NTRST가 강제로 0으로 유지된다.

7. 인터럽트 제어기(AIC)

AT91SAM7S256의 향상된 인터럽트 제어기(Advanced Interrupt Controller ; AIC)는 32개의 인터럽트 소스를 취급하면서 8레벨의 우선순위 제어, 개별적인 인터럽트 허용, 벡터형 인터럽트 처리 등의 기능을 제공하며, 소프트웨어에 의한 시간 지연을 최소화한 빠른 인터럽트 처리 성능을 가진다.

인터럽트 제어기는 인터럽트 소스의 인터럽트 요구를 받아서 인터럽트 허용 여부나 우선순위를 판단한 후에 이를 nFIQ(fast interrupt request) 또는 nIRQ(standard interrupt request)로 ARM 프로세서에게 인터럽트를 요청하는 신호를 출력한다.

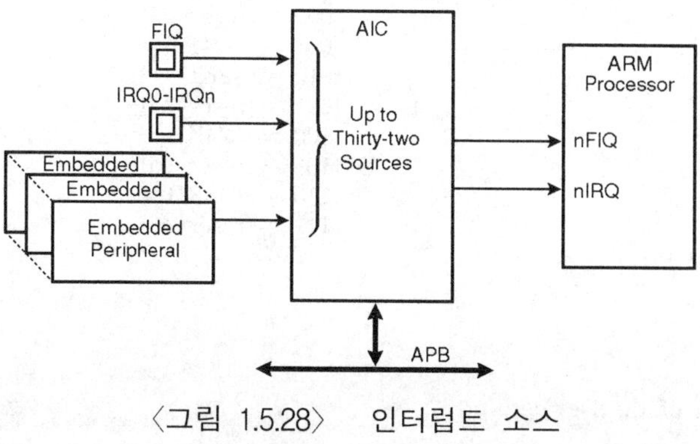

〈그림 1.5.28〉 인터럽트 소스

인터럽트 입력 신호는 CPU 소자 내부의 주변장치 또는 외부 핀들에 연결되어 있는데, 각 인터럽트 소스는 레벨 감지(level sensitive 또는 level triggered) 방식이나 에지 트리거(edge triggered) 방식으로 설정할 수 있으며, 외부 인터럽트 소스에 대하여는 하이 레벨(high level), 로우 레벨(low level), 상승 에지(positive edge), 하강 에지(negative edge) 중에서 1가지로 트리거되도록 설정할 수 있다.

32개의 인터럽트 소스 중에서 소스0은 FIQ에 할당되어 있으며, 소스1은 내부의 시스템 제어기(PMC, DBGU, RTT, PIT, EFC 등)에 할당되어 있다.

모든 인터럽트는 벡터형 인터럽트로 처리되는데, 32개의 모든 인터럽트 소스에는 개별적인 인터럽트 벡터 레지스터를 가지고 있다. 인터럽트 제어기의 고속 인터럽트 절환 기능(fast forcing)에서는 임의의 내부 또는 외부 인터럽트를 일반 인터럽트 nIRQ가 아니라 고속 인터럽트 nFIQ로 빠르게 처리하도록 강제로 설정할 수 있다.

(1) 내부 구성

인터럽트 제어기의 인터럽트 처리와 관련된 내부 구조를 블록도로 보이면 <그림 1.5.29>와 같다. 인터럽트 제어기는 항상 자동적으로 클록을 공급받고 있기 때문에 전력관리 제어기와 관계없이 언제나 정상으로 동작하며, 또한 인터럽트 제어기의 nIRQ 또는 nFIQ 출력신호는 아이들 모드에 있는 ARM 프로세서를 깨우는(wake up) 기능을 가진다. AIC_DCR 레지스터에서 GMSK=1로 설정하면 인터럽트 요구가 인터럽트는 발생하지 않으면서 아이들 모드를 깨우는 기능을 수행할 수 있다.

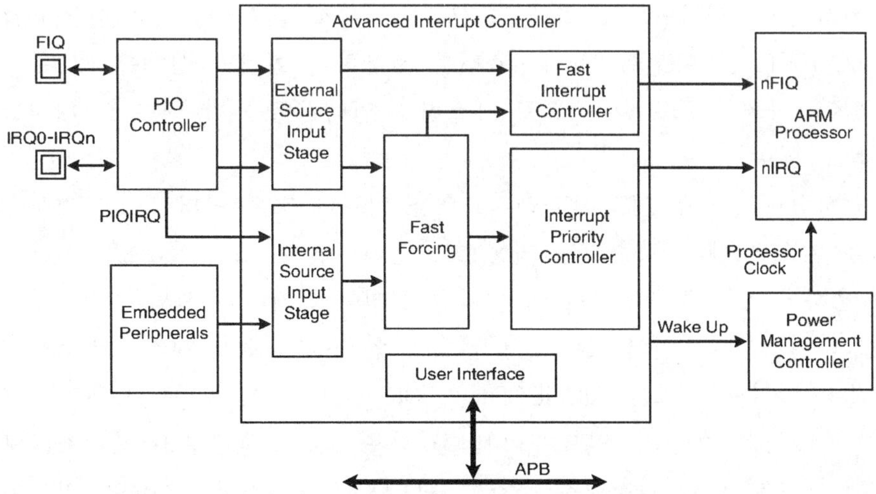

〈그림 1.5.29〉 인터럽트 제어기와 관련된 내부 구조

인터럽트 소스0은 항상 FIQ에 할당되어 있으며, 만약 소자의 병렬 I/O 포트 중에서 FIQ 핀을 설정하여 사용하지 않으면 인터럽트 소스0은 사용될 수 없다.

인터럽트 소스1은 항상 시스템 제어기에 할당되어 있으며, 이것은 시스템 제어기의 PMC, DBGU, RTT, PIT, EFC 등에 의한 인터럽트가 OR-wiring되어 동작하므로 이 인터럽트가 발생하면 서비스 루틴에서 각 장치의 상태 레지스터를 읽어서 이를 구별하기 위한 처리가 필요하다.

인터럽트 소스2~31은 내장 주변장치나 외부 인터럽트에 할당되어 있다. 결과적으로 인터럽트 소스는 FIQ, SYS, PID2~PID31 등으로 구성되어 있다. <표 1.2.12>에서 설명한 AT91SAM7S256 소자의 주변장치 ID(Peripheral Identifier)는 이 인터럽트 제어기나 전력관리 제어기에서의 주변장치 지정을 위한 번호로 사용된다.

(2) 인터럽트 소스 제어

인터럽트 제어기는 각 인터럽트 소스의 동작을 개별적으로 제어할 수 있다. 내부 인터럽트의 경우에는 <그림 1.5.30>의 (a)에 보인 것처럼 AIC_SMRx 레지스터를 사용하여 레벨 감지 방식과 에지 트리거 방식 중에서 하나를 설정할 수 있다.

그러나, 외부 인터럽트의 경우에는 <그림 1.5.30>의 (b)에 보인 것처럼 AIC_SMRx 레지스터를 사용하여 레벨 감지 방식과 에지 트리거 방식뿐만 아니라 그것들의 동작 레벨(active level)까지 설정해야 한다. 그러므로 외부 인터럽트의 경우에는 하이 레벨 감지, 로우 레벨 감지, 상승 에지 트리거, 하강 에지 트리거 등 4가지의 동작 방식을 사용할 수 있다.

이를 위하여 각 인터럽트 소스의 입력단에는 에지 검출기(edge detector)를 가지고 있는데, AIC_ISCR 및 AIC_ICCR 레지스터를 사용하여 이것의 상태를 세트 또는 클리어할 수 있다. 이를 소프트웨어적으로 세트하면 인터럽트가 발생하므로 디버그 모드에서 사용할 수 있다.

일반 인터럽트의 경우 AIC_IVR 레지스터를 읽거나 고속 인터럽트의 경우 AIC_FVR 레지스터를 읽으면 에지 검출기는 자동으로 클리어된다. 그러나, 고속 인터럽트 절환 기능을 사용하고 있는 경우에는 이러한 자동 클리어 동작이 수행되지 않는다.

이렇게 하여 검출된 인터럽트 요청 신호는 인터럽트 대기 레지스터 AIC_IPR에 표시된다. 각 인터럽트 소스는 AIC_IECR 및 AIC_IDCR 레지스터를 사용하여 인터럽트 요구를 허용 또는 금지할 수 있으며, 이러한 허용 상태는 AIC_IMR 레지스터에 표시되어 있게 된다. 또한 이들 인터럽트 소스는 AIC_DCR 레지스터의 GMSK 비트를 사용하여 전체적으로 다시 한번 허용 여부가 설정된다.

현재 처리중인 인터럽트의 번호는 인터럽트 상태 레지스터 AIC_ISR에 표시되며, AIC_CISR 레지스터는 현재 ARM 프로세서에 요구되고 있는 nIRQ 또는 nFIQ 신호의 이미지를 보여준다.

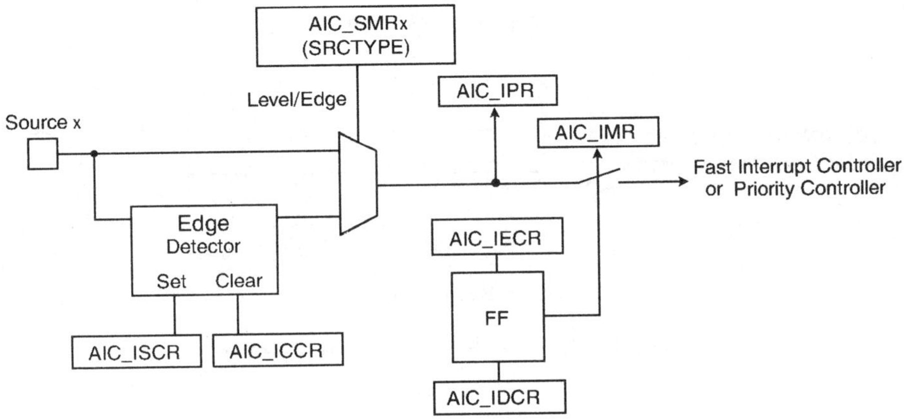

(a) 내부 인터럽트

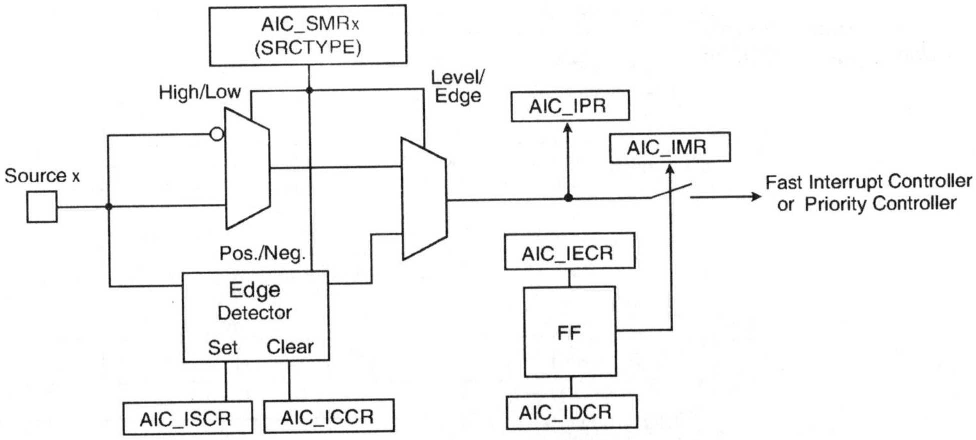

(b) 외부 인터럽트

〈그림 1.5.30〉 인터럽트 소스 입력단의 구조

(3) 인터럽트 응답시간

인터럽트 제어기의 인터럽트 처리 응답시간은 인터럽트의 종류나 인터럽트 발생 당시의 상황에 따라서 달라진다.

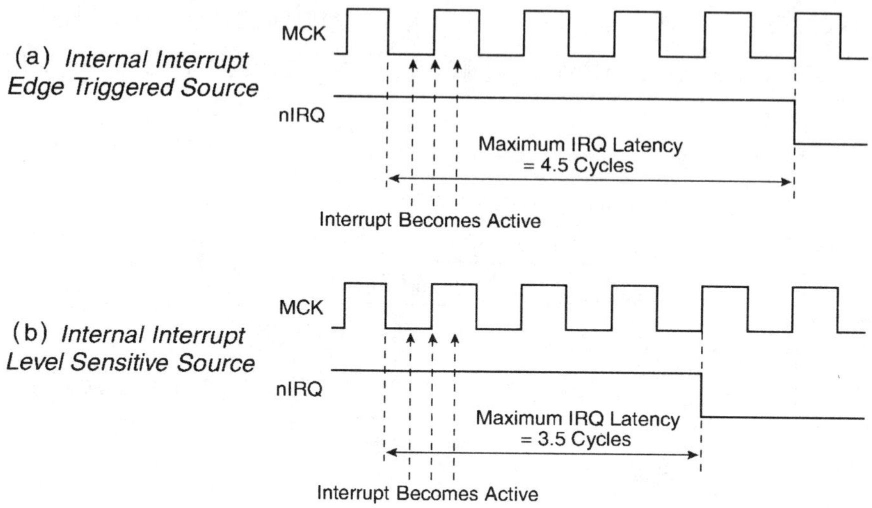

〈그림 1.5.31〉 내부 인터럽트의 반응시간

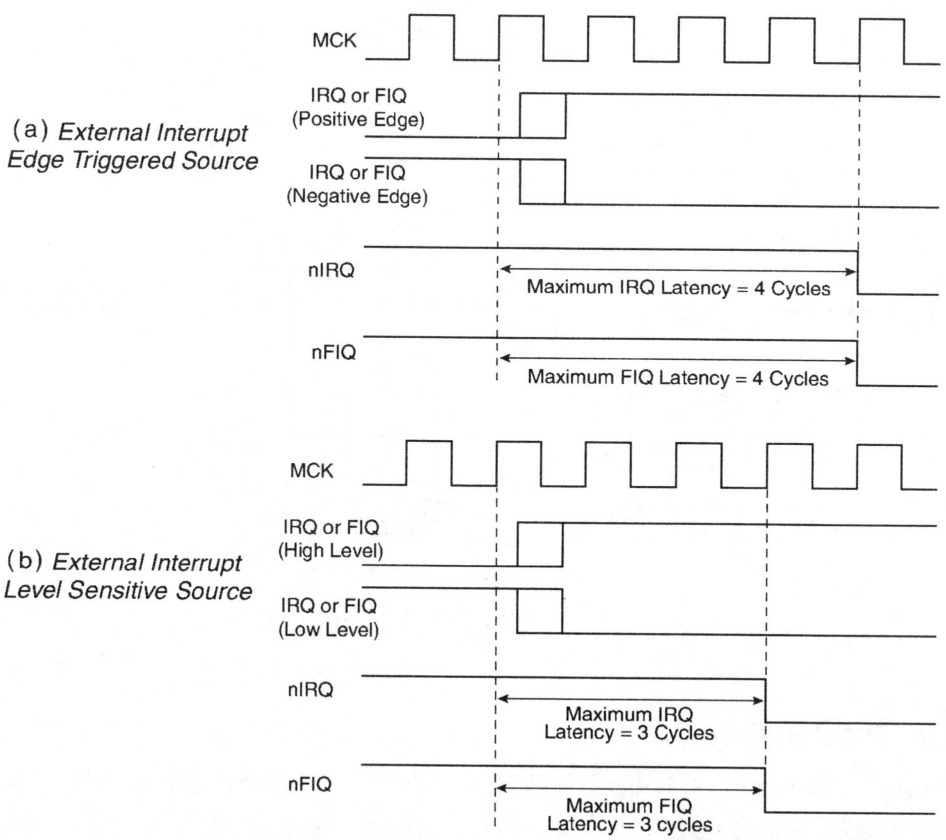

〈그림 1.5.32〉 외부 인터럽트의 반응시간

내부 인터럽트의 경우 <그림 1.5.31>에 보인 것처럼 에지 트리거 방식에서는 최대 4.5 MCK 클록 사이클 이내에 인터럽트 서비스 루틴이 처리되기 시작하고, 레벨 트리거 방식에서는 최대 3.5 MCK 클록 사이클 이내에 인터럽트 서비스 루틴이 처리되기 시작된다. 그러나, 외부 인터럽트의 경우에는 <그림 1.5.32>에 보인 것처럼 이것이 각각 4클록과 3클록으로 약간 빨라진다.

(4) 일반 인터럽트 IRQ

인터럽트가 요청되고 내부에서 nIRQ 신호가 발생되면 사용자 프로그램에서 AIC_IVR 레지스터를 읽는 것으로부터 인터럽트 처리가 시작된다. 인터럽트 처리의 마지막에서는 사용자 프로그램으로서 AIC_EOICR 레지스터를 라이트함으로써 인터럽트 처리가 종료된다.

인터럽트 제어기의 우선순위 제어기(priority controller)는 인터럽트 소스1~31을 받아 우선순위를 제어하며, 우선순위에 따라 선택된 1개의 인터럽트 소스에 대하여 nIRQ 신호를 출력한다. 인터럽트 우선순위는 AIC_SMR 레지스터를 사용하여 레벨7~0으로 설정하는데, 레벨7이 가장 높고 레벨0이 가장 낮은 순위로 된다.

동일한 우선순위를 가지는 여러개의 인터럽트가 동시에 요청되면 가장 작은 인터럽트 번호의 소스가 선택된다. 하나의 인터럽트가 처리중일 때 이보다 높은 우선순위의 다른 인터럽트가 요청되고 이것이 허용상태에 있다면 이를 먼저 처리한다. 그러나, 하나의 인터럽트가 처리중일 때 이보다 우선순위가 낮은 다른 인터럽트가 요청되면 이는 소프트웨어에 의하여 AIC_EOICR 레지스터가 라이트되어 현재의 인터럽트 처리가 종료될 때까지 대기상태에 있게 된다.

하나의 인터럽트가 처리중일 때 이보다 높은 순위의 인터럽트가 요청되면 새로 nIRQ 신호를 발생하고 이 인터럽트가 허용되어 있다면 새로운 인터럽트 서비스 루틴에서 AIC_IVR 레지스터를 읽으면서 인터럽트 처리가 시작된다. 이렇게 인터럽트의 다중처리(interrupt nesting)를 사용할 때는 현재의 인터럽트 번호나 우선순위 등이 인터럽트 제어기에 내장된 하드웨어 스택에 자동으로 저장되고, 이것은 이 인터럽트가 종료될 때 자동으로 되찾아진다. 인터럽트 처리기에는 8단계까지의 인터럽트 다중처리가 가능한 하드웨어 스택을 가지고 있다.

각 인터럽트에 대응되는 인터럽트 서비스 루틴의 어드레스는 AIC_SVRx 레지스터에 저장되어 있어야 한다. 프로세서가 AIC_IVR 레지스터를 읽으면 현재의 인터럽트에 해당되는 AIC_SVRx 레지스터 값이 읽혀진다.

(5) 고속 인터럽트 FIQ

고속 인터럽트 절환 기능을 사용하지 않는다면 인터럽트 소스0은 유일하게 고속 인터럽트를 발생하는 소스가 된다. 고속 인터럽트도 외부 인터럽트에 해당하므로 AIC_SMR0 레지스터를 사용하여 하이 레벨 감지, 로우 레벨 감지, 상승 에지 트리거, 하강 에지 트리거 등 4가지의 동작 방식으로 설정할 수 있다. 그러나, 고속 인터럽트에서는 우선순위 제어기가 아무 의미가 없게 된다.

고속 인터럽트 절환 기능(fast forcing)은 <그림 1.5.33>에 보인 바와 같이 일반 인터럽트가 요청되었을 때를 이를 고속 인터럽트로 처리하도록 강제로 설정하는 기능이다. 이것은 모든 일반 인터럽트에 적용할 수 있으며, AIC_FFER 또는 AIC_FFDR 레지스터를 사용하여 설정한다.

일반 인터럽트가 고속 인터럽트로 처리되도록 설정되더라도 모든 속성은 그대로 가진다. 그러나, 이것들은 우선순위 제어기를 거쳐서 nIRQ 신호를 발생하지 않고 모두 OR 처리되어 nFIQ 신호를 발생한다.

고속 인터럽트 절환 기능이 사용되더라도 AIC_FVR 레지스터를 읽으면 인터럽트 소스에 관계없이 무조건 AIC_SVR0 레지스터의 값이 읽혀진다. 그러나, 이때는 자동 클리어 기능이 동작하지 않으므로 AIC_ICCR 레지스터를 사용하여 현재의 인터럽트 상태를 개별적으로 클리어시켜 주어야 한다. 이렇게 함으로써 여러개의 인터럽트가 요청되었을 때 각 인터럽트 소스를 놓치는 상황을 방지할 수 있게 된다.

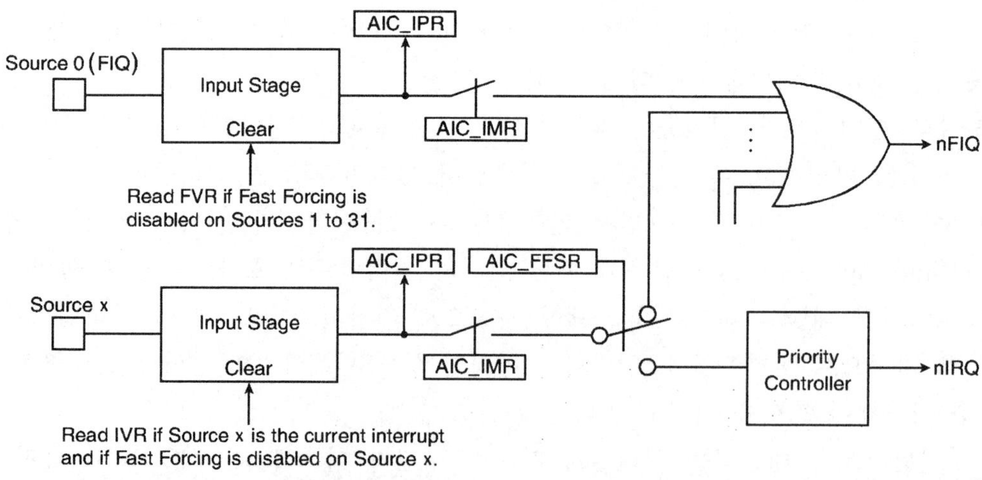

〈그림 1.5.33〉 강제 고속 인터럽트

(6) 가짜 인터럽트

인터럽트 제어기는 가짜 인터럽트(spurious interrupt)를 방지하는 기능을 가지고 있다. 가짜 인터럽트란 인터럽트 입력신호를 검출하여 이를 nIRQ로 전달하였지만 인터럽트 입력신호가 너무 짧아서 AIC_IVR 레지스터를 읽을 때는 이 인터럽트가 더 이상 존재하지 않는 경우를 말한다.

이런 상황이 발생하면 프로그램이 최대한 빨리 정상적인 상태로 되돌아가는 것이 바람직하다. 따라서, 이때는 AIC_IVR 레지스터를 읽었을 때 사용자가 미리 AIC_SPU 레지스터에 저장하여 둔 가짜 인터럽트 벡터값이 읽혀지고, 이 인터럽트 서비스 루틴에서는 AIC_EOIC 레지스터를 라이팅하여 즉시 가짜 인터럽트를 종료하도록 한다.

(7) 인터럽트 제어기와 관련된 I/O 제어 레지스터

인터럽트 제어기와 관련된 I/O 제어 레지스터는 <표 1.5.8>과 같은데, 이 레지스터들의 기능을 정리하면 아래와 같다.

〈표 1.5.8〉 AT91SAM7S256의 인터럽트 제어기와 관련된 I/O 제어 레지스터 요약

어드레스	옵셋	레지스터 이름	레지스터의 풀어 쓴 이름	액세스 속성	리셋 후 초기값
0xFFFF_F000	0x00	AIC_SMR0	AIC Source Mode Register 0	read/write	0x0000_0000
0xFFFF_F004	0x04	AIC_SMR1	AIC Source Mode Register 1	read/write	0x0000_0000
...	...	...	...	...	...
0xFFFF_F07C	0x7C	AIC_SMR31	AIC Source Mode Register 31	read/write	0x0000_0000
0xFFFF_F080	0x80	AIC_SVR0	AIC Source Vector Register 0	read/write	0x0000_0000
0xFFFF_F084	0x84	AIC_SVR1	AIC Source Vector Register 1	read/write	0x0000_0000
...	...	...	...	...	...
0xFFFF_F0FC	0xFC	AIC_SVR31	AIC Source Vector Register 31	read/write	0x0000_0000
0xFFFF_F100	0x100	AIC_IVR	AIC Interrupt Vector Register	read-only	0x0000_0000
0xFFFF_F104	0x104	AIC_FVR	AIC FIQ Interrupt Vector Register	read-only	0x0000_0000
0xFFFF_F108	0x108	AIC_ISR	AIC Interrupt Status Register	read-only	0x0000_0000
0xFFFF_F10C	0x10C	AIC_IPR	AIC Interrupt Pending Register	read-only	0x????_????
0xFFFF_F110	0x110	AIC_IMR	AIC Interrupt Mask Register	read-only	0x0000_0000
0xFFFF_F114	0x114	AIC_CISR	AIC Core Interrupt Status Register	read-only	0x0000_0000
0xFFFF_F118	0x118	-	(reserved)	-	-
0xFFFF_F11C	0x11C	-	(reserved)	-	-
0xFFFF_F120	0x120	AIC_IECR	AIC Interrupt Enable Command Register	write-only	-
0xFFFF_F124	0x124	AIC_IDCR	AIC Interrupt Disable Command Register	write-only	-
0xFFFF_F128	0x128	AIC_ICCR	AIC Interrupt Clear Command Register	write-only	-
0xFFFF_F12C	0x12C	AIC_ISCR	AIC Interrupt Set Command Register	write-only	-
0xFFFF_F130	0x130	AIC_EOICR	AIC End of Interrupt Command Register	write-only	-
0xFFFF_F134	0x134	AIC_SPU	AIC Spurious Interrupt Vector Register	read/write	0x0000_0000
0xFFFF_F138	0x138	AIC_DCR	AIC Debug Control Register	read/write	0x0000_0000
0xFFFF_F13C	0x13C	-	(reserved)	-	-
0xFFFF_F140	0x140	AIC_FFER	AIC Fast Forcing Enable Register	write-only	-
0xFFFF_F144	0x144	AIC_FFDR	AIC Fast Forcing Disable Register	write-only	-
0xFFFF_F148	0x148	AIC_FFSR	AIC Fast Forcing Status Register	read-only	0x0000_0000

■ AIC 소스 모드 레지스터 AIC_SMRx (read/write, 디폴트값 : 0x0000_0000)

b31	b30	b29	b28	b27	b26	b25	b24	b23	b22	b21	b20	b19	b18	b17	b16
-	-	-	-	-	-	-	-	-	-	-	-	-	-	-	-

b15	b14	b13	b12	b11	b10	b9	b8	b7	b6	b5	b4	b3	b2	b1	b0
-	-	-	-	-	-	-	-	-	SRCTYPE		-	-	PRIOR		

- SRCTYPE : Interrupt Source Type
  00 = 내부 인터럽트의 경우 high level sensitive, 외부 인터럽트의 경우 low level sensitive.
  01 = 내부 인터럽트의 경우 positive edge trigger, 외부 인터럽트의 경우 negative edge trigger.
  10 = 내부 인터럽트의 경우 high level sensitive, 외부 인터럽트의 경우 high level sensitive.
  11 = 내부 인터럽트의 경우 positive edge trigger, 외부 인터럽트의 경우 positive edge trigger.
- PRIOR : Priority Level
  각 인터럽트에 인터럽트 우선순위 레벨을 0(가장 낮음)~7(가장 높음)로 지정한다.
  단, FIQ에 해당하는 AIC_SMR0에는 이것이 적용되지 않는다.

■ AIC 소스 벡터 레지스터 AIC_SVRx (read/write, 디폴트값 : 0x0000_0000)

b31	b30	b29	b28	b27	b26	b25	b24	b23	b22	b21	b20	b19	b18	b17	b16
VECTOR															

b15	b14	b13	b12	b11	b10	b9	b8	b7	b6	b5	b4	b3	b2	b1	b0
VECTOR															

- VECTOR : Interrupt Source Vector
  사용자가 이 레지스터에 각 인터럽트 소스에 대한 서비스 루틴의 어드레스를 저장한다.

■ AIC 인터럽트 벡터 레지스터 AIC_IVR (read-only, 디폴트값 : 0x0000_0000)

b31	b30	b29	b28	b27	b26	b25	b24	b23	b22	b21	b20	b19	b18	b17	b16
IRQV															

b15	b14	b13	b12	b11	b10	b9	b8	b7	b6	b5	b4	b3	b2	b1	b0
IRQV															

- IRQV : Interrupt Vector Register
  이 레지스터는 현재 발생한 인터럽트에 대응하는 AIC_SVRx 레지스터의 값을 복사하여 가지고 있다.
  현재 발생한 인터럽트가 없을 때 이를 읽으면 AIC_SPU 레지스터의 값이 읽혀진다.

■ AIC FIQ 벡터 레지스터 AIC_FVR (read-only, 디폴트값 : 0x0000_0000)

b31	b30	b29	b28	b27	b26	b25	b24	b23	b22	b21	b20	b19	b18	b17	b16
FIQV															

b15	b14	b13	b12	b11	b10	b9	b8	b7	b6	b5	b4	b3	b2	b1	b0
FIQV															

- FIQV : FIQ Vector Register
  이 레지스터는 FIQ 인터럽트가 발생하였을 때 AIC_SVR0 레지스터의 값을 복사하여 가지고 있다.
  FIQ 인터럽트가 발생하지 않았을 때 이를 읽으면 AIC_SPU 레지스터의 값이 읽혀진다.

■ AIC 인터럽트 상태 레지스터 AIC_ISR (read-only, 디폴트값 : 0x0000_0000)

b31	b30	b29	b28	b27	b26	b25	b24	b23	b22	b21	b20	b19	b18	b17	b16
-	-	-	-	-	-	-	-	-	-	-	-	-	-	-	-

b15	b14	b13	b12	b11	b10	b9	b8	b7	b6	b5	b4	b3	b2	b1	b0
-	-	-	-	-	-	-	-	-	-	-	IRQID				

- IRQID : Current Interrupt Identifier
  현재 발생한 인터럽트 소스의 번호를 가지고 있다.

▣ AIC 인터럽트 대기 레지스터 AIC_IPR (read-only, 디폴트값 : 0x????_????)

b31	b30	b29	b28	b27	b26	b25	b24	b23	b22	b21	b20	b19	b18	b17	b16
PID31	PID30	PID29	PID28	PID27	PID26	PID25	PID24	PID23	PID22	PID21	PID20	PID19	PID18	PID17	PID16
b15	**b14**	**b13**	**b12**	**b11**	**b10**	**b9**	**b8**	**b7**	**b6**	**b5**	**b4**	**b3**	**b2**	**b1**	**b0**
PID15	PID14	PID13	PID12	PID11	PID10	PID9	PID8	PID7	PID6	PID5	PID4	PID3	PID2	SYS	FIQ

- PIDx, SYS, FIQ : Interrupt Pending(☞ 주변장치 ID는 <표 1.2.12>를 참조할 것)
  0 = 대응하는 인터럽트가 요청되지 않았다.
  1 = 대응하는 인터럽트가 요청되어 대기 상태에 있다.

▣ AIC 인터럽트 마스크 레지스터 AIC_IMR (read-only, 디폴트값 : 0x0000_0000)

b31	b30	b29	b28	b27	b26	b25	b24	b23	b22	b21	b20	b19	b18	b17	b16
PID31	PID30	PID29	PID28	PID27	PID26	PID25	PID24	PID23	PID22	PID21	PID20	PID19	PID18	PID17	PID16
b15	**b14**	**b13**	**b12**	**b11**	**b10**	**b9**	**b8**	**b7**	**b6**	**b5**	**b4**	**b3**	**b2**	**b1**	**b0**
PID15	PID14	PID13	PID12	PID11	PID10	PID9	PID8	PID7	PID6	PID5	PID4	PID3	PID2	SYS	FIQ

- PIDx, SYS, FIQ : Interrupt Pending(☞ 주변장치 ID는 <표 1.2.12>를 참조할 것)
  0 = 대응하는 인터럽트가 금지되어 있다.
  1 = 대응하는 인터럽트가 허용되어 있다.

▣ AIC 코어 인터럽트 상태 레지스터 AIC_CISR (read-only, 디폴트값 : 0x0000_0000)

b31	b30	b29	b28	b27	b26	b25	b24	b23	b22	b21	b20	b19	b18	b17	b16
-	-	-	-	-	-	-	-	-	-	-	-	-	-	-	-
b15	**b14**	**b13**	**b12**	**b11**	**b10**	**b9**	**b8**	**b7**	**b6**	**b5**	**b4**	**b3**	**b2**	**b1**	**b0**
-	-	-	-	-	-	-	-	-	-	-	-	-	-	NIRQ	NFIQ

- NIRQ : NIRQ Status
  0 = nIRQ 신호선에 유효 신호가 들어오지 않았다.
  1 = nIRQ 신호선에 유효 신호가 들어왔다.
- NFIQ : NFIQ Status
  0 = nFIQ 신호선에 유효 신호가 들어오지 않았다.
  1 = nFIQ 신호선에 유효 신호가 들어왔다.

▣ AIC 인터럽트 허용 명령 레지스터 AIC_IECR (write-only, 디폴트값 : -)

b31	b30	b29	b28	b27	b26	b25	b24	b23	b22	b21	b20	b19	b18	b17	b16
PID31	PID30	PID29	PID28	PID27	PID26	PID25	PID24	PID23	PID22	PID21	PID20	PID19	PID18	PID17	PID16
b15	**b14**	**b13**	**b12**	**b11**	**b10**	**b9**	**b8**	**b7**	**b6**	**b5**	**b4**	**b3**	**b2**	**b1**	**b0**
PID15	PID14	PID13	PID12	PID11	PID10	PID9	PID8	PID7	PID6	PID5	PID4	PID3	PID2	SYS	FIQ

- PIDx, SYS, FIQ : Interrupt Enable(☞ 주변장치 ID는 <표 1.2.12>를 참조할 것)
  0 = 무효.
  1 = 대응하는 인터럽트를 허용한다.

■ AIC 인터럽트 금지 명령 레지스터 AIC_IDCR (write-only, 디폴트값 : -)

b31	b30	b29	b28	b27	b26	b25	b24	b23	b22	b21	b20	b19	b18	b17	b16
PID31	PID30	PID29	PID28	PID27	PID26	PID25	PID24	PID23	PID22	PID21	PID20	PID19	PID18	PID17	PID16

b15	b14	b13	b12	b11	b10	b9	b8	b7	b6	b5	b4	b3	b2	b1	b0
PID15	PID14	PID13	PID12	PID11	PID10	PID9	PID8	PID7	PID6	PID5	PID4	PID3	PID2	SYS	FIQ

- PIDx, SYS, FIQ : Interrupt Disable(☞ 주변장치 ID는 <표 1.2.12>를 참조할 것)
  0 = 무효.
  1 = 대응하는 인터럽트를 금지한다.

■ AIC 인터럽트 클리어 명령 레지스터 AIC_ICCR (write-only, 디폴트값 : -)

b31	b30	b29	b28	b27	b26	b25	b24	b23	b22	b21	b20	b19	b18	b17	b16
PID31	PID30	PID29	PID28	PID27	PID26	PID25	PID24	PID23	PID22	PID21	PID20	PID19	PID18	PID17	PID16

b15	b14	b13	b12	b11	b10	b9	b8	b7	b6	b5	b4	b3	b2	b1	b0
PID15	PID14	PID13	PID12	PID11	PID10	PID9	PID8	PID7	PID6	PID5	PID4	PID3	PID2	SYS	FIQ

- PIDx, SYS, FIQ : Interrupt Clear(☞ 주변장치 ID는 <표 1.2.12>를 참조할 것)
  0 = 무효.
  1 = 대응하는 인터럽트의 에지 검출기를 클리어한다.

■ AIC 인터럽트 세트 명령 레지스터 AIC_ISCR (write-only, 디폴트값 : -)

b31	b30	b29	b28	b27	b26	b25	b24	b23	b22	b21	b20	b19	b18	b17	b16
PID31	PID30	PID29	PID28	PID27	PID26	PID25	PID24	PID23	PID22	PID21	PID20	PID19	PID18	PID17	PID16

b15	b14	b13	b12	b11	b10	b9	b8	b7	b6	b5	b4	b3	b2	b1	b0
PID15	PID14	PID13	PID12	PID11	PID10	PID9	PID8	PID7	PID6	PID5	PID4	PID3	PID2	SYS	FIQ

- PIDx, SYS, FIQ : Interrupt Set(☞ 주변장치 ID는 <표 1.2.12>를 참조할 것)
  0 = 무효.
  1 = 대응하는 인터럽트의 에지 검출기를 세트한다.

■ AIC 인터럽트 종료 명령 레지스터 AIC_EOICR (write-only, 디폴트값 : -)

b31	b30	b29	b28	b27	b26	b25	b24	b23	b22	b21	b20	b19	b18	b17	b16
-	-	-	-	-	-	-	-	-	-	-	-	-	-	-	-

b15	b14	b13	b12	b11	b10	b9	b8	b7	b6	b5	b4	b3	b2	b1	b0
-	-	-	-	-	-	-	-	-	-	-	-	-	-	-	-

이 레지스터에는 인터럽트 서비스 루틴이 인터럽트 처리를 종료하였다는 것을 나타내기 위하여 임의의 값을 라이트할 수 있다.

■ AIC 가짜 인터럽트 벡터 레지스터 AIC_SPU (read/write, 디폴트값 : 0x0000_0000)

b31	b30	b29	b28	b27	b26	b25	b24	b23	b22	b21	b20	b19	b18	b17	b16
SIQV															

b15	b14	b13	b12	b11	b10	b9	b8	b7	b6	b5	b4	b3	b2	b1	b0
SIQV															

- SIQV : Spurious Interrupt Vector Register
  이 레지스터에는 사용자가 가짜 인터럽트 서비스 루틴의 어드레스를 저장하여 놓을 수 있다. 인터럽트가 발생하지 않았을 때 AIC_IVR이나 AIC_FVR 레지스터를 읽으면 이 값이 읽혀진다.

▣ AIC 디버그 제어 레지스터 AIC_DCR (read/write, 디폴트값 : 0x0000_0000)

b31	b30	b29	b28	b27	b26	b25	b24	b23	b22	b21	b20	b19	b18	b17	b16
–	–	–	–	–	–	–	–	–	–	–	–	–	–	–	–
b15	**b14**	**b13**	**b12**	**b11**	**b10**	**b9**	**b8**	**b7**	**b6**	**b5**	**b4**	**b3**	**b2**	**b1**	**b0**
–	–	–	–	–	–	–	–	–	–	–	–	–	–	GMSK	PROT

- GMSK : General Mask
  0 = nIRQ와 nFIQ 신호선이 정상적으로 인터럽트 제어기에 의하여 제어된다.
  1 = nIRQ와 nFIQ 신호선이 동작하지 않도록 금지된다.
- PROT : Protection Mode
  0 = 보호 모드가 사용되지 않는다.
  1 = 보호 모드가 사용된다.

▣ AIC 강제 고속 인터럽트 허용 레지스터 AIC_FFER (write-only, 디폴트값 : –)

b31	b30	b29	b28	b27	b26	b25	b24	b23	b22	b21	b20	b19	b18	b17	b16
PID31	PID30	PID29	PID28	PID27	PID26	PID25	PID24	PID23	PID22	PID21	PID20	PID19	PID18	PID17	PID16
b15	**b14**	**b13**	**b12**	**b11**	**b10**	**b9**	**b8**	**b7**	**b6**	**b5**	**b4**	**b3**	**b2**	**b1**	**b0**
PID15	PID14	PID13	PID12	PID11	PID10	PID9	PID8	PID7	PID6	PID5	PID4	PID3	PID2	SYS	–

- PIDx, SYS : Fast Forcing Enable(☞ 주변장치 ID는 <표 1.2.12>를 참조할 것)
  0 = 무효.
  1 = 대응하는 인터럽트를 고속 인터럽트로 처리하도록 허용한다.

▣ AIC 강제 고속 인터럽트 금지 레지스터 AIC_FFDR (write-only, 디폴트값 : –)

b31	b30	b29	b28	b27	b26	b25	b24	b23	b22	b21	b20	b19	b18	b17	b16
PID31	PID30	PID29	PID28	PID27	PID26	PID25	PID24	PID23	PID22	PID21	PID20	PID19	PID18	PID17	PID16
b15	**b14**	**b13**	**b12**	**b11**	**b10**	**b9**	**b8**	**b7**	**b6**	**b5**	**b4**	**b3**	**b2**	**b1**	**b0**
PID15	PID14	PID13	PID12	PID11	PID10	PID9	PID8	PID7	PID6	PID5	PID4	PID3	PID2	SYS	–

- PIDx, SYS : Fast Forcing Disable(☞ 주변장치 ID는 <표 1.2.12>를 참조할 것)
  0 = 무효.
  1 = 대응하는 인터럽트를 고속 인터럽트로 처리하는 것을 금지한다.

▣ AIC 강제 고속 인터럽트 상태 레지스터 AIC_FFSR (read-only, 디폴트값 : 0x0000_0000)

b31	b30	b29	b28	b27	b26	b25	b24	b23	b22	b21	b20	b19	b18	b17	b16
PID31	PID30	PID29	PID28	PID27	PID26	PID25	PID24	PID23	PID22	PID21	PID20	PID19	PID18	PID17	PID16
b15	**b14**	**b13**	**b12**	**b11**	**b10**	**b9**	**b8**	**b7**	**b6**	**b5**	**b4**	**b3**	**b2**	**b1**	**b0**
PID15	PID14	PID13	PID12	PID11	PID10	PID9	PID8	PID7	PID6	PID5	PID4	PID3	PID2	SYS	–

- PIDx, SYS : Fast Forcing Status(☞ 주변장치 ID는 <표 1.2.12>를 참조할 것)
  0 = 대응하는 인터럽트를 고속 인터럽트로 처리하는 것이 금지되어 있다.
  1 = 대응하는 인터럽트를 고속 인터럽트로 처리하도록 허용되어 있다.

8. 워치독 타이머(WDT)

AT91SAM7S256의 워치독 타이머(Watchdog Timer ; WDT)는 프로그램의 실행이 데드록(deadlock)에 걸려서 잘못된 상태로 방치되는 것을 방지한다.

이것은 32.768kHz의 슬로우 클록 SLCK로 동작하는 12비트 다운 카운터로 구성되어 있어서 최대 16초까지의 워치독 타임 아웃 주기를 설정할 수 있다. 워치독 타임 아웃이 되면 시스템 리셋을 발생할 수 있고, 인터럽트를 발생하도록 설정할 수도 있다. 워치독 타이머는 프로세서가 디버그 모드(debug mode)에 있거나 아이들 모드(idle mode)로 들어가면 동작을 중단할 수 있다.

(1) 내부 구성

워치독 타이머의 내부 구조는 <그림 1.5.34>와 같으며 이는 VDDCORE 전원으로 동작한다. 리셋 후에 워치독 타이머는 기본적으로 동작하도록 인에이블되어 있으며, 워치독 타이머를 사용하지 않으려면 WDT_MR 레지스터에서 WDDIS=1로 설정한다.

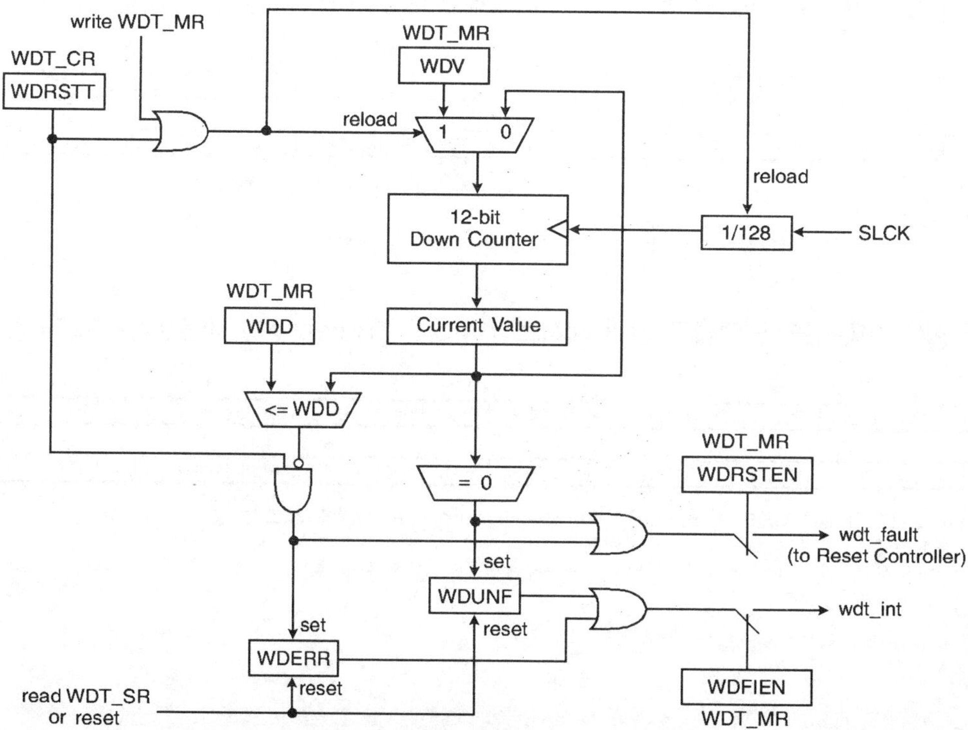

〈그림 1.5.34〉 워치독 타이머의 내부 구조

(2) 워치독 타이머의 동작

워치독 타이머는 12비트의 다운 카운터로 구성되며, WDT_MR 레지스터의 WDV를 사용하여 초기값을 설정하면 SLCK/128의 클록을 받아서 1씩 감소한다. 만약 12비트 다운 카운터가 0까지 감소하면 워치독 타임 아웃(timeout 또는 underflow)이 발생한다. 리셋 후에는 디폴트로 WDV=0xFFF로 설정되므로 워치독 타임 아웃 시간은 최대값인 16초로 된다. 그러나, 사용자가 WDV 값을 임의로 설정하면 원하는 타임 아웃 시간을 설정할 수 있다.

WDT_MR 레지스터는 워치독의 설정을 변경하기 위하여 오직 1번만 라이트가 가능하다. 이를 새로 변경하려면 ARM 소자를 리셋시켜야 한다.

워치독 타이머에서 타임 아웃이 발생하지 않고 정상적으로 ARM 소자가 계속 동작하려면 타임 아웃 시간이 되기 전에 사용자가 WDT_CR 레지스터에서 WDRSTT=1로 라이트하여 워치독 타이머의 12비트 카운터를 초기값으로 다시 스타트시켜 주어야 한다. WDT_CR 레지스터는 의도하지 않은 명령에 의하여 오동작하지 않도록 8비트의 패스워드값 0xA5를 포함하고 있다.

워치독 타임 아웃이 발생하면 WDT_MR 레지스터의 WDRSTEN 비트를 사용하여 리셋 제어기로 wdt_fault 신호를 출력할 수 있고, 또한 WDFIEN 비트를 사용하여 wdt_int 신호를 출력할 수 있다. 이 리셋 신호는 시스템을 리셋시키도록 설정할 수도 있고, 프로세서만 리셋하도록 설정할 수도 있다.

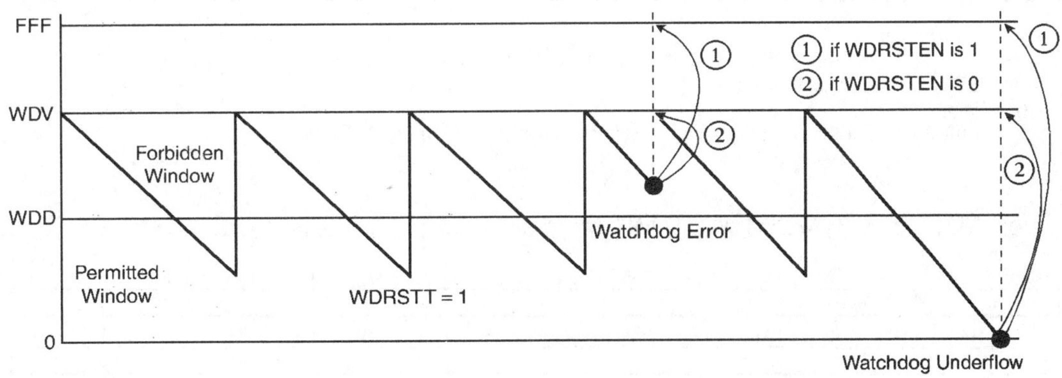

〈그림 1.5.35〉 워치독 타이머의 WDD에 의한 보호 기능

소프트웨어 데드록에 의하여 워치독 타이머가 반복적으로 다시 스타트되는 것을 방지하기 위하여 특별한 방법을 제공한다. 즉, WDT_MR 레지스터에 델타값 WDD를 설정하고 12비트 다운 카운터가 0~WDD의 값을 가질 때만 다시 스타트할 수 있도록 하

는 것이다. 만약 카운터가 WDD의 값보다 작거나 같을 때 WDT_CR 레지스터에서 WDRSTT=1로 라이트하면 워치독 타이머는 다시 스타트한다. 그러나, 카운터가 WDD의 값보다 클 때 WDT_CR 레지스터에서 WDRSTT=1로 라이트하면 워치독 에러가 발생하며, 이 에러 플랙 WDERR는 워치독 상태 레지스터 WDT_SR을 읽으면 해제된다. 만약, WDD의 값을 WDV와 동일하게 설정하면 이러한 보호기능은 없는 것처럼 된다.

(3) 워치독 타이머와 관련된 I/O 제어 레지스터

워치독 타이머와 관련된 I/O 제어 레지스터는 <표 1.5.9>와 같은데, 이 레지스터들의 기능을 정리하면 아래와 같다.

〈표 1.5.9〉 AT91SAM7S256의 워치독 타이머와 관련된 I/O 제어 레지스터 요약

어드레스	옵셋	레지스터 이름	레지스터의 풀어 쓴 이름	액세스 속성	리셋 후 초기값
0xFFFF_FD40	0x00	WDT_CR	WDT Control Register	write-only	-
0xFFFF_FD44	0x04	WDT_MR	WDT Mode Register	read/write once	0x3FFF_2FFF
0xFFFF_FD48	0x08	WDT_SR	WDT Status Register	read-only	0x0000_0000

▣ WDT 제어 레지스터 WDT_CR (write-only, 디폴트값 : -)

b31	b30	b29	b28	b27	b26	b25	b24	b23	b22	b21	b20	b19	b18	b17	b16
KEY								-	-	-	-	-	-	-	-

b15	b14	b13	b12	b11	b10	b9	b8	b7	b6	b5	b4	b3	b2	b1	b0
-	-	-	-	-	-	-	-	-	-	-	-	-	-	-	WDRSTT

- KEY : Password
  라이트 동작을 보호하기 위한 값으로 항상 0xA5를 사용한다.
- WDRSTT : Watchdog Restart
  0 = 무효.
  1 = 12비트의 워치독 카운터를 초기값 WDV로 설정하여 다시 시작한다.

▣ WDT 모드 레지스터 WDT_MR (read/write once, 디폴트값 : 0x3FFF_2FFF)

b31	b30	b29	b28	b27	b26	b25	b24	b23	b22	b21	b20	b19	b18	b17	b16
-	-	WDIDLEHLT	WDDBGHLT	WDD											

b15	b14	b13	b12	b11	b10	b9	b8	b7	b6	b5	b4	b3	b2	b1	b0
WDDIS	WDRPROC	WDRSTEN	WDFIEN	WDV											

- WDIDLEHLT : Watchdog Idle Halt
  0 = 시스템이 아이들 모드에 있을 때 워치독 타이머가 동작한다.
  1 = 시스템이 아이들 모드에 있을 때 워치독 타이머가 정지한다.
- WDDBGHLT : Watchdog Debug Halt
  0 = 시스템이 디버그 상태에 있을 때 워치독 타이머가 동작한다.
  1 = 시스템이 디버그 상태에 있을 때 워치독 타이머가 정지한다.
- WDD : Watchdog Delta Value
  워치독 타이머를 리스타트할 수 있는 범위를 지정한다. 워치독 타이머의 카운터가 0~WDD의 범위에 있을 때 WDT_CR 레지스터에서 WDRSTT=1로 라이트하면 워치독 타이머가 정상적으로 리스타트한다.

그러나, 카운터가 WDD의 값을 초과할 때 WDRSTT=1로 라이트하면 위치독 타이머 에러가 발생한다.
- WDDIS : Watchdog Disable
  0 = 위치독 타이머의 동작을 허용한다.
  1 = 위치독 타이머의 동작을 금지한다.
- WDRPROC : Watchdog Reset Processor
  0 = 이는 WDRSTEN이 1일 때 시스템을 리셋한다.
  1 = 이는 WDRSTEN이 1일 때 프로세서만을 리셋한다.
- WDRSTEN : Watchdog Reset Enable
  0 = wdt_fault 신호를 리셋 제어기로 전달하지 않는다.
  1 = wdt_fault 신호를 리셋 제어기로 전달한다.
- WDFIEN : Watchdog Fault Interrupt Enable
  0 = wdt_int 신호를 인터럽트 제어기로 전달하지 않는다.
  1 = wdt_int 신호를 인터럽트 제어기로 전달한다.
- WDV : Watchdog Counter Value
  12비트의 위치독 카운터에 로드할 초기값을 지정한다.

▣ WDT 상태 레지스터 WDT_SR (read-only, 디폴트값 : 0x0000_0000)

b31	b30	b29	b28	b27	b26	b25	b24	b23	b22	b21	b20	b19	b18	b17	b16
-	-	-	-	-	-	-	-	-	-	-	-	-	-	-	-

b15	b14	b13	b12	b11	b10	b9	b8	b7	b6	b5	b4	b3	b2	b1	b0
-	-	-	-	-	-	-	-	-	-	-	-	-	-	WDERR	WDUNF

- WDERR : Watchdog Error
  0 = 가장 최근에 WDT_SR 레지스터를 읽은 후에 새로운 에러가 발생하지 않았다.
  1 = 가장 최근에 WDT_SR 레지스터를 읽은 후에 새로운 에러가 발생하였다.
- WDUNF : Watchdog Underflow
  0 = 가장 최근에 WDT_SR 레지스터를 읽은 후에 새로운 위치독 타임 아웃이 발생하지 않았다.
  1 = 가장 최근에 WDT_SR 레지스터를 읽은 후에 새로운 위치독 타임 아웃이 발생하였다.

9. 실시간 타이머(RTT)

AT91SAM7S256의 실시간 타이머(Real-time Timer ; RTT)는 시간의 경과를 초단위로 측정하여 사용하기 위한 32비트 카운터로 구성된다. 이것은 32.768kHz의 슬로우 클록 SLCK를 16비트 분주기로 나눈 클록에 의하여 동작한다.

(1) 내부 구성

실시간 타이머의 내부 구조는 <그림 1.5.36>과 같으며 이는 인터럽트와 밀접하게 관련되어 있다.

(2) 실시간 타이머의 동작

실시간 타이머의 클록 입력은 32.768kHz의 슬로우 클록 SLCK를 16비트 분주기로 나눈 주파수가 되는데, 분주비는 RTT_MR 레지스터의 RTPRES를 사용하여 설정한다.

리셋 후에 이 값은 디폴트로 0x0000_8000으로 설정되어 1Hz의 클록이 32비트 카운터로 입력되며, 따라서 32비트 카운터는 약 136년까지의 시간 경과를 측정할 수 있다.

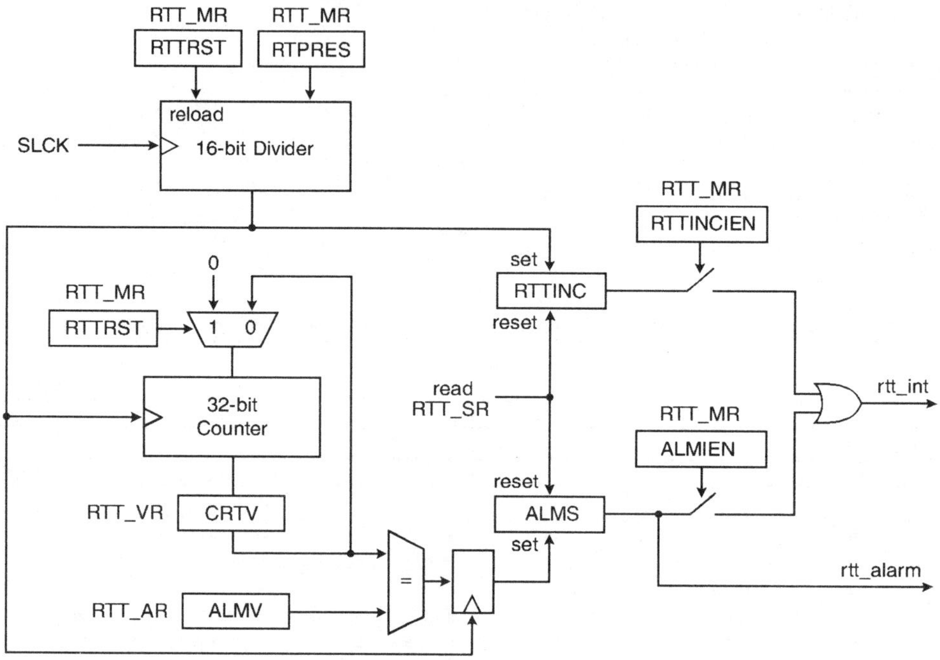

〈그림 1.5.36〉 실시간 타이머의 내부 구조

실시간 타이머의 32비트 카운터 값은 RTT_VR 레지스터의 CRTV 값으로 읽을 수 있다. 이것은 마스터 클록과 비동기적으로 동작하므로 정확성을 높이려면 2차례씩 읽어서 동일한 값이 되는 것을 확인하고 사용하는 것이 좋다.

실시간 타이머에는 알람(alarm) 기능을 가지고 있는데, 이를 위하여 32비트 카운터는 알람 레지스터 RTT_AR 레지스터의 값과 항상 비교된다. 만약 32비트 카운터의 값이 알람 레지스터의 값과 동일하게 되면 상태 레지스터 RTT_SR에서 ALMS=1로 세트되어 rtt_alarm 신호와 rtt_int 신호를 출력한다. 리셋 후에 알람 레지스터 RTT_AR 레지스터의 초기값은 최대치인 0xFFFF_FFFF로 설정되며 이는 사실상 알람 기능을 사용하지 않는 것과 같다.

RTT_SR 레지스터의 RTTINC 비트는 32비트 카운터가 증가할 때마다 세트된다. 따라서, 이는 주기적인 인터럽트 발생에 사용될 수 있는데, 이 인터럽트 주기는 슬로우 클록 주파수 32.768kHz와 RTT_MR 레지스터의 RTPRES 비트에 의하여 결정된다. RTT_SR 레지스터를 읽으면 RTTINC 비트와 ALMS 비트는 자동으로 클리어된다.

RTT_MR 레지스터에 RTTRST 비트를 1로 라이트하면 즉시 16비트 분주기와 32비트 카운터를 0으로 리셋시켜 새로 카운트를 시작하도록 한다.

(3) 실시간 타이머와 관련된 I/O 제어 레지스터

실시간 타이머와 관련된 I/O 제어 레지스터는 <표 1.5.10>과 같은데, 이 레지스터들의 기능을 정리하면 아래와 같다.

〈표 1.5.10〉 AT91SAM7S256의 실시간 타이머와 관련된 I/O 제어 레지스터 요약

어드레스	옵셋	레지스터 이름	레지스터의 풀어 쓴 이름	액세스 속성	리셋 후 초기값
0xFFFF_FD20	0x00	RTT_MR	RTT Mode Register	read/write	0x0000_8000
0xFFFF_FD24	0x04	RTT_AR	RTT Alarm Register	read/write	0xFFFF_FFFF
0xFFFF_FD28	0x08	RTT_VR	RTT Value Register	read-only	0x0000_0000
0xFFFF_FD0C	0x0C	RTT_SR	RTT Status Register	read-only	0x0000_0000

▣ RTT 모드 레지스터 RTT_MR (read/write, 디폴트값 : 0x0000_8000)

b31	b30	b29	b28	b27	b26	b25	b24	b23	b22	b21	b20	b19	b18	b17	b16
-	-	-	-	-	-	-	-	-	-	-	-	-	RTTRST	RTTINCIEN	ALMIEN

b15	b14	b13	b12	b11	b10	b9	b8	b7	b6	b5	b4	b3	b2	b1	b0
RTPRES															

- RTTRST : Real-time Timer Restart
  0 = 무효.
  1 = 32비트 카운터와 16비트 분주기를 0으로 클리어하여 다시 카운트를 시작한다.
- RTTINCIEN : Real-time Timer Increment Interrupt Enable
  0 = 상태 레지스터의 RTTINC 비트가 인터럽트 요청신호 rtt_int로 출력되지 않는다.
  1 = 상태 레지스터의 RTTINC 비트가 인터럽트 요청신호 rtt_int로 출력된다.
- ALMIEN : Alarm Interrupt Enable
  0 = 상태 레지스터의 ALMS 비트가 인터럽트 요청신호 rtt_int로 출력되지 않는다.
  1 = 상태 레지스터의 ALMS 비트가 인터럽트 요청신호 rtt_int로 출력된다.
- RTPRES : Real-time Timer Prescaler Value
  0 = 프리스케일러가 2^{16}으로 동작한다.
  1~65535 = 지정된 값이 프리스케일러로 동작한다.

▣ RTT 알람 레지스터 RTT_AR (read/write, 디폴트값 : 0xFFFF_FFFF)

b31	b30	b29	b28	b27	b26	b25	b24	b23	b22	b21	b20	b19	b18	b17	b16
ALMV															

b15	b14	b13	b12	b11	b10	b9	b8	b7	b6	b5	b4	b3	b2	b1	b0
ALMV															

- ALMV : Alarm Value
  32비트 카운터와 비교되어 알람 기능을 수행할 값을 지정한다.

▣ RTT 카운터 레지스터 RTT_VR (read-only, 디폴트값 : 0x0000_0000)

b31	b30	b29	b28	b27	b26	b25	b24	b23	b22	b21	b20	b19	b18	b17	b16
CRTV															

b15	b14	b13	b12	b11	b10	b9	b8	b7	b6	b5	b4	b3	b2	b1	b0
CRTV															

- CRTV : Current Real-time Value
  현재의 32비트 카운터 값을 나타낸다.

▣ RTT 상태 레지스터 RTT_SR (read-only, 디폴트값 : 0x0000_0000)

b31	b30	b29	b28	b27	b26	b25	b24	b23	b22	b21	b20	b19	b18	b17	b16
-	-	-	-	-	-	-	-	-	-	-	-	-	-	-	-

b15	b14	b13	b12	b11	b10	b9	b8	b7	b6	b5	b4	b3	b2	b1	b0
-	-	-	-	-	-	-	-	-	-	-	-	-	-	RTTINC	ALMS

- RTTINC : Real-time Timer Increment
  0 = 가장 최근에 RTT_SR 레지스터를 읽은 후에 32비트 카운터가 증가하지 않았다.
  1 = 가장 최근에 RTT_SR 레지스터를 읽은 후에 32비트 카운터가 증가하였다.
- ALMS : Real-time Alarm Status
  0 = 가장 최근에 RTT_SR 레지스터를 읽은 후에 알람이 발생하지 않았다.
  1 = 가장 최근에 RTT_SR 레지스터를 읽은 후에 알람이 발생하였다.

10. 주기적인 시간간격 타이머(PIT)

AT91SAM7S256의 주기적인 시간간격 타이머(Periodic Interval Timer ; PIT)는 운영체제의 스케쥴러(scheduler)에게 주기적인 인터럽트를 발생시키기 위하여 사용하는 타이머이다. 여기서는 효율적인 관리가 중요하며, 시간의 정확성을 높이기 위하여 슬로우 클록이 아니라 마스터 클록을 사용하여 카운터가 동작한다.

(1) 내부 구성

주기적인 시간간격 타이머의 내부 구조는 <그림 1.5.37>과 같으며 이는 인터럽트와 밀접하게 관련되어 있다.

(2) 주기적인 시간간격 타이머의 동작

주기적인 시간간격 타이머는 마스터 클록을 16분주한 MCK/16의 주파수로 동작하며, 20비트 증가형 카운터 CPIV와 12비트 증가형 카운터 PICNT로 구성된다. 이것이 동작하려면 PIT_MR 레지스터에서 PITEN 비트로 이를 인에이블시켜야 한다. ARM 프로세서가 디버그 모드로 들어가면 주기적인 시간간격 타이머의 동작이 중단된다.

20비트 카운터 CPIV는 0부터 증가하다가 PIT_MR 레지스터의 PIV 값에 이르게 되면 그 다음 주기에서 자동으로 0으로 클리어되면서 12비트 카운터 PICNT를 1만큼 증가시키게 되며, 이는 또한 인터럽트를 요청할 수 있다. 따라서, 인터럽트 주기는 PIV+1 클록 사이클이 되며, 여기서 실제로 인터럽트를 요청할지 여부는 PIT_MR 레지스터의 PITIEN 비트로 설정한다.

PIT_MR 레지스터의 PIV 값을 변경하기 위하여 새로 라이트하더라도 카운터를 리셋하거거나 리스타트하지는 않는다.

CPIV 값이나 PICNT 값을 확인하기 위하여 PIT_PIVR 레지스터를 읽으면 PICNT 값이 0으로 클리어되고 PIT_SR 레지스터의 PITS 비트도 클리어되어 인터럽트 신호를 종료시킨다. 그러나, PIT_PIIR 레지스터를 읽으면 PICNT 값이나 PIT_SR 레지스터의 PITS 비트를 클리어하지 않는다.

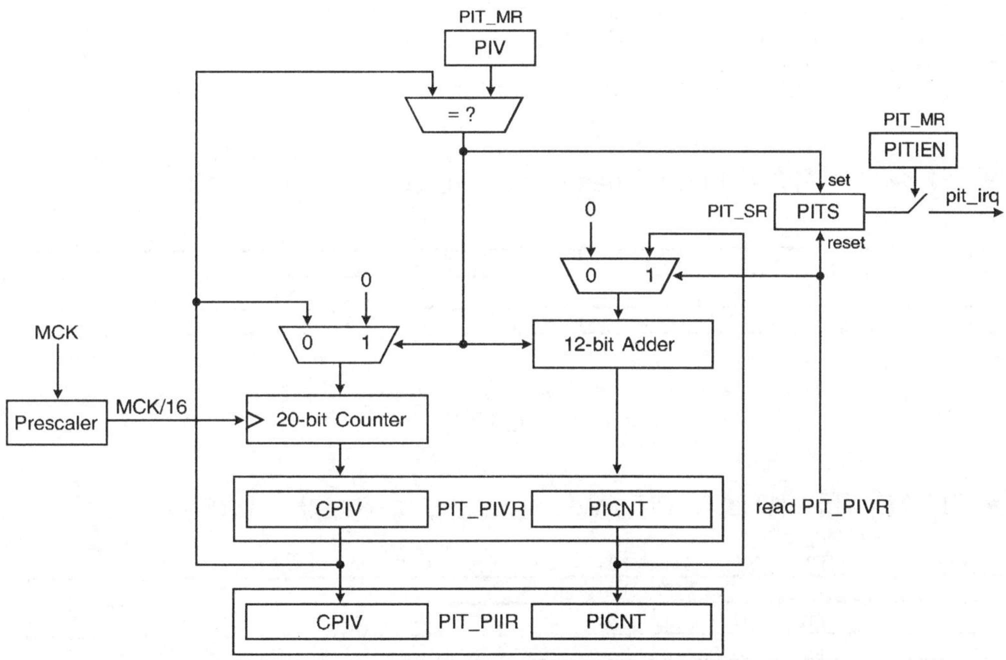

〈그림 1.5.37〉 주기적인 시간간격 타이머의 내부 구조

(3) 주기적인 시간간격 타이머와 관련된 I/O 제어 레지스터

주기적인 시간간격 타이머와 관련된 I/O 제어 레지스터는 <표 1.5.11>과 같은데, 이 레지스터들의 기능을 정리하면 아래와 같다.

〈표 1.5.11〉 AT91SAM7S256의 주기적인 시간간격 타이머와 관련된 I/O 제어 레지스터 요약

어드레스	옵셋	레지스터 이름	레지스터의 풀어 쓴 이름	액세스 속성	리셋 후 초기값
0xFFFF_FD30	0x00	PIT_MR	PIT Mode Register	read/write	0x000F_FFFF
0xFFFF_FD34	0x04	PIT_SR	PIT Status Register	read-only	0x0000_0000
0xFFFF_FD38	0x08	PIT_PIVR	PIT Periodic Interval Value Register	read-only	0x0000_0000
0xFFFF_FD3C	0x0C	PIT_PIIR	PIT Periodic Interval Image Register	read-only	0x0000_0000

▣ PIT 모드 레지스터 PIT_MR (read/write, 디폴트값 : 0x000F_FFFF)

b31	b30	b29	b28	b27	b26	b25	b24	b23	b22	b21	b20	b19	b18	b17	b16
-	-	-	-	-	-	PITIEN	PITEN	-	-	-	-	PIV			

b15	b14	b13	b12	b11	b10	b9	b8	b7	b6	b5	b4	b3	b2	b1	b0
PIV															

- PITIEN : Periodic Interval Timer Interrupt Enable
  0 = PIT_SR 레지스터의 PITS 비트가 인터럽트 요청신호 pit_irq로 출력되지 않는다.
  1 = PIT_SR 레지스터의 PITS 비트가 인터럽트 요청신호 pit_irq로 출력된다.
- PITEN : Periodic Interval Timer Enable
  0 = 주기적인 시간간격 타이머가 PIV 값에 도달하면 디스에이블된다.
  1 = 주기적인 시간간격 타이머가 인에이블된다.
- PIV : Periodic Interval Value
  20비트의 카운터 값 CPIV와 비교하기 위한 값을 여기에 저장한다. 인터럽트 주기는 PIV+1로 된다.

▣ PIT 상태 레지스터 PIT_SR (read-only, 디폴트값 : 0x0000_0000)

b31	b30	b29	b28	b27	b26	b25	b24	b23	b22	b21	b20	b19	b18	b17	b16
-	-	-	-	-	-	-	-	-	-	-	-	-	-	-	-

b15	b14	b13	b12	b11	b10	b9	b8	b7	b6	b5	b4	b3	b2	b1	b0
-	-	-	-	-	-	-	-	-	-	-	-	-	-	-	PITS

- PITS : Periodic Interval Timer Status
  0 = 가장 최근에 PIT_PIVR 레지스터를 읽은 후에 20비트 카운터가 PIV에 이르지 않았다.
  1 = 가장 최근에 PIT_PIVR 레지스터를 읽은 후에 20비트 카운터가 PIV에 이른 적이 있다.

▣ PIT 카운터값 레지스터 PIT_PIVR (read-only, 디폴트값 : 0x0000_0000)

b31	b30	b29	b28	b27	b26	b25	b24	b23	b22	b21	b20	b19	b18	b17	b16
PICNT												CPIV			

b15	b14	b13	b12	b11	b10	b9	b8	b7	b6	b5	b4	b3	b2	b1	b0
CPIV															

이 레지스터를 읽고 나면 PIT_SR 레지스터의 PITS 비트가 클리어된다.

- PICNT : Periodic Interval Counter
  가장 최근에 PIT_PIVR 레지스터를 읽은 후에 발생한 주기적인 시간간격의 수를 저장하고 있는 12비트 카운터이다.
- CPIV : Current Periodic Interval Value
  주기적인 시간간격 타이머에서 20비트 카운터의 현재값을 나타낸다.

■ PIT 이미지 레지스터 PIT_PIIR (read-only, 디폴트값 : 0x0000_0000)

b31	b30	b29	b28	b27	b26	b25	b24	b23	b22	b21	b20	b19	b18	b17	b16
PICNT												CPIV			
b15	**b14**	**b13**	**b12**	**b11**	**b10**	**b9**	**b8**	**b7**	**b6**	**b5**	**b4**	**b3**	**b2**	**b1**	**b0**
CPIV															

- PICNT : Periodic Interval Counter
  가장 최근에 PIT_PIVR 레지스터를 읽은 후에 발생한 주기적인 시간간격의 수를 저장하고 있는 12비트 카운터이다.
- CPIV : Current Periodic Interval Value
  주기적인 시간간격 타이머에서 20비트 카운터의 현재값을 나타낸다.

11. 메모리 제어기(MC)

AT91SAM7S256의 메모리 제어기(Memory Controller ; MC)는 내부 시스템 버스인 ASB(Advanced System Bus)를 관리하고, ARM7TDMI 프로세서나 DMA 제어기가 요구하는 액세스를 조정하여 처리해 준다. AT91SAM7S256의 메모리 액세스는 오직 리틀 엔디안(little endian) 방식으로만 수행한다.

(1) 내부 구성

메모리 제어기의 내부 구조는 <그림 1.5.38>과 같으며, 이는 임베디드 플래시 콘트롤러(Embedded Flash Controller)를 포함하고 있다.

(2) 메모리 제어기의 동작

버스 조정기(Bus Arbiter)는 우선순위에 따라 2개의 버스 마스터가 요구하는 버스 제어권을 조정한다. DMA 제어기가 ARM7TDMI 프로세서보다 우선순위가 높다.

어드레스 디코더(Address Decoder)는 <그림 1.5.39>와 같이 32비트 어드레스 중에서 상위 4비트를 가지고 256MB의 내부 메모리 영역, 사용하지 않는 3584MB 영역, 256MB의 주변장치 영역으로 구분하며, 그 다음의 8비트를 사용하여 다시 내부 메모리 영역을 1MB 단위의 메모리 공간으로 구분한다. 이중에서 만약 프로세서가 사용하지 않는 영역인 0x0040_0000~0x0FFF_FFFF 번지를 액세스하려고 하면 Abort가 발생한다. 0x0030_0000~0x003F_FFFF 번지의 영역도 프로세서가 사용하지는 않으나 이는 Abort를 발생하지 않는다.

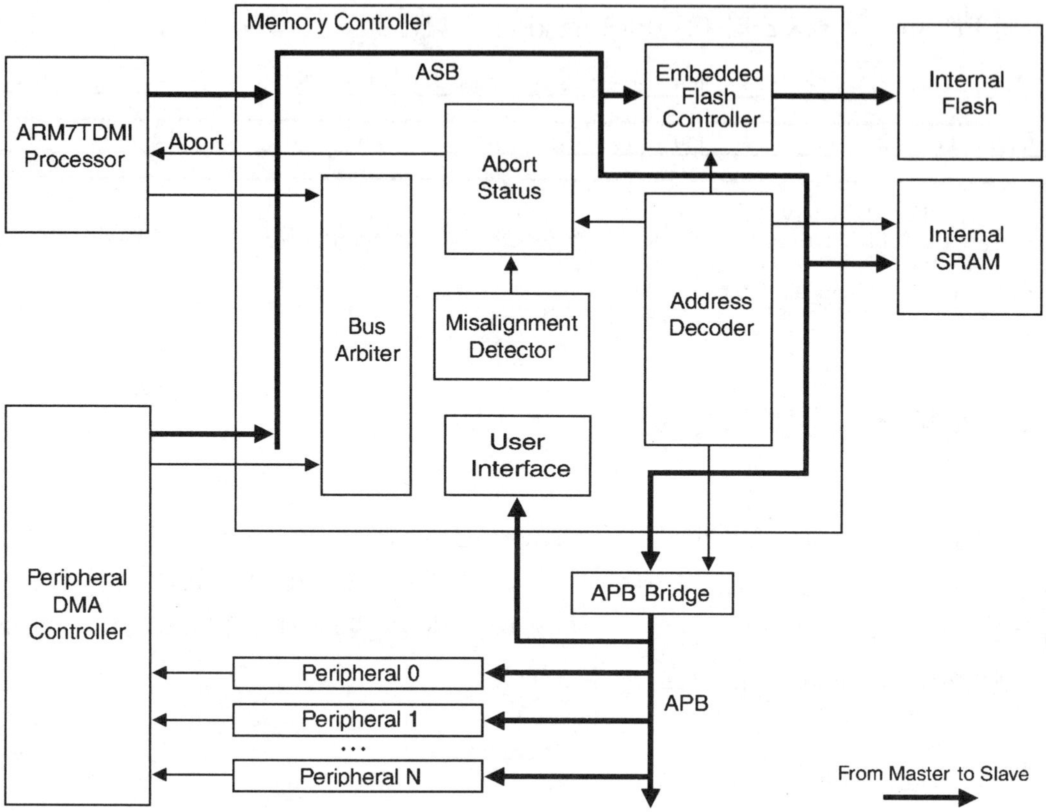

〈그림 1.5.38〉 메모리 제어기의 내부 구조

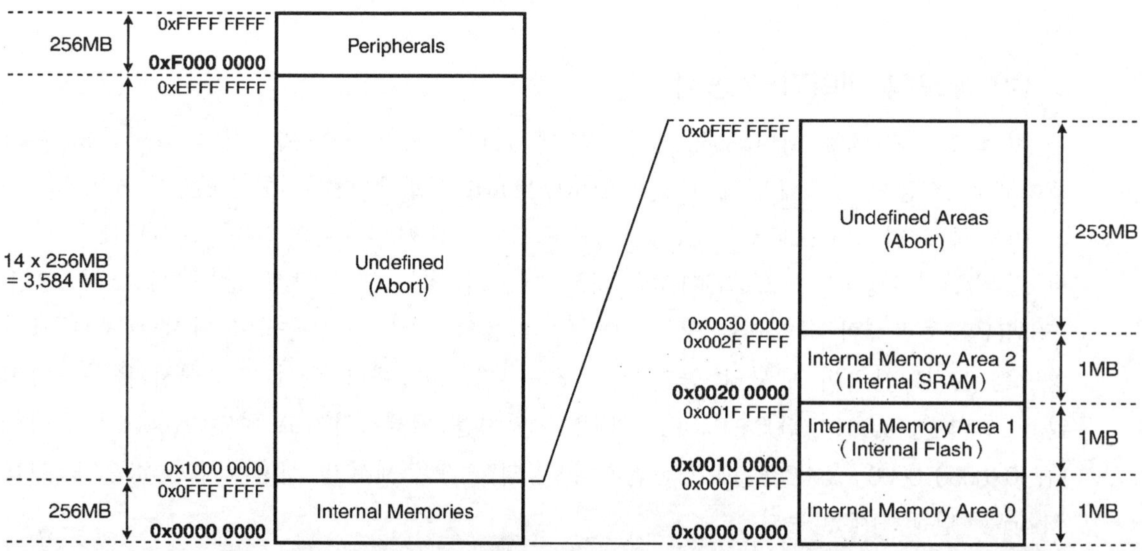

〈그림 1.5.39〉 AT91SAM7S256의 메모리 맵

Internal Memory Area 0의 처음 32바이트에는 리셋 벡터를 비롯한 예외 벡터를 포함한다. 이 부분은 초기에 디폴트로 플래시 메모리에 맵핑되어 있으나 MC_RCR 레지스터의 RCB 비트를 사용하여 재배치 명령(Remap Command)을 실행하고 나면 이 영역은 SRAM에 맵핑된다. Internal Memory Area 0 영역에 어떤 메모리가 맵핑되더라도 그 메모리는 원래의 번지를 통하여 액세스할 수도 있다.

Abort Status는 정의되지 않은 메모리 영역을 액세스하거나 올바르게 정렬되지 않은 데이터의 번지(misaligned address)를 액세스하려고 시도하면 abort 예외를 발생하여 ARM7TDMI 프로세서에게 알린다. 이러한 예외가 발생하면 이와 관련된 모든 상황이 MC_ASR 및 MC_AASR 레지스터에 저장되어 디버거나 운영체제에 의하여 사용될 수 있게 한다.

임베디드 플래시 콘트롤러(Embedded Flash Controller)는 내장된 플래시 메모리에 관련된 기능을 수행한다. 그것은 32비트 버퍼를 가지고 있어서 Thumb 모드에서 명령 코드의 액세스 성능을 높이고 있으며, 플래시 메모리를 프로그래밍 또는 삭제하거나 메모리 록에 관련된 기능을 수행한다.

정렬되지 않은 번지 검출기(Misaligned Detector)는 모든 데이터 액세스의 어드레스가 합리적인지를 조사한다. 즉, 액세스의 형은 32비트 워드인데 어드레스 비트1과 0이 모두 0이 아니면(즉, 4의 배수 번지가 아니면) abort 예외가 발생한다. 마찬가지로 액세스의 형이 16비트 하프 워드인데 어드레스 비트0이 0이 아니면(즉, 2의 배수 번지가 아니면) abort 예외가 발생한다. 그러나, ARM 프로세서가 명령어를 인출할 때는 이러한 어드레스 정렬을 체크하지 않는다. 이러한 abort 예외가 발생하면 액세스하려고 했던 잘못 정렬된 어드레스는 MC_AASR 레지스터에 저장되고, 이를 유발시킨 명령의 어드레스는 프로세서의 abort 예외 링크 레지스터 R14_ABT에 저장되므로 나중에 디버그 소프트웨어가 이를 검출하고 바로잡는 것이 가능하다.

(3) 메모리 제어기와 관련된 I/O 제어 레지스터

메모리 제어기와 관련된 I/O 제어 레지스터는 <표 1.5.12>와 같은데, 이 레지스터들의 기능을 정리하면 아래와 같다.

〈표 1.5.12〉 AT91SAM7S256의 메모리 제어기와 관련된 I/O 제어 레지스터 요약

어드레스	옵셋	레지스터 이름	레지스터의 풀어 쓴 이름	액세스 속성	리셋 후 초기값
0xFFFF_FF00	0x00	MC_RCR	MC Remap Control Register	write-only	-
0xFFFF_FF04	0x04	MC_ASR	MC Abort Status Register	read-only	0x0000_0000
0xFFFF_FF08	0x08	MC_AASR	MC Abort Address Status Register	read-only	0x0000_0000

▣ MC 리맵 제어 레지스터 MC_RCR (write-only, 디폴트값 : -)

b31	b30	b29	b28	b27	b26	b25	b24	b23	b22	b21	b20	b19	b18	b17	b16
-	-	-	-	-	-	-	-	-	-	-	-	-	-	-	-
b15	**b14**	**b13**	**b12**	**b11**	**b10**	**b9**	**b8**	**b7**	**b6**	**b5**	**b4**	**b3**	**b2**	**b1**	**b0**
-	-	-	-	-	-	-	-	-	-	-	-	-	-	-	RCB

- RCB : Remap Command Bit
  0 = 무효.
  1 = 메모리 영역에서 페이지0의 remap 설정을 토글(toggle)한다. 즉, 1번 1을 쓰면 remap이 설정되고, 다시 0을 쓰면 remap이 해제된다.

▣ MC Abort 상태 레지스터 MC_ASR (read-only, 디폴트값 : 0x0000_0000)

b31	b30	b29	b28	b27	b26	b25	b24	b23	b22	b21	b20	b19	b18	b17	b16
-	-	-	-	-	-	SVMST1	SVMST0	-	-	-	-	-	-	MST1	MST0
b15	**b14**	**b13**	**b12**	**b11**	**b10**	**b9**	**b8**	**b7**	**b6**	**b5**	**b4**	**b3**	**b2**	**b1**	**b0**
-	-	-	-	ABTTYP		ABTSZ		-	-	-	-	-	-	MISADD	UNDADD

- SVMST1 : Saved ARM7TDMI Abort Source
  0 = ARM7TDMI에 기인하는 어떤 abort 예외도 발생하지 않았다.
  1 = ARM7TDMI에 기인하는 abort 예외가 발생하였다.
- SVMST0 : Saved PDC Abort Source
  0 = PDC에 기인하는 어떤 abort 예외도 발생하지 않았다.
  1 = PDC에 기인하는 abort 예외가 발생하였다.
- MST1 : ARM7TDMI Abort Source
  0 = 가장 최근에 abort 예외를 발생한 액세스가 ARM7TDMI에 기인하지 않는다.
  1 = 가장 최근에 abort 예외를 발생한 액세스가 ARM7TDMI에 기인한다.
- MST0 : PDC Abort Source
  0 = 가장 최근에 abort 예외를 발생한 액세스가 PDC에 기인하지 않는다.
  1 = 가장 최근에 abort 예외를 발생한 액세스가 PDC에 기인한다.
- ABTTYP : Abort Type Status
  00 = data read　　10 = code fetech
  01 = data write　　11 = 사용하지 않음(reserved)
- ABTSZ : Abort Size Status
  00 = byte　　10 = word
  01 = half-word　　11 = 사용하지 않음(reserved)
- MISADD : Misaligned Address Abort Status
  0 = 가장 최근에 abort 예외를 발생한 액세스가 어드레스 정렬 오류에 기인하지 않는다.
  1 = 가장 최근에 abort 예외를 발생한 액세스가 어드레스 정렬 오류에 기인한다.
- UNDADD : Undefined Address Abort Status
  0 = 가장 최근의 abort 예외가 정의되지 않은 어드레스 액세스에 기인하지 않는다.
  1 = 가장 최근의 abort 예외가 정의되지 않은 어드레스 액세스에 기인한다.

▣ MC Abort 어드레스 상태 레지스터 MC_AASR (read-only, 디폴트값 : 0x0000_0000)

b31	b30	b29	b28	b27	b26	b25	b24	b23	b22	b21	b20	b19	b18	b17	b16
ABTADD															
b15	**b14**	**b13**	**b12**	**b11**	**b10**	**b9**	**b8**	**b7**	**b6**	**b5**	**b4**	**b3**	**b2**	**b1**	**b0**
ABTADD															

- ABTADD : Abort Address
  정렬이 잘못되어 abort 예외를 발생시킨 어드레스를 저장한다.

12. 임베디드 플래시 제어기(EFC)

AT91SAM7S256의 임베디드 플래시 제어기(Embedded Flash Controller ; EFC)는 크게 보아 메모리 제어기(MC)에 포함되어 있는 것으로서, 32비트 버퍼를 가지고 있어서 Thumb 모드에서 명령 코드의 액세스 성능을 높이고 있으며, 플래시 메모리를 프로그래밍 또는 삭제하거나 메모리 록에 관련된 기능을 수행한다.

(1) 내부 구성

임베디드 플래시 제어기는 <그림 1.5.38>에서 보였던 바와 같이 메모리 제어기 내부에 포함되어 있으며, 32비트 시스템 버스 ASB와 플래시 메모리 사이에 위치한다.

(2) 임베디드 플래시 제어기의 동작

AT91SAM7S256의 플래시 메모리는 총 256KB의 용량으로 되어 있는데, 이것은 총 1024개의 페이지로 구성되며 1페이지의 크기는 256바이트이다. 그런데, 이 플래시 메모리는 다시 페이지0부터 연속적인 순서대로 64개씩의 페이지를 묶어서 총 16개의 메모리 록 영역(Lock Region)을 구성한다. 각 메모리 록 영역에는 1개씩의 메모리 록 비트(Lock Bit)가 할당되어 있다.

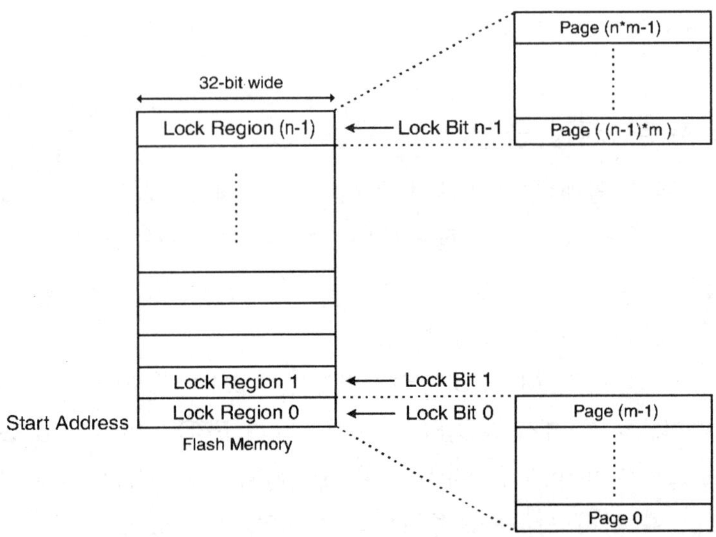

〈그림 1.5.40〉 AT91SAM 시리즈 마이크로콘트롤러의 플래시 메모리 맵

〈표 1.5.13〉 AT91SAM 시리즈 마이크로콘트롤러의 플래시 메모리 구성

	AT91SAM7S512	AT91SAM7S256	AT91SAM7S128	AT91SAM7S64	AT91SAM7S321 AT91SAM7S32
총 메모리 용량	512KB	256KB	128KB	64KB	32KB
플레인(plane) 수	2	1	1	1	1
페이지 크기	256바이트	256바이트	256바이트	128바이트	128바이트
페이지 수	2048	1024	512	512	128
메모리 록 영역당 페이지 수	64	64	64	32	32
메모리 록 영역 수	32	16	8	16	8
메모리 록 비트 수	32	16	8	16	8
GPNVM 비트 수	2	2	2	2	2

그러나, 이러한 메모리 구성은 AT91SAM 시리즈의 마이크로콘트롤러 모델에 따라 조금씩 다르다. AT91SAM 시리즈 마이크로콘트롤러들의 일반적인 플래시 메모리 맵을 그림으로 보이면 <그림 1.5.40>과 같고, 플래시 메모리의 상세한 구성을 요약 정리하면 <표 1.5.13>과 같다.

플래시 메모리의 리드(read) 동작은 2개의 32비트 프리페치(prefetch) 버퍼를 사용하여 최적으로 제어된다. 이러한 최적화된 동작은 특히 Thumb 명령에서 16비트 단위로 플래시 메모리를 액세스할 때 1~3클록의 웨이트 사이클이 지정되더라도 프로세서 내부에서는 가장 빠른 처리가 가능하도록 성능을 개선한다. 리드 동작은 8비트, 16비트, 32비트 단위로 가능하다.

플래시 메모리의 라이트(write) 동작은 1개의 32비트 라이트 버퍼를 사용하여 수행된다. 라이트 버퍼의 용량은 페이지의 크기와 같아서 256바이트로 구성되며, 32비트 어드레스의 하위 8비트로 어드레싱된다. 라이트 동작은 32비트 단위로만 가능하며, FWS=3일 때를 제외하고는 항상 리드 동작보다 1클록 사이클이 더 소요된다.

(3) 플래시 프로그래밍 명령

AT91SAM7S256의 임베디드 플래시 제어기는 플래시 메모리를 프로그래밍, 삭제, 메모리 록 설정 및 해제 등에 필요한 명령을 제공한다. 이를 요약하면 <표 1.5.14>와 같다. 이러한 모든 플래시 관련 동작이 올바르게 수행되려면 먼저 MC_FMR 레지스터의 FMCN 필드를 올바르게 설정해야 한다.

이 명령들을 수행하려면 MC_FCR 레지스터의 FCMD 필드에 이를 라이트해야 한다. 이 명령을 라이트하면 즉시 MC_FSR 레지스터의 FRDY 비트가 0으로 클리어되며, 명령이 수행되고 나면 이 비트는 다시 1로 세트된다. MC_FMR 레지스터를 사용하여 FRDY=1로 세트될 때 인터럽트가 요청되도록 설정할 수도 있다.

사용자 프로그램에서 오류로 인하여 의도하지 않은 플래시 프로그래밍 동작이 수

행되는 것을 방지하기 위하여 MC_FCR 레지스터의 상위 8비트에는 키워드 0x5A를 가지고 있다. MC_FCR 레지스터에 이 키워드를 잘못 사용하거나 또는 <표 1.5.14>에 정의된 명령 이외의 잘못된 명령을 사용하면 MC_FSR 레지스터의 PROGE 비트가 1로 세트되며, 이때 인터럽트를 요청하도록 설정할 수 있다. 또한, 록되어 있는 영역에 프로그래밍을 시도하거나 메모리 삭제를 시도하면 MC_FSR 레지스터의 LOCKE 비트가 1로 세트되며, 이때 인터럽트를 요청하도록 설정할 수 있다.

〈표 1.5.14〉 AT91SAM7S256의 플래시 프로그래밍 명령

명 령	약어	FCMD 값
Write Page	WP	0x01
Set Lock Bit	SLB	0x02
Write Page and Lock	WPL	0x03
Clear Lock Bit	CLB	0x04
Erase All	EA	0x08
Set General-purpose NVM Bit	SGPB	0x0B
Clear General-purpose NVM Bit	CGPB	0x0D
Set Security Bit	SSB	0x0F

(4) NVM 비트의 사용

AT91SAM7S256의 임베디드 플래시 제어기에는 16개의 메모리 록 비트, 1개의 안전 비트, 2개의 GPNVM 비트 등 모두 19개의 NVM(Non-Volatile Memory) 비트를 가지고 있다. AT91SAM7S256의 ERASE 핀에 50ms 이상의 시간동안 1을 인가하면 플래시 메모리와 모든 NVM 비트들이 삭제된다.

▣ Lock Bit

플래시 메모리에는 각 메모리 록 영역(Lock Region)별로 록 비트(Lock Bit)를 사용하여 록을 설정할 수 있는데, AT91SAM7S256에서는 16개의 메모리 록 영역을 가지고 있으므로 록 비트도 16개가 있다.

임의의 플래시 메모리 록 영역에 대하여 메모리 록을 설정하거나 해제하는 것은 MC_FCR 레지스터의 명령(Set Lock Bit 또는 Clear Lock Bit)으로 수행하며, 이것들의 설정 상태는 MC_FSR 레지스터의 LOCKSx 비트로 확인할 수 있다. 또한, 프로그래밍과 동시에 록을 설정하는 명령(Write Page and Lock)을 사용하여 메모리 록을 설정할 수도 있다.

1개의 록 영역은 64개의 페이지로 구성된다. 페이지 단위로 프로그래밍을 수행할 때 이 페이지가 속한 록 영역에 메모리 록이 걸려있으면 해당 페이지의 삭제는 불가

능하며, 어느 1개의 록 영역이라도 메모리 록이 걸려있으면 삭제 명령(Erase All)은 동작하지 않는다.

플래시 메모리를 프로그래밍하기 전에는 항상 먼저 삭제하는 과정이 필요하다. 플래시 메모리는 삭제 명령(Erase All)을 사용하여 전체를 삭제할 수도 있고, MC_FMR 레지스터에서 NEBP=0으로 지정하여 각 페이지를 프로그래밍할 때마다 해당 페이지를 자동적으로 삭제하도록 설정할 수도 있다.

Set/Clear Lock Bit 명령을 수행하고 있는 동안에도 플래시 메모리를 읽는 동작은 가능하다.

▣ Security Bit

안전 비트(Security Bit)는 JTAG ICE나 FFP 인터페이스 등 어떤 방법으로도 내부 버스를 액세스하는 것을 금지함으로써 플래시 메모리에 들어있는 코드의 비밀을 유지하는데 사용한다.

이 안전 비트는 MC_FCR 레지스터에서 명령(Set Security Bit)을 수행하여 세트시키며, MC_FSR 레지스터를 사용하여 설정 상태를 확인할 수도 있다. 일단 안전 비트가 세트되면 ERASE 핀으로 삭제시키는 것 이외에는 별다른 해제 방법이 없다.

▣ GPNVM Bit

2개의 GPNVM0과 GPNVM1 비트는 플래시 메모리와 아무 관계없이 저전압 검출기(BOD ; Brownout Detector)의 동작을 제어하기 위하여 사용된다.

이 GPNVM 비트는 MC_FCR 레지스터의 명령(Set General-purpose NVM Bit 또는 Clear General-purpose NVM Bit)을 사용하여 세트 또는 클리어시킬 수 있으며 MC_FSR 레지스터를 사용하여 설정 상태를 확인할 수도 있다.

GPNVM0 비트는 BOD 기능을 사용할지 여부를 설정하는데 사용되고, GPNVM1 비트는 BOD 출력신호를 리셋에 연결할지 여부를 설정하는데 사용된다.

Set/Clear General-purpose NVM Bit 명령을 수행하고 있는 동안에도 플래시 메모리를 읽는 동작은 가능하다.

(5) 임베디드 플래시 제어기와 관련된 I/O 제어 레지스터

임베디드 플래시 제어기와 관련된 I/O 제어 레지스터는 <표 1.5.15>와 같은데, 이 레지스터들의 기능을 정리하면 아래와 같다.

〈표 1.5.15〉 AT91SAM7S256의 임베디드 플래시 제어기와 관련된 I/O 제어 레지스터 요약

어드레스	옵셋	레지스터 이름	레지스터의 풀어 쓴 이름	액세스 속성	리셋 후 초기값
0xFFFF_FF60	0x60	MC_FMR	MC Flash Mode Register	read/write	0x0000_0000
0xFFFF_FF64	0x64	MC_FCR	MC Flash Command Register	write-only	-
0xFFFF_FF68	0x68	MC_FSR	MC Flash Status Register	read-only	-

☞ AT91SAM7S512에는 0xFFFF_FF60 번지에서 시작하는 임베디드 플래시 제어기 EFC0 이외에 0xFFFF_FF70 번지에서 시작하는 임베디드 플래시 제어기 EFC1이 더 추가되어 있다.

▣ MC 플래시 모드 레지스터 MC_FMR (read/write, 디폴트값 : 0x0000_0000)

b31	b30	b29	b28	b27	b26	b25	b24	b23	b22	b21	b20	b19	b18	b17	b16
-	-	-	-	-	-	-	-	FMCN							

b15	b14	b13	b12	b11	b10	b9	b8	b7	b6	b5	b4	b3	b2	b1	b0
-	-	-	-	-	-	FWS		NEBP	-	-	-	PROGE	LOCKE	-	FRDY

- FMCN : Flash Microsecond Cycle Number
  NVM 비트를 쓰기 전에 이 값이 1μs내에 들어가는 마스터 클록의 사이클 수로 설정되어야 한다.
  플래시의 나머지를 쓸 때는 이 값이 1.5μs내에 들어가는 마스터 클록의 사이클 수로 정의된다.
  이 값이 정수로 떨어지지 않는 경우에는 반올림한다. 이를 0으로 설정하면 30μs 이상으로 된다.
- FWS : Flash Wait State
  00 = 리드 동작에는 1사이클, 라이트 동작에는 2사이클의 웨이트를 준다.
  01 = 리드 동작에는 2사이클, 라이트 동작에는 3사이클의 웨이트를 준다.
  10 = 리드 동작에는 3사이클, 라이트 동작에는 4사이클의 웨이트를 준다.
  11 = 리드 동작에는 4사이클, 라이트 동작에는 4사이클의 웨이트를 준다.
- NEBP : No Erase Before Programming
  0 = 플래시를 프로그래밍하기 전에 먼저 해당 페이지를 삭제한다.
  1 = 플래시를 프로그래밍하기 전에 먼저 해당 페이지를 삭제하지 않는다.
- PROGE : Programming Error Interrupt Enable
  0 = 플래시 프로그래밍 에러가 인터럽트를 발생하지 않는다.
  1 = 플래시 프로그래밍 에러가 인터럽트를 발생한다.
- LOCKE : Lock Error Interrupt Enable
  0 = 메모리 록 에러가 인터럽트를 발생하지 않는다.
  1 = 메모리 록 에러가 인터럽트를 발생한다.
- FRDY : Flash Ready Interrupt Enable
  0 = 플래시 레디 상태가 인터럽트를 발생하지 않는다.
  1 = 플래시 레디 상태가 인터럽트를 발생한다.

▣ MC 플래시 명령 레지스터 MC_FCR (write-only, 디폴트값 : -)

b31	b30	b29	b28	b27	b26	b25	b24	b23	b22	b21	b20	b19	b18	b17	b16
KEY								-	-	-	-	-	-	PAGEN	

b15	b14	b13	b12	b11	b10	b9	b8	b7	b6	b5	b4	b3	b2	b1	b0
PAGEN								-	-	-	-	FCMD			

- KEY : Write Protection Key
  이 레지스터에 의도하지 않은 라이트 동작을 방지하는 키로서 항상 0x5A를 사용한다.
- PAGEN : Page Number
  Write Page Command = 라이트할 페이지의 번호를 나타내다.
  Write Page and Lock Command = 라이트할 페이지의 번호를 나타내다.
  Erase All Command = 이 명령에서는 아무 의미가 없다.
  Set/Clear Lock Bit Command = 메모리 록 영역의 페이지 번호를 나타낸다.
  Set/Clear General Purpose NVM Bit Command = GPNVM 비트의 번호를 나타낸다.
  Set Security Bit Command = 이 명령에서는 아무 의미가 없다.

- FCMD : Flash Command
  - 0000 = No command.
    이는 MC_FSR 레지스터의 PROGE 비트에 영향을 미치지 않는다.
  - 0001 = Write Page Command(WP).
    PAGEN으로 지정된 페이지를 프로그래밍한다.
  - 0010 = Set Lock Bit Command(SLB).
    PAGEN으로 지정된 메모리 록 영역의 록 비트를 세트한다.
  - 0011 = Write Page and Lock Command(WPL).
    PAGEN으로 지정된 페이지를 프로그래밍하고 메모리 록을 설정한다.
  - 0100 = Clear Lock Bit Command(CLB).
    PAGEN으로 지정된 메모리 록 영역의 록 비트를 클리어한다.
  - 1000 = Erase All Command(EA).
    전체 플래시 메모리를 삭제한다. 적어도 1페이지라도 록이 걸려있으면 이 명령은 취소된다.
  - 1011 = Set General-purpose NVM Bit Command(SGPB).
    PAGEN으로 지정된 번호의 GPNVM 비트를 세트한다.
  - 1101 = Clear General-purpose NVM Bit Command(CGPB).
    PAGEN으로 지정된 번호의 GPNVM 비트를 클리어한다.
  - 1111 = Set Security Bit Command(SSB).
    안전 비트를 세트한다.
  - 기타 = 사용하지 않음(reserved).

▣ MC 플래시 상태 레지스터 MC_FSR (read-only, 디폴트값 : -)

b31	b30	b29	b28	b27	b26	b25	b24	b23	b22	b21	b20	b19	b18	b17	b16
LOCKS15	LOCKS14	LOCKS13	LOCKS12	LOCKS11	LOCKS10	LOCKS9	LOCKS8	LOCKS7	LOCKS6	LOCKS5	LOCKS4	LOCKS3	LOCKS2	LOCKS1	LOCKS0
b15	**b14**	**b13**	**b12**	**b11**	**b10**	**b9**	**b8**	**b7**	**b6**	**b5**	**b4**	**b3**	**b2**	**b1**	**b0**
-	-	-	-	-	-	GPNVM1	GPNVM0	-	-	-	SECURITY	PROGE	LOCKE	-	FRDY

- LOCKSx : Lock Region x Lock Status
  - 0 = 16개의 메모리 록 영역중에서 여기에 대응하는 메모리 록 영역이 록되어 있지 않다.
  - 1 = 16개의 메모리 록 영역중에서 여기에 대응하는 메모리 록 영역이 록되어 있다.
- GPNVM1 : General Purpose NVM Bit 1 Status
  - 0 = GPNVM1 비트가 설정되어 있지 않다.(BOD가 저전압 검출시에 리셋 신호를 발생하지 않는다.)
  - 1 = GPNVM1 비트가 설정되어 있다.(BOD가 저전압 검출시에 리셋 신호를 발생한다.)
- GPNVM0 : General Purpose NVM Bit 0 Status
  - 0 = GPNVM0 비트가 설정되어 있지 않다.(BOD를 사용하지 않는다.)
  - 1 = GPNVM0 비트가 설정되어 있다.(BOD를 사용한다.)
- SECURY : Security Bit Status
  - 0 = 안전 비트가 설정되어 있지 않다.
  - 1 = 안전 비트가 설정되어 있다.
- PROGE : Programming Error Status
  - 0 = 가장 마지막으로 라이트한 MC_FCR에서 플래시 프로그래밍 에러가 발생하지 않았다.
  - 1 = 가장 마지막으로 라이트한 MC_FCR에서 명령이 유효하지 않거나 키가 유효하지 않다.
- LOCKE : Lock Error Status
  - 0 = 가장 마지막으로 MC_FSR을 읽은 후에 메모리 록 에러가 발생하지 않았다.
  - 1 = 가장 마지막으로 MC_FSR을 읽은 후에 록되어 있는 영역에 프로그래밍이 시도되었다.
- FRDY : Flash Ready Status
  - 0 = 임베디드 플래시 제어기가 busy 상태에 있어서 새로운 명령을 수행하기 전에 기다려야 한다.
  - 1 = 임베디드 플래시 제어기가 ready 상태에 있어서 새로운 명령을 수행할 수 있다.

13. 주변장치 DMA 제어기(PDC)

AT91SAM7S256의 주변장치 DMA 제어기(Peripheral DMA Controller ; PDC)는

시스템 제어기에 해당하는 독립적인 장치가 아니라 DBGU, SPI, ADC, SSC, USART0, USART1과 같은 주변장치에 포함되어 DMA 동작을 수행하는 부속장치라고 볼 수 있다. 다만, 이는 기능으로 보아 AT91SAM7S256의 시스템 제어기의 성격을 가지므로 여기에서 설명하기로 한다.

주변장치 DMA 제어기는 해당 주변장치와 메모리 제어기 사이에 위치하여 고속으로 데이터를 전송하는 기능을 수행한다. 이것은 프로세서의 간섭을 받지 않고 자체적인 하드웨어로 데이터 전송을 수행함으로써 프로세서가 소프트웨어로 이를 수행하는 경우에 비하여 오버헤드를 줄이고 훨씬 적은 클록 사이클에 고속으로 데이터 전송이 가능하게 된다. PDC 채널에서 송신 데이터를 메모리로부터 주변장치로 전송하는 동작은 1개의 마스터 클록 사이클에 수행하며, 수신 데이터를 주변장치로부터 메모리로 전송하는 동작은 2개의 마스터 클록 사이클에 수행한다.

AT91SAM7S256에는 DBGU에 2개, SPI에 2개, ADC에 1개, SSC에 2개, USART0에 2개, USART1에 2개 등 모두 11개의 PDC 채널을 가지고 있다. 이들 2개의 채널 중에서 하나는 송신 채널(PDC→주변장치)이며 또 하나는 수신 채널(PDC←주변장치)이다. 그러나, ADC에는 수신 채널만 가지고 있다.

(1) 내부 구성

주변장치 DMA 제어기는 <그림 1.5.41>과 같이 해당 주변장치와 메모리 제어기의 사이에 위치한다. 모든 주변장치 DMA 제어기는 송신 채널과 수신 채널을 가지는데, 이들 각각에는 32비트 메모리 포인터 레지스터, 16비트 전송 카운트 레지스터, 32비트 다음 메모리 포인터 레지스터, 16비트 다음 전송 카운트 레지스터 등으로 구성된다.

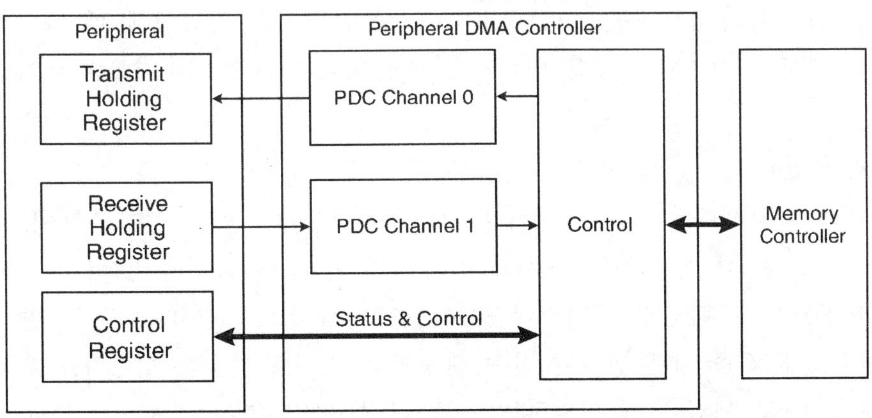

〈그림 1.5.41〉 주변장치 DMA 제어기의 내부 구조

(2) 주변장치 DMA 제어기의 동작

AT91SAM7S256의 주변장치 제어기는 DBGU, SPI, ADC, SSC, USART0, USART1과 같은 주변장치에 포함되어 DMA 동작을 수행하는 부속 데이터 전송 채널이다. 이것은 해당 주변장치의 어드레스 옵셋 0x100의 위치에 존재하며, 4개의 32비트 포인터 레지스터와 4개의 16비트 전송 카운터 레지스터를 가지고 있다. 버퍼의 크기 즉 데이터를 전송할 횟수는 16비트 카운터 레지스터에 설정하며, 아무 때나 이를 읽으면 각 채널에 남아있는 전송할 횟수를 알 수 있다.

메모리 베이스 어드레스는 액세스할 메모리의 첫번째 어드레스를 32비트 메모리 포인터 레지스터에 정의함으로써 설정한다. 전송 제어 레지스터의 TXTEN/TXTDIS 및 RXTEN/RXTDIS 비트를 사용하여 전송 여부를 설정하며, 각 전송 채널의 설정 상태는 전송 상태 레지스터를 통하여 확인할 수 있고, 동작 상태는 각 주변장치의 상태 레지스터를 통하여 확인할 수 있다. RCR 레지스터가 0에 이르면 주변장치 상태 레지스터에서 ENDRX 비트가 세트되고, RCR 및 RNCR 레지스터가 모두 0에 이르면 주변장치 상태 레지스터에서 RXBUFF 비트가 세트된다. 또한, TCR 레지스터가 0에 이르면 주변장치 상태 레지스터에서 ENDTX 비트가 세트되고, TCR 및 TNCR 레지스터가 모두 0에 이르면 주변장치 상태 레지스터에서 TXBUFE 비트가 세트된다.

▣ 메모리 포인터

ADC를 제외한 각 주변장치의 PDC에는 수신 데이터 채널과 송신 데이터 채널을 모두 가지고 있다. 이들 각 채널에는 32비트 메모리 포인터가 있어서 메모리 공간의 어느 어드레스라도 가리킬 수 있다.

전송 데이터의 형(바이트, 하프 워드, 워드)에 따라서 메모리 포인터는 전송을 수행할 때마다 1, 2, 또는 4씩 자동으로 증가한다. 만약 PDC의 동작중에 메모리 포인터를 변경시키면 PDC는 변경된 새로운 어드레스를 사용하여 전송을 수행한다.

▣ 전송 카운터

각 채널에는 전송되는 블록의 크기를 나타내는 16비트 전송 카운터 레지스터를 하나씩 가지고 있다. 이 카운터는 전송이 수행될 때마다 1씩 감소하며, 이것이 0으로 되면 전송의 종료된다. PDC의 동작중에 카운터를 다시 프로그램하여 변경하면 전송 횟수가 갱신되고 PDC는 새로 변경된 전송 횟수만큼 추가로 전송을 수행하게 된다.

카운터가 0으로 되었을 때 만약 다음 카운터 레지스터(Next Counter Register)가 0

이면 PDC의 동작이 종료되고 전송이 금지 상태로 된다. 그러나, 카운터가 0으로 되었을 때 다음 카운터 레지스터가 0이 아니면 다음 카운터와 다음 포인터의 값이 각각 카운터 레지스터 및 포인터 레지스터로 로드되고 PDC의 동작이 다시 인에이블되어 전송이 계속 수행된다.

주변장치의 상태 레지스터에는 각 채널에 대하여 현재 버퍼의 종료를 나타내는 2개의 상태 비트 ENDRX와 ENDTX가 있고, 현재 버퍼와 다음 버퍼의 종료를 나타내는 2개의 상태 비트 RXBUFF와 TXBUFE가 있다. 이 비트들이 세트되면 인터럽트를 요청하도록 설정할 수 있으며, 카운터나 다음 카운터에 값을 쓰면 이 상태 비트들은 자동으로 클리어된다.

주변장치는 RXRDY와 TXRDY 신호를 사용하여 PDC 전송을 트리거한다. 주변장치가 외부로부터 1문자를 수신하면 PDC에게 시스템 버스를 통한 액세스를 요청하는 RXRDY 신호를 보내며, 이 액세스가 허용되면 PDC는 해당 주변장치의 수신 홀딩 레지스터(Receive Holding Register)로부터 1문자를 읽어 메모리로 전송한다. 이렇게 각 전송이 수행될 때마다 메모리 포인터는 증가하고 전송 카운터는 감소하며, 카운터가 0으로 되면 DMA 전송은 종료된다.

송신 동작은 위와 반대의 방향이면서 똑같은 절차로 수행된다.

(3) 주변장치 DMA 제어기와 관련된 I/O 제어 레지스터

주변장치 DMA 제어기와 관련된 I/O 제어 레지스터는 <표 1.5.16>과 같은데, 이 레지스터들의 기능을 정리하면 아래와 같다.

〈표 1.5.16〉 AT91SAM7S256의 주변장치 DMA 제어기와 관련된 I/O 제어 레지스터 요약

어드레스	옵셋	레지스터 이름	레지스터의 풀어 쓴 이름	액세스 속성	리셋 후 초기값
0xFFF?_?100	0x100	PERI_RPR	PDC Receive Pointer Register	read/write	0x0000_0000
0xFFF?_?104	0x104	PERI_RCR	PDC Receive Counter Register	read/write	0x0000_0000
0xFFF?_?108	0x108	PERI_TPR	PDC Transmit Pointer Register	read/write	0x0000_0000
0xFFF?_?10C	0x10C	PERI_TCR	PDC Transmit Counter Register	read/write	0x0000_0000
0xFFF?_?110	0x110	PERI_RNPR	PDC Receive Next Pointer Register	read/write	0x0000_0000
0xFFF?_?114	0x114	PERI_RNCR	PDC Receive Next Counter Register	read/write	0x0000_0000
0xFFF?_?118	0x118	PERI_TNPR	PDC Transmit Next Pointer Register	read/write	0x0000_0000
0xFFF?_?11C	0x11C	PERI_TNCR	PDC Transmit Next Counter Register	read/write	0x0000_0000
0xFFF?_?120	0x120	PERI_PTCR	PDC Transfer Control Register	write-only	-
0xFFF?_?124	0x124	PERI_PTSR	PDC Transfer Status Register	read-only	0x0000_0000

☞ 각 레지스터의 어드레스는 동일한 옵셋을 해당 주변장치의 절대 어드레스에 더하면 된다.

☞ 레지스터 이름에서 PERI는 해당 주변장치의 이름으로 대체되어야 한다.

■ PDC 수신 포인터 레지스터 PERI_RPR (read/write, 디폴트값 : 0x0000_0000)

b31	b30	b29	b28	b27	b26	b25	b24	b23	b22	b21	b20	b19	b18	b17	b16
RXPTR															

b15	b14	b13	b12	b11	b10	b9	b8	b7	b6	b5	b4	b3	b2	b1	b0
RXPTR															

- RXPTR : Receive Pointer Address
  다음의 DMA 전송에서 수신을 수행할 어드레스를 저장한다.

■ PDC 수신 카운터 레지스터 PERI_RCR (read/write, 디폴트값 : 0x0000_0000)

b31	b30	b29	b28	b27	b26	b25	b24	b23	b22	b21	b20	b19	b18	b17	b16
-	-	-	-	-	-	-	-	-	-	-	-	-	-	-	-

b15	b14	b13	b12	b11	b10	b9	b8	b7	b6	b5	b4	b3	b2	b1	b0
RXCTR															

- RXCTR : Receive Counter Value
  앞으로 DMA 전송에서 수신을 수행할 횟수를 저장한다.

■ PDC 송신 포인터 레지스터 PERI_TPR (read/write, 디폴트값 : 0x0000_0000)

b31	b30	b29	b28	b27	b26	b25	b24	b23	b22	b21	b20	b19	b18	b17	b16
TXPTR															

b15	b14	b13	b12	b11	b10	b9	b8	b7	b6	b5	b4	b3	b2	b1	b0
TXPTR															

- TXPTR : Transmit Pointer Address
  DMA 전송에서 송신 버퍼의 어드레스를 저장한다.

■ PDC 송신 카운터 레지스터 PERI_TCR (read/write, 디폴트값 : 0x0000_0000)

b31	b30	b29	b28	b27	b26	b25	b24	b23	b22	b21	b20	b19	b18	b17	b16
-	-	-	-	-	-	-	-	-	-	-	-	-	-	-	-

b15	b14	b13	b12	b11	b10	b9	b8	b7	b6	b5	b4	b3	b2	b1	b0
TXCTR															

- TXCTR : Transmit Counter Value
  DMA 전송에서 송신 버퍼의 크기를 저장한다. 이것이 0으로 되면 데이터 전송이 정지한다.

■ PDC 수신 다음 포인터 레지스터 PERI_RNPR (read/write, 디폴트값 : 0x0000_0000)

b31	b30	b29	b28	b27	b26	b25	b24	b23	b22	b21	b20	b19	b18	b17	b16
RXNPTR															

b15	b14	b13	b12	b11	b10	b9	b8	b7	b6	b5	b4	b3	b2	b1	b0
RXNPTR															

- RXNPTR : Receive Next Pointer Address
  DMA 전송에서 현재의 버퍼가 다 찼을 때 수신된 데이터가 저장될 다음 버퍼의 어드레스를 저장한다.

▣ PDC 수신 다음 카운터 레지스터 PERI_RNCR (read/write, 디폴트값 : 0x0000_0000)

b31	b30	b29	b28	b27	b26	b25	b24	b23	b22	b21	b20	b19	b18	b17	b16
-	-	-	-	-	-	-	-	-	-	-	-	-	-	-	-
b15	**b14**	**b13**	**b12**	**b11**	**b10**	**b9**	**b8**	**b7**	**b6**	**b5**	**b4**	**b3**	**b2**	**b1**	**b0**
RXNCR															

- RXNCR : Receive Next Counter Value
  DMA 전송에서 수신된 데이터가 저장될 다음 버퍼의 크기를 저장한다.

▣ PDC 송신 다음 포인터 레지스터 PERI_TNPR (read/write, 디폴트값 : 0x0000_0000)

b31	b30	b29	b28	b27	b26	b25	b24	b23	b22	b21	b20	b19	b18	b17	b16
TXNPTR															
b15	**b14**	**b13**	**b12**	**b11**	**b10**	**b9**	**b8**	**b7**	**b6**	**b5**	**b4**	**b3**	**b2**	**b1**	**b0**
TXNPTR															

- TXPTR : Transmit Next Pointer Address
  DMA 전송에서 현재의 버퍼가 다 비었을 때 송신할 다음 버퍼의 어드레스를 저장한다.

▣ PDC 송신 다음 카운터 레지스터 PERI_TNCR (read/write, 디폴트값 : 0x0000_0000)

b31	b30	b29	b28	b27	b26	b25	b24	b23	b22	b21	b20	b19	b18	b17	b16
-	-	-	-	-	-	-	-	-	-	-	-	-	-	-	-
b15	**b14**	**b13**	**b12**	**b11**	**b10**	**b9**	**b8**	**b7**	**b6**	**b5**	**b4**	**b3**	**b2**	**b1**	**b0**
TXNCR															

- TXNCR : Transmit Next Counter Value
  DMA 전송에서 송신할 다음 버퍼의 크기를 저장한다.

▣ PDC 전송 제어 레지스터 PERI_PTCR (write-only, 디폴트값 : -)

b31	b30	b29	b28	b27	b26	b25	b24	b23	b22	b21	b20	b19	b18	b17	b16
-	-	-	-	-	-	-	-	-	-	-	-	-	-	-	-
b15	**b14**	**b13**	**b12**	**b11**	**b10**	**b9**	**b8**	**b7**	**b6**	**b5**	**b4**	**b3**	**b2**	**b1**	**b0**
-	-	-	-	-	-	TXTDIS	TXTEN	-	-	-	-	-	-	RXTDIS	RXTEN

- TXTDIS : Transmitter Transfer Disable
  0 = 무효.
  1 = PDC 송신부의 전송 요청을 금지한다.
- TXTEN : Transmitter Transfer Enable
  0 = 무효.
  1 = PDC 송신부의 전송 요청을 허용한다.
- RXTDIS : Receiver Transfer Disable
  0 = 무효.
  1 = PDC 수신부의 전송 요청을 금지한다.
- RXTEN : Receiver Transfer Enable
  0 = 무효.
  1 = PDC 수신부의 전송 요청을 허용한다.

▣ PDC 전송 상태 레지스터 PERI_PTSR (read-only, 디폴트값 : 0x0000_0000)

b31	b30	b29	b28	b27	b26	b25	b24	b23	b22	b21	b20	b19	b18	b17	b16
-	-	-	-	-	-	-	-	-	-	-	-	-	-	-	-

b15	b14	b13	b12	b11	b10	b9	b8	b7	b6	b5	b4	b3	b2	b1	b0
-	-	-	-	-	-	-	TXTEN	-	-	-	-	-	-	-	RXTEN

- TXTEN : Transmitter Transfer Enable Status
  0 = PDC 송신부의 전송 요청이 금지 상태에 있다.
  1 = PDC 송신부의 전송 요청이 허용 상태에 있다.
- RXTEN : Receiver Transfer Enable Status
  0 = PDC 수신부의 전송 요청이 금지 상태에 있다.
  1 = PDC 수신부의 전송 요청이 허용 상태에 있다.

◀참고▶ 일반적으로 ARM 마이크로프로세서나 AT91SAM7S256에서 32비트의 어드레스나 데이터를 16진수로 나타낼 때는 0x00000000~0xFFFFFFFF처럼 표시하는 것이 옳으나 이렇게 하면 16진수의 자릿수가 8개씩이나 되어 매우 많으므로 시각적으로 얼른 알아보기가 어렵고 헷갈리기 쉽다. 따라서, 이 책에서는 좀더 시각적으로 알아보기 편리하도록 0x0000_0000~0xFFFF_FFFF와 같이 4자리씩 끊어서 표기하였다. 그러나, 이는 단지 저자가 이 책에서 독자들의 편의를 위하여 임의로 정하여 표기하는 방법일 뿐이며 실제로 C언어 프로그램 소스에서 이렇게 사용하는 것은 허용되지 않는다.

◀참고▶ AT91SAM7S256의 디버그 유닛(DBGU)에 포함된 DBGU_CIDR 레지스터의 값은 0x270B_0940이어야 한다. 그러나, 현재 이 값이 실제로는 0x270D_0940으로 들어 있어서 내부 SRAM이 256KB인 것처럼 잘못되어 있다. 이는 Atmel사에서 칩 설계의 오류로 발생된 문제이다.

◀참고▶ AT91SAM7S256에서 아이들 모드(idle mode)와 슬립 모드(sleep mode)를 혼동하면 안된다. 아이들 모드는 프로세서 클록 PCK를 차단하여 소자에서의 소비전력을 절감하는 것으로서 이는 전력관리 제어기(PMC)의 시스템 클록 금지 레지스터 PMC_SCDR에서 PCK=1로 설정하면 시작되며, 시스템이 리셋되거나 또는 인터럽트 제어기에서 ARM 프로세서로 nIRQ 또는 nFIQ 출력신호가 전달되면 아이들 모드가 해제(wake up)된다. 워치독 타이머는 아이들 모드에서 동작하도록 설정할 수도 있고 동작하지 않도록 설정할 수도 있다. 아이들 모드에서 1.8V의 전원단자로 입력되는 전류는 25μA 이하로 매우 작다.

이에 비하여 슬립 모드는 A/D 변환기에서 소비전력을 절감하기 위하여 클록 발생기로부터 A/D 변환기로 공급되는 클록을 차단하는 것으로서 이는 A/D 변환기의 모드 레지스터 ADC_MR에서 SLEEP=1로 설정하면 시작되며, 이 비트를 0으로 하면 슬립 모드가 해제된다. 슬립 모드에서 A/D 변환을 트리거하면 일시적으로 슬립 모드가 해제되면서 A/D 변환이 수행되고 이후에는 다시 자동으로 슬립 모드로 되돌아간다. 그러나, 일시적으로 슬립 모드가 해제되어 A/D 변환이 올바르게 수행되려면 적절한 스타트업 시간을 지정해야 한다.

제2장

AT91SAM7S256의 내장 I/O 기능

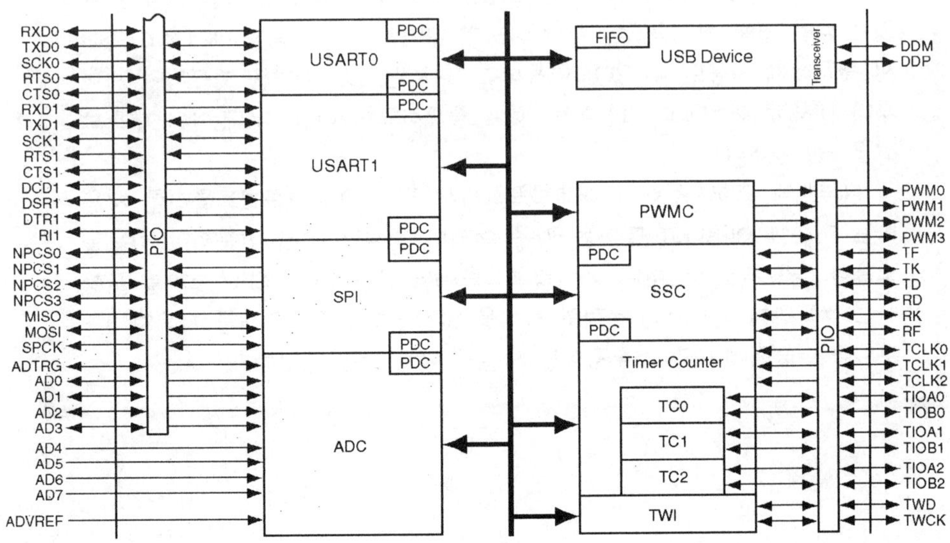

☞

이 장에서는 AT91SAM7S256 스마트 ARM 마이크로콘트롤러에 내장되어 있는 여러 가지 I/O 기능들을 이해하고 이를 사용자 프로그램으로 충분히 활용하는 기술에 대하여 공부한다.

따지고 보면 우리가 AT91SAM7S256과 같은 MCU를 배우고자 하는 것은 빠른 명령 처리속도와 함께 이러한 다양한 I/O 기능을 내장하고 있어서 편리하게 사용할 수 있기 때문이다. 이처럼 I/O 기능을 기본적인 사항부터 바르게 이해하고 활용하는 것이 중요하므로 이를 제2장에서 별도로 취급하는 것이다.

대부분의 초보자들이 마이크로프로세서 또는 마이크로콘트롤러를 사용하는 기술이 어렵다고 말하는 것은 이러한 소자의 가장 기본적인 기능을 소홀히 하는데서 기인한다. 마이크로프로세서 응용기술은 CPU 소자를 포함하는 하드웨어에 관한 기본적인 지식을 바탕으로 소프트웨어를 자유자재로 구사하는 능력에 따라 좌우된다는 사실을 다시 한번 명심하라.

2.1 타이머/카운터(TC)

이 절에서는 AT91SAM7S256에 내장되어 있는 타이머/카운터의 구조와 기능에 대하여 알아보기로 한다.

1. 타이머/카운터의 개요

AT91SAM7S256에는 동일한 구조와 기능의 16비트 타이머/카운터(Timer/Counter) 채널 TC0~TC2를 가지고 있다. 이들 3개의 채널은 서로 독립적으로 동작하며, 이벤트 카운트(event counting), 주파수 측정(frequency measurement), 시간 간격 측정(interval measurement), 시간 지연(delay timing), 펄스 발생(pulse generation), PWM 출력 등의 기능을 수행할 수 있다.

각 채널은 3개의 외부 클록 입력, 5개의 내부 클록 입력, 2개의 다기능 I/O 신호 단자 등을 가지고 있으며, 또한 각 채널은 내부 인터럽트를 발생시킬 수 있다.

사용자가 타이머/카운터 채널을 사용하려면 해당 채널의 기능을 제어하는 I/O 레지스터를 사용해야 하며, 타이머/카운터 블록 제어 레지스터 TC_BCR과 타이머/카운터 블록 모드 레지스터 TC_BMR 등 2개의 I/O 제어 레지스터는 이들 3개 채널에 공통으로 사용된다.

타이머/카운터의 내부 구성은 <그림 2.1.1>과 같다. 여기서 TCLK0~TCLK2는 각 채널에 입력되는 외부 클록 단자이며, TIOA0~TIOA2와 TIOB0~TIOB2는 각 채널에 해당하는 다기능 I/O 단자인데 이것들의 기능은 사용자가 설정하여 사용할 수 있다. TIOA0~TIOA2와 TIOB0~TIOB2는 캡쳐 모드에서는 타이머/카운터 트리거 입력단자로 사용되고, 파형발생 모드에서는 타이머/카운터 입/출력 단자로 사용된다. 이들 신호를 사용하려면 병렬 입출력 제어기(PIO)에서 Peripheral B로 설정해야 한다.

한편, 내부 신호 TIMER_CLOCK0~TIMER_CLOCK5는 각각 마스터 클록을 분주한 주파수 신호 MCK/2, MCK/8, MCK/32, MCK/128, MCK/1024이며, XC0~XC2는 각 채널의 클록 입력신호이다. 또한, SYNC는 3개의 채널을 동시에 동작시키기 위한 동기 입력 신호이다.

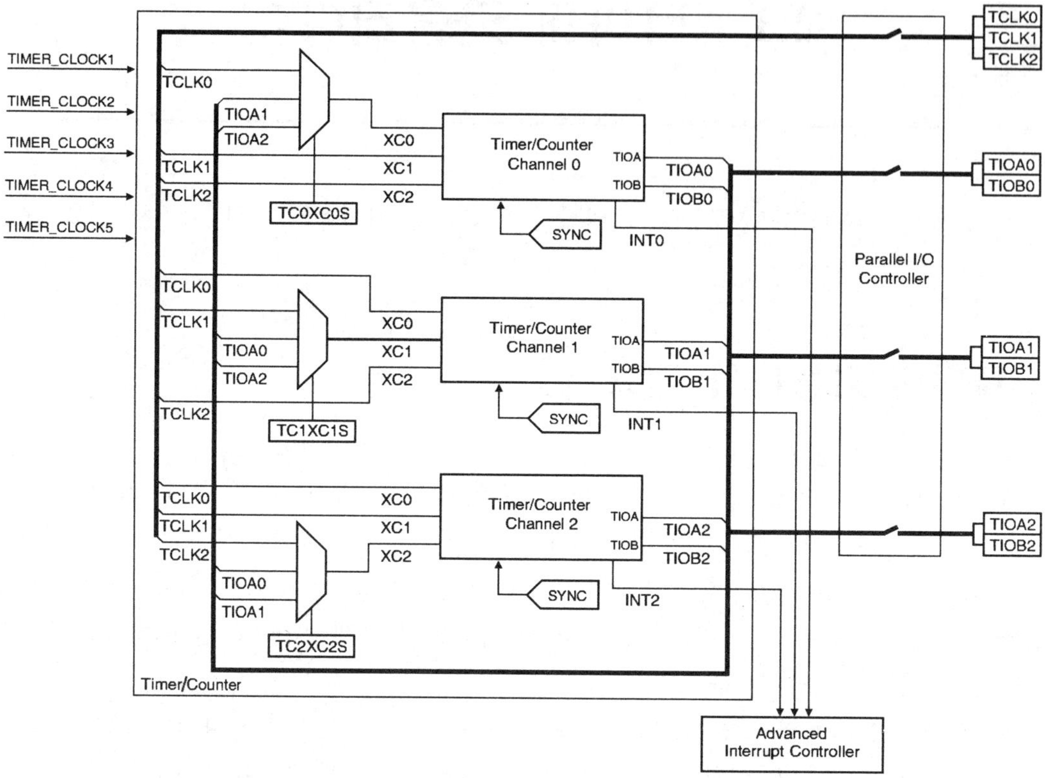

〈그림 2.1.1〉 타이머/카운터의 구성 블록도

타이머/카운터는 기본적으로 클록이 공급되지 않는 상태에 있으므로 이를 사용하려면 먼저 전력관리 제어기(PMC)에서 클록을 공급하도록 설정해야 한다.

타이머/카운터에서는 각 채널별로 여러가지 인터럽트를 발생할 수 있는데, 이를 사용하기 위해서는 먼저 인터럽트 제어기를 설정해야 한다.

2. 타이머/카운터의 구조와 동작

타이머/카운터의 각 채널에는 16비트 카운터를 1개씩 가지고 있어서 선택된 클록 신호의 상승 에지에서 1씩 증가한다. 그러다가 카운터 값이 0xFFFF→0x0000으로 바뀌는 상황이 발생하면 오버플로우가 되어 TCx_SR 레지스터의 COVFS 비트가 세트된다. 현재의 카운터 값은 아무 때나 실시간으로 TCx_CV 레지스터를 통하여 읽을 수 있다.

(1) 클록 소스의 선택

블록 모드에서 각 채널의 외부 클록 입력 소스는 TCx_BMR 레지스터를 사용하여 설정하는데, 외부 클록 입력단자 TCLK0~TCLK2 중에서 하나를 선택하여 사용하거나 또는 다기능 I/O 단자 TIOA0~TIOA2 중에서 자신의 채널을 제외한 나머지 2개를 선택하여 사용할 수 있다. 이렇게 하여 선택된 외부 클록 신호는 타이머/카운터의 내부에 들어와서 XC0~XC2 신호라고 불린다.

외부 클록 신호의 주파수는 마스터 클록 MCK 주파수의 1/2.5 미만으로 사용되어야 하며, H 레벨 및 L 레벨 신호의 길이는 각각 MCK의 그것보다 길어야 한다.

타이머/카운터의 각 채널에서는 TCx_CMR 레지스터의 TCCLKS 필드를 사용하여 내부 클록 신호 TIMER_CLOCK0~TIMER_CLOCK5 또는 외부 클록 신호 XC0~XC2 중에서 1가지를 선택하여 클록 소스로 사용된다. 이렇게 선택된 클록 소스는 카운터/타이머에 직접 입력될 수도 있고, TCx_CMR 레지스터의 CLKI 비트를 사용하여 반전시켜 입력될 수도 있다.

타이머/카운터 각 채널의 내부에서 TCx_CMR 레지스터의 BURST 필드를 사용하면 외부 신호 XC0~XC2가 H 레벨일 때만 클록 신호가 카운터로 입력되도록 게이트할 수 있다. 이를 <그림 2.1.2>에 설명하였다.

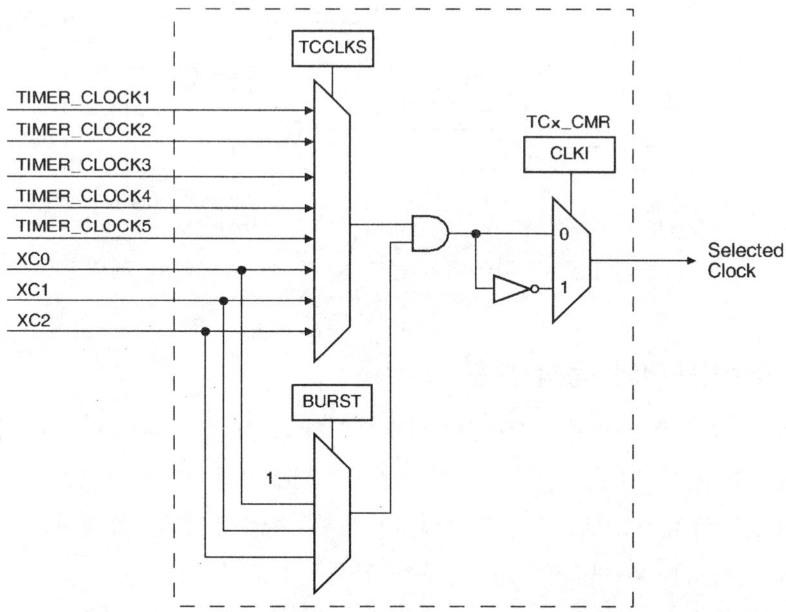

〈그림 2.1.2〉 타이머/카운터 클록 소스의 BURST 설정 기능

이렇게 하여 선택된 클록은 <그림 2.1.3>에 보인 바와 같이 타이머/카운터 채널 제어 레지스터 TCx_CCR을 사용하여 다시 2가지로 제어할 수 있다. 현재 클록 입력이 허용되어 있는지 금지되어 있는지는 TCx_SR 레지스터의 CLKSTA 비트에 표시된다.

첫째는 TCx_CMR 레지스터의 CLKEN 또는 CLKDIS 비트를 사용하여 클록 입력을 제어하는 방법이다. 그러나, 캡쳐 모드에서는 TCx_CMR 레지스터의 LDBSTOP 비트를 사용한 RB 로드에 의하여 클록을 금지할 수 있으며, 파형 발생 모드에서는 TCx_CMR 레지스터의 CPCSTOP 비트를 사용한 RC 비교에 의하여 클록을 금지할 수 있다. 일단 이와 같이 클록 입력이 금지되면 이를 다시 허용하는 방법은 TCx_CMR 레지스터에서 CLKEN=1로 설정하는 것뿐이다.

둘째는 트리거 신호에 의하여 클록 입력을 허용하는 방법이다. 트리거 신호로는 소프트웨어 설정, 동기 신호, 외부 트리거 신호, 비교 신호 등이 사용될 수 있다. 역시, 이렇게 허용된 클록 입력은 캡쳐 모드에서 RB 로드에 의하여 금지될 수 있으며, 파형 발생 모드에서 RC 비교에 의해서도 금지될 수 있다.

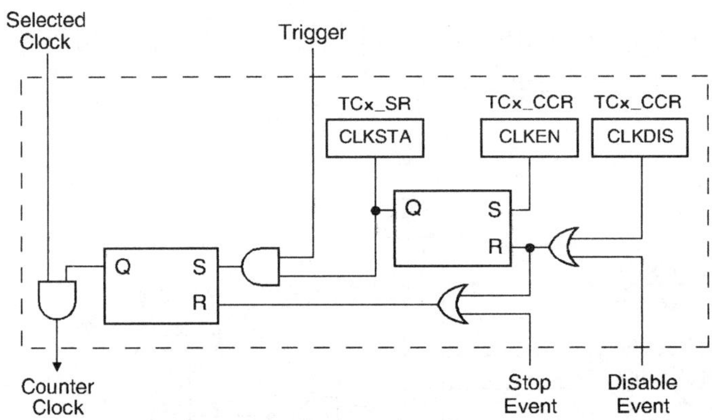

〈그림 2.1.3〉 타이머/카운터 클록 소스의 입력 제어

(2) 타이머/카운터의 동작 모드

타이머/카운터의 각 채널은 TCx_CMR 레지스터의 WAVE 비트에 따라서 크게 캡쳐 모드(Capture Mode)와 파형발생 모드(Waveform Mode)의 2가지 모드로 동작한다.

WAVE=0이면 캡쳐 모드로 설정되는데, 이것은 주로 신호를 측정하기 위한 용도로 사용되며, 여기서는 TIOAx 및 TIOBx 단자가 입력신호로 동작한다.

WAVE=1이면 파형발생 모드로 설정되는데, 이것은 주로 외부 단자에 파형을 발생하기 위한 용도로 사용되며, 여기서는 TIOAx가 항상 출력신호로 사용되고 TIOBx 단자도 외부 트리거로 설정되지 않는다면 출력신호로 동작한다.

트리거 신호는 카운터를 리셋하고 카운터 클록의 동작을 시작하도록 한다. 트리거 방식은 각 모드에 공통적으로 적용되는 3가지가 있고, 4번째 방식은 각 모드에서 다르게 동작한다. 소프트웨어 트리거, SYNC, RC 비교 트리거 등은 각 모드에서 공통으로 동작한다. 소프트웨어 트리거는 TCx_CCR 레지스터의 SWTRG 비트를 세트하면 발생하고, SYNC 트리거는 내부의 SYNC 신호에 의해 발생되는데 이는 TC_BCR 레지스터의 SYNC 비트를 세트하면 모든 채널에서 동시에 발생한다. 또한, RC 비교 트리거는 TCx_CMR 레지스터에서 CPCTRG=1일 때 카운터 값이 TCx_RC 레지스터의 RC 값과 일치하면 발생한다.

한편 각 채널은 외부 트리거 방식을 사용할 수도 있는데, 캡쳐 모드에서 외부 트리거 신호는 TIOAx 또는 TIOBx 단자를 선택 사용할 수 있으며, 파형발생 모드에서 외부 트리거 신호는 TIOBx, XC0~XC2 신호를 선택 사용할 수 있다. 이들 외부 트리거 신호의 동작은 상승 에지, 하강 에지, 모든 에지 중에서 1가지를 지정할 수 있으며, 외부 트리거 신호의 펄스 폭은 마스터 클록 신호의 주기보다 길어야 한다.

(3) 캡쳐 모드

TCx_CMR 레지스터에서 WAVE=0으로 설정하면 타이머/카운터는 캡쳐 모드로 동작하는데, 이것은 주로 TIOAx 및 TIOBx 단자로 입력되는 신호의 펄스 타이밍, 주파수, 주기, 듀티 사이클, 위상 등을 측정하는데 사용된다. <그림 2.1.4>는 타이머/카운터가 캡쳐 모드로 동작할 때의 내부 구성을 보여준다.

캡쳐 모드에서는 레지스터 A(RA)와 레지스터 B(RB)가 캡쳐 레지스터로 사용되는데, 이것들은 TIOAx 단자에 입력되는 이벤트에 의하여 현재의 카운터 값을 캡쳐하여 저장한다. TCx_CMR 레지스터에서 LDRA 필드로 설정한 신호 에지에서 RA에 캡쳐 동작이 수행되고, LDRB 필드로 설정한 신호 에지에서 RB에 캡쳐 동작이 수행된다. RA에 먼저 캡쳐가 수행되지 않으면 RB의 캡쳐 동작은 수행되지 않는다. 또한, RA와 RB에 캡쳐된 데이터를 읽기 전에 다시 캡쳐가 수행되면 오버런 에러가 되어 TCx_SR 레지스터에서 LOVRS 비트가 세트된다.

캡쳐 모드에서는 소프트웨어 트리거, SYNC, RC 비교 트리거 및 외부 트리거를 사용할 수 있다. TCx_CMR 레지스터에서 ABETRG 비트는 TIOAx 또는 TIOBx 단자를 외부 트리거 신호로 설정하는데 사용되며, ETRGEDG 비트는 외부 트리거 신호가 캡쳐 동작을 수행하는 에지를 설정하는데 사용된다. ETRGEDG=0으로 설정하면 외부 트리거 신호를 사용하지 않는다.

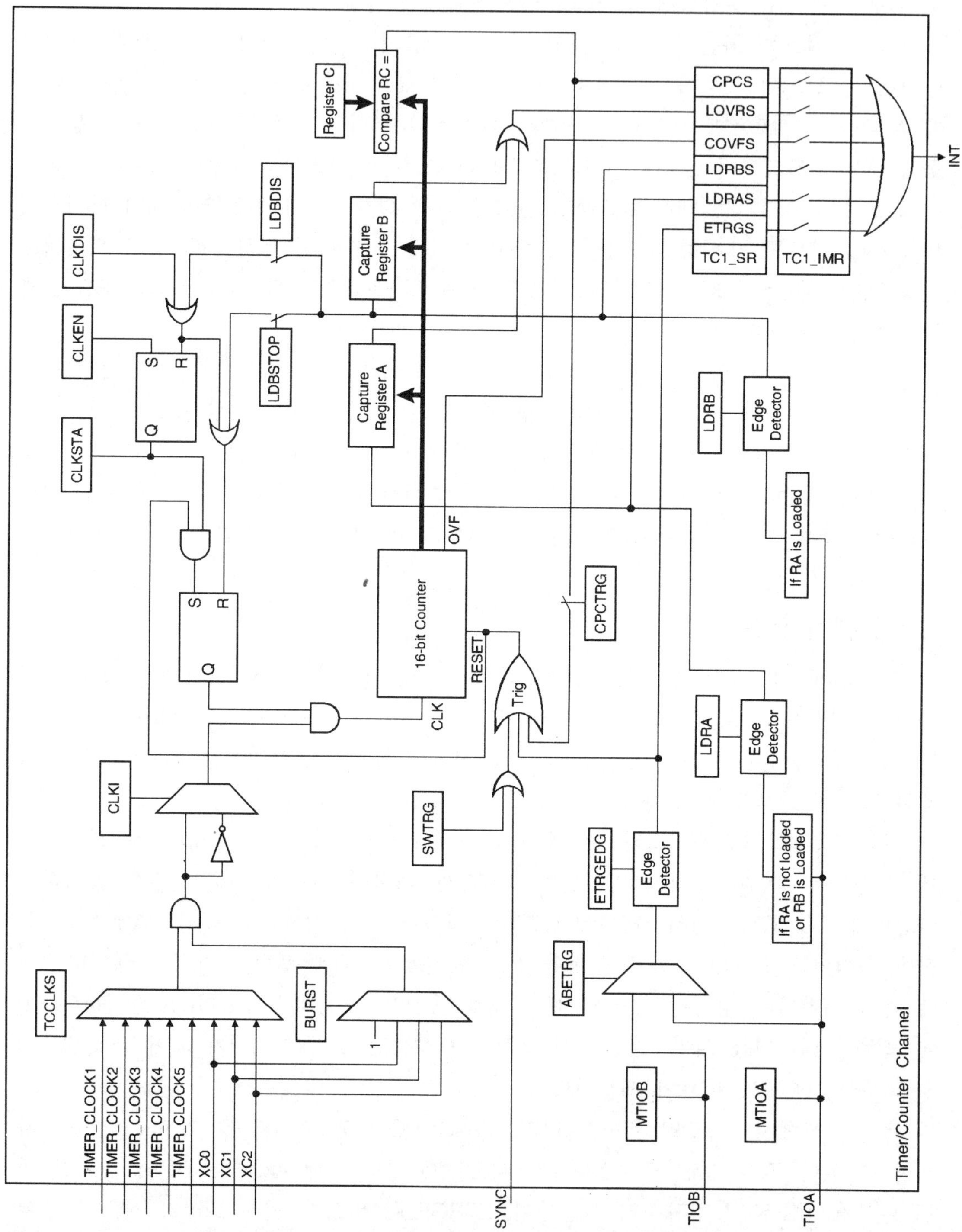

〈그림 2.1.4〉 타이머/카운터가 캡쳐 모드로 동작할 때의 내부 구성

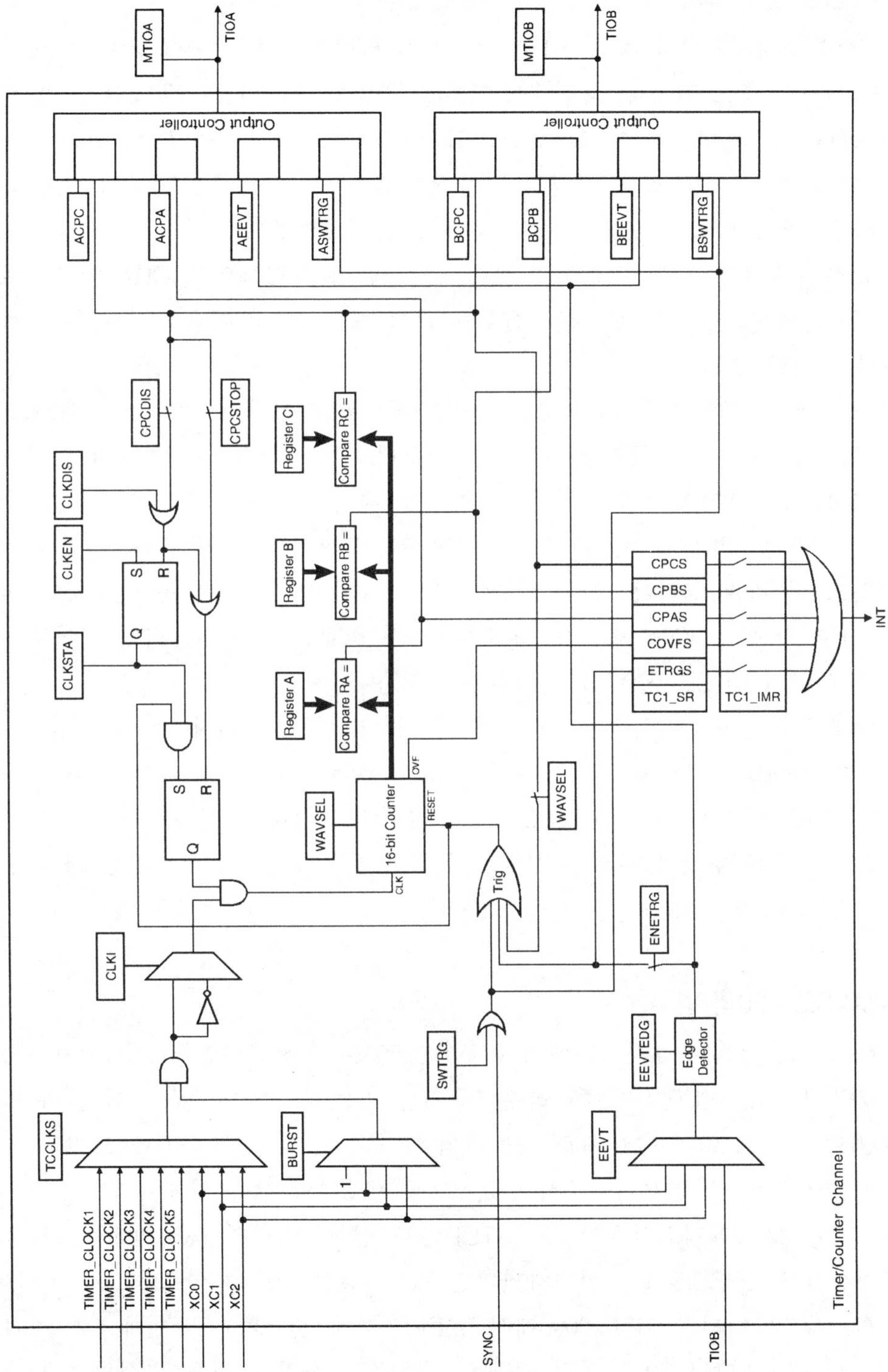

〈그림 2.1.5〉 타이머/카운터가 파형발생 모드로 동작할 때의 내부 구성

(4) 파형발생 모드

TCx_CMR 레지스터에서 WAVE=1로 설정하면 타이머/카운터는 파형발생 모드로 동작하는데, 이것은 주로 TIOAx 및 TIOBx 단자로 PWM 신호, 단일 펄스, 반복적인 펄스 등을 발생하는데 사용된다. 이 모드에서 TIOAx 단자는 항상 출력 신호로 사용되며, TIOBx 단자는 출력 신호 또는 이벤트 입력 신호로 사용된다. <그림 2.1.5>는 타이머/카운터가 파형발생 모드로 동작할 때의 내부 구성을 보여준다.

PWM 출력은 1개 또는 2개를 발생할 수 있는데, TIOAx와 TIOBx 단자에 2개의 PWM 출력를 발생하는 경우에 이들 신호는 주파수는 동일하고 듀티 사이클만 독립적으로 가변 제어할 수 있다.

출력 제어기는 TCx_CMR 레지스터의 해당 비트를 사용하여 TIOAx 및 TIOBx 단자에서의 신호 출력을 세트, 클리어, 토글 중의 하나로 설정한다. 즉, 파형발생 모드에서는 TCx_CMR 레지스터의 WAVSEL 필드 설정에 따라서 카운터 값인 TCx_CV 레지스터의 동작이 결정되며, 여기에 레지스터 TCx_RA, TCx_RB, TCx_RC가 비교 레지스터로 동작하고 이 비교 결과가 출력 신호를 세트, 클리어, 토글하도록 설정하여 파형을 발생한다. RA 비교는 TIOAx 출력을 제어하고, RB 비교는 TIOBx 출력을 제어하며, RC 비교는 TIOAx 또는 TIOBx 출력을 제어하는데 사용된다.

파형발생 모드에서 외부 이벤트/트리거 신호는 TCx_CMR 레지스터에서 EEVT 필드를 사용하여 TIOBx, CX0~XC2 중에서 하나를 선택할 수 있고, 이것들이 동작하는 에지는 EEVTEDG 필드로 설정한다. EEVTEDG=0으로 설정하면 외부 이벤트 신호를 사용하지 않는다. TIOBx 단자가 외부 이벤트 신호로 설정되면 이는 더 이상 파형 발생에 사용되지 않는다.

▣ WAVSEL=00의 경우

각 채널의 TCx_CMR 레지스터에서 WAVSEL=00으로 설정하면 TCx_CV 레지스터의 값이 0x0000에서 0xFFFF까지 증가하여 1주기를 만들며, 그 이후에는 이 값이 리셋되어 0x0000으로 되고 여기부터 새로 증가하기 시작한다. 외부의 이벤트 트리거나 소프트웨어 트리거가 발생하면 이는 즉시 TCx_CV 레지스터의 값을 리셋시킨다.

만약, TCx_CMR 레지스터에서 CPCSTOP=1로 설정하였다면 RC 비교는 카운터 클록을 정지시키며, CPCDIS=1로 설정하였다면 RC 비교는 카운터 클록을 금지시킨다.

TCx_CV 레지스터의 값이 0x0000에서 0xFFFF까지 변화하는 동안에 RA 비교, RB 비교, RC 비교는 <그림 2.1.6>처럼 TIOAx 및 TIOBx 출력 파형을 발생하는데 사용된다. 여기서 RA 비교는 TIOAx 출력을 세트시키고, RB 비교는 TIOBx 출력을 세트시키며, RC 비교는 TIOAx와 TIOBx 출력을 리셋시키도록 하였다. 그러나, 트리거에 의하여 카운트 값이 중간에 리셋되면 <그림 2.1.6>의 (b)처럼 출력 파형이 변형된다.

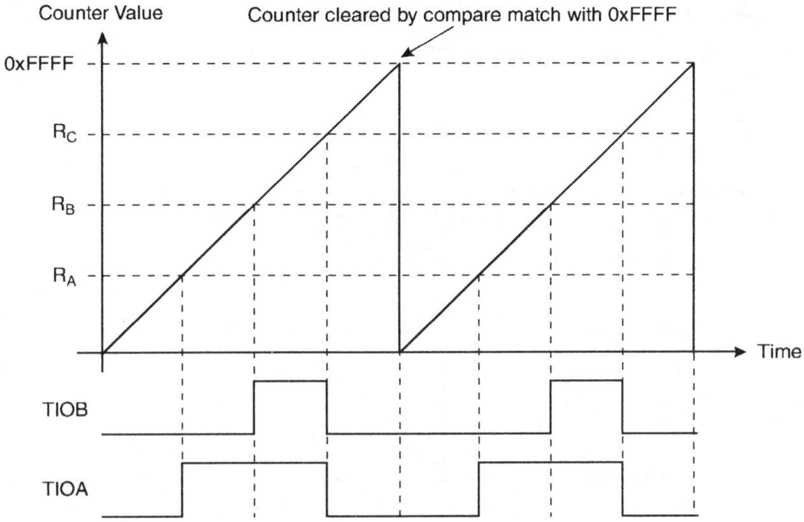

(a) 트리거가 발생하지 않은 경우

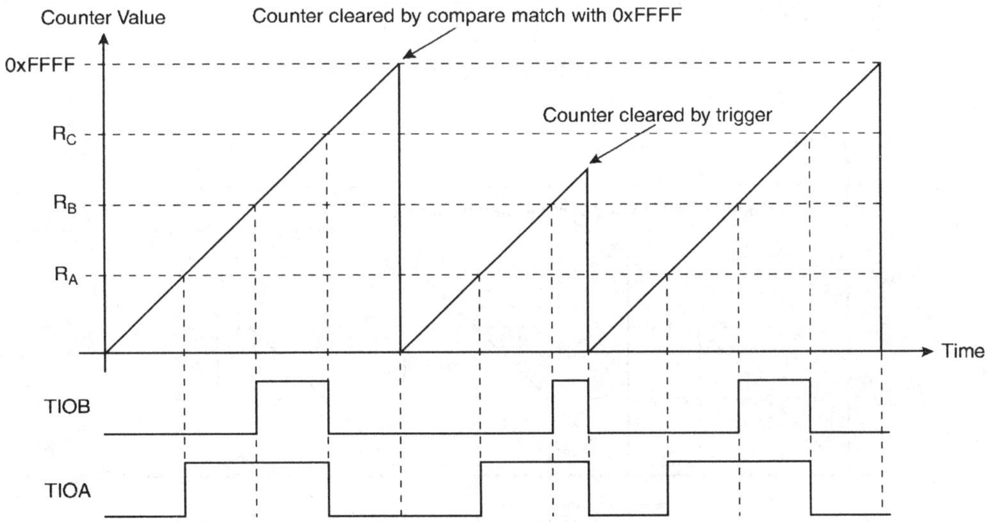

(b) 트리거가 발생한 경우

〈그림 2.1.6〉 WAVSEL=00일 때 TIOAx 및 TIOBx의 출력 파형

▣ WAVSEL=10의 경우

각 채널의 TCx_CMR 레지스터에서 WAVSEL=10으로 설정하면 TCx_CV 레지스터의

값이 0x0000에서 RC 값까지 증가하여 1주기를 만들며, 그 이후에는 이 값이 리셋되어 0x0000으로 되고 여기부터 새로 증가하기 시작한다. 외부의 이벤트 트리거나 소프트웨어 트리거가 발생하면 이는 즉시 TCx_CV 레지스터의 값을 리셋시킨다.

만약, TCx_CMR 레지스터에서 CPCSTOP=1로 설정하였다면 RC 비교는 카운터 클록을 정지시키며, CPCDIS=1로 설정하였다면 RC 비교는 카운터 클록을 금지시킨다.

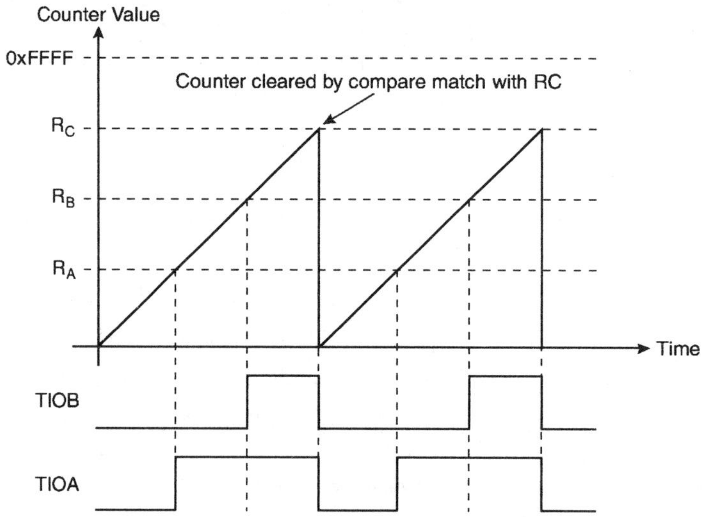

(a) 트리거가 발생하지 않은 경우

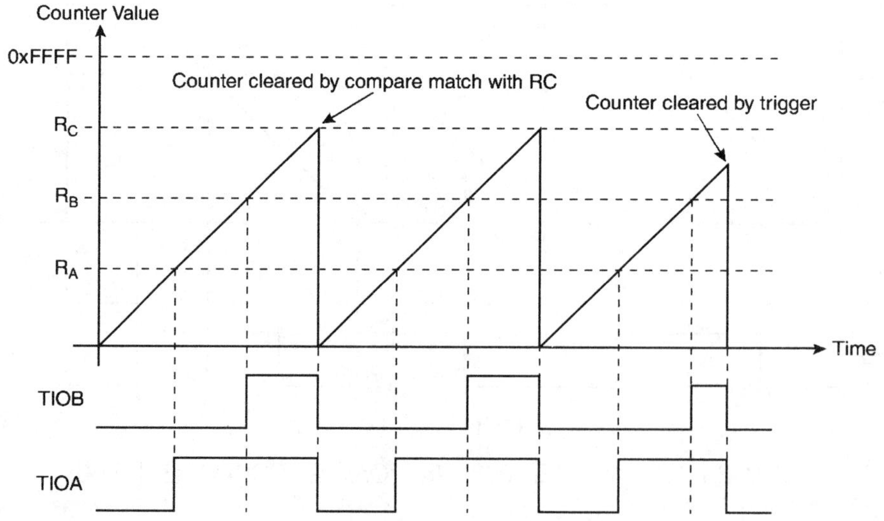

(b) 트리거가 발생한 경우

〈그림 2.1.7〉 WAVSEL=10일 때 TIOAx 및 TIOBx의 출력 파형

TCx_CV 레지스터의 값이 0x0000에서 RC 값까지 변화하는 동안에 RA 비교, RB 비교, RC 비교는 <그림 2.1.7>처럼 TIOAx 및 TIOBx 출력 파형을 발생하는데 사용된다. 여기서 RA 비교는 TIOAx 출력을 세트시키고, RB 비교는 TIOBx 출력을 세트시키며, RC 비교는 이 파형의 주기를 끝냄과 동시에 TIOAx와 TIOBx 출력을 리셋시키도록 하였다. 즉, 이 동작 모드에서 RC 비교는 트리거 신호로 동작한다. 그러나, 트리거에 의하여 카운트 값이 중간에 리셋되면 <그림 2.1.7>의 (b)처럼 출력 파형이 변형된다.

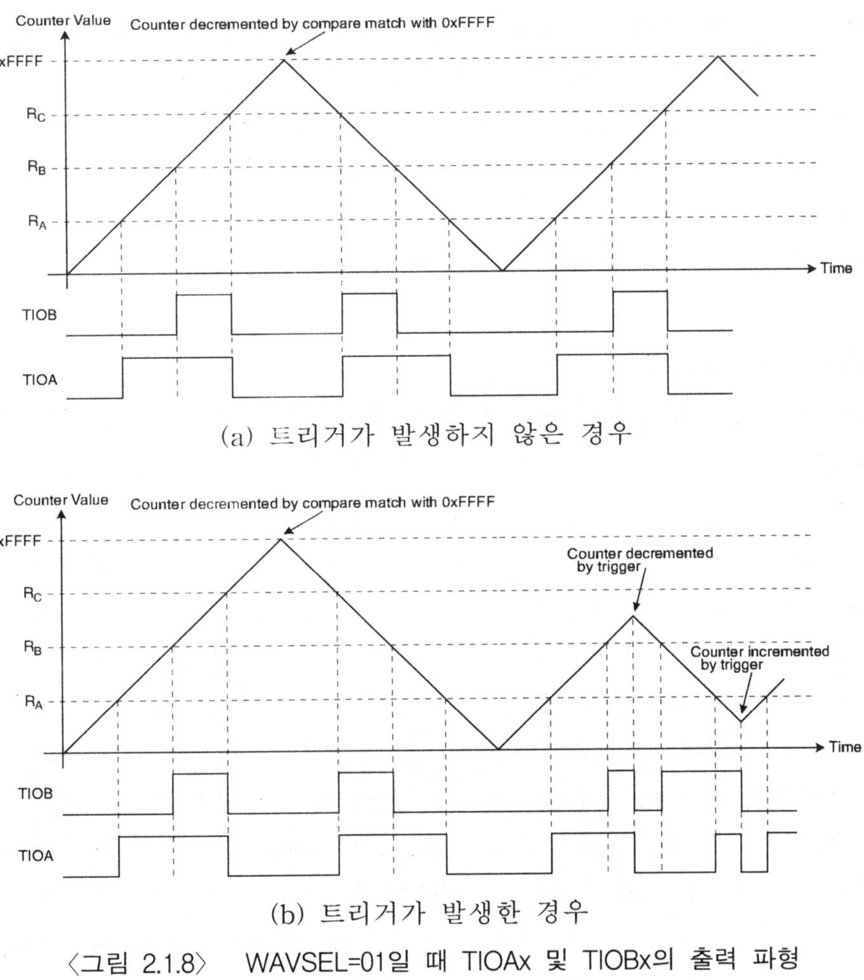

(a) 트리거가 발생하지 않은 경우

(b) 트리거가 발생한 경우

〈그림 2.1.8〉 WAVSEL=01일 때 TIOAx 및 TIOBx의 출력 파형

▣ WAVSEL=01의 경우

각 채널의 TCx_CMR 레지스터에서 WAVSEL=01로 설정하면 TCx_CV 레지스터의 값이 0x0000에서 0xFFFF까지 증가하였다가 다시 0x0000까지 감소하는 것으로 1주기

를 만든다. 외부의 이벤트 트리거나 소프트웨어 트리거가 카운터 증가 동작에서 발생하면 이는 즉시 카운터를 감소 동작으로 변경하며, 카운터 감소 동작에서 발생하면 이는 즉시 카운터를 증가 동작으로 변경한다.

만약, TCx_CMR 레지스터에서 CPCSTOP=1로 설정하였다면 RC 비교는 카운터 클록을 정지시키며, CPCDIS=1로 설정하였다면 RC 비교는 카운터 클록을 금지시킨다.

TCx_CV 레지스터의 값이 0x0000에서 0xFFFF까지 증가하였다가 다시 0x0000까지 감소하는 동안에 RA 비교, RB 비교, RC 비교는 각각 출력 신호를 토글하도록 설정하여 <그림 2.1.8>처럼 TIOAx 및 TIOBx 출력 파형을 2차례 발생하도록 하였다. 즉, 첫번째의 파형은 RA 비교와 RB 비교에서 각각 TIOAx와 TIOBx 출력을 세트시키고, RC 비교에서 TIOAx 및 TIOBx 출력을 리셋시킨다. 두번째의 파형은 반대로 RC 비교에서 TIOAx 및 TIOBx 출력을 세트시키고, RA 비교와 RB 비교에서 각각 TIOAx와 TIOBx 출력을 리셋시킨다. 그러나, 트리거가 발생하면 TIOAx와 TIOBx 출력 신호가 모두 리셋되므로 <그림 2.1.8>의 (b)처럼 출력 파형이 변형된다.

▣ WAVSEL=11의 경우

각 채널의 TCx_CMR 레지스터에서 WAVSEL=11로 설정하면 TCx_CV 레지스터의 값이 0x0000에서 RC 값까지 증가하였다가 다시 0x0000까지 감소하는 것으로 1주기를 만든다. 외부의 이벤트 트리거나 소프트웨어 트리거가 카운터 증가 동작에서 발생하면 이는 즉시 카운터를 감소 동작으로 변경하며, 카운터 감소 동작에서 발생하면 이는 즉시 카운터를 증가 동작으로 변경한다.

만약, TCx_CMR 레지스터에서 CPCSTOP=1로 설정하였다면 RC 비교는 카운터 클록을 정지시키며, CPCDIS=1로 설정하였다면 RC 비교는 카운터 클록을 금지시킨다.

TCx_CV 레지스터의 값이 0x0000에서 RC 값까지 증가하였다가 다시 0x0000까지 감소하는 동안에 RA 비교와 RB 비교는 출력 신호를 토글시키고, RC 비교는 아무 기능을 수행하지 않도록 설정하여 <그림 2.1.9>처럼 TIOAx 및 TIOBx 출력 파형을 1차례 발생하도록 하였다. 즉, 카운터 증가 동작에서 RA 비교와 RB 비교는 각각 TIOAx와 TIOBx 출력을 리셋시키고, 카운터 감소 동작에서 RA 비교와 RB 비교는 각각 TIOAx와 TIOBx 출력을 세트시킨다. 그러나, 트리거가 발생하면 TIOAx와 TIOBx 출력 신호가 모두 세트되므로 <그림 2.1.9>의 (b)처럼 출력 파형이 변형된다.

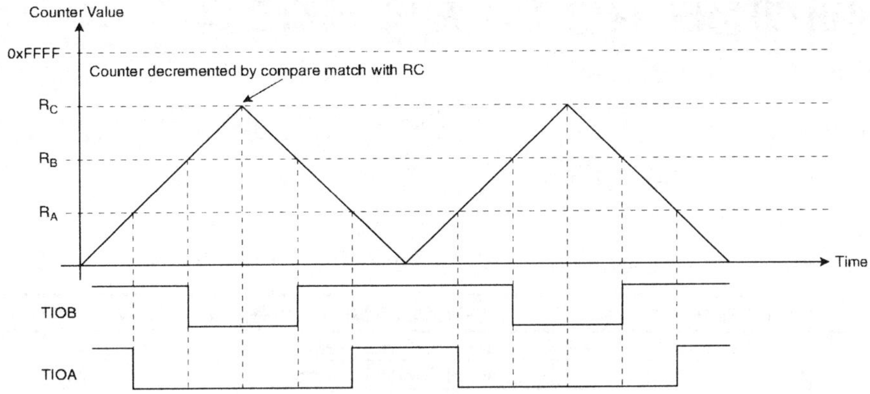

(a) 트리거가 발생하지 않은 경우

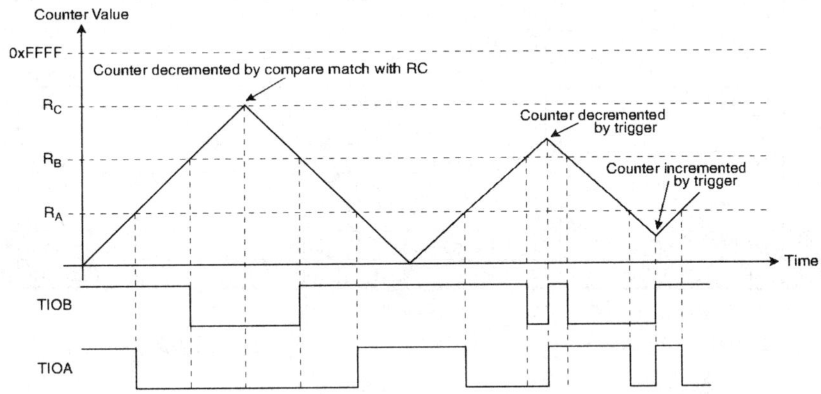

(b) 트리거가 발생한 경우

〈그림 2.1.9〉 WAVSEL=11일 때 TIOAx 및 TIOBx의 출력 파형

◀**참고**▶ 타이머(timer)와 카운터(counter)는 모두 동일한 카운터 회로로 구성되어 있으나 사용하는 클록 소스와 용도에 따라 다르게 구분한다. 타이머는 지정된 시간의 경과를 알리는 것을 기본 기능으로 하므로 주파수가 일정하고 정확하며 사용자가 이를 알 수 있는 내부 시스템 클록을 소스로 사용하여 동작한다. 미리 알고 있는 일정한 주파수를 사용하므로 지정된 수만큼 펄스 수를 카운트하면 시간의 경과를 알 수 있으며, 이를 분주하여 주기적인 인터럽트를 발생하거나 원하는 출력 주파수를 만들 수도 있고, PWM 출력과 같은 파형을 발생하는데도 사용한다.

카운터는 외부에서 입력되는 펄스 수를 카운트하는 것이 기본 기능이므로 반드시 외부 클록 입력단자에서 들어오는 신호를 클록 소스로 사용한다. 이것은 일반적으로 주파수를 알 수 없고 일정하지 않을 수도 있다. 일정한 시간동안 이를 카운트하여 평균 주파수를 측정하거나 1개의 펄스에 해당하는 시간을 타이머로 환산하여 주기를 측정하는 용도에 사용하기도 한다.

따라서, 마이크로프로세서에 내장된 타이머는 반드시 내부 시스템 클록으로 동작하는 기능을 가지며, 이것이 타이머/카운터로 불린다면 반드시 외부에서 들어오는 클록 입력단자를 가지게 된다.

3. 타이머/카운터 관련 I/O 제어 레지스터

타이머/카운터와 관련된 I/O 제어 레지스터는 <표 2.1.5>와 같은데, 이 레지스터들의 기능을 정리하면 아래와 같다.

〈표 2.1.5〉 AT91SAM7S256의 타이머/카운터와 관련된 I/O 레지스터 요약

어드레스	옵셋	레지스터 이름	레지스터의 풀어 쓴 이름	액세스 속성	리셋 후 초기값
0xFFFA_00?0	0x00	TCx_CCR	TCx Channel Control Register	write-only	-
0xFFFA_00?4	0x04	TCx_CMR	TCx Channel Mode Register	read/write	0x0000_0000
0xFFFA_00?8	0x08	-	(reserved)	-	-
0xFFFA_00?C	0x0C	-	(reserved)	-	-
0xFFFA_00?0	0x10	TCx_CV	TCx Counter Value	read-only	0x0000_0000
0xFFFA_00?4	0x14	TCx_RA	TCx Register A (☞ WAVE=0이면 read-only)	read/write	0x0000_0000
0xFFFA_00?8	0x18	TCx_RB	TCx Register B (☞ WAVE=0이면 read-only)	read/write	0x0000_0000
0xFFFA_00?C	0x1C	TCx_RC	TCx Register C	read/write	0x0000_0000
0xFFFA_00?0	0x20	TCx_SR	TCx Status Register	read-only	0x0000_0000
0xFFFA_00?4	0x24	TCx_IER	TCx Interrupt Enable Register	write-only	-
0xFFFA_00?8	0x28	TCx_IDR	TCx Interrupt Disable Register	write-only	-
0xFFFA_00?C	0x2C	TCx_IMR	TCx Interrupt Mask Register	read-only	0x0000_0000
...	...	...	...	...	...
0xFFFA_00C0	0xC0	TC_BCR	TC Block Control Register	write-only	-
0xFFFA_00C4	0xC4	TC_BMR	TC Block Mode Register	read/write	0x0000_0000

☞ 레지스터 이름에서 x는 TC0, TC1, TC2를 나타내는 0, 1 또는 2이다.

☞ TC0은 어드레스 0xFFFA_0000에서 시작하고, TC1은 어드레스 0xFFFA_0040에서 시작하며, TC2는 어드레스 0xFFFA_0080에서 시작한다.

▣ TCx 채널 제어 레지스터 TCx_CCR (write-only, 디폴트값 : -)

b31	b30	b29	b28	b27	b26	b25	b24	b23	b22	b21	b20	b19	b18	b17	b16
-	-	-	-	-	-	-	-	-	-	-	-	-	-	-	-

b15	b14	b13	b12	b11	b10	b9	b8	b7	b6	b5	b4	b3	b2	b1	b0
-	-	-	-	-	-	-	-	-	-	-	-	-	SWTRG	CLKDIS	CLKEN

- SWTRG : Software Trigger
  0 = 무효.
  1 = 해당 채널을 소프트웨어적으로 트리거하여 카운터가 리셋되고 클록이 공급되기 시작한다.
- CLKDIS : Counter Clock Disable
  0 = 무효.
  1 = 클록이 공급되지 않도록 금지한다.
- CLKEN : Counter Clock Enable
  0 = 무효.
  1 = CLKDIS가 1로 설정되지 않았다면 클록이 공급되도록 허용한다.

▣ TCx 채널 모드 레지스터 TCx_CMR (read/write, 디폴트값 : 0x0000_0000) ☞캡쳐 모드

b31	b30	b29	b28	b27	b26	b25	b24	b23	b22	b21	b20	b19	b18	b17	b16
–	–	–	–	–	–	–	–	–	–	–	–	LDRB		LDRA	

b15	b14	b13	b12	b11	b10	b9	b8	b7	b6	b5	b4	b3	b2	b1	b0
WAVE=0	CPCTRG	–	–	–	ABETRG	ETRGEDG		LDBDIS	LDBSTOP	BURST		CLKI	TCCLKS		

- LDRB : RB Loading Selection
  00 = 사용하지 않는다.
  01 = TIOAx의 상승 에지가 캡쳐 트리거 신호로 사용된다.
  10 = TIOAx의 하강 에지가 캡쳐 트리거 신호로 사용된다.
  11 = TIOAx의 상승 에지 및 하강 에지가 캡쳐 트리거 신호로 사용된다.
- LDRA : RA Loading Selection
  00 = 사용하지 않는다.
  01 = TIOAx의 상승 에지가 캡쳐 트리거 신호로 사용된다.
  10 = TIOAx의 하강 에지가 캡쳐 트리거 신호로 사용된다.
  11 = TIOAx의 상승 에지 및 하강 에지가 캡쳐 트리거 신호로 사용된다.
- WAVE : Waveform Mode Enable
  0 = 파형발생 모드를 금지하고 캡쳐 모드를 허용한다.
  1 = 캡쳐 모드를 금지하고 파형발생 모드를 허용한다.
- CPCTRG : RC Compare Trigger Enable
  0 = RC 비교가 카운터 및 클록 입력에 아무 영향을 주지 않는다.
  1 = RC 비교가 카운터를 리셋하고 클록을 공급하기 시작한다.
- ABETRG : TIOA or TIOB External Trigger Enable
  0 = TIOBx가 외부 트리거 신호로 사용된다.
  1 = TIOAx가 외부 트리거 신호로 사용된다.
- ETRGEDG : External Trigger Edge Selection
  00 = 외부 트리거 신호를 사용하지 않는다.
  01 = 상승 에지.
  10 = 하강 에지.
  11 = 상승 에지 및 하강 에지.
- LDBDIS : Counter Clock Disable with RB Loading
  0 = RB 로딩이 발생할 때 카운터 클록이 금지되지 않는다.
  1 = RB 로딩이 발생할 때 카운터 클록이 금지된다.
- LDBSTOP : Counter Clock Stopped with RB Loading
  0 = RB 로딩이 발생할 때 카운터 클록이 정지되지 않는다.
  1 = RB 로딩이 발생할 때 카운터 클록이 정지된다.
- BURST : Burst Signal Selection
  00 = 외부 신호에 의하여 클록이 허용되지 않는다.
  01 = XC0이 선택된 클록과 AND된다.
  10 = XC1이 선택된 클록과 AND된다.
  11 = XC2가 선택된 클록과 AND된다.
- CLKI : Clock Invert
  0 = 클록의 상승 에지에서 카운터가 증가한다.
  1 = 클록의 하강 에지에서 카운터가 증가한다.
- TCCLKS : Clock Selection
  000 = TIMER_CLOCK1(MCK/2).
  001 = TIMER_CLOCK2(MCK/8).
  010 = TIMER_CLOCK3(MCK/32).
  011 = TIMER_CLOCK4(MCK/128).
  100 = TIMER_CLOCK5(MCK/1024).
  101 = XC0.
  110 = XC1.
  111 = XC2.

■ TCx 채널 모드 레지스터 TCx_CMR (read/write, 디폴트값 : 0x0000_0000) ☞파형발생 모드

b31	b30	b29	b28	b27	b26	b25	b24	b23	b22	b21	b20	b19	b18	b17	b16
BSWTRG		BEEVT		BCPC		BCPB		ASWTRG		AEEVT		ACPC		ACPA	

b15	b14	b13	b12	b11	b10	b9	b8	b7	b6	b5	b4	b3	b2	b1	b0
WAVE=1	WAVSEL		ENETRG	EEVT		EEVTEDG		CPCDIS	CPCSTOP	BURST		CLKI	TCCLKS		

- BSWTRG : Software Trigger Effect on TIOB
  00 = 사용하지 않는다.
  01 = 세트.
  10 = 클리어.
  11 = 토글.
- BEEVT : External Event Effect on TIOB
  00 = 사용하지 않는다.
  01 = 세트.
  10 = 클리어.
  11 = 토글.
- BCPC : RC Compare Event Effect on TIOB
  00 = 사용하지 않는다.
  01 = 세트.
  10 = 클리어.
  11 = 토글.
- BCPB : RB Compare Event Effect on TIOB
  00 = 사용하지 않는다.
  01 = 세트.
  10 = 클리어.
  11 = 토글.
- ASWTRG : Software Trigger Effect on TIOA
  00 = 사용하지 않는다.
  01 = 세트.
  10 = 클리어.
  11 = 토글.
- AEEVT : External Event Effect on TIOA
  00 = 사용하지 않는다.
  01 = 세트.
  10 = 클리어.
  11 = 토글.
- ACPC : RC Compare Event Effect on TIOA
  00 = 사용하지 않는다.
  01 = 세트.
  10 = 클리어.
  11 = 토글.
- ACPA : RA Compare Event Effect on TIOA
  00 = 사용하지 않는다.
  01 = 세트.
  10 = 클리어.
  11 = 토글.
- WAVE : Waveform Mode Enable
  0 = 파형발생 모드를 금지하고 캡쳐 모드를 허용한다.
  1 = 캡쳐 모드를 금지하고 파형발생 모드를 허용한다.
- WAVSEL : Waveform Selection
  00 = RC 비교에서 자동 트리거가 없는 UP 모드.
  10 = RC 비교에서 자동 트리거가 있는 UP 모드.
  01 = RC 비교에서 자동 트리거가 없는 UPDOWN 모드.
  11 = RC 비교에서 자동 트리거가 있는 UPDOWN 모드.
- ENGTRG : External Event Trigger Enable
  0 = 외부 이벤트가 카운터 및 클록 입력에 아무 영향을 주지 않는다. 이 경우 외부 트리거는 단지 TIOAx 출력만을 제어한다.
  1 = 외부 이벤트가 카운터를 리셋하고 클록을 공급하기 시작한다.

- EEVT : External Event Selection
  00 = TIOBx가 외부 이벤트로 사용되고 TIOBx는 입력신호로 동작한다.
  01 = XC0이 외부 이벤트로 사용되고 TIOBx는 출력신호로 동작한다.
  10 = XC1이 외부 이벤트로 사용되고 TIOBx는 출력신호로 동작한다.
  11 = XC2가 외부 이벤트로 사용되고 TIOBx는 출력신호로 동작한다.
- EEVTEDG : External Event Edge Selection
  00 = 사용하지 않는다.
  01 = 상승 에지.
  10 = 하강 에지.
  11 = 상승 에지 및 하강 에지.
- CPCDIS : Counter Clock Disable with RC Compare
  0 = 카운터가 RC에 도달하였을 때 카운터 클록이 금지되지 않는다.
  1 = 카운터가 RC에 도달하였을 때 카운터 클록이 금지된다.
- CPCSTOP : Counter Clock Stopped with RC Compare
  0 = 카운터가 RC에 도달하였을 때 카운터 클록이 정지되지 않는다.
  1 = 카운터가 RC에 도달하였을 때 카운터 클록이 정지된다.
- BURST : Burst Signal Selection
  00 = 외부 신호에 의하여 클록이 허용되지 않는다.
  01 = XC0이 선택된 클록과 AND된다.
  10 = XC1이 선택된 클록과 AND된다.
  11 = XC2가 선택된 클록과 AND된다.
- CLKI : Clock Invert
  0 = 클록의 상승 에지에서 카운터가 증가한다.
  1 = 클록의 하강 에지에서 카운터가 증가한다.
- TCCLKS : Clock Selection
  000 = TIMER_CLOCK1(MCK/2).
  001 = TIMER_CLOCK2(MCK/8).
  010 = TIMER_CLOCK3(MCK/32).
  011 = TIMER_CLOCK4(MCK/128).
  100 = TIMER_CLOCK5(MCK/1024).
  101 = XC0.
  110 = XC1.
  111 = XC2.

■ TCx 카운터 값 레지스터 TCx_CV (read-only, 디폴트값 : 0x0000_0000)

b31	b30	b29	b28	b27	b26	b25	b24	b23	b22	b21	b20	b19	b18	b17	b16
-	-	-	-	-	-	-	-	-	-	-	-	-	-	-	-

b15	b14	b13	b12	b11	b10	b9	b8	b7	b6	b5	b4	b3	b2	b1	b0
CV															

- CV : Counter Value
  실시간으로 카운터의 값을 저장하고 있다.

■ TCx 레지스터 A TCx_RA (read-only if WAVE=0, read/write if WAVE=1, 디폴트값 : 0x0000_0000)

b31	b30	b29	b28	b27	b26	b25	b24	b23	b22	b21	b20	b19	b18	b17	b16
-	-	-	-	-	-	-	-	-	-	-	-	-	-	-	-

b15	b14	b13	b12	b11	b10	b9	b8	b7	b6	b5	b4	b3	b2	b1	b0
RA															

- RA : Register A
  실시간으로 레지스터 A의 값을 저장하고 있다.

▣ TCx 레지스터 B TCx_RB (read-only if WAVE=0, read/write if WAVE=1, 디폴트값 : 0x0000_0000)

b31	b30	b29	b28	b27	b26	b25	b24	b23	b22	b21	b20	b19	b18	b17	b16
-	-	-	-	-	-	-	-	-	-	-	-	-	-	-	-
b15	**b14**	**b13**	**b12**	**b11**	**b10**	**b9**	**b8**	**b7**	**b6**	**b5**	**b4**	**b3**	**b2**	**b1**	**b0**
RB															

- RB : Register B
  실시간으로 레지스터 B의 값을 저장하고 있다.

▣ TCx 레지스터 C TCx_RC (read/write, 디폴트값 : 0x0000_0000)

b31	b30	b29	b28	b27	b26	b25	b24	b23	b22	b21	b20	b19	b18	b17	b16
-	-	-	-	-	-	-	-	-	-	-	-	-	-	-	-
b15	**b14**	**b13**	**b12**	**b11**	**b10**	**b9**	**b8**	**b7**	**b6**	**b5**	**b4**	**b3**	**b2**	**b1**	**b0**
RC															

- RC : Register C
  실시간으로 레지스터 C의 값을 저장하고 있다.

▣ TCx 상태 레지스터 TCx_SR (read-only, 디폴트값 : 0x0000_0000)

b31	b30	b29	b28	b27	b26	b25	b24	b23	b22	b21	b20	b19	b18	b17	b16
-	-	-	-	-	-	-	-	-	-	-	-	-	MTIOB	MTIOA	CLKSTA
b15	**b14**	**b13**	**b12**	**b11**	**b10**	**b9**	**b8**	**b7**	**b6**	**b5**	**b4**	**b3**	**b2**	**b1**	**b0**
-	-	-	-	-	-	-	-	ETRGS	LDRBS	LDRAS	CPCS	CPBS	CPAS	LOVRS	COVFS

- MTIOB : TIOB Mirror
  0 = TIOBx가 현재 0상태이다.(WAVE=0이면 0으로 입력, WAVE=1이면 0으로 출력)
  1 = TIOBx가 현재 1상태이다.(WAVE=0이면 1로 입력, WAVE=1이면 1로 출력)
- MTIOA : TIOA Mirror
  0 = TIOAx가 현재 0상태이다.(WAVE=0이면 0으로 입력, WAVE=1이면 0으로 출력)
  1 = TIOAx가 현재 1상태이다.(WAVE=0이면 1로 입력, WAVE=1이면 1로 출력)
- CLKSTA : Clock Enable Status
  0 = 클록이 금지되어 있다.
  1 = 클록이 허용되어 있다.
- ETRGS : External Trigger Status
  0 = TCx_SR 레지스터를 마지막으로 읽은 후에 외부 트리거가 발생하지 않았다.
  1 = TCx_SR 레지스터를 마지막으로 읽은 후에 외부 트리거가 발생하였다.
- LDRBS : RB Loading Status
  0 = TCx_SR 레지스터를 마지막으로 읽은 후에 RB 로딩이 발생하지 않았거나 WAVE=0이다.
  1 = (WAVE=1)에서 TCx_SR 레지스터를 마지막으로 읽은 후에 RB 로딩이 발생하였다.
- LDRAS : RA Loading Status
  0 = TCx_SR 레지스터를 마지막으로 읽은 후에 RA 로딩이 발생하지 않았거나 WAVE=0이다.
  1 = (WAVE=1)에서 TCx_SR 레지스터를 마지막으로 읽은 후에 RA 로딩이 발생하였다.
- CPCS : RC Compare Status
  0 = TCx_SR 레지스터를 마지막으로 읽은 후에 RC 비교가 발생하지 않았다.
  1 = TCx_SR 레지스터를 마지막으로 읽은 후에 RC 비교가 발생하였다.
- CPBS : RB Compare Status
  0 = TCx_SR 레지스터를 마지막으로 읽은 후에 RB 비교가 발생하지 않았거나 WAVE=0이다.
  1 = (WAVE=1)에서 TCx_SR 레지스터를 마지막으로 읽은 후에 RB 비교가 발생하였다.
- CPAS : RA Compare Status
  0 = TCx_SR 레지스터를 마지막으로 읽은 후에 RA 비교가 발생하지 않았거나 WAVE=0이다.
  1 = (WAVE=1)에서 TCx_SR 레지스터를 마지막으로 읽은 후에 RA 비교가 발생하였다.
- LOVRS : Load Overrun Status
  0 = TCx_SR 레지스터를 마지막으로 읽은 후에 로드 오버런이 발생하지 않았거나 WAVE=0이다.

1 = (WAVE=1)에서 TCx_SR 레지스터를 마지막으로 읽은 후에 로드 오버런이 발생하였다.
- COVFS : Counter Overflow Status
  0 = TCx_SR 레지스터를 마지막으로 읽은 후에 카운터 오버플로우가 발생하지 않았다.
  1 = TCx_SR 레지스터를 마지막으로 읽은 후에 카운터 오버플로우가 발생하였다.

▣ TCx 인터럽트 허용 레지스터 TCx_IER (write-only, 디폴트값 : -)

b31	b30	b29	b28	b27	b26	b25	b24	b23	b22	b21	b20	b19	b18	b17	b16
-	-	-	-	-	-	-	-	-	-	-	-	-	-	-	-
b15	**b14**	**b13**	**b12**	**b11**	**b10**	**b9**	**b8**	**b7**	**b6**	**b5**	**b4**	**b3**	**b2**	**b1**	**b0**
-	-	-	-	-	-	-	-	ETRGS	LDRBS	LDRAS	CPCS	CPBS	CPAS	LOVRS	COVFS

- ETRGS : External Trigger Interrupt Enable
- LDRBS : RB Loading Interrupt Enable
- LDRAS : RA Loading Interrupt Enable
- CPCS : RC Compare Interrupt Enable
- CPBS : RB Compare Interrupt Enable
- CPAS : RA Compare Interrupt Enable
- LOVRS : Load Overrun Interrupt Enable
- COVFS : Counter Overflow Interrupt Enable
  0 = 무효.
  1 = TCx의 해당 인터럽트를 허용한다.

▣ TCx 인터럽트 금지 레지스터 TCx_IDR (write-only, 디폴트값 : -)

b31	b30	b29	b28	b27	b26	b25	b24	b23	b22	b21	b20	b19	b18	b17	b16
-	-	-	-	-	-	-	-	-	-	-	-	-	-	-	-
b15	**b14**	**b13**	**b12**	**b11**	**b10**	**b9**	**b8**	**b7**	**b6**	**b5**	**b4**	**b3**	**b2**	**b1**	**b0**
-	-	-	-	-	-	-	-	ETRGS	LDRBS	LDRAS	CPCS	CPBS	CPAS	LOVRS	COVFS

- ETRGS : External Trigger Interrupt Disable
- LDRBS : RB Loading Interrupt Disable(if WAVE=0)
- LDRAS : RA Loading Interrupt Disable(if WAVE=0)
- CPCS : RC Compare Interrupt Disable
- CPBS : RB Compare Interrupt Disable(if WAVE=1)
- CPAS : RA Compare Interrupt Disable(if WAVE=1)
- LOVRS : Load Overrun Interrupt Disable(if WAVE=0)
- COVFS : Counter Overflow Interrupt Disable
  0 = 무효.
  1 = TCx의 해당 인터럽트를 금지한다.

▣ TCx 인터럽트 마스크 레지스터 TCx_IMR (read-only, 디폴트값 : 0x0000_0000)

b31	b30	b29	b28	b27	b26	b25	b24	b23	b22	b21	b20	b19	b18	b17	b16
-	-	-	-	-	-	-	-	-	-	-	-	-	-	-	-
b15	**b14**	**b13**	**b12**	**b11**	**b10**	**b9**	**b8**	**b7**	**b6**	**b5**	**b4**	**b3**	**b2**	**b1**	**b0**
-	-	-	-	-	-	-	-	ETRGS	LDRBS	LDRAS	CPCS	CPBS	CPAS	LOVRS	COVFS

- ETRGS : External Trigger Interrupt Mask
- LDRBS : RB Loading Interrupt Mask
- LDRAS : RA Loading Interrupt Mask
- CPCS : RC Compare Interrupt Mask
- CPBS : RB Compare Interrupt Mask
- CPAS : RA Compare Interrupt Mask

- LOVRS : Load Overrun Interrupt Mask
- COVFS : Counter Overflow Interrupt Mask
  0 = TCx의 해당 인터럽트가 금지되어 있다.
  1 = TCx의 해당 인터럽트가 허용되어 있다.

▣ TC 블록 제어 레지스터 TC_BCR (write-only, 디폴트값 : -)

b31	b30	b29	b28	b27	b26	b25	b24	b23	b22	b21	b20	b19	b18	b17	b16
-	-	-	-	-	-	-	-	-	-	-	-	-	-	-	-

b15	b14	b13	b12	b11	b10	b9	b8	b7	b6	b5	b4	b3	b2	b1	b0
-	-	-	-	-	-	-	-	-	-	-	-	-	-	-	SYNC

- SYNC : Synchro Command
  0 = 무효.
  1 = 각 채널을 동시에 소프트웨어적으로 트리거하기 위한 SYNC 신호를 발생한다.

▣ TC 블록 모드 레지스터 TC_BMR (read/write, 디폴트값 : 0x0000_0000)

b31	b30	b29	b28	b27	b26	b25	b24	b23	b22	b21	b20	b19	b18	b17	b16
-	-	-	-	-	-	-	-	-	-	-	-	-	-	-	-

b15	b14	b13	b12	b11	b10	b9	b8	b7	b6	b5	b4	b3	b2	b1	b0
-	-	-	-	-	-	-	-	-	-	TC2XC2S		TC1XC1S		TC0XC0S	

- TC2XC2S : External Clock Signal 2 Selection
  00 = TCLK2.
  01 = 클록 소스를 사용하지 않음.
  10 = TIOA0.
  11 = TIOA1.
- TC1XC1S : External Clock Signal 1 Selection
  00 = TCLK1.
  01 = 클록 소스를 사용하지 않음.
  10 = TIOA0.
  11 = TIOA2.
- TC0XC0S : External Clock Signal 0 Selection
  00 = TCLK0.
  01 = 클록 소스를 사용하지 않음.
  10 = TIOA1.
  11 = TIOA2.

2.2 PWM 제어기(PWM)

이 절에서는 AT91SAM7S256에 내장되어 있는 PWM 제어기의 구조와 기능에 대하여 알아보기로 한다.

1. PWM 제어기의 개요

AT91SAM7S256에는 모두 4채널의 PWM(Pulse Width Modulation) 제어기가 있는데, 각 채널은 서로 독립적으로 클록 입력을 받아 동작하여 주기, 듀티 사이클(duty cycle 또는 duty ratio), 출력 파형의 극성 등을 선택적으로 제어할 수 있다.

또한 모든 채널은 서로 출력 파형이 어긋나지 않도록 동기화하여 동작할 수도 있다. 각 채널은 이중 버퍼링 구조로 되어 있어서 주기나 듀티 사이클을 수정할 때 과도적으로 뜻하지 않았던 출력이 발생하는 것을 방지하고 있다.

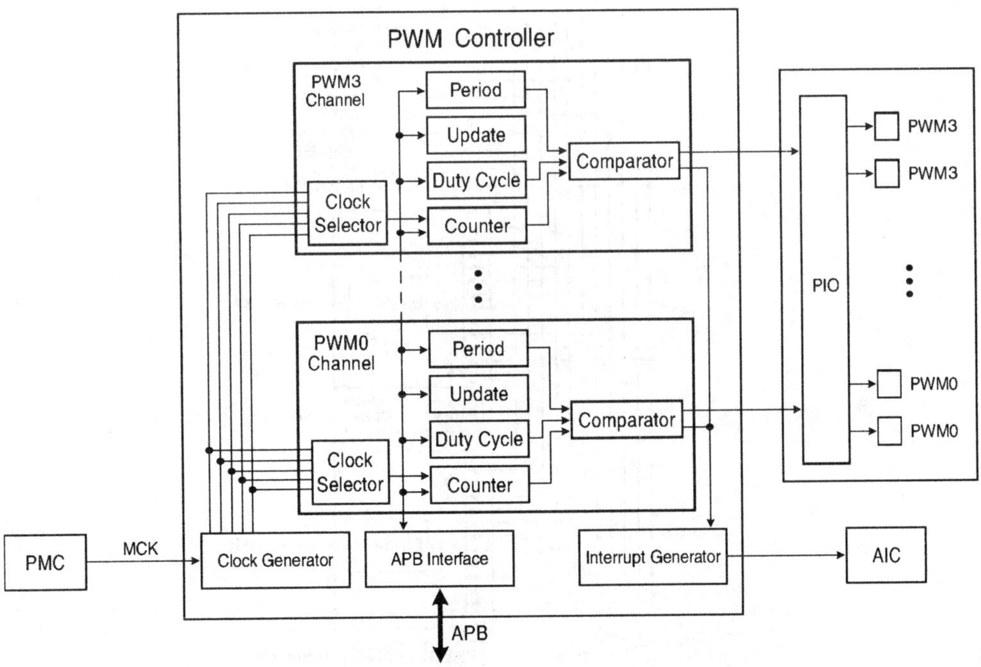

〈그림 2.2.1〉 PWM 제어기의 구성 블록도

PWM 제어기의 내부 구성은 <그림 2.2.1>과 같다. 각 채널에서는 1개의 PWM 출력 파형을 발생하는데, 실제로는 Peripheral B로 설정할 경우 동일한 파형을 2군데의 핀으로 출력할 수 있다.

PWM 제어기는 기본적으로 클록이 공급되지 않는 상태에 있으므로 이를 사용하려면 먼저 전력관리 제어기(PMC)에서 클록을 공급하도록 설정해야 한다. 그러나, PWM 제어기를 초기화하는 것은 클록을 공급하지 않아도 가능하다.

PWM 주기의 마지막에서는 인터럽트를 발생할 수 있는데, 이 인터럽트는 에지 트리거 모드로 사용하는 것이 바람직하지 않다.

2. PWM 제어기의 구조와 동작

PWM 제어기는 클록 발생기와 4개의 채널로 구성된다. 클록 발생기는 마스터 클록 MCK를 사용하여 13가지의 클록을 PWM 제어기에 공급한다. 각 채널은 독립적으로 이 클록 중에서 1가지를 선택하여 PWM 출력을 발생하는데 사용할 수 있다.

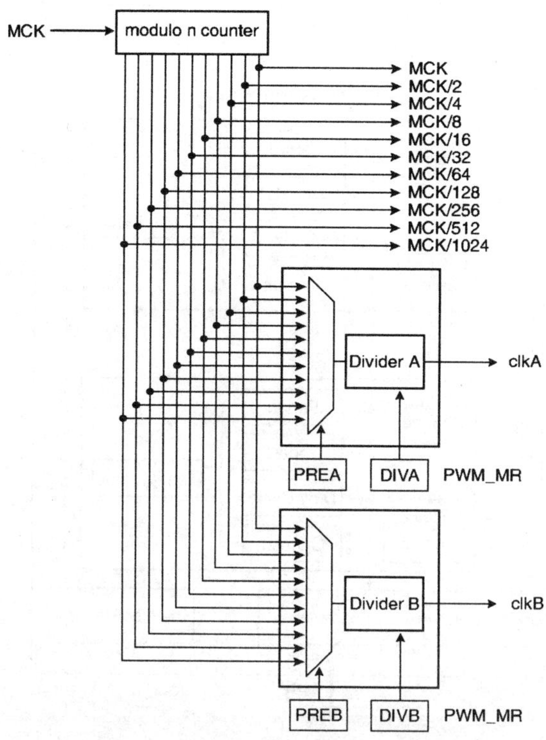

〈그림 2.2.2〉 PWM 제어기의 클록 발생기

(1) 클록 발생기

PWM 제어기의 클록 발생기는 <그림 2.2.2>와 같은 구조로 되어 있으며, 전력관리 제어기(PMC)에서 클록을 공급하도록 설정해야만 동작을 개시한다.

클록 발생기는 마스터 클록 MCK를 N(=1, 2, 4, 8, 16, 32, 64, 128, 256, 512, 1024)으로 분주한 11가지의 클록 신호를 발생하며, 이밖에도 이 11가지의 클록을 임의로 선택하여 이를 다시 1~255로 분주한 clkA 및 clkB 출력 신호를 발생한다.

clkA 및 clkB 신호를 발생하기 위한 클록의 선택은 PWM_MR 레지스터에서 PREA 또는 PREB로 설정하며, 이를 다시 분주하기 위한 분주비 1~255는 DIVA 및 DIVB로 설정한다. 따라서, clkA의 출력 주파수는 MCK/N/DIVA가 되고, clkB의 출력 주파수는 MCK/N/DIVB가 된다. 만약, DIVA 및 DIVB를 0으로 설정하면 각각 clkA 및 clkB 출력 신호의 발생이 금지된다.

(2) PWM 제어기 각 채널의 구조

PWM 제어기의 각 채널은 <그림 2.2.3>과 같이 클록 선택부, 카운터, 비교기 등으로 구성되어 있다.

클록 선택부는 클록 발생기에서 만든 13가지의 클록 소스 중에서 1가지를 선택하여 카운터로 공급하는데, 이러한 클록 선택은 PWM_CMRx 레지스터에서 CPRE 필드로 수행한다. 카운터는 16비트로 되어 있으며, 채널을 설정하는 방법에 따라 클록을 받아 증가 또는 감소한다. 비교기는 현재의 카운터 값과 파형을 발생하기 위하여 설정한 값을 비교하여 출력의 상태를 결정한다.

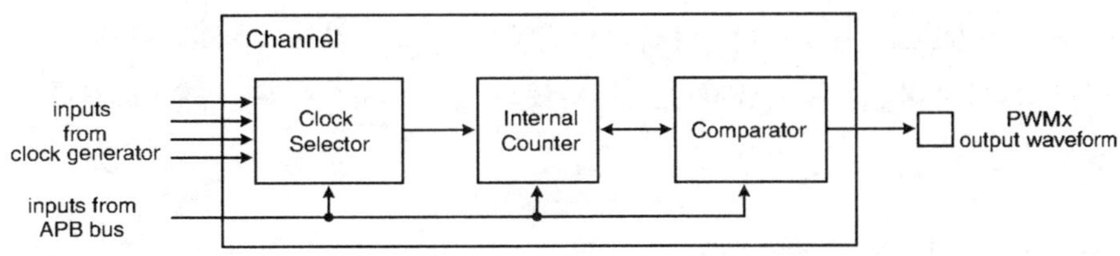

〈그림 2.2.3〉 PWM 제어기의 각 채널 구조

(3) PWM 출력파형의 특성

PWM 출력 파형의 주기는 PWM_CPRDx 레지스터에서 CPRD 필드의 16비트로 지정한다. 만약 카운터가 single slope로 톱니파처럼 증가하여 출력 파형이 좌측으로 정렬된다면 마스터 클록 MCK를 N(=1, 2, 4, 8, 16, 32, 64, 128, 256, 512, 1024)으로 분주한 클록 펄스가 CPRD개만큼 입력될 때 PWM 출력의 1주기가 만들어지므로 주기는 아래와 같이 표시된다. 즉, 카운터가 0에서부터 증가하여 CPRD에 도달하면 리셋되어 1주기를 완료한다.

$$T_L = \frac{N}{MCK} \times CPRD$$

그러나, 만약 각 채널의 클록 소스로 clkA나 clkB가 선택되는 경우에는 PWM 출력의 1주기가 다음과 같이 된다.

$$T_L = \frac{N \times DIVA}{MCK} \times CPRD \quad \text{또는} \quad \frac{N \times DIVB}{MCK} \times CPRD$$

그러나, 만약 카운터가 dual slope로 삼각파처럼 증가하였다가 감소하여 출력 파형이 중앙으로 정렬된다면 마스터 클록 MCK를 N(=1, 2, 4, 8, 16, 32, 64, 128, 256, 512, 1024)으로 분주한 클록 펄스가 2×CPRD개만큼 입력될 때 PWM 출력의 1주기가 만들어지므로 PWM 출력의 1주기는 다음과 같이 달라진다. 즉, 카운터가 0에서부터 증가하여 CPRD에 도달하면 카운터는 감소하기 시작하고 이것이 다시 0으로 되면 1주기를 완료한다.

$$T_C = \frac{2 \times N}{MCK} \times CPRD \quad \text{또는} \quad \frac{2 \times N \times DIVA}{MCK} \times CPRD \quad \text{또는} \quad \frac{2 \times N \times DIVB}{MCK} \times CPRD$$

1주기의 길이를 결정하는 CPRD의 값을 크게 하면 당연히 PWM 듀티 사이클의 분해능이 높아진다. 한편, PWM 출력 파형의 듀티 사이클은 PWM_CDTYx 레지스터에서 CDTY 필드의 16비트로 지정한다. 따라서, CDTY 필드의 값은 CPRD 필드의 값을 초과하여 설정하지 말아야 한다. PWM 출력 파형의 듀티 사이클은 파형이 좌측으로 정렬되었을 경우에는

$$D_L = \frac{T_L - CDTY/\text{클록주파수}}{T_L}$$

가 되고, 파형이 중앙 정렬되었을 경우에는

$$D_C = \frac{T_C/2 - CDTY/\text{클록주파수}}{T_C/2}$$

가 된다.

PWM 출력 파형이 좌측으로 정렬될지 중앙으로 정렬될지는 PWM_CMRx 레지스터의 CALG 비트로 설정한다. 또한, PWM 출력 파형의 극성은 한 주기가 시작될 때 신호가 0상태로 될지 또는 1상태로 될지를 나타내는데, 이는 PWM_CMRx 레지스터의 CPOL 비트로 설정한다. <그림 2.2.4>에 중앙 정렬의 경우와 좌측 정렬의 경우에 각각 PWM 출력 파형이 만들어지는 원리를 도시하였다.

출력 파형의 극성은 PWM 채널의 동작을 허용하기 전에 먼저 설정해야 한다. 만약, 극단적으로 CDTY=0 및 CPOL=1로 설정하거나 CDTY=CPRD 및 CPOL=0으로 설정하면 PWM 출력 파형은 0으로 유지된다. 또한, CDTY=0 및 CPOL=0으로 설정하거나 CDTY=CPRD 및 CPOL=1로 설정하면 PWM 출력 파형은 1로 유지된다.

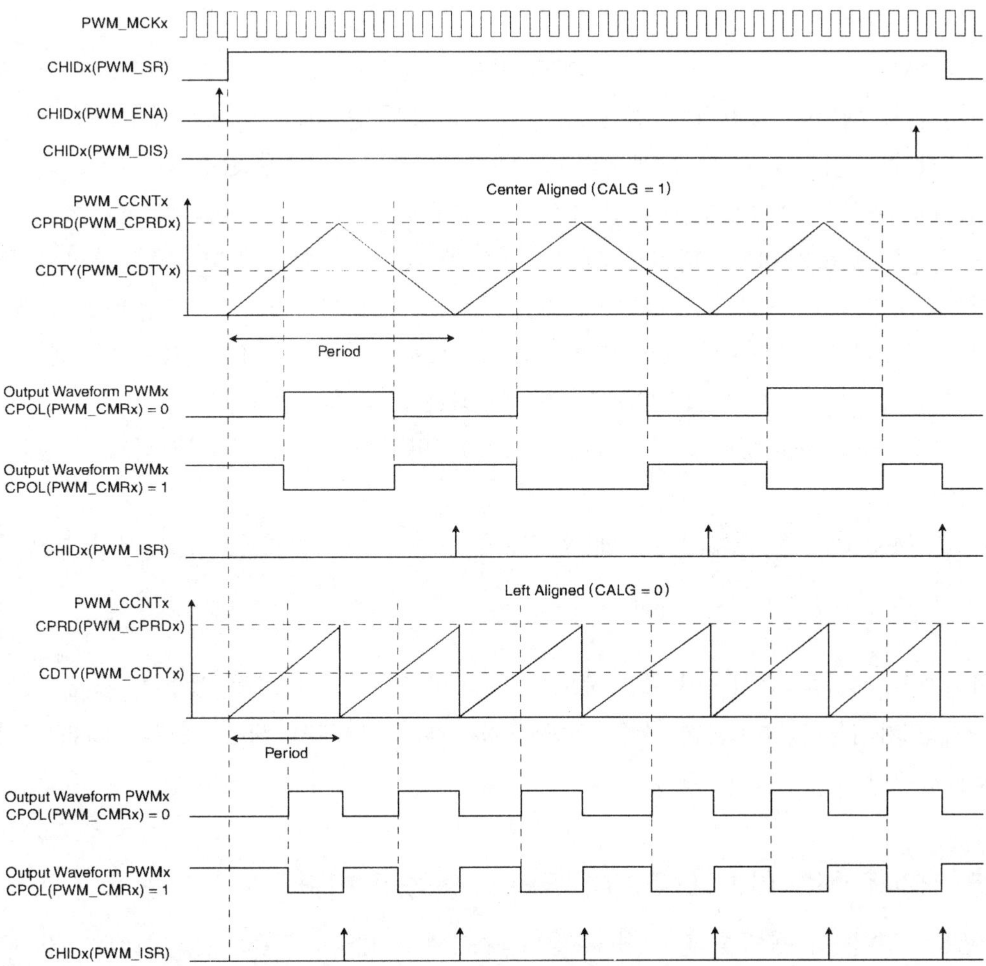

〈그림 2.2.4〉 PWM 제어기의 출력 파형

(4) PWM 제어기의 동작

PWM 제어기의 동작을 허용하기 전에 먼저 각 채널을 초기화하는 것이 필요한데 그 순서와 내용은 다음과 같다.

① 필요하면 PWM_MR 레지스터에서 DIVA 또는 DIVB를 초기화하여 PWM 클록 발생기를 설정한다.

② PWM_CMRx 레지스터에서 CPRE 필드를 초기화하여 사용할 클록을 선택한다.

③ PWM_CMRx 레지스터에서 CALG 필드를 초기화하여 PWM 출력 파형의 정렬방식을 선택한다.

④ PWM_CMRx 레지스터에서 CPOL 필드를 초기화하여 PWM 출력 파형의 극성을 선택한다.

⑤ PWM_CPRDx 레지스터에서 CPRD 필드를 초기화하여 PWM 출력 파형의 주기를 지정한다. 채널이 금지되어 있는 경우에는 PWM_CPRDx 레지스터에 값을 쓰는 것이 문제없지만, 채널의 동작이 허용되고 나면 이제부터는 PWM_CPRDx 레지스터를 업데이트하기 위하여 PWM_CUPDx 레지스터를 사용하는 것이 바람직하다.

⑥ PWM_CDTYx 레지스터에서 CDTY 필드를 초기화하여 PWM 출력 파형의 듀티 사이클을 지정한다. 채널이 금지되어 있는 경우에는 PWM_CDTYx 레지스터에 값을 쓰는 것이 가능하지만, 채널의 동작이 허용되고 나면 이제부터는 PWM_CDTYx 레지스터를 업데이트하기 위하여 PWM_CUPDx 레지스터를 사용해야 한다.

⑦ 필요하면 PWM_IER 레지스터에서 CHIDx 비트를 1로 하여 인터럽트 발생을 허용한다.

⑧ PWM_ENA 레지스터에서 CHIDx 비트를 1로 하여 원하는 PWM 채널의 동작을 허용한다.

여러개의 채널을 동기시켜 동작하도록 하려면 각 채널이 모두 동일한 클록과 동일한 주기를 가지도록 초기화한 후에 PWM_ENA 레지스터에서 해당 채널의 CHIDx 비트들을 동시에 1로 설정하면 된다.

(5) PWM 출력 파형의 주기나 듀티 사이클의 가변

PWM 제어기의 동작중에 출력 파형의 주기나 듀티 사이클을 변화시키는 것이 가능하다. 그러나, 이 경우는 의도하지 않은 출력 파형이 발생(glitch)하는 것을 방지하기 위하여 PWM_CUPDx 레지스터를 사용하는 것이 좋다. 즉, PWM 주기나 듀티 사이클을 변화시키려면 PWM_CPRDx나 PWM_CDTYx 레지스터에 직접 새로운 값을 쓰는 것이 아니라 PWM_CUPDx 레지스터를 사용하라는 것이다. PWM_CUPDx 레지스터에 써놓은 값은 현재의 주기가 끝날 때까지 이곳에 머물다가 새로운 주기가 시작되는 순간에 PWM_CMRx 레지스터의 CPD 비트에 따라 PWM_CPRDx 또는 PWM_CDTYx 레지스터를 갱신한다.

연속적으로 이들 레지스터의 값을 갱신하여 주기나 듀티 사이클을 가변시키고자 할 경우에는 인터럽트를 이용하든지 또는 PWM_ISRx 레지스터를 폴링하여 새로운 주기가 시작되었는지를 확인하는 것이 좋다. PWM 제어기의 인터럽트는 1주기가 끝나는 시점에서만 발생할 수 있다.

어느 경우에나 듀티 사이클을 지정하는 PWM_CDTYx 레지스터의 값이 주기를 지정하는 PWM_CPRDx 레지스터의 값보다 커서는 안된다.

3. PWM 제어기 관련 I/O 제어 레지스터

PWM 제어기와 관련된 I/O 제어 레지스터는 <표 2.2.5>와 같은데, 이 레지스터들의 기능을 정리하면 아래와 같다.

〈표 2.2.5〉 AT91SAM7S256의 PWM 제어기와 관련된 I/O 레지스터 요약

어드레스	옵셋	레지스터 이름	레지스터의 풀어 쓴 이름	액세스 속성	리셋 후 초기값
0xFFFC_C000	0x00	PWM_MR	PWM Mode Register	read/write	0x0000_0000
0xFFFC_C004	0x04	PWM_ENA	PWM Enable Register	write-only	-
0xFFFC_C008	0x08	PWM_DIS	PWM Disable Register	write-only	-
0xFFFC_C00C	0x0C	PWM_SR	PWM Status Register	read-only	0x0000_0000
0xFFFC_C010	0x10	PWM_IER	PWM Interrupt Enable Register	write-only	-
0xFFFC_C014	0x14	PWM_IDR	PWM Interrupt Disable Register	write-only	-
0xFFFC_C018	0x18	PWM_IMR	PWM Interrupt Mask Register	read-only	0x0000_0000
0xFFFC_C01C	0x1C	PWM_ISR	PWM Interrupt Status Register	read-only	0x0000_0000
...	...	...	...	...	...
0xFFFC_C2?0	0x2?0	PWM_CMRx	PWM Channel x Mode Register	read/write	0x0000_0000
0xFFFC_C2?4	0x2?4	PWM_CDTYx	PWM Channel x Duty Cycle Register	read/write	0x0000_0000
0xFFFC_C2?8	0x2?8	PWM_CPRDx	PWM Channel x Period Register	read/write	0x0000_0000
0xFFFC_C2?C	0x2?C	PWM_CCNTx	PWM Channel x Counter Register	read-only	0x0000_0000
0xFFFC_C2?0	0x2?0	PWM_CUPDx	PWM Channel x Update Register	write-only	-

☞ 레지스터 이름에서 x는 PWM0, PWM1, PWM2, PWM3을 나타내는 0, 1, 2 또는 3이다.

☞ PWM0은 어드레스 0xFFFC_C200에서 시작하고, PWM1은 어드레스 0xFFFC_C220에서 시작하며, PWM2는 어드레스 0xFFFC_C240에서 시작하고, PWM3은 어드레스 0xFFFC_C260에서 시작한다.

■ PWM 모드 레지스터 PWM_MR (read/write, 디폴트값 : 0x0000_0000)

b31	b30	b29	b28	b27	b26	b25	b24	b23	b22	b21	b20	b19	b18	b17	b16
-	-	-	-	PREB				DIVB							
b15	**b14**	**b13**	**b12**	**b11**	**b10**	**b9**	**b8**	**b7**	**b6**	**b5**	**b4**	**b3**	**b2**	**b1**	**b0**
-	-	-	-	PREA				DIVA							

- PREA(PREB) : Clock Prescaler A(B)
  0000 = MCK.
  0001 = MCK/2.
  0010 = MCK/4.
  0011 = MCK/8.
  0100 = MCK/16.
  0101 = MCK/32.
  0110 = MCK/64.
  0111 = MCK/128.
  1000 = MCK/256.
  1001 = MCK/512.
  1010 = MCK/1024.
  1011~1111 = 사용하지 않음(reserved).
- DIVA(DIVB) : CLKA(CLKB) Divider Factor
  0 = CLKA(CLKB) 클록을 차단한다.
  1~255 = 프리스케일러 PREA(PREB)를 거쳐서 DIVA(DIVB) 팩터로 나누어진 CLKA(CLKB) 클록이 공급된다.

■ PWM 허용 레지스터 PWM_ENA (write-only, 디폴트값 : -)

b31	b30	b29	b28	b27	b26	b25	b24	b23	b22	b21	b20	b19	b18	b17	b16
-	-	-	-	-	-	-	-	-	-	-	-	-	-	-	-
b15	**b14**	**b13**	**b12**	**b11**	**b10**	**b9**	**b8**	**b7**	**b6**	**b5**	**b4**	**b3**	**b2**	**b1**	**b0**
-	-	-	-	-	-	-	-	-	-	-	-	CHID3	CHID2	CHID1	CHID0

- CHIDx : Channel ID
  0 = 무효.
  1 = PWM 채널 x의 출력을 허용한다.

■ PWM 금지 레지스터 PWM_DIS (write-only, 디폴트값 : -)

b31	b30	b29	b28	b27	b26	b25	b24	b23	b22	b21	b20	b19	b18	b17	b16
-	-	-	-	-	-	-	-	-	-	-	-	-	-	-	-
b15	**b14**	**b13**	**b12**	**b11**	**b10**	**b9**	**b8**	**b7**	**b6**	**b5**	**b4**	**b3**	**b2**	**b1**	**b0**
-	-	-	-	-	-	-	-	-	-	-	-	CHID3	CHID2	CHID1	CHID0

- CHIDx : Channel ID
  0 = 무효.
  1 = PWM 채널 x의 출력을 금지한다.

■ PWM 상태 레지스터 PWM_SR (read-only, 디폴트값 : 0x0000_0000)

b31	b30	b29	b28	b27	b26	b25	b24	b23	b22	b21	b20	b19	b18	b17	b16
-	-	-	-	-	-	-	-	-	-	-	-	-	-	-	-
b15	**b14**	**b13**	**b12**	**b11**	**b10**	**b9**	**b8**	**b7**	**b6**	**b5**	**b4**	**b3**	**b2**	**b1**	**b0**
-	-	-	-	-	-	-	-	-	-	-	-	CHID3	CHID2	CHID1	CHID0

• CHIDx : Channel ID
0 = PWM 채널 x의 출력이 금지되어 있다.
1 = PWM 채널 x의 출력이 허용되어 있다.

▣ PWM 인터럽트 허용 레지스터 PWM_IER (write-only, 디폴트값 : -)

b31	b30	b29	b28	b27	b26	b25	b24	b23	b22	b21	b20	b19	b18	b17	b16
-	-	-	-	-	-	-	-	-	-	-	-	-	-	-	-
b15	**b14**	**b13**	**b12**	**b11**	**b10**	**b9**	**b8**	**b7**	**b6**	**b5**	**b4**	**b3**	**b2**	**b1**	**b0**
-	-	-	-	-	-	-	-	-	-	-	-	CHID3	CHID2	CHID1	CHID0

• CHIDx : Channel ID
0 = 무효.
1 = PWM 채널 x의 인터럽트를 허용한다.

▣ PWM 인터럽트 금지 레지스터 PWM_IDR (write-only, 디폴트값 : -)

b31	b30	b29	b28	b27	b26	b25	b24	b23	b22	b21	b20	b19	b18	b17	b16
-	-	-	-	-	-	-	-	-	-	-	-	-	-	-	-
b15	**b14**	**b13**	**b12**	**b11**	**b10**	**b9**	**b8**	**b7**	**b6**	**b5**	**b4**	**b3**	**b2**	**b1**	**b0**
-	-	-	-	-	-	-	-	-	-	-	-	CHID3	CHID2	CHID1	CHID0

• CHIDx : Channel ID
0 = 무효.
1 = PWM 채널 x의 인터럽트를 금지한다.

▣ PWM 인터럽트 마스크 레지스터 PWM_IMR (read-only, 디폴트값 : 0x0000_0000)

b31	b30	b29	b28	b27	b26	b25	b24	b23	b22	b21	b20	b19	b18	b17	b16
-	-	-	-	-	-	-	-	-	-	-	-	-	-	-	-
b15	**b14**	**b13**	**b12**	**b11**	**b10**	**b9**	**b8**	**b7**	**b6**	**b5**	**b4**	**b3**	**b2**	**b1**	**b0**
-	-	-	-	-	-	-	-	-	-	-	-	CHID3	CHID2	CHID1	CHID0

• CHIDx : Channel ID
0 = PWM 채널 x의 인터럽트가 금지되어 있다.
1 = PWM 채널 x의 인터럽트가 허용되어 있다.

▣ PWM 인터럽트 상태 레지스터 PWM_ISR (read-only, 디폴트값 : 0x0000_0000)

b31	b30	b29	b28	b27	b26	b25	b24	b23	b22	b21	b20	b19	b18	b17	b16
-	-	-	-	-	-	-	-	-	-	-	-	-	-	-	-
b15	**b14**	**b13**	**b12**	**b11**	**b10**	**b9**	**b8**	**b7**	**b6**	**b5**	**b4**	**b3**	**b2**	**b1**	**b0**
-	-	-	-	-	-	-	-	-	-	-	-	CHID3	CHID2	CHID1	CHID0

• CHIDx : Channel ID
0 = 가장 최근에 PWM_ISR 레지스터를 읽은 후에 채널 x의 PWM 주기가 종료되지 않았다.
1 = 가장 최근에 PWM_ISR 레지스터를 읽은 후에 채널 x의 PWM 주기가 종료되었다.

▣ PWMx 채널 모드 레지스터 PWM_CMRx (read/write, 디폴트값 : 0x0000_0000)

b31	b30	b29	b28	b27	b26	b25	b24	b23	b22	b21	b20	b19	b18	b17	b16
-	-	-	-	-	-	-	-	-	-	-	-	-	-	-	-

b15	b14	b13	b12	b11	b10	b9	b8	b7	b6	b5	b4	b3	b2	b1	b0
-	-	-	-	-	CPD	CPOL	CALG	-	-	-	-	CPRE			

• CPD : Channel Update Period
0 = PWM_CUPDx에 쓰는 데이터가 다음 주기부터 듀티 사이클을 수정한다.
1 = PWM_CUPDx에 쓰는 데이터가 다음 주기부터 주기를 수정한다.
• CPOL : Channel Polarity
0 = 출력 파형이 L 레벨에서 시작된다.(負의 PWM 출력)
1 = 출력 파형이 H 레벨에서 시작된다.(正의 PWM 출력)
• CALG : Channel Alignment
0 = PWM 주기가 좌측으로 정렬된다.(싱글 슬로프의 톱니파 PWM)
1 = PWM 주기가 중앙으로 정렬된다.(듀얼 슬로프의 삼각파 PWM)
• CPRE : Channel Prescaler
0000 = MCK.
0001 = MCK/2.
0010 = MCK/4.
0011 = MCK/8.
0100 = MCK/16.
0101 = MCK/32.
0110 = MCK/64.
0111 = MCK/128.
1000 = MCK/256.
1001 = MCK/512.
1010 = MCK/1024.
1011 = CLKA.
1100 = CLKB.
1101～1111 = 사용하지 않음(reserved).

▣ PWMx 채널 듀티 사이클 레지스터 PWM_CDTYx (read/write, 디폴트값 : 0x0000_0000)

b31	b30	b29	b28	b27	b26	b25	b24	b23	b22	b21	b20	b19	b18	b17	b16
CDTY															

b15	b14	b13	b12	b11	b10	b9	b8	b7	b6	b5	b4	b3	b2	b1	b0
CDTY															

• CDTY : Channel Duty Cycle
이것은 하위 16비트만 유효하며, 출력 파형의 듀티 사이클을 정의한다. 이 값은 0～CPRD의 범위로 설정해야 한다.

▣ PWMx 채널 주기 레지스터 PWM_CPRDx (read/write, 디폴트값 : 0x0000_0000)

b31	b30	b29	b28	b27	b26	b25	b24	b23	b22	b21	b20	b19	b18	b17	b16
CPRD															

b15	b14	b13	b12	b11	b10	b9	b8	b7	b6	b5	b4	b3	b2	b1	b0
CPRD															

• CPRD : Channel Period
이것은 하위 16비트만 유효하다. PWM 주기는 카운터 소스 클록에 의존하므로 출력 파형이 좌측으로 정렬되면 분주비 1～1024로 나누어진 마스터 클록에 의하여 (분주비×CPRD)/MCK로 되거나 또는 DIVA나 DIVB로 분주된 마스터 클록에 의하여 (DIVA×CPRD)/MCK 또는 (DIVB×CPRD)/MCK로 된다. 또한, 출력 파형이 중앙으로 정렬되면 PWM 주기는 분주비 1～1024로 나누어진 마스터 클록에 의하여

(2×분주비×CPRD)/MCK로 되거나 또는 DIVA나 DIVB로 나누어진 마스터 클록에 의하여 (2×DIVA×CPRD)/MCK 또는 (2×DIVB×CPRD)/MCK로 된다.

▣ PWMx 채널 카운터 레지스터 PWM_CCNTx (read-only, 디폴트값 : 0x0000_0000)

b31	b30	b29	b28	b27	b26	b25	b24	b23	b22	b21	b20	b19	b18	b17	b16
CNT															
b15	**b14**	**b13**	**b12**	**b11**	**b10**	**b9**	**b8**	**b7**	**b6**	**b5**	**b4**	**b3**	**b2**	**b1**	**b0**
CNT															

- CNT : Channel Counter Value
  이것은 카운터 값을 실시간으로 저장하고 있으며, 이것은 PWM_ENA 레지스터로 채널을 허용하거나 파형이 좌측으로 정렬된 경우에 카운터가 PWM_CPRDx 레지스터에 정의된 값에 도달하면 리셋된다.

▣ PWMx 채널 갱신 레지스터 PWM_CUPDx (write-only, 디폴트값 : -)

b31	b30	b29	b28	b27	b26	b25	b24	b23	b22	b21	b20	b19	b18	b17	b16
CUPD															
b15	**b14**	**b13**	**b12**	**b11**	**b10**	**b9**	**b8**	**b7**	**b6**	**b5**	**b4**	**b3**	**b2**	**b1**	**b0**
CUPD															

- CUPD : Channel Update Value
  이것은 하위 16비트만 유효하며, 주기나 듀티 사이클을 변경할 때 뜻하지 않은 파형(glitch))이 발생되는 것을 방지하기 위한 이중 버퍼로 사용된다. 만약, PWM_CMRx 레지스터에서 CPD=0이면 다음 주기가 시작될 때 PWM_CDTYx 레지스터의 CDTY로 정의되는 듀티 사이클이 CUPD 값으로 갱신된다. 그러나, CPD=1이면 다음 주기가 시작될 때 PWM_CPRDx 레지스터의 CPRD로 정의되는 주기가 CUPD 값으로 갱신된다.

2.3 동기 및 비동기 직렬통신 포트(USART)

이 절에서는 AT91SAM7S256에 내장되어 있는 USART 직렬통신 포트의 구조와 기능에 대하여 알아보기로 한다.

1. USART 직렬통신 포트의 개요

AT91SAM7S256에는 동일한 기능을 갖는 2개의 USART(Universal Synchronous Asynchronous Receiver Transmitter) 직렬통신 포트 USART0 및 USART1을 내장하고 있는데, 이것들은 동기 및 비동기 전송 모드에서 모두 전이중 통신이 가능하며, 높은 정밀도의 보레이트 발생기(Baud Rate Generator)를 내장하고 있다.

비동기 모드에서 전송 데이터는 5~9비트로 설정하고 스톱 비트는 1, 1.5, 2비트로 설정할 수 있으며, 전송중에 패리티 비트를 사용하지 않을 수도 있고 짝수 또는 홀수 패리티(even or odd parity)를 임의로 설정하여 사용할 수도 있다. 수신 동작에서는 패리티 에러(parity error), 프레임 에러(frame error) 및 오버런 에러(overrun error)를 검출하는 기능을 가지고 있다.

동기식 전송 모드에서 마스터(master)로 동작하는 경우에는 전송속도를 결정하는데 내부 클록을 사용하지만, 슬레이브(slave)로 동작할 때는 XCKn 단자로 입력되는 외부 클록 신호에 의하여 동작한다. 비동기식 전송 모드에서는 항상 내부의 시스템 클록에 의하여 보레이트가 결정된다.

AT91SAM7S256의 USART 포트에는 송수신 동작에서 어드레스 비트를 사용하여 멀티드롭(multidrop) 통신을 지원하고, 모뎀(MODEM ; modulator/demodulator) 제어 기능 및 하드웨어 핸드세이킹 제어기능을 가지며, 동기 및 비동기 통신 모드 이외에도 RS-485 모드, ISO7816 모드, IrDA 모드 등을 지원한다. 또한, 통신 동작을 테스트하기 위하여 자동 에코(Automatic Echo), 로컬 루프백(Local Loopback), 리모트 루프백(Remote Loopback) 등 3가지의 테스트 모드를 제공한다.

<그림 2.3.1>에 USART 직렬통신 포트의 내부 구성 블록도를 보였다. USART0와 USART1은 서로 기능적으로 완전히 동일하지만, 모뎀 제어신호 DTR, DSR, DCD, RI 등은 USART0에는 없고 USART1에만 있다. 즉, USART1은 모든 모뎀 제어신호를 가지

고 있지만 USART0에는 일부 모뎀 제어신호가 없으며, 따라서 이 경우는 I/O 제어 레지스터의 해당 비트 기능이 무효하다.

USART 직렬통신 포트는 기본적으로 클록이 공급되지 않는 상태에 있으므로 이를 사용하려면 먼저 전력관리 제어기(PMC)에서 클록을 공급하도록 설정해야 한다. 그러나, USART 직렬통신 포트를 초기화하는 것은 클록을 공급하지 않아도 가능하다.

USART0 및 USART1은 각각 여러 가지의 원인으로 인터럽트를 발생할 수 있는데, 이 인터럽트는 에지 트리거 모드로 사용하는 것이 바람직하지 않다.

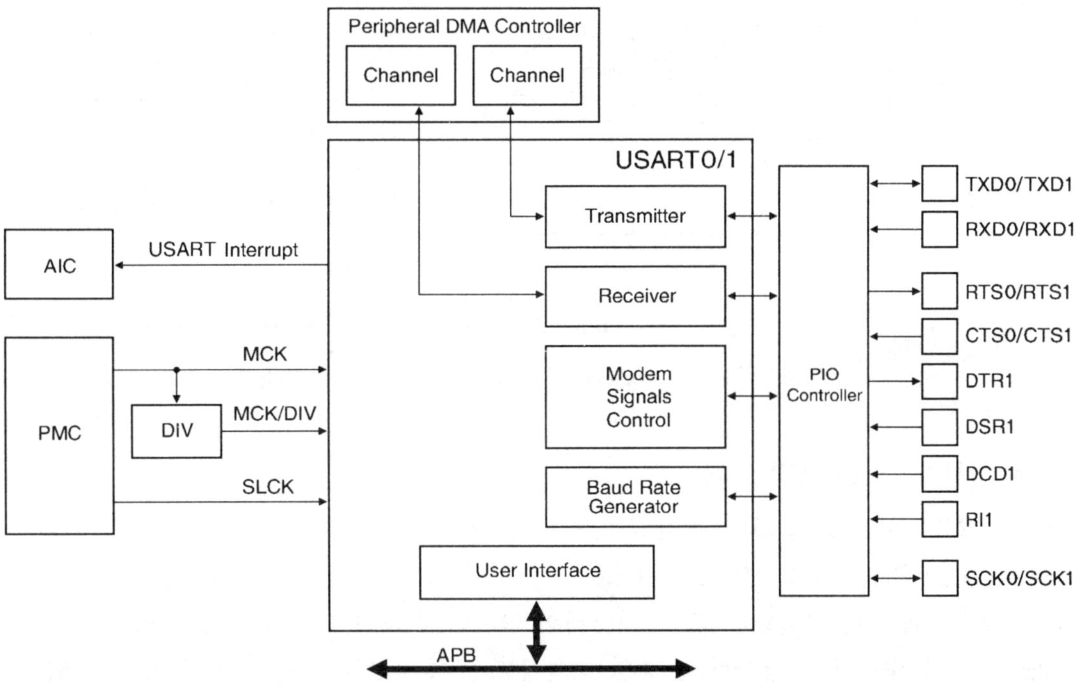

〈그림 2.3.1〉 USART0/USART1 직렬통신 포트의 구성 블록도

2. USART 직렬통신 포트의 구조와 동작

(1) 보레이트 발생기

보레이트 발생기(baud rate generator)는 송신부와 수신부에 클록을 공급하는 회로로서 이것의 구조는 <그림 2.3.2>와 같다. 이것은 USx_MR 레지스터의 USCLKS 필드를 사용하여 MCK, MCK/8, SCK 단자로 입력되는 외부 클록 등 3가지 중에서 하나를 클록 소스로 선택할 수 있으며, 이를 USx_BRGR 레지스터의 CD로 지정하는 16비트

분주기를 사용하여 원하는 클록 주파수를 발생한다. 만약 CD 값이 0으로 설정되면 보레이트 발생기가 클록을 공급하지 않고, 1이면 클록 신호를 바이패스하며, 그 이외의 값일 때는 분주기능을 수행한다. 클록 소스로 외부 클록 SCK가 선택되었을 경우에는 이 신호의 H와 L 레벨 구간이 각각 MCK의 1주기보다 길어야 하며, 이것의 주파수는 MCK의 1/4.5 이하로 되어야 한다.

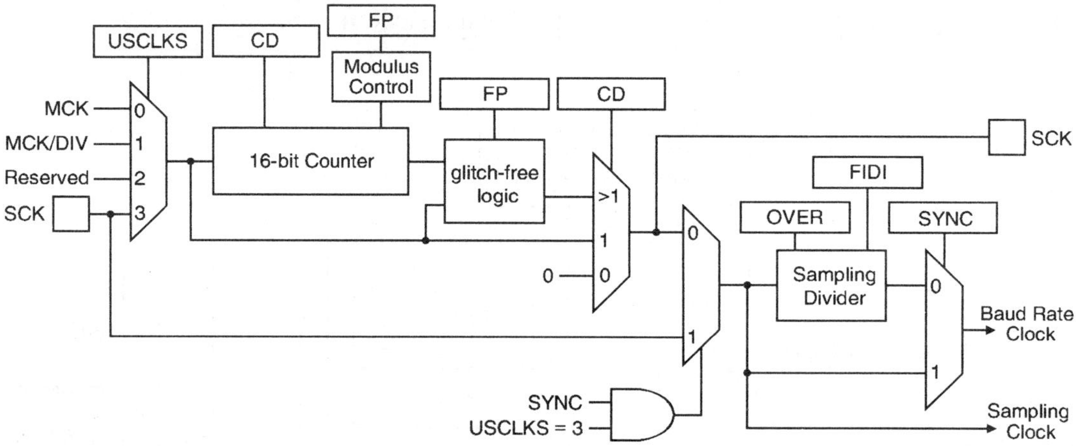

〈그림 2.3.2〉 USART 직렬통신 포트의 클록 발생기

▣ 비동기 모드에서의 보레이트

USART가 비동기 모드로 동작할 경우에는 보레이트 발생기의 입력으로 선택된 클록이 USx_BRGR 레지스터의 CD 값으로 분주된다. 그 결과는 수신부의 샘플링 클록으로 공급되는데, 이것은 USx_MR 레지스터의 OVER에 의하여 8 또는 16으로 분주된다. OVER=1이면 수신부의 샘플링 동작은 보레이트 클록의 8배로 높게 동작하고, OVER=0이면 수신부의 샘플링 동작은 보레이트 클록의 16배로 높게 동작한다.

결국 보레이트는

$$\text{보레이트} = \frac{\text{클록입력}}{8\times(2-\text{OVER})\times\text{CD}}$$

로 표시되며, MCK에 의하여 발생할 수 있는 최고의 보레이트는 USCLKS=0, CD=1일 때 MCK/8로 된다. <표 2.3.1>에는 MCK=48MHz, USCLKS=0, OVER=0일 때 여러 가지의 보레이트를 발생하기 위한 CD 값과 이렇게 사용했을 경우의 전송속도 오차를 보였다.

〈표 2.3.1〉 USART 직렬통신 포트의 비동기 모드에서 보레이트 발생(FP=0인 경우)

사용 조건	보레이트(bps)	CD값	실제 보레이트(bps)	에러
MCK=48MHz USCLKS=0 OVER=0	1,200	2500	1,200.0	+0.00%
	2,400	1250	2,400.0	+0.00%
	4,800	625	4,800.0	+0.00%
	9,600	313	9,584.7	-0.16%
	14,400	208	14,423.1	+0.16%
	19,200	156	19,230.8	+0.16%
	28,800	104	28,846.2	+0.16%
	38,400	78	38,461.5	+0.16%
	57,600	52	57,692.3	+0.16%
	76,800	39	76,923.1	+0.16%
	115,200	26	115,384.6	+0.16%
	230,400	13	230,769.2	+0.16%
	250,000	12	250,000.0	+0.00%
	500,000	6	500,000.0	+0.00%
	1M	3	1M	+0.00%

위의 <표 2.3.1>에서 보듯이 USART 직렬통신 포트의 비동기 모드에서 보레이트 발생기는 MCK=48MHz, USCLKS=0, OVER=0일 때 오차가 거의 없이 상당히 정확한 클록 주파수를 발생하므로 실용상 별로 문제가 없다. 그러나, 여기서 클록 분주기는 정수값으로만 분주를 수행하므로 보레이트에 따라서는 약간의 오차를 수반하게 되는데, 이 오차를 더욱 적게 하려면 소수값으로 분주할 수 있어야 한다. 이는 USx_BRGR 레지스터의 FP에 의하여 구현할 수 있으며, 이를 사용할 때의 보레이트는

$$\text{보레이트} = \frac{\text{클록입력}}{8\times(2-\text{OVER})\times\left(\text{CD}+\frac{\text{FP}}{8}\right)}$$

로 표시된다. <표 2.3.2>에는 MCK=48MHz, USCLKS=0, OVER=0일 때 여러 가지의 보레이트를 발생하기 위한 CD 값과 FP 값을 보였다.

〈표 2.3.2〉 USART 직렬통신 포트의 비동기 모드에서 보레이트 발생

사용 조건	보레이트(bps)	CD값	FP값	실제 보레이트(bps)	에러
MCK=48MHz USCLKS=0 OVER=0	1,200	2500	0	1,200.0	+0.00%
	2,400	1250	0	2,400.0	+0.00%
	4,800	625	0	4,800.0	+0.00%
	9,600	312	4	9,600.0	+0.00%
	14,400	208	3	14,397.1	-0.02%
	19,200	156	2	19,200.0	+0.00%
	28,800	104	1	28,811.5	+0.04%
	38,400	78	1	38,400.0	+0.00%
	57,600	52	1	57,554.0	-0.08%
	76,800	39	0	76,923.1	+0.16%
	115,200	26	0	115,384.6	+0.16%
	230,400	13	0	230,769.2	+0.16%
	250,000	12	0	250,000.0	+0.00%
	500,000	6	0	500,000.0	+0.00%
	1M	3	0	1M	+0.00%

▣ 동기 모드에서의 보레이트

USART가 동기 모드로 동작할 경우에는 보레이트 발생기의 입력으로 선택된 클록이 USx_BRGR 레지스터의 CD 값으로 분주되고, 이것이 직접 보레이트를 결정하여

$$\text{보레이트} = \frac{\text{클록입력}}{\text{CD}}$$

로 표시된다. 따라서, MCK에 의하여 발생할 수 있는 최고의 보레이트는 USCLKS=0, CD=1일 때 MCK로 된다. 동기 모드에서는 USCLKS=3으로 하여 클록 소스로 외부 클록 단자 SCK를 선택하면 이것이 그대로 보레이트를 결정하는데, 이때 SCK 신호의 H와 L 레벨 구간은 각각 MCK의 1주기보다 길어야 하며 주파수는 MCK의 1/4.5 이하로 되어야 한다.

▣ ISO7816 모드에서의 보레이트

ISO7816 사양에서는 비트 레이트(bit rate)를 다음과 같이 정의하고 있다. 여기서, B는 비트 레이트이고, Di는 비트 레이트를 조절하는 인자이며, Fi는 클록 주파수를 분주하는 인자이고, *f*는 ISO7816 클록 주파수이다.

$$B = \frac{Di}{Fi} \times f$$

USART 직렬통신 포트가 ISO7816 모드로 설정되면 USx_MR 레지스터의 USCLKS에 의하여 선택된 클록 소스가 USx_BRGR 레지스터의 CD 값으로 분주되며, 이 클록은 USx_MR 레지스터의 CLKO에 의하여 SCK 단자로 출력되도록 설정할 수 있다. 이 클록은 또한 USx_FIDI 레지스터의 FI_DI_RATIO 값으로 분주된 후에 ISO7816의 송신 동작에 사용된다. Fi/Di 값에 해당하는 FI_DI_RATIO는 1～2047의 범위에서 사용할 수 있으며, 리셋 후에 이 값은 디폴트로 가장 일반적인 372(0x174)로 설정된다.

(2) 송신부와 수신부의 제어

리셋 후에 송신부와 수신부는 동작이 금지되어 있으며 이를 허용하려면 USx_CR 레지스터의 TXEN과 RXEN 비트를 각각 1로 설정해야 하며, TXDIS와 RXDIS 비트를 사용하면 각각의 동작을 금지할 수 있다. 만약, 데이터 수신중에 수신부가 금지되면 현재의 문자는 끝까지 수신을 완료하고 나서 금지가 유효하게 되며, 데이터 송신중에 송신부가 금지되면 현재의 문자와 USx_THR 레지스터에 저장된 문자는 송신을 완료하고 나서 금지가 유효하게 된다.

또한 필요하다면 동작중에 RSTTX와 RSTRX 비트를 사용하여 각각 송신부 또는 수신부를 소프트웨어적으로 리셋시킬 수도 있다. 리셋이 수행되면 송신부나 수신부가 현재 어떤 동작을 수행하고 있었든지 즉시 통신이 중단된다.

(3) 동기 모드와 비동기 모드

▣ 송신부의 동작

송신부는 동기 모드(SYNC=1)와 비동기 모드(SYNC=0)에서 거의 동일하게 동작한다. <그림 2.3.3>과 같이 클록의 하강 에지에서 1개의 스타트 비트, 5~9비트의 데이터 비트, 선택적인 1개의 패리티 비트, 1~2개의 스톱 비트가 차례로 TXD 단자를 통하여 시프트 아웃된다.

데이터 비트의 수는 USx_MR 레지스터의 CHRL 필드와 MODE9 비트를 사용하여 5~9 비트 중에서 한가지로 설정하며, 패리티 비트의 사용 여부나 패리티 방식은 PAR 필드로 설정한다. USx_MR 레지스터의 MSBF 비트는 데이터 문자에서 MSB부터 전송할지 LSB부터 전송할지를 설정하는데, 일반적으로는 LSB부터 전송한다. 스톱 비트의 수는 USx_MR 레지스터의 NBSTOP 필드를 사용하여 1, 1.5, 2개 중에서 한가지를 지정하는데, 동기 모드에서는 1.5스톱 비트를 사용하지 않는다.

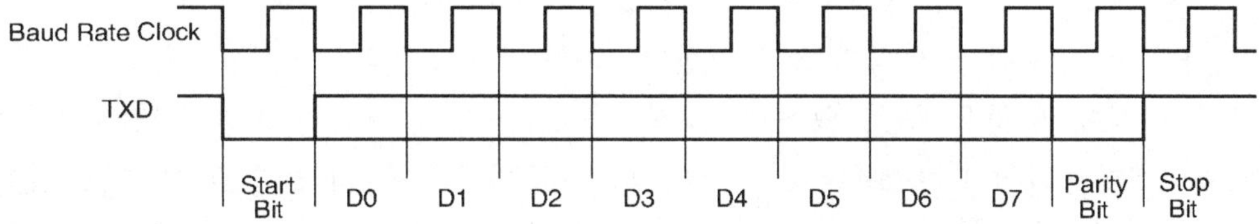

〈그림 2.3.3〉 USART 송신부의 데이터 송신 동작(8 데이터, 1 패리티, 1 스톱 비트)

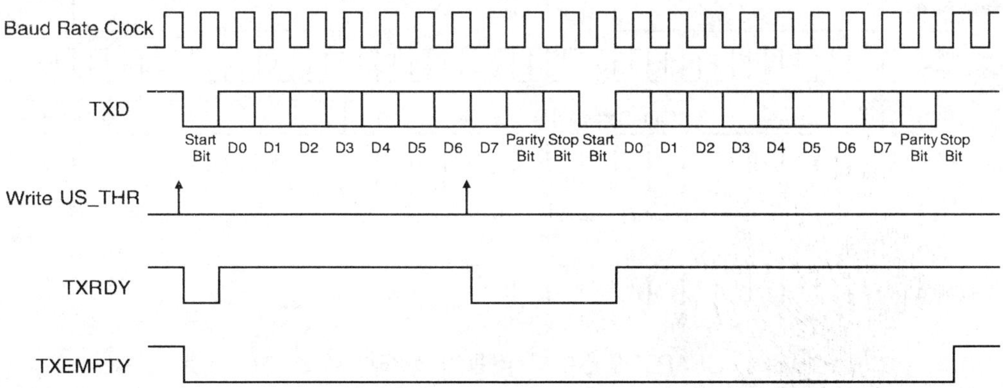

〈그림 2.3.4〉 USART 송신부의 상태 변화

USx_THR 레지스터에 써진 송신 문자가 시프트 레지스터로 넘겨지면 USx_CSR 레지스터의 TXRDY 비트가 세트되고, 이것이 모두 전송되어 USx_THR 레지스터와 시프트 레지스터가 모두 비면 TXEMPTY 비트가 세트된다.

송신부가 금지되면 이 2개의 상태 비트는 모두 0으로 리셋된다. 이러한 상태에서 USx_THR 레지스터에 송신할 문자를 쓰면 이는 송신부에 아무런 영향을 주지 못하며 데이터는 소실된다. 송신부의 동작에 따른 상태 변화를 <그림 2.3.4>에 보였다.

▣ 수신부의 비동기 모드 동작

수신부가 비동기 모드로 설정(SYNC=0)되면 RXD의 입력 신호를 샘플링하는데, 이때는 USx_MR 레지스터의 OVER 비트의 설정에 따라 16배속 또는 8배속의 클록이 사용된다. 16배속 동작의 경우 <그림 2.3.5>에 보인 바와 같이 스타트 비트는 RXD 신호가 0으로 떨어진 이후에 8번째 클록에서 0이 검출되는 것으로서 확인되며, <그림 2.3.6>에 보인 것처럼 이때부터 매 16클록 사이클마다 데이터 비트와 패리티 비트, 스톱 비트가 차례로 샘플링된다.

데이터 비트의 수는 USx_MR 레지스터의 CHRL 필드와 MODE9 비트를 사용하여 5~9 비트 중에서 한가지로 설정하며, 패리티 비트의 사용 여부나 패리티 방식은 PAR 필드로 설정한다. 또한, USx_MR 레지스터의 MSBF 비트는 데이터 문자가 MSB부터 전송되는지 LSB부터 전송되는지를 설정하며, 스톱 비트의 수는 NBSTOP 필드를 사용하여 1, 1.5, 2개 중에서 한가지로 설정한다. 스톱 비트가 몇 개로 설정되든지 그것은 수신부의 동작에 영향을 주지 않는다. 수신부는 첫번째의 스톱 비트가 검출되면 즉시 USx_CSR 레지스터의 RXRDY 비트가 1로 되면서 다음 문자의 스타트 비트를 검출하는 동작을 시작하기 때문이다.

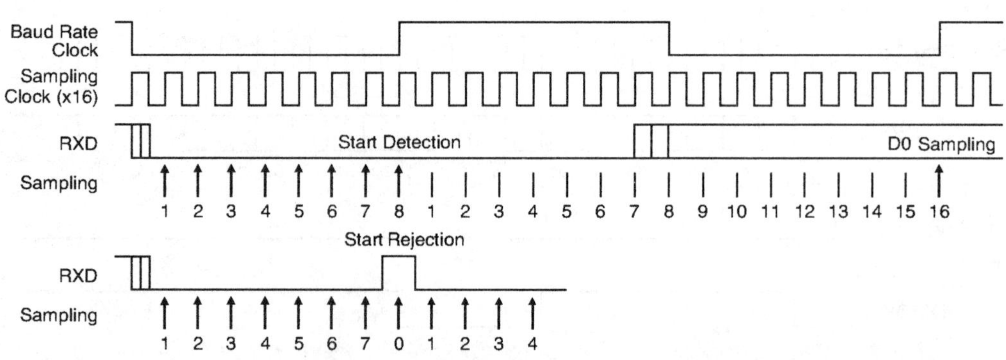

〈그림 2.3.5〉 USART 수신부의 비동기 모드에서 스타트 비트 검출

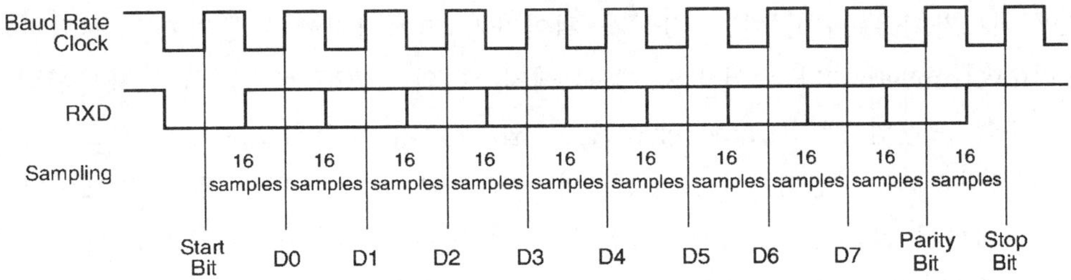

〈그림 2.3.6〉 USART 수신부의 비동기 모드에서 문자 수신(8데이터, 1패리티, 1스톱비트)

▣ 수신부의 동기 모드 동작

수신부가 동기 모드로 설정(SYNC=1)되면 보레이트 클록의 상승 에지에서 RXD의 입력 신호를 샘플링하는데, 처음 0으로 검출되는 비트가 스톱 비트로 인식된다. 이후에는 <그림 2.3.7>에 보인 바와 같이 매 클록마다 상승 에지에서 데이터 비트와 패리티 비트, 스톱 비트가 차례로 샘플링된다.

동기 모드에서 데이터 전송 포맷을 설정하는 방법은 비동기 전송의 경우와 같다. 다만, 스톱 비트의 수를 1.5개로는 사용하지 못한다.

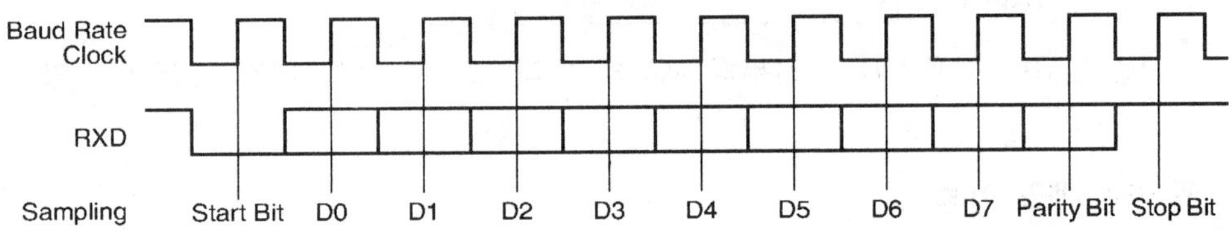

〈그림 2.3.7〉 USART 수신부의 동기 모드에서 문자 수신(8데이터, 1패리티, 1스톱비트)

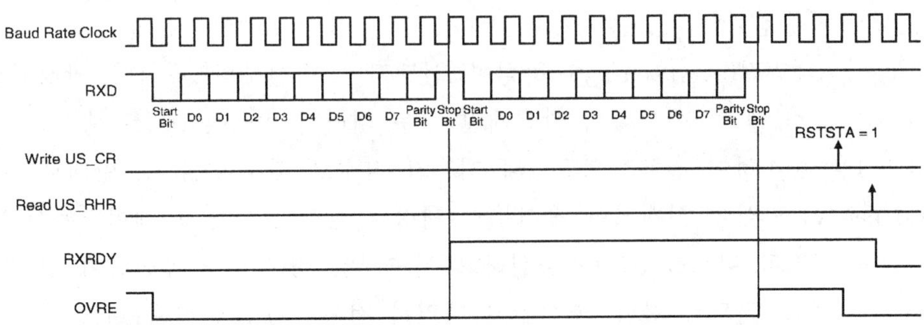

〈그림 2.3.8〉 USART 수신부의 상태 변화

비동기 모드나 동기 모드에서 수신부의 상태 변화는 동일하여 <그림 2.3.8>과 같다. 즉, 스톱 비트가 검출되어 1문자의 수신이 완료되면 즉시 USx_CSR 레지스터의

RXRDY 비트가 1로 되며, 이를 CPU가 읽어가기 전에 1번째의 문자가 수신되면 오버런 에러(overrun error)가 되어 USx_CSR 레지스터의 OVRE 비트가 1로 세트된다.

수신부의 프레임 에러(frame error)는 스톱 비트가 정상적으로 1로 검출되지 않고 0으로 검출될 때 발생한다. 이는 송신부와 수신부의 동기가 맞지 않거나 데이터 전송 포맷이 일치하지 않는다는 것을 의미한다. 스톱 비트를 검출할 때 프레임 에러가 발생하면 USx_CSR 레지스터의 FRAME 비트가 1로 세트된다.

상태 레지스터 USx_CSR의 모든 에러 플랙을 클리어하려면 USx_CR 레지스터에서 RSTSTA 비트에 1을 쓰면 된다.

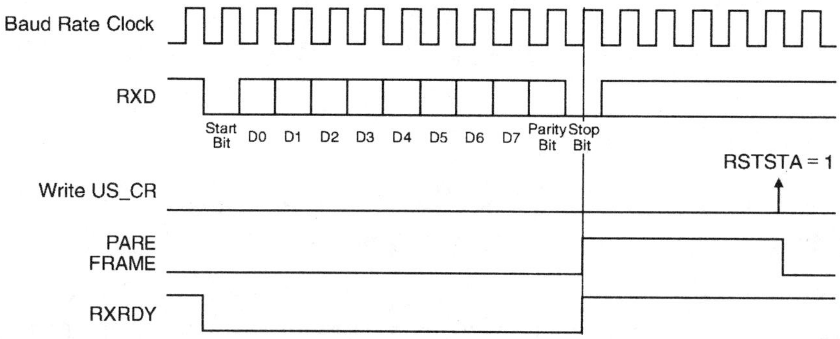

〈그림 2.3.9〉 USART 수신부의 패리티 에러 또는 프레임 에러 발생 타이밍

▣ 패리티 체크 기능

USART에서는 USx_MR 레지스터의 PAR 필드를 사용하여 <표 2.3.3>에 보인 것처럼 5가지 중에서 하나의 패리티 모드를 설정할 수 있다. PAR 필드는 멀티드롭 모드를 선택하는데도 사용한다.

만약 우수 패리티(even parity) 방식이 선택되면 송신부의 패리티 발생기(parity generator)는 문자 데이터에서 1이 짝수개일 경우 패리티 비트를 0으로 송신하고 홀수개일 경우 1을 송신하여 전체적으로 1의 개수가 짝수로 되도록 한다. 반대로 기수 패리티(odd parity) 방식이 선택되면 송신부의 패리티 발생기는 문자 데이터에서 1이 홀수개일 경우 패리티 비트를 0으로 송신하고 짝수개일 경우 1을 송신하여 전체적으로 1의 개수가 홀수로 되도록 한다. 수신부의 패리티 검사기(parity checker)는 같은 방식으로 패리티 비트를 발생하고 이것을 수신된 패리티 비트와 비교하여 데이터 문자에서의 전송에러를 체크한다.

스페이스(space) 패리티 비트 방식으로 설정하면 송신부의 패리티 발생기는 무조건 패리티 비트를 0으로 송신하며, 수신부는 이것이 0으로 수신되는지 체크한다. 반대로 마크(mark) 패리티 비트 방식으로 설정하면 송신부의 패리티 발생기는 무조건 패리티 비트를 1로 송신하며, 수신부는 이것이 1로 수신되는지 체크한다.

패리티 비트를 사용하지 않는 것으로 설정하면 송신부에서는 패리티 비트를 전송하지 않으며 수신부에서는 패리티 비트 검사기능을 수행하지 않는다.

패리티 에러가 발생하면 USx_CSR 레지스터의 PARE 비트가 1로 세트되는데, 이것은 USx_CR 레지스터의 RSTSTA 비트를 사용하여 클리어할 수 있다.

〈표 2.3.3〉 USART 직렬통신 포트의 패리티 비트 사용 예

PAR 설정	패리티 방식	전송 문자	패리티 비트
000	우수 패리티(even parity)	A(0100 0001)	0
001	기수 패리티(odd parity)	A(0100 0001)	1
010	스페이스(space)	A(0100 0001)	항상 0
011	마크(mark)	A(0100 0001)	항상 1
10x	사용하지 않음(no parity)	A(0100 0001)	-
11x	멀티드롭 모드	-	-

▣ 멀티드롭 모드

USx_MR 레지스터의 PAR 필드를 0x06 또는 0x07로 라이트하면 USART는 멀티드롭(multidrop) 모드로 동작한다. 멀티드롭 모드에서는 데이터 문자와 어드레스 문자를 구분하여 사용하는데, 데이터 문자는 패리티 비트를 무조건 0으로 하여 송신하고 어드레스 문자는 패리티 비트를 무조건 1로 하여 송신한다. 멀티드롭 모드에서는 이와 같이 패리티 비트가 어드레스 비트의 의미로 사용된다.

멀티드롭 모드에서 송신부가 어드레스 문자를 송신하려면 먼저 USx_CR 레지스터의 SENDA 비트를 1로 설정하여 패리티 비트가 1로 송신되도록 해야 하며, 수신부에서는 패리티 비트가 1로 수신되었을 경우 USx_CSR 레지스터의 PARE 비트를 1로 세트된다.

그러나, 송신부가 데이터 문자를 송신하려면 먼저 USx_CR 레지스터의 SENDA 비트를 0으로 하여 패리티 비트가 0으로 송신되도록 해야 한다.

▣ 송신부의 시간설정 기능

AT91SAM7S256의 USART는 송신부에서 TXD로 송신되는 문자들의 사이에 시간 공백을 넣어 천천히 전송하는 것이 가능하다. 이것은 마치 스톱 비트의 수를 늘려주는 것과 같은 효과가 있다.

이러한 송신부의 시간설정 기능(transmitter timeguard)은 USx_TTGR 레지스터의

TG 필드로 수행한다. 이를 0으로 하면 시간설정 기능을 사용하지 않으며, 1~255로 하면 <그림 2.3.10>과 같이 모든 송신 문자에서 스톱 비트의 다음에 지정된 수만큼의 보레이트 클록 주기가 추가된다. 여기서 볼 수 있듯이 시간설정 기능에 의하여 추가되는 비트들은 현재 송신하고 있는 문자의 일부분으로 간주되기 때문에 USx_CSR 레지스터의 TXEMPTY 비트는 이것들이 모두 지나간 후에 1로 된다.

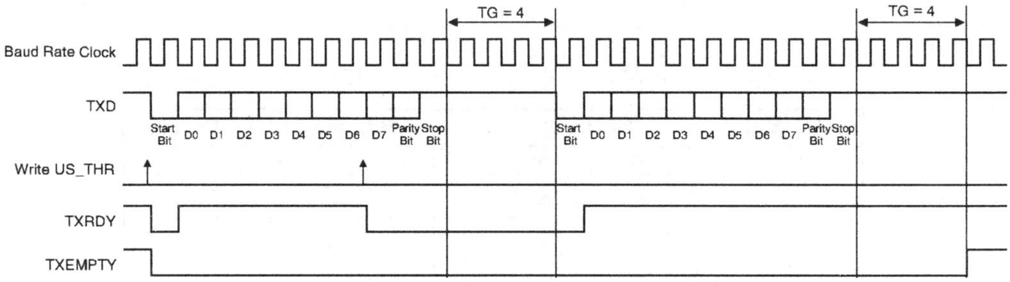

〈그림 2.3.10〉 USART 송신부의 시간설정 기능

▣ 수신부의 타임아웃

AT91SAM7S256의 USART는 수신부에서 RXD 단자에서의 대기 상태(idle state)를 체크하여 지정된 시간을 초과하도록 문자가 수신되지 않으면 USx_CSR 레지스터의 TIMEOUT 비트를 세트하여 1프레임의 종료를 나타내는 인터럽트를 발생하는 기능을 가지고 있다.

이러한 수신부의 타임아웃(receiver timeout) 시간은 USx_RTOR 레지스터의 TO 필드로 설정하는데, 이를 0으로 하면 타임아웃 체크 기능을 사용하지 않으며, 1~255로 하면 지정된 수만큼의 보레이트 클록 주기가 타임아웃 시간으로 설정된다.

타임 아웃을 사용하는 방법에는 <그림 2.3.11>에 설명한 바와 같이 2가지가 있다. 하나는 USx_CR 레지스터의 STTTO 비트를 1로 하는 방법인데, 이렇게 하면 첫번째 문자가 수신될 때까지 타임아웃 카운터가 동작하지 않고 있다가 1문자가 수신되고 나면 그 이후에는 USx_RTOR 레지스터의 TO 필드를 타임아웃 카운터에 로드하여 이것이 0이 될 때까지 감소시킴으로써 타임아웃을 체크한다. 이 방법을 사용하면 한 프레임의 전송이 시작되기 전의 대기 시간에 타임아웃이 발생하는 것을 방지할 수 있다.

또 한가지 방법은 USx_CR 레지스터의 RETTO 비트를 1로 하는 방법인데, 이렇게 하면 즉시 USx_RTOR 레지스터의 TO 필드를 타임아웃 카운터에 로드하고 이것이 0이 될 때까지 감소시킴으로써 타임아웃을 체크한다.

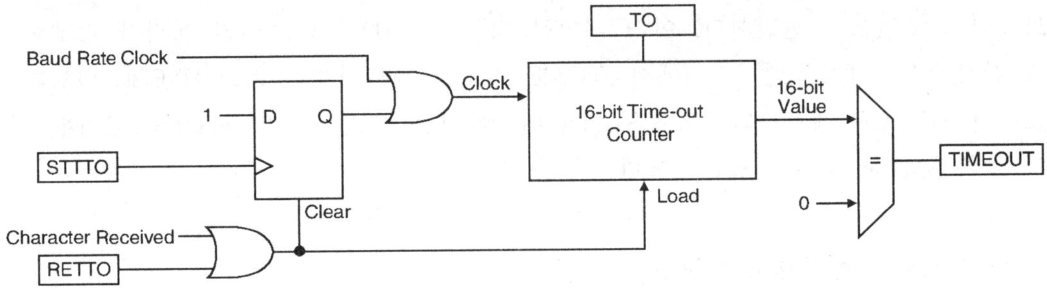

〈그림 2.3.11〉 USART 수신부에서 타임아웃 체크 동작의 구성

▣ 송신 브레이크 및 수신 브레이크

USART의 사용자는 송신부가 TXD 단자를 통하여 브레이크 조건(break condition)을 출력하도록 설정할 수 있는데, 브레이크 조건이란 적어도 1문자를 전송하는 동안 TXD 단자를 0으로 구동하는 것이다. 즉, 이는 0x00 문자를 출력하고 패리티 비트와 스톱 비트도 모두 0으로 출력하는 것과 같다.

브레이크 조건을 출력하려면 USx_CR 레지스터의 STTBRK 비트를 1로 설정하며, 브레이크 조건의 출력을 중단하려면 STPBRK 비트를 1로 설정하면 된다. 현재 문자가 전송중일 때 브레이크 조건이 설정되면 이 문자의 전송이 완료된 후에 브레이크 조건이 출력된다. USART의 송신부는 브레이크 조건을 하나의 송신 문자처럼 간주하므로 <그림 2.3.12>에 보인 바와 같이 STTBRK 비트나 STPBRK 비트는 TXRDY=1일 때만 설정할 수 있다.

브레이크 조건이 해제되면 TXD 신호는 최소한 보레이트 클록 주기동안 1로 출력된다. 그러나, USx_TTGR 레지스터를 사용한 시간설정 기능으로 12클록 이상이 설정되면 TXD 신호는 이 시간동안만큼 1을 출력한다.

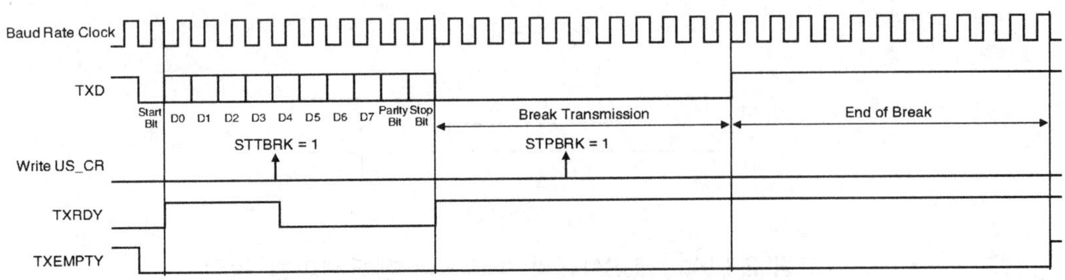

〈그림 2.3.12〉 USART 송신부에서 브레이크 조건의 송신

수신부는 모든 데이터 비트와 패리티 비트 및 스톱 비트가 0으로 수신되면 이를

브레이크 조건으로 판단한다. 이는 데이터 비트가 0x00이고 프레임 에러가 발생한 것과 같지만 USx_CSR 레지스터에서 FRAME 비트가 세트되지는 않고 RXBRK 비트가 세트된다. USx_CR 레지스터에서 RSTSTA 비트에 1을 쓰면 PARE, FRAME, OVRE 비트와 함께 RXBRK 비트도 클리어된다.

▣ 하드웨어 핸드세이킹 모드

USART에서는 모뎀 제어신호인 RTS 및 CTS를 사용하여 상대방과 하드웨어 핸드세이킹을 수행하는 것이 가능하다. 하드웨어 핸드세이킹을 사용하려면 USx_MR 레지스터의 USART_MODE 필드를 0010으로 설정하며, 하드웨어를 <그림 2.3.13>과 같이 접속한다.

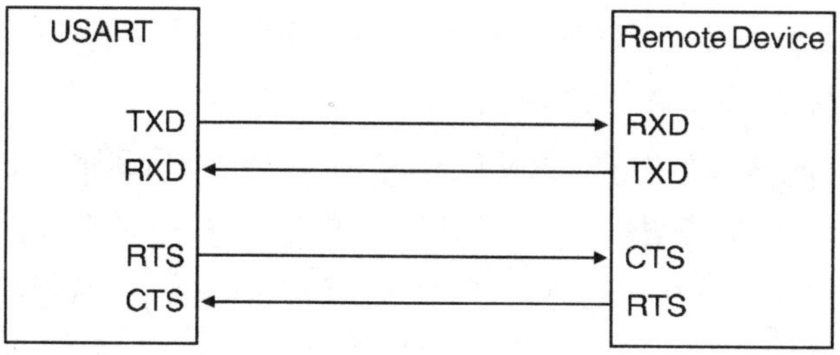

〈그림 2.3.13〉 USART의 하드웨어 핸드세이킹 모드를 사용하기 위한 신호선의 연결

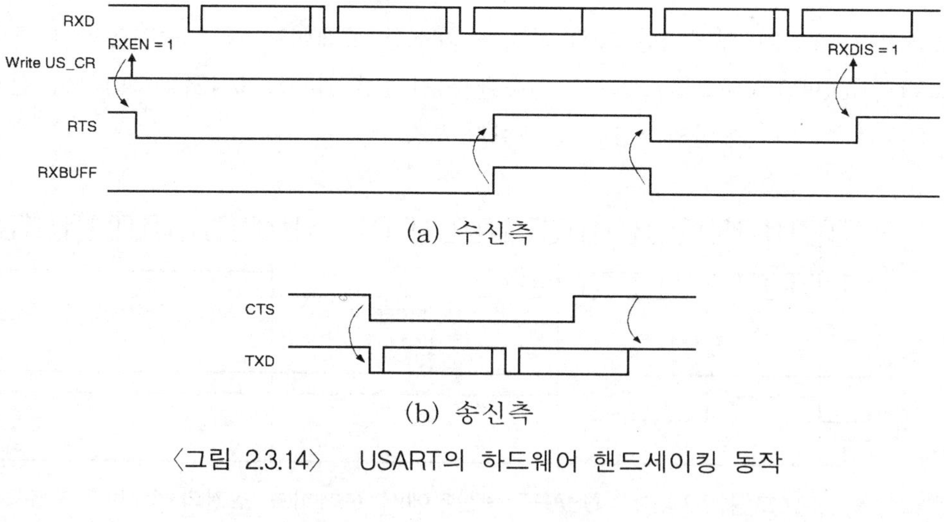

〈그림 2.3.14〉 USART의 하드웨어 핸드세이킹 동작

하드웨어 핸드세이킹 모드의 동작은 동기 및 비동기 모드와 비슷하지만 여기서는 송신부와 수신부가 RTS 및 CTS 신호를 사용하여 상대방과 핸드세이킹 동작을 수행하

는 것이 다르다. USART의 수신부가 금지되어 있거나 주변장치 DMA 제어기의 채널에서 RXBUFF 신호를 받으면 USART는 RTS 신호를 1로 출력한다. 이 RTS 신호는 상대방의 CTS 단자에 연결되어 있는데, 이것이 1로 인식되고 있는 동안에는 상대방이 데이터를 송신하지 않는다. USART의 수신부가 허용되거나 수신 문자가 읽혀져서 상태 비트 RXBUFF가 0으로 떨어지면 이제 USART는 RTS 신호를 0으로 출력한다. 그러면 상대방은 CTS 신호에서 0을 검출하고 데이터를 송신할 수 있게 된다. USART 수신부와 상대방 송신부의 하드웨어 핸드세이킹 동작을 <그림 2.3.14>에 보였다.

▣ 모뎀 모드

USART의 모뎀 모드에서는 이것이 DTE(Data Terminal Equipment)로서 모뎀 제어신호인 DTR, DSR, RTS, CTS, DCD, RI를 사용하여 통신을 수행한다. 이 동작 모드는 USART0에서는 사용할 수 없고 USART1에서만 사용한다. 모뎀 모드를 사용하려면 USx_MR 레지스터에서 USART_MODE 필드를 0011로 설정한다.

모뎀 모드에서 DTR 신호는 사용자가 제어하는데, USx_CR 레지스터의 DTRDIS 비트를 1로 설정하면 DTR 신호가 유효하지 않은 상태인 1로 출력되고, DTREN 비트를 1로 설정하면 DTR 신호가 유효한 상태인 0으로 출력된다.

이에 비하여 RTS 신호는 하드웨어 핸드세이킹 모드에서와 같이 자동적으로 동작하며, CTS 비트가 0으로 인식되지 않으면 송신부의 동작은 금지된다.

DSR, CTS, DCD, RI 신호가 유효한 것으로 검출되면 이것들은 각각 USx_CSR 레지스터에서 DSRIC, CTSIC, DCDIC, RIIC 비트를 세트시키면서 해당 인터럽트를 요청한다. USx_CSR 레지스터를 읽으면 이들 상태 비트들은 자동적으로 클리어된다.

(4) RS485 모드

USART의 RS485 모드는 기본적으로 동기 모드 및 비동기 모드와 유사하지만 여기서는 라인 드라이버(line driver) 제어신호가 하나 더 추가로 사용되는 것이 다르다. 이 신호는 RTS 단자를 사용하는데, 송신부가 동작할 때는 RTS=1로 되고 수신부가 동작할 때는 RTS=0으로 된다.

RS485 모드를 사용하려면 USx_MR 레지스터의 USART_MODE 필드를 0001로 설정하며, 하드웨어를 <그림 2.3.15>와 같이 접속한다. 라인 제어 신호인 RTS 단자에는 TXEMPTY 비트의 값이 반전되어 출력된다. 만약, 시간설정 기능이 설정되어 TXD 신호가 1로 유지되는 경우에도 RTS는 이를 출력할 수 있도록 1상태가 된다. 이러한 동작 파형을 <그림 2.3.16>에 보였다.

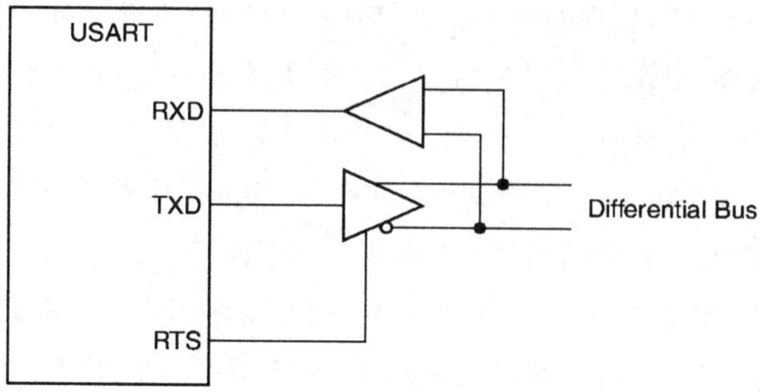

〈그림 2.3.15〉 USART의 RS485 모드를 사용하기 위한 연결

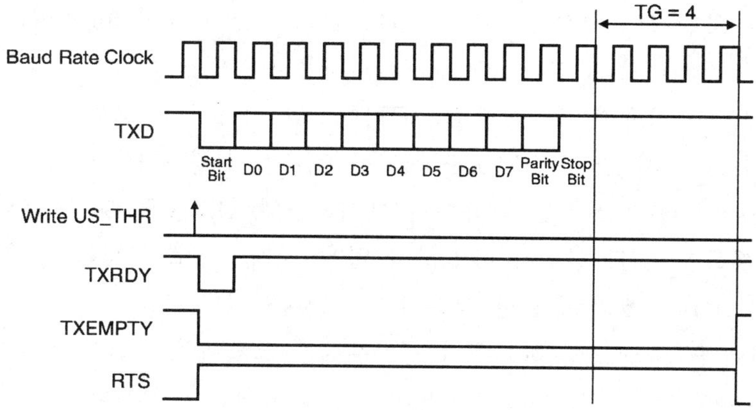

〈그림 2.3.16〉 USART의 RS485 모드에서 RTS 신호의 동작

(5) ISO7816 모드

USART의 ISO7816 모드는 ISO7816 링크를 통하여 스마트 카드나 Security Access Module을 접속하는 기능으로서 ISO7816 사양의 T=0 및 T=1 프로토콜을 모두 지원한다.

USART를 ISO7816 모드를 사용하려면 USx_MR 레지스터의 USART_MODE 필드를 0100(T=0) 또는 0110(T=1)으로 설정하며, 하드웨어를 <그림 2.3.17>과 같이 접속한다. 즉, ISO7816 모드에서는 TXD 단자를 양방향성 데이터 신호로 사용하여 반이중 통신을 수행하며, 클록은 마스터에 해당하는 USART측에서 공급한다.

ISO7816 모드에서는 T=0 또는 T=1에서 모두 CHRL, MODE9, PAR, CHMODE가 어떻게 설정되는지에 관계없이 문자 전송 포맷이 8 데이터 비트, 우수 패리티, 1 또는 2 스톱 비트로 고정된다. USx_MR 레지스터에서 NBSTOP은 스톱 비트의 수를 결정하며, MSBF는 1문자를 LSB부터 전송할지 MSB부터 전송할지 결정한다.

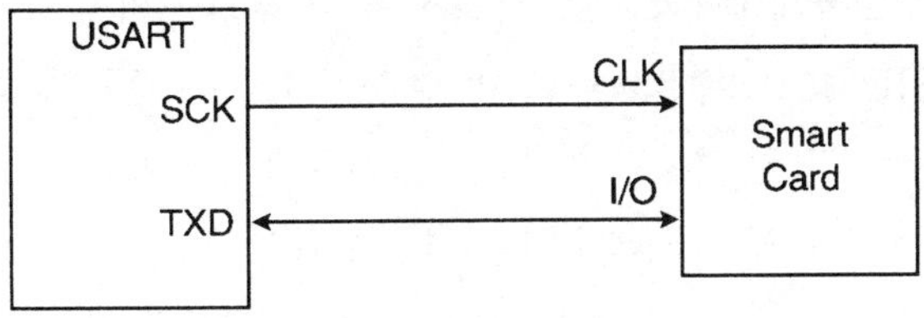

〈그림 2.3.17〉 USART의 ISO7816 모드를 사용하기 위한 연결

ISO7816 모드는 반이중 통신 방식을 사용하므로 송신부와 수신부가 동시에 동작하지 못하며, 사용자가 원하는 동작에 따라 송신부 또는 수신부를 선택적으로 허용해야 한다. 또한, ISO7816 사양에 의하면 부논리를 사용하도록 되어 있으므로 TxD 단자의 신호는 반전되어 출력되어야 하지만 AT91SAM7S256의 USART에서는 이를 지원하지 않으므로 USx_THR 레지스터에 송신 문자를 쓸 때는 이를 미리 반전시키는 것이 좋으며, USx_RHR 레지스터에 수신된 문자를 읽어서 반전시킨 후에 사용하는 것이 권장된다.

▣ T=0 프로토콜

ISO7816 T=0 프로토콜은 <그림 2.3.18>에 보인 것처럼 1 스타트 비트, 8 데이터 비트, 1 패리티 비트, 2 시간설정 비트 등으로 구성된다. 앞의 10개 비트는 송신부가 해당 비트를 시프트 아웃하지만, 마지막에 있는 2개의 시간설정 비트 동안에는 송신부가 TXD 핀을 구동하지 않고 수신 상태로 한다.

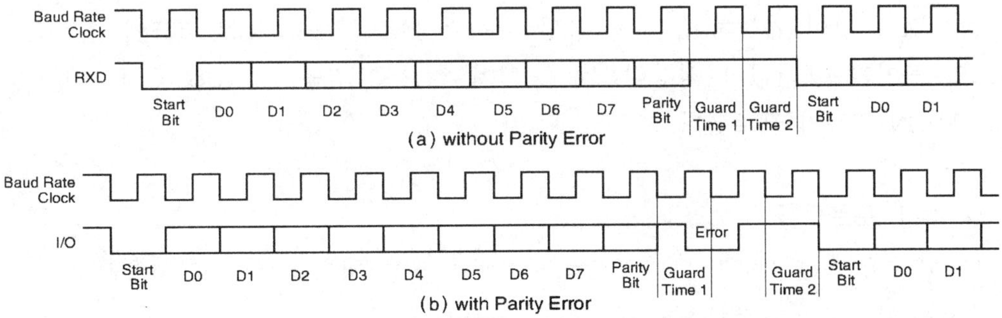

〈그림 2.3.18〉 USART의 ISO7816 모드 T=0 프로토콜

만약 패리티 에러가 검출되지 않으면 2개의 패리티 비트 다음에 2개의 시간설정 비트가 지나고 나서 그 다음의 문자 전송이 시작되지만, 패리티 에러가 발생된 경우에는 2개의 시간설정 비트 동안에 수신부가 I/O 라인을 1비트 동안 0으로 구동하여

NACK 비트를 응답하므로 전체적으로 시간설정 비트가 3비트로 늘어나게 된다.

USART가 ISO7816 T=0 프로토콜에서 수신부로 동작할 때 패리티 에러가 검출되었다면 USx_CSR 레지스터의 PARE 비트가 세트되며 해당 문자는 USx_RHR 레지스터에 저장되지 않는다. 그러나, USART의 수신 동작에서 이렇게 에러가 발생하였을 때 NACK 비트를 출력하는 것은 USx_MR 레지스터의 INACK 비트가 0일 때이며, 이를 1로 설정하면 에러가 발생하더라도 NACK 비트를 응답하지 않고 해당 문자를 USx_RHR 레지스터에 저장하지만 RXRDY 비트는 1이 되지 않는다. 이 INACK 비트를 클리어하는데는 USx_CR 레지스터의 RSTNACK 비트를 사용한다.

USART의 수신부는 에러가 발생한 횟수를 USx_NER 레지스터 기억한다. 이것은 NB_ERRORS 필드에 255회까지의 에러를 기록할 수 있으며, 이 레지스터를 읽고나면 그 내용이 클리어된다.

USART가 ISO7816 T=0 프로토콜에서 송신부로 동작할 때 NACK 응답을 받았다면 자동적으로 해당 문자를 재전송한다. 이러한 반복 재전송 횟수는 USx_MR 레지스터의 MAX_ITERATION 필드에 설정한 한계까지 수행 가능하다. 이 MAX_ITERATION 필드에는 7까지 설정할 수 있으므로 최초의 송신을 포함하여 8회까지의 반복 송신이 가능하다. 반복 송신 횟수가 MAX_ITERATION 필드에 설정된 값에 이르면 USx_CSR 레지스터의 ITERATION 비트가 세트된다. 반복하여 송신된 문자가 상대방에서 정상적으로 수신되었으면 반복은 종료되며 반복 횟수 카운터도 클리어된다.

USART가 ISO7816 T=0 프로토콜에서 수신부로 동작할 때 연속적으로 NACK 응답을 보낼 수 있는 횟수도 제한할 수 있는데, 이는 USx_MR 레지스터의 DSNACK 비트로 수행한다. DSNACK 비트를 1로 세트하면 MAX_ITERATION 필드에 설정된 횟수까지 NACK 응답이 가능하며, 반복 응답 횟수가 MAX_ITERATION 필드에 설정된 값에 이르면 문자가 에러없이 정상적으로 수신된 것으로 간주되고 USx_CSR 레지스터의 ITERATION 비트가 세트된다.

▣ T=1 프로토콜

USART의 ISO7816 T=1 프로토콜은 1개의 스톱 비트를 추가로 사용하는 것 이외에는 ISO7816 T=0 프로토콜과 동일하게 동작한다.

(6) IrDA 모드

IrDA 모드는 반이중 통신(half-duplex) 방식으로 포인트 투 포인트(point-to-point) 무선 통신 기능을 수행한다. 이것은 <그림 2.3.19>에 보인 것처럼 적외선 송수신 회로

(infrared transceiver)와 송신측의 모듈레이터(modulator) 및 수신측의 디모듈레이터(demodulator)가 사용되는 것을 제외하면 기본적으로 비동기 모드와 거의 유사하게 동작한다. AT91SAM7S256의 USART는 IrDA 통신규격 V1.1을 지원하여 전송속도 2400 bps~115200 bps 범위에서 통신을 수행할 수 있다.

USART에서 IrDA 모드를 사용하려면 USx_MR 레지스터의 USART_MODE 필드를 1000으로 설정하며, IrDA 필터 레지스터 USx_IF를 사용하여 디모듈레이터 필터를 설정할 수 있다.

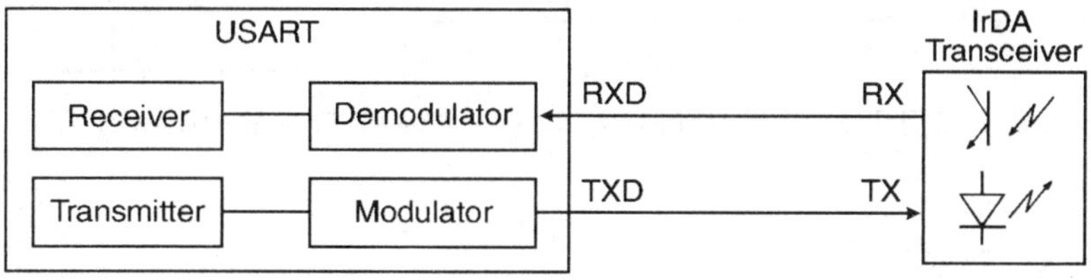

〈그림 2.3.19〉 USART의 IrDA 모드를 사용하기 위한 연결

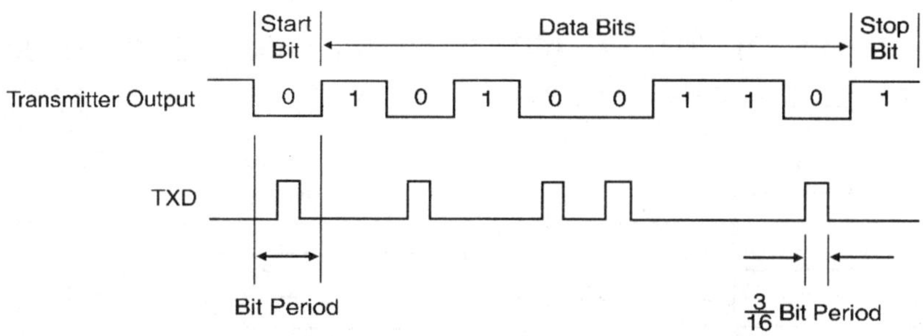

〈그림 2.3.20〉 USART의 IrDA 변조

IrDA 모드에서는 RZI 변조 방법이 사용된다. 여기서 논리값 0은 <그림 2.3.20>에 보였듯이 1비트 주기의 3/16에 해당하는 high pulse로 처리된다.

IrDA의 수신부는 필터를 포함하는 디모듈레이터로 구성된다. 필터는 USx_IF 레지스터로 초기값을 지정할 수 있는 8비트 다운 카운터로 이루어져 있는데, 이것은 RXD 단자에서 하강 에지를 검출하면 마스터 클록 MCK에 의하여 카운트 다운을 시작한다. 그러다가 RXD 단자에서 상승 에지를 검출하면 카운터는 동작을 멈추고 다시 USx_IF 레지스터의 값으로 초기화(reload)된다. 만약 카운터가 0이 되기까지 RXD 단자에서 상승 에지가 검출되지 않으면 수신부의 입력은 1비트 동안 0으로 구동된다. 이러한 동작을 도시하면 <그림 2.3.21>과 같다.

IrDA 모드는 ISO7816과 동일한 로직을 사용하므로 이것이 올바르게 동작하기 위해서는 USx_FIDI 레지스터의 FI_DI_RATIO 값을 0보다 크게 설정해야 한다.

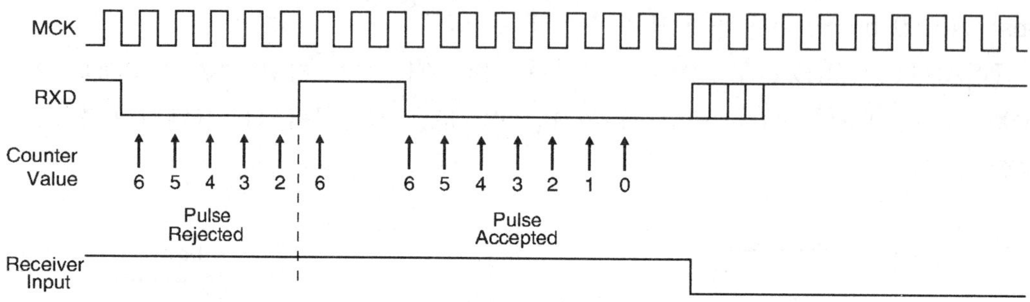

〈그림 2.3.21〉 USART의 IrDA 수신부에서 디모듈레이터의 동작

(7) 테스트 모드

AT91SAM7S256의 USART는 루프백(loopback) 방법으로 보드를 진단하는데 사용하는 3가지의 테스트 모드를 가지고 있는데, 이를 정상적인 동작 모드와 비교하여 도시하면 <그림 2.3.22>와 같다. USART에서 3가지의 테스트 모드는 USx_MR 레지스터의 CHMODE 필드를 사용하여 설정한다.

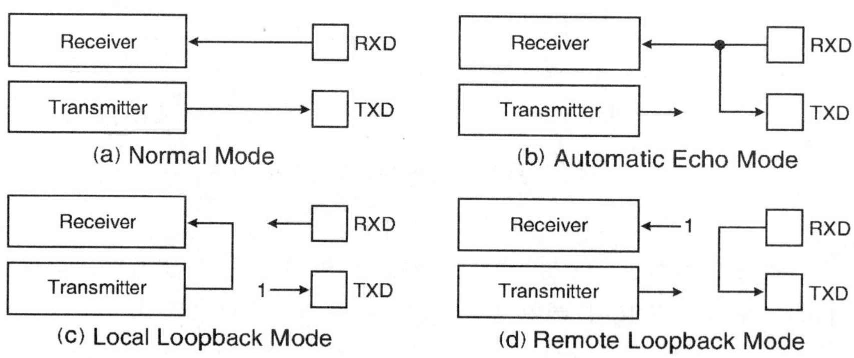

〈그림 2.3.22〉 USART의 테스트 모드 동작

정상 동작 모드에서는 내부에서 RXD 단자가 수신부에 연결되어 있고 TXD 단자는 송신부에 연결되어 동작한다. 그러나, USART를 자동 에코 모드(Automatic Echo Mode)로 설정하면 그림의 (b)처럼 내부에서 RXD 단자가 TXD 단자에 연결되어 루프백된다. 즉, 상대방이 보낸 문자가 이쪽의 수신부와 송신부를 거치지 않고 자동으로 되돌려진다. 수신부는 RXD 단자로 입력된 문자를 수신할 수 있다.

USART를 로컬 루프백 모드(Local Loopback Mode)로 설정하면 그림의 (c)처럼 내부에서 송신부의 출력이 수신부에 연결되어 루프백된다. 즉, 송신부로 전송한 문자가 상대방으로 전달되지 않고 내부에서 수신부로 되돌아온다. 이때 RXD 및 TXD 단자는 사용되지 않는다.

USART를 리모트 루프백 모드(Remote Loopback Mode)로 설정하면 그림의 (d)처럼 내부에서 RXD 단자가 TXD 단자에 연결되어 루프백된다. 즉, 상대방이 보낸 문자가 이쪽의 수신부와 송신부를 거치지 않고 자동으로 되돌려진다. 이는 자동 에코 모드와 유사하지만, 여기서는 RXD 단자로 입력된 문자를 수신부가 수신하지 못하는 점이 다르다.

3. USART 직렬통신 포트 관련 I/O 제어 레지스터

USART 직렬통신 포트와 관련된 I/O 제어 레지스터는 <표 2.3.4>와 같은데, 이 레지스터들의 기능을 정리하면 아래와 같다.

〈표 2.3.4〉 AT91SAM7S256의 USART 직렬통신 포트와 관련된 I/O 레지스터 요약

어드레스	옵셋	레지스터 이름	레지스터의 풀어 쓴 이름	액세스 속성	리셋 후 초기값
0xFFFC_?000	0x00	USx_CR	USARTx Control Register	write-only	-
0xFFFC_?004	0x04	USx_MR	USARTx Mode Register	read/write	-
0xFFFC_?008	0x08	USx_IER	USARTx Interrupt Enable Register	write-only	-
0xFFFC_?00C	0x0C	USx_IDR	USARTx Interrupt Disable Register	write-only	-
0xFFFC_?010	0x10	USx_IMR	USARTx Interrupt Mask Register	read-only	0x0000_0000
0xFFFC_?014	0x14	USx_CSR	USARTx Channel Status Register	read-only	-
0xFFFC_?018	0x18	USx_RHR	USARTx Receive Holding Register	read-only	0x0000_0000
0xFFFC_?01C	0x1C	USx_THR	USARTx Transmit Holding Register	write-only	-
0xFFFC_?020	0x20	USx_BRGR	USARTx Baud Rate Generator Register	read/write	0x0000_0000
0xFFFC_?024	0x24	USx_RTOR	USARTx Receiver Time-out Register	read/write	0x0000_0000
0xFFFC_?028	0x28	USx_TTGR	USARTx Transmitter Timeguard Register	read/write	0x0000_0000
...	...	...	...	...	...
0xFFFC_?040	0x40	USx_FIDI	USARTx FI DI Ratio Register	read/write	0x0000_0174
0xFFFC_?044	0x44	USx_NER	USARTx Number of Errors Register	read-only	-
0xFFFC_?048	0x48	-	(reserved)	-	-
0xFFFC_?04C	0x4C	USx_IF	USARTx IrDA Filter Register	read/write	0x0000_0000
...	...	...	...	...	...
0xFFFC_?100 : 0xFFFC_?124			(PDC 채널 관련 I/O 레지스터)		

☞ 레지스터 이름에서 x는 USART0과 USART1을 나타내는 0 또는 1이다.

☞ USART0은 어드레스 0xFFFC_0000에서 시작하고, USART1은 어드레스 0xFFFC_4000에서 시작한다.

▣ USARTx 제어 레지스터 USx_CR (write-only, 디폴트값 : -)

b31	b30	b29	b28	b27	b26	b25	b24	b23	b22	b21	b20	b19	b18	b17	b16
-	-	-	-	-	-	-	-	-	-	-	-	RTSDIS	RTSEN	DTRDIS	DTREN

b15	b14	b13	b12	b11	b10	b9	b8	b7	b6	b5	b4	b3	b2	b1	b0
RETTO	RSTNACK	RSTIT	SENDA	STTTO	STPBRK	STTBRK	RSTSTA	TXDIS	TXEN	RXDIS	RXEN	RSTTX	RSTRX	-	-

- RTSDIS : Request to Send Disable
  0 = 무효.
  1 = RTSx 출력핀을 1상태로 드라이브한다.
- RTSEN : Request to Send Enable
  0 = 무효.
  1 = RTSx 출력핀을 0상태로 드라이브한다.
- DTRDIS : Data Terminal Ready Disable
  0 = 무효.
  1 = DTR1 출력핀을 1상태로 드라이브한다.(USART0 포트에는 DTR0 단자가 없음)
- DTREN : Data Terminal Ready Enable
  0 = 무효.
  1 = DTR1 출력핀을 0상태로 드라이브한다.(USART0 포트에는 DTR0 단자가 없음)
- RETTO : Restart Time-out
  0 = 무효.
  1 = 타임 아웃 측정을 새로 시작한다.
- RSTNACK : Reset Non Acknowledge
  0 = 무효.
  1 = USx_CSR 레지스터의 NACK 비트를 클리어한다.
- RSTIT : Reset Iterations
  0 = 무효.
  1 = USx_CSR 레지스터의 ITERATION 비트를 리셋한다. ISO7816 모드가 아니면 이는 무효이다.
- SENDA : Send Address
  0 = 무효.
  1 = 멀티드롭 모드에서 USx_THR 레지스터에 있는 다음 문자가 어드레스 비트를 세트하여 전송된다.
- STTTO : Start Time-out
  0 = 무효.
  1 = USx_CSR 레지스터의 TIMEOUT 비트를 리셋하고 1문자의 수신을 기다린다.
- STPBRK : Stop Break
  0 = 무효.
  1 = 1문자의 브레이크 전송 후에 브레이크 전송을 중지하고 12비트 주기동안 1을 출력한다.
- STTBRK : Start Break
  0 = 무효.
  1 = USx_THR 레지스터의 문자를 전송하고 브레이크 전송을 시작한다.
- RSTSTA : Reset Status Bits
  0 = 무효.
  1 = USx_CSR 레지스터의 상태 비트 PARE, FRAME, OVRE, RXBRK를 리셋한다.
- TXDIS : Transmitter Disable
  0 = 무효.
  1 = 송신부의 동작을 금지한다.
- TXEN : Transmitter Enable
  0 = 무효.
  1 = 만약 TXDIS=0이라면 송신부의 동작을 허용한다.
- RXDIS : Receiver Disable
  0 = 무효.
  1 = 수신부의 동작을 금지한다.
- RXEN : Receiver Enable
  0 = 무효.
  1 = 만약 RXDIS=0이라면 수신부의 동작을 허용한다.
- RSTTX : Reset Transmitter
  0 = 무효.
  1 = 송신부를 리셋한다.
- RSTRX : Reset Receiver

0 = 무효.
1 = 수신부를 리셋한다.

▣ USARTx 모드 레지스터 USx_MR (read/write, 디폴트값 : -)

b31	b30	b29	b28	b27	b26	b25	b24	b23	b22	b21	b20	b19	b18	b17	b16
-	-	-	FILTER	-	MAX_ITERATION			-	-	DSNACK	INACK	OVER	CLKO	MODE9	MSBF

b15	b14	b13	b12	b11	b10	b9	b8	b7	b6	b5	b4	b3	b2	b1	b0
CHMODE		NBSTOP		PAR			SYNC	CHRL		USCLKS		USART_MODE			

- FILTER : Infrared Receive Line Filter
  0 = USARTx가 이 수신 라인을 필터링하지 않는다.
  1 = USARTx가 이 수신 라인을 1/16 클록에 의한 3회 샘플링 방식으로 필터링한다.
- MAX_ITERATION : Maximum Number of Iteration
  ISO7816 모드의 프로토콜 T=0에서 최대 반복 전송 횟수를 정의한다.
- DSNACK : Disable Successive NACK
  0 = INACK이 1로 설정되지 않았다면 수신 문자에서 패리티 에러가 발생하자마자 NACK이 전송된다.
  1 = MAX_ITERATION 필드에 지정된 값까지 연속적인 패리티 에러가 카운트되고, 이 횟수에 도달하면 USx_CSR 레지스터에서 ITERATION 비트가 1로 세트되면서 ISO 라인에 NACK이 전송된다.
- INACK : Inhibit Non Acknowledge
  0 = NACK이 발생된다.
  1 = NACK이 발생되지 않는다.
- OVER : Over Sampling Mode
  0 = 16x 오버 샘플링 모드로 동작한다.
  1 = 8x 오버 샘플링 모드로 동작한다.
- CLKO : Clock Output Select
  0 = USARTx 포트가 SCKx 핀을 출력으로 구동하지 않는다.
  1 = USCLKS 비트로 SCKx 핀을 지정하지 않았다면 USARTx 포트가 SCKx 핀을 출력으로 구동한다.
- MODE9 : 9-bit Character Length
  0 = 1문자의 길이를 CHRL 필드로 정의한다.
  1 = 1문자의 길이를 9비트로 정의한다.
- MSBF : Bit Order(MSB First)
  0 = LSB(Least Significant Bit)가 먼저 송신 및 수신된다.
  1 = MSB(Most Significant Bit)가 먼저 송신 및 수신된다.
- CHMODE : Channel Mode
  00 = Normal Mode.
  01 = Automatic Echo Mode(수신부 입력이 내부에서 TXDx 핀으로 연결된다).
  10 = Local Loopback Mode(송신부 출력이 내부에서 수신부 입력으로 연결된다).
  11 = Remote Loopback Mode(RXDx 핀이 내부적으로 TXDx 핀으로 연결된다).
- NBSTOP : Number of Stop Bits
  00 = 비동기 모드에서는 1스톱 비트, 동기 모드에서는 1스톱 비트
  01 = 비동기 모드에서는 1.5스톱 비트, 동기 모드에서는 사용하지 않음(reserved)
  10 = 비동기 모드에서는 2스톱 비트, 동기 모드에서는 2스톱 비트
  11 = 사용하지 않음(reserved)
- PAR : Parity Type
  000 = 우수 패리티(even parity) 사용한다.
  001 = 기수 패리티(odd parity) 사용한다.
  010 = 패리티 비트를 무조건 0(space)으로 사용한다.
  011 = 패리티 비트를 무조건 1(mark)로 사용한다.
  10x = 패리티 비트를 사용하지 않는다.
  11x = 멀티드롭 모드를 사용한다.
- SYNC : Synchronous Mode Select
  0 = USARTx 포트가 비동기 모드로 동작한다.
  1 = USARTx 포트가 동기 모드로 동작한다.
- CHRL : Character Length
  00 = 1문자가 5비트로 구성된다.
  01 = 1문자가 6비트로 구성된다.
  10 = 1문자가 7비트로 구성된다.

11 = 1문자가 8비트로 구성된다.
- USCLKS : Clock Selection
  00 = MCK를 클록 소스로 사용한다.
  01 = MCK/8을 클록 소스로 사용한다.
  10 = 사용하지 않음(reserved).
  11 = 외부 단자 SCKx를 클록 소스로 사용한다.
- USART_MODE : USARTx Mode
  0000 = Normal Mode.
  0001 = RS485 Mode.
  0010 = 하드웨어 핸드세이킹 모드.
  0011 = 모뎀 모드.
  0100 = ISO7816 프로토콜 T=0.
  0101 = 사용하지 않음(reserved).
  0110 = ISO7816 프로토콜 T=1.
  0111 = 사용하지 않음(reserved).
  1000 = IrDA Mode.
  11xx = 사용하지 않음(reserved).

▣ USARTx 인터럽트 허용 레지스터 USx_IER (write-only, 디폴트값 : -)

b31	b30	b29	b28	b27	b26	b25	b24	b23	b22	b21	b20	b19	b18	b17	b16
-	-	-	-	-	-	-	-	-	-	-	-	CTSIC	DCDIC	DSRIC	RIIC
b15	**b14**	**b13**	**b12**	**b11**	**b10**	**b9**	**b8**	**b7**	**b6**	**b5**	**b4**	**b3**	**b2**	**b1**	**b0**
-	-	NACK	RXBUFF	TXBUFE	ITERATION	TXEMPTY	TIMEOUT	PARE	FRAME	OVRE	ENDTX	ENDRX	RXBRK	TXRDY	RXRDY

- CTSIC : Clear to Send Input Change Interrupt Enable
- DCDIC : Data Carrier Detect Input Change Interrupt Enable
- DSRIC : Data Set Ready Input Change Interrupt Enable
- RIIC : Ring Indicator Input Change Interrupt Enable
- NACK : Non Acknowledge Interrupt Enable
- RXBUFF : Receive Buffer Full Interrupt Enable
- TXBUFE : Transmit Buffer Empty Interrupt Enable
- ITERATION : Iteration Interrupt Enable
- TXEMPTY : TXEMPTY Interrupt Enable
- TIMEOUT : Time-out Interrupt Enable
- PARE : Parity Error Interrupt Enable
- FRAME : Framing Error Interrupt Enable
- OVRE: Overrun Error Interrupt Enable
- ENDTX : End of Transmit Interrupt Enable
- ENDRX : End of Receive Interrupt Enable
- RXBRK : Receiver Break Interrupt Enable
- TXRDY : TXRDY Interrupt Enable
- RXRDY : RXRDY Interrupt Enable
  0 = 무효.
  1 = USARTx의 해당 인터럽트를 허용한다.

▣ USARTx 인터럽트 금지 레지스터 USx_IDR (write-only, 디폴트값 : -)

b31	b30	b29	b28	b27	b26	b25	b24	b23	b22	b21	b20	b19	b18	b17	b16
-	-	-	-	-	-	-	-	-	-	-	-	CTSIC	DCDIC	DSRIC	RIIC
b15	**b14**	**b13**	**b12**	**b11**	**b10**	**b9**	**b8**	**b7**	**b6**	**b5**	**b4**	**b3**	**b2**	**b1**	**b0**
-	-	NACK	RXBUFF	TXBUFE	ITERATION	TXEMPTY	TIMEOUT	PARE	FRAME	OVRE	ENDTX	ENDRX	RXBRK	TXRDY	RXRDY

- CTSIC : Clear to Send Input Change Interrupt Disable
- DCDIC : Data Carrier Detect Input Change Interrupt Disable
- DSRIC : Data Set Ready Input Change Interrupt Disable

- RIIC : Ring Indicator Input Change Interrupt Disable
- NACK : Non Acknowledge Interrupt Disable
- RXBUFF : Receive Buffer Full Interrupt Disable
- TXBUFE : Transmit Buffer Empty Interrupt Disable
- ITERATION : Iteration Interrupt Disable
- TXEMPTY : TXEMPTY Interrupt Disable
- TIMEOUT : Time-out Interrupt Disable
- PARE : Parity Error Interrupt Disable
- FRAME : Framing Error Interrupt Disable
- OVRE: Overrun Error Interrupt Disable
- ENDTX : End of Transmit Interrupt Disable
- ENDRX : End of Receive Interrupt Disable
- RXBRK : Receiver Break Interrupt Disable
- TXRDY : TXRDY Interrupt Disable
- RXRDY : RXRDY Interrupt Disable

0 = 무효.
1 = USARTx의 해당 인터럽트를 금지한다.

▣ USARTx 인터럽트 마스크 레지스터 USx_IMR (read-only, 디폴트값 : 0x0000_0000)

b31	b30	b29	b28	b27	b26	b25	b24	b23	b22	b21	b20	b19	b18	b17	b16
-	-	-	-	-	-	-	-	-	-	-	-	CTSIC	DCDIC	DSRIC	RIIC

b15	b14	b13	b12	b11	b10	b9	b8	b7	b6	b5	b4	b3	b2	b1	b0
-	-	NACK	RXBUFF	TXBUFE	ITERATION	TXEMPTY	TIMEOUT	PARE	FRAME	OVRE	ENDTX	ENDRX	RXBRK	TXRDY	RXRDY

- CTSIC : Clear to Send Input Change Interrupt Mask
- DCDIC : Data Carrier Detect Input Change Interrupt Mask
- DSRIC : Data Set Ready Input Change Interrupt Mask
- RIIC : Ring Indicator Input Change Interrupt Mask
- NACK : Non Acknowledge Interrupt Mask
- RXBUFF : Receive Buffer Full Interrupt Mask
- TXBUFE : Transmit Buffer Empty Interrupt Mask
- ITERATION : Iteration Interrupt Mask
- TXEMPTY : TXEMPTY Interrupt Mask
- TIMEOUT : Time-out Interrupt Mask
- PARE : Parity Error Interrupt Mask
- FRAME : Framing Error Interrupt Mask
- OVRE: Overrun Error Interrupt Mask
- ENDTX : End of Transmit Interrupt Mask
- ENDRX : End of Receive Interrupt Mask
- RXBRK : Receiver Break Interrupt Mask
- TXRDY : TXRDY Interrupt Mask
- RXRDY : RXRDY Interrupt Mask

0 = USARTx의 해당 인터럽트가 금지되어 있다.
1 = USARTx의 해당 인터럽트가 허용되어 있다.

▣ USARTx 채널 상태 레지스터 USx_CSR (read-only, 디폴트값 : -)

b31	b30	b29	b28	b27	b26	b25	b24	b23	b22	b21	b20	b19	b18	b17	b16
-	-	-	-	-	-	-	-	CTS	DCD	DSR	RI	CTSIC	DCDIC	DSRIC	RIIC

b15	b14	b13	b12	b11	b10	b9	b8	b7	b6	b5	b4	b3	b2	b1	b0
-	-	NACK	RXBUFF	TXBUFE	ITERATION	TXEMPTY	TIMEOUT	PARE	FRAME	OVRE	ENDTX	ENDRX	RXBRK	TXRDY	RXRDY

- CTS : Image of CTS Input

0 = CTSx가 현재 0으로 입력된다.
1 = CTSx가 현재 1로 입력된다.

- DCD : Image of DCD Input
  0 = DCD1이 현재 0으로 입력된다.(USART0 포트에는 DCD0 단자가 없음)
  1 = DCD1이 현재 1로 입력된다.(USART0 포트에는 DCD0 단자가 없음)
- DSR : Image of DSR Input
  0 = DSR1이 현재 0으로 입력된다.(USART0 포트에는 DSR0 단자가 없음)
  1 = DSR1이 현재 1로 입력된다.(USART0 포트에는 DSR0 단자가 없음)
- RI : Image of RI Input
  0 = RI1이 현재 0으로 입력된다.(USART0 포트에는 RI0 단자가 없음)
  1 = RI1이 현재 1로 입력된다.(USART0 포트에는 RI0 단자가 없음)
- CTSIC : Clear to Send Input Change Flag
  0 = 가장 최근에 USx_CSR 레지스터를 읽은 후에 CTSx 핀에서 입력의 변화가 검출되지 않았다.
  1 = 가장 최근에 USx_CSR 레지스터를 읽은 후에 CTSx 핀에서 입력의 변화가 검출되었다.
- DCDIC : Data Carrier Detect Input Change Flag
  0 = 가장 최근에 USx_CSR 레지스터를 읽은 후에 DCD1 핀에서 입력의 변화가 검출되지 않았다.
  1 = 가장 최근에 USx_CSR 레지스터를 읽은 후에 DCD1 핀에서 입력의 변화가 검출되었다.
  (USART0 포트에는 DCD0 단자가 없음)
- DSRIC : Data Set Ready Input Change Flag
  0 = 가장 최근에 USx_CSR 레지스터를 읽은 후에 DSR1 핀에서 입력의 변화가 검출되지 않았다.
  1 = 가장 최근에 USx_CSR 레지스터를 읽은 후에 DSR1 핀에서 입력의 변화가 검출되었다.
  (USART0 포트에는 DSR0 단자가 없음)
- RIIC : Ring Indicator Input Change Flag
  0 = 가장 최근에 USx_CSR 레지스터를 읽은 후에 RI1 핀에서 입력의 변화가 검출되지 않았다.
  1 = 가장 최근에 USx_CSR 레지스터를 읽은 후에 RI1 핀에서 입력의 변화가 검출되었다.
  (USART0 포트에는 RI0 단자가 없음)
- NACK : Non Acknowledge
  0 = 가장 최근에 USx_CR 레지스터에서 RSTNACK으로 리셋한 후에 NACK이 검출되지 않았다.
  1 = 가장 최근에 USx_CR 레지스터에서 RSTNACK으로 리셋한 후에 NACK이 검출되었다.
- RXBUFF : Receive Buffer Full
  0 = 주변장치 DMA 제어기의 수신 채널로부터 Buffer Full 신호가 액티브되지 않았다.
  1 = 주변장치 DMA 제어기의 수신 채널로부터 Buffer Full 신호가 액티브되었다.
- TXBUFE : Transmit Buffer Empty
  0 = 주변장치 DMA 제어기의 송신 채널로부터 Buffer Empty 신호가 액티브되지 않았다.
  1 = 주변장치 DMA 제어기의 송신 채널로부터 Buffer Empty 신호가 액티브되었다.
- ITERATION : Maximum Number of Receptions Reached
  0 = 가장 최근에 USx_CR 레지스터에서 RSTIT로 리셋한 후에 최대 반복 횟수에 이르지 않았다.
  1 = 가장 최근에 USx_CR 레지스터에서 RSTIT로 리셋한 후에 최대 반복 횟수에 이르렀다.
- TXEMPTY : Transmitter Empty
  0 = USx_THR 레지스터 또는 송신 시프트 레지스터에 문자가 있거나 또는 송신부가 금지되어 있다.
  1 = USx_THR 레지스터와 송신 시프트 레지스터가 모두 비어 있다.
- TIMEOUT : Receiver Time-out
  0 = 가장 최근에 USx_CR 레지스터에서 STTTO로 스타트한 후에 타임아웃에 이르지 않았거나 또는 타임아웃 레지스터가 0이다.
  1 = 가장 최근에 USx_CR 레지스터에서 STTTO로 스타트한 후에 타임아웃에 이르렀다.
- PARE : Parity Error
  0 = 가장 최근에 USx_CR 레지스터에서 RSTSTA로 리셋한 후에 패리티 에러가 검출되지 않았다.
  1 = 가장 최근에 USx_CR 레지스터에서 RSTSTA로 리셋한 후에 패리티 에러가 검출되었다.
- FRAME : Framing Error
  0 = 가장 최근에 USx_CR 레지스터에서 RSTSTA로 리셋한 후에 프레임 에러가 검출되지 않았다.
  1 = 가장 최근에 USx_CR 레지스터에서 RSTSTA로 리셋한 후에 프레임 에러가 검출되었다.
- OVRE: Overrun Error
  0 = 가장 최근에 USx_CR 레지스터에서 RSTSTA로 리셋한 후에 오버런 에러가 검출되지 않았다.
  1 = 가장 최근에 USx_CR 레지스터에서 RSTSTA로 리셋한 후에 오버런 에러가 검출되었다.
- ENDTX : End of Transmitter Transfer
  0 = 주변장치 DMA 제어기의 송신 채널로부터 전송완료 신호가 액티브되지 않았다.
  1 = 주변장치 DMA 제어기의 송신 채널로부터 전송완료 신호가 액티브되었다.
- ENDRX : End of Receiver Transfer
  0 = 주변장치 DMA 제어기의 수신 채널로부터 전송완료 신호가 액티브되지 않았다.
  1 = 주변장치 DMA 제어기의 수신 채널로부터 전송완료 신호가 액티브되었다.
- RXBRK : Break Received / End of Break

0 = 가장 최근에 USx_CR 레지스터에서 RSTSTA로 리셋한 후에 브레이크 수신 또는 브레이크 종료가 검출되지 않았다.
1 = 가장 최근에 USx_CR 레지스터에서 RSTSTA로 리셋한 후에 브레이크 수신 또는 브레이크 종료가 검출되었다.

- TXRDY : Transmitter Ready
  0 = USx_THR 레지스터에 송신 시프트 레지스터로 옮겨지기 위하여 대기중인 문자가 남아있다. 또는 USx_CR 레지스터에서 STTBRK 명령이 수행중이거나 송신부가 금지되어 있다.
  1 = USx_THR 레지스터에 문자가 남아있지 않다.
- RXRDY : Receiver Ready
  0 = 가장 최근에 USx_RHR 레지스터를 읽은 후에 수신된 문자가 없거나 수신부가 금지되어 있다.
  1 = 문자가 수신되어 USx_RHR 레지스터에 저장되어 있고 아직 이를 읽지 않았다.

▣ USARTx 수신 홀딩 레지스터 USx_RHR (read-only, 디폴트값 : 0x0000_0000)

b31	b30	b29	b28	b27	b26	b25	b24	b23	b22	b21	b20	b19	b18	b17	b16
-	-	-	-	-	-	-	-	-	-	-	-	-	-	-	-
b15	**b14**	**b13**	**b12**	**b11**	**b10**	**b9**	**b8**	**b7**	**b6**	**b5**	**b4**	**b3**	**b2**	**b1**	**b0**
RXSYNH	-	-	-	-	-	-	RXCHR								

- RXSYNH : Received Sync
  0 = 수신된 문자가 데이터이다.
  1 = 수신된 문자가 명령이다.
- RXCHR : Received Character
  만약 RXRDY=1이라면 RXCHR에는 수신된 1문자가 저장되어 있다.

▣ USARTx 송신 홀딩 레지스터 USx_THR (write-only, 디폴트값 : -)

b31	b30	b29	b28	b27	b26	b25	b24	b23	b22	b21	b20	b19	b18	b17	b16
-	-	-	-	-	-	-	-	-	-	-	-	-	-	-	-
b15	**b14**	**b13**	**b12**	**b11**	**b10**	**b9**	**b8**	**b7**	**b6**	**b5**	**b4**	**b3**	**b2**	**b1**	**b0**
TXSYNH	-	-	-	-	-	-	TXCHR								

- TXSYNH : Sync Field to be Transmitted
  0 = 다음에 송신되는 문자는 데이터로 해석되며, 프레임을 스타트하는 것은 DATA SYNC이다.
  1 = 다음에 송신되는 문자는 명령으로 해석되며, 프레임을 스타트하는 것은 COMMAND SYNC이다.
- TXCHR : Character to be Transmitted
  만약 TXRDY=0이라면 TXCHR에는 다음에 송신될 1문자가 저장되어 있다.

▣ USARTx 보레이트 발생 레지스터 USx_BRGR (read/write, 디폴트값 : 0x0000_0000)

b31	b30	b29	b28	b27	b26	b25	b24	b23	b22	b21	b20	b19	b18	b17	b16
-	-	-	-	-	-	-	-	-	-	-	-	-	FP		
b15	**b14**	**b13**	**b12**	**b11**	**b10**	**b9**	**b8**	**b7**	**b6**	**b5**	**b4**	**b3**	**b2**	**b1**	**b0**
CD															

- FP : Fractional Part
  0 = 보레이트 발생에서 소수점 이하의 분주 기능을 사용하지 않는다.
  1 = 보레이트 발생에서 FP/8의 소수점 이하 분주 기능을 사용한다.
- CD : Clock Divider
  0 = 보레이트 발생 클록을 금지한다.
  1~65535 = 일반 모드에서 SYNC=0, OVER=0이면 비동기 16배속 동작으로 보레이트=클록/16/CD
  일반 모드에서 SYNC=0, OVER=1이면 비동기 8배속 동작으로 보레이트=클록/8/CD
  일반 모드에서 SYNC=1이면 동기 1배속 동작으로 보레이트=클록/CD
  ISO7816 모드에서는 보레이트=클록/CD/FI_DI_RATIO

▣ USARTx 수신부 타임아웃 레지스터 USx_RTOR (read/write, 디폴트값 : 0x0000_0000)

b31	b30	b29	b28	b27	b26	b25	b24	b23	b22	b21	b20	b19	b18	b17	b16
–	–	–	–	–	–	–	–	–	–	–	–	RXBUFF	ENDRX	GOVRE	DRDY
b15	**b14**	**b13**	**b12**	**b11**	**b10**	**b9**	**b8**	**b7**	**b6**	**b5**	**b4**	**b3**	**b2**	**b1**	**b0**
TO															

- TO : Time-out Value
  0 = 수신부 타임아웃을 금지한다.
  1~65535 = 수신부 타임아웃을 허용하고 그 시간지연은 TO로 지정한 수만큼의 비트 주기로 된다.

▣ USARTx 송신부 시간설정 레지스터 USx_TTGR (read/write, 디폴트값 : 0x0000_0000)

b31	b30	b29	b28	b27	b26	b25	b24	b23	b22	b21	b20	b19	b18	b17	b16
–	–	–	–	–	–	–	–	–	–	–	–	–	–	–	–
b15	**b14**	**b13**	**b12**	**b11**	**b10**	**b9**	**b8**	**b7**	**b6**	**b5**	**b4**	**b3**	**b2**	**b1**	**b0**
–	–	–	–	–	–	–	–	TG							

- TG : Timeguard Value
  0 = 송신부 시간설정을 금지한다.
  1~255 = 송신부 시간설정을 허용하고 그 시간지연은 TG로 지정한 수만큼의 비트 주기로 된다.

▣ USARTx FI DI 비율 레지스터 USx_FIDI (read/write, 디폴트값 : 0x0000_0174)

b31	b30	b29	b28	b27	b26	b25	b24	b23	b22	b21	b20	b19	b18	b17	b16
–	–	–	–	–	–	–	–	–	–	–	–	–	–	–	–
b15	**b14**	**b13**	**b12**	**b11**	**b10**	**b9**	**b8**	**b7**	**b6**	**b5**	**b4**	**b3**	**b2**	**b1**	**b0**
–	–	–	–	–	FI_DI_RATIO										

- FI_DI_RATIO : FI Over DI Ratio Value
  0 = ISO7816 모드라면 보레이트 발생기는 아무 신호를 출력하지 않는다.
  1~2047 = ISO7816 모드라면 보레이트는 SCK/FI_DI_RATIO로 제공되는 클록이다.

▣ USARTx 에러 횟수 레지스터 USx_NER (read-only, 디폴트값 : –)

b31	b30	b29	b28	b27	b26	b25	b24	b23	b22	b21	b20	b19	b18	b17	b16
–	–	–	–	–	–	–	–	–	–	–	–	–	–	–	–
b15	**b14**	**b13**	**b12**	**b11**	**b10**	**b9**	**b8**	**b7**	**b6**	**b5**	**b4**	**b3**	**b2**	**b1**	**b0**
–	–	–	–	–	–	–	–	NB_ERRORS							

- NB_ERRORS : Number of Errors
  ISO7816 전송 동안에 발생하는 총 에러의 수가 저장된다. 이 레지스터를 읽으면 자동으로 클리어된다.

▣ USARTx IrDA 필터 레지스터 USx_IF (read/write, 디폴트값 : 0x0000_0000)

b31	b30	b29	b28	b27	b26	b25	b24	b23	b22	b21	b20	b19	b18	b17	b16
–	–	–	–	–	–	–	–	–	–	–	–	–	–	–	–
b15	**b14**	**b13**	**b12**	**b11**	**b10**	**b9**	**b8**	**b7**	**b6**	**b5**	**b4**	**b3**	**b2**	**b1**	**b0**
–	–	–	–	–	–	–	–	IRDA_FILTER							

- IRDA_FILTER : IrDA Filter
  IrDA 디모듈레이터(demodulator)의 필터를 설정한다.

4. RS-232C 직렬통신

AT91SAM7S256 CPU에서의 병렬 데이터가 USARTx 직렬통신 포트를 거쳐서 직렬 데이터로 변환되었다 하더라도 이는 기본적으로 TTL 로직 레벨이므로 이 상태로 원거리를 전송하는데는 부적합하다. 따라서, 이들 신호를 먼 거리로 전송하는데 적합한 신호로 변환하기 위한 신호레벨의 인터페이스 회로가 필요한데, 이 부분도 통일된 규격이 필요하므로 국제기구를 통하여 규격화가 계속 진행되어 왔으며, 현재까지 일반적으로 널리 사용되고 있는 국제규격의 예로는 RS-232C, RS-422A, RS-485 등이 있다.

〈표 2.3.5〉 RS-232C 및 기타 통신방식의 전기적인 사양 요약

항 목	RS-232C	RS-422A	RS-485
동작 모드	single end	differential	differential
접속 가능 대수	1 드라이버/1 리시버 (1:1 통신)	1 드라이버/10 리시버 (1:多 통신)	32 드라이버/ 32 리시버 (多:多 멀티드롭 통신)
최대 전송선 길이	50피트(약 15 m)	4000피트(약 1200 m)	4000피트(약 1200 m)
최대 전송속도 12 m	20 Kbps	10 Mbps	10 Mbps
최대 전송속도 120 m		1 Mbps	1 Mbps
최대 전송속도 1200 m		100 Kbps	100 Kbps
드라이버 출력전압	±5V ~ ±15V	±2V ~ ±6V	±1.5V ~ ±6V
리시버 입력전압 "1" = mark "0" = space	±3V ~ ±25V -3V ~ -25V +3V ~ +25V	±0.2V ~ ±6V V_A-V_B = -0.2V ~ -6V V_A-V_B = +0.2V ~ +6V	±0.2V ~ ±6V V_A-V_B = -0.2V ~ -6V V_A-V_B = +0.2V ~ +6V
최대 동상전압		±7V	-7V ~ +12V
드라이버 부하저항	3 kΩ ~ 7 kΩ	100 Ω	54 Ω
리시버 입력저항	3 kΩ ~ 7 kΩ	> 4 kΩ	> 12 kΩ
드라이버 IC	SN75150, SN75188 μA9636A, MC1488	SN75151, SN75153 SN75158, SN75159, MC3487 Am26LS31, μA9638A	
		SN75172, SN75174	
리시버 IC	SN75152, SN75154 SN75189, MC1489	SN75157, MC3486 Am26LS32A, μA9637A	
		SN75173, SN75175	
콘넥터	DB-25 25핀 DB-9 9핀	규정되지 않음	규정되지 않음
접속법	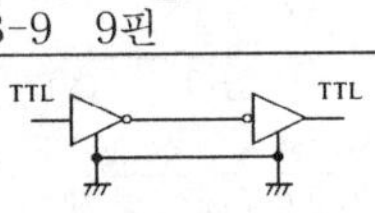 (단일선 인터페이스)	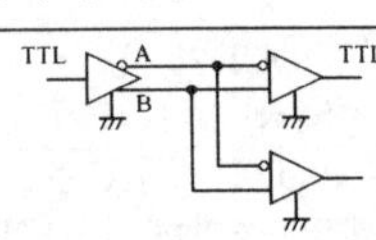 (평형 차동 인터페이스)	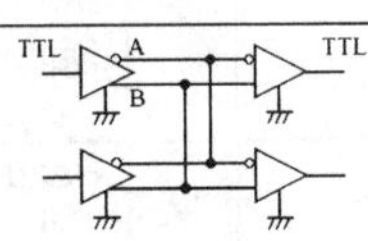 (평형 차동 인터페이스)

(1) RS-232C의 전기적 사양

RS-232C 통신방식은 디지털 데이터 통신회선으로 전화선을 사용하기 위하여 1962년에 EIA(Electronic Industries Association)에서 컴퓨터나 터미널 등과 같은 DTE

(Data Terminal Equipment, 데이터 단말장치)와 모뎀(MODEM) 등과 같은 DCE(Data Communication Equipment 또는 Data Circuit-Terminating Equipment, 회선 종단장치) 사이에 데이터 전송용으로 제정한 통신 권고규격(recommended standard)이다. 이 규격에서는 25핀과 9핀 콘넥터에 데이터 신호와 핸드세이킹 신호들을 지정하고 이들 신호명은 물론 각 신호들의 전기적인 사양까지를 자세하게 규정하고 있다. RS-232C 방식의 전기적 사양을 다른 통신방식과 비교하여 요약하면 <표 2.3.5>와 같다.

(2) RS-232C 신호의 기능 및 콘넥터 구조

RS-232C 직렬통신에서 정의된 신호들의 기능을 요약하면 <표 2.3.6>과 같다. 이중에서 핸드세이킹 제어에 필수적인 신호는 $\overline{\text{RTS}}$ 및 $\overline{\text{CTS}}$이다.

RS-232C 직렬통신에서 표준으로 사용되는 9핀 또는 25핀의 D형 콘넥터는 반드시 **DTE측에 수컷**(male)을 사용하고 **DCE측에 암컷**(female)을 사용해야 한다. 물론, 통신 케이블에 사용되는 콘넥터는 각각 이와 반대가 된다. 종종 이 컨넥터의 암수를 반대로 사용하는 것을 볼 수 있는데 이는 잘못된 것이다. RS-232C의 콘넥터 및 각 신호의 이름을 보이면 <그림 2.3.23> 및 <표 2.3.7>과 같다.

RS-232C 규격에서 처음에는 25핀의 DB-25 콘넥터만을 사용하였으나 이것은 사용하지 않는 핀이 많고 부피가 커서 불편하였으므로 나중에 이보다 간편한 9핀 D형 콘넥터도 표준으로 추가하여 현재는 DB-9 콘넥터를 더욱 널리 사용하고 있다.

〈표 2.3.6〉 RS-232C 신호의 기능

신호 이름	I/O	기 능
TxD	O	Transmitter Data : DTE에서 직렬로 송신하는 출력 데이터 신호이다.
RxD	I	Receiver Data : DTE에서 직렬로 수신하는 입력 데이터 신호이다.
$\overline{\text{DTR}}$	O	Data Terminal Ready : DTE가 송수신이 가능한 레디 상태에 있음을 DCE에게 알려주는 신호이다. 이를 L상태로 하면 모뎀이 회선과 접속되고, H상태로 하면 모뎀이 회선과 단절된다.
$\overline{\text{DSR}}$	I	Data Set Ready : DCE가 동작 가능한 상태에 있음을 DTE에게 알려주는 신호이다. 즉, 이는 $\overline{\text{DTR}}$ 신호에 의하여 모뎀을 회선과 접속하고 DTE에게 응답하는 신호이다.
$\overline{\text{RTS}}$	O	Request to Send : DTE가 DCE에 대하여 송신할 데이터가 있음을 알려주는 신호이다. 이 신호가 L상태인 동안에만 DCE는 회선에 캐리어를 출력한다.
$\overline{\text{CTS}}$	I	Clear to Send : DCE가 $\overline{\text{RTS}}$ 신호를 받고 회선에 캐리어를 출력하여 데이터를 송신할 수 있는 상태에 있음을 DTE에게 알려주는 신호이다. 즉, 이는 $\overline{\text{RTS}}$ 신호에 의하여 회선에 캐리어를 출력하기 시작하고 DTE에게 응답하는 신호이다.
$\overline{\text{CD}}$	I	Carrier Detect : 상대방에서 송신되어 오는 캐리어를 검출하였음을 나타내는 신호이다. 실제로 데이터를 수신하는 것은 이 신호가 L상태로 된 이후이다.
RI	I	Ring Indicator : DCE가 회선에서 호출 신호를 받으면 액티브되는 신호이다.

☞ 여기서 I/O는 DTE측을 기준으로 하여 표현한 것이다.

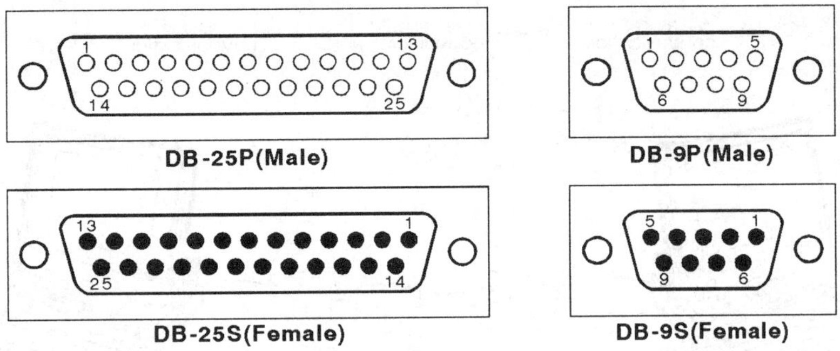

〈그림 2.3.23〉 RS-232C의 콘넥터 및 핀 배열

〈표 2.3.7〉 RS-232C 콘넥터의 핀 배열 및 기능

콘넥터 핀번호		일반적인 신호명	RS-232C 신호명	기 능	신호의 방향
25핀	9핀				
1		FG	AA	Protective Ground	-
2	3	TxD	BA	Transmitted Data	DTE → DCE
3	2	RxD	BB	Received Data	DTE ← DCE
4	7	$\overline{RTS}$	CA	Request to Send	DTE → DCE
5	8	$\overline{CTS}$	CB	Clear to Send	DTE ← DCE
6	6	$\overline{DSR}$	CC	Data Set Ready	DTE ← DCE
7	5	GND	AB	Signal Ground	-
8	1	$\overline{CD}$	CF	Received Line Signal Detector	DTE ← DCE
9			-	사용하지 않음(reserved)	-
10			-	사용하지 않음(reserved)	-
11			-	사용하지 않음(not used)	-
12			SCF	Secondary Received Line Signal Detector	DTE ← DCE
13			SCB	Secondary Clear to Send	DTE ← DCE
14			SBA	Secondary Transmitted Data	DTE → DCE
15			DB	Transmission Signal Element Timing	DTE ← DCE
16			SBB	Secondary Received Data	DTE ← DCE
17			DD	Receiver Signal Element Timing	DTE ← DCE
18			-	사용하지 않음(not used)	-
19			SCA	Secondary Request to Send	DTE → DCE
20	4	$\overline{DTR}$	CD	Data Terminal Ready	DTE → DCE
21			CG	Signal Quality Detector	DTE ← DCE
22	9	RI	CE	Ring Indicator	DTE ← DCE
23			CH/CI	Data Signal Rate Selector	DTE ↔ DCE
24			DA	Transmission Signal Element Timing	DTE → DCE
25			-	사용하지 않음(not used)	-

(3) RS-232C 신호선의 접속

RS-232C를 사용한 비동기 직렬통신 방식에서 컴퓨터(DTE)와 모뎀(DCE)을 접속할 경우에는 <그림 2.3.24>의 (b)와 같이 연결한다. 그러면, 각 신호선의 동작은 <그림 2.3.24>의 (c)와 같게 된다. 이 경우에는 어느 순간에 송신동작과 수신동작이 한가지씩만 수행되는 반이중 통신(half duplex)을 나타냈지만, 이를 송신과 수신동작이 동시에 중첩되게 수행되는 것으로 생각하면 전이중 통신(full duplex)이 된다.

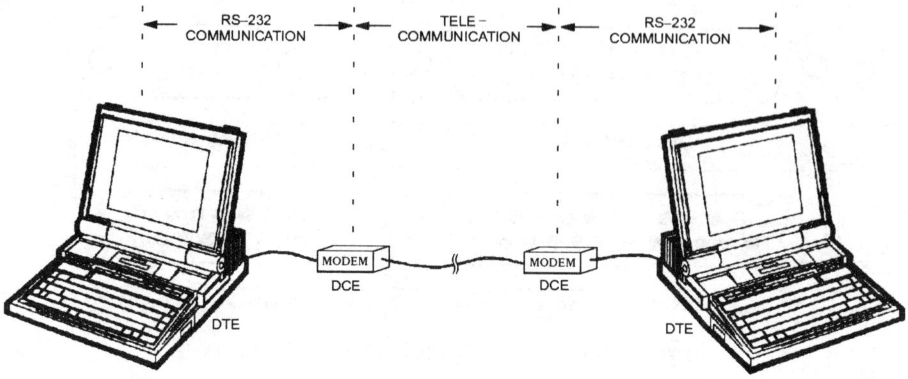

(a) 시스템 접속도

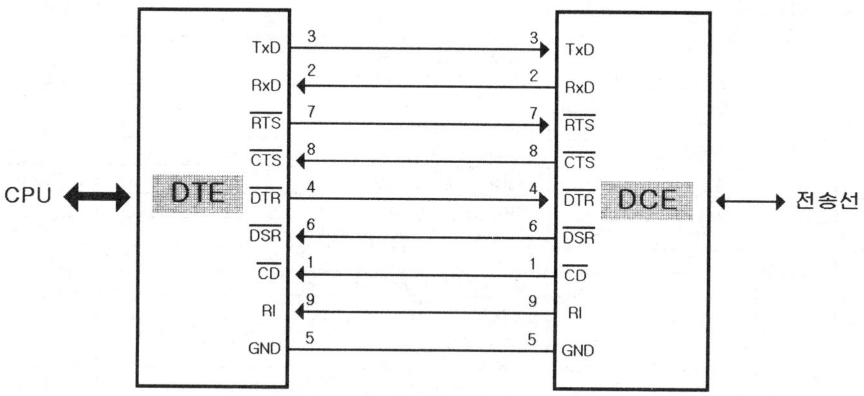

(b) 신호선의 접속

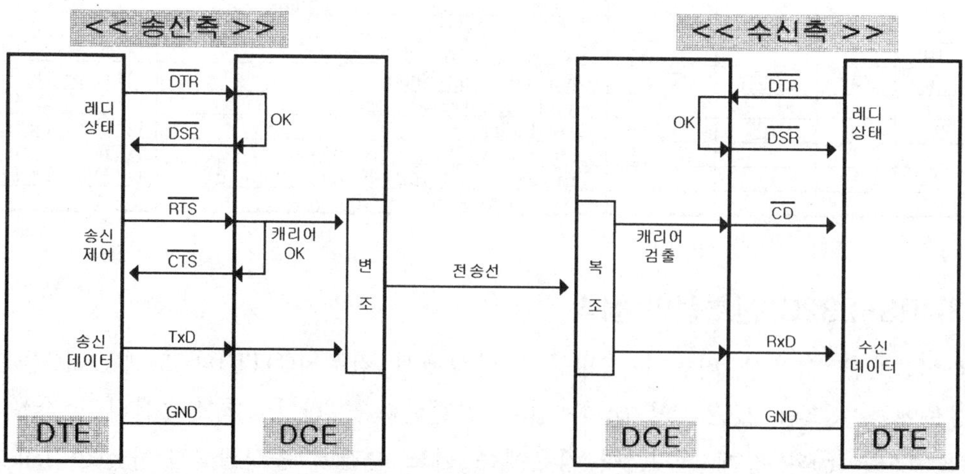

(c) 제어신호의 동작

〈그림 2.3.24〉 RS-232C에서 DTE와 DCE의 접속(9핀 콘넥터의 경우)

또한, 컴퓨터(DTE)와 컴퓨터(DTE) 사이를 RS-232C 통신 케이블로 직접 접속할 경우에는 <그림 2.3.25>와 같이 여러가지의 연결 방법이 가능하다. 이러한 접속방법은 DTE 사이의 전송거리가 15m 이하로 짧아서 굳이 전화선을 사용할 필요가 없고 따라서 모뎀도 필요 없는 근거리 통신의 경우에 널리 사용된다.

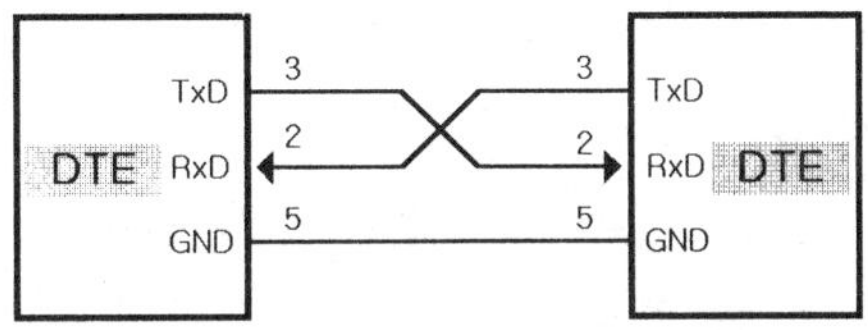

(a) No Handshaking 방법

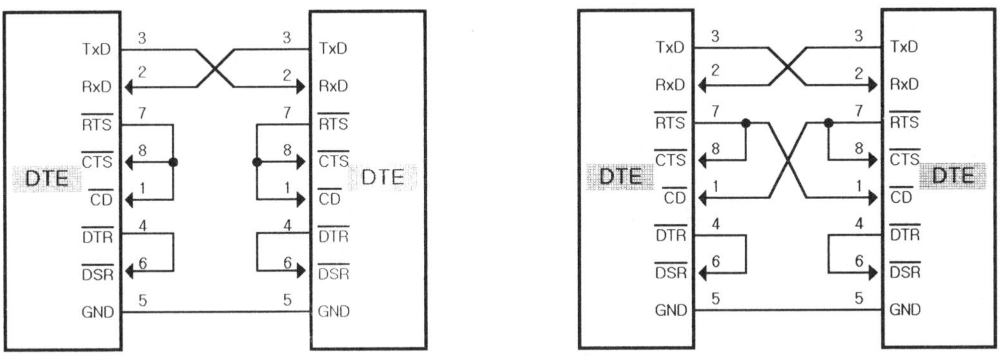

(b) Pseudo Handshaking 방법

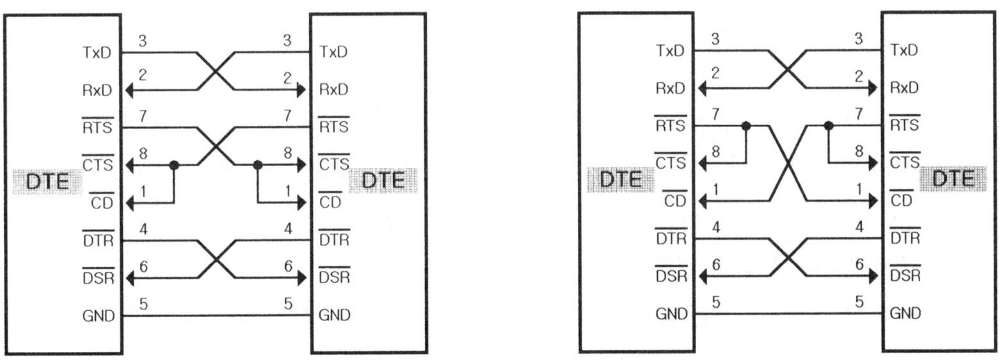

(c) Handshaking 방법

〈그림 2.3.25〉 RS-232C에서 DTE와 DTE의 접속(9핀 콘넥터의 경우)

여기서, (a)는 핸드세이킹 기능을 사용하지도 않고 핸드세이킹 신호선을 접속하지도 않는 경우로서 마이크로콘트롤러에서 가장 널리 사용하는 방식이며, (b)는 제어논리에서는 핸드세이킹 기능을 사용하지만 실제로는 핸드세이킹 신호선을 접속하지 않고 이에 필요한 제어신호를 루프백시켜 마치 상대측이 레디 상태에 있는 것처럼 처리해주는 경우이다. 또한, (c)는 핸드세이킹 기능을 사용하며 하드웨어적으로 핸드세이킹 신호선을 이에 맞도록 접속하는 경우이다.

실제로 이중에서 어떤 접속방법을 사용하는가 하는 문제는 직렬통신 포트의 하드웨어적인 통신제어 동작이나 소프트웨어의 작성 방법에 따라 달라진다. 예를 들어 하드웨어나 소프트웨어적으로 회선의 상태를 체크하지 않고 단순하게 데이터의 송신 및 수신 기능만을 수행한다면 (a)와 같이 간단히 3선의 연결만으로도 문제없이 통신이 수행된다. 현재 대부분의 마이크로콘트롤러에서는 간단히 직렬통신을 구현하기 위하여 이 방법을 주로 사용한다. 그러나, 직렬통신 포트나 시스템 소프트웨어에서 회선측 모뎀의 상태를 체크하여 레디 상태일 때만 송신 또는 수신이 가능하도록 처리한다면 (b)나 (c)의 연결방법을 사용해야 한다. IBM PC와 같은 범용 컴퓨터에서는 이 방법을 사용하는 경우가 많다.

(4) RS-232C 신호 레벨의 변환

RS-232C 통신 방식의 전기적 사양은 앞의 <표 2.3.5>에서 보인 바와 같이 부논리로 되어 출력전압이 "1"(mark) 상태인 경우는 -5~-15[V]로 표현되고 "0"(space) 상태인 경우는 +5~+15[V]로 표현되는데 보통 ±12[V] 정도의 레벨을 사용한다. 이에 비하여 수신측에서 입력신호의 감도는 -3[V] 이하이면 "1"(mark) 상태로 인식되고 +3[V] 이상이면 "0"(space) 상태로 인식되므로 전송신호의 잡음여유(noise margin)는 최소한 2[V] 이상으로 된다.

이러한 동작을 도시하면 <그림 2.3.26>와 같고, RS-232C의 전압 레벨을 데이터 전송 포맷으로 도시하면 <그림 2.3.27>과 같다. 따라서, 직렬통신 인터페이스 회로의 신호레벨 변환 단계에서는 이처럼 전압레벨을 변환하는 기능이 필요하다. 전통적으로 RS-232C에서의 전압레벨 변환회로는 송신 신호의 경우에는 SN75188(또는 MC1488), 수신 신호의 경우에는 SN75189(또는 MC1489)가 널리 사용되었다. 그러나, 최근에는 승압회로와 반전회로를 내장하여 +5[V]의 입력 전원으로부터 ±10[V] 정도의 내부 전원을 만들어 동작하고, 송수신 변환회로를 모두 내장하여 1개의 소자만으로 RS-232C 직렬통신의 신호레벨 변환회로를 구성할 수 있는 MAXIM사의 MAX232 소자가 널리 사용되고 있다. 이 소자는 +5[V]의 전원과 최소 1[μF] 이상의 콘덴서를 4개 사용하여 TTL 레벨의 입력신호로부터 ±5~±15[V]의 출력신호를 발생하며, 송수신 변환회로가 각각 2개씩 내장되어 있어서 1개의 소자로 <그림 2.3.25>의 (a)와 같은 결선방법의 통신채널을 2개까지 사용할 수 있다. 그러나, 만약 CPU측이 +3.3V 전원으로 되어 있는 시스템이라면 5V 전용의 MAX232 소자 대신에 3.0V~5.5V 범위에서 동작하는 MAX3232 소자를 사용하면 된다.

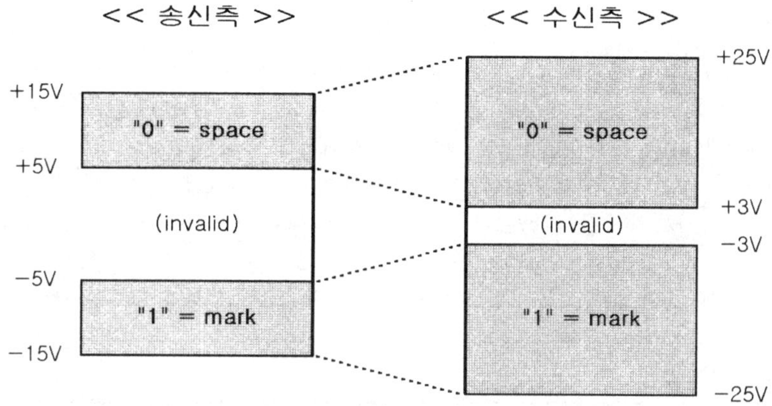

〈그림 2.3.26〉 RS-232C 통신방식에서의 전압레벨 및 잡음여유

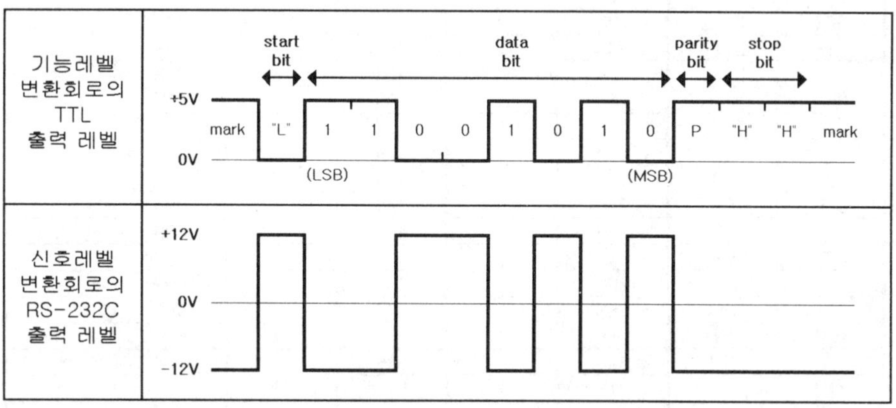

〈그림 2.3.27〉 RS-232C에서의 신호 전압레벨(8비트 데이터, 홀수 패리티의 경우)

◀**참고**▶ AT91SAM7S256에는 2개의 직렬통신 포트 USART0과 USART1이 있으나 *OK-7S256* 키트는 이중에서 USART0 1개만을 사용한다. 그러나, 사용자 프로그램 다운로드용으로 사용되는 DBGU 포트는 일반적인 비동기 직렬통신 기능을 가지므로, 만약 OK-7S256 키트의 사용자가 2개의 비동기 직렬통신을 수행할 필요가 있다면 이것을 사용하면 된다. MAX3232(U3)는 2개의 직렬통신 포트의 신호를 변환할 수 있으므로 USART0은 MAX3232를 거쳐서 9핀 D형 콘넥터 CN6에 연결되고, DBGU 포트는 MAX3232를 거쳐서 9핀 D형 콘넥터 CN5에 연결되어 있다.

◀휴게실▶

ASCII 코드

일반적인 ASCII(American Standard Code for Information Interchange) 코드는 국제표준기구(ISO, International Standard Organization)에서 제정한 국제표준의 문자 데이터 표현을 위한 코드로서 컴퓨터 내부에서의 문자표현은 물론 컴퓨터와 컴퓨터 사이의 정보교환 또는 컴퓨터와 주변장치 사이의 정보교환에 가장 일반적으로 사용된다.

이 ASCII 코드는 7비트로 표현되므로 모두 128문자를 나타낼 수 있는데, 이중에서 20H~7EH(총95자)는 도형문자로서 영문의 대/소문자, 아라비아 숫자, 각종 문장부호 등을 표현하는데 사용되고, 00H~1FH 및 7FH(총33자)는 기능제어문자로서 주변장치의 제어, 직렬통신제어 등에 사용된다.

그러나, IBM PC에서는 ASCII 코드를 8비트로 정의하며, 표준 ASCII 문자의 경우에는 최상위 비트인 b7을 0으로 하여 128문자를 수용하고, b7=1인 128문자를 추가하여 확장 ASCII 코드(Extended ASCII code)라 한다. 확장 ASCII 코드에는 각종 외래어 문자나 세미 그래픽 문자 등이 정의되어 있으며, 우리 나라의 경우에는 KS 규격에서 이 확장 ASCII 코드 영역을 이용하여 한글이나 한자 코드를 정의하고 있다.

(1) 전체 ASCII 코드표

코드값	문자	코드값	문자	코드값	문자	코드값	문자
00H	NUL	20H	space	40H	@	60H	`
01H	SOH	21H	!	41H	A	61H	a
02H	STX	22H	"	42H	B	62H	b
03H	ETX	23H	#	43H	C	63H	c
04H	EOT	24H	$	44H	D	64H	d
05H	ENQ	25H	%	45H	E	65H	e
06H	ACK	26H	&	46H	F	66H	f
07H	BEL	27H	'	47H	G	67H	g
08H	BS	28H	(	48H	H	68H	h
09H	HT	29H	)	49H	I	69H	i
0AH	LF	2AH	*	4AH	J	6AH	j
0BH	VT	2BH	+	4BH	K	6BH	k
0CH	FF	2CH	,	4CH	L	6CH	l
0DH	CR	2DH	-	4DH	M	6DH	m
0EH	SO	2EH	.	4EH	N	6EH	n
0FH	SI	2FH	/	4FH	O	6FH	o
10H	DLE	30H	0	50H	P	70H	p
11H	DC1	31H	1	51H	Q	71H	q
12H	DC2	32H	2	52H	R	72H	r
13H	DC3	33H	3	53H	S	73H	s
14H	DC4	34H	4	54H	T	74H	t
15H	NAK	35H	5	55H	U	75H	u
16H	SYN	36H	6	56H	V	76H	v
17H	ETB	37H	7	57H	W	77H	w
18H	CAN	38H	8	58H	X	78H	x
19H	EM	39H	9	59H	Y	79H	y
1AH	SUB	3AH	:	5AH	Z	7AH	z
1BH	ESC	3BH	;	5BH	[	7BH	{
1CH	FS	3CH	<	5CH	\	7CH	|
1DH	GS	3DH	=	5DH	]	7DH	}
1EH	RS	3EH	>	5EH	^	7EH	~
1FH	US	3FH	?	5FH	_	7FH	DEL

(2) 기능제어문자

ASCII 코드값	기능제어문자	의 미
00H(0)	NUL	null(all zeros)
01H(1)	SOH	start of heading
02H(2)	STX	start of text
03H(3)	ETX	end of text
04H(4)	EOT	end of transmission
05H(5)	ENQ	enquiry
06H(6)	ACK	acknowledge
07H(7)	BEL	bell(beep)
08H(8)	BS	backspace
09H(9)	HT	horizontal tabulation
0AH(10)	LF	line feed
0BH(11)	VT	vertical tabulation
0CH(12)	FF	form feed
0DH(13)	CR	carriage return
0EH(14)	SO	shift out
0FH(15)	SI	shift in
10H(16)	DLE	data link escape
11H(17)	DC1	device control 1
12H(18)	DC2	device control 2
13H(19)	DC3	device control 3
14H(20)	DC4	device control 4
15H(21)	NAK	negative acknowledge
16H(22)	SYN	synchronous idle
17H(23)	ETB	end of transmission block
18H(24)	CAN	cancel
19H(25)	EM	end of medium
1AH(26)	SUB	substitute
1BH(27)	ESC	escape
1CH(28)	FS	file separator
1DH(29)	GS	group separator
1EH(30)	RS	record separator
1FH(31)	US	unit separator
7FH(127)	DEL	delete

(3) 특수 기호의 명칭

ASCII 코드중에 특수한 기호들의 정확한 명칭을 요약하면 다음 표와 같다.

문자	명 칭	문자	명 칭
!	exclamation mark	:	colon
"	quotation mark	;	semicolon
#	number sign(sharp sign)	< >	less than / greater than
$	dollar sign	=	equal sign
%	percent	?	question mark
&	ampersand(and mark)	@	commercial at mark
'	apostrophe(acute accent)	[ ]	opening/closing bracket
( )	opening/closing parenthesis	\	backslash
*	asterisk	^	circumflex(circumflex accent)
+	plus sign	_	underscore(underline)
,	comma	`	single quotation mark(grave accent)
-	minus sign(hyphen, dash)	{ }	opening/closing brace
.	period	|	vertical bar
/	slash(slant)	~	tilde

2.4 동기 직렬통신 포트(SSC)

이 절에서는 AT91SAM7S256에 내장되어 있는 동기 직렬통신 포트의 구조와 기능에 대하여 알아보기로 한다.

1. SSC 직렬통신 포트의 개요

AT91SAM7S256의 동기 직렬통신 포트(SSC ; Synchronous Serial Controller)는 외부와 동기방식으로 통신을 수행하기 위한 포트이다. 이 직렬통신 방식은 외부와 데이터 신호선 TD/RD, 클록 신호선 TK/RK, 프레임 동기 신호선 TF/RF 등으로 연결되며, 이것은 오디오 CODEC(Coder/Decoder)의 마스터 모드 또는 슬레이브 모드 접속, I2S(Inter-IC Sound)로 접속되는 D/A 컨버터, 마그네틱 카드 리더의 접속 등에 응용될 수 있다.

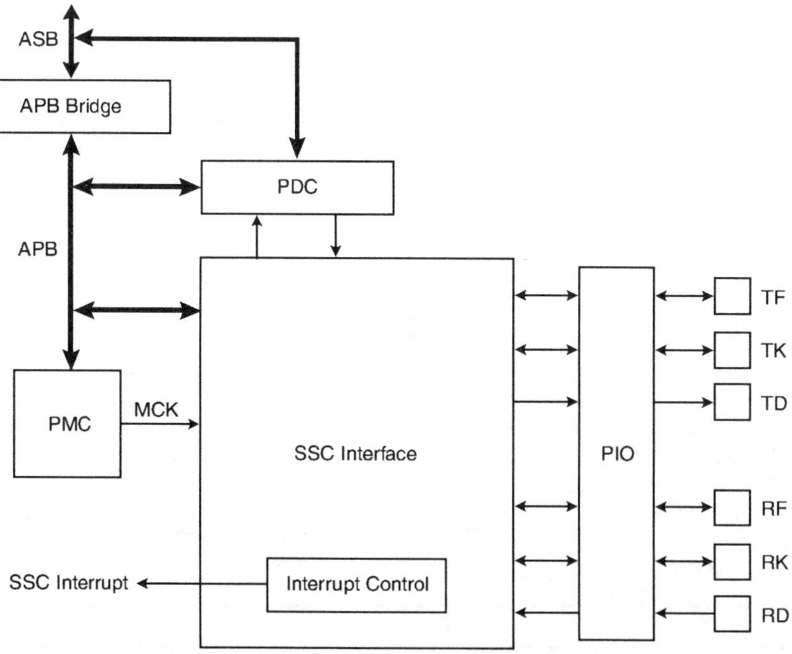

〈그림 2.4.1〉 SSC 직렬통신 포트의 구성 블록도

SSC 직렬통신을 사용하려면 먼저 병렬 입출력 제어기에서 해당 핀들을 SSC로 사용할 수 있도록 초기화해야 한다. 이들 신호의 방향은 <그림 2.4.1>의 SSC 구성 블록도에서 보는 바와 같다.

또한, SSC에는 기본적으로 클록이 공급되지 않으니 이를 사용하려면 전력관리 제어기(PMC)에서 여기에 클록을 공급하도록 설정해야 한다.

2. SSC 직렬통신 포트의 구조와 동작

SSC 직렬통신 포트의 내부 구조는 <그림 2.4.2>와 같이 송신부 및 수신부로 이루어져 있다. 송신부와 수신부는 서로 독립적으로 동작하며, 마스터 클록 MCK를 분주하여 만들어진 클록 신호 또는 TK, RK로 입력된 클록 신호에 의해 동기되어 동작한다. 최대 전송속도는 MCK/2 또는 TK, RK 클록 신호의 주파수와 같다.

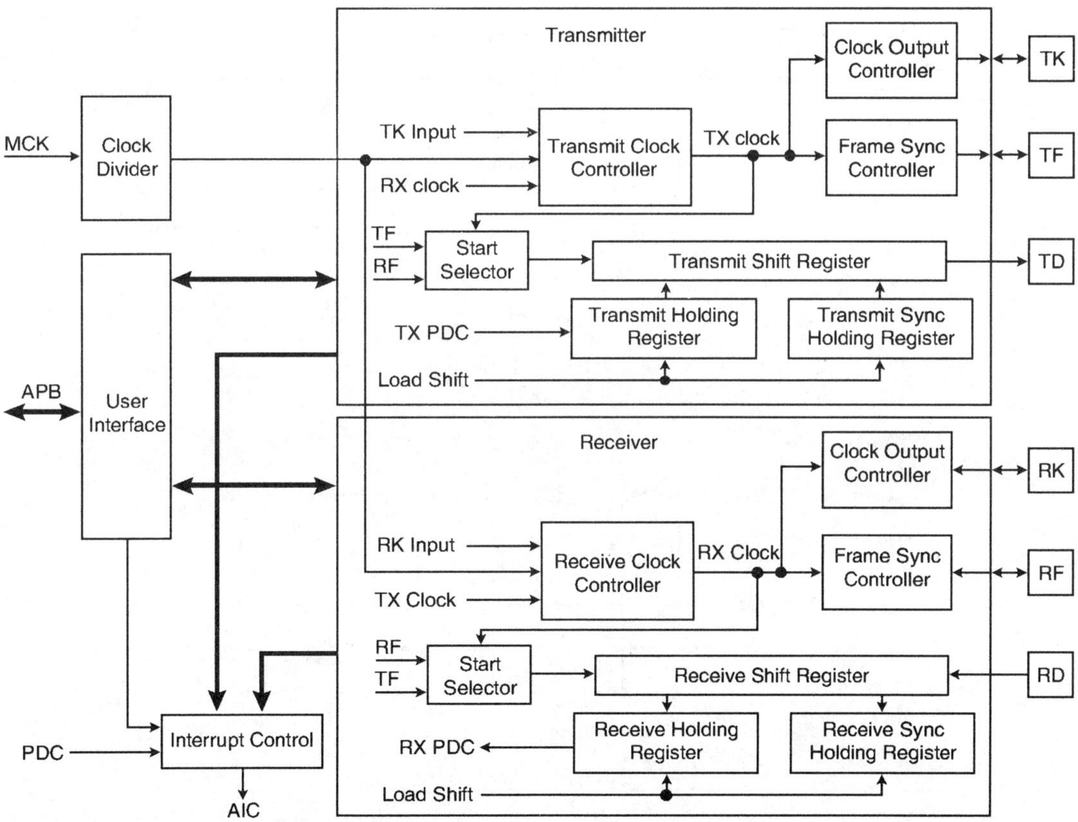

〈그림 2.4.2〉 SSC 직렬통신 포트의 내부 구조

(1) 송수신 클록의 발생

SSC 직렬통신 포트에서 송신부 클록은 SSC_TCMR 레지스터를 사용하여 ① 내부 클록 분주기에 의한 클록 ② 수신부 클록 ③ TK 핀으로 입력된 외부 클록 중의 하나로 설정되어 동작할 수 있다. 또한, 수신부 클록은 SSC_RCMR 레지스터를 사용하여 ① 내부 클록 분주기에 의한 클록 ② 송신부 클록 ③ RK 핀으로 입력된 외부 클록 중의 하나로 설정되어 동작할 수 있다.

SSC의 내부 클록 분주기는 먼저 마스터 클록 MCK를 2분주한 후에 SSC_CMR 레지스터의 12비트 분주기를 사용하여 1~4095의 범위로 분주한다. 따라서, 최고 주파수는 MCK/2이며, 최저 주파수는 MCK/8190으로 된다.

송신부 클록 소스는 SSC_TCMR 레지스터의 CKS 필드를 사용하여 3가지 중에서 하나로 설정할 수 있다. 선택된 클록 소스는 SSC_TCMR 레지스터의 CKO 필드를 사용하여 TK 핀으로 출력시킬 수도 있으며, 내부에서 사용할 때는 CKI 필드를 사용하여 신호를 반전시킬 수도 있다.

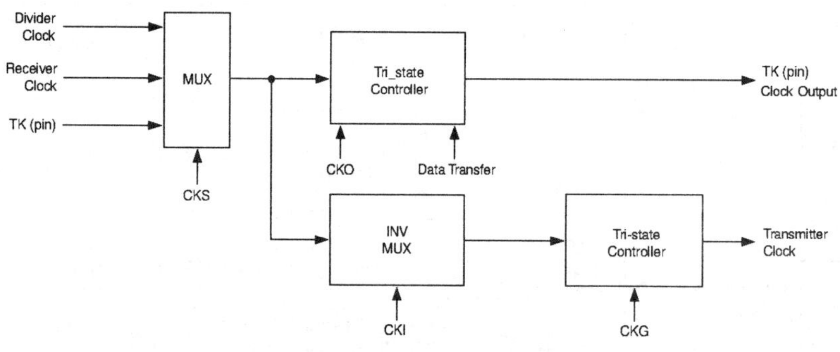

(a) 송신부

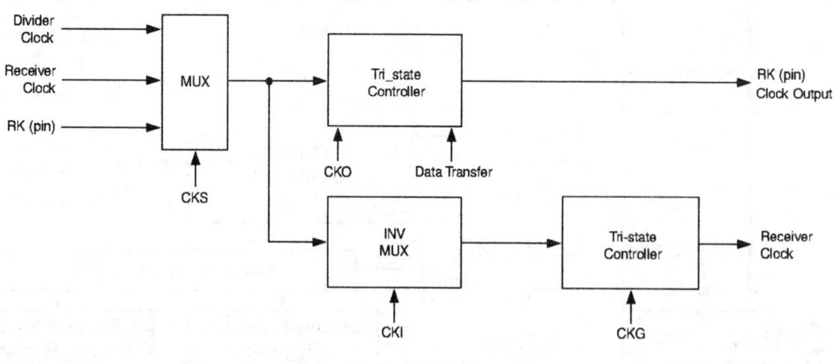

(b) 수신부

〈그림 2.4.3〉 송신부 및 수신부의 클록 관리

수신부 클록 소스는 SSC_RCMR 레지스터의 CKS 필드를 사용하여 3가지 중에서 하나로 설정할 수 있다. 선택된 클록 소스는 SSC_RCMR 레지스터의 CKO 필드를 사용하여 RK 핀으로 출력시킬 수도 있으며, 내부에서 사용할 때는 CKI 필드를 사용하여 신호를 반전시킬 수도 있다.

(2) 송신부의 동작

송신부의 동작은 SSC_TCMR 레지스터의 START 필드에 지정된 방법으로 스타트 이벤트가 발생하면 개시된다. 먼저 프레임 동기 신호가 발생되는데 이는 SSC_TFMR 레지스터에 의해 지정된다.

데이터 전송을 위한 클록은 SSC_TCMR 레지스터로 지정되어 송신 시프트 레지스터에 공급되며, 송신할 데이터는 SSC_THR 레지스터에 미리 써두어야 한다. 송신 홀딩 레지스터 SSC_THR가 비면 SSC_SR 레지스터의 TXRDY 비트가 1로 세트되며, SSC_THR 레지스터와 송신 시프트 레지스터가 모두 비면 TXEMPTY 비트가 1로 세트된다.

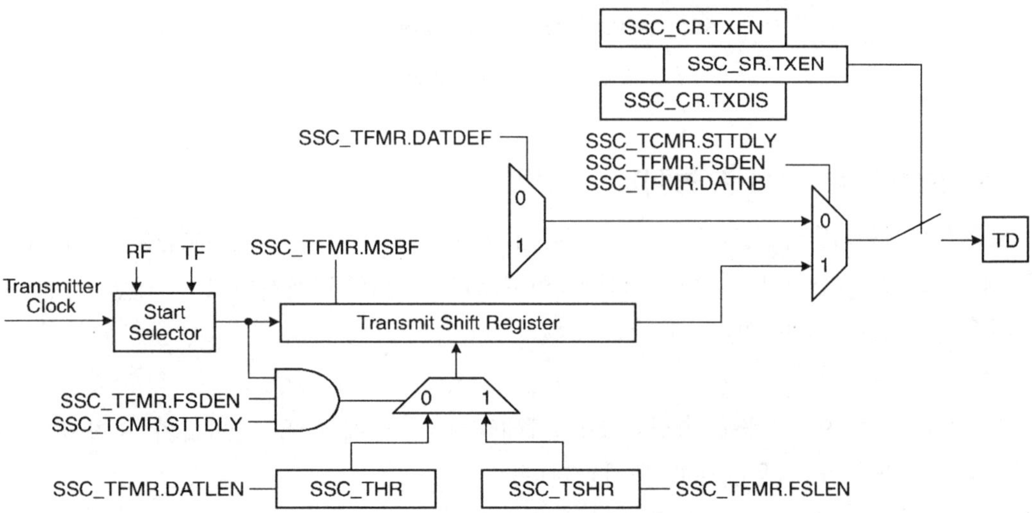

〈그림 2.4.4〉 송신부의 구조

(3) 수신부의 동작

수신부의 동작은 SSC_RCMR 레지스터의 START 필드에 지정된 방법으로 스타트 이벤트가 발생하면 개시된다. 먼저 프레임 동기 신호가 수신되는데 이는 SSC_RFMR

레지스터에 의해 지정된다.

데이터 수신을 위한 클록은 SSC_RCMR 레지스터로 지정되어 수신 시프트 레지스터에 공급되며, 수신된 데이터는 SSC_RHR 레지스터에 저장된다. 수신된 데이터가 수신 홀딩 레지스터 SSC_RHR에 저장되면 SSC_SR 레지스터의 RXRDY 비트가 1로 세트되며, 만약 이 수신 데이터를 읽기 전에 또 다른 수신 데이터가 SSC_RHR 레지스터에 저장되면 SSC_SR 레지스터의 OVRUN 비트가 1로 세트된다.

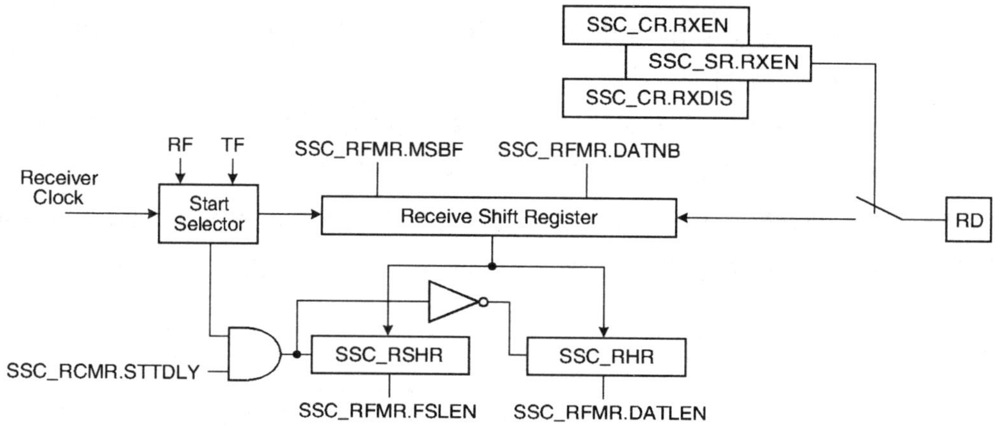

〈그림 2.4.5〉 수신부의 구조

(4) 송신부 및 수신부 동작의 스타트

송신부와 수신부의 동작은 각각 SSC_TCMR 레지스터와 SSC_RCMR 레지스터의 START 필드에 지정된 방법으로 스타트 이벤트가 발생하면 개시된다. 이러한 이벤트에는 다음과 같은 것들이 있다.

① 연속 모드. 이 경우에 송신은 SSC_THR 레지스터에 값을 쓰자마자 시작되고, 수신은 수신부 동작을 허용하자마자 시작된다.

② 송신부와 수신부가 서로 동기되어 동작하는 모드

③ TF 또는 RF 신호의 high 레벨이나 low 레벨에 의하여 동작하는 모드

④ TF 또는 RF 신호의 상승 에지나 하강 에지에 의하여 동작하는 모드

⑤ TF 또는 RF 신호의 레벨 변화에 의하여 동작하는 모드

⑥ TF 또는 RF 신호의 모든 에지에서 동작하는 모드

⑦ 수신의 경우에는 비교0에 의하여 동작하는 모드

TF 또는 RF 신호의 입출력 동작은 각각 SSC_TFMR 레지스터와 SSC_RFMR 레지스터의 FSOS 필드에 의해 지정된다. 이와 같이 여러 가지 방식으로 송신부와 수신부의 동작이 스타트하는 방법을 그림으로 설명하면 <그림 2.4.6>과 같다.

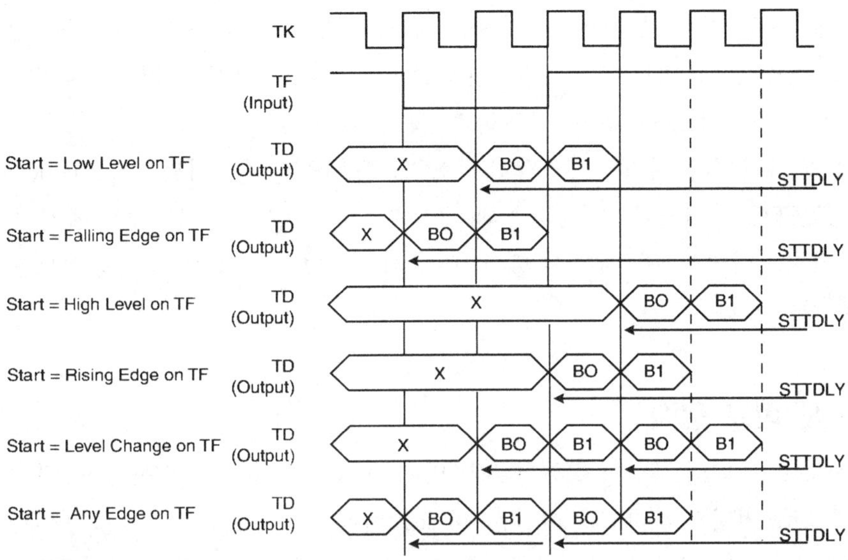

(a) 송신부

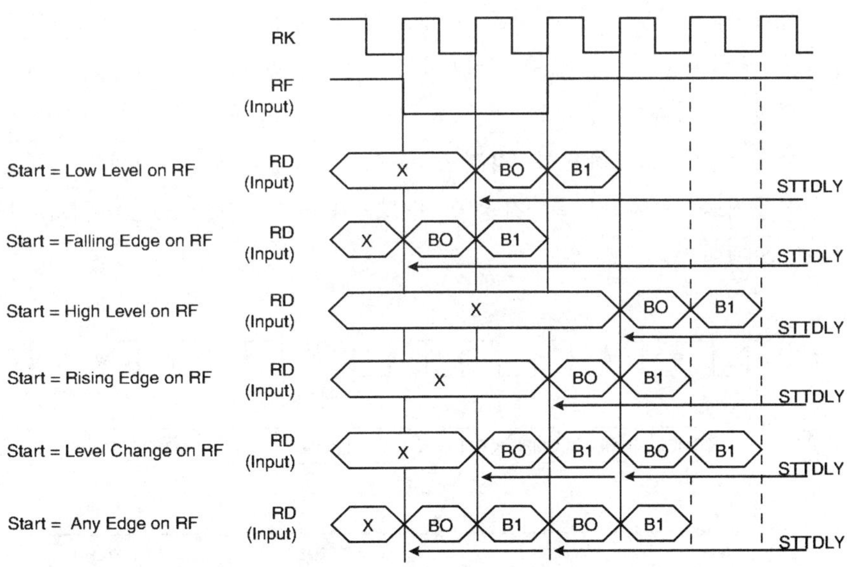

(b) 수신부

〈그림 2.4.6〉 송신부 및 수신부의 이벤트에 의한 동작 개시

(5) 송신부 및 수신부 동작의 프레임 동기

송신부와 수신부의 프레임 동기신호 단자 TF, RF는 각각 SSC_TFMR 레지스터와 SSC_RFMR 레지스터에 있는 FSOS 필드에 지정된 방법으로 신호를 발생한다. 이것은 펄스를 발생하도록 지정될 수도 있고, 데이터 전송중에 high 또는 low 레벨로 유지되도록 지정될 수도 있다. 동기신호가 펄스 형태로 지정된 경우에는 FSLEN 필드에 의하여 펄스의 폭을 1~16비트 시간으로 설정할 수 있다. 이러한 프레임 동기신호의 펄스 폭은 스타트 지연시간보다 짧게 설정하는 것이 좋다.

프레임 동기신호의 에지 검출 방법은 SSC_TFMR 레지스터와 SSC_RFMR 레지스터에 있는 FSEDGE 필드로 지정되는데, 이렇게 프레임 동기신호의 에지가 검출되면 SSC_SR 레지스터에서 RXSYN 비트가 1로 세트되며, 이는 해당 인터럽트를 요청하는데 사용될 수 있다.

(6) 수신 비교 동작

수신부에서 프레임 동기를 취할 때 비교 패턴의 길이는 SSC_RFMR 레지스터의 FSLEN 필드로 지정하며, 비교 패턴은 비교0 레지스터 SSC_RC0R 및 비교1 레지스터 SSC_RC1R로 지정한다. 비교는 가장 마지막에 수신된 비트들을 비교 레지스터에 있는 비트 패턴과 같은지 비교하는 방법으로 이루어진다.

비교0의 결과는 수신부에서 스타트 이벤트로 사용될 수 있다. 이 경우에 수신부는 매번 데이터를 샘플링할 때마다 수신된 비트들을 비교0 레지스터 SSC_RC0R에 있는 비트들과 비교한다. 이때 수신부는 새로운 문자를 수신하기 위하여 매번 SSC_RC0R 레지스터의 값을 다시 설정하도록 지정할 수도 있고, 비교1의 결과가 나타날 때까지 계속하여 수신동작을 수행하도록 지정할 수도 있는데, 이는 SSC_RCMR 레지스터의 STOP 비트로 선택한다.

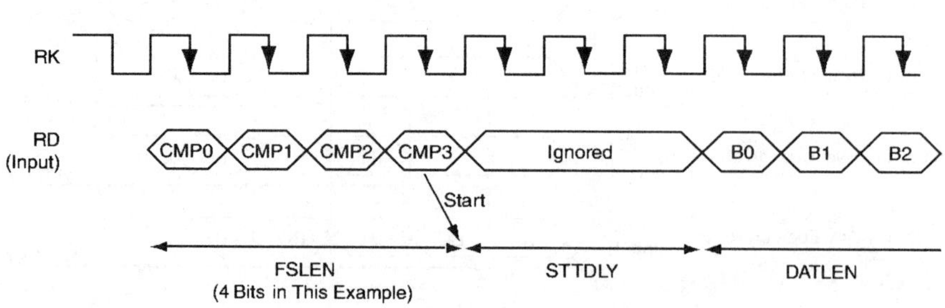

〈그림 2.4.7〉 수신부의 수신 비교 동작

(7) 데이터 포맷

송신부나 수신부에서 사용하는 데이터 프레임의 포맷은 각각 SSC_TFMR 레지스터와 SSC_RFMR 레지스터로 설정된다. 여기서 설정해야 하는 주요 항목은 아래와 같고 이를 요약하면 <표 2.4.1>과 같다.

- 데이터 전송을 시작하는 이벤트(START 필드)
- 스타트 이벤트와 첫번째 데이터 비트 사이의 시간 지연(STTDLY 필드)
- 데이터의 길이(DATLEN 필드)
- 스타트 이벤트를 위하여 전송되는 데이터 워드의 수(DATNB 필드)
- 스타트 이벤트를 위하여 전송되는 동기문자의 길이(FSLEN 필드)
- 데이터 전송 순서(MSBF 비트)

또한, 송신부에서는 동기를 취하는 동작중에 TD 신호선이 어떤 상태를 유지할지를 SSC_TFMR 레지스터의 FSDEN 비트와 DATDEF 비트로 설정한다. 즉, FSDEN=1일 때는 송신 프레임 동기신호가 출력되는 동안 TD 핀에 SSC_TSHR 레지스터의 내용이 시프트 아웃되며, FSDEN=0일 때는 송신 프레임 동기신호가 출력되는 동안 TD 핀에 DATDEF 비트로 설정된 값이 출력된다.

〈표 2.4.1〉 송신부와 수신부에서 데이터 포맷에 관련하여 설정해야 하는 항목

송신부 레지스터	수신부 레지스터	필드	설정 범위	기 능
SSC_TFMR	SSC_RFMR	DATLEN	2~32비트	전송 데이터 문자의 길이
SSC_TFMR	SSC_RFMR	DATNB	1~16문자	스타트 이벤트로 1프레임에 전송되는 워드 수
SSC_TFMR	SSC_RFMR	MSBF	1비트	LSB 먼저 또는 MSB 먼저 전송
SSC_TFMR	SSC_RFMR	FSLEN	1~16클록	프레임 동기 신호의 길이
SSC_TFMR		DATDEF	1비트	데이터 신호선의 디폴트 값
SSC_TFMR		FSDEN	1비트	프레임 동기 신호와 함께 SSC_TSHR을 전송
SSC_TCMR	SSC_RCMR	PERIOD	4~512클록	프레임 동기 신호를 위한 클록 주기
SSC_TCMR	SSC_RCMR	STTDLY	0~255클록	전송 스타트의 시간 지연

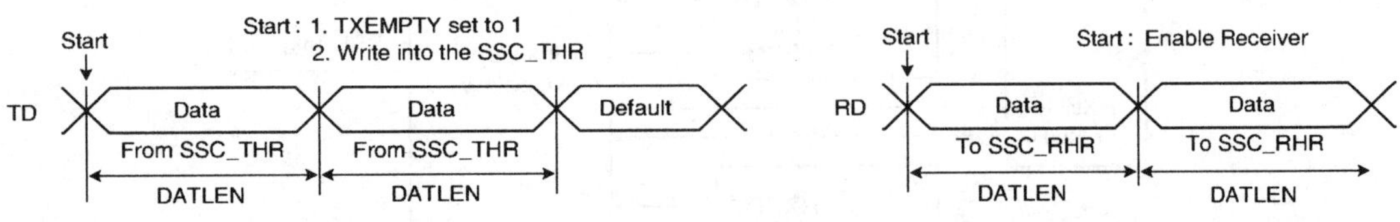

(a) 송신 (b) 수신

〈그림 2.4.8〉 연속 모드에서의 송신 및 수신 프레임 포맷

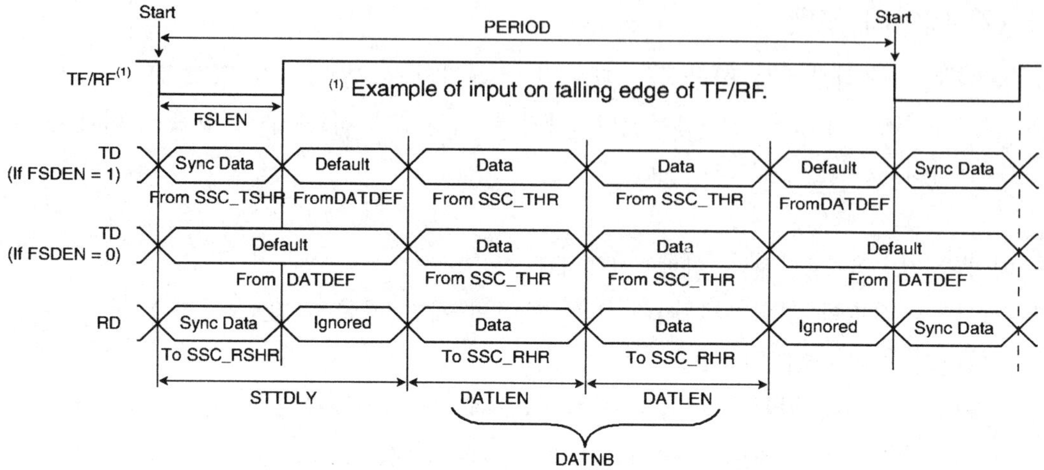

〈그림 2.4.9〉 에지/펄스 스타트 모드에서의 송신 및 수신 프레임 포맷

(8) 루프백 모드

수신부의 SSC_RFMR 레지스터에서 LOOP=1로 설정하면 루프백(loopback) 모드로 동작한다. 루프백 모드에서는 내부적으로 RD가 TD 신호에 연결되고, RF가 TF 신호에 연결되며, RK가 TK 신호에 연결된다.

(9) 인터럽트

SSC 직렬통신 포트의 인터럽트 발생 구조는 매우 복잡한데 이를 쉽게 이해할 수 있도록 그림으로 설명하면 <그림 2.4.10>과 같다.

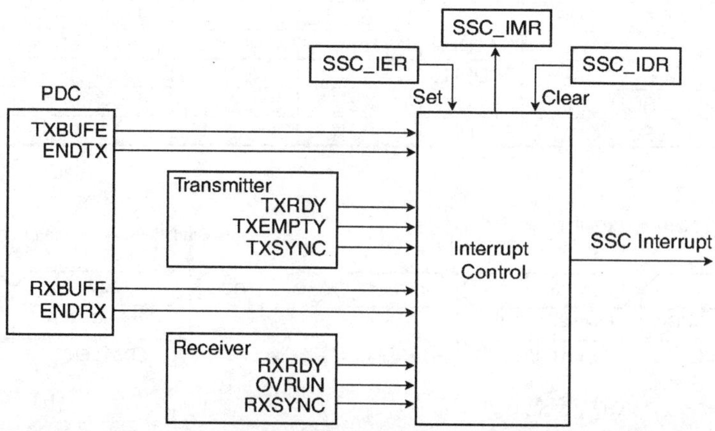

〈그림 2.4.10〉 SSC 직렬통신 포트의 인터럽트 발생 구조

3. SSC 직렬통신 포트 관련 I/O 제어 레지스터

SSC 직렬통신 포트와 관련된 I/O 제어 레지스터는 <표 2.4.2>와 같은데, 이 레지스터들의 기능을 정리하면 아래와 같다.

〈표 2.4.2〉 AT91SAM7S256의 SSC 직렬통신 포트와 관련된 I/O 레지스터 요약

어드레스	옵셋	레지스터 이름	레지스터의 풀어 쓴 이름	액세스 속성	리셋 후 초기값
0xFFFD_4000	0x00	SSC_CR	SSC Control Register	write-only	-
0xFFFD_4004	0x04	SSC_CMR	SSC Clock Mode Register	read/write	0x0000_0000
0xFFFD_4008	0x08	-	(reserved)	-	-
0xFFFD_400C	0x0C	-	(reserved)	-	-
0xFFFD_4010	0x10	SSC_RCMR	SSC Receive Clock Mode Register	read/write	0x0000_0000
0xFFFD_4014	0x14	SSC_RFMR	SSC Receive Frame Mode Register	read/write	0x0000_0000
0xFFFD_4018	0x18	SSC_TCMR	SSC Transmit Clock Mode Register	read/write	0x0000_0000
0xFFFD_401C	0x1C	SSC_TFMR	SSC Transmit Frame Mode Register	read/write	0x0000_0000
0xFFFD_4020	0x20	SSC_RHR	SSC Receive Holding Register	read-only	0x0000_0000
0xFFFD_4024	0x24	SSC_THR	SSC Transmit Holding Register	write-only	-
0xFFFD_4028	0x28	-	(reserved)	-	-
0xFFFD_402C	0x2C	-	(reserved)	-	-
0xFFFD_4030	0x30	SSC_RSHR	SSC Receive Sync. Holding Register	read-only	0x0000_0000
0xFFFD_4034	0x34	SSC_TSHR	SSC Transmit Sync. Holding Register	read/write	0x0000_0000
0xFFFD_4038	0x38	SSC_RC0R	SSC Receive Compare 0 Register	read/write	0x0000_0000
0xFFFD_403C	0x3C	SSC_RC1R	SSC Receive Compare 1 Register	read/write	0x0000_0000
0xFFFD_4040	0x40	SSC_SR	SSC Status Register	read-only	0x0000_00CC
0xFFFD_4044	0x44	SSC_IER	SSC Interrupt Enable Register	write-only	-
0xFFFD_4048	0x48	SSC_IDR	SSC Interrupt Disable Register	write-only	-
0xFFFD_404C	0x4C	SSC_IMR	SSC Interrupt Mask Register	read-only	0x0000_0000
...	...	...	...	...	...
0xFFFD_4100 : 0xFFFD_4124			(PDC 채널 관련 I/O 레지스터)		

▣ SSC 제어 레지스터 SSC_CR (write-only, 디폴트값 : -)

b31	b30	b29	b28	b27	b26	b25	b24	b23	b22	b21	b20	b19	b18	b17	b16
-	-	-	-	-	-	-	-	-	-	-	-	-	-	-	-

b15	b14	b13	b12	b11	b10	b9	b8	b7	b6	b5	b4	b3	b2	b1	b0
SWRST	-	-	-	-	-	TXDIS	TXEN	-	-	-	-	-	-	RXDIS	RXEN

- SWRST : Software Reset
  0 = 무효.
  1 = SSC 직렬통신 포트를 소프트웨어적으로 리셋한다.
- TXDIS : Transmitter Disable
  0 = 무효.
  1 = 송신부의 동작을 금지한다.
- TXEN : Transmitter Enable
  0 = 무효.
  1 = 만약 TXDIS=0이라면 송신부의 동작을 허용한다.

- RXDIS : Receiver Disable
  0 = 무효.
  1 = 수신부의 동작을 금지한다.
- RXEN : Receiver Enable
  0 = 무효.
  1 = 만약 RXDIS=0이라면 수신부의 동작을 허용한다.

▣ SSC 클록 모드 레지스터 SSC_CMR (read/write, 디폴트값 : 0x0000_0000)

b31	b30	b29	b28	b27	b26	b25	b24	b23	b22	b21	b20	b19	b18	b17	b16
–	–	–	–	–	–	–	–	–	–	–	–	–	–	–	–

b15	b14	b13	b12	b11	b10	b9	b8	b7	b6	b5	b4	b3	b2	b1	b0
–	–	–	–	DIV											

- DIV : Clock Divider
  0 = 클록 분주기를 동작시키지 않는다.
  1~4095 = 분주기를 사용하여 클록 주파수를 MCK/2/DIV로 설정한다.

▣ SSC 수신 클록 모드 레지스터 SSC_RCMR (read/write, 디폴트값 : 0x0000_0000)

b31	b30	b29	b28	b27	b26	b25	b24	b23	b22	b21	b20	b19	b18	b17	b16
PERIOD								STTDLY							

b15	b14	b13	b12	b11	b10	b9	b8	b7	b6	b5	b4	b3	b2	b1	b0
–	–	–	STOP	START				CKG		CKI	CKO			CKS	

- PERIOD : Receive Period Divider Selection
  0 = 프레임 동기 신호를 발생하기 위한 수신 클록을 금지한다.
  1~255 = 프레임 동기 신호를 발생하기 위한 클록이 수신 클록 주기의 2×(PERIOD+1)배로 된다.
- STTDLY : Receive Start Delay
  0 = 수신 시작 지연을 사용하지 않는다.
  1~255 = 시작 신호를 받고 나서 실제 수신 동작이 시작되기까지 시간지연을 주기 위한 클록 사이클의 수를 정의한다.
- STOP : Receive Stop Selection
  0 = 비교0으로 수신 동작을 완료하고 나서 수신부는 정지하며 새로운 비교0을 기다린다.
  1 = 비교0으로 수신 동작이 시작되고 나서 수신부는 비교1을 검출할 때까지 연속모드로 동작한다.
- START : Receive Start Selection
  수신 동작이 시작되는 조건을 선택한다.
  0x0 = 연속 모드. 수신부가 허용되어 있고 수신 동작이 완료되면 즉시 다음 수신 동작을 시작한다.
  0x1 = 송신 동작 시작.
  0x2 = RF 신호의 low level이 검출되면.
  0x3 = RF 신호의 high level이 검출되면.
  0x4 = RF 신호의 falling edge가 검출되면.
  0x5 = RF 신호의 rising edge가 검출되면.
  0x6 = RF 신호의 모든 레벨 변화가 검출되면.
  0x7 = RF 신호의 모든 edge가 검출되면.
  0x8 = Compare 0.
  0x9~0xF = 사용하지 않음(reserved).
- CKG : Receive Clock Gating Selection
  00 = 수신부 클록을 항상 허용한다.
  01 = RF 신호가 low일 때만 수신부 클록을 허용한다.
  10 = RF 신호가 high일 때만 수신부 클록을 허용한다.
  11 = 사용하지 않음(reserved).
- CKI : Receive Clock Inversion
  0 = 수신부 클록의 하강 에지에서 신호(프레임 동기 신호 및 데이터 비트)가 수신된다. 그러나, 프레임 동기 신호가 출력되는 것은 이 수신 클록의 상승 에지에서 수행된다.
  1 = 수신부 클록의 상승 에지에서 신호(프레임 동기 신호 및 데이터 비트)가 수신된다. 그러나, 프레임 동기 신호가 출력되는 것은 이 수신 클록의 하강 에지에서 수행된다.

- CKO : Receive Clock Output Mode Selection
  000 = RK 핀을 입력으로 사용한다.
  001 = RK 핀을 출력으로 사용하며, 수신부 클록을 계속 출력한다.
  010 = RK 핀을 출력으로 사용하며, 수신부 클록을 데이터 전송 중에만 출력한다.
  011~111 = 사용하지 않음(reserved).
- CKS : Receive Clock Selection
  00 = 내부에서 분주하여 만든 클록.
  01 = TK 핀 신호와 동일한 클록.
  10 = RK 핀으로 들어온 클록.
  11 = 사용하지 않음(reserved).

▣ SSC 수신 프레임 모드 레지스터 SSC_RFMR (read/write, 디폴트값 : 0x0000_0000)

b31	b30	b29	b28	b27	b26	b25	b24	b23	b22	b21	b20	b19	b18	b17	b16
-	-	-	-	-	-	-	FSEDGE	-	FSOS			FSLEN			

b15	b14	b13	b12	b11	b10	b9	b8	b7	b6	b5	b4	b3	b2	b1	b0
-	-	-	-	DATNB				MSBF	-	LOOP	DATLEN				

- FSEDGE : Frame Sync Edge Selection
  0 = 프레임 동기 신호의 상승 에지가 SSC_SR 레지스터의 RXSYN 비트를 세트시킨다.
  1 = 프레임 동기 신호의 하강 에지가 SSC_SR 레지스터의 RXSYN 비트를 세트시킨다.
- FSOS : Receive Frame Sync Output Selection
  0x0 = RF 단자를 입력으로 사용한다.
  0x1 = negative pulse.
  0x2 = positive pulse.
  0x3 = 데이터 전송중에는 항상 low로 구동된다.
  0x4 = 데이터 전송중에는 항상 high로 구동된다.
  0x5 = 각 데이터 전송의 시작에서 출력 상태를 토글시킨다.
  0x6~0x7 = 사용하지 않음(reserved).
- FSLEN : Receive Frame Sync Length
  수신부 프레임 동기 신호의 길이를 FSLEN+1개의 수신부 클록 주기로 정의한다.
- DATNB : Data Number per Frame
  각 데이터 전송에서 수신될 데이터 워드의 수를 DATNB+1개로 정의한다.
- MSBF : Most Significant Bit First
  0 = 데이터 비트 스트림에서 LSB가 먼저 수신되는 것으로 설정된다.
  1 = 데이터 비트 스트림에서 MSB가 먼저 수신되는 것으로 설정된다.
- LOOP : Loop Mode
  0 = 정상 동작 모드.
  1 = 루프 백 테스트 모드. 내부에서 TD→RD, TF→RF, TK→RK로 연결된다.
- DATLEN : Data Length
  0 = 1비트의 데이터 길이는 지원하지 않으므로 사용하지 말 것.
  1~31 = 데이터의 길이를 DATLEN+1개의 비트로 정의한다.
  만약, DATLEN=1~7로 지정되면 데이터 전송은 바이트로 이루어지고, DATLEN=8~15로 지정되면 데이터 전송은 하프 워드로 이루어지며, DATLEN=16~31로 지정되면 데이터 전송은 워드로 이루어진다.

▣ SSC 송신 클록 모드 레지스터 SSC_TCMR (read/write, 디폴트값 : 0x0000_0000)

b31	b30	b29	b28	b27	b26	b25	b24	b23	b22	b21	b20	b19	b18	b17	b16
PERIOD								STTDLY							

b15	b14	b13	b12	b11	b10	b9	b8	b7	b6	b5	b4	b3	b2	b1	b0
-	-	-	-	START				CKG		CKI	CKO			CKS	

- PERIOD : Transmit Period Divider Selection
  0 = 프레임 동기 신호를 발생하기 위한 송신 클록을 금지한다.
  1~255 = 프레임 동기 신호를 발생하기 위한 클록이 송신 클록 주기의 2×(PERIOD+1)배로 된다.

- STTDLY : Transmit Start Delay
  0 = 송신 시작 지연을 사용하지 않는다.
  1~255 = 시작 신호를 받고 나서 실제 송신 동작이 시작되기까지 시간지연을 주기 위한 클록 사이클의 수를 정의한다.
- START : Transmit Start Selection
  송신 동작이 시작되는 조건을 선택한다.
  0x0 = 연속 모드. 송신부가 허용되어 있고 SSC_THR 레지스터에 데이터가 들어 있다면 앞의 송신 동작이 끝나고 즉시 송신 동작을 수행한다.
  0x1 = 수신 동작 시작.
  0x2 = TF 신호의 low level이 검출되면.
  0x3 = TF 신호의 high level이 검출되면.
  0x4 = TF 신호의 falling edge가 검출되면.
  0x5 = TF 신호의 rising edge가 검출되면.
  0x6 = TF 신호의 모든 레벨 변화가 검출되면.
  0x7 = TF 신호의 모든 edge가 검출되면.
  0x8~0xF = 사용하지 않음(reserved).
- CKG : Transmit Clock Gating Selection
  00 = 송신부 클록을 항상 허용한다.
  01 = TF 신호가 low일 때만 송신부 클록을 허용한다.
  10 = TF 신호가 high일 때만 송신부 클록을 허용한다.
  11 = 사용하지 않음(reserved).
- CKI : Transmit Clock Inversion
  0 = 송신부 클록의 하강 에지에서 신호(프레임 동기 신호 및 데이터 비트)가 송신된다. 그러나, 프레임 동기 신호가 샘플링되는 것은 이 송신 클록의 상승 에지에서 수행된다.
  1 = 송신부 클록의 상승 에지에서 신호(프레임 동기 신호 및 데이터 비트)가 송신된다. 그러나, 프레임 동기 신호가 샘플링되는 것은 이 송신 클록의 하강 에지에서 수행된다.
- CKO : Transmit Clock Output Mode Selection
  000 = TK 핀을 입력으로 사용한다.
  001 = TK 핀을 출력으로 사용하며, 송신부 클록을 계속 출력한다.
  010 = TK 핀을 출력으로 사용하며, 송신부 클록을 데이터 전송 중에만 출력한다.
  011~111 = 사용하지 않음(reserved)
- CKS : Transmit Clock Selection
  00 = 내부에서 분주하여 만든 클록.
  01 = RK 핀 신호와 동일한 클록.
  10 = TK 핀으로 들어온 클록.
  11 = 사용하지 않음(reserved).

▣ SSC 송신 프레임 모드 레지스터 SSC_TFMR (read/write, 디폴트값 : 0x0000_0000)

b31	b30	b29	b28	b27	b26	b25	b24	b23	b22	b21	b20	b19	b18	b17	b16
-	-	-	-	-	-	-	FSEDGE	FSDEN	FSOS			FSLEN			

b15	b14	b13	b12	b11	b10	b9	b8	b7	b6	b5	b4	b3	b2	b1	b0
-	-	-	-	DATNB				MSBF	-	DATDEF	DATLEN				

- FSEDGE : Frame Sync Edge Selection
  0 = 프레임 동기 신호의 상승 에지가 SSC_SR 레지스터의 TXSYN 비트를 세트시킨다.
  1 = 프레임 동기 신호의 하강 에지가 SSC_SR 레지스터의 TXSYN 비트를 세트시킨다.
- FSDEN : Frame Sync Data Enable
  0 = 송신 프레임 동기 신호가 출력되는 동안에 TD 단자가 디폴트 값으로 유지된다.
  1 = 송신 프레임 동기 신호가 출력되는 동안에 SSC_TSHR 레지스터의 내용이 시프트 아웃된다.
- FSOS : Transmit Frame Sync Output Selection
  0x0 = TF 단자를 입력으로 사용한다.
  0x1 = negative pulse.
  0x2 = positive pulse.
  0x3 = 데이터 전송중에는 항상 low로 구동된다.
  0x4 = 데이터 전송중에는 항상 high로 구동된다.
  0x5 = 각 데이터 전송의 시작에서 출력 상태를 토글시킨다.
  0x6~0x7 = 사용하지 않음(reserved).

- FSLEN : Transmit Frame Sync Length
  송신부 프레임 동기 신호의 길이를 FSLEN+1개의 송신부 클록 주기로 정의한다.
- DATNB : Data Number per Frame
  각 데이터 전송에서 송신될 데이터 워드의 수를 DATNB+1개로 정의한다.
- MSBF : Most Significant Bit First
  0 = 데이터 비트 스트림에서 LSB가 먼저 송신되는 것으로 설정된다.
  1 = 데이터 비트 스트림에서 MSB가 먼저 송신되는 것으로 설정된다.
- DATDEF : Data Default Value
  0 = 전송이 수행되지 않을 때 TD 핀이 0상태로 있다.
  1 = 전송이 수행되지 않을 때 TD 핀이 1상태로 있다.
- DATLEN : Data Length
  0 = 1비트의 데이터 길이는 지원하지 않으므로 사용하지 말 것.
  1~31 = 데이터의 길이를 DATLEN+1개의 비트로 정의한다.
  만약, DATLEN=1~7로 지정되면 데이터 전송은 바이트로 이루어지고, DATLEN=8~15로 지정되면 데이터 전송은 하프 워드로 이루어지며, DATLEN=16~31로 지정되면 데이터 전송은 워드로 이루어진다.

▣ SSC 수신 홀딩 레지스터 SSC_RHR (read-only, 디폴트값 : 0x0000_0000)

b31	b30	b29	b28	b27	b26	b25	b24	b23	b22	b21	b20	b19	b18	b17	b16
RDAT															

b15	b14	b13	b12	b11	b10	b9	b8	b7	b6	b5	b4	b3	b2	b1	b0
RDAT															

- RDAT : Receive Data
  SSC_RFMR 레지스터의 DATLEN 필드로 지정된 비트 수의 데이터가 오른쪽으로 정렬되어 저장된다.

▣ SSC 송신 홀딩 레지스터 SSC_THR (write-only, 디폴트값 : -)

b31	b30	b29	b28	b27	b26	b25	b24	b23	b22	b21	b20	b19	b18	b17	b16
TDAT															

b15	b14	b13	b12	b11	b10	b9	b8	b7	b6	b5	b4	b3	b2	b1	b0
TDAT															

- TDAT : Transmit Data
  SSC_TFMR 레지스터의 DATLEN 필드로 지정된 비트 수의 데이터가 오른쪽으로 정렬되어 저장된다.

▣ SSC 수신 동기 홀딩 레지스터 SSC_RSHR (read-only, 디폴트값 : 0x0000_0000)

b31	b30	b29	b28	b27	b26	b25	b24	b23	b22	b21	b20	b19	b18	b17	b16
-	-	-	-	-	-	-	-	-	-	-	-	-	-	-	-

b15	b14	b13	b12	b11	b10	b9	b8	b7	b6	b5	b4	b3	b2	b1	b0
RSDAT															

- RSDAT : Receive Synchronization Data
  수신 프레임 동기 신호가 입력되는 동안에 RD 핀에는 동기 문자로서 이 값이 시프트 아웃된다.

▣ SSC 송신 동기 홀딩 레지스터 SSC_TSHR (read/write, 디폴트값 : 0x0000_0000)

b31	b30	b29	b28	b27	b26	b25	b24	b23	b22	b21	b20	b19	b18	b17	b16
-	-	-	-	-	-	-	-	-	-	-	-	-	-	-	-

b15	b14	b13	b12	b11	b10	b9	b8	b7	b6	b5	b4	b3	b2	b1	b0
TSDAT															

- TSDAT : Transmit Synchronization Data
  SSC_TFMR 레지스터에서 FSDEN=1일 경우 송신 프레임 동기 신호가 출력되는 동안에 TD 핀에는 동기 문자로서 이 값이 시프트 아웃된다.

▣ SSC 수신 비교0 레지스터 SSC_RC0R (read/write, 디폴트값 : 0x0000_0000)

b31	b30	b29	b28	b27	b26	b25	b24	b23	b22	b21	b20	b19	b18	b17	b16
-	-	-	-	-	-	-	-	-	-	-	-	-	-	-	-
b15	**b14**	**b13**	**b12**	**b11**	**b10**	**b9**	**b8**	**b7**	**b6**	**b5**	**b4**	**b3**	**b2**	**b1**	**b0**
CP0															

- CP0 : Receive Compare Data 0
  수신 동작에서 사용할 비교0 데이터를 저장한다.

▣ SSC 수신 비교1 레지스터 SSC_RC1R (read/write, 디폴트값 : 0x0000_0000)

b31	b30	b29	b28	b27	b26	b25	b24	b23	b22	b21	b20	b19	b18	b17	b16
-	-	-	-	-	-	-	-	-	-	-	-	-	-	-	-
b15	**b14**	**b13**	**b12**	**b11**	**b10**	**b9**	**b8**	**b7**	**b6**	**b5**	**b4**	**b3**	**b2**	**b1**	**b0**
CP1															

- CP1 : Receive Compare Data 1
  수신 동작에서 사용할 비교1 데이터를 저장한다.

▣ SSC 상태 레지스터 SSC_SR (read-only, 디폴트값 : 0x0000_00CC)

b31	b30	b29	b28	b27	b26	b25	b24	b23	b22	b21	b20	b19	b18	b17	b16
-	-	-	-	-	-	-	-	-	-	-	-	-	-	RXEN	TXEN
b15	**b14**	**b13**	**b12**	**b11**	**b10**	**b9**	**b8**	**b7**	**b6**	**b5**	**b4**	**b3**	**b2**	**b1**	**b0**
-	-	-	-	RXSYN	TXSYN	CP1	CP0	RXBUFF	ENDRX	OVRUN	RXRDY	TXBUFE	ENDTX	TXEMPTY	TXRDY

- RXEN : Receive Enable
  0 = 수신부의 동작이 금지되어 있다.
  1 = 수신부의 동작이 허용되어 있다.
- TXEN : Transmit Enable
  0 = 송신부의 동작이 금지되어 있다.
  1 = 송신부의 동작이 허용되어 있다.
- RXSYN : Receive Sync
  0 = 가장 최근에 상태 레지스터를 읽은 후에 수신 동기가 발생하지 않았다.
  1 = 가장 최근에 상태 레지스터를 읽은 후에 수신 동기가 발생하였다.
- TXSYN : Transmit Sync
  0 = 가장 최근에 상태 레지스터를 읽은 후에 송신 동기가 발생하지 않았다.
  1 = 가장 최근에 상태 레지스터를 읽은 후에 송신 동기가 발생하였다.
- CP1 : Compare 1
  0 = 가장 최근에 상태 레지스터를 읽은 후에 비교1이 발생하지 않았다.
  1 = 가장 최근에 상태 레지스터를 읽은 후에 비교1이 발생하였다.
- CP0 : Compare 0
  0 = 가장 최근에 상태 레지스터를 읽은 후에 비교0이 발생하지 않았다.
  1 = 가장 최근에 상태 레지스터를 읽은 후에 비교0이 발생하였다.
- RXBUFF : Receive Buffer Full
  0 = SSC_RCR 또는 SSC_RNCR 레지스터가 0이 아닌 값을 가지고 있다.
  1 = SSC_RCR 및 SSC_RNCR 레지스터가 모두 0의 값을 가지고 있다.
- ENDRX : End of Reception
  0 = SSC_RCR 또는 SSC_RNCR 레지스터에 값이 라이트되었다.

1 = SSC_RCR 레지스터가 0에 도달하여 PDC에 의한 전송이 종료되었다.

- OVRUN: Receive Overrun
  0 = 가장 최근에 상태 레지스터를 읽은 후에 SSC_RHR 레지스터에서 오버런 에러가 발생하지 않았다.
  1 = 가장 최근에 상태 레지스터를 읽은 후에 SSC_RHR 레지스터에서 오버런 에러가 발생하였다.
- RXRDY : Receive Ready
  0 = SSC_RHR 레지스터가 비어 있다.
  1 = 문자가 수신되어 SSC_RHR 레지스터에 저장되어 있고 아직 이를 읽지 않았다.
- TXBUFE : Transmit Buffer Empty
  0 = SSC_TCR 또는 SSC_TNCR 레지스터가 0이 아닌 값을 가지고 있다.
  1 = SSC_TCR 및 SSC_TNCR 레지스터가 모두 0의 값을 가지고 있다.
- ENDTX : End of Transmission
  0 = SSC_TCR 레지스터가 0에 도달하지 않았다.
  1 = SSC_TCR 레지스터가 0에 도달하였다.
- TXEMPTY : Transmit Empty
  0 = SSC_THR 레지스터 또는 송신 시프트 레지스터에 문자가 있다.
  1 = SSC_THR 레지스터와 송신 시프트 레지스터가 모두 비어 있다.
- TXRDY : Transmitter Ready
  0 = SSC_THR 레지스터에 송신 시프트 레지스터로 옮겨지기 위하여 대기중인 문자가 남아있다.
  1 = SSC_THR 레지스터가 비어 있다.

▣ SSC 인터럽트 허용 레지스터 SSC_IER (write-only, 디폴트값 : -)

b31	b30	b29	b28	b27	b26	b25	b24	b23	b22	b21	b20	b19	b18	b17	b16
-	-	-	-	-	-	-	-	-	-	-	-	-	-	-	-

b15	b14	b13	b12	b11	b10	b9	b8	b7	b6	b5	b4	b3	b2	b1	b0
-	-	-	-	RXSYN	TXSYN	CP1	CP0	RXBUFF	ENDRX	OVRUN	RXRDY	TXBUFE	ENDTX	TXEMPTY	TXRDY

- RXSYN : Receive Sync Interrupt Enable
- TXSYN : Transmit Sync Interrupt Enable
- CP1 : Compare 1 Interrupt Enable
- CP0 : Compare 0 Interrupt Enable
- RXBUFF : Receive Buffer Full Interrupt Enable
- ENDRX : End of Reception Interrupt Enable
- OVRUN: Receive Overrun Interrupt Enable
- RXRDY : Receive Ready Interrupt Enable
- TXBUFE : Transmit Buffer Empty Interrupt Enable
- ENDTX : End of Transmission Interrupt Enable
- TXEMPTY : Transmit Empty Interrupt Enable
- TXRDY : Transmitter Ready Interrupt Enable
  0 = 무효.
  1 = SSC 직렬통신 포트의 해당 인터럽트를 허용한다.

▣ SSC 인터럽트 금지 레지스터 SSC_IDR (write-only, 디폴트값 : -)

b31	b30	b29	b28	b27	b26	b25	b24	b23	b22	b21	b20	b19	b18	b17	b16
-	-	-	-	-	-	-	-	-	-	-	-	-	-	-	-

b15	b14	b13	b12	b11	b10	b9	b8	b7	b6	b5	b4	b3	b2	b1	b0
-	-	-	-	RXSYN	TXSYN	CP1	CP0	RXBUFF	ENDRX	OVRUN	RXRDY	TXBUFE	ENDTX	TXEMPTY	TXRDY

- RXSYN : Receive Sync Interrupt Disable
- TXSYN : Transmit Sync Interrupt Disable
- CP1 : Compare 1 Interrupt Disable
- CP0 : Compare 0 Interrupt Disable
- RXBUFF : Receive Buffer Full Interrupt Disable
- ENDRX : End of Reception Interrupt Disable
- OVRUN: Receive Overrun Interrupt Disable

- RXRDY : Receive Ready Interrupt Disable
- TXBUFE : Transmit Buffer Empty Interrupt Disable
- ENDTX : End of Transmission Interrupt Disable
- TXEMPTY : Transmit Empty Interrupt Disable
- TXRDY : Transmitter Ready Interrupt Disable

 0 = 무효.
 1 = SSC 직렬통신 포트의 해당 인터럽트를 금지한다.

▣ SSC 인터럽트 마스크 레지스터 SSC_IMR (read-only, 디폴트값 : 0x0000_0000)

b31	b30	b29	b28	b27	b26	b25	b24	b23	b22	b21	b20	b19	b18	b17	b16
-	-	-	-	-	-	-	-	-	-	-	-	-	-	-	-

b15	b14	b13	b12	b11	b10	b9	b8	b7	b6	b5	b4	b3	b2	b1	b0
-	-	-	-	RXSYN	TXSYN	CP1	CP0	RXBUFF	ENDRX	OVRUN	RXRDY	TXBUFE	ENDTX	TXEMPTY	TXRDY

- RXSYN : Receive Sync Interrupt Mask
- TXSYN : Transmit Sync Interrupt Mask
- CP1 : Compare 1 Interrupt Mask
- CP0 : Compare 0 Interrupt Mask
- RXBUFF : Receive Buffer Full Interrupt Mask
- ENDRX : End of Reception Interrupt Mask
- OVRUN: Receive Overrun Interrupt Mask
- RXRDY : Receive Ready Interrupt Mask
- TXBUFE : Transmit Buffer Empty Interrupt Mask
- ENDTX : End of Transmission Interrupt Mask
- TXEMPTY : Transmit Empty Interrupt Mask
- TXRDY : Transmitter Ready Interrupt Mask

 0 = SSC 직렬통신 포트의 해당 인터럽트가 금지되어 있다.
 1 = SSC 직렬통신 포트의 해당 인터럽트가 허용되어 있다.

2.5 SPI 직렬통신 포트(SPI)

이 절에서는 AT91SAM7S256에 내장되어 있는 SPI 직렬통신 포트의 구조와 기능에 대하여 알아보기로 한다.

1. SPI 직렬통신 포트의 개요

SPI(Serial Peripheral Interface)는 Motorola사에 의하여 개발되었고 지금은 표준화되어 전세계적으로 널리 사용하는 근거리용 직렬통신 규격으로서, 마스터(master)와 슬레이브(slave) 사이에서 MOSI, MISO, SCK, $\overline{SS}$ 등 4개의 통신선을 사용하는 고속 동기식 직렬통신 방식이다.

SPI 직렬통신은 <그림 2.5.1>에 보인 것처럼 반드시 1개의 마스터와 1개의 슬레이브 사이에서만 수행된다. 마스터는 송신 데이터와 함께 클록 신호를 동시에 슬레이브에게 보낸다. 그러면 슬레이브는 이 클록을 사용하여 데이터를 수신하면서 동시에 자신의 데이터를 마스터에게 보낸다.

이와 같이 SPI 직렬통신에서는 마스터가 통신의 제어를 주도하며, 항상 송신 동작과 수신 동작이 동시에 수행되어 전이중 통신이 된다. 따라서, 만약 마스터가 슬레이브에게 데이터를 보내는 것이 목적이라면 마스터가 받은 수신 데이터는 무시하면 되며, 반대로 마스터가 슬레이브로부터 데이터를 가져오는 것이 목적이라면 슬레이브에게 더미 데이터(dummy data)를 송신하면서 수신된 데이터를 읽으면 된다.

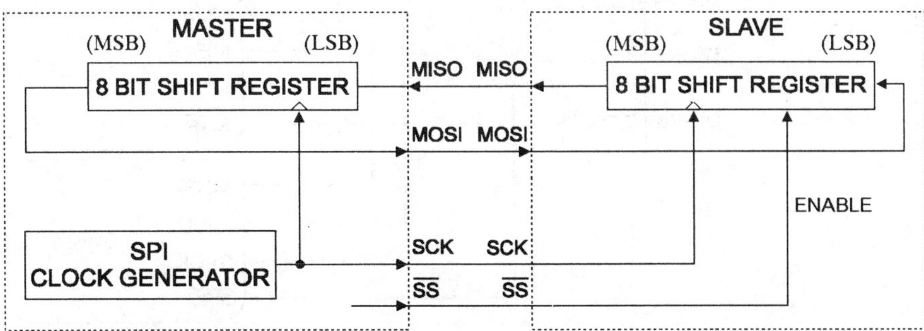

〈그림 2.5.1〉 SPI 마스터와 슬레이브 사이의 데이터 전송

SPI 직렬통신 포트에서는 각각의 통신 채널마다 4개씩의 신호가 사용되는데, MOSI(Master-Out Slave-In) 신호는 마스터에서 출력되고 슬레이브로 입력되는 신호이고, MISO(Master-In Slave-Out) 신호는 슬레이브에서 출력되고 마스터로 입력되는 신호이며, SCK(Serial Clock) 신호는 마스터에 의하여 구동되는 직렬전송 클록 신호이다. AT91SAM7S256에서는 SCK 신호를 SPCK라고 부른다. 또한, $\overline{SS}$(Slave Select) 신호는 마스터가 여러개의 슬레이브 디바이스 중에서 마스터와 서로 데이터를 전송할 1개의 소자를 선택하는 칩선택 신호이다. AT91SAM7S256에서는 $\overline{SS}$ 신호를 $\overline{NPCS}$ (Peripheral Chip Select)라고 부른다.

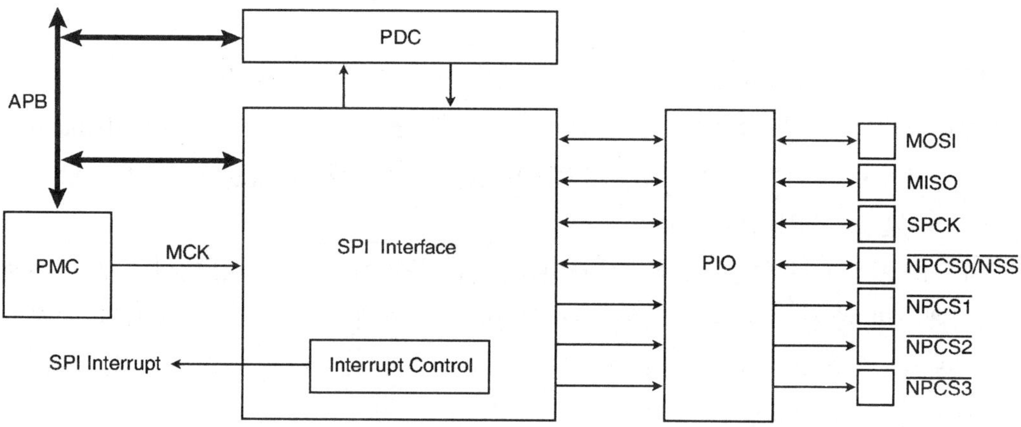

〈그림 2.5.2〉 SPI 직렬통신 포트의 구성 블록도

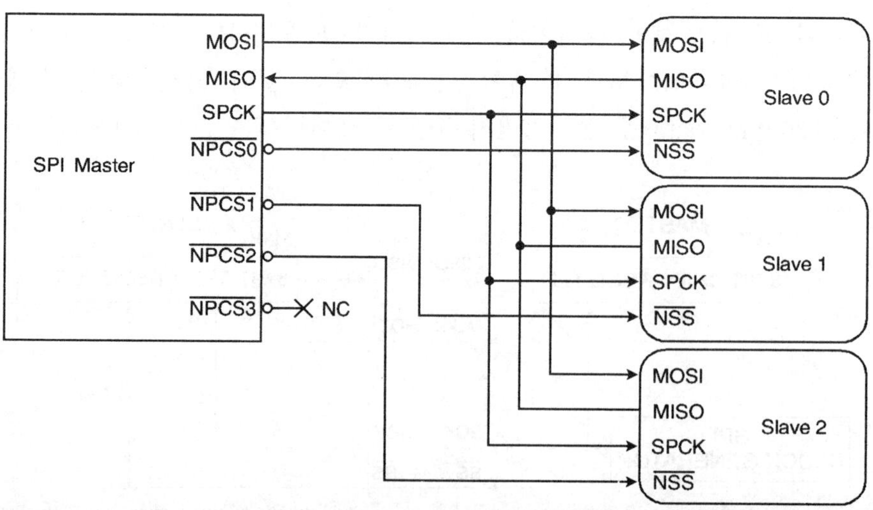

〈그림 2.5.3〉 여러개의 슬레이브를 사용하는 경우의 SPI 직렬통신 접속도

AT91SAM7S256에서 SPI 직렬통신 포트의 구조를 블록도로 보이면 <그림 2.5.2>와 같다. 이 SPI 직렬통신 포트는 마스터로 동작할 수도 있고 슬레이브로 동작할 수 있다. 마스터 클록을 1~255로 나눈 임의의 주파수를 보레이트 클록으로 사용하며, 1문자는 항상 MSB부터 LSB의 순서로 전송한다.

AT91SAM7S256의 SPI 직렬통신 포트는 모두 4개까지의 슬레이브 채널을 사용할 수 있는데 각 슬레이브를 접속하는 방법을 보이면 <그림 2.5.3>과 같다. 여기서 보듯이 각 채널의 슬레이브에는 MOSI, MISO, SPCK 신호를 공통으로 접속하며, NPCS0~NPCS3 신호는 각각의 슬레이브에 1개씩 연결하여 칩선택 신호로 사용한다.

SPI 직렬통신 포트는 기본적으로 클록이 공급되지 않는 상태에 있으므로 이를 사용하려면 먼저 전력관리 제어기(PMC)에서 클록을 공급하도록 설정해야 한다.

2. SPI 직렬통신 포트의 구조와 동작

AT91SAM7S256에서 SPI 직렬통신 포트는 SPI_MR 레지스터의 MSTR 비트를 설정하는데 따라서 마스터 모드 또는 슬레이브 모드로 사용할 수 있다. 마스터 모드에서는 클록 신호 SPCK가 마스터에 의하여 출력으로 구동되며, NPCS0~NPCS3 신호는 출력으로 된다. 또한, MOSI 신호는 송신부에 의하여 출력으로 구동되며, MISO 신호는 수신부의 입력으로 동작한다. 따라서, SPI 직렬통신 포트의 보레이트 발생기는 마스터 모드에서만 사용된다.

그러나, 슬레이브 모드에서는 클록 신호 SPCK가 수신부에서 입력으로 사용되어 슬레이브측이 마스터측과 동기를 취하게 되며, NPCS0/NSS 단자는 입력신호 NSS로 사용되고, NPCS1~NPCS3 신호는 SPI에서 사용하지 않으므로 다른 목적에 사용할 수 있다. 또한, MOSI 신호는 수신부에 의하여 입력으로 사용되며, MISO 신호는 송신부에 의하여 출력으로 구동된다.

SPI의 데이터 전송 동작에서 데이터가 출력되거나 샘플링되는 클록 신호의 극성과 위상은 <표 2.5.1>과 같은 4가지의 형태 중에서 1가지를 선택할 수 있다. 클록 신호의 극성은 SPI_CSRx 레지스터의 CPOL 비트를 사용하여 설정하고, 클록 신호의 위상은 NCPHA 비트를 사용하여 설정한다. 마스터와 슬레이브는 이러한 클록 신호의 사용 방식이 동일한 형태로 설정되어야만 원활한 데이터 전송이 가능하다.

<그림 2.5.4>에는 이들 4가지의 경우에 대하여 각각 데이터 전송 포맷과 동작이 수행되는 타이밍을 설명하였다.

〈표 2.5.1〉 NCPHA와 CPOL에 따른 SPCK 클록 신호의 동작 타이밍

SPI 모드	NCPHA	CPOL	Leading Edge에서	Trailing Edge에서	비 고
0	1	0	sample(rising)	setup(falling)	SPCK가 inactive low (active high pulse)
1	0	0	setup(rising)	sample(falling)	
2	1	1	sample(falling)	setup(rising)	SPCK가 inactive high (active low pulse)
3	0	1	setup(falling)	sample(rising)	

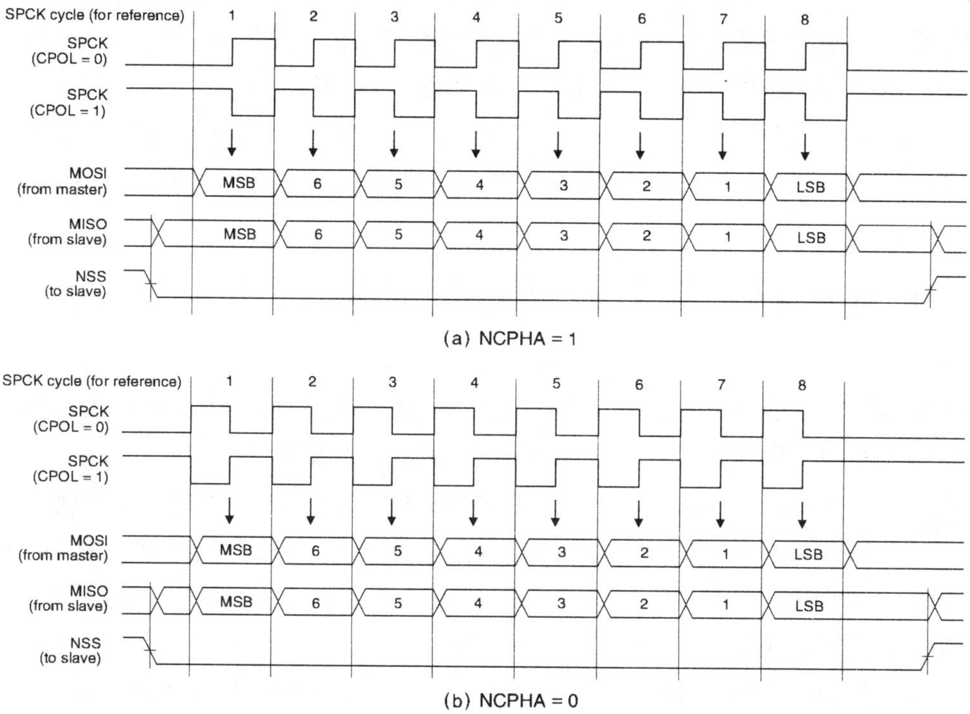

〈그림 2.5.4〉 SPI 직렬통신 포트의 데이터 송수신 포맷

(1) 마스터 모드

AT91SAM7S256의 SPI 직렬통신 포트가 마스터 모드로 설정되면 이는 내장된 보레이트 발생기에서 만들어지는 클록으로 동작한다. 데이터의 모든 송수신 동작은 마스터가 제어하며, 클록 신호 SPCK와 슬레이브 칩선택 신호 NPCS0~NPCS3을 출력으로 구동한다. AT91SAM7S256의 SPI 직렬통신 포트가 마스터 모드로 동작할 때의 내부 구성 블록도는 <그림 2.5.5>와 같고, 동작 순서도는 <그림 2.5.6>에 보였다.

송신 동작을 수행할 때는 먼저 슬레이브를 선택하기 위한 칩선택 신호의 발생 방법을 지정해야 한다. 이는 SPI_MR 레지스터의 PCS 필드를 사용하여 지정할 수도 있고, SPI_TDR 레지스터의 PCS 필드를 사용하여 지정할 수도 있다.

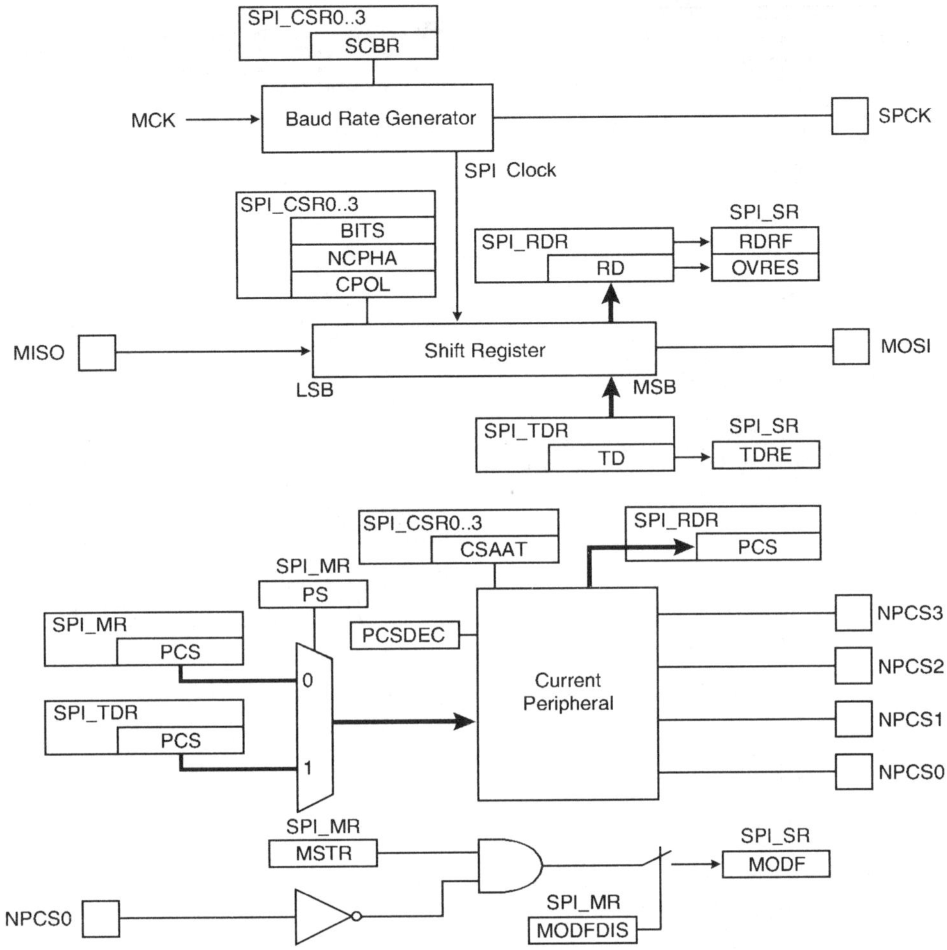

〈그림 2.5.5〉 SPI 직렬통신 포트가 마스터 모드로 동작할 때의 구성 블록도

SPI 직렬통신 포트에서 1문자의 길이는 8~16비트 중에서 임의로 지정할 수 있다. 데이터 송신 동작은 데이터를 SPI_TDR 레지스터에 쓰는 것으로 시작한다. 여기에 데이터를 쓰면 이것은 즉시 시프트 레지스터로 옮겨져서 송신을 시작하며, 이렇게 시프트 아웃되는 비트들은 MOSI 단자로 출력된다. 송신 동작이 수행되는 동안에는 이와 동시에 MISO 단자로 입력되는 신호가 샘플링되어 시프트 레지스터로 들어온다.

SPI_TDR 레지스터의 데이터가 시프트 레지스터로 옮겨지면 SPI_SR 레지스터에서 TDRE 비트가 세트되며, TXEMPTY 비트는 SPI_TDR 레지스터가 비고 시프트 레지스터의 송신 동작이 완료되었을 때 세트된다. 그러나, SPI_CSRx 레지스터에서 DLYBCT 필드를 사용하여 전송 문자 사이에 시간지연을 설정하였으면 이 시간지연이 경과한 후에 TXEMPTY 비트가 세트된다.

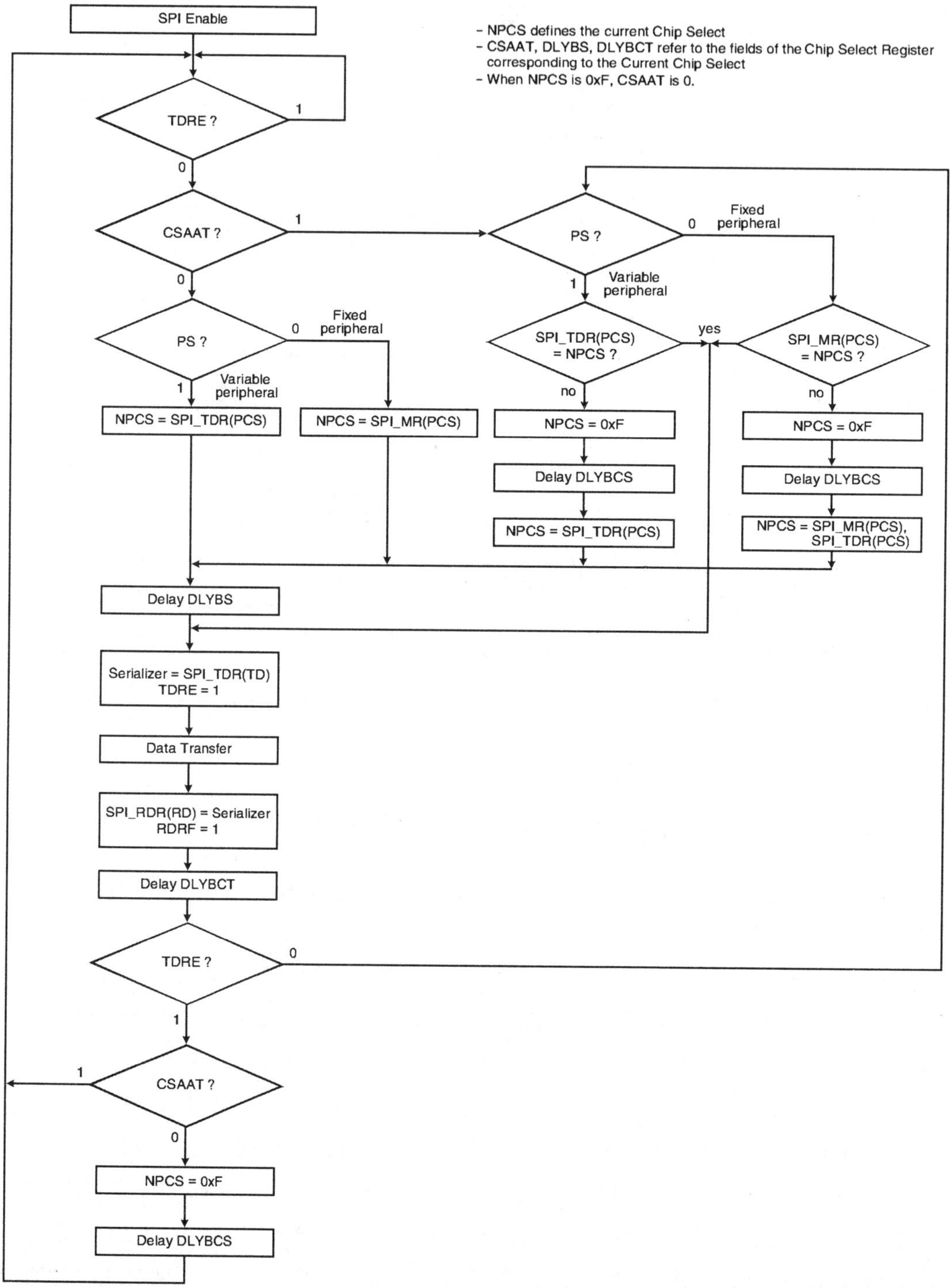

〈그림 2.5.6〉 SPI 직렬통신 포트가 마스터 모드로 동작할 때의 동작 순서도

송신 동작과 함께 시프트 레지스터에 데이터가 수신되고 이것이 SPI_RDR 레지스터로 옮겨지면 SPI_SR 레지스터에서 RDRF 비트가 세트되며, 수신 데이터를 읽으면 이 상태 비트는 클리어된다. 만약, SPI_RDR 레지스터를 읽기 전에 새로운 데이터가 수신되면 오버런 에러가 발생하여 OVRES 비트가 세트되며, 상태 레지스터를 읽으면 이 비트는 클리어된다.

▣ 클록 발생

SPI 직렬통신 포트의 보레이트 클록은 SPI_CSRx 레지스터의 SCBR 필드를 사용하여 마스터 클록 MCK를 1~255로 분주하여 얻는다. 여기서 분주비를 0으로 하는 것은 금지된다.

이 보레이트 발생 클록은 SPI_CSRx 레지스터에서 설정하므로 각 칩선택 신호마다 독립적으로 다른 보레이트를 사용할 수 있게 된다.

▣ 전송 지연시간

통신을 수행할 슬레이브를 다른 것으로 바꾸기 위하여 칩선택 신호를 변경할 때는 SPI_MR 레지스터의 DLYBCS 필드를 사용하여 <그림 2.5.7>처럼 시간지연을 설정할 수 있다. 이 시간지연 값은 6~255로 설정할 수 있는데 이는 MCK의 클록의 주기를 나타낸다.

또한, 새로운 칩선택 신호가 발생되고 나서 클록 신호 SPCK가 출력되기 전에는 SPI_CSRx 레지스터의 DLYBS 필드를 사용하여 시간지연을 설정할 수 있다. 이 시간지연 값은 1~255로 설정할 수 있는데 이는 MCK의 클록의 주기를 나타낸다.

칩선택 신호가 일정하게 유지되는 상태에서 동일한 슬레이브에게 연속적으로 데이터를 전송하는 경우에 각 문자 사이에는 SPI_CSRx 레지스터의 DLYBCT 필드를 사용하여 시간지연을 설정할 수 있다. 이 시간지연 값은 1~255로 설정할 수 있는데 이는 MCK의 클록의 32주기 단위를 나타낸다.

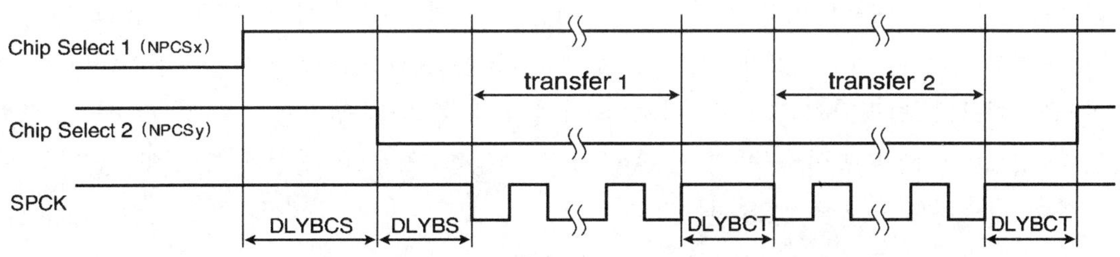

〈그림 2.5.7〉 SPI 직렬통신에서 설정할 수 있는 지연시간

▣ 슬레이브의 칩선택

마스터가 통신을 수행할 슬레이브를 선택하는데는 NPCS0~NPCS3 신호가 사용된다. 이 신호를 발생하는 방법에는 크게 2가지의 방식이 있다.

고정 칩선택 방식(Fixed Peripheral Select)은 하나의 슬레이브를 고정해 놓고 SPI 통신을 수행할 때 적합한 방법으로서, 이는 SPI_MR 레지스터에서 PS=0으로 설정하여 이 레지스터에 있는 PCS 필드로 칩선택 신호의 발생을 설정한다. 이때 SPI_TDR 레지스터에 있는 PCS 필드는 아무 기능도 수행하지 않는다.

가변 칩선택 방식(Variable Peripheral Select)은 데이터를 전송할 때마다 원하는 슬레이브를 지정하여 SPI 통신을 수행하는 방법으로서, 이는 SPI_MR 레지스터에서 PS=1로 설정하여 SPI_TDR 레지스터에 있는 PCS 필드로 칩선택 신호의 발생을 설정한다. 이때 SPI_MR 레지스터에 있는 PCS 필드는 아무 기능도 수행하지 않는다.

슬레이브 칩선택 신호 NPCS0~NPCS3을 디코딩하지 않고 사용할 때는 SPI_MR 레지스터에서 PCSDEC=0으로 설정하여 이 칩선택 신호들 중에서 오직 1개만을 0으로 출력해야 한다. 이 경우에는 최대 4개까지의 슬레이브와 SPI 통신이 가능하게 된다. 만약 이때 칩선택 신호들 중에서 2개 이상이 0으로 지정되면 하위 비트 1개만이 0으로 출력된다.

그러나, 슬레이브 칩선택 신호 NPCS0~NPCS3을 디코딩하여 사용할 때는 SPI_MR 레지스터에서 PCSDEC=1로 설정하여 이 칩선택 신호들을 임의의 값으로 출력할 수 있고 이를 외부에서 디코딩한다. 이 경우에는 16가지의 조합중에서 최대 15개까지의 슬레이브와 SPI 통신이 가능하게 된다. 전송을 수행하지 않을 때는 모든 칩선택 신호를 1로 출력하므로 이 경우는 제외되기 때문이다. 이렇게 디코딩을 수행할 때는 15개까지의 슬레이브를 사용하지만 칩선택 레지스터는 4개밖에 없으므로 SPI_CSR0 레지스터는 슬레이브 0~3을 담당하고, SPI_CSR1 레지스터는 슬레이브 4~7을 담당하며, SPI_CSR2 레지스터는 슬레이브 8~11을 담당하고, SPI_CSR3 레지스터는 슬레이브 12~14를 담당한다.

보통의 경우에는 데이터 전송이 완료되면 칩선택 신호가 모두 1로 되지만, 만약 인터럽트에 대한 반응이 매우 늦은 프로세서를 사용하는 경우에는 이것이 동작 타이밍에 문제를 일으킬 수도 있다. 이런 경우에는 SPI_CSRx 레지스터에서 CSAAT=1로 하여 슬레이브가 변경되지 않으면 현재의 칩선택 신호를 계속 0으로 유지하도록 설정하는 방법도 있다. 보통의 경우와 CSAAT=1로 설정한 경우에 칩선택 신호의 동작을 비교하여 설명하면 <그림 2.5.8>과 같다.

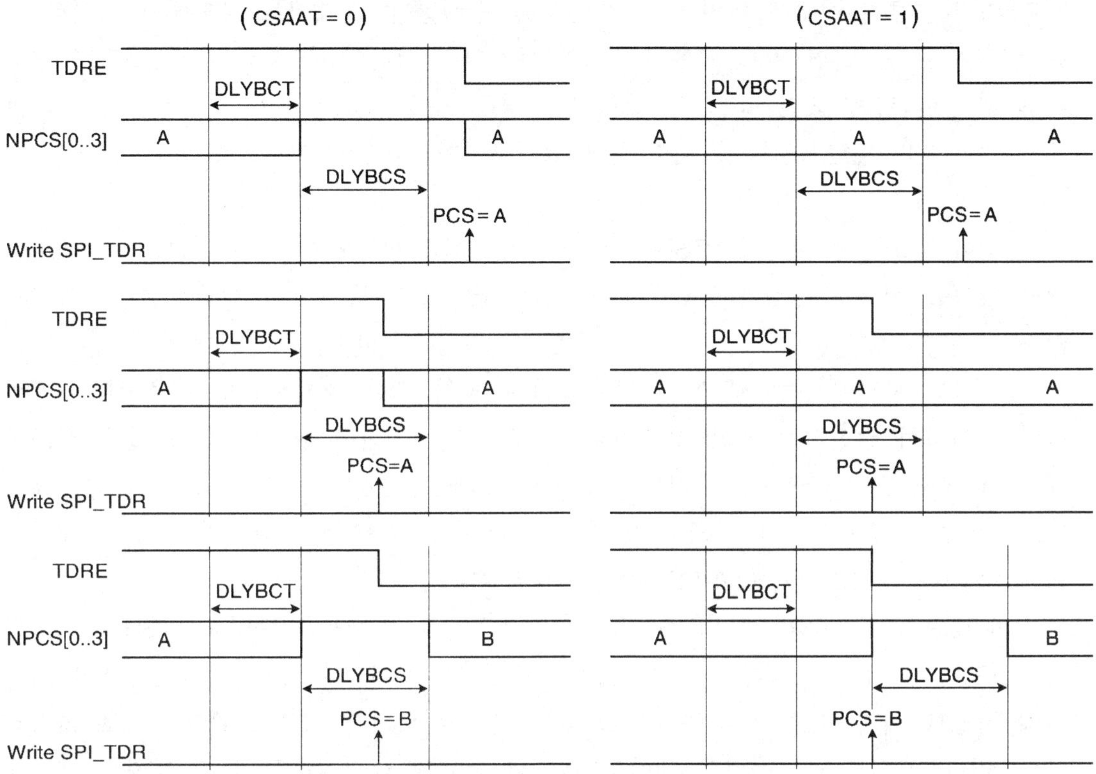

〈그림 2.5.8〉 SPI 직렬통신에서 CSAAT 비트를 사용하였을 경우의 동작

▣ 모드 오류 검출

모드 오류(mode fault)는 SPI 직렬통신 포트가 마스터 모드로 설정되어 있을 때 외부에서 NPCS0/NSS 신호를 0으로 드라이브하는 경우에 발생한다.

모드 오류가 발생하면 PIO 제어기에 의하여 MOSI, MISO, SPCK, NPCS0 단자가 모두 오픈 드레인으로 동작하며, SPI_SR 레지스터에서 MODF 비트가 세트된다. 모드 오류가 발생하면 자동적으로 SPI 직렬통신 포트가 금지 상태로 되므로 이를 벗어나려면 SPI_SR 레지스터를 읽어서 MODF 비트를 클리어하고, SPI_CR 레지스터에서 SPIEN=1로 설정하여 SPI 직렬통신 포트를 다시 허용해 주어야 한다.

만약 모드 오류 검출기능을 사용하지 않으려면 SPI_MR 레지스터에서 MODFDIS=1로 설정하면 된다.

(2) 슬레이브 모드

AT91SAM7S256의 SPI 직렬통신 포트가 슬레이브 모드로 설정되면 이는 SPCK 단자로 입력된 클록 신호에 의하여 전송 동작을 수행한다. 슬레이브 모드에서 데이터 전송 동작이 수행되려면 먼저 외부에서 SPI 마스터에 의하여 NSS 단자에 0으로 입력되어야 하며, 이렇게 되면 SPCK로 입력되는 클록 신호를 사용하여 시프트 레지스터가 동작한다. AT91SAM7S256의 SPI 직렬통신 포트가 슬레이브 모드로 동작할 때의 내부 구성 블록도는 <그림 2.5.9>와 같다.

슬레이브 모드에서는 SPI_CSR0 레지스터의 BITS, NCPHA, CPOL 필드를 사용하여 해당 기능을 설정하며, SPI_CSR1~SPI_CSR3 레지스터에 설정된 값들은 아무 의미가 없다.

슬레이브 모드에서는 MISO 단자를 통하여 송신 데이터가 시프트 아웃되며, MOSI 단자를 통하여 수신 데이터가 샘플링된다. 데이터의 수신이 완료되면 이 값은 시프트 레지스터에서 SPI_RDR 레지스터로 옮겨지며, SPI_SR 레지스터의 RDRF 비트가 세트된다. 만약 이미 RDRF=1로 되어 있을 때 새로운 데이터가 수신되면 오버런 에러가 되어 SPI_SR 레지스터의 OVRES 비트가 세트된다.

SPI_TDR 레지스터의 데이터가 시프트 레지스터로 옮겨지고 나면 SPI_SR 레지스터의 TDRE 비트가 세트된다. 여기서 SPI_TDR 레지스터에 새로운 데이터를 쓰면 이는 현재 시프트 레지스터에서 수행중인 전송이 완료되고 나서 시프트 레지스터로 옮겨진다. 그러나, 시프트 레지스터의 데이터 전송이 완료될 때까지 SPI_TDR 레지스터의 새로운 데이터가 써지지 않으면 시프트 레지스터의 내용은 갱신되지 않으며, 이때는 가장 최근에 수신된 문자를 그대로 송신하게 된다.

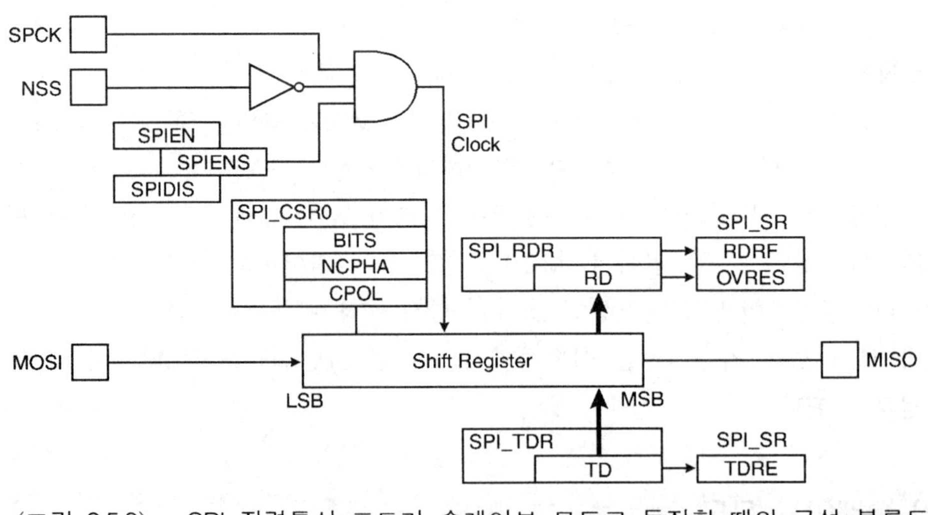

〈그림 2.5.9〉 SPI 직렬통신 포트가 슬레이브 모드로 동작할 때의 구성 블록도

3. SPI 직렬통신 포트 관련 I/O 제어 레지스터

SPI 직렬통신 포트와 관련된 I/O 제어 레지스터는 <표 2.5.2>와 같은데, 이 레지스터들의 기능을 정리하면 아래와 같다.

〈표 2.5.2〉 AT91SAM7S256의 SPI 직렬통신 포트와 관련된 I/O 레지스터 요약

어드레스	옵셋	레지스터 이름	레지스터의 풀어 쓴 이름	액세스 속성	리셋 후 초기값
0xFFFE_0000	0x00	SPI_CR	SPI Control Register	write-only	-
0xFFFE_0004	0x04	SPI_MR	SPI Mode Register	read/write	0x0000_0000
0xFFFE_0008	0x08	SPI_RDR	SPI Receive Data Register	read-only	0x0000_0000
0xFFFE_000C	0x0C	SPI_TDR	SPI Transmit Data Register	write-only	-
0xFFFE_0010	0x10	SPI_SR	SPI Status Register	read-only	0x0000_00F0
0xFFFE_0014	0x14	SPI_IER	SPI Interrupt Enable Register	write-only	-
0xFFFE_0018	0x18	SPI_IDR	SPI Interrupt Disable Register	write-only	-
0xFFFE_001C	0x1C	SPI_IMR	SPI Interrupt Mask Register	read-only	0x0000_0000
...	...	...	...	...	...
0xFFFE_0030	0x30	SPI_CSR0	SPI Chip Select Register 0	read/write	0x0000_0000
0xFFFE_0034	0x34	SPI_CSR1	SPI Chip Select Register 1	read/write	0x0000_0000
0xFFFE_0038	0x38	SPI_CSR2	SPI Chip Select Register 2	read/write	0x0000_0000
0xFFFE_003C	0x3C	SPI_CSR3	SPI Chip Select Register 3	read/write	0x0000_0000
...	...	...	...	...	...
0xFFFE_0100 : 0xFFFE_0124			(PDC 채널 관련 I/O 레지스터)		

▣ SPI 제어 레지스터 SPI_CR (write-only, 디폴트값 : -)

b31	b30	b29	b28	b27	b26	b25	b24	b23	b22	b21	b20	b19	b18	b17	b16
-	-	-	-	-	-	-	LASTXFER	-	-	-	-	-	-	-	-

b15	b14	b13	b12	b11	b10	b9	b8	b7	b6	b5	b4	b3	b2	b1	b0
-	-	-	-	-	-	-	-	SWRST	-	-	-	-	-	SPIDIS	SPIEN

- LASTXFER : Last Transfer
  0 = 무효.
  1 = 이것은 SPI_MR 레지스터에서 PS=0일 때만 동작하며, SPI_TDR 레지스터에 써진 문자가 전송된 후에 해당 NPCSx 신호가 해제된다. 만약, SPI_CSRx 레지스터에서 CSAAT=0으로 설정되어 있다면 전송 후에 NPCSx=1로 되어 통신이 종료된다.
- SWRST : SPI Software Reset
  0 = 무효.
  1 = SPI 직렬통신 포트를 소프트웨어적으로 리셋한다. 단, 주변장치 DMA 채널은 영향받지 않는다.
- SPIDIS : SPI Disable
  0 = 무효.
  1 = SPI 직렬통신 포트의 동작을 금지한다.
- SPIEN : SPI Enable
  0 = 무효.
  1 = SPI 직렬통신 포트의 동작을 허용한다.

▣ SPI 모드 레지스터 SPI_MR (read/write, 디폴트값 : 0x0000_0000)

b31	b30	b29	b28	b27	b26	b25	b24	b23	b22	b21	b20	b19	b18	b17	b16
DLYBCS								-	-	-	-	PCS			
b15	**b14**	**b13**	**b12**	**b11**	**b10**	**b9**	**b8**	**b7**	**b6**	**b5**	**b4**	**b3**	**b2**	**b1**	**b0**
-	-	-	-	-	-	-	-	LLB	-	-	MODFDIS	-	PCSDEC	PS	MSTR

- DLYBCS : Delay Between Chip Selects
  이 값은 NPCSx 신호가 해제되었다가 다시 0으로 떨어지기까지의 시간지연을 설정하며, MCK 클록의 주기수로 표시된다. 만약, 이것이 6미만으로 설정되면 디폴트로 6으로 동작한다.
- PCS : Peripheral Chip Select
  이것은 PS=0인 경우에만 동작하며, 주변장치 칩선택 신호 NPCSx를 강제로 지정하여 출력한다.
  PCSDEC=0의 경우
    xxx0 = 4개의 칩선택 신호를 NPCS[3:0] = 1110으로 출력한다.
    xx01 = 4개의 칩선택 신호를 NPCS[3:0] = 1101로 출력한다.
    x011 = 4개의 칩선택 신호를 NPCS[3:0] = 1011로 출력한다.
    0111 = 4개의 칩선택 신호를 NPCS[3:0] = 0111로 출력한다.
  PCSDEC=1의 경우
    xxxx = 4개의 칩선택 신호 NPCS[3:0]을 PCS값으로 디코딩하여 출력한다.
- LLB : Local Loopback Enable
  0 = Local Loopback Mode의 동작을 금지한다.
  1 = Local Loopback Mode의 동작을 허용한다.
- MODFDIS : Mode Fault Detection Disable
  0 = 모드 고장 검출을 허용한다.
  1 = 모드 고장 검출을 금지한다.
- PCSDEC : Chip Select Decode
  0 = NPCS[3:0] 신호가 PCS 값에 의하여 직접 구동된다.
  1 = 4비트의 PCS 값을 디코딩하여 칩선택 신호 NPCSx를 출력한다.(최대 16개까지 지정 가능)
- PS : Peripheral Select
  0 = 주변장치 칩선택 신호를 고정 칩선택 방식으로 출력한다.
  1 = 주변장치 칩선택 신호를 가변 칩선택 방식으로 출력한다.
- MSTR : Master/Slave Mode
  0 = SPI 직렬통신 포트가 슬레이브 모드로 동작한다.
  1 = SPI 직렬통신 포트가 마스터 모드로 동작한다.

▣ SPI 수신 데이터 레지스터 SPI_RDR (read-only, 디폴트값 : 0x0000_0000)

b31	b30	b29	b28	b27	b26	b25	b24	b23	b22	b21	b20	b19	b18	b17	b16
-	-	-	-	-	-	-	-	-	-	-	-	PCS			
b15	**b14**	**b13**	**b12**	**b11**	**b10**	**b9**	**b8**	**b7**	**b6**	**b5**	**b4**	**b3**	**b2**	**b1**	**b0**
RD															

- PCS : Peripheral Chip Select
  이 비트들은 마스터 모드에서만 동작하며, 전송의 끝에서 NPCS[3:0] 신호의 값을 나타낸다.
- RD : Receive Data
  SPI 직렬통신 포트로 수신된 문자가 저장된다. 오른쪽으로 정렬되며, 사용하지 않는 비트는 0이 된다.

▣ SPI 송신 데이터 레지스터 SPI_TDR (write-only, 디폴트값 : -)

b31	b30	b29	b28	b27	b26	b25	b24	b23	b22	b21	b20	b19	b18	b17	b16
-	-	-	-	-	-	-	LASTXFER	-	-	-	-	PCS			
b15	**b14**	**b13**	**b12**	**b11**	**b10**	**b9**	**b8**	**b7**	**b6**	**b5**	**b4**	**b3**	**b2**	**b1**	**b0**
TD															

- LASTXFER : Last Transfer
  0 = 무효.

1 = 이것은 PS=1일 때만 동작하며, TD에 있는 문자가 전송된 후에 해당 NPCSx 신호가 해제된다. 만약, SPI_CSRx 레지스터에서 CSAAT=0으로 설정되어 있다면 전송 후에 NPCSx=1로 되어 통신이 종료된다.

- PCS : Peripheral Chip Select
이것은 PS=1인 경우에만 동작하며, 주변장치 칩선택 신호 NPCSx를 강제로 지정하여 출력한다.
PCSDEC=0의 경우
xxx0 = 4개의 칩선택 신호를 NPCS[3:0] = 1110으로 출력한다.
xx01 = 4개의 칩선택 신호를 NPCS[3:0] = 1101로 출력한다.
x011 = 4개의 칩선택 신호를 NPCS[3:0] = 1011로 출력한다.
0111 = 4개의 칩선택 신호를 NPCS[3:0] = 0111로 출력한다.
PCSDEC=1의 경우
xxxx = 4개의 칩선택 신호 NPCS[3:0]을 PCS값으로 디코딩하여 출력한다.
- TD : Transmit Data
SPI 직렬통신 포트로 송신될 문자가 저장된다. 오른쪽으로 정렬되어야 한다.

▣ SPI 상태 레지스터 SPI_SR (read-only, 디폴트값 : 0x0000_00F0)

b31	b30	b29	b28	b27	b26	b25	b24	b23	b22	b21	b20	b19	b18	b17	b16
-	-	-	-	-	-	-	-	-	-	-	-	-	-	-	SPIENS

b15	b14	b13	b12	b11	b10	b9	b8	b7	b6	b5	b4	b3	b2	b1	b0
-	-	-	-	-	-	TXEMPTY	NSSR	TXBUFE	RXBUFF	ENDTX	ENDRX	OVRES	MODF	TDRE	RDRF

- SPIENS : SPI Enable Status
0 = SPI 직렬통신 포트가 금지되어 있다.
1 = SPI 직렬통신 포트가 허용되어 있다.
- TXEMPTY : Transmitter Empty
0 = SPI_TDR 레지스터 또는 송신 시프트 레지스터에 문자가 들어있다.
1 = SPI_TDR 레지스터와 송신 시프트 레지스터가 모두 비어 있다.
- NSSR : NSS Rising
0 = 가장 최근에 SPI_SR 레지스터를 읽은 후에 NSS 단자에 상승 에지가 검출되지 않았다.
1 = 가장 최근에 SPI_SR 레지스터를 읽은 후에 NSS 단자에 상승 에지가 검출되었다.
- TXBUFE : Transmit Buffer Empty
0 = 주변장치 DMA 제어기의 송신 채널로부터 Buffer Empty 신호가 액티브되지 않았다.
1 = 주변장치 DMA 제어기의 송신 채널로부터 Buffer Empty 신호가 액티브되었다.
- RXBUFF : Receive Buffer Full
0 = 주변장치 DMA 제어기의 수신 채널로부터 Buffer Full 신호가 액티브되지 않았다.
1 = 주변장치 DMA 제어기의 수신 채널로부터 Buffer Full 신호가 액티브되었다.
- ENDTX : End of Transmitter Transfer
0 = 주변장치 DMA 제어기의 송신 채널로부터 송신완료 신호가 액티브되지 않았다.
1 = 주변장치 DMA 제어기의 송신 채널로부터 송신완료 신호가 액티브되었다.
- ENDRX : End of Receiver Transfer
0 = 주변장치 DMA 제어기의 수신 채널로부터 수신완료 신호가 액티브되지 않았다.
1 = 주변장치 DMA 제어기의 수신 채널로부터 수신완료 신호가 액티브되었다.
- OVRES: Overrun Error Status
0 = 가장 최근에 SPI_SR 레지스터를 읽은 후에 오버런 에러가 검출되지 않았다.
1 = 가장 최근에 SPI_SR 레지스터를 읽은 후에 오버런 에러가 검출되었다.
- MODF: Mode Fault Error
0 = 가장 최근에 SPI_SR 레지스터를 읽은 후에 모드 고장이 검출되지 않았다.
1 = 가장 최근에 SPI_SR 레지스터를 읽은 후에 모드 고장이 검출되었다.
- TDRE : Transmit Data Register Empty
0 = SPI_TDR 레지스터에 송신할 문자가 들어있거나 또는 SPI 직렬통신 포트가 금지되어 있다.
1 = SPI_TDR 레지스터가 비어 있다.
- RDRF : Receive Data Register Full
0 = 가장 최근에 SPI_RDR 레지스터를 읽은 후에 수신된 문자가 없다.
1 = 문자가 수신되어 SPI_RDR 레지스터에 저장되어 있고 아직 이를 읽지 않았다.

▣ SPI 인터럽트 허용 레지스터 SPI_IER (write-only, 디폴트값 : -)

b31	b30	b29	b28	b27	b26	b25	b24	b23	b22	b21	b20	b19	b18	b17	b16
-	-	-	-	-	-	-	-	-	-	-	-	-	-	-	-

b15	b14	b13	b12	b11	b10	b9	b8	b7	b6	b5	b4	b3	b2	b1	b0
-	-	-	-	-	-	TXEMPTY	NSSR	TXBUFE	RXBUFF	ENDTX	ENDRX	OVRES	MODF	TDRE	RDRF

- TXEMPTY : TXEMPTY Interrupt Enable
- NSSR : NSS Rising Interrupt Enable
- TXBUFE : Transmit Buffer Empty Interrupt Enable
- RXBUFF : Receive Buffer Full Interrupt Enable
- ENDTX : End of Transmit Buffer Interrupt Enable
- ENDRX : End of Receive Buffer Interrupt Enable
- OVRES: Overrun Error Interrupt Enable
- MODF : Mode Fault Error Interrupt Enable
- TDRE : SPI Transmit Data Register Empty Interrupt Enable
- RDRE : Receive Data Register Full Interrupt Enable

  0 = 무효.
  1 = SPI 직렬통신 포트의 해당 인터럽트를 허용한다.

▣ SPI 인터럽트 금지 레지스터 SPI_IDR (write-only, 디폴트값 : -)

b31	b30	b29	b28	b27	b26	b25	b24	b23	b22	b21	b20	b19	b18	b17	b16
-	-	-	-	-	-	-	-	-	-	-	-	-	-	-	-

b15	b14	b13	b12	b11	b10	b9	b8	b7	b6	b5	b4	b3	b2	b1	b0
-	-	-	-	-	-	TXEMPTY	NSSR	TXBUFE	RXBUFF	ENDTX	ENDRX	OVRES	MODF	TDRE	RDRF

- TXEMPTY : TXEMPTY Interrupt Disable
- NSSR : NSS Rising Interrupt Disable
- TXBUFE : Transmit Buffer Empty Interrupt Disable
- RXBUFF : Receive Buffer Full Interrupt Disable
- ENDTX : End of Transmit Buffer Interrupt Disable
- ENDRX : End of Receive Buffer Interrupt Disable
- OVRES: Overrun Error Interrupt Disable
- MODF : Mode Fault Error Interrupt Disable
- TDRE : SPI Transmit Data Register Empty Interrupt Disable
- RDRE : Receive Data Register Full Interrupt Disable

  0 = 무효.
  1 = SPI 직렬통신 포트의 해당 인터럽트를 금지한다.

▣ SPI 인터럽트 마스크 레지스터 SPI_IMR (read-only, 디폴트값 : 0x0000_0000)

b31	b30	b29	b28	b27	b26	b25	b24	b23	b22	b21	b20	b19	b18	b17	b16
-	-	-	-	-	-	-	-	-	-	-	-	-	-	-	-

b15	b14	b13	b12	b11	b10	b9	b8	b7	b6	b5	b4	b3	b2	b1	b0
-	-	-	-	-	-	TXEMPTY	NSSR	TXBUFE	RXBUFF	ENDTX	ENDRX	OVRES	MODF	TDRE	RDRF

- TXEMPTY : TXEMPTY Interrupt Mask
- NSSR : NSS Rising Interrupt Mask
- TXBUFE : Transmit Buffer Empty Interrupt Mask
- RXBUFF : Receive Buffer Full Interrupt Mask
- ENDTX : End of Transmit Buffer Interrupt Mask
- ENDRX : End of Receive Buffer Interrupt Mask
- OVRES: Overrun Error Interrupt Mask
- MODF : Mode Fault Error Interrupt Mask

- TDRE : SPI Transmit Data Register Empty Interrupt Mask
- RDRE : Receive Data Register Full Interrupt Mask
  0 = SPI 직렬통신 포트의 해당 인터럽트가 금지되어 있다.
  1 = SPI 직렬통신 포트의 해당 인터럽트가 허용되어 있다.

▣ SPI 칩선택 레지스터 SPI_CSRx (read/write, 디폴트값 : 0x0000_0000)

b31	b30	b29	b28	b27	b26	b25	b24	b23	b22	b21	b20	b19	b18	b17	b16
DLYBCT								DLYBS							

b15	b14	b13	b12	b11	b10	b9	b8	b7	b6	b5	b4	b3	b2	b1	b0
SCBR								BITS				CSAAT	-	NCPHA	CPOL

- DLYBCT : Delay Between Consecutive Transfers
  칩선택 신호를 해제하지 않고 동일한 주변장치와 연속하여 2차례 이상의 전송을 수행할 때 각 문자 사이에 들어가는 시간지연을 정의한다. 시간지연은 MCK 클록 주기가 32개 단위로 이루어지므로 32×DLYBCT/MCK가 된다.
- DLYBS : Delay Before SPCK
  칩선택 신호 NPCSx가 0으로 떨어지고 나서 첫번째로 유효한 SPCK가 출력되기 까지의 시간지연을 정의한다. 이 값이 0이면 시간지연은 1/2 SPCK 클록 주기로 되고, 그밖의 경우에는 시간지연이 MCK 클록 주기 단위로 이루어지므로 DLYBS/MCK가 된다.
- SCBR : Serial Clock Baud Rate
  마스터 모드에서 전송속도 SPCK 보레이트를 결정하기 위하여 마스터 클록을 분주하는 8비트 분주비를 정의한다. 이를 0으로 설정하지 말아야 하며, 그밖의 경우는 MCK/BCBR로 된다.
- BITS : Bits Per Transfer
  0000 = 1문자가 8비트로 구성된다.
  0001 = 1문자가 9비트로 구성된다.
  0010 = 1문자가 10비트로 구성된다.
  0011 = 1문자가 11비트로 구성된다.
  0100 = 1문자가 12비트로 구성된다.
  0101 = 1문자가 13비트로 구성된다.
  0110 = 1문자가 14비트로 구성된다.
  0111 = 1문자가 15비트로 구성된다.
  1000 = 1문자가 16비트로 구성된다.
  1001~1111 = 사용하지 않음(reserved).
- CSAAT : Chip Select Active After Transfer
  0 = 마지막 송신이 완료되면 즉시 주변장치 칩선택 신호 NPCSx가 1로 해제된다.
  1 = 마지막 송신이 완료된 후에도 주변장치 칩선택 신호 NPCSx가 0으로 유지된다. 이 상태는 다른 주변장치의 칩선택 신호를 출력할 때까지 계속된다.
- NCPHA: Clock Phase
  0 = 데이터가 SPCK 클록 신호의 리딩 에지에서 변경되고 그 다음 에지에서 캡쳐된다.
  1 = 데이터가 SPCK 클록 신호의 리딩 에지에서 캡쳐되고 그 다음 에지에서 변경된다.
- CPOL : Clock Polarity
  0 = SPCK의 inactive state는 0이다.(active high pulse)
  1 = SPCK의 inactive state는 1이다.(active low pulse)

2.6 TWI 직렬통신 포트(TWI)

이 절에서는 AT91SAM7S256에 내장되어 있는 TWI 직렬통신 포트의 구조와 기능에 대하여 알아보기로 한다.

1. TWI 직렬통신 포트의 개요

AT91SAM7S256의 TWI(Two-Wire Serial Interface) 직렬통신은 원래 1980년대 초에 필립스(Philips)사에서 제안한 근거리용 표준 직렬통신 방식인데, 필립스사에서는 이를 I^2C(Inter-Integrated Circuit) 버스라고 부르고 있으나 Atmel사에서는 이를 I^2C라고 하지 않고 TWI라고 부르고 있다. 이것은 IC 소자들을 연결하기 위한 단거리용 2선식 직렬통신 방식으로서 마이크로콘트롤러에 여러 가지의 메모리 또는 I/O 소자들을 인터페이스하기 위하여 고안된 방법이며, 항상 마스터(master)와 슬레이브(slave) 사이에서 직렬로 데이터를 송수신할 수 있다.

마이크로콘트롤러에 메모리나 I/O 소자를 인터페이스하는 것은 물론 어드레스 버스와 데이터 버스를 사용하는 병렬 방식이 기본이지만, TV나 VCR과 같은 가전제품에서는 이렇게 할 경우 많은 버스선이나 인터페이스 소자들 때문에 PCB의 면적을 많이 차지하게 되고 이는 제품의 가격이나 소형화에 매우 불리하게 된다. 이 때문에 가전제품 메이커인 필립스에서는 2선식의 간편한 양방향 직렬통신용 버스를 제안하게 되었는데 이것이 바로 I^2C이다.

I^2C 버스를 사용하는 직렬통신 방식은 1980년대에 시작하여 현재의 V2.1에 이르는 동안에 많은 반도체 소자에서 채택하고 있다. 이것의 특징을 요약하면 다음과 같다.

- SDA, SCL 2개의 선으로 양방향 직렬통신을 수행(2.3V~5.5V의 전원 전압을 사용)
- 반드시 마스터와 슬레이브 사이에 직렬 동기식 양방향 데이터 통신을 수행
- 마스터가 데이터를 송신 또는 수신을 하기 위하여 데이터 SDA는 양방향 신호
- 마스터가 데이터를 송신 또는 수신하더라도 클록신호 SCL은 항상 마스터가 발생
- 100kbps, 400kbps, 3.4Mbps의 3가지 전송속도를 지원
- 마스터가 슬레이브에게 7비트 또는 10비트 어드레스로 지정 가능

- 마스터가 전체호출 기능으로 전체 슬레이브를 동시에 지정하는 것이 가능
- 멀티마스터 조정 기능 지원

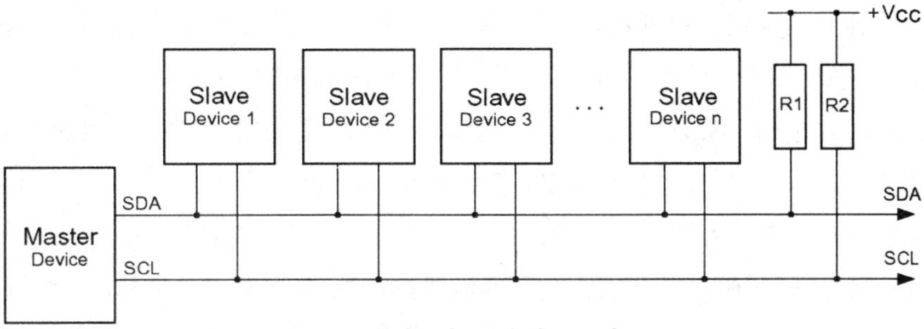

(a) 전체 시스템의 구성

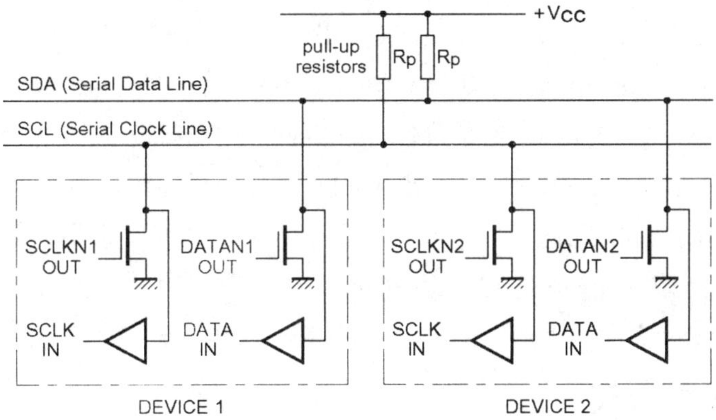

(b) 내부 회로의 구성

〈그림 2.6.1〉 I^2C 버스를 사용한 시스템의 구성도

I^2C 버스를 사용하는 시스템의 전체 구성을 보면 <그림 2.6.1>의 (a)와 같다. 즉, 기본적으로는 1개의 마스터가 여러개의 슬레이브중에서 1개를 어드레스로 지정하여 이와 데이터를 송수신하며, 전체호출 기능을 사용하면 마스터가 한번에 전체의 슬레이브를 지정하여 모든 슬레이브에게 데이터를 송신하는 것도 가능하다. 그러나, 복잡한 시스템에서는 마스터가 여러개 존재하는 멀티마스터 기능도 가능하다.

이처럼 하나의 시스템에 여러개의 디바이스를 접속하기 위하여 SDA(Serial Data)와 SCL(Serial Clock) 신호의 출력단은 <그림 2.6.1>의 (b)에 보인 바와 같이 모두 오픈 콜렉터(open-collector) 또는 오픈 드레인(open-drain) 방식으로 되어 있으며, 따라서 이 버스에는 반드시 외부에 풀업 저항(pullup resistor)을 접속해야 한다. 풀업 저항의 크기는 사용하는 소자에서 출력단 트랜지스터의 용량에 따라 달라지지만 대체로 수 kΩ 정도면 무난하다.

I^2C 버스의 전송선에는 데이터선인 SDA(Serial Data)와 클록선인 SCL(Serial Clock)이 있는데, AT91SAM7S256에서는 이를 각각 TWD 및 TWCK라고 부르고 있다. 전송을 시작하고 클록을 발생하며 전송을 종료하는 모든 일을 주관하는 측의 장치를 마스터(master)라 하고, 마스터에 의하여 주소가 지정되어 동작하는 측의 장치를 슬레이브(slave)라고 한다. 또한, 데이터를 버스로 보내는 측을 송신측(transmitter)이라고 하고, 버스로부터 데이터를 받는 측을 수신측(receiver)이라고 한다.

마스터는 항상 슬레이브의 어드레스를 지정하여 1개를 선택하고, 이 선택된 슬레이브에게 데이터를 송신하거나 이것으로부터 데이터를 수신할 수 있다. 그러나, 전체호출 기능(general call 또는 data broadcast)을 이용하여 마스터가 동시에 모든 슬레이브에게 데이터를 송신할 수도 있다.

전송속도는 표준 모드(standard mode, 100kbps), 고속 모드(fast mode, 400kbps), 최고속 모드(high speed mode, 3.4Mbps)의 3가지로 나누어진다.

동시에 버스를 제어하려고 시도하는 여러개의 마스터를 멀티마스터(multi-master)라고 하며, 이들 멀티마스터가 각각 발생하는 여러개의 클록 신호들중에서 하나의 클록으로 동기(synchronization)를 취하고 1개의 디바이스를 선택하여 마스터의 기능을 허용하는 것을 조정(arbitration)이라고 한다.

(1) 기본 전송 포맷

I^2C 직렬통신에서 기본적으로 1비트를 전송하는 형식은 <그림 2.6.2>의 (a)처럼 데이터 신호 SDA가 안정되어 있는 상태에서 클록 신호 SCL이 상승 에지에서 하강 에지까지 1개의 펄스를 발생하면 된다. 데이터 신호선이 값을 변경하는 것은 클록이 L상태를 유지하고 있는 동안에만 가능하다.

그러나, 마스터가 데이터 전송의 시작을 표시하는 START 조건은 <그림 2.6.2>의 (b)처럼 SCL 클록신호가 H를 유지하는 상태에서 SDA 데이터 신호가 하강 에지로 변화해야 한다. 또한, 마스터가 데이터 전송의 종료를 표시하는 STOP 조건은 SCL 클록 신호가 H를 유지하는 상태에서 SDA 데이터 신호가 상승 에지로 변화해야 한다. START 조건과 STOP 조건의 사이에서는 항상 버스가 동작(busy) 상태인 것으로 간주되며, 따라서 이 기간동안에는 어느 다른 마스터도 버스 제어권을 가지려고 시도하지 말아야 한다.

START 이후에 STOP 조건이 발생되지 않고 다시 START 조건이 출력되는 것이 가능한데 이를 REPEATED START라고 한다. REPEATED START는 버스 제어권을 포기하지 않고 새로운 전송을 시작하는 것뿐이며 모든 사항이 START와 동일하다.

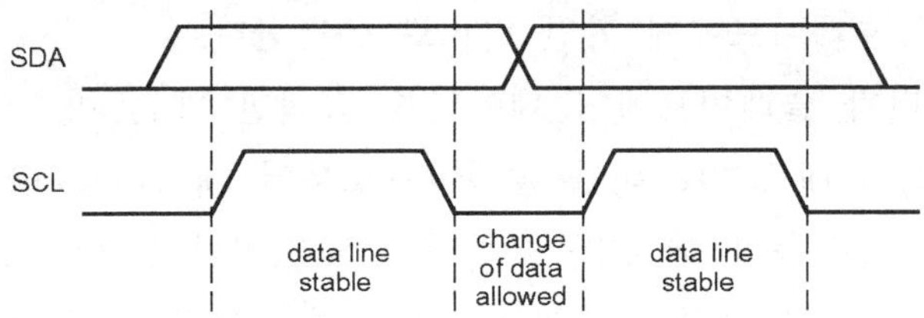

(a) 기본적인 1비트의 데이터 전송 형식

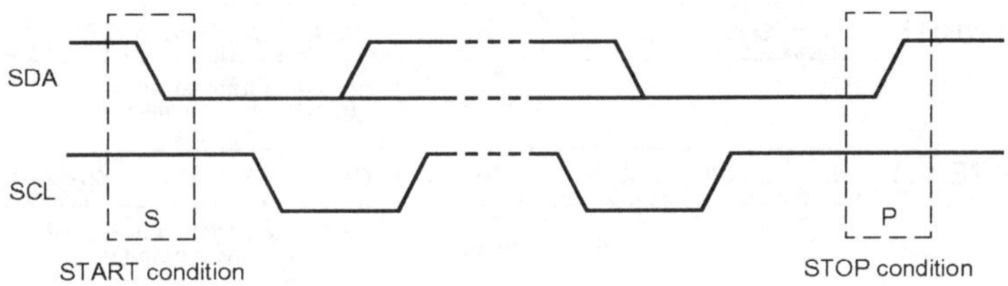

(b) START 조건 및 STOP 조건

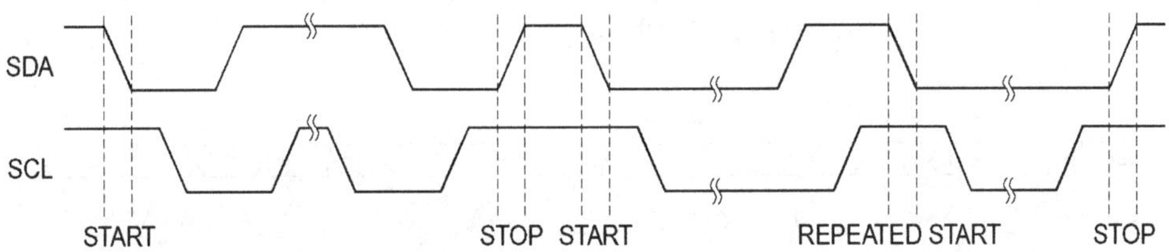

(c) START, REPEATED START, STOP 조건

〈그림 2.6.2〉 I^2C 버스를 사용한 데이터 전송

(2) 데이터 송신 및 수신 포맷

I^2C 직렬통신에서 마스터가 슬레이브에게 데이터를 송신하거나 반대로 마스터가 슬레이브로부터 데이터를 수신하는 기본 형식은 <그림 2.6.3>의 (a)와 같다.

마스터가 슬레이브에게 데이터를 송신할 때는 먼저 마스터가 7비트의 슬레이브 어드레스를 보내고, 이어서 송신(transmit 또는 write)을 의미하는 L상태의 1비트를 보내며, 이에 대하여 지정된 어드레스를 가지고 있는 슬레이브는 L상태의 1비트 확인 신호(acknowledge)로 응답한다. 그러면 마스터는 n 바이트의 데이터를 연속으로 송신하며 각 바이트를 송신할 때마다 해당 슬레이브로부터 확인 비트로 응답을 받는다.

마스터가 슬레이브로부터 데이터를 수신할 때는 먼저 마스터가 7비트의 슬레이브 어드레스를 보내고, 이어서 수신(receive 또는 read)을 의미하는 H상태의 1비트를 보내며, 이에 대하여 지정된 어드레스를 가지고 있는 슬레이브는 L상태의 1비트 확인 신호로 응답한다. 그러면 마스터는 n 바이트의 데이터를 연속으로 수신하며 각 바이트를 수신할 때마다 해당 슬레이브에게 확인 비트로 응답한다.

이와 같이 마스터가 슬레이브에게 데이터를 송신할 때는 마스터가 송신측, 슬레이브가 수신측이 되고, 반대로 마스터가 슬레이브로부터 데이터를 수신할 때는 마스터가 수신측, 슬레이브가 송신측이 되지만, 클록신호 SCL이나 START, STOP 조건은 항상 마스터가 발생한다. 이러한 동작을 파형으로 보이면 <그림 2.6.3>의 (b)와 같다.

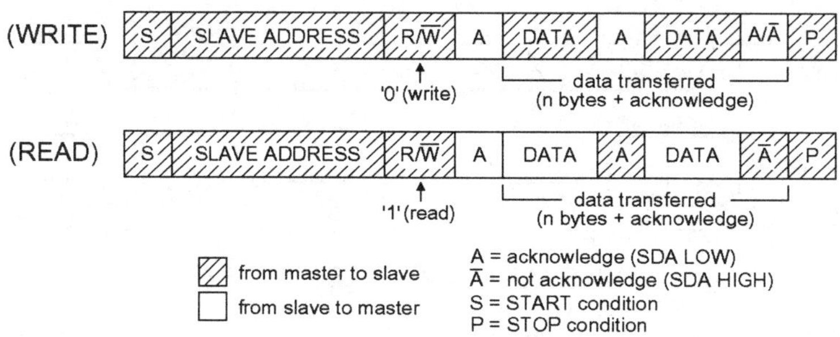

(a) 송신 및 수신 데이터 포맷

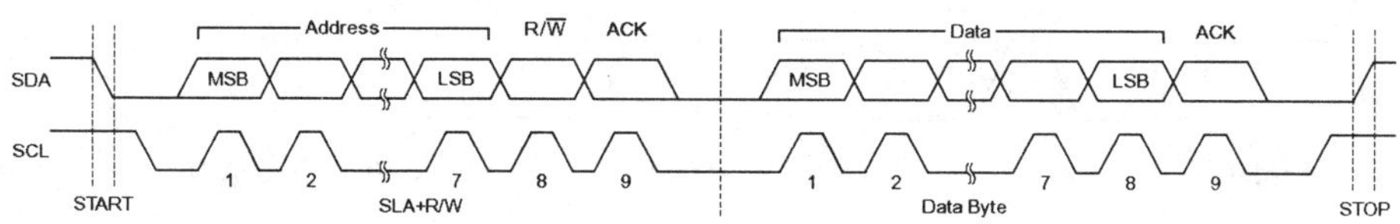

(b) 송수신 동작 파형

〈그림 2.6.3〉 I^2C 버스를 사용한 데이터 송수신 포맷

이처럼 I^2C 직렬통신 형식은 어드레스 패킷(address packet)과 데이터 패킷(data packet)으로 나누어진다. 어드레스 패킷의 형식은 9비트로 구성되는데, 마스터가 슬레이브에게 데이터를 송신하는 경우에는 슬레이브 어드레스, 라이트 신호, 확인 신호(SLA+W)로 이루어지고, 마스터가 슬레이브로부터 데이터를 수신하는 경우에는 슬레이브 어드레스, 리드 신호, 확인 신호(SLA+R)로 이루어진다. 7비트의 어드레스를 전송할 때는 반드시 MSB부터 전송해야 한다.

데이터 패킷의 형식은 8비트의 데이터와 1비트의 확인 신호를 합하여 9비트로 구성되는데, 8비트의 데이터를 전송할 때도 반드시 MSB부터 전송해야 한다. 어드레스 패킷이나 데이터 패킷을 전송할 때 슬레이브가 동작(busy) 상태에 있거나 기타의 이유로 L상태의 확인 신호를 응답하지 않으면 마스터는 STOP 조건을 발생하거나 또는 REPEATED START를 발생할 수 있다.

◀**참고**▶ 어드레스 패킷에서 어드레스값을 0000000으로 전송하면 모든 슬레이브가 동시에 지정되는데 이를 전체호출(general call)이라고 한다. 또한, 7비트 어드레스 형식에서 1111XXX의 어드레스는 향후의 기능 확장을 위하여 예약된 어드레스로서 사용하지 말아야 한다. 이중에서 11110XX는 I^2C V1.0 이후부터 10비트 어드레스 형식을 지정하는데 사용되었다. 10비트 어드레스 형식을 사용하는 경우에는 어드레스 패킷이 2차례 전송되는데, 첫번째 어드레스 패킷에서는 11110XX가 전송되고 두번째는 YYYYYYYY가 전송되어 이를 합한 XXYYYYYYYY가 10비트의 슬레이브 어드레스로 사용된다.

AT91SAM7S256의 TWI 직렬통신 포트는 I^2C 통신의 마스터로만 사용할 수 있으며 슬레이브로는 사용하지 못한다. 어드레스는 7비트로 지정하며, 클록 발생 레지스터를 사용하여 다양한 통신속도를 구현할 수 있다. TWI 직렬통신 포트의 구성 블록도는 <그림 2.6.4>와 같다.

TWI 직렬통신 포트는 기본적으로 클록이 공급되지 않는 상태에 있으므로 이를 사용하려면 먼저 전력관리 제어기(PMC)에서 클록을 공급하도록 설정해야 한다. 그러나, 이를 올바르게 사용하려면 사전에 반드시 다음과 같은 내용을 차례로 포함하여 이를 사용 가능하도록 초기화해야 한다.

① PIO 제어기의 Peripheral A에서 TWD와 TWCK 신호를 설정
② TWD와 TWCK 단자를 오픈 드레인으로 설정
③ 전력관리 제어기(PMC)에서 TWI 직렬통신 포트에 클록을 공급하도록 설정

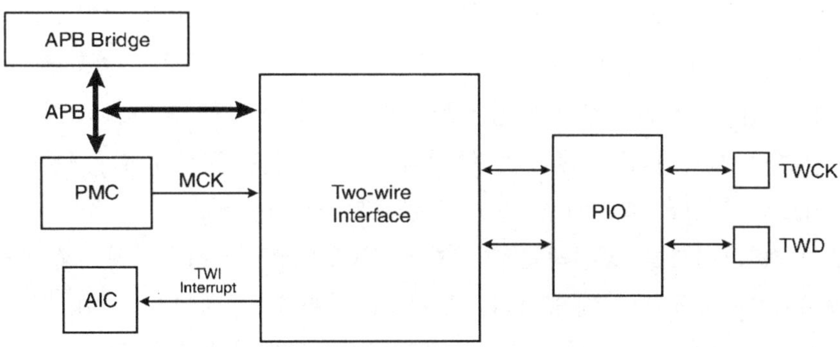

〈그림 2.6.4〉 TWI 직렬통신 포트의 구성 블록도

2. TWI 직렬통신 포트의 구조와 동작

AT91SAM7S256의 TWI 직렬통신 포트에서 TWD 신호로 전송되는 데이터의 길이는 항상 8비트라야 하며, MSB부터 전송되고 데이터의 뒤에는 확인 비트가 따른다. 여

기서의 START 조건과 STOP 조건은 신호 이름이 TWD 및 TWCK로 사용되는 것 이외에는 <그림 2.6.2>의 (b)와 같고, 데이터 송수신 포맷과 동작은 <그림 2.6.3>의 (b)와 같은 형태로 수행된다.

TWI 직렬통신 모듈의 동작은 마스터 송신 모드와 마스터 수신 모드로 나눌 수 있다. 이것이 마스터로서 동작하도록 허용하고 START 조건이나 STOP 조건을 출력하는 것은 TWI_CR 레지스터에서 설정하며, 직렬통신 클록의 주파수는 TWI_CWGR 레지스터에서 설정한다.

▣ 마스터 송신 모드의 동작

AT91SAM7S256의 TWI 직렬통신 포트가 마스터 송신 모드로 동작하는 과정을 도시하면 <그림 2.6.5>와 같다. 여기서 기호로 사용된 각 문자의 의미는 S=START 조건, P=STOP 조건, W=Write, R=Read, A=Acknowledge, N=Not Acknowledge, DADR=Device Address, IADR=Internal Address 등이다.

TWI 마스터를 <그림 2.6.5>의 시퀀스로 동작시키기 위한 순서도는 <그림 2.6.8>에 보였다. 한번에 1바이트만을 송신하는 경우에는 먼저 TWI_MMR 레지스터의 DADR 필드를 사용하여 슬레이브를 칩선택하기 위한 7비트의 어드레스를 지정하고, MREAD 비트를 사용하여 리드(1)/라이트(0) 전송 방향을 0으로 설정하며, IADRSZ의 값을 설정한다. 이어서 두번째 단계로는 IADRSZ의 값에 맞도록 TWI_IADR 레지스터에 슬레이브의 내부 디바이스 어드레스를 설정한다. 세번째 단계로 TWI_CR 레지스터를 사용하여 MSEN, START, STOP 비트를 모두 1로 설정한다. 이렇게 설정이 완료된 상태에서 네번째 단계로 TWI_THR 레지스터에 송신할 1바이트의 문자를 쓰면 <그림 2.6.5>처럼 1프레임의 전송이 시작된다. 이후에는 마지막 단계로 TWI_SR 레지스터의 TXCOMP 비트가 1로 세트되는 것을 확인하면 전송이 완료된 것이다.

한번에 여러 바이트를 송신하는 경우에도 TWI_MMR 레지스터와 TWI_IADR 레지스터를 설정하는 과정까지는 동일하다. 그러나, 세번째 단계에서 TWI_CR 레지스터는 MSEN, START 비트만을 1로 설정한다. 이렇게 설정된 상태에서 TWI_THR 레지스터에 송신할 1바이트의 문자를 쓰면 1프레임의 전송이 시작된다. 이후에는 TWI_SR 레지스터에서 TXRDY 비트가 1로 세트될 때마다 송신할 바이트를 TWI_THR 레지스터에 쓰면 연속으로 바이트를 전송하게 된다. 데이터 전송을 종료하려면 TWI_CR 레지스터에 STOP 비트를 1로 설정하면 된다.

이러한 마스터 송신 모드를 직렬 EEPROM에 실제 적용한 예를 <그림 2.6.6>에 보였다.

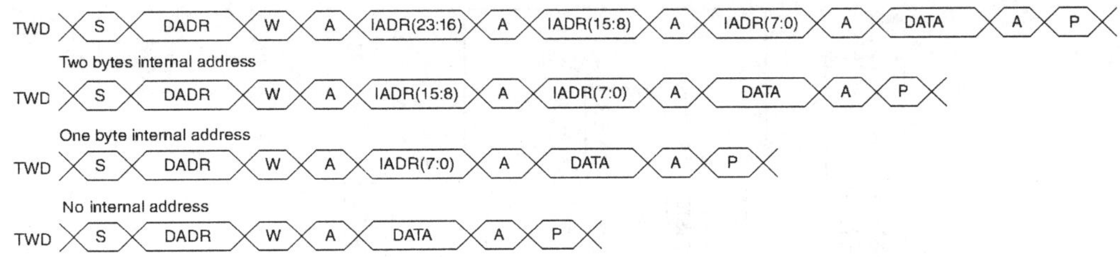

(a) Master Write with 0 ~ 3 Bytes Internal Address and 1 Data Byte

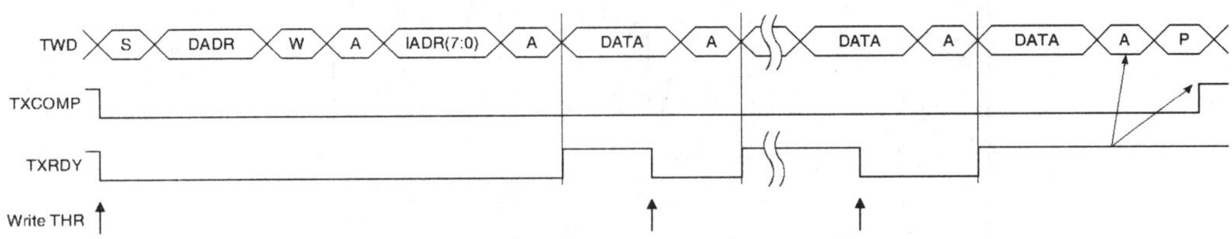

(b) Master Write with 1 Byte Internal Address and Multiple Data Bytes

〈그림 2.6.5〉 TWI 마스터 송신 모드의 동작 시퀀스

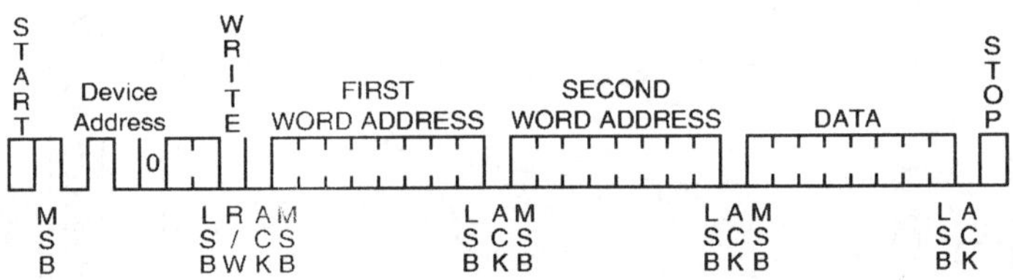

〈그림 2.6.6〉 TWI 마스터 송신 모드로 AT24LC512 EEPROM에 1바이트를 쓴 예

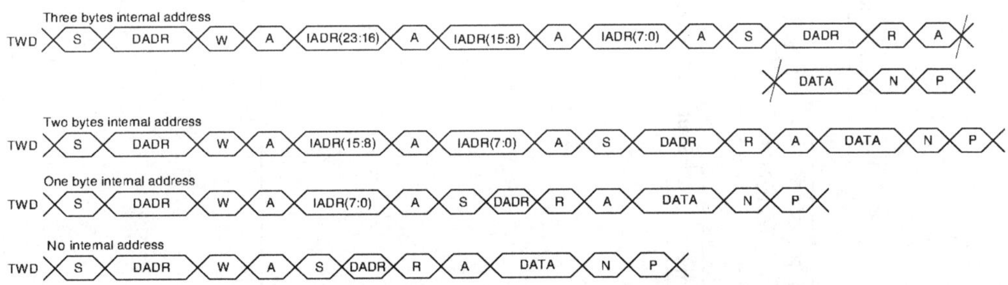

(a) Master Read with 0 ~ 3 Bytes Internal Address and 1 Data Byte

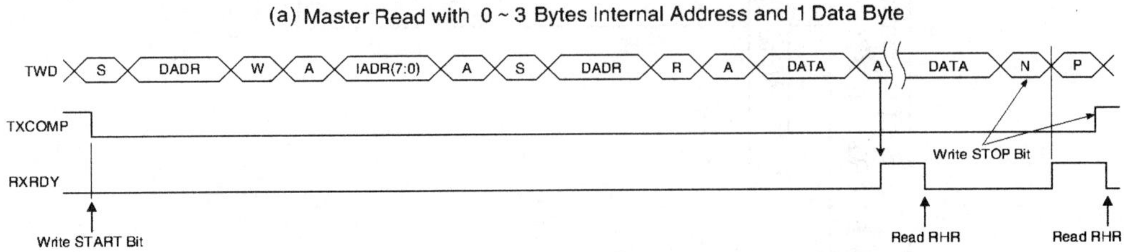

(b) Master Read with 1 Byte Internal Address and Multiple Data Bytes

〈그림 2.6.7〉 TWI 마스터 수신 모드의 동작 시퀀스

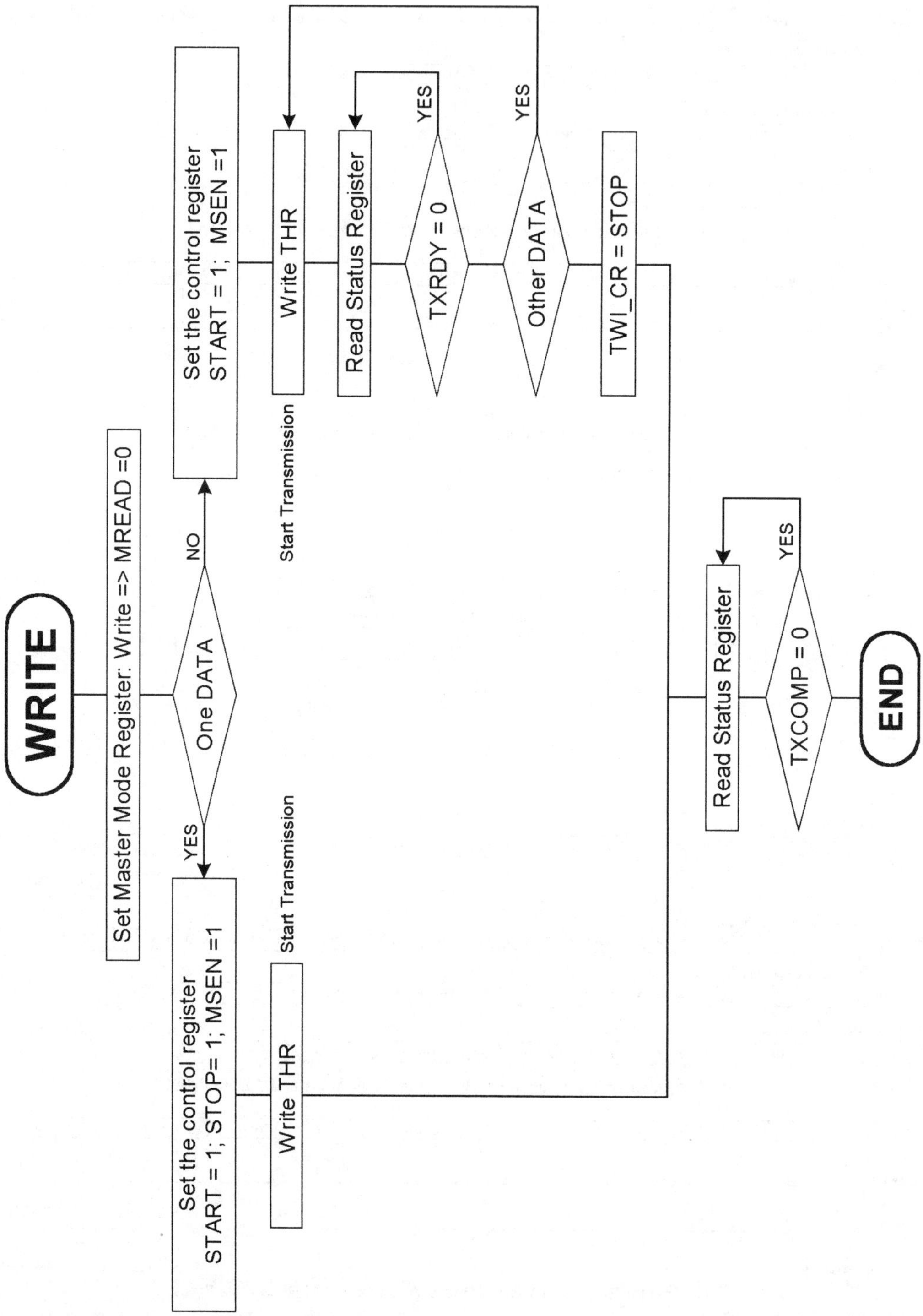

〈그림 2.6.8〉 TWI 직렬통신 포트가 마스터 송신 모드로 동작할 때의 동작 순서도

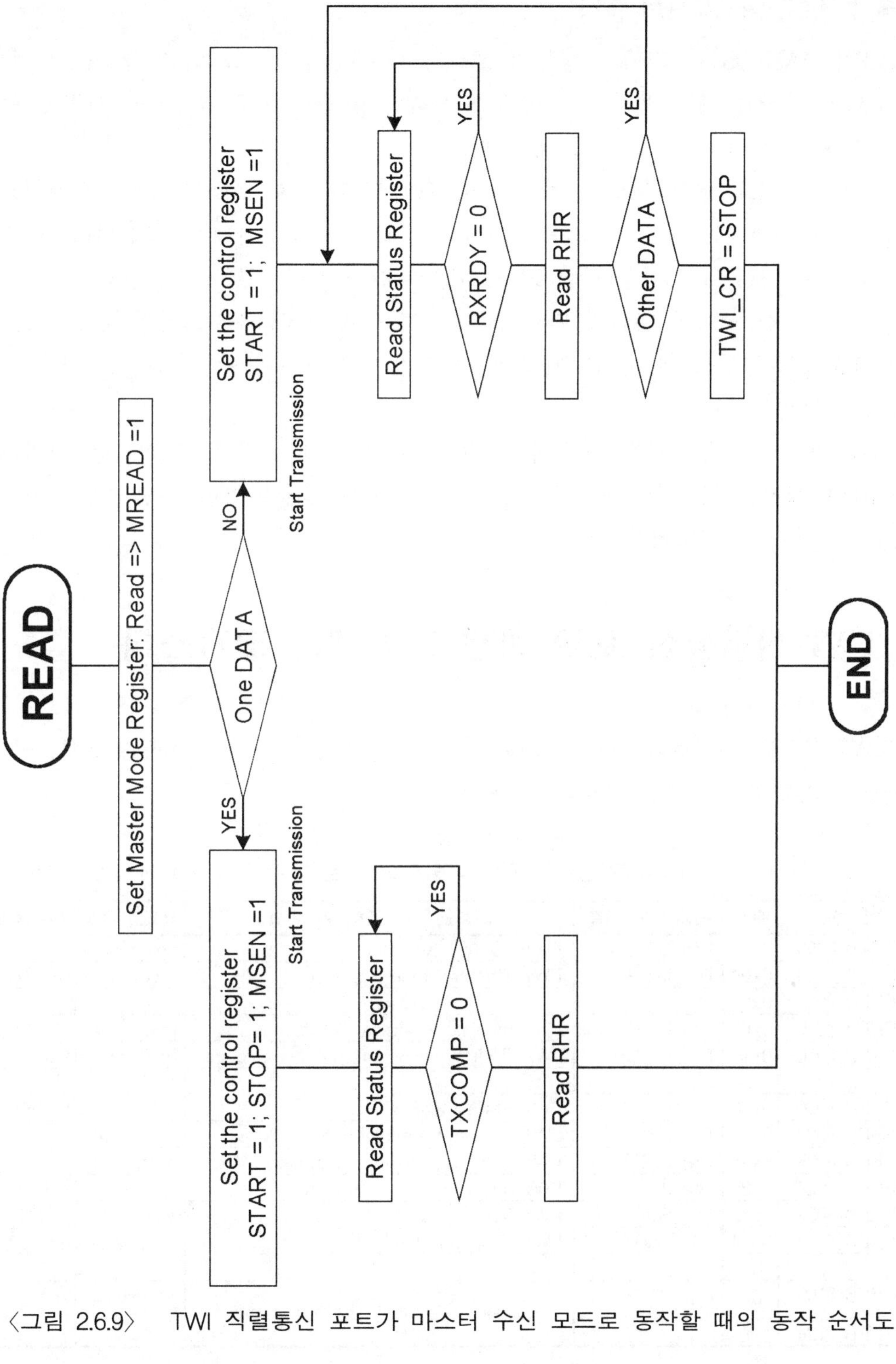

〈그림 2.6.9〉 TWI 직렬통신 포트가 마스터 수신 모드로 동작할 때의 동작 순서도

▣ 마스터 수신 모드의 동작

AT91SAM7S256의 TWI 직렬통신 포트가 마스터 수신 모드로 동작하는 과정은 송신 모드의 동작과 매우 유사하며 이를 도시하면 <그림 2.6.7>과 같고, 이렇게 동작시키기 위한 순서도는 <그림 2.6.9>와 같다.

TWI 마스터가 수신 모드로 동작할 때 TWI_MMR, TWI_IADR, TWI_CR 레지스터를 설정하는 단계까지는 송신 모드와 동일하게 수행된다. 단, 이때는 TWI_MMR 레지스터에서 리드(1)/라이트(0) 전송 방향을 나타내는 MREAD 비트를 1로 설정해야 한다.

그러나, 수신 모드의 네번째 단계에는 당연히 TWI_THR 레지스터에 문자를 쓰지 않으며, TWI_SR 레지스터에서 TXCOMP=1로 되면 CPU가 TWI_RHR 레지스터의 수신 데이터를 읽으면 된다.

여러 바이트를 수신하는 경우에는 TWI_SR 레지스터에서 RXRDY=1을 확인하면서 TWI_RHR 레지스터를 읽으면 되고, 데이터 전송을 종료하려면 TWI_CR 레지스터에 STOP 비트를 1로 설정하면 된다.

3. TWI 직렬통신 포트 관련 I/O 제어 레지스터

TWI 직렬통신 포트와 관련된 I/O 제어 레지스터는 <표 2.6.1>과 같은데, 이 레지스터들의 기능을 정리하면 아래와 같다.

〈표 2.6.1〉 AT91SAM7S256의 TWI 직렬통신 포트와 관련된 I/O 레지스터 요약

어드레스	옵셋	레지스터 이름	레지스터의 풀어 쓴 이름	액세스 속성	리셋 후 초기값
0xFFFB_8000	0x00	TWI_CR	TWI Control Register	write-only	-
0xFFFB_8004	0x04	TWI_MMR	TWI Master Mode Register	read/write	0x0000_0000
0xFFFB_8008	0x08	-	(reserved)	-	-
0xFFFB_800C	0x0C	TWI_IADR	TWI Internal Address Register	read/write	0x0000_0000
0xFFFB_8010	0x10	TWI_CWGR	TWI Clock Waveform Gernerator Register	read/write	0x0000_0000
...	...	...	...	...	...
0xFFFB_8020	0x20	TWI_SR	TWI Status Register	read-only	0x0000_0000
0xFFFB_8024	0x24	TWI_IER	TWI Interrupt Enable Register	write-only	-
0xFFFB_8028	0x28	TWI_IDR	TWI Interrupt Disable Register	write-only	-
0xFFFB_802C	0x2C	TWI_IMR	TWI Interrupt Mask Register	read-only	0x0000_0000
0xFFFB_8030	0x30	TWI_RHR	TWI Receive Holding Register	read-only	0x0000_0000
0xFFFB_8034	0x34	TWI_THR	TWI Transmit Holding Register	read/write	0x0000_0000
...	...	...	...	...	...
0xFFFB_8100 : 0xFFFB_8124			(PDC 채널 관련 I/O 레지스터)		

▣ TWI 제어 레지스터 TWI_CR (write-only, 디폴트값 : -)

b31	b30	b29	b28	b27	b26	b25	b24	b23	b22	b21	b20	b19	b18	b17	b16
-	-	-	-	-	-	-	-	-	-	-	-	-	-	-	-
b15	**b14**	**b13**	**b12**	**b11**	**b10**	**b9**	**b8**	**b7**	**b6**	**b5**	**b4**	**b3**	**b2**	**b1**	**b0**
-	-	-	-	-	-	-	-	SWRST	-	-	-	MSDIS	MSEN	STOP	START

- SWRST : TWI Software Reset
  0 = 무효.
  1 = TWI 직렬통신 포트를 소프트웨어적으로 리셋한다.
- MSDIS : TWI Master Transfer Disable
  0 = 무효.
  1 = TWI 직렬통신 포트의 마스터 송신 동작을 금지한다. 현재 수행중이던 송수신 동작은 완료한다.
- MSEN : TWI Master Transfer Enable
  0 = 무효.
  1 = TWI 직렬통신 포트의 마스터 송신 동작을 허용한다.
- STOP : Send a STOP Condition
  0 = 무효.
  1 = 마스터 리드 또는 라이트 모드에서 현재의 송신이 완료되면 즉시 STOP 조건이 전송된다. 1바이트의 송신 또는 수신 동작에서는 START 및 STOP 조건을 미리 설정해 두어야 한다. 그러나, 2바이트 이상의 송신 또는 수신 동작에서는 ACK/NACK 비트가 전송되기 전에 STOP 조건을 설정해야 한다. 수신 동작에서 만약 NACK을 수신하면 STOP 조건은 자동으로 수행되며, 2바이트 이상의 송신 모드에서 TWI_THR과 시프트 레지스터가 비면 STOP 조건이 자동으로 수행된다.
- START : Send a START Condition
  0 = 무효.
  1 = 모드 레지스터에 정의된 특성에 따라 START 비트로 시작되는 1프레임을 송신한다.

▣ TWI 마스터 모드 레지스터 TWI_MMR (read/write, 디폴트값 : 0x0000_0000)

b31	b30	b29	b28	b27	b26	b25	b24	b23	b22	b21	b20	b19	b18	b17	b16
-	-	-	-	-	-	-	-	-	DADR						
b15	**b14**	**b13**	**b12**	**b11**	**b10**	**b9**	**b8**	**b7**	**b6**	**b5**	**b4**	**b3**	**b2**	**b1**	**b0**
-	-	-	MREAD	-	-	IADRSZ		-	-	-	-	-	-	-	-

- DADR : Device Address
  마스터 모드의 리드 또는 라이트 동작에서 슬레이브를 액세스하기 위한 디바이스 어드레스이다.
- MREAD : Master Read Direction
  0 = 마스터가 라이트 동작을 수행한다.
  1 = 마스터가 리드 동작을 수행한다.
- IADRSZ : Internal Device Address Size
  00 = 내부 디바이스 어드레스가 없다.
  01 = 1바이트의 내부 디바이스 어드레스를 사용한다.
  10 = 2바이트의 내부 디바이스 어드레스를 사용한다.
  11 = 3바이트의 내부 디바이스 어드레스를 사용한다.

▣ TWI 내부 어드레스 레지스터 TWI_IADR (read/write, 디폴트값 : 0x0000_0000)

b31	b30	b29	b28	b27	b26	b25	b24	b23	b22	b21	b20	b19	b18	b17	b16
-	-	-	-	-	-	-	-	IADR							
b15	**b14**	**b13**	**b12**	**b11**	**b10**	**b9**	**b8**	**b7**	**b6**	**b5**	**b4**	**b3**	**b2**	**b1**	**b0**
IADR															

- IADR : Internal Address
  TWI_MMR 레지스터의 IADRSZ로 지정된 0~3바이트의 내부 어드레스이다. 1~3바이트의 어드레스를 사용하는 방법은 <그림 2.6.5>의 (a)와 <그림 2.6.7>의 (a)를 참조하라.

▣ TWI 클록 파형발생 레지스터 TWI_CWGR (read/write, 디폴트값 : 0x0000_0000)

b31	b30	b29	b28	b27	b26	b25	b24	b23	b22	b21	b20	b19	b18	b17	b16
-	-	-	-	-	-	-	-	-	-	-	-	-	CKDIV		
b15	**b14**	**b13**	**b12**	**b11**	**b10**	**b9**	**b8**	**b7**	**b6**	**b5**	**b4**	**b3**	**b2**	**b1**	**b0**
CHDIV								CLDIV							

- CKDIV : Clock Divider
  SCL 클록에서 0인 구간이나 1인 구간의 길이를 증가시키는데 사용된다.
- CHDIV : Clock High Divider
  SCL 클록에서 1인 구간의 길이를 다음과 같이 정의한다.
  $T_{high} = (CHDIV \times 2^{CKDIV} + 3) \times T_{MCK} = (CHDIV \times 2^{CKDIV} + 3)/MCK$
- CLDIV : Clock Low Divider
  SCL 클록에서 0인 구간의 길이를 다음과 같이 정의한다.
  $T_{low} = (CLDIV \times 2^{CKDIV} + 3) \times T_{MCK} = (CLDIV \times 2^{CKDIV} + 3)/MCK$

▣ TWI 상태 레지스터 TWI_SR (read-only, 디폴트값 : 0x0000_0000)

b31	b30	b29	b28	b27	b26	b25	b24	b23	b22	b21	b20	b19	b18	b17	b16
-	-	-	-	-	-	-	-	-	-	-	-	-	-	-	-
b15	**b14**	**b13**	**b12**	**b11**	**b10**	**b9**	**b8**	**b7**	**b6**	**b5**	**b4**	**b3**	**b2**	**b1**	**b0**
-	-	-	-	-	-	-	NACK	-	-	-	-	-	TXRDY	RXRDY	TXCOMP

- NACK : Not Acknowledge
  0 = 각 데이터 바이트가 TWI 슬레이브 디바이스에 의하여 올바르게 수신되었다.
  1 = 각 데이터 바이트가 TWI 슬레이브 디바이스에 의하여 올바르게 수신되었다는 확인 응답이 없었다. 이 비트는 TXCOMP와 동시에 1로 세트되며, 이 레지스터를 읽으면 클리어된다.
- TXRDY : Transmit Holding Register Ready
  0 = TWI_THR 레지스터에 아직 송신하지 않은 문자를 가지고 있다.
  1 = TWI_THR 레지스터의 내용이 시프트 레지스터로 옮겨지거나 또는 NACK 에러가 검출되면 이 비트는 즉시 1이 된다. 이 비트는 TXCOMP 또는 NACK 검출과 동시에 1로 세트되며, MSEN 비트를 1로 설정해도 세트된다.
- RXRDY : Receive Holding Register Ready
  0 = 가장 최근에 TWI_RHR 레지스터를 읽은 후에 어떤 문자도 수신되지 않았다.
  1 = 가장 최근에 TWI_RHR 레지스터를 읽은 후에 1바이트의 문자가 수신되었다.
- TXCOMP : Transmission Completed
  0 = 마스터 모드에서 현재 문자를 전송중에 있다.
  1 = 마스터 모드에서 TWI_THR 레지스터와 시프트 레지스터가 모두 비었고 STOP 조건이 송신되었다. 이 비트는 MSEN 비트를 1로 설정해도 세트된다.

▣ TWI 인터럽트 허용 레지스터 TWI_IER (write-only, 디폴트값 : -)

b31	b30	b29	b28	b27	b26	b25	b24	b23	b22	b21	b20	b19	b18	b17	b16
-	-	-	-	-	-	-	-	-	-	-	-	-	-	-	-
b15	**b14**	**b13**	**b12**	**b11**	**b10**	**b9**	**b8**	**b7**	**b6**	**b5**	**b4**	**b3**	**b2**	**b1**	**b0**
-	-	-	-	-	-	-	NACK	-	-	-	-	-	TXRDY	RXRDY	TXCOMP

- NACK : Not Acknowledge Interrupt Enable
- TXRDY : Transmit Holding Register Ready Interrupt Enable
- RXRDY : Receive Holding Register Ready Interrupt Enable
- TXCOMP : Transmission Completed Interrupt Enable
  0 = 무효.
  1 = TWI 직렬통신 포트의 해당 인터럽트를 허용한다.

▣ TWI 인터럽트 금지 레지스터 TWI_IDR (write-only, 디폴트값 : -)

b31	b30	b29	b28	b27	b26	b25	b24	b23	b22	b21	b20	b19	b18	b17	b16
-	-	-	-	-	-	-	-	-	-	-	-	-	-	-	-
b15	**b14**	**b13**	**b12**	**b11**	**b10**	**b9**	**b8**	**b7**	**b6**	**b5**	**b4**	**b3**	**b2**	**b1**	**b0**
-	-	-	-	-	-	-	NACK	-	-	-	-	-	TXRDY	RXRDY	TXCOMP

- NACK : Not Acknowledge Interrupt Disable
- TXRDY : Transmit Holding Register Ready Interrupt Disable
- RXRDY : Receive Holding Register Ready Interrupt Disable
- TXCOMP : Transmission Completed Interrupt Disable

  0 = 무효.
  1 = TWI 직렬통신 포트의 해당 인터럽트를 금지한다.

▣ TWI 인터럽트 마스크 레지스터 TWI_IMR (read-only, 디폴트값 : 0x0000_0000)

b31	b30	b29	b28	b27	b26	b25	b24	b23	b22	b21	b20	b19	b18	b17	b16
-	-	-	-	-	-	-	-	-	-	-	-	-	-	-	-
b15	**b14**	**b13**	**b12**	**b11**	**b10**	**b9**	**b8**	**b7**	**b6**	**b5**	**b4**	**b3**	**b2**	**b1**	**b0**
-	-	-	-	-	-	-	NACK	-	-	-	-	-	TXRDY	RXRDY	TXCOMP

- NACK : Not Acknowledge Interrupt Mask
- TXRDY : Transmit Holding Register Ready Interrupt Mask
- RXRDY : Receive Holding Register Ready Interrupt Mask
- TXCOMP : Transmission Completed Interrupt Mask

  0 = TWI 직렬통신 포트의 해당 인터럽트가 금지되어 있다.
  1 = TWI 직렬통신 포트의 해당 인터럽트가 허용되어 있다.

▣ TWI 수신 홀딩 레지스터 TWI_RHR (read-only, 디폴트값 : 0x0000_0000)

b31	b30	b29	b28	b27	b26	b25	b24	b23	b22	b21	b20	b19	b18	b17	b16
-	-	-	-	-	-	-	-	-	-	-	-	-	-	-	-
b15	**b14**	**b13**	**b12**	**b11**	**b10**	**b9**	**b8**	**b7**	**b6**	**b5**	**b4**	**b3**	**b2**	**b1**	**b0**
-	-	-	-	-	-	-	-	RXDATA							

- RXDATA : Master or Slave Receive Holding Data

  수신된 1바이트의 데이터가 저장되는 레지스터이다.

▣ TWI 송신 홀딩 레지스터 TWI_THR (read/write, 디폴트값 : 0x0000_0000)

b31	b30	b29	b28	b27	b26	b25	b24	b23	b22	b21	b20	b19	b18	b17	b16
-	-	-	-	-	-	-	-	-	-	-	-	-	-	-	-
b15	**b14**	**b13**	**b12**	**b11**	**b10**	**b9**	**b8**	**b7**	**b6**	**b5**	**b4**	**b3**	**b2**	**b1**	**b0**
-	-	-	-	-	-	-	-	TXDATA							

- TXDATA : Master or Slave Transmit Holding Data

  다음에 송신될 1바이트의 데이터가 저장되어 있다.

2.7 USB 직렬통신 포트(UDP)

이 절에서는 AT91SAM7S256에 내장되어 있는 USB 직렬통신 포트의 구조와 기능에 대하여 알아보기로 한다.

1. USB 직렬통신 포트의 개요

USB(Universal Serial Bus) 직렬통신 규격은 1996년에 인텔, 마이크로소프트, 컴팩, IBM, NEC, DEC사 등에 의하여 공동으로 제정되고 1998년부터 초당 12Mbps까지의 전송속도를 갖는 V1.1로 실용화되기 시작하였으며, 2000년 이후에는 초당 최고 480Mbps까지의 전송속도를 갖는 V2.0 규격이 널리 사용되고 있다.

AT91SAM7S256에 내장된 USB 디바이스 포트(UDP ; USB Device Port)는 표준적인 USB V2.0 규격을 지원하는 직렬통신 포트이다. 이것은 USB 호스트 콘트롤러의 기능은 가지지 않으며 디바이스 포트로만 사용될 수 있다. USB 직렬통신 포트는 엔드포인트(endpoint)로서 control, bulk, isochronous, interrupt형의 데이터 전송기능을 수행할 수 있다.

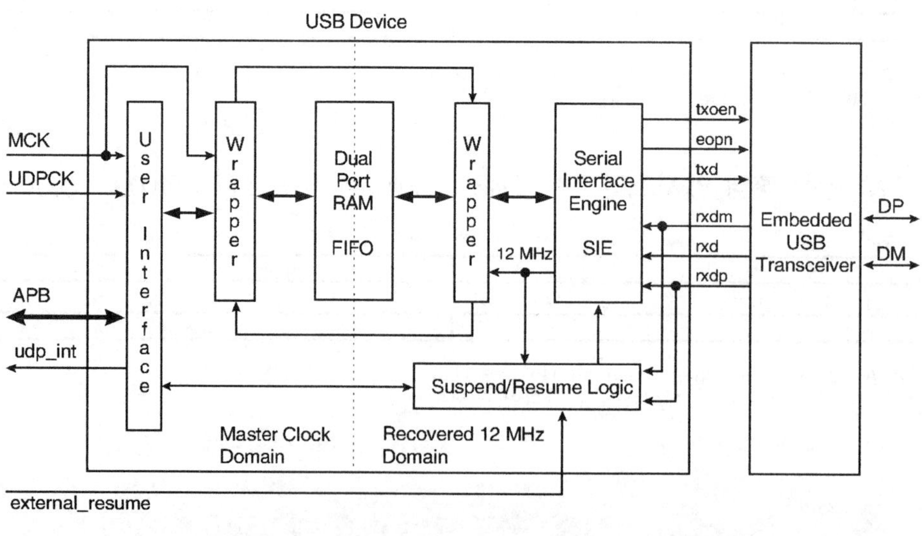

〈그림 2.7.1〉 USB 디바이스 포트의 구성 블록도

AT91SAM7S256의 USB 직렬통신 포트가 올바르게 동작하려면 마스터 클록 MCK와 함께 48MHz±0.25%의 클록 주파수 신호 UDPCK가 공급되어야 하며, 내부적으로는 이로부터 만들어진 12MHz의 주파수도 사용된다.

USB 디바이스 포트는 기본적으로 클록이 공급되지 않는 상태에 있으므로 이를 사용하려면 먼저 전력관리 제어기(PMC)에서 클록 MCK와 UDPCK를 공급하도록 설정해야 한다. USB 디바이스 포트는 인터럽트 제어기(AIC)로 연결된 인터럽트 신호를 가지고 있으며, 이 인터럽트는 USB 디바이스 포트를 초기화하기 전에 프로그래밍하는 것이 바람직하다.

2. USB 직렬통신 포트의 구조와 동작

AT91SAM7S256의 USB 디바이스 포트에는 Device Port Data (+)신호 DP에 해당하는 DDP 단자와 Device Port Data (-)신호 DM에 해당하는 DDM 단자를 가지고 있다. USB 디바이스 포트에서는 이밖에도 <그림 2.7.2>에 보인 바와 같이 USB 호스트 콘트롤러가 USB 디바이스를 인식할 수 있도록 DDP 단자의 풀업저항을 제어하기 위한 병렬 I/O 포트 신호가 1개 필요하며, USB 호스트 콘트롤러가 +5V의 VBUS를 인식하기 위한 병렬 I/O 포트 신호가 1개 선택적으로 필요하다.

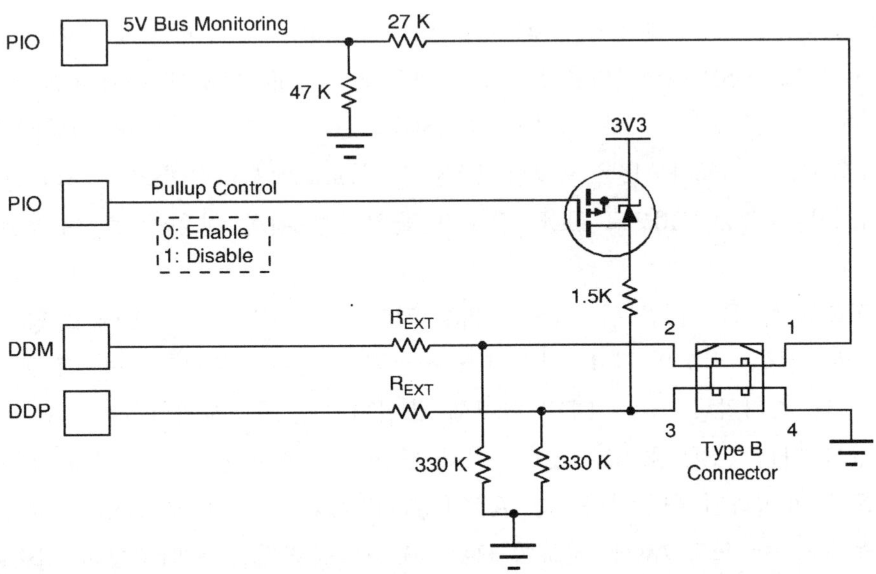

〈그림 2.7.2〉 USB 디바이스 포트의 전형적인 인터페이스 회로

DDP 단자와 DDM 단자를 330kΩ으로 풀다운하는 것은 USB 디바이스가 인에이블되어 있을 때 USB 케이블이 연결되지 않으면 이들 신호가 플로팅 상태로 되어 USB 디바이스 포트 내부에서 기능적인 오동작이 발생하거나 또는 소비전력이 커지는 것을 방지하기 위함이다.

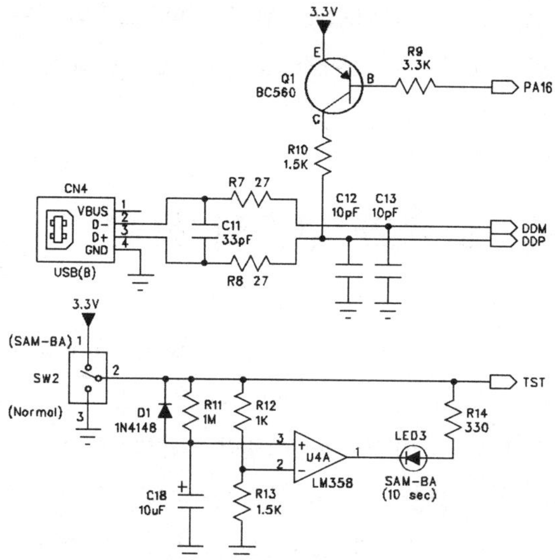

〈그림 2.7.3〉 *OK-7S256* 키트에서 USB 디바이스 포트와 관련된 회로

SAM-BA Boot 프로그램에서 USB 디바이스 포트를 사용하여 사용자 프로그램을 플래시 메모리 또는 SRAM에 다운로드하는 경우에는 DDP 단자의 풀업저항을 스위칭하기 위한 병렬 I/O 포트 신호로서 PA16을 사용하는 것으로 지정되어 있다. 이 때문에 *OK-7S256* 키트에서도 PA16은 <그림 2.7.3>의 회로도에서처럼 트랜지스터 Q1을 스위칭하여 1.5kΩ의 저항 R10으로 DDP 단자를 풀업하기 위한 전용의 출력신호로 할당되어 있다.

일반적으로 USB 신호에서 DP는 1.5kΩ 정도의 저항값으로 +5V에 그냥 풀업하여 두지만, *OK-7S256* 키트의 USB 디바이스 포트에서 이렇게 PA16 출력신호를 사용하여 트랜지스터를 스위칭함으로써 DDP 단자에 풀업저항을 연결하거나 끊을 수 있도록 한 것은 상황에 따라 USB 호스트 콘트롤러가 USB 디바이스를 인식하거나 또는 인식하지 못하도록 제어하기 위함이다. 즉, AT91SAM7S256에 SAM-BA Boot 프로그램이 설치된 경우에는 이 프로그램에 의하여 PA16=0으로 출력되어 풀업저항이 접속됨으로써 USB 호스트 콘트롤러(퍼스널컴퓨터)가 USB 디바이스(*OK-7S256* 키트)를 인식하여 다운로드가 가능한 상태로 되고, 사용자 프로그램을 다운로드하고 나면 플래시 메모리에서 SAM-BA Boot 프로그램이 삭제되기 때문에 디폴트 상태인 PA16=1로 출력되어 풀업저항이 접속되지 않음으로써 USB 호스트 콘트롤러가 USB 디바이스를 인식하지 못하게 된다.

그러나, 만약 *OK-7S256* 키트에서 사용자 프로그램을 다운로드할 때 USB 케이블을 사용하지 않고 DBGU 포트를 통하여 RS-232C 케이블만을 사용하고자 한다면 USB 디바이스 포트의 DDP 신호를 직접 1.5kΩ의 저항으로 풀업해도 된다. VBUS를 모니터링하는 기능은 USB 디바이스가 USB 호스트 콘트롤러의 연결 여부를 확인하기 위하여 사용하는데 *OK-7S256* 키트에서는 이런 기능이 그다지 필요하지 않으므로 이에 관련된 회로는 생략하였다.

AT91SAM7S256은 내부 ROM에 SAM-BA Boot 프로그램을 가지고 있는데, 이를 사용하여 사용자 프로그램을 다운로드하려면 먼저 이 SAM-BA Boot 프로그램을 플래시 메모리에 로드해야 한다. 이것은 AT91SAM7S256에서 수초동안 TST=1로 입력하는 것으로 간단히 수행된다. *OK-7S256* 키트에서는 이를 보다 쉽게 수행할 수 있도록 <그림 2.7.3>에 보인 것처럼 OP Amp 비교기를 사용한 타이머 기능을 부착하였다. 즉, SAM-BA Boot 프로그램을 플래시 메모리에 로드하기 위하여 SW2를 (SAM-BA)측으로 놓고 키트의 전원을 켜면 이 타이머 회로에 의하여 LED3이 약 10초 동안 점등되었다가 꺼진다. 이 시간 동안에 기존에 플래시 메모리에 있던 모든 내용이 삭제되고 SAM-BA Boot 프로그램이 플래시 메모리에 새로 로드되므로, 이제 전원을 끄고 SW2를 다시 (Normal)측으로 놓은 후에 퍼스널컴퓨터로부터 SAM-BA GUI 프로그램과 다운로드 케이블을 사용하여 사용자 프로그램을 다운로드하면 된다.

OK-7S256 키트에서는 USB 디바이스 포트를 사용자 프로그램의 다운로드용으로만 사용한다. 물론 이는 일반 USB 직렬통신용으로 사용할 수도 있지만 이에 관해서는 여기서 더 이상 취급하지 않기로 한다.

3. USB 직렬통신 포트 관련 I/O 제어 레지스터

USB 디바이스 포트와 관련된 I/O 제어 레지스터는 <표 2.7.1>과 같은데, 이 레지스터들의 기능을 정리하면 아래와 같다.

〈표 2.7.1〉 AT91SAM7S256의 USB 디바이스 포트와 관련된 I/O 레지스터 요약

어드레스	옵셋	레지스터 이름	레지스터의 풀어 쓴 이름	액세스 속성	리셋 후 초기값
0xFFFB_0000	0x00	UDP_FRM_NUM	UDP Frame Number Register	read-only	0x0000_0000
0xFFFB_0004	0x04	UDP_GLB_STAT	UDP Global State Register	read/write	0x0000_0000
0xFFFB_0008	0x08	UDP_FADDR	UDP Function Address Register	read/write	0x0000_0100
0xFFFB_000C	0x0C	-	(reserved)	-	-
0xFFFB_0010	0x10	UDP_IER	UDP Interrupt Enable Register	write-only	-
0xFFFB_0014	0x14	UDP_IDR	UDP Interrupt Disable Register	write-only	-
0xFFFB_0018	0x18	UDP_IMR	UDP Interrupt Mask Register	read-only	0x0000_1200
0xFFFB_001C	0x1C	UDP_ISR	UDP Interrupt Status Register	read-only	0x0000_??00
0xFFFB_0020	0x20	UDP_ICR	UDP Interrupt Clear Register	read-only	-
0xFFFB_0024	0x24	-	(reserved)	-	-
0xFFFB_0028	0x28	UDP_RST_EP	UDP Reset Endpoint Register	read/write	-
0xFFFB_002C	0x2C	-	(reserved)	-	-
0xFFFB_0030	0x30	UDP_CSR0	UDP Endpoint 0 Control and Status Register	read/write	0x0000_0000
0xFFFB_0034	0x34	UDP_CSR1	UDP Endpoint 1 Control and Status Register	read/write	0x0000_0000
0xFFFB_0038	0x38	UDP_CSR2	UDP Endpoint 2 Control and Status Register	read/write	0x0000_0000
0xFFFB_003C	0x3C	UDP_CSR3	UDP Endpoint 3 Control and Status Register	read/write	0x0000_0000
0xFFFB_0050	0x50	UDP_FDR0	UDP Endpoint 0 FIFO Data Register	read/write	0x0000_0000
0xFFFB_0054	0x54	UDP_FDR1	UDP Endpoint 1 FIFO Data Register	read/write	0x0000_0000
0xFFFB_0058	0x58	UDP_FDR2	UDP Endpoint 2 FIFO Data Register	read/write	0x0000_0000
0xFFFB_005C	0x5C	UDP_FDR3	UDP Endpoint 3 FIFO Data Register	read/write	0x0000_0000
0xFFFB_0070	0x70	-	(reserved)	-	-
0xFFFB_0074	0x74	UDP_TXVC	UDP Transceiver Control Register	read/write	0x0000_0000

■ UDP 프레임 번호 레지스터 UDP_FRM_NUM (read-only, 디폴트값 : 0x0000_0000)

b31	b30	b29	b28	b27	b26	b25	b24	b23	b22	b21	b20	b19	b18	b17	b16
-	-	-	-	-	-	-	-	-	-	-	-	-	-	FRM_OK	FRM_ERR

b15	b14	b13	b12	b11	b10	b9	b8	b7	b6	b5	b4	b3	b2	b1	b0
-	-	-	-	-	FRM_NUM										

- FRM_OK : Frame OK
  0 = SOF_PID(Start of Frame Packet Identification)가 수신되면 0으로 리셋된다.
  1 = SOF_EOP(Start of Frame End of Packet)에서 에러 없이 수신되었으면 1로 세트된다.
- FRM_ERR : Frame Error
  0 = SOF_PID가 수신되면 0으로 리셋된다.
  1 = SOF_EOP에서 에러가 발생하였으면 1로 세트된다.
- FRMNUM : Frame Number as Defined in the Packet Field Formats
  호스트 콘트롤러에 의하여 SOF_EOP에서 프레임 단위로 1씩 증가된다.

■ UDP 글로벌 상태 레지스터 UDP_GLB_STAT (read/write, 디폴트값 : 0x0000_0000)

b31	b30	b29	b28	b27	b26	b25	b24	b23	b22	b21	b20	b19	b18	b17	b16
-	-	-	-	-	-	-	-	-	-	-	-	-	-	-	-

b15	b14	b13	b12	b11	b10	b9	b8	b7	b6	b5	b4	b3	b2	b1	b0
-	-	-	-	-	-	-	-	-	-	-	-	-	-	CONFG	FADDEN

- CONFG : Configured
  0 = 리드의 경우에는 디바이스가 configured state에 있지 않음을 나타내며, 라이트의 경우에는 디바이스를 non configured state로 설정한다.

1 = 리드의 경우에는 디바이스가 configured state에 있음을 나타내며, 라이트의 경우에는 디바이스를 configured state로 설정한다.

- FADDEN : Function Address Enable

0 = 리드의 경우에는 디바이스가 address state에 있지 않음을 나타내며, 라이트의 경우에는 아무 기능도 수행하지 않는다. 디바이스를 디폴트 상태로 되돌리는 수단은 시스템 리셋 밖에 없다.

1 = 리드의 경우에는 디바이스가 address state에 있음을 나타내며, 라이트의 경우에는 디바이스를 address state로 설정한다.

▣ UDP 펑션 어드레스 레지스터 UDP_FADDR (read/write, 디폴트값 : 0x0000_0100)

b31	b30	b29	b28	b27	b26	b25	b24	b23	b22	b21	b20	b19	b18	b17	b16
-	-	-	-	-	-	-	-	-	-	-	-	-	-	-	-
b15	**b14**	**b13**	**b12**	**b11**	**b10**	**b9**	**b8**	**b7**	**b6**	**b5**	**b4**	**b3**	**b2**	**b1**	**b0**
-	-	-	-	-	-	-	FEN	-	FADD						

- FEN : Function Enable

0 = 리드의 경우에는 function endpoint가 금지되어 있음을 나타내며, 라이트의 경우에는 function endpoint를 금지로 설정한다.

1 = 리드의 경우에는 function endpoint가 허용되어 있음을 나타내며, 라이트의 경우에는 function endpoint를 허용으로 설정한다.

- FADD : Function Address Value

디바이스가 호스트로부터 어드레스 설정 요청을 받으면 펌웨어에 의하여 이 값이 프로그램 되어야 한다.

▣ UDP 인터럽트 허용 레지스터 UDP_IER (write-only, 디폴트값 : -)

b31	b30	b29	b28	b27	b26	b25	b24	b23	b22	b21	b20	b19	b18	b17	b16
-	-	-	-	-	-	-	-	-	-	-	-	-	-	-	-
b15	**b14**	**b13**	**b12**	**b11**	**b10**	**b9**	**b8**	**b7**	**b6**	**b5**	**b4**	**b3**	**b2**	**b1**	**b0**
-	-	WAKEUP	-	SOFINT	-	RXRSM	RXSUSP	-	-	-	-	EP3INT	EP2INT	EP1INT	EP0INT

- WAKEUP : Enable UDP Bus Wakeup Interrupt
- SOFINT : Enable Start of Frame Interrupt
- RXRSM : Enable UDP Resume Interrupt
- RXSUSP : Enable UDP Suspend Interrupt
- EP3INT : Enable Endpoint 3 Interrupt
- EP2INT : Enable Endpoint 2 Interrupt
- EP1INT : Enable Endpoint 1 Interrupt
- EP0INT : Enable Endpoint 0 Interrupt

USB 디바이스 포트에 관련된 I/O 레지스터도 여기서는 더 이상 설명하지 않는다. 만약 AT91SAM7S256의 USB 디바이스 포트에 대하여 보다 더 자세한 정보가 필요한 경우에는 AT91SAM7S256의 데이터 시트를 참조하라.

2.8 A/D 컨버터(ADC)

이 절에서는 AT91SAM7S256에 내장되어 있는 A/D 컨버터의 구조와 기능에 대하여 알아보기로 한다.

1. A/D 컨버터의 개요

AT91SAM7S256은 8채널 10비트 또는 8비트 분해능의 축차비교형(successive approximation) A/D 컨버터를 가지고 있다. 각 채널의 입력은 내부의 아날로그 멀티플렉서(analog multiplexer)에 의하여 선택되며, 이들 8채널의 아날로그 입력신호 중에서 AD0~AD3은 병렬 I/O 포트와 겸용으로 사용하고 있고, AD4~AD7은 전용의 핀을 가지고 있다. A/D 컨버터의 앞단에는 샘플/홀드(sample and hold) 회로를 가지고 있어서 A/D 변환 동작이 수행되고 있는 동안에 아날로그 전압 레벨이 일정하게 유지되도록 한다.

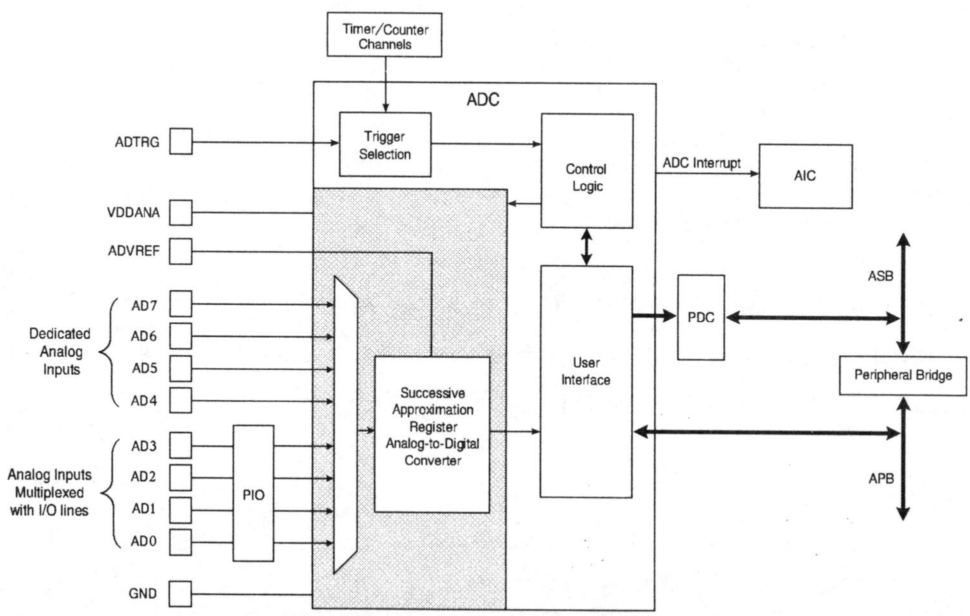

〈그림 2.8.1〉 A/D 컨버터의 구성 블록도

A/D 변환이 가능한 아날로그 입력전압의 범위는 0~ADVREF이며, 변환은 10비트 모드 또는 8비트 모드를 사용할 수 있다. A/D 변환된 디지털 데이터는 각 채널에 내장된 전용의 데이터 레지스터 ADC_CDRx에 저장되며 모든 채널에 공통인 데이터 레지스터 ADC_LCDR에도 저장된다.

A/D 변환을 시작하는 트리거 방법은 소프트웨어 트리거, ADTRG 핀의 상승 에지에 의한 외부 트리거, 타이머/카운터 출력신호에 의한 내부 트리거 등이 있다.

A/D 컨버터도 소비전력을 절약하기 위한 슬립 모드를 가지고 있으며, 주변장치 DMA 제어기(PDC)에 의한 A/D 변환 결과의 처리가 가능하다. 사용자는 스타트업 시간이나 샘플/홀드 시간과 같은 A/D 변환시간을 설정할 수 있으며, 최대 384kSPS의 변환 속도를 갖는다.

AT91SAM7S256의 A/D 컨버터 구성을 보이면 <그림 2.8.1>과 같다. A/D 컨버터의 동작 전원은 VDDIN을 입력으로 하여 내부 레귤레이터가 발생한 VDDANA를 사용하며, A/D 변환을 위한 기준전압은 ADVREF 단자를 통하여 외부에서 입력된다.

2. A/D 컨버터의 구조와 동작

(1) A/D 변환의 동작

A/D 컨버터에는 로직회로가 적고 아날로그 회로는 슬립 모드를 사용할 수 있기 때문에 전력관리 제어기(PMC)와 관계없이 동작한다. 즉, 정상 모드에서 A/D 컨버터에는 항상 클록이 공급되며, 슬립 모드에서는 이 클록이 차단된다.

A/D 컨버터에서 사용하는 클록의 주파수는 ADC_MR 레지스터의 PRESCAL 필드에 의하여 MCK/2/(PRESCAL+1)로 결정되므로 MCK/2~MCK/128 의 범위가 된다. 10비트 분해능을 사용할 때는 A/D 클록으로 5MHz 이하를 사용해야 하며, 8비트 분해능을 사용할 때는 A/D 클록으로 8MHz 이하를 사용해야 한다.

각 채널에서 10비트 또는 8비트 분해능으로 A/D 변환을 수행하는데는 ADC_MR 레지스터에서 SHTIM 필드로 지정한 샘플/홀드에 필요한 클록 주기와 10주기의 A/D 변환 클록 사이클이 소요된다. 샘플/홀드 시간은 최소 600ns 이상이 필요하다. 따라서, 10비트 분해능의 경우에는 5MHz 클록에서 최소 3주기의 샘플/홀드 시간과 10주기의 A/D 변환시간이 소요되어 최대 384kSPS(sampling/sec)의 동작 속도를 나타내며, 8비트 분해능의 경우에는 8MHz 클록에서 최소 5주기의 샘플/홀드 시간과 10주기의 A/D 변환시간이 소요되어 최대 533kSPS의 동작 속도를 나타낸다.

(2) A/D 변환의 기준전압

A/D 컨버터에는 외부 단자 ADVREF를 통하여 기준전압이 공급되어야 한다. 이 기준전압은 2.6V~VDDIN의 범위를 가져야 하며, 이에 따라 각 채널에서의 아날로그 신호 입력의 범위는 0.0V~ADVREF로 결정된다.

즉, 10비트 분해능을 사용하는 경우에는 A/D 변환 결과가 1024×Vin/ADVREF로 나타나므로 0(0x000)~1023(0x3FF)으로 되고, 8비트 분해능의 경우에는 A/D 변환 결과가 256×Vin/ADVREF로 나타나므로 0(0x00)~255(0xFF)로 된다.

(3) A/D 변환의 분해능

A/D 컨버터는 10비트의 분해능과 8비트의 분해능을 지원한다. 10비트 동작은 분해능이 높은 것이 장점이고, 8비트 동작은 A/D 변환속도가 빠른 것이 장점이다.

10비트 분해능과 8비트 분해능의 선택은 ADC_MR 레지스터에서 LOWRES 비트로 설정한다. A/D 변환 결과는 ADC_CDRx 레지스터 및 ADC_LCDR 레지스터에 10비트로 저장되는데, 8비트 분해능을 사용할 경우에는 이중에서 하위 8비트만 유효하며 사용하지 않는 상위 2비트는 0으로 읽혀진다.

주변장치 DMA 제어기(PDC)를 사용하여 A/D 변환 결과를 읽을 때 10비트 분해능의 경우에는 16비트 단위로 처리되고 8비트 분해능의 경우에는 8비트 단위로 처리된다.

(4) A/D 변환의 결과

A/D 변환이 완료되면 그 결과는 각 채널의 데이터 레지스터인 ADC_CDRx와 모든 채널에 공통으로 사용되는 최신 데이터 레지스터인 ADC_LCDR에 저장된다.

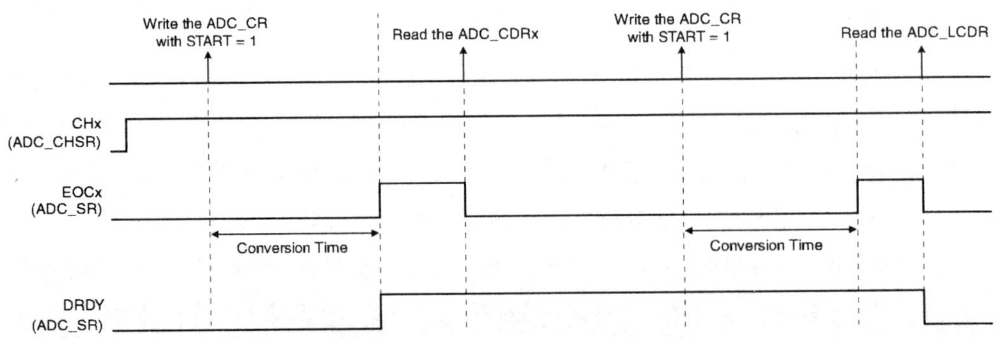

〈그림 2.8.2〉 A/D 컨버터에서 EOCx와 DRDY 플랙의 동작

A/D 컨버터가 변환을 완료하면 <그림 2.8.2>에 보였듯이 상태 레지스터 ADC_SR에서 EOCx 비트와 DRDY 비트가 1로 세트된다. 이들 비트는 인터럽트를 요청할 수 있으며, 주변장치 DMA 제어기를 사용할 경우에는 DRDY 비트가 데이터 전송을 트리거한다. 사용자 프로그램으로 ADC_CDRx 레지스터를 읽으면 EOCx 비트는 0으로 클리어되며, ADC_LCDR 레지스터를 읽으면 EOCx 비트와 DRDY 비트가 모두 0으로 클리어된다.

만약 새로운 A/D 변환이 완료될 때까지 ADC_CDRx 레지스터에 저장되어 있는 이전의 A/D 변환 결과를 읽지 않으면 오버런 에러(overrun error)가 되고 ADC_SR 레지스터에서 대응하는 채널의 OVREx 비트가 세트된다. 마찬가지로 ADC_LCDR 레지스터를 읽지 않아 오버런 에러가 발생하면 ADC_SR 레지스터에서 GOVRE 비트가 세트된다. 이들 에러 비트는 ADC_SR 레지스터를 읽으면 자동으로 클리어된다. 이에 관련된 타이밍 다이어그램을 <그림 2.8.3>에 보였다.

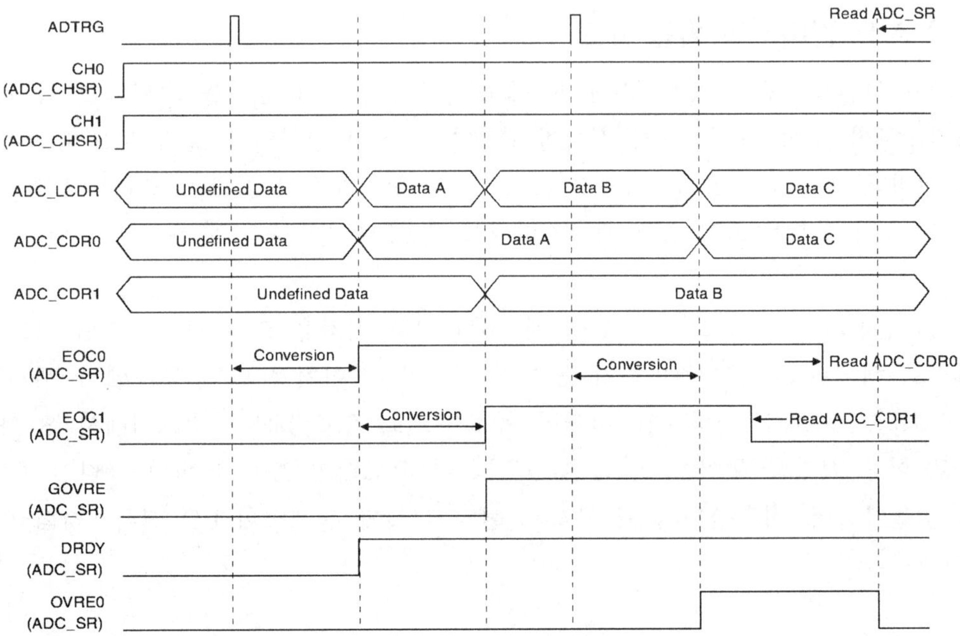

〈그림 2.8.3〉 A/D 컨버터에서 GOVRE와 OVREx 플랙의 동작

(5) A/D 변환의 트리거

각 채널에서 A/D 변환 동작의 시작은 소프트웨어 또는 하드웨어적인 방법으로 트리거할 수 있다. 소프트웨어에 의한 트리거는 ADC_CR 레지스터에서 START 비트에 1

을 라이트함으로써 수행된다.

하드웨어 트리거 신호로는 외부 단자 ADTRG의 상승 에지를 사용할 수도 있고, 타이머/카운터의 TIOA0~2 출력을 파형발생 모드(Waveform Mode)로 설정하여 사용할 수도 있다. 이러한 하드웨어 트리거 신호는 ADC_MR 레지스터에서 TRGEN 비트 및 TRGSEL 비트로 설정한다. 하드웨어 트리거 방법을 허용하더라도 소프트웨어 트리거 방법이 금지되는 것은 아니므로, 만약 하드웨어 트리거 방법을 허용하면 소프트웨어 트리거와 하드웨어 트리거를 모두 사용할 수 있다.

여러 개의 채널의 사용하더라도 A/D 변환의 시작은 오직 1번만 필요하다. 즉, A/D 변환을 시작하도록 트리거하면 동작이 허용된 모든 채널에서는 A/D 변환이 시작된다. 각 채널의 동작을 허용하거나 금지하는데는 ADC_CHER 및 ADC_CHDR 레지스터가 사용된다. 만약, 주변장치 DMA 제어기를 사용하여 A/D 변환된 데이터를 읽을 때는 허용된 각 채널의 데이터가 차례로 읽혀진다.

(6) A/D 컨버터의 슬립 모드

A/D 컨버터를 슬립 모드(Sleep Mode)로 하면 클록의 공급을 차단하고 동작을 저지시킴으로써 소비전력을 크게 절약할 수 있다. A/D 컨버터가 슬립 모드에 있더라도 A/D 컨버터 내부의 로직 회로는 정상으로 동작하여 모든 I/O 레지스터의 액세스가 가능하다. 슬립 모드는 ADC_MR 레지스터에서 SLEEP 비트에 1을 라이트함으로써 설정된다.

A/D 컨버터가 슬립 모드에 있을 때 A/D 변환 시작을 트리거하면 슬립 모드는 일시적으로 해제되고 A/D 컨버터가 동작을 시작한다. 이처럼 슬립 모드에서 해제될 때는 아날로그 회로에 스타트업 시간이 필요하므로 ADC_MR 레지스터에서 STARTUP 필드로 이를 설정해 두어야 한다. A/D 변환이 완료되면 A/D 컨버터는 다시 슬립 모드로 되돌아가며, 이후에는 슬립 모드로 설정된 것과 관계없이 I/O 레지스터의 액세스가 가능하다.

3. A/D 컨버터 관련 I/O 제어 레지스터

A/D 컨버터와 관련된 I/O 제어 레지스터는 <표 2.8.1>과 같은데, 이 레지스터들의 기능을 정리하면 아래와 같다.

〈표 2.8.1〉 AT91SAM7S256의 ADC와 관련된 I/O 레지스터 요약

어드레스	옵셋	레지스터 이름	레지스터의 풀어 쓴 이름	액세스 속성	리셋 후 초기값
0xFFFD_8000	0x00	ADC_CR	ADC Control Register	write-only	-
0xFFFD_8004	0x04	ADC_MR	ADC Mode Register	read/write	0x0000_0000
0xFFFD_8008	0x08	-	(reserved)	-	-
0xFFFD_800C	0x0C	-	(reserved)	-	-
0xFFFD_8010	0x10	ADC_CHER	ADC Channel Enable Register	write-only	-
0xFFFD_8014	0x14	ADC_CHDR	ADC Channel Disable Register	write-only	-
0xFFFD_8018	0x18	ADC_CHSR	ADC Channel Status Register	read-only	0x0000_0000
0xFFFD_801C	0x1C	ADC_SR	ADC Status Register	read-only	0x0000_0000
0xFFFD_8020	0x20	ADC_LCDR	ADC Last Converted Data Register	read-only	0x0000_0000
0xFFFD_8024	0x24	ADC_IER	ADC Interrupt Enable Register	write-only	-
0xFFFD_8028	0x28	ADC_IDR	ADC Interrupt Disable Register	write-only	-
0xFFFD_802C	0x2C	ADC_IMR	ADC Interrupt Mask Register	read-only	0x0000_0000
0xFFFD_8030	0x30	ADC_CDR0	ADC Channel Data Register 0	read-only	0x0000_0000
0xFFFD_8034	0x34	ADC_CDR1	ADC Channel Data Register 1	read-only	0x0000_0000
...	...	...	...	...	...
0xFFFD_804C	0x4C	ADC_CDR7	ADC Channel Data Register 7	read-only	0x0000_0000
...	...	...	...	...	...
0xFFFD_8100 : 0xFFFD_8124			(PDC 채널 관련 I/O 레지스터)		

▣ ADC 제어 레지스터 ADC_CR (write-only, 디폴트값 : -)

b31	b30	b29	b28	b27	b26	b25	b24	b23	b22	b21	b20	b19	b18	b17	b16
-	-	-	-	-	-	-	-	-	-	-	-	-	-	-	-

b15	b14	b13	b12	b11	b10	b9	b8	b7	b6	b5	b4	b3	b2	b1	b0
-	-	-	-	-	-	-	-	-	-	-	-	-	-	START	SWRST

- START : Start Conversion
  0 = 무효.
  1 = A/D 변환을 시작한다.
- SWRST : Software Reset
  0 = 무효.
  1 = ADC의 내부를 하드웨어 리셋한 것처럼 리셋한다.

▣ ADC 모드 레지스터 ADC_MR (read/write, 디폴트값 : 0x0000_0000)

b31	b30	b29	b28	b27	b26	b25	b24	b23	b22	b21	b20	b19	b18	b17	b16
-	-	-	-	SHTIM				-	-	-	STARTUP				

b15	b14	b13	b12	b11	b10	b9	b8	b7	b6	b5	b4	b3	b2	b1	b0
-	-	PRESCAL						-	-	SLEEP	LOWRES	TRGSEL			TRGEN

- SHTIM : Sample & Hold Time
  샘플/홀드 시간 = (SHTIM+1)/ADC클록주파수
- STARTUP : Start Up Time
  기동 시간 = (STARTUP+1)×8/ADC클록주파수
- PRESCAL : Prescaler Rate Selection
  ADC클록주파수 = MCK/((PRESCAL+1)×2)

- SLEEP : Sleep Mode
  0 = 정상 모드(Normal Mode)로 동작한다.
  1 = 슬립 모드(Sleep Mode)로 동작한다.
- LOWRES : Low Resolution
  0 = 10비트 분해능으로 설정한다.
  1 = 8비트 분해능으로 설정한다.
- TRIGSEL : Trigger Selection
  000 = Timer/Counter Channel 0의 TIOA 출력
  001 = Timer/Counter Channel 1의 TIOA 출력
  010 = Timer/Counter Channel 2의 TIOA 출력
  011~101 = 사용하지 않음(reserved)
  110 = 외부 트리거
  111 = 사용하지 않음(reserved)
- TRGEN : Trigger Enable
  0 = 소프트웨어 트리거만을 사용하고, 하드웨어 트리거는 금지한다.
  1 = 소프트웨어 트리거도 사용하고, TRGSEL 필드에 따라 하드웨어적인 트리거 방법도 사용한다.

▣ ADC 채널 허용 레지스터 ADC_CHER (write-only, 디폴트값 : -)

b31	b30	b29	b28	b27	b26	b25	b24	b23	b22	b21	b20	b19	b18	b17	b16
-	-	-	-	-	-	-	-	-	-	-	-	-	-	-	-
b15	**b14**	**b13**	**b12**	**b11**	**b10**	**b9**	**b8**	**b7**	**b6**	**b5**	**b4**	**b3**	**b2**	**b1**	**b0**
-	-	-	-	-	-	-	-	CH7	CH6	CH5	CH4	CH3	CH2	CH1	CH0

- CHx : Channel x Enable
  0 = 무효.
  1 = ADC의 해당 채널이 동작하도록 허용한다.

▣ ADC 채널 금지 레지스터 ADC_CHDR (write-only, 디폴트값 : -)

b31	b30	b29	b28	b27	b26	b25	b24	b23	b22	b21	b20	b19	b18	b17	b16
-	-	-	-	-	-	-	-	-	-	-	-	-	-	-	-
b15	**b14**	**b13**	**b12**	**b11**	**b10**	**b9**	**b8**	**b7**	**b6**	**b5**	**b4**	**b3**	**b2**	**b1**	**b0**
-	-	-	-	-	-	-	-	CH7	CH6	CH5	CH4	CH3	CH2	CH1	CH0

- CHx : Channel x Disable
  0 = 무효.
  1 = ADC의 해당 채널이 동작하지 않도록 금지한다.

▣ ADC 채널 상태 레지스터 ADC_CHSR (read-only, 디폴트값 : 0x0000_0000)

b31	b30	b29	b28	b27	b26	b25	b24	b23	b22	b21	b20	b19	b18	b17	b16
-	-	-	-	-	-	-	-	-	-	-	-	-	-	-	-
b15	**b14**	**b13**	**b12**	**b11**	**b10**	**b9**	**b8**	**b7**	**b6**	**b5**	**b4**	**b3**	**b2**	**b1**	**b0**
-	-	-	-	-	-	-	-	CH7	CH6	CH5	CH4	CH3	CH2	CH1	CH0

- CHx : Channel x Status
  0 = ADC의 해당 채널이 동작하지 않도록 금지되어 있다.
  1 = ADC의 해당 채널이 동작하도록 허용되어 있다.

▣ ADC 상태 레지스터 ADC_SR (read-only, 디폴트값 : 0x0000_0000)

b31	b30	b29	b28	b27	b26	b25	b24	b23	b22	b21	b20	b19	b18	b17	b16
-	-	-	-	-	-	-	-	-	-	-	-	RXBUFF	ENDRX	GOVRE	DRDY
b15	**b14**	**b13**	**b12**	**b11**	**b10**	**b9**	**b8**	**b7**	**b6**	**b5**	**b4**	**b3**	**b2**	**b1**	**b0**
OVRE7	OVRE6	OVRE5	OVRE4	OVRE3	OVRE2	OVRE1	OVRE0	EOC7	EOC6	EOC5	EOC4	EOC3	EOC2	EOC1	EOC0

- RXBUFF : Receive Buffer Full
  0 = PDC 채널의 ADC_RCR 또는 ADC_RNCR 레지스터가 0보다 큰 값을 가지고 있다.
  1 = PDC 채널의 ADC_RCR과 ADC_RNCR 레지스터가 0의 값을 가지고 있다.
- ENDRX : End of Receive Buffer
  0 = ADC_RCR 또는 ADC_RNCR 레지스터에 값을 쓰고 나서 그 레지스터가 아직 0에 이르지 않았다.
  1 = ADC_RCR 또는 ADC_RNCR 레지스터에 값을 쓰고 나서 그 레지스터가 0에 이르렀다.
- GOVRE : General Overrun Error
  0 = ADC_SR 레지스터를 읽은 이후에 새로운 General Overrun Error가 발생하지 않았다.
  1 = ADC_SR 레지스터를 읽은 이후에 새로운 General Overrun Error가 발생하였다.
- DRDY : Data Ready
  0 = ADC_LCDR 레지스터를 읽은 이후에 새로 변환된 데이터가 없다.
  1 = ADC_LCDR 레지스터를 읽은 이후에 새로 변환된 데이터가 있다.
- OVREx : Overrun Error x
  0 = ADC_SR 레지스터를 읽은 이후에 채널x에서 새로운 오버런 에러가 발생하지 않았다.
  1 = ADC_SR 레지스터를 읽은 이후에 채널x에서 새로운 오버런 에러가 발생하였다.
  ☞ A/D 변환 동작중에 채널이 금지되면 그 채널의 OVREx 비트 값은 예측할 수 없게 된다.
- EOCx : End Of Conversion x
  0 = 채널x가 금지되어 있거나 채널x의 A/D 변환이 완료되지 않았다.
  1 = 채널x가 허용되어 있고 채널x의 A/D 변환이 완료되었다.
  ☞ A/D 변환 동작중에 채널이 금지되면 그 채널의 EOCx 비트 값은 예측할 수 없게 된다.

▣ ADC 최신 데이터 레지스터 ADC_LCDR (read-only, 디폴트값 : 0x0000_0000)

b31	b30	b29	b28	b27	b26	b25	b24	b23	b22	b21	b20	b19	b18	b17	b16
-	-	-	-	-	-	-	-	-	-	-	-	-	-	-	-
b15	**b14**	**b13**	**b12**	**b11**	**b10**	**b9**	**b8**	**b7**	**b6**	**b5**	**b4**	**b3**	**b2**	**b1**	**b0**
-	-	-	-	-	-	LDATA									

- LDATA : Last Data Converted
  A/D 변환된 데이터가 저장되며, 새로운 A/D 변환이 완료될 때까지 이 레지스터 값이 유지된다. 만약, 8비트 분해능을 사용한다면 b9와 b8은 0으로 된다.

▣ ADC 인터럽트 허용 레지스터 ADC_IER (write-only, 디폴트값 : -)

b31	b30	b29	b28	b27	b26	b25	b24	b23	b22	b21	b20	b19	b18	b17	b16
-	-	-	-	-	-	-	-	-	-	-	-	RXBUFF	ENDRX	GOVRE	DRDY
b15	**b14**	**b13**	**b12**	**b11**	**b10**	**b9**	**b8**	**b7**	**b6**	**b5**	**b4**	**b3**	**b2**	**b1**	**b0**
OVRE7	OVRE6	OVRE5	OVRE4	OVRE3	OVRE2	OVRE1	OVRE0	EOC7	EOC6	EOC5	EOC4	EOC3	EOC2	EOC1	EOC0

- RXBUFF : Receive Buffer Full Interrupt Enable
- ENDRX : End of Receive Buffer Interrupt Enable
- GOVRE : General Overrun Error Interrupt Enable
- DRDY : Data Ready Interrupt Enable
- OVREx : Overrun Error Interrupt Enable x
- EOCx : End Of Conversion Interrupt Enable x
  0 = 무효.
  1 = 해당 인터럽트를 허용한다.

▣ ADC 인터럽트 금지 레지스터 ADC_IDR (write-only, 디폴트값 : -)

b31	b30	b29	b28	b27	b26	b25	b24	b23	b22	b21	b20	b19	b18	b17	b16
-	-	-	-	-	-	-	-	-	-	-	-	RXBUFF	ENDRX	GOVRE	DRDY
b15	**b14**	**b13**	**b12**	**b11**	**b10**	**b9**	**b8**	**b7**	**b6**	**b5**	**b4**	**b3**	**b2**	**b1**	**b0**
OVRE7	OVRE6	OVRE5	OVRE4	OVRE3	OVRE2	OVRE1	OVRE0	EOC7	EOC6	EOC5	EOC4	EOC3	EOC2	EOC1	EOC0

- RXBUFF : Receive Buffer Full Interrupt Disable
- ENDRX : End of Receive Buffer Interrupt Disable
- GOVRE : General Overrun Error Interrupt Disable
- DRDY : Data Ready Interrupt Disable
- OVREx : Overrun Error Interrupt Disable x
- EOCx : End Of Conversion Interrupt Disable x

  0 = 무효.
  1 = 해당 인터럽트를 금지한다.

▣ ADC 인터럽트 마스크 레지스터 ADC_IMR (read-only, 디폴트값 : 0x0000_0000)

b31	b30	b29	b28	b27	b26	b25	b24	b23	b22	b21	b20	b19	b18	b17	b16
-	-	-	-	-	-	-	-	-	-	-	-	RXBUFF	ENDRX	GOVRE	DRDY
b15	**b14**	**b13**	**b12**	**b11**	**b10**	**b9**	**b8**	**b7**	**b6**	**b5**	**b4**	**b3**	**b2**	**b1**	**b0**
OVRE7	OVRE6	OVRE5	OVRE4	OVRE3	OVRE2	OVRE1	OVRE0	EOC7	EOC6	EOC5	EOC4	EOC3	EOC2	EOC1	EOC0

- RXBUFF : Receive Buffer Full Interrupt Mask
- ENDRX : End of Receive Buffer Interrupt Mask
- GOVRE : General Overrun Error Interrupt Mask
- DRDY : Data Ready Interrupt Mask
- OVREx : Overrun Error Interrupt Mask x
- EOCx : End Of Conversion Interrupt Mask x

  0 = 해당 인터럽트가 금지되어 있다.
  1 = 해당 인터럽트가 허용되어 있다.

▣ ADC 채널 데이터 레지스터 ADC_CDRx (read-only, 디폴트값 : 0x0000_0000)

b31	b30	b29	b28	b27	b26	b25	b24	b23	b22	b21	b20	b19	b18	b17	b16
-	-	-	-	-	-	-	-	-	-	-	-	-	-	-	-
b15	**b14**	**b13**	**b12**	**b11**	**b10**	**b9**	**b8**	**b7**	**b6**	**b5**	**b4**	**b3**	**b2**	**b1**	**b0**
-	-	-	-	-	-	DATA									

- DATA : Converted Data

  해당 채널에서 A/D 변환된 데이터가 저장되며, 그 채널의 새로운 A/D 변환이 완료될 때까지 이 레지스터 값이 유지된다. 만약, 8비트 분해능을 사용한다면 b9와 b8은 0으로 된다.

제3장

OK-7S256 키트 및 개발 툴

3.1 *OK-7S256* 키트의 구조와 기능

3.2 ARM 개발 툴 및 ISP 다운로드 방법

3.3 ADS v1.2 컴파일러의 설치 및 사용

3.4 WinARM 컴파일러의 설치 및 사용

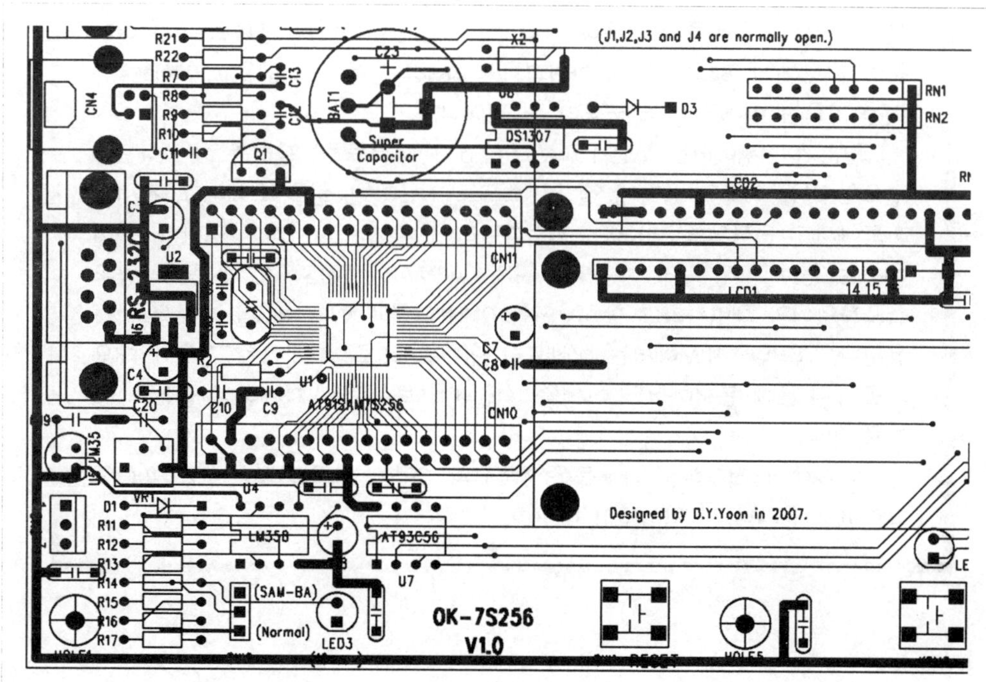

☞

이 장에서는 먼저 저자가 설계한 AT91SAM7S256 ARM 마이크로콘트롤러의 트레이닝 키트 *OK-7S256*의 구조와 기능을 살펴보고, 여기에 사용자가 프로그램을 다운로드하는 USB 포트형 및 직렬포트형 ARM ISP 다운로드 케이블의 제작 또는 사용 방법을 설명한다. 퍼스널컴퓨터에서의 다운로드 프로그램으로는 Atmel에서 무료로 제공하는 SAM-BA GUI를 사용한다.

이 키트에 사용된 회로 및 설계 개념들을 철저히 분석하여 이해하는 것은 이 키트를 올바르게 사용하는데 필수적일 뿐만아니라 앞으로 독자 여러분이 자신에게 필요한 ARM 마이크로프로세서 응용 시스템을 설계하는 능력을 기르는 데에도 크게 도움이 될 것이다.

또한, 이 장에서는 AT91SAM7S256 마이크로콘트롤러를 사용하는데 필요한 각종 하드웨어 개발 툴 및 소프트웨어 개발 툴을 소개하고, 본서와 키트에서 기본적으로 사용하는 C컴파일러에 대하여 자세히 설명한다. 본서에서는 현재 가장 널리 사용되고 있는 ARM사의 ADS v1.2와 무료 공유 소프트웨어의 대명사라고 할 수 있는 GNU 그룹의 WinARM을 기본으로 사용한다. 그러나, ARM에서는 어셈블리 언어로 프로그래밍하는 경우가 매우 드물기 때문에 본서에서도 어셈블리 언어 프로그램은 자세히 취급하지 않기로 한다.

이 장에서 설명하는 내용들은 제4장의 C언어 프로그래밍 실습에서 중요하게 사용되니 잘 익혀두기 바란다.

3.1 *OK-7S256* 키트의 구조와 기능

1. *OK-7S256* 키트의 개요 및 사양

OK-7S256 키트는 미국 Atmel사의 스마트 ARM 마이크로콘트롤러 시리즈에 해당하는 32비트 ARM 칩인 AT91SAM7S256의 하드웨어 및 소프트웨어 학습용으로 설계된 아주 작은 규모의 단일 보드 컴퓨터 시스템(training kit)으로서 그것의 기본 구조는 <그림 3.1.1>과 같고, 이에 대한 자세한 기술적인 사양은 <표 3.1.1>과 같다.

〈표 3.1.1〉 *OK-7S256* 키트 V1.0의 설계 사양

항 목	사 양	비 고
1. CPU	AT91SAM7S256-AU-001	1. **메인 보드**에 직접 조립하는 방법 2. **CPU 보드**를 사용하는 방법(CN10~11)
2. ROM	CPU에 내장된 256KB(64KW)의 플래시 메모리	프로그램 및 상수 데이터 저장
3. RAM	CPU에 내장된 64KB의 SRAM	프로그램, 스택, 사용자 데이터 저장
4. 프로그램 입력/실행	1. USB포트형 다운로드 케이블을 사용하는 방법 2. 직렬포트형 다운로드 케이블을 사용하는 방법 3. JTAG 인터페이스를 사용하는 방법	1. USB A-B형 케이블 사용(기본 제공) 2. RS-232C 케이블 사용(기본 제공) 3. *OK-JTAG* 케이블 사용(선택 사양)
5. I/O	1. CPU 프로그램용 콘넥터	
	(1) JTAG 인터페이스용 20핀 콘넥터(CN2)	Wiggler 호환의 *OK-JTAG*을 사용
	(2) JTAG 인터페이스용 14핀 콘넥터(CN3)	Wiggler 호환의 *OK-JTAG*을 사용
	(3) USB 포트용 4핀 콘넥터(CN4)	표준 USB A-B형 케이블 사용
	(4) 직렬포트 DBGU용 9핀 콘넥터(CN5)	표준 9핀 RS-232C 케이블 사용
	2. SAM-BA Boot 프로그램을 플래시 메모리에 로드하는 장치(SW2 및 LED3)	약 10초의 동작시간 동안 LED3이 점등
	3. CPU가 직접 제어하는 I/O	
	(1) 2개의 키입력 스위치(KEY1~KEY2)	
	(2) 2개의 상태표시 LED(LED1~LED2)	
	(3) +5V용 버저, 스피커 사운드 출력(CN7)	
	(4) 16×2 문자 텍스트형 LCD 모듈	화면밝기 조절 및 백라이트 기능 포함
	(5) 128×64 도트 그래픽형 LCD 모듈	화면밝기 조절 및 백라이트 기능 포함
	(6) LM35D에 의한 온도센서(AD4)	
	(7) 가변저항에 의한 전압센서(AD5)	
	(8) 외부 A/D 입력 콘넥터(CN8, AD6~AD7)	A/D 입력 범위는 0V~+3.3V
	(9) RS-232C 직렬통신 포트(CN6)	표준 9핀 RS-232C 케이블 사용
	(10) SPI를 사용한 SD/MMC 카드 인터페이스(CN9)	
	(11) SPI를 사용한 AT93C56 직렬 EEPROM	
	(12) TWI를 사용한 DS1307 리얼타임 클록	전원 백업 기능 포함(배터리, 수퍼캡)
	(13) 3개의 테스트 포인트 TP1~TP3	각각 PWM0, PWM1, PCK1 출력
6. 전원	+5V(키트에서 +3.3V 레귤레이터 사용)	CPU 내부에서 +1.8V 레귤레이터 사용
7. PCB	160×130mm 양면 에폭시 기판	

☞ *OK-7S256* 키트에는 필요하면 AT91SAM7S512/256/128/64/321을 조립하여 사용할 수도 있다.

☞ CPU는 메인 보드에 직접 납땜할 수도 있고, CPU 보드에 납땜하여 메인 보드에 장착할 수도 있다.

OK-7S256 키트는 <그림 3.1.1>에서 보는 바와 같이 32비트의 ARM 마이크로콘트롤러인 AT91SAM7S256을 중심으로 하여 CPU에 내장된 여러 가지 기본 I/O 기능과 다양한 외부 확장 I/O를 가지고 있다.

AT91SAM7S256은 64핀 패키지로 되어 있으며, 32비트의 병렬 I/O 포트를 가지고 있는데 이것들은 대부분 CPU에 내장된 주변장치를 위한 입출력 신호 단자와 기능을 겸하고 있다. *OK-7S256* 키트에서 이들 병렬 I/O 포트에 접속한 기능에는 2개의 키 입력 스위치와 2개의 상태표시용 LED, 버저(buzzer), 16×2자의 텍스트형 LCD 모듈, 128×64도트의 그래픽형 LCD 모듈 등이 있으며, 내장된 주변장치를 사용하여 외부에 접속한 기능에는 프로그램 다운로드용 USB 콘넥터 CN4, 프로그램 다운로드용 DBGU 콘넥터 CN5, USART0 직렬포트를 사용한 RS-232C 콘넥터 CN6, 반도체 온도센서 LM35D와 가변저항 VR1을 이용한 전압센서를 접속한 A/D 컨버터 입력, 2개의 PWM 출력, 스피커, SPI 직렬통신을 이용한 SD/MMC 카드 인터페이스 CN9와 EEPROM AT93C56, TWI 직렬통신을 이용한 RTC DS1307 등이 있다.

사용자는 이러한 많은 하드웨어를 통하여 다양한 프로그래밍 연습 및 응용이 가능할 것이며, 사용자 프로그램의 다운로드는 SAM-BA GUI 프로그램과 USB 콘넥터 또는 DBGU 콘넥터를 사용할 수도 있고 JTAG 인터페이스를 사용할 수도 있다.

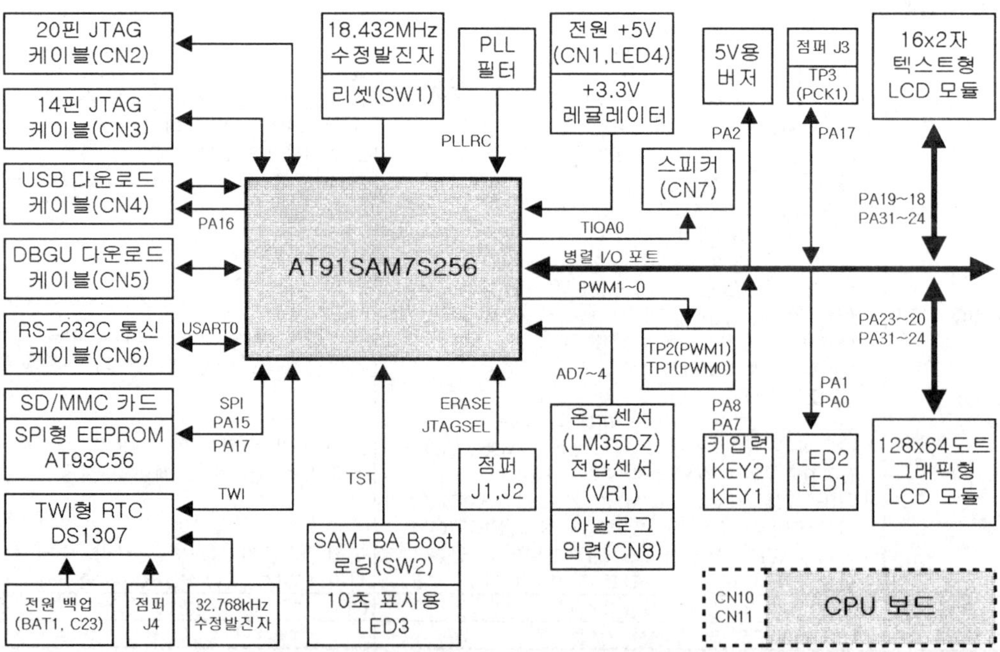

〈그림 3.1.1〉 *OK-7S256* 키트 V1.0의 하드웨어 구성 블록도

OK-7S256 키트는 8/16비트 마이크로콘트롤러에 대한 어느 정도의 경험은 있으나 ARM 계열의 마이크로프로세서는 처음으로 공부하는 아마추어나 현장 엔지니어 또는 대학생을 위한 교육용 키트로 사용될 것을 기본 목표로 하여 설계하였다. 따라서, 이 키트는 매우 다양한 기능을 내장하고 있으면서도 PCB 기판을 양면으로 하고 크기가 약 16×13cm에 불과하도록 설계하여 저렴한 비용으로 제작할 수 있도록 하였다. 특히, 현재 대부분의 ARM 보드는 모든 부품을 SMD형 소자로 사용하여 아마추어들이 직접 조립하기에는 상당한 어려움이 있으나, 이 키트에서는 U1~U3 등과 같이 불가피한 몇 개의 IC를 제외하고는 모두 SMD형 소자의 사용을 피함으로써 PCB의 크기는 다소 늘어났지만 누구라도 이를 쉽게 직접 납땜하여 조립할 수 있도록 배려하여 설계하였다. 또한, 사용자는 별도의 장비를 구입할 필요가 없이 간단히 USB 케이블이나 RS-232C 케이블을 사용하여 프로그램을 다운로드할 수 있도록 하였으며, 선택 사양으로 Wiggler 호환의 *OK-JTAG* 케이블을 사용할 수도 있다.

OK-7S256 키트에서 사용하는 AT91SAM7S256 마이크로콘트롤러는 256KB(64K 워드)의 프로그램용 플래시 메모리를 내장하고 있어서 상당히 규모가 큰 사용자 프로그램도 가능하며, 64KB로 비교적 큰 용량의 SRAM을 가지고 있어서 여기에서도 사용자 프로그램을 다운로드하여 실행하거나 또는 데이터 메모리로 사용할 수 있다. 그러나, AT91SAM7S512/256/128/64/321 모델들은 내부 메모리 용량을 제외한 모든 기능이 서로 같고 외부 팩키지 및 핀 배열도 동일하므로 필요한 경우에는 이중에서 어떤 모델이라도 *OK-7S256* 키트에 조립하여 사용할 수 있다.

이 책에서는 초보 입문자들도 재미있게 이를 따라 익히며, 여러 응용분야에 종사하는 사용자들이 각각 자신의 분야에 필요한 ARM 응용기술을 연마할 수 있도록 가능한한 여러 가지의 다양한 응용 프로그램을 C언어로 제시하고 이를 키트에서 실행하여 볼 수 있도록 하였다. 이 책에서 C컴파일러는 **현장에서 가장 널리 사용되고 있는 ADS v1.2**와 **무료용으로 쉽게 구할 수 있는 WinARM**의 2가지를 모두 사용하기로 한다. 그러나, ARM 계열 마이크로프로세서에서는 거의 어셈블리 언어를 사용하지 않는 추세이므로 이 책에서도 어셈블리 언어는 간단히 소개하기로 한다.

2. *OK-7S256* 키트의 하드웨어 구조

이제 사용자가 *OK-7S256* 키트의 기능들을 충분히 활용하고 나아가 이를 응용하는 능력을 기르기 위해서는 이 키트의 구조 및 기능을 자세히 이해하여야 한다. 여기서는 이것의 전체적인 하드웨어 구조와 설계자의 의도를 설명하고자 한다.

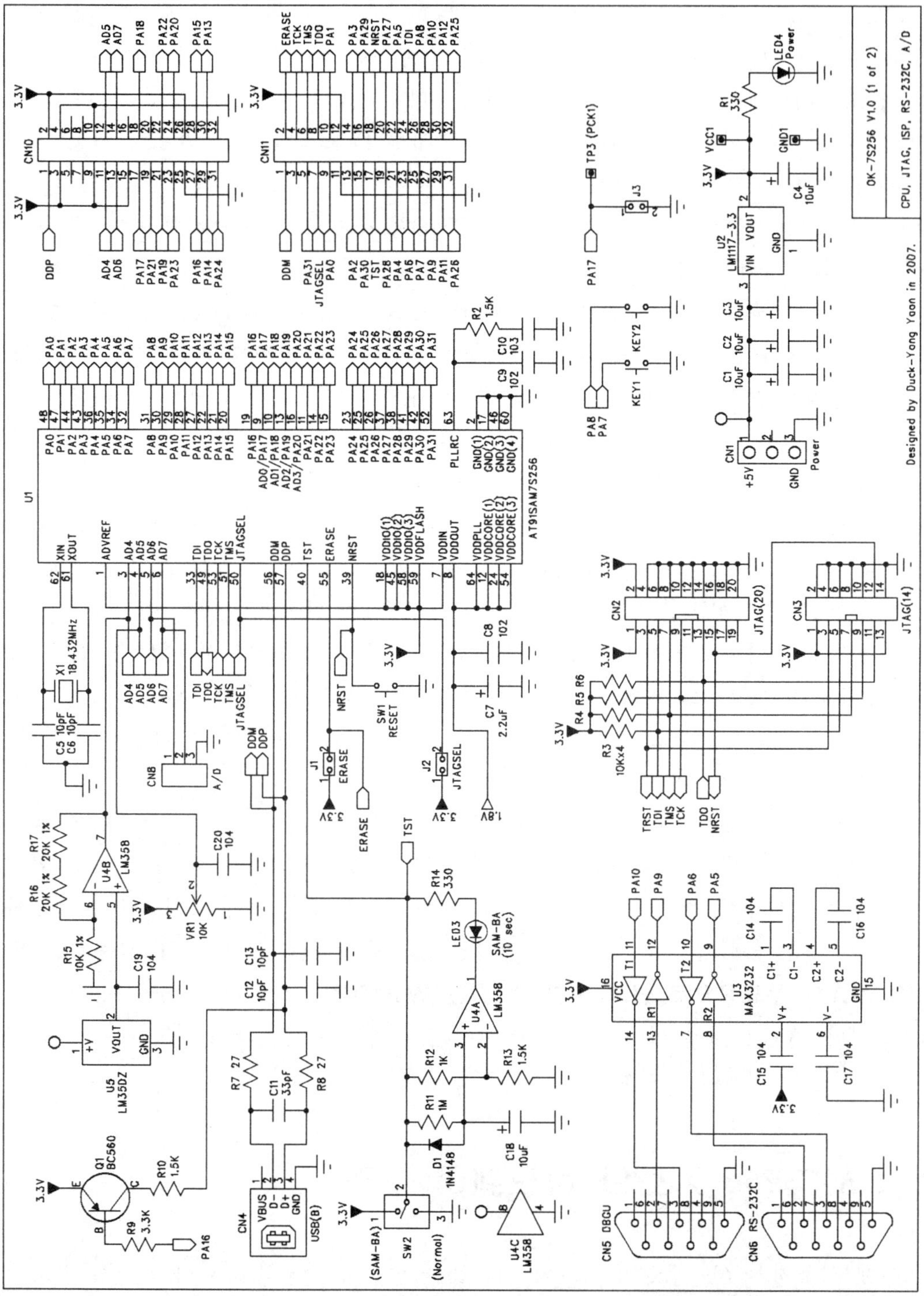

〈그림 3.1.2〉 *OK-7S256* 키트 V1.0의 전체 회로도(1/2)

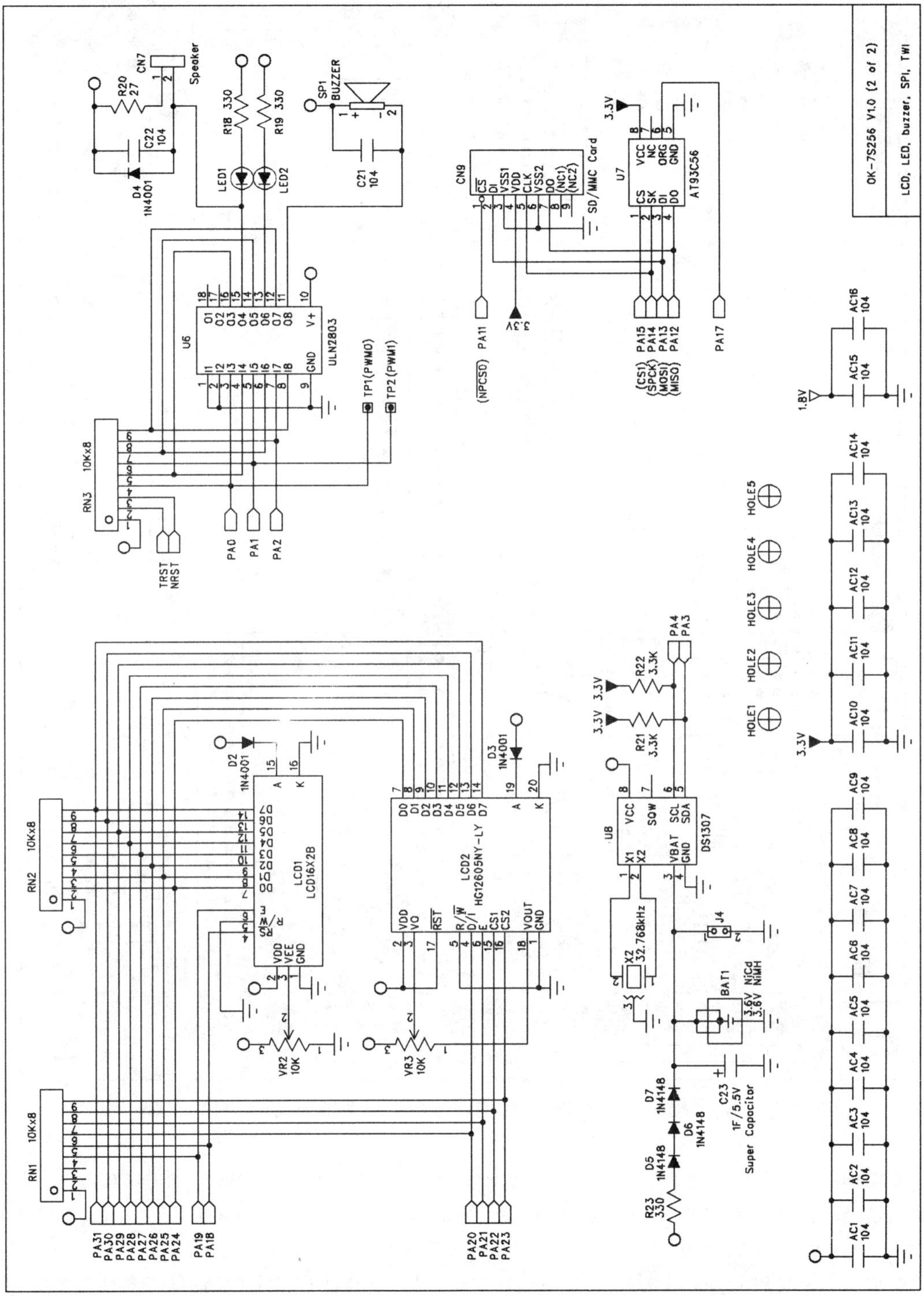

〈그림 3.1.2〉 *OK-7S256* 키트 V1.0의 전체 회로도(2/2)

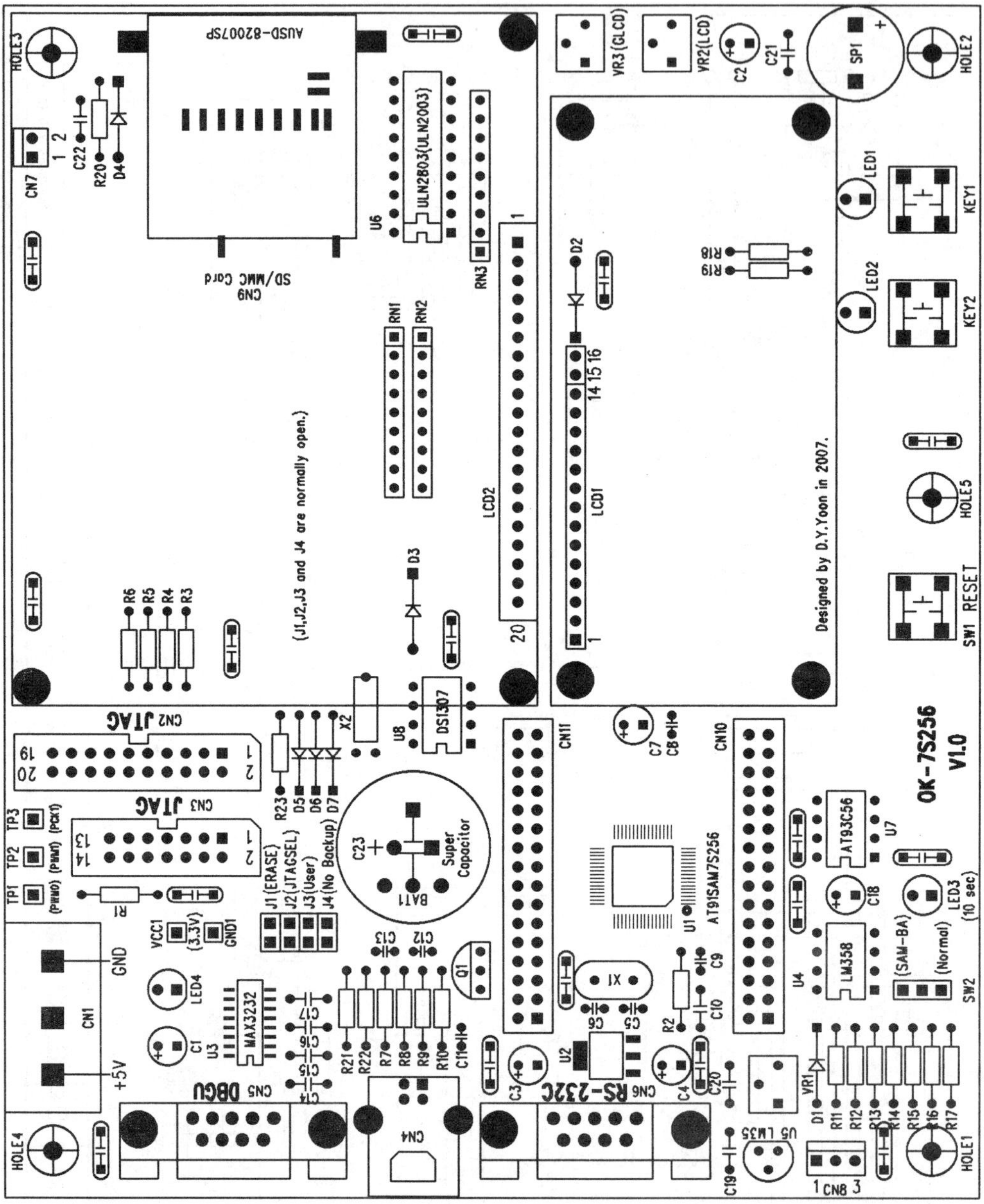

〈그림 3.1.3〉 *OK-7S256* 키트 V1.0의 PCB 부품배치도(실물의 100% 크기)

◀**참고**▶ 이 키트에서 CPU 소자는 메인 보드에 직접 조립해도 되고 콘넥터 CN10과 CN11을 사용하여 CPU 보드를 접속해도 된다. 만약, CPU 보드를 사용하는 경우에는 X1, C5, C6, C7, C8, C9, C10, R2의 부품을 메인 보드에 조립하지 말고 CPU 보드에 조립해야 한다.

만약 이 키트에서 JTAG 에뮬레이터를 사용하지 않는다면 콘넥터 CN2와 CN3은 조립하지 않아도 되며, 콘넥터 CN8과 CN9는 기본적으로 사용하지 않으니 조립하지 않아도 된다. 또한 DS1307의 전원을 백업할 필요가 없다면 D5~D7, R23, C23, BAT1은 조립할 필요가 없고, 이 경우에는 점퍼 J4를 단락시켜야 한다.

〈표 3.1.2〉 *OK-7S256* 키트 V1.0의 전체 부품 리스트

부품 번호	수량	부품명 및 규격	비 고
U1	1	AT91SAM7S256-AU-001	(구입 : http://www.devicemart.co.kr)
U2	1	LM1117S-3.3	SOT-223형
U3	1	MAX3232 RS-232C 인터페이스	16핀 SOP형
U4	1	LM358 듀얼 OP 앰프	
U5	1	LM35DZ 반도체 온도 센서	
U6	1	ULN2803 NPN형 트랜지스터 어레이	ULN2003도 사용 가능(우측 정렬)
U7	1	AT93C56 SPI형 직렬 EEPROM	
U8	1	DS1307 I2C형 RTC	
X1	1	18.432MHz ATS형 수정발진자	수정발진 모듈은 사용할 수 없음
X2	1	32.768kHz 중형(3×8mm) 수정발진자	
D1, 5~7	4	1N4148	★
D2~4	3	1N4001(1N4002~7도 사용 가능)	(D2, D3은 LCD 모델에 따라 사용함)
LED1, 2	2	녹색 LED(5Φ 또는 3Φ 둥근형)	
LED3, 4	2	적색 LED(5Φ 또는 3Φ 둥근형)	
Q1	1	BC560 PNP 트랜지스터	BC556/557/558/559도 모두 사용 가능
LCD1	1	HC16202NY-LY 텍스트형 LCD 모듈	16×2자(접속용 14/16핀 header 포함)
LCD2	1	HG12605NY-LY 그래픽형 LCD 모듈	128×64도트(접속용 20핀 header 포함)
RN1~3	3	10K×8 SIP형 어레이 저항	
R1, 14, 18, 19, 23	5	330 1/4W	★
R2, 10, 13	3	1.5K 1/4W	
R3~6	4	10K 1/4W	10K~100K 범위에서 임의 사용 가능
R7, 8, 20	3	27 1/4W	
R9, 21, 22	3	3.3K 1/4W	
R11	1	1M 1/4W	1M~1.2M 범위에서 선택 사용 가능
R12	1	1K 1/4W	
R15	1	10K 1% 1/4W	
R16, 17	2	20K 1% 1/4W	
VR1~3	3	GF06P 10K 반고정 저항	1K~20K 범위에서 임의 사용 가능
C1~4, 18	5	10μF/16V 전해 또는 탄탈	
C5, 6, 12, 13	4	10pF 세라믹	
C7	1	2.2μF/16V 전해 또는 탄탈	
C8, 9	2	102(0.001μF) 세라믹	
C10	1	103(0.01μF) 세라믹	
C11	1	33pF 세라믹	
C14~17, 19~22	8	104(0.1μF) 세라믹	
C23	1	1F/5.5V 수퍼 커패시터	★(구입 : http://www.eleparts.co.kr)
번호 없음	17	104(0.1μF) 필름 또는 세라믹	전원 바이패스용 콘덴서
BAT1	1	3/V15H(3.6V 15mAh) 1:1 또는 2:1핀 NiCd 또는 NiMH 충전용 배터리	(★BAT1, C23, R23, D5~D7 등은 DS1307 백업의 경우에만 사용함)
SP1	1	SM-1205C +5V용 버저	
CN7에 접속	1	8Ω/0.5W 소형 스피커	(접속용 2핀 콘넥터 및 케이블 포함)
SW1, KEY1~2	3	ITS-1105 4핀 택트(tact) 스위치	
SW2	1	AT1D-2M3 소형 토글 스위치	(구입 : http://www.devicemart.co.kr)
J1~4	4	2핀 점퍼 header 및 캡	
TP1~3, VCC1, GND1	5	테스트 핀	잘라낸 부품의 리드선을 사용해도 됨
CN1	1	BR-762C(3핀) 콘넥터	
CN2	1	3FB-20P-S/T 20핀 박스형 콘넥터	
CN3	1	3FB-14P-S/T 14핀 박스형 콘넥터	
CN4	1	DS1099-W USB B형 콘넥터	
CN5, 6	2	DB9-HM 9핀 D형 콘넥터(수컷)	
CN7	1	2핀 SIP header(right angle형)	
CN8	1	3핀 SIP header	(외부 A/D 입력의 경우에만 사용함)
CN9	1	AUSD-82007SP 9핀 SD 카드 콘넥터	(SD/MMC 카드를 사용할 때만 필요) (구입 : http://www.devicemart.co.kr)
CN10, 11	2	32핀 DIP female header(암컷)	(CPU 보드 접속의 경우에만 사용함)

〈표 3.1.2〉 *OK-7S256* 키트 V1.0의 전체 부품 리스트(계속)

부품 번호	수량	부품명 및 규격	비 고
HOLE1~5 및 LCD	12	F-10(10mm PCB 서포트)	PCB 고정용(볼트 23개 포함)
OK-7S256 PCB	1	크기 160×130mm (양면 에폭시)	(구입 : http://www.ohm.co.kr)
SMPS	1	SF15-05(+5V/3A)	
아크릴 판	1	두께 5mm 이상 크기 200×250mm 이상	PCB 및 SMPS 고정용 (바닥 고무발 4개 포함)
납땜 공구		인두, 땜납, 플럭스 등	필요한 전선 및 케이블 포함

OK-7S256 키트 V1.0 **메인 보드**의 전체 회로도는 <그림 3.1.2>에 보인 바와 같고, 실제 키트의 PCB(Printed Circuit Board) 모양 및 부품배치도는 <그림 3.1.3>에 보였으며, 여기에서 사용하는 모든 부품의 리스트를 <표 3.1.2>에 정리하였다.

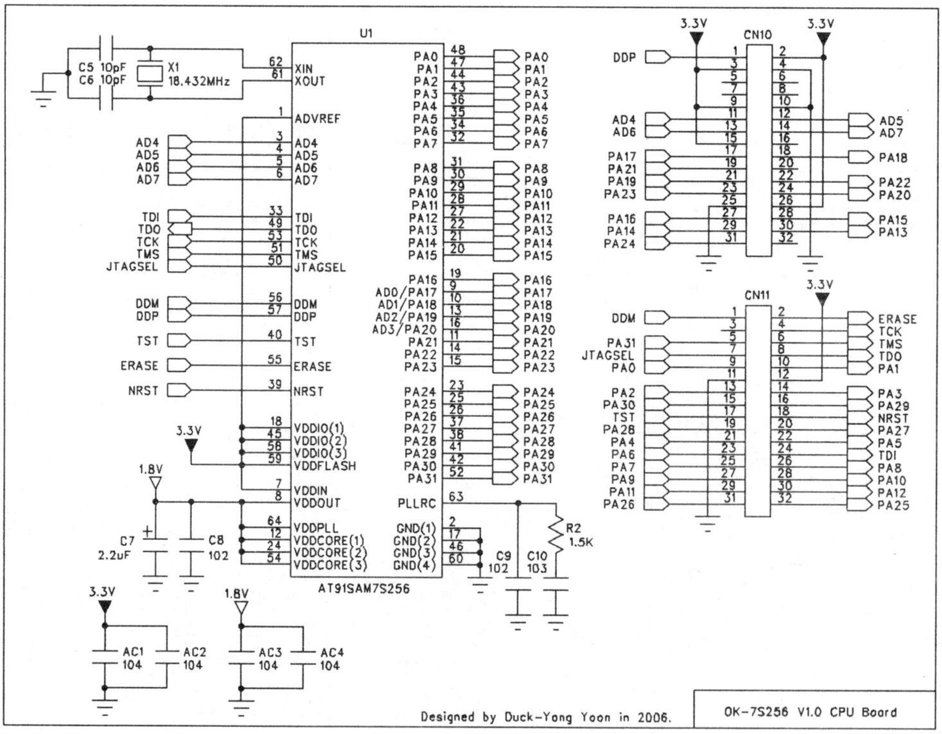

〈그림 3.1.4〉 *OK-7S256* 키트의 CPU 보드 회로도

그런데, AT91SAM7S256의 64핀 LQFP 패키지는 매우 작고 핀 간격이 좁아서 납땜에 능숙하지 않는 사람은 조립하기가 꽤 어려울 수도 있다. 이런 경우에 *OK-7S256* 키트에서는 CPU 부분만을 이미 조립된 완제품으로 구입하여 장착할 수 있도록 별도의 보드로 설계하였다. 또한, 사용자 자신이 직접 키트에 CPU를 납땜하다가 실패한

경우에도 이를 깔끔하게 제거하고 새로 CPU 보드를 납땜하여 그 위에 장착하면 아무 문제없이 이 키트를 사용할 수 있다. **CPU 보드**의 회로도는 <그림 3.1.4>와 같고, 이것의 PCB 모양 및 부품배치도는 <그림 3.1.5>와 같으며, 여기에서 사용하는 부품 리스트는 <표 3.1.3>에 보였다. CPU 보드를 사용하는 경우에는 X1, C5, C6, C7, C8, C9, C10, R2의 부품이 CPU 보드에서 사용되고 있으므로 키트의 메인 보드에서는 이를 조립할 필요가 없다는데 주의하기 바란다.

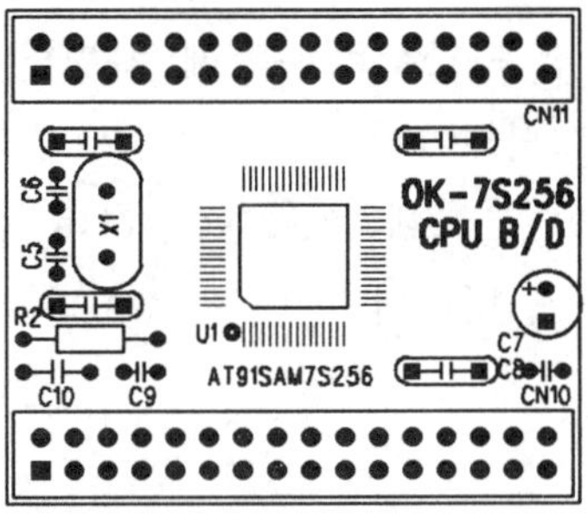

〈그림 3.1.5〉 *OK-7S256* 키트의 CPU 보드 부품배치도(실물의 100% 크기)

〈표 3.1.3〉 *OK-7S256* 키트의 CPU 보드 부품 리스트

부품 번호	수량	부품명 및 규격	비 고
U1	1	AT91SAM7S256-AU-001	(구입 : http://www.devicemart.co.kr)
X1	1	18.432MHz ATS형 수정발진자	수정발진 모듈은 사용할 수 없음
R2	1	1.5K 1/4W	
C5, 6	2	10pF 세라믹	
C7	1	2.2μF/16V 전해 또는 탄탈	
C8, 9	2	102(0.001μF) 세라믹	
C10	1	103(0.01μF) 세라믹	
번호 없음	3	104(0.1μF) 필름 또는 세라믹	전원 바이패스용 콘덴서
CN10, 11	2	32핀 DIP male header(수컷)	
CPU 보드 PCB	1	크기 43×38mm (양면 에폭시)	(구입 : http://www.ohm.co.kr)

(1) CPU 및 주변회로

AT91SAM7S256의 주변회로는 <그림 3.1.2>에서 보는 바와 같이 CPU 소자와 이에 기본적으로 추가되는 시스템 리셋 회로, 시스템 클록 발생회로, JTAG 및 다운로드 케이블 인터페이스 회로 등으로 구성된다.

▣ CPU 회로

이 키트의 CPU로는 AT91SAM7S256-AU-001을 사용한다. 이는 64핀 LQFP 패키지로 되어 있는데 크기가 매우 작고 핀 간격이 좁아서 납땜에 능숙하지 않는 사람은 조립하기가 꽤 어려울 수도 있다. 이 때문에 CPU는 기본적으로 키트의 메인 보드에 직접 납땜하게 되어 있지만 필요한 경우에는 CPU 보드를 사용할 수도 있다.

CPU 보드는 납땜에 자신이 없는 사람이 완제품을 구입하여 사용할 수도 있고, 메인 보드에 CPU를 납땜하다가 실패한 경우에 이를 대체하여 사용할 수도 있다. 그러나, CPU 보드는 메인 보드의 CPU와 병렬로 되어 있기 때문에 양쪽 모두 조립하여 사용하면 안되며 반드시 어느 한쪽에만 조립되어야 한다. 또한, X1, C5, C6, C7, C8, C9, C10, R2의 부품은 CPU의 가장 가까운 위치에 설치하는 것이 바람직하므로 이를 병렬로 사용하지 않고 각 CPU가 전용으로 사용하게 하였다. 따라서, 이들 소자들은 실제로 CPU가 위치하는 기판에 조립해야만 한다는데 주의하라. 즉, CPU를 메인 보드에 조립하였으면 이 소자들도 메인 보드에 조립해야 하며, CPU 보드를 사용하는 경우에는 이들 소자들도 CPU 보드에 조립해야 한다는 것이다.

▣ 시스템 리셋 회로

AT91SAM7S256의 내부에는 전원 투입 리셋(power-on reset) 회로를 내장하고 있으므로 외부에는 시스템 전체를 강제적으로 리셋시키기 위한 회로만 설치하면 된다. 그런데, 리셋 단자 NRST는 내부에는 10kΩ의 저항으로 풀업되어 있으므로 이 단자와 접지 사이에 리셋 스위치 SW1을 접속하는 것으로 간단히 모든 리셋회로가 구성된다. 리셋 스위치는 키트의 사용자가 매우 빈번하게 사용하므로 PCB를 설계할 때 사용하기 편리한 위치에 두도록 고려하였다.

▣ 시스템 클록 발생회로

AT91SAM7S256은 마스터 클록으로서 최고 55MHz까지 사용할 수 있도록 되어 있으며, USB 포트 회로에는 정상적인 동작을 위하여 48MHz의 클록이 공급되어야 한다. 이 마이크로콘트롤러의 클록 발생회로에는 PLL에 의한 주파수 체배 회로를 내장하고 있으며, 내부에는 32.768kHz의 RC 발진회로를 가지고 있으므로 이를 체배하여 사용할 수도 있지만 이 주파수는 최대 ±30%까지의 오차를 가지고 있으므로 정밀한 용도에는 사용하기 어렵다.

OK-7S256 키트에서는 18.432MHz의 수정발진자를 XIN 및 XOUT 단자에 연결하여 사용하며, PLL 기능을 이용하여 이를 체배한 (18.432MHz/12)×(124+1)/4 = 48MHz의 주파수를 마스터 클록 및 USB 회로용 클록으로 사용한다. 이 수정발진자의 각 단자와 접지 사이에는 10pF의 세라믹 커패시터를 접속한다.

◀참고▶ AT91SAM7S256에서는 XIN 및 XOUT 단자에 접속하는 수정발진자로 3~20MHz를 사용할 수 있으며, 마스터 클록으로는 55MHz 이하가 사용되어야 하고 USB 클록으로는 반드시 48MHz를 공급하여야 한다. 이와 같은 사양을 모두 만족시키려면 외부에 접속하는 수정발진자는 16MHz를 사용하는 것이 바람직하다. 그러나, CPU에 내장된 SAM-BA Boot 프로그램은 Atmel사의 평가용 보드에서처럼 18.432MHz를 사용하는 경우에만 동작하도록 되어 있으므로 만약 16MHz의 수정발진자를 사용하면 퍼스널컴퓨터가 USB 포트로 AT91SAM7S256을 인식하지 못하며 따라서 USB 케이블을 통하여 사용자 프로그램 다운로드하는 것이 불가능해진다. 하지만, DBGU를 사용하여 다운로드를 수행하는 경우에는 어떤 클록을 사용하더라도 이것이 RS-232C 통신을 수행하도록 되어 있으므로 16MHz의 수정발진자를 사용하더라도 아무 문제가 없다. 이러한 이유로 *OK-7S256* 키트에서는 USB 케이블(CN4)과 DBGU를 통한 RS-232C 케이블(CN5)을 모두 사용할 수 있도록 XIN 및 XOUT 단자에 18.432MHz의 수정발진자를 접속하여 사용하고 있다.

▣ JTAG 인터페이스 회로

ARM 표준 사양의 JTAG 콘넥터는 20핀 또는 14핀의 DIP형 콘넥터를 사용하므로 *OK-7S256* 키트에서도 이를 각각 CN2와 CN3으로 설치하였다. JTAG 인터페이스를 사용한 에뮬레이터는 Multi-ICE, TRACE32, AT91SAM-ICE와 같은 정식 제품도 있고, 프린터 포트를 이용한 Wiggler 케이블과 같이 간이형으로 사용할 수도 있다. 이 책에서는 기본적으로 사용자 프로그램의 다운로드에 USB 또는 DBGU형 다운로드 케이블을 사용하지만 선택 사양으로 Wiggler 호환의 *OK-JTAG*을 사용할 수도 있다.

▣ 다운로드 케이블 인터페이스 회로

AT91SAM7S256은 내부에 SAM-BA Boot 프로그램을 가지고 있어서 직렬통신 방식으로 플래시 메모리 또는 SRAM에 사용자 프로그램을 다운로드하는 기능을 가지고 있다. 이때 퍼스널컴퓨터 측에서는 Atmel사의 SAM-BA GUI 프로그램을 사용해야 하며, 데이터 통신방식은 USB를 사용할 수도 있고 DBGU 포트를 통하여 RS-232C를 사용할 수도 있다. *OK-7S256* 키트에서는 이를 위하여 USB 포트 콘넥터 CN4와 DBGU 포트 콘넥터 CN5를 가지고 있다. 이 USB 포트 콘넥터는 B형으로 되어 있으므로 A-B형의 USB 케이블을 사용해야 하는데 주의하라.

일반적으로 USB 신호에서 DP는 1.5kΩ의 저항으로 풀업하지만, *OK-7S256* 키트의 USB 포트에서는 이에 해당하는 DDP 신호를 그냥 풀업하지 않고 이 풀업저항을 PA16 출력과 트랜지스터로 스위칭할 수 있도록 해두어야 한다. 이 풀업저항은 USB 호스트에게 USB 디바이스가 접속된 것을 인식하도록 하는 수단으로 사용되는데, AT91SAM7S256에 SAM-BA Boot 프로그램이 설치된 경우에는 이 프로그램에 의하여 PA16=0으로 출력되어 풀업저항이 접속되고, 사용자 프로그램을 다운로드하고 나면 PA16=1로 출력되어 풀업저항이 접속되지 않는다. 그러나, 만약 *OK-7S256* 키트에서 사용자 프로그램을 다운로드할 때 USB 케이블을 사용하지 않고 DBGU 포트를 통하여 RS-232C 케이블만을 사용하고자 한다면 USB 포트의 DDP 신호를 그냥 1.5kΩ의 저항으로 풀업해도 무방하다.

▣ SAM-BA Boot 프로그램을 로드하는 회로

AT91SAM7S256은 내부 ROM에 SAM-BA Boot 프로그램을 가지고 있는데, 이를 사용하여 사용자 프로그램을 다운로드하려면 먼저 이 SAM-BA Boot 프로그램을 플래시 메모리에 로드해야 한다. 이는 AT91SAM7S256에서 수초동안 TST=1로 입력하는 것으로 아주 쉽게 수행된다.

OK-7S256 키트에서는 이를 더욱 편리하게 수행할 수 있도록 OP Amp 비교기를 사용한 타이머 기능을 부착하였다. 즉, SAM-BA Boot 프로그램을 플래시 메모리에 로드하기 위하여 **SW2를 (SAM-BA)측으로** 놓고 키트의 전원을 켜면 타이머 회로에 의하여 LED3이 약 10초 동안 점등되었다가 꺼진다. 이 시간 동안에 기존에 플래시 메모리에 있던 사용자 프로그램은 모두 삭제되고 SAM-BA Boot 프로그램이 플래시 메모리에 새로 로드되었으므로, 이제 전원을 끄고 **SW2를 다시 (Normal)측으로** 놓은 후에 퍼스널컴퓨터로부터 SAM-BA GUI 프로그램과 다운로드 케이블을 사용하여 사용자 프로그램을 다운로드하면 된다.

만약, 이러한 과정을 거친 후에 사용자 프로그램의 다운로드가 잘 안되는 경우가 발생하면 이는 플래시 메모리의 삭제가 불안정한 것이다. 이 경우에는 다시 한번 삭제 과정을 수행하면 되며, 이런 현상이 자주 발생하면 LED3이 꺼진 후에 2~3초를 더 기다리거나 또는 저항 R11을 1.2MΩ 정도로 교체하여 사용하면 된다.

(2) 병렬포트에 접속한 I/O 회로

AT91SAM7S256은 1개의 32비트 병렬 I/O 포트 PA31~PA0을 가지고 있으며 외부 어드레스 영역은 없다. *OK-7S256* 키트에서는 병렬 I/O 포트에 몇가지의 I/O 디바이스를 인터페이스하여 사용하고 있다.

▣ 키, LED, 버저, 점퍼 스위치 등

키 입력은 KEY2~KEY1의 2개가 있는데, 이것들은 각각 PA8~PA7에 접속하였으며 병렬 I/O 포트에 내장된 10kΩ의 풀업저항을 사용하면 되므로 외부 회로에 풀업저항을 별도로 사용하지 않았다.

상태 표시 LED 출력은 LED2~LED1의 2개가 있는데, 이것들은 PA1~PA0에 접속하였다. AT91SAM7S256의 PA3~PA0은 16mA까지의 전류구동 능력을 가지고 있어서 LED를 직접 접속할 수도 있지만, CPU의 하드웨어적인 부담을 덜고 논리값 1을 출력할 때 해당 LED가 점등되도록 하기 위하여 외부에 NPN형 트랜지스터 어레이 소자인 ULN2803을 사용하였다.

OK-7S256 키트에서는 +5V용 버저도 1개 사용하는데 이는 PA2 신호에 접속하였다. 역시 버저도 ULN2803을 거쳐서 ON/OFF된다.

한편 PA16은 SAM-BA Boot 프로그램에서 USB 통신 신호 DDP를 풀업하는 1.5kΩ 저항을 스위칭하기 위한 출력신호로 사용한다. 따라서, 이 신호는 사용자가 다른 목적으로 사용하지 않는 것이 바람직하다.

OK-7S256 키트에서는 병렬 I/O 포트 PA31~PA0 단자중에서 유일하게 PA17이 사용되지 않고 남으므로 여기에는 점퍼 스위치 J3을 접속하여 시스템 기능 설정용으로 사용할 수 있도록 하였다.

〈표 3.1.4〉 *OK-7S256* 키트 V1.0에서 MCU의 병렬 I/O 포트에 접속된 기능

병렬 I/O 포트	병렬 I/O 포트의 기능	부수적인 기능
PA1~PA0	상태 표시용의 LED2~LED1 출력신호	PA0/PWM0/TIOA0 : TP1(PWM0,TIOA0) 출력/입력 신호, 스피커 출력신호 PA1/PWM1/TIOB0 : TP2(PWM1,TIOB0) 출력/입력 신호
PA2	+5V용 버저 출력신호	
PA6~PA3		PA3/TWD : TWI의 SDA 신호 PA4/TWCK : TWI의 SCL 신호 PA5/RXD0 : USART0의 RXD0 신호 PA6/TXD0 : USART0의 TXD0 신호
PA8~PA7	키 입력 KEY2~KEY1 입력신호	
PA14~PA9		PA9/DRXD : DBGU의 RXD 신호 PA10/DTXD : DBGU의 TXD 신호 PA11/-NPCS0 : SPI 통신의 -CS0 신호 PA12/MISO : SPI 통신의 MISO 신호 PA13/MOSI : SPI 통신의 MOSI 신호 PA14/SPCK : SPI 통신의 SPCK 신호
PA15	SPI 통신의 CS1 출력신호	
PA16	USB 통신의 DDP 풀업저항 스위칭 출력신호	
PA17	점퍼 스위치 J3 입력신호, AT93C56의 ORG 신호	PA17/PCK1 : TP3(PCK1) 출력신호
PA19~PA18	PA18 : 텍스트형 LCD 모듈의 RS 출력신호	
	PA19 : 텍스트형 LCD 모듈의 E 출력신호	
PA23~PA20	PA20 : 그래픽형 LCD 모듈의 D/I 출력신호	
	PA21 : 그래픽형 LCD 모듈의 E 출력신호	
	PA22 : 그래픽형 LCD 모듈의 CS1 출력신호	
	PA23 : 그래픽형 LCD 모듈의 CS2 출력신호	
PA31~PA24	텍스트형 LCD 모듈의 데이터 버스 DB7~DB0 그래픽형 LCD 모듈의 데이터 버스 DB7~DB0	

▣ 텍스트형 LED 및 그래픽형 LCD 모듈

텍스트형 LCD 모듈과 그래픽형 LCD 모듈의 데이터 버스 신호 DB7~DB0은 병렬 I/O 포트 PA31~PA24에 공통으로 접속하였다. 그리고, 텍스트형 LCD 모듈의 제어 신

호들은 PA19~PA18에 접속하였고, 그래픽형 LCD 모듈의 제어 신호들은 PA23~PA20에 접속하였다.

이상에서 설명한 바와 같이 *OK-7S256* 키트에서 AT91SAM7S256의 병렬 I/O 포트에 접속된 디바이스들을 요약하면 <표 3.1.4>와 같다.

(3) 기타 I/O 회로

OK-7S256 키트에서는 AT91SAM7S256에 내장된 I/O 기능의 동작을 확인할 있도록 외부에 몇가지의 I/O 디바이스를 접속하고 있다. 이러한 I/O 기능의 접속은 대부분 Peripheral A의 경우를 따르며, TP1(TIOA0), TP2(TIOB0), TP3(PCK1)의 3가지 신호 발생에만 Peripheral B의 경우를 따르고 있다.

▣ RS-232C 직렬통신

AT91SAM7S256에는 2개의 직렬통신 포트 USART0, USART1을 가지고 있으나, *OK-7S256* 키트에서는 이중에서 USART0만을 사용하며 이를 9핀 D형 콘넥터 CN6에 접속하여 RS-232C 비동기 직렬통신에 사용한다.

이밖에도 AT91SAM7S256에는 DBGU 직렬통신 포트를 가지고 있지만 *OK-7S256* 키트에서는 이를 사용자 프로그램 다운로드용으로 9핀 D형 콘넥터 CN5에 접속하여 사용한다.

▣ PWM 출력 및 타이머/카운터 출력

AT91SAM7S256에는 PWM 콘트롤러를 이용하여 4채널의 PWM 출력신호를 발생할 수 있는데, *OK-7S256* 키트에서는 이중에서 PWM0과 PWM1을 각각 테스트 포인트 단자 TP0, TP1로 관측할 수 있도록 하였다. Peripheral A의 경우에 이 신호들은 각각 PA0과 PA1 단자를 통하여 출력된다. TP0 및 TP1 단자에는 Peripheral B를 통하여 각각 TIOA0 및 TIOB0 신호를 입출력할 수도 있다.

▣ 스피커 출력 관련회로

AT91SAM7S256에는 4개의 PWM 출력을 발생할 수 있는데, *OK-7S256* 키트에서는 이중에서 PWM0 출력신호를 사용하여 음악연주 또는 음향발생용으로 스피커를 구동한다. Peripheral A의 경우에 이 신호는 PA0 단자를 통하여 출력된다.

▣ 프로그래머블 클록 출력 관련회로

AT91SAM7S256에는 슬로우 클록(SLCK), 메인 클록(MAINCK), PLL 클록(PLLCK) 중에서 1가지를 선택하고 이를 1, 2, 4, 8, 16, 32, 64로 분주하여 프로그래머블 클록 출력신호 PCK0~PCK2로 출력할 수 있는데, *OK-7S256* 키트에서는 이중에서 PCK1 신호를 PA17 단자 및 테스트 포인트 TP3으로 Peripheral B를 통하여 출력한다.

◀**참고**▶ 테스트 포인트 TP3의 PCK1 출력은 J3의 점퍼 스위치 입력과 함께 AT91SAM7S256의 PA17 단자를 공용으로 사용하고 있다. 따라서, TP3의 PCK1 출력을 사용하는 경우에는 반드시 점퍼 스위치 J3을 연결하지 말고 오픈시켜 두어야 한다.

▣ SPI 직렬통신 관련회로

AT91SAM7S256에는 SPI 직렬통신 포트를 가지고 있는데, *OK-7S256* 키트에서는 여기에 SD/MMC 카드와 3선식 직렬 EEPROM 소자인 AT93C56을 접속하여 사용한다. SD/MMC 카드(CN9)는 칩선택 신호로 NPCS0을 사용하지만, AT93C56(U7)은 NPCS1~3 신호가 모두 다른 신호와 기능이 중복되며 또한 이 소자에서는 칩선택 신호가 high enable이어야 하므로 이 신호들을 사용하지 못하고 병렬 I/O 포트인 PA15를 SPI의 칩선택 신호 CS1로 할당하여 사용한다. 또 PA17은 AT93C56의 내부 구조를 256×8비트 또는 128×16비트로 선택하기 위한 ORG 신호로 사용한다.

▣ TWI 직렬통신 관련회로

AT91SAM7S256에는 표준의 I2C에 해당하는 TWI 직렬통신 포트를 가지고 있는데, *OK-7S256* 키트에서는 여기에 RTC 소자인 DS1307(U8)을 접속하여 사용한다.

DS1307의 전원 백업을 위하여 VBAT 단자에는 NiCd 또는 NiMH와 같은 충전용 배터리 BAT1이나 수퍼 커패시터 C23을 접속하는데, 정상 동작시에 이것을 충전하기 위하여 직렬저항 R23과 다이오드 D5~D7을 사용했다. 이들 다이오드는 전원 백업시에 배터리 또는 수퍼 커패시터의 전류가 DS1307 이외에 나머지 시스템으로 공급되는 것을 방지하는 효과도 있다. 배터리를 사용하는 경우에는 DS1307이 수년동안 백업되며, 수퍼 커패시터로 1F/5.5V를 사용해도 몇백 시간 이상의 충분한 백업이 가능하다.

배터리 백업 기능을 사용하지 않는 경우에는 BAT1, C23, R23, D5~D7을 조립하지 않아도 되며, 이때는 점퍼 스위치 J4를 단락시켜 VBAT 단자를 접지시켜야 한다.

▣ A/D 컨버터 관련회로

AT91SAM7S256에는 8채널의 A/D 컨버터를 가지고 있는데, 이중에서 AD3~AD0은 PA20~PA17과 같은 단자를 사용하며 AD7~AD4는 전용의 단자를 사용하므로 편리하다. *OK-7S256* 키트에서는 온도센서 LM35DZ의 출력을 OP Amp로 5배 증폭하여 AD4에 접속하였고, 가변저항을 이용한 전압센서를 AD5에 접속하였다. AD6과 AD7에는 외부에서 콘넥터 CN8을 통하여 아날로그 신호를 입력할 수 있도록 하였다.

(4) *OK-7S256* 키트 V1.0 콘넥터의 요약

OK-7S256 키트에는 기판에서 외부로 접속하기 위한 콘넥터가 모두 10개 있고, 기능을 선택하기 위한 점퍼 스위치가 4개 있는데 이를 <표 3.1.5>에 요약하였다.

이중에서 CN2, CN3, CN8~CN11은 *OK-7S256* 키트를 기본적으로 사용하는데는 필요하지 않으므로 이를 필요로 하는 경우에만 사용자가 직접 조립하면 된다.

〈표 3.1.5〉 *OK-7S256* 키트 V1.0의 외부 접속 콘넥터 요약

콘넥터		기능			
CN1	전원 콘넥터 (BR-762B/C)	1 2	+5V(1A 이상) (사용 안함)	3	GND
CN2	JTAG용 (3FB-20P-S/T)	1 3 5 7 9 11 13 15 17 19	VTcc -TRST TDI TMS TCK (사용 안함) TDO -RESET (사용 안함) (사용 안함)	2 4 6 8 10 12 14 16 18 20	(사용 안함) GND GND GND GND GND GND GND GND GND
CN3	JTAG용 (3FB-14P-S/T)	1 3 5 7 9 11 13	VTcc -TRST TDI TMS TCK TDO TVcc	2 4 6 8 10 12 14	GND GND GND GND GND -RESET GND
CN4	USB를 이용한 다운로드용 (DS1099-W, B형, 리셉터클)	1 2	VBUS D-	3 4	D+ GND
CN5	DBGU를 이용한 다운로드용 (DB9-HM, 수컷)	1 2 3 4 5	(사용 안함) RxD TxD (사용 안함) GND	6 7 8 9	(사용 안함) (사용 안함) (사용 안함) (사용 안함)
CN6	USART0의 RS-232C용 (DB9-HM, 수컷)				
CN7	스피커 접속용 (2핀 SIP male header, ㄱ자형)	1 2	스피커+ 스피커-		
CN8	A/D 컨버터 입력용 (3핀 SIP male header)	1 2	AD6 AD5	3	GND
CN9	SD/MMC 카드 인터페이스용 (AUSD-82007SP)	1 2 3 4 5	-CS DI VSS1 VDD CLK	6 7 8 9	VSS2 DO (사용 안함) (시용 안함)
CN10 CN11	CPU 보드 접속용 (32핀 DIP male header)		(생략)		
J1	ERASE 단자용	OFF	정상 동작	ON	ERASE 동작
J2	JTAGSEL 단자용	OFF	정상 동작	ON	
J3	기능 설정용	OFF	사용자 선택 기능1	ON	사용자 선택 기능2
J4	DS1307 VBAT 단자용	OFF	전원 백업을 사용함	ON	전원 백업을 사용 안함

3. *OK-7S256* 키트의 조립 및 테스트

이제 만약 *OK-7S256* 키트 V1.0을 사용자가 직접 조립하고자 하면 <그림 3.1.2>의 회로도와 <그림 3.1.3>의 PCB 부품 배치도, 그리고 <표 3.1.2>의 전체 부품 리스트를

참조하면서 반드시 다음 설명을 읽고 작업하라.

(1) *OK-7S256* 키트를 조립할 때의 유의 사항

OK-7S256 키트 V1.0을 납땜하거나 조립할 때의 주의 사항들을 요약하면 다음과 같다.

① 납땜에 자신이 있다면 대부분의 IC는 가능한한 소켓을 사용하지 말고 PCB에 직접 납땜하라. 이와 같이 하면 부품의 접촉불량이 적어져 동작의 신뢰성이 높아진다. 그러나, 납땜에 자신이 없다면 납땜중에 부품이 손상될 우려가 있으므로 IC 소켓을 사용하는 편이 바람직하다.

② 납땜은 신속하고 확실히 하라. 1개의 핀을 납땜하는데 수초 이상이 걸리면 부품이 과열되어 손상될 수 있다. 또한, IC 소자의 경우 같은 소자에 있는 여러 개의 핀들을 연속하여 납땜하지 말고, 다른 소자를 번갈아 돌아가면서 납땜하라. 이와 같이 하면 납땜중에 부품의 온도가 높아졌던 것이 다른 부품을 납땜하는 동안에 냉각되어 다시 돌아와서 납땜하더라도 보다 안전해진다.

③ 부품이 서로 바뀌지 않도록 철저히 체크하며, PCB에 표시되어 있는 부품의 방향이나 극성 표시를 올바르게 확인하고 삽입하라. 만약, 극성이 있는 소자가 반대 방향으로 조립되면 정상적으로 동작이 수행되지 않음은 물론이고 부품이 소손될 수 있으며, 나중에 이를 교체하려면 부품은 물론 PCB를 망가뜨릴 우려가 있다. 특히, RS-232C용의 콘넥터처럼 모양이 비슷한 부품이라도 핀의 암수를 올바르게 구분하여 선정하는 등 정확한 부품을 사용해야 한다는 점을 다시 한번 확인하라.

④ 부품을 PCB 홀에 삽입할 때는 이를 PCB의 바닥면에 완전히 밀착시킨 후에 납땜하라. 부품이 PCB의 바닥면에 밀착되지 않고 위로 들떠 있으면 뒷면에서 납땜이 확실하게 되지 않거나 부품이 기계적으로 단단히 고정되지 않을 수도 있으며, 미관상으로도 좋지 않다.

그러나, 온도센서(U5)와 같이 특수한 소자의 경우에는 주의가 필요하다. 이것은 PCB 주변의 기온을 측정하는 것이므로 PCB 윗면에 수직으로 세우지 말고 90°로 꺾어서 PCB의 옆쪽 밖으로 돌출되도록 젖혀두어야만 주위 공기의 흐름에 의하여 좀더 정확한 온도를 측정할 수 있다. 또한, 커패시터 C7은 나중에 CPU 보드를 사용하게 되는 경우에도 문제가 없도록 하려면 이를 수직으로 세워 조립하지 말고 왼쪽으로 뉘어 조립하는 것이 좋다.

⑤ AT91SAM7S256 MCU를 가장 먼저 조립하라. 이것은 핀 간격이 매우 좁은 LQFP형의 소자이므로 전용의 솔더크림과 정밀한 인두를 사용하여 납땜하며, 상당히 숙달된 납땜 기술을 필요로 한다. 납땜이 부실하면 자칫 기판을 망가뜨리거나 나중에 기판이 오동작하는 가장 큰 원인이 되므로 주의해야 한다.

⑥ AT91SAM7S256 MCU는 기본적으로 메인 보드에 조립하되 만약 이것의 납땜이 자신이 없다면 완성된 CPU 보드를 구입하여 콘넥터 CN10, CN11로 메인 보드에 장착해도 된다. 이처럼 CPU 보드를 사용하는 경우에는 X1, C5, C6, C7, C8, C9, C10, R2의 소자를 메인 보드에 조립하지 말고 CPU 보드에 조립해야 한다.
만약 CPU를 메인 보드에 조립하다가 실패하였을 경우나 또는 CPU가 고장난 경우에도 이를 PCB에서 깨끗하게 제거하고 CPU 보드를 접속하여 사용하면 된다.

⑦ LCD 모듈의 아래쪽에 위치하는 부품들은 LCD 모듈보다 먼저 조립하며, 높이를 고려하여 가급적이면 소켓을 사용하지 말고 직접 납땜하여 조립하라.

⑧ LCD 모듈은 직접 기판에 고정되도록 조립하지 말고 콘넥터를 사용하여 착탈식으로 처리하라. 조립후에는 LCD 모델에 따라 가변저항 VR2와 VR3으로 화면의 밝기가 적절해지도록 조정해야 한다.

⑨ 키트의 전원은 반드시 안정된 SMPS를 사용하라. 이 키트는 기본적으로는 +5V/1A 정도라면 충분히 동작한다.

(2) 조립하지 않아도 되는 경우

이 키트는 매우 많은 기능을 가지고 있으므로 경우에 따라서는 일부 부품을 조립하지 않고 비워두어도 무방하다.

① JTAG 인터페이스를 사용할 필요가 없다면 CN2와 CN3은 조립하지 않아도 된다. 이 키트에는 20핀과 14핀짜리 등 2개의 JTAG 인터페이스용 콘넥터를 가지고 있으므로 JTAG 인터페이스를 사용하는 경우에도 CN2와 CN3 중에서 자신에게 맞는 콘넥터 1개만 선택하여 조립하면 된다.

② 키트의 부품중에서 콘넥터 CN8은 외부에서 A/D 컨버터에 아날로그 입력신호를 입력하는 경우에만 사용하며, 콘넥터 CN9는 SD/MMC 카드를 사용하는 경우에만 필요하다. 따라서, 이런 기능을 사용하지 않는 경우에는 이를 조립할 필요가 없다.

③ 콘넥터 CN10과 CN11은 메인 보드에 CPU 보드를 장착하는 경우에만 사용하므로 CPU를 메인 보드에 직접 납땜하는 경우에는 조립할 필요가 없다.

④ 점퍼 JP1~JP4는 각각의 용도에 따라 특별한 경우가 아니면 사용하지 않으므로 조립하지 않아도 된다.

⑤ DS1307 RTC의 전원 백업을 위해서는 배터리 BAT1 또는 수퍼 커패시터 C23중에서 1가지만을 선택하여 사용해야 한다. 이 2가지를 동시에 조립할 수 없도록 PCB에서는 겹쳐 배열해 놓았다. 그러나, DS1307의 전원을 백업하지 않는다면 배터리와 수퍼 커패시터 그리고 이를 충전하기 위한 회로의 R23, D5~D7은 모두 조립하지 않는다. 이렇게 전원 백업을 하지 않을 경우에는 반드시 점퍼 스위치 J4를 단락시켜 VBAT 단자를 접지시켜야 하며, 당연히 *OK-7S256* 키트의 전원을 끄면 DS1307이 동작하지 않는다.

⑥ U6에는 ULN2803 대신에 ULN2003을 사용해도 좋다. 단, ULN2003은 16핀짜리 소자이므로 왼쪽 2개의 핀(ULN2803의 경우에 1번과 18번에 해당하는 핀)을 비우고 오른쪽 끝을 일치시켜 조립해야 한다.

(3) *OK-7S256* 키트를 조립하고 나서 동작을 테스트하는 방법

이제 *OK-7S256* 키트의 조립이 끝났으면 이것의 동작을 테스트하여 확인하여야 한다. 만약, 여러분이 믿을 수 있는 부품으로 자신있게 납땜하였다면 틀림없이 잘 동작할 것이니 걱정할 필요는 없다. "**잘 동작하도록 설계해 놓은 것을 동작하지 않게 조립하는 것도 보통 능력이 아니다!**"라는 점을 상기하고, "**남들은 이를 설계하고 만들기도 하는데 단지 조립하여 사용하라는 것을 못하랴!**"라고 자신의 오기를 자극하시라.

이제 설레는 가슴을 진정시키고 작업하던 주위를 좀 깨끗하게 정리한 후에 차분하게 다음과 같은 순서로 테스트를 시작한다.

① 조립이 끝났으면 작업하던 테이블 위를 깨끗이 청소하고 다시 한번 조립상태를 세밀하게 점검하라. 부품이 바뀌지 않고 올바르게 선정되었는지, 극성이 바르게 조립되었는지, 납땜 상태는 양호한지 등을 중점적으로 체크한다.

② 전원을 넣기 전에 키트에 전원이 올바르게 공급될 것인지 다시 한번 점검하라. 전원 전압은 올바른지, 전원의 극성을 반대로 연결하지 않았는지 등을 중점적으로 체크한다.

③ 조립이 끝나면 *OK-7S256* 키트에는 아무 프로그램도 들어있지 않으므로 전원을 넣어봐야 프로그램이 실행되지 않으며 아무 동작도 수행되지 않는다. 그러나, 전원을 투입하고 나서 LED4가 점등되는지, 그리고 +5V 단자의 전압이 올바르게 측정되는지를 확인하는 것이 좋다.

④ 아직 사용자가 직접 프로그램을 작성하는 것은 어려우므로 예제 프로그램에 함께 제공되는 Xkit_test.bin 파일을 다운로드하여 실행한다. 그러기 위해서는 먼저 제3.2절에서 설명하는 것처럼 SAM-BA Boot 프로그램을 *OK-7S256* 키트에 로드하는 방법을 이해하고, SAM-BA GUI 프로그램과 USB 케이블 또는 RS-232C 케이블을 사용한 프로그램 다운로드 방법을 익혀야 한다. *OK-JTAG* 케이블을 사용해도 된다.

⑤ 위의 ④에서 수행한 테스트 프로그램이 모두 올바르게 실행된다면 이제 여러분이 조립한 *OK-7S256* 키트는 거의 정상적으로 동작하는 것으로 봐도 좋다. 그러나, 부분적으로 동작하지 않는 기능이 발견되면 회로도를 보면서 해당 부분의 하드웨어를 체크해야 한다. 만약, 전혀 키트가 동작하지 않고 스스로 이를 디버깅할 능력이 부족하다면 전문가의 도움을 받는 것이 좋다.

예제 프로그램에 함께 제공되는 Xkit_test.bin 프로그램은 *OK-7S256* 키트의 각 부분 동작을 점검하기 위한 7가지의 테스트 프로그램으로서 이것을 실행하는 방법과 실행하였을 경우의 동작은 다음과 같다. 이 테스트 프로그램의 소스는 ADS v1.2의 C언어로 작성하였으며 이 책의 <부록 3>에 보였다.

① 제3.2절의 설명대로 자신이 사용할 다운로드 케이블을 연결하고 SAM-BA GUI 프로그램을 실행하라. 그리고 C:\ADSv1_2\OK7S256ads\ 또는 C:\WinARM\OK7S256gcc\ 폴더에서 Xkit_test.bin 파일을 읽어들여 다운로드한다. 이렇게 하여 프로그램이 정상적으로 다운로드되었으면 *OK-7S256* 키트의 전원을 껐다가 켜든지 또는 리셋 스위치를 눌러주어야만 이 프로그램이 키트에서 실행된다.

② 이 테스트 프로그램을 실행할 때 점퍼 JP1~JP3은 반드시 오픈시켜 두어야 한다.

③ 이 프로그램은 부팅 과정에서 긴 버저음과 함께 LED1, LED2가 1차례씩 차례로 점등되고, 텍스트형 LCD 모듈에 키트의 로고가 표시되며, 이어서 아래와 같은 7가지의 테스트 프로그램이 반복하여 수행된다.

④ 테스트 1은 그래픽형 LCD 모듈의 동작을 테스트하는 것으로서 화면에 간단한 영문 ASCII 메시지와 그래픽을 출력한다. 단, 이 테스트를 실시하려면 키트에 그래픽형 LCD 모듈을 장착하고 있어야 한다.

⑤ 테스트 2는 LED 및 버저 테스트로서 LED1과 LED2를 3차례 교대로 1초씩 반복하여 점등하면서 LED가 바뀔 때마다 버저로 비프음을 함께 울린다.

⑥ 테스트 3은 키입력 테스트로서 KEY1～KEY2를 누르면 이 키를 LED1～LED2와 텍스트 LCD 모듈의 화면에 보여준다.

⑦ 테스트 4는 스피커 사운드 테스트로서 옥타브4에서 "도레미파솔라시도", "도시라솔파미레도"가 차례로 연주된다. 이를 확인하려면 콘넥터 CN7에 스피커를 접속하여 놓아야 한다.

⑧ 테스트 5는 AT91SAM7S256의 클록 주파수 발생 테스트로서 테스트 포인트 TP3에 PCK1=1024Hz(Slow Clock/32), 576kHz(Main Clock/32), 6MHz(PLL Clock/32)의 주파수를 각각 3초씩 출력한다.

⑨ 테스트 6은 A/D 컨버터 테스트로서 AT91SAM7S256의 A/D 컨버터 및 온도센서에 의한 현재 기온과 가변저항 VR1에 의한 전압값을 텍스트 LCD 모듈에 표시한다. 온도값은 엄지와 검지로 온도센서를 가볍게 잡아 사람의 체온에 의하여 온도가 변화하는 것으로 동작을 확인할 수 있고, 전압값은 드라이버로 VR1을 천천히 돌리면서 0.00V～3.30V 범위에서 값이 변화하는 것으로서 동작을 확인할 수 있다.

⑩ 테스트 7은 RS-232C 통신 테스트로서 AT91SAM7S256의 USART0 직렬통신 포트에서 송신한 데이터를 루프백(loop back)하여 다시 수신함으로써 올바른 통신 동작을 확인한다. 즉, *OK-7S256* 키트가 AT91SAM7S256의 TXD0 단자로 송신한 데이터를 MAX232 소자를 거쳐서 RXD0 단자로 수신하여 USART0 포트의 정상동작 여부를 체크하는데, 테스트 결과는 텍스트형 LCD 모듈에 메시지로 표시된다.
이 테스트를 수행할 때는 <그림 3.1.6>에 보인 것처럼 미리 RS-232C 직렬통신 케

이블의 한쪽을 *OK-7S256* 키트의 콘넥터 CN6에 연결하고, 이 통신 케이블 반대편의 암컷 콘넥터에서 점퍼선으로 2번핀과 3번핀을 연결시켜 주어야 한다. 그러면 *OK-7S256* 키트에서 콘넥터 CN6을 통하여 USART0 포트의 TXD0 단자로 송신한 데이터를 RXD0 단자로 수신할 수 있게 된다.

이상의 테스트를 실시하면서 정상 동작 여부를 확인하여 만약 *OK-7S256* 키트에 문제가 있다면 하드웨어 디버깅을 수행하여야 한다. 마이크로프로세서의 초보자거나 AT91SAM7S256 마이크로콘트롤러에 익숙하지 않은 사용자라면 키트를 점검하는 일은 쉽지 않은 일이지만, 자신이 조립한 실제 키트와 회로도를 대조하면서 원리적으로 차분히 접근하면 꼭 어려운 것만도 아니어서 대부분의 에러는 무난하게 찾아낼 수가 있다.

하드웨어를 디버깅할 때는 물론 좋은 계측기도 필요하지만, 계측기에 지나치게 의존하지 말고 자신의 눈이나 감각으로 직접 부품의 납땜 상태나 소자의 핀 접속 상태 또는 동작중의 과열 여부 등 여러 가지의 상태를 확인하는 것이 중요하다.

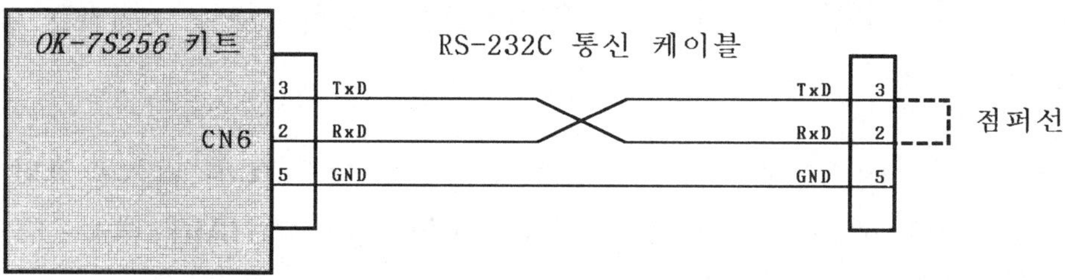

〈그림 3.1.6〉 USART0 직렬통신 포트의 루프백 테스트

4. USB 통신 케이블의 구조

OK-7S256 키트에서 콘넥터 CN4의 USB 통신포트를 통하여 사용자 프로그램을 다운로드하거나 또는 USB 직렬통신을 수행하려면 지정된 USB A-B형 통신 케이블을 사용해야 한다. 이것은 시중에서 쉽게 구입할 수 있으며, 사용자가 직접 제작하기는 어렵다.

USB 표준의 콘넥터에는 4핀으로 구성된 A형과 B형이 있으며, 소형 휴대용 기기에서 널리 사용하는 5핀의 미니형 B형도 있다. <그림 3.1.7>에는 USB 표준 사양의 A형 및 B형 리셉터클(receptacle, female, 암컷)을 보였다. 여기서의 기계적인 칫수는 모두 mm 단위로 나타냈다. USB 콘넥터 A형 및 B형에서 각 핀은 1번(red) VBUS, 2번

(white) D-, 3번(green) D+, 4번(black) GND로 통일되어 있다. 그러나, USB 콘넥터 미니 B형의 각 핀은 1번(red) VBUS, 2번(white) D-, 3번(green) D+, 4번 ID, 5번 (black) GND로 되어 있다.

USB 호스트(host)에 해당하는 퍼스널컴퓨터의 USB 포트에는 반드시 A형의 리셉터클이 설치되어 있으며, USB 디바이스(device)에 해당하는 *OK-7S256* 키트의 콘넥터 CN4에는 B형의 리셉터클을 사용하였다. 따라서, 여기에서 사용하는 USB 통신 케이블은 한쪽에는 A형의 플러그(plug, male, 수컷)를 가지고 있어야 하며, 다른 한쪽은 B형의 플러그를 가지고 있어야 한다. 이와 같이 *OK-7S256* 키트에서 다운로드용으로 사용할 수 있는 USB A-B형 또는 USB A(M)-B(M)형이라고 불리는 통신 케이블의 구조를 보이면 <그림 3.1.8>과 같다.

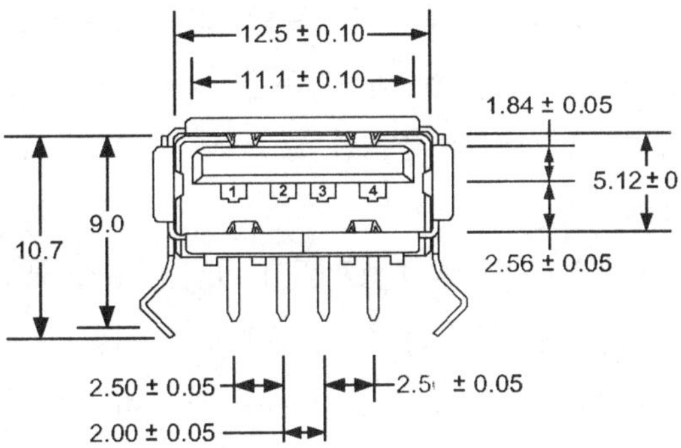

(a) USB A형 리셉터클(PC측)

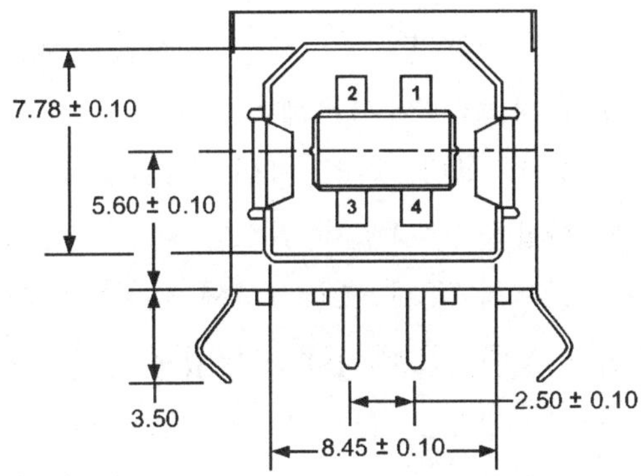

(a) USB B형 리셉터클(키트측)

〈그림 3.1.7〉 USB 통신용 콘넥터

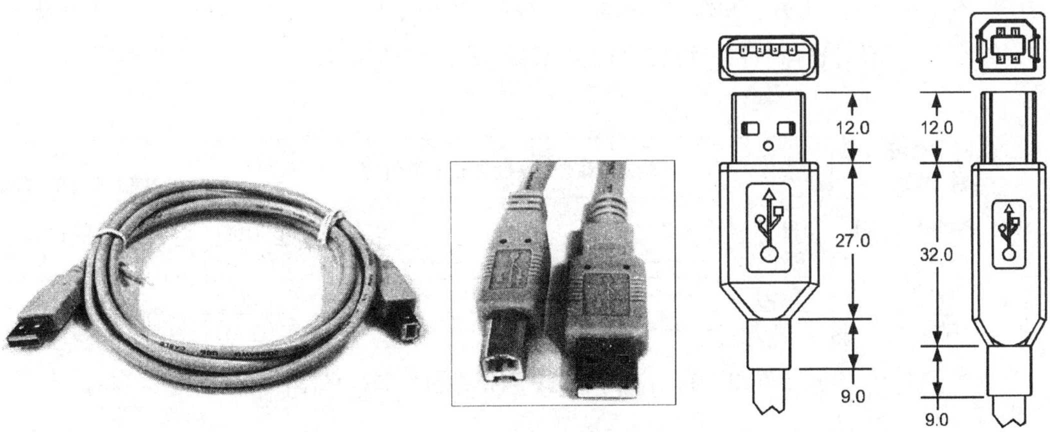

〈그림 3.1.8〉 USB A-B형 통신 케이블 및 플러그

5. RS-232C 통신 케이블의 제작

OK-7S256 키트에서는 콘넥터 CN5의 DBGU 포트를 통하여 사용자 프로그램을 다운로드하거나 또는 콘넥터 CN6의 USART0 포트를 통하여 비동기 직렬통신을 수행하려면 RS-232C 통신 케이블을 사용해야 한다. 이것은 *OK-7S256* 키트의 완제품에 기본적으로 포함되지만, 만약 필요하다면 <그림 3.1.9>를 보면서 사용자가 이를 직접 만들 수도 있다.

RS-232C의 콘넥터는 컴퓨터와 같은 DTE(Data Terminal Equipment, 데이터 단말장치)측에 D형 콘넥터의 수컷을 사용하고, 모뎀과 같은 DCE(Data Communication Equipment 또는 Data Circuit-Terminating Equipment, 회선 종단장치)측에 D형 콘넥터의 암컷을 사용하도록 되어 있다. 그러나, *OK-7S256* 키트는 DTE로서 IBM PC와 직접 즉, DTE끼리 직접 통신을 수행하므로 RS-232C 통신 케이블의 양쪽에는 모두 암컷 콘넥터를 사용해야 한다. 그러므로 키트의 콘넥터 CN5와 CN6은 당연히 수컷으로 되어 있다. 흔히 마이크로프로세서 트레이닝 키트의 직렬통신 포트에 암컷 콘넥터를 사용하는 경우가 있으나 이는 잘못된 것이다.

일부의 통신 프로그램에서는 RS-232C 통신 케이블에서 TxD 및 RxD 신호는 물론이고 $\overline{\text{RTS}}$, $\overline{\text{CTS}}$, $\overline{\text{DTR}}$, $\overline{\text{DSR}}$과 같은 모뎀제어 신호를 사용하여 핸드세이킹 제어를 수행하는 경우도 있지만 대부분의 MCU에서는 TxD 및 RxD 신호만으로 간단히 직렬통신을 수행한다. 따라서, 퍼스널컴퓨터측의 직렬통신 프로그램에서도 핸드세이킹 제어를 사용하지 않도록 설정하여야 한다.

RS-232C 통신 케이블의 길이는 규격상 최대 15m까지 사용할 수 있다. 그러나, 우리의 경우는 이를 *OK-7S256* 키트와 가까운 거리에 있는 퍼스널컴퓨터를 직렬통신하기 위하여 연결하는데 사용하므로 1m정도로 하면 충분하다.

IBM PC의 직렬 포트	RS-232C용 직렬통신 케이블			키트의 콘넥터 CN5, CN6
(9핀 콘넥터 수컷)	(9핀 콘넥터 암컷)		(9핀 콘넥터 암컷)	(9핀 콘넥터 수컷)
②(RxD)	(RxD)②	------------------------------	③(TxD)	③(TxD)
③(TxD)	(TxD)③	------------------------------	②(RxD)	②(RxD)
⑤(GND)	(GND)⑤	------------------------------	⑤(GND)	⑤(GND)

〈그림 3.1.9〉 RS-232C 직렬통신용 케이블의 결선도

3.2 ARM 개발 툴 및 ISP 다운로드 방법

이 절에서는 ARM 계열의 AT91SAM7S256 마이크로콘트롤러를 사용하여 시스템을 설계하거나 이를 특정 분야에 응용할 때 사용자가 사용할 수 있는 하드웨어 및 소프트웨어 개발 툴(development tool)에는 어떤 것들이 있는지를 알아보고, 이중에서 다운로드 프로그램 및 다운로드 케이블의 사용방법을 자세히 설명한다.

1. 하드웨어 및 소프트웨어 개발 툴

사용자가 마이크로콘트롤러를 사용하여 응용 시스템을 개발할 때 꼭 필요한 것이 하드웨어 및 소프트웨어 개발 툴이다. 최근까지도 ARM 마이크로콘트롤러를 사용하려면 고가의 하드웨어 장비와 소프트웨어를 구입하는 것이 거의 필수적인 것으로 인식되어 왔다. 그러나, 최근에는 ARM 마이크로콘트롤러의 구조가 사용자 편의 위주로 개선되고 이에 적합하도록 무료용의 개발 툴들이 널리 보급됨으로써 이제는 아마추어 사용자들도 그다지 많은 비용을 들이지 않고 ARM 소자를 사용할 수 있게 되었다.

(1) 하드웨어 개발 툴

ARM의 하드웨어 개발 툴은 에뮬레이터, 평가용 보드, ISP 다운로드 케이블, 그리고 이것들에 관련된 소프트웨어 등으로 나눌 수 있다.

▣ 에뮬레이터

사용자가 작성한 프로그램을 타겟 보드(target board)로 다운로드하여 실시간으로 실행하면서 하드웨어나 소프트웨어의 오류를 쉽게 디버깅(debugging)할 수 있도록 도와주는 하드웨어 장비를 에뮬레이터(emulator)라고 한다. 일반적으로 에뮬레이터에는 타겟 보드에 사용자 프로그램을 다운로드할 수 있고, 다운로드한 프로그램을 1개의 명령어씩 실행하는 싱글 스텝(single step) 또는 트레이스(trace) 기능, 사용자가 원하는 위치까지 프로그램을 실행한 후에 정지시키는 브레이크 포인트(break point) 기능, 프로그램의 실행 상황을 실시간으로 화면에 보여주는 윈도우 워치(window watch) 기능 등을 가지고 있다.

전통적으로 마이크로프로세서의 에뮬레이터에는 CPU 소켓에 직접 포드(pod)를 접속하여 사용하는 ICE(In-Circuit Emulator) 형태가 많았으나 요즈음에는 IEEE 1149.1 표준의 JTAG 인터페이스를 사용하는 방식이 널리 사용되고 있다. ARM에서도 이를 사용하기 때문에 AT91SAM7S256에는 4개의 JTAG 인터페이스 핀을 가지고 있다.

우리가 AT91SAM7S256 마이크로콘트롤러에서 사용할 수 있는 대표적인 JTAG 에뮬레이터에는 ARM사의 Multi-ICE, Lauterbach사의 TRACE32, 아이지 시스템사의 OPENice-A1000, Atmel사의 AT91SAM-ICE와 같은 정식 제품도 있고, Macraigor Systems사의 Wiggler 케이블과 같이 병렬포트에 접속하여 사용하는 간이형 JTAG 인터페이스도 있다.

이러한 에뮬레이터는 디버거(debugger)라는 호스트컴퓨터 프로그램과 함께 사용되는데, 에뮬레이터를 사용하는 개발 시스템의 구성도를 <그림 3.2.1>에 보였다. 또한, <그림 3.2.2>에는 Atmel사의 AT91SAM-ICE 에뮬레이터를 보였으며, <그림 3.2.3>에는 Wiggler 호환 JTAG 인터페이스 케이블의 기본 회로도를 보였다.

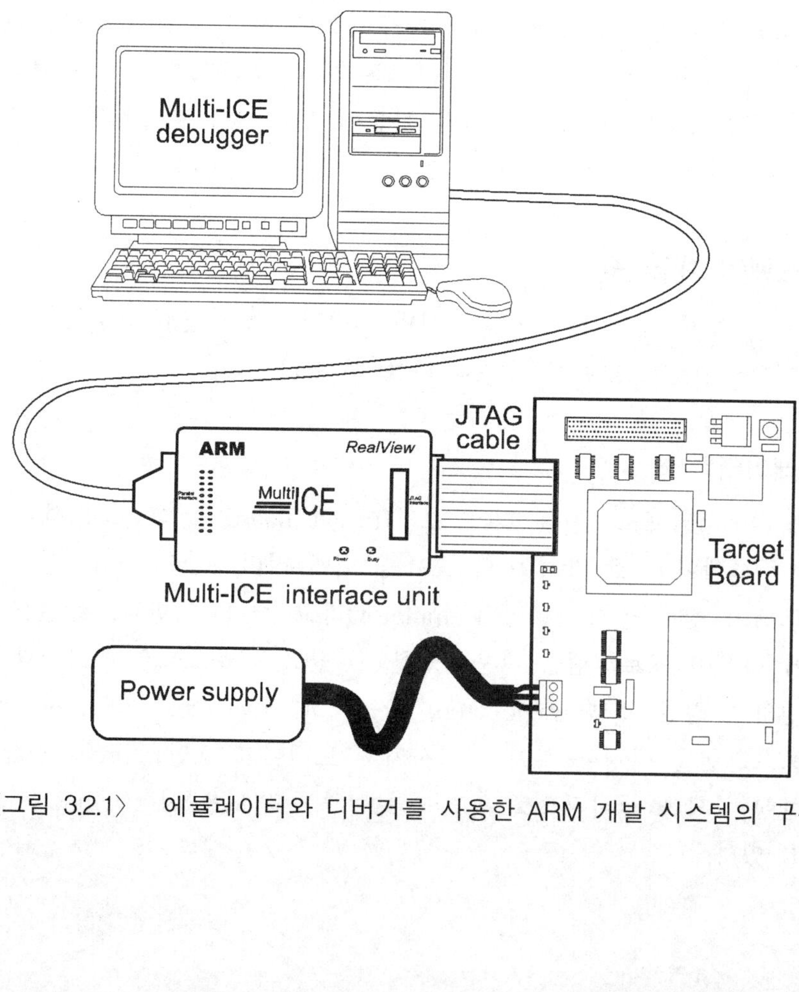

〈그림 3.2.1〉 에뮬레이터와 디버거를 사용한 ARM 개발 시스템의 구성

〈그림 3.2.2〉 Atmel사의 AT91SAM-ICE 에뮬레이터

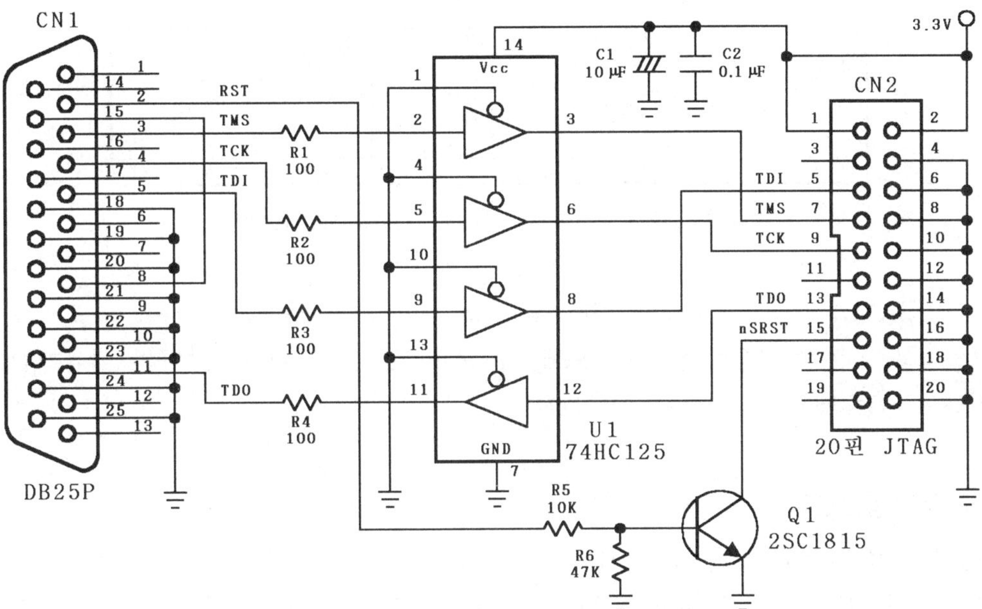

〈그림 3.2.3〉 Wiggler 호환의 JTAG 인터페이스 회로도

ARM 마이크로콘트롤러용의 JTAG(Joint Test Access Group) 에뮬레이터 인터페이스 콘넥터에는 20핀짜리와 14핀짜리의 2가지 표준이 있는데 이를 <그림 3.2.4>에 보였으며, *OK-7S256* 키트에도 이것들을 사용할 수 있도록 각각 콘넥터 CN2와 CN3을 장착하여 두었다. 그러나, 간혹 어떤 제품에서는 이와 다른 독자적인 인터페이스 콘넥터를 사용하는 경우도 있다. *OK-7S256* 키트에서는 20핀, 14핀, 6핀의 콘넥터를 갖는 Wiggler 호환형의 JTAG 인터페이스 *OK-JTAG*을 선택사양으로 제공한다.

과거에는 JTAG 에뮬레이터와 호스트 컴퓨터의 접속에 전용의 확장 카드와 접속 케이블을 사용하는 경우가 많았으나, 점차로 퍼스널컴퓨터의 병렬포트와 직렬포트를 사용하는 추세를 지나서 오늘날에는 USB로 접속하는 경우가 많아지고 있다.

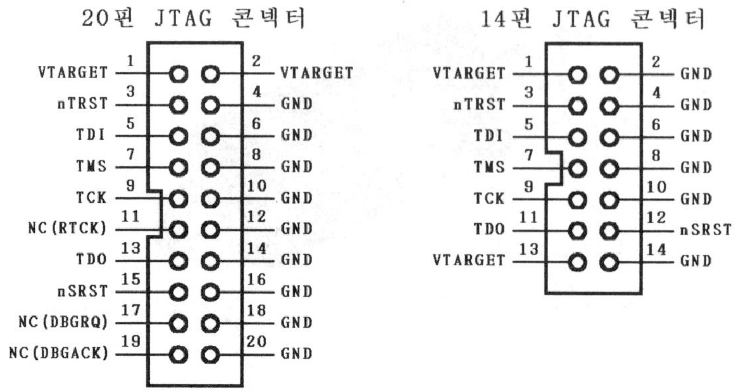

VTARGET	Target Voltage	nTRST	JTAG TAP Reset
GND	Ground	nSRST	Target System Reset
TDI	JTAG Serial Data In	(RTCK)	JTAG Retimed Clock
TDO	JTAG Serial Data Out	(DBGRQ)	Debug Request
TCK	JTAG Clock	(DBGACK)	Debug Acknowledge
TMS	JTAG TAP Mode Select	☞ ( )안처럼 사용하는 것은 드문 경우임.	

〈그림 3.2.4〉 ARM JTAG 인터페이스 콘넥터

AT91SAM7S256의 경우에는 ISP 다운로드 기능만을 사용하여 사용자 프로그램을 개발하더라도 큰 어려움이 없기 때문에 이 책에서는 기본적으로 고가의 에뮬레이터를 사용하지 않는 것으로 가정하고 설명한다.

▣ 평가용 보드

평가용 보드(evaluation board)는 마이크로콘트롤러를 사용하여 기본적인 하드웨어 설계 기술을 배우고 이를 사용해 봄으로써 마이크로콘트롤러의 하드웨어 또는 소프트웨어 실행 성능이나 응용분야를 평가해 볼 수 있도록 해당 마이크로콘트롤러의 제조회사 또는 협력사에서 개발 판매하는 간단한 트레이닝 보드이다. 이 마이크로콘트롤러를 처음 익히는 사람은 평가용 보드를 이용하여 짧은 시간에 저렴한 비용으로 많은 경험을 쌓을 수 있으므로 이를 스타터 키트(starter kit)라고 부르는 경우도 있다. 그러나, 해당 마이크로콘트롤러 모델이 출시된지 얼마 되지 않아서 이를 이용한 응용설계 기술이 널리 소개되지 않았거나 또는 개발 툴을 구하기 어려운 경우라면 모르지만, 오늘날처럼 관련 정보의 획득이 용이하고 ARM을 사용하기가 쉬워진 환경에서는 평가용 보드나 스타터 키트의 필요성이 상당히 적어졌다.

AT91SAM7S256의 평가용 보드로는 Atmel에서 판매하는 AT91SAM7S-EK가 있다. 이는 SAM-BA GUI 프로그램과 USB 케이블 또는 RS-232C 케이블을 사용하여 쉽게 사용자 프로그램을 다운로드할 수 있어서 상당히 편리하기는 하지만, 전체적으로 구조와 기능이 매우 간단하여 본격적인 AT91SAM7S256 마이크로콘트롤러의 학습용으로 사용하기에는 부적합하다. <그림 3.2.5>에 평가용 보드 AT91SAM7S-EK의 구성 블록도를 보였다.

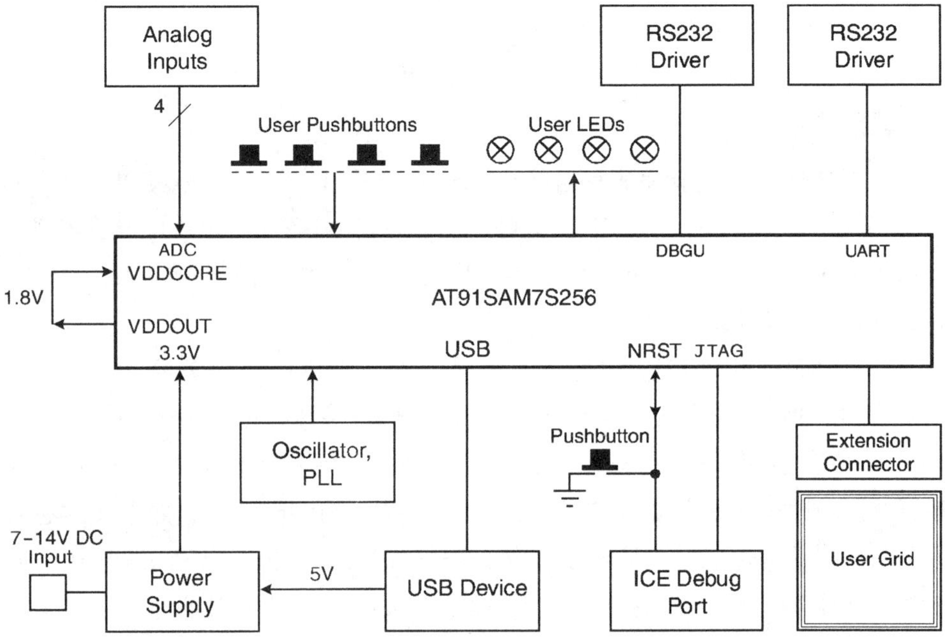

〈그림 3.2.5〉 AT91SAM7S-EK 평가용 보드의 구성 블록도

▣ 다운로드 케이블

일반적으로 ARM의 내부에는 JTAG 인터페이스 기능을 포함하고 있어서 JTAG ICE 에뮬레이터를 사용하여 타겟 보드의 메모리에 사용자 프로그램을 다운로드하는 것이 보통이다. 그러나, 오늘날의 MCU화된 스마트 ARM 마이크로프로세서 모델들은 대부분 내부에 플래시 메모리와 SRAM을 가지고 있고 여기에 사용자 프로그램을 다운로드할 수 있는 간편한 방법을 추가적으로 제공하고 있다.

AT91SAM7S256의 경우에도 내부에 SAM-BA Boot 프로그램을 가지고 있어서 이것이 퍼스널컴퓨터의 SAM-BA GUI 프로그램과 연계하여 사용자 프로그램을 쉽게 다운로드할 수 있다. 이때 퍼스널컴퓨터와 타겟 보드는 USB 포트 또는 비동기 직렬통신 포트인 DBGU 포트로 연결되어야 한다. *OK-7S256* 키트에서는 USB A-B형 다운로드 케이블을 사용할 수 있도록 콘넥터 CN4를 설치하여 두었으며, 9핀 RS-232C형 다운로드 케이블을 사용할 수 있도록 콘넥터 CN5를 설치하여 두었다. 이들 케이블에 대하여는 앞의 제3.1절에서 설명한 바 있다.

(2) 소프트웨어 개발 툴

ARM의 소프트웨어 개발 툴은 어셈블러, C컴파일러, IDE 소프트웨어, 디버거, ISP 다운로드 프로그램 등으로 나눌 수 있다.

▣ 어셈블러

오늘날 대부분의 마이크로콘트롤러에서는 어셈블리 언어 또는 C언어를 사용하여 사용자의 응용 프로그램을 개발하고 있다. 이에 따라 이를 마이크로콘트롤러에 대하여는 해당 반도체 회사 또는 다른 소프트웨어 회사에서 어셈블러(assembler)와 C컴파일러(compiler)를 제공하고 있다.

그러나, ARM 마이크로프로세서에서는 어셈블리 언어를 사용하여 응용 프로그램을 개발하는 일이 매우 드물고 거의 대부분 C언어를 사용하는 추세이다. 이는 아마도 ARM 마이크로프로세서는 초창기부터 기타 마이크로콘트롤러에 비하여 복잡한 응용 시스템에 사용되는 경우가 많았고 따라서 소프트웨어의 규모도 방대하기 때문에 어셈블리 언어를 사용하는 것이 부적합하였기 때문이었을 것으로 추측된다. 이 때문인지 ARM용의 어셈블러가 따로 판매되는 경우는 드물고 대부분 C컴파일러에 포함되어 판매되고 있으며, 평가용 버전에 포함된 어셈블러도 대부분 기능의 제한이 없다.

따라서, 현재 어셈블리 언어는 사용자 프로그램의 스타트업(startup) 코드를 이해하는데 필요한 정도만 익혀두면 될 것으로 본다. 이러한 실정을 반영하여 이 책에서도 모든 예제 프로그램은 C언어로만 취급한다. 하지만, ARM에서 현재는 이처럼 C언어가 압도적으로 널리 사용되고 있으나 점점 소형의 MCU화된 ARM 모델이 출시되고 이것들이 소규모 시스템에 콘트롤러로서 많이 적용되는 추세에 있기 때문에 앞으로는 ARM에서도 어셈블리 언어를 많이 사용하게 될지도 모르는 일이다.

▣ C 컴파일러

ARM용의 C컴파일러는 ARM사의 제품이 가장 널리 사용되고 있기 때문에 이것 이외의 제품들은 불과 몇가지 정도가 있을 뿐이다. ARM용의 C컴파일러를 요약하면 <표 3.2.1>과 같다.

ARM사의 C컴파일러는 처음에 SDT가 사용되다가 단종되었고 현재는 ADS를 거쳐 RVDS가 제공되고 있다. 그러나, 아직도 현장에서는 약간 구버전인 ADS v1.2가 널리 사용되고 있으며, 이 책에서도 이를 기본으로 사용한다.

그밖의 ARM용 C컴파일러로는 IAR사와 Keil사의 제품 등이 있다. 그러나, 8051 컴파일러로 유명한 Keil사는 2005년에 ARM사에 흡수 합병되었는데, 합병 후에도 독자적인 ARM용 C컴파일러인 PK-ARM을 MDK-ARM으로 바꾸어 계속 유지시켜 나가고 있다.

이밖에 GCC 계열의 무료용 ARM 컴파일러로는 WinARM이 있는데, 이는 Martin Thomas라는 사람이 개인적으로 만들어 자신의 홈페이지에 제공하고 있다. 아직은 이것의 사용자가 상대적으로 적은 듯하지만 무료용이라는 장점 때문에 앞으로 점점 사용자가 많아질 것으로 예상되어 이 책에서도 이를 함께 사용한다. 보통 ARM용 컴파일러가 수백만원에 이르는 점을 생각하면 이는 특히 아마추어들에게 매우 유용한 제품이다. 다만 대부분의 ARM용 컴파일러가 화려한 IDE 프로그램과 함께 제공되는데 비하여 WinARM은 이러한 것이 없고 프로그래머 노트패드 프로그램 정도가 제공되므로 사용하기에 다소 불편할 수 있으며, 이는 사용자가 적절히 이에 맞는 쉘프로그램을 선택하여 사용함으로써 극복될 수도 있다.

〈표 3.2.1〉 ARM용 C컴파일러의 종류

개발 회사	소프트웨어명	최신 버전	비 고
ARM	SDT(Software Development Toolkit)	v2.51	현재는 단종되었음
	ADS(ARM Developer Suite)	v1.2	현재는 단종되었음 ★ 이 책에서 사용함
	RVDS(RealView Development Suite)	v3.0	
IAR	EWARM(Embedded Workbench for ARM)	V4.40	
Keil	PK-ARM(Professional Developer's Kit for ARM)	V2.42	현재는 단종되었음
	MDK-ARM(Microcontroller Development Kit for ARM)	V3.03a	2005년 ARM사에 합병됨
Green Hills	MULTI	V4.0	
MQX Embedded	MetaWare	V5.4	
ImageCraft	ICCV7 for ARM	V7.05	
GNU ARM	GNU ARM for Windows	20060801	GCC 계열의 무료용
(Martin Thomas)	WinARM	20070505	GCC 계열의 무료용 ★ 이 책에서 사용함

IDE(Integrated Development Environment)는 에디터, 어셈블러, C컴파일러, 링커, 다운로더, 디버거 등 사용자가 프로그램 개발에 필요한 모든 소프트웨어를 종합적으로 사용할 수 있는 통합 관리 프로그램이라고 할 수 있다. IDE는 에디터와 디버거를 포함하는 경우가 많으며, 독립적인 제품으로 판매되기도 하지만 대부분의 경우에는 기본적으로 C컴파일러에 포함되어 제공된다. 예를 들어 ARM사의 ADS v1.2 컴파일러에는 기본적으로 Metrowerks사의 CodeWarrior V4.2.5.764라는 IDE 소프트웨어와 디버거인 AXD(ARM eXtended Debugger)를 포함하고 있다.

디버거 소프트웨어는 에뮬레이터를 그림자처럼 따라다니며 함께 사용된다. 디버거와 에뮬레이터를 사용하면 어셈블리 언어 또는 C언어 레벨에서 프로그램을 실행하면서 디버깅을 수행할 수 있다. 이러한 디버깅을 위한 기능에는 사용자 프로그램의 다운로드 및 실행, 싱글 스텝 트레이스, 브레이크 포인트, 메모리 액세스, 레지스터 및 변수값의 실시간 워치(watch) 등이 있다.

◀휴게실▶

ARM 관련 업체 및 개인 홈페이지 리스트

ARM 마이크로콘트롤러 또는 이것의 하드웨어 및 소프트웨어 개발 툴과 관련된 주요 업체와 개인 홈페이지를 요약하면 다음과 같다.

〈표 3.2.2〉 ARM 관련 업체 및 홈페이지

업체명 또는 운영자	홈페이지 주소	취급 품목 또는 내용
ARM	http://www.arm.com/	ARM 코어 개발, SDT/ADS/RVDS 컴파일러 및 Multi-ICE 개발
Atmel	http://www.atmel.com/ http://www.at91.com/	AT91 시리즈 ARM 마이크로콘트롤러 및 AT91SAM-ICE 개발 자사의 AT91 시리즈 ARM 관련 포럼
NXP(Philips)	http://www.nxp.com/ http://forums.semiconductors.com/	LP2000 패밀리 ARM 마이크로콘트롤러 개발 자사의 MCU 관련 포럼
ST Microelectronics	http://www.st.com/stonline/	STR7/9 시리즈 ARM 마이크로콘트롤러 및 STX-RLINK 개발
Analog Devices	http://www.analog.com/	ADuC7000 시리즈 ARM 마이크로콘트롤러 개발
삼성전자	http://www.samsung.com/Products/Semiconductor/MobileSoC/	S3Cxxxx 시리즈 ARM 마이크로콘트롤러 개발
IAR	http://www.iar.com/	EWARM 컴파일러, C-SPY 디버거 개발
Keil	http://www.keil.com/	PK-ARM 및 MDK-ARM 컴파일러, μVision3 디버거 개발
Green Hills Software	http://www.ghs.com/	MULTI 컴파일러/디버거, SuperTrace 에뮬레이터 개발
MQX Embedded	http://www.MQXembedded.com/	MetaWare 컴파일러, SeeCode 디버거 개발
Rowley	http://www.rowley.co.uk/	CrossWorks 컴파일러, CrossStudio 디버거 개발
ImageCraft	http://www.imagecraft.com/	ICCV7 for ARM 컴파일러 개발
GNU ARM	http://www.gnuarm.org/	무료용 컴파일러 GNU ARM 제공
Martin Thomas	http://www.siwawi.arubi.uni-kl.de/avr_projects/arm_projects/	무료용 컴파일러 WinARM 제공
mikrocontroller.net	http://en.mikrocontroller.net/forum/17/	WinARM/ARM-GCC 포럼
Lauterbach	http://www.lauterbach.com/	TRACE32 에뮬레이터 개발
iSYSTEM	http://www.isystem.com/	iC1000/2000/3000, VBOX-Pro 에뮬레이터, winIDEA 디버거 개발
Segger	http://www.segger.com/	J-Link 및 J-Trace 에뮬레이터 개발
Embest Info & Tech	http://www.embedinfo.com/	PowerICE 및 UNetICE 에뮬레이터, Embest IDE 디버거 개발
아이지 시스템	http://www.aijisystem.com/ http://www.mculand.com/	OPENice-A1000 에뮬레이터, AIJI Spider 디버거 개발
Macraigor	http://www.macraigor.com/	간이형 JTAG 인터페이스 Wiggler 케이블 개발
H-JTAG	http://www.hjtag.com/	H-JTAG Server 및 H-Flasher 프로그램 개발 제공
MDS 테크놀로지	http://www.mdstec.com/ http://www.arm.co.kr/	ARM 관련 제품 개발/판매, ARM 관련 교육
씨랩시스	http://www.clabsys.co.kr/	ARM 관련 제품 개발/판매, ARM 관련 교육
휴인스	http://www.huins.com/	ARM 관련 제품 개발/판매, ARM 관련 교육
디오이즈	http://www.dioiz.com/	μC/OS 관련 제품 개발/판매, 임베디드 시스템 관련 교육
OLIMEX	http://www.olimex.com/	다양한 ARM 개발용 트레이닝 키트 판매
인터테크놀로지	http://www.kitkorea.com/	ARM 관련 제품 판매, ARM 키트 개발/판매
재미있는 마이컴	http://www.funmicom.com/	ARM 키트 판매
AVR Mall	http://www.avrmall.com/	ARM 마이크로콘트롤러 및 ARM 키트 판매
Device Mart	http://www.devicemart.co.kr/	ARM 마이크로콘트롤러 및 ARM 키트 판매
채원이와 홍석이	http://user.chollian.net/~hebb/	ARM 관련 개인 홈페이지(운영자 이채원)
AT91SAM7SXX 카페	http://cafe.naver.com/at91sam7s.cafe/	AT91SAM7S 시리즈 ARM 관련 네이버 카페(운영자 박재영)

▣ ISP 다운로드 프로그램

ARM 마이크로프로세서 중에서 내부에 플래시 메모리와 SRAM을 가지고 있어 MCU화된 모델에는 이 플래시 메모리 또는 SRAM에 사용자 프로그램을 다운로드하는 ISP(In-System Programming) 또는 IAP(In-Application Programming) 기능을 가지는 경우가 많다. 그러나, 이러한 다운로드 동작은 제조사마다 특성있게 수행되므로 다운로드 프로그램이나 다운로드 케이블도 각 제조사마다 천차만별로 다르다.

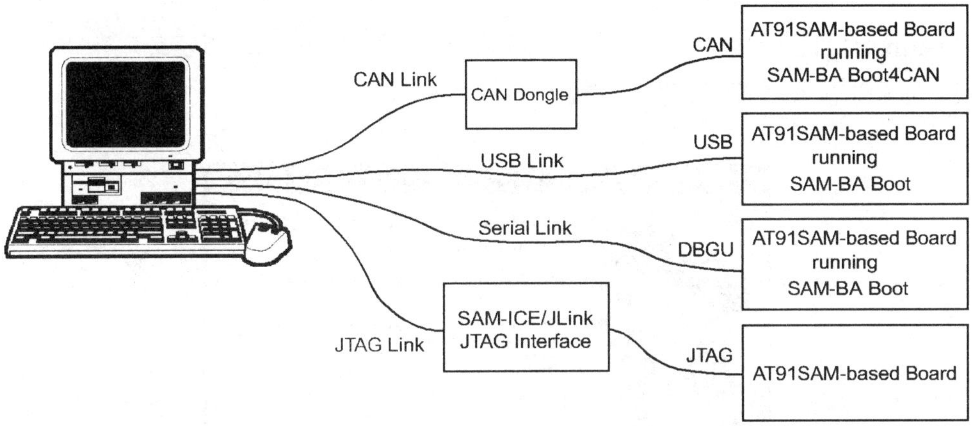

〈그림 3.2.6〉 AT91SAM 마이크로콘트롤러의 여러 가지 ISP 다운로드 방식

Atmel사의 AT91SAM 마이크로콘트롤러의 ISP 다운로드 방식은 <그림 3.2.6>에 보인 것처럼 여러 가지가 있다.

첫번째 방법은 JTAG 인터페이스를 사용하는 경우인데 이 방법은 내부 플래시 메모리를 가지고 있는 모든 AT91SAM 마이크로콘트롤러 모델에 적용되며, 호스트 컴퓨터에서는 디버거 소프트웨어 또는 SAM-PROG 프로그램이 다운로드를 수행한다.

두번째 방법은 USB 인터페이스나 DBGU 포트를 사용하는 경우로서 우리가 공부하는 AT91SAM7S256에서도 이 방법을 사용하고 있는데, 이를 위하여 이 소자의 내부에는 ROM으로 SAM-BA Boot 프로그램을 가지고 있으며, 호스트 컴퓨터에서는 SAM-BA GUI 프로그램이 다운로드를 수행한다.

세번째 방법은 CAN 인터페이스를 사용하는 방법으로서 이 방법은 CAN 통신 포트를 가지고 있는 AT91SAM7A3 모델이나 AT91SAM7X 시리즈 모델에서만 적용되는데, 이를 위하여 이들 모델의 내부에는 SAM-BA Boot4CAN이라는 프로그램을 가지고 있으며, 호스트 컴퓨터에는 CAN 동글을 접속하고 SAM-PROG 프로그램으로 다운로드를 수행한다.

2. SAM-BA GUI 프로그램의 설치

Atmel사에서는 AT91SAM7S256 마이크로콘트롤러에서 사용할 수 있는 다운로드 프로그램 SAM-BA GUI를 제공하고 있다. 이것은 AT91-ISP 소프트웨어 패키지 안에 SAM-PROG 프로그램과 함께 제공되며, 현재는 Windows 2000과 Windows XP에서만 사용할 수 있다. 여기서는 이를 설치하는 방법을 설명한다.

① Atmel사의 웹사이트에서 AT91-ISP의 가장 최근 버전을 다운로드하고 이 프로그램을 실행하면 <그림 3.2.7>의 화면이 나타난다.

〈그림 3.2.7〉 SAM-BA GUI 프로그램을 설치하는 첫 화면

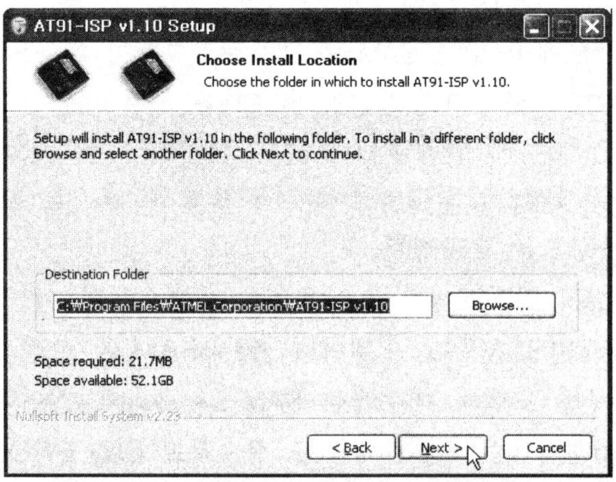

〈그림 3.2.8〉 SAM-BA GUI를 설치할 폴더를 지정

② 이를 설치하는 과정에서 <그림 3.2.8>처럼 설치할 폴더를 지정하라는 화면이 나타나는데 특별한 이유가 없으면 설치 프로그램이 디폴트로 지정하는 위치에 그냥 설치한다.

③ 설치가 끝나면 마지막에 <그림 3.2.9>와 같은 화면이 나타나고, 이때 Finish 버튼을 누르면 설치가 종료되고 퍼스널컴퓨터가 다시 부팅된다.

〈그림 3.2.9〉 SAM-BA GUI 프로그램을 설치를 완료하는 마지막 화면

④ 이 프로그램을 설치하면 사용자가 이를 편리하게 사용할 수 있도록 퍼스널컴퓨터의 바탕화면에 <그림 3.2.10>처럼 C:\Program Files\ATMEL Corporation\ AT91-ISP v1.10\SAM-BA v2.6\SAM-BA.exe 파일의 바로가기 아이콘이 자동으로 만들어진다.

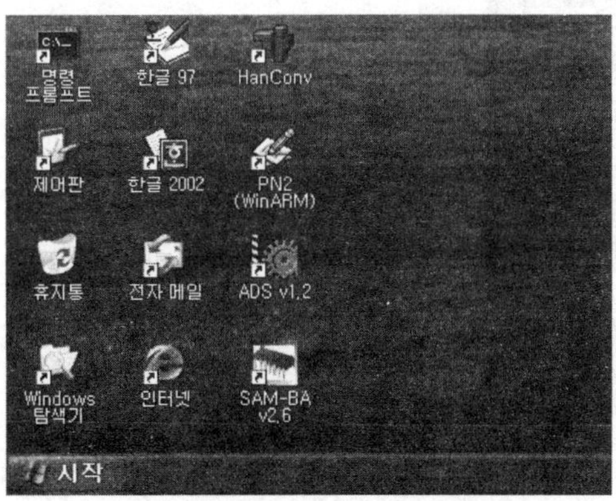

〈그림 3.2.10〉 SAM-BA GUI 프로그램의 바로가기 아이콘을 만든 화면

이 프로그램을 설치하고 만약 USB 케이블을 사용하여 다운로드를 수행하는 경우라면 처음에 이와 관련된 드라이버 파일을 설치가 필요하다. 그 절차는 다음과 같다.

① USB 케이블을 퍼스널컴퓨터의 USB 포트와 *OK-7S256* 키트의 콘넥터 CN4 사이에 연결하고 키트의 전원을 켜면 퍼스널컴퓨터가 키트를 확인하고 <그림 3.2.11>과 같은 화면이 뜬다. 그러면, 그림과 같이 선택하고 다음(N) 버튼을 누른다.

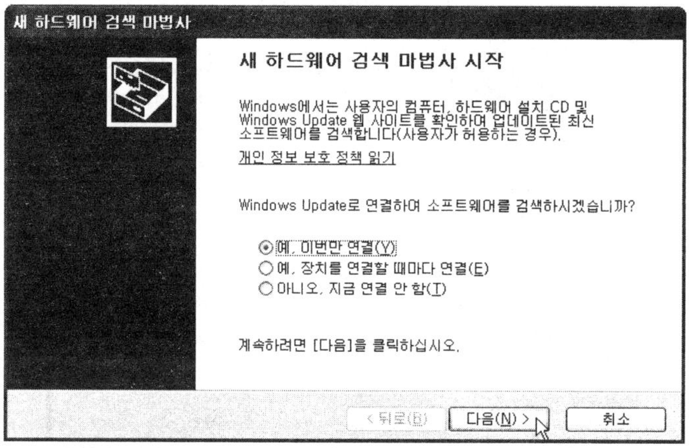

〈그림 3.2.11〉 USB 드라이버를 설치하기 시작하는 화면

② 다음에 <그림 3.2.12>와 같은 화면이 나타나면 그림과 같이 자동으로 설치하도록 선택하고 다음(N) 버튼을 누른다.

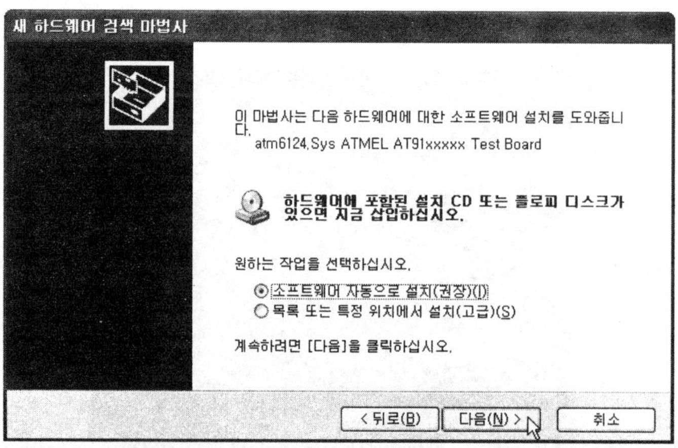

〈그림 3.2.12〉 USB 드라이버를 자동으로 설치하도록 지정

③ 다시 <그림 3.2.13>과 같은 화면이 나타나면 무조건 계속(C) 버튼을 누른다.

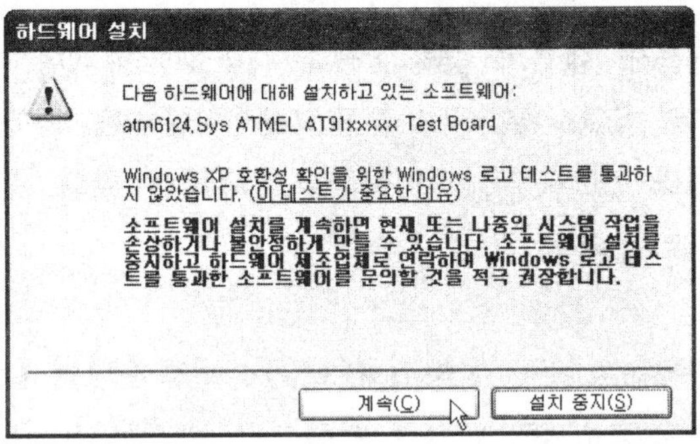

〈그림 3.2.13〉 USB 드라이버 설치를 계속하도록 지시

④ 마지막으로 <그림 3.2.14>가 나타나면 마침 버튼을 눌러서 USB 드라이버의 설치를 완료한다.

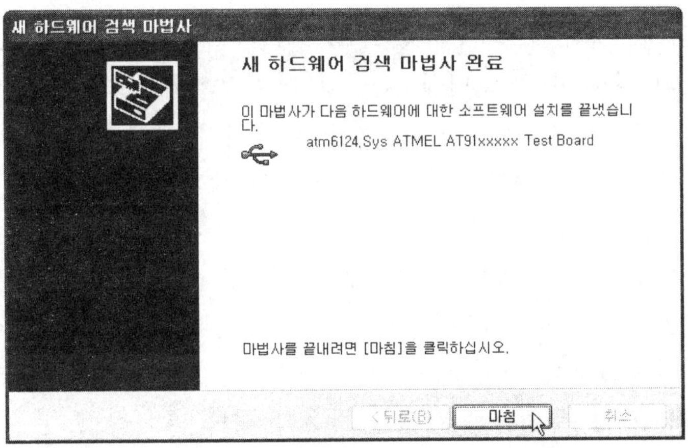

〈그림 3.2.14〉 USB 드라이버 설치를 완료하는 화면

이렇게 하여 퍼스널컴퓨터가 USB로 통신을 수행하여 *OK-7S256* 키트에 사용자 프로그램을 다운로드하기 위한 드라이버 파일 ATM6124.sys의 설치가 완료되었다. 이 파일은 앞에서 AT91-ISP 소프트웨어 패키지를 설치할 때 이미 퍼스널컴퓨터에 복사되어 있던 것인데, 이제는 이것을 퍼스널컴퓨터가 인식하여 사용할 수 있게 되었으므로 이제부터 퍼스널컴퓨터와 *OK-7S256* 키트를 USB 케이블로 연결하기만 하면 퍼스널컴퓨터가 이 키트를 자동으로 인식하여 사용할 수 있다.

3. USB 또는 RS-232C 케이블을 사용한 다운로드

이제 *OK-7S256* 키트에 사용자 프로그램을 다운로드하려면 앞에서 설명한 것과 같이 퍼스널컴퓨터에 미리 SAM-BA GUI 프로그램을 설치해 두어야 하며, USB A-B형 케이블 또는 9핀짜리 RS-232C 통신 케이블을 준비해야 한다. 사용자 프로그램을 다운로드하는 방법과 절차는 다음과 같다.

① USB 통신으로 다운로드를 수행하려면 퍼스널컴퓨터의 USB 포트와 *OK-7S256* 키트의 콘넥터 CN4 사이에 USB A-B형 케이블을 연결한다. 그러나, RS-232C 통신으로 다운로드를 수행하겠다면 퍼스널컴퓨터의 직렬포트와 *OK-7S256* 키트의 콘넥터 CN5 사이에 9핀짜리 RS-232C 케이블을 연결한다. 만약 이 2가지를 모두 연결하여 놓으면 SAM-BA GUI 프로그램은 USB 케이블을 먼저 인식하여 이것으로 다운로드를 수행하게 된다.

② *OK-7S256* 키트에 새로 사용자 프로그램을 다운로드하려면 항상 먼저 기존에 AT91SAM7S256의 플래시 메모리에 들어있던 사용자 프로그램을 삭제하고 내부의 ROM에 들어있는 SAM-BA Boot 프로그램을 플래시 메모리로 옮겨주어야 한다. 이는 AT91SAM7S256의 TST 단자에 논리값 1을 인가한 상태에서 약 10초 정도를 기다리는 것으로 수행된다.

그러나, 사용자가 이렇게 매번 프로그램을 다운로드할 때마다 TST 단자에 논리값 1을 인가하고 시계를 보면서 10초를 기다리는 것은 매우 불편하므로 *OK-7S256* 키트에서는 이를 훨씬 편리하게 사용할 수 있는 회로를 설계하여 장착하고 있다. 이를 사용하여 **플래시 메모리를 삭제하는 방법**은 다음과 같다.

- *OK-7S256* 키트의 전원을 끈다.
- 스위치 SW2를 (SAM-BA) 측으로 올린다.
- *OK-7S256* 키트의 전원을 다시 켠다.
- 그러면 이제부터 LED3이 10초 동안 켜져 있게 된다.
- 10초가 지나서 LED3이 꺼지면 *OK-7S256* 키트의 전원을 끈다.
- 스위치 SW2를 (Normal) 측으로 내린다.
- 이제 플래시 메모리가 삭제되고 SAM-BA Boot가 로드되었으므로 *OK-7S256* 키트의 전원을 켜고 다운로드를 시작하면 된다.

이와 같이 내부의 플래시 메모리를 삭제하고 SAM-BA Boot 프로그램을 플래시 메모리로 옮기고 나면 이제부터는 전원을 켰을 때 AT91SAM7S256이 PA16=0으로 출력하여 트랜지스터 Q1을 on시키고 USB 포트의 DDP 단자 풀업저항 R10(1.5kΩ)을 유효하게 함으로써 USB 통신에 의한 다운로드를 가능한 상태로 만들어 준다. 그러나, 사용자 프로그램을 다운로드하고 나면 PA16=1로 출력하여 풀업저항을 차단함으로써 퍼스널컴퓨터가 이 USB 포트를 디바이스로 인식하게 못하도록 막아놓게 된다.

③ 새로 사용자 프로그램을 다운로드하기 전에 플래시 메모리의 내용을 삭제하고 SAM-BA Boot 프로그램을 플래시 메모리로 옮기는 것은 위에서처럼 키트의 전원을 끄지 않고 **리셋 스위치를 사용하는 방법**도 가능하다.

- *OK-7S256* 키트의 전원이 켜져 있고 리셋 스위치를 누른 상태에서 스위치 SW2를 (SAM-BA) 측으로 올린다.
- 리셋 스위치를 놓으면 이제부터 LED3이 10초 동안 켜져 있게 된다.
- 10초가 지나서 LED3이 꺼지면 다시 리셋 스위치를 누른 상태에서 스위치 SW2를 (Normal) 측으로 내린다.
- 이제 리셋 스위치를 놓으면 플래시 메모리가 삭제되고 SAM-BA Boot가 로드되었으므로 다운로드를 시작하면 된다.

④ 다운로드는 바탕화면에 만들어 놓은 SAM-BA GUI 프로그램의 바로가기 아이콘을 눌러서 수행한다.

⑤ 만약 USB 케이블을 사용하고 있다면 SAM-BA GUI 프로그램이 이를 인식하여 화면에는 <그림 3.2.15>와 같이 나타난다. 화면에 이렇게 나타나지 않는다면 메뉴를 펼쳐서 \usb\ARM0 항목을 선택해주면 된다. USB 케이블을 연결하지 않았거나 연결을 했는데도 *OK-7S256* 키트의 USB 포트가 인식되지 않으면 \usb\ARM0 항목은 나타나지 않는다. USB 케이블을 연결하였는데도 키트가 잘 인식되지 않으면 키트의 전원을 껐다가 다시 켜거나 USB 케이블의 접속 상태를 체크해 보아야 한다.

그러나, RS-232C 케이블을 사용하고 있는 경우라면 화면에는 <그림 3.2.16>과 같이 나타난다.

이상의 어느 경우에나 Select your board 항목을 반드시 AT91SAM7S256-EK로 선택해 주어야 한다는 점에 유의하라.

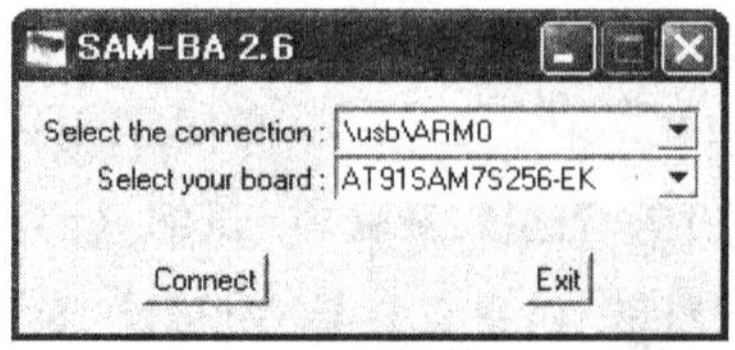

〈그림 3.2.15〉 USB 케이블을 사용할 때 SAM-BA GUI를 실행시킨 화면

〈그림 3.2.16〉 RS-232C 케이블을 사용할 때 SAM-BA GUI를 실행시킨 화면

⑥ USB 케이블을 사용하면서 첫번째 화면에서 Connect 버튼을 누르면 <그림 3.2.17>과 같이 SAM-BA GUI 화면이 나타난다. 그러나, RS-232C 케이블을 사용하는 경우에는 SAM-BA GUI 화면이 <그림 3.2.18>과 같이 나타난다. 만약, 키트의 플래시 메모리를 삭제하지 않았거나 어떤 이유로든지 SAM-BA GUI 프로그램이 *OK-7S256* 키트를 인식하지 못했다면 <그림 3.2.19>와 같은 에러 화면이 나타난다.

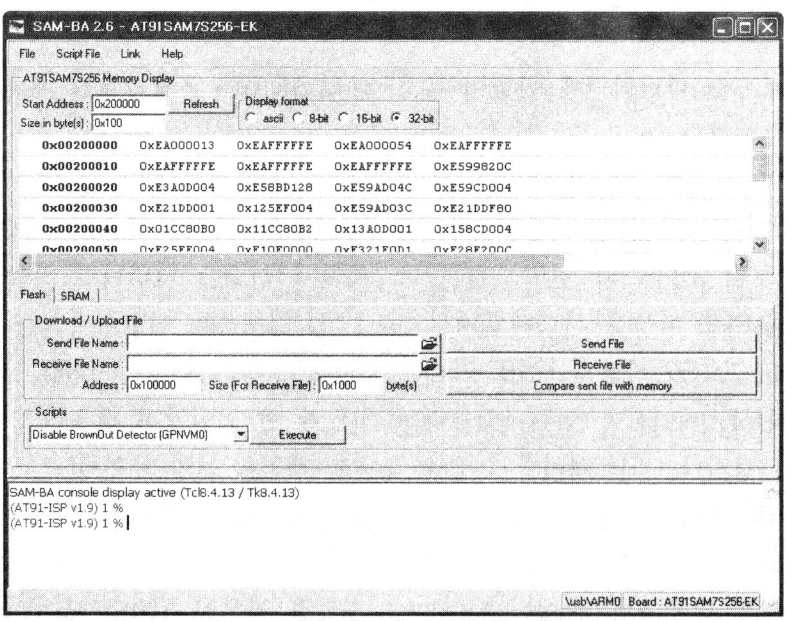

〈그림 3.2.17〉 USB 케이블을 사용할 때 SAM-BA GUI의 기본 화면

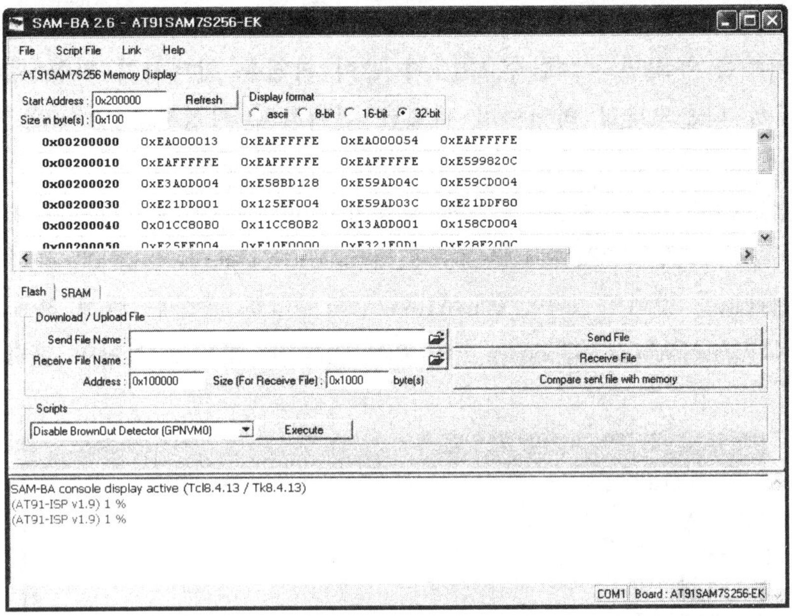

〈그림 3.2.18〉 RS-232C 케이블을 사용할 때 SAM-BA GUI의 기본 화면

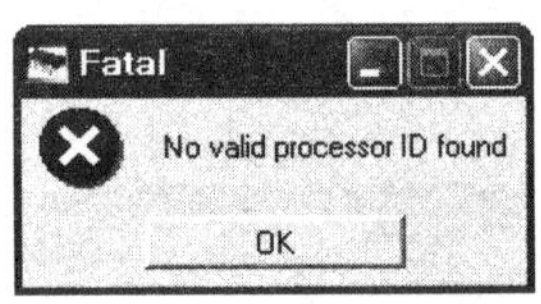

〈그림 3.2.19〉 SAM-BA GUI가 *OK-7S256* 키트를 인식하는데 실패한 화면

⑦ 일반적으로 플래시 메모리에 다운로드할 수 있도록 사용자 프로그램을 작성하므로 화면 중간 정도에 위치하는 Flash와 SRAM 버튼 중에서 <그림 3.2.20>처럼 Flash를 선택한다. 그러나, 특별히 AT91SAM7S256 내부의 SRAM에서 실행하기 위한 프로그램을 작성한 경우에는 물론 이를 SRAM으로 선택해야 한다.

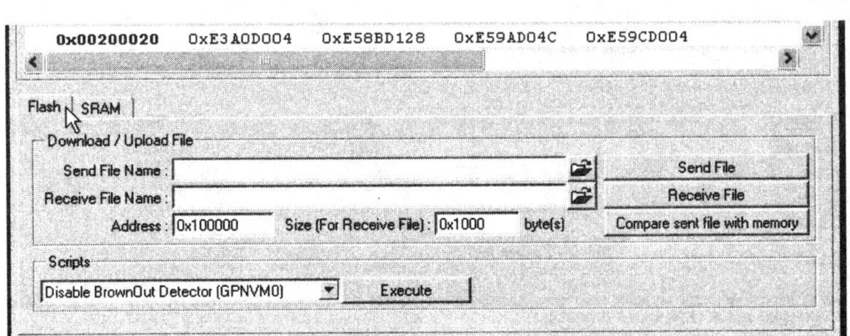

〈그림 3.2.20〉 다운로드할 메모리를 플래시 메모리로 선택

⑧ 이제 다운로드하려는 바이너리 파일을 지정하기 위하여 Send File Name 항목의 파일 열기 버튼을 누르면 <그림 3.2.21>과 같이 파일을 선택하기 위한 팝업창이 나타나는데, 여기서 다운로드할 바이너리 파일을 선택하여 지정하고 열기(O) 버튼을 누르면 된다.

이때 ADS v1.2 컴파일러로 작성한 사용자의 C언어 예제 프로그램을 *OK-7S256* 키트에 다운로드하려면 C:\ADSv1_2\OK7S256ads\Xads_Data\DebugRel\ 폴더에서 바이너리 파일 Xads.bin을 찾아야 하며, WinARM 컴파일러로 작성한 예제 프로그램을 다운로드하려면 C:\WinARM\OK7S256gcc\ 폴더에서 xgcc.bin 파일을 찾아야 한다.

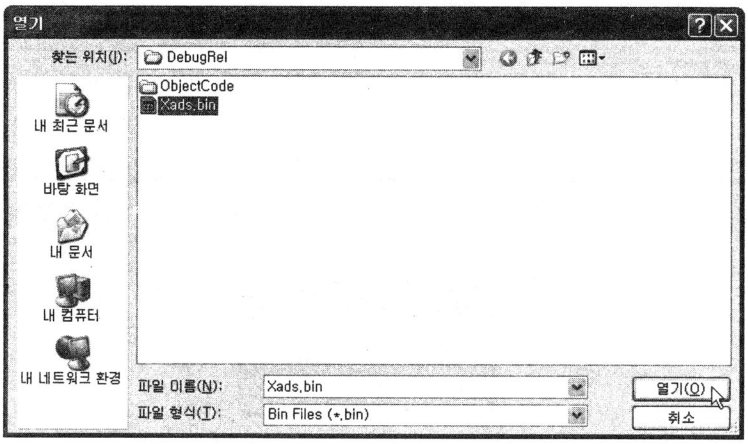

〈그림 3.2.21〉 다운로드할 바이너리 파일을 선택

⑨ 다운로드할 바이너리 파일을 선택하였으면 <그림 3.2.22>와 같이 Send File 버튼을 눌러 다운로드를 시작한다.

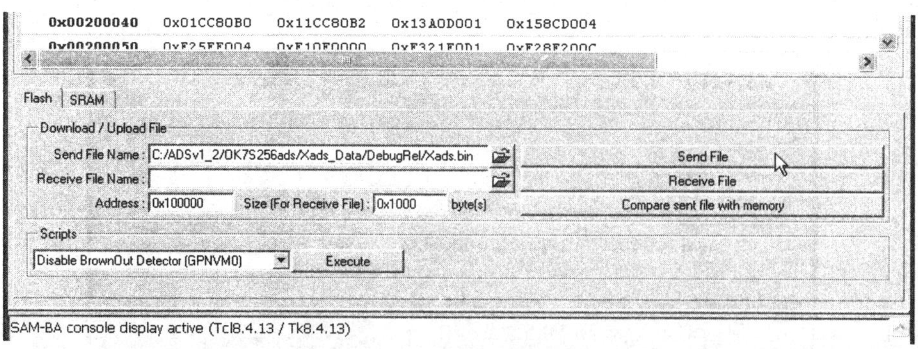

〈그림 3.2.22〉 다운로드 시작

⑩ 다운로드를 수행하는 도중에 <그림 3.2.23>과 같은 팝업 화면이 나타나게 되면 Yes 버튼을 누른다. 이것은 프로그램을 다운로드하기 위하여 현재 플래시 메모리에 Lock Bit에 의하여 설정되어 있는 보호기능을 해제할지를 묻는 것이므로 Yes로 대답해야만 다운로드가 정상적으로 진행된다.

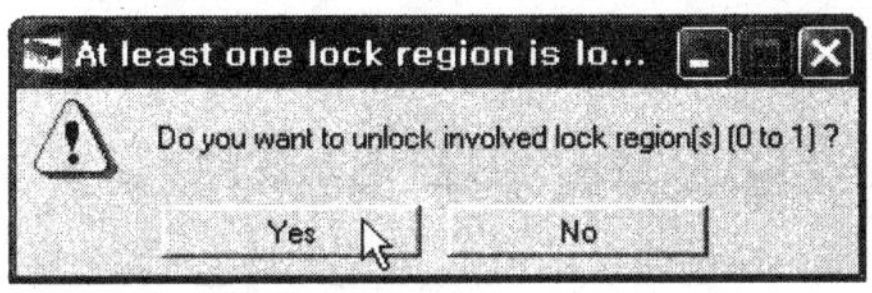

〈그림 3.2.23〉 다운로드 도중에 메모리 보호기능을 해제할지 묻는 화면

⑪ 다음에는 <그림 3.2.24>와 같은 팝업 화면이 나타나는데 Yes 버튼을 누른다. 이것은 프로그램을 다운로드할 때 플래시 메모리에 Lock Bit에 의하여 보호기능을 설정할지를 묻는 것인데 일반적으로 설정하므로 Yes로 대답한다.

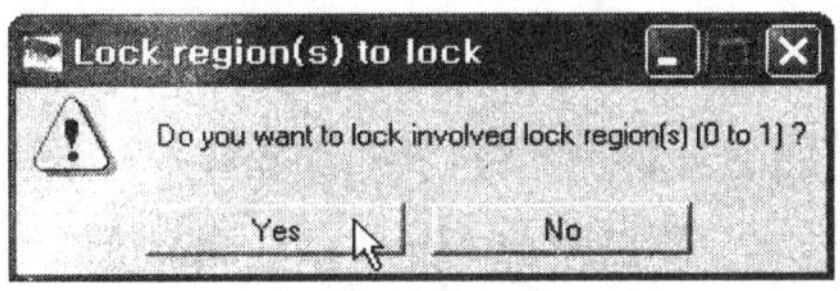

〈그림 3.2.24〉 다운로드 도중에 메모리 보호기능을 설정할지 묻는 화면

⑫ 다운로드가 끝났으면 SAM-BA GUI 프로그램을 종료하고, *OK-7S256* 키트에서 리셋 스위치를 누르거나 또는 키트의 전원을 껐다 다시 켜면 새로 다운로드한 사용자 프로그램이 실행된다.

이제 이 상태에서는 AT91SAM7S256이 PA16=1로 출력하여 트랜지스터 Q1을 off시키고 USB 포트의 DDP 단자 풀업저항 R10(1.5kΩ)을 차단함으로써 USB 통신을 불가능하게 한다. 또한 플래시 메모리에 옮겨졌던 SAM-BA Boot 프로그램도 삭제되어 더 이상 실행되지 않으므로 DBGU에 의한 다운로드도 동작하지 않게 된다.

이후에 새로운 사용자 프로그램을 *OK-7S256* 키트에 다운로드하려면 위의 ②~⑫ 과정을 순서대로 다시 반복해야 한다. 여기에는 플래시 메모리를 삭제하는 과정이 포함되어 있어서 얼핏 좀 번거로워 보일 수도 있지만 이러한 방식에 조금만 숙달되면 별로 불편하지 않다.

4. Wiggler형 JTAG 인터페이스 *OK-JTAG*의 사용

여기서는 *OK-7S256* 키트에서 선택사양으로 제공하는 Wiggler 호환형의 JTAG 인터페이스 *OK-JTAG* 케이블을 사용하여 AT91SAM7S256에 사용자 프로그램을 다운로드하거나 또는 이와 ADS v1.2의 AXD 디버거 소프트웨어를 연계시켜 디버깅을 수행하는 방법을 설명한다.

OK-7S256 키트에서는 기본적으로 SAM-BA GUI 프로그램을 사용하여 USB 케이블 또는 RS-232C 케이블로 사용자 프로그램을 다운로드하고 있지만, 콘넥터 CN2 또는 CN3에 JTAG 에뮬레이터를 접속하여 사용하면 사용자 프로그램의 다운로드는 물론이고 프로그램의 디버깅까지 가능하므로 더욱 편리하다.

그러나, JTAG 에뮬레이터는 수십만원에서 수백만원에 이르는 비교적 고가의 개발장비이며, 여기에 수백만원 정도의 디버거 소프트웨어가 추가되므로 아마추어들은 경제적인 부담 때문에 이를 사용하기가 상당히 어렵다. 이러한 이유로 이를 좀더 저렴하고 쉽게 사용할 수 있도록 Macraigor사(http://www.macraigor.com/)에서 Wiggler라는 저가형 간이 JTAG 인터페이스를 개발하였는데, 이는 퍼스널컴퓨터의 병렬포트에 접속하는 동글(dongle)의 형태로 되어 있다. 그러나, Macraigor사는 더 이상 이러한 Wiggler JTAG 인터페이스를 지원하지 않으며, 따라서 현재는 여러 가지의 변형된 Wiggler 호환형 제품들만 널리 사용되고 있다.

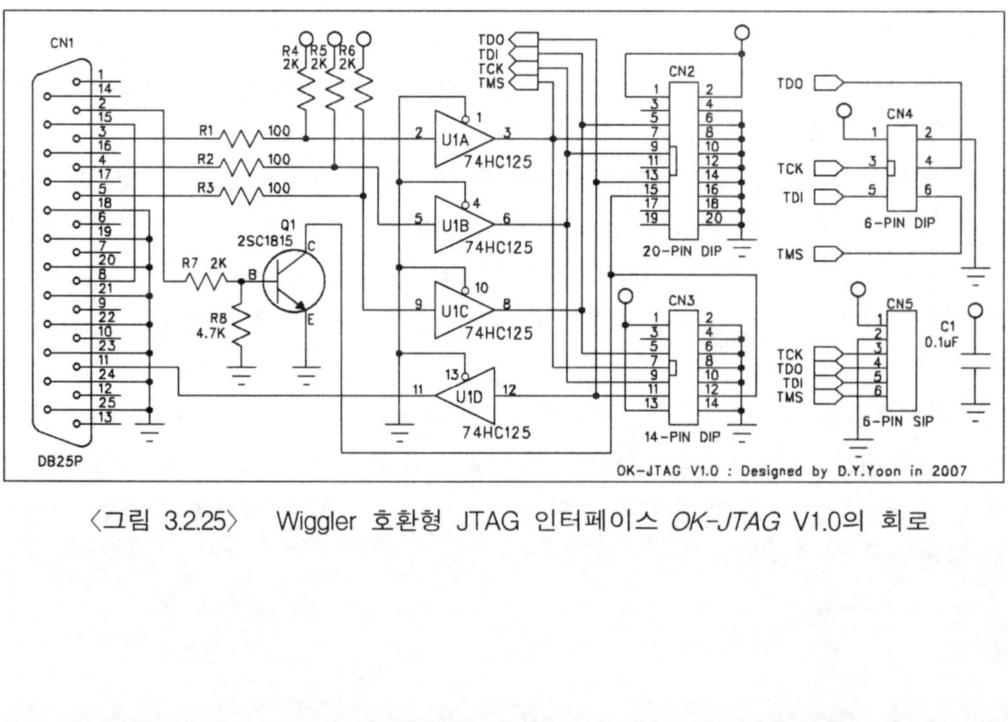

〈그림 3.2.25〉 Wiggler 호환형 JTAG 인터페이스 *OK-JTAG* V1.0의 회로

〈표 3.2.3〉 *OK-JTAG* V1.0의 부품 리스트

부품 번호	수량	부품명 및 규격	비 고
CN1	1	25핀 프린터 포트용 수컷 콘넥터	25핀 콘넥터 후드 포함
CN2	1	3FB-20P-S/T 20핀 수컷 박스형 콘넥터	(기본적으로 조립)
CN3	1	3FB-14P-S/T 14핀 수컷 박스형 콘넥터	(필요없으면 조립하지 않음)
CN4	1	3FB-6P-S/T 6핀 수컷 박스형 콘넥터	(필요없으면 조립하지 않음)
CN5	1	6핀 SIP male header	(필요없으면 조립하지 않음)
U1	1	74HC125 DIP형	
R1~3	3	100Ω 1/4W	
R4~7	4	2KΩ 1/4W	
R8	1	4.7KΩ 1/4W	
C1	1	104(0.1μF) 세라믹 또는 모놀리틱	
Q1	1	2SC1815 NPN형 트랜지스터	(Q1, R7, R8은 조립하지 않아도 됨)
PCB	1	크기 37×66mm (양면 에폭시)	(구입 : http://www.ohm.co.kr)
플랫 케이블	1	20/14/6핀, 필요한 길이만큼 (CN2~CN4에서 자신이 사용하는 것)	적색선이 1번핀이 되도록 조립할 것
플랫 케이블 콘넥터	2	FLAT-20/14/6P (CN2~CN4에서 자신이 사용하는 것)	플랫 케이블 양단에 조립, 암컷
CN5용의 케이블	1	연선 6가닥, 6핀 female header (CN5를 사용하는 경우에만 해당)	CN5용의 케이블 양단에 조립, 암컷 (6가닥을 다른 색으로 구분할 것)

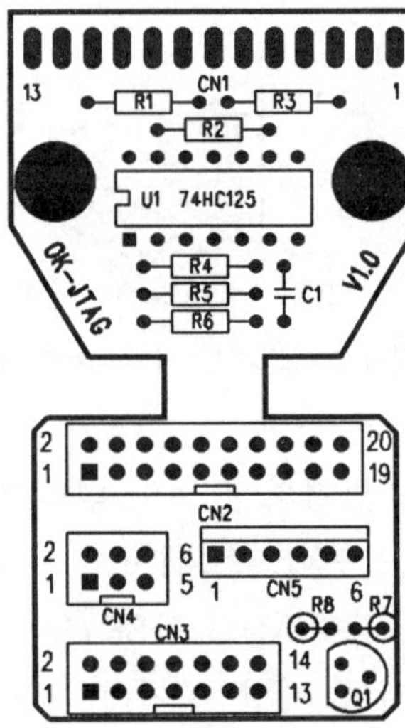

〈그림 3.2.26〉 Wiggler 호환형 JTAG 인터페이스 *OK-JTAG* V1.0의 PCB 부품배치도

OK-7S256 키트에서도 Wiggler 호환형의 JTAG 인터페이스 *OK-JTAG*을 개발하여 선택사양으로 제공하므로 필요하면 이를 사용할 수 있다. *OK-JTAG* V1.0의 회로도는 <그림 3.2.25>에 보였고, 부품 리스트는 <표 3.2.3>에 보였으며, PCB의 실제 부품 배치도는 <그림 3.2.26>에 보였다. 여기서 보듯이 *OK-JTAG* 케이블 V1.0에는 ARM 표준의 20핀(CN2) 및 14핀(CN3)짜리 JTAG 인터페이스 콘넥터를 장착하고 있으며, 이외에도 표준은 아니지만 좀더 적은 핀 수로 간편하게 인터페이스할 수 있도록 6핀 DIP형 콘넥터(CN4)와 6핀 SIP형 콘넥터(CN5)를 추가로 장착하고 있다.

퍼스널컴퓨터와 타겟 보드인 *OK-7S256* 키트 사이에 *OK-JTAG* 케이블을 연결하는 것은 <그림 3.2.27>과 같이 2가지의 방법이 있다. 즉, 타겟 보드에 연결하는 플랫 케이블을 1미터 정도로 길게 하여 *OK-JTAG* 동글을 퍼스널컴퓨터의 병렬포트에 직접 꽂아 사용하는 방법이 있고, 또 하나는 플랫 케이블을 20센티미터 정도로 짧게 하는 대신에 *OK-JTAG* 동글을 병렬포트 연장 케이블을 통하여 퍼스널컴퓨터의 병렬포트에 연결해 사용하는 방법이 있다. 어느 방법을 사용하든지 퍼스널컴퓨터에서 타겟 보드까지 전체 케이블의 길이는 가급적 짧게 하는 것이 바람직하다.

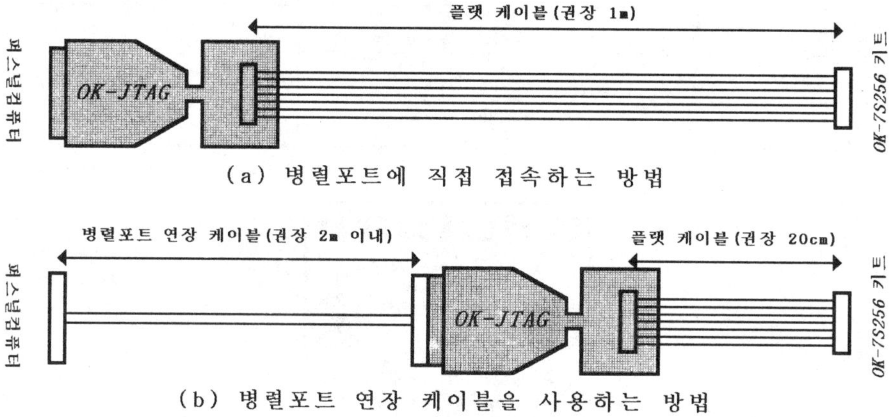

〈그림 3.2.27〉 퍼스널컴퓨터와 *OK-7S256* 키트 사이에 *OK-JTAG*을 연결하는 방법

사용자가 저렴하게 Wiggler 호환형의 JTAG 인터페이스를 사용하려면 하드웨어뿐만 아니라 이를 구동할 수 있는 운용 소프트웨어도 무료로 쉽게 구할 수 있어야 한다. 물론, ADS v1.2의 AXD나 IAR EWARM의 C-SPY와 같은 디버거 소프트웨어도 이를 지원하고 그밖에도 많은 소프트웨어 개발 툴에서 이를 지원하는데, 이것들은 훌륭한 성능을 갖지만 상업용 소프트웨어이므로 가격이 만만하지 않아 아마추어들에게는 경제적으로 부담이 된다. 현재까지 Wiggler 호환의 JTAG 인터페이스를 사용할 수 있는 무료용 소프트웨어에는 여러 가지가 있는데 그중에서도 http://www.hjtag.com 사이트에서 무료로 제공하는 H-JTAG 프로그램이 비교적 널리 알려져 있다.

(1) H-JTAG에서 사용하는 방법

H-JTAG은 Wiggler 호환의 JTAG 인터페이스와 함께 사용할 수 있는 디버그 도우미(debug agent)용의 무료 소프트웨어로서 http://www.hjtag.com 사이트에서 제공하는 H-JTAG Server 및 H-Flasher 프로그램으로 구성된다. 이것은 ARM 소자의 플래시

메모리 다운로드 프로그래밍 기능을 지원하며, 이것이 직접 디버그 기능을 수행하지는 않지만 SDT v2.51, ADS v1.2, RVDS, IAR 등의 소프트웨어 패키지에 포함된 디버거를 통하여 에뮬레이션 및 디버깅 기능을 수행할 수 있도록 도와준다.

이를 사용하여 플래시 메모리에 사용자 프로그램을 다운로드하는 기능은 현재 Atmel의 AT91SAM 시리즈나 NXP(구 Philips)의 LPC2xxx 시리즈 등 몇가지를 지원하는 정도이지만, 향후에는 좀더 많은 ARM 소자들을 지원하도록 프로그램이 업그레이드될 것으로 기대된다.

▣ H-JTAG의 설치

OK-7S256 키트에서 Wiggler 호환의 JTAG 인터페이스 *OK-JTAG*을 사용하려면 H-JTAG 프로그램을 설치해야 하는데, 이 프로그램을 다운로드 및 설치하는 방법은 다음과 같다.

① 먼저 http://www.hjtag.com 사이트를 연결하면 <그림 3.2.28>과 같은 화면이 나타난다.

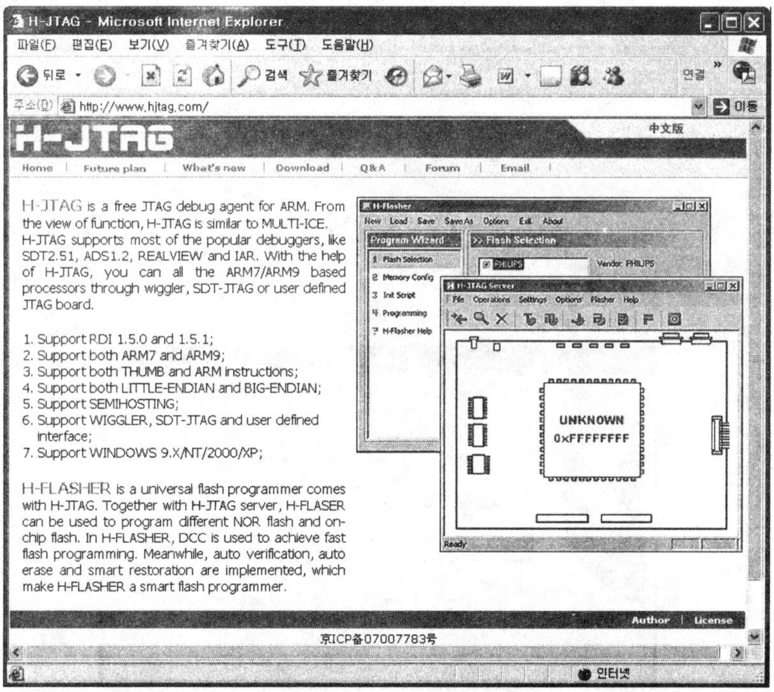

〈그림 3.2.28〉 http://www.hjtag.com/ 사이트를 연결한 초기 화면

② Download 메뉴를 선택하면 <그림 3.2.29>와 같은 화면이 나타나는데, 여기서 가장 최신 버전인 V0.4.4(Build 20070401)를 다운로드한다.

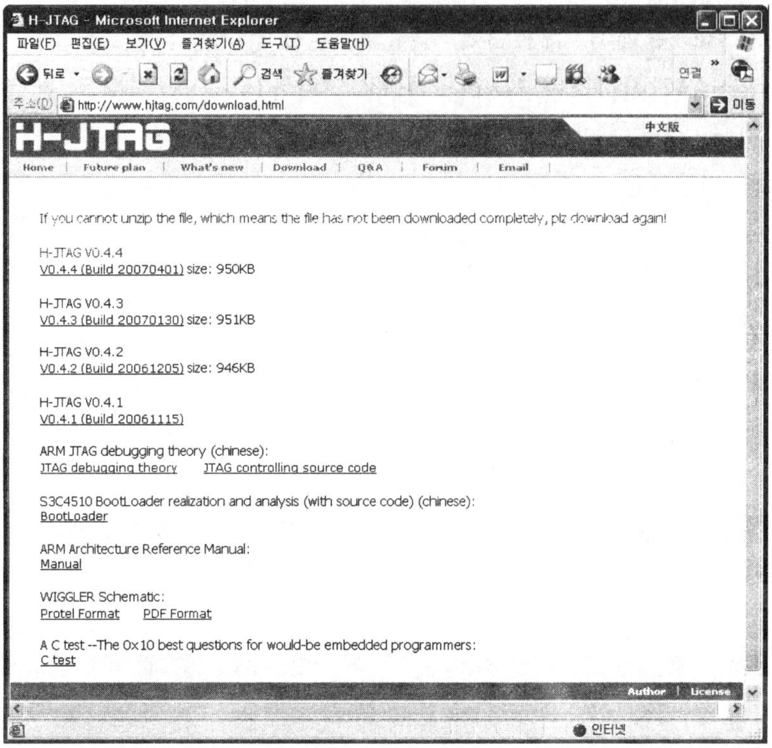

〈그림 3.2.29〉 http://www.hjtag.com/ 사이트에서 Download 메뉴를 선택한 화면

③ 다운로드한 파일 H-JTAG V0.4.4.zip의 압축을 풀고 H-JTAG V0.4.4.EXE를 실행하면 <그림 3.2.30>과 같은 화면이 나타나면서 설치가 시작된다.

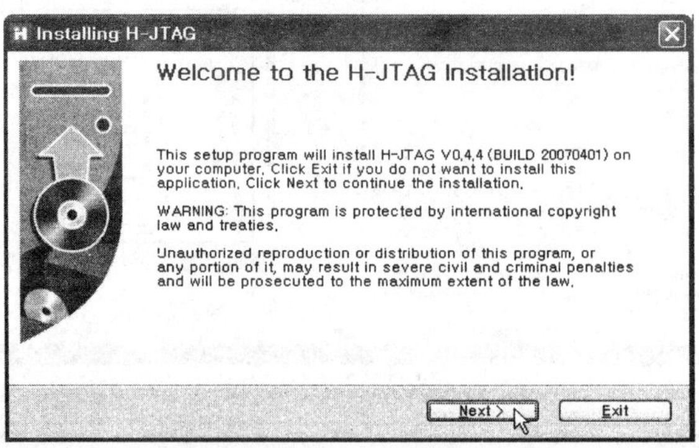

〈그림 3.2.30〉 H-JTAG 소프트웨어를 설치하기 시작하는 화면

④ 계속하여 Next 버튼을 누르면 H-JTAG의 설치가 완료되면서 <그림 3.2.31>과 같은 화면이 나타난다.

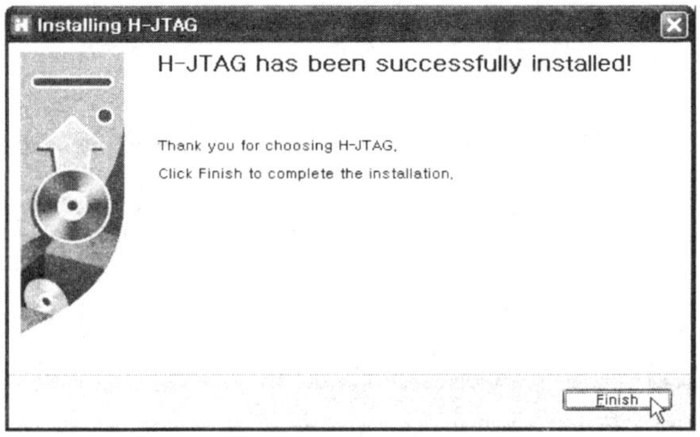

〈그림 3.2.31〉 H-JTAG 소프트웨어 설치가 완료된 화면

⑤ H-JTAG의 설치를 완료하였으면 퍼스널컴퓨터의 바탕화면에는 <그림 3.2.32>와 같이 H-JTAG Server 및 H-Flasher 프로그램의 바로가기 아이콘이 생성된다. 그러나, H-Flasher 프로그램은 독립적으로 사용하지 않으므로 이 아이콘은 삭제해도 좋다.

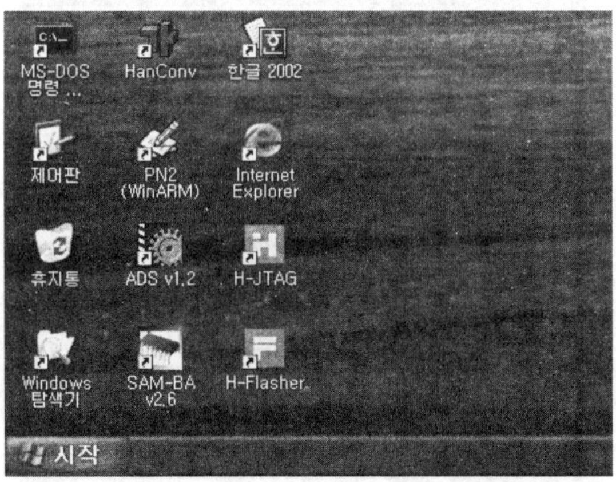

〈그림 3.2.32〉 H-JTAG 소프트웨어를 설치하면 바탕화면에 생기는 바로가기 아이콘

■ H-JTAG을 이용한 사용자 프로그램의 다운로드

H-JTAG Server 프로그램은 내부적으로 H-Flasher 프로그램과 연계하여 ARM 소자에 내장되거나 또는 외부에 확장 인터페이스된 플래시 메모리를 프로그래밍하는 기능을 가진다. *OK-7S256* 키트에서 이 기능을 이용하면 SAM-BA GUI 프로그램을 대신하

여 사용자 프로그램을 다운로드할 수 있다. 이와 같이 Wiggler 호환형의 JTAG 인터페이스 *OK-JTAG* 케이블과 H-JTAG Server 프로그램을 사용하면 USB 또는 RS-232C 케이블과 SAM-BA GUI 프로그램을 사용하는 경우에 비하여 간편하고 빠르게 다운로드를 수행할 수 있다.

① 퍼스널컴퓨터에서 병렬포트와 *OK-7S256* 키트 사이에 *OK-JTAG* 케이블을 연결하고 *OK-7S256* 키트의 전원을 켠다.

② 퍼스널컴퓨터에서 바탕화면의 H-JTAG 아이콘을 눌러서 이를 실행하면 이것이 타겟 보드인 *OK-7S256* 키트의 AT91SAM7S256 소자를 인식하여 <그림 3.2.33>과 같은 화면이 나타나고, 자동으로 인식된 ARM 코어가 그림 안에 표시된다.

그러나, 만약 JTAG 인터페이스를 통하여 타겟 보드가 정상적으로 연결되어 있지 않거나 또는 어떤 하드웨어적인 결함으로 H-JTAG이 ARM 소자를 올바르게 인식하지 못한 경우에는 <그림 3.2.34>와 같은 화면이 나타나고, H-JTAG Server 프로그램의 바탕에는 적색으로 UNKNOWN 0xFFFFFFFF 또는 0x00000000이라고 표시된다.

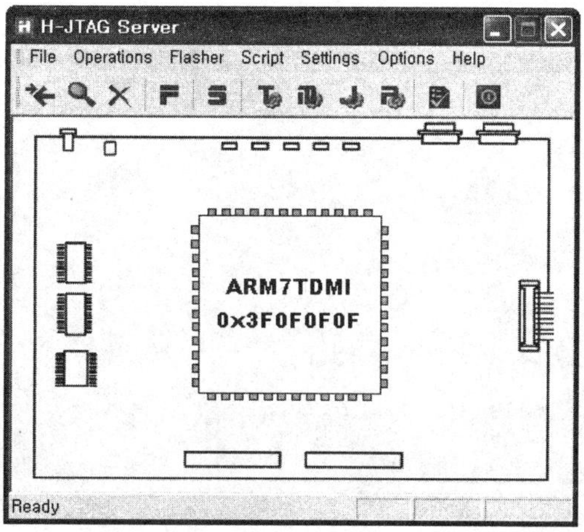

〈그림 3.2.33〉 H-JTAG을 실행하고 *OK-7S256* 키트의 AT91SAM7S256을 인식한 화면

〈그림 3.2.34〉 H-JTAG이 타겟 보드의 ARM 소자를 올바르게 인식하지 못한 화면

③ H-JTAG Server 프로그램에서 Settings → Jtag Settings 메뉴를 선택하여 <그림 3.2.35>와 같이 설정한다. *OK-7S256* 키트는 *OK-JTAG*의 콘넥터 CN2 또는 CN3을 통하여 접속하여 nSRST 신호를 사용하므로 이렇게 설정하면 된다. 그러나, 만약 타겟 보드에 *OK-JTAG*의 콘넥터 CN4 또는 CN5를 통하여 연결하는 경우에는 nSRST 신호를 사용하지 않으므로 이 항목도 NO SYS RST라고 설정한다.

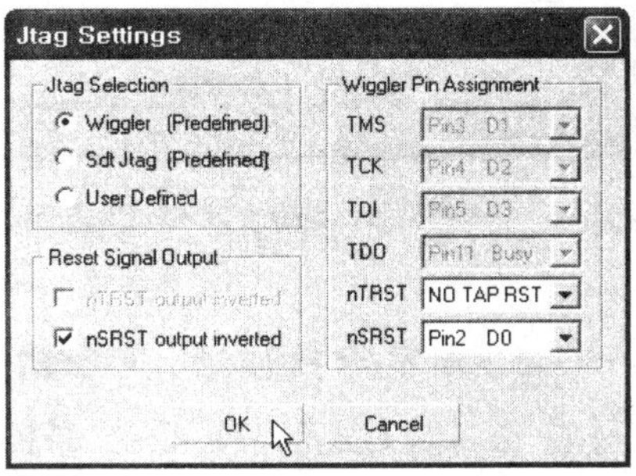

〈그림 3.2.35〉 H-JTAG Server에서 Jtag Settings 설정 화면

④ H-JTAG Server 프로그램에서 Settings → Port Settings 메뉴를 선택하여 현재 사용하는 퍼스널컴퓨터의 병렬포트를 올바르게 설정한다.

⑤ H-JTAG Server 프로그램에서 Settings → Target Settings 메뉴를 선택하여 <그림 3.2.36>과 같이 설정한다. 그밖의 나머지 설정 항목들은 모두 디폴트 값을 그냥 두면 된다.

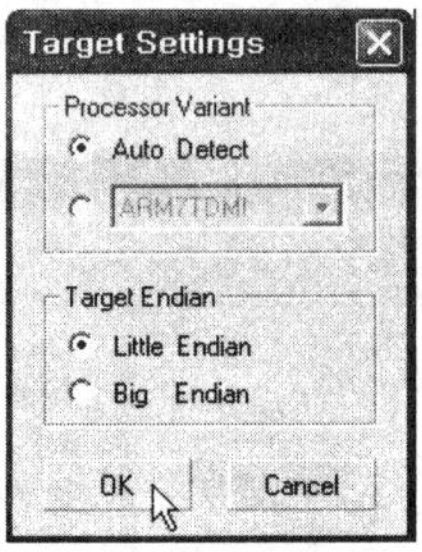

〈그림 3.2.36〉 H-JTAG Server에서 Target Settings 설정 화면

⑥ H-JTAG Server 프로그램에서 Options 메뉴를 선택하여 <그림 3.2.37>과 같이 설정한다.

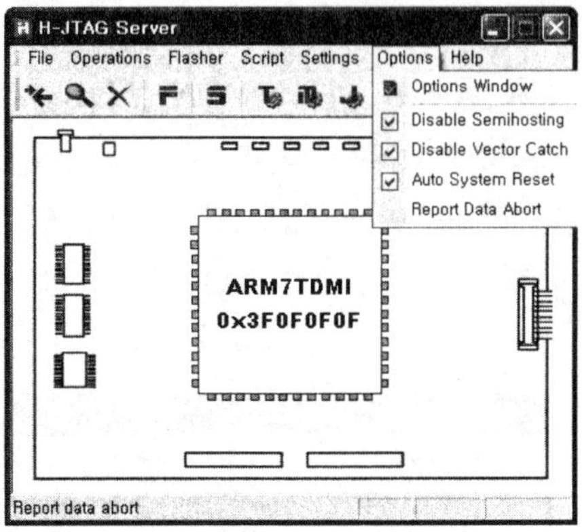

〈그림 3.2.37〉 H-JTAG Server에서 Options 설정 화면

⑦ 이제 H-JTAG Server 프로그램에서 Flasher → Start H-Flasher 메뉴를 선택하여 H-Flasher 프로그램을 실행하면 <그림 3.2.38>과 같은 화면이 나타난다.

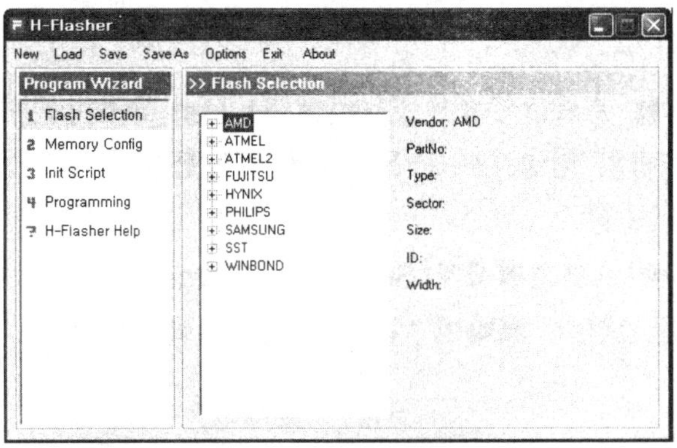

〈그림 3.2.38〉 H-Flasher 프로그램을 실행한 초기 화면

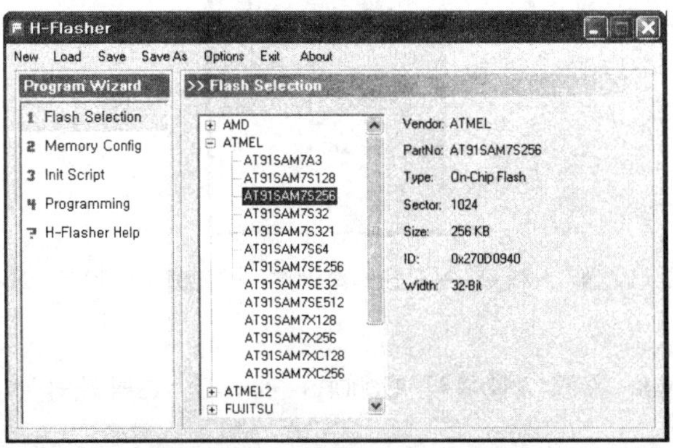

〈그림 3.2.39〉 1. Flash Selection 메뉴에서 ARM 디바이스 모델을 선택

⑧ <그림 3.2.39>처럼 1. Flash Selection 메뉴에서 ATMEL사의 AT91SAM7S256 모델을 선택한다.

⑨ H-Flasher 프로그램에서 나머지 항목들은 디폴트 값으로 그냥 두면 된다. 이제 H-Flasher 프로그램의 창을 닫아 설정을 종료하고, 다시 H-JTAG Server 프로그램에서 File → Exit 메뉴를 선택하여 이 프로그램의 설정을 종료한다.

⑩ 이제부터 *OK-JTAG* 케이블을 사용하여 *OK-7S256* 키트에 사용자 프로그램을 다운로드하기 위하여 H-JTAG 프로그램의 바로가기 아이콘을 누르면 H-JTAG Server 프로그램이 실행되면서 내부에서 자동으로 H-Flasher 프로그램을 불러오므로 화면에는 H-JTAG Server와 H-Flasher 프로그램이 동시에 나타나게 된다. 만약 H-Flasher 프로그램이 자동으로 나타나지 않는 경우에는 Flasher → Start H-Flasher 메뉴를 선택하면 된다.

그러나, H-JTAG Server와 프로그램을 거치지 않고 퍼스널컴퓨터의 바탕화면에서 직접 H-Flasher 프로그램을 실행하면 이것은 타겟 보드를 올바르게 인식하지 못하므로 프로그램이 정상적으로 처리되지 않는다.

⑪ H-Flasher 프로그램에서 4. Programming 메뉴를 선택한 후에 <그림 3.2.40>에서처럼 Type 항목을 Plain Binary Format으로 설정한다. 이 책에서 사용자 프로그램을 컴파일할 때는 항상 오브젝트 파일을 바이너리 파일로 생성하기 때문이다.

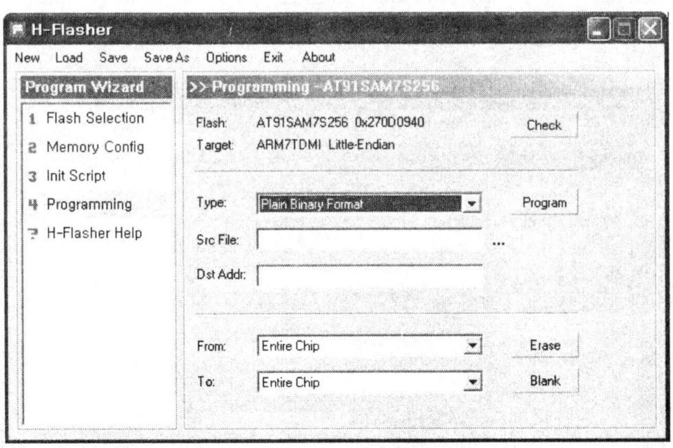

〈그림 3.2.40〉 사용자 프로그램을 Plain Binary Format으로 선택

⑫ 다음에는 Src File 항목에서 ... 부분을 마우스로 클릭하면 바이너리 파일 불러오기 창이 열리는데, 여기서 만약 사용자 프로그램을 ADS v1.2로 작성하였다면 <그림 3.2.41>처럼 C:\ADSv1_2\OK7S256ads\Xads_Data\DebugRel\Xads.bin 파일을 불러오면 되고, 만약 사용자 프로그램을 WinARM으로 작성하였다면 <그림 3.2.42>에 보인 것처럼 C:\WinARM\OK7S256gcc\xgcc.bin 파일을 불러오면 된다.

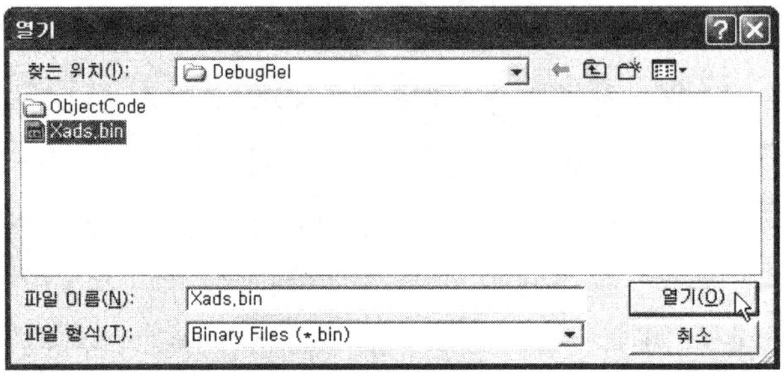

〈그림 3.2.41〉 ADS v1.2용으로 작성된 사용자 프로그램을 불러오기

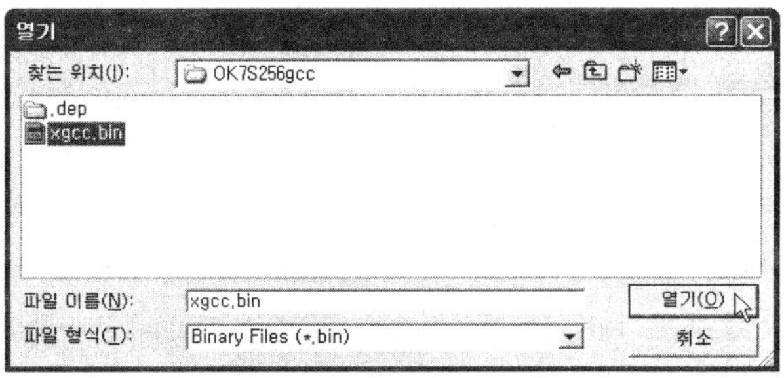

〈그림 3.2.42〉 WinAMR용으로 작성된 사용자 프로그램을 불러오기

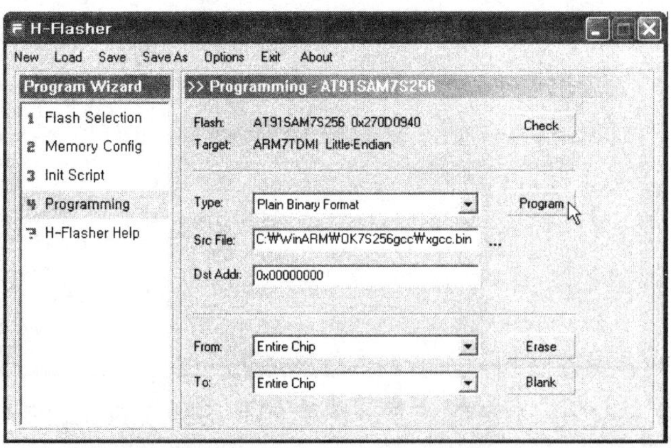

〈그림 3.2.43〉 사용자 프로그램의 다운로드 동작을 수행

⑬ 다음에는 <그림 3.2.43>처럼 Dst Addr 항목에서 다운로드할 타겟 플래시 메모리 번지를 0x00000000으로 설정하고, Program 버튼을 눌러서 다운로드를 수행한다. 그러면 화면에는 <그림 3.2.44>처럼 진행 상태가 나타나면서 다운로드가 수행된다.

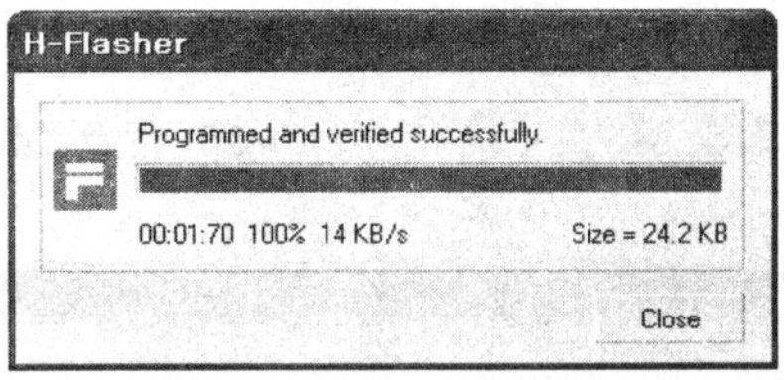

〈그림 3.2.44〉 다운로드 동작의 진행 상태를 표시하는 화면

⑭ 다운로드가 끝나더라도 H-JTAG 프로그램은 타겟 보드를 리셋하지 않으므로 다운로드 후에 타겟 보드에서 이 사용자 프로그램을 실행하려면 사용자가 타겟 보드의 리셋 스위치를 누르거나 타겟 보드의 전원을 껐다가 다시 켜야 한다. H-JTAG 프로그램에서 이 점은 납득하기 어렵게 불편한 사항이다.

바로 이러한 이유 때문에 *OK-JTAG* 케이블의 PCB에서 저항 R7, R8과 트랜지스터 Q1을 사용한 리셋 관련 회로를 조립하지 않아도 되는 것이다. H-JTAG 프로그램에서 이 리셋 신호는 다운로드 동작 전에 한번 출력하도록 설정할 수는 있으나 다운로드 후에는 리셋 신호를 출력하는 기능이 없다.

이와 같이 Wiggler 호환의 JTAG 인터페이스 *OK-JTAG*을 H-JTAG 소프트웨어와 함께 사용하면 기존의 USB 케이블이나 RS-232C 케이블과 SAM-BA GUI 프로그램을 사용하는 경우에 비하여 다운로드 과정이 훨씬 간편하다. 실제 다운로드의 수행 속도는 약간 빨라진 정도에 불과하여 거의 차이를 느끼기 어렵지만, *OK-JTAG* 케이블을 사용하는 경우에는 *OK-7S256* 키트의 스위치 SW2를 이용하여 사용자가 플래시 메모리를 미리 삭제하고 SAM-BA Boot 프로그램을 플래시 메모리에 로드해주어야 하는 번거로운 과정이 필요없기 때문이다.

(2) ADS v1.2의 AXD에서 사용하는 방법

Wiggler 호환의 *OK-JTAG* 인터페이스를 가지고 있으면 ADS v1.2 소프트웨어 패키지에 포함된 디버거 AXD(ARM eXtended Debugger)가 H-JTAG의 도움을 받아 *OK-7S256* 키트에서 사용자 프로그램을 디버깅할 수 있다.

① ADS v1.2에서 사용자 프로그램의 프로젝트를 불러와서 사용자 프로그램을 컴파일 완료한다. 예를 들면 여기서는 예제 프로그램 Xtest01_1.c 프로그램을 불러와서 컴파일을 수행한다.

② ADS v1.2의 Projects → Debug 메뉴를 선택하거나 또는 단축키 F5를 눌러서 디버거 소프트웨어 AXD를 실행하면 <그림 3.2.45>와 같은 화면이 나타난다.

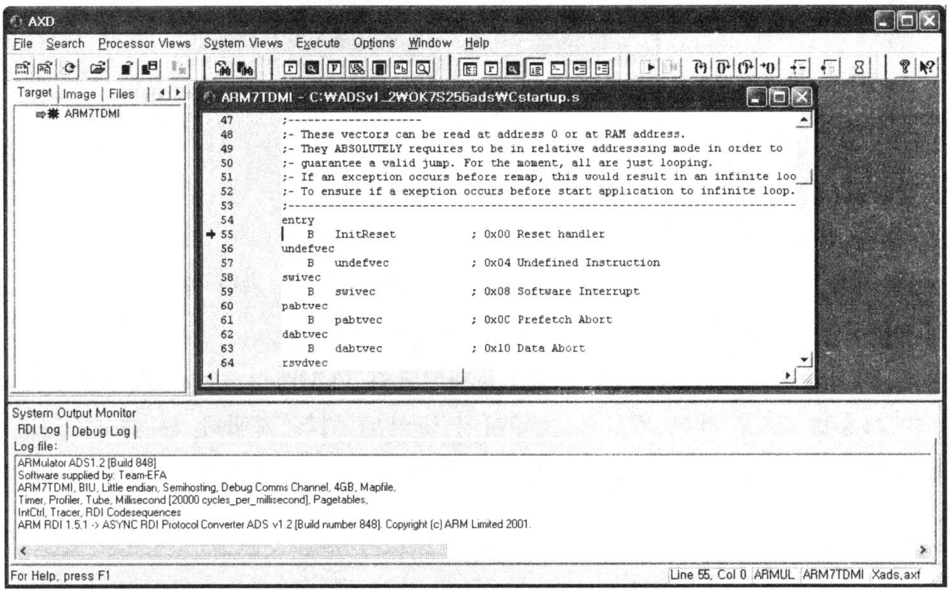

〈그림 3.2.45〉 ADS v1.2 안에서 디버거 소프트웨어 AXD를 실행한 화면

③ AXD의 Options → Configure Target... 메뉴를 선택하면 <그림 3.2.46>과 같은 화면이 나타나는데, 여기서 Add 버튼을 누른다.

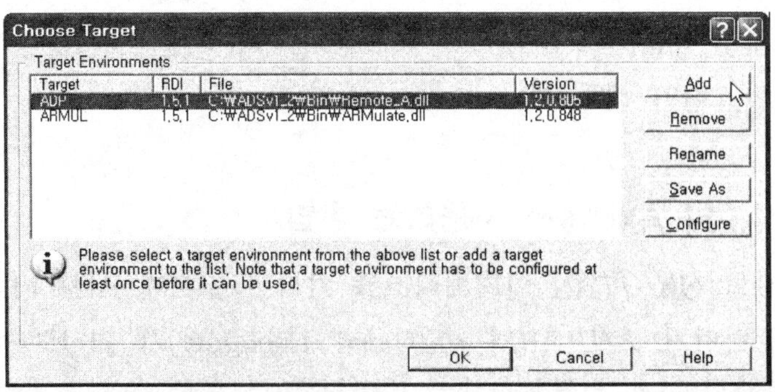

〈그림 3.2.46〉 AXD에 Wiggler 호환형의 JTAG 인터페이스를 설정하기 위한 화면

④ 이같이 Add 버튼을 눌러 <그림 3.2.47>처럼 화면에 파일 선택 창이 나타나면 C:\Program Files\H-JTAG\H-JTAG.dll 파일을 찾아서 선택하고 열기(O) 버튼을 누른다.

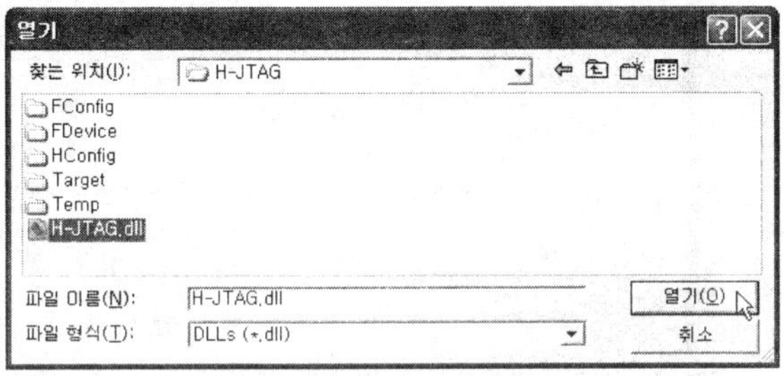

〈그림 3.2.47〉 H-JTAG.dll 파일의 선택

⑤ 그러면 <그림 3.2.48>처럼 C:\Program Files\H-JTAG\H-JTAG.dll 파일이 추가된 것을 확인할 수 있으며, 여기서 OK 버튼을 눌러서 타겟 지정을 완료한다.

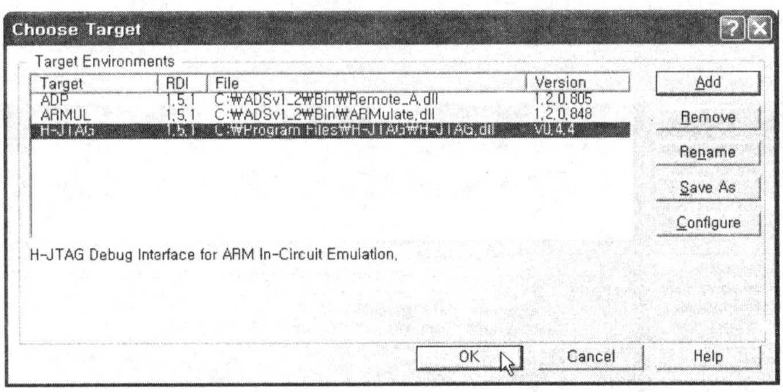

〈그림 3.2.48〉 타겟을 H-JTAG.dll 파일로 지정하는 화면

⑤ 이와 같이 타겟을 지정하였으면 이제 ADS v1.2의 AXD 소프트웨어는 <그림 3.2.49>와 <그림 3.2.50>의 하단에 표시되는 것처럼 Wiggler 호환의 *OK-JTAG* 인터페이스를 인식하고 H-JTAG.dll 파일의 도움을 받아서 에뮬레이션 기능을 수행할 수 있게 되었다.

향후에는 다시 이를 설정해 줄 필요가 없으며, 이제부터 모든 에뮬레이션 동작은 AXD의 기능에 따라 수행된다. 보다 자세한 사항은 ADS v1.2에 함께 제공되는 사용자 가이드 "ARM Developer Suite Version 1.2 : AXD and armsd Debuggers Guide"를 참조하라.

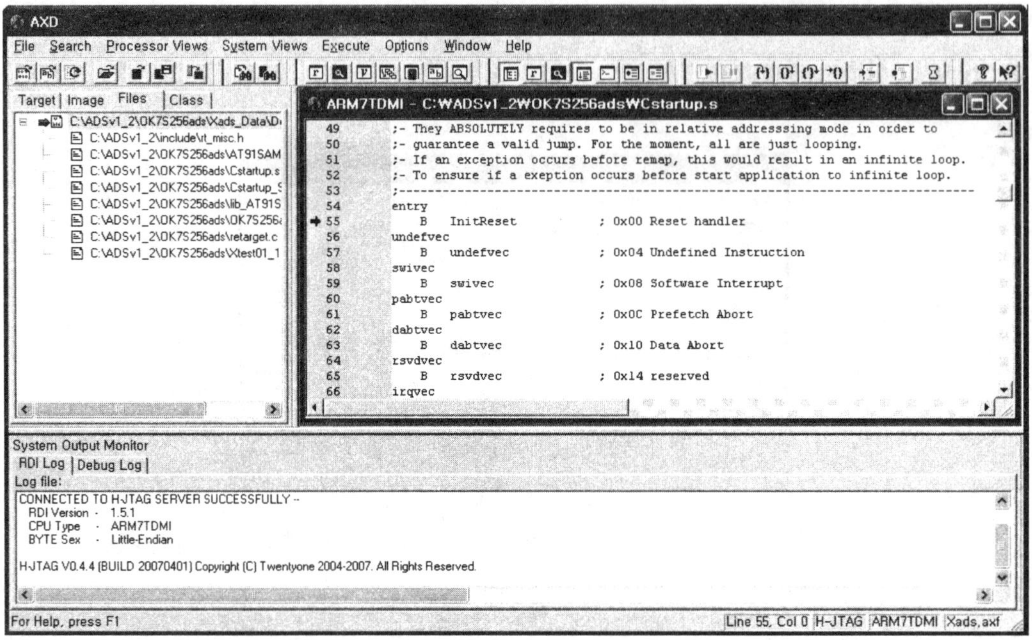

〈그림 3.2.49〉 *OK-JTAG*과 H-JTAG.dll을 이용하여 에뮬레이션을 수행하는 화면(1)

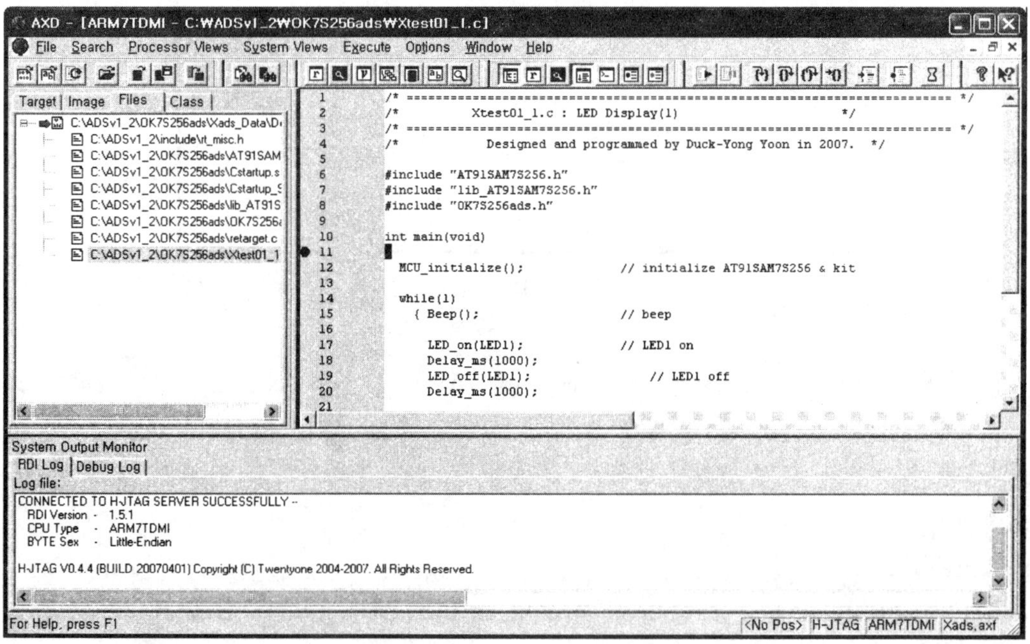

〈그림 3.2.50〉 *OK-JTAG*과 H-JTAG.dll을 이용하여 에뮬레이션을 수행하는 화면(2)

3.3 ADS v1.2 컴파일러의 설치 및 사용

이 절에서는 ARM사의 C컴파일러인 ADS v1.2의 설치와 사용 방법 그리고 이것의 주요 기능을 요약하여 설명한다. 이것은 SDT 보다는 나중에 나왔으나 좀 오래되어 현재는 단종되고 그 후속 제품인 RVDS로 이어졌지만 아직도 많은 ARM 사용자들은 여전히 이를 즐겨 사용하고 있다. 이 소프트웨어 패키지 안에는 IDE 소프트웨어로서 Metrowerks사의 CodeWarrior IDE v4.2.5.764를 포함하고 있으며, 이 책에서는 이를 이용하여 ADS v1.2용의 C언어 프로그램을 작성한다.

이를 사용하여 작성한 C언어 예제 프로그램을 번역하여 생성된 바이너리 파일을 *OK-7S256* 키트에 다운로드하고 실행하는 방법은 앞의 제3.2절에서 설명하였다.

1. ADS v1.2 및 예제 프로그램의 설치

(1) ADS v1.2 소프트웨어의 설치

ADS v1.2 소프트웨어를 설치하는 방법은 다음과 같다. 여기서는 Windows XP를 기준으로 설명하지만 그 외의 운영체제에서도 이와 유사한 방법으로 설치할 수 있다.

① SETUP.EXE를 실행시켜 설치를 시작하면 <그림 3.3.1>과 같이 나타난다.

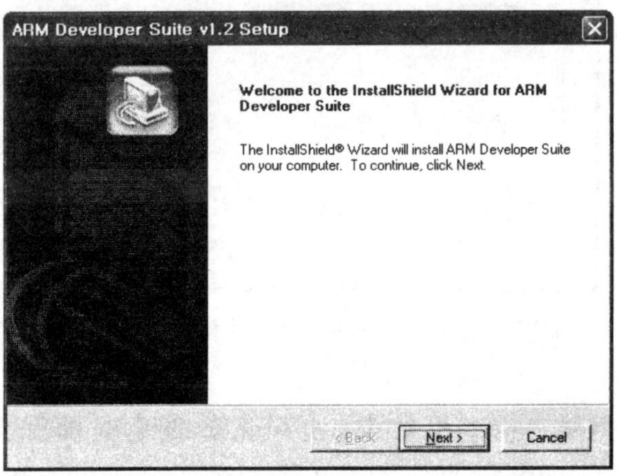

〈그림 3.3.1〉 ADS v1.2를 설치할 때의 첫 화면

② 설치를 진행하다가 <그림 3.3.2>처럼 설치할 폴더를 지정하는 화면이 나타나면 Browse 버튼을 눌러서 디폴트로 지정된 C:\Program Files\ARM\ADSv1_2 폴더 이름을 수정하여 C:\ADSv1_2로 지정한다.

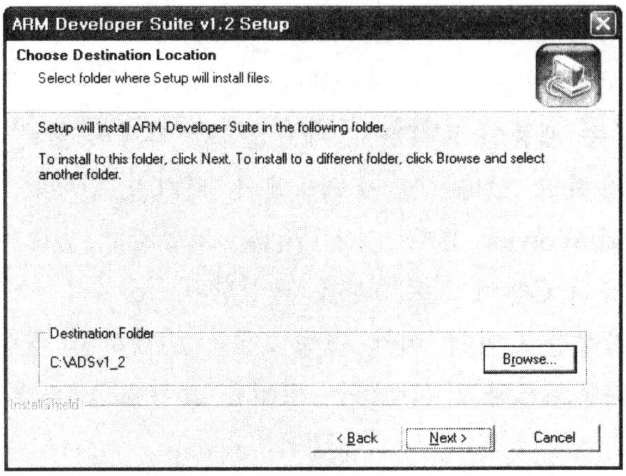

〈그림 3.3.2〉 ADS v1.2를 설치할 폴더 이름을 지정

③ <그림 3.3.3>처럼 설치할 내용의 범위를 묻는 화면이 나타나면 가급적 Full을 선택하고 Next 버튼을 누른다.

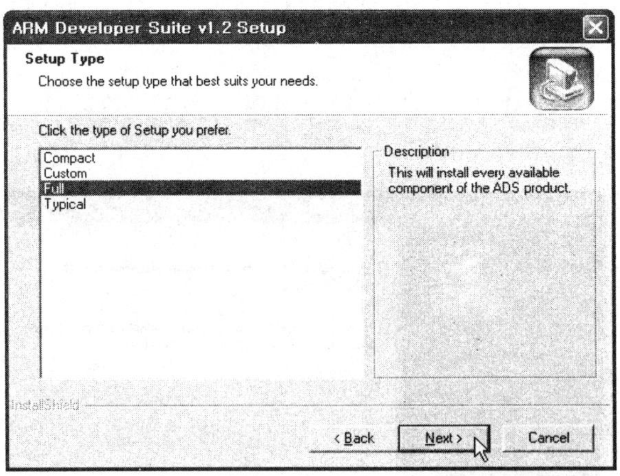

〈그림 3.3.3〉 설치할 소프트웨어의 범위를 지정

④ <그림 3.3.4>처럼 나중에 C언어에서 사용할 파일의 확장자를 묻는 화면이 나타나면 디폴트로 지정된 것처럼 모든 항목을 체크하고 Next 버튼을 누른다.

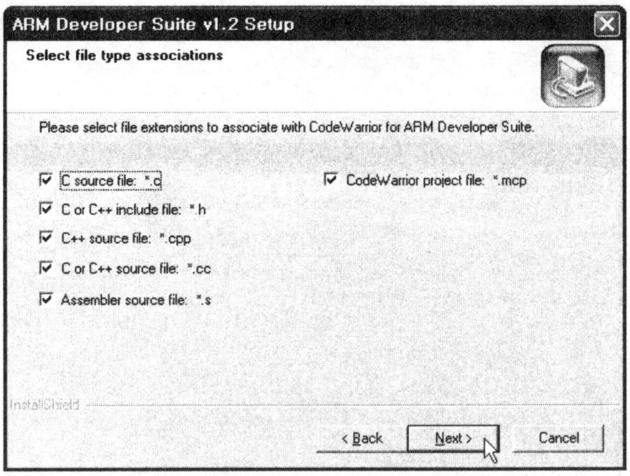

〈그림 3.3.4〉 소프트웨어 팩키지에서 사용할 사용자 파일의 확장자를 지정

⑤ ADS v1.2가 설치되는 동안에는 <그림 3.3.5>에서처럼 화면에 진행 상태가 표시된다.

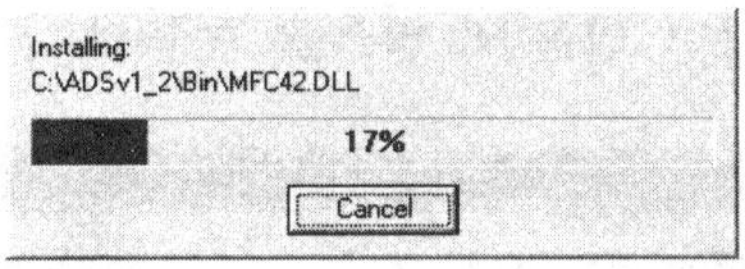

〈그림 3.3.5〉 ADS v1.2가 설치되는 진행 상태를 표시하는 화면

⑥ 설치가 끝나고 이제 <그림 3.3.6>처럼 ARM 라이센스 입력이 시작되는 화면이 나타나면 다음(N) 버튼을 누른다.

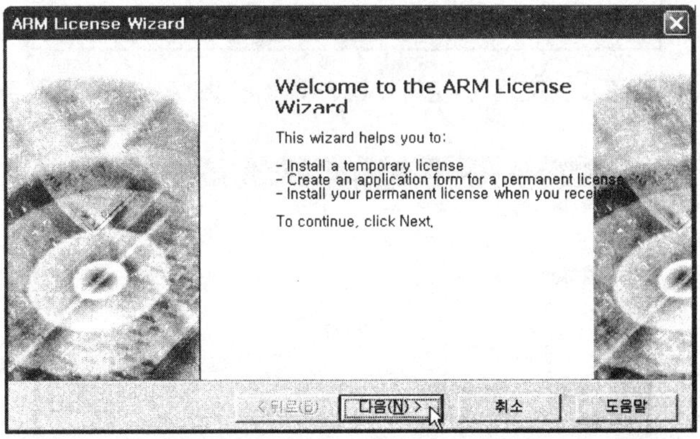

〈그림 3.3.6〉 ADS v1.2의 ARM 라이센스 입력이 시작되는 화면

⑦ 이어서 <그림 3.3.7>과 같은 화면이 나타나면 Install License 항목을 선택하고 다음(N) 버튼을 누른다.

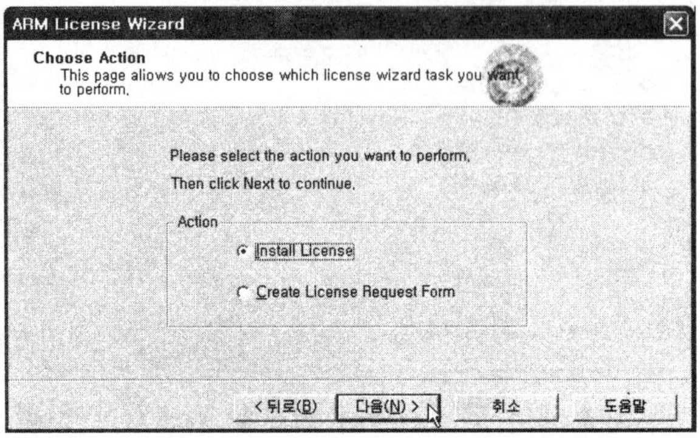

〈그림 3.3.7〉 ADS v1.2의 ARM 라이센스 입력을 수행하는 화면

⑧ <그림 3.3.8>처럼 ARM 라이센스 파일의 위치를 지정하는 화면이 나오면 Browse... 버튼을 누르고, 여기서 <그림 3.3.9>처럼 라이센스 파일을 지정한다. 그래서 다시 <그림 3.3.10>이 나타나면 다음(N) 버튼을 누른다.

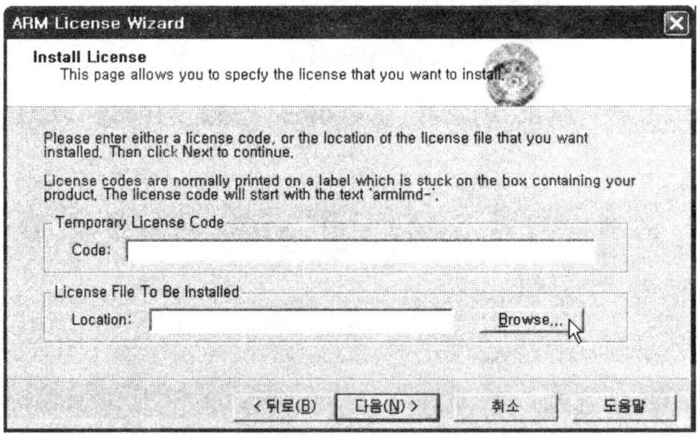

〈그림 3.3.8〉 ADS v1.2의 ARM 라이센스 파일의 위치를 지정

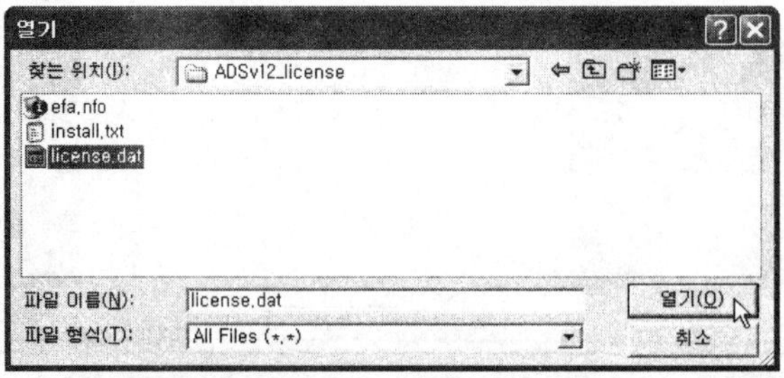

〈그림 3.3.9〉 ADS v1.2의 ARM 라이센스 파일을 선택

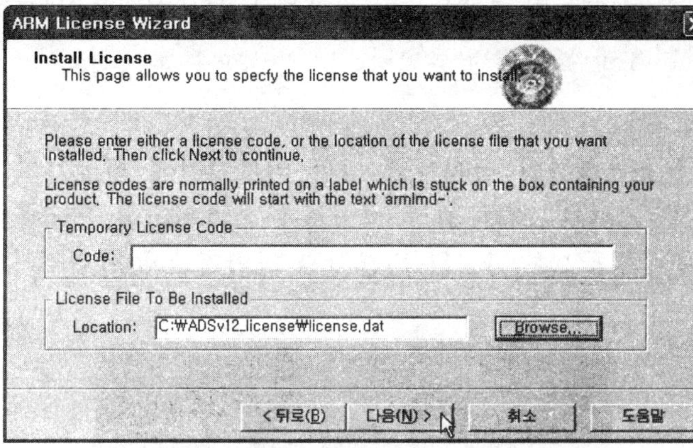

〈그림 3.3.10〉 ADS v1.2의 ARM 라이센스 파일을 지정한 화면

⑨ 이제 <그림 3.3.11>처럼 ARM 라이센스 파일의 위치를 지정한 결과가 보이면 다음(N) 버튼을 눌러서 라이센스 지정을 완료한다.

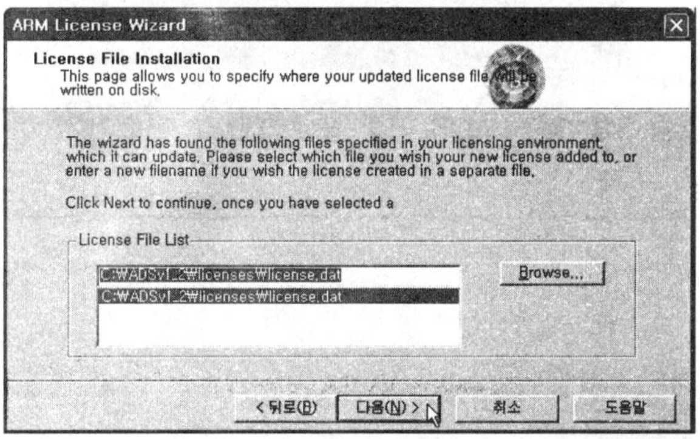

〈그림 3.3.11〉 ADS v1.2의 ARM 라이센스 파일을 지정한 결과를 보여주는 화면

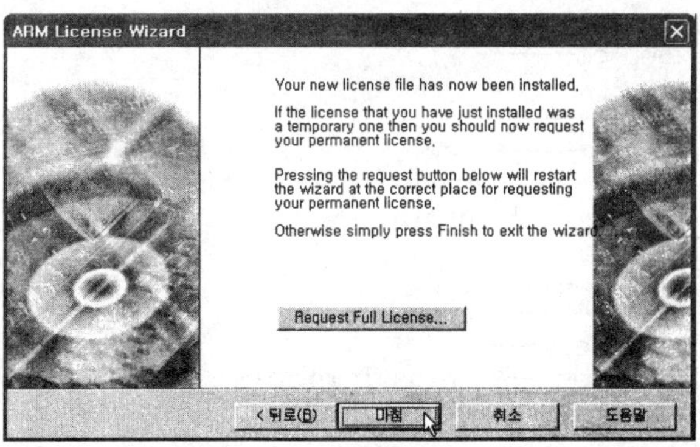

〈그림 3.3.12〉 ADS v1.2의 설치를 완료하는 마지막 화면

⑩ 이제 <그림 3.3.12>처럼 ADS v1.2 소프트웨어의 설치를 완료하는 화면이 나타나면 마침 버튼을 눌러서 설치를 완료한다.

⑪ ADS v1.2 소프트웨어의 설치하고 나면 바탕화면에 바로가기 아이콘이 자동으로 생성되지 않는다. 따라서, 이를 좀더 편리하게 사용하려면 <그림 3.3.13>처럼 바탕화면에 C:\ADSv1_2\Bin\IDE.exe 파일의 바로가기 아이콘을 만들어 놓는 것이 좋다.

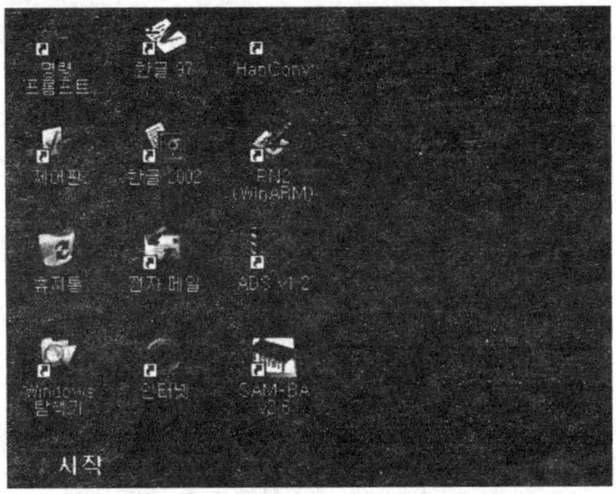

〈그림 3.3.13〉 ADS v1.2 프로그램의 바로가기 아이콘

```
C:\─┬─ ...
    ├─ ...
    ├─Windows ...
    ├─ ...
    └─ADSv1_2─┬─apps_lib──── ...
              ├─ARMfpa────── ...
              ├─ARMulate──── ...
              ├─Bin────────┬─plugins── ...
              │            └─resource
              ├─CodeWarrior Help
              ├─dtext41───── ...
              ├─Examples──── ...
              ├─Help
              ├─HTML──────── ...
              ├─Include───── rw
              ├─Lib────────┬─armlib
              │            └─cpplib
              ├─licenses
              ├─OnlineBooks── ...
              ├─PDF───────── specs
              ├─Stationery── ...
              ├─Templates─── Cplus_Templates
              └─OK7S256ads
```

〈그림 3.3.14〉 ADS v1.2를 모두 설치한 후의 파일 디렉토리 구조

⑫ ADS v1.2 소프트웨어를 모두 설치하고 나면 C:\ADSv1_2\ 폴더에 설치된 파일 디렉토리의 구조는 <그림 3.3.14>와 같다. 단, 여기서 C:\ADSv1_2\OK7S256ads\ 폴더는 자동으로 생성되는 것이 아니라 나중에 이 책의 ADS v1.2 예제 파일을 설치하기 위한 폴더로서 사용자가 따로 만들어 주어야 한다.

(2) ADS v1.2의 패치

이상과 같이 설치한 ADS v1.2 소프트웨어는 Build 805이다. 이를 실제로 확인하려면 <그림 3.3.15>처럼 MS-DOS 창에서 C:\>armcc -vsn이라고 입력하여 보면 된다.

〈그림 3.3.15〉 ADS v1.2를 설치한 결과 확인

ARM사의 웹사이트에서는 이것의 문제점을 보완한 패치(patch) 파일을 제공하고 있으니 이를 다음과 같이 설치해 주는 것이 좋다.

① ARM사의 웹사이트 http://www.arm.com/support/downloads/info/4554.html에서 패치용 파일 4554_ADS12_848_Windows.exe를 다운로드한다.

② 이를 실행하면 <그림 3.3.16>에서처럼 ADS v1.2 소프트웨어가 설치되어 있는 경로를 묻는 화면이 나타난다. 그러면 Browse... 버튼을 눌러서 이 소프트웨어의 경로를 C:\ADSv1_2로 지정하고 Unzip 버튼을 눌러서 압축을 풀어 설치하도록 한다.

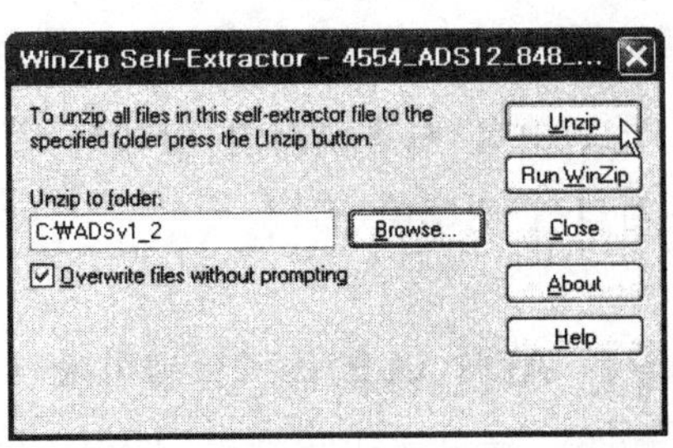

〈그림 3.3.16〉 ADS v1.2의 패치 파일을 설치

③ 패치된 결과를 확인하려면 다시 <그림 3.3.17>에 보인 것처럼 MS-DOS 창에서 C:\>armcc -vsn이라고 입력하면 된다. ADS v1.2 [Build 848]로 나오면 정상이다.

〈그림 3.3.17〉 ADS v1.2의 패치 파일을 설치한 결과 확인

(3) 예제 프로그램의 설치

이 책에서 ADS v1.2용의 C언어 예제 파일은 압축파일 OK7S256ads.zip으로 제공된다. 이것의 압축을 풀어 <그림 3.3.14>에서처럼 C:\ADSv1_2\OK7S256ads\ 폴더에 복사하면 예제 프로그램의 설치는 간단히 끝난다.

2. ADS v1.2의 환경 설정 및 C언어 프로그램 작성

이번에는 ADS v1.2에서 프로젝트를 생성하고, AT91SAM7S256 모델에 적합하도록 프로그래밍 환경을 설정하며, C언어로 사용자 프로그램을 작성하는 방법을 구체적으로 알아본다.

ADS v1.2에서 모든 사용자 프로그램은 프로젝트 단위로 처리된다. 그러나, 이때 모든 예제 프로그램들이 각각 개별적인 프로젝트로 처리되어 상당히 불편하게 되므로 이 책에서는 Xads.mcp라는 하나의 프로젝트를 사용하면서 필요할 때마다 예제 소스 파일만을 바꾸어 등록하는 방법으로 좀더 편리하게 프로그램을 작성하기로 한다.

(1) 기존의 프로젝트를 읽기 또는 새로운 프로젝트를 생성하기

이제부터 ADS v1.2에서 C언어를 사용하려면 앞에서 설명한 것처럼 이 소프트웨어가 퍼스널컴퓨터에 미리 설치되어 있어야 한다.

① 바탕화면에 만들어 놓은 ADS v1.2 소프트웨어의 바로가기 아이콘을 클릭하여 이 프로그램을 실행한다. 그러면, 첫번째로 <그림 3.3.18>와 같은 CodeWarrior 화면이 나타난다.

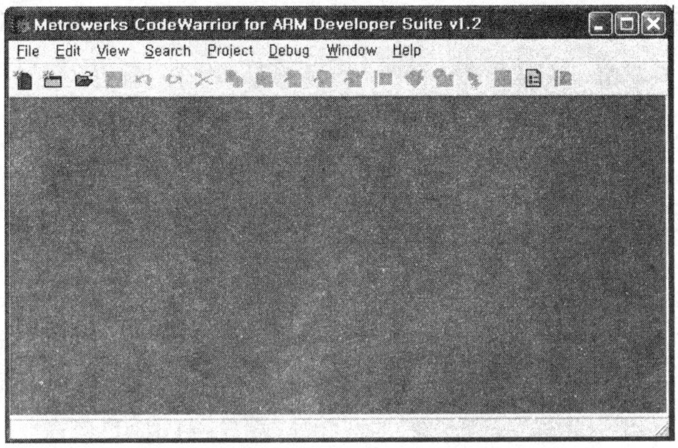

〈그림 3.3.18〉 ADS v1.2를 실행하였을 때의 첫 화면

② 여기서 기존에 만들어져 있던 프로젝트 파일을 불러들이려면 <그림 3.3.19>처럼 File → Open... 메뉴를 선택하고, <그림 3.3.20>과 같이 파일 선택창이 나타나면 원하는 프로젝트 파일을 지정하고 열기(O) 버튼을 누른다. 이 책의 모든 ADS v1.2용 C언어 예제 프로그램에서는 이처럼 Xads.mcp 프로젝트 파일을 사용한다.

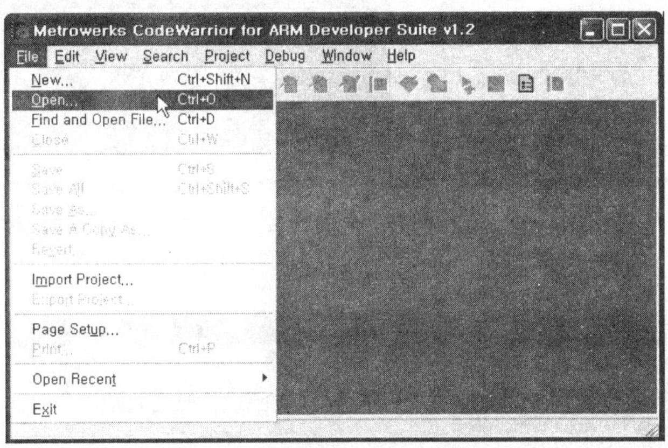

〈그림 3.3.19〉 기존의 프로젝트를 불러오기 위한 화면

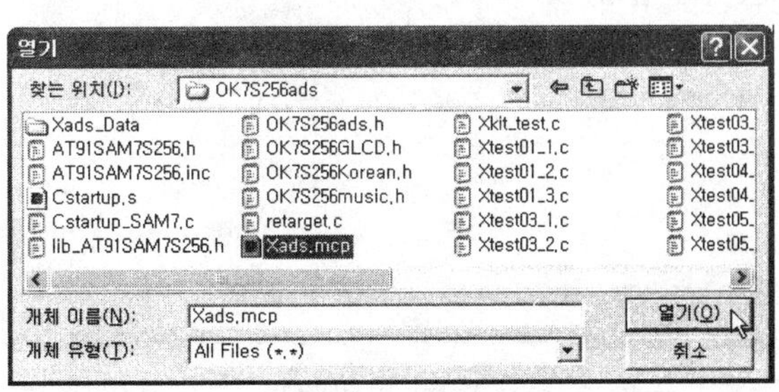

〈그림 3.3.20〉 기존의 프로젝트 파일을 불러오기

③ 그러나, 새로운 프로젝트를 작성하려면 <그림 3.3.21>처럼 File → New... 메뉴를 선택하는데, 이때 <그림 3.3.22>와 같이 프로젝트 작성 화면이 나타나면 프로젝트 파일의 경로와 파일명을 입력하기 위하여 Set... 버튼을 누른다.

그러면 화면에는 <그림 3.3.23>에 보인 바와 같은 파일 입력창이 나타나는데, 여기서 C:\ADSv1_2\OK7S256ads 폴더를 찾아서 여기에 프로젝트 파일명을 이를테면 Test로 입력하고 저장(S) 버튼을 누른다.

이제 다시 <그림 3.3.24>와 같이 프로젝트 작성 화면이 나타나면서 우리가 만들고자 하는 프로젝트 파일명과 경로가 올바르게 지정된 것을 확인하였으면 확인 버튼을 누른다. 그러면, <그림 3.3.25>처럼 새로운 프로젝트 화면이 뜬다.

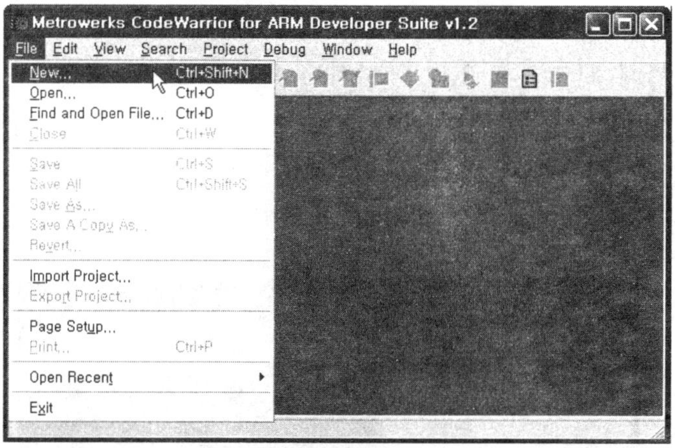

〈그림 3.3.21〉 새로운 프로젝트를 작성하기 위한 화면

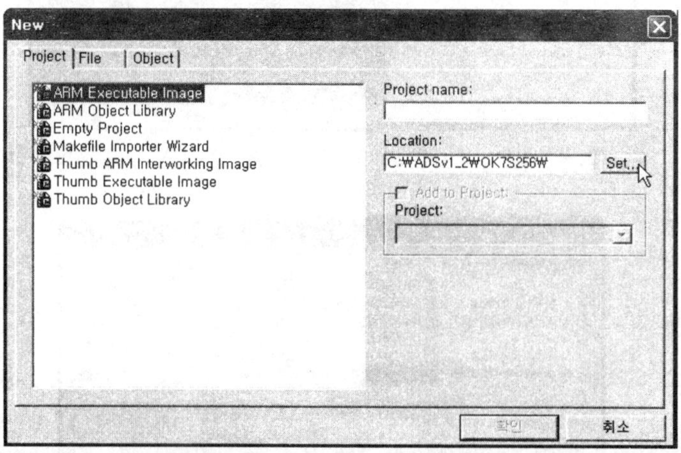

〈그림 3.3.22〉 새로운 프로젝트 파일명과 경로를 지정하기 위한 화면

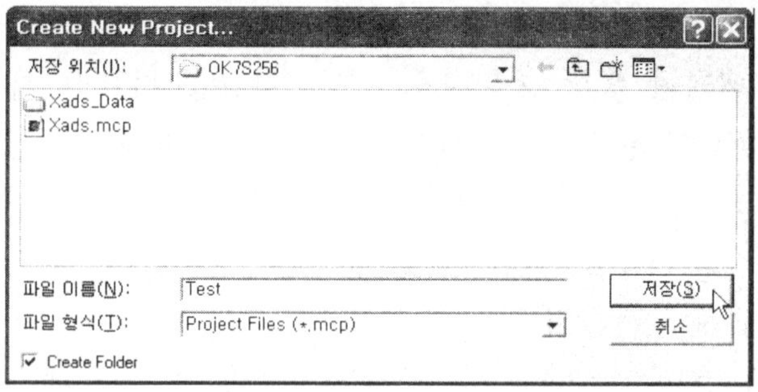

〈그림 3.3.23〉 새로운 프로젝트 파일명과 경로를 지정

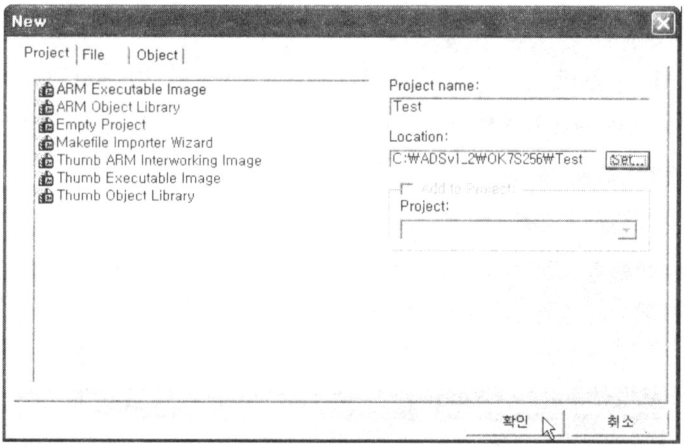

〈그림 3.3.24〉 새로운 프로젝트 파일명과 경로를 지정한 화면

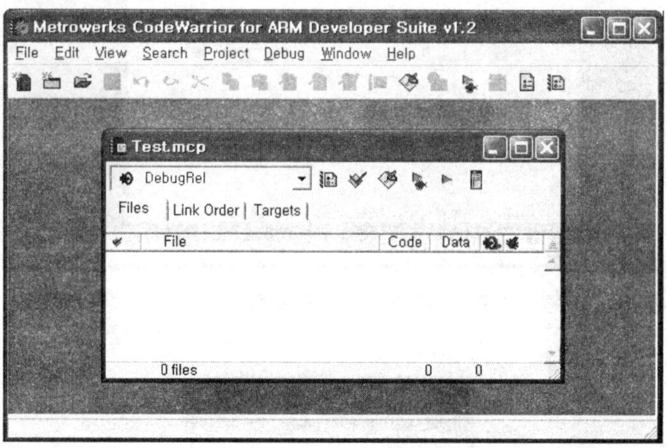

〈그림 3.3.25〉 새로운 프로젝트 Test.mcp가 시작된 화면

④ 이제 새로운 프로젝트에 파일을 등록해야 한다. 먼저 이 책의 모든 ADS v1.2용 C언어 예제 프로그램에서 항상 공통적으로 사용하는 스타트업 파일이 3개 있는데 이 것들은 하나의 그룹으로 묶어서 등록하여 두면 편리하다. <그림 3.3.26>처럼 프로젝트 창에서 마우스의 오른쪽 버튼을 누르면 팝업창이 뜨는데 여기서 Create Group 메뉴를 누른다. 그러면, <그림 3.3.27>처럼 그룹 이름을 입력하는 화면이 나오는데 여기서 Cstartup 이라고 입력하고 OK 버튼을 누른다.

그러면, <그림 3.3.28>처럼 그룹이 생성된 것을 볼 수 있는데, 이때 그룹명 위에 마우스를 올리고 오른쪽 버튼을 누르면 이 그룹에 파일을 등록할 수 있는 화면이 나타나므로 여기서 Add Files... 메뉴를 누른다. <그림 3.3.29>처럼 파일 선택창이 나타나면 여기서 C:\ADSv1_2\OK7S256ads\ 폴더를 찾아서 여기에 있는 Cstartup.s 파일을 선택하고 열기(O) 버튼을 누른다. 이때 <그림 3.3.30>의 화면이 나타나면 여기서 OK 버튼을 누르고, 그러면 <그림 3.3.31>처럼 그룹 Cstartup 안에 어셈블리 스타트업 소스파일인 Cstartup.s가 등록된 것을 볼 수 있다.

이상과 같이 <그림 3.3.28>에서 <그림 3.3.30>까지의 과정을 반복하여 3가지의 스타트업 파일 Cstartup.s, Cstartup_SAM7.c, retarget.c를 모두 그룹 Cstartup 안에 등록하면 되는데 그 결과는 <그림 3.3.32>와 같다.

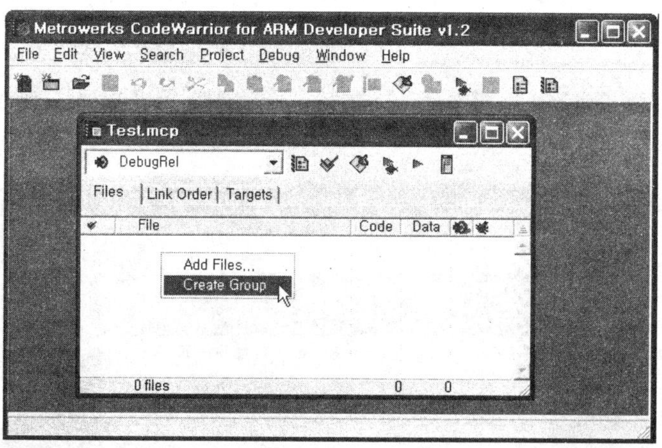

〈그림 3.3.26〉 프로젝트에 스타트업 파일을 그룹으로 등록하기 위한 화면

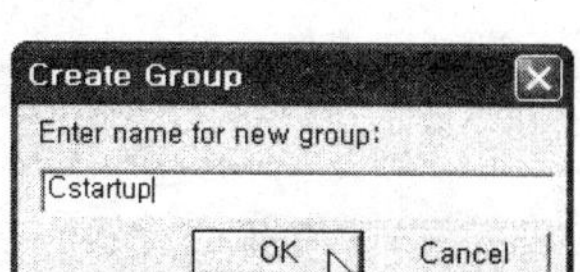

〈그림 3.3.27〉 프로젝트에 등록할 그룹 이름을 입력

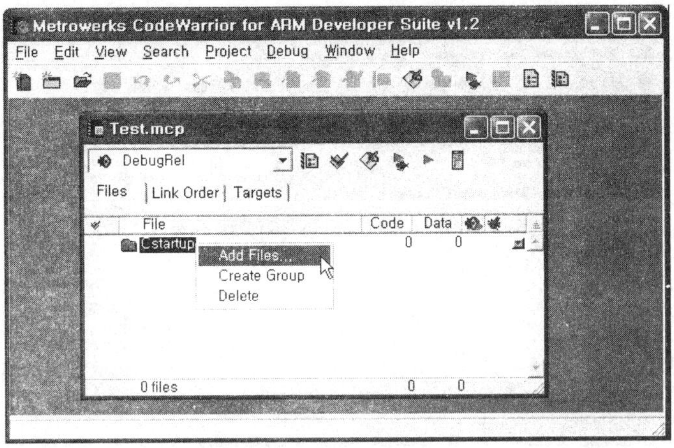

〈그림 3.3.28〉 프로젝트에 스타트업 파일을 그룹으로 등록하기 위한 화면

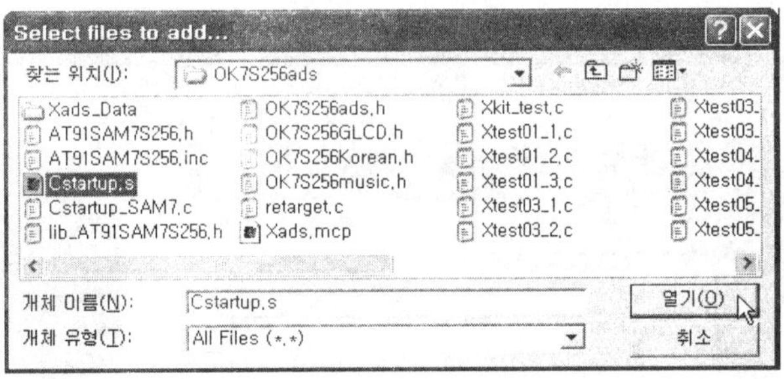

〈그림 3.3.29〉 그룹에 등록할 파일을 선택

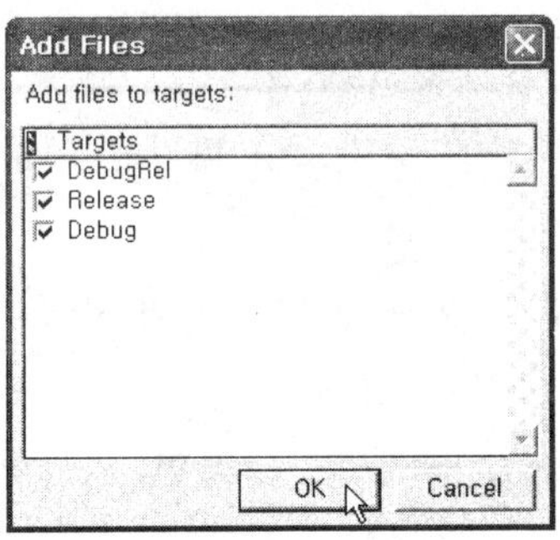

〈그림 3.3.30〉 그룹에 등록할 파일의 타겟 폴더를 지정

◀**참고**▶ 이 책에서는 프로젝트에서 타겟을 기본적으로 DebugRel 폴더로 지정한다. Debug 폴더로 하면 최종 출력 파일에 디버그 정보를 포함하는데 주력하며 최적화 기능은 희생되는데 비하여, Release 폴더로 하면 반대로 최적화 기능에 주력하고 디버그 정보는 포함하지 않는다. 그러나, DebugRel 폴더로 지정하면 이것들의 중간 정도로 처리된다.

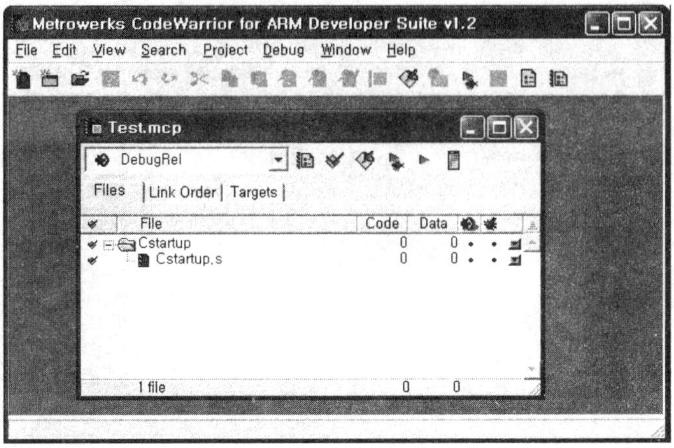

〈그림 3.3.31〉 프로젝트에 스타트업 파일을 그룹으로 등록한 화면

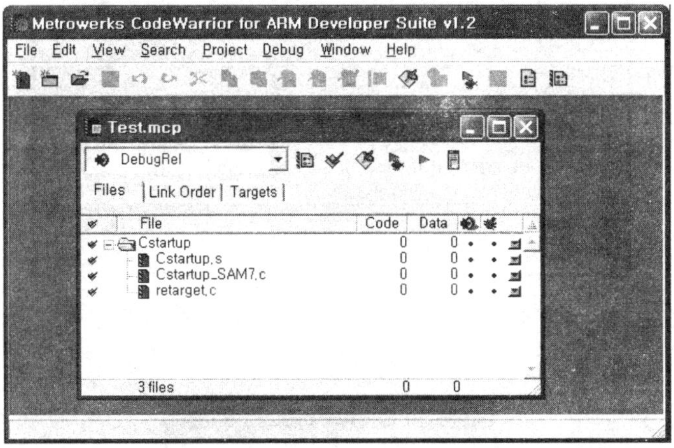

〈그림 3.3.32〉 프로젝트에 스타트업 파일을 그룹으로 등록 완료한 화면

⑤ 다음에는 이 프로젝트에 사용자 프로그램의 소스 파일을 등록하여야 한다. 이를 위해서 <그림 3.3.33>처럼 프로젝트 창에서 마우스의 오른쪽 버튼을 누르면 팝업창이 뜨는데 여기서 Add Files... 메뉴를 누른다. 그러면, <그림 3.3.34>처럼 파일을 선택하는 화면이 나오는데 여기서 원하는 C언어 소스파일(예를 들면 Xkit_test.c)을 선택하고 열기(O) 버튼을 누른다. 이후에는 <그림 3.3.35>처럼 다시 타겟 폴더를 지정하는 팝업창을 거쳐서 <그림 3.3.36>처럼 사용자 예제 파일이 프로젝트에 등록 완료된 화면이 나타난다.

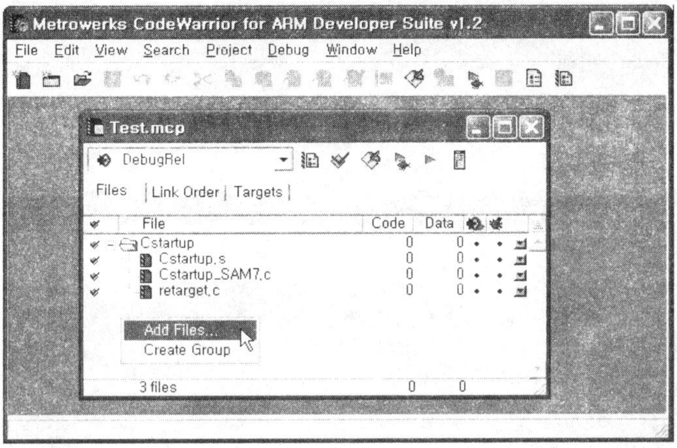

〈그림 3.3.33〉 프로젝트에 사용자 예제 파일을 등록하기 위한 화면

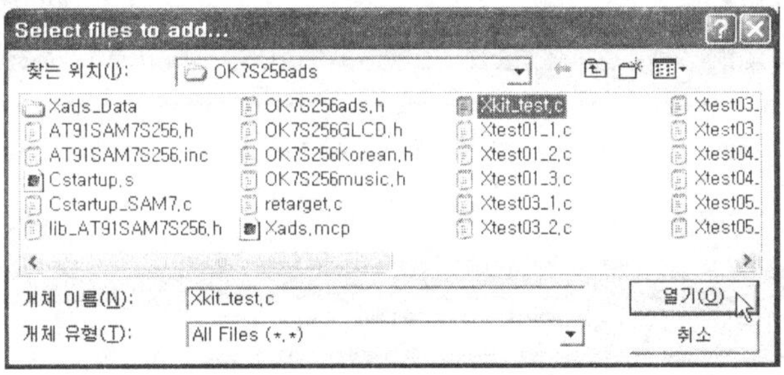

〈그림 3.3.34〉 프로젝트에 등록할 사용자 예제 파일을 선택

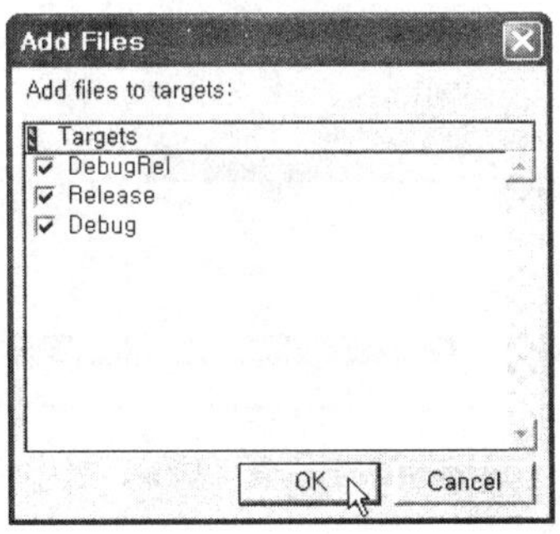

〈그림 3.3.35〉 프로젝트에 등록할 사용자 예제 파일의 타겟 폴더를 지정

⑥ 이렇게 하면 새로운 프로젝트 Test.mcp가 만들어지고 여기에 3개의 스타트업 파일 Cstartup.s, Cstartup_SAM7.c, retarget.c와 사용자 프로그램 Xkit_test.c를 등록 완료하였다. 앞으로 다른 예제 프로그램을 작성하거나 컴파일하려면 이 프로젝트에 등록된 소스 파일 Xkit_test.c를 제거하고 새로운 소스 파일을 다시 등록하면 된다. 현재의 소

스 파일 Xkit_test.c를 프로젝트에서 제거하려면 <그림 3.3.37>처럼 이 파일명 위에 마우스를 놓고 오른쪽 버튼을 눌러서 Delete 메뉴를 선택하면 되는데, 이때 <그림 3.3.38>처럼 제거할 것인지를 확인하는 화면이 나타나면 OK 버튼을 누른다.

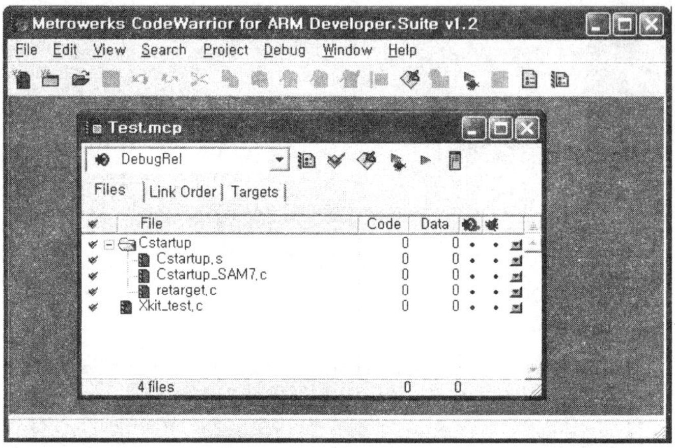

〈그림 3.3.36〉 프로젝트에 사용자 예제 파일이 등록 완료된 화면

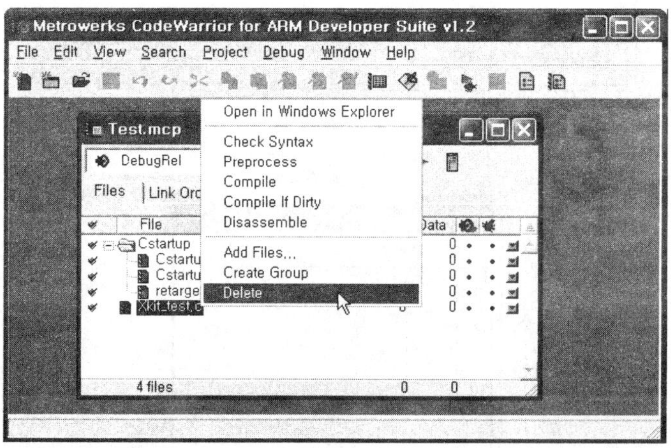

〈그림 3.3.37〉 프로젝트에서 사용자 예제 파일을 제거하기 위한 화면

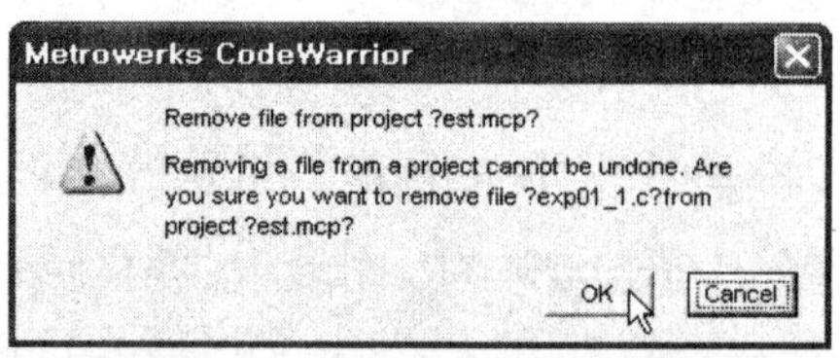

〈그림 3.3.38〉 프로젝트에서 사용자 예제 파일을 제거하는 것을 확인하는 화면

◀참고▶ 이상에서처럼 C:\ADSv1_2\OK7S256ads\ 폴더에 Test.mcp 프로젝트를 만들면 이것은 자동적으로 1단계 아래 위치의 폴더에 C:\ADSv1_2\OK7S256ads\Test\Test.mcp 파일로 만들어지며, 역시 자동적으로 그 아래에는 C:\ADSv1_2\OK7S256ads\Test\Test_Data\ 폴더가 만들어지면서 여기에 컴파일을 수행하면 출력 파일이 저장될 3개의 폴더 C:\ADSv1_2\OK7S256ads\Test\Test_Data\Debug, C:\ADSv1_2\OK7S256ads\Test\Test_Data\DebugRel, C:\ADSv1_2\OK7S256ads\Test\Test_Data\Release가 만들어진다. 그러나, 이렇게 새로운 프로젝트를 만들 때마다 프로젝트명과 같은 이름의 폴더가 C:\ADSv1_2\OK7S256ads\의 아래에 새로 만들어지는 것은 많은 예제 파일을 취급할 경우에는 불편하므로 이 책에서는 모든 ADS v1.2용 C언어 예제 프로그램에서 공통으로 사용할 하나의 프로젝트 파일을 C:\ADSv1_2\OK7S256ads\ 폴더에 Xads.mcp로 만들어 놓았다. 따라서, 이 책에서는 사용자의 예제 프로그램을 컴파일했을 때 *OK-7S256* 키트에 다운로드하여 실행할 바이너리 출력 파일이 항상 C:\ADSv1_2\OK7S256ads\Xads_Data\DebugRel\ 폴더에 Xads.bin으로 생성되어 저장된다.

(2) 새로운 프로젝트의 환경 설정

새로 프로젝트를 만들었으면 AT91SAM7S256 및 *OK-7S256* 키트에 적합하도록 프로그래밍 환경을 설정해 주어야만 사용자 프로그램을 올바르게 컴파일하고 링크한다. 여기서는 앞에서 새로 만든 Test.mcp 프로젝트의 환경 설정에 대하여 설명한다.

그러나, 이 책에서 제공하는 Xads.mcp 프로젝트는 이미 이와 같이 환경을 설정해 놓았으므로 수정하지 말고 그냥 사용하면 된다.

① 프로젝트의 프로그래밍 환경 설정을 시작하려면 <그림 3.3.39>와 같이 화면의 프로젝트 창에서 DebugRel Settings... 아이콘을 누른다. 또는 <그림 3.3.40>에서처럼 Edit → DebugRel Settings... 메뉴를 선택하거나 단축키 Alt+F7을 눌러도 된다.

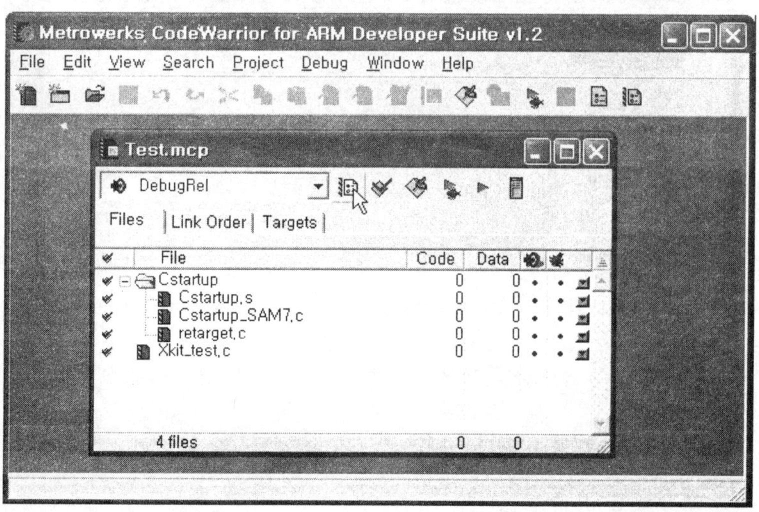

〈그림 3.3.39〉 프로젝트의 프로그래밍 환경 설정을 시작하는 방법(1)

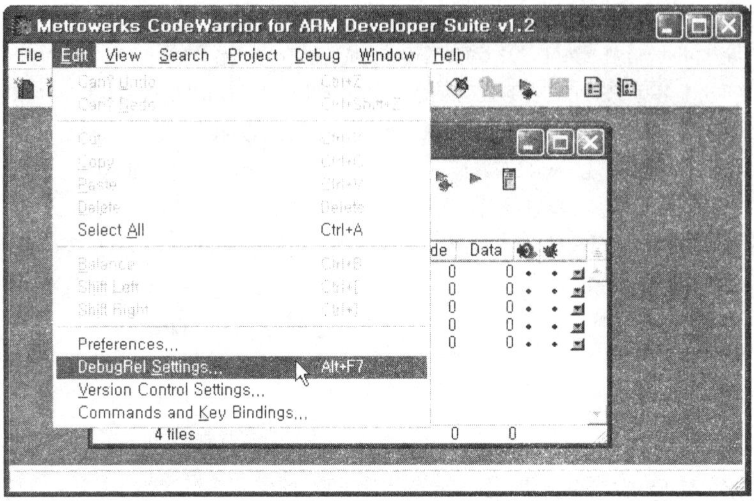

〈그림 3.3.40〉 프로젝트의 프로그래밍 환경 설정을 시작하는 방법(2)

② 프로젝트의 환경을 설정하는 화면이 나타나면 첫번째로 <그림 3.3.41>과 같이 Target Settings 환경설정 화면을 선택한다. 여기서는 Post-linker 항목을 ARM fromELF로 설정한다. 이제부터 특별히 언급하지 않는 항목들은 건드리지 말고 디폴트 상태로 그냥 두기 바란다.

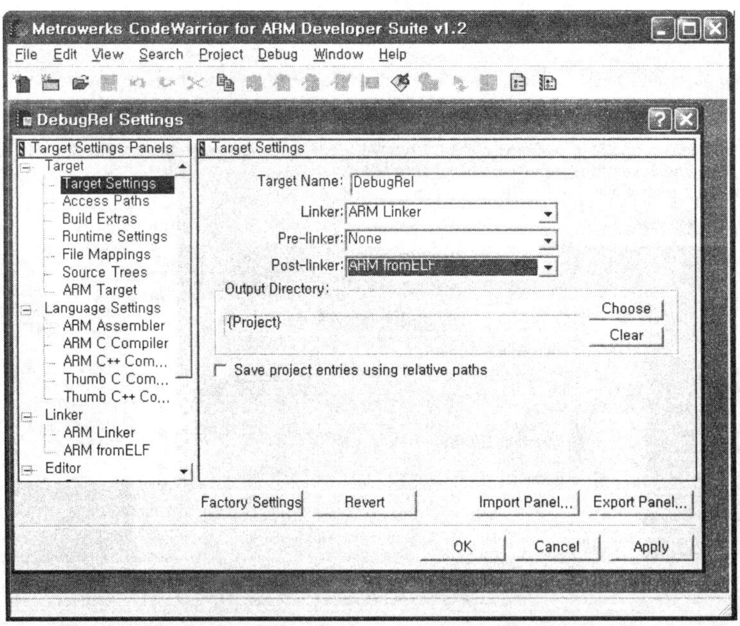

〈그림 3.3.41〉 Target Settings 환경 설정

③ <그림 3.3.42>와 같이 ARM Assembler 환경설정 화면에서는 Target 메뉴만 그림에 나타낸 바와 같이 설정하면 된다.

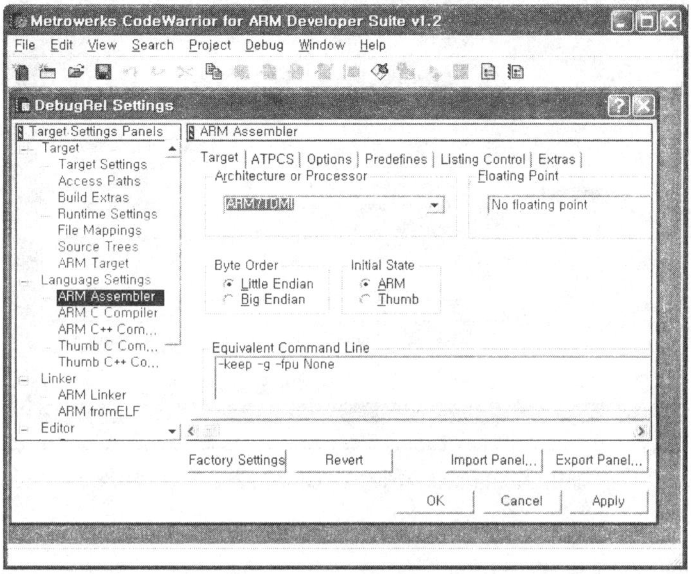

〈그림 3.3.42〉 ARM Assembler 환경 설정

④ ARM C Compiler 환경설정 화면에서는 <그림 3.3.43>처럼 Target and Source 메뉴를 설정하고 <그림 3.3.44>와 같이 Debug/Opt 메뉴를 설정하면 된다.

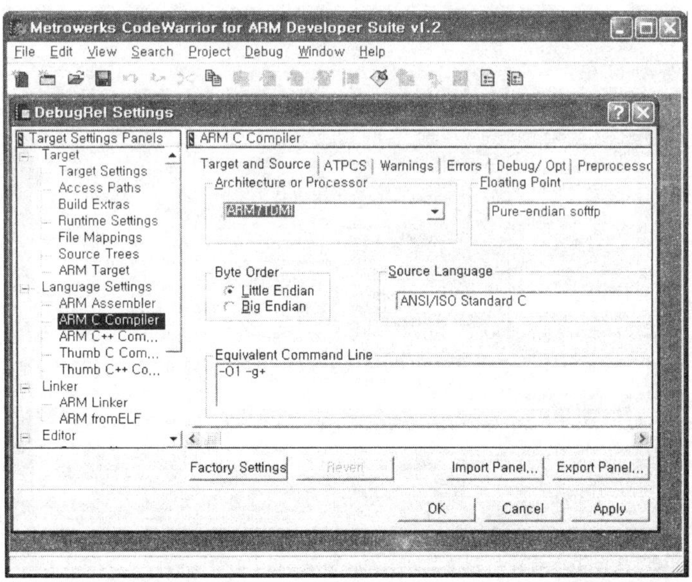

〈그림 3.3.43〉 ARM C Complier 환경 설정(1)

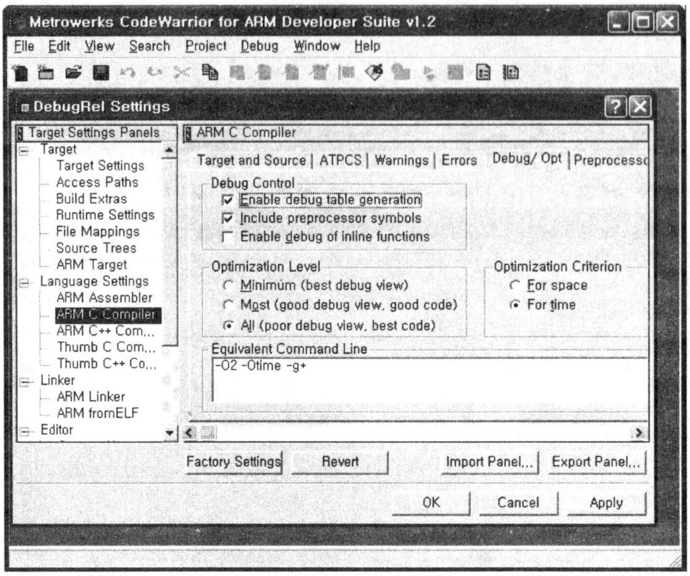

〈그림 3.3.44〉 ARM C Complier 환경 설정(2)

⑤ ARM Linker 환경설정 화면에서는 <그림 3.3.45>처럼 Output 메뉴에서 RO Base 항목을 0x00000000으로 설정하고 RW Base 항목을 0x00200000으로 설정하며, <그림 3.3.46>과 같이 Layout 메뉴에서 Object/Symbol 항목을 Cstartup.o로 설정하고 Section 항목을 reset으로 설정한다. 또한, <그림 3.3.47>처럼 Listing 메뉴도 설정한다.

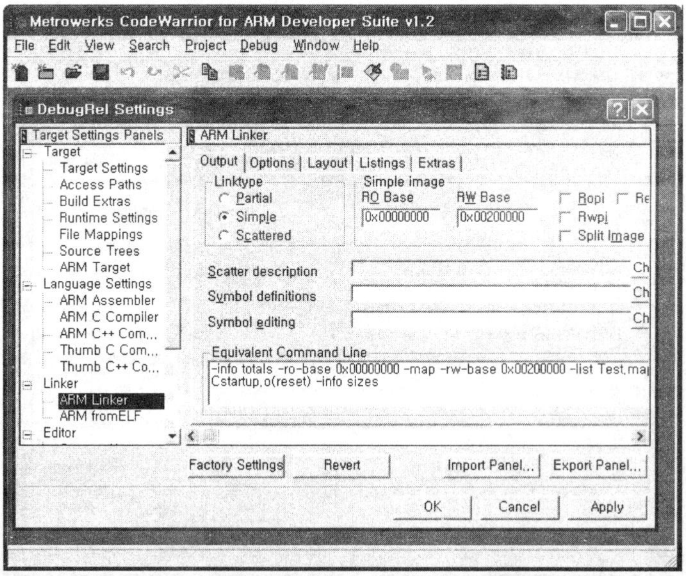

〈그림 3.3.45〉 ARM Linker 환경 설정(1)

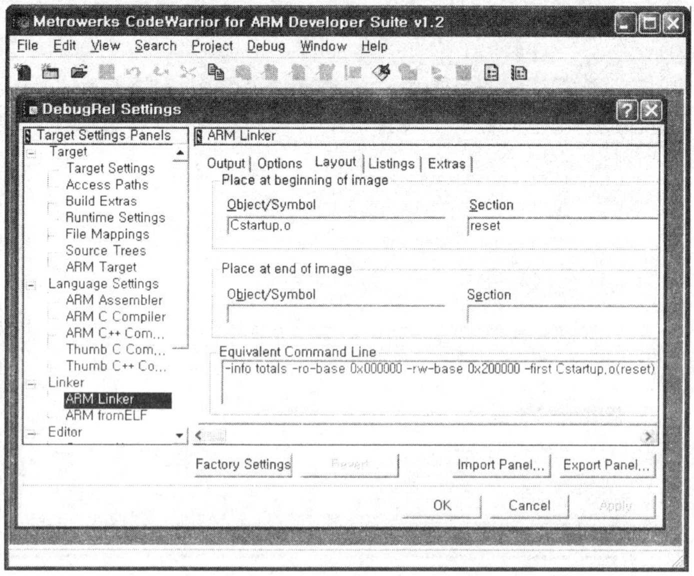

〈그림 3.3.46〉 ARM Linker 환경 설정(2)

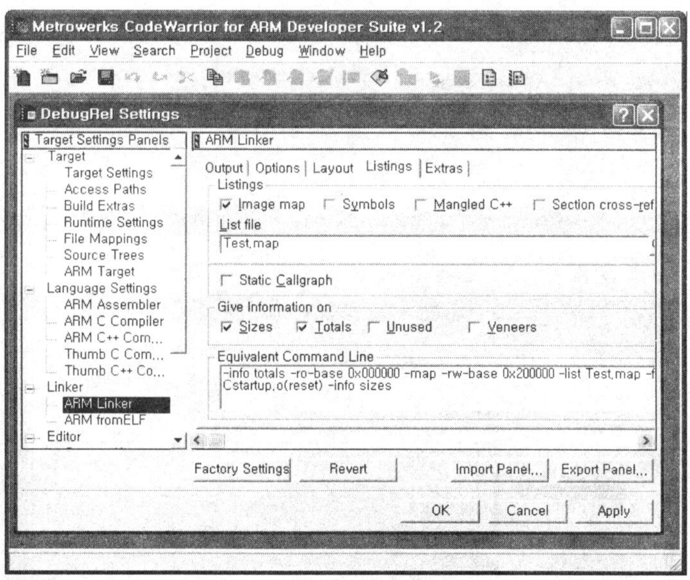

〈그림 3.3.47〉 ARM Linker 환경 설정(3)

⑥ ARM fromELF 설정 화면에서는 <그림 3.3.48>과 같이 설정하면 된다. 이처럼 Output file name 항목을 지정하지 않고 비워두면 프로젝트 이름과 같은 이름으로 바이너리 파일 Test.bin이 생성된다. 그러나, 만약 필요하다면 이 파일의 이름을 사용자가 원하는 것으로 지정할 수도 있다.

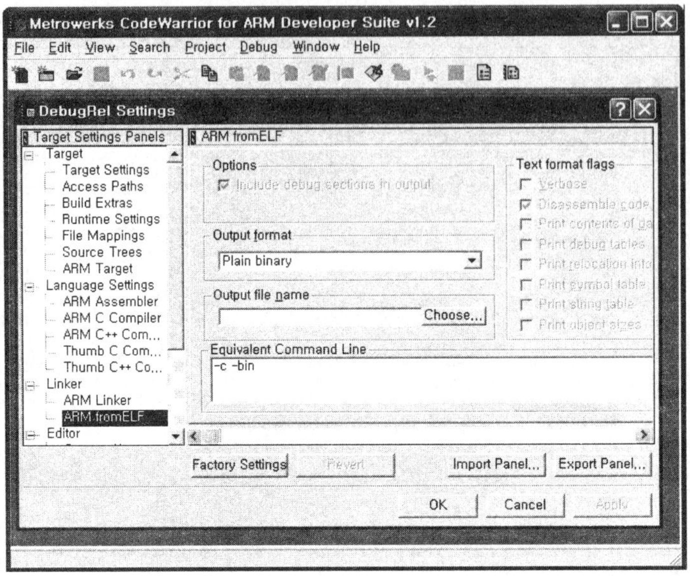

〈그림 3.3.48〉 ARM fromELF 환경 설정

⑦ 에디터를 사용하여 소스 프로그램을 작성할 때는 Edit → Preferences... 메뉴에서 <그림 3.3.53>과 같이 편집 화면을 설정해야 한다. 여기서 특히 Tab은 반드시 8로 설정해야 한다. 그렇지 않으면 화면에서 예제 파일의 컬럼이 흐트러져 보일 수 있다.

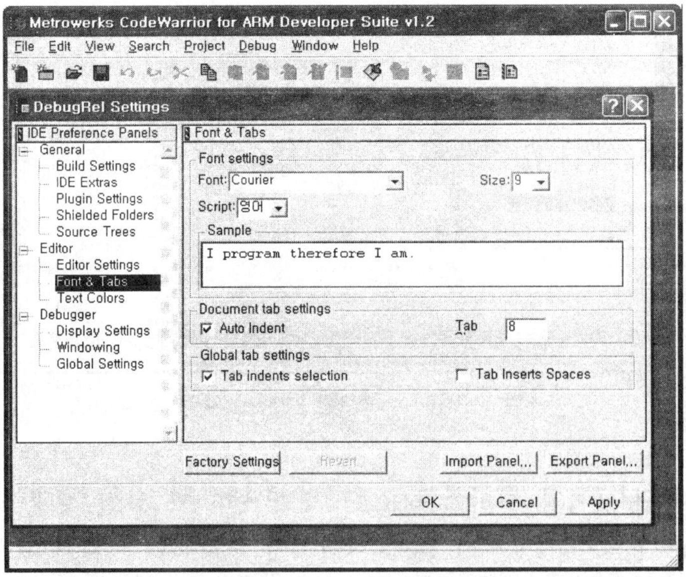

〈그림 3.3.49〉 편집 화면에서 Tab의 설정 방법

(3) 소스 파일의 수정 및 컴파일/링크의 수행

프로젝트를 만들고 환경을 올바르게 설정하였으면 이제 사용자 예제 프로그램의 소스 파일을 필요에 따라 수정하거나 컴파일 및 링크를 수행할 수 있다.

① 소스를 수정하려면 프로젝트 창에 있는 소스 파일 이름을 마우스로 더블 클릭한다. 그러면 <그림 3.3.50>과 같이 소스 파일의 편집창이 나타난다. 여기서 필요하다면 편집창의 최대화 버튼을 눌러 <그림 3.3.51>처럼 편집창을 크게 볼 수도 있다.

만약 이때 화면의 컬럼이 흐트러져 보인다면 앞의 <그림 3.3.49>에서 설명하였듯이 Tab을 8로 설정하였는지 확인하라.

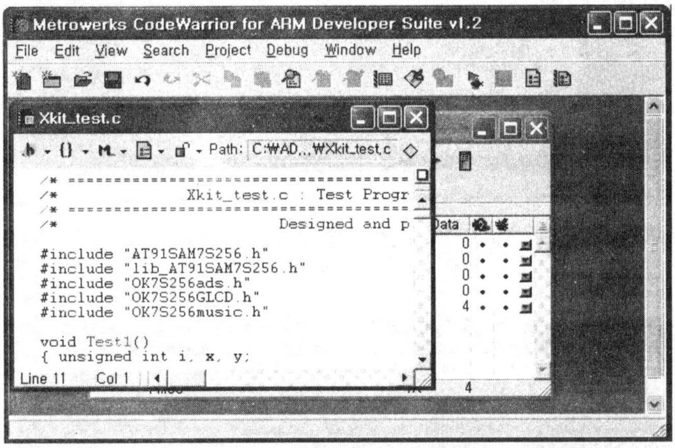

〈그림 3.3.50〉 소스 파일을 수정하기 위하여 편집창을 나타나게 한 화면

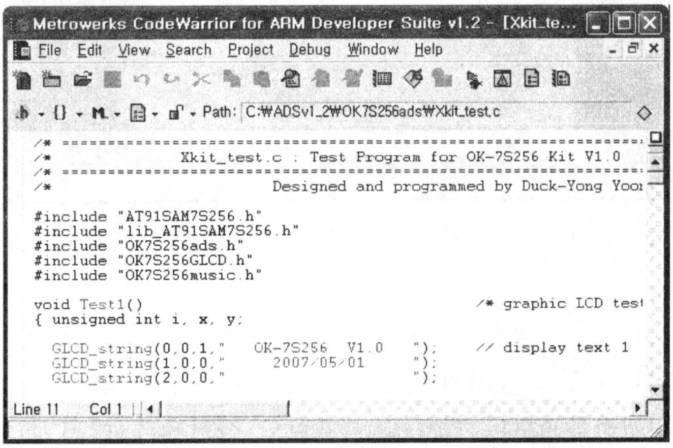

〈그림 3.3.51〉 편집창을 최대화한 화면

② 이제 소스 파일의 편집이 끝나고 컴파일 및 링크를 수행하려면 <그림 3.3.52>과 같이 프로젝트 창에서 Make 아이콘을 누른다. 또는 <그림 3.3.53>에서처럼 메인 화면에 있는 Make 아이콘을 눌러도 되며, Project → Make 메뉴를 선택하거나 단축키 F7을 눌러도 된다.

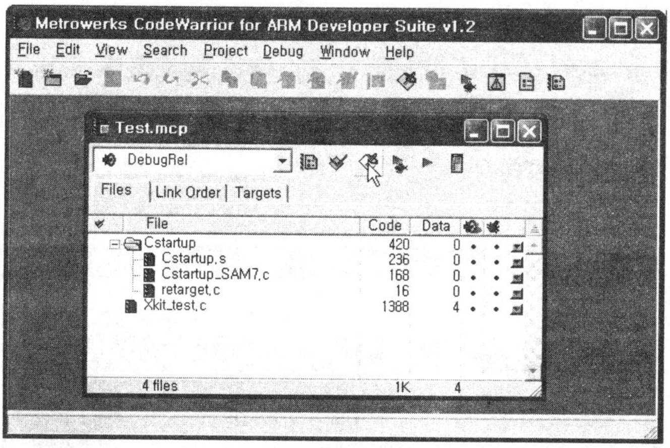

〈그림 3.3.52〉 사용자 프로그램을 컴파일하고 링크하는 방법(1)

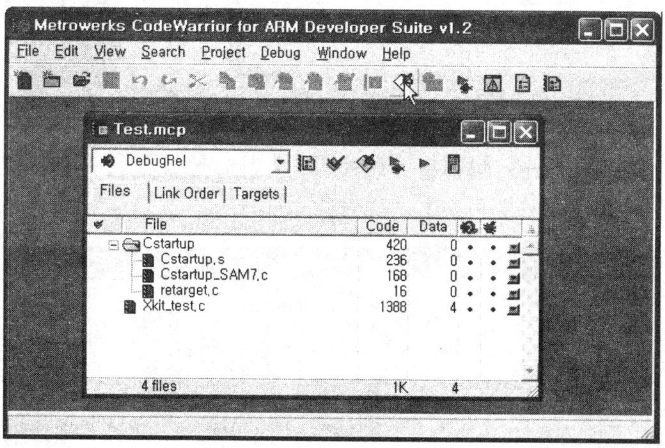

〈그림 3.3.53〉 사용자 프로그램을 컴파일하고 링크하는 방법(2)

③ 컴파일 및 링크를 수행하고 나면 결과창이 뜨고, 여기서 만약 에러가 발생하였다면 여기에 에러의 내용이 표시된다. 또한, 프로젝트 환경 설정에서 메모리 맵 파일을 출력하도록 지정하였으므로 Test.map 파일도 생성된다.(예제 프로그램에서는 메모리 맵 파일이 C:\ADSv1_2\OK7S256ads\Xads_Data\DebugRel\ 폴더에 Xads.map으로 생

성된다.)

④ 아무런 에러가 발생하지 않고 컴파일 및 링크 과정이 정상적으로 수행되었으면 제3.2절에서 설명한 것처럼 SAM-BA GUI 프로그램과 USB 케이블 또는 RS-232C 케이블을 사용하여 바이너리 파일 Test.bin을 *OK-7S256* 키트에 다운로드한다.(예제 프로그램에서는 바이너리 파일이 C:\ADSv1_2\OK7S256ads\Xads_Data\DebugRel\ 폴더에 Xads.bin으로 생성된다.)

3. ADS v1.2의 주요 기능 요약

ADS v1.2는 ANSI 표준의 C 및 C++ 컴파일러이므로 대부분의 기능이 ANSI 표준을 따르고 있다. 따라서, 여기서는 일반 ANSI C 표준의 기능에 대하여는 자세하게 설명하지 않으며, ARM용으로서의 C언어를 사용할 때 알아야 하는 중요한 특징과 기능만을 알아보기로 한다. 이에 관한 더 자세한 사항에 대하여는 참고문헌 [4]~[7]과 같은 ADS v1.2 소프트웨어 사용자 가이드를 참조하기 바란다.

(1) ADS v1.2 C컴파일러의 개요

ADS(ARM Developer Suite)는 ARM사에서 개발 판매하는 C컴파일러로서, 초기에는 SDT(Software Development Toolkit)라는 이름으로 나왔으나 나중에 ADS로 개량되었으며, 현재는 그 다음 모델인 RVDS(RealView Development Suite)가 판매되고 있다.

ADS는 이처럼 꽤 오래된 모델의 C컴파일러지만 아직 이 분야에서는 매우 광범위하게 사용되고 있으므로 이 책에서 기본으로 사용하는 것으로 결정하였다. 이 책에서 예제 프로그램을 작성할 때 실제로 사용하는 버전은 ADS v1.2 Build 805인데 이것을 ARM사의 웹사이트에서 다운받은 4554_ADS12_848_Windows.exe 프로그램으로 패치하면 Build 848이 된다.

이 ADS 소프트웨어 패키지에는 Metrowerks사의 CodeWarrior V4.2.5.764라고 불리는 IDE(Integrated Development Environment) 소프트웨어를 포함하고 있으며, 이를 이용하여 에디터, 어셈블러, C컴파일러, 링커, 디버거 등을 종합적으로 편리하게 사용할 수 있다.

(2) C언어 프로그램의 작성 과정

C컴파일러를 사용하여 사용자가 ARM용의 프로그램을 작성하고 이를 ARM 마이크로콘트롤러 소자에 다운로드하여 실행하는 과정은 소프트웨어 개발의 기본적인 흐름이지만, 이 체계를 전체적으로 정리하여 정확히 파악하지 않으면 초보자에게는 헷갈릴 수도 있다.

프로그램을 정확하고 효율적으로 작성하기 위해서는 먼저 이러한 개발 과정을 이해하고 해당 소프트웨어의 매뉴얼을 숙지하여 정상적인 사용법을 잘 알아두는 것이 중요하다. 그러나, 어떤 소프트웨어 매뉴얼이나 도움말이라도 그 소프트웨어의 모든 기능을 완벽하게 설명하고 있지는 못하므로 많은 프로그래밍 경험을 통하여 자신이 사용하는 매크로 어셈블러나 C컴파일러의 특성을 파악하고 있는 것이 좋다.

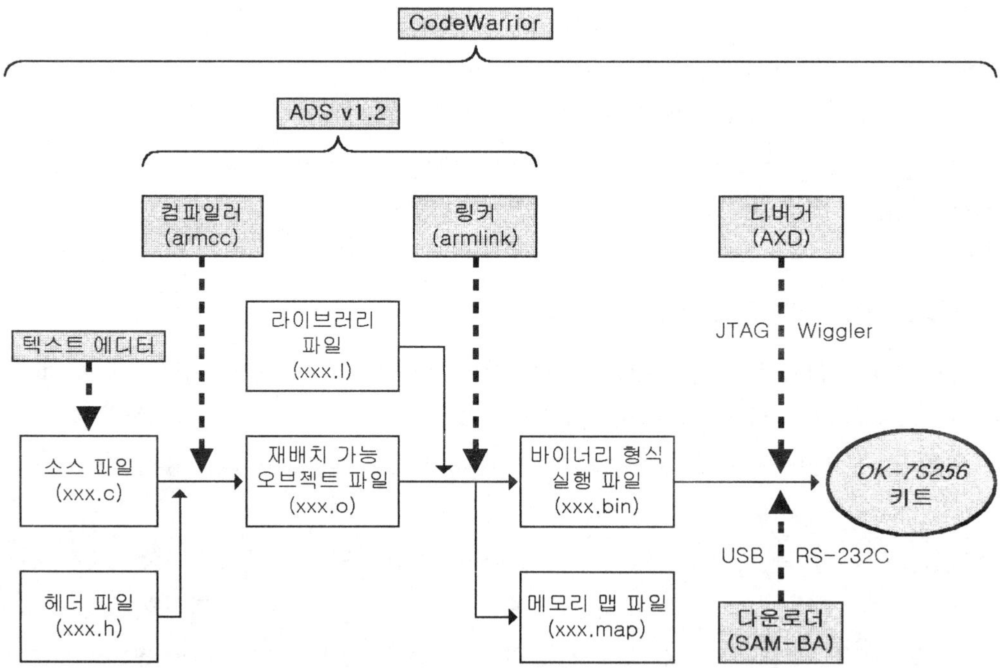

〈그림 3.3.54〉 ADS v1.2에서 C언어 프로그램을 작성하는 체계도

ADS v1.2 C컴파일러에서 C언어로 프로그램을 작성하고 이를 *OK-7S256* 키트에 다운로드하여 실행하는 과정을 요약하여 보이면 <그림 3.3.54>와 같다. 사용자는 ADS v1.2에 내장된 텍스트 에디터를 사용하여 소스 파일을 작성하고, C컴파일러를 사용하여 이를 재배치 가능한 ELF(ARM Executable and Linkable Format) 형식의 오브젝트 파일로 컴파일하며, 링커를 사용하여 이 오브젝트 파일과 필요하면 다른 오브젝트 파

일 또는 라이브러리 파일을 링크함으로써 최종적으로 1개의 실행 파일을 생성한다. 이렇게 하여 만들어진 바이너리 형식의 실행 파일은 JTAG 에뮬레이터와 디버거 AXD를 사용하여 *OK-7S256* 키트에 다운로드하고 실행할 수 있다. 그러나, 이 책과 *OK-7S256* 키트에서는 USB 케이블 또는 RS-232C 케이블과 다운로더 프로그램 SAM-BA GUI를 사용하여 간단히 사용자 프로그램을 다운로드하며, 선택 사양으로 Wiggler 호환의 *OK-JTAG* 케이블과 H-JTAG 프로그램을 사용할 수도 있다.

마이크로콘트롤러에서는 컴파일러와 링커를 거쳐서 사용자 프로그램의 최종 실행 파일을 인텔 HEX 형식의 파일로 생성하는 것이 일반적이지만, SAM-BA GUI에서는 기본적으로 바이너리 파일을 사용하므로 ADS v1.2를 설정할 때 이처럼 바이너리 파일을 생성하도록 지정한다.

(3) ADS v1.2 C컴파일러의 기본적인 사항 요약

ADS v1.2 C컴파일러는 기본적으로 ANSI C 및 ANSI C++ 규격을 따르고 있다. 따라서, 이 부분은 WinARM의 경우와 내용이 거의 같으므로 뒤의 420페이지에 있는 WinARM에 대한 설명 부분을 참조하라.

(4) I/O 레지스터의 절대번지 액세스

ADS v1.2 C컴파일러를 사용하여 C언어 프로그램을 작성할 때 AT91SAM7S256의 I/O 레지스터를 액세스하는 방법은 기본적으로 ANSI C 및 ANSI C++ 규격을 따르고 있다. 따라서, 이 부분도 WinARM의 경우와 내용이 거의 같으므로 뒤의 422페이지에 있는 WinARM에 대한 설명 부분을 참조하라.

(5) 인라인 어셈블 기능

ADS v1.2에서는 C언어 소스에서 인라인 어셈블(inline assemble) 명령의 사용을 지원한다. 이는 __asm 키워드를 사용하여 다음과 같은 형식으로 어셈블리 명령을 사용할 수 있도록 한다.

```
__asm{ assembly instruction                                    [/* comment */]
       assembly instruction[; assembly instruction]            [// comment]
           . . .
       assembly instruction
     }
```

여기서 1행에 2개 이상의 어셈블리 명령을 사용하는 경우에는 각각을 세미콜론(;)으로 구분하여 나열한다.

ADS v1.2의 C++언어 소스에서는 이밖에도 1가지의 인라인 어셈블리 형식을 더 지원하는데, 이는 asm 키워드를 사용하여 다음과 같이 1행의 어셈블리 명령을 사용할 수 있다.

```
asm("assembly instruction[; assembly instruction]");        [/* comment */]
asm("assembly instruction[; assembly instruction]");        [// comment]
```

여기서도 1개의 asm 키워드로 2개 이상의 어셈블리 명령을 사용하는 경우에는 각각을 세미콜론(;)으로 구분하여 나열한다.

인라인 어셈블 명령의 행에서도 주석은 C언어 소스 행과 같이 사용할 수 있다. 즉, 주석문으로 /* ... */의 형식과 // ... 의 형식을 모두 사용할 수 있다.

(6) 인터럽트 프로그래밍

AT91SAM7S256에서는 IRQ 인터럽트와 FIQ 인터럽트가 각각 0x0000_0018 번지 및 0x0000_001C 번지로 점프하는 예외처리의 일종으로 수행된다. 그러나, IRQ 인터럽트의 경우에는 31가지의 인터럽트 소스가 존재하고 이것들은 각각 자신에 해당하는 인터럽트 서비스 루틴 함수를 가져야 하기 때문에 0x0000_0018 번지에서 다시 이들 각각의 인터럽트 서비스 루틴 함수로 분기하는 방법이 필요하다. AT91SAM7S256의 경우에는 CPU가 AIC_AVR 레지스터를 읽어서 여기에 표시된 인터럽트 벡터로 점프하는 방법으로 이러한 IRQ 인터럽트가 처리된다.

따라서, C언어 프로그램에서 이러한 인터럽트를 올바르게 처리하려면 스타트업 파일에서 처리해야 하는 부분(레지스터를 저장하거나 AIC_AVR 레지스터를 읽어서 해당 인터럽트 서비스 루틴 함수로 점프하는 기능)이 있고 사용자 프로그램에서 처리해야 하는 부분(인터럽트를 초기화하거나 AIC_SVRx 레지스터에 인터럽트 서비스 루틴 함수의 시작번지를 저장해 놓는 기능)도 있다. 이를 위해 ADS v1.2에서는 스타트업 파일 Cstartup.s에 IRQ 인터럽트를 처리하기 위한 기능을 포함하고 있다. ADS v1.2 C컴파일러에서 IRQ 인터럽트 및 FIQ 인터럽트를 처리하는 이러한 방법은 WinARM의 경우와 거의 유사하며, 따라서 이는 뒤의 426페이지에 있는 WinARM의 인터럽트 프로그래밍 설명 부분을 참조하라.

다만, WinARM에서는 스타트업 파일의 이름이 Cstartup.S로 되어 있는데 비하여 ADS v1.2에서는 Cstartup.s로 되어 있을 뿐이며, 이들 스타트업 파일에서 IRQ 인터럽트 처리에 관련되는 부분의 내용은 서로 매우 유사하다.

(7) 레지스터의 사용

ADS v1.2 C컴파일러에서 함수를 호출할 때 레지스터를 사용하는 규칙은 ARM사의 ATPCS(ARM-Thumb Procedure Call Standard) 규격에 따르고 있으므로 이는 WinARM의 경우와 같으며, 따라서 이는 뒤의 427페이지에 있는 WinARM의 레지스터 사용 설명 부분을 참조하라.

4. 헤더파일 및 라이브러리 함수 요약

(1) 기본 헤더파일 및 라이브러리 함수 리스트

ADS v1.2 C컴파일러에서 사용하는 기본 헤더파일은 모두 C:\ADSv1_2\include\ 폴더에 위치하는데, 사용자 프로그램에서 이를 인클루드하려면

```
#include <stdio.h>
```

와 같이 사용한다. 이처럼 ADS v1.2 C컴파일러에서 기본적으로 제공하는 헤더파일에는 alloca.h, assert.h, ctype.h, errno.h, fenv.h, float.h, inttypes.h, limits.h, locale.h, math.h, setjmp.h, signal.h, stdarg.h, stddef.h, stdint.h, stdio.h, stdlib.h, string.h, time.h 등이 있다.

이 헤더파일에 정의되어 있는 모든 C언어 라이브러리 함수를 요약 정리하면 뒤의 <표 3.4.6>에 보인 WinARM의 경우와 거의 유사하다. 다만, WinARM에서는 수학함수에 double형과 float형이 각각 쌍으로 존재하고 float형으로 된 수학함수는 f자로 끝나지만, ADS v1.2의 C언어에서는 이러한 float형 수학함수를 사용하지 않는다.

(2) AT91SAM7S256용 헤더파일

ADS v1.2 C컴파일러에서 AT91SAM7S256용 C언어 프로그램을 작성하려면 이 소자와 관련된 많은 정의가 필요한데 이는 Atmel사에서 AT91SAM7S256.h 파일로 제공한다. 이는 원래 IAR C컴파일러용으로 제공된 것이지만 기본적인 C언어 형식으로 되어 있으므로 ADS v1.2에서도 그대로 사용할 수 있다. 헤더파일 AT91SAM7S256.h의 내용은 뒤의 432페이지에서 WinARM을 설명할 때 보였으므로 이를 참조하라.

(3) AT91SAM7S256용의 I/O 레지스터 제어 라이브러리 함수 파일

Atmel사에서는 사용자가 AT91SAM7S256 소자용의 C언어 프로그램을 작성할 때 유용하게 사용할 수 있도록 많은 I/O 레지스터 제어 라이브러리 함수들을 만들어 이를 lib_AT91SAM7S256.h 파일로 제공한다. 이는 원래 IAR C컴파일러용으로 제공하는 것이지만 기본적인 C언어 형식으로 되어 있으므로 ADS v1.2에서도 그대로 사용할 수 있다. 헤더파일 lib_AT91SAM7S256.h의 내용은 뒤의 459페이지에서 WinARM을 설명할 때 보였으므로 이를 참조하라.

(4) AT91SAM7S256용의 어셈블리 언어 인클루드 파일

ADS v1.2 매크로 어셈블러에서 AT91SAM7S256용의 어셈블리 언어 프로그램을 작성하려면 이 소자와 관련된 많은 정의가 필요한데 이는 Atmel사에서 인클루드 파일 AT91SAM7S256.inc로 제공한다. 이는 원래 IAR 매크로 어셈블러용으로 제공된 것이지만 문법이 크게 다르지 않으므로 ADS v1.2에서도 그대로 사용할 수 있다.

만약 사용자가 ADS v1.2에서 어셈블리 언어로 사용자 프로그램을 작성하고자 하는 경우에는 이를 인클루드하여 사용하면 편리할 것이다. ADS v1.2에서 C언어로 프로그램을 작성할 때 기본으로 포함하는 Startup.s 파일에서도 이를 인클루드하여 사용하고 있다. 인클루드 파일 AT91SAM7S256.inc의 내용은 <부록 2>에 보였다.

(5) 스타트업 파일 및 타겟 정의 파일

ADS v1.2 C컴파일러에서 사용자가 C언어 프로그램을 작성할 때 기본적으로 링크해주어야 하는 어셈블리 언어 스타트업 파일은 Cstartup.s로 사용되는데 그 파일의 내용은 다음과 같다.

〈파일 Cstartup.s〉 ADS v1.2용의 어셈블리 언어 스타트업 파일

```
;------------------------------------------------------------------------------
;-         ATMEL Microcontroller Software Support  -  ROUSSET  -
;------------------------------------------------------------------------------
; The software is delivered "AS IS" without warranty or condition of any
; kind, either express, implied or statutory. This includes without
; limitation any warranty or condition with respect to merchantability or
; fitness for any particular purpose, or against the infringements of
; intellectual property rights of others.
;------------------------------------------------------------------------------
;- File source          : Cstartup.s
;- Object               : Generic CStartup for ARM ADS 1.2 and SAM7
;-
;- 1.0 12/Jul/04 JPP    : Creation
```

```
;- 1.1 10/Sep/04 JPP      : Change Irq Managment
;- 1.1 01/Apr/05 JPP      : save SPSR
;- 2.0 01/May/07 Yoon     : Modified for OK-7S256 Kit
;------------------------------------------------------------------------------

        INCLUDE AT91SAM7S256.inc

;------------------------------
;- ARM Core Mode and Status Bits
;------------------------------
IRQ_STACK_SIZE  EQU     (3*8*4)                 ; 2 words per interrupt priority level

ARM_MODE_USER   EQU     0x10
ARM_MODE_FIQ    EQU     0x11
ARM_MODE_IRQ    EQU     0x12
ARM_MODE_SVC    EQU     0x13
ARM_MODE_ABORT  EQU     0x17
ARM_MODE_UNDEF  EQU     0x1B
ARM_MODE_SYS    EQU     0x1F

I_BIT           EQU     0x80
F_BIT           EQU     0x40
T_BIT           EQU     0x20

;------------------------------------------------------------------------------
;- Area Definition
;------------------------------------------------------------------------------
        AREA    reset, CODE, READONLY
        ENTRY
        EXPORT  entry

;------------------------------------------------------------------------------
;- Exception vectors
;--------------------
;- These vectors can be read at address 0 or at RAM address.
;- They ABSOLUTELY requires to be in relative addresssing mode in order to
;- guarantee a valid jump. For the moment, all are just looping.
;- If an exception occurs before remap, this would result in an infinite loop.
;- To ensure if a exeption occurs before start application to infinite loop.
;------------------------------------------------------------------------------
entry
        B       InitReset                       ; 0x00 Reset handler
undefvec
        B       undefvec                        ; 0x04 Undefined Instruction
swivec
        B       swivec                          ; 0x08 Software Interrupt
pabtvec
        B       pabtvec                         ; 0x0C Prefetch Abort
dabtvec
        B       dabtvec                         ; 0x10 Data Abort
rsvdvec
        B       rsvdvec                         ; 0x14 reserved
irqvec
        B       IRQ_Handler_Entry               ; 0x18 IRQ

fiqvec                                          ; 0x1C FIQ
;------------------------------------------------------------------------------
;- Function              : FIQ_Handler_Entry
;- Treatments            : FIQ Controller Interrupt Handler.
;- Called Functions      : AIC_FVR[interrupt]
;------------------------------------------------------------------------------
FIQ_Handler_Entry

;- Switch in SVC/User Mode to allow User Stack access for C code
; because the FIQ is not yet acknowledged
```

```
;- Save and r0 in FIQ_Register
        mov     r9,r0
        ldr     r0 , [r8, #AIC_FVR]
        msr     CPSR_c,#I_BIT :OR: F_BIT :OR: ARM_MODE_SVC

;- Save scratch/used registers and LR in User Stack
        stmfd   sp!, { r1-r3, r12, lr}

;- Branch to the routine pointed by the AIC_FVR
        mov     r14, pc
        bx      r0

;- Restore scratch/used registers and LR from User Stack
        ldmia   sp!, { r1-r3, r12, lr}

;- Leave Interrupts disabled and switch back in FIQ mode
        msr     CPSR_c, #I_BIT :OR: F_BIT :OR: ARM_MODE_FIQ

;- Restore the R0 ARM_MODE_SVC register
        mov     r0,r9

;- Restore the Program Counter using the LR_fiq directly in the PC
        subs    pc,lr,#4

;--------------------
;- The reset handler
;--------------------
InitReset
;------------------------------------------------------------------------------
;- Low level Init (APMC, AIC, EBI, ....) by C function AT91F_LowLevelInit
;------------------------------------------------------------------------------
        IMPORT  AT91F_LowLevelInit

;- minimum  C initialization
        ldr     r13,=0x00204000                 ; temporary stack in internal RAM
        ldr     r0,=AT91F_LowLevelInit
        mov     lr, pc
        bx      r0

;------------------------------------------------------------------------------
;- Stack Sizes Definition
;------------------------
;- Interrupt Stack requires 2 words x 8 priority level x 4 bytes when using
;- the vectoring. This assume that the IRQ_ENTRY/IRQ_EXIT macro are used.
;- The Interrupt Stack must be adjusted depending on the interrupt handlers.
;- Fast Interrupt not requires stack If in your application it required you must
;- be define here.
;- Other stacks are defined by default to save one word each.
;- The System stack size is not defined and is limited by the free internal SRAM.
;- User stack size is not defined and is limited by the free external SRAM.
;------------------------------------------------------------------------------

;------------------------------------------------------------------------------
;- Setup the stack for each mode
;------------------------------------------------------------------------------
        ldr     r0, =0x00204000

;- Set up Fast Interrupt Mode and set FIQ Mode Stack
        msr     CPSR_c, #ARM_MODE_FIQ:OR:I_BIT:OR:F_BIT

;- Init the FIQ register
        ldr     r8, =AT91C_BASE_AIC

;- Set up Interrupt Mode and set IRQ Mode Stack
        msr     CPSR_c, #ARM_MODE_IRQ:OR:I_BIT:OR:F_BIT
        mov     r13, r0                         ; Init stack IRQ
```

```
        sub     r0, r0, #IRQ_STACK_SIZE

;- Set up Supervisor Mode and set Supervisor Mode Stack
        msr     CPSR_c, #ARM_MODE_SVC
        mov     r13, r0                         ; Init stack Sup

;------------------------------------------------------------------------------
;- Branch on C code Main function (with interworking)
;----------------------------------------------------
;- Branch must be performed by an interworking call as either an ARM or Thumb
;- main C function must be supported. This makes the code not position-
;- independent. A Branch with link would generate errors
;------------------------------------------------------------------------------
        IMPORT  __main

        ldr     r0, =__main
        mov     lr, pc
        bx      r0

;------------------------------------------------------------------------------
;- Loop forever
;---------------
;- End of application. Normally, never occur. Could jump on Software Reset( B 0x0 ).
;------------------------------------------------------------------------------
End
        b       End

;------------------------------------------------------------------------------
;- Manage exception
;------------------
;- This module The exception must be ensure in ARM mode
;------------------------------------------------------------------------------
;------------------------------------------------------------------------------
;- Function             : IRQ_Handler_Entry
;- Treatments           : IRQ Controller Interrupt Handler.
;- Called Functions     : AIC_IVR[interrupt]
;------------------------------------------------------------------------------
IRQ_Handler_Entry

;- Adjust and save LR_irq in IRQ stack
        sub     lr, lr, #4
        stmfd   sp!, {lr}

;- Save SPSR need to be saved for nested interrupt
        mrs     r14, SPSR
        stmfd   sp!, {r14}

;- Save and r0 in IRQ stack
        stmfd   sp!, {r0}

;- Write in the IVR to support Protect Mode
;- No effect in Normal Mode
;- De-assert the NIRQ and clear the source in Protect Mode
        ldr     r14, =AT91C_BASE_AIC
        ldr     r0 , [r14, #AIC_IVR]
        str     r14, [r14, #AIC_IVR]

;- Enable Interrupt and Switch in Supervisor Mode
        msr     CPSR_c, #ARM_MODE_SVC

;- Save scratch/used registers and LR in User Stack
        stmfd   sp!, { r1-r3, r12, r14}

;- Branch to the routine pointed by the AIC_IVR
        mov     r14, pc
        bx      r0
```

```
;- Restore scratch/used registers and LR from User Stack
        ldmia   sp!, { r1-r3, r12, r14}

;- Disable Interrupt and switch back in IRQ mode
        msr     CPSR_c, #I_BIT :OR: ARM_MODE_IRQ

;- Mark the End of Interrupt on the AIC
        ldr     r14, =AT91C_BASE_AIC
        str     r14, [r14, #AIC_EOICR]

;- Restore SPSR_irq and r0 from IRQ stack
        ldmia   sp!, {r0}

;- Restore SPSR_irq and r0 from IRQ stack
        ldmia   sp!, {r14}
        msr     SPSR_cxsf, r14

;- Restore adjusted  LR_irq from IRQ stack directly in the PC
        ldmia   sp!, {pc}^

;------------------------------------------------------------------------------
;- Manage exception
;---------------
;- The exception must be ensure in ARM mode
;------------------------------------------------------------------------------
        EXPORT  AT91F_Default_FIQ_handler
AT91F_Default_FIQ_handler
        b       AT91F_Default_FIQ_handler

        EXPORT  AT91F_Default_IRQ_handler
AT91F_Default_IRQ_handler
        b       AT91F_Default_IRQ_handler

        EXPORT  AT91F_Spurious_handler
AT91F_Spurious_handler
        b       AT91F_Spurious_handler

        END
```

ADS v1.2로 C언어 프로그램을 작성할 때는 이밖에도 기본 시스템 설정용의 C언어 스타트업 파일 Cstartup_SAM7.c와 타겟 정의 파일 retarget.c를 컴파일하여 링크해 주어야 한다. 이중에서 Cstartup_SAM7.c 파일은 WinARM에서도 동일하게 사용하므로 뒤의 514페이지에서 WinARM을 설명할 때 보였으며, 타겟 정의 파일 retarget.c의 내용은 다음과 같다.

〈파일 retarget.c〉 ADS v1.2용의 타겟 정의 파일

```
//*----------------------------------------------------------------------------
//*         ATMEL Microcontroller Software Support  -  ROUSSET  -
//*----------------------------------------------------------------------------
//* The software is delivered "AS IS" without warranty or condition of any
//* kind, either express, implied or statutory. This includes without
//* limitation any warranty or condition with respect to merchantability or
//* fitness for any particular purpose, or against the infringements of
//* intellectual property rights of others.
```

```
//*------------------------------------------------------------------------------
//* File Name              : retarget.c
//* Object                 : ADS basic definition for no semihosting
//*
//* 1.1 28/06/01 JPP       : Creation
//*------------------------------------------------------------------------------

#include <rt_misc.h>

// define the heap size
//      RAM:                    ---------------
//           SP -> top of RAM  |   0x20x0000   |
//                             |               |
//           Heap base         | SP - HEAP_SIZE|
//                              ---------------
//                             |               |
//           text(code)        |   0x2000000   |
//                             |  reset + size |
//                              ---------------
//                             |   0x2000000   | Entry point
//           reset(code)        ---------------

#define HEAP_SIZE          (64 *1024)

//*------------------------------------------------------------------------------
//* Function Name          : _sys_exit
//* Object                 : Wait for error system return main. Called, eventually,
//*                          by all exits from the library.
//* Input Parameters       : return_code
//* Output Parameters      : none
//* Functions called       : none
//*------------------------------------------------------------------------------
void _sys_exit(int return_code)
{
  while(1);                                      // endless loop
}

//*------------------------------------------------------------------------------
//* Function Name          : __user_initial_stackheap
//* Object                 : Returns the locations of the initial stack and heap.
//* Input Parameters       :
//* Output Parameters      :The values returned in r0 to r3 depend on whether you
//*                         are using the one or two region model:
//*                         One region (r0,r1) is the single stack and heap region. r1 is
//*                         greater than r0. r2 and r3 are ignored.
//*                         Two regions (r0, r2) is the initial heap and (r3, r1) is
//*                         the initial stack. r2 is greater than or equal to r0. r3 is
//*                         less than r1.
//* Functions called       : none
//*------------------------------------------------------------------------------
__value_in_regs struct __initial_stackheap __user_initial_stackheap(
        unsigned R0, unsigned SP, unsigned R2, unsigned SL)
{
  struct __initial_stackheap config;

  config.heap_base = SP - HEAP_SIZE;
  config.stack_base = SP;

  return config;
}
```

3.4 WinARM 컴파일러의 설치 및 사용

이 절에서는 무료용의 WinARM 소프트웨어 패키지에 포함되는 ARM-GCC 컴파일러의 주요 기능에 대하여 설명한다. 이제부터 여기서 우리가 사용하는 WinARM C 컴파일러는 2007년 5월 5일자로 발표된 버전으로서 인터넷 사이트에서 무료로 다운로드할 수 있으며, 이 책의 모든 설명은 이 소프트웨어에 포함된 ARM-GCC V4.1.2 및 libc V1.15.0을 기준으로 한다. 이 소프트웨어 패키지 안에는 통합 쉘 프로그램으로서 GCC 공통의 프로그래머 노트패드(Programmers Notepad) v2.0.6.1을 포함하고 있으며, 이 책에서는 이를 이용하여 WinARM용의 C언어 프로그램을 작성한다.

이를 사용하여 작성한 C언어 예제 프로그램을 번역하여 생성된 바이너리 파일을 *OK-7S256* 키트에 다운로드하고 실행하는 방법은 앞의 제3.2절에서 설명하였다.

1. WinARM 및 예제 프로그램의 설치

(1) WinARM 소프트웨어의 설치

WinARM 소프트웨어를 설치하는 방법은 다음과 같다. 여기서는 Windows XP를 기준으로 설명하지만 그 외의 운영체제에서도 이와 유사한 방법으로 설치할 수 있다.

① WinARM은 WinARM-20070505.zip라는 이름의 압축파일로 제공되므로 이 파일을 C:\WinARM\ 폴더에 압축 해제한다. 만약 다른 폴더에 이미 압축을 해제하여 놓았으면 이를 모두 C:\WinARM\ 폴더로 복사하면 된다.

② 이제 WinARM을 올바르게 사용할 수 있도록 이 폴더의 경로명을 지정하는 환경변수를 설정해야 한다. 먼저 운영체제의 **제어판→성능 및 유지 관리→시스템→고급→환경변수(N)** 메뉴를 차례로 선택하고 <그림 3.4.1>처럼 **시스템 변수(S)**에서 path를 선택하여 **편집(I)**으로 들어간다.

③ <그림 3.4.2>와 같은 팝업창이 나타나면 변수 값(V) 항목에서 기존의 경로명이 설정되어 있는 선두 부분에 WinARM의 경로명 C:\WinARM\bin;C:\WinARM\utils\bin; 을

차례로 적어 넣는다. 물론 이것은 반드시 선두 부분에 적어야 하는 것은 아니지만 새로운 경로명은 선두에 추가하는 것이 깔끔하다. 각 경로명의 사이는 세미콜론(;)으로 구분되어야 하는 것에 유의하라. 환경변수 설정을 마치려면 확인 버튼을 누른다.

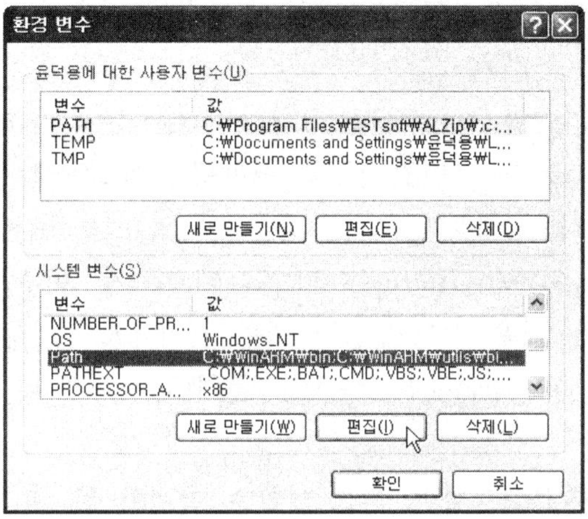

〈그림 3.4.1〉 WinARM의 경로명을 지정하기 위한 환경변수 설정을 찾아가기

〈그림 3.4.2〉 WinARM의 경로명을 지정하기 위한 환경변수 설정

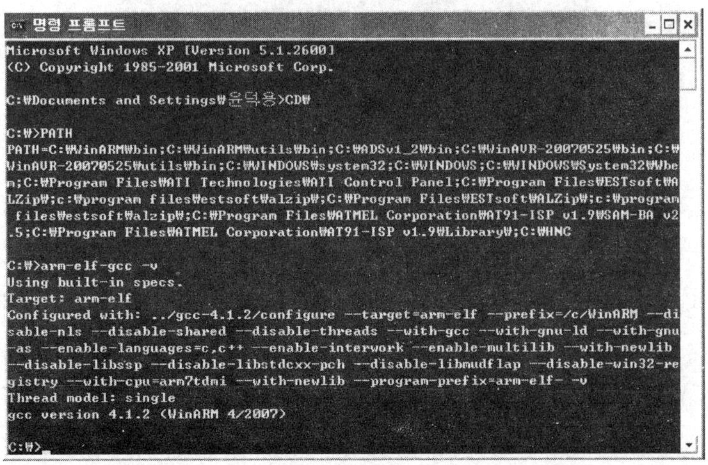

〈그림 3.4.3〉 환경변수 설정 결과를 확인

④ WinARM을 사용하기 위한 경로명이 환경변수에 올바르게 설정되었는지를 확인하려면 MS-DOS 창으로 나가서 <그림 3.4.3>처럼 path를 확인하여 본다. 이때 화면에 PATH=C:\WinARM\bin;C:\WinARM\utils\bin;... 로 응답이 나타나면 정상이다. 또한, C:\WinARM\bin 폴더에 있는 arm-elf-gcc.exe 파일을 실행하여 그림과 같이 컴파일러의 버전을 확인할 수 있으면 환경변수가 올바르게 설정된 것으로 정상이다.

⑤ WinARM에서 C언어 프로그램을 작성할 때는 주로 프로그래머 노트패드를 쉘 프로그램으로 사용하는데, 여기서 컴파일할 때마다 makefile을 편리하게 사용할 수 있도록 메뉴 또는 단축키를 지정하는 것은 사용자가 임의로 설정할 수 있으며, 그 설정 결과는 C:\WinARM\pn\tools\WinARM.xml 파일로 저장된다. WinARM을 설치한 후에 이것을 사용자가 설정하는 것은 상당히 번거로운 일이므로 예제 파일에 함께 제공되는 WinARM.xml 파일을 그냥 C:\WinARM\pn\tools\ 폴더에 복사한다.

⑥ WinARM을 이용하여 C언어 프로그램을 작성할 때 프로그래머 노트패드 프로그램을 좀더 편리하게 사용하려면 <그림 3.4.4>처럼 바탕화면에 C:\WinARM\pn\pn.exe 파일의 바로가기 아이콘을 만들어 놓는 것이 좋다.

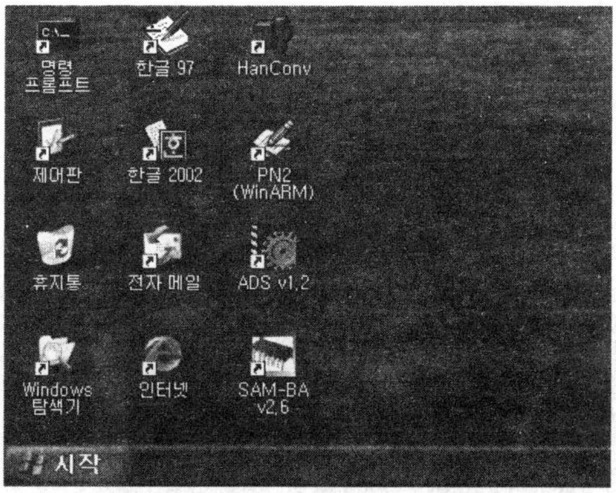

〈그림 3.4.4〉 프로그래머 노트패드 pn.exe의 바로가기 아이콘

⑦ WinARM 소프트웨어를 모두 설치하고 나면 C:\WinARM\ 폴더에 설치된 파일 디렉토리의 구조는 <그림 3.4.5>와 같다. 단, 여기서 C:\WinARM\OK7S256gcc\ 폴더는 나중에 이 책의 WinARM 예제 파일을 설치하기 위한 폴더로서 사용자가 따로 만들어 주어야 한다.

```
C:\─┬─ ...
    ├─Windows ...
    ├─ ...
    └─WinARM─┬─arm-elf─────┬─bin
             │             ├─include──────┬─arch─────────┬─adi
             │             │              │              ├─atmel
             │             │              │              ├─motorola
             │             │              │              ├─oki
             │             │              │              ├─philips
             │             │              │              ├─sharp
             │             │              │              └─st
             │             │              ├─bits
             │             │              ├─machine
             │             │              └─sys
             │             └─lib──────────┬─be
             │                            ├─fpu
             │                            ├─interwork
             │                            ├─ldscripts
             │                            ├─nofmult
             │                            └─thumb
             ├─bin
             ├─doc─────────┬─arm_asm
             │             ├─Eclipse
             │             └─inline_asm
             ├─eclipse──── ...
             ├─examples─── ...
             ├─Include─────┬─c++────────────4.1.2──── ...
             │             └─X11
             ├─lib─────────┬─armlib
             │             └─cpplib
             ├─libexec──────gcc────────────arm-elf──────4.1.2──── ...
             ├─pn──────────┬─clips
             │             ├─schemes
             │             ├─taggers
             │             └─tools
             ├─share─────── ...
             ├─utils────── ...
             └─OK7S256gcc
```

〈그림 3.4.5〉 WinARM을 모두 설치한 후의 파일 디렉토리 구조

(2) 예제 프로그램의 설치

이 책에서 WinARM용의 C언어 예제 파일은 압축파일 OK7S256gcc.zip으로 제공된다. 이것의 압축을 풀어 <그림 3.4.5>에서처럼 C:\WinARM\OK7S256gcc\ 폴더에 복사하면 예제 프로그램의 설치는 간단히 끝난다.

바로 앞의 ⑤에서 설명한 바와 같이 예제 파일에 포함된 WinARM.xml 파일은 프로그래머 노트패드에 필요한 것이므로 C:\WinARM\pn\tools\ 폴더로 복사하고 삭제한다.

2. WinARM의 환경 설정 및 C언어 프로그램 작성

이번에는 WinARM에서 프로젝트를 생성하고, AT91SAM7S256 모델에 적합하도록 프로그래밍 환경을 설정하며, C언어로 사용자 프로그램을 작성하는 방법을 구체적으로 알아본다.

WinARM에서 모든 사용자 프로그램은 프로젝트 단위로 처리된다. 그러나, 이때 모든 예제 프로그램들이 각각 개별적인 프로젝트로 처리되어 상당히 불편하게 되므로 이 책에서는 Xgcc.pnproj라는 하나의 프로젝트를 사용하면서 필요할 때마다 예제 소스 파일만을 바꾸어 등록하는 방법으로 좀더 편리하게 프로그램을 작성하기로 한다.

(1) 기존의 프로젝트를 읽기 또는 새로운 프로젝트를 생성하기

이제부터 WinARM에서 C언어를 사용하려면 앞에서 설명한 것처럼 이 소프트웨어가 퍼스널컴퓨터에 미리 설치되어 있어야 한다.

① 바탕화면에 만들어 놓은 프로그래머 노트패드의 바로가기 아이콘 PN2를 클릭하여 이 프로그램을 실행한다. 그러면, 처음에 <그림 3.4.6>과 같은 pn.exe의 화면이 나타난다.

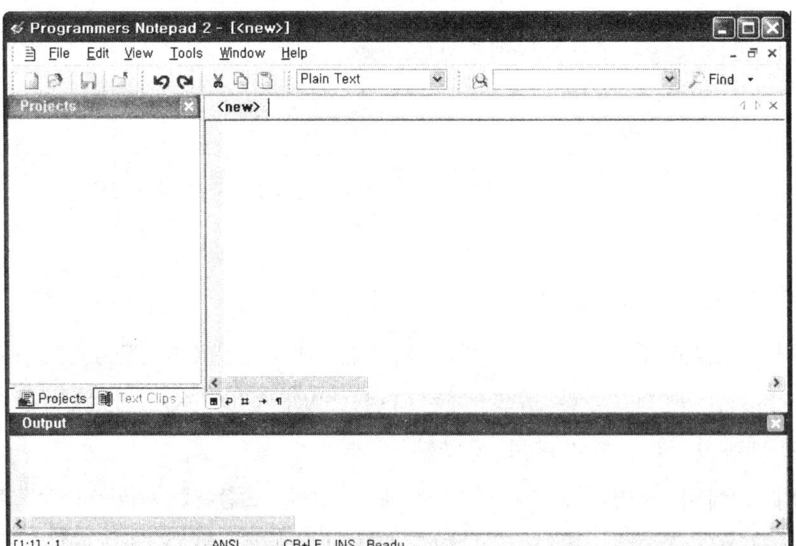

〈그림 3.4.6〉 프로그래머 노트패드 pn.exe를 실행하였을 때의 첫 화면

② 여기서 기존에 만들어져 있던 프로젝트 파일을 불러들이려면 <그림 3.4.7>처럼 File → Open Project(s)... 메뉴를 선택하고, <그림 3.4.8>과 같이 선택창이 나타나면 원하는 프로젝트 파일을 지정하고 열기(O) 버튼을 누른다. 이 책의 모든 WinARM용 C 언어 예제 프로그램에서는 이처럼 Xgcc.pnproj 프로젝트 파일을 사용한다.

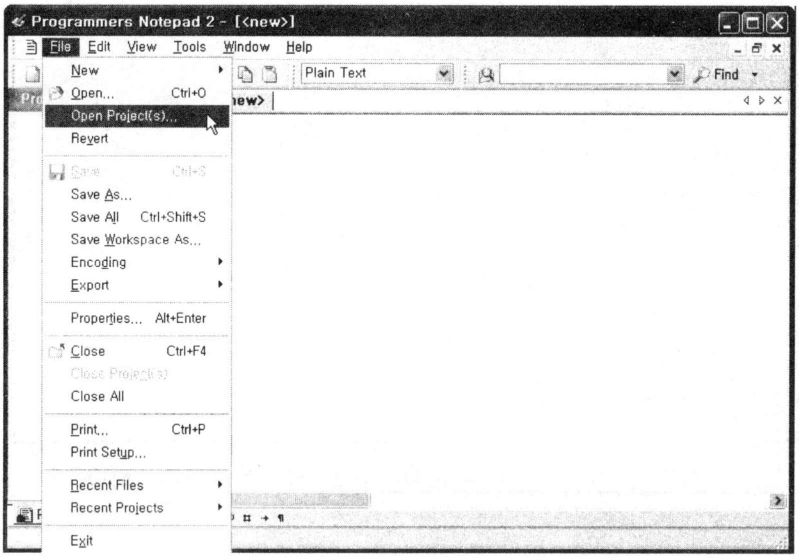

〈그림 3.4.7〉 기존의 프로젝트를 불러오기 위한 화면

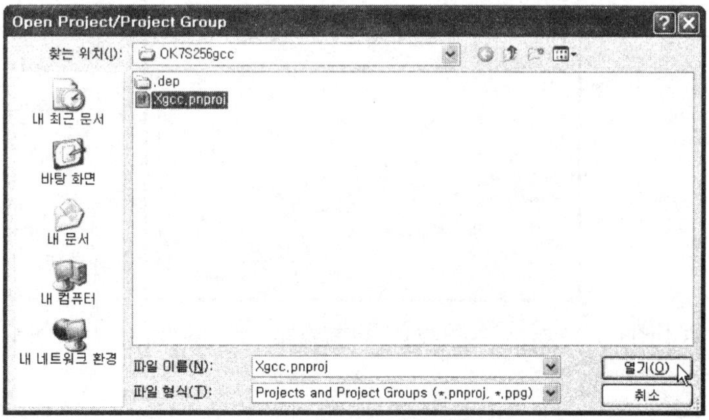

〈그림 3.4.8〉 기존의 프로젝트 파일을 불러오기

③ 그러나, 새로운 프로젝트를 작성하려면 <그림 3.4.9>처럼 File → New 메뉴를 선택하는데, 이때 <그림 3.4.10>과 같이 프로젝트 작성 화면이 나타나면 프로젝트 파

일명을 이를테면 Test로 입력하고 이것이 저장될 폴더명을 C:\WinARM\OK7S256gcc로 찾아서 지정하고 OK 버튼을 누른다.

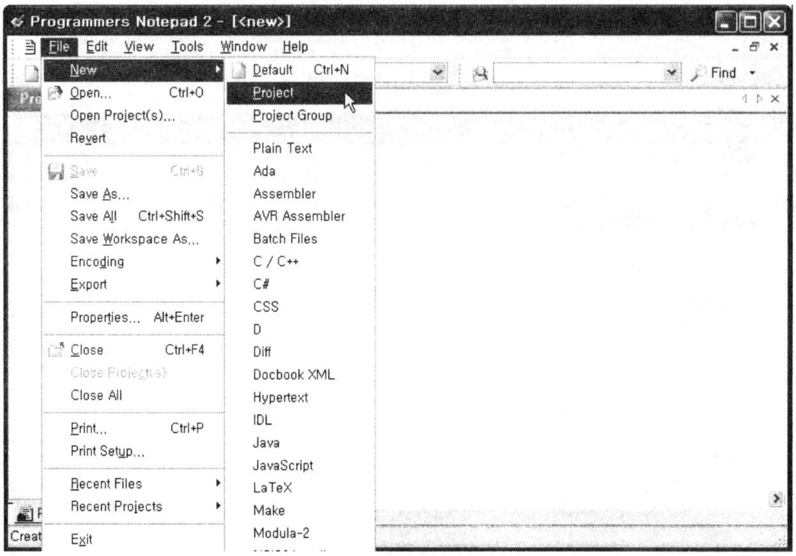

〈그림 3.4.9〉 새로운 프로젝트를 작성하기 위한 화면

〈그림 3.4.10〉 새로운 프로젝트 파일명과 경로를 지정하기 위한 화면

④ 그러면 <그림 3.4.11>처럼 새로운 프로젝트가 Test라는 이름으로 생성되어 화면에 표시되는 것을 볼 수 있다. 이제 이 새로운 프로젝트에 파일을 등록해야 한다. 이 책의 모든 WinARM용 C언어 예제 프로그램에서 항상 공통적으로 사용하는 스타트업 파일이 2개 있는데 이것들을 먼저 등록한다. <그림 3.4.11>처럼 프로젝트 창에서 프로

젝트명 Test의 위에 마우스 커서를 두고 오른쪽 버튼을 누르면 메뉴가 뜨는데 여기서 Add Files 메뉴를 누른다. 이때 <그림 3.4.12>처럼 파일 선택창이 나타나면 여기서 C:\WinARM\OK7S256gcc\ 폴더를 찾아서 여기에 있는 Cstartup.S 파일을 선택하고 열기(O) 버튼을 누른다.

이상과 같이 <그림 3.4.11>과 <그림 3.4.12>의 과정을 반복하여 2가지의 스타트업 파일 Cstartup.S, Cstartup_SAM7.c를 프로젝트에 등록하고, 마찬가지 방법으로 사용자 예제 파일 Xkit_test.c를 등록하는데 그 결과는 <그림 3.4.13>과 같다.

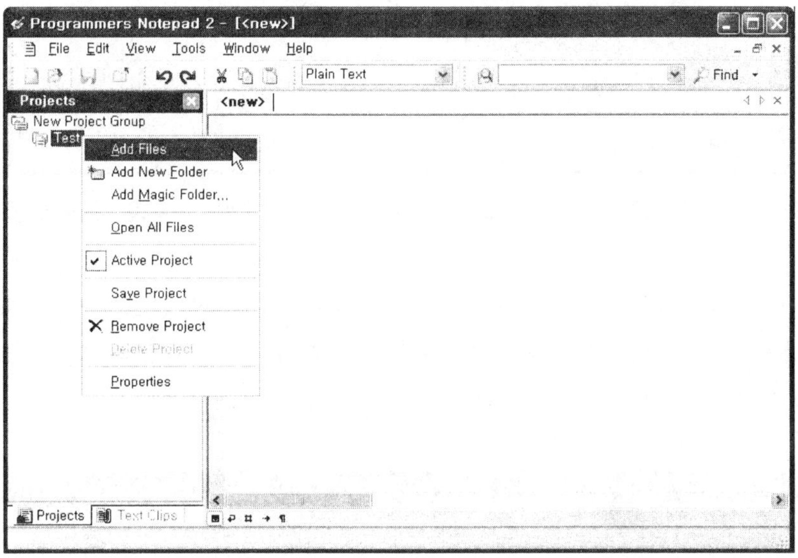

〈그림 3.4.11〉 새로운 프로젝트 Test.pnproj에 파일을 등록하기 위한 화면

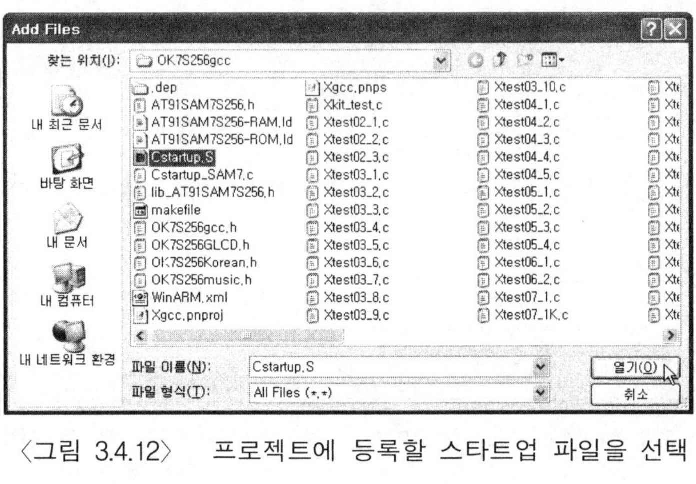

〈그림 3.4.12〉 프로젝트에 등록할 스타트업 파일을 선택

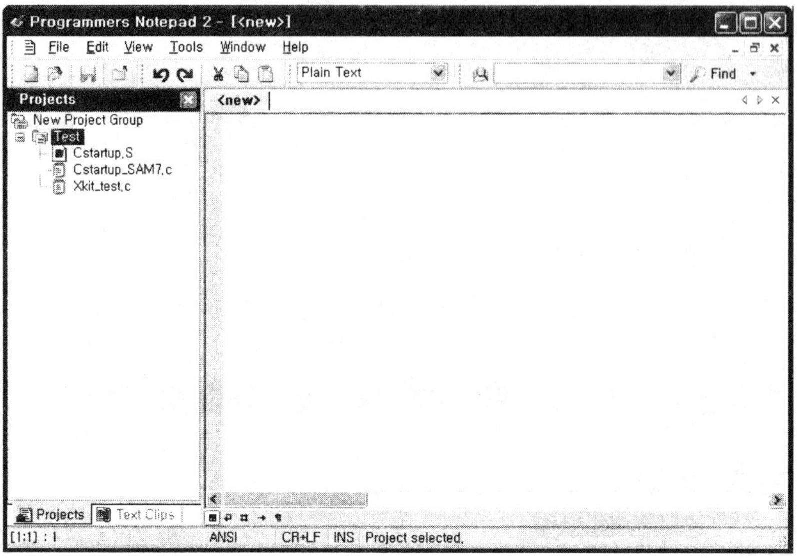

〈그림 3.4.13〉 프로젝트에 스타트업 파일과 사용자 예제 파일을 등록 완료한 화면

⑤ 등록한 파일의 내용을 보거나 이를 편집하려면 그 파일명을 클릭하면 된다. 예를 들어 사용자 예제 파일 Xkit_test.c의 내용을 보거나 이를 편집할 수 있도록 이를 편집창에 보인 것은 <그림 3.4.14>와 같다.

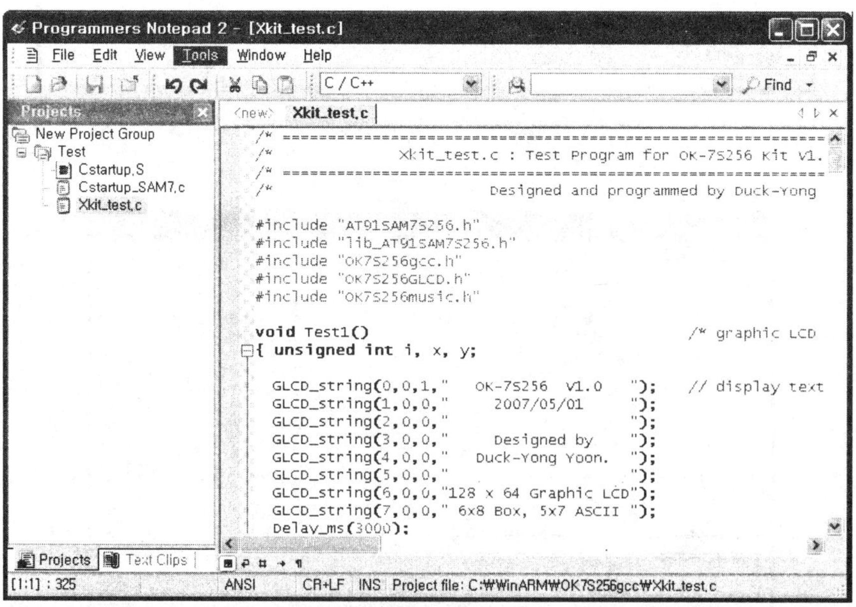

〈그림 3.4.14〉 프로젝트에 등록할 사용자 예제 파일을 선택

⑥ 만약 현재의 프로젝트에서 새로운 예제 프로그램을 사용하려면 먼저 <그림 3.4.15>처럼 프로젝트창에서 이 파일명 위에 마우스 커서를 놓고 오른쪽 버튼을 눌러서 팝업 메뉴가 나타나도록 하고 여기서 Remove 메뉴를 선택하여 해당 파일을 현재의 프로젝트로부터 제거한다. 그 다음에는 앞의 <그림 3.4.11>과 <그림 3.4.12>에서 설명한 방법으로 원하는 예제 파일을 이 프로젝트에 새로 등록하면 된다. 이렇게 하면 동일한 프로젝트에서 사용자 예제 파일만 교체하면서 편리하게 사용할 수 있다.

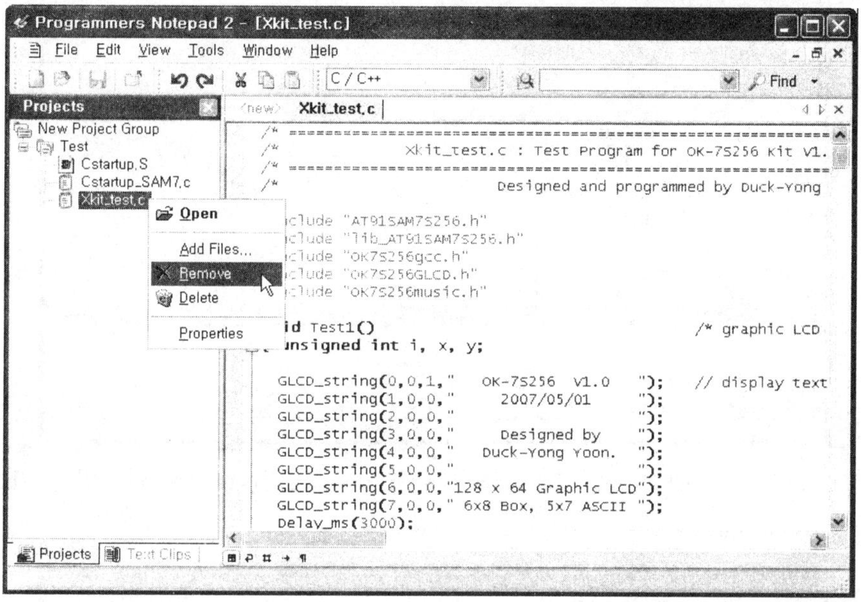

〈그림 3.4.15〉 프로젝트에서 사용자 예제 파일을 제거하기 위한 화면

(2) WinARM의 환경 설정

WinARM은 기본 제공되는 유틸리티 프로그램 C:\WinARM\utils\bin\make.exe가 내부적으로 makefile을 참조하여 사용자 프로그램을 컴파일하고 링크한다. 이 makefile 파일은 사용자가 작성해야 하는데 상당히 숙달되지 않은 프로그래머에게는 그것이 간단한 일이 아니므로 이 책에서는 WinARM용 예제 프로그램과 함께 AT91SAM7S256 및 *OK-7S256* 키트에 적합하게 작성된 makefile을 제공한다.

WinARM을 편리하게 사용하려면 이밖에도 프로그래머 노트패드에서 몇가지의 환경 설정이 필요한데 여기서는 그에 대하여 설명한다.

① 처음 WinARM을 설치한 상태에서는 makefile을 사용하여 컴파일하기 위한 기본 메뉴가 <그림 3.4.16>처럼 설정되어 제공된다. 이렇게 프로젝트를 불러오지 않은 상태에서도 나타나는 메뉴는 이것이 (None - Global Tools)의 속성으로 지정되어 있기 때문이다.

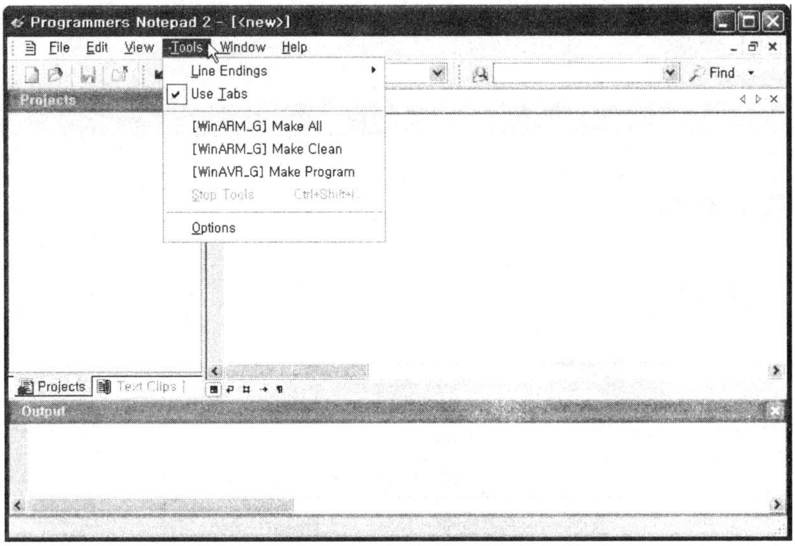

〈그림 3.4.16〉 makefile을 사용하여 사용자 프로그램을 컴파일하는 기본 메뉴(1)

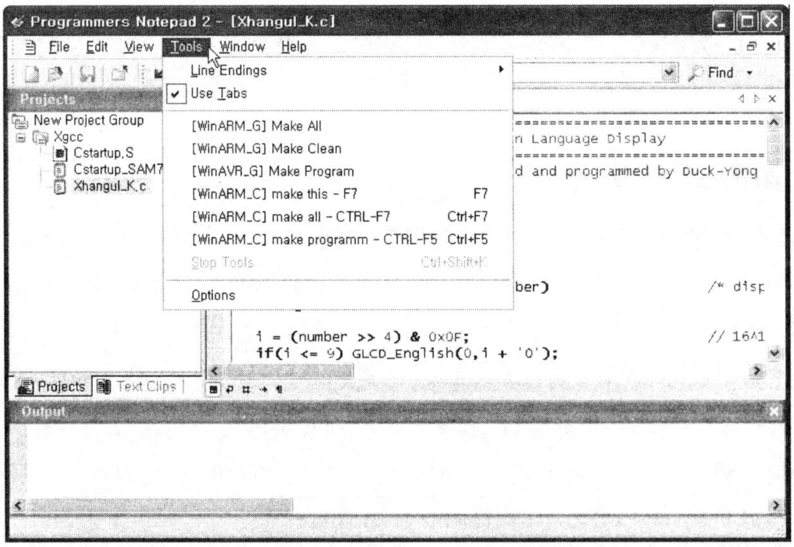

〈그림 3.4.17〉 makefile을 사용하여 사용자 프로그램을 컴파일하는 기본 메뉴(2)

② 그러나, 이제 프로젝트를 불러오고 편집창에 소스 파일을 나타나게 한 상태에서 Tools에 보이는 메뉴를 살펴보면 <그림 3.4.17>처럼 (None - Global Tools)의 속성의 메뉴에 C/C++의 속성의 메뉴까지 추가된 것을 볼 수 있다. 이러한 Tools 메뉴는 모두 사용자가 설정할 수 있는 것으로서 C:\WinARM\pn\tools\WinARM.xml 파일에 저장된다.

③ 그러나, 이렇게 WinARM에서 기본으로 제공하는 Tools 메뉴는 우리가 사용하기에 상당히 불편하므로 이를 *OK-7S256* 키트 예제에서 좀더 편리하게 사용할 수 있도록 새로 설정하기로 한다. 즉, <그림 3.4.18>와 같이 사용자 예제 프로그램을 컴파일하고 링크하는 Make All 메뉴와 이때 생성된 각종 출력 파일들을 하드디스크에서 모두 삭제하는 Make Clean 메뉴만을 설정하기로 한다. Make All 메뉴의 내부에는 서두에 Make Clean 기능을 포함시켜 프로그램을 작성할 때 하드디스크에 쓰레기 파일들이 축적되지 않도록 한다.

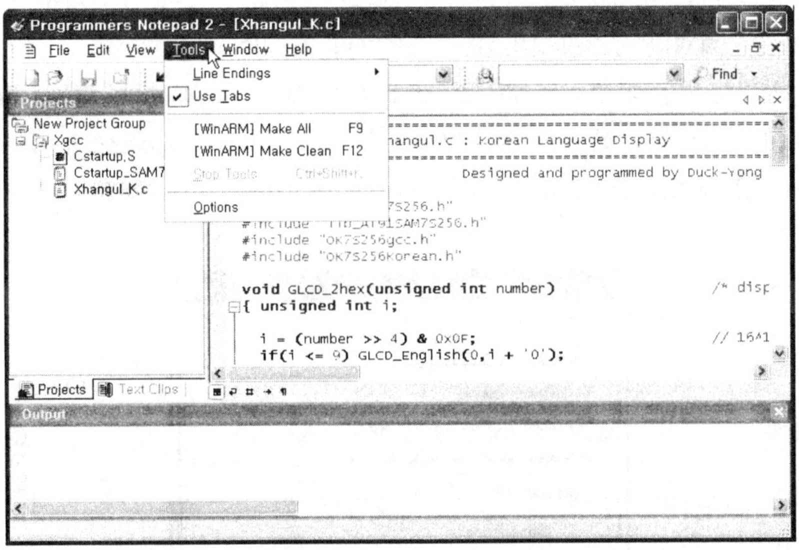

〈그림 3.4.18〉 makefile을 사용하여 사용자 프로그램을 컴파일하는 새로운 메뉴

④ 새로운 Tools 메뉴를 설정하려면 Tools → Options → Tools로 들어가 기존의 메뉴들을 모두 삭제한다. 그리고 나서 <그림 3.4.19>처럼 Make All 메뉴와 Make Clean 메뉴 2개만 작성한다.

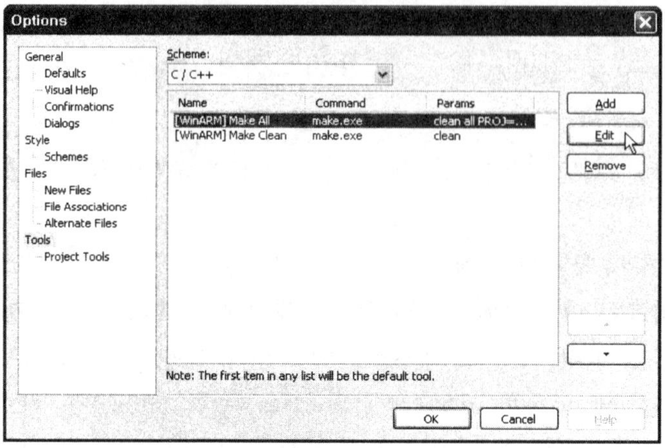

〈그림 3.4.19〉 Tools 메뉴를 설정하기 위한 화면

⑤ Make All 메뉴와 Make Clean 메뉴를 작성하는 방법은 <그림 3.4.19>에서처럼 새로운 메뉴를 Add로 추가하거나 메뉴를 선택하고 Edit로 들어가 수정하면 된다. 이들 각각을 수정하는 화면은 <그림 3.4.20> 및 <그림 3.4.21>과 같다.

그러나, 이렇게 기존의 Tools 메뉴를 삭제하고 Make All 메뉴와 Make Clean 메뉴를 만드는 것보다는 앞에서 설명한 것처럼 예제 파일 OK7S256gcc.zip에 함께 제공하는 WinARM.xml 파일을 C:\WinARM\pn\tools\ 폴더로 복사하는 것이 훨씬 간편하다.

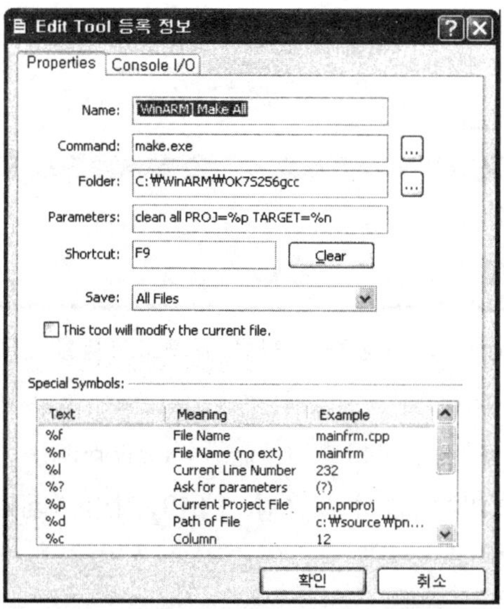

〈그림 3.4.20〉 Tools 메뉴중에서 Make All을 수정하는 화면

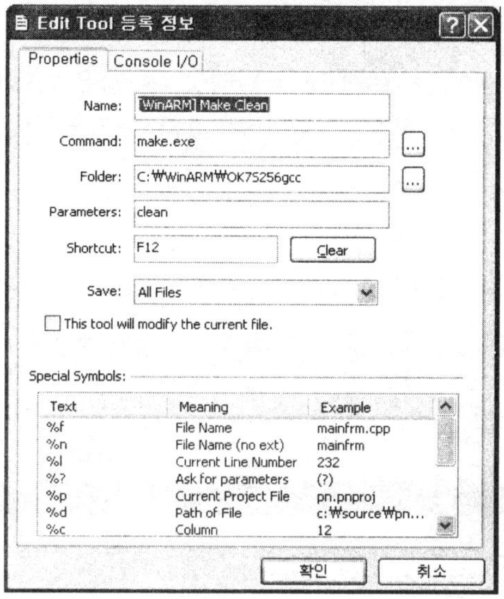

〈그림 3.4.21〉 Tools 메뉴중에서 Make Clean을 수정하는 화면

⑥ 또한 WinARM에 포함된 프로그래머 노트패드의 에디터를 사용하여 소스 프로그램을 작성할 때는 Tools → Options 메뉴에서 <그림 3.4.22>와 같이 편집 화면을 설정해야 한다. 여기서 특히 Tab Width는 반드시 8로 설정해야 한다. 그렇지 않으면 화면에서 예제 파일의 컬럼이 흐트러져 보일 수 있다.

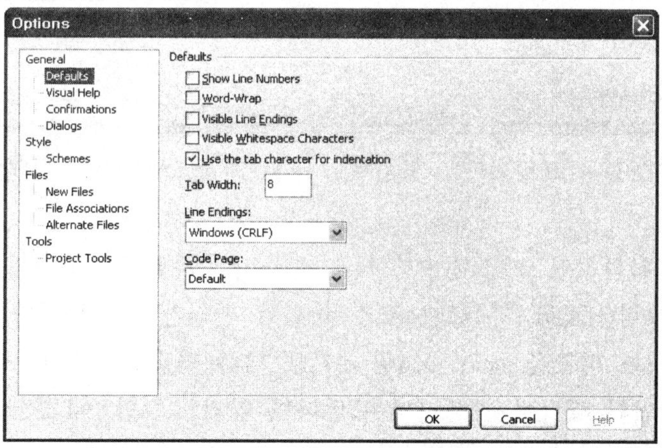

〈그림 3.4.22〉 편집 화면에서 Tab Width의 설정 방법

(3) 소스 파일의 수정 및 컴파일/링크의 수행

앞에서 설명한 바와 같이 프로젝트를 만들고 환경을 올바르게 설정하였으면 이제 사용자 예제 프로그램의 소스 파일을 필요에 따라 수정하거나 컴파일 및 링크를 수행할 수 있다.

① 새로 프로젝트를 불러들이고 나면 <그림 3.4.23>과 같이 편집창에 <new> 파일의 편집 윈도우가 뜨는데 이것은 그림에 보인 것처럼 닫기 아이콘 ☒을 눌러서 제거할 수 있다.

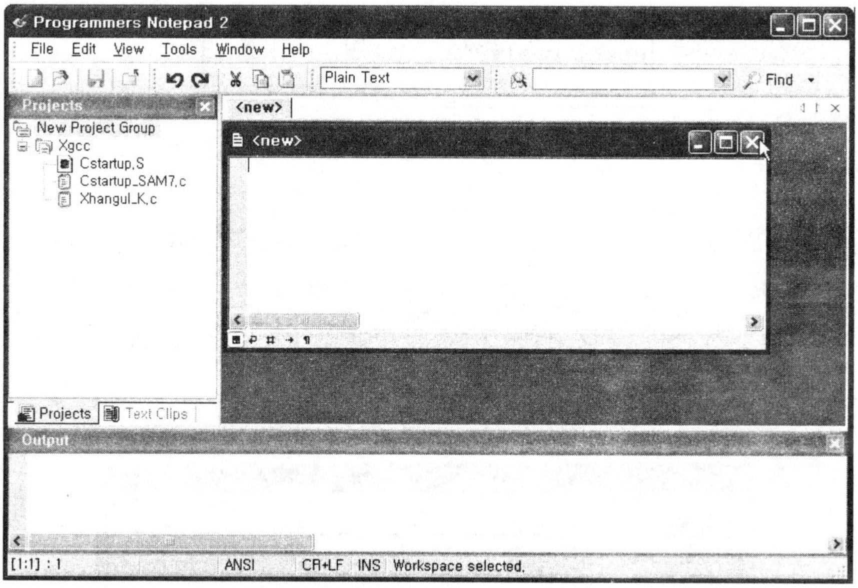

〈그림 3.4.23〉 프로젝트를 불러들인 초기 화면에서 <new> 편집창의 제거

② 소스를 수정하려면 프로젝트 창에 있는 소스 파일 이름을 마우스로 더블 클릭한다. 그러면 <그림 3.4.24>와 같이 소스 파일의 편집창이 나타난다. 여기서 필요하다면 편집창의 최대화 버튼을 눌러 <그림 3.4.25>처럼 편집창을 크게 볼 수도 있다.

만약 이때 화면의 컬럼이 흐트러져 보인다면 앞의 <그림 3.4.22>에서 설명하였듯이 Tab Width를 8로 설정하였는지 확인하라.

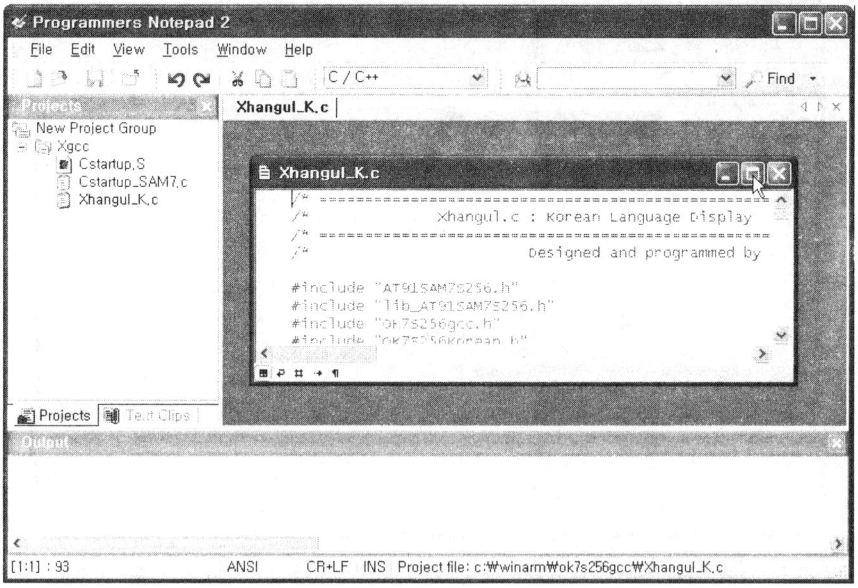

〈그림 3.4.24〉 소스 파일을 수정하기 위하여 편집창을 나타나게 한 화면

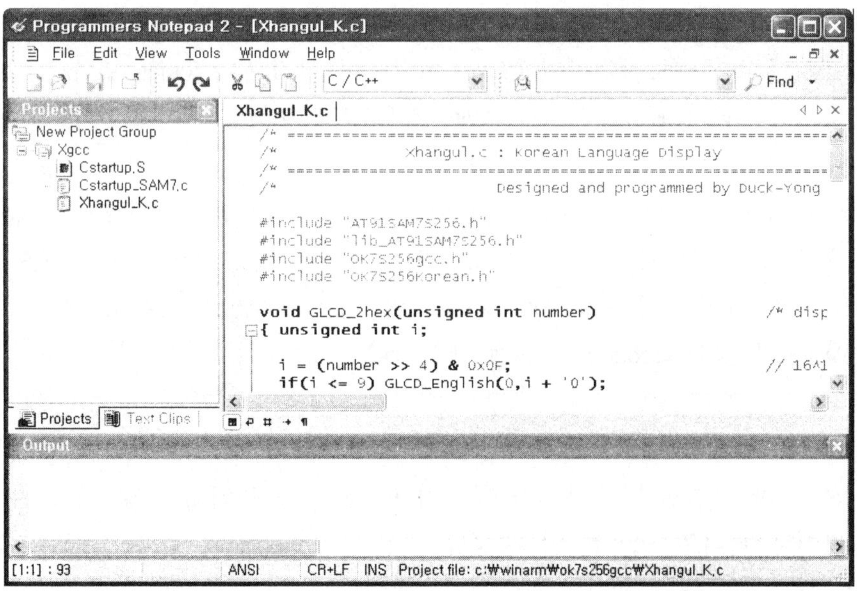

〈그림 3.4.25〉 소스 파일의 편집창을 최대화한 화면

③ 이제 소스 파일의 편집이 끝나고 컴파일 및 링크를 수행하려면 <그림 3.4.26>과 같이 Tools → Make All 메뉴를 선택하거나 단축키 F9를 누른다.

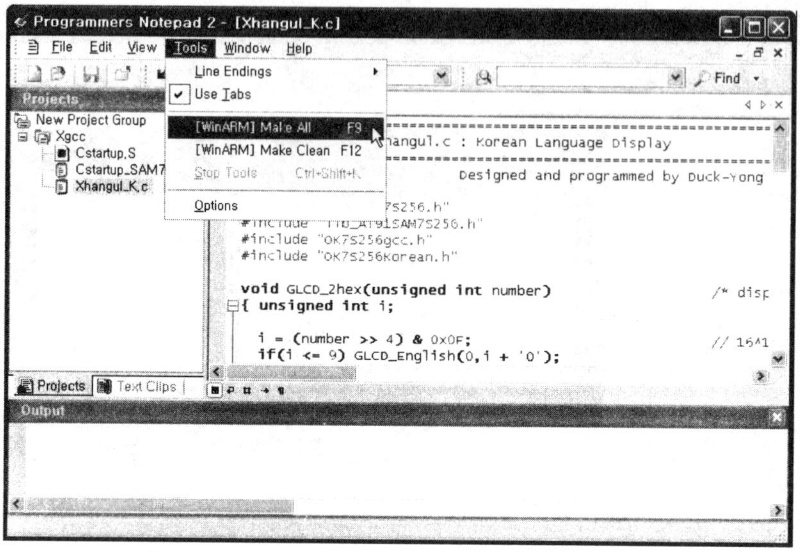

〈그림 3.4.26〉 사용자 프로그램을 컴파일하고 링크하는 방법

④ 컴파일 및 링크를 수행하고 나면 결과창이 뜨고, 여기서 만약 에러가 발생하였다면 여기에 에러의 내용이 표시된다. 또한, makefile에서 소스 리스팅 파일이나 메모리 맵 파일을 출력하도록 지정하였으므로 이것들이 각각 Xkit_test.lst 및 xgcc.map 파일로 생성된다.(이러한 파일들은 모두 C:\WinARM\OK7S256gcc\ 폴더에 생성된다.)

⑤ 아무런 에러가 발생하지 않고 컴파일 및 링크 과정이 정상적으로 수행되었으면 제3.2절에서 설명한 것처럼 SAM-BA GUI 프로그램과 USB 케이블 또는 RS-232C 케이블을 사용하여 바이너리 파일 xgcc.bin을 *OK-7S256* 키트에 다운로드한다.(바이너리 파일은 C:\WinARM\OK7S256gcc\ 폴더에 생성된다.)

WinARM을 사용할 때 이와 같이 사용자 프로그램의 소스 파일명에 관계없이 항상 Tools → Make All 메뉴를 선택하거나 단축키 F9를 누르면 컴파일 및 링크가 올바르게 수행되어 바이너리 파일 xgcc.bin이 생성되는 것은 makefile과 <그림 3.4.20>처럼 설정해둔 메뉴 덕분이다. 즉, Make All 메뉴를 수행할 때 사용자 예제 프로그램의 소스 파일명을 가지고 makefile로 들어가며 makefile에서는 이를 컴파일 및 링크한 후에 프로젝트명과 같은 파일 이름으로 바이너리 실행 파일을 생성한다. 이렇게 만들어 이 책의 예제 파일과 함께 제공하는 makefile의 내용은 다음과 같다.

〈파일 makefile〉 WinARM용의 메이크 파일

```
#==============================================================================
#  *** WinARM template makefile ***
#
#  by Martin Thomas, Kaiserslautern, Germany
#  based on the WinAVR makefile written by Eric B. Weddington, Jorg Wunsch, et al.
#------------------------------------------------------------------------------
# Command line: Make All   = Build user program.
#               Make Clean = Clean files in project.
#
# Changelog: - 17. Feb. 2005 - added thumb-interwork support (mth)
#            - 28. Apr. 2005 - added C++ support (mth)
#            - 29. Arp. 2005 - changed handling for lst-Filename (mth)
#            - 01. May. 2007 - modified for OK-7S256 Kit(D.Y. Yoon)
#==============================================================================

#----- MCU name and submodel. -------------------------------------------------
MCU = arm7tdmi
SUBMDL = AT91SAM7S256
#THUMB = -mthumb

#----- Target memory model. (ROM=final, RAM=debugging)
RUN_MODE=ROM_RUN
#RUN_MODE=RAM_RUN

#----- Output file format. (binary or ihex)
FORMAT = binary
#FORMAT = ihex

#----- Current project name.
PROJECT1 = $(PROJ)
PROJECT2 = $(notdir $(PROJECT1))
PROJECT = $(PROJECT2:.pnproj=)

#----- Target file name without extension.
#TARGET = main

#----- List Assembler source files here.(Make them always end in a capital .S.)
ASRC =

#----- List Assembler source files here which must be assembled in ARM-Mode.
ASRCARM = Cstartup.S

#----- List C source files here.  (C dependencies are automatically generated.)
SRC =

#----- List C source files here which must be compiled in ARM-Mode.
SRCARM = Cstartup_SAM7.c $(TARGET).c

#----- Optimization level.(0, 1, 2, 3, s)
OPT = s

#----- Debugging file format.
DEBUG = dwarf-2
#DEBUG = stabs

#----- Compiler flag to set the C Standard level.
#      c89   - ANSI C
#      gnu89 - c89 plus GCC extensions
#      c99   - ISO C99 standard (not yet fully implemented)
#      gnu99 - c99 plus GCC extensions
CSTANDARD = -std=gnu99
```

```
#----- -D or -U options for ASM.
ADEFS = -D$(RUN_MODE)

#----- -D or -U options for C.
CDEFS = -D$(RUN_MODE)

#----- -I options.
CINCS =

#----- Assembler flags. ------------------------------------------------------------
#       -Wa,... : tell GCC to pass this to the assembler.
#       -ahlms  : create listing
#       -gstabs : have the assembler create line number information
ASFLAGS = $(ADEFS) -Wa,-adhlns=$(<:.S=.lst),-g$(DEBUG)

#----- Compiler flags.
#       -g*          : generate debugging information
#       -O*          : optimization level
#       -Wall...     : warning level
#       -Wa,...      : tell GCC to pass this to the assembler.
#       -adhlns...   : create assembler listing
CFLAGS = -g$(DEBUG)
CFLAGS += $(CDEFS) $(CINCS)
CFLAGS += -O$(OPT)
CFLAGS += -Wall -Wcast-align -Wimplicit
CFLAGS += -Wpointer-arith -Wswitch
CFLAGS += -Wredundant-decls -Wreturn-type -Wshadow -Wunused
CFLAGS += -Wa,-adhlns=$(subst $(suffix $<),.lst,$<)

#----- flags only for C
CONLYFLAGS += -Wnested-externs
CONLYFLAGS += $(CSTANDARD)

#----- Compiler flags to generate dependency files.
GENDEPFLAGS = -MD -MP -MF .dep/$(@F).d

#----- Combine all necessary flags and optional flags.
ALL_ASFLAGS = -mcpu=$(MCU) $(ASFLAGS)
ALL_CFLAGS = -mcpu=$(MCU) $(CFLAGS) $(GENDEPFLAGS)

#----- Linker flags.
#       -Wl,... : tell GCC to pass this to linker.
#       -Map    : create map file
#       --cref  : add cross reference to map file
LDFLAGS = -nostartfiles -Wl,-Map=$(PROJECT).map,--cref
LDFLAGS += -lc -lgcc -lm

#----- Set linker-script depending on target memory model.
ifeq ($(RUN_MODE),RAM_RUN)
LDFLAGS += -T$(SUBMDL)-RAM.ld
else
LDFLAGS += -T$(SUBMDL)-ROM.ld
endif

#----- Define Messages in English. -------------------------------------------------
MSG_CLEANING = Cleaning files in project:
MSG_ASSEMBLING = Assembling:
MSG_ASSEMBLING_ARM = "Assembling (ARM-only):"
MSG_COMPILING = Compiling C:
MSG_COMPILING_ARM = "Compiling C (ARM-only):"
MSG_LINKING = Linking:
MSG_FLASH = Creating load file for flash:
MSG_SYMBOL_TABLE = Creating symbol table:
```

```
MSG_EXTENDED_LISTING = Creating extended listing:
MSG_FILESIZE = ELF file size:
MSG_TARGETSIZE = Target file size:

#----- Define programs and commands. ------------------------------------------
CC = arm-elf-gcc
OBJCOPY = arm-elf-objcopy
OBJDUMP = arm-elf-objdump
NM = arm-elf-nm
SIZE = arm-elf-size
REMOVE = rm -f

#----- Define all object files.
AOBJ = $(ASRC:.S=.o)
COBJ = $(SRC:.c=.o)
AOBJARM = $(ASRCARM:.S=.o)
COBJARM = $(SRCARM:.c=.o)

#----- Link: create ELF output file from object files.
%.elf:  $(AOBJARM) $(AOBJ) $(COBJARM) $(COBJ)
        @echo
        @echo $(MSG_LINKING) $@
        $(CC) $(ALL_CFLAGS) $(AOBJARM) $(AOBJ) $(COBJARM) $(COBJ) --output $@ $(LDFLAGS)

#----- Create final output file (.bin) from ELF output file.
%.bin: %.elf
        @echo
        @echo $(MSG_FLASH) $@
        $(OBJCOPY) -O $(FORMAT) $< $@

#----- Create final output files (.hex) from ELF output file.
%.hex: %.elf
        @echo
        @echo $(MSG_FLASH) $@
        $(OBJCOPY) -O $(FORMAT) $< $@

#----- Create extended listing file(.lss) from ELF output file.
%.lss: %.elf
        @echo
        @echo $(MSG_EXTENDED_LISTING) $@
        $(OBJDUMP) -h -S -C $< > $@

#----- Create symbol table file(.sym) from ELF output file.
%.sym: %.elf
        @echo
        @echo $(MSG_SYMBOL_TABLE) $@
        $(NM) -n $< > $@

#----- Assemble: create object files from assembler source files.(ARM/Thumb)
$(AOBJ): %.o : %.S
        @echo
        @echo $(MSG_ASSEMBLING) $<
        $(CC) -c $(THUMB) $(ALL_ASFLAGS) $< -o $@

#----- Assemble: create object files from assembler source files.(ARM-only)
$(AOBJARM): %.o : %.S
        @echo
        @echo $(MSG_ASSEMBLING_ARM) $<
        $(CC) -c $(ALL_ASFLAGS) $< -o $@

#----- Compile: create object files from C source files.(ARM/Thumb)
$(COBJ): %.o : %.c
        @echo
        @echo $(MSG_COMPILING) $<
```

```
	$(CC) -c $(THUMB) $(ALL_CFLAGS) $(CONLYFLAGS) $< -o $@

#----- Compile: create object files from C source files.(ARM-only)
$(COBJARM): %.o : %.c
	@echo
	@echo $(MSG_COMPILING_ARM) $<
	$(CC) -c $(ALL_CFLAGS) $(CONLYFLAGS) $< -o $@

#----- Clean files in project. -------------------------------------------------
clean:
	@echo
	@echo $(MSG_CLEANING)
	$(REMOVE) .dep/* | exit 0
	$(REMOVE) *.o    | exit 0
	$(REMOVE) *.bin  | exit 0
	$(REMOVE) *.hex  | exit 0
	$(REMOVE) *.elf  | exit 0
	$(REMOVE) *.lss  | exit 0
	$(REMOVE) *.lst  | exit 0
	$(REMOVE) *.map  | exit 0
	$(REMOVE) *.sym  | exit 0
	@echo

#----- Build user program. -----------------------------------------------------
all: gccversion build filesize

#----- Display compiler version information.
gccversion :
	@echo
	@$(CC) --version

#----- Build program.
ifeq ($(FORMAT),binary)
build: elf bin lss sym
else
build: elf hex lss sym
endif

elf: $(PROJECT).elf
bin: $(PROJECT).bin
hex: $(PROJECT).hex
lss: $(PROJECT).lss
sym: $(PROJECT).sym

#----- Display file size.
ELFSIZE = $(SIZE) -A -x $(PROJECT).elf
BINSIZE = $(SIZE) --target=$(FORMAT) $(PROJECT).bin
HEXSIZE = $(SIZE) --target=$(FORMAT) $(PROJECT).hex

filesize:
	@echo
	@if [ -f $(PROJECT).elf ]; then echo; echo $(MSG_FILESIZE); $(ELFSIZE); fi
	ifeq ($(FORMAT),binary)
	@echo $(MSG_TARGETSIZE); $(BINSIZE); fi
	else
	@echo $(MSG_TARGETSIZE); $(HEXSIZE); fi
	endif
```

3. WinARM의 주요 기능 요약

WinARM은 ANSI 표준의 C 및 C++ 컴파일러이므로 대부분의 기능이 ANSI 표준을 따르고 있다. 따라서, 여기서는 일반 ANSI C 표준의 기능에 대하여는 자세하게 설명하지 않으며, ARM용으로서의 C언어를 사용할 때 알아야 하는 중요한 특징과 기능만을 알아보기로 한다. 이에 관한 더 자세한 사항에 대하여는 참고문헌 [8]~[13]과 같은 GCC 소프트웨어 사용자 가이드를 참조하기 바란다.

(1) WinARM C컴파일러의 개요

GCC(GNU C Compiler 또는 GNU Compiler Collection이라고 함)는 지난 1984년 무렵부터 FSF(Free Software Foundation)을 중심으로 추진되어온 GNU(GNU is Not Unix) 프로젝트의 일환으로 개발된 공개 소프트웨어로서 C언어 및 C++언어를 지원하는 ANSI C 컴파일러이다. 이것은 공개용이지만 매우 우수한 성능과 안정성을 가지고 있으며, 전세계의 많은 지원자들에 의하여 지속적으로 발전하고 있다.

GCC는 거의 모든 CPU에 적용될 수 있을 정도로 뛰어난 이식성을 가지고 있는데, 이를 위하여 GCC는 플랫폼(platform)에 의존적인 부분과 플랫폼에 의존하지 않는 부분으로 나누어져 모듈화되어 있으며, 이들 모듈은 서로 지정된 규칙으로 인터페이스되고 있다. 따라서, 플랫폼에 의존적인 부분만을 수정하면 새로운 플랫폼을 지원하는 GCC를 만들 수가 있다. ARM-GCC는 이러한 방법으로 만들어진 ARM용의 GCC 컴파일러인 것이다.

ARM-GCC는 정확히 말하면 크로스 컴파일러(cross compiler)이다. 즉, 호스트 플랫폼(host platform)으로서 Windows 운영체제를 사용하는 IBM PC 호환기종 퍼스널 컴퓨터를 사용하고, 타겟 플랫폼(target platform)으로서 ARM 마이크로콘트롤러용의 소스 파일을 컴파일하여 실행 파일을 생성하는 것이다. ARM-GCC가 이와 같이 크로스 컴파일러로 동작하기 위해서는 사실 어셈블러와 링커가 더욱 중요하다. GCC 컴파일러는 단지 C언어 소스를 어셈블리 소스로 번역하는 역할만을 수행하므로 어셈블러가 타겟용의 오브젝트 코드를 생성하고 링커가 여러개의 오브젝트 파일들을 링크하기 때문이다. ARM-GCC에서는 이러한 크로스 어셈블러나 크로스 링커와 같은 유틸리티들을 모아서 binutils라고 한다.

최근에는 Windows 운영체제를 사용하는 IBM PC 호환기종의 퍼스널컴퓨터를 호스트 플랫폼으로 하는 ARM-GCC 소프트웨어 패키지를 일반적으로 WinARM이라고 부르고 있는데, 이는 독일의 Martin Thomas라는 사람이 개인적으로 완성하여 자신의 홈페이지인 http://www.siwawi.arubi.uni-kl.de/avr_projects/arm_projects/index.html에 공개하고 있는 것으로서, ARM-GCC 계열 중에서 가장 널리 사용되고 있으며 이 책에서도 이를 다운로드 받아서 사용한다. 이 책에서 C컴파일러로서 ADS v1.2와 함께 WinARM을 기본으로 사용하는 것은 WinARM이 무료용 소프트웨어라는 장점과 함께 이제는 그것의 신뢰성을 믿을만하여 사용이 크게 늘어나는 추세에 있기 때문이다.

이 WinARM 소프트웨어 패키지에 포함되어 있는 주요 프로그램들을 살펴보면 C 언어의 경우에 arm-elf-gcc(command line compiler), libc(compiler library), arm-elf-as (assembler), arm-elf-ld(linker), arm-elf-ranlib(librarian), pn(programmers notepad, editor) 등이 있다. 그러나, C++언어에 대하여는 컴파일러로 arm-elf-cpp를 사용하고 있으며, 라이브러리도 libstdc++로 다르다. 이들 소프트웨어는 각각 자신들의 고유한 버전을 가지고 발전되고 있다. 그러나, 이것들을 종합적으로 합쳐놓은 소프트웨어 패키지인 WinARM에서는 버전 번호로 관리하지 않고 이를 발표한 날짜로 버전을 표시하고 있다.

WinARM은 자체적으로 통합 쉘 프로그램 및 에디터에 해당하는 프로그래머 노트패드 pn.exe을 가지고 있으므로 이를 사용하여 소스 파일을 작성하며, 컴파일러나 어셈블러, 링커 등을 호출하여 소스를 번역하고 링크한다. 이러한 일련의 작업은 통합 쉘 프로그램을 사용하지 않고 MS-DOS창의 커맨드 레벨에서 수행할 수도 있으며, 사람에 따라서는 WinARM을 울트라 에디터 UltraEdit나 아크로 에디터 AcroEdit와 연계시켜 사용하기도 한다.

WinARM을 사용하여 프로그램을 작성할 때는 소스를 번역하고 링크하는 일련의 과정에 필요한 모든 정보들을 사용자가 일일이 makefile로 만들어주어야 한다는 것이 상당히 번거롭다. 그러나, 이 책에서는 하나의 makefile을 가지고 모든 예제 프로그램에서 공통으로 사용할 수 있는 방법을 제공하므로 사용자는 더 이상 이 문제를 가지고 고생하지 않아도 된다.

(2) C언어 프로그램의 작성 과정

C컴파일러를 사용하여 사용자가 ARM용의 프로그램을 작성하고 이를 ARM 마이크로콘트롤러 소자에 다운로드하여 실행하는 과정은 소프트웨어 개발의 기본적인 흐름이지만, 이 체계를 전체적으로 정리하여 정확히 파악하지 않으면 초보자에게는 헷갈릴 수도 있다.

프로그램을 정확하고 효율적으로 작성하기 위해서는 먼저 이러한 개발 과정을 이해하고 해당 소프트웨어의 매뉴얼을 숙지하여 정상적인 사용법을 잘 알아두는 것이 중요하다. 그러나, 아무리 잘 만들어진 소프트웨어 매뉴얼이나 도움말이라도 그 소프트웨어의 모든 기능을 완벽하게 설명하고 있지는 못하므로 많은 프로그래밍 경험을 통하여 자신이 사용하는 매크로 어셈블러나 C컴파일러의 특성을 파악하고 있는 것이 좋다.

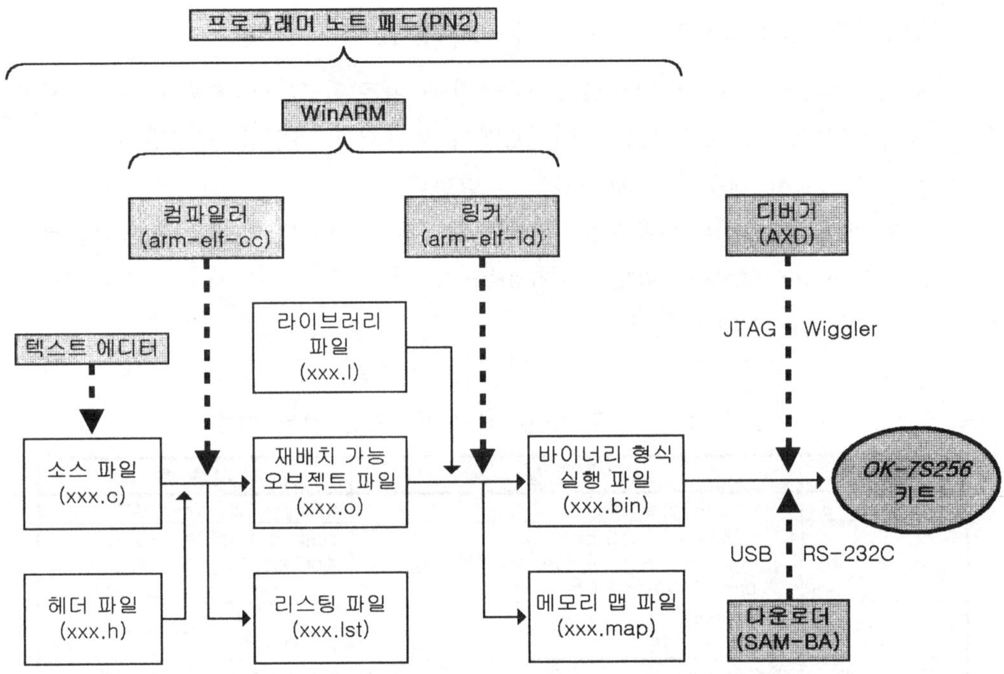

〈그림 3.4.27〉 WinARM에서 C언어 프로그램을 작성하는 체계도

WinARM C컴파일러에서 C언어로 프로그램을 작성하고 이를 *OK-7S256* 키트에 다운로드하여 실행하는 과정을 요약하여 보이면 <그림 3.4.27>과 같다. 사용자는 WinARM의 pn.exe에 내장된 텍스트 에디터를 사용하여 소스 파일을 작성하고, C컴파일러를 사용하여 이를 재배치 가능한 ELF(ARM Executable and Linkable Format) 형식의 오브젝트 파일로 컴파일하며, 링커를 사용하여 이 오브젝트 파일과 필요하면 다른 오브젝트 파일 또는 라이브러리 파일을 링크함으로써 최종적으로 1개의 실행 파일을 생성한다. 이렇게 하여 만들어진 바이너리 형식의 실행 파일은 JTAG 에뮬레이터와 디버거 소프트웨어를 사용하여 *OK-7S256* 키트에 다운로드하고 실행할 수 있다. 그러나, 이 책과 *OK-7S256* 키트에서는 USB 케이블 또는 RS-232C 케이블과 다운로더 프로그램 SAM-BA GUI를 사용하여 간단히 사용자 프로그램을 다운로드하며, 선택 사양으로 *OK-JTAG* 케이블과 H-JTAG 프로그램을 사용할 수도 있다.

마이크로콘트롤러에서는 컴파일러와 링커를 거쳐서 사용자 프로그램의 최종 실행 파일을 인텔 HEX 형식의 파일로 생성하는 것이 일반적이지만, SAM-BA GUI에서는 기본적으로 바이너리 파일을 사용하므로 WinARM의 makefile에서 이처럼 바이너리 파일을 생성하도록 지정한다.

(3) WinARM C컴파일러의 기본적인 사항 요약

① 기본적으로 ANSI C 및 ANSI C++ 규격을 따르고 있으며, 컴파일을 수행한 결과 DWARF-2 디버그 정보를 갖는 ELF 포맷의 오브젝트 파일을 생성한다.

② C언어 소스에서 대문자와 소문자는 구별한다.

③ 분리기호(delimiter)로 사용하는 공백문자(space, ASCII 코드로 0x20)나 탭 문자(horizontal tabulation, ASCII 코드로 0x09)는 무시한다. 이밖에 사용할 수 있는 구분기호를 요약하면 <표 3.4.1>과 같다.

〈표 3.4.1〉 표준 C언어에서 사용하는 구분 기호

구분기호	기 능	사용 예
' (작은 따옴표)	문자 상수(character)	unsigned char c = 'A';

" (큰 따옴표)	① 문자열 상수(string)
	② #include문으로 사용자 헤더파일을 삽입
	③ printf나 scanf문에서 서식지정
		static char a[] = "ABCD";
		#include "OK7S256music.h"
		printf("result = %d\n", x);

:	라벨(label)	label:
;	실행문의 종료	x = 0x1234;
\	이스케이프(escape) 문자	printf("result = %d\n", x);
%	printf나 scanf문에서 서식지정	printf("result = %d\n", x);
( )	① 함수의 인수 ② 제어문의 조건	sin(x); if(a>b)
[ ]	배열	unsigned char a[5];
{ }	① 함수의 시작과 끝 ② 복문	void Beep(void); { ... } if(a>b) { ... }
< >	#include문으로 헤더파일을 삽입	#include <stdio.h>

④ 주석(comment)은 ANSI C의 방법대로 /* ... */를 사용하거나 ANSI C++의 방법대로 //로 시작할 수도 있다.

⑤ 상수나 변수명은 A~Z, a~z, 0~9, _ 등을 조합하여 예약어와 중복되지 않도록 사용하되 첫번째 글자로 0~9를 사용할 수 없다.

⑥ 각종 연산자의 기능과 사용 형식을 요약하면 <표 3.4.2>와 같다.

〈표 3.4.2〉 표준 C언어의 연산기능 및 연산자

종 류	사용 형식	간략형	기 능
산술 연산	a = a + b	a += b	a와 b를 더하여 a에 저장한다.
	a = a - b	a -= b	a에서 b를 빼어 a에 저장한다.
	a = a * b	a *= b	a와 b를 곱하여 a에 저장한다.
	a = a / b	a /= b	a에서 b를 나누어 몫을 a에 저장한다.
	a = a % b	a %= b	a에서 b를 나누어 나머지를 a에 저장한다.
	a++		a값을 사용하고 나서 1만큼 증가시켜 놓는다.
	a--		a값을 사용하고 나서 1만큼 감소시켜 놓는다.
	++a		a값을 먼저 1만큼 증가시키고 나서 사용한다.
	--a		a값을 먼저 1만큼 감소시키고 나서 사용한다.
비트 단위의 논리 연산	a = a & b	a &= b	a와 b를 AND하여 a에 저장한다.
	a = a | b	a |= b	a와 b를 OR하여 a에 저장한다.
	a = a ^ b	a ^= b	a와 b를 XOR하여 a에 저장한다.
	a = ~b		b를 반전(1의 보수)시켜 a에 저장한다.
	a = a << b	a <<= b	a를 비트수 b만큼 좌측으로 시프트하여 a에 저장한다.
	a = a >> b	a >>= b	a를 비트수 b만큼 우측으로 시프트하여 a에 저장한다.
논리 연산	!(a식)		(a식)의 논리값을 반전시킨다.
	(a식) && (b식)		(a식)과 (b식)의 논리값이 모두 참이면 결과가 참이다.
	(a식) || (b식)		(a식) 또는 (b식)의 논리값이 참이면 결과가 참이다.
비교 연산	a == b		a와 b가 같으면 비교 결과가 참이다.
	a != b		a와 b가 같지 않으면 비교 결과가 참이다.
	a > b		a가 b보다 크면 비교 결과가 참이다.
	a >= b		a가 b보다 크거나 같으면 비교 결과가 참이다.
	a < b		a가 b보다 작으면 비교 결과가 참이다.
	a <= b		a가 b보다 작거나 같으면 비교 결과가 참이다.

⑦ C언어에서 사용하는 이러한 각종 연산자의 우선순위를 요약하면 <표 3.4.3>과 같다.

〈표 3.4.3〉 표준 C언어 연산자의 우선순위

우선순위	같은 행에서 결합방향	종류	연산자
높음(1)	왼쪽 → 오른쪽	식, 구조체, 공용체	( ) [ ] -> . x++ x--
↑	왼쪽 ← 오른쪽	단항	! ~ ++ -- - (형명칭) * & sizeof
	왼쪽 → 오른쪽	곱셈, 나눗셈	* / %
	왼쪽 → 오른쪽	덧셈, 뺄셈	+ -
	왼쪽 → 오른쪽	비트이동	<< >>
	왼쪽 → 오른쪽	대소비교	< <= > >=
	왼쪽 → 오른쪽	등가판정	== !=
	왼쪽 → 오른쪽	비트단위 AND	&
	왼쪽 → 오른쪽	비트단위 XOR	^
	왼쪽 → 오른쪽	비트단위 OR	|
	왼쪽 → 오른쪽	논리연산 AND	&&
	왼쪽 → 오른쪽	논리연산 OR	||
	왼쪽 ← 오른쪽	조건	? :
	왼쪽 ← 오른쪽	대입	= += -= *= /= %= >>= <<= &= ^= |=
낮음(15)	왼쪽 → 오른쪽	나열	,

⑧ 32비트 ARM용의 C컴파일러에서 변수나 함수가 가질 수 있는 데이터의 형에는 <표 3.4.4>와 같은 것이 있다. 여기서 signed int형과 unsigned int형이 4바이트(32비트)로 사용되는 것에 유의해야 한다.

〈표 3.4.4〉 ADS v1.2 C컴파일러에서의 데이터 형

종류	데이터 형	바이트 수	데이터의 범위
정수	(signed) char	1	$-128 \sim +127$ $(-2^{7} \sim +2^{7}-1)$
	unsigned char	1	$0 \sim 255$ $(0 \sim 2^{8}-1)$
	(signed) short	2	$-32768 \sim +32767$ $(-2^{15} \sim +2^{15}-1)$
	unsigned short	2	$0 \sim 65535$ $(0 \sim 2^{16}-1)$
	(signed) int	4	$-2147483648 \sim +2147483647$ $(-2^{31} \sim +2^{31}-1)$
	unsigned int	4	$0 \sim 4294967295$ $(0 \sim 2^{32}-1)$
	(signed) long	4	$-2147483648 \sim +2147483647$ $(-2^{31} \sim +2^{31}-1)$
	unsigned long	4	$0 \sim 4294967295$ $(0 \sim 2^{32}-1)$
	(signed) long long	8	-9223372036854775808LL ~ +9223372036854775807LL $(-2^{63} \sim +2^{63}-1)$
	unsigned long long	8	0 ~ 18446744073709551615ULL $(0 \sim 2^{64}-1)$
실수	float	4	$\pm 1.17549435 \times 10^{-38} \sim \pm 3.40282347 \times 10^{38}$
	double	8	$\pm 2.2250738585072014 \times 10^{-308} \sim \pm 1.7976931348623157 \times 10^{308}$
	long double	8	$\pm 2.2250738585072014 \times 10^{-308} \sim \pm 1.7976931348623157 \times 10^{308}$
기타	포인터	4	0x00000000 ~ 0xFFFFFFFF

(4) I/O 제어 레지스터의 절대번지 액세스

8051, 80196 또는 AVR과 같은 8비트 마이크로콘트롤러에서는 I/O 제어 레지스터 또는 SFR(special function register)이나 메모리의 절대번지를 액세스할 때 이것들의 번지를 헤더파일에 모아서 포인터로 정의해두고 사용자 프로그램에서는 마치 C컴파일러가 이들 레지스터를 자동으로 알아서 인식하는 것처럼 사용하였다.

이러한 방법은 C언어의 기본적인 기능을 이용하므로 매우 보편성이 있기 때문에 32비트 ARM에서도 물론 사용할 수 있다. AT91SAM7S256에서도 기본적으로 이런 방법을 사용하는데, 여기서는 좀더 편리하게 사용할 수 있는 추가적인 방법을 Atmel사에서 고안하여 헤더파일로 제공하고 있다.

▣ ① Atmel사에서 제공하는 lib_AT91SAM7S256.h 헤더파일을 사용하는 방법

Atmel사에서는 AT91SAM7S256의 I/O 제어 레지스터를 액세스할 때 절대번지라는 하드웨어 개념이 없이 좀더 소프트웨어적으로 쉽게 처리할 수 있도록 이것들을 함수로 만들어 lib_AT91SAM7S256.h 파일에 제공하는데 사용자는 이를 일종의 라이브러리 또는 API(Application Programming Interface)처럼 사용할 수 있다. 이것은

```
#include <lib_AT91SAM7S256.h>

unsigned int a;
AT91F_PIO_ClearOutput(AT91C_BASE_PIOA, 0x00000003);
a = AT91F_PIO_GetInput(AT91C_BASE_PIOA);
```

처럼 함수를 호출하여 사용하면 된다. 사용자가 이러한 함수들을 잘 사용하려면 뒤에서 설명하는 lib_AT91SAM7S256.h 헤더파일의 내용을 충분히 숙지하여 자신이 필요로 하는 함수를 찾아내야 한다.

저자는 개인적으로 이 방법을 그다지 선호하지는 않지만 현재 AT91SAM 시리즈 모델을 사용하는 많은 사람들이 이 방법을 널리 사용하는 경향이 있으므로 이 책에서는 이 방법을 주로 사용하고 그밖에 필요할 경우에는 뒤에서 설명하는 2가지 방법을 병행하여 사용하기로 한다. 특히 lib_AT91SAM7S256.h 파일에서 함수로 제공하지 않는 기능이 필요한 경우에는 사용자가 추가로 원하는 함수를 만들어 사용하거나 또는 나머지 2가지 방법을 사용하여 이를 처리하게 된다.

▣ ② Atmel사에서 제공하는 AT91SAM7S256.h 헤더파일을 사용하는 방법

Atmel사에서는 AT91SAM7S256의 I/O 제어 레지스터 번지를 모두 정의하여 놓은 헤더파일 AT91SAM7S256.h를 제공한다. 이는 원래 IAR C컴파일러용으로 제공하는 것이지만 포인터의 사용 방법은 표준 C언어에서 공통적인 기능이므로 이 헤더파일은 어느 C컴파일러에서나 문제없이 인클루드하여 사용할 수 있다. 그러나, 여기서는 I/O 제어 레지스터의 이름과 번지를

```
typedef  volatile unsigned int   AT91_REG;          // Hardware register definition

#define  AT91C_PIOA_SODR   ((AT91_REG *) 0xFFFFF430)
#define  AT91C_PIOA_CODR   ((AT91_REG *) 0xFFFFF434)
#define  AT91C_PIOA_PDSR   ((AT91_REG *) 0xFFFFF43C)
```

처럼 약간 다르게 정의하여 제공하고 있으므로 이를 사용하고자 할 경우

```
#include <AT91SAM7S256.h>

unsigned int a;
*AT91C_PIOA_SODR = 0x00000003;
a = *AT91C_PIOA_PDSR;
```

와 같은 형식으로 사용해야 한다.

이 방법은 헤더파일 AT91SAM7S256.h를 가지고 있어야만 사용할 수 있으며, C언어

의 포인터를 사용하므로 소프트웨어의 호환성에 문제를 일으키지 않는다.

▣ ③ 사용자가 절대번지를 포인터로 정의하여 사용하는 방법

8051이나 AVR에서도 그랬던 것처럼 사용자가 AT91SAM7S256의 I/O 제어 레지스터 번지를

```
#define  PIO_SODR   (*(volatile unsigned int *) 0xFFFFF430)
#define  PIO_CODR   (*(volatile unsigned int *) 0xFFFFF434)
#define  PIO_PDSR   (*(volatile unsigned int *) 0xFFFFF43C)
```

처럼 미리 정의한 후에

```
unsigned int a;
PIO_SODR = 0x00000003;
a = PIO_PDSR;
```

와 같이 사용하는 방법이다.

이것은 다른 마이크로콘트롤러에서도 널리 사용하는 일반적인 방법이지만, 이를 사용하려면 사용자가 미리 모든 I/O 제어 레지스터를 포인터로 정의해 놓아야 한다.

▣ ④ AT91SAM7S256.h 헤더파일의 구조체 포인터 정의를 사용하는 방법

Atmel사에서 AT91SAM7S256의 모든 I/O 제어 레지스터를 쉽게 액세스할 수 있도록 AT91SAM7S256.h 헤더파일에 제공하는 기능에는 이것들의 절대번지를 포인터로 제공하는 것 이외에도 구조체 포인터가 있다. 여기서는 각 장치에 포함되는 I/O 제어 레지스터들을 구조체 포인터의 멤버로 정의하고 있어서 원하는 I/O 레지스터를 쉽게 액세스할 수 있다.

예를 들어 병렬 I/O 포트의 경우 헤더파일 AT91SAM7S256.h에서는 이를 구조체 포인터로서 다음과 같이 정의하고 있다.

```
typedef  struct _AT91S_PIO {
        AT91_REG   PIO_PER;         // PIO Enable Register
        AT91_REG   PIO_PDR;         // PIO Disable Register
        AT91_REG   PIO_PSR;         // PIO Status Register
        AT91_REG   Reserved0[1];
        AT91_REG   PIO_OER;         // Output Enable Register
        AT91_REG   PIO_ODR;         // Output Disable Register
        AT91_REG   PIO_OSR;         // Output Status Register
        AT91_REG   Reserved1[1];
        AT91_REG   PIO_IFER;        // Input Filter Enable Register
```

```
        AT91_REG   PIO_IFDR;        // Input Filter Disable Register
        AT91_REG   PIO_IFSR;        // Input Filter Status Register
        AT91_REG   Reserved2[1];
        AT91_REG   PIO_SODR;        // Set Output Data Register
        AT91_REG   PIO_CODR;        // Clear Output Data Register
        AT91_REG   PIO_ODSR;        // Output Data Status Register
        AT91_REG   PIO_PDSR;        // Pin Data Status Register
              (중략)
        AT91_REG   PIO_OWDR;        // Output Write Disable Register
        AT91_REG   PIO_OWSR;        // Output Write Status Register
} AT91S_PIO, *AT91PS_PIO;
```

이를 이용하여 병렬 I/O 포트의 I/O 제어 레지스터를 액세스하려면 다음과 같이 프로그래밍한다.

```
#include <AT91SAM7S256.h>

AT91PS_PIO   PIOA = AT91C_BASE_PIOA;

PIOA->PIO_SODR = 0x00000003;
a = PIOA->PIO_PDSR;
```

이 방법도 역시 헤더파일 AT91SAM7S256.h를 가지고 있어야만 사용할 수 있으며, C언어의 포인터를 사용하므로 소프트웨어의 호환성에 문제를 일으키지 않는다. 그러나, 이 방법은 포인터를 사용하는 방법에 비하여 쓸데없이 복잡하고 행의 길이가 길어지는 경향이 있어서 사용하기에 다소 불편하다.

(5) 인라인 어셈블 기능

WinARM에서는 C언어 소스에서 인라인 어셈블(inline assemble) 명령의 사용을 지원한다. 이는 asm volatile 키워드를 사용하여 다음과 같은 형식으로 어셈블리 명령을 사용할 수 있도록 한다. 여기서 volatile 키워드를 반드시 사용해야 하는 것은 아니지만 이를 사용하면 컴파일러가 인라인 어셈블 명령을 최적화하지 않으므로 가급적이면 이를 사용하는 것이 좋다.

```
asm volatile("assembly instruction");          [/* comment */]
asm volatile("assembly instruction");          [// comment]
```

인라인 어셈블 명령을 사용하는 형식에는 이밖에도 다음과 같이 여러 행으로 사용하는 방법이 있다.

```
asm volatile("     assembly instruction \n\t"       [/* comment */]
             "     assembly instruction \n\t"       [// comment]
                       . . .
             "label:  assembly instruction \n\t");
```

인라인 어셈블 명령의 행에서도 주석은 C언어 소스 행과 같이 사용할 수 있다. 즉, 주석문으로 /* ... */의 형식과 // ... 의 형식을 모두 사용할 수 있다.

(6) 인터럽트 프로그래밍

AT91SAM7S256에서는 IRQ 인터럽트나 FIQ 인터럽트가 예외처리의 일종으로 간주되며, 각 예외처리는 <표 1.2.6>에서 보인 것처럼 지정된 벡터번지를 가지고 있다. 따라서, IRQ 인터럽트가 발생하면 프로그램은 0x0000_0018 번지로 점프되며, FIQ 인터럽트가 발생하면 프로그램은 0x0000_001C 번지로 점프한다.

WinARM을 사용한 프로그램의 경우 이 메모리 영역은 Cstartup.S 파일에 해당하며, 여기서 필요한 인터럽트 처리 기능을 수행한다. 즉, IRQ 인터럽트의 경우 인터럽트 소스는 <표 1.2.12>에서 보였듯이 주변장치1~31의 31가지가 존재하기 때문에 이들 각 인터럽트에 따라 해당 인터럽트 서비스 루틴 함수를 호출하도록 분기해야 하는데, 이는 CPU가 AIC_AVR 레지스터를 읽어서 여기에 표시된 인터럽트 벡터로 점프하는 방법으로 IRQ 인터럽트가 처리된다. CPU가 AIC_AVR 레지스터를 읽으면 실제로는 현재 발생한 IRQ 인터럽트에 해당하는 인터럽트 소스 벡터 레지스터 AIC_SVRx가 읽혀진다. 이 때문에 Cstartup.S 파일에서는 IRQ 인터럽트가 발생하면 AIC_AVR 레지스터를 읽어서 그 레지스터가 가리키는 번지로 점프하는 루틴을 가지고 있다.

AT91SAM7S256은 이와 같이 특별한 형식의 벡터형 인터럽트를 사용하므로 사용자는 Cstartup.S 파일의 내용을 수정할 필요가 없고 사용자 프로그램에서 각각의 IRQ 인터럽트에 대한 인터럽트 서비스 루틴의 시작번지를 인터럽트 소스 벡터 레지스터 AIC_SVRx에 지정하면 된다. 따라서, AVR과 같은 마이크로콘트롤러의 경우처럼 C언어에서 인터럽트 서비스 루틴 함수를 작성하기 위한 특별한 형식은 없으며, 그냥 일반 사용자 함수처럼 인터럽트 서비스 루틴 함수를 작성하여 놓고 해당 인터럽트 소스 벡터 레지스터 AIC_SVRx에 이 함수의 시작번지를 써주기만 하면 이것이 인터럽트 서비스 루틴 함수로 사용된다.

그러나, 이처럼 스타트업 파일 Cstartup.S에서 31개의 실질적인 인터럽트 서비스 루틴 함수로 분기하는 것은 무조건 점프가 아니라 함수 호출이기 때문에 이들 각 인터럽트 서비스 루틴 함수의 실행이 완료되면 프로그램은 다시 Cstartup.S 파일로 리턴하여 되돌아오며, 여기서 AIC_EOICR 레지스터를 라이트하고 IRQ 인터럽트 발생 전의 위치로 복귀함으로써 모든 인터럽트 처리가 종료된다.

이상의 인터럽트 처리 과정을 알기 쉽게 도시하면 <그림 3.4.28>과 같다.

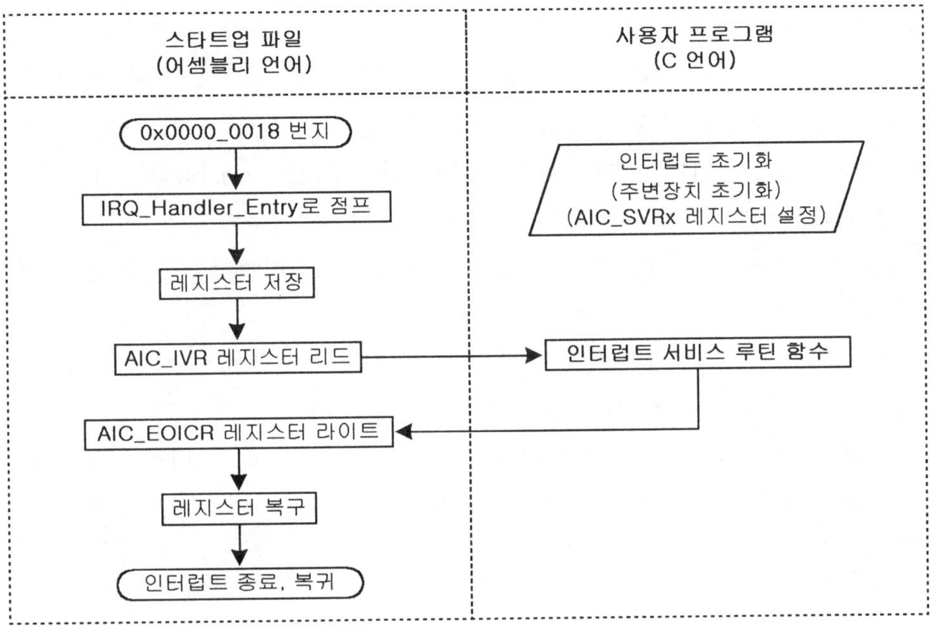

〈그림 3.4.28〉 AT91SAM7S256에서 인터럽트 처리 프로그램의 흐름도

(7) 레지스터의 사용

C언어의 중요한 특징중의 하나는 함수 중심의 언어라는 것이며, 일반적으로 함수를 호출할 때는 입력 파라미터가 전달되고, 함수가 수행되고 나서 리턴될 때는 출력 파라미터를 전달하게 된다. 이 함수를 어떻게 전달하고 그것이 함수 안에서 어떤 방법으로 사용되는지는 C컴파일러의 성능에 중요한 영향을 준다. 종래의 C컴파일러들은 이러한 파라미터를 대부분 스택을 통하여 전달함으로써 일반성은 있었으나 처리성능이 낮았다. 그러나, ARM은 R0~R15의 16개 레지스터를 가지고 있으므로 이러한 파라미터 전달에 주로 레지스터를 사용하며, 이는 C언어로 작성된 사용자 프로그램의 실행속도를 높여준다.

모든 함수를 컴파일할 때 함수를 호출하는 루틴과 함수 사이에는 입출력 파라미터들이 서로 잘 매칭이 되어야 하므로 C컴파일러에서 이러한 함수 처리 방법은 매우 규칙적으로 정해져 있으며, WinARM은 ARM사의 ATPCS(ARM-Thumb Procedure

Call Standard) 규격에 따라 이를 처리한다. ATPCS 규격에서 ARM의 레지스터 기능을 요약하면 <표 3.4.5>와 같다.

이 표에서 보듯이 WinARM에서 함수를 호출할 때 인수는 r0~r3에 차례로 할당되어 전달되며, 인수가 많아서 이를 초과하면 그 초과분은 스택을 통하여 전달된다. 함수에서 리턴할 때 리턴값이 사용되면 이는 r0에 할당되며, 리턴값이 2워드 길이로 되어 있으면 r0~r1이 사용된다. 따라서, 이 레지스터들은 함수 호출 전후에 저장되고 복구되지 않는다. 함수 내부의 루틴에서 r0~r3은 각각 a1~a4로 부르기도 한다.

또한, 레지스터 r4~r11은 함수 내부의 지역변수(local variable)로 사용되며, 만약 Thumb 상태라면 r4~r7만이 지역변수로 사용된다. 함수 내부의 루틴에서 r4~r11은 각각 v1~v8로 부르기도 한다. 함수가 시작되기 전에 이 레지스터들은 적절히 대피되며, 함수에서 리턴하기 직전에는 이 값들이 되찾아진다.

레지스터 r12는 함수 호출 사이에 필요한 데이터 전달용으로 사용할 수 있다. 이 레지스터는 함수 호출 전후에 저장되고 복구되지 않는다.

이밖에 레지스터 r13은 스택 포인터로 사용되고, r14는 링크 레지스터로 사용되며, r15는 프로그램 카운터로 사용된다. 이 레지스터들은 모두 함수 호출 전후에 저장되고 복구되지 않는다.

〈표 3.4.5〉 ATPCS 규격에서 레지스터의 기능

레지스터	별칭	특수 용도	함수 호출에서의 기능
r15	-	PC	Program counter.
r14	-	LR	Link register.
r13	-	SP	Stack pointer.
r12	-	IP	Intra-procedure-call scratch register.
r11	v8	FP	ARM-state variable register 8. ARM-state frame pointer.(Argument pointer)
r10	v7	SL	ARM-state variable register 7. Stack limit pointer in stack-checked variants.
r9	v6	SB RFP	ARM-state variable register 6. Static base in RWPI variants. Real frame pointer.
r8	v5	-	ARM-state variable register 5.
r7	v4	WR	Variable register 4. Thumb-state work register.
r6	v3	-	Variable register 3.
r5	v2	-	Variable register 2.
r4	v1	-	Variable register 1.
r3	a4	-	Argument / Return result / Scratch register 4.
r2	a3	-	Argument / Return result / Scratch register 3.
r1	a2	-	Argument / Return result / Scratch register 2.
r0	a1	-	Argument / Return result / Scratch register 1.

스택은 높은 번지에서 낮은 번지쪽(downwards)으로 저장되며, 8바이트 경계로 정렬되어 사용된다. 스택 베이스(stack base)는 스택 상단의 어드레스를 의미하며, 이것은 1번지 아래부터 스택으로 사용된다. 스택 리미트(stack limit)는 스택으로 사용될 수 있도록 지정된 최하위 번지를 의미한다. 스택 포인터(stack pointer)는 스택에 마지막으로 값이 저장된 번지를 가리키는 레지스터이며, 스택 프레임(stack frame)은 함수에 의하여 스택에 레지스터나 지역변수를 저장한 번지를 가리키는 포인터이다.

4. 헤더파일 및 라이브러리 함수 요약

(1) 기본 헤더파일 및 라이브러리 함수 리스트

WinARM에서 사용하는 기본 헤더파일은 모두 C:\WinARM\arm-elf\include\ 폴더에 위치하는데, 사용자 프로그램에서 이를 인클루드하려면

```
#include <stdio.h>
```

와 같이 사용한다. 이처럼 WinARM C컴파일러에서 기본적으로 제공하는 헤더파일에는 alloca.h, assert.h, ctype.h, errno.h, ieeefp.h, inttypes.h, limits.h, locale.h, math.h, setjmp.h, signal.h, stdint.h, stdio.h, stdlib.h, string.h, time.h 등이 있다.

이러한 WinARM의 기본 헤더파일에 정의되어 있는 모든 C언어 라이브러리 함수를 요약 정리하면 <표 3.4.6>과 같다. 이중에서 float형의 수학함수들은 표준 ISO C99 모드(-std=c99 또는 -std=gnu99 옵션)에서만 동작한다.

〈표 3.4.6〉 WinARM에서 사용하는 C언어 함수 및 그것이 정의되어 있는 헤더파일

함수의 형	함 수	헤더파일
void	abort(void);	stdlib.h
int	abs(int i);	stdlib.h
char	*asctime(const struct tm *clock);	time.h
void	assert(int expression);	assert.h
int	atexit(void (*function)(void));	stdlib.h
double	atof(const char *str);	stdlib.h
float	atoff(const char *str);	stdlib.h
int	atoi(const char *str);	stdlib.h
long	atol(const char *str);	stdlib.h
long long	atoll(const char *str);	stdlib.h
void	*calloc(size_t n, size_t size);	stdlib.h
void	clearerr(FILE *fp);	stdio.h
clock_t	clock(void);	time.h
char	*ctime(const time_t *clock);	time.h
div_t	div(int n, int d);	stdlib.h
double	difftime(time_t time1, time_t time2);	time.h

char	*ecvt(double val, int chars, int *decpt, int *sign);	stdlib.h
char	*ecvtf(float val, int chars, int *decpt, int *sign);	stdlib.h
void	exit(int code);	stdlib.h
char	*fcvt(double val, int decimals, int *decpt, int *sign);	stdlib.h
char	*fcvtf(float val, int decimals, int *decpt, int *sign);	stdlib.h
char	*gcvt(double val, int precision, char *buf);	stdlib.h
char	*gcvtf(float val, int precision, char *buf);	stdlib.h
char	*getenv(const char *name);	stdlib.h
struct tm	*gtime(const time_t *clock);	time.h
char	*ecvtbuf(double val,int chars,int *decpt,int *sign,char *buf);	stdlib.h
char	*fcvtbuf(double val,int decimals,int *decpt,int *sign,char *buf);	stdlib.h
int	fclose(FILE *fp);	stdio.h
FILE	*fdopen(int fd, const char *mode);	stdio.h
int	feof(FILE *fp);	stdio.h
int	ferror(FILE *fp);	stdio.h
int	fflush(FILE *fp);	stdio.h
int	fgetc(FILE *fp);	stdio.h
int	fgetpos(FILE *fp, fpos_t *pos);	stdio.h
char	*fgets(char *buf, int n, FILE *fp);	stdio.h
FILE	*fopen(const char *file, const char *mode);	stdio.h
int	fprintf(FILE *fp, const char *format, ...);	stdio.h
int	fputc(int ch, FILE *fp);	stdio.h
int	fputs(const char *str, FILE *fp);	stdio.h
size_t	fread(void *buf, size_t size, size_t count, FILE *fp);	stdio.h
void	free(void *aptr);	stdlib.h
FILE	*freopen(const char *file, const char *mode, FILE *fp);	stdio.h
int	fscanf(FILE *fp, const char *format, ...);	stdio.h
int	fseek(FILE *fp, long offset, int whence);	stdio.h
int	fseeko(FILE *fp, off_t offset, int whence);	stdio.h
int	fsetpos(FILE *fp, const fpos_t *pos);	stdio.h
long	ftell(FILE *fp);	stdio.h
off_t	ftello(FILE *fp);	stdio.h
size_t	fwrite(const void *buf, size_t size, size_t count, FILE *fp);	stdio.h
int	getc(FILE *fp);	stdio.h
int	getchar(void);	stdio.h
char	*gets(char *buf);	stdio.h
int	getw(FILE *fp);	stdio.h
int	iprintf(const char *format, ...);	stdio.h
int	isalnum(int c);	ctype.h
int	isalpha(int c);	ctype.h
int	isascii(int c);	ctype.h
int	iscntrl(int c);	ctype.h
int	isdigit(int c);	ctype.h
int	isgraph(int c);	ctype.h
int	islower(int c);	ctype.h
int	isprint(int c);	ctype.h
int	ispunct(int c);	ctype.h
int	isspace(int c);	ctype.h
int	isupper(int c);	ctype.h
int	isxdigit(int c);	ctype.h
long	labs(long i);	stdlib.h
ldiv_t	ldiv(long n, long d);	stdlib.h
long long	llabs(long long i);	stdlib.h
lldiv_t	lldiv(long long n, long long d);	stdlib.h
lconv	*localeconv(void);	time.h
struct tm	*localtime(time_t *clock);	time.h
void	*malloc(size_t nbytes);	stdlib.h
size_t	malloc_usable_size(void *aptr);	stdlib.h
int	mblen(const char *s, size_t n);	stdlib.h
int	mbstowcs(wchar_t *pwc, const char *s, size_t n);	stdlib.h
int	mbtowc(wchar_t *pwc, const char *s, size_t n);	stdlib.h
void	*memalign(size_t align, size_t nbytes);	stdlib.h
void	*memchr(const void *src, int c, size_t length);	string.h
int	memcmp(const void *s1, const void *s2, size_t n);	string.h
void	*memcpy(void *out, const void *in, size_t n);	string.h
void	*memmove(void *dest, const void *src, size_t length);	string.h
void	*memset(const void *dest, int c, size_t length);	string.h
int	mkstemp(char *path);	stdio.h
char	*mktemp(char *path);	stdio.h
time_t	mktime(struct tm *timep);	time.h

```
void           perror(char *prefix);                                        stdio.h
int            printf(const char *format, ...);                             stdio.h
int            putc(int chr, FILE *fp);                                     stdio.h
int            putchar(int chr);                                            stdio.h
int            puts(const char *str);                                       stdio.h
int            putw(int w, FILE *fp);                                       stdio.h
int            raise(int sig);                                              signal.h
int            rand(void);                                                  stdlib.h
int            rand_r(unsigned int *seed);                                  stdlib.h
void           *realloc(void *aptr, size_t nbytes);                         stdlib.h
int            remove(char *filename);                                      stdio.h
int            rename(const char *old, const char *new);                    stdio.h
void           rewind(FILE *fp);                                            stdio.h
int            scanf(const char *format, ...);                              stdio.h
int            sscanf(char *str, const char *format, ...);                  stdio.h
void           setbuf(FILE *fp, char *buf);                                 stdio.h
char           *setlocale(int category, const char locale);                 time.h
void           setvbuf(FILE *fp, char *buf, int mode, size_t size);         stdio.h
int            siprintf(char *str, const char *format, ...);                stdio.h
int            snprintf(char *str, size_t size, const char *format, ...);   stdio.h
int            sprintf(char *str, const char *format, ...);                 stdio.h
void           srand(unsigned int seed);                                    stdlib.h
int            strcasecmp(const char *a, const char *b);                    string.h
char           *strcat(char *dest, const char *src);                        string.h
char           *strchr(const char *str, int c);                             string.h
int            strcmp(const char *a, const char *b);                        string.h
int            strcoll(const char *stra, const char *strb);                 string.h
char           *strcpy(char *dest, const char *src);                        string.h
size_t         strcspn(const char *stra, const char *strb);                 string.h
char           *strerror(int errnum);                                       string.h
size_t         strlen(const char *str);                                     string.h
char           *strlwr(char *a);                                            string.h
int            strncasecmp(const char *a, const char *b, size_t length);    string.h
char           *strncat(char *dest, const char *src, size_t length);        string.h
int            strncmp(const char *a, const char *b, size_t length);        string.h
char           *strncpy(char *dest, const char *src, size_t length);        string.h
size_t         strspn(const char *stra, const char *strb);                  string.h
char           *strrchr(const char *str, int c);                            string.h
char           *strrok(char *src, const char *delimiters);                  string.h
char           *strstr(const char *stra, const char *strb);                 string.h
size_t         strftime(char *str,size_t maxsize,const char *format,const struct tm *timep); time.h
double         strtod(const char *str, char **tail);                        stdlib.h
float          strtof(const char *str, char **tail);                        stdlib.h
long           strtol(const char *str, char **ptr, int base);               stdlib.h
unsigned long  strtoul(const char *str, char **ptr, int base);              stdlib.h
char           *strupr(char *a);                                            string.h
size_t         strxfrm(char *stra, const char *strb, size_t n);             string.h
int            system(char *str);                                           stdlib.h
time_t         time(time_t *t);                                             time.h
int            toascii(int c);                                              ctype.h
int            tolower(int c);                                              ctype.h
int            toupper(int c);                                              ctype.h
void           tzset(void);                                                 time.h
int            vasprintf(char **strp, const char *format, va_list list);    stdio.h
int            vprintf(const char *format, va_list list);                   stdio.h
int            vfprintf(FILE *fp, const char *format, va_list list);        stdio.h
int            vsprintf(char *str, const char *format, va_list list);       stdio.h
int            vsnprintf(char *str, size_t size, const char *format, va_list list); stdio.h
int            wcstombs(const char *str, wchar_t *pwc, size_t n);           stdlib.h
int            wctomb(char *str, wchar_t wchar);                            stdlib.h
```

```
double         acos(double x);                                              math.h
float          acosf(float x);                                              math.h
double         acosh(double x);                                             math.h
float          acoshf(float x);                                             math.h
double         asin(double x);                                              math.h
float          asinf(float x);                                              math.h
double         asinh(double x);                                             math.h
float          asinhf(float x);                                             math.h
```

```
double      atan(double x);                          math.h
float       atanf(float x);                          math.h
double      atan2(double y, double x);               math.h
float       atan2f(float y, float x);                math.h
double      atanh(double x);                         math.h
float       atanhf(float x);                         math.h
double      ceil(double x);                          math.h
float       ceilf(float x);                          math.h
double      cos(double x);                           math.h
float       cosf(float x);                           math.h
double      cosh(double x);                          math.h
float       coshf(float x);                          math.h
double      exp(double x);                           math.h
float       expf(float x);                           math.h
double      fabs(double x);                          math.h
float       fabsf(float x);                          math.h
int         finite(double x);                        math.h
int         finitef(float x);                        math.h
double      floor(double x);                         math.h
float       floorf(float x);                         math.h
double      fmod(double x, double y);                math.h
float       fmodf(float x, float y);                 math.h
double      frexp(double x, int *exp);               math.h
float       frexpf(float x, int *exp);               math.h
int         isinf(double x);                         math.h
int         isinff(float x);                         math.h
int         isnan(double x);                         math.h
int         isnanf(float x);                         math.h
double      ldexp(double x, int exp);                math.h
float       ldexpf(float x, int exp);                math.h
double      log(double x);                           math.h
float       logf(float x);                           math.h
double      log10(double x);                         math.h
float       log10f(float x);                         math.h
double      modf(double x, double *iptr);            math.h
float       modff(float x, float *iptr);             math.h
double      pow(double x, double y);                 math.h
float       powf(float x, float y);                  math.h
double      sin(double x);                           math.h
float       sinf(float x);                           math.h
double      sinh(double x);                          math.h
float       sinhf(float x);                          math.h
double      sqrt(double x);                          math.h
float       sqrtf(float x);                          math.h
double      square(double x);                        math.h
double      tan(double x);                           math.h
float       tanf(float x);                           math.h
double      tanh(double x);                          math.h
float       tanhf(float x);                          math.h
```

(2) AT91SAM7S256용 헤더파일

WinARM C컴파일러에서 AT91SAM7S256용 C언어 프로그램을 작성하려면 이 소자와 관련된 많은 정의가 필요한데 이는 Atmel사에서 AT91SAM7S256.h 파일로 제공한다. 이는 원래 IAR C컴파일러용으로 제공된 것이지만 기본적인 C언어 형식으로 되어 있으므로 WinARM에서도 그대로 사용할 수 있다. 헤더파일 AT91SAM7S256.h의 내용을 보이면 아래와 같다.

〈파일 AT91SAM7S256.h〉 WinARM에서 사용하는 AT91SAM7S256용의 헤더파일

```
// ----------------------------------------------------------------------------
//          ATMEL Microcontroller Software Support  -  ROUSSET  -
// ----------------------------------------------------------------------------
// DISCLAIMER:  THIS SOFTWARE IS PROVIDED BY ATMEL "AS IS" AND ANY EXPRESS OR
// IMPLIED WARRANTIES, INCLUDING, BUT NOT LIMITED TO, THE IMPLIED WARRANTIES OF
// MERCHANTABILITY, FITNESS FOR A PARTICULAR PURPOSE AND NON-INFRINGEMENT ARE
// DISCLAIMED. IN NO EVENT SHALL ATMEL BE LIABLE FOR ANY DIRECT, INDIRECT,
// INCIDENTAL, SPECIAL, EXEMPLARY, OR CONSEQUENTIAL DAMAGES (INCLUDING, BUT NOT
// LIMITED TO, PROCUREMENT OF SUBSTITUTE GOODS OR SERVICES; LOSS OF USE, DATA,
// OR PROFITS; OR BUSINESS INTERRUPTION) HOWEVER CAUSED AND ON ANY THEORY OF
// LIABILITY, WHETHER IN CONTRACT, STRICT LIABILITY, OR TORT (INCLUDING
// NEGLIGENCE OR OTHERWISE) ARISING IN ANY WAY OUT OF THE USE OF THIS SOFTWARE,
// EVEN IF ADVISED OF THE POSSIBILITY OF SUCH DAMAGE.
// ----------------------------------------------------------------------------
// File Name           : AT91SAM7S256.h
// Object              : AT91SAM7S256 definitions
// Generated           : AT91 SW Application Group  01/16/2006 (16:36:06)
//
// CVS Reference       : /AT91SAM7S256.pl/1.11/Tue Aug 30 12:00:29 2005
// CVS Reference       : /SYS_SAM7S.pl/1.2/Tue Feb  1 17:01:52 2005
// CVS Reference       : /MC_SAM7S.pl/1.3/Fri May 20 14:12:30 2005
// CVS Reference       : /PMC_SAM7S_USB.pl/1.4/Tue Feb  8 13:58:22 2005
// CVS Reference       : /RSTC_SAM7S.pl/1.2/Wed Jul 13 14:57:40 2005
// CVS Reference       : /UDP_SAM7S.pl/1.1/Tue May 10 11:34:52 2005
// CVS Reference       : /PWM_SAM7S.pl/1.1/Tue May 10 11:53:07 2005
// CVS Reference       : /RTTC_6081A.pl/1.2/Tue Nov  9 14:43:58 2004
// CVS Reference       : /PITC_6079A.pl/1.2/Tue Nov  9 14:43:56 2004
// CVS Reference       : /WDTC_6080A.pl/1.3/Tue Nov  9 14:44:00 2004
// CVS Reference       : /VREG_6085B.pl/1.1/Tue Feb  1 16:05:48 2005
// CVS Reference       : /AIC_6075B.pl/1.3/Fri May 20 14:01:30 2005
// CVS Reference       : /PIO_6057A.pl/1.2/Thu Feb  3 10:18:28 2005
// CVS Reference       : /DBGU_6059D.pl/1.1/Mon Jan 31 13:15:32 2005
// CVS Reference       : /US_6089C.pl/1.1/Mon Jul 12 18:23:26 2004
// CVS Reference       : /SPI_6088D.pl/1.3/Fri May 20 14:08:59 2005
// CVS Reference       : /SSC_6078A.pl/1.1/Tue Jul 13 07:45:40 2004
// CVS Reference       : /TC_6082A.pl/1.7/Fri Mar 11 12:52:17 2005
// CVS Reference       : /TWI_6061A.pl/1.1/Tue Jul 13 07:38:06 2004
// CVS Reference       : /PDC_6074C.pl/1.2/Thu Feb  3 08:48:54 2005
// CVS Reference       : /ADC_6051C.pl/1.1/Fri Oct 17 09:12:38 2003
// ----------------------------------------------------------------------------

#ifndef AT91SAM7S256_H
#define AT91SAM7S256_H

typedef volatile unsigned int AT91_REG;// Hardware register definition

// *****************************************************************************
//              SOFTWARE API DEFINITION  FOR System Controller
// *****************************************************************************
typedef struct _AT91S_SYS {
	AT91_REG	 AIC_SMR[32]; 	// Source Mode Register
	AT91_REG	 AIC_SVR[32]; 	// Source Vector Register
	AT91_REG	 AIC_IVR; 	// IRQ Vector Register
	AT91_REG	 AIC_FVR; 	// FIQ Vector Register
	AT91_REG	 AIC_ISR; 	// Interrupt Status Register
	AT91_REG	 AIC_IPR; 	// Interrupt Pending Register
	AT91_REG	 AIC_IMR; 	// Interrupt Mask Register
	AT91_REG	 AIC_CISR; 	// Core Interrupt Status Register
	AT91_REG	 Reserved0[2]; 	// 
	AT91_REG	 AIC_IECR; 	// Interrupt Enable Command Register
	AT91_REG	 AIC_IDCR; 	// Interrupt Disable Command Register
	AT91_REG	 AIC_ICCR; 	// Interrupt Clear Command Register
	AT91_REG	 AIC_ISCR; 	// Interrupt Set Command Register
	AT91_REG	 AIC_EOICR; 	// End of Interrupt Command Register
	AT91_REG	 AIC_SPU; 	// Spurious Vector Register
	AT91_REG	 AIC_DCR; 	// Debug Control Register (Protect)
	AT91_REG	 Reserved1[1]; 	// 
	AT91_REG	 AIC_FFER; 	// Fast Forcing Enable Register
	AT91_REG	 AIC_FFDR; 	// Fast Forcing Disable Register
	AT91_REG	 AIC_FFSR; 	// Fast Forcing Status Register
	AT91_REG	 Reserved2[45]; 	// 
```

```
AT91_REG        DBGU_CR;        // Control Register
AT91_REG        DBGU_MR;        // Mode Register
AT91_REG        DBGU_IER;       // Interrupt Enable Register
AT91_REG        DBGU_IDR;       // Interrupt Disable Register
AT91_REG        DBGU_IMR;       // Interrupt Mask Register
AT91_REG        DBGU_CSR;       // Channel Status Register
AT91_REG        DBGU_RHR;       // Receiver Holding Register
AT91_REG        DBGU_THR;       // Transmitter Holding Register
AT91_REG        DBGU_BRGR;      // Baud Rate Generator Register
AT91_REG        Reserved3[7];
AT91_REG        DBGU_CIDR;      // Chip ID Register
AT91_REG        DBGU_EXID;      // Chip ID Extension Register
AT91_REG        DBGU_FNTR;      // Force NTRST Register
AT91_REG        Reserved4[45];
AT91_REG        DBGU_RPR;       // Receive Pointer Register
AT91_REG        DBGU_RCR;       // Receive Counter Register
AT91_REG        DBGU_TPR;       // Transmit Pointer Register
AT91_REG        DBGU_TCR;       // Transmit Counter Register
AT91_REG        DBGU_RNPR;      // Receive Next Pointer Register
AT91_REG        DBGU_RNCR;      // Receive Next Counter Register
AT91_REG        DBGU_TNPR;      // Transmit Next Pointer Register
AT91_REG        DBGU_TNCR;      // Transmit Next Counter Register
AT91_REG        DBGU_PTCR;      // PDC Transfer Control Register
AT91_REG        DBGU_PTSR;      // PDC Transfer Status Register
AT91_REG        Reserved5[54];
AT91_REG        PIOA_PER;       // PIO Enable Register
AT91_REG        PIOA_PDR;       // PIO Disable Register
AT91_REG        PIOA_PSR;       // PIO Status Register
AT91_REG        Reserved6[1];
AT91_REG        PIOA_OER;       // Output Enable Register
AT91_REG        PIOA_ODR;       // Output Disable Register
AT91_REG        PIOA_OSR;       // Output Status Register
AT91_REG        Reserved7[1];
AT91_REG        PIOA_IFER;      // Input Filter Enable Register
AT91_REG        PIOA_IFDR;      // Input Filter Disable Register
AT91_REG        PIOA_IFSR;      // Input Filter Status Register
AT91_REG        Reserved8[1];
AT91_REG        PIOA_SODR;      // Set Output Data Register
AT91_REG        PIOA_CODR;      // Clear Output Data Register
AT91_REG        PIOA_ODSR;      // Output Data Status Register
AT91_REG        PIOA_PDSR;      // Pin Data Status Register
AT91_REG        PIOA_IER;       // Interrupt Enable Register
AT91_REG        PIOA_IDR;       // Interrupt Disable Register
AT91_REG        PIOA_IMR;       // Interrupt Mask Register
AT91_REG        PIOA_ISR;       // Interrupt Status Register
AT91_REG        PIOA_MDER;      // Multi-driver Enable Register
AT91_REG        PIOA_MDDR;      // Multi-driver Disable Register
AT91_REG        PIOA_MDSR;      // Multi-driver Status Register
AT91_REG        Reserved9[1];
AT91_REG        PIOA_PPUDR;     // Pull-up Disable Register
AT91_REG        PIOA_PPUER;     // Pull-up Enable Register
AT91_REG        PIOA_PPUSR;     // Pull-up Status Register
AT91_REG        Reserved10[1];
AT91_REG        PIOA_ASR;       // Select A Register
AT91_REG        PIOA_BSR;       // Select B Register
AT91_REG        PIOA_ABSR;      // AB Select Status Register
AT91_REG        Reserved11[9];
AT91_REG        PIOA_OWER;      // Output Write Enable Register
AT91_REG        PIOA_OWDR;      // Output Write Disable Register
AT91_REG        PIOA_OWSR;      // Output Write Status Register
AT91_REG        Reserved12[469];
AT91_REG        PMC_SCER;       // System Clock Enable Register
AT91_REG        PMC_SCDR;       // System Clock Disable Register
AT91_REG        PMC_SCSR;       // System Clock Status Register
AT91_REG        Reserved13[1];
AT91_REG        PMC_PCER;       // Peripheral Clock Enable Register
AT91_REG        PMC_PCDR;       // Peripheral Clock Disable Register
AT91_REG        PMC_PCSR;       // Peripheral Clock Status Register
AT91_REG        Reserved14[1];
AT91_REG        PMC_MOR;        // Main Oscillator Register
AT91_REG        PMC_MCFR;       // Main Clock  Frequency Register
AT91_REG        Reserved15[1];
AT91_REG        PMC_PLLR;       // PLL Register
AT91_REG        PMC_MCKR;       // Master Clock Register
```

```
        AT91_REG         Reserved16[3];
        AT91_REG         PMC_PCKR[3];   // Programmable Clock Register
        AT91_REG         Reserved17[5];
        AT91_REG         PMC_IER;       // Interrupt Enable Register
        AT91_REG         PMC_IDR;       // Interrupt Disable Register
        AT91_REG         PMC_SR;        // Status Register
        AT91_REG         PMC_IMR;       // Interrupt Mask Register
        AT91_REG         Reserved18[36];
        AT91_REG         RSTC_RCR;      // Reset Control Register
        AT91_REG         RSTC_RSR;      // Reset Status Register
        AT91_REG         RSTC_RMR;      // Reset Mode Register
        AT91_REG         Reserved19[5];
        AT91_REG         RTTC_RTMR;     // Real-time Mode Register
        AT91_REG         RTTC_RTAR;     // Real-time Alarm Register
        AT91_REG         RTTC_RTVR;     // Real-time Value Register
        AT91_REG         RTTC_RTSR;     // Real-time Status Register
        AT91_REG         PITC_PIMR;     // Period Interval Mode Register
        AT91_REG         PITC_PISR;     // Period Interval Status Register
        AT91_REG         PITC_PIVR;     // Period Interval Value Register
        AT91_REG         PITC_PIIR;     // Period Interval Image Register
        AT91_REG         WDTC_WDCR;     // Watchdog Control Register
        AT91_REG         WDTC_WDMR;     // Watchdog Mode Register
        AT91_REG         WDTC_WDSR;     // Watchdog Status Register
        AT91_REG         Reserved20[5];
        AT91_REG         VREG_MR;       // Voltage Regulator Mode Register
} AT91S_SYS, *AT91PS_SYS;

// *****************************************************************************
//              SOFTWARE API DEFINITION  FOR Peripheral DMA Controller
// *****************************************************************************
typedef struct _AT91S_PDC {
        AT91_REG         PDC_RPR;       // Receive Pointer Register
        AT91_REG         PDC_RCR;       // Receive Counter Register
        AT91_REG         PDC_TPR;       // Transmit Pointer Register
        AT91_REG         PDC_TCR;       // Transmit Counter Register
        AT91_REG         PDC_RNPR;      // Receive Next Pointer Register
        AT91_REG         PDC_RNCR;      // Receive Next Counter Register
        AT91_REG         PDC_TNPR;      // Transmit Next Pointer Register
        AT91_REG         PDC_TNCR;      // Transmit Next Counter Register
        AT91_REG         PDC_PTCR;      // PDC Transfer Control Register
        AT91_REG         PDC_PTSR;      // PDC Transfer Status Register
} AT91S_PDC, *AT91PS_PDC;

// -------- PDC_PTCR : (PDC Offset: 0x20) PDC Transfer Control Register --------
#define AT91C_PDC_RXTEN       ((unsigned int) 0x1 << 0) // (PDC) Receiver Transfer Enable
#define AT91C_PDC_RXTDIS      ((unsigned int) 0x1 << 1) // (PDC) Receiver Transfer Disable
#define AT91C_PDC_TXTEN       ((unsigned int) 0x1 << 8) // (PDC) Transmitter Transfer Enable
#define AT91C_PDC_TXTDIS      ((unsigned int) 0x1 << 9) // (PDC) Transmitter Transfer Disable
// -------- PDC_PTSR : (PDC Offset: 0x24) PDC Transfer Status Register --------

// *****************************************************************************
//              SOFTWARE API DEFINITION  FOR Advanced Interrupt Controller
// *****************************************************************************
typedef struct _AT91S_AIC {
        AT91_REG         AIC_SMR[32];   // Source Mode Register
        AT91_REG         AIC_SVR[32];   // Source Vector Register
        AT91_REG         AIC_IVR;       // IRQ Vector Register
        AT91_REG         AIC_FVR;       // FIQ Vector Register
        AT91_REG         AIC_ISR;       // Interrupt Status Register
        AT91_REG         AIC_IPR;       // Interrupt Pending Register
        AT91_REG         AIC_IMR;       // Interrupt Mask Register
        AT91_REG         AIC_CISR;      // Core Interrupt Status Register
        AT91_REG         Reserved0[2];
        AT91_REG         AIC_IECR;      // Interrupt Enable Command Register
        AT91_REG         AIC_IDCR;      // Interrupt Disable Command Register
        AT91_REG         AIC_ICCR;      // Interrupt Clear Command Register
        AT91_REG         AIC_ISCR;      // Interrupt Set Command Register
        AT91_REG         AIC_EOICR;     // End of Interrupt Command Register
        AT91_REG         AIC_SPU;       // Spurious Vector Register
        AT91_REG         AIC_DCR;       // Debug Control Register (Protect)
        AT91_REG         Reserved1[1];
        AT91_REG         AIC_FFER;      // Fast Forcing Enable Register
        AT91_REG         AIC_FFDR;      // Fast Forcing Disable Register
        AT91_REG         AIC_FFSR;      // Fast Forcing Status Register
```

```
} AT91S_AIC, *AT91PS_AIC;

// -------- AIC_SMR : (AIC Offset: 0x0) Control Register --------
#define AT91C_AIC_PRIOR                       ((unsigned int) 0x7 << 0) // (AIC) Priority Level
#define AT91C_AIC_PRIOR_LOWEST                ((unsigned int) 0x0)      // (AIC) Lowest priority level
#define AT91C_AIC_PRIOR_HIGHEST               ((unsigned int) 0x7)      // (AIC) Highest priority level
#define AT91C_AIC_SRCTYPE                     ((unsigned int) 0x3 << 5) // (AIC) Interrupt Source Type
#define AT91C_AIC_SRCTYPE_INT_HIGH_LEVEL      ((unsigned int) 0x0 << 5) // (AIC) Internal High-level Sensitive
#define AT91C_AIC_SRCTYPE_EXT_LOW_LEVEL       ((unsigned int) 0x0 << 5) // (AIC) External Low-level Sensitive
#define AT91C_AIC_SRCTYPE_INT_POSITIVE_EDGE   ((unsigned int) 0x1 << 5) // (AIC) Internal Positive Edge triggered
#define AT91C_AIC_SRCTYPE_EXT_NEGATIVE_EDGE   ((unsigned int) 0x1 << 5) // (AIC) External Negative Edge triggered
#define AT91C_AIC_SRCTYPE_HIGH_LEVEL          ((unsigned int) 0x2 << 5) // (AIC) Int./Ext. High-level Sensitive
#define AT91C_AIC_SRCTYPE_POSITIVE_EDGE       ((unsigned int) 0x3 << 5) // (AIC) Int./Ext. Positive Edge triggered
// -------- AIC_CISR : (AIC Offset: 0x114) AIC Core Interrupt Status Register --------
#define AT91C_AIC_NFIQ                        ((unsigned int) 0x1 << 0) // (AIC) NFIQ Status
#define AT91C_AIC_NIRQ                        ((unsigned int) 0x1 << 1) // (AIC) NIRQ Status
// -------- AIC_DCR : (AIC Offset: 0x138) AIC Debug Control Register (Protect) --------
#define AT91C_AIC_DCR_PROT                    ((unsigned int) 0x1 << 0) // (AIC) Protection Mode
#define AT91C_AIC_DCR_GMSK                    ((unsigned int) 0x1 << 1) // (AIC) General Mask

// *****************************************************************************
//              SOFTWARE API DEFINITION  FOR Debug Unit
// *****************************************************************************
typedef struct _AT91S_DBGU {
        AT91_REG         DBGU_CR;        // Control Register
        AT91_REG         DBGU_MR;        // Mode Register
        AT91_REG         DBGU_IER;       // Interrupt Enable Register
        AT91_REG         DBGU_IDR;       // Interrupt Disable Register
        AT91_REG         DBGU_IMR;       // Interrupt Mask Register
        AT91_REG         DBGU_CSR;       // Channel Status Register
        AT91_REG         DBGU_RHR;       // Receiver Holding Register
        AT91_REG         DBGU_THR;       // Transmitter Holding Register
        AT91_REG         DBGU_BRGR;      // Baud Rate Generator Register
        AT91_REG         Reserved0[7];
        AT91_REG         DBGU_CIDR;      // Chip ID Register
        AT91_REG         DBGU_EXID;      // Chip ID Extension Register
        AT91_REG         DBGU_FNTR;      // Force NTRST Register
        AT91_REG         Reserved1[45];
        AT91_REG         DBGU_RPR;       // Receive Pointer Register
        AT91_REG         DBGU_RCR;       // Receive Counter Register
        AT91_REG         DBGU_TPR;       // Transmit Pointer Register
        AT91_REG         DBGU_TCR;       // Transmit Counter Register
        AT91_REG         DBGU_RNPR;      // Receive Next Pointer Register
        AT91_REG         DBGU_RNCR;      // Receive Next Counter Register
        AT91_REG         DBGU_TNPR;      // Transmit Next Pointer Register
        AT91_REG         DBGU_TNCR;      // Transmit Next Counter Register
        AT91_REG         DBGU_PTCR;      // PDC Transfer Control Register
        AT91_REG         DBGU_PTSR;      // PDC Transfer Status Register
} AT91S_DBGU, *AT91PS_DBGU;

// -------- DBGU_CR : (DBGU Offset: 0x0) Debug Unit Control Register --------
#define AT91C_US_RSTRX            ((unsigned int) 0x1 <<  2) // (DBGU) Reset Receiver
#define AT91C_US_RSTTX            ((unsigned int) 0x1 <<  3) // (DBGU) Reset Transmitter
#define AT91C_US_RXEN             ((unsigned int) 0x1 <<  4) // (DBGU) Receiver Enable
#define AT91C_US_RXDIS            ((unsigned int) 0x1 <<  5) // (DBGU) Receiver Disable
#define AT91C_US_TXEN             ((unsigned int) 0x1 <<  6) // (DBGU) Transmitter Enable
#define AT91C_US_TXDIS            ((unsigned int) 0x1 <<  7) // (DBGU) Transmitter Disable
#define AT91C_US_RSTSTA           ((unsigned int) 0x1 <<  8) // (DBGU) Reset Status Bits
// -------- DBGU_MR : (DBGU Offset: 0x4) Debug Unit Mode Register --------
#define AT91C_US_PAR              ((unsigned int) 0x7 <<  9) // (DBGU) Parity type
#define AT91C_US_PAR_EVEN         ((unsigned int) 0x0 <<  9) // (DBGU) Even Parity
#define AT91C_US_PAR_ODD          ((unsigned int) 0x1 <<  9) // (DBGU) Odd Parity
#define AT91C_US_PAR_SPACE        ((unsigned int) 0x2 <<  9) // (DBGU) Parity forced to 0 (Space)
#define AT91C_US_PAR_MARK         ((unsigned int) 0x3 <<  9) // (DBGU) Parity forced to 1 (Mark)
#define AT91C_US_PAR_NONE         ((unsigned int) 0x4 <<  9) // (DBGU) No Parity
#define AT91C_US_PAR_MULTI_DROP   ((unsigned int) 0x6 <<  9) // (DBGU) Multi-drop mode
#define AT91C_US_CHMODE           ((unsigned int) 0x3 << 14) // (DBGU) Channel Mode
#define AT91C_US_CHMODE_NORMAL    ((unsigned int) 0x0 << 14) // (DBGU) Normal Mode
#define AT91C_US_CHMODE_AUTO      ((unsigned int) 0x1 << 14) // (DBGU) Automatic Echo Mode
#define AT91C_US_CHMODE_LOCAL     ((unsigned int) 0x2 << 14) // (DBGU) Local Loopback Mode
#define AT91C_US_CHMODE_REMOTE    ((unsigned int) 0x3 << 14) // (DBGU) Remote Loopback Mode
// -------- DBGU_IER : (DBGU Offset: 0x8) Debug Unit Interrupt Enable Register --------
#define AT91C_US_RXRDY            ((unsigned int) 0x1 <<  0) // (DBGU) RXRDY Interrupt
#define AT91C_US_TXRDY            ((unsigned int) 0x1 <<  1) // (DBGU) TXRDY Interrupt
```

```
#define AT91C_US_ENDRX          ((unsigned int) 0x1 <<  3) // (DBGU) End of Receive Interrupt
#define AT91C_US_ENDTX          ((unsigned int) 0x1 <<  4) // (DBGU) End of Transmit Interrupt
#define AT91C_US_OVRE           ((unsigned int) 0x1 <<  5) // (DBGU) Overrun Interrupt
#define AT91C_US_FRAME          ((unsigned int) 0x1 <<  6) // (DBGU) Framing Error Interrupt
#define AT91C_US_PARE           ((unsigned int) 0x1 <<  7) // (DBGU) Parity Error Interrupt
#define AT91C_US_TXEMPTY        ((unsigned int) 0x1 <<  9) // (DBGU) TXEMPTY Interrupt
#define AT91C_US_TXBUFE         ((unsigned int) 0x1 << 11) // (DBGU) TXBUFE Interrupt
#define AT91C_US_RXBUFF         ((unsigned int) 0x1 << 12) // (DBGU) RXBUFF Interrupt
#define AT91C_US_COMM_TX        ((unsigned int) 0x1 << 30) // (DBGU) COMM_TX Interrupt
#define AT91C_US_COMM_RX        ((unsigned int) 0x1 << 31) // (DBGU) COMM_RX Interrupt
// -------- DBGU_IDR : (DBGU Offset: 0xc) Debug Unit Interrupt Disable Register --------
// -------- DBGU_IMR : (DBGU Offset: 0x10) Debug Unit Interrupt Mask Register --------
// -------- DBGU_CSR : (DBGU Offset: 0x14) Debug Unit Channel Status Register --------
// -------- DBGU_FNTR : (DBGU Offset: 0x48) Debug Unit FORCE_NTRST Register --------
#define AT91C_US_FORCE_NTRST    ((unsigned int) 0x1 <<  0) // (DBGU) Force NTRST in JTAG

// *****************************************************************************
//              SOFTWARE API DEFINITION  FOR Parallel Input Output Controller
// *****************************************************************************
typedef struct _AT91S_PIO {
        AT91_REG         PIO_PER;        // PIO Enable Register
        AT91_REG         PIO_PDR;        // PIO Disable Register
        AT91_REG         PIO_PSR;        // PIO Status Register
        AT91_REG         Reserved0[1];
        AT91_REG         PIO_OER;        // Output Enable Register
        AT91_REG         PIO_ODR;        // Output Disable Registerr
        AT91_REG         PIO_OSR;        // Output Status Register
        AT91_REG         Reserved1[1];
        AT91_REG         PIO_IFER;       // Input Filter Enable Register
        AT91_REG         PIO_IFDR;       // Input Filter Disable Register
        AT91_REG         PIO_IFSR;       // Input Filter Status Register
        AT91_REG         Reserved2[1];
        AT91_REG         PIO_SODR;       // Set Output Data Register
        AT91_REG         PIO_CODR;       // Clear Output Data Register
        AT91_REG         PIO_ODSR;       // Output Data Status Register
        AT91_REG         PIO_PDSR;       // Pin Data Status Register
        AT91_REG         PIO_IER;        // Interrupt Enable Register
        AT91_REG         PIO_IDR;        // Interrupt Disable Register
        AT91_REG         PIO_IMR;        // Interrupt Mask Register
        AT91_REG         PIO_ISR;        // Interrupt Status Register
        AT91_REG         PIO_MDER;       // Multi-driver Enable Register
        AT91_REG         PIO_MDDR;       // Multi-driver Disable Register
        AT91_REG         PIO_MDSR;       // Multi-driver Status Register
        AT91_REG         Reserved3[1];
        AT91_REG         PIO_PPUDR;      // Pull-up Disable Register
        AT91_REG         PIO_PPUER;      // Pull-up Enable Register
        AT91_REG         PIO_PPUSR;      // Pull-up Status Register
        AT91_REG         Reserved4[1];
        AT91_REG         PIO_ASR;        // Select A Register
        AT91_REG         PIO_BSR;        // Select B Register
        AT91_REG         PIO_ABSR;       // AB Select Status Register
        AT91_REG         Reserved5[9];
        AT91_REG         PIO_OWER;       // Output Write Enable Register
        AT91_REG         PIO_OWDR;       // Output Write Disable Register
        AT91_REG         PIO_OWSR;       // Output Write Status Register
} AT91S_PIO, *AT91PS_PIO;

// *****************************************************************************
//              SOFTWARE API DEFINITION  FOR Power Management Controller
// *****************************************************************************
typedef struct _AT91S_PMC {
        AT91_REG         PMC_SCER;       // System Clock Enable Register
        AT91_REG         PMC_SCDR;       // System Clock Disable Register
        AT91_REG         PMC_SCSR;       // System Clock Status Register
        AT91_REG         Reserved0[1];
        AT91_REG         PMC_PCER;       // Peripheral Clock Enable Register
        AT91_REG         PMC_PCDR;       // Peripheral Clock Disable Register
        AT91_REG         PMC_PCSR;       // Peripheral Clock Status Register
        AT91_REG         Reserved1[1];
        AT91_REG         PMC_MOR;        // Main Oscillator Register
        AT91_REG         PMC_MCFR;       // Main Clock  Frequency Register
        AT91_REG         Reserved2[1];
        AT91_REG         PMC_PLLR;       // PLL Register
        AT91_REG         PMC_MCKR;       // Master Clock Register
```

```
	AT91_REG	 Reserved3[3];
	AT91_REG	 PMC_PCKR[3];	// Programmable Clock Register
	AT91_REG	 Reserved4[5];
	AT91_REG	 PMC_IER;	// Interrupt Enable Register
	AT91_REG	 PMC_IDR;	// Interrupt Disable Register
	AT91_REG	 PMC_SR;	// Status Register
	AT91_REG	 PMC_IMR;	// Interrupt Mask Register
} AT91S_PMC, *AT91PS_PMC;

// -------- PMC_SCER : (PMC Offset: 0x0) System Clock Enable Register --------
#define AT91C_PMC_PCK         ((unsigned int) 0x1 <<  0) // (PMC) Processor Clock
#define AT91C_PMC_UDP         ((unsigned int) 0x1 <<  7) // (PMC) USB Device Port Clock
#define AT91C_PMC_PCK0        ((unsigned int) 0x1 <<  8) // (PMC) Programmable Clock Output
#define AT91C_PMC_PCK1        ((unsigned int) 0x1 <<  9) // (PMC) Programmable Clock Output
#define AT91C_PMC_PCK2        ((unsigned int) 0x1 << 10) // (PMC) Programmable Clock Output
// -------- PMC_SCDR : (PMC Offset: 0x4) System Clock Disable Register --------
// -------- PMC_SCSR : (PMC Offset: 0x8) System Clock Status Register --------
// -------- CKGR_MOR : (PMC Offset: 0x20) Main Oscillator Register --------
// -------- CKGR_MCFR : (PMC Offset: 0x24) Main Clock Frequency Register --------
// -------- CKGR_PLLR : (PMC Offset: 0x2c) PLL B Register --------
// -------- PMC_MCKR : (PMC Offset: 0x30) Master Clock Register --------
#define AT91C_PMC_CSS         ((unsigned int) 0x3 <<  0) // (PMC) Programmable Clock Selection
#define AT91C_PMC_CSS_SLOW_CLK ((unsigned int) 0x0)      // (PMC) Slow Clock is selected
#define AT91C_PMC_CSS_MAIN_CLK ((unsigned int) 0x1)      // (PMC) Main Clock is selected
#define AT91C_PMC_CSS_PLL_CLK ((unsigned int) 0x3)       // (PMC) Clock from PLL is selected
#define AT91C_PMC_PRES        ((unsigned int) 0x7 <<  2) // (PMC) Programmable Clock Prescaler
#define AT91C_PMC_PRES_CLK    ((unsigned int) 0x0 <<  2) // (PMC) Selected clock
#define AT91C_PMC_PRES_CLK_2  ((unsigned int) 0x1 <<  2) // (PMC) Selected clock divided by 2
#define AT91C_PMC_PRES_CLK_4  ((unsigned int) 0x2 <<  2) // (PMC) Selected clock divided by 4
#define AT91C_PMC_PRES_CLK_8  ((unsigned int) 0x3 <<  2) // (PMC) Selected clock divided by 8
#define AT91C_PMC_PRES_CLK_16 ((unsigned int) 0x4 <<  2) // (PMC) Selected clock divided by 16
#define AT91C_PMC_PRES_CLK_32 ((unsigned int) 0x5 <<  2) // (PMC) Selected clock divided by 32
#define AT91C_PMC_PRES_CLK_64 ((unsigned int) 0x6 <<  2) // (PMC) Selected clock divided by 64
// -------- PMC_PCKR : (PMC Offset: 0x40) Programmable Clock Register --------
// -------- PMC_IER : (PMC Offset: 0x60) PMC Interrupt Enable Register --------
#define AT91C_PMC_MOSCS       ((unsigned int) 0x1 <<  0) // (PMC) MOSC Status/Enable/Disable/Mask
#define AT91C_PMC_LOCK        ((unsigned int) 0x1 <<  2) // (PMC) PLL Status/Enable/Disable/Mask
#define AT91C_PMC_MCKRDY      ((unsigned int) 0x1 <<  3) // (PMC) MCK_RDY Status/Enable/Disable/Mask
#define AT91C_PMC_PCK0RDY     ((unsigned int) 0x1 <<  8) // (PMC) PCK0_RDY Status/Enable/Disable/Mask
#define AT91C_PMC_PCK1RDY     ((unsigned int) 0x1 <<  9) // (PMC) PCK1_RDY Status/Enable/Disable/Mask
#define AT91C_PMC_PCK2RDY     ((unsigned int) 0x1 << 10) // (PMC) PCK2_RDY Status/Enable/Disable/Mask
// -------- PMC_IDR : (PMC Offset: 0x64) PMC Interrupt Disable Register --------
// -------- PMC_SR : (PMC Offset: 0x68) PMC Status Register --------
// -------- PMC_IMR : (PMC Offset: 0x6c) PMC Interrupt Mask Register --------

// *****************************************************************************
//              SOFTWARE API DEFINITION  FOR Clock Generator
// *****************************************************************************
typedef struct _AT91S_CKGR {
	AT91_REG	 CKGR_MOR;	// Main Oscillator Register
	AT91_REG	 CKGR_MCFR;	// Main Clock  Frequency Register
	AT91_REG	 Reserved0[1];
	AT91_REG	 CKGR_PLLR;	// PLL Register
} AT91S_CKGR, *AT91PS_CKGR;

// -------- CKGR_MOR : (CKGR Offset: 0x0) Main Oscillator Register --------
#define AT91C_CKGR_MOSCEN     ((unsigned int) 0x1 <<  0)   // (CKGR) Main Oscillator Enable
#define AT91C_CKGR_OSCBYPASS  ((unsigned int) 0x1 <<  1)   // (CKGR) Main Oscillator Bypass
#define AT91C_CKGR_OSCOUNT    ((unsigned int) 0xFF <<  8)  // (CKGR) Main Oscillator Start-up Time
// -------- CKGR_MCFR : (CKGR Offset: 0x4) Main Clock Frequency Register --------
#define AT91C_CKGR_MAINF      ((unsigned int) 0xFFFF << 0) // (CKGR) Main Clock Frequency
#define AT91C_CKGR_MAINRDY    ((unsigned int) 0x1 << 16)   // (CKGR) Main Clock Ready
// -------- CKGR_PLLR : (CKGR Offset: 0xc) PLL B Register --------
#define AT91C_CKGR_DIV        ((unsigned int) 0xFF <<  0)  // (CKGR) Divider Selected
#define AT91C_CKGR_DIV_0      ((unsigned int) 0x0)         // (CKGR) Divider output is 0
#define AT91C_CKGR_DIV_BYPASS ((unsigned int) 0x1)         // (CKGR) Divider is bypassed
#define AT91C_CKGR_PLLCOUNT   ((unsigned int) 0x3F <<  8)  // (CKGR) PLL Counter
#define AT91C_CKGR_OUT        ((unsigned int) 0x3 << 14)   // (CKGR) PLL Output Frequency Range
#define AT91C_CKGR_OUT_0      ((unsigned int) 0x0 << 14)   // (CKGR) Please refer to the PLL datasheet
#define AT91C_CKGR_OUT_1      ((unsigned int) 0x1 << 14)   // (CKGR) Please refer to the PLL datasheet
#define AT91C_CKGR_OUT_2      ((unsigned int) 0x2 << 14)   // (CKGR) Please refer to the PLL datasheet
#define AT91C_CKGR_OUT_3      ((unsigned int) 0x3 << 14)   // (CKGR) Please refer to the PLL datasheet
#define AT91C_CKGR_MUL        ((unsigned int) 0x7FF << 16) // (CKGR) PLL Multiplier
#define AT91C_CKGR_USBDIV     ((unsigned int) 0x3 << 28)   // (CKGR) Divider for USB Clocks
```

```
#define AT91C_CKGR_USBDIV_0    ((unsigned int) 0x0 << 28)   // (CKGR) Divider output is PLL clock output
#define AT91C_CKGR_USBDIV_1    ((unsigned int) 0x1 << 28)   // (CKGR) Divider output is PLL clock output/2
#define AT91C_CKGR_USBDIV_2    ((unsigned int) 0x2 << 28)   // (CKGR) Divider output is PLL clock output/4

// *****************************************************************************
//              SOFTWARE API DEFINITION  FOR Reset Controller
// *****************************************************************************
typedef struct _AT91S_RSTC {
	AT91_REG	 RSTC_RCR; 	// Reset Control Register
	AT91_REG	 RSTC_RSR; 	// Reset Status Register
	AT91_REG	 RSTC_RMR; 	// Reset Mode Register
} AT91S_RSTC, *AT91PS_RSTC;

// -------- RSTC_RCR : (RSTC Offset: 0x0) Reset Control Register --------
#define AT91C_RSTC_PROCRST          ((unsigned int) 0x1 <<  0) // (RSTC) Processor Reset
#define AT91C_RSTC_PERRST           ((unsigned int) 0x1 <<  2) // (RSTC) Peripheral Reset
#define AT91C_RSTC_EXTRST           ((unsigned int) 0x1 <<  3) // (RSTC) External Reset
#define AT91C_RSTC_KEY              ((unsigned int) 0xFF << 24) // (RSTC) Password
// -------- RSTC_RSR : (RSTC Offset: 0x4) Reset Status Register --------
#define AT91C_RSTC_URSTS            ((unsigned int) 0x1 <<  0) // (RSTC) User Reset Status
#define AT91C_RSTC_BODSTS           ((unsigned int) 0x1 <<  1) // (RSTC) Brownout Detection Status
#define AT91C_RSTC_RSTTYP           ((unsigned int) 0x7 <<  8) // (RSTC) Reset Type
#define AT91C_RSTC_RSTTYP_POWERUP   ((unsigned int) 0x0 <<  8) // (RSTC) Power-up Reset. VDDCORE rising.
#define AT91C_RSTC_RSTTYP_WAKEUP    ((unsigned int) 0x1 <<  8) // (RSTC) WakeUp Reset. VDDCORE rising.
#define AT91C_RSTC_RSTTYP_WATCHDOG  ((unsigned int) 0x2 <<  8) // (RSTC) Watchdog Reset
#define AT91C_RSTC_RSTTYP_SOFTWARE  ((unsigned int) 0x3 <<  8) // (RSTC) Software Reset
#define AT91C_RSTC_RSTTYP_USER      ((unsigned int) 0x4 <<  8) // (RSTC) User Reset. NRST pin detected low.
#define AT91C_RSTC_RSTTYP_BROWNOUT  ((unsigned int) 0x5 <<  8) // (RSTC) Brownout Reset occured.
#define AT91C_RSTC_NRSTL            ((unsigned int) 0x1 << 16) // (RSTC) NRST pin level
#define AT91C_RSTC_SRCMP            ((unsigned int) 0x1 << 17) // (RSTC) Software Reset Command in Progress.
// -------- RSTC_RMR : (RSTC Offset: 0x8) Reset Mode Register --------
#define AT91C_RSTC_URSTEN           ((unsigned int) 0x1 <<  0) // (RSTC) User Reset Enable
#define AT91C_RSTC_URSTIEN          ((unsigned int) 0x1 <<  4) // (RSTC) User Reset Interrupt Enable
#define AT91C_RSTC_ERSTL            ((unsigned int) 0xF <<  8) // (RSTC) User Reset Length
#define AT91C_RSTC_BODIEN           ((unsigned int) 0x1 << 16) // (RSTC) Brownout Detection Interrupt Enable

// *****************************************************************************
//              SOFTWARE API DEFINITION  FOR Real Time Timer
// *****************************************************************************
typedef struct _AT91S_RTTC {
	AT91_REG	 RTTC_RTMR; 	// Real-time Mode Register
	AT91_REG	 RTTC_RTAR; 	// Real-time Alarm Register
	AT91_REG	 RTTC_RTVR; 	// Real-time Value Register
	AT91_REG	 RTTC_RTSR; 	// Real-time Status Register
} AT91S_RTTC, *AT91PS_RTTC;

// -------- RTTC_RTMR : (RTTC Offset: 0x0) Real-time Mode Register --------
#define AT91C_RTTC_RTPRES     ((unsigned int) 0xFFFF << 0) // (RTTC) Real-time Timer Prescaler Value
#define AT91C_RTTC_ALMIEN     ((unsigned int) 0x1 << 16)   // (RTTC) Alarm Interrupt Enable
#define AT91C_RTTC_RTTINCIEN  ((unsigned int) 0x1 << 17)   // (RTTC) Real Time Timer Increment Interrupt Enable
#define AT91C_RTTC_RTTRST     ((unsigned int) 0x1 << 18)   // (RTTC) Real Time Timer Restart
// -------- RTTC_RTAR : (RTTC Offset: 0x4) Real-time Alarm Register --------
#define AT91C_RTTC_ALMV       ((unsigned int) 0x0 <<  0)   // (RTTC) Alarm Value
// -------- RTTC_RTVR : (RTTC Offset: 0x8) Current Real-time Value Register --------
#define AT91C_RTTC_CRTV       ((unsigned int) 0x0 <<  0)   // (RTTC) Current Real-time Value
// -------- RTTC_RTSR : (RTTC Offset: 0xc) Real-time Status Register --------
#define AT91C_RTTC_ALMS       ((unsigned int) 0x1 <<  0)   // (RTTC) Real-time Alarm Status
#define AT91C_RTTC_RTTINC     ((unsigned int) 0x1 <<  1)   // (RTTC) Real-time Timer Increment

// *****************************************************************************
//              SOFTWARE API DEFINITION  FOR Periodic Interval Timer
// *****************************************************************************
typedef struct _AT91S_PITC {
	AT91_REG	 PITC_PIMR; 	// Period Interval Mode Register
	AT91_REG	 PITC_PISR; 	// Period Interval Status Register
	AT91_REG	 PITC_PIVR; 	// Period Interval Value Register
	AT91_REG	 PITC_PIIR; 	// Period Interval Image Register
} AT91S_PITC, *AT91PS_PITC;

// -------- PITC_PIMR : (PITC Offset: 0x0) Periodic Interval Mode Register --------
#define AT91C_PITC_PIV        ((unsigned int) 0xFFFFF << 0) // (PITC) Periodic Interval Value
#define AT91C_PITC_PITEN      ((unsigned int) 0x1 << 24)    // (PITC) Periodic Interval Timer Enabled
#define AT91C_PITC_PITIEN     ((unsigned int) 0x1 << 25)    // (PITC) Periodic Interval Timer Interrupt Enable
// -------- PITC_PISR : (PITC Offset: 0x4) Periodic Interval Status Register --------
```

```
#define AT91C_PITC_PITS       ((unsigned int) 0x1 <<  0)    // (PITC) Periodic Interval Timer Status
// -------- PITC_PIVR : (PITC Offset: 0x8) Periodic Interval Value Register --------
#define AT91C_PITC_CPIV       ((unsigned int) 0xFFFFF << 0) // (PITC) Current Periodic Interval Value
#define AT91C_PITC_PICNT      ((unsigned int) 0xFFF << 20)  // (PITC) Periodic Interval Counter
// -------- PITC_PIIR : (PITC Offset: 0xc) Periodic Interval Image Register --------

// *****************************************************************************
//              SOFTWARE API DEFINITION  FOR Watchdog Timer
// *****************************************************************************
typedef struct _AT91S_WDTC {
        AT91_REG         WDTC_WDCR;     // Watchdog Control Register
        AT91_REG         WDTC_WDMR;     // Watchdog Mode Register
        AT91_REG         WDTC_WDSR;     // Watchdog Status Register
} AT91S_WDTC, *AT91PS_WDTC;

// -------- WDTC_WDCR : (WDTC Offset: 0x0) Periodic Interval Image Register --------
#define AT91C_WDTC_WDRSTT     ((unsigned int) 0x1 <<  0)   // (WDTC) Watchdog Restart
#define AT91C_WDTC_KEY        ((unsigned int) 0xFF << 24)  // (WDTC) Watchdog KEY Password
// -------- WDTC_WDMR : (WDTC Offset: 0x4) Watchdog Mode Register --------
#define AT91C_WDTC_WDV        ((unsigned int) 0xFFF << 0)  // (WDTC) Watchdog Timer Restart
#define AT91C_WDTC_WDFIEN     ((unsigned int) 0x1 << 12)   // (WDTC) Watchdog Fault Interrupt Enable
#define AT91C_WDTC_WDRSTEN    ((unsigned int) 0x1 << 13)   // (WDTC) Watchdog Reset Enable
#define AT91C_WDTC_WDRPROC    ((unsigned int) 0x1 << 14)   // (WDTC) Watchdog Timer Restart
#define AT91C_WDTC_WDDIS      ((unsigned int) 0x1 << 15)   // (WDTC) Watchdog Disable
#define AT91C_WDTC_WDD        ((unsigned int) 0xFFF << 16) // (WDTC) Watchdog Delta Value
#define AT91C_WDTC_WDDBGHLT   ((unsigned int) 0x1 << 28)   // (WDTC) Watchdog Debug Halt
#define AT91C_WDTC_WDIDLEHLT  ((unsigned int) 0x1 << 29)   // (WDTC) Watchdog Idle Halt
// -------- WDTC_WDSR : (WDTC Offset: 0x8) Watchdog Status Register --------
#define AT91C_WDTC_WDUNF      ((unsigned int) 0x1 <<  0)   // (WDTC) Watchdog Underflow
#define AT91C_WDTC_WDERR      ((unsigned int) 0x1 <<  1)   // (WDTC) Watchdog Error

// *****************************************************************************
//              SOFTWARE API DEFINITION  FOR Voltage Regulator Mode Controller
// *****************************************************************************
typedef struct _AT91S_VREG {
        AT91_REG         VREG_MR;       // Voltage Regulator Mode Register
} AT91S_VREG, *AT91PS_VREG;

// -------- VREG_MR : (VREG Offset: 0x0) Voltage Regulator Mode Register --------
#define AT91C_VREG_PSTDBY     ((unsigned int) 0x1 <<  0)   // (VREG) Voltage Regulator Power Standby Mode

// *****************************************************************************
//              SOFTWARE API DEFINITION  FOR Memory Controller
// *****************************************************************************
typedef struct _AT91S_MC {
        AT91_REG         MC_RCR;        // MC Remap Control Register
        AT91_REG         MC_ASR;        // MC Abort Status Register
        AT91_REG         MC_AASR;       // MC Abort Address Status Register
        AT91_REG         Reserved0[21];
        AT91_REG         MC_FMR;        // MC Flash Mode Register
        AT91_REG         MC_FCR;        // MC Flash Command Register
        AT91_REG         MC_FSR;        // MC Flash Status Register
} AT91S_MC, *AT91PS_MC;

// -------- MC_RCR : (MC Offset: 0x0) MC Remap Control Register --------
#define AT91C_MC_RCB          ((unsigned int) 0x1 <<  0)   // (MC) Remap Command Bit
// -------- MC_ASR : (MC Offset: 0x4) MC Abort Status Register --------
#define AT91C_MC_UNDADD       ((unsigned int) 0x1 <<  0)   // (MC) Undefined Addess Abort Status
#define AT91C_MC_MISADD       ((unsigned int) 0x1 <<  1)   // (MC) Misaligned Addess Abort Status
#define AT91C_MC_ABTSZ        ((unsigned int) 0x3 <<  8)   // (MC) Abort Size Status
#define AT91C_MC_ABTSZ_BYTE   ((unsigned int) 0x0 <<  8)   // (MC) Byte
#define AT91C_MC_ABTSZ_HWORD  ((unsigned int) 0x1 <<  8)   // (MC) Half-word
#define AT91C_MC_ABTSZ_WORD   ((unsigned int) 0x2 <<  8)   // (MC) Word
#define AT91C_MC_ABTTYP       ((unsigned int) 0x3 << 10)   // (MC) Abort Type Status
#define AT91C_MC_ABTTYP_DATAR ((unsigned int) 0x0 << 10)   // (MC) Data Read
#define AT91C_MC_ABTTYP_DATAW ((unsigned int) 0x1 << 10)   // (MC) Data Write
#define AT91C_MC_ABTTYP_FETCH ((unsigned int) 0x2 << 10)   // (MC) Code Fetch
#define AT91C_MC_MST0         ((unsigned int) 0x1 << 16)   // (MC) Master 0 Abort Source
#define AT91C_MC_MST1         ((unsigned int) 0x1 << 17)   // (MC) Master 1 Abort Source
#define AT91C_MC_SVMST0       ((unsigned int) 0x1 << 24)   // (MC) Saved Master 0 Abort Source
#define AT91C_MC_SVMST1       ((unsigned int) 0x1 << 25)   // (MC) Saved Master 1 Abort Source
// -------- MC_FMR : (MC Offset: 0x60) MC Flash Mode Register --------
#define AT91C_MC_FRDY         ((unsigned int) 0x1 <<  0)   // (MC) Flash Ready
#define AT91C_MC_LOCKE        ((unsigned int) 0x1 <<  2)   // (MC) Lock Error
```

```
#define AT91C_MC_PROGE        ((unsigned int) 0x1 << 3)  // (MC) Programming Error
#define AT91C_MC_NEBP         ((unsigned int) 0x1 << 7)  // (MC) No Erase Before Programming
#define AT91C_MC_FWS          ((unsigned int) 0x3 << 8)  // (MC) Flash Wait State
#define AT91C_MC_FWS_0FWS     ((unsigned int) 0x0 << 8)  // (MC) 1 cycle for Read, 2 for Write operations
#define AT91C_MC_FWS_1FWS     ((unsigned int) 0x1 << 8)  // (MC) 2 cycles for Read, 3 for Write operations
#define AT91C_MC_FWS_2FWS     ((unsigned int) 0x2 << 8)  // (MC) 3 cycles for Read, 4 for Write operations
#define AT91C_MC_FWS_3FWS     ((unsigned int) 0x3 << 8)  // (MC) 4 cycles for Read, 4 for Write operations
#define AT91C_MC_FMCN         ((unsigned int) 0xFF << 16) // (MC) Flash Microsecond Cycle Number
// -------- MC_FCR : (MC Offset: 0x64) MC Flash Command Register --------
#define AT91C_MC_FCMD                 ((unsigned int) 0xF)        // (MC) Flash Command
#define AT91C_MC_FCMD_START_PROG      ((unsigned int) 0x1)        // (MC) Write Page
#define AT91C_MC_FCMD_LOCK            ((unsigned int) 0x2)        // (MC) Set Lock Bit
#define AT91C_MC_FCMD_PROG_AND_LOCK   ((unsigned int) 0x3)        // (MC) Write Page and Lock
#define AT91C_MC_FCMD_UNLOCK          ((unsigned int) 0x4)        // (MC) Clear Lock Bit
#define AT91C_MC_FCMD_ERASE_ALL       ((unsigned int) 0x8)        // (MC) Erase All
#define AT91C_MC_FCMD_SET_GP_NVM      ((unsigned int) 0xB)        // (MC) Set General Purpose NVM Bit
#define AT91C_MC_FCMD_CLR_GP_NVM      ((unsigned int) 0xD)        // (MC) Clear General Purpose NVM Bit
#define AT91C_MC_FCMD_SET_SECURITY    ((unsigned int) 0xF)        // (MC) Set Security Bit
#define AT91C_MC_PAGEN                ((unsigned int) 0x3FF << 8) // (MC) Page Number
#define AT91C_MC_KEY                  ((unsigned int) 0xFF << 24) // (MC) Writing Protect Key
// -------- MC_FSR : (MC Offset: 0x68) MC Flash Command Register --------
#define AT91C_MC_SECURITY     ((unsigned int) 0x1 << 4)  // (MC) Security Bit Status
#define AT91C_MC_GPNVM0       ((unsigned int) 0x1 << 8)  // (MC) Sector 0 Lock Status
#define AT91C_MC_GPNVM1       ((unsigned int) 0x1 << 9)  // (MC) Sector 1 Lock Status
#define AT91C_MC_GPNVM2       ((unsigned int) 0x1 << 10) // (MC) Sector 2 Lock Status
#define AT91C_MC_GPNVM3       ((unsigned int) 0x1 << 11) // (MC) Sector 3 Lock Status
#define AT91C_MC_GPNVM4       ((unsigned int) 0x1 << 12) // (MC) Sector 4 Lock Status
#define AT91C_MC_GPNVM5       ((unsigned int) 0x1 << 13) // (MC) Sector 5 Lock Status
#define AT91C_MC_GPNVM6       ((unsigned int) 0x1 << 14) // (MC) Sector 6 Lock Status
#define AT91C_MC_GPNVM7       ((unsigned int) 0x1 << 15) // (MC) Sector 7 Lock Status
#define AT91C_MC_LOCKS0       ((unsigned int) 0x1 << 16) // (MC) Sector 0 Lock Status
#define AT91C_MC_LOCKS1       ((unsigned int) 0x1 << 17) // (MC) Sector 1 Lock Status
#define AT91C_MC_LOCKS2       ((unsigned int) 0x1 << 18) // (MC) Sector 2 Lock Status
#define AT91C_MC_LOCKS3       ((unsigned int) 0x1 << 19) // (MC) Sector 3 Lock Status
#define AT91C_MC_LOCKS4       ((unsigned int) 0x1 << 20) // (MC) Sector 4 Lock Status
#define AT91C_MC_LOCKS5       ((unsigned int) 0x1 << 21) // (MC) Sector 5 Lock Status
#define AT91C_MC_LOCKS6       ((unsigned int) 0x1 << 22) // (MC) Sector 6 Lock Status
#define AT91C_MC_LOCKS7       ((unsigned int) 0x1 << 23) // (MC) Sector 7 Lock Status
#define AT91C_MC_LOCKS8       ((unsigned int) 0x1 << 24) // (MC) Sector 8 Lock Status
#define AT91C_MC_LOCKS9       ((unsigned int) 0x1 << 25) // (MC) Sector 9 Lock Status
#define AT91C_MC_LOCKS10      ((unsigned int) 0x1 << 26) // (MC) Sector 10 Lock Status
#define AT91C_MC_LOCKS11      ((unsigned int) 0x1 << 27) // (MC) Sector 11 Lock Status
#define AT91C_MC_LOCKS12      ((unsigned int) 0x1 << 28) // (MC) Sector 12 Lock Status
#define AT91C_MC_LOCKS13      ((unsigned int) 0x1 << 29) // (MC) Sector 13 Lock Status
#define AT91C_MC_LOCKS14      ((unsigned int) 0x1 << 30) // (MC) Sector 14 Lock Status
#define AT91C_MC_LOCKS15      ((unsigned int) 0x1 << 31) // (MC) Sector 15 Lock Status

// *****************************************************************************
//              SOFTWARE API DEFINITION  FOR Built-In Peripherals
// *****************************************************************************

// *****************************************************************************
//              SOFTWARE API DEFINITION  FOR Timer Counter Channel
// *****************************************************************************
typedef struct _AT91S_TC {
        AT91_REG        TC_CCR;         // Channel Control Register
        AT91_REG        TC_CMR;         // Channel Mode Register (Capture Mode / Waveform Mode)
        AT91_REG        Reserved0[2];
        AT91_REG        TC_CV;          // Counter Value
        AT91_REG        TC_RA;          // Register A
        AT91_REG        TC_RB;          // Register B
        AT91_REG        TC_RC;          // Register C
        AT91_REG        TC_SR;          // Status Register
        AT91_REG        TC_IER;         // Interrupt Enable Register
        AT91_REG        TC_IDR;         // Interrupt Disable Register
        AT91_REG        TC_IMR;         // Interrupt Mask Register
} AT91S_TC, *AT91PS_TC;

// -------- TC_CCR : (TC Offset: 0x0) TC Channel Control Register --------
#define AT91C_TC_CLKEN        ((unsigned int) 0x1 << 0) // (TC) Counter Clock Enable Command
#define AT91C_TC_CLKDIS       ((unsigned int) 0x1 << 1) // (TC) Counter Clock Disable Command
#define AT91C_TC_SWTRG        ((unsigned int) 0x1 << 2) // (TC) Software Trigger Command
// -------- TC_CMR : (TC Offset: 0x4) TC Channel Mode Register: Capture Mode / Waveform Mode --------
#define AT91C_TC_CLKS         ((unsigned int) 0x7 << 0) // (TC) Clock Selection
```

```
#define AT91C_TC_CLKS_TIMER_DIV1_CLOCK ((unsigned int) 0x0) // (TC) Clock selected: TIMER_DIV1_CLOCK
#define AT91C_TC_CLKS_TIMER_DIV2_CLOCK ((unsigned int) 0x1) // (TC) Clock selected: TIMER_DIV2_CLOCK
#define AT91C_TC_CLKS_TIMER_DIV3_CLOCK ((unsigned int) 0x2) // (TC) Clock selected: TIMER_DIV3_CLOCK
#define AT91C_TC_CLKS_TIMER_DIV4_CLOCK ((unsigned int) 0x3) // (TC) Clock selected: TIMER_DIV4_CLOCK
#define AT91C_TC_CLKS_TIMER_DIV5_CLOCK ((unsigned int) 0x4) // (TC) Clock selected: TIMER_DIV5_CLOCK
#define AT91C_TC_CLKS_XC0          ((unsigned int) 0x5)       // (TC) Clock selected: XC0
#define AT91C_TC_CLKS_XC1          ((unsigned int) 0x6)       // (TC) Clock selected: XC1
#define AT91C_TC_CLKS_XC2          ((unsigned int) 0x7)       // (TC) Clock selected: XC2
#define AT91C_TC_CLKI              ((unsigned int) 0x1 <<  3) // (TC) Clock Invert
#define AT91C_TC_BURST             ((unsigned int) 0x3 <<  4) // (TC) Burst Signal Selection
#define AT91C_TC_BURST_NONE        ((unsigned int) 0x0 <<  4) // (TC) The clock is not gated by an external signal
#define AT91C_TC_BURST_XC0         ((unsigned int) 0x1 <<  4) // (TC) XC0 is ANDed with the selected clock
#define AT91C_TC_BURST_XC1         ((unsigned int) 0x2 <<  4) // (TC) XC1 is ANDed with the selected clock
#define AT91C_TC_BURST_XC2         ((unsigned int) 0x3 <<  4) // (TC) XC2 is ANDed with the selected clock
#define AT91C_TC_CPCSTOP           ((unsigned int) 0x1 <<  6) // (TC) Counter Clock Stopped with RC Compare
#define AT91C_TC_LDBSTOP           ((unsigned int) 0x1 <<  6) // (TC) Counter Clock Stopped with RB Loading
#define AT91C_TC_LDBDIS            ((unsigned int) 0x1 <<  7) // (TC) Counter Clock Disabled with RB Loading
#define AT91C_TC_CPCDIS            ((unsigned int) 0x1 <<  7) // (TC) Counter Clock Disable with RC Compare
#define AT91C_TC_ETRGEDG           ((unsigned int) 0x3 <<  8) // (TC) External Trigger Edge Selection
#define AT91C_TC_ETRGEDG_NONE      ((unsigned int) 0x0 <<  8) // (TC) Edge: None
#define AT91C_TC_ETRGEDG_RISING    ((unsigned int) 0x1 <<  8) // (TC) Edge: rising edge
#define AT91C_TC_ETRGEDG_FALLING   ((unsigned int) 0x2 <<  8) // (TC) Edge: falling edge
#define AT91C_TC_ETRGEDG_BOTH      ((unsigned int) 0x3 <<  8) // (TC) Edge: each edge
#define AT91C_TC_EEVTEDG           ((unsigned int) 0x3 <<  8) // (TC) External Event Edge Selection
#define AT91C_TC_EEVTEDG_NONE      ((unsigned int) 0x0 <<  8) // (TC) Edge: None
#define AT91C_TC_EEVTEDG_RISING    ((unsigned int) 0x1 <<  8) // (TC) Edge: rising edge
#define AT91C_TC_EEVTEDG_FALLING   ((unsigned int) 0x2 <<  8) // (TC) Edge: falling edge
#define AT91C_TC_EEVTEDG_BOTH      ((unsigned int) 0x3 <<  8) // (TC) Edge: each edge
#define AT91C_TC_ABETRG            ((unsigned int) 0x1 << 10) // (TC) TIOA or TIOB External Trigger Selection
#define AT91C_TC_EEVT              ((unsigned int) 0x3 << 10) // (TC) External Event Selection
#define AT91C_TC_EEVT_TIOB         ((unsigned int) 0x0 << 10) // (TC) TIOB TIOB direction : input
#define AT91C_TC_EEVT_XC0          ((unsigned int) 0x1 << 10) // (TC) XC0 TIOB direction : output
#define AT91C_TC_EEVT_XC1          ((unsigned int) 0x2 << 10) // (TC) XC1 TIOB direction : output
#define AT91C_TC_EEVT_XC2          ((unsigned int) 0x3 << 10) // (TC) XC2 TIOB direction : output
#define AT91C_TC_ENETRG            ((unsigned int) 0x1 << 12) // (TC) External Event Trigger enable
#define AT91C_TC_WAVESEL           ((unsigned int) 0x3 << 13) // (TC) Waveform  Selection
#define AT91C_TC_WAVESEL_UP        ((unsigned int) 0x0 << 13) // (TC) UP without atomatic trigger on RC Compare
#define AT91C_TC_WAVESEL_UPDOWN    ((unsigned int) 0x1 << 13) // (TC) UPDOWN without automatic trigger on RC Compare
#define AT91C_TC_WAVESEL_UP_AUTO   ((unsigned int) 0x2 << 13) // (TC) UP with automatic trigger on RC Compare
#define AT91C_TC_WAVESEL_UPDOWN_AUTO ((unsigned int) 0x3 << 13) // (TC) UPDOWN with automatic trigger on RC Compare
#define AT91C_TC_CPCTRG            ((unsigned int) 0x1 << 14) // (TC) RC Compare Trigger Enable
#define AT91C_TC_WAVE              ((unsigned int) 0x1 << 15) // (TC)
#define AT91C_TC_LDRA              ((unsigned int) 0x3 << 16) // (TC) RA Loading Selection
#define AT91C_TC_LDRA_NONE         ((unsigned int) 0x0 << 16) // (TC) Edge: None
#define AT91C_TC_LDRA_RISING       ((unsigned int) 0x1 << 16) // (TC) Edge: rising edge of TIOA
#define AT91C_TC_LDRA_FALLING      ((unsigned int) 0x2 << 16) // (TC) Edge: falling edge of TIOA
#define AT91C_TC_LDRA_BOTH         ((unsigned int) 0x3 << 16) // (TC) Edge: each edge of TIOA
#define AT91C_TC_ACPA              ((unsigned int) 0x3 << 16) // (TC) RA Compare Effect on TIOA
#define AT91C_TC_ACPA_NONE         ((unsigned int) 0x0 << 16) // (TC) Effect: none
#define AT91C_TC_ACPA_SET          ((unsigned int) 0x1 << 16) // (TC) Effect: set
#define AT91C_TC_ACPA_CLEAR        ((unsigned int) 0x2 << 16) // (TC) Effect: clear
#define AT91C_TC_ACPA_TOGGLE       ((unsigned int) 0x3 << 16) // (TC) Effect: toggle
#define AT91C_TC_LDRB              ((unsigned int) 0x3 << 18) // (TC) RB Loading Selection
#define AT91C_TC_LDRB_NONE         ((unsigned int) 0x0 << 18) // (TC) Edge: None
#define AT91C_TC_LDRB_RISING       ((unsigned int) 0x1 << 18) // (TC) Edge: rising edge of TIOA
#define AT91C_TC_LDRB_FALLING      ((unsigned int) 0x2 << 18) // (TC) Edge: falling edge of TIOA
#define AT91C_TC_LDRB_BOTH         ((unsigned int) 0x3 << 18) // (TC) Edge: each edge of TIOA
#define AT91C_TC_ACPC              ((unsigned int) 0x3 << 18) // (TC) RC Compare Effect on TIOA
#define AT91C_TC_ACPC_NONE         ((unsigned int) 0x0 << 18) // (TC) Effect: none
#define AT91C_TC_ACPC_SET          ((unsigned int) 0x1 << 18) // (TC) Effect: set
#define AT91C_TC_ACPC_CLEAR        ((unsigned int) 0x2 << 18) // (TC) Effect: clear
#define AT91C_TC_ACPC_TOGGLE       ((unsigned int) 0x3 << 18) // (TC) Effect: toggle
#define AT91C_TC_AEEVT             ((unsigned int) 0x3 << 20) // (TC) External Event Effect on TIOA
#define AT91C_TC_AEEVT_NONE        ((unsigned int) 0x0 << 20) // (TC) Effect: none
#define AT91C_TC_AEEVT_SET         ((unsigned int) 0x1 << 20) // (TC) Effect: set
#define AT91C_TC_AEEVT_CLEAR       ((unsigned int) 0x2 << 20) // (TC) Effect: clear
#define AT91C_TC_AEEVT_TOGGLE      ((unsigned int) 0x3 << 20) // (TC) Effect: toggle
#define AT91C_TC_ASWTRG            ((unsigned int) 0x3 << 22) // (TC) Software Trigger Effect on TIOA
#define AT91C_TC_ASWTRG_NONE       ((unsigned int) 0x0 << 22) // (TC) Effect: none
#define AT91C_TC_ASWTRG_SET        ((unsigned int) 0x1 << 22) // (TC) Effect: set
#define AT91C_TC_ASWTRG_CLEAR      ((unsigned int) 0x2 << 22) // (TC) Effect: clear
#define AT91C_TC_ASWTRG_TOGGLE     ((unsigned int) 0x3 << 22) // (TC) Effect: toggle
#define AT91C_TC_BCPB              ((unsigned int) 0x3 << 24) // (TC) RB Compare Effect on TIOB
#define AT91C_TC_BCPB_NONE         ((unsigned int) 0x0 << 24) // (TC) Effect: none
```

```
#define AT91C_TC_BCPB_SET         ((unsigned int) 0x1 << 24) // (TC) Effect: set
#define AT91C_TC_BCPB_CLEAR       ((unsigned int) 0x2 << 24) // (TC) Effect: clear
#define AT91C_TC_BCPB_TOGGLE      ((unsigned int) 0x3 << 24) // (TC) Effect: toggle
#define AT91C_TC_BCPC             ((unsigned int) 0x3 << 26) // (TC) RC Compare Effect on TIOB
#define AT91C_TC_BCPC_NONE        ((unsigned int) 0x0 << 26) // (TC) Effect: none
#define AT91C_TC_BCPC_SET         ((unsigned int) 0x1 << 26) // (TC) Effect: set
#define AT91C_TC_BCPC_CLEAR       ((unsigned int) 0x2 << 26) // (TC) Effect: clear
#define AT91C_TC_BCPC_TOGGLE      ((unsigned int) 0x3 << 26) // (TC) Effect: toggle
#define AT91C_TC_BEEVT            ((unsigned int) 0x3 << 28) // (TC) External Event Effect on TIOB
#define AT91C_TC_BEEVT_NONE       ((unsigned int) 0x0 << 28) // (TC) Effect: none
#define AT91C_TC_BEEVT_SET        ((unsigned int) 0x1 << 28) // (TC) Effect: set
#define AT91C_TC_BEEVT_CLEAR      ((unsigned int) 0x2 << 28) // (TC) Effect: clear
#define AT91C_TC_BEEVT_TOGGLE     ((unsigned int) 0x3 << 28) // (TC) Effect: toggle
#define AT91C_TC_BSWTRG           ((unsigned int) 0x3 << 30) // (TC) Software Trigger Effect on TIOB
#define AT91C_TC_BSWTRG_NONE      ((unsigned int) 0x0 << 30) // (TC) Effect: none
#define AT91C_TC_BSWTRG_SET       ((unsigned int) 0x1 << 30) // (TC) Effect: set
#define AT91C_TC_BSWTRG_CLEAR     ((unsigned int) 0x2 << 30) // (TC) Effect: clear
#define AT91C_TC_BSWTRG_TOGGLE    ((unsigned int) 0x3 << 30) // (TC) Effect: toggle
// -------- TC_SR : (TC Offset: 0x20) TC Channel Status Register --------
#define AT91C_TC_COVFS            ((unsigned int) 0x1 <<  0) // (TC) Counter Overflow
#define AT91C_TC_LOVRS            ((unsigned int) 0x1 <<  1) // (TC) Load Overrun
#define AT91C_TC_CPAS             ((unsigned int) 0x1 <<  2) // (TC) RA Compare
#define AT91C_TC_CPBS             ((unsigned int) 0x1 <<  3) // (TC) RB Compare
#define AT91C_TC_CPCS             ((unsigned int) 0x1 <<  4) // (TC) RC Compare
#define AT91C_TC_LDRAS            ((unsigned int) 0x1 <<  5) // (TC) RA Loading
#define AT91C_TC_LDRBS            ((unsigned int) 0x1 <<  6) // (TC) RB Loading
#define AT91C_TC_ETRGS            ((unsigned int) 0x1 <<  7) // (TC) External Trigger
#define AT91C_TC_CLKSTA           ((unsigned int) 0x1 << 16) // (TC) Clock Enabling
#define AT91C_TC_MTIOA            ((unsigned int) 0x1 << 17) // (TC) TIOA Mirror
#define AT91C_TC_MTIOB            ((unsigned int) 0x1 << 18) // (TC) TIOA Mirror
// -------- TC_IER : (TC Offset: 0x24) TC Channel Interrupt Enable Register --------
// -------- TC_IDR : (TC Offset: 0x28) TC Channel Interrupt Disable Register --------
// -------- TC_IMR : (TC Offset: 0x2c) TC Channel Interrupt Mask Register --------

// *****************************************************************************
//              SOFTWARE API DEFINITION  FOR Timer Counter
// *****************************************************************************
typedef struct _AT91S_TCB {
	AT91S_TC	TCB_TC0;	// TC Channel 0
	AT91_REG	Reserved0[4];	//
	AT91S_TC	TCB_TC1;	// TC Channel 1
	AT91_REG	Reserved1[4];	//
	AT91S_TC	TCB_TC2;	// TC Channel 2
	AT91_REG	Reserved2[4];	//
	AT91_REG	TCB_BCR;	// TC Block Control Register
	AT91_REG	TCB_BMR;	// TC Block Mode Register
} AT91S_TCB, *AT91PS_TCB;

// -------- TCB_BCR : (TCB Offset: 0xc0) TC Block Control Register --------
#define AT91C_TCB_SYNC           ((unsigned int) 0x1 <<  0) // (TCB) Synchro Command
// -------- TCB_BMR : (TCB Offset: 0xc4) TC Block Mode Register --------
#define AT91C_TCB_TC0XC0S        ((unsigned int) 0x3 <<  0) // (TCB) External Clock Signal 0 Selection
#define AT91C_TCB_TC0XC0S_TCLK0  ((unsigned int) 0x0)       // (TCB) TCLK0 connected to XC0
#define AT91C_TCB_TC0XC0S_NONE   ((unsigned int) 0x1)       // (TCB) None signal connected to XC0
#define AT91C_TCB_TC0XC0S_TIOA1  ((unsigned int) 0x2)       // (TCB) TIOA1 connected to XC0
#define AT91C_TCB_TC0XC0S_TIOA2  ((unsigned int) 0x3)       // (TCB) TIOA2 connected to XC0
#define AT91C_TCB_TC1XC1S        ((unsigned int) 0x3 <<  2) // (TCB) External Clock Signal 1 Selection
#define AT91C_TCB_TC1XC1S_TCLK1  ((unsigned int) 0x0 <<  2) // (TCB) TCLK1 connected to XC1
#define AT91C_TCB_TC1XC1S_NONE   ((unsigned int) 0x1 <<  2) // (TCB) None signal connected to XC1
#define AT91C_TCB_TC1XC1S_TIOA0  ((unsigned int) 0x2 <<  2) // (TCB) TIOA0 connected to XC1
#define AT91C_TCB_TC1XC1S_TIOA2  ((unsigned int) 0x3 <<  2) // (TCB) TIOA2 connected to XC1
#define AT91C_TCB_TC2XC2S        ((unsigned int) 0x3 <<  4) // (TCB) External Clock Signal 2 Selection
#define AT91C_TCB_TC2XC2S_TCLK2  ((unsigned int) 0x0 <<  4) // (TCB) TCLK2 connected to XC2
#define AT91C_TCB_TC2XC2S_NONE   ((unsigned int) 0x1 <<  4) // (TCB) None signal connected to XC2
#define AT91C_TCB_TC2XC2S_TIOA0  ((unsigned int) 0x2 <<  4) // (TCB) TIOA0 connected to XC2
#define AT91C_TCB_TC2XC2S_TIOA1  ((unsigned int) 0x3 <<  4) // (TCB) TIOA2 connected to XC2

// *****************************************************************************
//              SOFTWARE API DEFINITION  FOR USB Device Port
// *****************************************************************************
typedef struct _AT91S_UDP {
	AT91_REG	UDP_NUM;	// Frame Number Register
	AT91_REG	UDP_GLBSTATE;	// Global State Register
	AT91_REG	UDP_FADDR;	// Function Address Register
```

```
	AT91_REG	 Reserved0[1];
	AT91_REG	 UDP_IER;	 // Interrupt Enable Register
	AT91_REG	 UDP_IDR;	 // Interrupt Disable Register
	AT91_REG	 UDP_IMR;	 // Interrupt Mask Register
	AT91_REG	 UDP_ISR;	 // Interrupt Status Register
	AT91_REG	 UDP_ICR;	 // Interrupt Clear Register
	AT91_REG	 Reserved1[1];
	AT91_REG	 UDP_RSTEP;	 // Reset Endpoint Register
	AT91_REG	 Reserved2[1];
	AT91_REG	 UDP_CSR[4];	 // Endpoint Control and Status Register
	AT91_REG	 Reserved3[4];
	AT91_REG	 UDP_FDR[4];	 // Endpoint FIFO Data Register
	AT91_REG	 Reserved4[5];
	AT91_REG	 UDP_TXVC;	 // Transceiver Control Register
} AT91S_UDP, *AT91PS_UDP;

// -------- UDP_FRM_NUM : (UDP Offset: 0x0) USB Frame Number Register --------
#define AT91C_UDP_FRM_NUM        ((unsigned int) 0x7FF << 0)  // (UDP) Frame Number
#define AT91C_UDP_FRM_ERR        ((unsigned int) 0x1 << 16)   // (UDP) Frame Error
#define AT91C_UDP_FRM_OK         ((unsigned int) 0x1 << 17)   // (UDP) Frame OK
// -------- UDP_GLB_STATE : (UDP Offset: 0x4) USB Global State Register --------
#define AT91C_UDP_FADDEN         ((unsigned int) 0x1 <<  0)   // (UDP) Function Address Enable
#define AT91C_UDP_CONFG          ((unsigned int) 0x1 <<  1)   // (UDP) Configured
#define AT91C_UDP_ESR            ((unsigned int) 0x1 <<  2)   // (UDP) Enable Send Resume
#define AT91C_UDP_RSMINPR        ((unsigned int) 0x1 <<  3)   // (UDP) A Resume Has Been Sent to Host
#define AT91C_UDP_RMWUPE         ((unsigned int) 0x1 <<  4)   // (UDP) Remote Wake Up Enable
// -------- UDP_FADDR : (UDP Offset: 0x8) USB Function Address Register --------
#define AT91C_UDP_FADD           ((unsigned int) 0xFF << 0)   // (UDP) Function Address Value
#define AT91C_UDP_FEN            ((unsigned int) 0x1 <<  8)   // (UDP) Function Enable
// -------- UDP_IER : (UDP Offset: 0x10) USB Interrupt Enable Register --------
#define AT91C_UDP_EPINT0         ((unsigned int) 0x1 <<  0)   // (UDP) Endpoint 0 Interrupt
#define AT91C_UDP_EPINT1         ((unsigned int) 0x1 <<  1)   // (UDP) Endpoint 0 Interrupt
#define AT91C_UDP_EPINT2         ((unsigned int) 0x1 <<  2)   // (UDP) Endpoint 2 Interrupt
#define AT91C_UDP_EPINT3         ((unsigned int) 0x1 <<  3)   // (UDP) Endpoint 3 Interrupt
#define AT91C_UDP_RXSUSP         ((unsigned int) 0x1 <<  8)   // (UDP) USB Suspend Interrupt
#define AT91C_UDP_RXRSM          ((unsigned int) 0x1 <<  9)   // (UDP) USB Resume Interrupt
#define AT91C_UDP_EXTRSM         ((unsigned int) 0x1 << 10)   // (UDP) USB External Resume Interrupt
#define AT91C_UDP_SOFINT         ((unsigned int) 0x1 << 11)   // (UDP) USB Start Of frame Interrupt
#define AT91C_UDP_WAKEUP         ((unsigned int) 0x1 << 13)   // (UDP) USB Resume Interrupt
// -------- UDP_IDR : (UDP Offset: 0x14) USB Interrupt Disable Register --------
// -------- UDP_IMR : (UDP Offset: 0x18) USB Interrupt Mask Register --------
// -------- UDP_ISR : (UDP Offset: 0x1c) USB Interrupt Status Register --------
#define AT91C_UDP_ENDBUSRES      ((unsigned int) 0x1 << 12)   // (UDP) USB End Of Bus Reset Interrupt
// -------- UDP_ICR : (UDP Offset: 0x20) USB Interrupt Clear Register --------
// -------- UDP_RST_EP : (UDP Offset: 0x28) USB Reset Endpoint Register --------
#define AT91C_UDP_EP0            ((unsigned int) 0x1 <<  0)   // (UDP) Reset Endpoint 0
#define AT91C_UDP_EP1            ((unsigned int) 0x1 <<  1)   // (UDP) Reset Endpoint 1
#define AT91C_UDP_EP2            ((unsigned int) 0x1 <<  2)   // (UDP) Reset Endpoint 2
#define AT91C_UDP_EP3            ((unsigned int) 0x1 <<  3)   // (UDP) Reset Endpoint 3
// -------- UDP_CSR : (UDP Offset: 0x30) USB Endpoint Control and Status Register --------
#define AT91C_UDP_TXCOMP         ((unsigned int) 0x1 <<  0)   // (UDP)
#define AT91C_UDP_RX_DATA_BK0    ((unsigned int) 0x1 <<  1)   // (UDP) Receive Data Bank 0
#define AT91C_UDP_RXSETUP        ((unsigned int) 0x1 <<  2)   // (UDP) Sends STALL to the Host
#define AT91C_UDP_ISOERROR       ((unsigned int) 0x1 <<  3)   // (UDP) Isochronous error
#define AT91C_UDP_TXPKTRDY       ((unsigned int) 0x1 <<  4)   // (UDP) Transmit Packet Ready
#define AT91C_UDP_FORCESTALL     ((unsigned int) 0x1 <<  5)   // (UDP) Force Stall
#define AT91C_UDP_RX_DATA_BK1    ((unsigned int) 0x1 <<  6)   // (UDP) Receive Data Bank 1
#define AT91C_UDP_DIR            ((unsigned int) 0x1 <<  7)   // (UDP) Transfer Direction
#define AT91C_UDP_EPTYPE         ((unsigned int) 0x7 <<  8)   // (UDP) Endpoint type
#define AT91C_UDP_EPTYPE_CTRL    ((unsigned int) 0x0 <<  8)   // (UDP) Control
#define AT91C_UDP_EPTYPE_ISO_OUT ((unsigned int) 0x1 <<  8)   // (UDP) Isochronous OUT
#define AT91C_UDP_EPTYPE_BULK_OUT ((unsigned int) 0x2 <<  8)  // (UDP) Bulk OUT
#define AT91C_UDP_EPTYPE_INT_OUT ((unsigned int) 0x3 <<  8)   // (UDP) Interrupt OUT
#define AT91C_UDP_EPTYPE_ISO_IN  ((unsigned int) 0x5 <<  8)   // (UDP) Isochronous IN
#define AT91C_UDP_EPTYPE_BULK_IN ((unsigned int) 0x6 <<  8)   // (UDP) Bulk IN
#define AT91C_UDP_EPTYPE_INT_IN  ((unsigned int) 0x7 <<  8)   // (UDP) Interrupt IN
#define AT91C_UDP_DTGLE          ((unsigned int) 0x1 << 11)   // (UDP) Data Toggle
#define AT91C_UDP_EPEDS          ((unsigned int) 0x1 << 15)   // (UDP) Endpoint Enable Disable
#define AT91C_UDP_RXBYTECNT      ((unsigned int) 0x7FF << 16) // (UDP) Number of Bytes in the FIFO
// -------- UDP_TXVC : (UDP Offset: 0x74) Transceiver Control Register --------
#define AT91C_UDP_TXVDIS         ((unsigned int) 0x1 <<  8)   // (UDP)

// *****************************************************************************
//              SOFTWARE API DEFINITION  FOR Two-Wire Interface
```

```
// *****************************************************************************
typedef struct _AT91S_TWI {
	AT91_REG	 TWI_CR; 	// Control Register
	AT91_REG	 TWI_MMR; 	// Master Mode Register
	AT91_REG	 Reserved0[1]; 	// 
	AT91_REG	 TWI_IADR; 	// Internal Address Register
	AT91_REG	 TWI_CWGR; 	// Clock Waveform Generator Register
	AT91_REG	 Reserved1[3]; 	// 
	AT91_REG	 TWI_SR; 	// Status Register
	AT91_REG	 TWI_IER; 	// Interrupt Enable Register
	AT91_REG	 TWI_IDR; 	// Interrupt Disable Register
	AT91_REG	 TWI_IMR; 	// Interrupt Mask Register
	AT91_REG	 TWI_RHR; 	// Receive Holding Register
	AT91_REG	 TWI_THR; 	// Transmit Holding Register
} AT91S_TWI, *AT91PS_TWI;

// -------- TWI_CR : (TWI Offset: 0x0) TWI Control Register --------
#define AT91C_TWI_START       ((unsigned int) 0x1 <<  0) // (TWI) Send a START Condition
#define AT91C_TWI_STOP        ((unsigned int) 0x1 <<  1) // (TWI) Send a STOP Condition
#define AT91C_TWI_MSEN        ((unsigned int) 0x1 <<  2) // (TWI) TWI Master Transfer Enabled
#define AT91C_TWI_MSDIS       ((unsigned int) 0x1 <<  3) // (TWI) TWI Master Transfer Disabled
#define AT91C_TWI_SWRST       ((unsigned int) 0x1 <<  7) // (TWI) Software Reset
// -------- TWI_MMR : (TWI Offset: 0x4) TWI Master Mode Register --------
#define AT91C_TWI_IADRSZ      ((unsigned int) 0x3 <<  8) // (TWI) Internal Device Address Size
#define AT91C_TWI_IADRSZ_NO   ((unsigned int) 0x0 <<  8) // (TWI) No internal device address
#define AT91C_TWI_IADRSZ_1_BYTE ((unsigned int) 0x1 <<  8) // (TWI) 1-byte internal device address
#define AT91C_TWI_IADRSZ_2_BYTE ((unsigned int) 0x2 <<  8) // (TWI) 2-byte internal device address
#define AT91C_TWI_IADRSZ_3_BYTE ((unsigned int) 0x3 <<  8) // (TWI) 3-byte internal device address
#define AT91C_TWI_MREAD       ((unsigned int) 0x1 << 12) // (TWI) Master Read Direction
#define AT91C_TWI_DADR        ((unsigned int) 0x7F << 16) // (TWI) Device Address
// -------- TWI_CWGR : (TWI Offset: 0x10) TWI Clock Waveform Generator Register --------
#define AT91C_TWI_CLDIV       ((unsigned int) 0xFF << 0) // (TWI) Clock Low Divider
#define AT91C_TWI_CHDIV       ((unsigned int) 0xFF << 8) // (TWI) Clock High Divider
#define AT91C_TWI_CKDIV       ((unsigned int) 0x7 << 16) // (TWI) Clock Divider
// -------- TWI_SR : (TWI Offset: 0x20) TWI Status Register --------
#define AT91C_TWI_TXCOMP      ((unsigned int) 0x1 <<  0) // (TWI) Transmission Completed
#define AT91C_TWI_RXRDY       ((unsigned int) 0x1 <<  1) // (TWI) Receive holding register ReaDY
#define AT91C_TWI_TXRDY       ((unsigned int) 0x1 <<  2) // (TWI) Transmit holding register ReaDY
#define AT91C_TWI_OVRE        ((unsigned int) 0x1 <<  6) // (TWI) Overrun Error
#define AT91C_TWI_UNRE        ((unsigned int) 0x1 <<  7) // (TWI) Underrun Error
#define AT91C_TWI_NACK        ((unsigned int) 0x1 <<  8) // (TWI) Not Acknowledged
// -------- TWI_IER : (TWI Offset: 0x24) TWI Interrupt Enable Register --------
// -------- TWI_IDR : (TWI Offset: 0x28) TWI Interrupt Disable Register --------
// -------- TWI_IMR : (TWI Offset: 0x2c) TWI Interrupt Mask Register --------

// *****************************************************************************
//              SOFTWARE API DEFINITION  FOR USART
// *****************************************************************************
typedef struct _AT91S_USART {
	AT91_REG	 US_CR; 	// Control Register
	AT91_REG	 US_MR; 	// Mode Register
	AT91_REG	 US_IER; 	// Interrupt Enable Register
	AT91_REG	 US_IDR; 	// Interrupt Disable Register
	AT91_REG	 US_IMR; 	// Interrupt Mask Register
	AT91_REG	 US_CSR; 	// Channel Status Register
	AT91_REG	 US_RHR; 	// Receiver Holding Register
	AT91_REG	 US_THR; 	// Transmitter Holding Register
	AT91_REG	 US_BRGR; 	// Baud Rate Generator Register
	AT91_REG	 US_RTOR; 	// Receiver Time-out Register
	AT91_REG	 US_TTGR; 	// Transmitter Time-guard Register
	AT91_REG	 Reserved0[5]; 	// 
	AT91_REG	 US_FIDI; 	// FI_DI_Ratio Register
	AT91_REG	 US_NER; 	// Nb Errors Register
	AT91_REG	 Reserved1[1]; 	// 
	AT91_REG	 US_IF; 	// IRDA_FILTER Register
	AT91_REG	 Reserved2[44]; 	// 
	AT91_REG	 US_RPR; 	// Receive Pointer Register
	AT91_REG	 US_RCR; 	// Receive Counter Register
	AT91_REG	 US_TPR; 	// Transmit Pointer Register
	AT91_REG	 US_TCR; 	// Transmit Counter Register
	AT91_REG	 US_RNPR; 	// Receive Next Pointer Register
	AT91_REG	 US_RNCR; 	// Receive Next Counter Register
	AT91_REG	 US_TNPR; 	// Transmit Next Pointer Register
	AT91_REG	 US_TNCR; 	// Transmit Next Counter Register
```

```
	AT91_REG	 US_PTCR;	// PDC Transfer Control Register
	AT91_REG	 US_PTSR;	// PDC Transfer Status Register
} AT91S_USART, *AT91PS_USART;

// -------- US_CR : (USART Offset: 0x0) Debug Unit Control Register --------
#define AT91C_US_STTBRK            ((unsigned int) 0x1 <<  9) // (USART) Start Break
#define AT91C_US_STPBRK            ((unsigned int) 0x1 << 10) // (USART) Stop Break
#define AT91C_US_STTTO             ((unsigned int) 0x1 << 11) // (USART) Start Time-out
#define AT91C_US_SENDA             ((unsigned int) 0x1 << 12) // (USART) Send Address
#define AT91C_US_RSTIT             ((unsigned int) 0x1 << 13) // (USART) Reset Iterations
#define AT91C_US_RSTNACK           ((unsigned int) 0x1 << 14) // (USART) Reset Non Acknowledge
#define AT91C_US_RETTO             ((unsigned int) 0x1 << 15) // (USART) Rearm Time-out
#define AT91C_US_DTREN             ((unsigned int) 0x1 << 16) // (USART) Data Terminal ready Enable
#define AT91C_US_DTRDIS            ((unsigned int) 0x1 << 17) // (USART) Data Terminal ready Disable
#define AT91C_US_RTSEN             ((unsigned int) 0x1 << 18) // (USART) Request to Send enable
#define AT91C_US_RTSDIS            ((unsigned int) 0x1 << 19) // (USART) Request to Send Disable
// -------- US_MR : (USART Offset: 0x4) Debug Unit Mode Register --------
#define AT91C_US_USMODE            ((unsigned int) 0xF)       // (USART) Usart mode
#define AT91C_US_USMODE_NORMAL     ((unsigned int) 0x0)       // (USART) Normal
#define AT91C_US_USMODE_RS485      ((unsigned int) 0x1)       // (USART) RS485
#define AT91C_US_USMODE_HWHSH      ((unsigned int) 0x2)       // (USART) Hardware Handshaking
#define AT91C_US_USMODE_MODEM      ((unsigned int) 0x3)       // (USART) Modem
#define AT91C_US_USMODE_ISO7816_0  ((unsigned int) 0x4)       // (USART) ISO7816 protocol: T = 0
#define AT91C_US_USMODE_ISO7816_1  ((unsigned int) 0x6)       // (USART) ISO7816 protocol: T = 1
#define AT91C_US_USMODE_IRDA       ((unsigned int) 0x8)       // (USART) IrDA
#define AT91C_US_USMODE_SWHSH      ((unsigned int) 0xC)       // (USART) Software Handshaking
#define AT91C_US_CLKS              ((unsigned int) 0x3 <<  4) // (USART) Clock Selection
#define AT91C_US_CLKS_CLOCK        ((unsigned int) 0x0 <<  4) // (USART) Clock
#define AT91C_US_CLKS_FDIV1        ((unsigned int) 0x1 <<  4) // (USART) fdiv1
#define AT91C_US_CLKS_SLOW         ((unsigned int) 0x2 <<  4) // (USART) slow_clock (ARM)
#define AT91C_US_CLKS_EXT          ((unsigned int) 0x3 <<  4) // (USART) External (SCK)
#define AT91C_US_CHRL              ((unsigned int) 0x3 <<  6) // (USART) Clock Selection
#define AT91C_US_CHRL_5_BITS       ((unsigned int) 0x0 <<  6) // (USART) Character Length: 5 bits
#define AT91C_US_CHRL_6_BITS       ((unsigned int) 0x1 <<  6) // (USART) Character Length: 6 bits
#define AT91C_US_CHRL_7_BITS       ((unsigned int) 0x2 <<  6) // (USART) Character Length: 7 bits
#define AT91C_US_CHRL_8_BITS       ((unsigned int) 0x3 <<  6) // (USART) Character Length: 8 bits
#define AT91C_US_SYNC              ((unsigned int) 0x1 <<  8) // (USART) Synchronous Mode Select
#define AT91C_US_NBSTOP            ((unsigned int) 0x3 << 12) // (USART) Number of Stop bits
#define AT91C_US_NBSTOP_1_BIT      ((unsigned int) 0x0 << 12) // (USART) 1 stop bit
#define AT91C_US_NBSTOP_15_BIT     ((unsigned int) 0x1 << 12) // (USART) Asynchronous 1.5 stop bits
#define AT91C_US_NBSTOP_2_BIT      ((unsigned int) 0x2 << 12) // (USART) 2 stop bits
#define AT91C_US_MSBF              ((unsigned int) 0x1 << 16) // (USART) Bit Order
#define AT91C_US_MODE9             ((unsigned int) 0x1 << 17) // (USART) 9-bit Character length
#define AT91C_US_CKLO              ((unsigned int) 0x1 << 18) // (USART) Clock Output Select
#define AT91C_US_OVER              ((unsigned int) 0x1 << 19) // (USART) Over Sampling Mode
#define AT91C_US_INACK             ((unsigned int) 0x1 << 20) // (USART) Inhibit Non Acknowledge
#define AT91C_US_DSNACK            ((unsigned int) 0x1 << 21) // (USART) Disable Successive NACK
#define AT91C_US_MAX_ITER          ((unsigned int) 0x1 << 24) // (USART) Number of Repetitions
#define AT91C_US_FILTER            ((unsigned int) 0x1 << 28) // (USART) Receive Line Filter
// -------- US_IER : (USART Offset: 0x8) Debug Unit Interrupt Enable Register --------
#define AT91C_US_RXBRK             ((unsigned int) 0x1 <<  2) // (USART) Break Received/End of Break
#define AT91C_US_TIMEOUT           ((unsigned int) 0x1 <<  8) // (USART) Receiver Time-out
#define AT91C_US_ITERATION         ((unsigned int) 0x1 << 10) // (USART) Max number of Repetitions Reached
#define AT91C_US_NACK              ((unsigned int) 0x1 << 13) // (USART) Non Acknowledge
#define AT91C_US_RIIC              ((unsigned int) 0x1 << 16) // (USART) Ring INdicator Input Change Flag
#define AT91C_US_DSRIC             ((unsigned int) 0x1 << 17) // (USART) Data Set Ready Input Change Flag
#define AT91C_US_DCDIC             ((unsigned int) 0x1 << 18) // (USART) Data Carrier Flag
#define AT91C_US_CTSIC             ((unsigned int) 0x1 << 19) // (USART) Clear To Send Input Change Flag
// -------- US_IDR : (USART Offset: 0xc) Debug Unit Interrupt Disable Register --------
// -------- US_IMR : (USART Offset: 0x10) Debug Unit Interrupt Mask Register --------
// -------- US_CSR : (USART Offset: 0x14) Debug Unit Channel Status Register --------
#define AT91C_US_RI                ((unsigned int) 0x1 << 20) // (USART) Image of RI Input
#define AT91C_US_DSR               ((unsigned int) 0x1 << 21) // (USART) Image of DSR Input
#define AT91C_US_DCD               ((unsigned int) 0x1 << 22) // (USART) Image of DCD Input
#define AT91C_US_CTS               ((unsigned int) 0x1 << 23) // (USART) Image of CTS Input

// *****************************************************************************
//              SOFTWARE API DEFINITION  FOR PWM Controller
// *****************************************************************************
typedef struct _AT91S_PWMC {
	AT91_REG	 PWMC_MR;	// PWMC Mode Register
	AT91_REG	 PWMC_ENA;	// PWMC Enable Register
	AT91_REG	 PWMC_DIS;	// PWMC Disable Register
	AT91_REG	 PWMC_SR;	// PWMC Status Register
```

```
        AT91_REG         PWMC_IER;       // PWMC Interrupt Enable Register
        AT91_REG         PWMC_IDR;       // PWMC Interrupt Disable Register
        AT91_REG         PWMC_IMR;       // PWMC Interrupt Mask Register
        AT91_REG         PWMC_ISR;       // PWMC Interrupt Status Register
        AT91_REG         Reserved0[55];
        AT91_REG         PWMC_VR;        // PWMC Version Register
        AT91_REG         Reserved1[64];
        AT91S_PWMC_CH    PWMC_CH[4];     // PWMC Channel
} AT91S_PWMC, *AT91PS_PWMC;

// -------- PWMC_MR : (PWMC Offset: 0x0) PWMC Mode Register --------
#define AT91C_PWMC_DIVA       ((unsigned int) 0xFF << 0) // (PWMC) CLKA divide factor.
#define AT91C_PWMC_PREA       ((unsigned int) 0xF << 8)  // (PWMC) Divider Clock Prescaler A
#define AT91C_PWMC_PREA_MCK   ((unsigned int) 0x0 << 8)  // (PWMC)
#define AT91C_PWMC_DIVB       ((unsigned int) 0xFF << 16) // (PWMC) CLKB divide factor.
#define AT91C_PWMC_PREB       ((unsigned int) 0xF << 24) // (PWMC) Divider Clock Prescaler B
#define AT91C_PWMC_PREB_MCK   ((unsigned int) 0x0 << 24) // (PWMC)
// -------- PWMC_ENA : (PWMC Offset: 0x4) PWMC Enable Register --------
#define AT91C_PWMC_CHID0      ((unsigned int) 0x1 << 0)  // (PWMC) Channel ID 0
#define AT91C_PWMC_CHID1      ((unsigned int) 0x1 << 1)  // (PWMC) Channel ID 1
#define AT91C_PWMC_CHID2      ((unsigned int) 0x1 << 2)  // (PWMC) Channel ID 2
#define AT91C_PWMC_CHID3      ((unsigned int) 0x1 << 3)  // (PWMC) Channel ID 3
// -------- PWMC_DIS : (PWMC Offset: 0x8) PWMC Disable Register --------
// -------- PWMC_SR  : (PWMC Offset: 0xc) PWMC Status Register --------
// -------- PWMC_IER : (PWMC Offset: 0x10) PWMC Interrupt Enable Register --------
// -------- PWMC_IDR : (PWMC Offset: 0x14) PWMC Interrupt Disable Register --------
// -------- PWMC_IMR : (PWMC Offset: 0x18) PWMC Interrupt Mask Register --------
// -------- PWMC_ISR : (PWMC Offset: 0x1c) PWMC Interrupt Status Register --------

// *****************************************************************************
//              SOFTWARE API DEFINITION  FOR PWM Controller Channel
// *****************************************************************************
typedef struct _AT91S_PWMC_CH {
        AT91_REG         PWMC_CMR;       // Channel Mode Register
        AT91_REG         PWMC_CDTYR;     // Channel Duty Cycle Register
        AT91_REG         PWMC_CPRDR;     // Channel Period Register
        AT91_REG         PWMC_CCNTR;     // Channel Counter Register
        AT91_REG         PWMC_CUPDR;     // Channel Update Register
        AT91_REG         Reserved0[3];
} AT91S_PWMC_CH, *AT91PS_PWMC_CH;

// -------- PWMC_CMR : (PWMC_CH Offset: 0x0) PWMC Channel Mode Register --------
#define AT91C_PWMC_CPRE       ((unsigned int) 0xF << 0) // (PWMC_CH) Channel Prescaler : PWMC_CLKx
#define AT91C_PWMC_CPRE_MCK   ((unsigned int) 0x0)      // (PWMC_CH)
#define AT91C_PWMC_CPRE_MCKA  ((unsigned int) 0xB)      // (PWMC_CH)
#define AT91C_PWMC_CPRE_MCKB  ((unsigned int) 0xC)      // (PWMC_CH)
#define AT91C_PWMC_CALG       ((unsigned int) 0x1 << 8) // (PWMC_CH) Channel Alignment
#define AT91C_PWMC_CPOL       ((unsigned int) 0x1 << 9) // (PWMC_CH) Channel Polarity
#define AT91C_PWMC_CPD        ((unsigned int) 0x1 << 10) // (PWMC_CH) Channel Update Period
// -------- PWMC_CDTYR : (PWMC_CH Offset: 0x4) PWMC Channel Duty Cycle Register --------
#define AT91C_PWMC_CDTY       ((unsigned int) 0x0 << 0) // (PWMC_CH) Channel Duty Cycle
// -------- PWMC_CPRDR : (PWMC_CH Offset: 0x8) PWMC Channel Period Register --------
#define AT91C_PWMC_CPRD       ((unsigned int) 0x0 << 0) // (PWMC_CH) Channel Period
// -------- PWMC_CCNTR : (PWMC_CH Offset: 0xc) PWMC Channel Counter Register --------
#define AT91C_PWMC_CCNT       ((unsigned int) 0x0 << 0) // (PWMC_CH) Channel Counter
// -------- PWMC_CUPDR : (PWMC_CH Offset: 0x10) PWMC Channel Update Register --------
#define AT91C_PWMC_CUPD       ((unsigned int) 0x0 << 0) // (PWMC_CH) Channel Update

// *****************************************************************************
//              SOFTWARE API DEFINITION  FOR Synchronous Serial Controller
// *****************************************************************************
typedef struct _AT91S_SSC {
        AT91_REG         SSC_CR;         // Control Register
        AT91_REG         SSC_CMR;        // Clock Mode Register
        AT91_REG         Reserved0[2];
        AT91_REG         SSC_RCMR;       // Receive Clock ModeRegister
        AT91_REG         SSC_RFMR;       // Receive Frame Mode Register
        AT91_REG         SSC_TCMR;       // Transmit Clock Mode Register
        AT91_REG         SSC_TFMR;       // Transmit Frame Mode Register
        AT91_REG         SSC_RHR;        // Receive Holding Register
        AT91_REG         SSC_THR;        // Transmit Holding Register
        AT91_REG         Reserved1[2];
        AT91_REG         SSC_RSHR;       // Receive Sync Holding Register
        AT91_REG         SSC_TSHR;       // Transmit Sync Holding Register
```

```
        AT91_REG         Reserved2[2];
        AT91_REG         SSC_SR;          // Status Register
        AT91_REG         SSC_IER;         // Interrupt Enable Register
        AT91_REG         SSC_IDR;         // Interrupt Disable Register
        AT91_REG         SSC_IMR;         // Interrupt Mask Register
        AT91_REG         Reserved3[44];
        AT91_REG         SSC_RPR;         // Receive Pointer Register
        AT91_REG         SSC_RCR;         // Receive Counter Register
        AT91_REG         SSC_TPR;         // Transmit Pointer Register
        AT91_REG         SSC_TCR;         // Transmit Counter Register
        AT91_REG         SSC_RNPR;        // Receive Next Pointer Register
        AT91_REG         SSC_RNCR;        // Receive Next Counter Register
        AT91_REG         SSC_TNPR;        // Transmit Next Pointer Register
        AT91_REG         SSC_TNCR;        // Transmit Next Counter Register
        AT91_REG         SSC_PTCR;        // PDC Transfer Control Register
        AT91_REG         SSC_PTSR;        // PDC Transfer Status Register
} AT91S_SSC, *AT91PS_SSC;

// -------- SSC_CR : (SSC Offset: 0x0) SSC Control Register --------
#define AT91C_SSC_RXEN              ((unsigned int) 0x1 << 0)  // (SSC) Receive Enable
#define AT91C_SSC_RXDIS             ((unsigned int) 0x1 << 1)  // (SSC) Receive Disable
#define AT91C_SSC_TXEN              ((unsigned int) 0x1 << 8)  // (SSC) Transmit Enable
#define AT91C_SSC_TXDIS             ((unsigned int) 0x1 << 9)  // (SSC) Transmit Disable
#define AT91C_SSC_SWRST             ((unsigned int) 0x1 << 15) // (SSC) Software Reset
// -------- SSC_RCMR : (SSC Offset: 0x10) SSC Receive Clock Mode Register --------
#define AT91C_SSC_CKS               ((unsigned int) 0x3 << 0)  // (SSC) Receive/Transmit Clock Selection
#define AT91C_SSC_CKS_DIV           ((unsigned int) 0x0)       // (SSC) Divided Clock
#define AT91C_SSC_CKS_TK            ((unsigned int) 0x1)       // (SSC) TK Clock signal
#define AT91C_SSC_CKS_RK            ((unsigned int) 0x2)       // (SSC) RK pin
#define AT91C_SSC_CKO               ((unsigned int) 0x7 << 2)  // (SSC) Clock Output Mode Selection
#define AT91C_SSC_CKO_NONE          ((unsigned int) 0x0 << 2)  // (SSC) None RK pin: Input-only
#define AT91C_SSC_CKO_CONTINOUS     ((unsigned int) 0x1 << 2)  // (SSC) RK pin: Output
#define AT91C_SSC_CKO_DATA_TX       ((unsigned int) 0x2 << 2)  // (SSC) RK pin: Output
#define AT91C_SSC_CKI               ((unsigned int) 0x1 << 5)  // (SSC) Clock Inversion
#define AT91C_SSC_START             ((unsigned int) 0xF << 8)  // (SSC) Start Selection
#define AT91C_SSC_START_CONTINOUS   ((unsigned int) 0x0 << 8)  // (SSC) Continuous
#define AT91C_SSC_START_TX          ((unsigned int) 0x1 << 8)  // (SSC) Transmit/Receive start
#define AT91C_SSC_START_LOW_RF      ((unsigned int) 0x2 << 8)  // (SSC) a low level on RF input
#define AT91C_SSC_START_HIGH_RF     ((unsigned int) 0x3 << 8)  // (SSC) a high level on RF input
#define AT91C_SSC_START_FALL_RF     ((unsigned int) 0x4 << 8)  // (SSC) a falling edge on RF input
#define AT91C_SSC_START_RISE_RF     ((unsigned int) 0x5 << 8)  // (SSC) a rising edge on RF input
#define AT91C_SSC_START_LEVEL_RF    ((unsigned int) 0x6 << 8)  // (SSC) any level change on RF input
#define AT91C_SSC_START_EDGE_RF     ((unsigned int) 0x7 << 8)  // (SSC) any edge on RF input
#define AT91C_SSC_START_0           ((unsigned int) 0x8 << 8)  // (SSC) Compare 0
#define AT91C_SSC_STTDLY            ((unsigned int) 0xFF << 16) // (SSC) Receive/Transmit Start Delay
#define AT91C_SSC_PERIOD            ((unsigned int) 0xFF << 24) // (SSC) Period Divider Selection
// -------- SSC_RFMR : (SSC Offset: 0x14) SSC Receive Frame Mode Register --------
#define AT91C_SSC_DATLEN            ((unsigned int) 0x1F << 0) // (SSC) Data Length
#define AT91C_SSC_LOOP              ((unsigned int) 0x1 << 5)  // (SSC) Loop Mode
#define AT91C_SSC_MSBF              ((unsigned int) 0x1 << 7)  // (SSC) Most Significant Bit First
#define AT91C_SSC_DATNB             ((unsigned int) 0xF << 8)  // (SSC) Data Number per Frame
#define AT91C_SSC_FSLEN             ((unsigned int) 0xF << 16) // (SSC) Frame Sync length
#define AT91C_SSC_FSOS              ((unsigned int) 0x7 << 20) // (SSC) Frame Sync Output Selection
#define AT91C_SSC_FSOS_NONE         ((unsigned int) 0x0 << 20) // (SSC) None RK pin Input-only
#define AT91C_SSC_FSOS_NEGATIVE     ((unsigned int) 0x1 << 20) // (SSC) Negative Pulse
#define AT91C_SSC_FSOS_POSITIVE     ((unsigned int) 0x2 << 20) // (SSC) Positive Pulse
#define AT91C_SSC_FSOS_LOW          ((unsigned int) 0x3 << 20) // (SSC) Low during data transfer
#define AT91C_SSC_FSOS_HIGH         ((unsigned int) 0x4 << 20) // (SSC) High during data transfer
#define AT91C_SSC_FSOS_TOGGLE       ((unsigned int) 0x5 << 20) // (SSC) Togge at each start of data transfer
#define AT91C_SSC_FSEDGE            ((unsigned int) 0x1 << 24) // (SSC) Frame Sync Edge Detection
// -------- SSC_TCMR : (SSC Offset: 0x18) SSC Transmit Clock Mode Register --------
// -------- SSC_TFMR : (SSC Offset: 0x1c) SSC Transmit Frame Mode Register --------
#define AT91C_SSC_DATDEF            ((unsigned int) 0x1 << 5)  // (SSC) Data Default Value
#define AT91C_SSC_FSDEN             ((unsigned int) 0x1 << 23) // (SSC) Frame Sync Data Enable
// -------- SSC_SR : (SSC Offset: 0x40) SSC Status Register --------
#define AT91C_SSC_TXRDY             ((unsigned int) 0x1 << 0)  // (SSC) Transmit Ready
#define AT91C_SSC_TXEMPTY           ((unsigned int) 0x1 << 1)  // (SSC) Transmit Empty
#define AT91C_SSC_ENDTX             ((unsigned int) 0x1 << 2)  // (SSC) End Of Transmission
#define AT91C_SSC_TXBUFE            ((unsigned int) 0x1 << 3)  // (SSC) Transmit Buffer Empty
#define AT91C_SSC_RXRDY             ((unsigned int) 0x1 << 4)  // (SSC) Receive Ready
#define AT91C_SSC_OVRUN             ((unsigned int) 0x1 << 5)  // (SSC) Receive Overrun
#define AT91C_SSC_ENDRX             ((unsigned int) 0x1 << 6)  // (SSC) End of Reception
#define AT91C_SSC_RXBUFF            ((unsigned int) 0x1 << 7)  // (SSC) Receive Buffer Full
#define AT91C_SSC_TXSYN             ((unsigned int) 0x1 << 10) // (SSC) Transmit Sync
```

```
#define AT91C_SSC_RXSYN          ((unsigned int) 0x1 << 11)  // (SSC) Receive Sync
#define AT91C_SSC_TXENA          ((unsigned int) 0x1 << 16)  // (SSC) Transmit Enable
#define AT91C_SSC_RXENA          ((unsigned int) 0x1 << 17)  // (SSC) Receive Enable
// -------- SSC_IER : (SSC Offset: 0x44) SSC Interrupt Enable Register --------
// -------- SSC_IDR : (SSC Offset: 0x48) SSC Interrupt Disable Register --------
// -------- SSC_IMR : (SSC Offset: 0x4c) SSC Interrupt Mask Register --------

// *****************************************************************************
//              SOFTWARE API DEFINITION  FOR Analog-to-Digital Converter
// *****************************************************************************
typedef struct _AT91S_ADC {
	AT91_REG	 ADC_CR;	 // ADC Control Register
	AT91_REG	 ADC_MR;	 // ADC Mode Register
	AT91_REG	 Reserved0[2];
	AT91_REG	 ADC_CHER;	 // ADC Channel Enable Register
	AT91_REG	 ADC_CHDR;	 // ADC Channel Disable Register
	AT91_REG	 ADC_CHSR;	 // ADC Channel Status Register
	AT91_REG	 ADC_SR;	 // ADC Status Register
	AT91_REG	 ADC_LCDR;	 // ADC Last Converted Data Register
	AT91_REG	 ADC_IER;	 // ADC Interrupt Enable Register
	AT91_REG	 ADC_IDR;	 // ADC Interrupt Disable Register
	AT91_REG	 ADC_IMR;	 // ADC Interrupt Mask Register
	AT91_REG	 ADC_CDR0;	 // ADC Channel Data Register 0
	AT91_REG	 ADC_CDR1;	 // ADC Channel Data Register 1
	AT91_REG	 ADC_CDR2;	 // ADC Channel Data Register 2
	AT91_REG	 ADC_CDR3;	 // ADC Channel Data Register 3
	AT91_REG	 ADC_CDR4;	 // ADC Channel Data Register 4
	AT91_REG	 ADC_CDR5;	 // ADC Channel Data Register 5
	AT91_REG	 ADC_CDR6;	 // ADC Channel Data Register 6
	AT91_REG	 ADC_CDR7;	 // ADC Channel Data Register 7
	AT91_REG	 Reserved1[44];
	AT91_REG	 ADC_RPR;	 // Receive Pointer Register
	AT91_REG	 ADC_RCR;	 // Receive Counter Register
	AT91_REG	 ADC_TPR;	 // Transmit Pointer Register
	AT91_REG	 ADC_TCR;	 // Transmit Counter Register
	AT91_REG	 ADC_RNPR;	 // Receive Next Pointer Register
	AT91_REG	 ADC_RNCR;	 // Receive Next Counter Register
	AT91_REG	 ADC_TNPR;	 // Transmit Next Pointer Register
	AT91_REG	 ADC_TNCR;	 // Transmit Next Counter Register
	AT91_REG	 ADC_PTCR;	 // PDC Transfer Control Register
	AT91_REG	 ADC_PTSR;	 // PDC Transfer Status Register
} AT91S_ADC, *AT91PS_ADC;

// -------- ADC_CR : (ADC Offset: 0x0) ADC Control Register --------
#define AT91C_ADC_SWRST             ((unsigned int) 0x1 <<  0)  // (ADC) Software Reset
#define AT91C_ADC_START             ((unsigned int) 0x1 <<  1)  // (ADC) Start Conversion
// -------- ADC_MR : (ADC Offset: 0x4) ADC Mode Register --------
#define AT91C_ADC_TRGEN             ((unsigned int) 0x1 <<  0)  // (ADC) Trigger Enable
#define AT91C_ADC_TRGEN_DIS         ((unsigned int) 0x0)        // (ADC) Hradware trigger disable
#define AT91C_ADC_TRGEN_EN          ((unsigned int) 0x1)        // (ADC) Hardware trigger enable
#define AT91C_ADC_TRGSEL            ((unsigned int) 0x7 <<  1)  // (ADC) Trigger Selection
#define AT91C_ADC_TRGSEL_TIOA0      ((unsigned int) 0x0 <<  1)  // (ADC) Selected TRGSEL = TIAO0
#define AT91C_ADC_TRGSEL_TIOA1      ((unsigned int) 0x1 <<  1)  // (ADC) Selected TRGSEL = TIAO1
#define AT91C_ADC_TRGSEL_TIOA2      ((unsigned int) 0x2 <<  1)  // (ADC) Selected TRGSEL = TIAO2
#define AT91C_ADC_TRGSEL_TIOA3      ((unsigned int) 0x3 <<  1)  // (ADC) Selected TRGSEL = TIAO3
#define AT91C_ADC_TRGSEL_TIOA4      ((unsigned int) 0x4 <<  1)  // (ADC) Selected TRGSEL = TIAO4
#define AT91C_ADC_TRGSEL_TIOA5      ((unsigned int) 0x5 <<  1)  // (ADC) Selected TRGSEL = TIAO5
#define AT91C_ADC_TRGSEL_EXT        ((unsigned int) 0x6 <<  1)  // (ADC) Selected TRGSEL = External Trigger
#define AT91C_ADC_LOWRES            ((unsigned int) 0x1 <<  4)  // (ADC) Resolution
#define AT91C_ADC_LOWRES_10_BIT     ((unsigned int) 0x0 <<  4)  // (ADC) 10-bit resolution
#define AT91C_ADC_LOWRES_8_BIT      ((unsigned int) 0x1 <<  4)  // (ADC) 8-bit resolution
#define AT91C_ADC_SLEEP             ((unsigned int) 0x1 <<  5)  // (ADC) Sleep Mode
#define AT91C_ADC_SLEEP_NORMAL_MODE ((unsigned int) 0x0 << 5)   // (ADC) Normal Mode
#define AT91C_ADC_SLEEP_MODE        ((unsigned int) 0x1 <<  5)  // (ADC) Sleep Mode
#define AT91C_ADC_PRESCAL           ((unsigned int) 0x3F <<  8) // (ADC) Prescaler rate selection
#define AT91C_ADC_STARTUP           ((unsigned int) 0x1F << 16) // (ADC) Startup Time
#define AT91C_ADC_SHTIM             ((unsigned int) 0xF << 24)  // (ADC) Sample & Hold Time
// --------     ADC_CHER : (ADC Offset: 0x10) ADC Channel Enable Register --------
#define AT91C_ADC_CH0               ((unsigned int) 0x1 <<  0)  // (ADC) Channel 0
#define AT91C_ADC_CH1               ((unsigned int) 0x1 <<  1)  // (ADC) Channel 1
#define AT91C_ADC_CH2               ((unsigned int) 0x1 <<  2)  // (ADC) Channel 2
#define AT91C_ADC_CH3               ((unsigned int) 0x1 <<  3)  // (ADC) Channel 3
#define AT91C_ADC_CH4               ((unsigned int) 0x1 <<  4)  // (ADC) Channel 4
#define AT91C_ADC_CH5               ((unsigned int) 0x1 <<  5)  // (ADC) Channel 5
```

```
#define AT91C_ADC_CH6              ((unsigned int) 0x1 << 6)  // (ADC) Channel 6
#define AT91C_ADC_CH7              ((unsigned int) 0x1 << 7)  // (ADC) Channel 7
// -------- ADC_CHDR : (ADC Offset: 0x14) ADC Channel Disable Register --------
// -------- ADC_CHSR : (ADC Offset: 0x18) ADC Channel Status Register --------
// -------- ADC_SR   : (ADC Offset: 0x1c) ADC Status Register --------
#define AT91C_ADC_EOC0             ((unsigned int) 0x1 << 0)  // (ADC) End of Conversion
#define AT91C_ADC_EOC1             ((unsigned int) 0x1 << 1)  // (ADC) End of Conversion
#define AT91C_ADC_EOC2             ((unsigned int) 0x1 << 2)  // (ADC) End of Conversion
#define AT91C_ADC_EOC3             ((unsigned int) 0x1 << 3)  // (ADC) End of Conversion
#define AT91C_ADC_EOC4             ((unsigned int) 0x1 << 4)  // (ADC) End of Conversion
#define AT91C_ADC_EOC5             ((unsigned int) 0x1 << 5)  // (ADC) End of Conversion
#define AT91C_ADC_EOC6             ((unsigned int) 0x1 << 6)  // (ADC) End of Conversion
#define AT91C_ADC_EOC7             ((unsigned int) 0x1 << 7)  // (ADC) End of Conversion
#define AT91C_ADC_OVRE0            ((unsigned int) 0x1 << 8)  // (ADC) Overrun Error
#define AT91C_ADC_OVRE1            ((unsigned int) 0x1 << 9)  // (ADC) Overrun Error
#define AT91C_ADC_OVRE2            ((unsigned int) 0x1 << 10) // (ADC) Overrun Error
#define AT91C_ADC_OVRE3            ((unsigned int) 0x1 << 11) // (ADC) Overrun Error
#define AT91C_ADC_OVRE4            ((unsigned int) 0x1 << 12) // (ADC) Overrun Error
#define AT91C_ADC_OVRE5            ((unsigned int) 0x1 << 13) // (ADC) Overrun Error
#define AT91C_ADC_OVRE6            ((unsigned int) 0x1 << 14) // (ADC) Overrun Error
#define AT91C_ADC_OVRE7            ((unsigned int) 0x1 << 15) // (ADC) Overrun Error
#define AT91C_ADC_DRDY             ((unsigned int) 0x1 << 16) // (ADC) Data Ready
#define AT91C_ADC_GOVRE            ((unsigned int) 0x1 << 17) // (ADC) General Overrun
#define AT91C_ADC_ENDRX            ((unsigned int) 0x1 << 18) // (ADC) End of Receiver Transfer
#define AT91C_ADC_RXBUFF           ((unsigned int) 0x1 << 19) // (ADC) RXBUFF Interrupt
// -------- ADC_LCDR : (ADC Offset: 0x20) ADC Last Converted Data Register --------
#define AT91C_ADC_LDATA            ((unsigned int) 0x3FF << 0) // (ADC) Last Data Converted
// -------- ADC_IER  : (ADC Offset: 0x24) ADC Interrupt Enable Register --------
// -------- ADC_IDR  : (ADC Offset: 0x28) ADC Interrupt Disable Register --------
// -------- ADC_IMR  : (ADC Offset: 0x2c) ADC Interrupt Mask Register --------
// -------- ADC_CDR0 : (ADC Offset: 0x30) ADC Channel Data Register 0 --------
#define AT91C_ADC_DATA             ((unsigned int) 0x3FF << 0) // (ADC) Converted Data
// -------- ADC_CDR1 : (ADC Offset: 0x34) ADC Channel Data Register 1 --------
// -------- ADC_CDR2 : (ADC Offset: 0x38) ADC Channel Data Register 2 --------
// -------- ADC_CDR3 : (ADC Offset: 0x3c) ADC Channel Data Register 3 --------
// -------- ADC_CDR4 : (ADC Offset: 0x40) ADC Channel Data Register 4 --------
// -------- ADC_CDR5 : (ADC Offset: 0x44) ADC Channel Data Register 5 --------
// -------- ADC_CDR6 : (ADC Offset: 0x48) ADC Channel Data Register 6 --------
// -------- ADC_CDR7 : (ADC Offset: 0x4c) ADC Channel Data Register 7 --------

// *****************************************************************************
//              SOFTWARE API DEFINITION  FOR Serial Peripheral Interface
// *****************************************************************************
typedef struct _AT91S_SPI {
        AT91_REG        SPI_CR;         // Control Register
        AT91_REG        SPI_MR;         // Mode Register
        AT91_REG        SPI_RDR;        // Receive Data Register
        AT91_REG        SPI_TDR;        // Transmit Data Register
        AT91_REG        SPI_SR;         // Status Register
        AT91_REG        SPI_IER;        // Interrupt Enable Register
        AT91_REG        SPI_IDR;        // Interrupt Disable Register
        AT91_REG        SPI_IMR;        // Interrupt Mask Register
        AT91_REG        Reserved0[4];
        AT91_REG        SPI_CSR[4];     // Chip Select Register
        AT91_REG        Reserved1[48];
        AT91_REG        SPI_RPR;        // Receive Pointer Register
        AT91_REG        SPI_RCR;        // Receive Counter Register
        AT91_REG        SPI_TPR;        // Transmit Pointer Register
        AT91_REG        SPI_TCR;        // Transmit Counter Register
        AT91_REG        SPI_RNPR;       // Receive Next Pointer Register
        AT91_REG        SPI_RNCR;       // Receive Next Counter Register
        AT91_REG        SPI_TNPR;       // Transmit Next Pointer Register
        AT91_REG        SPI_TNCR;       // Transmit Next Counter Register
        AT91_REG        SPI_PTCR;       // PDC Transfer Control Register
        AT91_REG        SPI_PTSR;       // PDC Transfer Status Register
} AT91S_SPI, *AT91PS_SPI;

// -------- SPI_CR : (SPI Offset: 0x0) SPI Control Register --------
#define AT91C_SPI_SPIEN       ((unsigned int) 0x1 << 0)   // (SPI) SPI Enable
#define AT91C_SPI_SPIDIS      ((unsigned int) 0x1 << 1)   // (SPI) SPI Disable
#define AT91C_SPI_SWRST       ((unsigned int) 0x1 << 7)   // (SPI) SPI Software reset
#define AT91C_SPI_LASTXFER    ((unsigned int) 0x1 << 24)  // (SPI) SPI Last Transfer
// -------- SPI_MR : (SPI Offset: 0x4) SPI Mode Register --------
#define AT91C_SPI_MSTR        ((unsigned int) 0x1 << 0)   // (SPI) Master/Slave Mode
```

```
#define AT91C_SPI_PS          ((unsigned int) 0x1 << 1)   // (SPI) Peripheral Select
#define AT91C_SPI_PS_FIXED    ((unsigned int) 0x0 << 1)   // (SPI) Fixed Peripheral Select
#define AT91C_SPI_PS_VARIABLE ((unsigned int) 0x1 << 1)   // (SPI) Variable Peripheral Select
#define AT91C_SPI_PCSDEC      ((unsigned int) 0x1 << 2)   // (SPI) Chip Select Decode
#define AT91C_SPI_FDIV        ((unsigned int) 0x1 << 3)   // (SPI) Clock Selection
#define AT91C_SPI_MODFDIS     ((unsigned int) 0x1 << 4)   // (SPI) Mode Fault Detection
#define AT91C_SPI_LLB         ((unsigned int) 0x1 << 7)   // (SPI) Clock Selection
#define AT91C_SPI_PCS         ((unsigned int) 0xF << 16)  // (SPI) Peripheral Chip Select
#define AT91C_SPI_DLYBCS      ((unsigned int) 0xFF << 24) // (SPI) Delay Between Chip Selects
// -------- SPI_RDR : (SPI Offset: 0x8) Receive Data Register --------
#define AT91C_SPI_RD          ((unsigned int) 0xFFFF << 0) // (SPI) Receive Data
#define AT91C_SPI_RPCS        ((unsigned int) 0xF << 16)   // (SPI) Peripheral Chip Select Status
// -------- SPI_TDR : (SPI Offset: 0xc) Transmit Data Register --------
#define AT91C_SPI_TD          ((unsigned int) 0xFFFF << 0) // (SPI) Transmit Data
#define AT91C_SPI_TPCS        ((unsigned int) 0xF << 16)   // (SPI) Peripheral Chip Select Status
// -------- SPI_SR : (SPI Offset: 0x10) Status Register --------
#define AT91C_SPI_RDRF        ((unsigned int) 0x1 << 0)   // (SPI) Receive Data Register Full
#define AT91C_SPI_TDRE        ((unsigned int) 0x1 << 1)   // (SPI) Transmit Data Register Empty
#define AT91C_SPI_MODF        ((unsigned int) 0x1 << 2)   // (SPI) Mode Fault Error
#define AT91C_SPI_OVRES       ((unsigned int) 0x1 << 3)   // (SPI) Overrun Error Status
#define AT91C_SPI_ENDRX       ((unsigned int) 0x1 << 4)   // (SPI) End of Receiver Transfer
#define AT91C_SPI_ENDTX       ((unsigned int) 0x1 << 5)   // (SPI) End of Receiver Transfer
#define AT91C_SPI_RXBUFF      ((unsigned int) 0x1 << 6)   // (SPI) RXBUFF Interrupt
#define AT91C_SPI_TXBUFE      ((unsigned int) 0x1 << 7)   // (SPI) TXBUFE Interrupt
#define AT91C_SPI_NSSR        ((unsigned int) 0x1 << 8)   // (SPI) NSSR Interrupt
#define AT91C_SPI_TXEMPTY     ((unsigned int) 0x1 << 9)   // (SPI) TXEMPTY Interrupt
#define AT91C_SPI_SPIENS      ((unsigned int) 0x1 << 16)  // (SPI) Enable Status
// -------- SPI_IER : (SPI Offset: 0x14) Interrupt Enable Register --------
// -------- SPI_IDR : (SPI Offset: 0x18) Interrupt Disable Register --------
// -------- SPI_IMR : (SPI Offset: 0x1c) Interrupt Mask Register --------
// -------- SPI_CSR : (SPI Offset: 0x30) Chip Select Register --------
#define AT91C_SPI_CPOL        ((unsigned int) 0x1 << 0)   // (SPI) Clock Polarity
#define AT91C_SPI_NCPHA       ((unsigned int) 0x1 << 1)   // (SPI) Clock Phase
#define AT91C_SPI_CSAAT       ((unsigned int) 0x1 << 3)   // (SPI) Chip Select Active After Transfer
#define AT91C_SPI_BITS        ((unsigned int) 0xF << 4)   // (SPI) Bits Per Transfer
#define AT91C_SPI_BITS_8      ((unsigned int) 0x0 << 4)   // (SPI) 8 Bits Per transfer
#define AT91C_SPI_BITS_9      ((unsigned int) 0x1 << 4)   // (SPI) 9 Bits Per transfer
#define AT91C_SPI_BITS_10     ((unsigned int) 0x2 << 4)   // (SPI) 10 Bits Per transfer
#define AT91C_SPI_BITS_11     ((unsigned int) 0x3 << 4)   // (SPI) 11 Bits Per transfer
#define AT91C_SPI_BITS_12     ((unsigned int) 0x4 << 4)   // (SPI) 12 Bits Per transfer
#define AT91C_SPI_BITS_13     ((unsigned int) 0x5 << 4)   // (SPI) 13 Bits Per transfer
#define AT91C_SPI_BITS_14     ((unsigned int) 0x6 << 4)   // (SPI) 14 Bits Per transfer
#define AT91C_SPI_BITS_15     ((unsigned int) 0x7 << 4)   // (SPI) 15 Bits Per transfer
#define AT91C_SPI_BITS_16     ((unsigned int) 0x8 << 4)   // (SPI) 16 Bits Per transfer
#define AT91C_SPI_SCBR        ((unsigned int) 0xFF << 8)  // (SPI) Serial Clock Baud Rate
#define AT91C_SPI_DLYBS       ((unsigned int) 0xFF << 16) // (SPI) Delay Before SPCK
#define AT91C_SPI_DLYBCT      ((unsigned int) 0xFF << 24) // (SPI) Delay Between Consecutive Transfers

// *****************************************************************************
//              REGISTER ADDRESS DEFINITION FOR AT91SAM7S256
// *****************************************************************************
// ========== Register definition for System Controller ==========
// ========== Register definition for AIC ==========
#define AT91C_AIC_SMR   ((AT91_REG *)   0xFFFFF000) // (AIC) Source Mode Register
#define AT91C_AIC_SVR   ((AT91_REG *)   0xFFFFF080) // (AIC) Source Vector Register
#define AT91C_AIC_IVR   ((AT91_REG *)   0xFFFFF100) // (AIC) IRQ Vector Register
#define AT91C_AIC_FVR   ((AT91_REG *)   0xFFFFF104) // (AIC) FIQ Vector Register
#define AT91C_AIC_ISR   ((AT91_REG *)   0xFFFFF108) // (AIC) Interrupt Status Register
#define AT91C_AIC_IPR   ((AT91_REG *)   0xFFFFF10C) // (AIC) Interrupt Pending Register
#define AT91C_AIC_IMR   ((AT91_REG *)   0xFFFFF110) // (AIC) Interrupt Mask Register
#define AT91C_AIC_CISR  ((AT91_REG *)   0xFFFFF114) // (AIC) Core Interrupt Status Register
#define AT91C_AIC_IECR  ((AT91_REG *)   0xFFFFF120) // (AIC) Interrupt Enable Command Register
#define AT91C_AIC_IDCR  ((AT91_REG *)   0xFFFFF124) // (AIC) Interrupt Disable Command Register
#define AT91C_AIC_ICCR  ((AT91_REG *)   0xFFFFF128) // (AIC) Interrupt Clear Command Register
#define AT91C_AIC_ISCR  ((AT91_REG *)   0xFFFFF12C) // (AIC) Interrupt Set Command Register
#define AT91C_AIC_EOICR ((AT91_REG *)   0xFFFFF130) // (AIC) End of Interrupt Command Register
#define AT91C_AIC_SPU   ((AT91_REG *)   0xFFFFF134) // (AIC) Spurious Vector Register
#define AT91C_AIC_DCR   ((AT91_REG *)   0xFFFFF138) // (AIC) Debug Control Register (Protect)
#define AT91C_AIC_FFER  ((AT91_REG *)   0xFFFFF140) // (AIC) Fast Forcing Enable Register
#define AT91C_AIC_FFDR  ((AT91_REG *)   0xFFFFF144) // (AIC) Fast Forcing Disable Register
#define AT91C_AIC_FFSR  ((AT91_REG *)   0xFFFFF148) // (AIC) Fast Forcing Status Register
// ========== Register definition for DBGU ==========
#define AT91C_DBGU_CR   ((AT91_REG *)   0xFFFFF200) // (DBGU) Control Register
#define AT91C_DBGU_MR   ((AT91_REG *)   0xFFFFF204) // (DBGU) Mode Register
```

```
#define AT91C_DBGU_IER  ((AT91_REG *)   0xFFFFF208) // (DBGU) Interrupt Enable Register
#define AT91C_DBGU_IDR  ((AT91_REG *)   0xFFFFF20C) // (DBGU) Interrupt Disable Register
#define AT91C_DBGU_IMR  ((AT91_REG *)   0xFFFFF210) // (DBGU) Interrupt Mask Register
#define AT91C_DBGU_CSR  ((AT91_REG *)   0xFFFFF214) // (DBGU) Channel Status Register
#define AT91C_DBGU_RHR  ((AT91_REG *)   0xFFFFF218) // (DBGU) Receiver Holding Register
#define AT91C_DBGU_THR  ((AT91_REG *)   0xFFFFF21C) // (DBGU) Transmitter Holding Register
#define AT91C_DBGU_BRGR ((AT91_REG *)   0xFFFFF220) // (DBGU) Baud Rate Generator Register
#define AT91C_DBGU_CIDR ((AT91_REG *)   0xFFFFF240) // (DBGU) Chip ID Register
#define AT91C_DBGU_EXID ((AT91_REG *)   0xFFFFF244) // (DBGU) Chip ID Extension Register
#define AT91C_DBGU_FNTR ((AT91_REG *)   0xFFFFF248) // (DBGU) Force NTRST Register
// ========== Register definition for PDC_DBGU ==========
#define AT91C_DBGU_RPR  ((AT91_REG *)   0xFFFFF300) // (PDC_DBGU) Receive Pointer Register
#define AT91C_DBGU_RCR  ((AT91_REG *)   0xFFFFF304) // (PDC_DBGU) Receive Counter Register
#define AT91C_DBGU_TPR  ((AT91_REG *)   0xFFFFF308) // (PDC_DBGU) Transmit Pointer Register
#define AT91C_DBGU_TCR  ((AT91_REG *)   0xFFFFF30C) // (PDC_DBGU) Transmit Counter Register
#define AT91C_DBGU_RNPR ((AT91_REG *)   0xFFFFF310) // (PDC_DBGU) Receive Next Pointer Register
#define AT91C_DBGU_RNCR ((AT91_REG *)   0xFFFFF314) // (PDC_DBGU) Receive Next Counter Register
#define AT91C_DBGU_TNPR ((AT91_REG *)   0xFFFFF318) // (PDC_DBGU) Transmit Next Pointer Register
#define AT91C_DBGU_TNCR ((AT91_REG *)   0xFFFFF31C) // (PDC_DBGU) Transmit Next Counter Register
#define AT91C_DBGU_PTCR ((AT91_REG *)   0xFFFFF320) // (PDC_DBGU) PDC Transfer Control Register
#define AT91C_DBGU_PTSR ((AT91_REG *)   0xFFFFF324) // (PDC_DBGU) PDC Transfer Status Register
// ========== Register definition for PIOA ==========
#define AT91C_PIOA_PER  ((AT91_REG *)   0xFFFFF400) // (PIOA) PIO Enable Register
#define AT91C_PIOA_PDR  ((AT91_REG *)   0xFFFFF404) // (PIOA) PIO Disable Register
#define AT91C_PIOA_PSR  ((AT91_REG *)   0xFFFFF408) // (PIOA) PIO Status Register
#define AT91C_PIOA_OER  ((AT91_REG *)   0xFFFFF410) // (PIOA) Output Enable Register
#define AT91C_PIOA_ODR  ((AT91_REG *)   0xFFFFF414) // (PIOA) Output Disable Registerr
#define AT91C_PIOA_OSR  ((AT91_REG *)   0xFFFFF418) // (PIOA) Output Status Register
#define AT91C_PIOA_IFER ((AT91_REG *)   0xFFFFF420) // (PIOA) Input Filter Enable Register
#define AT91C_PIOA_IFDR ((AT91_REG *)   0xFFFFF424) // (PIOA) Input Filter Disable Register
#define AT91C_PIOA_IFSR ((AT91_REG *)   0xFFFFF428) // (PIOA) Input Filter Status Register
#define AT91C_PIOA_SODR ((AT91_REG *)   0xFFFFF430) // (PIOA) Set Output Data Register
#define AT91C_PIOA_CODR ((AT91_REG *)   0xFFFFF434) // (PIOA) Clear Output Data Register
#define AT91C_PIOA_ODSR ((AT91_REG *)   0xFFFFF438) // (PIOA) Output Data Status Register
#define AT91C_PIOA_PDSR ((AT91_REG *)   0xFFFFF43C) // (PIOA) Pin Data Status Register
#define AT91C_PIOA_IER  ((AT91_REG *)   0xFFFFF440) // (PIOA) Interrupt Enable Register
#define AT91C_PIOA_IDR  ((AT91_REG *)   0xFFFFF444) // (PIOA) Interrupt Disable Register
#define AT91C_PIOA_IMR  ((AT91_REG *)   0xFFFFF448) // (PIOA) Interrupt Mask Register
#define AT91C_PIOA_ISR  ((AT91_REG *)   0xFFFFF44C) // (PIOA) Interrupt Status Register
#define AT91C_PIOA_MDER ((AT91_REG *)   0xFFFFF450) // (PIOA) Multi-driver Enable Register
#define AT91C_PIOA_MDDR ((AT91_REG *)   0xFFFFF454) // (PIOA) Multi-driver Disable Register
#define AT91C_PIOA_MDSR ((AT91_REG *)   0xFFFFF458) // (PIOA) Multi-driver Status Register
#define AT91C_PIOA_PPUDR ((AT91_REG *)  0xFFFFF460) // (PIOA) Pull-up Disable Register
#define AT91C_PIOA_PPUER ((AT91_REG *)  0xFFFFF464) // (PIOA) Pull-up Enable Register
#define AT91C_PIOA_PPUSR ((AT91_REG *)  0xFFFFF468) // (PIOA) Pull-up Status Register
#define AT91C_PIOA_ASR  ((AT91_REG *)   0xFFFFF470) // (PIOA) Select A Register
#define AT91C_PIOA_BSR  ((AT91_REG *)   0xFFFFF474) // (PIOA) Select B Register
#define AT91C_PIOA_ABSR ((AT91_REG *)   0xFFFFF478) // (PIOA) AB Select Status Register
#define AT91C_PIOA_OWER ((AT91_REG *)   0xFFFFF4A0) // (PIOA) Output Write Enable Register
#define AT91C_PIOA_OWDR ((AT91_REG *)   0xFFFFF4A4) // (PIOA) Output Write Disable Register
#define AT91C_PIOA_OWSR ((AT91_REG *)   0xFFFFF4A8) // (PIOA) Output Write Status Register
// ========== Register definition for PMC ==========
#define AT91C_PMC_SCER  ((AT91_REG *)   0xFFFFFC00) // (PMC) System Clock Enable Register
#define AT91C_PMC_SCDR  ((AT91_REG *)   0xFFFFFC04) // (PMC) System Clock Disable Register
#define AT91C_PMC_SCSR  ((AT91_REG *)   0xFFFFFC08) // (PMC) System Clock Status Register
#define AT91C_PMC_PCER  ((AT91_REG *)   0xFFFFFC10) // (PMC) Peripheral Clock Enable Register
#define AT91C_PMC_PCDR  ((AT91_REG *)   0xFFFFFC14) // (PMC) Peripheral Clock Disable Register
#define AT91C_PMC_PCSR  ((AT91_REG *)   0xFFFFFC18) // (PMC) Peripheral Clock Status Register
#define AT91C_PMC_MOR   ((AT91_REG *)   0xFFFFFC20) // (PMC) Main Oscillator Register
#define AT91C_PMC_MCFR  ((AT91_REG *)   0xFFFFFC24) // (PMC) Main Clock  Frequency Register
#define AT91C_PMC_PLLR  ((AT91_REG *)   0xFFFFFC2C) // (PMC) PLL Register
#define AT91C_PMC_MCKR  ((AT91_REG *)   0xFFFFFC30) // (PMC) Master Clock Register
#define AT91C_PMC_PCKR  ((AT91_REG *)   0xFFFFFC40) // (PMC) Programmable Clock Register
#define AT91C_PMC_IER   ((AT91_REG *)   0xFFFFFC60) // (PMC) Interrupt Enable Register
#define AT91C_PMC_IDR   ((AT91_REG *)   0xFFFFFC64) // (PMC) Interrupt Disable Register
#define AT91C_PMC_SR    ((AT91_REG *)   0xFFFFFC68) // (PMC) Status Register
#define AT91C_PMC_IMR   ((AT91_REG *)   0xFFFFFC6C) // (PMC) Interrupt Mask Register
// ========== Register definition for CKGR ==========
#define AT91C_CKGR_MOR  ((AT91_REG *)   0xFFFFFC20) // (CKGR) Main Oscillator Register
#define AT91C_CKGR_MCFR ((AT91_REG *)   0xFFFFFC24) // (CKGR) Main Clock  Frequency Register
#define AT91C_CKGR_PLLR ((AT91_REG *)   0xFFFFFC2C) // (CKGR) PLL Register
// ========== Register definition for RSTC ==========
#define AT91C_RSTC_RCR  ((AT91_REG *)   0xFFFFFD00) // (RSTC) Reset Control Register
#define AT91C_RSTC_RSR  ((AT91_REG *)   0xFFFFFD04) // (RSTC) Reset Status Register
```

```
#define AT91C_RSTC_RMR  ((AT91_REG *)   0xFFFFFD08) // (RSTC) Reset Mode Register
// ========== Register definition for RTTC ==========
#define AT91C_RTTC_RTMR ((AT91_REG *)   0xFFFFFD20) // (RTTC) Real-time Mode Register
#define AT91C_RTTC_RTAR ((AT91_REG *)   0xFFFFFD24) // (RTTC) Real-time Alarm Register
#define AT91C_RTTC_RTVR ((AT91_REG *)   0xFFFFFD28) // (RTTC) Real-time Value Register
#define AT91C_RTTC_RTSR ((AT91_REG *)   0xFFFFFD2C) // (RTTC) Real-time Status Register
// ========== Register definition for PITC ==========
#define AT91C_PITC_PIMR ((AT91_REG *)   0xFFFFFD30) // (PITC) Period Interval Mode Register
#define AT91C_PITC_PISR ((AT91_REG *)   0xFFFFFD34) // (PITC) Period Interval Status Register
#define AT91C_PITC_PIVR ((AT91_REG *)   0xFFFFFD38) // (PITC) Period Interval Value Register
#define AT91C_PITC_PIIR ((AT91_REG *)   0xFFFFFD3C) // (PITC) Period Interval Image Register
// ========== Register definition for WDTC ==========
#define AT91C_WDTC_WDCR ((AT91_REG *)   0xFFFFFD40) // (WDTC) Watchdog Control Register
#define AT91C_WDTC_WDMR ((AT91_REG *)   0xFFFFFD44) // (WDTC) Watchdog Mode Register
#define AT91C_WDTC_WDSR ((AT91_REG *)   0xFFFFFD48) // (WDTC) Watchdog Status Register
// ========== Register definition for VREG ==========
#define AT91C_VREG_MR   ((AT91_REG *)   0xFFFFFD60) // (VREG) Voltage Regulator Mode Register
// ========== Register definition for MC ==========
#define AT91C_MC_RCR    ((AT91_REG *)   0xFFFFFF00) // (MC) MC Remap Control Register
#define AT91C_MC_ASR    ((AT91_REG *)   0xFFFFFF04) // (MC) MC Abort Status Register
#define AT91C_MC_AASR   ((AT91_REG *)   0xFFFFFF08) // (MC) MC Abort Address Status Register
#define AT91C_MC_FMR    ((AT91_REG *)   0xFFFFFF60) // (MC) MC Flash Mode Register
#define AT91C_MC_FCR    ((AT91_REG *)   0xFFFFFF64) // (MC) MC Flash Command Register
#define AT91C_MC_FSR    ((AT91_REG *)   0xFFFFFF68) // (MC) MC Flash Status Register

// ========== Register definition for Built-In Peripherals ==========
// ========== Register definition for TC0 of TC peripheral ==========
#define AT91C_TC0_CCR   ((AT91_REG *)   0xFFFA0000) // (TC0) Channel Control Register
#define AT91C_TC0_CMR   ((AT91_REG *)   0xFFFA0004) // (TC0) Channel Mode Register (Capture/Waveform)
#define AT91C_TC0_CV    ((AT91_REG *)   0xFFFA0010) // (TC0) Counter Value
#define AT91C_TC0_RA    ((AT91_REG *)   0xFFFA0014) // (TC0) Register A
#define AT91C_TC0_RB    ((AT91_REG *)   0xFFFA0018) // (TC0) Register B
#define AT91C_TC0_RC    ((AT91_REG *)   0xFFFA001C) // (TC0) Register C
#define AT91C_TC0_SR    ((AT91_REG *)   0xFFFA0020) // (TC0) Status Register
#define AT91C_TC0_IER   ((AT91_REG *)   0xFFFA0024) // (TC0) Interrupt Enable Register
#define AT91C_TC0_IDR   ((AT91_REG *)   0xFFFA0028) // (TC0) Interrupt Disable Register
#define AT91C_TC0_IMR   ((AT91_REG *)   0xFFFA002C) // (TC0) Interrupt Mask Register
// ========== Register definition for TC1 peripheral ==========
#define AT91C_TC1_CCR   ((AT91_REG *)   0xFFFA0040) // (TC1) Channel Control Register
#define AT91C_TC1_CMR   ((AT91_REG *)   0xFFFA0044) // (TC1) Channel Mode Register (Capture/Waveform)
#define AT91C_TC1_CV    ((AT91_REG *)   0xFFFA0050) // (TC1) Counter Value
#define AT91C_TC1_RA    ((AT91_REG *)   0xFFFA0054) // (TC1) Register A
#define AT91C_TC1_RB    ((AT91_REG *)   0xFFFA0058) // (TC1) Register B
#define AT91C_TC1_RC    ((AT91_REG *)   0xFFFA005C) // (TC1) Register C
#define AT91C_TC1_SR    ((AT91_REG *)   0xFFFA0060) // (TC1) Status Register
#define AT91C_TC1_IER   ((AT91_REG *)   0xFFFA0064) // (TC1) Interrupt Enable Register
#define AT91C_TC1_IDR   ((AT91_REG *)   0xFFFA0068) // (TC1) Interrupt Disable Register
#define AT91C_TC1_IMR   ((AT91_REG *)   0xFFFA006C) // (TC1) Interrupt Mask Register
// ========== Register definition for TC2 peripheral ==========
#define AT91C_TC2_CCR   ((AT91_REG *)   0xFFFA0080) // (TC2) Channel Control Register
#define AT91C_TC2_CMR   ((AT91_REG *)   0xFFFA0084) // (TC2) Channel Mode Register (Capture/Waveform)
#define AT91C_TC2_CV    ((AT91_REG *)   0xFFFA0090) // (TC2) Counter Value
#define AT91C_TC2_RA    ((AT91_REG *)   0xFFFA0094) // (TC2) Register A
#define AT91C_TC2_RB    ((AT91_REG *)   0xFFFA0098) // (TC2) Register B
#define AT91C_TC2_RC    ((AT91_REG *)   0xFFFA009C) // (TC2) Register C
#define AT91C_TC2_SR    ((AT91_REG *)   0xFFFA00A0) // (TC2) Status Register
#define AT91C_TC2_IER   ((AT91_REG *)   0xFFFA00A4) // (TC2) Interrupt Enable Register
#define AT91C_TC2_IDR   ((AT91_REG *)   0xFFFA00A8) // (TC2) Interrupt Disable Register
#define AT91C_TC2_IMR   ((AT91_REG *)   0xFFFA00AC) // (TC2) Interrupt Mask Register
// ========== Register definition for TCB peripheral ==========
#define AT91C_TCB_BCR   ((AT91_REG *)   0xFFFA00C0) // (TCB) TC Block Control Register
#define AT91C_TCB_BMR   ((AT91_REG *)   0xFFFA00C4) // (TCB) TC Block Mode Register
// ========== Register definition for UDP peripheral ==========
#define AT91C_UDP_NUM   ((AT91_REG *)   0xFFFB0000) // (UDP) Frame Number Register
#define AT91C_UDP_GLBSTATE ((AT91_REG *) 0xFFFB0004) // (UDP) Global State Register
#define AT91C_UDP_FADDR ((AT91_REG *)   0xFFFB0008) // (UDP) Function Address Register
#define AT91C_UDP_IER   ((AT91_REG *)   0xFFFB0010) // (UDP) Interrupt Enable Register
#define AT91C_UDP_IDR   ((AT91_REG *)   0xFFFB0014) // (UDP) Interrupt Disable Register
#define AT91C_UDP_IMR   ((AT91_REG *)   0xFFFB0018) // (UDP) Interrupt Mask Register
#define AT91C_UDP_ISR   ((AT91_REG *)   0xFFFB001C) // (UDP) Interrupt Status Register
#define AT91C_UDP_ICR   ((AT91_REG *)   0xFFFB0020) // (UDP) Interrupt Clear Register
#define AT91C_UDP_RSTEP ((AT91_REG *)   0xFFFB0028) // (UDP) Reset Endpoint Register
#define AT91C_UDP_CSR   ((AT91_REG *)   0xFFFB0030) // (UDP) Endpoint Control and Status Register
#define AT91C_UDP_FDR   ((AT91_REG *)   0xFFFB0050) // (UDP) Endpoint FIFO Data Register
```

```
#define AT91C_UDP_TXVC  ((AT91_REG *)   0xFFFB0074) // (UDP) Transceiver Control Register
// ========== Register definition for TWI peripheral ==========
#define AT91C_TWI_CR    ((AT91_REG *)   0xFFFB8000) // (TWI) Control Register
#define AT91C_TWI_MMR   ((AT91_REG *)   0xFFFB8004) // (TWI) Master Mode Register
#define AT91C_TWI_IADR  ((AT91_REG *)   0xFFFB800C) // (TWI) Internal Address Register
#define AT91C_TWI_CWGR  ((AT91_REG *)   0xFFFB8010) // (TWI) Clock Waveform Generator Register
#define AT91C_TWI_SR    ((AT91_REG *)   0xFFFB8020) // (TWI) Status Register
#define AT91C_TWI_IER   ((AT91_REG *)   0xFFFB8024) // (TWI) Interrupt Enable Register
#define AT91C_TWI_IDR   ((AT91_REG *)   0xFFFB8028) // (TWI) Interrupt Disable Register
#define AT91C_TWI_IMR   ((AT91_REG *)   0xFFFB802C) // (TWI) Interrupt Mask Register
#define AT91C_TWI_RHR   ((AT91_REG *)   0xFFFB8030) // (TWI) Receive Holding Register
#define AT91C_TWI_THR   ((AT91_REG *)   0xFFFB8034) // (TWI) Transmit Holding Register
// ========== Register definition for USART0 peripheral ==========
#define AT91C_US0_CR    ((AT91_REG *)   0xFFFC0000) // (US0) Control Register
#define AT91C_US0_MR    ((AT91_REG *)   0xFFFC0004) // (US0) Mode Register
#define AT91C_US0_IER   ((AT91_REG *)   0xFFFC0008) // (US0) Interrupt Enable Register
#define AT91C_US0_IDR   ((AT91_REG *)   0xFFFC000C) // (US0) Interrupt Disable Register
#define AT91C_US0_IMR   ((AT91_REG *)   0xFFFC0010) // (US0) Interrupt Mask Register
#define AT91C_US0_CSR   ((AT91_REG *)   0xFFFC0014) // (US0) Channel Status Register
#define AT91C_US0_RHR   ((AT91_REG *)   0xFFFC0018) // (US0) Receiver Holding Register
#define AT91C_US0_THR   ((AT91_REG *)   0xFFFC001C) // (US0) Transmitter Holding Register
#define AT91C_US0_BRGR  ((AT91_REG *)   0xFFFC0020) // (US0) Baud Rate Generator Register
#define AT91C_US0_RTOR  ((AT91_REG *)   0xFFFC0024) // (US0) Receiver Time-out Register
#define AT91C_US0_TTGR  ((AT91_REG *)   0xFFFC0028) // (US0) Transmitter Time-guard Register
#define AT91C_US0_FIDI  ((AT91_REG *)   0xFFFC0040) // (US0) FI_DI_Ratio Register
#define AT91C_US0_NER   ((AT91_REG *)   0xFFFC0044) // (US0) Nb Errors Register
#define AT91C_US0_IF    ((AT91_REG *)   0xFFFC004C) // (US0) IRDA_FILTER Register
// ========== Register definition for PDC_US0 peripheral ==========
#define AT91C_US0_RPR   ((AT91_REG *)   0xFFFC0100) // (PDC_US0) Receive Pointer Register
#define AT91C_US0_RCR   ((AT91_REG *)   0xFFFC0104) // (PDC_US0) Receive Counter Register
#define AT91C_US0_TPR   ((AT91_REG *)   0xFFFC0108) // (PDC_US0) Transmit Pointer Register
#define AT91C_US0_TCR   ((AT91_REG *)   0xFFFC010C) // (PDC_US0) Transmit Counter Register
#define AT91C_US0_RNPR  ((AT91_REG *)   0xFFFC0110) // (PDC_US0) Receive Next Pointer Register
#define AT91C_US0_RNCR  ((AT91_REG *)   0xFFFC0114) // (PDC_US0) Receive Next Counter Register
#define AT91C_US0_TNPR  ((AT91_REG *)   0xFFFC0118) // (PDC_US0) Transmit Next Pointer Register
#define AT91C_US0_TNCR  ((AT91_REG *)   0xFFFC011C) // (PDC_US0) Transmit Next Counter Register
#define AT91C_US0_PTCR  ((AT91_REG *)   0xFFFC0120) // (PDC_US0) PDC Transfer Control Register
#define AT91C_US0_PTSR  ((AT91_REG *)   0xFFFC0124) // (PDC_US0) PDC Transfer Status Register
// ========== Register definition for USART1 peripheral ==========
#define AT91C_US1_CR    ((AT91_REG *)   0xFFFC4000) // (US1) Control Register
#define AT91C_US1_MR    ((AT91_REG *)   0xFFFC4004) // (US1) Mode Register
#define AT91C_US1_IER   ((AT91_REG *)   0xFFFC4008) // (US1) Interrupt Enable Register
#define AT91C_US1_IDR   ((AT91_REG *)   0xFFFC400C) // (US1) Interrupt Disable Register
#define AT91C_US1_IMR   ((AT91_REG *)   0xFFFC4010) // (US1) Interrupt Mask Register
#define AT91C_US1_CSR   ((AT91_REG *)   0xFFFC4014) // (US1) Channel Status Register
#define AT91C_US1_RHR   ((AT91_REG *)   0xFFFC4018) // (US1) Receiver Holding Register
#define AT91C_US1_THR   ((AT91_REG *)   0xFFFC401C) // (US1) Transmitter Holding Register
#define AT91C_US1_BRGR  ((AT91_REG *)   0xFFFC4020) // (US1) Baud Rate Generator Register
#define AT91C_US1_RTOR  ((AT91_REG *)   0xFFFC4024) // (US1) Receiver Time-out Register
#define AT91C_US1_TTGR  ((AT91_REG *)   0xFFFC4028) // (US1) Transmitter Time-guard Register
#define AT91C_US1_FIDI  ((AT91_REG *)   0xFFFC4040) // (US1) FI_DI_Ratio Register
#define AT91C_US1_NER   ((AT91_REG *)   0xFFFC4044) // (US1) Nb Errors Register
#define AT91C_US1_IF    ((AT91_REG *)   0xFFFC404C) // (US1) IRDA_FILTER Register
// ========== Register definition for PDC_US1 peripheral ==========
#define AT91C_US1_RPR   ((AT91_REG *)   0xFFFC4100) // (PDC_US1) Receive Pointer Register
#define AT91C_US1_RCR   ((AT91_REG *)   0xFFFC4104) // (PDC_US1) Receive Counter Register
#define AT91C_US1_TPR   ((AT91_REG *)   0xFFFC4108) // (PDC_US1) Transmit Pointer Register
#define AT91C_US1_TCR   ((AT91_REG *)   0xFFFC410C) // (PDC_US1) Transmit Counter Register
#define AT91C_US1_RNPR  ((AT91_REG *)   0xFFFC4110) // (PDC_US1) Receive Next Pointer Register
#define AT91C_US1_RNCR  ((AT91_REG *)   0xFFFC4114) // (PDC_US1) Receive Next Counter Register
#define AT91C_US1_TNPR  ((AT91_REG *)   0xFFFC4118) // (PDC_US1) Transmit Next Pointer Register
#define AT91C_US1_TNCR  ((AT91_REG *)   0xFFFC411C) // (PDC_US1) Transmit Next Counter Register
#define AT91C_US1_PTCR  ((AT91_REG *)   0xFFFC4120) // (PDC_US1) PDC Transfer Control Register
#define AT91C_US1_PTSR  ((AT91_REG *)   0xFFFC4124) // (PDC_US1) PDC Transfer Status Register
// ========== Register definition for PWMC peripheral ==========
#define AT91C_PWMC_MR   ((AT91_REG *)   0xFFFCC000) // (PWMC) PWMC Mode Register
#define AT91C_PWMC_ENA  ((AT91_REG *)   0xFFFCC004) // (PWMC) PWMC Enable Register
#define AT91C_PWMC_DIS  ((AT91_REG *)   0xFFFCC008) // (PWMC) PWMC Disable Register
#define AT91C_PWMC_SR   ((AT91_REG *)   0xFFFCC00C) // (PWMC) PWMC Status Register
#define AT91C_PWMC_IER  ((AT91_REG *)   0xFFFCC010) // (PWMC) PWMC Interrupt Enable Register
#define AT91C_PWMC_IDR  ((AT91_REG *)   0xFFFCC014) // (PWMC) PWMC Interrupt Disable Register
#define AT91C_PWMC_IMR  ((AT91_REG *)   0xFFFCC018) // (PWMC) PWMC Interrupt Mask Register
#define AT91C_PWMC_ISR  ((AT91_REG *)   0xFFFCC01C) // (PWMC) PWMC Interrupt Status Register
#define AT91C_PWMC_VR   ((AT91_REG *)   0xFFFCC0FC) // (PWMC) PWMC Version Register
```

```
// ========== Register definition for PWMC_CH0 peripheral ==========
#define AT91C_PWMC_CH0_CMR      ((AT91_REG *)   0xFFFCC200) // (PWMC_CH0) Channel Mode Register
#define AT91C_PWMC_CH0_CDTYR    ((AT91_REG *)   0xFFFCC204) // (PWMC_CH0) Channel Duty Cycle Register
#define AT91C_PWMC_CH0_CPRDR    ((AT91_REG *)   0xFFFCC208) // (PWMC_CH0) Channel Period Register
#define AT91C_PWMC_CH0_CCNTR    ((AT91_REG *)   0xFFFCC20C) // (PWMC_CH0) Channel Counter Register
#define AT91C_PWMC_CH0_CUPDR    ((AT91_REG *)   0xFFFCC210) // (PWMC_CH0) Channel Update Register
#define AT91C_PWMC_CH0_Reserved ((AT91_REG *)   0xFFFCC214) // (PWMC_CH0) Reserved
// ========== Register definition for PWMC_CH1 peripheral ==========
#define AT91C_PWMC_CH1_CMR      ((AT91_REG *)   0xFFFCC220) // (PWMC_CH1) Channel Mode Register
#define AT91C_PWMC_CH1_CDTYR    ((AT91_REG *)   0xFFFCC224) // (PWMC_CH1) Channel Duty Cycle Register
#define AT91C_PWMC_CH1_CPRDR    ((AT91_REG *)   0xFFFCC228) // (PWMC_CH1) Channel Period Register
#define AT91C_PWMC_CH1_CCNTR    ((AT91_REG *)   0xFFFCC22C) // (PWMC_CH1) Channel Counter Register
#define AT91C_PWMC_CH1_CUPDR    ((AT91_REG *)   0xFFFCC230) // (PWMC_CH1) Channel Update Register
#define AT91C_PWMC_CH1_Reserved ((AT91_REG *)   0xFFFCC234) // (PWMC_CH1) Reserved
// ========== Register definition for PWMC_CH2 peripheral ==========
#define AT91C_PWMC_CH2_CMR      ((AT91_REG *)   0xFFFCC240) // (PWMC_CH2) Channel Mode Register
#define AT91C_PWMC_CH2_CDTYR    ((AT91_REG *)   0xFFFCC244) // (PWMC_CH2) Channel Duty Cycle Register
#define AT91C_PWMC_CH2_CPRDR    ((AT91_REG *)   0xFFFCC248) // (PWMC_CH2) Channel Period Register
#define AT91C_PWMC_CH2_CCNTR    ((AT91_REG *)   0xFFFCC24C) // (PWMC_CH2) Channel Counter Register
#define AT91C_PWMC_CH2_CUPDR    ((AT91_REG *)   0xFFFCC250) // (PWMC_CH2) Channel Update Register
#define AT91C_PWMC_CH2_Reserved ((AT91_REG *)   0xFFFCC254) // (PWMC_CH2) Reserved
// ========== Register definition for PWMC_CH3 peripheral ==========
#define AT91C_PWMC_CH3_CMR      ((AT91_REG *)   0xFFFCC260) // (PWMC_CH3) Channel Mode Register
#define AT91C_PWMC_CH3_CDTYR    ((AT91_REG *)   0xFFFCC264) // (PWMC_CH3) Channel Duty Cycle Register
#define AT91C_PWMC_CH3_CPRDR    ((AT91_REG *)   0xFFFCC268) // (PWMC_CH3) Channel Period Register
#define AT91C_PWMC_CH3_CCNTR    ((AT91_REG *)   0xFFFCC26C) // (PWMC_CH3) Channel Counter Register
#define AT91C_PWMC_CH3_CUPDR    ((AT91_REG *)   0xFFFCC270) // (PWMC_CH3) Channel Update Register
#define AT91C_PWMC_CH3_Reserved ((AT91_REG *)   0xFFFCC274) // (PWMC_CH3) Reserved
// ========== Register definition for SSC peripheral ==========
#define AT91C_SSC_CR    ((AT91_REG *)   0xFFFD4000) // (SSC) Control Register
#define AT91C_SSC_CMR   ((AT91_REG *)   0xFFFD4004) // (SSC) Clock Mode Register
#define AT91C_SSC_RCMR  ((AT91_REG *)   0xFFFD4010) // (SSC) Receive Clock ModeRegister
#define AT91C_SSC_RFMR  ((AT91_REG *)   0xFFFD4014) // (SSC) Receive Frame Mode Register
#define AT91C_SSC_TCMR  ((AT91_REG *)   0xFFFD4018) // (SSC) Transmit Clock Mode Register
#define AT91C_SSC_TFMR  ((AT91_REG *)   0xFFFD401C) // (SSC) Transmit Frame Mode Register
#define AT91C_SSC_RHR   ((AT91_REG *)   0xFFFD4020) // (SSC) Receive Holding Register
#define AT91C_SSC_THR   ((AT91_REG *)   0xFFFD4024) // (SSC) Transmit Holding Register
#define AT91C_SSC_RSHR  ((AT91_REG *)   0xFFFD4030) // (SSC) Receive Sync Holding Register
#define AT91C_SSC_TSHR  ((AT91_REG *)   0xFFFD4034) // (SSC) Transmit Sync Holding Register
#define AT91C_SSC_SR    ((AT91_REG *)   0xFFFD4040) // (SSC) Status Register
#define AT91C_SSC_IER   ((AT91_REG *)   0xFFFD4044) // (SSC) Interrupt Enable Register
#define AT91C_SSC_IDR   ((AT91_REG *)   0xFFFD4048) // (SSC) Interrupt Disable Register
#define AT91C_SSC_IMR   ((AT91_REG *)   0xFFFD404C) // (SSC) Interrupt Mask Register
// ========== Register definition for PDC_SSC peripheral ==========
#define AT91C_SSC_RPR   ((AT91_REG *)   0xFFFD4100) // (PDC_SSC) Receive Pointer Register
#define AT91C_SSC_RCR   ((AT91_REG *)   0xFFFD4104) // (PDC_SSC) Receive Counter Register
#define AT91C_SSC_TPR   ((AT91_REG *)   0xFFFD4108) // (PDC_SSC) Transmit Pointer Register
#define AT91C_SSC_TCR   ((AT91_REG *)   0xFFFD410C) // (PDC_SSC) Transmit Counter Register
#define AT91C_SSC_RNPR  ((AT91_REG *)   0xFFFD4110) // (PDC_SSC) Receive Next Pointer Register
#define AT91C_SSC_RNCR  ((AT91_REG *)   0xFFFD4114) // (PDC_SSC) Receive Next Counter Register
#define AT91C_SSC_TNPR  ((AT91_REG *)   0xFFFD4118) // (PDC_SSC) Transmit Next Pointer Register
#define AT91C_SSC_TNCR  ((AT91_REG *)   0xFFFD411C) // (PDC_SSC) Transmit Next Counter Register
#define AT91C_SSC_PTCR  ((AT91_REG *)   0xFFFD4120) // (PDC_SSC) PDC Transfer Control Register
#define AT91C_SSC_PTSR  ((AT91_REG *)   0xFFFD4124) // (PDC_SSC) PDC Transfer Status Register
// ========== Register definition for ADC peripheral ==========
#define AT91C_ADC_CR    ((AT91_REG *)   0xFFFD8000) // (ADC) ADC Control Register
#define AT91C_ADC_MR    ((AT91_REG *)   0xFFFD8004) // (ADC) ADC Mode Register
#define AT91C_ADC_CHER  ((AT91_REG *)   0xFFFD8010) // (ADC) ADC Channel Enable Register
#define AT91C_ADC_CHDR  ((AT91_REG *)   0xFFFD8014) // (ADC) ADC Channel Disable Register
#define AT91C_ADC_CHSR  ((AT91_REG *)   0xFFFD8018) // (ADC) ADC Channel Status Register
#define AT91C_ADC_SR    ((AT91_REG *)   0xFFFD801C) // (ADC) ADC Status Register
#define AT91C_ADC_LCDR  ((AT91_REG *)   0xFFFD8020) // (ADC) ADC Last Converted Data Register
#define AT91C_ADC_IER   ((AT91_REG *)   0xFFFD8024) // (ADC) ADC Interrupt Enable Register
#define AT91C_ADC_IDR   ((AT91_REG *)   0xFFFD8028) // (ADC) ADC Interrupt Disable Register
#define AT91C_ADC_IMR   ((AT91_REG *)   0xFFFD802C) // (ADC) ADC Interrupt Mask Register
#define AT91C_ADC_CDR0  ((AT91_REG *)   0xFFFD8030) // (ADC) ADC Channel Data Register 0
#define AT91C_ADC_CDR1  ((AT91_REG *)   0xFFFD8034) // (ADC) ADC Channel Data Register 1
#define AT91C_ADC_CDR2  ((AT91_REG *)   0xFFFD8038) // (ADC) ADC Channel Data Register 2
#define AT91C_ADC_CDR3  ((AT91_REG *)   0xFFFD803C) // (ADC) ADC Channel Data Register 3
#define AT91C_ADC_CDR4  ((AT91_REG *)   0xFFFD8040) // (ADC) ADC Channel Data Register 4
#define AT91C_ADC_CDR5  ((AT91_REG *)   0xFFFD8044) // (ADC) ADC Channel Data Register 5
#define AT91C_ADC_CDR6  ((AT91_REG *)   0xFFFD8048) // (ADC) ADC Channel Data Register 6
#define AT91C_ADC_CDR7  ((AT91_REG *)   0xFFFD804C) // (ADC) ADC Channel Data Register 7
// ========== Register definition for PDC_ADC peripheral ==========
```

```
#define AT91C_ADC_RPR   ((AT91_REG *)   0xFFFD8100) // (PDC_ADC) Receive Pointer Register
#define AT91C_ADC_RCR   ((AT91_REG *)   0xFFFD8104) // (PDC_ADC) Receive Counter Register
#define AT91C_ADC_TPR   ((AT91_REG *)   0xFFFD8108) // (PDC_ADC) Transmit Pointer Register
#define AT91C_ADC_TCR   ((AT91_REG *)   0xFFFD810C) // (PDC_ADC) Transmit Counter Register
#define AT91C_ADC_RNPR  ((AT91_REG *)   0xFFFD8110) // (PDC_ADC) Receive Next Pointer Register
#define AT91C_ADC_RNCR  ((AT91_REG *)   0xFFFD8114) // (PDC_ADC) Receive Next Counter Register
#define AT91C_ADC_TNPR  ((AT91_REG *)   0xFFFD8118) // (PDC_ADC) Transmit Next Pointer Register
#define AT91C_ADC_TNCR  ((AT91_REG *)   0xFFFD811C) // (PDC_ADC) Transmit Next Counter Register
#define AT91C_ADC_PTCR  ((AT91_REG *)   0xFFFD8120) // (PDC_ADC) PDC Transfer Control Register
#define AT91C_ADC_PTSR  ((AT91_REG *)   0xFFFD8124) // (PDC_ADC) PDC Transfer Status Register
// ========== Register definition for SPI peripheral ==========
#define AT91C_SPI_CR    ((AT91_REG *)   0xFFFE0000) // (SPI) Control Register
#define AT91C_SPI_MR    ((AT91_REG *)   0xFFFE0004) // (SPI) Mode Register
#define AT91C_SPI_RDR   ((AT91_REG *)   0xFFFE0008) // (SPI) Receive Data Register
#define AT91C_SPI_TDR   ((AT91_REG *)   0xFFFE000C) // (SPI) Transmit Data Register
#define AT91C_SPI_SR    ((AT91_REG *)   0xFFFE0010) // (SPI) Status Register
#define AT91C_SPI_IER   ((AT91_REG *)   0xFFFE0014) // (SPI) Interrupt Enable Register
#define AT91C_SPI_IDR   ((AT91_REG *)   0xFFFE0018) // (SPI) Interrupt Disable Register
#define AT91C_SPI_IMR   ((AT91_REG *)   0xFFFE001C) // (SPI) Interrupt Mask Register
#define AT91C_SPI_CSR   ((AT91_REG *)   0xFFFE0030) // (SPI) Chip Select Register
// ========== Register definition for PDC_SPI peripheral ==========
#define AT91C_SPI_RPR   ((AT91_REG *)   0xFFFE0100) // (PDC_SPI) Receive Pointer Register
#define AT91C_SPI_RCR   ((AT91_REG *)   0xFFFE0104) // (PDC_SPI) Receive Counter Register
#define AT91C_SPI_TPR   ((AT91_REG *)   0xFFFE0108) // (PDC_SPI) Transmit Pointer Register
#define AT91C_SPI_TCR   ((AT91_REG *)   0xFFFE010C) // (PDC_SPI) Transmit Counter Register
#define AT91C_SPI_RNPR  ((AT91_REG *)   0xFFFE0110) // (PDC_SPI) Receive Next Pointer Register
#define AT91C_SPI_RNCR  ((AT91_REG *)   0xFFFE0114) // (PDC_SPI) Receive Next Counter Register
#define AT91C_SPI_TNPR  ((AT91_REG *)   0xFFFE0118) // (PDC_SPI) Transmit Next Pointer Register
#define AT91C_SPI_TNCR  ((AT91_REG *)   0xFFFE011C) // (PDC_SPI) Transmit Next Counter Register
#define AT91C_SPI_PTCR  ((AT91_REG *)   0xFFFE0120) // (PDC_SPI) PDC Transfer Control Register
#define AT91C_SPI_PTSR  ((AT91_REG *)   0xFFFE0124) // (PDC_SPI) PDC Transfer Status Register

// *****************************************************************************
//               PIO DEFINITIONS FOR AT91SAM7S256
// *****************************************************************************
#define AT91C_PIO_PA0        ((unsigned int) 1 << 0)          // Pin Controlled by PA0
#define AT91C_PA0_PWM0       ((unsigned int) AT91C_PIO_PA0)   //  PWM Channel 0
#define AT91C_PA0_TIOA0      ((unsigned int) AT91C_PIO_PA0)   //  Timer Counter 0 Multipurpose I/O Pin A
#define AT91C_PIO_PA1        ((unsigned int) 1 << 1)          // Pin Controlled by PA1
#define AT91C_PA1_PWM1       ((unsigned int) AT91C_PIO_PA1)   //  PWM Channel 1
#define AT91C_PA1_TIOB0      ((unsigned int) AT91C_PIO_PA1)   //  Timer Counter 0 Multipurpose I/O Pin B
#define AT91C_PIO_PA2        ((unsigned int) 1 << 2)          // Pin Controlled by PA2
#define AT91C_PA2_PWM2       ((unsigned int) AT91C_PIO_PA2)   //  PWM Channel 2
#define AT91C_PA2_SCK0       ((unsigned int) AT91C_PIO_PA2)   //  USART 0 Serial Clock
#define AT91C_PIO_PA3        ((unsigned int) 1 << 3)          // Pin Controlled by PA3
#define AT91C_PA3_TWD        ((unsigned int) AT91C_PIO_PA3)   //  TWI Two-wire Serial Data
#define AT91C_PA3_NPCS3      ((unsigned int) AT91C_PIO_PA3)   //  SPI Peripheral Chip Select 3
#define AT91C_PIO_PA4        ((unsigned int) 1 << 4)          // Pin Controlled by PA4
#define AT91C_PA4_TWCK       ((unsigned int) AT91C_PIO_PA4)   //  TWI Two-wire Serial Clock
#define AT91C_PA4_TCLK0      ((unsigned int) AT91C_PIO_PA4)   //  Timer Counter 0 external clock input
#define AT91C_PIO_PA5        ((unsigned int) 1 << 5)          // Pin Controlled by PA5
#define AT91C_PA5_RXD0       ((unsigned int) AT91C_PIO_PA5)   //  USART 0 Receive Data
#define AT91C_PA5_NPCS3      ((unsigned int) AT91C_PIO_PA5)   //  SPI Peripheral Chip Select 3
#define AT91C_PIO_PA6        ((unsigned int) 1 << 6)          // Pin Controlled by PA6
#define AT91C_PA6_TXD0       ((unsigned int) AT91C_PIO_PA6)   //  USART 0 Transmit Data
#define AT91C_PA6_PCK0       ((unsigned int) AT91C_PIO_PA6)   //  PMC Programmable Clock Output 0
#define AT91C_PIO_PA7        ((unsigned int) 1 << 7)          // Pin Controlled by PA7
#define AT91C_PA7_RTS0       ((unsigned int) AT91C_PIO_PA7)   //  USART 0 Ready To Send
#define AT91C_PA7_PWM3       ((unsigned int) AT91C_PIO_PA7)   //  PWM Channel 3
#define AT91C_PIO_PA8        ((unsigned int) 1 << 8)          // Pin Controlled by PA8
#define AT91C_PA8_CTS0       ((unsigned int) AT91C_PIO_PA8)   //  USART 0 Clear To Send
#define AT91C_PA8_ADTRG      ((unsigned int) AT91C_PIO_PA8)   //  ADC External Trigger
#define AT91C_PIO_PA9        ((unsigned int) 1 << 9)          // Pin Controlled by PA9
#define AT91C_PA9_DRXD       ((unsigned int) AT91C_PIO_PA9)   //  DBGU Debug Receive Data
#define AT91C_PA9_NPCS1      ((unsigned int) AT91C_PIO_PA9)   //  SPI Peripheral Chip Select 1
#define AT91C_PIO_PA10       ((unsigned int) 1 << 10)         // Pin Controlled by PA10
#define AT91C_PA10_DTXD      ((unsigned int) AT91C_PIO_PA10)  //  DBGU Debug Transmit Data
#define AT91C_PA10_NPCS2     ((unsigned int) AT91C_PIO_PA10)  //  SPI Peripheral Chip Select 2
#define AT91C_PIO_PA11       ((unsigned int) 1 << 11)         // Pin Controlled by PA11
#define AT91C_PA11_NPCS0     ((unsigned int) AT91C_PIO_PA11)  //  SPI Peripheral Chip Select 0
#define AT91C_PA11_PWM0      ((unsigned int) AT91C_PIO_PA11)  //  PWM Channel 0
#define AT91C_PIO_PA12       ((unsigned int) 1 << 12)         // Pin Controlled by PA12
#define AT91C_PA12_MISO      ((unsigned int) AT91C_PIO_PA12)  //  SPI Master In Slave
#define AT91C_PA12_PWM1      ((unsigned int) AT91C_PIO_PA12)  //  PWM Channel 1
```

```
#define AT91C_PIO_PA13       ((unsigned int) 1 << 13)         // Pin Controlled by PA13
#define AT91C_PA13_MOSI      ((unsigned int) AT91C_PIO_PA13)  //  SPI Master Out Slave
#define AT91C_PA13_PWM2      ((unsigned int) AT91C_PIO_PA13)  //  PWM Channel 2
#define AT91C_PIO_PA14       ((unsigned int) 1 << 14)         // Pin Controlled by PA14
#define AT91C_PA14_SPCK      ((unsigned int) AT91C_PIO_PA14)  //  SPI Serial Clock
#define AT91C_PA14_PWM3      ((unsigned int) AT91C_PIO_PA14)  //  PWM Channel 3
#define AT91C_PIO_PA15       ((unsigned int) 1 << 15)         // Pin Controlled by PA15
#define AT91C_PA15_TF        ((unsigned int) AT91C_PIO_PA15)  //  SSC Transmit Frame Sync
#define AT91C_PA15_TIOA1     ((unsigned int) AT91C_PIO_PA15)  //  Timer Counter 1 Multipurpose I/O Pin A
#define AT91C_PIO_PA16       ((unsigned int) 1 << 16)         // Pin Controlled by PA16
#define AT91C_PA16_TK        ((unsigned int) AT91C_PIO_PA16)  //  SSC Transmit Clock
#define AT91C_PA16_TIOB1     ((unsigned int) AT91C_PIO_PA16)  //  Timer Counter 1 Multipurpose I/O Pin B
#define AT91C_PIO_PA17       ((unsigned int) 1 << 17)         // Pin Controlled by PA17
#define AT91C_PA17_TD        ((unsigned int) AT91C_PIO_PA17)  //  SSC Transmit data
#define AT91C_PA17_PCK1      ((unsigned int) AT91C_PIO_PA17)  //  PMC Programmable Clock Output 1
#define AT91C_PIO_PA18       ((unsigned int) 1 << 18)         // Pin Controlled by PA18
#define AT91C_PA18_RD        ((unsigned int) AT91C_PIO_PA18)  //  SSC Receive Data
#define AT91C_PA18_PCK2      ((unsigned int) AT91C_PIO_PA18)  //  PMC Programmable Clock Output 2
#define AT91C_PIO_PA19       ((unsigned int) 1 << 19)         // Pin Controlled by PA19
#define AT91C_PA19_RK        ((unsigned int) AT91C_PIO_PA19)  //  SSC Receive Clock
#define AT91C_PA19_FIQ       ((unsigned int) AT91C_PIO_PA19)  //  AIC Fast Interrupt Input
#define AT91C_PIO_PA20       ((unsigned int) 1 << 20)         // Pin Controlled by PA20
#define AT91C_PA20_RF        ((unsigned int) AT91C_PIO_PA20)  //  SSC Receive Frame Sync
#define AT91C_PA20_IRQ0      ((unsigned int) AT91C_PIO_PA20)  //  External Interrupt 0
#define AT91C_PIO_PA21       ((unsigned int) 1 << 21)         // Pin Controlled by PA21
#define AT91C_PA21_RXD1      ((unsigned int) AT91C_PIO_PA21)  //  USART 1 Receive Data
#define AT91C_PA21_PCK1      ((unsigned int) AT91C_PIO_PA21)  //  PMC Programmable Clock Output 1
#define AT91C_PIO_PA22       ((unsigned int) 1 << 22)         // Pin Controlled by PA22
#define AT91C_PA22_TXD1      ((unsigned int) AT91C_PIO_PA22)  //  USART 1 Transmit Data
#define AT91C_PA22_NPCS3     ((unsigned int) AT91C_PIO_PA22)  //  SPI Peripheral Chip Select 3
#define AT91C_PIO_PA23       ((unsigned int) 1 << 23)         // Pin Controlled by PA23
#define AT91C_PA23_SCK1      ((unsigned int) AT91C_PIO_PA23)  //  USART 1 Serial Clock
#define AT91C_PA23_PWM0      ((unsigned int) AT91C_PIO_PA23)  //  PWM Channel 0
#define AT91C_PIO_PA24       ((unsigned int) 1 << 24)         // Pin Controlled by PA24
#define AT91C_PA24_RTS1      ((unsigned int) AT91C_PIO_PA24)  //  USART 1 Ready To Send
#define AT91C_PA24_PWM1      ((unsigned int) AT91C_PIO_PA24)  //  PWM Channel 1
#define AT91C_PIO_PA25       ((unsigned int) 1 << 25)         // Pin Controlled by PA25
#define AT91C_PA25_CTS1      ((unsigned int) AT91C_PIO_PA25)  //  USART 1 Clear To Send
#define AT91C_PA25_PWM2      ((unsigned int) AT91C_PIO_PA25)  //  PWM Channel 2
#define AT91C_PIO_PA26       ((unsigned int) 1 << 26)         // Pin Controlled by PA26
#define AT91C_PA26_DCD1      ((unsigned int) AT91C_PIO_PA26)  //  USART 1 Data Carrier Detect
#define AT91C_PA26_TIOA2     ((unsigned int) AT91C_PIO_PA26)  //  Timer Counter 2 Multipurpose I/O Pin A
#define AT91C_PIO_PA27       ((unsigned int) 1 << 27)         // Pin Controlled by PA27
#define AT91C_PA27_DTR1      ((unsigned int) AT91C_PIO_PA27)  //  USART 1 Data Terminal ready
#define AT91C_PA27_TIOB2     ((unsigned int) AT91C_PIO_PA27)  //  Timer Counter 2 Multipurpose I/O Pin B
#define AT91C_PIO_PA28       ((unsigned int) 1 << 28)         // Pin Controlled by PA28
#define AT91C_PA28_DSR1      ((unsigned int) AT91C_PIO_PA28)  //  USART 1 Data Set ready
#define AT91C_PA28_TCLK1     ((unsigned int) AT91C_PIO_PA28)  //  Timer Counter 1 external clock input
#define AT91C_PIO_PA29       ((unsigned int) 1 << 29)         // Pin Controlled by PA29
#define AT91C_PA29_RI1       ((unsigned int) AT91C_PIO_PA29)  //  USART 1 Ring Indicator
#define AT91C_PA29_TCLK2     ((unsigned int) AT91C_PIO_PA29)  //  Timer Counter 2 external clock input
#define AT91C_PIO_PA30       ((unsigned int) 1 << 30)         // Pin Controlled by PA30
#define AT91C_PA30_IRQ1      ((unsigned int) AT91C_PIO_PA30)  //  External Interrupt 1
#define AT91C_PA30_NPCS2     ((unsigned int) AT91C_PIO_PA30)  //  SPI Peripheral Chip Select 2
#define AT91C_PIO_PA31       ((unsigned int) 1 << 31)         // Pin Controlled by PA31
#define AT91C_PA31_NPCS1     ((unsigned int) AT91C_PIO_PA31)  //  SPI Peripheral Chip Select 1
#define AT91C_PA31_PCK2      ((unsigned int) AT91C_PIO_PA31)  //  PMC Programmable Clock Output 2

// *****************************************************************************
//              PERIPHERAL ID DEFINITIONS FOR AT91SAM7S256
// *****************************************************************************
#define AT91C_ID_FIQ         ((unsigned int)  0)   // Advanced Interrupt Controller (FIQ)
#define AT91C_ID_SYS         ((unsigned int)  1)   // System Peripheral
#define AT91C_ID_PIOA        ((unsigned int)  2)   // Parallel IO Controller
#define AT91C_ID_3_Reserved  ((unsigned int)  3)   // Reserved
#define AT91C_ID_ADC         ((unsigned int)  4)   // Analog-to-Digital Converter
#define AT91C_ID_SPI         ((unsigned int)  5)   // Serial Peripheral Interface
#define AT91C_ID_US0         ((unsigned int)  6)   // USART 0
#define AT91C_ID_US1         ((unsigned int)  7)   // USART 1
#define AT91C_ID_SSC         ((unsigned int)  8)   // Serial Synchronous Controller
#define AT91C_ID_TWI         ((unsigned int)  9)   // Two-Wire Interface
#define AT91C_ID_PWMC        ((unsigned int) 10)   // PWM Controller
#define AT91C_ID_UDP         ((unsigned int) 11)   // USB Device Port
#define AT91C_ID_TC0         ((unsigned int) 12)   // Timer Counter 0
```

```
#define AT91C_ID_TC1         ((unsigned int) 13)         // Timer Counter 1
#define AT91C_ID_TC2         ((unsigned int) 14)         // Timer Counter 2
#define AT91C_ID_15_Reserved ((unsigned int) 15)         // Reserved
#define AT91C_ID_16_Reserved ((unsigned int) 16)         // Reserved
#define AT91C_ID_17_Reserved ((unsigned int) 17)         // Reserved
#define AT91C_ID_18_Reserved ((unsigned int) 18)         // Reserved
#define AT91C_ID_19_Reserved ((unsigned int) 19)         // Reserved
#define AT91C_ID_20_Reserved ((unsigned int) 20)         // Reserved
#define AT91C_ID_21_Reserved ((unsigned int) 21)         // Reserved
#define AT91C_ID_22_Reserved ((unsigned int) 22)         // Reserved
#define AT91C_ID_23_Reserved ((unsigned int) 23)         // Reserved
#define AT91C_ID_24_Reserved ((unsigned int) 24)         // Reserved
#define AT91C_ID_25_Reserved ((unsigned int) 25)         // Reserved
#define AT91C_ID_26_Reserved ((unsigned int) 26)         // Reserved
#define AT91C_ID_27_Reserved ((unsigned int) 27)         // Reserved
#define AT91C_ID_28_Reserved ((unsigned int) 28)         // Reserved
#define AT91C_ID_29_Reserved ((unsigned int) 29)         // Reserved
#define AT91C_ID_IRQ0        ((unsigned int) 30)         // Advanced Interrupt Controller (IRQ0)
#define AT91C_ID_IRQ1        ((unsigned int) 31)         // Advanced Interrupt Controller (IRQ1)
#define AT91C_ALL_INT        ((unsigned int) 0xC0007FF7) // ALL VALID INTERRUPTS

// *****************************************************************************
//               BASE ADDRESS DEFINITIONS FOR AT91SAM7S256
// *****************************************************************************
#define AT91C_BASE_TCB       ((AT91PS_TCB)     0xFFFA0000) // (TCB) Base Address
#define AT91C_BASE_TC0       ((AT91PS_TC)      0xFFFA0000) // (TC0) Base Address
#define AT91C_BASE_TC1       ((AT91PS_TC)      0xFFFA0040) // (TC1) Base Address
#define AT91C_BASE_TC2       ((AT91PS_TC)      0xFFFA0080) // (TC2) Base Address
#define AT91C_BASE_UDP       ((AT91PS_UDP)     0xFFFB0000) // (UDP) Base Address
#define AT91C_BASE_TWI       ((AT91PS_TWI)     0xFFFB8000) // (TWI) Base Address
#define AT91C_BASE_US0       ((AT91PS_USART)   0xFFFC0000) // (US0) Base Address
#define AT91C_BASE_PDC_US0   ((AT91PS_PDC)     0xFFFC0100) // (PDC_US0) Base Address
#define AT91C_BASE_US1       ((AT91PS_USART)   0xFFFC4000) // (US1) Base Address
#define AT91C_BASE_PDC_US1   ((AT91PS_PDC)     0xFFFC4100) // (PDC_US1) Base Address
#define AT91C_BASE_PWMC      ((AT91PS_PWMC)    0xFFFCC000) // (PWMC) Base Address
#define AT91C_BASE_PWMC_CH0  ((AT91PS_PWMC_CH) 0xFFFCC200) // (PWMC_CH0) Base Address
#define AT91C_BASE_PWMC_CH1  ((AT91PS_PWMC_CH) 0xFFFCC220) // (PWMC_CH1) Base Address
#define AT91C_BASE_PWMC_CH2  ((AT91PS_PWMC_CH) 0xFFFCC240) // (PWMC_CH2) Base Address
#define AT91C_BASE_PWMC_CH3  ((AT91PS_PWMC_CH) 0xFFFCC260) // (PWMC_CH3) Base Address
#define AT91C_BASE_SSC       ((AT91PS_SSC)     0xFFFD4000) // (SSC) Base Address
#define AT91C_BASE_PDC_SSC   ((AT91PS_PDC)     0xFFFD4100) // (PDC_SSC) Base Address
#define AT91C_BASE_ADC       ((AT91PS_ADC)     0xFFFD8000) // (ADC) Base Address
#define AT91C_BASE_PDC_ADC   ((AT91PS_PDC)     0xFFFD8100) // (PDC_ADC) Base Address
#define AT91C_BASE_SPI       ((AT91PS_SPI)     0xFFFE0000) // (SPI) Base Address
#define AT91C_BASE_PDC_SPI   ((AT91PS_PDC)     0xFFFE0100) // (PDC_SPI) Base Address

#define AT91C_BASE_SYS       ((AT91PS_SYS)     0xFFFFF000) // (SYS) Base Address
#define AT91C_BASE_AIC       ((AT91PS_AIC)     0xFFFFF000) // (AIC) Base Address
#define AT91C_BASE_DBGU      ((AT91PS_DBGU)    0xFFFFF200) // (DBGU) Base Address
#define AT91C_BASE_PDC_DBGU  ((AT91PS_PDC)     0xFFFFF300) // (PDC_DBGU) Base Address
#define AT91C_BASE_PIOA      ((AT91PS_PIO)     0xFFFFF400) // (PIOA) Base Address
#define AT91C_BASE_PMC       ((AT91PS_PMC)     0xFFFFFC00) // (PMC) Base Address
#define AT91C_BASE_CKGR      ((AT91PS_CKGR)    0xFFFFFC20) // (CKGR) Base Address
#define AT91C_BASE_RSTC      ((AT91PS_RSTC)    0xFFFFFD00) // (RSTC) Base Address
#define AT91C_BASE_RTTC      ((AT91PS_RTTC)    0xFFFFFD20) // (RTTC) Base Address
#define AT91C_BASE_PITC      ((AT91PS_PITC)    0xFFFFFD30) // (PITC) Base Address
#define AT91C_BASE_WDTC      ((AT91PS_WDTC)    0xFFFFFD40) // (WDTC) Base Address
#define AT91C_BASE_VREG      ((AT91PS_VREG)    0xFFFFFD60) // (VREG) Base Address
#define AT91C_BASE_MC        ((AT91PS_MC)      0xFFFFFF00) // (MC) Base Address

// *****************************************************************************
//               MEMORY MAPPING DEFINITIONS FOR AT91SAM7S256
// *****************************************************************************
#define AT91C_ISRAM                   ((char *)       0x00200000) // Internal SRAM base address
#define AT91C_ISRAM_SIZE              ((unsigned int) 0x00010000) // Internal SRAM size in byte (64 Kbytes)
#define AT91C_IFLASH                  ((char *)       0x00100000) // Internal FLASH base address
#define AT91C_IFLASH_SIZE             ((unsigned int) 0x00040000) // Internal FLASH size in byte (256 Kbytes)
#define AT91C_IFLASH_PAGE_SIZE        ((unsigned int) 256)        // Internal FLASH Page Size: 256 bytes
#define AT91C_IFLASH_LOCK_REGION_SIZE ((unsigned int) 16384)      // Internal FLASH Lock Region Size: 16 Kbytes
#define AT91C_IFLASH_NB_OF_PAGES      ((unsigned int) 1024)       // Internal FLASH Number of Pages: 1024 bytes
#define AT91C_IFLASH_NB_OF_LOCK_BITS  ((unsigned int) 16)         // Internal FLASH Number of Lock Bits: 16 bytes

#endif
```

(3) AT91SAM7S256용의 I/O 레지스터 제어 라이브러리 함수 파일

Atmel사에서는 사용자가 AT91SAM7S256 소자용의 C언어 프로그램을 작성할 때 유용하게 사용할 수 있도록 많은 I/O 레지스터 제어 라이브러리 함수들을 만들어 이를 lib_AT91SAM7S256.h 파일로 제공한다. 이는 원래 IAR C컴파일러용으로 제공하는 것이지만 기본적인 C언어 형식으로 되어 있으므로 WinARM에서도 그대로 사용할 수 있다. 헤더파일 lib_AT91SAM7S256.h의 내용을 보이면 아래와 같다.

〈파일 lib_AT91SAM7S256.h〉 AT91SAM7S256용의 I/O 레지스터 제어 라이브러리 함수 파일

```
//  ----------------------------------------------------------------------------
//          ATMEL Microcontroller Software Support  -  ROUSSET  -
//  ----------------------------------------------------------------------------
//  DISCLAIMER:  THIS SOFTWARE IS PROVIDED BY ATMEL "AS IS" AND ANY EXPRESS OR
//  IMPLIED WARRANTIES, INCLUDING, BUT NOT LIMITED TO, THE IMPLIED WARRANTIES OF
//  MERCHANTABILITY, FITNESS FOR A PARTICULAR PURPOSE AND NON-INFRINGEMENT ARE
//  DISCLAIMED. IN NO EVENT SHALL ATMEL BE LIABLE FOR ANY DIRECT, INDIRECT,
//  INCIDENTAL, SPECIAL, EXEMPLARY, OR CONSEQUENTIAL DAMAGES (INCLUDING, BUT NOT
//  LIMITED TO, PROCUREMENT OF SUBSTITUTE GOODS OR SERVICES; LOSS OF USE, DATA,
//  OR PROFITS; OR BUSINESS INTERRUPTION) HOWEVER CAUSED AND ON ANY THEORY OF
//  LIABILITY, WHETHER IN CONTRACT, STRICT LIABILITY, OR TORT (INCLUDING
//  NEGLIGENCE OR OTHERWISE) ARISING IN ANY WAY OUT OF THE USE OF THIS SOFTWARE,
//  EVEN IF ADVISED OF THE POSSIBILITY OF SUCH DAMAGE.
//  ----------------------------------------------------------------------------
//* File Name           : lib_AT91SAM7S256.h
//* Object              : AT91SAM7S256 inlined functions
//* Generated           : AT91 SW Application Group  01/16/2006 (16:36:07)
//*
//* CVS Reference       : /lib_MC_SAM7S.h/1.1/Thu Mar 25 15:19:14 2004
//* CVS Reference       : /lib_pdc.h/1.2/Tue Jul  2 13:29:40 2002
//* CVS Reference       : /lib_dbgu.h/1.1/Thu Aug 25 12:56:22 2005
//* CVS Reference       : /lib_VREG_6085B.h/1.1/Tue Feb  1 16:20:47 2005
//* CVS Reference       : /lib_ssc.h/1.4/Fri Jan 31 12:19:20 2003
//* CVS Reference       : /lib_spi2.h/1.2/Tue Aug 23 15:37:28 2005
//* CVS Reference       : /lib_PWM_SAM.h/1.3/Thu Jan 22 10:10:50 2004
//* CVS Reference       : /lib_tc_1753b.h/1.1/Fri Jan 31 12:20:02 2003
//* CVS Reference       : /lib_pitc_6079A.h/1.2/Tue Nov  9 14:43:56 2004
//* CVS Reference       : /lib_pmc_SAM7S.h/1.5/Fri Nov  4 09:37:21 2005
//* CVS Reference       : /lib_adc.h/1.6/Fri Oct 17 09:12:38 2003
//* CVS Reference       : /lib_rstc_6098A.h/1.1/Wed Oct  6 10:39:20 2004
//* CVS Reference       : /lib_rttc_6081A.h/1.1/Wed Oct  6 10:39:38 2004
//* CVS Reference       : /lib_pio.h/1.3/Fri Jan 31 12:18:56 2003
//* CVS Reference       : /lib_twi.h/1.3/Mon Jul 19 14:27:58 2004
//* CVS Reference       : /lib_wdtc_6080A.h/1.1/Wed Oct  6 10:38:30 2004
//* CVS Reference       : /lib_usart.h/1.5/Thu Nov 21 16:01:54 2002
//* CVS Reference       : /lib_udp.h/1.5/Tue Aug 30 12:13:47 2005
//* CVS Reference       : /lib_aic_6075b.h/1.2/Thu Jul  7 07:48:22 2005
//* ----------------------------------------------------------------------------

#ifndef lib_AT91SAM7S256_H
#define lib_AT91SAM7S256_H

//* =====================================================================
//*                        ***** System Controller *****
//* =====================================================================

/* *********************************************************************
                SOFTWARE API FOR PDC
   ********************************************************************* */
//*----------------------------------------------------------------------------
//* \fn    AT91F_PDC_SetNextRx
//* \brief Set the next receive transfer descriptor
//*----------------------------------------------------------------------------
```

```
__inline void AT91F_PDC_SetNextRx (
        AT91PS_PDC pPDC,        // \arg pointer to a PDC controller
        char *address,          // \arg address to the next bloc to be received
        unsigned int bytes)     // \arg number of bytes to be received
{
    pPDC->PDC_RNPR = (unsigned int) address;
    pPDC->PDC_RNCR = bytes;
}

//*----------------------------------------------------------------------------
//* \fn    AT91F_PDC_SetNextTx
//* \brief Set the next transmit transfer descriptor
//*----------------------------------------------------------------------------
__inline void AT91F_PDC_SetNextTx (
        AT91PS_PDC pPDC,        // \arg pointer to a PDC controller
        char *address,          // \arg address to the next bloc to be transmitted
        unsigned int bytes)     // \arg number of bytes to be transmitted
{
    pPDC->PDC_TNPR = (unsigned int) address;
    pPDC->PDC_TNCR = bytes;
}

//*----------------------------------------------------------------------------
//* \fn    AT91F_PDC_SetRx
//* \brief Set the receive transfer descriptor
//*----------------------------------------------------------------------------
__inline void AT91F_PDC_SetRx (
        AT91PS_PDC pPDC,        // \arg pointer to a PDC controller
        char *address,          // \arg address to the next bloc to be received
        unsigned int bytes)     // \arg number of bytes to be received
{
    pPDC->PDC_RPR = (unsigned int) address;
    pPDC->PDC_RCR = bytes;
}

//*----------------------------------------------------------------------------
//* \fn    AT91F_PDC_SetTx
//* \brief Set the transmit transfer descriptor
//*----------------------------------------------------------------------------
__inline void AT91F_PDC_SetTx (
        AT91PS_PDC pPDC,        // \arg pointer to a PDC controller
        char *address,          // \arg address to the next bloc to be transmitted
        unsigned int bytes)     // \arg number of bytes to be transmitted
{
    pPDC->PDC_TPR = (unsigned int) address;
    pPDC->PDC_TCR = bytes;
}

//*----------------------------------------------------------------------------
//* \fn    AT91F_PDC_EnableTx
//* \brief Enable transmit
//*----------------------------------------------------------------------------
__inline void AT91F_PDC_EnableTx (
        AT91PS_PDC pPDC)        // \arg pointer to a PDC controller
{
    pPDC->PDC_PTCR = AT91C_PDC_TXTEN;
}

//*----------------------------------------------------------------------------
//* \fn    AT91F_PDC_EnableRx
//* \brief Enable receive
//*----------------------------------------------------------------------------
__inline void AT91F_PDC_EnableRx (
        AT91PS_PDC pPDC)        // \arg pointer to a PDC controller
{
    pPDC->PDC_PTCR = AT91C_PDC_RXTEN;
}

//*----------------------------------------------------------------------------
//* \fn    AT91F_PDC_DisableTx
//* \brief Disable transmit
//*----------------------------------------------------------------------------
__inline void AT91F_PDC_DisableTx (
```

```
        AT91PS_PDC pPDC)        // \arg pointer to a PDC controller
{
    pPDC->PDC_PTCR = AT91C_PDC_TXTDIS;
}

//*----------------------------------------------------------------------------
//* \fn    AT91F_PDC_DisableRx
//* \brief Disable receive
//*----------------------------------------------------------------------------
__inline void AT91F_PDC_DisableRx (
        AT91PS_PDC pPDC)        // \arg pointer to a PDC controller
{
    pPDC->PDC_PTCR = AT91C_PDC_RXTDIS;
}

//*----------------------------------------------------------------------------
//* \fn    AT91F_PDC_IsTxEmpty
//* \brief Test if the current transfer descriptor has been sent
//*----------------------------------------------------------------------------
__inline int AT91F_PDC_IsTxEmpty (      // \return return 1 if transfer is complete
        AT91PS_PDC pPDC)                // \arg pointer to a PDC controller
{
    return !(pPDC->PDC_TCR);
}

//*----------------------------------------------------------------------------
//* \fn    AT91F_PDC_IsNextTxEmpty
//* \brief Test if the next transfer descriptor has been moved to the current td
//*----------------------------------------------------------------------------
__inline int AT91F_PDC_IsNextTxEmpty (  // \return return 1 if transfer is complete
        AT91PS_PDC pPDC)                // \arg pointer to a PDC controller
{
    return !(pPDC->PDC_TNCR);
}

//*----------------------------------------------------------------------------
//* \fn    AT91F_PDC_IsRxEmpty
//* \brief Test if the current transfer descriptor has been filled
//*----------------------------------------------------------------------------
__inline int AT91F_PDC_IsRxEmpty (      // \return return 1 if transfer is complete
        AT91PS_PDC pPDC)                // \arg pointer to a PDC controller
{
    return !(pPDC->PDC_RCR);
}

//*----------------------------------------------------------------------------
//* \fn    AT91F_PDC_IsNextRxEmpty
//* \brief Test if the next transfer descriptor has been moved to the current td
//*----------------------------------------------------------------------------
__inline int AT91F_PDC_IsNextRxEmpty (  // \return return 1 if transfer is complete
        AT91PS_PDC pPDC)                // \arg pointer to a PDC controller
{
    return !(pPDC->PDC_RNCR);
}

//*----------------------------------------------------------------------------
//* \fn    AT91F_PDC_Open
//* \brief Open PDC: disable TX and RX reset transfer descriptors, re-enable RX and TX
//*----------------------------------------------------------------------------
__inline void AT91F_PDC_Open (
        AT91PS_PDC pPDC)        // \arg pointer to a PDC controller
{
    //* Disable the RX and TX PDC transfer requests
    AT91F_PDC_DisableRx(pPDC);
    AT91F_PDC_DisableTx(pPDC);

    //* Reset all Counter register Next buffer first
    AT91F_PDC_SetNextTx(pPDC, (char *) 0, 0);
    AT91F_PDC_SetNextRx(pPDC, (char *) 0, 0);
    AT91F_PDC_SetTx(pPDC, (char *) 0, 0);
    AT91F_PDC_SetRx(pPDC, (char *) 0, 0);

    //* Enable the RX and TX PDC transfer requests
```

```
    AT91F_PDC_EnableRx(pPDC);
    AT91F_PDC_EnableTx(pPDC);
}

//*----------------------------------------------------------------------------
//* \fn    AT91F_PDC_Close
//* \brief Close PDC: disable TX and RX reset transfer descriptors
//*----------------------------------------------------------------------------
__inline void AT91F_PDC_Close (
        AT91PS_PDC pPDC)        // \arg pointer to a PDC controller
{
    //* Disable the RX and TX PDC transfer requests
    AT91F_PDC_DisableRx(pPDC);
    AT91F_PDC_DisableTx(pPDC);

    //* Reset all Counter register Next buffer first
    AT91F_PDC_SetNextTx(pPDC, (char *) 0, 0);
    AT91F_PDC_SetNextRx(pPDC, (char *) 0, 0);
    AT91F_PDC_SetTx(pPDC, (char *) 0, 0);
    AT91F_PDC_SetRx(pPDC, (char *) 0, 0);
}

//*----------------------------------------------------------------------------
//* \fn    AT91F_PDC_SendFrame
//* \brief Close PDC: disable TX and RX reset transfer descriptors
//*----------------------------------------------------------------------------
__inline unsigned int AT91F_PDC_SendFrame(
        AT91PS_PDC pPDC,
        char *pBuffer,
        unsigned int szBuffer,
        char *pNextBuffer,
        unsigned int szNextBuffer )
{
    if (AT91F_PDC_IsTxEmpty(pPDC)) {
        //* Buffer and next buffer can be initialized
        AT91F_PDC_SetTx(pPDC, pBuffer, szBuffer);
        AT91F_PDC_SetNextTx(pPDC, pNextBuffer, szNextBuffer);
        return 2;
    }
    else if (AT91F_PDC_IsNextTxEmpty(pPDC)) {
        //* Only one buffer can be initialized
        AT91F_PDC_SetNextTx(pPDC, pBuffer, szBuffer);
        return 1;
    }
    else {
        //* All buffer are in use...
        return 0;
    }
}

//*----------------------------------------------------------------------------
//* \fn    AT91F_PDC_ReceiveFrame
//* \brief Close PDC: disable TX and RX reset transfer descriptors
//*----------------------------------------------------------------------------
__inline unsigned int AT91F_PDC_ReceiveFrame (
        AT91PS_PDC pPDC,
        char *pBuffer,
        unsigned int szBuffer,
        char *pNextBuffer,
        unsigned int szNextBuffer )
{
    if (AT91F_PDC_IsRxEmpty(pPDC)) {
        //* Buffer and next buffer can be initialized
        AT91F_PDC_SetRx(pPDC, pBuffer, szBuffer);
        AT91F_PDC_SetNextRx(pPDC, pNextBuffer, szNextBuffer);
        return 2;
    }
    else if (AT91F_PDC_IsNextRxEmpty(pPDC)) {
        //* Only one buffer can be initialized
        AT91F_PDC_SetNextRx(pPDC, pBuffer, szBuffer);
        return 1;
    }
    else {
```

```
        //* All buffer are in use...
        return 0;
    }
}

/* ****************************************************************************
                SOFTWARE API FOR AIC
   **************************************************************************** */
#define AT91C_AIC_BRANCH_OPCODE ((void (*) ()) 0xE51FFF20)     // ldr, pc, [pc, #-&F20]

//*----------------------------------------------------------------------------
//* \fn    AT91F_AIC_ConfigureIt
//* \brief Interrupt Handler Initialization
//*----------------------------------------------------------------------------
__inline unsigned int AT91F_AIC_ConfigureIt (
        AT91PS_AIC pAic,         // \arg pointer to the AIC registers
        unsigned int irq_id,     // \arg interrupt number to initialize
        unsigned int priority,   // \arg priority to give to the interrupt
        unsigned int src_type,   // \arg activation and sense of activation
        void (*newHandler) ())   // \arg address of the interrupt handler
{
    unsigned int oldHandler;
    unsigned int mask ;

    oldHandler = pAic->AIC_SVR[irq_id];

    mask = 0x1 << irq_id ;
    //* Disable the interrupt on the interrupt controller
    pAic->AIC_IDCR = mask ;
    //* Save the interrupt handler routine pointer and the interrupt priority
    pAic->AIC_SVR[irq_id] = (unsigned int) newHandler ;
    //* Store the Source Mode Register
    pAic->AIC_SMR[irq_id] = src_type | priority  ;
    //* Clear the interrupt on the interrupt controller
    pAic->AIC_ICCR = mask ;

    return oldHandler;
}

//*----------------------------------------------------------------------------
//* \fn    AT91F_AIC_EnableIt
//* \brief Enable corresponding IT number
//*----------------------------------------------------------------------------
__inline void AT91F_AIC_EnableIt (
        AT91PS_AIC pAic,         // \arg pointer to the AIC registers
        unsigned int irq_id)     // \arg interrupt number to initialize
{
    //* Enable the interrupt on the interrupt controller
    pAic->AIC_IECR = 0x1 << irq_id;
}

//*----------------------------------------------------------------------------
//* \fn    AT91F_AIC_DisableIt
//* \brief Disable corresponding IT number
//*----------------------------------------------------------------------------
__inline void AT91F_AIC_DisableIt (
        AT91PS_AIC pAic,         // \arg pointer to the AIC registers
        unsigned int irq_id)     // \arg interrupt number to initialize
{
    unsigned int mask = 0x1 << irq_id;
    //* Disable the interrupt on the interrupt controller
    pAic->AIC_IDCR = mask ;
    //* Clear the interrupt on the Interrupt Controller ( if one is pending )
    pAic->AIC_ICCR = mask ;
}

//*----------------------------------------------------------------------------
//* \fn    AT91F_AIC_ClearIt
//* \brief Clear corresponding IT number
//*----------------------------------------------------------------------------
__inline void AT91F_AIC_ClearIt (
        AT91PS_AIC pAic,         // \arg pointer to the AIC registers
        unsigned int irq_id)     // \arg interrupt number to initialize
```

```
{
    //* Clear the interrupt on the Interrupt Controller ( if one is pending )
    pAic->AIC_ICCR = (0x1 << irq_id);
}

//*----------------------------------------------------------------------------
//* \fn    AT91F_AIC_AcknowledgeIt
//* \brief Acknowledge corresponding IT number
//*----------------------------------------------------------------------------
__inline void AT91F_AIC_AcknowledgeIt (
        AT91PS_AIC pAic)        // \arg pointer to the AIC registers
{
    pAic->AIC_EOICR = pAic->AIC_EOICR;
}

//*----------------------------------------------------------------------------
//* \fn    AT91F_AIC_SetExceptionVector
//* \brief Configure vector handler
//*----------------------------------------------------------------------------
__inline unsigned int  AT91F_AIC_SetExceptionVector (
        unsigned int *pVector,  // \arg pointer to the AIC registers
        void (*Handler) ())     // \arg Interrupt Handler
{
    unsigned int oldVector = *pVector;

    if ((unsigned int) Handler == (unsigned int) AT91C_AIC_BRANCH_OPCODE)
        *pVector = (unsigned int) AT91C_AIC_BRANCH_OPCODE;
    else
        *pVector = (((((unsigned int) Handler) - ((unsigned int) pVector) - 0x8) >> 2) & 0x00FFFFFF) | 0xEA000000;

    return oldVector;
}

//*----------------------------------------------------------------------------
//* \fn    AT91F_AIC_Trig
//* \brief Trig an IT
//*----------------------------------------------------------------------------
__inline void  AT91F_AIC_Trig (
        AT91PS_AIC pAic,        // \arg pointer to the AIC registers
        unsigned int irq_id)    // \arg interrupt number
{
    pAic->AIC_ISCR = (0x1 << irq_id) ;
}

//*----------------------------------------------------------------------------
//* \fn    AT91F_AIC_IsActive
//* \brief Test if an IT is active
//*----------------------------------------------------------------------------
__inline unsigned int  AT91F_AIC_IsActive (
        AT91PS_AIC pAic,        // \arg pointer to the AIC registers
        unsigned int irq_id)    // \arg Interrupt Number
{
    return (pAic->AIC_ISR & (0x1 << irq_id));
}

//*----------------------------------------------------------------------------
//* \fn    AT91F_AIC_IsPending
//* \brief Test if an IT is pending
//*----------------------------------------------------------------------------
__inline unsigned int  AT91F_AIC_IsPending (
        AT91PS_AIC pAic,        // \arg pointer to the AIC registers
        unsigned int irq_id)    // \arg Interrupt Number
{
    return (pAic->AIC_IPR & (0x1 << irq_id));
}

//*----------------------------------------------------------------------------
//* \fn    AT91F_AIC_Open
//* \brief Set exception vectors and AIC registers to default values
//*----------------------------------------------------------------------------
__inline void AT91F_AIC_Open(
        AT91PS_AIC pAic,                // \arg pointer to the AIC registers
        void (*IrqHandler) (),          // \arg Default IRQ vector exception
```

```
        void (*FiqHandler) (),          // \arg Default FIQ vector exception
        void (*DefaultHandler) (),      // \arg Default Handler set in ISR
        void (*SpuriousHandler) (),     // \arg Default Spurious Handler
        unsigned int protectMode)       // \arg Debug Control Register
{
    int i;

    // Disable all interrupts and set IVR to the default handler
    for (i = 0; i < 32; ++i) {
        AT91F_AIC_DisableIt(pAic, i);
        AT91F_AIC_ConfigureIt(pAic, i, AT91C_AIC_PRIOR_LOWEST, AT91C_AIC_SRCTYPE_HIGH_LEVEL, DefaultHandler);
    }

    // Set the IRQ exception vector
    AT91F_AIC_SetExceptionVector((unsigned int *) 0x18, IrqHandler);
    // Set the Fast Interrupt exception vector
    AT91F_AIC_SetExceptionVector((unsigned int *) 0x1C, FiqHandler);

    pAic->AIC_SPU = (unsigned int) SpuriousHandler;
    pAic->AIC_DCR = protectMode;
}

//*----------------------------------------------------------------------------
//* \fn    AT91F_AIC_CfgPMC
//* \brief Enable Peripheral clock in PMC for AIC
//*----------------------------------------------------------------------------
__inline void AT91F_AIC_CfgPMC (void)
{
    AT91F_PMC_EnablePeriphClock(
        AT91C_BASE_PMC,                  // PIO controller base address
        ((unsigned int) 1 << AT91C_ID_IRQ0) |
        ((unsigned int) 1 << AT91C_ID_FIQ) |
        ((unsigned int) 1 << AT91C_ID_IRQ1));
}

//*----------------------------------------------------------------------------
//* \fn    AT91F_AIC_CfgPIO
//* \brief Configure PIO controllers to drive AIC signals
//*----------------------------------------------------------------------------
__inline void AT91F_AIC_CfgPIO (void)
{
    // Configure PIO controllers to periph mode
    AT91F_PIO_CfgPeriph(
        AT91C_BASE_PIOA,                          // PIO controller base address
        ((unsigned int) AT91C_PA30_IRQ1),         // Peripheral A
        ((unsigned int) AT91C_PA20_IRQ0) |
        ((unsigned int) AT91C_PA19_FIQ));         // Peripheral B
}

/* *****************************************************************************
                SOFTWARE API FOR DBGU
   ***************************************************************************** */
//*----------------------------------------------------------------------------
//* \fn    AT91F_DBGU_InterruptEnable
//* \brief Enable DBGU Interrupt
//*----------------------------------------------------------------------------
__inline void AT91F_DBGU_InterruptEnable(
        AT91PS_DBGU pDbgu,       // \arg  pointer to a DBGU controller
        unsigned int flag)       // \arg  dbgu interrupt to be enabled
{
    pDbgu->DBGU_IER = flag;
}

//*----------------------------------------------------------------------------
//* \fn    AT91F_DBGU_InterruptDisable
//* \brief Disable DBGU Interrupt
//*----------------------------------------------------------------------------
__inline void AT91F_DBGU_InterruptDisable(
        AT91PS_DBGU pDbgu,       // \arg  pointer to a DBGU controller
        unsigned int flag)       // \arg  dbgu interrupt to be disabled
{
    pDbgu->DBGU_IDR = flag;
}
```

```
//*----------------------------------------------------------------------------
//* \fn    AT91F_DBGU_GetInterruptMaskStatus
//* \brief Return DBGU Interrupt Mask Status
//*----------------------------------------------------------------------------
__inline unsigned int AT91F_DBGU_GetInterruptMaskStatus( // \return DBGU Interrupt Mask Status
        AT91PS_DBGU pDbgu)      // \arg  pointer to a DBGU controller
{
    return pDbgu->DBGU_IMR;
}

//*----------------------------------------------------------------------------
//* \fn    AT91F_DBGU_IsInterruptMasked
//* \brief Test if DBGU Interrupt is Masked
//*----------------------------------------------------------------------------
__inline int AT91F_DBGU_IsInterruptMasked(
        AT91PS_DBGU pDbgu,      // \arg  pointer to a DBGU controller
        unsigned int flag)      // \arg  flag to be tested
{
    return (AT91F_DBGU_GetInterruptMaskStatus(pDbgu) & flag);
}

//*----------------------------------------------------------------------------
//* \fn    AT91F_DBGU_CfgPMC
//* \brief Enable Peripheral clock in PMC for DBGU
//*----------------------------------------------------------------------------
__inline void AT91F_DBGU_CfgPMC (void)
{
    AT91F_PMC_EnablePeriphClock(
        AT91C_BASE_PMC,                 // PIO controller base address
        ((unsigned int) 1 << AT91C_ID_SYS));
}

//*----------------------------------------------------------------------------
//* \fn    AT91F_DBGU_CfgPIO
//* \brief Configure PIO controllers to drive DBGU signals
//*----------------------------------------------------------------------------
__inline void AT91F_DBGU_CfgPIO (void)
{
    // Configure PIO controllers to periph mode
    AT91F_PIO_CfgPeriph(
        AT91C_BASE_PIOA,                         // PIO controller base address
        ((unsigned int) AT91C_PA10_DTXD) |
        ((unsigned int) AT91C_PA9_DRXD),         // Peripheral A
        0);                                      // Peripheral B
}

/* *****************************************************************************
                SOFTWARE API FOR PIOA
   ***************************************************************************** */
//*----------------------------------------------------------------------------
//* \fn    AT91F_PIO_CfgPeriph
//* \brief Enable pins to be drived by peripheral
//*----------------------------------------------------------------------------
__inline void AT91F_PIO_CfgPeriph(
        AT91PS_PIO pPio,                // \arg pointer to a PIO controller
        unsigned int periphAEnable,     // \arg PERIPH A to enable
        unsigned int periphBEnable)     // \arg PERIPH B to enable

{
    pPio->PIO_ASR = periphAEnable;
    pPio->PIO_BSR = periphBEnable;
    pPio->PIO_PDR = (periphAEnable | periphBEnable);    // Set in Periph mode
}

//*----------------------------------------------------------------------------
//* \fn    AT91F_PIO_CfgOutput
//* \brief Enable PIO in output mode
//*----------------------------------------------------------------------------
__inline void AT91F_PIO_CfgOutput(
        AT91PS_PIO pPio,        // \arg pointer to a PIO controller
        unsigned int pioEnable) // \arg PIO to be enabled
{
```

```
    pPio->PIO_PER = pioEnable;  // Set in PIO mode
    pPio->PIO_OER = pioEnable;  // Configure in Output
}

//*----------------------------------------------------------------------------
//* \fn    AT91F_PIO_CfgInput
//* \brief Enable PIO in input mode
//*----------------------------------------------------------------------------
__inline void AT91F_PIO_CfgInput(
        AT91PS_PIO pPio,             // \arg pointer to a PIO controller
        unsigned int inputEnable)    // \arg PIO to be enabled
{
    pPio->PIO_ODR  = inputEnable;    // Disable output
    pPio->PIO_PER  = inputEnable;
}

//*----------------------------------------------------------------------------
//* \fn    AT91F_PIO_CfgOpendrain
//* \brief Configure PIO in open drain
//*----------------------------------------------------------------------------
__inline void AT91F_PIO_CfgOpendrain(
        AT91PS_PIO pPio,             // \arg pointer to a PIO controller
        unsigned int multiDrvEnable) // \arg pio to be configured in open drain
{
    pPio->PIO_MDDR = ~multiDrvEnable; // Configure the multi-drive option
    pPio->PIO_MDER = multiDrvEnable;
}

//*----------------------------------------------------------------------------
//* \fn    AT91F_PIO_CfgPullup
//* \brief Enable pullup on PIO
//*----------------------------------------------------------------------------
__inline void AT91F_PIO_CfgPullup(
        AT91PS_PIO pPio,             // \arg pointer to a PIO controller
        unsigned int pullupEnable)   // \arg enable pullup on PIO
{
    pPio->PIO_PPUDR = ~pullupEnable;  // Connect or not Pullup
    pPio->PIO_PPUER = pullupEnable;
}

//*----------------------------------------------------------------------------
//* \fn    AT91F_PIO_CfgDirectDrive
//* \brief Enable direct drive on PIO
//*----------------------------------------------------------------------------
__inline void AT91F_PIO_CfgDirectDrive(
        AT91PS_PIO pPio,             // \arg pointer to a PIO controller
        unsigned int directDrive)    // \arg PIO to be configured with direct drive

{
    pPio->PIO_OWDR  = ~directDrive;  // Configure the Direct Drive
    pPio->PIO_OWER  = directDrive;
}

//*----------------------------------------------------------------------------
//* \fn    AT91F_PIO_CfgInputFilter
//* \brief Enable input filter on input PIO
//*----------------------------------------------------------------------------
__inline void AT91F_PIO_CfgInputFilter(
        AT91PS_PIO pPio,             // \arg pointer to a PIO controller
        unsigned int inputFilter)    // \arg PIO to be configured with input filter

{
    pPio->PIO_IFDR  = ~inputFilter;  // Configure the Direct Drive
    pPio->PIO_IFER  = inputFilter;
}

//*----------------------------------------------------------------------------
//* \fn    AT91F_PIO_GetInput
//* \brief Return PIO input value
//*----------------------------------------------------------------------------
__inline unsigned int AT91F_PIO_GetInput(       // \return PIO input
        AT91PS_PIO pPio)                        // \arg  pointer to a PIO controller
{
```

```
    return pPio->PIO_PDSR;
}

//*----------------------------------------------------------------------------
//* \fn    AT91F_PIO_IsInputSet
//* \brief Test if PIO is input flag is active
//*----------------------------------------------------------------------------
__inline int AT91F_PIO_IsInputSet(
        AT91PS_PIO pPio,        // \arg  pointer to a PIO controller
        unsigned int flag)      // \arg  flag to be tested
{
    return (AT91F_PIO_GetInput(pPio) & flag);
}

//*----------------------------------------------------------------------------
//* \fn    AT91F_PIO_SetOutput
//* \brief Set to 1 output PIO
//*----------------------------------------------------------------------------
__inline void AT91F_PIO_SetOutput(
        AT91PS_PIO pPio,        // \arg  pointer to a PIO controller
        unsigned int flag)      // \arg  output to be set
{
    pPio->PIO_SODR = flag;
}

//*----------------------------------------------------------------------------
//* \fn    AT91F_PIO_ClearOutput
//* \brief Set to 0 output PIO
//*----------------------------------------------------------------------------
__inline void AT91F_PIO_ClearOutput(
        AT91PS_PIO pPio,        // \arg  pointer to a PIO controller
        unsigned int flag)      // \arg  output to be cleared
{
    pPio->PIO_CODR = flag;
}

//*----------------------------------------------------------------------------
//* \fn    AT91F_PIO_ForceOutput
//* \brief Force output when Direct drive option is enabled
//*----------------------------------------------------------------------------
__inline void AT91F_PIO_ForceOutput(
        AT91PS_PIO pPio,        // \arg  pointer to a PIO controller
        unsigned int flag)      // \arg  output to be forced
{
    pPio->PIO_ODSR = flag;
}

//*----------------------------------------------------------------------------
//* \fn    AT91F_PIO_Enable
//* \brief Enable PIO
//*----------------------------------------------------------------------------
__inline void AT91F_PIO_Enable(
        AT91PS_PIO pPio,        // \arg  pointer to a PIO controller
        unsigned int flag)      // \arg  pio to be enabled
{
    pPio->PIO_PER = flag;
}

//*----------------------------------------------------------------------------
//* \fn    AT91F_PIO_Disable
//* \brief Disable PIO
//*----------------------------------------------------------------------------
__inline void AT91F_PIO_Disable(
        AT91PS_PIO pPio,        // \arg  pointer to a PIO controller
        unsigned int flag)      // \arg  pio to be disabled
{
    pPio->PIO_PDR = flag;
}

//*----------------------------------------------------------------------------
//* \fn    AT91F_PIO_GetStatus
//* \brief Return PIO Status
//*----------------------------------------------------------------------------
```

```
__inline unsigned int AT91F_PIO_GetStatus(       // \return PIO Status
        AT91PS_PIO pPio)         // \arg  pointer to a PIO controller
{
    return pPio->PIO_PSR;
}

//*----------------------------------------------------------------------------
//* \fn    AT91F_PIO_IsSet
//* \brief Test if PIO is Set
//*----------------------------------------------------------------------------
__inline int AT91F_PIO_IsSet(
        AT91PS_PIO pPio,         // \arg  pointer to a PIO controller
        unsigned int flag)       // \arg  flag to be tested
{
    return (AT91F_PIO_GetStatus(pPio) & flag);
}

//*----------------------------------------------------------------------------
//* \fn    AT91F_PIO_OutputEnable
//* \brief Output Enable PIO
//*----------------------------------------------------------------------------
__inline void AT91F_PIO_OutputEnable(
        AT91PS_PIO pPio,         // \arg  pointer to a PIO controller
        unsigned int flag)       // \arg  pio output to be enabled
{
    pPio->PIO_OER = flag;
}

//*----------------------------------------------------------------------------
//* \fn    AT91F_PIO_OutputDisable
//* \brief Output Enable PIO
//*----------------------------------------------------------------------------
__inline void AT91F_PIO_OutputDisable(
        AT91PS_PIO pPio,         // \arg  pointer to a PIO controller
        unsigned int flag)       // \arg  pio output to be disabled
{
    pPio->PIO_ODR = flag;
}

//*----------------------------------------------------------------------------
//* \fn    AT91F_PIO_GetOutputStatus
//* \brief Return PIO Output Status
//*----------------------------------------------------------------------------
__inline unsigned int AT91F_PIO_GetOutputStatus(        // \return PIO Output Status
        AT91PS_PIO pPio)         // \arg  pointer to a PIO controller
{
    return pPio->PIO_OSR;
}

//*----------------------------------------------------------------------------
//* \fn    AT91F_PIO_IsOuputSet
//* \brief Test if PIO Output is Set
//*----------------------------------------------------------------------------
__inline int AT91F_PIO_IsOutputSet(
        AT91PS_PIO pPio,         // \arg  pointer to a PIO controller
        unsigned int flag)       // \arg  flag to be tested
{
    return (AT91F_PIO_GetOutputStatus(pPio) & flag);
}

//*----------------------------------------------------------------------------
//* \fn    AT91F_PIO_InputFilterEnable
//* \brief Input Filter Enable PIO
//*----------------------------------------------------------------------------
__inline void AT91F_PIO_InputFilterEnable(
        AT91PS_PIO pPio,         // \arg  pointer to a PIO controller
        unsigned int flag)       // \arg  pio input filter to be enabled
{
    pPio->PIO_IFER = flag;
}

//*----------------------------------------------------------------------------
//* \fn    AT91F_PIO_InputFilterDisable
```

```
//* \brief Input Filter Disable PIO
//*----------------------------------------------------------------------------
__inline void AT91F_PIO_InputFilterDisable(
        AT91PS_PIO pPio,         // \arg  pointer to a PIO controller
        unsigned int flag)       // \arg  pio input filter to be disabled
{
    pPio->PIO_IFDR = flag;
}

//*----------------------------------------------------------------------------
//* \fn    AT91F_PIO_GetInputFilterStatus
//* \brief Return PIO Input Filter Status
//*----------------------------------------------------------------------------
__inline unsigned int AT91F_PIO_GetInputFilterStatus(   // \return PIO Input Filter Status
        AT91PS_PIO pPio)         // \arg  pointer to a PIO controller
{
    return pPio->PIO_IFSR;
}

//*----------------------------------------------------------------------------
//* \fn    AT91F_PIO_IsInputFilterSet
//* \brief Test if PIO Input filter is Set
//*----------------------------------------------------------------------------
__inline int AT91F_PIO_IsInputFilterSet(
        AT91PS_PIO pPio,         // \arg  pointer to a PIO controller
        unsigned int flag)       // \arg  flag to be tested
{
    return (AT91F_PIO_GetInputFilterStatus(pPio) & flag);
}

//*----------------------------------------------------------------------------
//* \fn    AT91F_PIO_GetOutputDataStatus
//* \brief Return PIO Output Data Status
//*----------------------------------------------------------------------------
__inline unsigned int AT91F_PIO_GetOutputDataStatus(    // \return PIO Output Data Status
        AT91PS_PIO pPio)         // \arg  pointer to a PIO controller
{
    return pPio->PIO_ODSR;
}

//*----------------------------------------------------------------------------
//* \fn    AT91F_PIO_InterruptEnable
//* \brief Enable PIO Interrupt
//*----------------------------------------------------------------------------
__inline void AT91F_PIO_InterruptEnable(
        AT91PS_PIO pPio,         // \arg  pointer to a PIO controller
        unsigned int flag)       // \arg  pio interrupt to be enabled
{
    pPio->PIO_IER = flag;
}

//*----------------------------------------------------------------------------
//* \fn    AT91F_PIO_InterruptDisable
//* \brief Disable PIO Interrupt
//*----------------------------------------------------------------------------
__inline void AT91F_PIO_InterruptDisable(
        AT91PS_PIO pPio,         // \arg  pointer to a PIO controller
        unsigned int flag)       // \arg  pio interrupt to be disabled
{
    pPio->PIO_IDR = flag;
}

//*----------------------------------------------------------------------------
//* \fn    AT91F_PIO_GetInterruptMaskStatus
//* \brief Return PIO Interrupt Mask Status
//*----------------------------------------------------------------------------
__inline unsigned int AT91F_PIO_GetInterruptMaskStatus( // \return PIO Interrupt Mask Status
        AT91PS_PIO pPio)         // \arg  pointer to a PIO controller
{
    return pPio->PIO_IMR;
}

//*----------------------------------------------------------------------------
```

```
//* \fn    AT91F_PIO_GetInterruptStatus
//* \brief Return PIO Interrupt Status
//*----------------------------------------------------------------------------
__inline unsigned int AT91F_PIO_GetInterruptStatus( // \return PIO Interrupt Status
        AT91PS_PIO pPio)        // \arg  pointer to a PIO controller
{
    return pPio->PIO_ISR;
}

//*----------------------------------------------------------------------------
//* \fn    AT91F_PIO_IsInterruptMasked
//* \brief Test if PIO Interrupt is Masked
//*----------------------------------------------------------------------------
__inline int AT91F_PIO_IsInterruptMasked(
        AT91PS_PIO pPio,        // \arg  pointer to a PIO controller
        unsigned int flag)      // \arg  flag to be tested
{
    return (AT91F_PIO_GetInterruptMaskStatus(pPio) & flag);
}

//*----------------------------------------------------------------------------
//* \fn    AT91F_PIO_IsInterruptSet
//* \brief Test if PIO Interrupt is Set
//*----------------------------------------------------------------------------
__inline int AT91F_PIO_IsInterruptSet(
        AT91PS_PIO pPio,        // \arg  pointer to a PIO controller
        unsigned int flag)      // \arg  flag to be tested
{
    return (AT91F_PIO_GetInterruptStatus(pPio) & flag);
}

//*----------------------------------------------------------------------------
//* \fn    AT91F_PIO_MultiDriverEnable
//* \brief Multi Driver Enable PIO
//*----------------------------------------------------------------------------
__inline void AT91F_PIO_MultiDriverEnable(
        AT91PS_PIO pPio,        // \arg  pointer to a PIO controller
        unsigned int flag)      // \arg  pio to be enabled
{
    pPio->PIO_MDER = flag;
}

//*----------------------------------------------------------------------------
//* \fn    AT91F_PIO_MultiDriverDisable
//* \brief Multi Driver Disable PIO
//*----------------------------------------------------------------------------
__inline void AT91F_PIO_MultiDriverDisable(
        AT91PS_PIO pPio,        // \arg  pointer to a PIO controller
        unsigned int flag)      // \arg  pio to be disabled
{
    pPio->PIO_MDDR = flag;
}

//*----------------------------------------------------------------------------
//* \fn    AT91F_PIO_GetMultiDriverStatus
//* \brief Return PIO Multi Driver Status
//*----------------------------------------------------------------------------
__inline unsigned int AT91F_PIO_GetMultiDriverStatus( // \return PIO Multi Driver Status
        AT91PS_PIO pPio)        // \arg  pointer to a PIO controller
{
    return pPio->PIO_MDSR;
}

//*----------------------------------------------------------------------------
//* \fn    AT91F_PIO_IsMultiDriverSet
//* \brief Test if PIO MultiDriver is Set
//*----------------------------------------------------------------------------
__inline int AT91F_PIO_IsMultiDriverSet(
        AT91PS_PIO pPio,        // \arg  pointer to a PIO controller
        unsigned int flag)      // \arg  flag to be tested
{
    return (AT91F_PIO_GetMultiDriverStatus(pPio) & flag);
}
```

```
//*----------------------------------------------------------------------------
//* \fn    AT91F_PIO_A_RegisterSelection
//* \brief PIO A Register Selection
//*----------------------------------------------------------------------------
__inline void AT91F_PIO_A_RegisterSelection(
        AT91PS_PIO pPio,         // \arg  pointer to a PIO controller
        unsigned int flag)       // \arg  pio A register selection
{
    pPio->PIO_ASR = flag;
}

//*----------------------------------------------------------------------------
//* \fn    AT91F_PIO_B_RegisterSelection
//* \brief PIO B Register Selection
//*----------------------------------------------------------------------------
__inline void AT91F_PIO_B_RegisterSelection(
        AT91PS_PIO pPio,         // \arg  pointer to a PIO controller
        unsigned int flag)       // \arg  pio B register selection
{
    pPio->PIO_BSR = flag;
}

//*----------------------------------------------------------------------------
//* \fn    AT91F_PIO_Get_AB_RegisterStatus
//* \brief Return PIO Interrupt Status
//*----------------------------------------------------------------------------
__inline unsigned int AT91F_PIO_Get_AB_RegisterStatus( // \return PIO AB Register Status
        AT91PS_PIO pPio)         // \arg  pointer to a PIO controller
{
    return pPio->PIO_ABSR;
}

//*----------------------------------------------------------------------------
//* \fn    AT91F_PIO_IsAB_RegisterSet
//* \brief Test if PIO AB Register is Set
//*----------------------------------------------------------------------------
__inline int AT91F_PIO_IsAB_RegisterSet(
        AT91PS_PIO pPio,         // \arg  pointer to a PIO controller
        unsigned int flag)       // \arg  flag to be tested
{
    return (AT91F_PIO_Get_AB_RegisterStatus(pPio) & flag);
}

//*----------------------------------------------------------------------------
//* \fn    AT91F_PIO_OutputWriteEnable
//* \brief Output Write Enable PIO
//*----------------------------------------------------------------------------
__inline void AT91F_PIO_OutputWriteEnable(
        AT91PS_PIO pPio,         // \arg  pointer to a PIO controller
        unsigned int flag)       // \arg  pio output write to be enabled
{
    pPio->PIO_OWER = flag;
}

//*----------------------------------------------------------------------------
//* \fn    AT91F_PIO_OutputWriteDisable
//* \brief Output Write Disable PIO
//*----------------------------------------------------------------------------
__inline void AT91F_PIO_OutputWriteDisable(
        AT91PS_PIO pPio,         // \arg  pointer to a PIO controller
        unsigned int flag)       // \arg  pio output write to be disabled
{
    pPio->PIO_OWDR = flag;
}

//*----------------------------------------------------------------------------
//* \fn    AT91F_PIO_GetOutputWriteStatus
//* \brief Return PIO Output Write Status
//*----------------------------------------------------------------------------
__inline unsigned int AT91F_PIO_GetOutputWriteStatus(  // \return PIO Output Write Status
        AT91PS_PIO pPio)         // \arg  pointer to a PIO controller
{
```

```
    return pPio->PIO_OWSR;
}

//*----------------------------------------------------------------------------
//* \fn    AT91F_PIO_IsOutputWriteSet
//* \brief Test if PIO OutputWrite is Set
//*----------------------------------------------------------------------------
__inline int AT91F_PIO_IsOutputWriteSet(
        AT91PS_PIO pPio,        // \arg  pointer to a PIO controller
        unsigned int flag)      // \arg  flag to be tested
{
    return (AT91F_PIO_GetOutputWriteStatus(pPio) & flag);
}

//*----------------------------------------------------------------------------
//* \fn    AT91F_PIO_GetCfgPullup
//* \brief Return PIO Configuration Pullup
//*----------------------------------------------------------------------------
__inline unsigned int AT91F_PIO_GetCfgPullup(   // \return PIO Configuration Pullup
        AT91PS_PIO pPio)        // \arg  pointer to a PIO controller
{
    return pPio->PIO_PPUSR;
}

//*----------------------------------------------------------------------------
//* \fn    AT91F_PIO_IsOutputDataStatusSet
//* \brief Test if PIO Output Data Status is Set
//*----------------------------------------------------------------------------
__inline int AT91F_PIO_IsOutputDataStatusSet(
        AT91PS_PIO pPio,        // \arg  pointer to a PIO controller
        unsigned int flag)      // \arg  flag to be tested
{
    return (AT91F_PIO_GetOutputDataStatus(pPio) & flag);
}

//*----------------------------------------------------------------------------
//* \fn    AT91F_PIO_IsCfgPullupStatusSet
//* \brief Test if PIO Configuration Pullup Status is Set
//*----------------------------------------------------------------------------
__inline int AT91F_PIO_IsCfgPullupStatusSet(
        AT91PS_PIO pPio,        // \arg  pointer to a PIO controller
        unsigned int flag)      // \arg  flag to be tested
{
    return (~AT91F_PIO_GetCfgPullup(pPio) & flag);
}

//*----------------------------------------------------------------------------
//* \fn    AT91F_PIOA_CfgPMC
//* \brief Enable Peripheral clock in PMC for PIOA
//*----------------------------------------------------------------------------
__inline void AT91F_PIOA_CfgPMC (void)
{
    AT91F_PMC_EnablePeriphClock(
        AT91C_BASE_PMC,                 // PIO controller base address
        ((unsigned int) 1 << AT91C_ID_PIOA));
}

/* *****************************************************************************
                SOFTWARE API FOR PMC
   ***************************************************************************** */
//*----------------------------------------------------------------------------
//* \fn    AT91F_PMC_CfgSysClkEnableReg
//* \brief Configure the System Clock Enable Register of the PMC controller
//*----------------------------------------------------------------------------
__inline void AT91F_PMC_CfgSysClkEnableReg (
        AT91PS_PMC pPMC,        // \arg pointer to PMC controller
        unsigned int mode)
{
    pPMC->PMC_SCER = mode;      //* Write to the SCER register
}

//*----------------------------------------------------------------------------
//* \fn    AT91F_PMC_CfgSysClkDisableReg
```

```
//* \brief Configure the System Clock Disable Register of the PMC controller
//*----------------------------------------------------------------------------
__inline void AT91F_PMC_CfgSysClkDisableReg (
        AT91PS_PMC pPMC,          // \arg pointer to PMC controller
        unsigned int mode)
{
    pPMC->PMC_SCDR = mode;        //* Write to the SCDR register
}

//*----------------------------------------------------------------------------
//* \fn    AT91F_PMC_GetSysClkStatusReg
//* \brief Return the System Clock Status Register of the PMC controller
//*----------------------------------------------------------------------------
__inline unsigned int AT91F_PMC_GetSysClkStatusReg (
        AT91PS_PMC pPMC)          // pointer to a CAN controller
{
    return pPMC->PMC_SCSR;
}

//*----------------------------------------------------------------------------
//* \fn    AT91F_PMC_EnablePeriphClock
//* \brief Enable peripheral clock
//*----------------------------------------------------------------------------
__inline void AT91F_PMC_EnablePeriphClock (
        AT91PS_PMC pPMC,          // \arg pointer to PMC controller
        unsigned int periphIds) // \arg IDs of peripherals
{
    pPMC->PMC_PCER = periphIds;
}

//*----------------------------------------------------------------------------
//* \fn    AT91F_PMC_DisablePeriphClock
//* \brief Disable peripheral clock
//*----------------------------------------------------------------------------
__inline void AT91F_PMC_DisablePeriphClock (
        AT91PS_PMC pPMC,          // \arg pointer to PMC controller
        unsigned int periphIds) // \arg IDs of peripherals
{
    pPMC->PMC_PCDR = periphIds;
}

//*----------------------------------------------------------------------------
//* \fn    AT91F_PMC_GetPeriphClock
//* \brief Get peripheral clock status
//*----------------------------------------------------------------------------
__inline unsigned int AT91F_PMC_GetPeriphClock (
        AT91PS_PMC pPMC)          // \arg pointer to PMC controller
{
    return pPMC->PMC_PCSR;
}

//*----------------------------------------------------------------------------
//* \fn    AT91F_PMC_CfgMCKReg
//* \brief Cfg Master Clock Register
//*----------------------------------------------------------------------------
__inline void AT91F_PMC_CfgMCKReg (
        AT91PS_PMC pPMC,          // \arg pointer to PMC controller
        unsigned int mode)
{
    pPMC->PMC_MCKR = mode;
}

//*----------------------------------------------------------------------------
//* \fn    AT91F_PMC_GetMCKReg
//* \brief Return Master Clock Register
//*----------------------------------------------------------------------------
__inline unsigned int AT91F_PMC_GetMCKReg(
        AT91PS_PMC pPMC)          // \arg pointer to PMC controller
{
    return pPMC->PMC_MCKR;
}

//*----------------------------------------------------------------------------
```

```
//* \fn    AT91F_PMC_GetMasterClock
//* \brief Return master clock in Hz which correponds to processor clock for ARM7
//*----------------------------------------------------------------------------
__inline unsigned int AT91F_PMC_GetMasterClock (
        AT91PS_PMC pPMC,         // \arg pointer to PMC controller
        AT91PS_CKGR pCKGR,       // \arg pointer to CKGR controller
        unsigned int slowClock)  // \arg slowClock in Hz
{
    unsigned int reg = pPMC->PMC_MCKR;
    unsigned int prescaler = (1 << ((reg & AT91C_PMC_PRES) >> 2));
    unsigned int pllDivider, pllMultiplier;

    switch (reg & AT91C_PMC_CSS) {
        case AT91C_PMC_CSS_SLOW_CLK:            // Slow clock selected
            return slowClock / prescaler;
        case AT91C_PMC_CSS_MAIN_CLK:            // Main clock is selected
            return AT91F_CKGR_GetMainClock(pCKGR, slowClock) / prescaler;
        case AT91C_PMC_CSS_PLL_CLK:             // PLLB clock is selected
            reg = pCKGR->CKGR_PLLR;
            pllDivider    = (reg  & AT91C_CKGR_DIV);
            pllMultiplier = ((reg  & AT91C_CKGR_MUL) >> 16) + 1;
            return AT91F_CKGR_GetMainClock(pCKGR, slowClock) / pllDivider * pllMultiplier / prescaler;
    }
    return 0;
}

//*----------------------------------------------------------------------------
//* \fn    AT91F_PMC_EnablePCK
//* \brief Enable Programmable Clock x Output
//*----------------------------------------------------------------------------
__inline void AT91F_PMC_EnablePCK (
        AT91PS_PMC pPMC,         // \arg pointer to PMC controller
        unsigned int pck,        // \arg Programmable Clock x Output
        unsigned int mode)
{
    pPMC->PMC_PCKR[pck] = mode;
    pPMC->PMC_SCER = (1 << pck) << 8;
}

//*----------------------------------------------------------------------------
//* \fn    AT91F_PMC_DisablePCK
//* \brief Disable Programmable Clock x Output
//*----------------------------------------------------------------------------
__inline void AT91F_PMC_DisablePCK (
        AT91PS_PMC pPMC,         // \arg pointer to PMC controller
        unsigned int pck)        // \arg Programmable Clock x Output
{
    pPMC->PMC_SCDR = (1 << pck) << 8;
}

//*----------------------------------------------------------------------------
//* \fn    AT91F_PMC_EnableIt
//* \brief Enable PMC interrupt
//*----------------------------------------------------------------------------
__inline void AT91F_PMC_EnableIt (
        AT91PS_PMC pPMC,         // pointer to a PMC controller
        unsigned int flag)       // IT to be enabled
{
    pPMC->PMC_IER = flag;        //* Write to the IER register
}

//*----------------------------------------------------------------------------
//* \fn    AT91F_PMC_DisableIt
//* \brief Disable PMC interrupt
//*----------------------------------------------------------------------------
__inline void AT91F_PMC_DisableIt (
        AT91PS_PMC pPMC,         // pointer to a PMC controller
        unsigned int flag)       // IT to be disabled
{
    pPMC->PMC_IDR = flag;        //* Write to the IDR register
}

//*----------------------------------------------------------------------------
```

```
//* \fn    AT91F_PMC_GetStatus
//* \brief Return PMC Interrupt Status
//*----------------------------------------------------------------------------
__inline unsigned int AT91F_PMC_GetStatus(       // \return PMC Interrupt Status
        AT91PS_PMC pPMC)         // pointer to a PMC controller
{
    return pPMC->PMC_SR;
}

//*----------------------------------------------------------------------------
//* \fn    AT91F_PMC_GetInterruptMaskStatus
//* \brief Return PMC Interrupt Mask Status
//*----------------------------------------------------------------------------
__inline unsigned int AT91F_PMC_GetInterruptMaskStatus( // \return PMC Interrupt Mask Status
        AT91PS_PMC pPMC)         // pointer to a PMC controller
{
    return pPMC->PMC_IMR;
}

//*----------------------------------------------------------------------------
//* \fn    AT91F_PMC_IsInterruptMasked
//* \brief Test if PMC Interrupt is Masked
//*----------------------------------------------------------------------------
__inline unsigned int AT91F_PMC_IsInterruptMasked(
        AT91PS_PMC pPMC,         // \arg  pointer to a PMC controller
        unsigned int flag)       // \arg  flag to be tested
{
    return (AT91F_PMC_GetInterruptMaskStatus(pPMC) & flag);
}

//*----------------------------------------------------------------------------
//* \fn    AT91F_PMC_IsStatusSet
//* \brief Test if PMC Status is Set
//*----------------------------------------------------------------------------
__inline unsigned int AT91F_PMC_IsStatusSet(
        AT91PS_PMC pPMC,         // \arg  pointer to a PMC controller
        unsigned int flag)       // \arg  flag to be tested
{
    return (AT91F_PMC_GetStatus(pPMC) & flag);
}

//*----------------------------------------------------------------------------
//* \fn    AT91F_PMC_CfgPMC
//* \brief Enable Peripheral clock in PMC for PMC
//*----------------------------------------------------------------------------
__inline void AT91F_PMC_CfgPMC (void)
{
    AT91F_PMC_EnablePeriphClock(
        AT91C_BASE_PMC,                  // PIO controller base address
        ((unsigned int) 1 << AT91C_ID_SYS));
}

//*----------------------------------------------------------------------------
//* \fn    AT91F_PMC_CfgPIO
//* \brief Configure PIO controllers to drive PMC signals
//*----------------------------------------------------------------------------
__inline void AT91F_PMC_CfgPIO (void)
{
    // Configure PIO controllers to periph mode
    AT91F_PIO_CfgPeriph(
        AT91C_BASE_PIOA,                         // PIO controller base address
        0,                                       // Peripheral A
        ((unsigned int) AT91C_PA17_PCK1) |
        ((unsigned int) AT91C_PA21_PCK1) |
        ((unsigned int) AT91C_PA31_PCK2) |
        ((unsigned int) AT91C_PA18_PCK2) |
        ((unsigned int) AT91C_PA6_PCK0));        // Peripheral B
}

/* *****************************************************************************
                SOFTWARE API FOR CKGR
   ***************************************************************************** */
//*----------------------------------------------------------------------------
```

```
//* \fn    AT91F_CKGR_CfgMainOscillatorReg
//* \brief Cfg the main oscillator
//*----------------------------------------------------------------------------
__inline void AT91F_CKGR_CfgMainOscillatorReg (
        AT91PS_CKGR pCKGR,       // \arg pointer to CKGR controller
        unsigned int mode)
{
    pCKGR->CKGR_MOR = mode;
}

//*----------------------------------------------------------------------------
//* \fn    AT91F_CKGR_GetMainOscillatorReg
//* \brief Cfg the main oscillator
//*----------------------------------------------------------------------------
__inline unsigned int AT91F_CKGR_GetMainOscillatorReg (
        AT91PS_CKGR pCKGR)       // \arg pointer to CKGR controller
{
    return pCKGR->CKGR_MOR;
}

//*----------------------------------------------------------------------------
//* \fn    AT91F_CKGR_EnableMainOscillator
//* \brief Enable the main oscillator
//*----------------------------------------------------------------------------
__inline void AT91F_CKGR_EnableMainOscillator(
        AT91PS_CKGR pCKGR)       // \arg pointer to CKGR controller
{
    pCKGR->CKGR_MOR |= AT91C_CKGR_MOSCEN;
}

//*----------------------------------------------------------------------------
//* \fn    AT91F_CKGR_DisableMainOscillator
//* \brief Disable the main oscillator
//*----------------------------------------------------------------------------
__inline void AT91F_CKGR_DisableMainOscillator (
        AT91PS_CKGR pCKGR)       // \arg pointer to CKGR controller
{
    pCKGR->CKGR_MOR &= ~AT91C_CKGR_MOSCEN;
}

//*----------------------------------------------------------------------------
//* \fn    AT91F_CKGR_CfgMainOscStartUpTime
//* \brief Cfg MOR Register according to the main osc startup time
//*----------------------------------------------------------------------------
__inline void AT91F_CKGR_CfgMainOscStartUpTime (
        AT91PS_CKGR pCKGR, // \arg pointer to CKGR controller
        unsigned int startup_time,  // \arg main osc startup time in microsecond (us)
        unsigned int slowClock)  // \arg slowClock in Hz
{
    pCKGR->CKGR_MOR &= ~AT91C_CKGR_OSCOUNT;
    pCKGR->CKGR_MOR |= ((slowClock * startup_time)/(8*1000000)) << 8;
}

//*----------------------------------------------------------------------------
//* \fn    AT91F_CKGR_GetMainClockFreqReg
//* \brief Cfg the main oscillator
//*----------------------------------------------------------------------------
__inline unsigned int AT91F_CKGR_GetMainClockFreqReg (
        AT91PS_CKGR pCKGR)       // \arg pointer to CKGR controller
{
    return pCKGR->CKGR_MCFR;
}

//*----------------------------------------------------------------------------
//* \fn    AT91F_CKGR_GetMainClock
//* \brief Return Main clock in Hz
//*----------------------------------------------------------------------------
__inline unsigned int AT91F_CKGR_GetMainClock (
        AT91PS_CKGR pCKGR,       // \arg pointer to CKGR controller
        unsigned int slowClock) // \arg slowClock in Hz
{
    return ((pCKGR->CKGR_MCFR & AT91C_CKGR_MAINF) * slowClock) >> 4;
}
```

```
// ----------------------------------------------------------------------------
//  \fn    AT91F_CKGR_CfgPLLReg
//  \brief Cfg the PLL Register
// ----------------------------------------------------------------------------
__inline void AT91F_CKGR_CfgPLLReg (
        AT91PS_CKGR pCKGR, // \arg pointer to CKGR controller
        unsigned int mode)
{
    pCKGR->CKGR_PLLR = mode;
}

// ----------------------------------------------------------------------------
//  \fn    AT91F_CKGR_GetPLLReg
//  \brief Get the PLL Register
// ----------------------------------------------------------------------------
__inline unsigned int AT91F_CKGR_GetPLLReg (
        AT91PS_CKGR pCKGR)      // \arg pointer to CKGR controller
{
    return pCKGR->CKGR_PLLR;
}

/* *****************************************************************************
                SOFTWARE API FOR RSTC
   ***************************************************************************** */
//*----------------------------------------------------------------------------
//* \fn    AT91F_RSTSoftReset
//* \brief Start Software Reset
//*----------------------------------------------------------------------------
__inline void AT91F_RSTSoftReset(
        AT91PS_RSTC pRSTC,
        unsigned int reset)
{
    pRSTC->RSTC_RCR = (0xA5000000 | reset);
}

//*----------------------------------------------------------------------------
//* \fn    AT91F_RSTSetMode
//* \brief Set Reset Mode
//*----------------------------------------------------------------------------
__inline void AT91F_RSTSetMode(
        AT91PS_RSTC pRSTC,
        unsigned int mode)
{
    pRSTC->RSTC_RMR = (0xA5000000 | mode);
}

//*----------------------------------------------------------------------------
//* \fn    AT91F_RSTGetMode
//* \brief Get Reset Mode
//*----------------------------------------------------------------------------
__inline unsigned int AT91F_RSTGetMode(
        AT91PS_RSTC pRSTC)
{
    return (pRSTC->RSTC_RMR);
}

//*----------------------------------------------------------------------------
//* \fn    AT91F_RSTGetStatus
//* \brief Get Reset Status
//*----------------------------------------------------------------------------
__inline unsigned int AT91F_RSTGetStatus(
        AT91PS_RSTC pRSTC)
{
    return (pRSTC->RSTC_RSR);
}

//*----------------------------------------------------------------------------
//* \fn    AT91F_RSTIsSoftRstActive
//* \brief Return !=0 if software reset is still not completed
//*----------------------------------------------------------------------------
__inline unsigned int AT91F_RSTIsSoftRstActive(
        AT91PS_RSTC pRSTC)
```

```
{
    return ((pRSTC->RSTC_RSR) & AT91C_RSTC_SRCMP);
}

//*----------------------------------------------------------------------------
//* \fn    AT91F_RSTC_CfgPMC
//* \brief Enable Peripheral clock in PMC for RSTC
//*----------------------------------------------------------------------------
__inline void AT91F_RSTC_CfgPMC (void)
{
    AT91F_PMC_EnablePeriphClock(
        AT91C_BASE_PMC,                 // PIO controller base address
        ((unsigned int) 1 << AT91C_ID_SYS));
}

/* *****************************************************************************
                SOFTWARE API FOR RTTC
   ***************************************************************************** */
//*----------------------------------------------------------------------------
//* \fn     AT91F_SetRTT_TimeBase()
//* \brief  Set the RTT prescaler according to the TimeBase in ms
//*----------------------------------------------------------------------------
__inline unsigned int AT91F_RTTSetTimeBase(
        AT91PS_RTTC pRTTC,
        unsigned int ms)
{
    if (ms > 2000)
        return 1;                       // AT91C_TIME_OUT_OF_RANGE
    pRTTC->RTTC_RTMR &= ~0xFFFF;
    pRTTC->RTTC_RTMR |= (((ms << 15) /1000) & 0xFFFF);
    return 0;
}

//*----------------------------------------------------------------------------
//* \fn     AT91F_RTTSetPrescaler()
//* \brief  Set the new prescaler value
//*----------------------------------------------------------------------------
__inline unsigned int AT91F_RTTSetPrescaler(
        AT91PS_RTTC pRTTC,
        unsigned int rtpres)
{
    pRTTC->RTTC_RTMR &= ~0xFFFF;
    pRTTC->RTTC_RTMR |= (rtpres & 0xFFFF);
    return (pRTTC->RTTC_RTMR);
}

//*----------------------------------------------------------------------------
//* \fn     AT91F_RTTRestart()
//* \brief  Restart the RTT prescaler
//*----------------------------------------------------------------------------
__inline void AT91F_RTTRestart(
        AT91PS_RTTC pRTTC)
{
    pRTTC->RTTC_RTMR |= AT91C_RTTC_RTTRST;
}


//*----------------------------------------------------------------------------
//* \fn     AT91F_RTT_SetAlarmINT()
//* \brief  Enable RTT Alarm Interrupt
//*----------------------------------------------------------------------------
__inline void AT91F_RTTSetAlarmINT(
        AT91PS_RTTC pRTTC)
{
    pRTTC->RTTC_RTMR |= AT91C_RTTC_ALMIEN;
}

//*----------------------------------------------------------------------------
//* \fn     AT91F_RTT_ClearAlarmINT()
//* \brief  Disable RTT Alarm Interrupt
//*----------------------------------------------------------------------------
__inline void AT91F_RTTClearAlarmINT(
        AT91PS_RTTC pRTTC)
```

```
{
    pRTTC->RTTC_RTMR &= ~AT91C_RTTC_ALMIEN;
}

//*----------------------------------------------------------------------------
//* \fn     AT91F_RTT_SetRttIncINT()
//* \brief  Enable RTT INC Interrupt
//*----------------------------------------------------------------------------
__inline void AT91F_RTTSetRttIncINT(
        AT91PS_RTTC pRTTC)
{
    pRTTC->RTTC_RTMR |= AT91C_RTTC_RTTINCIEN;
}

//*----------------------------------------------------------------------------
//* \fn     AT91F_RTT_ClearRttIncINT()
//* \brief  Disable RTT INC Interrupt
//*----------------------------------------------------------------------------
__inline void AT91F_RTTClearRttIncINT(
        AT91PS_RTTC pRTTC)
{
    pRTTC->RTTC_RTMR &= ~AT91C_RTTC_RTTINCIEN;
}

//*----------------------------------------------------------------------------
//* \fn     AT91F_RTT_SetAlarmValue()
//* \brief  Set RTT Alarm Value
//*----------------------------------------------------------------------------
__inline void AT91F_RTTSetAlarmValue(
        AT91PS_RTTC pRTTC, unsigned int alarm)
{
    pRTTC->RTTC_RTAR = alarm;
}

//*----------------------------------------------------------------------------
//* \fn     AT91F_RTT_GetAlarmValue()
//* \brief  Get RTT Alarm Value
//*----------------------------------------------------------------------------
__inline unsigned int AT91F_RTTGetAlarmValue(
        AT91PS_RTTC pRTTC)
{
    return(pRTTC->RTTC_RTAR);
}

//*----------------------------------------------------------------------------
//* \fn     AT91F_RTTGetStatus()
//* \brief  Read the RTT status
//*----------------------------------------------------------------------------
__inline unsigned int AT91F_RTTGetStatus(
        AT91PS_RTTC pRTTC)
{
    return(pRTTC->RTTC_RTSR);
}

//*----------------------------------------------------------------------------
//* \fn     AT91F_RTT_ReadValue()
//* \brief  Read the RTT value
//*----------------------------------------------------------------------------
__inline unsigned int AT91F_RTTReadValue(
        AT91PS_RTTC pRTTC)
{
    register volatile unsigned int val1,val2;
    do  { val1 = pRTTC->RTTC_RTVR;
          val2 = pRTTC->RTTC_RTVR;
        }
    while(val1 != val2);
    return(val1);
}

//*----------------------------------------------------------------------------
//* \fn    AT91F_RTTC_CfgPMC
//* \brief Enable Peripheral clock in PMC for RTTC
//*----------------------------------------------------------------------------
```

```
__inline void AT91F_RTTC_CfgPMC (void)
{
    AT91F_PMC_EnablePeriphClock(
        AT91C_BASE_PMC,                   // PIO controller base address
        ((unsigned int) 1 << AT91C_ID_SYS));
}

/* *****************************************************************************
                SOFTWARE API FOR PITC
   ***************************************************************************** */
//*----------------------------------------------------------------------------
//* \fn    AT91F_PITInit
//* \brief System timer init : period in usecond, system clock freq in MHz
//*----------------------------------------------------------------------------
__inline void AT91F_PITInit(
        AT91PS_PITC pPITC,
        unsigned int period,
        unsigned int pit_frequency)
{
    pPITC->PITC_PIMR = period? (period * pit_frequency + 8) >> 4 : 0;  // +8 to avoid %10 and /10
    pPITC->PITC_PIMR |= AT91C_PITC_PITEN;
}

//*----------------------------------------------------------------------------
//* \fn    AT91F_PITSetPIV
//* \brief Set the PIT Periodic Interval Value
//*----------------------------------------------------------------------------
__inline void AT91F_PITSetPIV(
        AT91PS_PITC pPITC,
        unsigned int piv)
{
    pPITC->PITC_PIMR = piv | (pPITC->PITC_PIMR & (AT91C_PITC_PITEN | AT91C_PITC_PITIEN));
}

//*----------------------------------------------------------------------------
//* \fn    AT91F_PITEnableInt
//* \brief Enable PIT periodic interrupt
//*----------------------------------------------------------------------------
__inline void AT91F_PITEnableInt(
        AT91PS_PITC pPITC)
{
    pPITC->PITC_PIMR |= AT91C_PITC_PITIEN;
}

//*----------------------------------------------------------------------------
//* \fn    AT91F_PITDisableInt
//* \brief Disable PIT periodic interrupt
//*----------------------------------------------------------------------------
__inline void AT91F_PITDisableInt(
        AT91PS_PITC pPITC)
{
    pPITC->PITC_PIMR &= ~AT91C_PITC_PITIEN;
}

//*----------------------------------------------------------------------------
//* \fn    AT91F_PITGetMode
//* \brief Read PIT mode register
//*----------------------------------------------------------------------------
__inline unsigned int AT91F_PITGetMode(
        AT91PS_PITC pPITC)
{
    return(pPITC->PITC_PIMR);
}

//*----------------------------------------------------------------------------
//* \fn    AT91F_PITGetStatus
//* \brief Read PIT status register
//*----------------------------------------------------------------------------
__inline unsigned int AT91F_PITGetStatus(
        AT91PS_PITC pPITC)
{
    return(pPITC->PITC_PISR);
}
```

```
//*----------------------------------------------------------------------------
//* \fn    AT91F_PITGetPIIR
//* \brief Read PIT CPIV and PICNT without ressetting the counters
//*----------------------------------------------------------------------------
__inline unsigned int AT91F_PITGetPIIR(
        AT91PS_PITC pPITC)
{
    return(pPITC->PITC_PIIR);
}

//*----------------------------------------------------------------------------
//* \fn    AT91F_PITGetPIVR
//* \brief Read System timer CPIV and PICNT without ressetting the counters
//*----------------------------------------------------------------------------
__inline unsigned int AT91F_PITGetPIVR(
        AT91PS_PITC pPITC)
{
    return(pPITC->PITC_PIVR);
}

//*----------------------------------------------------------------------------
//* \fn    AT91F_PITC_CfgPMC
//* \brief Enable Peripheral clock in PMC for PITC
//*----------------------------------------------------------------------------
__inline void AT91F_PITC_CfgPMC (void)
{
    AT91F_PMC_EnablePeriphClock(
        AT91C_BASE_PMC,                  // PIO controller base address
        ((unsigned int) 1 << AT91C_ID_SYS));
}

/* *****************************************************************************
                SOFTWARE API FOR WDTC
   ***************************************************************************** */
//*----------------------------------------------------------------------------
//* \fn    AT91F_WDTSetMode
//* \brief Set Watchdog Mode Register
//*----------------------------------------------------------------------------
__inline void AT91F_WDTSetMode(
        AT91PS_WDTC pWDTC,
        unsigned int Mode)
{
    pWDTC->WDTC_WDMR = Mode;
}

//*----------------------------------------------------------------------------
//* \fn    AT91F_WDTRestart
//* \brief Restart Watchdog
//*----------------------------------------------------------------------------
__inline void AT91F_WDTRestart(
        AT91PS_WDTC pWDTC)
{
    pWDTC->WDTC_WDCR = 0xA5000001;
}

//*----------------------------------------------------------------------------
//* \fn    AT91F_WDTSGettatus
//* \brief Get Watchdog Status
//*----------------------------------------------------------------------------
__inline unsigned int AT91F_WDTSGettatus(
        AT91PS_WDTC pWDTC)
{
    return(pWDTC->WDTC_WDSR & 0x3);
}

//*----------------------------------------------------------------------------
//* \fn    AT91F_WDTGetPeriod
//* \brief Translate ms into Watchdog Compatible value
//*----------------------------------------------------------------------------
__inline unsigned int AT91F_WDTGetPeriod(unsigned int ms)
{
    if ((ms < 4) || (ms > 16000))
```

```
        return 0;
    return((ms << 8) / 1000);
}

//*----------------------------------------------------------------------------
//* \fn    AT91F_WDTC_CfgPMC
//* \brief Enable Peripheral clock in PMC for WDTC
//*----------------------------------------------------------------------------
__inline void AT91F_WDTC_CfgPMC (void)
{
    AT91F_PMC_EnablePeriphClock(
        AT91C_BASE_PMC,                 // PIO controller base address
        ((unsigned int) 1 << AT91C_ID_SYS));
}

/* *****************************************************************************
                SOFTWARE API FOR VREG
   ***************************************************************************** */
//*----------------------------------------------------------------------------
//* \fn    AT91F_VREG_Enable_LowPowerMode
//* \brief Enable VREG Low Power Mode
//*----------------------------------------------------------------------------
__inline void AT91F_VREG_Enable_LowPowerMode(
        AT91PS_VREG pVREG)
{
    pVREG->VREG_MR |= AT91C_VREG_PSTDBY;
}

//*----------------------------------------------------------------------------
//* \fn    AT91F_VREG_Disable_LowPowerMode
//* \brief Disable VREG Low Power Mode
//*----------------------------------------------------------------------------
__inline void AT91F_VREG_Disable_LowPowerMode(
        AT91PS_VREG pVREG)
{
    pVREG->VREG_MR &= ~AT91C_VREG_PSTDBY;
}

//*----------------------------------------------------------------------------
//* \fn    AT91F_VREG_CfgPMC
//* \brief Enable Peripheral clock in PMC for VREG
//*----------------------------------------------------------------------------
__inline void AT91F_VREG_CfgPMC (void)
{
    AT91F_PMC_EnablePeriphClock(
        AT91C_BASE_PMC,                 // PIO controller base address
        ((unsigned int) 1 << AT91C_ID_SYS));
}

/* *****************************************************************************
                SOFTWARE API FOR MC
   ***************************************************************************** */
#define AT91C_MC_CORRECT_KEY  ((unsigned int) 0x5A << 24)       // (MC) Correct Protect Key

//*----------------------------------------------------------------------------
//* \fn    AT91F_MC_Remap
//* \brief Make Remap
//*----------------------------------------------------------------------------
__inline void AT91F_MC_Remap (void)
{
    AT91PS_MC pMC = (AT91PS_MC) AT91C_BASE_MC;
    pMC->MC_RCR = AT91C_MC_RCB;
}

//*----------------------------------------------------------------------------
//* \fn    AT91F_MC_EFC_CfgModeReg
//* \brief Configure the EFC Mode Register of the MC controller
//*----------------------------------------------------------------------------
__inline void AT91F_MC_EFC_CfgModeReg (
        AT91PS_MC pMC,          // pointer to a MC controller
        unsigned int mode)      // mode register
{
    pMC->MC_FMR = mode;         // Write to the FMR register
```

```
}

//*----------------------------------------------------------------------------
//* \fn    AT91F_MC_EFC_GetModeReg
//* \brief Return MC EFC Mode Regsiter
//*----------------------------------------------------------------------------
__inline unsigned int AT91F_MC_EFC_GetModeReg(
        AT91PS_MC pMC)            // pointer to a MC controller
{
    return pMC->MC_FMR;
}

//*----------------------------------------------------------------------------
//* \fn    AT91F_MC_EFC_ComputeFMCN
//* \brief Return MC EFC Mode Regsiter
//*----------------------------------------------------------------------------
__inline unsigned int AT91F_MC_EFC_ComputeFMCN(
        int master_clock)         // master clock in Hz
{
    return (master_clock/1000000 +2);
}

//*----------------------------------------------------------------------------
//* \fn    AT91F_MC_EFC_PerformCmd
//* \brief Perform EFC Command
//*----------------------------------------------------------------------------
__inline void AT91F_MC_EFC_PerformCmd (
        AT91PS_MC pMC,            // pointer to a MC controller
        unsigned int transfer_cmd)
{
    pMC->MC_FCR = transfer_cmd;
}

//*----------------------------------------------------------------------------
//* \fn    AT91F_MC_EFC_GetStatus
//* \brief Return MC EFC Status
//*----------------------------------------------------------------------------
__inline unsigned int AT91F_MC_EFC_GetStatus(
        AT91PS_MC pMC)            // pointer to a MC controller
{
    return pMC->MC_FSR;
}

//*----------------------------------------------------------------------------
//* \fn    AT91F_MC_EFC_IsInterruptMasked
//* \brief Test if EFC MC Interrupt is Masked
//*----------------------------------------------------------------------------
__inline unsigned int AT91F_MC_EFC_IsInterruptMasked(
        AT91PS_MC pMC,            // \arg  pointer to a MC controller
        unsigned int flag)        // \arg  flag to be tested
{
    return (AT91F_MC_EFC_GetModeReg(pMC) & flag);
}

//*----------------------------------------------------------------------------
//* \fn    AT91F_MC_EFC_IsInterruptSet
//* \brief Test if EFC MC Interrupt is Set
//*----------------------------------------------------------------------------
__inline unsigned int AT91F_MC_EFC_IsInterruptSet(
        AT91PS_MC pMC,            // \arg  pointer to a MC controller
        unsigned int flag)        // \arg  flag to be tested
{
    return (AT91F_MC_EFC_GetStatus(pMC) & flag);
}

//*----------------------------------------------------------------------------
//* \fn    AT91F_MC_CfgPMC
//* \brief Enable Peripheral clock in PMC for MC
//*----------------------------------------------------------------------------
__inline void AT91F_MC_CfgPMC (void)
{
    AT91F_PMC_EnablePeriphClock(
        AT91C_BASE_PMC,                   // PIO controller base address
```

```
        ((unsigned int) 1 << AT91C_ID_SYS));
}

//* ===========================================================================
//*                    ***** Built-in Peripherals *****
//* ===========================================================================

/* ****************************************************************************
                SOFTWARE API FOR TC
   **************************************************************************** */
//*----------------------------------------------------------------------------
//* \fn    AT91F_TC_InterruptEnable
//* \brief Enable TC Interrupt
//*----------------------------------------------------------------------------
__inline void AT91F_TC_InterruptEnable(
        AT91PS_TC pTc,          // \arg  pointer to a TC controller
        unsigned int flag)      // \arg  TC interrupt to be enabled
{
    pTc->TC_IER = flag;
}

//*----------------------------------------------------------------------------
//* \fn    AT91F_TC_InterruptDisable
//* \brief Disable TC Interrupt
//*----------------------------------------------------------------------------
__inline void AT91F_TC_InterruptDisable(
        AT91PS_TC pTc,          // \arg  pointer to a TC controller
        unsigned int flag)      // \arg  TC interrupt to be disabled
{
    pTc->TC_IDR = flag;
}

//*----------------------------------------------------------------------------
//* \fn    AT91F_TC_GetInterruptMaskStatus
//* \brief Return TC Interrupt Mask Status
//*----------------------------------------------------------------------------
__inline unsigned int AT91F_TC_GetInterruptMaskStatus( // \return TC Interrupt Mask Status
        AT91PS_TC pTc)          // \arg  pointer to a TC controller
{
    return pTc->TC_IMR;
}

//*----------------------------------------------------------------------------
//* \fn    AT91F_TC_IsInterruptMasked
//* \brief Test if TC Interrupt is Masked
//*----------------------------------------------------------------------------
__inline int AT91F_TC_IsInterruptMasked(
        AT91PS_TC pTc,          // \arg  pointer to a TC controller
        unsigned int flag)      // \arg  flag to be tested
{
    return (AT91F_TC_GetInterruptMaskStatus(pTc) & flag);
}

//*----------------------------------------------------------------------------
//* \fn    AT91F_TC0_CfgPMC
//* \brief Enable Peripheral clock in PMC for TC0
//*----------------------------------------------------------------------------
__inline void AT91F_TC0_CfgPMC (void)
{
    AT91F_PMC_EnablePeriphClock(
        AT91C_BASE_PMC,                 // PIO controller base address
        ((unsigned int) 1 << AT91C_ID_TC0));
}

//*----------------------------------------------------------------------------
//* \fn    AT91F_TC0_CfgPIO
//* \brief Configure PIO controllers to drive TC0 signals
//*----------------------------------------------------------------------------
__inline void AT91F_TC0_CfgPIO (void)
{
    // Configure PIO controllers to periph mode
    AT91F_PIO_CfgPeriph(
        AT91C_BASE_PIOA,                        // PIO controller base address
```

```
        0,                                      // Peripheral A
        ((unsigned int) AT91C_PA0_TIOA0) |
        ((unsigned int) AT91C_PA1_TIOB0) |
        ((unsigned int) AT91C_PA4_TCLK0));      // Peripheral B
}

//*----------------------------------------------------------------------------
//* \fn    AT91F_TC1_CfgPMC
//* \brief Enable Peripheral clock in PMC for TC1
//*----------------------------------------------------------------------------
__inline void AT91F_TC1_CfgPMC (void)
{
    AT91F_PMC_EnablePeriphClock(
        AT91C_BASE_PMC,                 // PIO controller base address
        ((unsigned int) 1 << AT91C_ID_TC1));
}

//*----------------------------------------------------------------------------
//* \fn    AT91F_TC1_CfgPIO
//* \brief Configure PIO controllers to drive TC1 signals
//*----------------------------------------------------------------------------
__inline void AT91F_TC1_CfgPIO (void)
{
    // Configure PIO controllers to periph mode
    AT91F_PIO_CfgPeriph(
        AT91C_BASE_PIOA,                        // PIO controller base address
        0,                                      // Peripheral A
        ((unsigned int) AT91C_PA15_TIOA1) |
        ((unsigned int) AT91C_PA16_TIOB1) |
        ((unsigned int) AT91C_PA28_TCLK1));     // Peripheral B
}

//*----------------------------------------------------------------------------
//* \fn    AT91F_TC2_CfgPMC
//* \brief Enable Peripheral clock in PMC for TC2
//*----------------------------------------------------------------------------
__inline void AT91F_TC2_CfgPMC (void)
{
    AT91F_PMC_EnablePeriphClock(
        AT91C_BASE_PMC,                 // PIO controller base address
        ((unsigned int) 1 << AT91C_ID_TC2));
}

//*----------------------------------------------------------------------------
//* \fn    AT91F_TC2_CfgPIO
//* \brief Configure PIO controllers to drive TC2 signals
//*----------------------------------------------------------------------------
__inline void AT91F_TC2_CfgPIO (void)
{
    // Configure PIO controllers to periph mode
    AT91F_PIO_CfgPeriph(
        AT91C_BASE_PIOA,                        // PIO controller base address
        0,                                      // Peripheral A
        ((unsigned int) AT91C_PA26_TIOA2) |
        ((unsigned int) AT91C_PA27_TIOB2) |
        ((unsigned int) AT91C_PA29_TCLK2));     // Peripheral B
}

/* *****************************************************************************
                SOFTWARE API FOR UDP
   ***************************************************************************** */
//*----------------------------------------------------------------------------
//* \fn    AT91F_UDP_EnableIt
//* \brief Enable UDP IT
//*----------------------------------------------------------------------------
__inline void AT91F_UDP_EnableIt (
        AT91PS_UDP pUDP,        // \arg pointer to a UDP controller
        unsigned int flag)      // \arg IT to be enabled
{
    pUDP->UDP_IER = flag;       //* Write to the IER register
}

//*----------------------------------------------------------------------------
```

```
//* \fn    AT91F_UDP_DisableIt
//* \brief Disable UDP IT
//*----------------------------------------------------------------------------
__inline void AT91F_UDP_DisableIt (
        AT91PS_UDP pUDP,         // \arg pointer to a UDP controller
        unsigned int flag)       // \arg IT to be disabled
{
    pUDP->UDP_IDR = flag;        //* Write to the IDR register
}

//*----------------------------------------------------------------------------
//* \fn    AT91F_UDP_SetAddress
//* \brief Set UDP functional address
//*----------------------------------------------------------------------------
__inline void AT91F_UDP_SetAddress (
        AT91PS_UDP pUDP,         // \arg pointer to a UDP controller
        unsigned char address)   // \arg new UDP address
{
    pUDP->UDP_FADDR = (AT91C_UDP_FEN | address);
}

//*----------------------------------------------------------------------------
//* \fn    AT91F_UDP_EnableEp
//* \brief Enable Endpoint
//*----------------------------------------------------------------------------
__inline void AT91F_UDP_EnableEp (
        AT91PS_UDP pUDP,         // \arg pointer to a UDP controller
        unsigned char endpoint) // \arg endpoint number
{
    pUDP->UDP_CSR[endpoint] |= AT91C_UDP_EPEDS;
}

//*----------------------------------------------------------------------------
//* \fn    AT91F_UDP_DisableEp
//* \brief Enable Endpoint
//*----------------------------------------------------------------------------
__inline void AT91F_UDP_DisableEp (
        AT91PS_UDP pUDP,         // \arg pointer to a UDP controller
        unsigned char endpoint) // \arg endpoint number
{
    pUDP->UDP_CSR[endpoint] &= ~AT91C_UDP_EPEDS;
}

//*----------------------------------------------------------------------------
//* \fn    AT91F_UDP_SetState
//* \brief Set UDP Device state
//*----------------------------------------------------------------------------
__inline void AT91F_UDP_SetState (
        AT91PS_UDP pUDP,         // \arg pointer to a UDP controller
        unsigned int flag)       // \arg new UDP address
{
    pUDP->UDP_GLBSTATE &= ~(AT91C_UDP_FADDEN | AT91C_UDP_CONFG);
    pUDP->UDP_GLBSTATE |= flag;
}

//*----------------------------------------------------------------------------
//* \fn    AT91F_UDP_GetState
//* \brief return UDP Device state
//*----------------------------------------------------------------------------
__inline unsigned int AT91F_UDP_GetState (      // \return the UDP device state
        AT91PS_UDP pUDP)         // \arg pointer to a UDP controller
{
    return (pUDP->UDP_GLBSTATE  & (AT91C_UDP_FADDEN | AT91C_UDP_CONFG));
}

//*----------------------------------------------------------------------------
//* \fn    AT91F_UDP_ResetEp
//* \brief Reset UDP endpoint
//*----------------------------------------------------------------------------
__inline void AT91F_UDP_ResetEp (        // \return the UDP device state
        AT91PS_UDP pUDP,         // \arg pointer to a UDP controller
        unsigned int flag)       // \arg Endpoints to be reset
{
```

```
    pUDP->UDP_RSTEP = flag;
    pUDP->UDP_RSTEP = 0;
}

//*----------------------------------------------------------------------------
//* \fn    AT91F_UDP_EpStall
//* \brief Endpoint will STALL requests
//*----------------------------------------------------------------------------
__inline void AT91F_UDP_EpStall(
        AT91PS_UDP pUDP,         // \arg pointer to a UDP controller
        unsigned char endpoint) // \arg endpoint number
{
    pUDP->UDP_CSR[endpoint] |= AT91C_UDP_FORCESTALL;
}

//*----------------------------------------------------------------------------
//* \fn    AT91F_UDP_EpWrite
//* \brief Write value in the DPR
//*----------------------------------------------------------------------------
__inline void AT91F_UDP_EpWrite(
        AT91PS_UDP pUDP,         // \arg pointer to a UDP controller
        unsigned char endpoint, // \arg endpoint number
        unsigned char value)    // \arg value to be written in the DPR
{
    pUDP->UDP_FDR[endpoint] = value;
}

//*----------------------------------------------------------------------------
//* \fn    AT91F_UDP_EpRead
//* \brief Return value from the DPR
//*----------------------------------------------------------------------------
__inline unsigned int AT91F_UDP_EpRead(
        AT91PS_UDP pUDP,         // \arg pointer to a UDP controller
        unsigned char endpoint) // \arg endpoint number
{
    return pUDP->UDP_FDR[endpoint];
}

//*----------------------------------------------------------------------------
//* \fn    AT91F_UDP_EpEndOfWr
//* \brief Notify the UDP that values in DPR are ready to be sent
//*----------------------------------------------------------------------------
__inline void AT91F_UDP_EpEndOfWr(
        AT91PS_UDP pUDP,         // \arg pointer to a UDP controller
        unsigned char endpoint) // \arg endpoint number
{
    pUDP->UDP_CSR[endpoint] |= AT91C_UDP_TXPKTRDY;
}

//*----------------------------------------------------------------------------
//* \fn    AT91F_UDP_EpClear
//* \brief Clear flag in the endpoint CSR register
//*----------------------------------------------------------------------------
__inline void AT91F_UDP_EpClear(
        AT91PS_UDP pUDP,         // \arg pointer to a UDP controller
        unsigned char endpoint, // \arg endpoint number
        unsigned int flag)      // \arg flag to be cleared
{
    pUDP->UDP_CSR[endpoint] &= ~(flag);
}

//*----------------------------------------------------------------------------
//* \fn    AT91F_UDP_EpSet
//* \brief Set flag in the endpoint CSR register
//*----------------------------------------------------------------------------
__inline void AT91F_UDP_EpSet(
        AT91PS_UDP pUDP,         // \arg pointer to a UDP controller
        unsigned char endpoint, // \arg endpoint number
        unsigned int flag)      // \arg flag to be cleared
{
    pUDP->UDP_CSR[endpoint] |= flag;
}
```

```
//*----------------------------------------------------------------------------
//* \fn    AT91F_UDP_EpStatus
//* \brief Return the endpoint CSR register
//*----------------------------------------------------------------------------
__inline unsigned int AT91F_UDP_EpStatus(
        AT91PS_UDP pUDP,         // \arg pointer to a UDP controller
        unsigned char endpoint) // \arg endpoint number
{
    return pUDP->UDP_CSR[endpoint];
}

//*----------------------------------------------------------------------------
//* \fn    AT91F_UDP_GetInterruptMaskStatus
//* \brief Return UDP Interrupt Mask Status
//*----------------------------------------------------------------------------
__inline unsigned int AT91F_UDP_GetInterruptMaskStatus(
        AT91PS_UDP pUdp)         // \arg  pointer to a UDP controller
{
    return pUdp->UDP_IMR;
}

//*----------------------------------------------------------------------------
//* \fn    AT91F_UDP_IsInterruptMasked
//* \brief Test if UDP Interrupt is Masked
//*----------------------------------------------------------------------------
__inline int AT91F_UDP_IsInterruptMasked(
        AT91PS_UDP pUdp,         // \arg  pointer to a UDP controller
        unsigned int flag)       // \arg  flag to be tested
{
    return (AT91F_UDP_GetInterruptMaskStatus(pUdp) & flag);
}

// ----------------------------------------------------------------------------
//  \fn    AT91F_UDP_InterruptStatusRegister
//  \brief Return the Interrupt Status Register
// ----------------------------------------------------------------------------
__inline unsigned int AT91F_UDP_InterruptStatusRegister(
        AT91PS_UDP pUDP )        // \arg  pointer to a UDP controller
{
    return pUDP->UDP_ISR;
}

// ----------------------------------------------------------------------------
//  \fn    AT91F_UDP_InterruptClearRegister
//  \brief Clear Interrupt Register
// ----------------------------------------------------------------------------
__inline void AT91F_UDP_InterruptClearRegister (
        AT91PS_UDP pUDP,         // \arg pointer to UDP controller
        unsigned int flag)       // \arg IT to be cleat
{
    pUDP->UDP_ICR = flag;
}

// ----------------------------------------------------------------------------
//  \fn    AT91F_UDP_EnableTransceiver
//  \brief Enable transceiver
// ----------------------------------------------------------------------------
__inline void AT91F_UDP_EnableTransceiver(
        AT91PS_UDP pUDP)         // \arg  pointer to a UDP controller
{
    pUDP->UDP_TXVC &= ~AT91C_UDP_TXVDIS;
}

// ----------------------------------------------------------------------------
//  \fn    AT91F_UDP_DisableTransceiver
//  \brief Disable transceiver
// ----------------------------------------------------------------------------
__inline void AT91F_UDP_DisableTransceiver(
        AT91PS_UDP pUDP)         // \arg  pointer to a UDP controller
{
    pUDP->UDP_TXVC = AT91C_UDP_TXVDIS;
}
```

```
//*----------------------------------------------------------------------------
//* \fn    AT91F_UDP_CfgPMC
//* \brief Enable Peripheral clock in PMC for UDP
//*----------------------------------------------------------------------------
__inline void AT91F_UDP_CfgPMC (void)
{
    AT91F_PMC_EnablePeriphClock(
        AT91C_BASE_PMC,                // PIO controller base address
        ((unsigned int) 1 << AT91C_ID_UDP));
}

/* *****************************************************************************
                SOFTWARE API FOR TWI
   ***************************************************************************** */
//*----------------------------------------------------------------------------
//* \fn    AT91F_TWI_EnableIt
//* \brief Enable TWI IT
//*----------------------------------------------------------------------------
__inline void AT91F_TWI_EnableIt (
        AT91PS_TWI pTWI,         // \arg pointer to a TWI controller
        unsigned int flag)       // \arg IT to be enabled
{
    pTWI->TWI_IER = flag;        //* Write to the IER register
}

//*----------------------------------------------------------------------------
//* \fn    AT91F_TWI_DisableIt
//* \brief Disable TWI IT
//*----------------------------------------------------------------------------
__inline void AT91F_TWI_DisableIt (
        AT91PS_TWI pTWI,         // \arg pointer to a TWI controller
        unsigned int flag)       // \arg IT to be disabled
{
   pTWI->TWI_IDR = flag;         //* Write to the IDR register
}

//*----------------------------------------------------------------------------
//* \fn    AT91F_TWI_Configure
//* \brief Configure TWI in master mode
//*----------------------------------------------------------------------------
__inline void AT91F_TWI_Configure ( AT91PS_TWI pTWI )   // \arg pointer to a TWI controller
{
    //* Disable interrupts
    pTWI->TWI_IDR = (unsigned int) -1;

    //* Reset peripheral
    pTWI->TWI_CR = AT91C_TWI_SWRST;

    //* Set Master mode
    pTWI->TWI_CR = AT91C_TWI_MSEN;
}

//*----------------------------------------------------------------------------
//* \fn    AT91F_TWI_GetInterruptMaskStatus
//* \brief Return TWI Interrupt Mask Status
//*----------------------------------------------------------------------------
__inline unsigned int AT91F_TWI_GetInterruptMaskStatus( // \return TWI Interrupt Mask Status
        AT91PS_TWI pTwi)         // \arg  pointer to a TWI controller
{
    return pTwi->TWI_IMR;
}

//*----------------------------------------------------------------------------
//* \fn    AT91F_TWI_IsInterruptMasked
//* \brief Test if TWI Interrupt is Masked
//*----------------------------------------------------------------------------
__inline int AT91F_TWI_IsInterruptMasked(
        AT91PS_TWI pTwi,         // \arg  pointer to a TWI controller
        unsigned int flag)       // \arg  flag to be tested
{
    return (AT91F_TWI_GetInterruptMaskStatus(pTwi) & flag);
}
```

```
//*----------------------------------------------------------------------------
//* \fn    AT91F_TWI_CfgPMC
//* \brief Enable Peripheral clock in PMC for TWI
//*----------------------------------------------------------------------------
__inline void AT91F_TWI_CfgPMC (void)
{
    AT91F_PMC_EnablePeriphClock(
        AT91C_BASE_PMC,                 // PIO controller base address
        ((unsigned int) 1 << AT91C_ID_TWI));
}

//*----------------------------------------------------------------------------
//* \fn    AT91F_TWI_CfgPIO
//* \brief Configure PIO controllers to drive TWI signals
//*----------------------------------------------------------------------------
__inline void AT91F_TWI_CfgPIO (void)
{
    // Configure PIO controllers to periph mode
    AT91F_PIO_CfgPeriph(
        AT91C_BASE_PIOA,                        // PIO controller base address
        ((unsigned int) AT91C_PA3_TWD) |
        ((unsigned int) AT91C_PA4_TWCK),        // Peripheral A
        0);                                     // Peripheral B
}

/* *****************************************************************************
                SOFTWARE API FOR USART
   ***************************************************************************** */
//*----------------------------------------------------------------------------
//* \fn    AT91F_US_Baudrate
//* \brief Calculate the baudrate
//*----------------------------------------------------------------------------
//* Standard Asynchronous Mode : 8 bits , 1 stop , no parity
#define AT91C_US_ASYNC_MODE ( AT91C_US_USMODE_NORMAL + \
                        AT91C_US_NBSTOP_1_BIT + \
                        AT91C_US_PAR_NONE + \
                        AT91C_US_CHRL_8_BITS + \
                        AT91C_US_CLKS_CLOCK )

//* Standard External Asynchronous Mode : 8 bits , 1 stop , no parity
#define AT91C_US_ASYNC_SCK_MODE ( AT91C_US_USMODE_NORMAL + \
                        AT91C_US_NBSTOP_1_BIT + \
                        AT91C_US_PAR_NONE + \
                        AT91C_US_CHRL_8_BITS + \
                        AT91C_US_CLKS_EXT )

//* Standard Synchronous Mode : 8 bits , 1 stop , no parity
#define AT91C_US_SYNC_MODE ( AT91C_US_SYNC + \
                        AT91C_US_USMODE_NORMAL + \
                        AT91C_US_NBSTOP_1_BIT + \
                        AT91C_US_PAR_NONE + \
                        AT91C_US_CHRL_8_BITS + \
                        AT91C_US_CLKS_CLOCK )

//* SCK used Label
#define AT91C_US_SCK_USED (AT91C_US_CKLO | AT91C_US_CLKS_EXT)

//* Standard ISO T=0 Mode : 8 bits , 1 stop , parity
#define AT91C_US_ISO_READER_MODE ( AT91C_US_USMODE_ISO7816_0 + \
                        AT91C_US_CLKS_CLOCK +\
                        AT91C_US_NBSTOP_1_BIT + \
                        AT91C_US_PAR_EVEN + \
                        AT91C_US_CHRL_8_BITS + \
                        AT91C_US_CKLO +\
                        AT91C_US_OVER)

//* Standard IRDA mode
#define AT91C_US_ASYNC_IRDA_MODE (  AT91C_US_USMODE_IRDA + \
                        AT91C_US_NBSTOP_1_BIT + \
                        AT91C_US_PAR_NONE + \
                        AT91C_US_CHRL_8_BITS + \
                        AT91C_US_CLKS_CLOCK )
```

```
//*----------------------------------------------------------------------------
//* \fn    AT91F_US_Baudrate
//* \brief Caluculate baud_value according to the main clock and the baud rate
//*----------------------------------------------------------------------------
__inline unsigned int AT91F_US_Baudrate (
        const unsigned int main_clock,  // \arg peripheral clock
        const unsigned int baud_rate)   // \arg UART baudrate
{
    unsigned int baud_value = ((main_clock*10)/(baud_rate * 16));
    if ((baud_value % 10) >= 5)
        baud_value = (baud_value / 10) + 1;
    else
        baud_value /= 10;
    return baud_value;
}

//*----------------------------------------------------------------------------
//* \fn    AT91F_US_SetBaudrate
//* \brief Set the baudrate according to the CPU clock
//*----------------------------------------------------------------------------
__inline void AT91F_US_SetBaudrate (
        AT91PS_USART pUSART,    // \arg pointer to a USART controller
        unsigned int mainClock, // \arg peripheral clock
        unsigned int speed)     // \arg UART baudrate
{
    //* Define the baud rate divisor register
    pUSART->US_BRGR = AT91F_US_Baudrate(mainClock, speed);
}

//*----------------------------------------------------------------------------
//* \fn    AT91F_US_SetTimeguard
//* \brief Set USART timeguard
//*----------------------------------------------------------------------------
__inline void AT91F_US_SetTimeguard (
        AT91PS_USART pUSART,    // \arg pointer to a USART controller
        unsigned int timeguard) // \arg timeguard value
{
    pUSART->US_TTGR = timeguard;        //* Write the Timeguard Register
}

//*----------------------------------------------------------------------------
//* \fn    AT91F_US_EnableIt
//* \brief Enable USART IT
//*----------------------------------------------------------------------------
__inline void AT91F_US_EnableIt (
        AT91PS_USART pUSART,    // \arg pointer to a USART controller
        unsigned int flag)      // \arg IT to be enabled
{
    pUSART->US_IER = flag;      //* Write to the IER register
}

//*----------------------------------------------------------------------------
//* \fn    AT91F_US_DisableIt
//* \brief Disable USART IT
//*----------------------------------------------------------------------------
__inline void AT91F_US_DisableIt (
        AT91PS_USART pUSART,    // \arg pointer to a USART controller
        unsigned int flag)      // \arg IT to be disabled
{
    pUSART->US_IDR = flag;      //* Write to the IER register
}

//*----------------------------------------------------------------------------
//* \fn    AT91F_US_Configure
//* \brief Configure USART
//*----------------------------------------------------------------------------
__inline void AT91F_US_Configure (
        AT91PS_USART pUSART,    // \arg pointer to a USART controller
        unsigned int mainClock, // \arg peripheral clock
        unsigned int mode,      // \arg mode Register to be programmed
        unsigned int baudRate,  // \arg baudrate to be programmed
        unsigned int timeguard) // \arg timeguard to be programmed
{
```

```
    //* Disable interrupts
    pUSART->US_IDR = (unsigned int) -1;

    //* Reset receiver and transmitter
    pUSART->US_CR = AT91C_US_RSTRX | AT91C_US_RSTTX | AT91C_US_RXDIS | AT91C_US_TXDIS ;

    //* Define the baud rate divisor register
    AT91F_US_SetBaudrate(pUSART, mainClock, baudRate);

    //* Write the Timeguard Register
    AT91F_US_SetTimeguard(pUSART, timeguard);

    //* Clear Transmit and Receive Counters
    AT91F_PDC_Open((AT91PS_PDC) &(pUSART->US_RPR));

    //* Define the USART mode
    pUSART->US_MR = mode  ;
}

//*----------------------------------------------------------------------------
//* \fn    AT91F_US_EnableRx
//* \brief Enable receiving characters
//*----------------------------------------------------------------------------
__inline void AT91F_US_EnableRx (
        AT91PS_USART pUSART)     // \arg pointer to a USART controller
{
    pUSART->US_CR = AT91C_US_RXEN;       //* Enable receiver
}

//*----------------------------------------------------------------------------
//* \fn    AT91F_US_EnableTx
//* \brief Enable sending characters
//*----------------------------------------------------------------------------
__inline void AT91F_US_EnableTx (
        AT91PS_USART pUSART)     // \arg pointer to a USART controller
{
    pUSART->US_CR = AT91C_US_TXEN;       //* Enable  transmitter
}

//*----------------------------------------------------------------------------
//* \fn    AT91F_US_ResetRx
//* \brief Reset Receiver and re-enable it
//*----------------------------------------------------------------------------
__inline void AT91F_US_ResetRx (
        AT91PS_USART pUSART)     // \arg pointer to a USART controller
{
    pUSART->US_CR = AT91C_US_RSTRX;      //* Reset receiver
    pUSART->US_CR = AT91C_US_RXEN;       //* Re-Enable receiver
}

//*----------------------------------------------------------------------------
//* \fn    AT91F_US_ResetTx
//* \brief Reset Transmitter and re-enable it
//*----------------------------------------------------------------------------
__inline void AT91F_US_ResetTx (
        AT91PS_USART pUSART)     // \arg pointer to a USART controller
{
    pUSART->US_CR = AT91C_US_RSTTX;      //* Reset transmitter
    pUSART->US_CR = AT91C_US_TXEN;       //* Enable transmitter
}

//*----------------------------------------------------------------------------
//* \fn    AT91F_US_DisableRx
//* \brief Disable Receiver
//*----------------------------------------------------------------------------
__inline void AT91F_US_DisableRx (
        AT91PS_USART pUSART)     // \arg pointer to a USART controller
{
    pUSART->US_CR = AT91C_US_RXDIS;      //* Disable receiver
}

//*----------------------------------------------------------------------------
//* \fn    AT91F_US_DisableTx
```

```
//* \brief Disable Transmitter
//*----------------------------------------------------------------------------
__inline void AT91F_US_DisableTx (
        AT91PS_USART pUSART)     // \arg pointer to a USART controller
{
    pUSART->US_CR = AT91C_US_TXDIS;      //* Disable transmitter
}

//*----------------------------------------------------------------------------
//* \fn    AT91F_US_Close
//* \brief Close USART: disable IT disable receiver and transmitter, close PDC
//*----------------------------------------------------------------------------
__inline void AT91F_US_Close (
        AT91PS_USART pUSART)     // \arg pointer to a USART controller
{
    //* Reset the baud rate divisor register
    pUSART->US_BRGR = 0;

    //* Reset the USART mode
    pUSART->US_MR = 0;

    //* Reset the Timeguard Register
    pUSART->US_TTGR = 0;

    //* Disable all interrupts
    pUSART->US_IDR = 0xFFFFFFFF;

    //* Abort the Peripheral Data Transfers
    AT91F_PDC_Close((AT91PS_PDC) &(pUSART->US_RPR));

    //* Disable receiver and transmitter and stop any activity immediately
    pUSART->US_CR = AT91C_US_TXDIS | AT91C_US_RXDIS | AT91C_US_RSTTX | AT91C_US_RSTRX ;
}

//*----------------------------------------------------------------------------
//* \fn    AT91F_US_TxReady
//* \brief Return 1 if a character can be written in US_THR
//*----------------------------------------------------------------------------
__inline unsigned int AT91F_US_TxReady (
        AT91PS_USART pUSART)     // \arg pointer to a USART controller
{
    return (pUSART->US_CSR & AT91C_US_TXRDY);
}

//*----------------------------------------------------------------------------
//* \fn    AT91F_US_RxReady
//* \brief Return 1 if a character can be read in US_RHR
//*----------------------------------------------------------------------------
__inline unsigned int AT91F_US_RxReady (
        AT91PS_USART pUSART)     // \arg pointer to a USART controller
{
    return (pUSART->US_CSR & AT91C_US_RXRDY);
}

//*----------------------------------------------------------------------------
//* \fn    AT91F_US_Error
//* \brief Return the error flag
//*----------------------------------------------------------------------------
__inline unsigned int AT91F_US_Error (
        AT91PS_USART pUSART)     // \arg pointer to a USART controller
{
    return (pUSART->US_CSR &
        (AT91C_US_OVRE |          // Overrun error
        AT91C_US_FRAME |          // Framing error
        AT91C_US_PARE));          // Parity error
}

//*----------------------------------------------------------------------------
//* \fn    AT91F_US_PutChar
//* \brief Send a character,does not check if ready to send
//*----------------------------------------------------------------------------
__inline void AT91F_US_PutChar (
        AT91PS_USART pUSART,
```

```
        int character)
{
    pUSART->US_THR = (character & 0x1FF);
}

//*----------------------------------------------------------------------------
//* \fn    AT91F_US_GetChar
//* \brief Receive a character,does not check if a character is available
//*----------------------------------------------------------------------------
__inline int AT91F_US_GetChar (
        const AT91PS_USART pUSART)
{
    return((pUSART->US_RHR) & 0x1FF);
}

//*----------------------------------------------------------------------------
//* \fn    AT91F_US_SendFrame
//* \brief Return 2 if PDC has been initialized with Buffer and Next Buffer,
//*        1 if PDC has been initializaed with Next Buffer, 0 if PDC is busy
//*----------------------------------------------------------------------------
__inline unsigned int AT91F_US_SendFrame(
        AT91PS_USART pUSART,
        char *pBuffer,
        unsigned int szBuffer,
        char *pNextBuffer,
        unsigned int szNextBuffer)
{
    return AT91F_PDC_SendFrame(
        (AT91PS_PDC) &(pUSART->US_RPR),
        pBuffer,
        szBuffer,
        pNextBuffer,
        szNextBuffer);
}

//*----------------------------------------------------------------------------
//* \fn    AT91F_US_ReceiveFrame
//* \brief Return 2 if PDC has been initialized with Buffer and Next Buffer,
//*        1 if PDC has been initializaed with Next Buffer, 0 if PDC is busy
//*----------------------------------------------------------------------------
__inline unsigned int AT91F_US_ReceiveFrame (
        AT91PS_USART pUSART,
        char *pBuffer,
        unsigned int szBuffer,
        char *pNextBuffer,
        unsigned int szNextBuffer)
{
    return AT91F_PDC_ReceiveFrame(
        (AT91PS_PDC) &(pUSART->US_RPR),
        pBuffer,
        szBuffer,
        pNextBuffer,
        szNextBuffer);
}

//*----------------------------------------------------------------------------
//* \fn    AT91F_US_SetIrdaFilter
//* \brief Set the value of IrDa filter tregister
//*----------------------------------------------------------------------------
__inline void AT91F_US_SetIrdaFilter (
        AT91PS_USART pUSART,
        unsigned char value)
{
    pUSART->US_IF = value;
}

//*----------------------------------------------------------------------------
//* \fn    AT91F_US0_CfgPMC
//* \brief Enable Peripheral clock in PMC for US0
//*----------------------------------------------------------------------------
__inline void AT91F_US0_CfgPMC (void)
{
    AT91F_PMC_EnablePeriphClock(
```

```
        AT91C_BASE_PMC,                    // PIO controller base address
        ((unsigned int) 1 << AT91C_ID_US0));
}

//*----------------------------------------------------------------------------
//* \fn    AT91F_US0_CfgPIO
//* \brief Configure PIO controllers to drive US0 signals
//*----------------------------------------------------------------------------
__inline void AT91F_US0_CfgPIO (void)
{
    // Configure PIO controllers to periph mode
    AT91F_PIO_CfgPeriph(
        AT91C_BASE_PIOA,                            // PIO controller base address
        ((unsigned int) AT91C_PA5_RXD0) |
        ((unsigned int) AT91C_PA6_TXD0) |
        ((unsigned int) AT91C_PA7_RTS0) |
        ((unsigned int) AT91C_PA8_CTS0),            // Peripheral A
        ((unsigned int) AT91C_PA2_SCK0));           // Peripheral B
}

//*----------------------------------------------------------------------------
//* \fn    AT91F_US1_CfgPMC
//* \brief Enable Peripheral clock in PMC for US1
//*----------------------------------------------------------------------------
__inline void AT91F_US1_CfgPMC (void)
{
    AT91F_PMC_EnablePeriphClock(
        AT91C_BASE_PMC,                    // PIO controller base address
        ((unsigned int) 1 << AT91C_ID_US1));
}

//*----------------------------------------------------------------------------
//* \fn    AT91F_US1_CfgPIO
//* \brief Configure PIO controllers to drive US1 signals
//*----------------------------------------------------------------------------
__inline void AT91F_US1_CfgPIO (void)
{
    // Configure PIO controllers to periph mode
    AT91F_PIO_CfgPeriph(
        AT91C_BASE_PIOA,                            // PIO controller base address
        ((unsigned int) AT91C_PA21_RXD1) |
        ((unsigned int) AT91C_PA27_DTR1) |
        ((unsigned int) AT91C_PA26_DCD1) |
        ((unsigned int) AT91C_PA22_TXD1) |
        ((unsigned int) AT91C_PA24_RTS1) |
        ((unsigned int) AT91C_PA23_SCK1) |
        ((unsigned int) AT91C_PA28_DSR1) |
        ((unsigned int) AT91C_PA29_RI1) |
        ((unsigned int) AT91C_PA25_CTS1),           // Peripheral A
        0);                                         // Peripheral B
}

/* *****************************************************************************
                SOFTWARE API FOR PWMC
   ***************************************************************************** */
//*----------------------------------------------------------------------------
//* \fn    AT91F_PWM_GetStatus
//* \brief Return PWM Interrupt Status
//*----------------------------------------------------------------------------
__inline unsigned int AT91F_PWMC_GetStatus( // \return PWM Interrupt Status
        AT91PS_PWMC pPWM)        // pointer to a PWM controller
{
    return pPWM->PWMC_SR;
}

//*----------------------------------------------------------------------------
//* \fn    AT91F_PWM_InterruptEnable
//* \brief Enable PWM Interrupt
//*----------------------------------------------------------------------------
__inline void AT91F_PWMC_InterruptEnable(
        AT91PS_PWMC pPwm,        // \arg  pointer to a PWM controller
        unsigned int flag)       // \arg  PWM interrupt to be enabled
{
```

```
    pPwm->PWMC_IER = flag;
}

//*----------------------------------------------------------------------------
//* \fn    AT91F_PWM_InterruptDisable
//* \brief Disable PWM Interrupt
//*----------------------------------------------------------------------------
__inline void AT91F_PWMC_InterruptDisable(
        AT91PS_PWMC pPwm,        // \arg  pointer to a PWM controller
        unsigned int flag)       // \arg  PWM interrupt to be disabled
{
    pPwm->PWMC_IDR = flag;
}

//*----------------------------------------------------------------------------
//* \fn    AT91F_PWM_GetInterruptMaskStatus
//* \brief Return PWM Interrupt Mask Status
//*----------------------------------------------------------------------------
__inline unsigned int AT91F_PWMC_GetInterruptMaskStatus( // \return PWM Interrupt Mask Status
        AT91PS_PWMC pPwm)        // \arg  pointer to a PWM controller
{
    return pPwm->PWMC_IMR;
}

//*----------------------------------------------------------------------------
//* \fn    AT91F_PWM_IsInterruptMasked
//* \brief Test if PWM Interrupt is Masked
//*----------------------------------------------------------------------------
__inline unsigned int AT91F_PWMC_IsInterruptMasked(
        AT91PS_PWMC pPWM,        // \arg  pointer to a PWM controller
        unsigned int flag)       // \arg  flag to be tested
{
    return (AT91F_PWMC_GetInterruptMaskStatus(pPWM) & flag);
}

//*----------------------------------------------------------------------------
//* \fn    AT91F_PWM_IsStatusSet
//* \brief Test if PWM Interrupt is Set
//*----------------------------------------------------------------------------
__inline unsigned int AT91F_PWMC_IsStatusSet(
        AT91PS_PWMC pPWM,        // \arg  pointer to a PWM controller
        unsigned int flag)       // \arg  flag to be tested
{
    return (AT91F_PWMC_GetStatus(pPWM) & flag);
}

//*----------------------------------------------------------------------------
//* \fn    AT91F_PWM_CfgChannel
//* \brief Test if PWM Interrupt is Set
//*----------------------------------------------------------------------------
__inline void AT91F_PWMC_CfgChannel(
        AT91PS_PWMC pPWM,        // \arg  pointer to a PWM controller
        unsigned int channelId,  // \arg PWM channel ID
        unsigned int mode,       // \arg  PWM mode
        unsigned int period,     // \arg PWM period
        unsigned int duty)       // \arg PWM duty cycle
{
    pPWM->PWMC_CH[channelId].PWMC_CMR = mode;
    pPWM->PWMC_CH[channelId].PWMC_CDTYR = duty;
    pPWM->PWMC_CH[channelId].PWMC_CPRDR = period;
}

//*----------------------------------------------------------------------------
//* \fn    AT91F_PWM_StartChannel
//* \brief Enable channel
//*----------------------------------------------------------------------------
__inline void AT91F_PWMC_StartChannel(
        AT91PS_PWMC pPWM,        // \arg  pointer to a PWM controller
        unsigned int flag)       // \arg  Channels IDs to be enabled
{
    pPWM->PWMC_ENA = flag;
}
```

```
//*----------------------------------------------------------------------------
//* \fn    AT91F_PWM_StopChannel
//* \brief Disable channel
//*----------------------------------------------------------------------------
__inline void AT91F_PWMC_StopChannel(
        AT91PS_PWMC pPWM,        // \arg  pointer to a PWM controller
        unsigned int flag)       // \arg  Channels IDs to be enabled
{
    pPWM->PWMC_DIS = flag;
}

//*----------------------------------------------------------------------------
//* \fn    AT91F_PWM_UpdateChannel
//* \brief Update Period or Duty Cycle
//*----------------------------------------------------------------------------
__inline void AT91F_PWMC_UpdateChannel(
        AT91PS_PWMC pPWM,        // \arg  pointer to a PWM controller
        unsigned int channelId,  // \arg PWM channel ID
        unsigned int update)     // \arg  Channels IDs to be enabled
{
    pPWM->PWMC_CH[channelId].PWMC_CUPDR = update;
}

//*----------------------------------------------------------------------------
//* \fn    AT91F_PWMC_CH0_CfgPIO
//* \brief Configure PIO controllers to drive PWMC_CH0 signals
//*----------------------------------------------------------------------------
__inline void AT91F_PWMC_CH0_CfgPIO (void)
{
    // Configure PIO controllers to periph mode
    AT91F_PIO_CfgPeriph(
        AT91C_BASE_PIOA,                        // PIO controller base address
        ((unsigned int) AT91C_PA0_PWM0),        // Peripheral A
        ((unsigned int) AT91C_PA23_PWM0) |
        ((unsigned int) AT91C_PA11_PWM0));      // Peripheral B
}

//*----------------------------------------------------------------------------
//* \fn    AT91F_PWMC_CH1_CfgPIO
//* \brief Configure PIO controllers to drive PWMC_CH1 signals
//*----------------------------------------------------------------------------
__inline void AT91F_PWMC_CH1_CfgPIO (void)
{
    // Configure PIO controllers to periph mode
    AT91F_PIO_CfgPeriph(
        AT91C_BASE_PIOA,                        // PIO controller base address
        ((unsigned int) AT91C_PA1_PWM1),        // Peripheral A
        ((unsigned int) AT91C_PA24_PWM1) |
        ((unsigned int) AT91C_PA12_PWM1));      // Peripheral B
}

//*----------------------------------------------------------------------------
//* \fn    AT91F_PWMC_CH2_CfgPIO
//* \brief Configure PIO controllers to drive PWMC_CH2 signals
//*----------------------------------------------------------------------------
__inline void AT91F_PWMC_CH2_CfgPIO (void)
{
    // Configure PIO controllers to periph mode
    AT91F_PIO_CfgPeriph(
        AT91C_BASE_PIOA,                        // PIO controller base address
        ((unsigned int) AT91C_PA2_PWM2),        // Peripheral A
        ((unsigned int) AT91C_PA25_PWM2) |
        ((unsigned int) AT91C_PA13_PWM2));      // Peripheral B
}

//*----------------------------------------------------------------------------
//* \fn    AT91F_PWMC_CH3_CfgPIO
//* \brief Configure PIO controllers to drive PWMC_CH3 signals
//*----------------------------------------------------------------------------
__inline void AT91F_PWMC_CH3_CfgPIO (void)
{
    // Configure PIO controllers to periph mode
    AT91F_PIO_CfgPeriph(
```

```
        AT91C_BASE_PIOA,                          // PIO controller base address
        0,                                        // Peripheral A
        ((unsigned int) AT91C_PA14_PWM3) |
        ((unsigned int) AT91C_PA7_PWM3));         // Peripheral B
}

//*----------------------------------------------------------------------------
//* \fn    AT91F_PWMC_CfgPMC
//* \brief Enable Peripheral clock in PMC for PWMC
//*----------------------------------------------------------------------------
__inline void AT91F_PWMC_CfgPMC (void)
{
    AT91F_PMC_EnablePeriphClock(
        AT91C_BASE_PMC,                    // PIO controller base address
        ((unsigned int) 1 << AT91C_ID_PWMC));
}

/* *****************************************************************************
                SOFTWARE API FOR SSC
   ***************************************************************************** */
//* Define the standard I2S mode configuration

//* Configuration to set in the SSC Transmit Clock Mode Register
//* Parameters :  nb_bit_by_slot    : 8, 16 or 32 bits
//*               nb_slot_by_frame : number of channels
#define AT91C_I2S_ASY_MASTER_TX_SETTING(nb_bit_by_slot, nb_slot_by_frame)( +\
                                AT91C_SSC_CKS_DIV   +\
                                AT91C_SSC_CKO_CONTINOUS      +\
                                AT91C_SSC_CKG_NONE    +\
                                AT91C_SSC_START_FALL_RF +\
                                AT91C_SSC_STTOUT  +\
                                ((1<<16) & AT91C_SSC_STTDLY) +\
                                ((((nb_bit_by_slot*nb_slot_by_frame)/2)-1) <<24))

//* Configuration to set in the SSC Transmit Frame Mode Register
//* Parameters : nb_bit_by_slot    : 8, 16 or 32 bits
//*              nb_slot_by_frame : number of channels
#define AT91C_I2S_ASY_TX_FRAME_SETTING(nb_bit_by_slot, nb_slot_by_frame)( +\
                                (nb_bit_by_slot-1)  +\
                                AT91C_SSC_MSBF   +\
                                (((nb_slot_by_frame-1)<<8) & AT91C_SSC_DATNB)  +\
                                (((nb_bit_by_slot-1)<<16) & AT91C_SSC_FSLEN) +\
                                AT91C_SSC_FSOS_NEGATIVE)

//*----------------------------------------------------------------------------
//* \fn    AT91F_SSC_SetBaudrate
//* \brief Set the baudrate according to the CPU clock
//*----------------------------------------------------------------------------
__inline void AT91F_SSC_SetBaudrate (
        AT91PS_SSC pSSC,        // \arg pointer to a SSC controller
        unsigned int mainClock, // \arg peripheral clock
        unsigned int speed)     // \arg SSC baudrate
{
    unsigned int baud_value;
    //* Define the baud rate divisor register
    if (speed == 0)
        baud_value = 0;
    else
        { baud_value = (unsigned int) (mainClock * 10)/(2*speed);
          if ((baud_value % 10) >= 5)
                 baud_value = (baud_value / 10) + 1;
          else
                 baud_value /= 10;
        }

    pSSC->SSC_CMR = baud_value;
}

//*----------------------------------------------------------------------------
//* \fn    AT91F_SSC_Configure
//* \brief Configure SSC
//*----------------------------------------------------------------------------
__inline void AT91F_SSC_Configure (
```

```
        AT91PS_SSC pSSC,            // \arg pointer to a SSC controller
        unsigned int syst_clock,    // \arg System Clock Frequency
        unsigned int baud_rate,     // \arg Expected Baud Rate Frequency
        unsigned int clock_rx,      // \arg Receiver Clock Parameters
        unsigned int mode_rx,       // \arg mode Register to be programmed
        unsigned int clock_tx,      // \arg Transmitter Clock Parameters
        unsigned int mode_tx)       // \arg mode Register to be programmed
{
    //* Disable interrupts
    pSSC->SSC_IDR = (unsigned int) -1;

    //* Reset receiver and transmitter
    pSSC->SSC_CR = AT91C_SSC_SWRST | AT91C_SSC_RXDIS | AT91C_SSC_TXDIS ;

    //* Define the Clock Mode Register
    AT91F_SSC_SetBaudrate(pSSC, syst_clock, baud_rate);

    //* Write the Receive Clock Mode Register
    pSSC->SSC_RCMR =  clock_rx;

    //* Write the Transmit Clock Mode Register
    pSSC->SSC_TCMR =  clock_tx;

    //* Write the Receive Frame Mode Register
    pSSC->SSC_RFMR =  mode_rx;

    //* Write the Transmit Frame Mode Register
    pSSC->SSC_TFMR =  mode_tx;

    //* Clear Transmit and Receive Counters
    AT91F_PDC_Open((AT91PS_PDC) &(pSSC->SSC_RPR));
}

//*----------------------------------------------------------------------------
//* \fn    AT91F_SSC_EnableRx
//* \brief Enable receiving datas
//*----------------------------------------------------------------------------
__inline void AT91F_SSC_EnableRx (
        AT91PS_SSC pSSC)        // \arg pointer to a SSC controller
{
    pSSC->SSC_CR = AT91C_SSC_RXEN;      //* Enable receiver
}

//*----------------------------------------------------------------------------
//* \fn    AT91F_SSC_DisableRx
//* \brief Disable receiving datas
//*----------------------------------------------------------------------------
__inline void AT91F_SSC_DisableRx (
        AT91PS_SSC pSSC)        // \arg pointer to a SSC controller
{
    pSSC->SSC_CR = AT91C_SSC_RXDIS;     //* Disable receiver
}

//*----------------------------------------------------------------------------
//* \fn    AT91F_SSC_EnableTx
//* \brief Enable sending datas
//*----------------------------------------------------------------------------
__inline void AT91F_SSC_EnableTx (
        AT91PS_SSC pSSC)        // \arg pointer to a SSC controller
{
    pSSC->SSC_CR = AT91C_SSC_TXEN;      //* Enable  transmitter
}

//*----------------------------------------------------------------------------
//* \fn    AT91F_SSC_DisableTx
//* \brief Disable sending datas
//*----------------------------------------------------------------------------
__inline void AT91F_SSC_DisableTx (
        AT91PS_SSC pSSC)        // \arg pointer to a SSC controller
{
    pSSC->SSC_CR = AT91C_SSC_TXDIS;     //* Disable  transmitter
}
```

```
//*----------------------------------------------------------------------------
//* \fn    AT91F_SSC_EnableIt
//* \brief Enable SSC IT
//*----------------------------------------------------------------------------
__inline void AT91F_SSC_EnableIt (
        AT91PS_SSC pSSC, // \arg pointer to a SSC controller
        unsigned int flag)      // \arg IT to be enabled
{
    pSSC->SSC_IER = flag;       //* Write to the IER register
}

//*----------------------------------------------------------------------------
//* \fn    AT91F_SSC_DisableIt
//* \brief Disable SSC IT
//*----------------------------------------------------------------------------
__inline void AT91F_SSC_DisableIt (
        AT91PS_SSC pSSC,        // \arg pointer to a SSC controller
        unsigned int flag)      // \arg IT to be disabled
{
    pSSC->SSC_IDR = flag;       //* Write to the IDR register
}

//*----------------------------------------------------------------------------
//* \fn    AT91F_SSC_ReceiveFrame
//* \brief Return 2 if PDC has been initialized with Buffer and Next Buffer,
//*        1 if PDC has been initialized with Next Buffer, 0 if PDC is busy
//*----------------------------------------------------------------------------
__inline unsigned int AT91F_SSC_ReceiveFrame (
        AT91PS_SSC pSSC,
        char *pBuffer,
        unsigned int szBuffer,
        char *pNextBuffer,
        unsigned int szNextBuffer )
{
    return AT91F_PDC_ReceiveFrame(
        (AT91PS_PDC) &(pSSC->SSC_RPR),
        pBuffer,
        szBuffer,
        pNextBuffer,
        szNextBuffer);
}

//*----------------------------------------------------------------------------
//* \fn    AT91F_SSC_SendFrame
//* \brief Return 2 if PDC has been initialized with Buffer and Next Buffer,
//*        1 if PDC has been initialized with Next Buffer, 0 if PDC is busy
//*----------------------------------------------------------------------------
__inline unsigned int AT91F_SSC_SendFrame(
        AT91PS_SSC pSSC,
        char *pBuffer,
        unsigned int szBuffer,
        char *pNextBuffer,
        unsigned int szNextBuffer )
{
    return AT91F_PDC_SendFrame(
        (AT91PS_PDC) &(pSSC->SSC_RPR),
        pBuffer,
        szBuffer,
        pNextBuffer,
        szNextBuffer);
}

//*----------------------------------------------------------------------------
//* \fn    AT91F_SSC_GetInterruptMaskStatus
//* \brief Return SSC Interrupt Mask Status
//*----------------------------------------------------------------------------
__inline unsigned int AT91F_SSC_GetInterruptMaskStatus( // \return SSC Interrupt Mask Status
        AT91PS_SSC pSsc)        // \arg  pointer to a SSC controller
{
    return pSsc->SSC_IMR;
}

//*----------------------------------------------------------------------------
```

```
//* \fn    AT91F_SSC_IsInterruptMasked
//* \brief Test if SSC Interrupt is Masked
//*----------------------------------------------------------------------------
__inline int AT91F_SSC_IsInterruptMasked(
        AT91PS_SSC pSsc,        // \arg  pointer to a SSC controller
        unsigned int flag)      // \arg  flag to be tested
{
    return (AT91F_SSC_GetInterruptMaskStatus(pSsc) & flag);
}

//*----------------------------------------------------------------------------
//* \fn    AT91F_SSC_CfgPMC
//* \brief Enable Peripheral clock in PMC for SSC
//*----------------------------------------------------------------------------
__inline void AT91F_SSC_CfgPMC (void)
{
    AT91F_PMC_EnablePeriphClock(
        AT91C_BASE_PMC,                 // PIO controller base address
        ((unsigned int) 1 << AT91C_ID_SSC));
}

//*----------------------------------------------------------------------------
//* \fn    AT91F_SSC_CfgPIO
//* \brief Configure PIO controllers to drive SSC signals
//*----------------------------------------------------------------------------
__inline void AT91F_SSC_CfgPIO (void)
{
    // Configure PIO controllers to periph mode
    AT91F_PIO_CfgPeriph(
        AT91C_BASE_PIOA,                        // PIO controller base address
        ((unsigned int) AT91C_PA17_TD) |
        ((unsigned int) AT91C_PA15_TF) |
        ((unsigned int) AT91C_PA19_RK) |
        ((unsigned int) AT91C_PA18_RD) |
        ((unsigned int) AT91C_PA20_RF) |
        ((unsigned int) AT91C_PA16_TK),         // Peripheral A
        0);                                     // Peripheral B
}

/* ****************************************************************************
                SOFTWARE API FOR ADC
   **************************************************************************** */
//*----------------------------------------------------------------------------
//* \fn    AT91F_ADC_EnableIt
//* \brief Enable ADC interrupt
//*----------------------------------------------------------------------------
__inline void AT91F_ADC_EnableIt (
        AT91PS_ADC pADC,        // pointer to a ADC controller
        unsigned int flag)      // IT to be enabled
{
    pADC->ADC_IER = flag;       //* Write to the IER register
}

//*----------------------------------------------------------------------------
//* \fn    AT91F_ADC_DisableIt
//* \brief Disable ADC interrupt
//*----------------------------------------------------------------------------
__inline void AT91F_ADC_DisableIt (
        AT91PS_ADC pADC,        // pointer to a ADC controller
        unsigned int flag)      // IT to be disabled
{
    pADC->ADC_IDR = flag;       //* Write to the IDR register
}

//*----------------------------------------------------------------------------
//* \fn    AT91F_ADC_GetStatus
//* \brief Return ADC Interrupt Status
//*----------------------------------------------------------------------------
__inline unsigned int AT91F_ADC_GetStatus(      // \return ADC Interrupt Status
        AT91PS_ADC pADC)        // pointer to a ADC controller
{
    return pADC->ADC_SR;
}
```

```
//*----------------------------------------------------------------------------
//* \fn    AT91F_ADC_GetInterruptMaskStatus
//* \brief Return ADC Interrupt Mask Status
//*----------------------------------------------------------------------------
__inline unsigned int AT91F_ADC_GetInterruptMaskStatus( // \return ADC Interrupt Mask Status
        AT91PS_ADC pADC)         // pointer to a ADC controller
{
    return pADC->ADC_IMR;
}

//*----------------------------------------------------------------------------
//* \fn    AT91F_ADC_IsInterruptMasked
//* \brief Test if ADC Interrupt is Masked
//*----------------------------------------------------------------------------
__inline unsigned int AT91F_ADC_IsInterruptMasked(
        AT91PS_ADC pADC,         // \arg  pointer to a ADC controller
        unsigned int flag)       // \arg  flag to be tested
{
    return (AT91F_ADC_GetInterruptMaskStatus(pADC) & flag);
}

//*----------------------------------------------------------------------------
//* \fn    AT91F_ADC_IsStatusSet
//* \brief Test if ADC Status is Set
//*----------------------------------------------------------------------------
__inline unsigned int AT91F_ADC_IsStatusSet(
        AT91PS_ADC pADC,         // \arg  pointer to a ADC controller
        unsigned int flag)       // \arg  flag to be tested
{
    return (AT91F_ADC_GetStatus(pADC) & flag);
}

//*----------------------------------------------------------------------------
//* \fn    AT91F_ADC_CfgModeReg
//* \brief Configure the Mode Register of the ADC controller
//*----------------------------------------------------------------------------
__inline void AT91F_ADC_CfgModeReg (
        AT91PS_ADC pADC,         // pointer to a ADC controller
        unsigned int mode)       // mode register
{
    pADC->ADC_MR = mode;         //* Write to the MR register
}

//*----------------------------------------------------------------------------
//* \fn    AT91F_ADC_GetModeReg
//* \brief Return the Mode Register of the ADC controller value
//*----------------------------------------------------------------------------
__inline unsigned int AT91F_ADC_GetModeReg (
        AT91PS_ADC pADC)         // pointer to a ADC controller
{
    return pADC->ADC_MR;
}

//*----------------------------------------------------------------------------
//* \fn    AT91F_ADC_CfgTimings
//* \brief Configure the different necessary timings of the ADC controller
//*----------------------------------------------------------------------------
__inline void AT91F_ADC_CfgTimings (
        AT91PS_ADC pADC,                      // pointer to a ADC controller
        unsigned int mck_clock,               // in MHz
        unsigned int adc_clock,               // in MHz
        unsigned int startup_time,            // in us
        unsigned int sample_and_hold_time)    // in ns
{
    unsigned int prescal,startup,shtim;

    prescal = mck_clock/(2*adc_clock) - 1;
    startup = adc_clock*startup_time/8 - 1;
    shtim = adc_clock*sample_and_hold_time/1000 - 1;

    //* Write to the MR register
    pADC->ADC_MR = ((prescal<<8) & AT91C_ADC_PRESCAL) |
```

```
                ((startup<<16) & AT91C_ADC_STARTUP) |
                ((shtim<<24) & AT91C_ADC_SHTIM);
}

//*----------------------------------------------------------------------------
//* \fn    AT91F_ADC_EnableChannel
//* \brief Return ADC Timer Register Value
//*----------------------------------------------------------------------------
__inline void AT91F_ADC_EnableChannel (
        AT91PS_ADC pADC,         // pointer to a ADC controller
        unsigned int channel)    // mode register
{
    pADC->ADC_CHER = channel;   //* Write to the CHER register
}

//*----------------------------------------------------------------------------
//* \fn    AT91F_ADC_DisableChannel
//* \brief Return ADC Timer Register Value
//*----------------------------------------------------------------------------
__inline void AT91F_ADC_DisableChannel (
        AT91PS_ADC pADC,         // pointer to a ADC controller
        unsigned int channel)    // mode register
{
    pADC->ADC_CHDR = channel;   //* Write to the CHDR register
}

//*----------------------------------------------------------------------------
//* \fn    AT91F_ADC_GetChannelStatus
//* \brief Return ADC Timer Register Value
//*----------------------------------------------------------------------------
__inline unsigned int AT91F_ADC_GetChannelStatus (
        AT91PS_ADC pADC)         // pointer to a ADC controller
{
    return pADC->ADC_CHSR;
}

//*----------------------------------------------------------------------------
//* \fn    AT91F_ADC_StartConversion
//* \brief Software request for a analog to digital conversion
//*----------------------------------------------------------------------------
__inline void AT91F_ADC_StartConversion (
        AT91PS_ADC pADC)         // pointer to a ADC controller
{
    pADC->ADC_CR = AT91C_ADC_START;
}

//*----------------------------------------------------------------------------
//* \fn    AT91F_ADC_SoftReset
//* \brief Software reset
//*----------------------------------------------------------------------------
__inline void AT91F_ADC_SoftReset (
        AT91PS_ADC pADC)         // pointer to a ADC controller
{
    pADC->ADC_CR = AT91C_ADC_SWRST;
}

//*----------------------------------------------------------------------------
//* \fn    AT91F_ADC_GetLastConvertedData
//* \brief Return the Last Converted Data
//*----------------------------------------------------------------------------
__inline unsigned int AT91F_ADC_GetLastConvertedData (
        AT91PS_ADC pADC)         // pointer to a ADC controller
{
    return pADC->ADC_LCDR;
}

//*----------------------------------------------------------------------------
//* \fn    AT91F_ADC_GetConvertedDataCH0
//* \brief Return the Channel 0 Converted Data
//*----------------------------------------------------------------------------
__inline unsigned int AT91F_ADC_GetConvertedDataCH0 (
        AT91PS_ADC pADC)         // pointer to a ADC controller
{
```

```
    return pADC->ADC_CDR0;
}

//*----------------------------------------------------------------------------
//* \fn    AT91F_ADC_GetConvertedDataCH1
//* \brief Return the Channel 1 Converted Data
//*----------------------------------------------------------------------------
__inline unsigned int AT91F_ADC_GetConvertedDataCH1 (
        AT91PS_ADC pADC)        // pointer to a ADC controller
{
    return pADC->ADC_CDR1;
}

//*----------------------------------------------------------------------------
//* \fn    AT91F_ADC_GetConvertedDataCH2
//* \brief Return the Channel 2 Converted Data
//*----------------------------------------------------------------------------
__inline unsigned int AT91F_ADC_GetConvertedDataCH2 (
        AT91PS_ADC pADC)        // pointer to a ADC controller
{
    return pADC->ADC_CDR2;
}

//*----------------------------------------------------------------------------
//* \fn    AT91F_ADC_GetConvertedDataCH3
//* \brief Return the Channel 3 Converted Data
//*----------------------------------------------------------------------------
__inline unsigned int AT91F_ADC_GetConvertedDataCH3 (
        AT91PS_ADC pADC)        // pointer to a ADC controller
{
    return pADC->ADC_CDR3;
}

//*----------------------------------------------------------------------------
//* \fn    AT91F_ADC_GetConvertedDataCH4
//* \brief Return the Channel 4 Converted Data
//*----------------------------------------------------------------------------
__inline unsigned int AT91F_ADC_GetConvertedDataCH4 (
        AT91PS_ADC pADC)        // pointer to a ADC controller
{
    return pADC->ADC_CDR4;
}

//*----------------------------------------------------------------------------
//* \fn    AT91F_ADC_GetConvertedDataCH5
//* \brief Return the Channel 5 Converted Data
//*----------------------------------------------------------------------------
__inline unsigned int AT91F_ADC_GetConvertedDataCH5 (
        AT91PS_ADC pADC)        // pointer to a ADC controller
{
    return pADC->ADC_CDR5;
}

//*----------------------------------------------------------------------------
//* \fn    AT91F_ADC_GetConvertedDataCH6
//* \brief Return the Channel 6 Converted Data
//*----------------------------------------------------------------------------
__inline unsigned int AT91F_ADC_GetConvertedDataCH6 (
        AT91PS_ADC pADC)        // pointer to a ADC controller
{
    return pADC->ADC_CDR6;
}

//*----------------------------------------------------------------------------
//* \fn    AT91F_ADC_GetConvertedDataCH7
//* \brief Return the Channel 7 Converted Data
//*----------------------------------------------------------------------------
__inline unsigned int AT91F_ADC_GetConvertedDataCH7 (
        AT91PS_ADC pADC)        // pointer to a ADC controller
{
    return pADC->ADC_CDR7;
}
```

```
//*----------------------------------------------------------------------------
//* \fn    AT91F_ADC_CfgPMC
//* \brief Enable Peripheral clock in PMC for ADC
//*----------------------------------------------------------------------------
__inline void AT91F_ADC_CfgPMC (void)
{
    AT91F_PMC_EnablePeriphClock(
        AT91C_BASE_PMC,                // PIO controller base address
        ((unsigned int) 1 << AT91C_ID_ADC));
}

//*----------------------------------------------------------------------------
//* \fn    AT91F_ADC_CfgPIO
//* \brief Configure PIO controllers to drive ADC signals
//*----------------------------------------------------------------------------
__inline void AT91F_ADC_CfgPIO (void)
{
    // Configure PIO controllers to periph mode
    AT91F_PIO_CfgPeriph(
        AT91C_BASE_PIOA,                        // PIO controller base address
        0,                                      // Peripheral A
        ((unsigned int) AT91C_PA8_ADTRG   )); // Peripheral B
}

/* *****************************************************************************
                SOFTWARE API FOR SPI
   ***************************************************************************** */
//*----------------------------------------------------------------------------
//* \fn    AT91F_SPI_CfgCs
//* \brief Configure SPI chip select register
//*----------------------------------------------------------------------------
__inline void AT91F_SPI_CfgCs (
        AT91PS_SPI pSPI,        // pointer to a SPI controller
        int cs,                 // SPI cs number (0 to 3)
        int val)                // chip select register
{
    *(pSPI->SPI_CSR + cs) = val;        //* Write to the CSR register
}

//*----------------------------------------------------------------------------
//* \fn    AT91F_SPI_EnableIt
//* \brief Enable SPI interrupt
//*----------------------------------------------------------------------------
__inline void AT91F_SPI_EnableIt (
        AT91PS_SPI pSPI,        // pointer to a SPI controller
        unsigned int flag)      // IT to be enabled
{
    pSPI->SPI_IER = flag;       //* Write to the IER register
}

//*----------------------------------------------------------------------------
//* \fn    AT91F_SPI_DisableIt
//* \brief Disable SPI interrupt
//*----------------------------------------------------------------------------
__inline void AT91F_SPI_DisableIt (
        AT91PS_SPI pSPI,        // pointer to a SPI controller
        unsigned int flag)      // IT to be disabled
{
    pSPI->SPI_IDR = flag;       //* Write to the IDR register
}

//*----------------------------------------------------------------------------
//* \fn    AT91F_SPI_Reset
//* \brief Reset the SPI controller
//*----------------------------------------------------------------------------
__inline void AT91F_SPI_Reset (
        AT91PS_SPI pSPI         // pointer to a SPI controller
        )
{
    pSPI->SPI_CR = AT91C_SPI_SWRST;     //* Write to the CR register
}

//*----------------------------------------------------------------------------
```

```
//* \fn    AT91F_SPI_Enable
//* \brief Enable the SPI controller
//*----------------------------------------------------------------------------
__inline void AT91F_SPI_Enable (
        AT91PS_SPI pSPI         // pointer to a SPI controller
        )
{
    pSPI->SPI_CR = AT91C_SPI_SPIEN;     //* Write to the CR register
}

//*----------------------------------------------------------------------------
//* \fn    AT91F_SPI_Disable
//* \brief Disable the SPI controller
//*----------------------------------------------------------------------------
__inline void AT91F_SPI_Disable (
        AT91PS_SPI pSPI         // pointer to a SPI controller
        )
{
    pSPI->SPI_CR = AT91C_SPI_SPIDIS;    //* Write to the CR register

//*----------------------------------------------------------------------------
//* \fn    AT91F_SPI_CfgMode
//* \brief Enable the SPI controller
//*----------------------------------------------------------------------------
__inline void AT91F_SPI_CfgMode (
        AT91PS_SPI pSPI,        // pointer to a SPI controller
        int mode)               // mode register
{
    pSPI->SPI_MR = mode;        //* Write to the MR register
}

//*----------------------------------------------------------------------------
//* \fn    AT91F_SPI_CfgPCS
//* \brief Switch to the correct PCS of SPI Mode Register : Fixed Peripheral Selected
//*----------------------------------------------------------------------------
__inline void AT91F_SPI_CfgPCS (
        AT91PS_SPI pSPI,        // pointer to a SPI controller
        char PCS_Device)        // PCS of the Device
{
    pSPI->SPI_MR &= 0xFFF0FFFF;         //* Write to the MR register
    pSPI->SPI_MR |= ((PCS_Device<<16) & AT91C_SPI_PCS);
}

//*----------------------------------------------------------------------------
//* \fn    AT91F_SPI_ReceiveFrame
//* \brief Return 2 if PDC has been initialized with Buffer and Next Buffer,
//*        1 if PDC has been initializaed with Next Buffer, 0 if PDC is busy
//*----------------------------------------------------------------------------
__inline unsigned int AT91F_SPI_ReceiveFrame (
        AT91PS_SPI pSPI,
        char *pBuffer,
        unsigned int szBuffer,
        char *pNextBuffer,
        unsigned int szNextBuffer)
{
    return AT91F_PDC_ReceiveFrame(
        (AT91PS_PDC) &(pSPI->SPI_RPR),
        pBuffer,
        szBuffer,
        pNextBuffer,
        szNextBuffer);
}

//*----------------------------------------------------------------------------
//* \fn    AT91F_SPI_SendFrame
//* \brief Return 2 if PDC has been initialized with Buffer and Next Buffer,
//*        1 if PDC has been initializaed with Next Buffer, 0 if PDC is bSPIy
//*----------------------------------------------------------------------------
__inline unsigned int AT91F_SPI_SendFrame(
        AT91PS_SPI pSPI,
        char *pBuffer,
        unsigned int szBuffer,
        char *pNextBuffer,
```

```
        unsigned int szNextBuffer)
{
    return AT91F_PDC_SendFrame(
        (AT91PS_PDC) &(pSPI->SPI_RPR),
        pBuffer,
        szBuffer,
        pNextBuffer,
        szNextBuffer);
}

//*----------------------------------------------------------------------------
//* \fn    AT91F_SPI_Close
//* \brief Close SPI: disable IT disable transfert, close PDC
//*----------------------------------------------------------------------------
__inline void AT91F_SPI_Close (
        AT91PS_SPI pSPI)         // \arg pointer to a SPI controller
{
    //* Reset all the Chip Select register
    pSPI->SPI_CSR[0] = 0 ;
    pSPI->SPI_CSR[1] = 0 ;
    pSPI->SPI_CSR[2] = 0 ;
    pSPI->SPI_CSR[3] = 0 ;

    //* Reset the SPI mode
    pSPI->SPI_MR = 0  ;

    //* Disable all interrupts
    pSPI->SPI_IDR = 0xFFFFFFFF ;

    //* Abort the Peripheral Data Transfers
    AT91F_PDC_Close((AT91PS_PDC) &(pSPI->SPI_RPR));

    //* Disable receiver and transmitter and stop any activity immediately
    pSPI->SPI_CR = AT91C_SPI_SPIDIS;
}

//*----------------------------------------------------------------------------
//* \fn    AT91F_SPI_PutChar
//* \brief Send a character,does not check if ready to send
//*----------------------------------------------------------------------------
__inline void AT91F_SPI_PutChar (
        AT91PS_SPI pSPI,
        unsigned int character,
        unsigned int cs_number )
{
    unsigned int value_for_cs;
    value_for_cs = (~(1 << cs_number)) & 0xF;          //Place a zero among a 4 ONEs number
    pSPI->SPI_TDR = (character & 0xFFFF) | (value_for_cs << 16);
}

//*----------------------------------------------------------------------------
//* \fn    AT91F_SPI_GetChar
//* \brief Receive a character,does not check if a character is available
//*----------------------------------------------------------------------------
__inline int AT91F_SPI_GetChar (
        const AT91PS_SPI pSPI)
{
    return((pSPI->SPI_RDR) & 0xFFFF);
}

//*----------------------------------------------------------------------------
//* \fn    AT91F_SPI_GetInterruptMaskStatus
//* \brief Return SPI Interrupt Mask Status
//*----------------------------------------------------------------------------
__inline unsigned int AT91F_SPI_GetInterruptMaskStatus( // \return SPI Interrupt Mask Status
        AT91PS_SPI pSpi)        // \arg  pointer to a SPI controller
{
    return pSpi->SPI_IMR;
}

//*----------------------------------------------------------------------------
//* \fn    AT91F_SPI_IsInterruptMasked
//* \brief Test if SPI Interrupt is Masked
```

```
//*----------------------------------------------------------------------------
__inline int AT91F_SPI_IsInterruptMasked(
        AT91PS_SPI pSpi,            // \arg  pointer to a SPI controller
        unsigned int flag)          // \arg  flag to be tested
{
    return (AT91F_SPI_GetInterruptMaskStatus(pSpi) & flag);
}

//*----------------------------------------------------------------------------
//* \fn    AT91F_SPI_CfgPMC
//* \brief Enable Peripheral clock in PMC for SPI
//*----------------------------------------------------------------------------
__inline void AT91F_SPI_CfgPMC (void)
{
    AT91F_PMC_EnablePeriphClock(
        AT91C_BASE_PMC,                     // PIO controller base address
        ((unsigned int) 1 << AT91C_ID_SPI));
}

//*----------------------------------------------------------------------------
//* \fn    AT91F_SPI_CfgPIO
//* \brief Configure PIO controllers to drive SPI signals
//*----------------------------------------------------------------------------
__inline void AT91F_SPI_CfgPIO (void)
{
    // Configure PIO controllers to periph mode
    AT91F_PIO_CfgPeriph(
        AT91C_BASE_PIOA,                            // PIO controller base address
        ((unsigned int) AT91C_PA11_NPCS0) |
        ((unsigned int) AT91C_PA13_MOSI) |
        ((unsigned int) AT91C_PA31_NPCS1) |
        ((unsigned int) AT91C_PA12_MISO) |
        ((unsigned int) AT91C_PA14_SPCK),           // Peripheral A
        ((unsigned int) AT91C_PA9_NPCS1) |
        ((unsigned int) AT91C_PA30_NPCS2) |
        ((unsigned int) AT91C_PA10_NPCS2) |
        ((unsigned int) AT91C_PA22_NPCS3) |
        ((unsigned int) AT91C_PA3_NPCS3) |
        ((unsigned int) AT91C_PA5_NPCS3));          // Peripheral B
}

#endif // lib_AT91SAM7S256_H
```

(4) AT91SAM7S256용의 어셈블리 언어 인클루드 파일

ADS v1.2에서는 어셈블리 언어 프로그램을 작성할 때 Atmel에서 제공하는 인클루드 파일 AT91SAM7S256.inc를 사용할 수 있었지만 WinARM에서는 어셈블리 언어의 문법이 달라서 이를 사용하지 못한다. 이 때문에 WinARM에서 C언어로 프로그램을 작성할 때 기본으로 포함하는 Startup.S 파일에서는 이를 인클루드하지 않고 필요한 사항을 내부에서 정의하여 사용하였다.

만약, WinARM에서 사용자가 어셈블리 언어로 프로그램을 작성하고자 한다면 Atmel에서 제공하는 인클루드 파일 AT91SAM7S256.inc를 WinARM의 어셈블러 문법에 맞도록 적절히 수정하여 사용해야 할 것이다.

(5) 스타트업 파일 및 타겟 정의 파일

WinARM C컴파일러에서 사용자가 C언어 프로그램을 작성할 때 기본적으로 링크해주어야 하는 어셈블리 언어 스타트업 파일은 Cstartup.S로 사용되는데 그 파일의 내용은 다음과 같다.

〈파일 Cstartup.S〉 WinARM용의 어셈블리 언어 스타트업 파일

```
//----------------------------------------------------------------------------
//-         ATMEL Microcontroller Software Support  -  ROUSSET  -
//----------------------------------------------------------------------------
// The software is delivered "AS IS" without warranty or condition of any
// kind, either express, implied or statutory. This includes without
// limitation any warranty or condition with respect to merchantability or
// fitness for any particular purpose, or against the infringements of
// intellectual property rights of others.
//----------------------------------------------------------------------------
//- File source          : Cstartup.S
//- Object               : Generic CStartup for WinARM (No use REMAP)
//-
//- 1.0 18/Oct/04 JPP    : Creation
//- 1.1 01/Apr/05 JPP    : save SPSR
//- 2.0 01/May/07 Yoon   : Modified for OK-7S256 Kit
//----------------------------------------------------------------------------

        .equ    IRQ_STACK_SIZE, (3*8*4)
        .equ    ARM_MODE_FIQ,    0x11
        .equ    ARM_MODE_IRQ,    0x12
        .equ    ARM_MODE_SVC,    0x13

        .equ    I_BIT,           0x80
        .equ    F_BIT,           0x40

        .equ    AIC_IVR,         (256)
        .equ    AIC_FVR,         (260)
        .equ    AIC_EOICR,       (304)
        .equ    AT91C_BASE_AIC,  (0xFFFFF000)

//----------------------------------------------------------------------------
//- Section Definition
//-------------------
//- .internal_ram_top   Top_Stack: used by the cstartup for vector initalisation
//-                     management defined by ld and affect from ldscript
//----------------------------------------------------------------------------
        .section        .internal_ram_top
        .code           32
        .align          0
        .global         Top_Stack
Top_Stack:

//----------------------------------------------------------------------------
//- Area Definition
//----------------------------------------------------------------------------
        .section        .reset
        .text
        .global         _startup
        .func           _startup
_startup:

//----------------------------------------------------------------------------
//- Exception vectors
//-------------------
```

```
//- These vectors can be read at address 0 or at RAM address
//- They ABSOLUTELY requires to be in relative addresssing mode in order to
//- guarantee a valid jump. For the moment, all are just looping.
//- If an exception occurs before remap, this would result in an infinite loop.
//- To ensure if a exeption occurs before start application to infinite loop.
//------------------------------------------------------------------------------
reset:
        B       InitReset                       /* 0x00 Reset handler */
undefvec:
        B       undefvec                        /* 0x04 Undefined Instruction */
swivec:
        B       swivec                          /* 0x08 Software Interrupt */
pabtvec:
        B       pabtvec                         /* 0x0C Prefetch Abort */
dabtvec:
        B       dabtvec                         /* 0x10 Data Abort */
rsvdvec:
        B       rsvdvec                         /* 0x14 reserved */
irqvec:
        B       IRQ_Handler_Entry               /* 0x18 IRQ */
fiqvec:                                         /* 0x1c FIQ */
//------------------------------------------------------------------------------
//- Function            : FIQ_Handler_Entry
//- Treatments          : FIQ Controller Interrupt Handler.
//- Called Functions    : AIC_FVR[interrupt]
//------------------------------------------------------------------------------
FIQ_Handler_Entry:

//- Switch in SVC/User Mode to allow User Stack access for C code
//  because the FIQ is not yet acknowledged

//- Save and r0 in FIQ_Register
        mov     r9,r0
        ldr     r0 , [r8, #AIC_FVR]
        msr     CPSR_c,#I_BIT | F_BIT | ARM_MODE_SVC

//- Save scratch/used registers and LR in User Stack
        stmfd   sp!, { r1-r3, r12, lr}

//- Branch to the routine pointed by the AIC_FVR
        mov     r14, pc
        bx      r0

//- Restore scratch/used registers and LR from User Stack
        ldmia   sp!, { r1-r3, r12, lr}

//- Leave Interrupts disabled and switch back in FIQ mode
        msr     CPSR_c, #I_BIT | F_BIT | ARM_MODE_FIQ

//- Restore the R0 ARM_MODE_SVC register
        mov     r0,r9

//- Restore the Program Counter using the LR_fiq directly in the PC
        subs    pc,lr,#4

        .align  0
.RAM_TOP:
        .word   Top_Stack

InitReset:
//------------------------------------------------------------------------------
//- Low level Init (PMC, AIC, ? ....) by C function AT91F_LowLevelInit
//------------------------------------------------------------------------------
        .extern AT91F_LowLevelInit
/*- minumum C initialization */
        ldr     r13,.RAM_TOP                    /* temporary stack in internal RAM */
        ldr     r0,=AT91F_LowLevelInit
        mov     lr, pc
```

```
        bx      r0

//------------------------------------------------------------------------------
//- Stack Sizes Definition
//-------------------------
//- Interrupt Stack requires 2 words x 8 priority level x 4 bytes when using
//- the vectoring. This assume that the IRQ management.
//- The Interrupt Stack must be adjusted depending on the interrupt handlers.
//- Fast Interrupt not requires stack If in your application it required you must
//- be define here.
//- The System stack size is not defined and is limited by the free internal SRAM.
//------------------------------------------------------------------------------

//------------------------------------------------------------------------------
//- Top of Stack Definition
//-------------------------
//- Interrupt and Supervisor Stack are located at the top of internal memory in
//- order to speed the exception handling context saving and restoring.
//- ARM_MODE_SVC (Application, C) Stack is located at the top of the external memory.
//------------------------------------------------------------------------------

//------------------------------------------------------------------------------
//- Setup the stack for each mode
//------------------------------------------------------------------------------
        mov     r0,r13

//- Set up Fast Interrupt Mode and set FIQ Mode Stack
        msr     CPSR_c, #ARM_MODE_FIQ | I_BIT | F_BIT

//- Init the FIQ register
        ldr     r8, =AT91C_BASE_AIC

//- Set up Interrupt Mode and set IRQ Mode Stack
        msr     CPSR_c, #ARM_MODE_IRQ | I_BIT | F_BIT
        mov     r13, r0                         /* Init stack IRQ */
        sub     r0, r0, #IRQ_STACK_SIZE

//- Set up Supervisor Mode and set Supervisor Mode Stack
        msr     CPSR_c, #ARM_MODE_SVC
        mov     r13, r0                         /* Init stack Sup */

//- Enable interrupt & Set up Supervisor Mode and set Supervisor Mode Stack
        ldr     r1, =_etext                     /* Relocate .data(Copy from ROM to RAM) */
        ldr     r2, =_data
        ldr     r3, =_edata
LoopRel:CMP     r2, r3
        ldrlo   r0, [r1], #4
        strlo   r0, [r2], #4
        blo     LoopRel

        mov     r0, #0                          /* Clear .bss section (Zero init) */
        ldr     r1, =__bss_start__
        ldr     r2, =__bss_end__
LoopZI: cmp     r1, r2
        strlo   r0, [r1], #4
        blo     LoopZI

        ldr     lr,=exit
        ldr     r0,=main
        bx      r0

        .size   _startup,       . - _startup
        .endfunc

// "exit" dummy added by mthomas to avoid sbrk write read etc. needed by the newlib default "exit"
        .global exit
        .func   exit
exit:
```

```
        b       .
        .size   exit,           . - exit
        .endfunc

//------------------------------------------------------------------------------
//- Manage exception
//-----------------
//- Function              : IRQ_Handler_Entry
//- Treatments            : IRQ Controller Interrupt Handler.
//- Called Functions      : AIC_IVR[interrupt]
//------------------------------------------------------------------------------
        .global IRQ_Handler_Entry
        .func   IRQ_Handler_Entry

IRQ_Handler_Entry:
//- Adjust and save LR_irq in IRQ stack
        sub     lr, lr, #4
        stmfd   sp!, {lr}

//- Save SPSR need to be saved for nested interrupt
        mrs     r14, SPSR
        stmfd   sp!, {r14}

//- Save and r0 in IRQ stack
        stmfd   sp!, {r0}

//- Write in the IVR to support Protect Mode
//- No effect in Normal Mode
//- De-assert the NIRQ and clear the source in Protect Mode
        ldr     r14, =AT91C_BASE_AIC
        ldr     r0 , [r14, #AIC_IVR]
        str     r14, [r14, #AIC_IVR]

//- Enable Interrupt and Switch in Supervisor Mode
        msr     CPSR_c, #ARM_MODE_SVC

//- Save scratch/used registers and LR in User Stack
        stmfd   sp!, { r1-r3, r12, r14}

//- Branch to the routine pointed by the AIC_IVR
        mov     r14, pc
        bx      r0

//- Restore scratch/used registers and LR from User Stack
        ldmia   sp!, { r1-r3, r12, r14}

//- Disable Interrupt and switch back in IRQ mode
        msr     CPSR_c, #I_BIT | ARM_MODE_IRQ

//- Mark the End of Interrupt on the AIC
        ldr     r14, =AT91C_BASE_AIC
        str     r14, [r14, #AIC_EOICR]

//- Restore SPSR_irq and r0 from IRQ stack
        ldmia   sp!, {r0}

//- Restore SPSR_irq and r0 from IRQ stack
        ldmia   sp!, {r14}
        msr     SPSR_cxsf, r14

//- Restore adjusted  LR_irq from IRQ stack directly in the PC
        ldmia   sp!, {pc}^

        .size   IRQ_Handler_Entry,      . - IRQ_Handler_Entry
        .endfunc


//------------------------------------------------------------------------------
```

```
//- Exception Vector
//-------------------
//- This module is only linked if needed for closing files.
//---------------------------------------------------------------------------
        .global AT91F_Default_FIQ_handler
        .func   AT91F_Default_FIQ_handler
AT91F_Default_FIQ_handler:
        b       AT91F_Default_FIQ_handler
        .size   AT91F_Default_FIQ_handler,      . - AT91F_Default_FIQ_handler
        .endfunc

        .global AT91F_Default_IRQ_handler
        .func   AT91F_Default_IRQ_handler
AT91F_Default_IRQ_handler:
        b       AT91F_Default_IRQ_handler
        .size   AT91F_Default_IRQ_handler,      . - AT91F_Default_IRQ_handler
        .endfunc

        .global AT91F_Spurious_handler
        .func   AT91F_Spurious_handler
AT91F_Spurious_handler:
        b       AT91F_Spurious_handler
        .size   AT91F_Spurious_handler,         . - AT91F_Spurious_handler
        .endfunc

        .end
```

WinARM에서 사용자가 C언어 프로그램을 작성할 때는 이밖에도 기본 시스템 설정용의 C언어 스타트업 파일 Cstartup_SAM7.c를 컴파일하여 링크해 주어야 하는데 이 파일의 내용은 다음과 같다.

〈파일 Cstartup_SAM7.c〉 C언어 스타트업 파일

```
//*----------------------------------------------------------------------------
//*         ATMEL Microcontroller Software Support  -  ROUSSET  -
//*----------------------------------------------------------------------------
//* The software is delivered "AS IS" without warranty or condition of any
//* kind, either express, implied or statutory. This includes without
//* limitation any warranty or condition with respect to merchantability or
//* fitness for any particular purpose, or against the infringements of
//* intellectual property rights of others.
//*----------------------------------------------------------------------------
//* File Name           : Cstartup_SAM7.c
//* Object              : Low level initializations written in C for Tools
//* Creation            : 12/Jun/04
//* 1.2   28/Feb/05 JPP : LIB change AT91C_WDTC_WDDIS & PLL
//* 1.3   21/Mar/05 JPP : Change PLL Wait time
//* 2.0   01/May/07 Yoon : Change PLL DIV & MUL for exact 48MHz MCK
//*----------------------------------------------------------------------------

#include "AT91SAM7S256.h"

// The following functions must be write in ARM mode.
// This function is called directly by exception vector.
extern void AT91F_Spurious_handler(void);
extern void AT91F_Default_IRQ_handler(void);
extern void AT91F_Default_FIQ_handler(void);

//*----------------------------------------------------------------------------
```

```
//* AT91F_LowLevelInit()
//* This function performs very low level H/W initialization.
//* This function can be use a Stack,depending the compilation optimization mode.
//*-----------------------------------------------------------------------------
void AT91F_LowLevelInit(void)
{
  int i;
  AT91PS_PMC pPMC = AT91C_BASE_PMC;

  //* Set Flash Wait State
      // Single Cycle Access at Up to 30 MHz
      // if MCK = 48000000Hz I have 48 Cycle for 1 usecond
  AT91C_BASE_MC->MC_FMR = ((AT91C_MC_FMCN)&(48 << 16)) | AT91C_MC_FWS_1FWS;

  //* Watchdog Disable
  AT91C_BASE_WDTC->WDTC_WDMR = AT91C_WDTC_WDDIS;

  //* Set MCK at 48 000 000 Hz
  // (1) Enabling the Main Oscillator:
         // SCK = 1/32768 = 30.51 uSecond
         // Start up time = 8 * 6 / SCK = 48 * 30.51 = 1.46484375 ms
  pPMC->PMC_MOR = (( AT91C_CKGR_OSCOUNT & (0x06 << 8) | AT91C_CKGR_MOSCEN ));
         // Wait the startup time
  while(!(pPMC->PMC_SR & AT91C_PMC_MOSCS));

  // (2) Checking the Main Oscillator Frequency (Optional)
  // (3) Setting PLL and divider:
         // DIV = 12     : Fin = 1.536 MHz = (18,432 / 12)
         // MUL = 124+1 : Fout = 192 MHz = (1.536 * 125)
         // OUT = 01(150MHz-180MHz, +6.7% error)
         // USBDIV = 10(divided by 4 for 48MHz)
         // PLLCOUNT pll startup time estimate at : 0.844 ms
         // PLLCOUNT 28 = 0.000844 / (1/32768)
  pPMC->PMC_PLLR = ((AT91C_CKGR_DIV & 12) |
                    (AT91C_CKGR_PLLCOUNT & (28 << 8)) |
                    (AT91C_CKGR_OUT_1) |
                    (AT91C_CKGR_MUL & (124 << 16)) |
                    (AT91C_CKGR_USBDIV_2));
         // Wait the startup time
  while(!(pPMC->PMC_SR & AT91C_PMC_LOCK));
  while(!(pPMC->PMC_SR & AT91C_PMC_MCKRDY));

  // (4) Selection of Master Clock and Processor Clock
         // select the PLL clock divided by 4
  pPMC->PMC_MCKR = AT91C_PMC_PRES_CLK_4;
  while(!(pPMC->PMC_SR & AT91C_PMC_MCKRDY));
  pPMC->PMC_MCKR |= AT91C_PMC_CSS_PLL_CLK;
  while(!(pPMC->PMC_SR & AT91C_PMC_MCKRDY));

  //* Set up the default interrupts handler vectors
  AT91C_BASE_AIC->AIC_SVR[0] = (int) AT91F_Default_FIQ_handler;
  for (i=1; i<31; i++)
    { AT91C_BASE_AIC->AIC_SVR[i] = (int) AT91F_Default_IRQ_handler;
    }
  AT91C_BASE_AIC->AIC_SPU = (int) AT91F_Spurious_handler;
}
```

◀휴게실▶

인텔 HEX 파일의 형식

인텔 HEX 파일은 정확하게 "Intel Hexadecimal Object File Format"이라고 불리며, 마이크로프로세서용의 오브젝트 파일을 ROM 라이터나 ROM 에뮬레이터와 같은 주변장치에게 전송하기 위하여 만든 ASCII 포맷의 파일로서 오늘날 어셈블러나 C컴파일러에서 널리 사용되고 있다. 이 HEX 파일은 8비트 마이크로프로세서용으로 사용되는 16비트 선형 어드레스(linear address) 형식은 물론이고, 8086/8088과 같은 16비트 마이크로프로세서를 위한 20비트 세그먼트 어드레스 형식이나 80386 이상의 32비트의 마이크로프로세서를 위한 32비트 선형 어드레스 형식까지 지원한다. HEX 파일에는 이밖에도 ASCII-Hex 파일 형식, Motorola HEX 파일 형식, Tektronix HEX 파일 형식 등이 있는데, 이것들은 표현 형식이 서로 매우 다른 구조로 되어 있다.

인텔 HEX 파일은 기본적으로 1행으로 되어 있는 많은 레코드(record)들로 구성되며, 각 레코드는 아래 예와 같이 항상 6개의 필드로 구성된다. 인텔 HEX 파일에 사용되는 모든 문자는 ASCII 문자이며, 각 레코드의 끝에는 구분기호(delimiter)로서 캐리지 리턴(0x0D) 및 라인 피드(0x0A) 문자가 추가되어 있으나 사람의 눈에는 보이지 않는다.

다음은 WinARM에서 컴파일한 결과를 인텔 HEX 파일로 생성한 것이다. 이것을 예로 하여 각 필드의 기능을 설명하기로 한다.

① 레코드의 시작 표시
② 레코드의 길이
③ 데이터가 메모리에 로드되는 시작번지
④ 레코드의 형식(00=계속되는 레코드, 01=마지막 레코드, 02~05=특수 레코드)
⑤ 데이터
⑥ 체크섬

```
:020000040010EA
:10000000100000EAFEFFFFEAFEFFFFEAFEFFFFEA44
:10001000FEFFFFEAFEFFFFEA270000EA0090A0E1F2
:1000200000040198E5D3F021E30E502DE90FE0A0E1A3
:1000300010FF2FE10E50BDE8D1F021E30900A0E14F
:1000400004F05EE2000021000CD01FE5C4009FE533
:04005000B9F708955F
:00000001FF
```

①은 1문자로 구성되는 Record Mark 필드로서 한 레코드의 시작을 의미한다. 모든 레코드 즉 모든 행은 항상 이 ":" 문자로 시작한다.

②는 2문자로 구성되는 RECLEN(Record Length) 필드로서 이 레코드에 포함된 데이터 바이트 수를 의미한다. 위에서 첫번째 레코드의 경우는 데이터가 2바이트이므로 0x02이며, 그 다음 부터는 16바이트이므로 0x10이다. 마지막 레코드에는 데이터 필드가 없으므로 0x00이다.

③은 4문자로 구성되는 LOAD OFFSET 필드로서 이 레코드의 데이터를 로드하기 시작할 메모리의 오프셋 번지를 16비트로 나타낸다. 그러나, 20비트나 32비트 어드레스 형식에서는 이 레코드의 데이터가 상위 어드레스 비트로 사용된다.

④는 2문자로 구성된 RECTYP(Record Type) 필드로서 레코드의 형식을 나타낸다. 00은 정상적인 데이터 레코드이고, 01은 인텔 HEX 파일의 마지막 레코드를 나타낸다. 02와 03은 20비트 어드레스를 지정하기 위한 레코드이며, 04와 05는 32비트 어드레스를 지정하기 위한 레코드이다. 위의 예에서 첫번째 레코드의 형식이 04로 된 것은 이 레코드에 포함된 데이터 0010이 32비트 어드레스의 상위 16비트로 사용되는 어드레스 값이라는 것을 나타낸다.

⑤는 DATA 필드로서 ②에서 지정한 길이의 레코드 데이터이다.

⑥은 2문자로 구성되는 체크섬(checksum) 값으로서 이는 레코드에서 ":"를 제외한 ②~⑤ 필드를 모두 더한 총합을 2의 보수로 취한 것으로서 레코드 단위로 전송 에러를 검출하기 위하여 사용된다.

제4장

C언어 프로그래밍

총 82개의 ADS v1.2용 C언어 예제 프로그램

총 82개의 WinARM용 C언어 예제 프로그램

☞

이 장에서는 AT91SAM7S256 ARM 마이크로콘트롤러의 트레이닝 키트 *OK-7S256*을 이용하여 사용자가 C언어 프로그램을 작성하는 기술을 구체적으로 공부하기로 한다.

ARM과 같은 고성능 마이크로프로세서에서는 어셈블리 언어보다는 C언어를 압도적으로 많이 사용하므로 이 책에서도 주로 C언어로 프로그램을 작성하는 기술을 취급한다. 그러나, 물론 필요하다면 ARM에서도 어셈블리 언어 프로그래밍 방법을 사용할 수 있으며 이는 독자 여러분 스스로 익히기 바란다. 또한, 부분적으로 어셈블리 언어의 장점을 필요로 하는 경우에는 C언어 프로그램 내부에서 일부를 인라인 어셈블 방식으로 처리할 수도 있을 것이다.

이 책에서는 C컴파일러로서 ADS v1.2와 WinARM의 2가지를 사용한다. ADS v1.2는 ARM사의 정품 소프트웨어 개발 툴로서 좀 오래되는 했지만 현재까지도 이 분야에서 널리 사용되고 있다는 것이 장점이며, WinARM은 최근에 들어서 점점 더 사용이 많아지고 있는 GCC 계열의 무료 소프트웨어라는 것이 장점이다.

모든 예제들은 ADS v1.2와 WinARM용으로 각각 제공되지만, 이 책에서는 기본적으로 WinARM을 기준으로 설명할 것이다. 그러나, ADS v1.2와 WinARM에서 서로 프로그래밍 방법이 다를 경우에는 이를 구분하여 각각의 내용을 모두 설명할 것이다.

C컴파일러는 어느 것을 사용하든지 컴파일된 사용자 프로그램의 바이너리 파일을 *OK-7S256* 키트에 다운로드하는데는 Atmel사에서 무료로 제공하는 SAM-BA GUI 프로그램과 USB 또는 RS-232C 통신 케이블을 사용하며, 선택사양으로 Wiggler 호환형인 *OK-JTAG* 케이블과 H-JTAG 프로그램을 사용할 수도 있다. 이것들에 관한 기술적인 사항은 제3.2절을 참조하기 바란다.

4.1 ADS v1.2를 사용한 C언어 프로그래밍 기초

이 절에서는 퍼스널컴퓨터에서 ARM사의 ADS v1.2 C컴파일러를 사용하여 C언어로 사용자 프로그램을 작성하고 이를 번역하여 생성된 바이너리 파일을 *OK-7S256* 키트에 다운로드하고 실행하는 방법을 익힌다.

관련 내용	(1) 제1.2절 AT91SAM7S256의 기본 구조와 기능 (2) 제3.1절 *OK-7S256* 키트의 구조와 기능 (3) 제3.2절 ARM 개발 툴 및 ISP 다운로드 방법 (4) 제3.3절 ADS v1.2 컴파일러의 설치 및 사용

1. 프로그래밍 실습을 시작하기 전에

이제부터 AT91SAM7S256의 프로그래밍 실습을 시작하기 전에 여러분은 제1장~제3장을 충분히 읽고 그 내용을 최대한 이해하도록 노력하라. 지금으로서는 여러분이 이 부분의 내용들을 모두 이해하는 것은 매우 어렵겠지만, 그렇다고 하더라도 제1장에서 AT91SAM7S256의 기본적인 구조와 기능이나 제3장에서 *OK-7S256* 키트의 개략적인 구조와 이에 필요한 소프트웨어들의 구성 및 설치에 대하여는 특별히 세심한 관심을 가져야만 앞으로의 실습을 진행할 수 있다. 또한, 실제로 *OK-7S256* 키트를 옆에 두고 직접 관찰하면서 눈에 보이는 기본적인 구조를 익혀두는 것이 좋다. 지금 책이나 키트에서 이해가 잘 되지 않는 부분들은 이제부터 점차적으로 한가지씩 익혀나간다는 마음가짐으로 시작하면 된다.

이 분야의 초보자로서 가장 바람직하지 않은 태도중의 하나는 마이크로프로세서의 기본 구조나 프로그래밍 기술의 걸음마도 떼어보지 않고 모터가 무엇인지도 배우기 전에 로봇부터 만들어 보겠다든가 하는 허황된 마음을 갖는 것이다. 목표를 크게 세우고 공부하는 것은 좋으나 기술을 배우는데는 거쳐야할 단계가 있다. 기술의 세계에서 단계를 무시한 발전은 기대하기 어려우며, 과정 없이 결과만을 얻으려 하는 것은 무모하다. 자신의 발로 걸음마도 떼지 못하는 사람은 절대로 올림픽의 100미터 경기에 나갈 수가 없는 것이다. AT91SAM7S256 마이크로콘트롤러를 잘 사용하고 싶으면 적어도 전기/전자회로의 기초에서부터 C언어 프로그래밍의 기초를 먼저 착실하게 익힐 일이다.

이제 여러분은 이 책과 함께 *OK-7S256* 키트를 이용하여 AT91SAM7S256 ARM 마이크로콘트롤러를 익히려는 첫걸음 단계에서 다음과 같은 경귀를 항상 염두에 두기 바란다.

① **百聞이 不如一見** : 백번 듣는 것보다 내 눈으로 한번 직접 보는 것이 나으니라.
② **百見이 不如一打** : 백번 보는 것보다 내 손으로 한번 직접 키보드를 쳐보는 것이 나으니라.
③ **百打가 不如一作** : 백번 키보드를 치는 것보다 내 머리로 한번 직접 설계하거나 프로그램을 작성해 보는 것이 나으니라.

그러나, 처음부터 설계와 프로그래밍이 내 뜻대로 쉽게 되지는 않는다. 남의 것을 보는데서 출발하여 기초를 충분히 닦고 정석(定石)대로 따라하다 보면 스스로 능력과 개성을 발휘할 때가 오는 것이니, **무릇 창조(創造)는 모방(模倣)에서 출발하느니라**. 기초를 닦아야 할 때 행여 재주를 부리려고 나서지 말아야 한다.

마이크로콘트롤러를 배우고는 싶은데 꾸준히 공부를 계속하지 못한다면 그것은 아마도 2가지중의 하나일 것이다. 하나는 공부 방법이 잘못된 경우이다. 재미가 없다면 꾸준히 공부가 될 수 없다. 마이크로콘트롤러가 재미있으려면 책만 보지 말고 **좋은 키트를 가지고 프로그래밍 실습을 병행해야 한다**. 책을 읽어 이해가 안되는 부분은 프로그래밍 실습으로 보충하고 프로그램에서 생기는 의문은 책에서 찾아내야 한다.

또 하나는 마음이 나약하여 쉽게 지치고 포기하는 경우다. 그러나, 만약 여러분의 마음이 독하지 못하여 **작심삼일(作心三日)이면 3일마다 작심(作心)하라**. 프로그램에서 내가 그 의미를 모르고는 단 1개의 명령이라도 사용하지 마라. 남의 프로그램을 읽을 때 단 한 줄이라도 이해가 안되는 부분이 있으면 그 다음 줄로 넘어가지 마라. 오늘 밤 내가 공부하다가 **모르면 잠을 자지 마라**.

2. C언어 프로그램의 작성 및 실행 방법

ADS v1.2 C컴파일러를 사용하여 C언어 프로그램을 작성하는 방법은 제3.3절에서 이미 설명하였다. 그러나, 여기서는 이제부터 많은 예제 프로그램을 사용해야 하므로 좀더 편리하게 수행할 수 있는 프로그래밍 방법을 요약하여 다시 한번 설명한다.

이제부터 C언어 프로그램을 작성하려면 제3.3절의 설명에 따라서 ADS v1.2 C컴파일러와 이 책에서 제공하는 C언어 예제 프로그램 OK7S256ads.zip이 자신의 퍼스널컴퓨터에 설치되어 있어야 하며, 올바른 동작이 확인된 *OK-7S256* 키트와 다운로드 케이블을 가지고 있어야 한다. 다운로드 케이블로는 USB A-B형 케이블, RS-232C 직렬통신 케이블 또는 *OK-JTAG* 케이블 중에서 어느 것을 사용해도 좋다.

(1) 프로젝트에서 예제 프로그램 소스 파일을 교체 등록하기

일반적으로 하나의 사용자 프로그램은 하나의 프로젝트로 만들어지며, 따라서 사용자 프로그램이 달라지면 프로젝트로 다른 것을 사용하게 된다. 그러나, 이제부터 이 책의 모든 ADS v1.2용 C언어 예제 프로그램에서는 프로젝트명을 Xads.mcp로 통일하여 사용하기로 한다. 그러므로, 예제 프로그램이 달라지면 이 프로젝트에 등록되어 있는 소스 파일도 해당 예제 프로그램의 소스 파일로 교체하여야 한다.

① 바탕화면에서 ADS v1.2의 바로가기 아이콘을 누르면 <그림 4.1.1>과 같이 IDE 소프트웨어인 CodeWarrior의 화면이 나타난다.

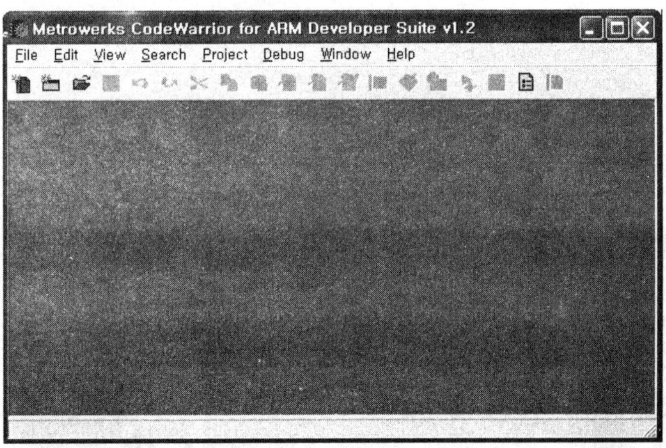

〈그림 4.1.1〉 ADS v1.2를 실행하였을 때의 첫 화면

② 프로젝트 파일 Xads.mcp를 불러들이려면 <그림 4.1.2>처럼 File → Open... 메뉴를 선택하고, <그림 4.1.3>과 같이 파일 선택창이 나타나면 원하는 프로젝트 파일을 지정하고 열기(O) 버튼을 누른다.

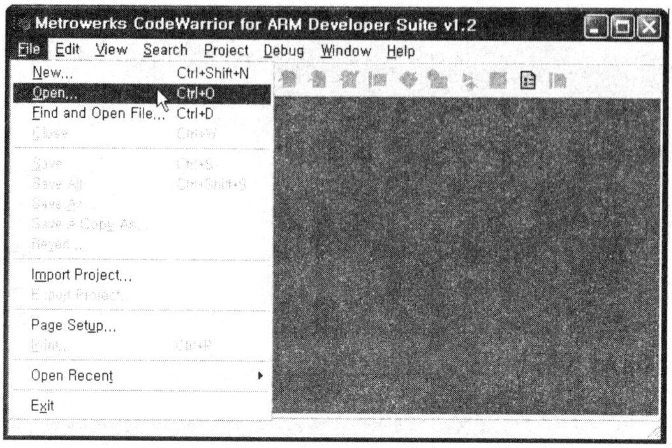

〈그림 4.1.2〉 기존의 프로젝트를 불러오기 위한 화면

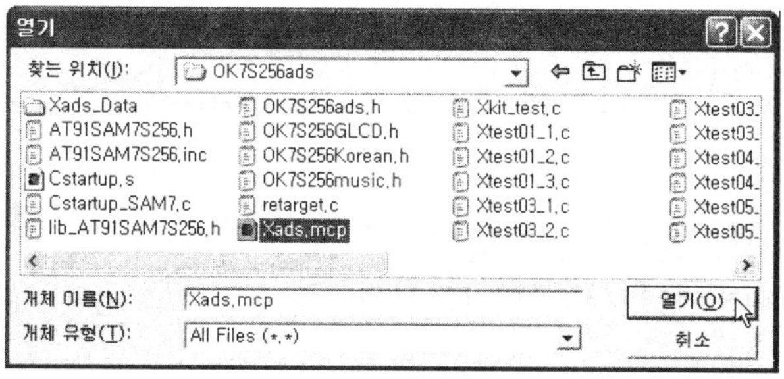

〈그림 4.1.3〉 기존의 프로젝트 파일 Xads.mcp를 불러오기

③ 이와 같이 프로젝트 Xads.mcp를 읽어들이면 화면에 <그림 4.1.4>와 같은 프로젝트창이 표시된다.

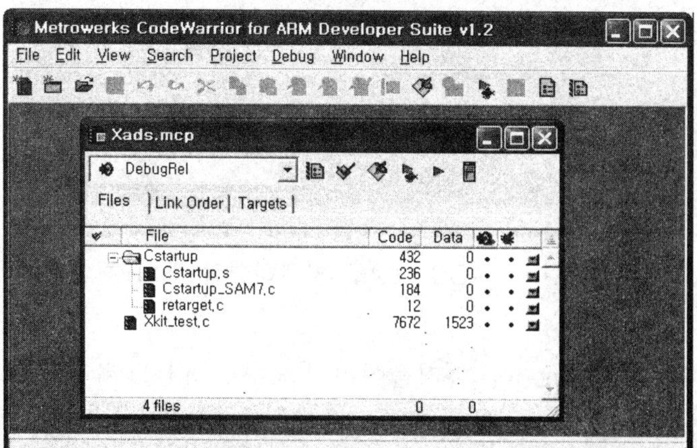

〈그림 4.1.4〉 프로젝트 파일 Xads.mcp를 불러온 화면

④ 이제 이 프로젝트명 Xads.mcp를 그대로 유지하면서 사용자 예제 프로그램을 Xkit_test.c에서 Xtest01_1.c로 교체하여 등록해 보기로 한다. 먼저 현재의 사용자 예제 프로그램 소스 파일 Xkit_test.c를 프로젝트에서 제거(등록 해제)하려면 <그림 4.1.5>처럼 이 파일명 위에 마우스를 놓고 오른쪽 버튼을 눌러서 Delete 메뉴를 선택하면 되는데, 이때 <그림 4.1.6>처럼 제거할 것인지를 확인하는 화면이 나타나면 OK 버튼을 누른다.

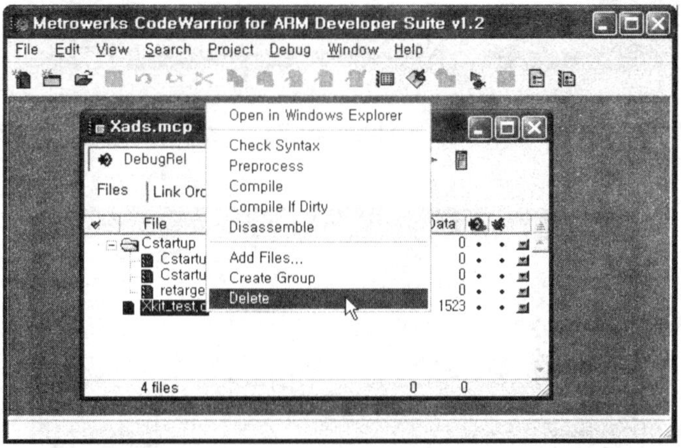

〈그림 4.1.5〉 현재의 프로젝트에서 예제 프로그램 소스 파일을 제거하기 위한 화면

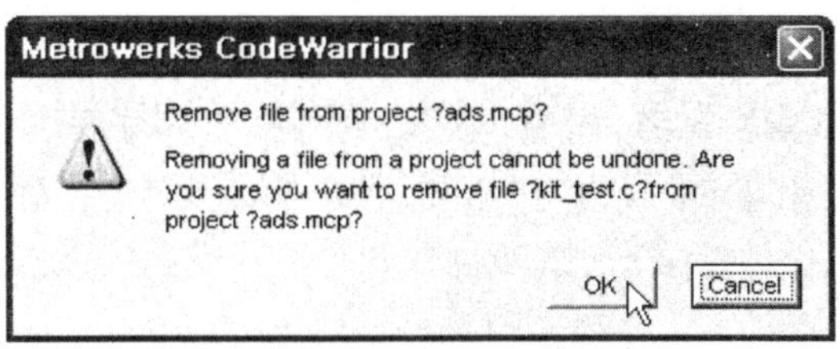

〈그림 4.1.6〉 현재의 프로젝트에서 예제 프로그램 소스 파일을 제거하는 것을 확인

⑤ 다음에는 이 프로젝트에 사용자 예제 프로그램의 소스 파일을 새로 등록하여야 한다. 이를 위해서 <그림 4.1.7>처럼 프로젝트 창에서 마우스의 오른쪽 버튼을 누르면 팝업창이 뜨는데 여기서 Add Files... 메뉴를 누른다. 그러면 <그림 4.1.8>처럼 파일을 선택하는 화면이 나오는데 여기서 원하는 C언어 소스파일 Xtest01_1.c를 선택하고 열기(O) 버튼을 누른다.

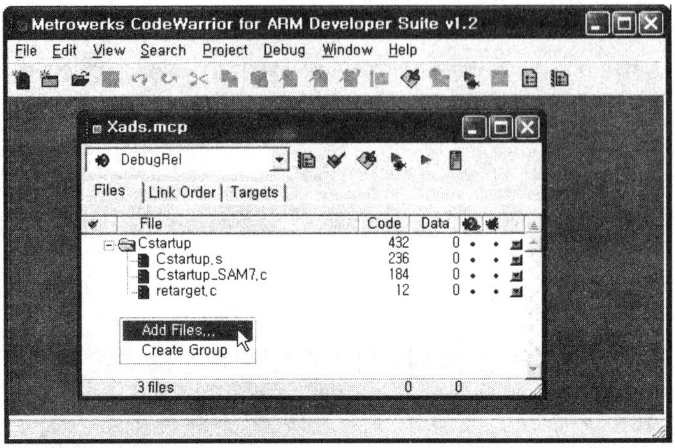

〈그림 4.1.7〉 현재의 프로젝트에 예제 프로그램의 소스 파일을 등록하기 위한 화면

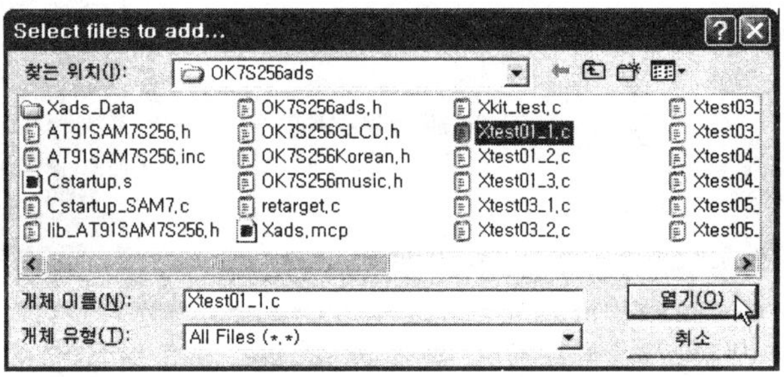

〈그림 4.1.8〉 현재의 프로젝트에 등록할 예제 프로그램의 소스 파일을 선택

⑥ 그러면 <그림 4.1.9>처럼 다시 타겟 폴더를 지정하는 팝업창을 거쳐서 <그림 4.1.10>처럼 새로운 사용자 예제 파일이 현재의 프로젝트에 등록 완료된 화면이 나타난다.

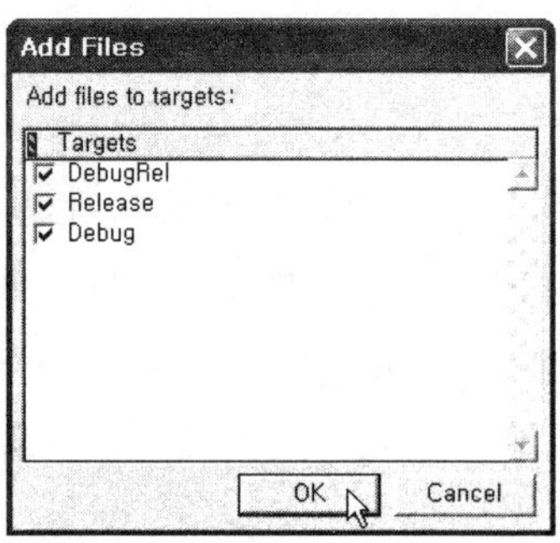

〈그림 4.1.9〉 프로젝트에 등록할 예제 프로그램 소스 파일의 타겟 폴더를 지정

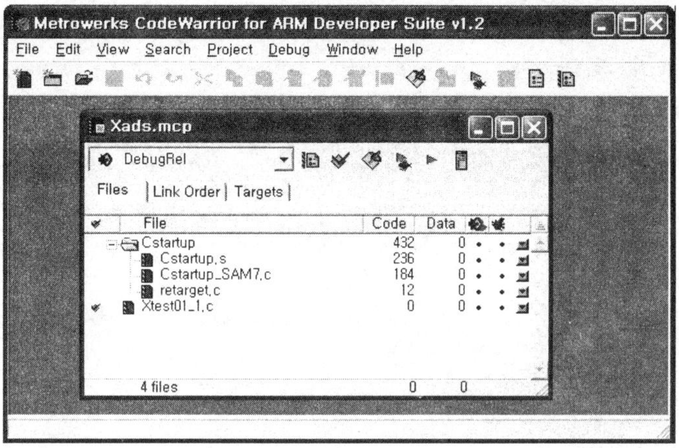

〈그림 4.1.10〉 현재의 프로젝트에 새로운 예제 프로그램 소스 파일이 등록된 화면

(2) 예제 프로그램을 편집하거나 컴파일하기

이렇게 하여 현재의 프로젝트명 Xads.mcp로 새로운 사용자 예제 프로그램 소스 파일 Xtest01_1.c를 불러들여서 새로 등록하였으면 필요할 경우 이를 편집하거나 컴파일하게 된다.

① 사용자 프로그램의 소스 파일의 내용을 편집하려면 프로젝트창에 있는 사용자 프로그램 소스 파일명 Xtest01_1.c를 클릭하면 되는데, 이렇게 하면 소스 파일의 내용이 편집창에 <그림 4.1.11>과 같이 나타난다.

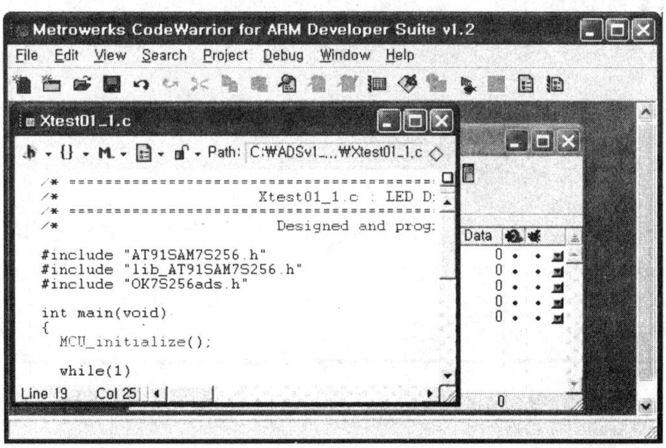

〈그림 4.1.11〉 소스 파일을 편집하기 위한 화면

② 여기서 만약 필요하다면 편집창의 화면 확대 버튼을 눌러서 <그림 4.1.12>처럼 편집창을 크게 할 수 있다.

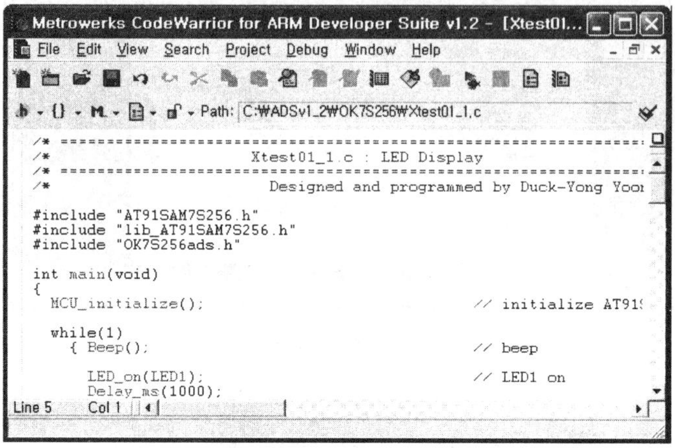

〈그림 4.1.12〉 편집창을 최대화한 화면

③ 이제 소스 파일의 편집이 끝나고 컴파일 및 링크를 수행하려면 <그림 4.1.13>과 같이 메인 화면에 있는 Make 아이콘을 누르거나 <그림 4.1.14>와 같이 프로젝트 창에서 Make 아이콘을 누른다. 또는 메뉴에서 Project → Make 메뉴를 선택하거나 단축키 F7을 눌러도 된다.

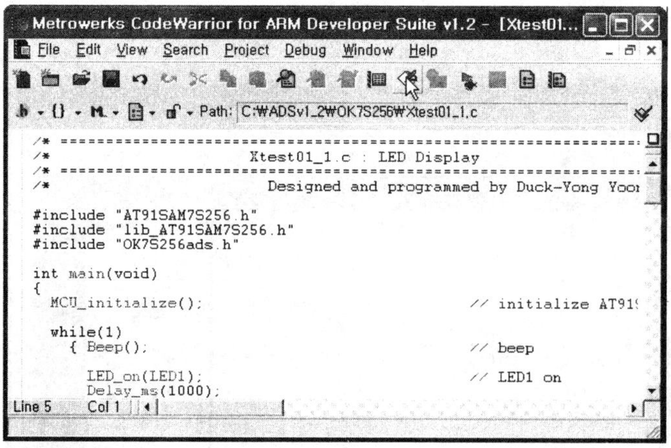

〈그림 4.1.13〉 메인 화면에서 Make 아이콘을 눌러 프로그램을 컴파일하는 방법

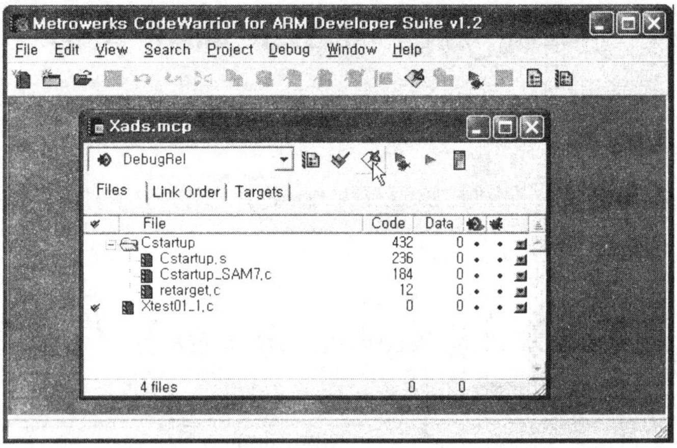

〈그림 4.1.14〉 프로젝트 창에서 Make 아이콘을 눌러 프로그램을 컴파일하는 방법

④ 이렇게 컴파일을 수행하면 아무 에러가 없을 경우 그 결과가 팝업창으로 표시되면서 C:\ADSv1_2\OK7S256ads\Xads_Data\DebugRel\ 폴더에 사용자 프로그램의 실행 파일이 Xads.bin으로 생성된다. 그러나, 에러가 있을 경우에는 팝업창에 에러의 내용이 표시되므로 해당 부분을 찾아서 수정하고 다시 컴파일해야 한다.

◀**참고**▶ 소스를 입력할 때는 모든 내용을 일일이 키보드에서 입력하지 말고 필요하다면 기존의 파일에서 필요한 부분을 복사해 오는 것도 좋은 방법이다. 이를 위해서는 현재의 프로젝트에 여러개의 소스 파일을 등록해 놓고 그 파일들을 찾아다니면서 필요한 부분을 블록으로 지정하여 복사해 오는 것이 좋다. 이러한 편집작업이 완료되고 나면 이제 필요 없는 파일들은 프로젝트에서 등록을 해제하여 제거하면 된다.

또한 기존의 파일과 상당히 유사한 파일을 신규로 작성할 때는 이를 새로 만들기 보다 Windows 운영체제에서 그 파일을 원하는 새로운 이름으로 C:\ADSv1_2\OK7S256ads\ 폴더에 복사하여 놓은 다음에 이를 현재의 프로젝트에 교체 등록하고 편집하여 수정하면 편리하다.

(3) 사용자 프로그램을 *OK-7S256* 키트에 다운로드하여 실행하기

이와 같이 Xads.mcp 프로젝트에서 사용자 프로그램을 작성하고 컴파일하였으면 이제는 이를 *OK-7S256* 키트에 다운로드하여 실행한다. 이렇게 다운로드할 바이너리 실행 파일은 항상 C:\ADSv1_2\OK7S256ads\Xads_Data\DebugRel\Xads.bin 파일이다.

OK-7S256 키트에서 다운로드는 USB A-B형 케이블(CN4) 또는 RS-232C 직렬통신 케이블(CN5)을 접속하고 SAM-BA GUI 프로그램을 사용한다. 또는 *OK-JTAG* 케이블(CN2 또는 CN3)을 접속하고 H-JTAG 프로그램을 사용할 수도 있다. *OK-7S256* 키트에 바이너리 실행 파일을 다운로드하는 방법에 대하여는 제3.2절을 참조하라.

3. *OK-7S256* 키트를 위한 사용자 헤더 파일

▣ LED 점등 예제

앞에서 잠깐 소개하였던 예제 프로그램 Xtest01_1.c는 LED1과 LED2를 교대로 점등하는 프로그램으로서 그 내용은 다음과 같다.

〈프로그램 Xtest01_1.c〉 LED를 점등하는 예제(1)

```
/* ============================================================================ */
/*                      Xtest01_1.c : LED Display(1)                            */
/* ============================================================================ */
/*                    Designed and programmed by Duck-Yong Yoon in 2007.        */

#include "AT91SAM7S256.h"
#include "lib_AT91SAM7S256.h"
#include "OK7S256ads.h"

int main(void)
{
  MCU_initialize();                             // initialize AT91SAM7S256 & kit

  while(1)
    { Beep();                                   // beep

      LED_on(LED1);                             // LED1 on
      Delay_ms(1000);
      LED_off(LED1);                            // LED1 off
      Delay_ms(1000);

      LED_on(LED2);                             // LED2 on
      Delay_ms(1000);
      LED_off(LED2);                            // LED2 off
      Delay_ms(1000);

      LED_on(LED2|LED1);                        // LED2 and LED1 on
      Delay_ms(1000);
      LED_off(LED2|LED1);                       // LED2 and LED1 off
      Delay_ms(1000);
    }
}
```

☞ 이 프로그램에 LED1이 켜지거나 꺼질 때 스피커에서 잡음이 발생하는 것은 병렬 I/O 포트 PA0의 출력을 LED1과 스피커가 공유하기 때문이다. 이로 인하여 LED1이 켜지는 순간에 스피커에 인가되는 전류 펄스에 의하여 스피커에서 잡음이 발생하게 되는데, 대부분 이를 무시하면 되지만 귀에 거슬린다면 콘넥터 CN7을 연결하지 말고 뽑아두면 된다.

이를 컴파일하여 *OK-7S256* 키트에 다운로드하고 실행하여 보라. 프로그램의 흐름을 보면서 LED의 동작이 올바른 것을 확인할 수 있겠는가?

이제 예제 프로그램 Xtest01_1.c를 편집창에서 아래와 같이 수정하여 컴파일하고, 이를 *OK-7S256* 키트에 다운로드하여 실행시켜 보라. 그리고, LED1과 LED2의 점등 상태가 어떻게 달라지는지 Xtest01_1.c 프로그램과 비교하여 보라.

〈프로그램 Xtest01_2.c〉 LED를 점등하는 예제(2)

```
/* ============================================================================ */
/*                        Xtest01_2.c : LED Display(2)                          */
/* ============================================================================ */
/*                  Designed and programmed by Duck-Yong Yoon in 2007.   */

#include "AT91SAM7S256.h"
#include "lib_AT91SAM7S256.h"
#include "OK7S256ads.h"

int main(void)
{
  MCU_initialize();                               // initialize AT91SAM7S256 & kit

  while(1)
    { LED_on(LED1);                               // LED1 on
      Delay_ms(100);
      LED_off(LED1);                              // LED1 off
      Delay_ms(100);

      LED_on(LED2);                               // LED2 on
      Delay_ms(100);
      LED_off(LED2);                              // LED2 off
      Delay_ms(100);

      LED_on(LED2|LED1);                          // LED2 and LED1 on
      Delay_ms(100);
      LED_off(LED2|LED1);                         // LED2 and LED1 off
      Delay_ms(100);
    }
}
```

▣ 사용자 헤더파일 OK7S256ads.h

앞으로 ADS v1.2를 사용하여 C언어 예제 프로그램을 작성할 때는 이와 같이 항상 AT91SAM7S256의 I/O 레지스터 정의용 헤더파일 AT91SAM7S256.h와 이 소자를 편리하게 사용할 수 있도록 만든 라이브러리 함수용 헤더파일 lib_AT91SAM7S256.h를 인클루드한다. 이것들은 Atmel사에서 제공하는 것인데 제3.4절에서 자세하게 설명한 바 있다.

그러나, *OK-7S256* 키트의 하드웨어에 맞도록 AT91SAM7S256을 초기화하거나 또는 C언어 프로그램을 작성할 때 자주 사용하는 사용자 함수들은 독립적인 헤더파일로 만들어 두는 것이 좋은데, 이 책에서는 이를 OK7S256ads.h로 제공하며 그 내용은 다음과 같다.

나중에 보듯이 *OK-7S256* 키트용의 사용자 헤더파일은 이밖에도 그래픽 LCD 모듈과 관련된 OK7S256GLCD.h, 그래픽 LCD 모듈에 한글 문자를 출력하는 함수를 제공하는 OK7S256Korean.h, 그리고 스피커를 통하여 음악 멜로디를 연주하는데 관련된 OK7S256music.h 등이 있다.

〈헤더파일 OK7S256ads.h〉 *OK-7S256* 키트를 위한 기본적인 정의 및 사용자 함수

```
/************************************************************************************/
/*    OK7S256ads.h : Definition & User Function for OK-7S256 V1.0 Training Kit     */
/************************************************************************************/
#define true            -1                       // true  = 0xFFFFFFFF
#define false           0                        // false = 0x00000000

#define EXT_OC          18432000                 // external oscilator MAINCK
#define MCK             48000000                 // master clock MCK
#define MCKKHz          (MCK/1000)               // MCK/1000

#define PA0             (1 << 0)                 // define bit number of PIO
#define PA1             (1 << 1)
#define PA2             (1 << 2)
#define PA7             (1 << 7)
#define PA8             (1 << 8)
#define PA15            (1 << 15)
#define PA17            (1 << 17)
#define PA18            (1 << 18)
#define PA19            (1 << 19)
#define PA20            (1 << 20)
#define PA21            (1 << 21)
#define PA22            (1 << 22)
#define PA23            (1 << 23)

#define LED1            PA0                      // LED1,2 output signal
#define LED2            PA1

#define SPEAKER         PA0                      // speaker
#define BUZZER          PA2                      // buzzer output signal

#define KEY1            PA7                      // KEY1,2 input signal
#define KEY2            PA8

#define CS1             PA15                     // SPI CS1 output signal

#define J3              PA17                     // J3 input signal
#define PCK1            PA17                     // PCK1 output signal

#define LCD_RS          PA18                     // LCD output signal
#define LCD_E           PA19
#define LCD_ALL         (0xFF000000|LCD_E|LCD_RS)

#define GLCD_DI         PA20                     // GLCD output signal
#define GLCD_E          PA21
#define GLCD_CS1        PA22
#define GLCD_CS2        PA23
#define GLCD_ALL        (0xFF000000|GLCD_CS2|GLCD_CS1|GLCD_E|GLCD_DI)

void Delay_1us(void)                             /* 1 us delay for -O2 -Otime option */
{ volatile unsigned int count;

  for(count = 0; count < 4; count++);
}
```

```
void Delay_us(unsigned int us)                    /* us delay for -02 -Otime option */
{ volatile unsigned int count, countmax = (MCK / 9600000) * us;

  for(count = 0; count < countmax; count++);
}

void Delay_ms(unsigned int ms)                    /* ms delay for -02 -Otime option */
{ volatile unsigned int count, countmax = (MCK / 10000) * ms;

  for(count = 0; count < countmax; count++);
}

void LED_on(unsigned int led)                     /* LED on */
{
  AT91F_PIO_CfgOutput(AT91C_BASE_PIOA, LED2|LED1); // PA1-PA0 = output
  AT91F_PIO_ClearOutput(AT91C_BASE_PIOA, led);
}

void LED_off(unsigned int led)                    /* LED off */
{
  AT91F_PIO_CfgOutput(AT91C_BASE_PIOA, LED2|LED1); // PA1-PA0 = output
  AT91F_PIO_SetOutput(AT91C_BASE_PIOA, led);
}

void Buzzer_on(void)                              /* buzzer on */
{
  AT91F_PIO_ClearOutput(AT91C_BASE_PIOA, BUZZER);
}

void Buzzer_off(void)                             /* buzzer off */
{
  AT91F_PIO_SetOutput(AT91C_BASE_PIOA, BUZZER);
}

void Beep(void)                                   /* beep for 50 ms */
{
  Buzzer_on();
  Delay_ms(50);
  Buzzer_off();
}

void Error(void)                                  /* beep 3 times */
{
  Beep();
  Delay_ms(50);
  Beep();
  Delay_ms(50);
  Beep();
}

__inline void AT91F_PIO_Opendrain(                /* configure open drain */
        AT91PS_PIO pPio, unsigned int multiDrvEnable)
{
//      pPio->PIO_MDDR = ~multiDrvEnable;
        pPio->PIO_MDER = multiDrvEnable;
}

__inline void AT91F_PIO_Pullup(                   /* configure pull up */
        AT91PS_PIO pPio, unsigned int pullupEnable)
{
//      pPio->PIO_PPUDR = ~pullupEnable;
        pPio->PIO_PPUER = pullupEnable;
}

void MCU_initialize(void)                         /* initialize AT91SAM7S256 & OK-7S256 kit */
{
  AT91F_RSTSetMode(AT91C_BASE_RSTC, AT91C_RSTC_URSTEN); // enable User Reset by NRST pin input

  AT91F_PIOA_CfgPMC();                                  // enable clock of PIO

  AT91F_PIO_CfgOutput(AT91C_BASE_PIOA, LED2|LED1);      // PA1-PA0 = output
```

```
  LED_off(LED2|LED1);                                     // LED2-LED1 off

  AT91F_PIO_CfgOutput(AT91C_BASE_PIOA, BUZZER);           // PA2 = output
  Buzzer_off();                                           // buzzer off

  AT91F_PIO_CfgInput(AT91C_BASE_PIOA, J3|KEY2|KEY1);      // PA17,PA8,PA7 = input with pullup
  AT91F_PIO_Pullup(AT91C_BASE_PIOA, J3|KEY2|KEY1);

  AT91F_PIO_CfgOutput(AT91C_BASE_PIOA, LCD_ALL);          // open drain output for LCD
  AT91F_PIO_ClearOutput(AT91C_BASE_PIOA, LCD_ALL);
  AT91F_PIO_Opendrain(AT91C_BASE_PIOA, LCD_ALL);

  AT91F_PIO_CfgOutput(AT91C_BASE_PIOA, GLCD_ALL);         // open drain output for GLCD
  AT91F_PIO_ClearOutput(AT91C_BASE_PIOA, GLCD_ALL);
  AT91F_PIO_Opendrain(AT91C_BASE_PIOA, GLCD_ALL);
}

void LCD_command(unsigned int command)          /* write a command(instruction) on text LCD */
{
  AT91F_PIO_ClearOutput(AT91C_BASE_PIOA, LCD_RS);         // RS = 0
  AT91F_PIO_SetOutput(AT91C_BASE_PIOA, command << 24);    // output command
  AT91F_PIO_ClearOutput(AT91C_BASE_PIOA, (~command) << 24);

  AT91F_PIO_SetOutput(AT91C_BASE_PIOA, LCD_E);            // E = 1
  Delay_1us();
  AT91F_PIO_ClearOutput(AT91C_BASE_PIOA, LCD_E);          // E = 0

  if(command & 0xFC)                                      // wait for operation
    Delay_us(50);
  else
    Delay_ms(2);
}

void LCD_data(unsigned int data)                /* display a character on text LCD */
{
  AT91F_PIO_SetOutput(AT91C_BASE_PIOA, LCD_RS);           // RS = 1
  AT91F_PIO_SetOutput(AT91C_BASE_PIOA, data << 24);       // output data
  AT91F_PIO_ClearOutput(AT91C_BASE_PIOA, (~data) << 24);

  AT91F_PIO_SetOutput(AT91C_BASE_PIOA, LCD_E);            // E = 1
  Delay_1us();
  AT91F_PIO_ClearOutput(AT91C_BASE_PIOA, LCD_E);          // E = 0

  Delay_us(50);                                           // wait for operation
}

void LCD_initialize(void)                       /* initialize text LCD module */
{
  AT91F_PIO_CfgOutput(AT91C_BASE_PIOA, LCD_ALL); // open drain output
  AT91F_PIO_ClearOutput(AT91C_BASE_PIOA, LCD_ALL);
  AT91F_PIO_Opendrain(AT91C_BASE_PIOA, LCD_ALL);
  Delay_ms(2);

  LCD_command(0x38);                            // function set(8 bit, 2 line, 5x7 dot)
  LCD_command(0x0C);                            // display control(display on, cursor off)
  LCD_command(0x06);                            // entry mode set(increment, not shift)
  LCD_command(0x01);                            // clear display
}

void LCD_string(unsigned int command, char *string) /* display a string on text LCD */
{
  LCD_command(command);                         // cursor position

  while(*string != '\0')                        // display string
    { LCD_data(*string);
      string++;
    }
}

unsigned char key_flag = 0;
```

```
unsigned int Key_in(void)                          /* input key KEY2 - KEY1 without debouncing */
{ unsigned int keycode;                            //    (no input = 0, KEY1 = 1, KEY2 = 2)

  AT91F_PIO_CfgInput(AT91C_BASE_PIOA, KEY2|KEY1); // PA8,PA7 = input with pullup
  AT91F_PIO_Pullup(AT91C_BASE_PIOA, KEY2|KEY1);

  keycode = (~(AT91F_PIO_GetInput(AT91C_BASE_PIOA) >> 7)) & 0x00000003;

  return keycode;
}

unsigned int Key_input(void)                       /* input key KEY2 - KEY1 with debouncing */
{ unsigned int key;                                //    (no input = 0, KEY1 = 1, KEY2 = 2)

  key = Key_in();                                  // any key pressed ?
  if(key == 0)                                     // if no key, check key off
    { if(key_flag == 0)
        return key;
      else
        { Delay_ms(20);
          key_flag = 0;
          return key;
        }
    }
  else                                             // if key input, check continuous key
    { if(key_flag != 0)                            // if continuous key, treat as no key input
        return 0;
      else                                         // if new key, beep and delay for debounce
        { Beep();
          key_flag = 1;
          return key;
        }
    }
}
```

☞ ADS v1.2용의 이 사용자 헤더파일 OK7S256ads.h는 뒤의 제4.2절에서 설명하는 WinARM용의 사용자 헤더파일 OK7S256gcc.h와 시간지연 함수 Delay_1us(), Delay_us() 및 Delay_ms()를 제외하면 내용이 서로 완전히 같다. ADS v1.2와 WinARM에서 프로그램을 작성할 때 소프트웨어에 의한 시간지연 루틴은 서로 상당히 다르기 때문에 이와 같이 서로 다른 헤더파일로 만들어 사용하게 되었다.

여기서, AT91F_PIO_Opendrain()과 AT91F_PIO_Pullup() 함수는 Atmel사의 lib_AT91SAM7S256.h에 제공되는 함수 AT91F_PIO_CfgOpendrain()과 AT91F_PIO_CfgPullup()을 각각 수정한 것이다. lib_AT91SAM7S256.h에 제공되는 원래의 함수들은 기존에 설정되어 있는 다른 비트들을 해제시켜 버리는 기능을 포함하고 있어서 매우 불편하므로 이를 삭제하는 것으로 수정하였다.

이 헤더파일 OK7S256ads.h에 포함되어 있는 사용자 정의 함수들을 모두 요약 정리하면 <표 4.1.1>과 같다. 이 사용자 정의 함수들은 앞으로 여러분이 *OK-7S256* 키트에서 C언어로 프로그램을 작성할 때 유용하게 사용할 것이므로 잘 알아두어야 하며, 가급적이면 이 함수들의 내용까지 정확히 이해하도록 노력할 것을 권한다. 특히 여기서 LCD_string(), Key_input()이나 시간지연 함수 등은 *OK-7S256* 키트의 하드웨어의 동작과 연계하면서 그 동작원리를 정확히 이해하는 것이 좋다. 현재는 비록 그 내용을 이해하기 어렵겠지만 앞으로 AT91SAM7S256의 공부가 진행될수록 이를 충분히 알 수 있게 되므로 염려하지 않아도 된다.

C언어에서는 대문자와 소문자를 구분하여 사용한다. C언어 고유의 모든 지시어나 내장함수들은 항상 소문자로 시작한다. 그러나, 이 책의 C언어 예제에서는 모든 사용자 정의 함수를 대문자로 시작하는데 유의하라. 그리고, C언어 프로그램을 작성하는 동안 컴파일러의 기능이나 문법에 관한 문제를 만나면 항상 제3.3절의 설명을 참조하거나 ADS v1.2의 사용자 가이드를 찾아보기 바란다. 그리고, 당연히 **표준적인 C언어의 문법에 대한 사항은 C언어에 관한 책을 보고 별도로 익혀야 한다**. 이 책은 C언어를 사용하여 AT91SAM7S256 마이크로콘트롤러의 프로그래밍 기술을 공부하고자 하는 책이지 C언어를 익히자는 책이 아니다.

〈표 4.1.1〉 헤더파일 OK7S256ads.h에 포함된 사용자 정의 함수들의 요약

사용자 정의 함수	기 능	입력 파라미터	리턴 값
MCU_initialize()	AT91SAM7S256을 *OK-7S256* 키트의 사양에 맞도록 초기화한다.	-	-
LCD_initialize()	텍스트형 LCD 모듈을 초기화한다.	-	-
LCD_command()	텍스트형 LCD 모듈에 1개의 제어명령을 출력한다.	unsigned int command	-
LCD_data()	텍스트형 LCD 모듈에서 현재의 커서 위치에 1문자를 표시한다.	unsigned int data	-
LCD_string()	텍스트형 LCD 모듈에서 커서 위치를 지정하고 그 위치부터 문자열을 출력한다.	unsigned int command char *string	-
Delay_1us() Delay_us() Delay_ms()	1μs의 시간 지연을 수행한다. 1~65535μs 범위의 시간 지연을 수행한다. 1~65535ms 범위의 시간 지연을 수행한다.	- unsigned int us unsigned int ms	-
Key_input()	KEY1~KEY2를 통한 키입력을 읽어온다. 키를 입력할 때 디바운싱 기능을 수행한다.	-	unsigned int
Beep() Error() Buzzer_on() Buzzer_off()	버저를 50ms 동안 1차례 울린다. 버저를 50ms 시간 간격으로 3번 울린다. 버저를 켠다. 버저를 끈다.	-	-
LED_on() LED_off()	LED1~LED2를 지정하여 점등한다. LED1~LED2를 지정하여 소등한다.	unsigned int led unsigned int led	-
AT91F_PIO_OpenDrain() AT91F_PIO_Pullup()	PA0~PA31을 지정하여 오픈 드레인형 출력으로 지정한다. PA0~PA31을 지정하여 내부 풀업저항을 사용하도록 지정한다.	AT91PS_PIO pPio unsigned int	-

▣ 텍스트 LCD 모듈 디스플레이 예제

이번에는 텍스트 LCD 모듈에 메시지를 디스플레이하는 예제 프로그램을 실행시켜 보기로 한다. 아래의 예제 프로그램을 현재의 프로젝트 Xads.mcp에 교체 등록하고 컴파일하여 *OK-7S256* 키트에 다운로드하고 실행하여 보라.

〈프로그램 Xtest01_3.c〉 텍스트 LCD 모듈 디스플레이 예제

```
/* ========================================================================== */
/*                   Xtest01_3.c : Text LCD Display                           */
/* ========================================================================== */
/*                        Designed and programmed by Duck-Yong Yoon in 2007.  */

#include "AT91SAM7S256.h"
#include "lib_AT91SAM7S256.h"
#include "OK7S256ads.h"

int main(void)
{
  MCU_initialize();                             // initialize AT91SAM7S256 & kit
  Delay_ms(50);                                 // wait for system stabilization
  LCD_initialize();                             // initialize text LCD

  while(1)
    { Beep();                                   // beep

      LCD_string(0x80, " OK-7S256  V1.0 ");     // logo title 1
      LCD_string(0xC0, "AT91SAM7S256 ARM");
      Delay_ms(2000);

      LCD_string(0xC0, "   2007/06/01   ");     // logo title 2
      Delay_ms(2000);

      LCD_string(0xC0, " Duck-Yong Yoon ");     // logo title 3
      Delay_ms(2000);
    }
}
```

☞ 아직은 여러분이 이 프로그램의 내용을 이해하려고 애쓸 필요가 없다. 여기서는 프로그램의 작성, 컴파일, 다운로드, 실행의 절차를 확실히 익히는 것으로 충분하다.

4. 실습 과제

(1) C언어에서 #include < >와 #include " " 지시어는 어떻게 다른가?

(2) C언어에서 /* ~ */ 와 // 형태의 주석문은 어떻게 다른가?

(3) C언어에서 while 문 및 do ~ while 문의 기능과 사용 방법을 설명하라.

(4) C언어에서 << 및 >> 연산자의 기능을 설명하라.

4.2 WinARM을 사용한 C언어 프로그래밍 기초

이 절에서는 퍼스널컴퓨터에서 무료용의 WinARM C컴파일러를 사용하여 C언어로 사용자 프로그램을 작성하고 이를 번역하여 생성된 바이너리 파일을 *OK-7S256* 키트에 다운로드하고 실행하는 방법을 익힌다.

관련 내용	(1) 제1.2절 AT91SAM7S256의 기본 구조와 기능 (2) 제3.1절 *OK-7S256* 키트의 구조와 기능 (3) 제3.2절 ARM 개발 툴 및 ISP 다운로드 방법 (4) 제3.4절 WinARM 컴파일러의 설치 및 사용

1. C언어 프로그램의 작성 및 실행 방법

WinARM C컴파일러를 사용하여 C언어 프로그램을 작성하는 방법은 제3.4절에서 이미 설명하였다. 그러나, 여기서는 이제부터 많은 예제 프로그램을 사용해야 하므로 좀더 편리하게 수행할 수 있는 프로그래밍 방법을 요약하여 다시 한번 설명한다.

이제부터 C언어 프로그램을 작성하려면 제3.4절의 설명에 따라서 WinARM C컴파일러와 이 책에서 제공하는 C언어 예제 프로그램 OK7S256gcc.zip이 자신의 퍼스널컴퓨터에 설치되어 있어야 하며, 올바른 동작이 확인된 *OK-7S256* 키트와 다운로드 케이블을 가지고 있어야 한다. 다운로드 케이블로는 USB A-B형 케이블, RS-232C 직렬 통신 케이블 또는 *OK-JTAG* 케이블 중에서 어느 것을 사용해도 좋다.

(1) 프로젝트에서 예제 프로그램 소스 파일을 교체 등록하기

일반적으로 하나의 사용자 프로그램은 하나의 프로젝트로 만들어지며, 따라서 사용자 프로그램이 달라지면 프로젝트로 다른 것을 사용하게 된다. 그러나, 이제부터 이 책의 모든 WinARM용 C언어 예제 프로그램에서는 프로젝트명을 Xgcc.pnproj로 통일하여 사용하기로 한다. 그러므로, 예제 프로그램이 달라지면 이 프로젝트에 등록되어 있는 소스 파일도 해당 예제 프로그램의 소스 파일로 교체하여야 한다.

① 바탕화면에서 프로그래머 노트 패드 pn.exe의 바로가기 아이콘을 누르면 <그림 4.2.1>과 같이 프로그래머 노트 패드의 화면이 나타난다.

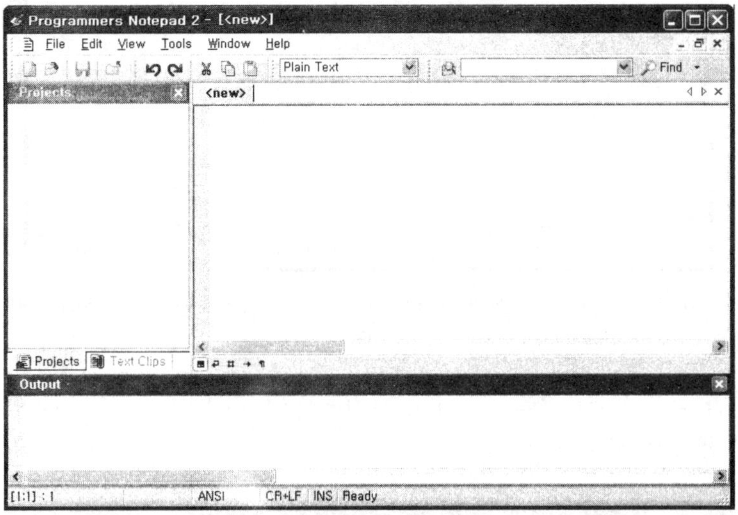

〈그림 4.2.1〉 프로그래머 노트 패드를 실행하였을 때의 첫 화면

② 기존의 프로젝트 파일 Xgcc.pnproj를 불러들이려면 <그림 4.2.2>처럼 File → Open Project(s)... 메뉴를 선택하고, <그림 4.2.3>과 같이 파일 선택창이 나타나면 원하는 프로젝트 파일을 지정하고 열기(O) 버튼을 누른다.

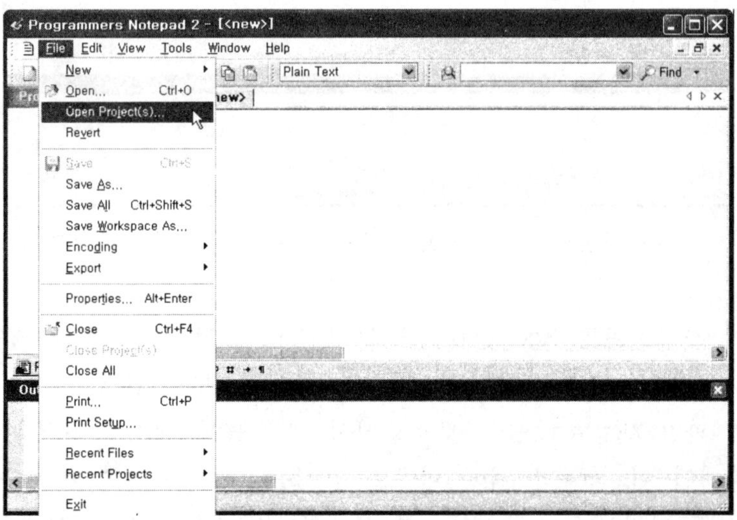

〈그림 4.2.2〉 기존의 프로젝트를 불러오기 위한 화면

〈그림 4.2.3〉 기존의 프로젝트 파일 Xgcc.pnproj를 불러오기

③ 이와 같이 프로젝트 Xgcc.pnproj를 읽어들이면 화면에 <그림 4.2.4>와 같은 프로젝트(Projects) 창이 표시된다.

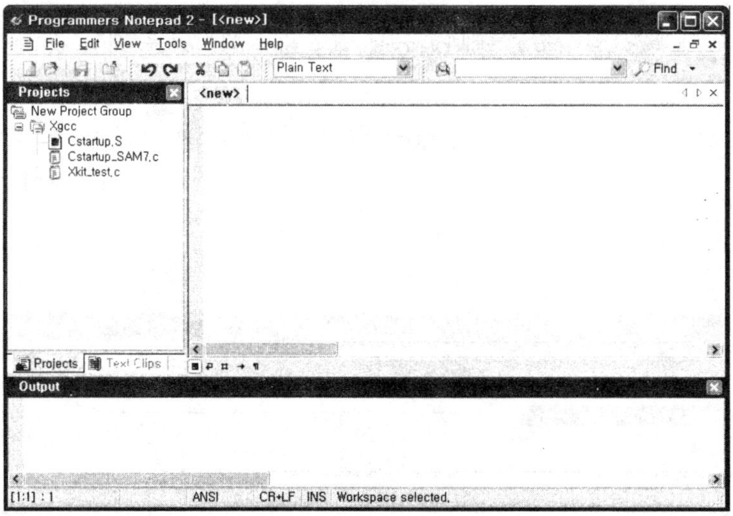

〈그림 4.2.4〉 프로젝트 파일 Xgcc.pnproj를 불러온 화면

④ 이제 이 프로젝트명 Xgcc.pnproj를 그대로 유지하면서 사용자 예제 프로그램을 Xkit_test.c에서 Xtest02_1.c로 교체하여 등록해 보기로 한다. 먼저 현재의 사용자 예제 프로그램 소스 파일 Xkit_test.c를 프로젝트에서 제거(등록 해제)하려면 <그림 4.2.5>처럼 프로젝트창에서 이 파일명 위에 마우스 커서를 놓고 오른쪽 버튼을 눌러서 팝업 메뉴가 나타난 후 여기서 Remove 메뉴를 선택한다.(Delete 메뉴를 선택하면 안된다.)

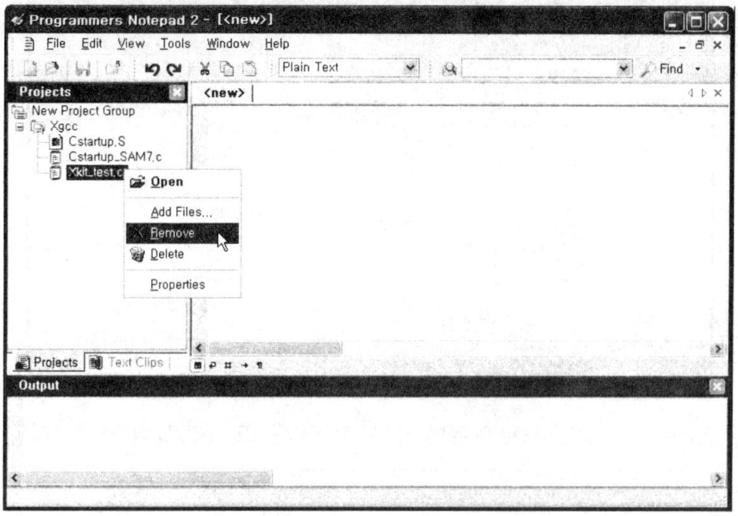

〈그림 4.2.5〉 현재의 프로젝트에서 예제 프로그램 소스 파일을 제거하는 화면

⑤ 다음에는 이 프로젝트에 사용자 예제 프로그램의 소스 파일을 새로 등록하여야 한다. 이를 위해서 <그림 4.2.6>처럼 프로젝트 창에서 마우스를 프로젝트명의 위에 두고 오른쪽 버튼을 누르면 팝업창이 뜨는데 여기서 Add Files 메뉴를 누른다. 그러면 <그림 4.2.7>처럼 파일을 선택하는 화면이 나오는데 여기서 원하는 C언어 소스파일 Xtest02_1.c를 선택하고 열기(O) 버튼을 누른다.

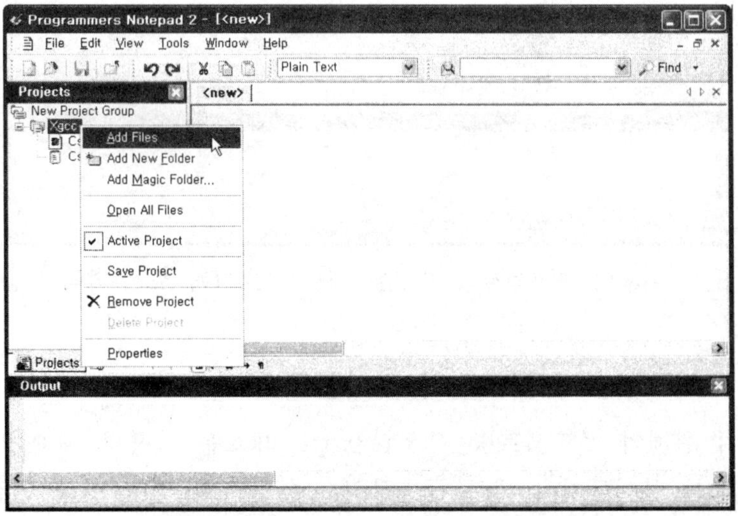

〈그림 4.2.6〉 현재의 프로젝트에 예제 프로그램의 소스 파일을 등록하기 위한 화면

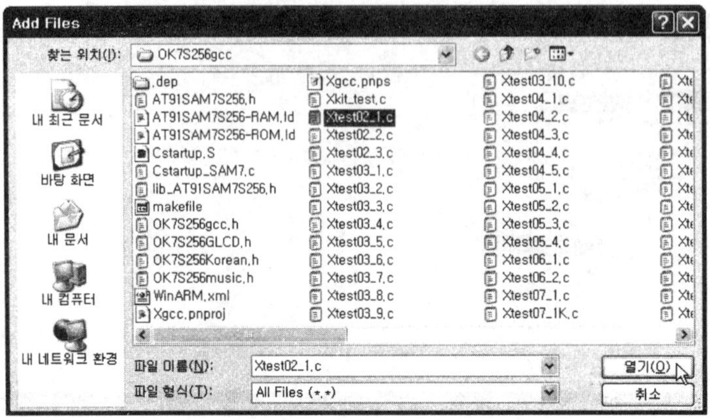

〈그림 4.2.7〉 현재의 프로젝트에 등록할 예제 프로그램의 소스 파일을 선택

⑥ 그러면 <그림 4.2.8>처럼 새로운 사용자 예제 파일이 현재의 프로젝트에 등록 완료된 화면이 나타난다.

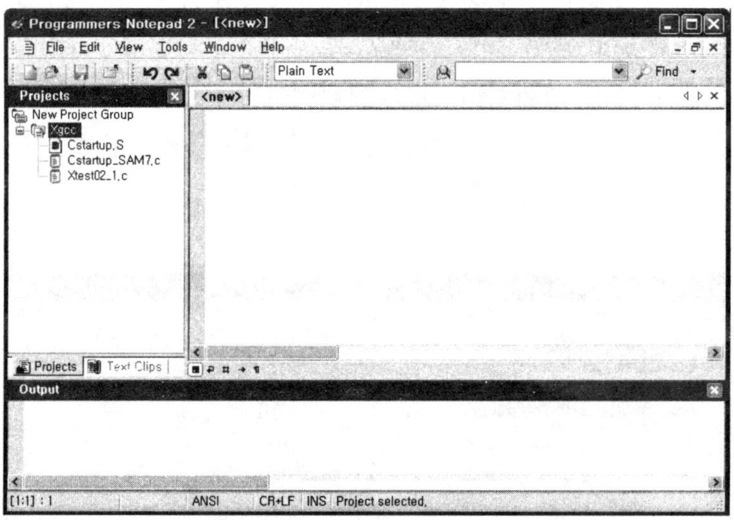

〈그림 4.2.8〉 현재의 프로젝트에 새로운 예제 프로그램 소스 파일이 등록된 화면

(2) 예제 프로그램을 편집하거나 컴파일하기

이렇게 하여 현재의 프로젝트명 Xgcc.pnproj로 새로운 사용자 예제 프로그램 소스 파일 Xtest02_1.c를 불러들여서 새로 등록하였으면 필요할 경우 이를 편집하거나 컴파일하게 된다.

① 사용자 프로그램의 소스 파일의 내용을 편집하려면 프로젝트창에 있는 사용자 프로그램 소스 파일명 Xtest02_1.c를 클릭하면 되는데, 이렇게 하면 소스 파일의 내용이 편집창에 <그림 4.2.9>와 같이 나타난다.

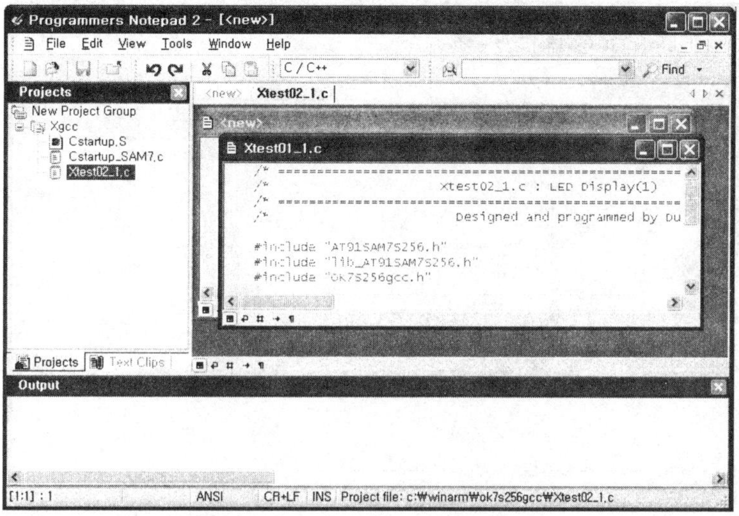

〈그림 4.2.9〉 소스 파일을 편집하기 위한 화면

② 여기서 필요없는 <new> 편집창은 화면닫기 버튼을 눌러서 없애버리며, 소스 파일의 편집창은 화면 확대 버튼을 눌러서 <그림 4.2.10>처럼 크게 할 수 있다.

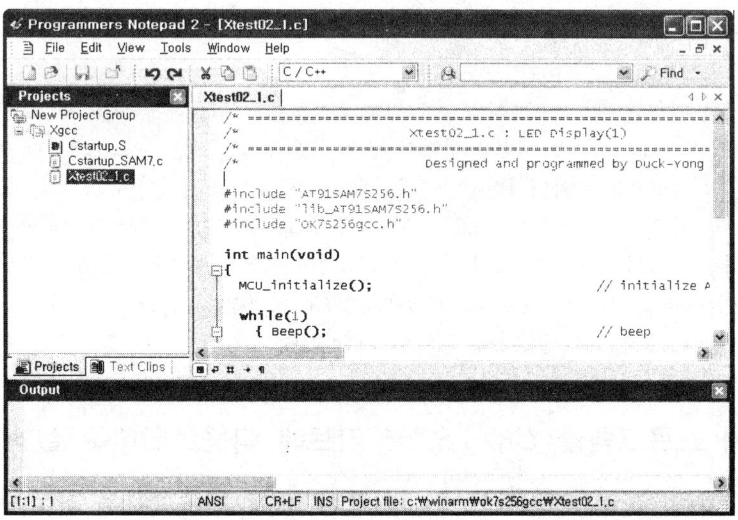

〈그림 4.2.10〉 소스 파일의 편집창을 최대화한 화면

③ 이제 소스 파일의 편집이 끝나고 컴파일 및 링크를 수행하려면 <그림 4.2.11>과 같이 메인 화면에서 Tools → [WinARM] Make All 메뉴를 선택하거나 단축키 F9를 눌러도 된다.

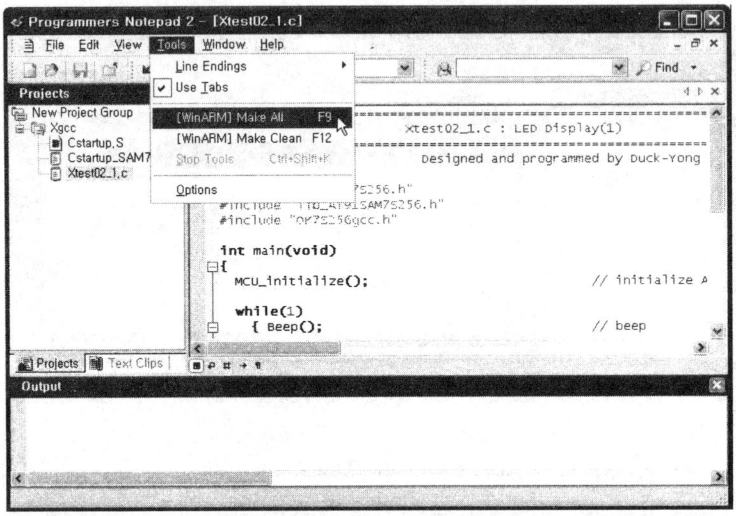

〈그림 4.2.11〉 사용자 프로그램을 컴파일하는 방법

④ 이렇게 컴파일을 수행하면 아무 에러가 없을 경우 그 결과가 화면 아래쪽의 출력(Output) 창으로 표시되면서 C:\WinARM\OK7S256gcc\ 폴더에 사용자 프로그램의 실행 파일이 xgcc.bin으로 생성된다. 그러나, 에러가 있을 경우에는 출력창에 에러의 내용이 표시되므로 해당 부분을 찾아서 수정하고 다시 컴파일해야 한다.

◀참고▶ 소스를 입력할 때는 모든 내용을 일일이 키보드에서 입력하지 말고 필요하다면 기존의 파일에서 필요한 부분을 복사해 오는 것도 좋은 방법이다. 이를 위해서는 현재의 프로젝트에 여러개의 소스 파일을 등록해 놓고 그 파일들을 찾아다니면서 필요한 부분을 블록으로 지정하여 복사해 오는 것이 좋다. 이러한 편집작업이 완료되고 나면 이제 필요 없는 파일들은 프로젝트에서 등록을 해제하여 제거하면 된다.

또한 기존의 파일과 상당히 유사한 파일을 신규로 작성할 때는 이를 새로 만들기 보다 Windows 운영체제에서 그 파일을 원하는 새로운 이름으로 C:\WinARM\OK7S256gcc\ 폴더에 복사하여 놓은 다음에 이를 현재의 프로젝트에 교체 등록하고 편집하여 수정하면 편리하다.

(3) 사용자 프로그램을 *OK-7S256* 키트에 다운로드하여 실행하기

이와 같이 Xgcc.pnproj 프로젝트에서 사용자 예제 프로그램을 작성하고 컴파일하였으면 이제는 이를 *OK-7S256* 키트에 다운로드하여 실행한다. 이렇게 다운로드할 바이너리 실행 파일은 항상 C:\WinARM\OK7S256gcc\xgcc.bin 파일이다.

OK-7S256 키트에서 다운로드는 USB A-B형 케이블(CN4) 또는 RS-232C 직렬통신 케이블(CN5)을 접속하고 SAM-BA GUI 프로그램을 사용한다. 또는 *OK-JTAG* 케이블(CN2 또는 CN3)을 접속하고 H-JTAG 프로그램을 사용할 수도 있다. *OK-7S256* 키트에 바이너리 실행 파일을 다운로드하는 방법에 대하여는 제3.2절을 참조하라.

2. *OK-7S256* 키트를 위한 사용자 헤더 파일

▣ LED 점등 예제

앞에서 잠깐 소개하였던 예제 프로그램 Xtest02_1.c는 LED1과 LED2를 교대로 점등하는 프로그램으로서 그 내용은 다음과 같다.

〈프로그램 Xtest02_1.c〉 LED를 점등하는 예제(1)

```
/* ============================================================================ */
/*                       Xtest02_1.c : LED Display(1)                           */
/* ============================================================================ */
/*                         Designed and programmed by Duck-Yong Yoon in 2007.   */

#include "AT91SAM7S256.h"
#include "lib_AT91SAM7S256.h"
#include "OK7S256gcc.h"

int main(void)
{
  MCU_initialize();                             // initialize AT91SAM7S256 & kit

  while(1)
    { Beep();                                   // beep

      LED_on(LED1);                             // LED1 on
      Delay_ms(1000);
      LED_off(LED1);                            // LED1 off
      Delay_ms(1000);

      LED_on(LED2);                             // LED2 on
      Delay_ms(1000);
      LED_off(LED2);                            // LED2 off
      Delay_ms(1000);

      LED_on(LED2|LED1);                        // LED2 and LED1 on
      Delay_ms(1000);
      LED_off(LED2|LED1);                       // LED2 and LED1 off
      Delay_ms(1000);
    }
}
```

☞ 이 프로그램에 LED1이 켜지거나 꺼질 때 스피커에서 잡음이 발생하는 것은 병렬 I/O 포트 PA0의 출력을 LED1과 스피커가 공유하기 때문이다. 이로 인하여 LED1이 켜지는 순간에 스피커에 인가되는 전류 펄스에 의하여 스피커에서 잡음이 발생하게 되는데, 대부분 이를 무시하면 되지만 귀에 거슬린다면 콘넥터 CN7을 연결하지 말고 뽑아두면 된다.

이를 컴파일하여 *OK-7S256* 키트에 다운로드하고 실행하여 보라. 프로그램의 흐름을 보면서 LED의 동작이 올바른 것을 확인할 수 있겠는가?

이제 예제 프로그램 Xtest02_1.c를 편집창에서 아래와 같이 수정하여 컴파일하고, 이를 *OK-7S256* 키트에 다운로드하여 실행시켜 보라. 그리고, LED1과 LED2의 점등 상태가 어떻게 달라지는지 Xtest02_1.c 프로그램과 비교하여 보라.

〈프로그램 Xtest02_2.c〉 LED를 점등하는 예제(2)

```
/* ============================================================================ */
/*                      Xtest02_2.c : LED Display(2)                            */
/* ============================================================================ */
/*                        Designed and programmed by Duck-Yong Yoon in 2007.    */

#include "AT91SAM7S256.h"
#include "lib_AT91SAM7S256.h"
#include "OK7S256gcc.h"

int main(void)
{
  MCU_initialize();                             // initialize AT91SAM7S256 & kit

  while(1)
    { LED_on(LED1);                             // LED1 on
      Delay_ms(100);
      LED_off(LED1);                            // LED1 off
      Delay_ms(100);

      LED_on(LED2);                             // LED2 on
      Delay_ms(100);
      LED_off(LED2);                            // LED2 off
      Delay_ms(100);

      LED_on(LED2|LED1);                        // LED2 and LED1 on
      Delay_ms(100);
      LED_off(LED2|LED1);                       // LED2 and LED1 off
      Delay_ms(100);
    }
}
```

▣ 사용자 헤더파일 OK7S256gcc.h

앞으로 WinARM을 사용하여 C언어 예제 프로그램을 작성할 때는 이와 같이 항상 AT91SAM7S256의 I/O 레지스터 정의용 헤더파일 AT91SAM7S256.h와 이 소자를 편리하게 사용할 수 있도록 만든 라이브러리 함수용 헤더파일 lib_AT91SAM7S256.h를 인클루드한다. 이것들은 Atmel사에서 제공하는 것인데 제3.4절에서 자세하게 설명한 바 있다.

그러나, *OK-7S256* 키트의 하드웨어에 맞도록 AT91SAM7S256을 초기화하거나 또는 C언어 프로그램을 작성할 때 자주 사용하는 사용자 함수들은 독립적인 헤더파일로 만들어 두는 것이 좋은데, 이 책에서는 이를 OK7S256gcc.h로 제공하며 그 내용은 다음과 같다.

나중에 보듯이 *OK-7S256* 키트용의 사용자 헤더파일은 이밖에도 그래픽 LCD 모듈과 관련된 OK7S256GLCD.h, 그래픽 LCD 모듈에 한글 문자를 출력하는 함수를 제공하는 OK7S256Korean.h, 그리고 스피커를 통하여 음악 멜로디를 연주하는데 관련된 OK7S256music.h 등이 있다.

〈헤더파일 OK7S256gcc.h〉 *OK-7S256* 키트를 위한 기본적인 정의 및 사용자 함수

```
/*****************************************************************************************/
/*    OK7S256gcc.h : Definition & User Function for OK-7S256 V1.0 Training Kit          */
/*****************************************************************************************/
#define true            -1                      // true  = 0xFFFFFFFF
#define false           0                       // false = 0x00000000

#define EXT_OC          18432000                // external oscilator MAINCK
#define MCK             48000000                // master clock MCK
#define MCKKHz          (MCK/1000)              // MCK/1000

#define PA0             (1 << 0)                // define bit number of PIO
#define PA1             (1 << 1)
#define PA2             (1 << 2)
#define PA7             (1 << 7)
#define PA8             (1 << 8)
#define PA15            (1 << 15)
#define PA17            (1 << 17)
#define PA18            (1 << 18)
#define PA19            (1 << 19)
#define PA20            (1 << 20)
#define PA21            (1 << 21)
#define PA22            (1 << 22)
#define PA23            (1 << 23)

#define LED1            PA0                     // LED1,2 output signal
#define LED2            PA1

#define SPEAKER         PA0                     // speaker
#define BUZZER          PA2                     // buzzer output signal

#define KEY1            PA7                     // KEY1,2 input signal
#define KEY2            PA8

#define CS1             PA15                    // SPI CS1 output signal

#define J3              PA17                    // J3 input signal
#define PCK1            PA17                    // PCK1 output signal

#define LCD_RS          PA18                    // LCD output signal
#define LCD_E           PA19
#define LCD_ALL         (0xFF000000|LCD_E|LCD_RS)

#define GLCD_DI         PA20                    // GLCD output signal
#define GLCD_E          PA21
#define GLCD_CS1        PA22
```

```
#define GLCD_CS2        PA23
#define GLCD_ALL        (0xFF000000|GLCD_CS2|GLCD_CS1|GLCD_E|GLCD_DI)

void Delay_1us(void)                            /* 1 us delay for -Os option */
{ volatile unsigned int count;

  for(count = 0; count < 1; count++);
}

void Delay_us(unsigned int us)                  /* us delay for -Os option */
{ volatile unsigned int count, countmax = (MCK / 24000000) * us;

  for(count = 0; count < countmax; count++);
}

void Delay_ms(unsigned int ms)                  /* ms delay for -Os option */
{ volatile unsigned int count, countmax = (MCK / 25000) * ms;

  for(count = 0; count < countmax; count++);
}

void LED_on(unsigned int led)                   /* LED on */
{
  AT91F_PIO_CfgOutput(AT91C_BASE_PIOA, LED2|LED1); // PA1-PA0 = output
  AT91F_PIO_ClearOutput(AT91C_BASE_PIOA, led);
}

void LED_off(unsigned int led)                  /* LED off */
{
  AT91F_PIO_CfgOutput(AT91C_BASE_PIOA, LED2|LED1); // PA1-PA0 = output
  AT91F_PIO_SetOutput(AT91C_BASE_PIOA, led);
}

void Buzzer_on(void)                            /* buzzer on */
{
  AT91F_PIO_ClearOutput(AT91C_BASE_PIOA, BUZZER);
}

void Buzzer_off(void)                           /* buzzer off */
{
  AT91F_PIO_SetOutput(AT91C_BASE_PIOA, BUZZER);
}

void Beep(void)                                 /* beep for 50 ms */
{
  Buzzer_on();
  Delay_ms(50);
  Buzzer_off();
}

void Error(void)                                /* beep 3 times */
{
  Beep();
  Delay_ms(50);
  Beep();
  Delay_ms(50);
  Beep();
}

__inline void AT91F_PIO_Opendrain(              /* configure open drain */
        AT91PS_PIO pPio, unsigned int multiDrvEnable)
{
//      pPio->PIO_MDDR = ~multiDrvEnable;
        pPio->PIO_MDER = multiDrvEnable;
}

__inline void AT91F_PIO_Pullup(                 /* configure pull up */
        AT91PS_PIO pPio, unsigned int pullupEnable)
{
//      pPio->PIO_PPUDR = ~pullupEnable;
        pPio->PIO_PPUER = pullupEnable;
}

void MCU_initialize(void)                       /* initialize AT91SAM7S256 & OK-7S256 kit */
```

```
{
  AT91F_RSTSetMode(AT91C_BASE_RSTC, AT91C_RSTC_URSTEN); // enable User Reset by NRST pin input

  AT91F_PIOA_CfgPMC();                                  // enable clock of PIO

  AT91F_PIO_CfgOutput(AT91C_BASE_PIOA, LED2|LED1);      // PA1-PA0 = output
  LED_off(LED2|LED1);                                   // LED2-LED1 off

  AT91F_PIO_CfgOutput(AT91C_BASE_PIOA, BUZZER);         // PA2 = output
  Buzzer_off();                                         // buzzer off

  AT91F_PIO_CfgInput(AT91C_BASE_PIOA, J3|KEY2|KEY1);    // PA17,PA8,PA7 = input with pullup
  AT91F_PIO_Pullup(AT91C_BASE_PIOA, J3|KEY2|KEY1);

  AT91F_PIO_CfgOutput(AT91C_BASE_PIOA, LCD_ALL);        // open drain output for LCD
  AT91F_PIO_ClearOutput(AT91C_BASE_PIOA, LCD_ALL);
  AT91F_PIO_Opendrain(AT91C_BASE_PIOA, LCD_ALL);

  AT91F_PIO_CfgOutput(AT91C_BASE_PIOA, GLCD_ALL);       // open drain output for GLCD
  AT91F_PIO_ClearOutput(AT91C_BASE_PIOA, GLCD_ALL);
  AT91F_PIO_Opendrain(AT91C_BASE_PIOA, GLCD_ALL);
}

void LCD_command(unsigned int command)          /* write a command(instruction) on text LCD */
{
  AT91F_PIO_ClearOutput(AT91C_BASE_PIOA, LCD_RS);       // RS = 0
  AT91F_PIO_SetOutput(AT91C_BASE_PIOA, command << 24);  // output command
  AT91F_PIO_ClearOutput(AT91C_BASE_PIOA, (~command) << 24);

  AT91F_PIO_SetOutput(AT91C_BASE_PIOA, LCD_E);          // E = 1
  Delay_1us();
  AT91F_PIO_ClearOutput(AT91C_BASE_PIOA, LCD_E);        // E = 0

  if(command & 0xFC)                                    // wait for operation
    Delay_us(50);
  else
    Delay_ms(2);
}

void LCD_data(unsigned int data)                /* display a character on text LCD */
{
  AT91F_PIO_SetOutput(AT91C_BASE_PIOA, LCD_RS);         // RS = 1
  AT91F_PIO_SetOutput(AT91C_BASE_PIOA, data << 24);     // output data
  AT91F_PIO_ClearOutput(AT91C_BASE_PIOA, (~data) << 24);

  AT91F_PIO_SetOutput(AT91C_BASE_PIOA, LCD_E);          // E = 1
  Delay_1us();
  AT91F_PIO_ClearOutput(AT91C_BASE_PIOA, LCD_E);        // E = 0

  Delay_us(50);                                         // wait for operation
}

void LCD_initialize(void)                       /* initialize text LCD module */
{
  AT91F_PIO_CfgOutput(AT91C_BASE_PIOA, LCD_ALL); // open drain output
  AT91F_PIO_ClearOutput(AT91C_BASE_PIOA, LCD_ALL);
  AT91F_PIO_Opendrain(AT91C_BASE_PIOA, LCD_ALL);
  Delay_ms(2);

  LCD_command(0x38);                            // function set(8 bit, 2 line, 5x7 dot)
  LCD_command(0x0C);                            // display control(display on, cursor off)
  LCD_command(0x06);                            // entry mode set(increment, not shift)
  LCD_command(0x01);                            // clear display
}

void LCD_string(unsigned int command, char *string) /* display a string on text LCD */
{
  LCD_command(command);                         // cursor position

  while(*string != '\0')                        // display string
    { LCD_data(*string);
      string++;
    }
}
```

```
unsigned char key_flag = 0;

unsigned int Key_in(void)                          /* input key KEY2 - KEY1 without debouncing */
{ unsigned int keycode;                            //    (no input = 0, KEY1 = 1, KEY2 = 2)

  AT91F_PIO_CfgInput(AT91C_BASE_PIOA, KEY2|KEY1); // PA8,PA7 = input with pullup
  AT91F_PIO_Pullup(AT91C_BASE_PIOA, KEY2|KEY1);

  keycode = (~(AT91F_PIO_GetInput(AT91C_BASE_PIOA) >> 7)) & 0x00000003;

  return keycode;
}

unsigned int Key_input(void)                       /* input key KEY2 - KEY1 with debouncing */
{ unsigned int key;                                //    (no input = 0, KEY1 = 1, KEY2 = 2)

  key = Key_in();                                  // any key pressed ?
  if(key == 0)                                     // if no key, check key off
    { if(key_flag == 0)
        return key;
      else
        { Delay_ms(20);
          key_flag = 0;
          return key;
        }
    }
  else                                             // if key input, check continuous key
    { if(key_flag != 0)                            // if continuous key, treat as no key input
        return 0;
      else                                         // if new key, beep and delay for debounce
        { Beep();
          key_flag = 1;
          return key;
        }
    }
}
```

☞ WinARM용의 이 사용자 헤더파일 OK7S256gcc.h는 앞의 제4.1절에서 설명한 ADS v1.2용의 사용자 헤더파일 OK7S256ads.h와 시간지연 함수 Delay_1us(), Delay_us() 및 Delay_ms()를 제외하면 내용이 서로 완전히 같다. ADS v1.2와 WinARM에서 프로그램을 작성할 때 소프트웨어에 의한 시간지연 루틴은 서로 상당히 다르기 때문에 이와 같이 서로 다른 헤더파일로 만들어 사용하게 되었다.

여기서, AT91F_PIO_Opendrain()과 AT91F_PIO_Pullup() 함수는 Atmel사의 lib_AT91SAM7S256.h에 제공되는 함수 AT91F_PIO_CfgOpendrain()과 AT91F_PIO_CfgPullup()을 각각 수정한 것이다. lib_AT91SAM7S256.h에 제공되는 원래의 함수들은 기존에 설정되어 있는 다른 비트들을 해제시켜 버리는 기능을 포함하고 있어서 매우 불편하므로 이를 삭제하는 것으로 수정하였다.

이 헤더파일 OK7S256gcc.h에 포함되어 있는 사용자 정의 함수들을 모두 요약 정리하면 <표 4.2.1>과 같다. 이 사용자 정의 함수들은 앞으로 여러분이 *OK-7S256* 키트에서 C언어로 프로그램을 작성할 때 유용하게 사용할 것이므로 잘 알아두어야 하며, 가급적이면 이 함수들의 내용까지 정확히 이해하도록 노력할 것을 권한다. 특히 여기서 LCD_string(), Key_input()이나 시간지연 함수 등은 *OK-7S256* 키트의 하드웨어의 동작과 연계하면서 그 동작원리를 정확히 이해하는 것이 좋다. 현재는 비록 그 내용을 이해하기 어렵겠지만 앞으로 AT91SAM7S256의 공부가 진행될수록 이를 충분히 알 수 있게 되므로 염려하지 않아도 된다.

C언어에서는 대문자와 소문자를 구분하여 사용한다. C언어 고유의 모든 지시어나 내장함수들은 항상 소문자로 시작한다. 그러나, 이 책의 C언어 예제에서는 모든 사용자 정의 함수를 대문자로 시작하는데 유의하라. 그리고, C언어 프로그램을 작성하는 동안 컴파일러의 기능이나 문법에 관한 문제를 만나면 항상 제3.4절의 설명을 참조하거나 WinARM의 사용자 가이드를 찾아보기 바란다. 그리고, 당연히 **표준적인 C언어의 문법에 대한 사항은 C언어에 관한 책을 보고 별도로 익혀야 한다**. 이 책은 C언어를 사용하여 AT91SAM7S256 마이크로콘트롤러의 프로그래밍 기술을 공부하고자 하는 책이지 C언어를 익히자는 책이 아니다.

〈표 4.2.1〉 헤더파일 OK7S256gcc.h에 포함된 사용자 정의 함수들의 요약

사용자 정의 함수	기 능	입력 파라미터	리턴 값
MCU_initialize()	AT91SAM7S256을 *OK-7S256* 키트의 사양에 맞도록 초기화한다.	-	-
LCD_initialize()	텍스트형 LCD 모듈을 초기화한다.	-	-
LCD_command()	텍스트형 LCD 모듈에 1개의 제어명령을 출력한다.	unsigned int command	-
LCD_data()	텍스트형 LCD 모듈에서 현재의 커서 위치에 1문자를 표시한다.	unsigned int data	-
LCD_string()	텍스트형 LCD 모듈에서 커서 위치를 지정하고 그 위치부터 문자열을 출력한다.	unsigned int command char *string	-
Delay_1us() Delay_us() Delay_ms()	1μs의 시간 지연을 수행한다. 1~65535μs 범위의 시간 지연을 수행한다. 1~65535ms 범위의 시간 지연을 수행한다.	- unsigned int us unsigned int ms	-
Key_input()	KEY1~KEY2를 통한 키입력을 읽어온다. 키를 입력할 때 디바운싱 기능을 수행한다.	-	unsigned int
Beep() Error() Buzzer_on() Buzzer_off()	버저를 50ms 동안 1차례 울린다. 버저를 50ms 시간 간격으로 3번 울린다. 버저를 켠다. 버저를 끈다.	-	-
LED_on() LED_off()	LED1~LED2를 지정하여 점등한다. LED1~LED2를 지정하여 소등한다.	unsigned int led unsigned int led	-
AT91F_PIO_OpenDrain() AT91F_PIO_Pullup()	PA0~PA31을 지정하여 오픈 드레인형 출력으로 지정한다. PA0~PA31을 지정하여 내부 풀업저항을 사용하도록 지정한다.	AT91PS_PIO pPio unsigned int	-

▣ 텍스트 LCD 모듈 디스플레이 예제

이번에는 텍스트 LCD 모듈에 메시지를 디스플레이하는 예제 프로그램을 실행시켜 보기로 한다. 아래의 예제 프로그램을 현재의 프로젝트 Xgcc.pnproj에 교체 등록하고 컴파일하여 *OK-7S256* 키트에 다운로드하고 실행하여 보라.

〈프로그램 Xtest02_3.c〉 텍스트 LCD 모듈 디스플레이 예제

```
/* ========================================================================= */
/*                     Xtest02_3.c : Text LCD Display                        */
/* ========================================================================= */
/*                          Designed and programmed by Duck-Yong Yoon in 2007.   */

#include "AT91SAM7S256.h"
#include "lib_AT91SAM7S256.h"
#include "OK7S256gcc.h"

int main(void)
{
  MCU_initialize();                             // initialize AT91SAM7S256 & kit
  Delay_ms(50);                                 // wait for system stabilization
  LCD_initialize();                             // initialize text LCD

  while(1)
    { Beep();                                   // beep

      LCD_string(0x80, " OK-7S256  V1.0 ");     // logo title 1
      LCD_string(0xC0, "AT91SAM7S256 ARM");
      Delay_ms(2000);

      LCD_string(0xC0, "   2007/06/01   ");     // logo title 2
      Delay_ms(2000);

      LCD_string(0xC0, " Duck-Yong Yoon ");     // logo title 3
      Delay_ms(2000);
    }
}
```

☞ 아직은 여러분이 이 프로그램의 내용을 이해하려고 애쓸 필요가 없다. 여기서는 프로그램의 작성, 컴파일, 다운로드, 실행의 절차를 확실히 익히는 것으로 충분하다.

3. 실습 과제

(1) C언어에서 #include < >와 #include " " 지시어는 어떻게 다른가?

(2) C언어에서 /* ~ */ 와 // 형태의 주석문은 어떻게 다른가?

(3) C언어에서 while 문 및 do ~ while 문의 기능과 사용 방법을 설명하라.

(4) C언어에서 << 및 >> 연산자의 기능을 설명하라.

4.3 AT91SAM7S256의 기본 프로그래밍 기술

이 절에서는 AT91SAM7S256을 사용한 *OK-7S256* 키트에서 C언어로 프로그래밍 할 때 매우 자주 사용되는 몇가지의 중요한 기본적인 프로그래밍 기술을 익힌다.

이제부터 이 책의 모든 C언어 예제 프로그램은 기본적으로 WinARM을 기준으로 설명하지만 대부분의 예제가 서로 동일하며, ADS v1.2와 WinARM에서 서로 처리방법이 달라서 예제도 달라지는 경우에만 이를 구분하여 각각의 경우를 따로 설명한다.

관련 내용	(1) 제1.2절 AT91SAM7S256의 기본 구조와 기능 (2) 제1.5절 AT91SAM7S256의 시스템 제어기 (3) 제3.3절 ADS v1.2 컴파일러의 설치 및 사용 (4) 제3.4절 WinARM 컴파일러의 설치 및 사용

1. I/O 제어 레지스터의 절대번지 액세스

AT91SAM7S256 마이크로콘트롤러는 시스템 제어기와 내장 I/O 디바이스를 위하여 상당히 많은 I/O 제어 레지스터들을 가지고 있다. 이들 I/O 제어 레지스터는 각각에 고유한 어드레스를 가지고 있으므로 이를 액세스하려면 절대번지 액세스 기법이 필요하지만, 원래 C언어는 어셈블리 언어에 비하여 절대번지를 액세스하는 기능이 그다지 좋지 않은 언어이므로 이 문제에 대하여 익히는 것은 AT91SAM7S256에 대한 C언어 프로그래밍 기술의 중요한 사항이 된다.

(1) Atmel사의 lib_AT91SAM7S256.h 헤더파일을 사용하는 방법

Atmel사에서는 AT91SAM7S256의 거의 모든 I/O 제어 레지스터에 대하여 이를 액세스하는데 필요한 라이브러리 함수를 만들어 lib_AT91SAM7S256.h 헤더파일로 제공하고 있다. 이는 원래 IAR C컴파일러용으로 제공되는 것이지만 표준적인 C언어 문법을 따르고 있으므로 ADS v1.2나 WinARM에서도 그대로 사용할 수 있다.

lib_AT91SAM7S256.h 헤더파일의 내용은 앞의 제3.4절에서 소개하였는데, 사용자가 이를 사용하려면 자신이 액세스하려는 I/O 제어 레지스터에 해당하는 함수가 무엇인지 그리고 이 함수의 사용조건은 어떻게 되는지를 세심하게 파악하여 사용해야 한다.

자신이 원하는 I/O 제어 레지스터를 액세스하는 함수가 lib_AT91SAM7S256.h 헤더파일에 포함되어 있지 않거나 또는 포함되어 있다고 하더라도 기능이 원하는 내용과 다를 경우에는 앞의 제4.1절에서 설명한 OK7S256ads.h 헤더파일이나 제4.2절에서 설명한 OK7S256gcc.h 헤더파일에 대한 AT91F_PIO_OpenDrain() 및 AT91F_PIO_Pullup() 함수처럼 사용자가 직접 만들어 사용하면 된다. 그러나, lib_AT91SAM7S256.h 헤더파일의 내용을 사용자가 직접 수정하는 것은 소프트웨어의 호환성을 저해할 수 있으므로 바람직하지 않다.

OK-7S256 키트에서는 병렬 I/O 포트 PA0에 LED1을 접속하고 PA1에 LED2를 접속하였다. 여기에 L레벨을 출력할 때 각 LED가 점등되는 구조이므로 PA1=PA0=0을 출력하면 2개의 LED가 모두 켜지고, PA1=PA0=1을 출력하면 2개의 LED가 모두 꺼진다. 이제 lib_AT91SAM7S256.h 헤더파일로 제공되는 함수를 사용하여 이들 LED를 제어하는 예제 프로그램을 작성하여 보면 다음과 같다.

〈프로그램 Xtest03_1.c〉 I/O 제어 레지스터의 절대번지 액세스(1)

```
/* ========================================================================== */
/*          Xtest03_1.c : Access to Absolute Address of I/O Register(1)         */
/* ========================================================================== */
/*                        Designed and programmed by Duck-Yong Yoon in 2007.  */

#include "AT91SAM7S256.h"
#include "lib_AT91SAM7S256.h"
#include "OK7S256gcc.h"

int main(void)
{
  MCU_initialize();                                 // initialize AT91SAM7S256 & kit

  while(1)
    { Beep();                                       // beep

      AT91F_PIO_ClearOutput(AT91C_BASE_PIOA,PA0);      // PA0=0(LED1 on)
      Delay_ms(1000);
      AT91F_PIO_SetOutput(AT91C_BASE_PIOA,PA0);        // PA0=1(LED1 off)
      Delay_ms(1000);

      AT91F_PIO_ClearOutput(AT91C_BASE_PIOA,PA1);      // PA1=0(LED2 on)
      Delay_ms(1000);
      AT91F_PIO_SetOutput(AT91C_BASE_PIOA,PA1);        // PA1=1(LED2 off)
      Delay_ms(1000);

      AT91F_PIO_ClearOutput(AT91C_BASE_PIOA,PA1|PA0); // PA1=PA0=0(LED2 and LED1 on)
      Delay_ms(1000);
      AT91F_PIO_SetOutput(AT91C_BASE_PIOA,PA1|PA0);   // PA1=PA0=1(LED2 and LED1 off)
      Delay_ms(1000);
    }
}
```

☞ 이제 여기서부터 여러분은 프로그램의 내용을 자세히 이해하도록 노력해야 한다. 프로그램 소스의 단 1줄이라도 이해가 안되는 부분이 없도록 철저하게 명령과 지시어의 의미를 파악하는 노력을 해야 한다. 그리고, 이 책에서 사용하는 프로그래밍 테크닉을 철저하게 따라해야 한다.

(2) Atmel사의 AT91SAM7S256.h 헤더파일을 사용하는 방법

Atmel사에서는 또한 AT91SAM7S256의 모든 I/O 제어 레지스터에 대하여 이것들의 절대번지를 포인터로 정의하고 있는 AT91SAM7S256.h 헤더파일을 제공하고 있다. 여기서는 I/O 제어 레지스터의 이름을 데이터 시트와 다르게 약간 변형하여 사용하고 있고 포인터의 사용방법이 다소 불만스럽게 되어 있기는 하지만 사용자 프로그램에서는 이를 정의하지 않아도 되므로 편리하게 사용할 수 있다.

AT91SAM7S256.h 헤더파일의 내용은 앞의 제3.4절에서 소개하였는데, 사용자가 이를 사용하려면 자신이 액세스하려는 I/O 제어 레지스터의 이름이 어떻게 정의되어 있는지 정확하게 파악하여 사용해야 한다.

앞의 LED 점등 예제 프로그램 Xtest03_1.c를 이 방법으로 수정하면 다음과 같다.

〈프로그램 Xtest03_2.c〉 I/O 제어 레지스터의 절대번지 액세스(2)

```
/* ============================================================================ */
/*        Xtest03_2.c : Access to Absolute Address of I/O Register(2)           */
/* ============================================================================ */
/*                     Designed and programmed by Duck-Yong Yoon in 2007.       */

#include "AT91SAM7S256.h"
#include "lib_AT91SAM7S256.h"
#include "OK7S256gcc.h"

int main(void)
{
  MCU_initialize();                              // initialize AT91SAM7S256 & kit

  while(1)
    { Beep();                                    // beep

      *AT91C_PIOA_CODR = 0x00000001;             // PA0=0(LED1 on)
      Delay_ms(1000);
      *AT91C_PIOA_SODR = 0x00000001;             // PA0=1(LED1 off)
      Delay_ms(1000);

      *AT91C_PIOA_CODR = 0x00000002;             // PA1=0(LED2 on)
      Delay_ms(1000);
      *AT91C_PIOA_SODR = 0x00000002;             // PA1=1(LED2 off)
      Delay_ms(1000);

      *AT91C_PIOA_CODR = 0x00000003;             // PA1=PA0=0(LED2 and LED1 on)
      Delay_ms(1000);
      *AT91C_PIOA_SODR = 0x00000003;             // PA1=PA0=1(LED2 and LED1 off)
      Delay_ms(1000);
```

```
    }
}
```

(3) 사용자가 절대번지를 포인터로 정의하여 사용하는 방법

I/O 제어 레지스터를 액세스할 때 사용자는 Atmel사의 lib_AT91SAM7S256.h 헤더파일이나 AT91SAM7S256.h 헤더파일을 이용하지 않고 자신이 필요한 I/O 제어 레지스터의 절대번지를 포인터로 정의하여 사용할 수도 있다. 이렇게 하면 I/O 제어 레지스터의 이름을 데이터 시트와 동일하게 정의하여 사용할 수 있는 장점이 있다.

앞의 LED 점등 예제 프로그램 Xtest03_1.c를 이 방법으로 수정하면 다음과 같다.

〈프로그램 Xtest03_3.c〉 I/O 제어 레지스터의 절대번지 액세스(3)

```
/* ============================================================================ */
/*        Xtest03_3.c : Access to Absolute Address of I/O Register(3)           */
/* ============================================================================ */
/*                         Designed and programmed by Duck-Yong Yoon in 2007.   */

#include "AT91SAM7S256.h"
#include "lib_AT91SAM7S256.h"
#include "OK7S256gcc.h"

#define  PIO_SODR       (*(volatile unsigned int *) 0xFFFFF430)
#define  PIO_CODR       (*(volatile unsigned int *) 0xFFFFF434)

int main(void)
{
  MCU_initialize();                          // initialize AT91SAM7S256 & kit

  while(1)
    { Beep();                                // beep

      PIO_CODR = 0x00000001;                 // PA0=0(LED1 on)
      Delay_ms(1000);
      PIO_SODR = 0x00000001;                 // PA0=1(LED1 off)
      Delay_ms(1000);

      PIO_CODR = 0x00000002;                 // PA1=0(LED2 on)
      Delay_ms(1000);
      PIO_SODR = 0x00000002;                 // PA1=1(LED2 off)
      Delay_ms(1000);

      PIO_CODR = 0x00000003;                 // PA1=PA0=0(LED2 and LED1 on)
      Delay_ms(1000);
      PIO_SODR = 0x00000003;                 // PA1=PA0=1(LED2 and LED1 off)
      Delay_ms(1000);
    }
}
```

(4) AT91SAM7S256.h 헤더파일의 구조체 포인터를 사용하는 방법

Atmel사에서 AT91SAM7S256의 모든 I/O 제어 레지스터를 쉽게 액세스할 수 있도록 AT91SAM7S256.h 헤더파일에 제공하는 기능에는 이것들의 절대번지를 포인터로 제공하는 것 이외에도 구조체 포인터가 있다. 여기서는 각 장치에 포함되는 I/O 제어 레지스터들을 구조체 포인터의 멤버로 정의하고 있어서 원하는 I/O 레지스터를 쉽게 액세스할 수 있다.

역시 AT91SAM7S256.h 헤더파일의 내용은 앞의 제3.4절에서 소개하였는데, 사용자가 이를 사용하려면 자신이 사용하려는 I/O 디바이스에서 액세스하려는 I/O 제어 레지스터가 구조체 포인터로 어떻게 정의되어 있는지 정확하게 파악해야 한다.

앞의 LED 점등 예제 프로그램 Xtest03_1.c를 이 방법으로 수정하면 다음과 같다.

〈프로그램 Xtest03_4.c〉 I/O 제어 레지스터의 절대번지 액세스(4)

```
/* ============================================================================ */
/*        Xtest03_4.c : Access to Absolute Address of I/O Register(4)          */
/* ============================================================================ */
/*                     Designed and programmed by Duck-Yong Yoon in 2007.      */

#include "AT91SAM7S256.h"
#include "lib_AT91SAM7S256.h"
#include "OK7S256gcc.h"

int main(void)
{
  AT91PS_PIO PIOA = AT91C_BASE_PIOA;            // structure pointer

  MCU_initialize();                             // initialize AT91SAM7S256 & kit

  while(1)
    { Beep();                                   // beep

      PIOA->PIO_CODR = 0x00000001;              // PA0=0(LED1 on)
      Delay_ms(1000);
      PIOA->PIO_SODR = 0x00000001;              // PA0=1(LED1 off)
      Delay_ms(1000);

      PIOA->PIO_CODR = 0x00000002;              // PA1=0(LED2 on)
      Delay_ms(1000);
      PIOA->PIO_SODR = 0x00000002;              // PA1=1(LED2 off)
      Delay_ms(1000);

      PIOA->PIO_CODR = 0x00000003;              // PA1=PA0=0(LED2 and LED1 on)
      Delay_ms(1000);
      PIOA->PIO_SODR = 0x00000003;              // PA1=PA0=1(LED2 and LED1 off)
      Delay_ms(1000);
    }
}
```

2. 레지스터의 비트 처리

I/O 제어 레지스터를 사용하다보면 레지스터 전체의 값을 한 번에 지정하기보다는 비트 단위로 지정하면 편리할 때가 많다. 이 때문에 8051이나 AVR 등과 같은 8비트 마이크로콘트롤러에서는 명령이나 레지스터에 비트 단위의 처리 기능을 가지고 있었다. 그러나, AT91SAM7S256에서는 대부분의 I/O 제어 레지스터가 허용 설정 레지스터(enable register)와 금지 설정 레지스터(disable register)로 구분되어 있어서 기본적으로 비트 단위의 처리 기능을 가지므로 이런 문제로 고민할 필요가 없다.

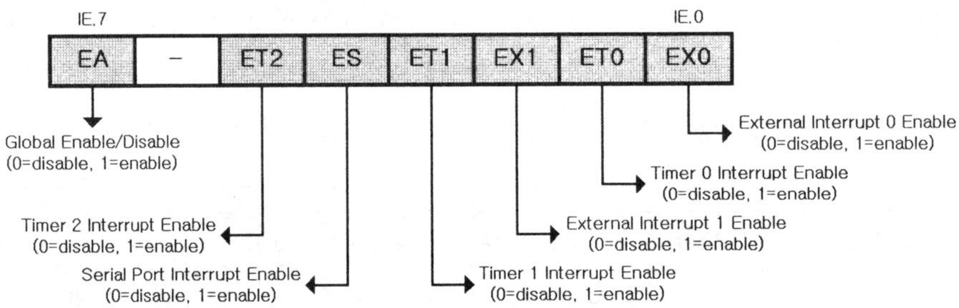

〈그림 4.3.1〉 8051 마이크로콘트롤러의 인터럽트 허용 레지스터 IE

예를 들어 8051 마이크로콘트롤러의 인터럽트 허용 레지스터 IE는 비트 어드레싱이 가능한 레지스터로서 <그림 4.3.1>과 같은 구조를 가지고 있다. 따라서, 만약 8051의 C언어 프로그램에서 직렬통신 포트의 인터럽트를 허용하려면

```
IE = 0x90;                    // IE = 0b10010000
```

라고 프로그램하면 된다. 그러나, 이렇게 하면 IE 레지스터가 가지고 있던 기존의 값은 모두 무시되고 무조건 새로운 값 0x90을 가지게 된다. 만약, 이를 비트 어드레싱 방법을 사용하여

```
ES = 1;                       // serial port interrupt enable
EA = 1;                       // global enable
```

와 같이 처리한다면 이는 기존의 값을 유지하면서 새로 직렬통신 포트의 인터럽트만 허용 상태로 변경하게 되므로 경우에 따라서는 이러한 방법이 상당히 편리하다. 물론 이는 보다 일반적인 방법으로 read-modify-write 기능을 사용하여

```
IE = IE | 0x90;                // IE = IE .OR. 0b10010000
```

로 처리할 수도 있다.

b31	b30	b29	b28	b27	b26	b25	b24	b23	b22	b21	b20	b19	b18	b17	b16
P31	P30	P29	P28	P27	P26	P25	P24	P23	P22	P21	P20	P19	P18	P17	P16
b15	**b14**	**b13**	**b12**	**b11**	**b10**	**b9**	**b8**	**b7**	**b6**	**b5**	**b4**	**b3**	**b2**	**b1**	**b0**
P15	P14	P13	P12	P11	P10	P9	P8	P7	P6	P5	P4	P3	P2	P1	P0

- Px : Set Output Data
  0 = 무효.
  1 = 출력 데이터의 해당 비트를 세트시켜 1로 만든다.

(a) PIO 출력 데이터 세트 레지스터 PIO_SODR

b31	b30	b29	b28	b27	b26	b25	b24	b23	b22	b21	b20	b19	b18	b17	b16
P31	P30	P29	P28	P27	P26	P25	P24	P23	P22	P21	P20	P19	P18	P17	P16
b15	**b14**	**b13**	**b12**	**b11**	**b10**	**b9**	**b8**	**b7**	**b6**	**b5**	**b4**	**b3**	**b2**	**b1**	**b0**
P15	P14	P13	P12	P11	P10	P9	P8	P7	P6	P5	P4	P3	P2	P1	P0

- Px : Clear Output Data
  0 = 무효.
  1 = 출력 데이터의 해당 비트를 클리어시켜 0으로 만든다.

(b) PIO 출력 데이터 클리어 레지스터 PIO_CODR

〈그림 4.3.2〉 AT91SAM7S256의 PIO 출력 데이터 세트 레지스터 및 클리어 레지스터

AT91SAM7S256 마이크로콘트롤러에서 병렬 I/O 포트인 PIO에 1이나 0을 출력하는 레지스터는 <그림 4.3.2>와 같이 따로 있다. 즉, 대부분의 마이크로프로세서에서는 지정된 레지스터의 비트를 1로 설정하면 해당 비트에 1이 출력되고, 이 비트를 0으로 설정하면 해당 비트에 0이 출력되지만, AT91SAM7S256의 경우에는 출력 비트를 1로 설정하는 레지스터와 0으로 설정하는 레지스터가 별도로 마련되어 있다는 것이다. 이 때문에 *OK-7S256* 키트에서 PA0과 PA1에 교대로 0을 출력하여 LED1과 LED2를 교대로 깜빡이려면 초보자들은

```
#define  PIO_SODR        (*(volatile unsigned int *) 0xFFFFF430)
#define  PIO_CODR        (*(volatile unsigned int *) 0xFFFFF434)

int main(void)
{
  MCU_initialize();                          // initialize AT91SAM7S256 & kit

  while(1)
    { PIO_CODR = 0x00000001;                 // PA0=0(LED1 on)
      Delay_ms(1000);
      PIO_CODR = 0x00000002;                 // PA1=0(LED2 on)
      Delay_ms(1000);
    }
}
```

처럼 프로그램하기 쉽다. 그러나, 이렇게 프로그램할 경우 루프가 1번 반복되고 나면 PA1=PA0=0으로 되기 때문에 이때부터 LED1과 LED2는 계속 점등된 상태로 유지된다. 이를 올바르게 프로그램하려면

```
#define  PIO_SODR       (*(volatile unsigned int *) 0xFFFFF430)
#define  PIO_CODR       (*(volatile unsigned int *) 0xFFFFF434)

int main(void)
{
  MCU_initialize();                          // initialize AT91SAM7S256 & kit

  while(1)
    { PIO_CODR = 0x00000001;                 // PA0=0(LED1 on)
      Delay_ms(1000);
      PIO_SODR = 0x00000001;                 // PA0=1(LED1 off)
      PIO_CODR = 0x00000002;                 // PA1=0(LED2 on)
      Delay_ms(1000);
      PIO_SODR = 0x00000002;                 // PA1=1(LED2 off)
    }
}
```

처럼 하여 0으로 출력된 PA0 비트를 먼저 1로 되돌려 놓은 후에 다시 PA1 비트를 0으로 출력한다는 것에 주의해야 한다. AT91SAM7S256에서 I/O 제어 레지스터들이 대부분 이와 같은 방식으로 되어 있는 것은 얼핏 불편해 보이지만, 사실은 32비트 병렬 I/O 포트 중에서 사용자가 원하는 비트들만을 간단하게 지정하여 액세스하고 그 나머지 비트들에는 전혀 영향을 주지 않음으로써 가장 자연스럽게 비트 어드레싱을 구현하는 아주 편리한 방법이다.

3. 시간지연 루틴

마이크로콘트롤러에서 프로그램을 작성하다보면 가장 자주 사용하는 루틴중의 하나가 아마도 시간지연(time delay) 루틴일 것이다. CPU는 너무나도 동작이 빠르기 때문에 텍스트형 LCD 모듈처럼 훨씬 느린 주변장치의 속도에 맞도록 동작 타이밍을 일치시키고자 하면 시간지연이 필요하다. 또한, 빠르게 동작하는 CPU에 비하여 사람의 눈으로 볼 수 있도록 LED를 천천히 느리게 점멸하거나 키입력 루틴에서 소프트웨어적으로 시간지연을 주는 방법으로 디바운싱을 구현하려면 역시 시간지연 루틴이 절대적으로 필요하다.

정밀한 시간지연 루틴을 구현하려면 하드웨어적으로 타이머를 이용하는 것이 좋지만, 이렇게 하면 이 루틴이 타이머라는 하드웨어를 독점적으로 점유하기 때문에 그만큼 사용 가능한 I/O 디바이스가 감소하여 불리하다. 따라서, 대부분의 경우에는 소프트

웨어적으로 시간지연 루틴을 구현하며, 보다 정밀한 시간지연을 위해서는 타이머 인터럽트와 같은 하드웨어적인 방법을 사용하는 것이 바람직하다.

이 책의 예제 프로그램에서는 항상 소프트웨어적인 방법으로 시간지연을 구현하지만 여기서는 AT91SAM7S256의 PIT 타이머를 이용하는 하드웨어적인 방법에 대해서도 소개하기로 한다.

(1) 소프트웨어적인 방법

소프트웨어적인 방법으로 시간지연을 구현하는 것은 일반적으로 CPU 명령표에서 어셈블리 명령 하나하나의 실행시간을 찾아서 이것의 총합이 원하는 시간 지연값이 되도록 반복처리 루틴으로 프로그래밍하는 방법을 사용한다. 어셈블리 언어에서는 이것이 비교적 용이하므로 비교적 쉽게 이런 방법을 사용할 수 있다. 그러나, C언어에서는 이 프로그램을 컴파일한 후에 생성되는 어셈블리 중간 코드를 분석해야만 이러한 사항을 알 수 있으며, 따라서 결국 C언어에서 이런 시간지연 루틴 함수를 만드는 것은 자신이 사용하는 C컴파일러에 따라 달라지게 된다.

그런데, CPU가 메모리에서 명령을 인출하여 실행할 때 명령큐(instruction queue)를 사용하거나 파이프라인(pipeline) 처리방식을 사용하는 방식에서는 명령 하나하나의 실행시간을 정확히 알기 어려우므로 소프트웨어적인 방법으로는 정확한 시간지연 루틴을 작성하기가 곤란한 경우도 있다. 고성능의 마이크로프로세서일수록 이런 구조로 되어 있는 경우가 많다. 이럴 때 적합한 또 하나의 방법은 시간지연 루틴을 반복적으로 실행하면서 1회의 실행마다 특정한 병렬 I/O 포트에 토글되는 신호를 출력시키고 이를 오실로스코프로 관측하는 방법이다. 오실로스코프로 출력신호의 펄스폭을 관측하면서 원하는 시간지연이 되도록 시간지연 루틴의 반복처리 횟수를 조정하면 비교적 쉽게 시간지연 함수를 만들 수 있다. 이는 어셈블리 명령의 실행시간을 일일이 계산하기 어려운 C언어 프로그램에서 보다 널리 사용되는 방법이기도 하며, 이 책에서도 주로 이 방법을 사용하였다.

▣ ADS v1.2의 경우

ADS v1.2 컴파일러를 사용하여 C언어로 프로그래밍하는 경우에 사용하는 시간지연 루틴 함수는 제4.1절에서 소개한 헤더파일 OK7S256ads.h에 포함되어 있는데 이 부분을 발췌하여 다시 보이면 다음과 같다.

Delay_us()와 Delay_ms()는 사용자 프로그램에서 널리 사용하도록 만든 것이다. 그런데, Delay_us() 함수는 1μs쪽으로 갈수록 오차가 좀 커지기 때문에 LCD 모듈 관련 함수에서 주로 사용하기 위한 약 1μs짜리의 시간지연 루틴 함수는 Delay_1us()로 따로 만들어 놓았다.

〈헤더파일 OK7S256ads.h〉 시간지연 루틴 함수 부분만을 발췌하여 정리

```
/* -------------------------------------------------------------------------------- */
/*    OK7S256ads.h : Definition & User Function for OK-7S256 V1.0 Training Kit      */
/* -------------------------------------------------------------------------------- */

                (중간 생략)

void Delay_1us(void)                             /* 1 us delay for -02 -0time option */
{ volatile unsigned int count;

  for(count = 0; count < 4; count++);
}

void Delay_us(unsigned int us)                   /* us delay for -02 -0time option */
{ volatile unsigned int count, countmax = (MCK / 9600000) * us;

  for(count = 0; count < countmax; count++);
}

void Delay_ms(unsigned int ms)                   /* ms delay for -02 -0time option */
{ volatile unsigned int count, countmax = (MCK / 10000) * ms;

  for(count = 0; count < countmax; count++);
}

                (이후 생략)
```

◀주의▶ 이것은 오실로스코프로 관측하는 방법으로 만든 시간지연 루틴 함수이며, ADS v1.2 컴파일러를 사용하고, 이 프로그램을 컴파일할 때 최적화 옵션을 -O2로 지정하며, AT91SAM7S256의 마스터 클록 MCK를 48MHz로 설정하였을 경우에만 적용된다. 이러한 조건이 달라지면 이 시간지연 루틴 함수의 오차가 커질 수 있으므로 시간지연 값을 다시 조정해야 한다.

이 시간지연 함수를 만들 때 사용한 예제 프로그램은 다음과 같다. 여기서는 지정된 시간지연이 수행된 직후에 LED2를 점멸하도록 PA1 신호를 토글하여 출력하였으므로 *OK-7S256* 키트에서 TP2 핀의 신호를 오실로스코프로 관측할 수 있다.

〈프로그램 Xtest03_5.c〉 소프트웨어적인 시간지연 루틴 함수의 응용 프로그램

```
/* ================================================================================ */
/*              Xtest03_5.c : Test Time-Delay Function by Software                  */
/* ================================================================================ */
/*                      Designed and programmed by Duck-Yong Yoon in 2007.          */

#include "AT91SAM7S256.h"
#include "lib_AT91SAM7S256.h"
```

```
#include "OK7S256ads.h"

int main(void)
{ unsigned int i;

  MCU_initialize();                          // initialize AT91SAM7S256 & kit
  Delay_ms(50);                              // wait for system stabilization
  LCD_initialize();                          // initialize text LCD module

  LCD_string(0x80, " S/W Time Delay ");      // display title

  LED_off(LED2|LED1);                        // LED2~LED1 off

  while(1)
    { LCD_string(0xC0, " 1us delay test ");  // output pulse by 1us delay
      Beep();
      for(i=0; i<5000000; i++)
        { LED_on(LED2);                      // LED2 on
          Delay_1us();
          LED_off(LED2);                     // LED2 off
          Delay_1us();
        }

      LCD_string(0xC0, " 10us delay test");  // output pulse by 10us delay
      Beep();
      for(i=0; i<500000; i++)
        { LED_on(LED2);                      // LED2 on
          Delay_us(10);
          LED_off(LED2);                     // LED2 off
          Delay_us(10);
        }

      LCD_string(0xC0, "100us delay test");  // output pulse by 100us delay
      Beep();
      for(i=0; i<50000; i++)
        { LED_on(LED2);                      // LED2 on
          Delay_us(100);
          LED_off(LED2);                     // LED2 off
          Delay_us(100);
        }

      LCD_string(0xC0, "500us delay test");  // output pulse by 500us delay
      Beep();
      for(i=0; i<10000; i++)
        { LED_on(LED2);                      // LED2 on
          Delay_us(500);
          LED_off(LED2);                     // LED2 off
          Delay_us(500);
        }

      LCD_string(0xC0, " 10ms delay test");  // output pulse by 10ms delay
      Beep();
      for(i=0; i<500; i++)
        { LED_on(LED2);                      // LED2 on
          Delay_ms(10);
          LED_off(LED2);                     // LED2 off
          Delay_ms(10);
        }

      LCD_string(0xC0, "100ms delay test");  // output pulse by 100ms delay
      Beep();
      for(i=0; i<50; i++)
        { LED_on(LED2);                      // LED2 on
          Delay_ms(100);
```

```
            LED_off(LED2);                          // LED2 off
            Delay_ms(100);
          }

        LCD_string(0xC0, "500ms delay test");     // output pulse by 500ms delay
        Beep();
        for(i=0; i<10; i++)
          { LED_on(LED2);                           // LED2 on
            Delay_ms(500);
            LED_off(LED2);                          // LED2 off
            Delay_ms(500);
          }
      }
  }
```

☞ 여기서는 각 시간지연 루틴 함수들을 약 10초씩 실행하였다. 예를 들어 10μs의 시간지연 루틴 함수를 테스트하는 루틴을 1회 반복시키는데는 약 20μs가 소요되므로 이를 500000번 반복하면 20μs×500000=10s가 된다. 이렇게 프로그램 실행이 반복되는 동안에 오실로스코프로 *OK-7S256* 키트의 TP2 핀의 출력신호를 관측하면 된다.

이 예제 프로그램을 컴파일하여 *OK-7S256* 키트에 다운로드하고 실행한 상태에서 오실로스코프로 TP2 핀의 출력신호를 관측하였는데, 이렇게 하여 1μs의 시간지연 함수를 테스트한 결과는 <그림 4.3.3>과 같고, μs 단위의 시간지연 함수를 테스트한 결과는 <그림 4.3.4>와 같으며, ms 단위의 시간지연 함수를 테스트한 결과는 <그림 4.3.5>와 같다. 이 그림에서 보듯이 시간지연 루틴 함수는 다소의 오차를 포함하지만 실용적으로 사용하는데는 별 문제가 없다.

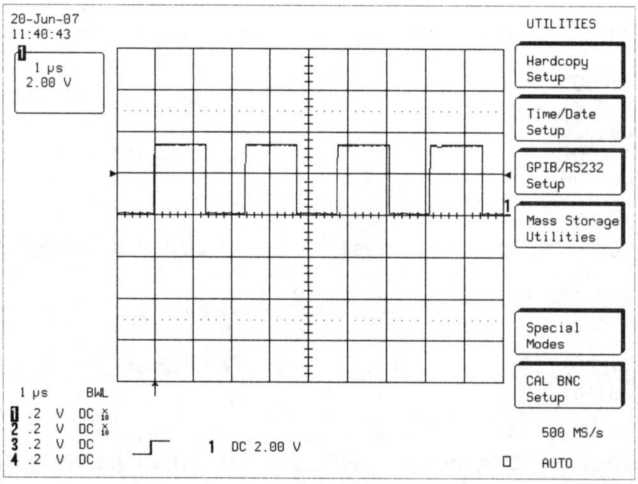

〈그림 4.3.3〉 ADS v1.2에서 1μs의 시간지연 루틴 함수를 테스트한 결과

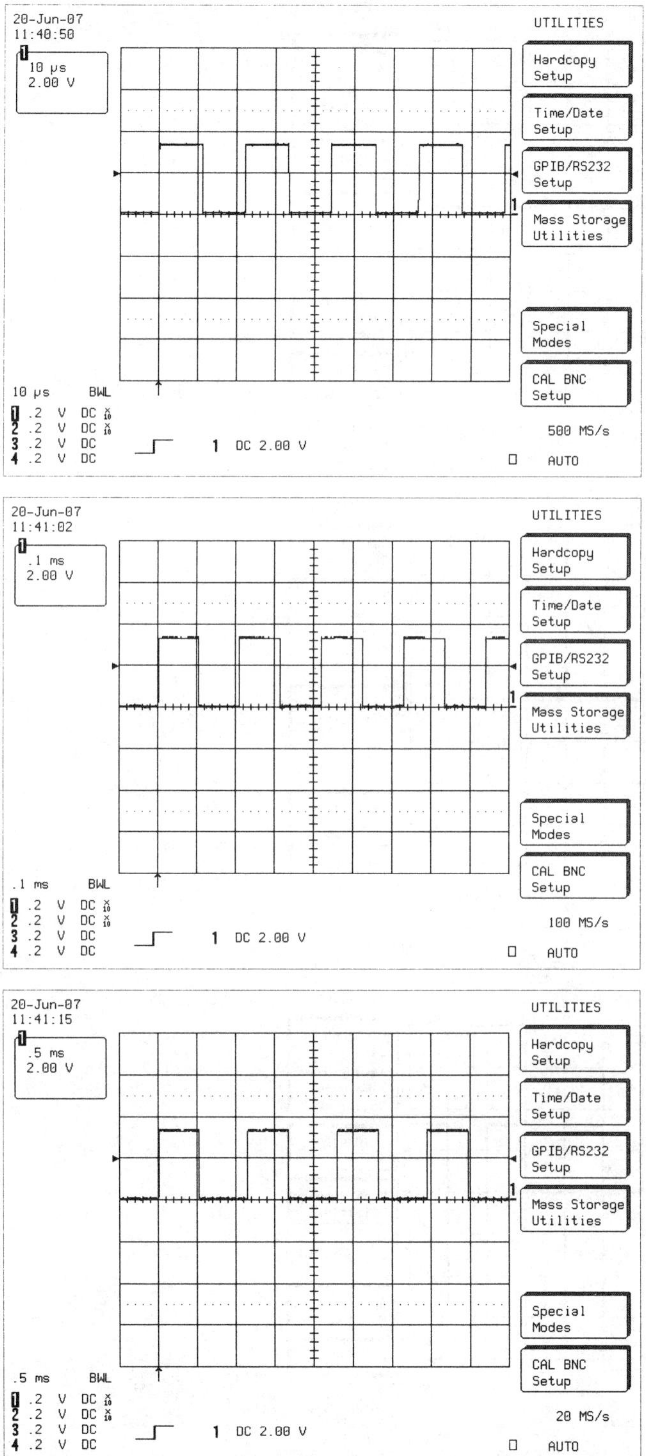

(a) 10μs 시간지연

(b) 100μs 시간지연

(c) 500μs 시간지연

〈그림 4.3.4〉 ADS v1.2에서 μs 단위의 시간지연 루틴 함수를 테스트한 결과

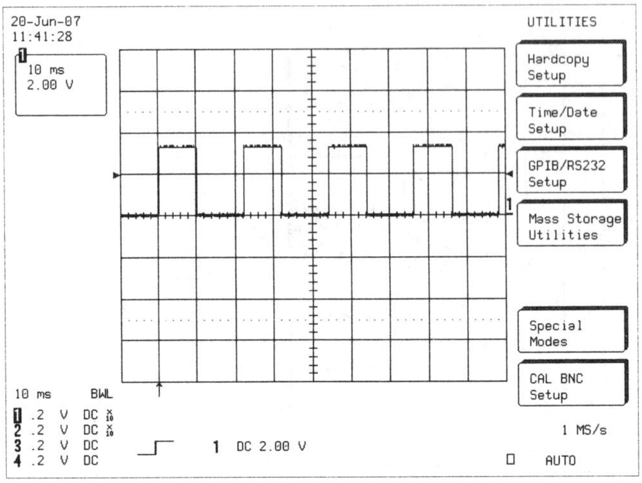

(a) 10ms 시간지연

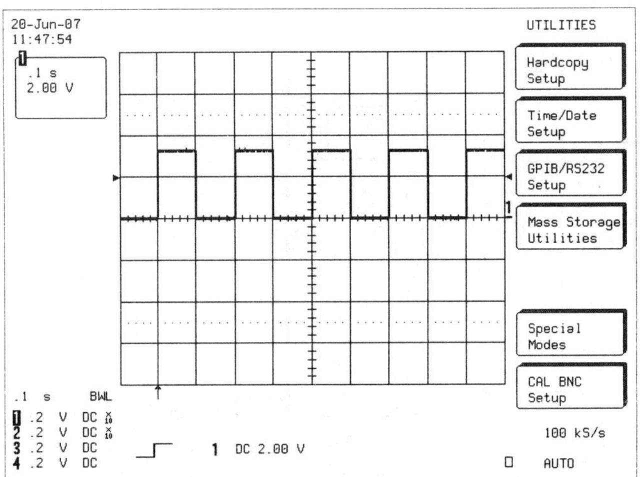

(b) 100ms 시간지연

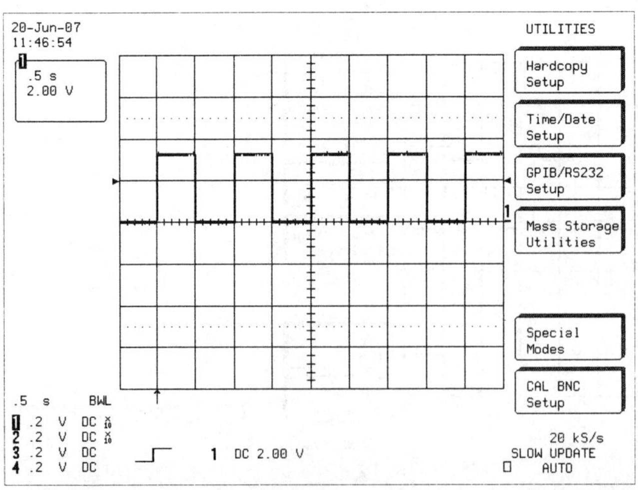

(c) 500ms 시간지연

〈그림 4.3.5〉 ADS v1.2에서 ms 단위의 시간지연 루틴 함수를 테스트한 결과

▣ WinARM의 경우

WinARM 컴파일러를 사용하여 C언어로 프로그래밍하는 경우에 사용하는 시간지연 루틴 함수는 제4.2절에서 소개한 헤더파일 OK7S256gcc.h에 포함되어 있는데 이 부분을 발췌하여 다시 보이면 다음과 같다.

이것의 함수 구조는 ADS v1.2에서와 같으나 반복 횟수가 약간씩 다른 것을 알 수 있다. 이는 컴파일러가 C언어 소스를 번역하는 방법이 다르기 때문에 시간지연이 달라져서 오실로스코프 관측 결과를 보고 수정한 때문이다.

〈헤더파일 OK7S256gcc.h〉 시간지연 루틴 함수 부분만을 발췌하여 정리

```
/* ---------------------------------------------------------------------------- */
/*    OK7S256gcc.h : Definition & User Function for OK-7S256 V1.0 Training Kit   */
/* ---------------------------------------------------------------------------- */

                (중간 생략)

void Delay_1us(void)                          /* 1 us delay for -Os option */
{ volatile unsigned int count;

  for(count = 0; count < 1; count++);
}

void Delay_us(unsigned int us)                /* us delay for -Os option */
{ volatile unsigned int count, countmax = (MCK / 24000000) * us;

  for(count = 0; count < countmax; count++);
}

void Delay_ms(unsigned int ms)                /* ms delay for -Os option */
{ volatile unsigned int count, countmax = (MCK / 25000) * ms;

  for(count = 0; count < countmax; count++);
}

                (이후 생략)
```

◀주의▶ 이것은 오실로스코프로 관측하는 방법으로 만든 시간지연 루틴 함수이며, WinARM 컴파일러 20070505 버전을 사용하고, 이 프로그램을 컴파일할 때 최적화 옵션을 -Os로 지정하며, AT91SAM7S256의 마스터 클록 MCK를 48MHz로 설정하였을 경우에만 적용된다. 이러한 조건이 달라지면 이 시간지연 루틴 함수의 오차가 커질 수 있으므로 시간지연 값을 다시 조정해야 한다.

이 시간지연 함수를 만들 때 사용한 예제 프로그램은 다음과 같으며 이는 ADS v1.2의 경우에 사용했던 것과 같은 것이다. 여기서는 지정된 시간지연이 수행된 직후에 LED2를 점멸하도록 PA1 신호를 토글하여 출력하였으므로 *OK-7S256* 키트에서 TP2 핀의 신호를 오실로스코프로 관측할 수 있다.

〈프로그램 Xtest03_5.c〉 소프트웨어적인 시간지연 루틴 함수의 응용 프로그램

```
/* ========================================================================== */
/*            Xtest03_5.c : Test Time-Delay Function by Software              */
/* ========================================================================== */
/*                        Designed and programmed by Duck-Yong Yoon in 2007.  */

#include "AT91SAM7S256.h"
#include "lib_AT91SAM7S256.h"
#include "OK7S256gcc.h"

int main(void)
{ unsigned int i;

  MCU_initialize();                           // initialize AT91SAM7S256 & kit
  Delay_ms(50);                               // wait for system stabilization
  LCD_initialize();                           // initialize text LCD module

  LCD_string(0x80, " S/W Time Delay ");       // display title

  LED_off(LED2|LED1);                         // LED2~LED1 off

  while(1)
    { LCD_string(0xC0, " 1us delay test ");   // output pulse by 1us delay
      Beep();
      for(i=0; i<5000000; i++)
        { LED_on(LED2);                       // LED2 on
          Delay_1us();
          LED_off(LED2);                      // LED2 off
          Delay_1us();
        }

      LCD_string(0xC0, " 10us delay test");   // output pulse by 10us delay
      Beep();
      for(i=0; i<500000; i++)
        { LED_on(LED2);                       // LED2 on
          Delay_us(10);
          LED_off(LED2);                      // LED2 off
          Delay_us(10);
        }

      LCD_string(0xC0, "100us delay test");   // output pulse by 100us delay
      Beep();
      for(i=0; i<50000; i++)
        { LED_on(LED2);                       // LED2 on
          Delay_us(100);
          LED_off(LED2);                      // LED2 off
          Delay_us(100);
        }

      LCD_string(0xC0, "500us delay test");   // output pulse by 500us delay
      Beep();
      for(i=0; i<10000; i++)
        { LED_on(LED2);                       // LED2 on
          Delay_us(500);
          LED_off(LED2);                      // LED2 off
          Delay_us(500);
        }

      LCD_string(0xC0, " 10ms delay test");   // output pulse by 10ms delay
      Beep();
      for(i=0; i<500; i++)
```

```
        { LED_on(LED2);                         // LED2 on
          Delay_ms(10);
          LED_off(LED2);                        // LED2 off
          Delay_ms(10);
        }

      LCD_string(0xC0, "100ms delay test");     // output pulse by 100ms delay
      Beep();
      for(i=0; i<50; i++)
        { LED_on(LED2);                         // LED2 on
          Delay_ms(100);
          LED_off(LED2);                        // LED2 off
          Delay_ms(100);
        }

      LCD_string(0xC0, "500ms delay test");     // output pulse by 500ms delay
      Beep();
      for(i=0; i<10; i++)
        { LED_on(LED2);                         // LED2 on
          Delay_ms(500);
          LED_off(LED2);                        // LED2 off
          Delay_ms(500);
        }
    }
}
```

이 예제 프로그램을 컴파일하여 *OK-7S256* 키트에 다운로드하고 실행한 상태에서 오실로스코프로 TP2 핀의 출력신호를 관측하였는데, 이렇게 하여 1μs의 시간지연 함수와 μs 단위의 시간지연 함수 및 ms 단위의 시간지연 함수를 테스트한 결과는 <그림 4.3.6>~<그림 4.3.8>과 같다. 이 결과는 ADS v1.2의 경우와 다소 달라졌음을 알 수 있지만 실용적으로 사용하는데는 별 문제가 없다.

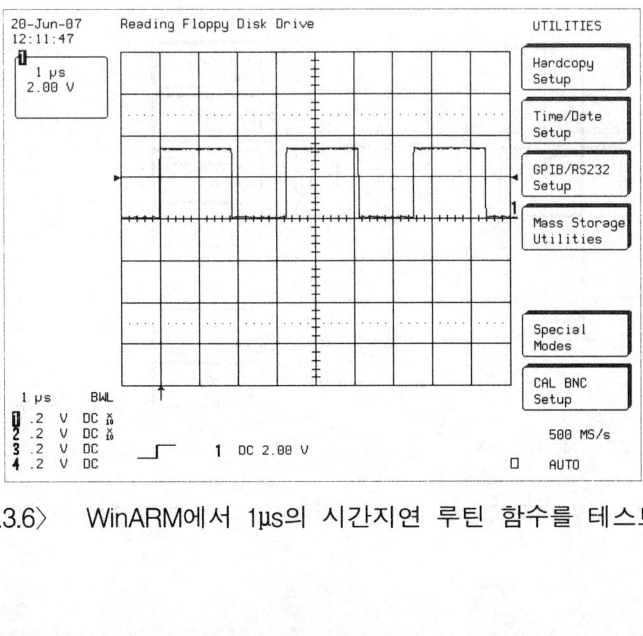

〈그림 4.3.6〉 WinARM에서 1μs의 시간지연 루틴 함수를 테스트한 결과

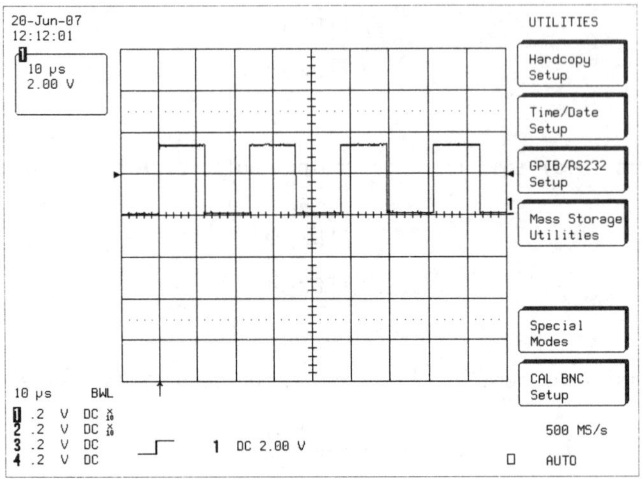

(a) 10μs 시간지연

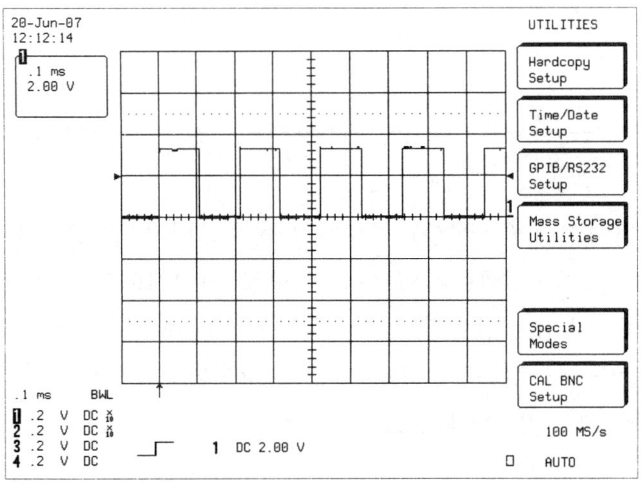

(b) 100μs 시간지연

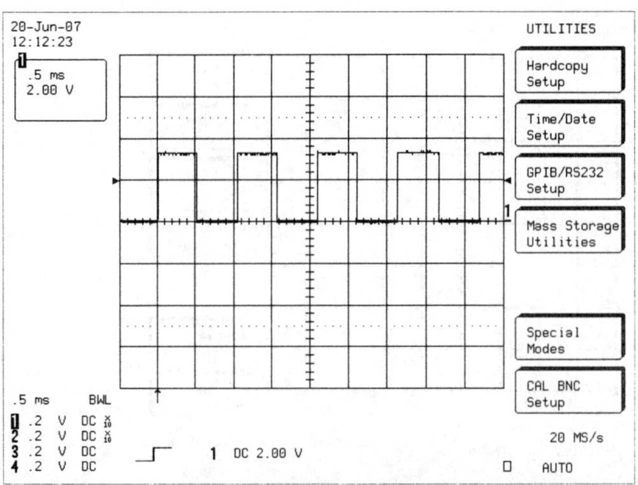

(c) 500μs 시간지연

〈그림 4.3.7〉 WinARM에서 μs 단위의 시간지연 루틴 함수를 테스트한 결과

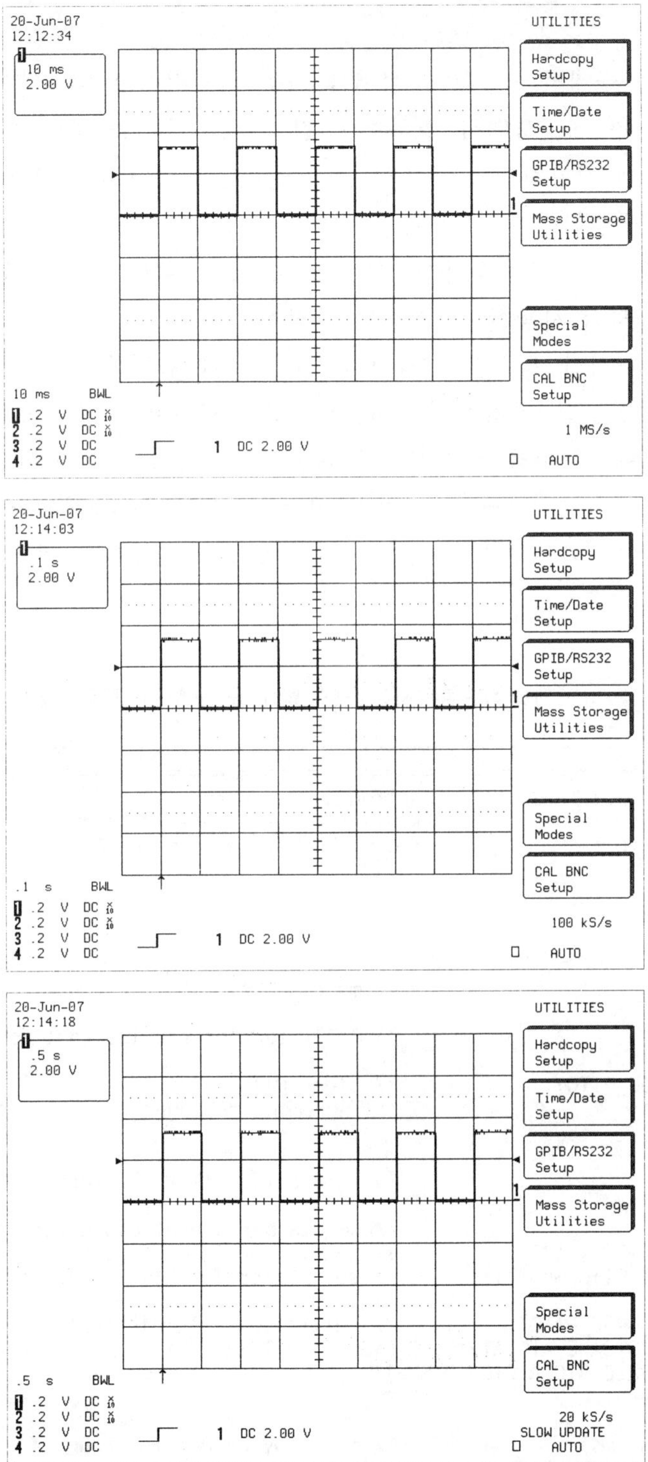

(a) 10ms 시간지연

(b) 100ms 시간지연

(c) 500ms 시간지연

〈그림 4.3.8〉 WinARM에서 ms 단위의 시간지연 루틴 함수를 테스트한 결과

(2) 하드웨어적인 방법

하드웨어적으로 시간지연을 구현하는 것은 타이머를 이용하는 것이다. 즉, 타이머가 일정한 주파수의 시스템 클록을 계수하면서 원하는 시간의 경과를 체크하면 되는데, 이때 타이머와 인터럽트를 함께 사용하면 더욱 좋다. 이 방법은 소프트웨어적인 시간지연 방법보다는 상대적으로 구현하기가 쉽지만, 하드웨어 의존성이 크고 타이머를 1개 사용하므로 사용자가 쓸 수 있는 주변장치가 그만큼 감소하며, 메인 루틴과 인터럽트 서비스 루틴에서 이를 중복하여 사용할 수 없다는 단점이 있다.

AT91SAM7S256에서는 주기적인 시간간격 타이머(PIT)의 인터럽트를 이용하여 하드웨어적인 시간지연 함수를 만들면 편리하다. AT91SAM7S256에서 PIT를 이용하여 하드웨어적으로 시간지연 함수를 구현한 예제 프로그램은 다음과 같다. 여기서는 ms 단위의 시간지연 함수를 만드는 예만 보였다. 이러한 방법은 사용하는 컴파일러에 상관없이 AT91SAM7S256의 PIT를 이용하므로 ADS v1.2나 WinARM에서 모두 동일하게 적용할 수 있다.

〈프로그램 Xtest03_6.c〉 하드웨어적으로 시간지연 함수를 구현한 프로그램

```
/* ========================================================================== */
/*              Xtest03_6.c : Test Time-Delay Function by Hardware            */
/* ========================================================================== */
/*                        Designed and programmed by Duck-Yong Yoon in 2007.  */

#include "AT91SAM7S256.h"
#include "lib_AT91SAM7S256.h"
#include "OK7S256gcc.h"

volatile unsigned int ms_count=0;                   // ms count by PIT interrupt

void PIT_ISR(void)                                  /* PIT interrupt service routine */
{
  AT91F_PITGetPIVR(AT91C_BASE_PITC);                // clear PITS
  ms_count++;                                       // increment ms_count
}

void PIT_initialize(void)                           /* initialize PIT and interrupt */
{
  AT91F_PITC_CfgPMC();                              // enable peripheral clock for PIT
  AT91F_PITInit(AT91C_BASE_PITC,1,48);              // enable and initialize PIT
  AT91F_PITSetPIV(AT91C_BASE_PITC,3000-1);          // set period for PIT interrupt

  AT91F_PITDisableInt(AT91C_BASE_PITC);             // initialize PIT interrupt
  AT91F_AIC_ConfigureIt(AT91C_BASE_AIC,AT91C_ID_SYS,7,1,PIT_ISR);
  AT91F_AIC_EnableIt(AT91C_BASE_AIC,AT91C_ID_SYS);
}

void HW_delay_ms(unsigned int ms)                   /* ms delay by PIT interrupt */
{
  if(ms == 0) return;
```

```
    ms_count = 0;                                  // start time
    AT91F_PITEnableInt(AT91C_BASE_PITC);           // enable PIT interrupt
    while(ms_count < ms);                          // wait for ms

    AT91F_PITDisableInt(AT91C_BASE_PITC);          // disable PIT interrupt
  }

  int main(void)
  { unsigned int i;

    MCU_initialize();                              // initialize AT91SAM7S256 & kit
    Delay_ms(50);                                  // wait for system stabilization
    LCD_initialize();                              // initialize text LCD module

    LCD_string(0x80, " S/W Time Delay ");          // display title
    LED_off(LED2|LED1);                            // LED2~LED1 off

    PIT_initialize();                              // initialize PIT and interrupt

    while(1)
      { LCD_string(0xC0, " 10ms delay test");      // output pulse by 10ms delay
        Beep();
        for(i=0; i<500; i++)
          { LED_on(LED2);                          // LED2 on
            HW_delay_ms(10);
            LED_off(LED2);                         // LED2 off
            HW_delay_ms(10);
          }

        LCD_string(0xC0, "100ms delay test");      // output pulse by 100ms delay
        Beep();
        for(i=0; i<50; i++)
          { LED_on(LED2);                          // LED2 on
            HW_delay_ms(100);
            LED_off(LED2);                         // LED2 off
            HW_delay_ms(100);
          }

        LCD_string(0xC0, "500ms delay test");      // output pulse by 500ms delay
        Beep();
        for(i=0; i<10; i++)
          { LED_on(LED2);                          // LED2 on
            Delay_ms(500);
            LED_off(LED2);                         // LED2 off
            Delay_ms(500);
          }
      }
  }
```

이 예제 프로그램을 컴파일하여 *OK-7S256* 키트에 다운로드하고 실행한 상태에서 오실로스코프로 TP2 핀의 출력신호를 관측한 결과는 <그림 4.3.9>와 같다. 여기서 보듯이 이렇게 타이머를 이용하여 하드웨어적으로 구현한 시간지연 루틴 함수는 소프트웨어적으로 구현한 경우에 비하여 상당히 정확하다는 것을 알 수 있다.

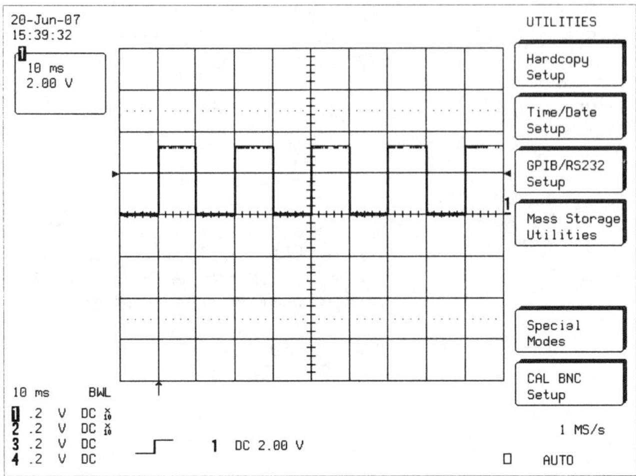

(a) 10ms 시간지연

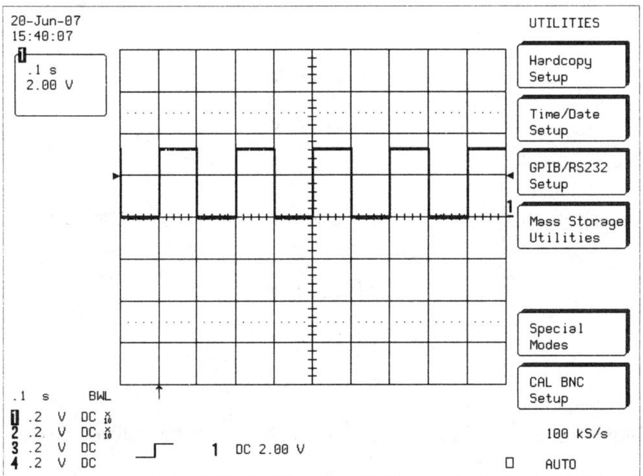

(b) 100ms 시간지연

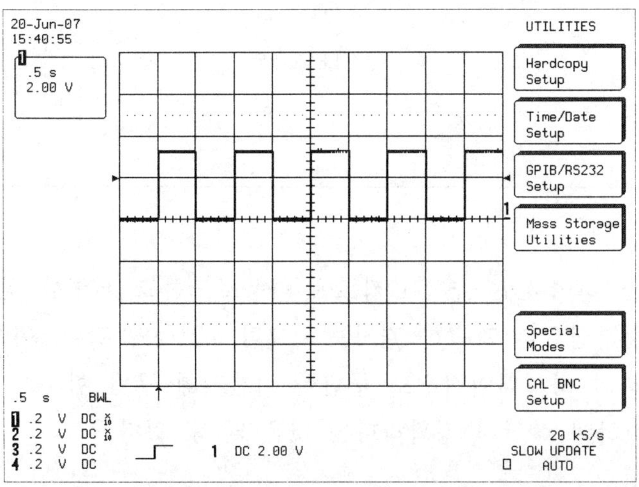

(c) 500ms 시간지연

〈그림 4.3.9〉 하드웨어적으로 ms 단위의 시간지연 함수를 구현한 결과

◀참고▶ 시간지연 루틴 함수를 만들 때 시간값에 오차가 들어갈 수밖에 없다면 일반적으로 이는 시간이 길어지는 쪽으로 오차가 들어가는 것이 바람직하다. 예를 들어 10ms의 시간지연 루틴 함수를 실제로 실행하였을 경우 9.5ms의 시간지연이 발생하는 것보다는 10.5ms의 시간지연이 발생하는 편이 낫다는 것이다. 대부분 시간지연은 하드웨어적인 타이밍 확보의 목적으로 사용되는데, 만약 시간지연이 표준값보다 길어지면 동작이 느려지는 정도에 불과하지만 시간지연이 표준값보다 짧아지면 하드웨어가 올바르게 동작하지 않을 수 있기 때문이다. 이 때문에 이 책에서 소프트웨어적으로 시간지연 루틴 함수를 구현한 것은 모두 시간지연 오차가 +방향으로 발행하도록 처리하였다.

4. 올바른 클록 발생의 확인

앞의 제3절에서 설명한 소프트웨어와 하드웨어적인 방법을 사용한 시간지연 루틴 함수가 올바르게 동작하려면 시스템 클록의 발생이 정확해야 한다. AT91SAM7S256에서 클록 발생이 정확하려면 내부의 하드웨어와 소프트웨어가 정상이라는 것뿐만 아니라 외부에 접속되는 클록 발생 회로가 정상이어야 한다.

여기서는 AT91SAM7S256 소자의 기본적인 3가지 클록 소스 즉, 내장 RC 회로에 의한 슬로우 클록(SLCK), 외부에 접속하는 수정 발진자에 의한 메인 클록(MAINCK), 그리고 PLL 주파수 체배기를 거쳐서 만들어진 PLL 클록(PLLCK)이 정상적으로 동작하는지를 확인하는 프로그램을 작성하여 보기로 한다. 이들 3가지 클록 신호는 전력관리 제어기(PMC)의 PMC_PCK0~2 레지스터를 사용하여 Peripheral B로 PCK0~2 단자로 출력할 수 있다.

OK-7S256 키트에서는 이중에서 PCK1 신호를 TP3 단자에 연결하여 놓았으므로 여기에 SLCK, MAINCK, PLLCK 신호를 교대로 출력하고 오실로스코프나 주파수 카운터로 관측하여 보면 이들 클록이 정상적으로 동작하며 그 주파수는 정확한지를 확인할 수 있다. 아래는 이를 위한 예제 프로그램이다.

슬로우 클록 SLCK는 AT91SAM7S256에 내장되어 있는 RC 회로에 의하여 발생되는 클록으로서 정격 사양이 32.768kHz이고, 메인 클록 MAINCK는 외부에 접속된 수정 발진자에 의한 주파수로서 18.432MHz를 사용하도록 되어 있으며, PLL 주파수 체배 회로에 의하여 만들어지는 클록 PLLCK는 Cstartup_SAM7.c 파일에서

$$\mathrm{PLLCK} = \frac{\mathrm{MAINCK}}{\mathrm{DIV}} \times (\mathrm{MUL}+1) = \frac{18.432\mathrm{MHz}}{12} \times (124+1) = 192\mathrm{MHz}$$

로 설정되었다.

〈프로그램 Xtest03_7.c〉 SLCK, MAINCK, PLLCK의 정상 여부 확인(1)

```
/* ========================================================================== */
/*          Xtest03_7.c : Check SLCK, MAINCK, PLLCK Clock Frequency(1)         */
/* ========================================================================== */
/*                        Designed and programmed by Duck-Yong Yoon in 2007.  */

#include "AT91SAM7S256.h"
#include "lib_AT91SAM7S256.h"
#include "OK7S256gcc.h"

int main(void)
{
  MCU_initialize();                             // initialize AT91SAM7S256 & kit
  Delay_ms(50);                                 // wait for system stabilization
  LCD_initialize();                             // initialize text LCD module

  LCD_string(0x80, "Check PCK1 (TP3)");         // display title

  AT91F_PIO_CfgPeriph(AT91C_BASE_PIOA, 0, PCK1);// PCK1 output(Peripheral B) on PA17

  while(1)
    { Beep();                                   // check SLCK
      LCD_string(0xC0, "SLCK = 32.768kHz");
      AT91F_PMC_EnablePCK(AT91C_BASE_PMC,1,AT91C_PMC_PRES_CLK | AT91C_PMC_CSS_SLOW_CLK);
      Delay_ms(5000);

      Beep();                                   // check MAINCK
      LCD_string(0xC0, "MAINCK=18.432MHz");
      AT91F_PMC_EnablePCK(AT91C_BASE_PMC,1,AT91C_PMC_PRES_CLK | AT91C_PMC_CSS_MAIN_CLK);
      Delay_ms(5000);

      Beep();                                   // check PLLCK
      LCD_string(0xC0, "PLLCK=192.000MHz");
      AT91F_PMC_EnablePCK(AT91C_BASE_PMC,1,AT91C_PMC_PRES_CLK | AT91C_PMC_CSS_PLL_CLK);
      Delay_ms(5000);
    }
}
```

☞ 여기서는 3가지의 주파수를 각각 5초동안 출력한다. PCK1 신호를 출력하기 위해서는 PA17 핀을 Peripheral B로 설정해야 하는데 유의하라.

이 예제 프로그램을 컴파일하여 *OK-7S256* 키트에 다운로드하고 실행한 상태에서 오실로스코프로 TP3 핀으로 출력되는 PCK1 신호를 관측하여 보라.

만약, 오실로스코프의 주파수 측정 한계가 낮아서 192MHz의 PLLCK 주파수를 측정하기 어려우면 다음 프로그램과 같이 이를 16분주하여 12MHz로 낮춘 주파수를 출력시킬 수도 있다. <그림 4.3.10>은 이 예제 프로그램을 컴파일하여 *OK-7S256* 키트에 다운로드하고 실행한 상태에서 오실로스코프로 TP3 핀의 출력신호를 관측한 결과이다. 여기서는 PLLCK의 주파수가 12MHz로 출력되고 있음에 유의하라.

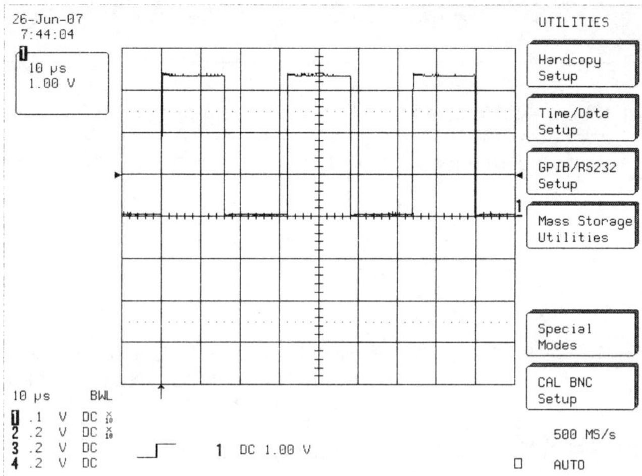

(a) SLCK=32.768kHz

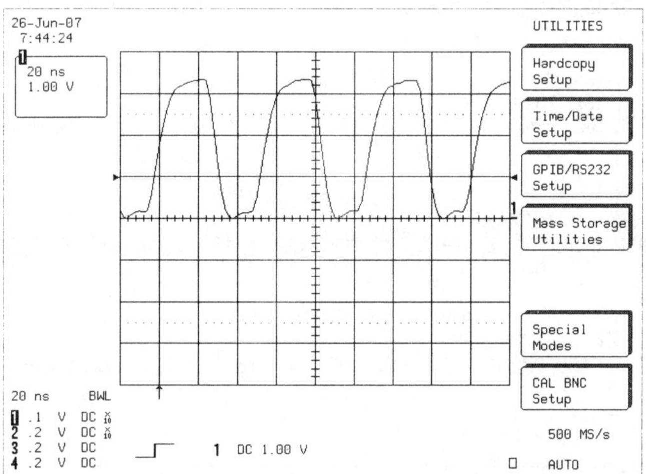

(b) MAINCK=18.432MHz

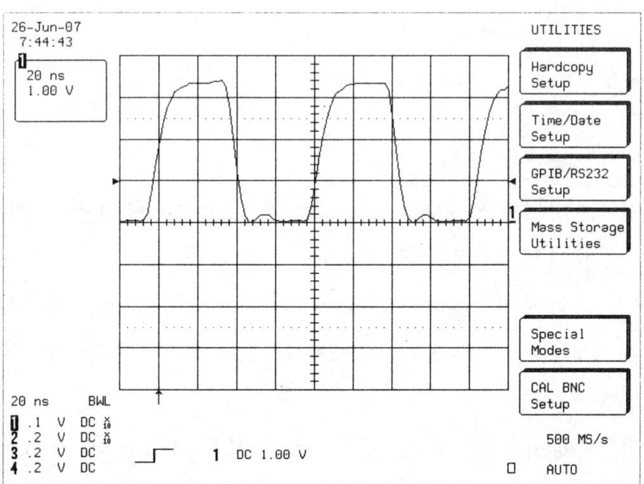

(c) PLLCK/16=12MHz

〈그림 4.3.10〉 TP3 단자에서 PCK1 출력 신호를 관측한 결과

〈프로그램 Xtest03_8.c〉 SLCK, MAINCK, PLLCK의 정상 여부 확인(2)

```
/* ========================================================================== */
/*          Xtest03_8.c : Check SLCK, MAINCK, PLLCK Clock Frequency(2)         */
/* ========================================================================== */
/*                       Designed and programmed by Duck-Yong Yoon in 2007.   */

#include "AT91SAM7S256.h"
#include "lib_AT91SAM7S256.h"
#include "OK7S256gcc.h"

int main(void)
{
  MCU_initialize();                                  // initialize AT91SAM7S256 & kit
  Delay_ms(50);                                      // wait for system stabilization
  LCD_initialize();                                  // initialize text LCD module

  LCD_string(0x80, "Check PCK1 (TP3)");              // display title

  AT91F_PIO_CfgPeriph(AT91C_BASE_PIOA, 0, PCK1);// PCK1 output(Peripheral B) on PA17

  while(1)
    { Beep();                                        // check SLCK
      LCD_string(0xC0, "SLCK = 32.768kHz");
      AT91F_PMC_EnablePCK(AT91C_BASE_PMC,1,AT91C_PMC_PRES_CLK | AT91C_PMC_CSS_SLOW_CLK);
      Delay_ms(5000);

      Beep();                                        // check MAINCK
      LCD_string(0xC0, "MAINCK=18.432MHz");
      AT91F_PMC_EnablePCK(AT91C_BASE_PMC,1,AT91C_PMC_PRES_CLK | AT91C_PMC_CSS_MAIN_CLK);
      Delay_ms(5000);

      Beep();                                        // check PLLCK
      LCD_string(0xC0, "PLLCK/16 = 12MHz");
      AT91F_PMC_EnablePCK(AT91C_BASE_PMC,1,AT91C_PMC_PRES_CLK_16 | AT91C_PMC_CSS_PLL_CLK);
      Delay_ms(5000);
    }
}
```

5. 무한 루프의 사용

운영체제를 가진 범용 컴퓨터에서는 사용자 프로그램의 실행이 끝나면 CPU의 제어가 운영체제로 되돌아가지만, 마이크로콘트롤러에서는 운영체제를 사용하지 않는 경우가 대부분이므로 사용자 프로그램에서 main() 함수의 실행이 종료되면 원하지 않는 곳으로 프로그램이 되돌아가게 되므로 이후에는 시스템의 동작이 예측할 수 없는 상황에 빠지게 된다.

이러한 문제에 대비하여 이 책에서 사용하는 ADS v1.2 프로그램용의 스타트업 파일 Cstartup.s에서는 main() 함수의 실행이 종료되고 리턴하는 위치에 End라는 라벨을 두고 프로그램의 실행이 이곳에 묶이도록 처리하였고, WinARM 프로그램용의 스타트업 파일 Cstartup.S에서는 이곳에 exit:라는 라벨을 두고 같은 방법으로 처리하였다. 그러나, 이런 안전장치가 있음에도 불구하고 사용자 프로그램을 작성할 때 main() 함수의 실행이 종료되는 것은 피해야 한다.

따라서, 마이크로콘트롤러의 사용자 프로그램에서는 main() 함수의 실행이 종료되지 않는 무한 루프 구조로 프로그램을 작성하는 것이 일반적이다. 이처럼 C언어에서 무한 루프 구조로 프로그램을 작성하는 것에는 2가지의 형태가 있다.

첫째로는 프로그램의 주요부를 실행하고 나서 마지막에 의미 없는 하나의 명령을 반복하여 실행하면서 무한 루프에 빠지도록 하는 것이다. 이렇게 처리하는 경우에는 결국 프로그램의 주요 부분은 1회만 실행되는 결과가 된다. 다음은 이러한 프로그램의 예이다.

〈프로그램 Xtest03_9.c〉 프로그램의 무한 루프 처리방식(1)

```
/* ========================================================================== */
/*                      Xtest03_9.c : Infinite Loop(1)                        */
/* ========================================================================== */
/*                  Designed and programmed by Duck-Yong Yoon in 2007.       */

#include "AT91SAM7S256.h"
#include "lib_AT91SAM7S256.h"
#include "OK7S256gcc.h"

int main(void)
{
  MCU_initialize();                              // initialize AT91SAM7S256 & kit
  Delay_ms(50);                                  // wait for system stabilization
  LCD_initialize();                              // initialize text LCD module

  LCD_string(0x80, "Infinite Loop(1)");          // display title
  LCD_string(0xC0, "                ");

  Beep();                                        // beep

  LED_on(LED1);                                  // LED1 on
  Delay_ms(500);
  LED_off(LED1);                                 // LED1 off
  Delay_ms(500);

  LED_on(LED2);                                  // LED2 on
  Delay_ms(500);
  LED_off(LED2);                                 // LED2 off
  Delay_ms(500);

  while(1);                                      // infinite loop
}
```

☞ 여기서는 전체 프로그램이 1회 실행되고 나서 마지막에 while(1); 명령만 반복하여 실행되고 있으며, 이 명령은 for(;;);로 교체 처리해도 된다. 왜 그런지는 C언어의 문법을 익혀서 이해하도록 하라.

둘째로는 프로그램의 주요부를 무한히 반복하여 실행하면서 무한 루프에 빠지도록 하는 것이다. 대부분의 마이크로콘트롤러 프로그램은 이런 구조를 가지는데, 다음은 이와 같은 프로그램의 예이다.

〈프로그램 Exp03_10.c〉 프로그램의 무한 루프 처리방식(2)

```
/* ============================================================================ */
/*                      Xtest03_10.c : Infinite Loop(2)                          */
/* ============================================================================ */
/*                        Designed and programmed by Duck-Yong Yoon in 2007.     */

#include "AT91SAM7S256.h"
#include "lib_AT91SAM7S256.h"
#include "OK7S256gcc.h"

int main(void)
{
  MCU_initialize();                          // initialize AT91SAM7S256 & kit
  Delay_ms(50);                              // wait for system stabilization
  LCD_initialize();                          // initialize text LCD module

  LCD_string(0x80, "Infinite Loop(2)");      // display title
  LCD_string(0xC0, "                ");

  while(1)                                   // infinite loop
    { Beep();                                // beep

      LED_on(LED1);                          // LED1 on
      Delay_ms(500);
      LED_off(LED1);                         // LED1 off
      Delay_ms(500);

      LED_on(LED2);                          // LED2 on
      Delay_ms(500);
      LED_off(LED2);                         // LED2 off
      Delay_ms(500);
    }
}
```

☞ 여기서는 while(1)문 안에 포함된 부분이 무한히 반복하여 실행된다. 따라서, 앞의 예제 프로그램 Xtest03_6.c와는 다른 실행 결과가 된다. 물론 여기서 while(1) 명령을 for(;;) 명령으로 교체 사용해도 된다.

이상의 예제 프로그램 Xtest03_9.c 및 Xtest03_10.c에서 만약 이를 무한 루프로 처리하지 않는다면 CPU는 메인 함수 main()을 실행하고 나서 알 수 없는 곳으로 리턴할 것이다. main() 함수도 하나의 함수이기 때문에 이것이 종료되면 스택의 복귀주소로 리턴하게 되는데, C컴파일러가 만든 스타트업 루틴에서 이를 서브루틴으로 호출하지 않고 그냥 점프하여 찾아왔다면 되돌아 갈 곳을 알 수 없으며, 이를 정상적으로 서브루틴처럼 호출하였다고 하더라도 되돌아 간 이후의 동작은 지정되지 않는다.

6. 실습 과제

(1) C언어에서 변수를 정의할 때 지시어 volatile을 사용하는 이유는 무엇인가?

(2) AT91SAM7S256에서 서브루틴을 호출하는데 사용하는 명령에는 어떤 것이 있는가 설명하라.

(3) *OK-7S256* 키트에서 TP3 단자를 통하여 출력할 수 있는 PCK1 신호의 최저 주파수는 얼마인지 계산하라.

(4) ADS v1.2와 WinARM에서 C언어 프로그램을 컴파일한 어셈블리 소스를 보고자 하면 어떻게 해야 하는지 설명하라.

(5) 예제 프로그램 Xtest03_9.c와 Xtest03_10.c에서 각각 `while(1);`문을 사용하였을 때와 `for(;;);`문을 사용하였을 때 이 부분이 어떻게 어셈블리 언어 소스로 번역되는지 조사하여 설명하라.

4.4 텍스트형 LCD 모듈 응용 프로그램

이 절에서는 *OK-7S256* 키트에서 사용하는 텍스트형 LCD 모듈의 구조, 기능, 사용 방법에 대하여 공부하고 이를 프로그램하는 기술을 익히기로 한다. 이 LCD 모듈은 앞으로 거의 모든 예제에서 기본 출력장치로 사용하므로 잘 알아두어야 한다.

1. 텍스트형 LCD 모듈의 특징

종래의 7세그먼트 LED(Light Emitting Diode)가 아라비아 숫자 및 16진수에 필요한 A~F 정도의 문자를 겨우 표현할 수 있는데 비하여, LCD(Liquid Crystal Display) 모듈은 모든 ASCII 문자들을 비교적 미려하게 표현할 수 있으므로 오늘날 전기/전자 기기의 간단한 문자표시용 출력장치에 널리 사용된다. 그러나, LCD 소자는 LED처럼 스스로 발광하는 능력을 가지고 있지 않아서 주위의 조도가 낮은 곳에서는 사용하기 어렵고, 사람이 이를 보는 각도에 따라 시각적 특성이 달라지며, 일반적으로 5×7 도트로 1개의 문자를 표현하므로 영문 소문자의 g, j, p, q, y와 같은 문자들은 다소 어색하게 표시된다. 이중에서 LCD 모듈이 발광능력이 없는 단점은 표시부의 배경 부분에 LED 등을 사용하여 밝게 조명을 하는 기능을 부착한 백라이트(backlight)형으로 보완되고 있다.

이와 같은 LCD 모듈은 LCD 판넬과 LCD 콘트롤러 및 드라이버 IC를 1개의 기판에 모두 장착하여 하나의 일체형 단일 부품으로 만든 소자로서, 지정된 위치에 도트 매트릭스(dot matrix) 방식으로 ASCII 문자를 표시할 수 있는 텍스트형(text 또는 character type)과 그래픽 방식으로 화면을 표시할 수 있는 그래픽형(graphic type)이 있다. 텍스트형은 표시문자가 ASCII 문자 정도로 제한되는 단점이 있으나, 대부분의 경우에 그 구조가 간단하고 사용 방법이 거의 표준화되어 있어 매우 편리하므로 현재까지 널리 사용되어 오고 있다. 이에 비하여 그래픽형은 영문 ASCII 문자 이외에 한글이나 한자까지 자유롭게 표시할 수 있고 그밖에도 임의의 도형을 표시할 수 있으므로 점차로 그 사용이 증가하고 있다. 그러나, 그래픽형은 상대적으로 구조가 복잡하고 제조회사나 모델에 따라서 구조와 사용방법이 상당히 다른 경우가 많아서 사용이 불편하고 프로그래밍 과정이 번거롭다는 단점이 있다. 또한, 화면의 해상도가 높은 만큼 외형상 크기도 그래픽형이 상대적으로 크며, 가격도 텍스트형에 비하여 그래픽형이 상당히 비싼 편이다.

우리나라는 텍스트형이나 그래픽형 모두 세계적인 수준에 있으며, 본 절에서 설명하는 텍스트형 LCD 모듈은 최근까지 현대 LCD에서 여러 가지 모델을 생산해왔다. 여기서는 16자×2행의 백라이트 기능을 가지는 모델인 현대 LCD의 HC16202NY-LY를 중심으로 설명한다. 그러나, 텍스트형은 회사에 따라 모델이 다르고 문자의 행과 열의 수가 달라지더라도 외형만 다를 뿐이며, 내부 구조가 거의 같으므로 동일한 방법으로 프로그래밍할 수 있다.

<표 4.4.1>에는 표시문자수에 따른 여러가지 텍스트형 LCD 모듈의 종류를 보였으며, 또한 참고로서 <표 4.4.2>에는 최근까지 현대 LCD에서 생산 판매하였던 텍스트형 LCD 모듈의 모델들을 보였다.

일반적인 텍스트형 LCD 모듈의 특징을 요약하면 다음과 같다.

① +5V의 단일 전원으로 동작한다.

② 1개의 칩에 CG(Character Generator) ROM, CG RAM, DD(Display Data) RAM 등을 내장한 LCD 콘트롤러 및 드라이버 LSI를 사용하므로 전체적인 크기가 작아서 사용하기에 편리하다. 추가적인 드라이버 LSI가 사용되는 경우도 있다.

③ 마이크로프로세서와의 인터페이스(접속 핀번호 및 신호명)가 거의 표준화되어 있으며, 8비트 또는 4비트 데이터 버스로 접속할 수 있다. 그러나, LCD 모듈은 일반적인 I/O 인터페이스용의 반도체 소자들에 비하면 액세스 시간이 상당히 길어서 동작이 느린 편이므로 접속에 유의해야 한다.

④ 내부 제어 명령이 거의 표준화되어 있어서 제조회사나 모델에 상관없이 동일한 방법으로 초기화하고 구동할 수 있다.

⑤ 각 문자를 5×7(또는 5×10) 도트의 매트릭스 방식으로 표시하며, <표 4.4.1>에 정리한 바와 같이 표시행의 수와 1행당의 문자수에 따라 다양한 모델이 있다.

⑥ 일반적인 영문 ASCII 문자를 모두 표시(일본어를 포함하여 192 문자)할 수 있으며, 최대 8개까지의 사용자 정의 문자를 만들어 사용할 수도 있다.

⑦ 문자를 표시할 때 커서의 위치가 자동으로 증가하며, 커서를 임의의 위치로 이동시킬 수도 있다. 물론, 화면에서 커서를 보이거나 보이지 않게 설정할 수도 있다.

⑧ DD RAM과 CG RAM에 CPU가 데이터를 쓰는 것은 물론이고 그 내용을 읽어들일 수도 있다.

⑨ 백라이트 기능을 갖는 모델의 경우에는 어두운 곳에서도 화면을 선명하게 볼 수

있다. 그러나, 이중에서 LED를 사용한 백라이트형 모델은 소비전력이 상당히 크며, EL(Electro-Luminescence)이나 CCFL(Cold Cathode Fluorescent Lamp)형의 백라이트는 추가적인 장치를 요구하므로 이를 사용하려면 경제적 비용이 증가된다.

텍스트형 LCD 모듈은 콘트롤러가 일본에서 처음으로 상용화되었기 때문에 ASCII 문자는 물론 일본어 문자가 기본 표시문자로 포함되어 있으나, 현재는 이것이 세계 각국에서 기본적으로 사용하는 디스플레이 소자가 되었으므로 모델에 따라서는 일본어 문자 대신에 다른 특수문자의 표시 기능을 가지는 제품도 많이 출시되고 있다.

〈표 4.4.1〉 텍스트형 LCD 모듈의 종류

모 델	비 고
8문자×1행, 8문자×2행 16문자×1행, 16문자×2행, 16문자×4행 20문자×1행, 20문자×2행, 20문자×4행 24문자×1행, 24문자×2행, 24문자×4행 32문자×1행, 32문자×2행 40문자×1행, 40문자×2행, 40문자×4행	각 모델별로 백라이트형이 따로 있으며, 백라이트의 색에는 red, orange, amber, yellow, green 등이 있다. 최근까지 이러한 제품을 생산하였던 제조회사에는 현대 LCD, Powertip, Nanya 등이 있다.

〈표 4.4.2〉 현대 LCD의 텍스트형 LCD 모듈 제품

모 델	문자수 (열×행)	외형 칫수 (W×H×D mm)	표시부 칫수 (W×H mm)	문자 폰트 (W×H dot)	문자 크기 (W×H mm)	백라이트		
						없음	LED	EL
HC08201	8×2	40×35.4×9	30.4×13.9	5×7	2.95×4.15	○		
HC16101	16×1	80×36×10	64.5×13.8	5×10	3.15×7.90	○	○	○
HC16102	16×1	80×36×10	64.5×13.8	5×7	3.20×5.20	○	○	○
HC16201	16×2	84×44×11	61.0×16.0	5×7	2.95×4.85	○	○	○
HC16202	16×2	80×36×10	64.5×13.8	5×7	2.95×3.80	○	○	○
HC16203	16×2	122×44×11	99.0×24.0	5×7	4.84×8.06	○	○	○
HC16204	16×2	100×42×10.5	80.0×20.5	5×7	4.07×6.78	○		○
HC16205	16×2	85×29×10	64.5×13.8	5×7	2.95×3.80	○	○	○
HC16206	16×2	80×36×11	61.0×15.8	5×7	2.95×4.85	○		
HC16208	16×2	85×30×9.5	64.5×16.0	5×7	2.78×4.27	○		○
HC16209	16×2	84×44×11	63.5×15.8	5×7	2.96×4.86	○		○
HC16212	16×2	85×36×10.5	63.5×15.8	5×7	3.20×4.85	○		○
HC16218	16×2	100×47×10.5	80.0×20.5	5×7	4.07×6.78	○		○
HC16401	16×4	87×60×10	61.8×25.2	5×7	2.95×4.15	○	○	○
HC20101	20×1	111×46.5×10	84.0×13.0	5×7	3.20×5.20	○		○
HC20201	20×2	116×37×11	83.0×18.6	5×7	3.20×4.85	○	○	○
HC20202	20×2	116×39×10	83.0×18.8	5×7	3.20×4.85	○		○
HC20203	20×2	114×37×11	83.0×18.6	5×7	3.20×4.85	○	○	○
HC20401	20×4	98×60×10	76.0×25.2	5×7	2.95×4.15	○	○	○
HC24101	24×1	118×36×11	93.5×15.8	5×10	3.20×7.45	○	○	○
HC24102	24×1	126×36×11	100.0×13.8	5×7	3.07×5.76	○		○
HC24103	24×1	126×36×11	100.0×13.8	5×10	3.20×7.90	○		○
HC24201	24×2	118×36×11	93.5×15.8	5×7	3.20×4.85	○	○	○
HC24202	24×2	113×36×11	93.5×15.8	5×7	3.20×4.85	○		○
HC24203	24×2	116×28×8.0	85.0×13.0	5×7	2.95×3.80	○		○
HC24401	24×4	110×62×10	82.0×41.0	5×7	2.80×5.20	○		○
HC40101	40×1	182×33.5×11	152.5×16.5	5×10	3.20×7.45	○	○	○
HC40201	40×2	182×33.5×11	152.5×16.5	5×7	3.20×4.85	○	○	○
HC40401	40×4	190×54×10.5	147.0×29.5	5×7	2.80×4.29	○		○

2. 텍스트형 LCD 모듈의 구조

(1) 내부 구조

일반적으로 텍스트형 LCD 모듈의 내부는 콘트롤러, 드라이버, LCD 패널, 백라이트 유닛 등으로 구성되며, 개략적인 구조를 보이면 <그림 4.4.1>과 같다. 보통 콘트롤러와 드라이버는 각각 별도의 LSI로 되어 있으나, 요즈음에는 이 기능들을 일체형으로 만든 반도체 소자도 출시되고 있다.

여기서는 모든 기술적인 사양들을 현재 널리 사용되고 있는 삼성전자의 LCD 콘트롤러 S6A0069(옛 모델명 KS0066) 및 드라이버 S6A0065(옛 모델명 KS0065) 모델을 중심으로 설명한다. LCD 콘트롤러/드라이버에는 이와 유사한 기능을 가지는 모델들이 많은데 이것들은 <표 4.4.3>에 정리하였다. 그러나, 다른 모델들의 경우에도 삼성전자의 모델들과 크게 다르지 않으므로 프로그램할 때는 기능이 같은 것으로 간주하고 사용하더라도 별로 문제가 없다. 이들 소자의 데이터 시트는 분량이 매우 많으므로 이 책에 싣지 않고 저자와 출판사의 홈페이지 자료실 게시판에 제공하기로 한다.

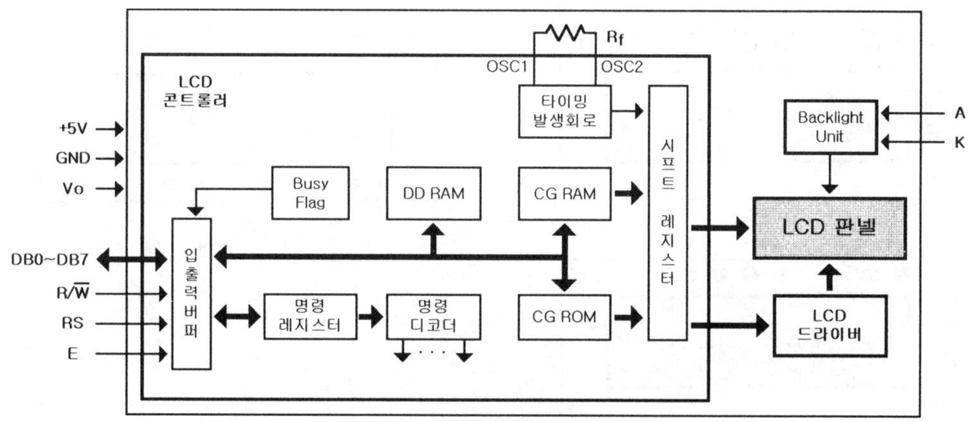

<그림 4.4.1> 텍스트형 LCD 모듈의 내부 구조

<표 4.4.3> 텍스트형 LCD 모듈의 콘트롤러 및 드라이버 LSI

반도체 회사	LCD 콘트롤러	LCD 드라이버
삼성전자	S6A0069(구 모델 KS0066)	S6A0065(구 모델 KS0065)
Hitachi	HD44780U	HD44100
Epson	SED1278	SED1181
Sitronix	ST7066	ST7065
Novatek	NT3881	NT3882

LCD 콘트롤러의 내부에는 표시할 문자 데이터를 저장하는 DD RAM, 이들 문자 코드를 실제로 표시할 문자 폰트로 변환하는 CG ROM, 사용자 정의 문자를 저장하는 CG RAM 등의 메모리를 내장하고 있다. 또한, LCD 모듈을 초기화하거나 제어하는데 사용되는 명령을 저장하는 명령 레지스터 및 이를 해독하는 명령 해독기가 있으며, 각 문자의 폰트를 시프트 레지스터에 의하여 수평 구동신호와 수직 구동신호로 변환하는 회로를 내장하고 있다.

LCD 모듈의 내부 동작을 위한 클록은 외부에서 OSC1 단자로 공급될 수도 있으나 대부분은 OSC1 및 OSC2 단자에 저항 Rf를 접속함으로써 내장된 클록발생회로에 의하여 만들어진다. +5V 전원을 사용하는 대부분의 LCD 모듈에서는 Rf = 91[kΩ]을 접속하여 발진 주파수를 270[kHz]로 사용한다.

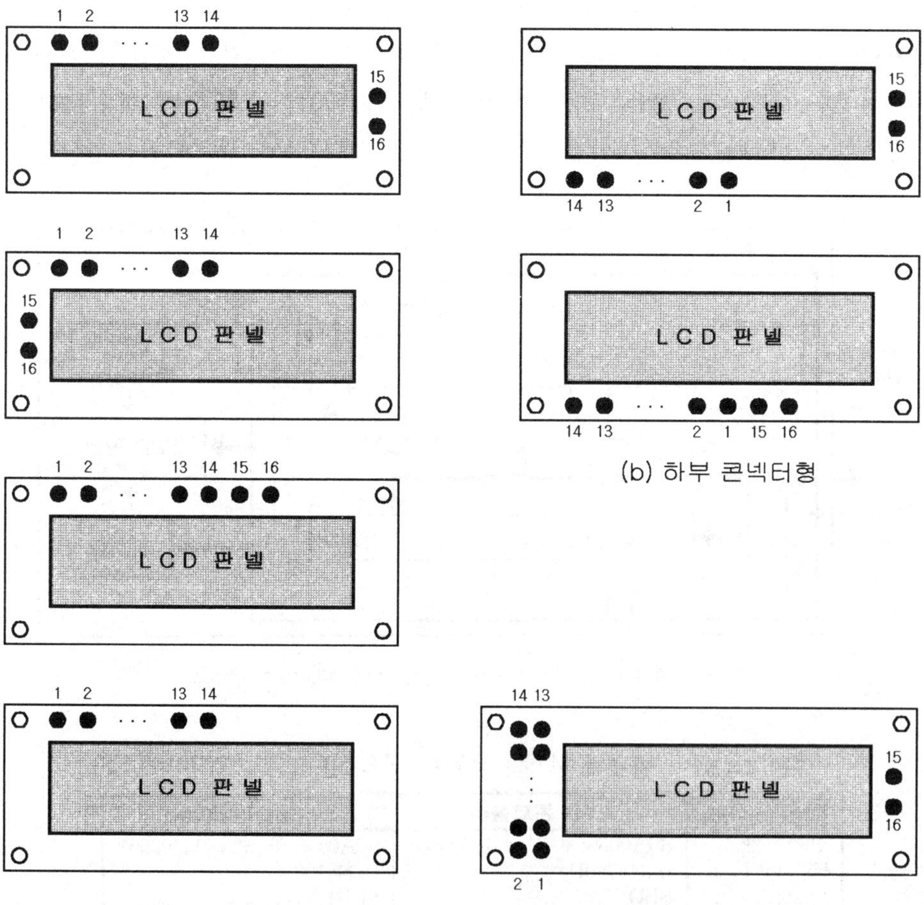

(a) 상부 콘넥터형

(b) 하부 콘넥터형

(c) 좌측 콘넥터형

〈그림 4.4.2〉 텍스트형 LCD 모듈의 외부 구조

(2) 외부 구조

텍스트형 LCD 모듈의 외부 구조에는 여러가지의 형태가 있으나 이것들을 정리하면 대체로 <그림 4.4.2>와 같은 3가지로 나눌 수 있다. 상부 콘넥터형은 텍스트형 LCD 모듈에서 가장 많이 사용되는 형태로서 14핀의 콘넥터가 좌측 상단에 위치하며, 백라이트가 있는 모델의 경우에는 이를 위한 2개의 핀이 LCD 모듈의 우측 또는 좌측편에 위치한다. 그러나, 나중에 백라이트 단자가 14핀 콘넥터에 나란히 이어서 16핀으로 구성되는 형태(현대 LCD의 HC16202NY-LY는 여기에 해당함)도 출시되었고, 현재는 별도의 백라이트 단자가 없이 14핀의 콘넥터 중에서 +5V 및 GND 단자를 통하여 LED 백라이트의 전원까지 공급되는 모델도 나오고 있다. *OK-7S256* 키트에서는 상부 콘넥터형을 사용한다.

하부 콘넥터형은 LCD 모듈의 하단에 콘넥터가 위치하며, 대부분의 경우 오른쪽에서부터 1번 핀이 시작되는 것에 유의해야 한다. 요즈음에는 백라이트 단자를 포함한 16핀이 일렬로 배열되어 있으면서도 여기에 다시 좌측 또는 우측에 백라이트 단자인 15번 및 16번 핀이 중복하여 달려있는 모델도 있고, 하나의 모델에서 상부 콘넥터형과 하부 콘넥터형의 핀들을 모두 가지고 있는 제품도 출시되고 있다. 또한, 이들중에서 LED 백라이트 단자가 좌측 또는 우측에 있는 경우 15번(A) 및 16번(K) 핀이 이 그림에서와 달리 상하가 서로 반대로 되어있는 모델도 종종 있으니 주의해야 한다.

〈표 4.4.4〉 텍스트형 LCD 모듈 인터페이스 콘넥터 핀의 기능

핀	신호명	기 능	
1	Vss	전원 GND	
2	Vdd	전원 +5V	
3	V_O	화면밝기 제어 동작전압, operating voltage (Vdd−V_O = 4.2~4.6V)	
4	R_S	Register Select (1 = data register, 0 = instruction register)	
5	$R/\overline{W}$	Read/Write (1 = CPU ← LCD, 0 = CPU → LCD)	
6	E	Enable signal for read/write LCD	
7	DB0	(LSB)	
8	DB1		
9	DB2		
10	DB3	데이터 버스	
11	DB4	(4비트 인터페이스 모드에서는 DB7~DB4를 사용)	
12	DB5		
13	DB6		
14	DB7	(MSB)	
15	A/EL1	Anode : +LED(LED backlight용 전원 +3.9~4.4V)	EL 단자 1
16	K/EL2	Cathode : −LED(LED backlight용 전원의 GND)	EL 단자 2

☞ V_O에는 주로 낮은 전압을 인가할수록 화면이 선명하게 표시되며 대체로 GND 레벨이면 무난하다.
☞ 4비트로 인터페이스하는 경우 DB7~DB4에는 상위 니블과 하위 니블의 순서로 데이터를 전송한다.

텍스트형 LCD 모듈을 마이크로프로세서와 인터페이스하기 위한 14핀 콘넥터 및 백라이트 기능이 있는 모델의 경우에 추가되는 2개의 백라이트용 전원 단자를 요약하면 <표 4.4.4>와 같다. 여기서, LED 백라이트형인 경우에는 15번 및 16번 핀이 각각 애노드(A ; Anode) 및 캐소드(K ; Cathode) 단자로 사용되지만, EL 백라이트형인 경우에는 이것들이 백라이트용의 교류전원 단자로 사용된다.

LCD 모듈에 외부에서 전원을 접속하는 방법의 예를 보이면 <그림 4.4.3>과 같다. 여기서 Vo는 화면의 밝기를 제어하는 단자로서 대부분 부전압(-)을 인가할수록 표시화면이 또렷해지는데, 대체로 Vdd-Vo = 4.2~4.6[V]가 적정한 수준이므로 그림의 (a)보다는 (b)처럼 처리하는 경우가 많으며, V_R=10[kΩ]~20[kΩ] 정도로 사용한다. 이를 더욱 간단히 하려면 Vo 단자를 수백[Ω] 정도의 저항을 통하여 GND에 풀다운시키면 된다. 그러나, 이렇게 하면 LCD 모듈의 모델에 따라 저항값이 다소 달라지는 경우가 있으므로 사용자가 화면을 보면서 시행착오법으로 이 저항값을 선정하여야 한다.

LED 백라이트에서는 전원에 직렬로 저항을 사용하는 방법이 일반적이지만, 백라이트용으로 +5V의 안정된 전원을 사용하는 경우에는 그림의 (c)처럼 직렬로 다이오드를 1개 연결하면 쉽게 백라이트 전원의 사양을 만족시킬 수 있는 좋은 방법이 된다.

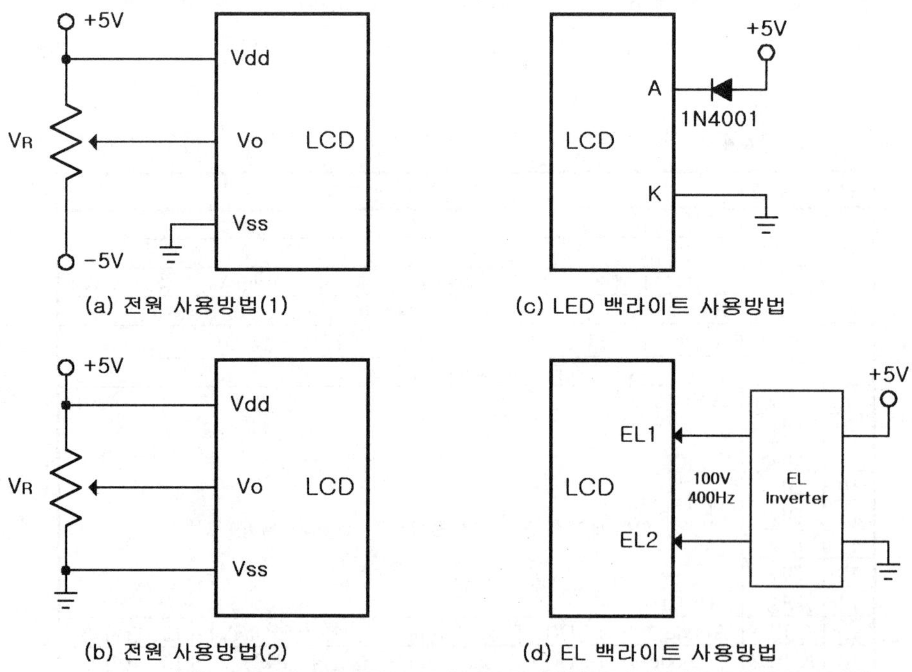

〈그림 4.4.3〉 텍스트형 LCD 모듈의 전원 접속 방법

그러나, EL 백라이트형 LCD 모듈의 경우에는 약 100V$_{AC}$/400Hz의 교류전원을 필요로 하므로 그림의 (d)에서처럼 EL 백라이트용의 인버터를 추가로 사용해야 한다. 이러한 인버터는 소형으로 +5V 직류 입력에 100V$_{AC}$/400Hz 정도의 교류 출력을 갖는 제품들이 판매되고 있다.

(3) 동작 타이밍

LCD 모듈을 마이크로프로세서와 접속할 때는 각 제어신호의 동작 타이밍을 세심하게 고려하여야 한다. LCD 모듈은 일반적인 주변 LSI들에 비하여 제어신호의 동작이 다소 특이하고 동작시간이 상당히 느린 편이므로 이를 마이크로프로세서에 접속할 때는 인터페이스 회로를 주의하여 설계하여야 한다.

LCD 모듈의 리드 및 라이트 동작시의 타이밍도를 보이면 <그림 4.4.4>와 같다. 여기서 표시된 타이밍값은 LCD 콘트롤러로서 Hitachi사의 HD44780U를 사용한 경우지만, 이 값들은 삼성전자의 S6A0069, Epson의 SED1278, Sitronix의 ST7066 등도 거의 유사하다.(그러나, 매우 오래된 HD44780S 모델은 동작이 이보다 훨씬 느리다.)

특히, 텍스트형 LCD 모듈의 타이밍에서 주의할 사항은 액세스 시간이 길어서 최소한 인가해 주어야 하는 R/$\overline{\text{W}}$ 신호폭이 상당히 넓으므로 대부분의 마이크로프로세서에서 여러 개의 웨이트 사이클을 주어야 하며, 인에이블 신호 E에는 보통 칩선택 신호를 정논리로 하여 사용하므로 이보다 앞과 뒤로 펄스폭이 길어야 되는 R/$\overline{\text{W}}$ 신호에는 CPU의 $\overline{\text{WR}}$ 신호를 그대로 사용하면 동작 타이밍이 맞지 않는다는 것이다. 이러한 까다로운 타이밍 조건 때문에 대부분의 마이크로프로세서에서는 어드레스 디코더의 출력과 $\overline{\text{RD}}$ 및 $\overline{\text{WR}}$ 신호를 모두 조합하여 E 신호를 만들고, LCD 모듈의 Rs 및 R/$\overline{\text{W}}$ 신호에는 각각 CPU의 어드레스 신호 A1, A0을 사용하는 것이 좋다. 따라서, 이렇게 하면 LCD 모듈은 동일한 I/O 번지에서 리드/라이트 동작을 수행하는 것이 아니라 리드 번지와 라이트 번지가 별도로 정해진다. *OK-7S256* 키트에서는 LCD 모듈에 항상 라이트 동작만 수행하므로 R/$\overline{\text{W}}$ 신호에는 GND를 연결하였다.

그러나, DSP나 AVR과 같은 고성능 마이크로프로세서에서는 시스템 클록 주파수가 높고 CPU의 동작이 매우 빠르기 때문에 이런 방법도 사용하기 곤란하며, 이 경우에는 병렬 I/O 포트를 사용하여 인터페이스하는 것이 바람직하다. 이 책의 *OK-7S256* 키트에서는 AT91SAM7S256의 병렬 I/O 포트에 LCD 모듈을 인터페이스하여 모든 신호의 타이밍을 병렬 데이터 출력으로 처리하므로 이런 문제가 없다.

동작 모드	타이밍	기호	Min.	Typ.	Max.	단위
Write Operation	Enable cycle time	t_{cycE}	500	-	-	ns
	Enable high level width	PW_{EH}	230	-	-	
	Enable rise/fall time	t_{Er}, t_{Ef}	-	-	20	
	Address setup time(Rs, R/$\overline{W}$, E)	t_{AS}	40	-	-	
	Address hold time (Rs, R/$\overline{W}$, E)	t_{AH}	10	-	-	
	Data setup time	t_{DSW}	80	-	-	
	Data hold time	t_H	10	-	-	
Read Operation	Enable cycle time	t_{cycE}	500	-	-	ns
	Enable high level width	PW_{EH}	230	-	-	
	Enable rise/fall time	t_{Er}, t_{Ef}	-	-	20	
	Address setup time(Rs, R/$\overline{W}$, E)	t_{AS}	40	-	-	
	Address hold time (Rs, R/$\overline{W}$, E)	t_{AH}	10	-	-	
	Data delay time	t_{DDR}	-	-	160	
	Data hold time	t_{DHR}	5	-	-	

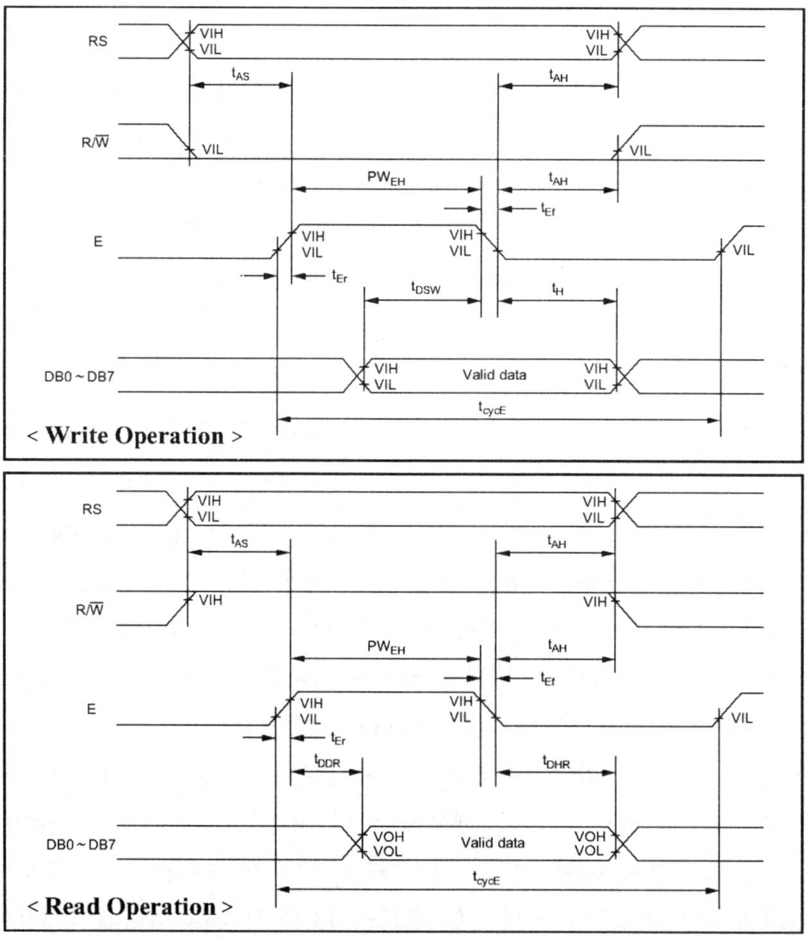

〈그림 4.4.4〉 텍스트형 LCD 모듈의 동작 타이밍

3. 텍스트형 LCD 모듈의 프로그래밍

(1) 제어 명령

텍스트형 LCD 모듈을 사용하기 위한 제어 명령(Instruction 또는 Command)을 정리하면 <표 4.4.5>와 같다. 이들 명령은 마이크로프로세서가 LCD 모듈을 초기화하거나 제어하는 프로그램에서 사용되며 데이터 버스 DB0~DB7을 통하여 전송된다.

LCD 모듈이 각 명령을 받아 이를 실행하는데는 지정된 길이의 시간이 필요하므로 CPU는 그 다음의 명령이나 데이터를 보내기 전에 충분히 시간지연을 주어 대기하거나, 또는 LCD 모듈의 상태를 읽고 busy flag을 조사하여 앞에서 전송한 제어 명령의 실행이 완료되었는지의 여부를 확인하여야 한다. 이 표에 표시된 실행시간은 LCD 콘트롤러로서 Hitachi사의 HD44780U를 f_{osc}=270kHz에서 사용한 경우지만, 이 값들은 삼성전자의 S6A0069, Epson의 SED1278, Sitronix의 ST7066 등도 거의 유사하다.(이 동작 시간은 매우 오래된 HD44780S를 사용한 모델에서도 이와 거의 유사하다.)

〈표 4.4.5〉 텍스트형 LCD 모듈의 제어 명령표

기 능	제어 신호		제 어 명 령								실행 시간 (Max.)
	Rs	R/$\overline{W}$	DB7	DB6	DB5	DB4	DB3	DB2	DB1	DB0	
① Clear display	0	0	0	0	0	0	0	0	0	1	1.52 ms
② Return home	0	0	0	0	0	0	0	0	1	-	1.52 ms
③ Entry mode set	0	0	0	0	0	0	0	1	I/D	S	37 μs
④ Display ON/OFF control	0	0	0	0	0	0	1	D	C	B	37 μs
⑤ Cursor or display shift	0	0	0	0	0	1	S/C	R/L	-	-	37 μs
⑥ Function set	0	0	0	0	1	DL	N	F	-	-	37 μs
⑦ Set CG RAM address	0	0	0	1	CG RAM address						37 μs
⑧ Set DD RAM address	0	0	1	DD RAM address							37 μs
⑨ Read busy flag and address	0	1	BF	Address Counter							0 μs
Data write to CG RAM or DD RAM	1	0	write data								41 μs
Data read from CG RAM or DD RAM	1	1	read data								41 μs

☞ -는 Don't care 비트를 나타냄. 여기서 각 명령 동작의 실행시간은 f_{osc}=270kHz일 경우임.

① Clear display

모든 DD RAM 번지에 공백 문자(20H)를 써서 화면 전체를 지우고, 어드레스 카운터(address counter)를 DD RAM 어드레스 00H로 하여 커서를 home 위치로 한다. 또한 이 명령은 엔트리 모드에서 I/D=1로 강제 설정하는 기능을 포함한다.

② Return home

DD RAM의 내용은 변경하지 않고 어드레스 카운터를 00H로 하여 커서만을 home

위치로 보낸다.

③ Entry mode set

CPU가 LCD 모듈에 데이터를 리드하거나 라이트할 경우에 DD RAM 어드레스 즉 커서의 위치를 오른쪽으로 증가시킬 것인가(I/D=1) 왼쪽으로 감소시킬 것인가(I/D=0)를 결정하며, 또 이때 화면을 시프트할 것인지(S=1) 아닌지(S=0)를 지정한다.

④ Display ON/OFF control

현재 DD RAM의 내용이 화면에 표시되도록 ON/OFF하거나(D), 커서를 ON/OFF하거나(C), 커서를 깜박이게 할 것인지(B)의 여부를 지정한다. 커서가 깜빡이는 시간 간격은 f_{osc}=270kHz에서 약 380ms 정도이다.

⑤ Cursor or display shift

화면표시 내용은 변경하지 않는 상태에서 화면(S/C=1) 또는 커서(S/C=0)를 오른쪽(R/L=1) 또는 왼쪽(R/L=0)으로 시프트하도록 지정한다.

⑥ Function set

CPU와의 인터페이스에서 데이터의 길이를 8비트(DL=1) 또는 4비트(DL=0)로 지정하고, 화면표시 행수를 2행(N=1) 또는 1행(N=0)으로 지정하며, 문자의 폰트를 5×11 도트(F=1, 실제 표시는 5×10 도트) 또는 5×8 도트(F=0, 실제 표시는 5×7 도트)로 지정한다.

◀참고▶ CPU와 4비트 방식으로 인터페이스할 경우에는 DB4~DB7을 사용하며, 상위 4비트를 먼저 전송하고 하위 4비트를 나중에 전송해야 한다. 또한, 외형적으로 16문자×1행으로 되어 있는 LCD 모듈은 소프트웨어적으로 8문자×2행의 구조를 가지므로 N=1로 설정해야 하는데 유의하라.

⑦ Set CG RAM address

CG RAM의 어드레스를 지정한다. 이후에 송수신하는 데이터는 CG RAM의 데이터이다.

⑧ Set DD RAM address

DD RAM의 어드레스를 지정한다. 이후에 송수신하는 데이터는 DD RAM의 데이터이다.

⑨ Read busy flag & address

LCD 모듈이 내부 동작중임을 나타내는 busy flag(BF) 및 어드레스 카운터의 내용을 리드한다. LCD 모듈이 각 제어 코드를 실행하는데는 지정된 시간이 필요하므로

CPU는 다음 제어 코드를 보내기 전에 충분히 시간지연을 주어 대기하는 방법을 사용할 수도 있으며, CPU가 이 BF를 읽어서 이것이 1로 표시되어 있는 경우에는 계속 기다리고 0인 경우에는 다음 제어 코드를 보내는 방법을 사용하면 보다 효율적인 처리가 가능하다.

▣ 초기화 프로그래밍 순서 - 8비트 인터페이스의 경우

CPU와 텍스트형 LCD 모듈 사이에 8비트 데이터 버스를 사용하여 인터페이스한 경우에 LCD 모듈에 전원을 투입하고 나서 이를 초기화하여 사용하는 과정을 요약하면 다음과 같다.

① 전원을 투입하거나 리셋 스위치를 누른다.
② 초기화를 수행하기 전에 최소한 30 ms 이상을 기다린다.
③ Function set 명령(0011****B)을 보내고, 4.1ms 이상을 기다린 후에 다시 Function set 명령(0011****B)을 보내며, 100µs 이상을 기다린 후에 다시 한번 Function set 명령(0011****B)을 보낸다. 이상의 3회 라이트 동작에서는 비지 체크를 수행하면 안된다.(*는 don't care)
④ Function set 명령(0011XX00B)을 보낸다.
⑤ Display ON/OFF control 명령(00001XXXB)을 보낸다.
⑥ Entry mode set 명령(000001XXB)을 보낸다.
⑦ DD RAM 어드레스를 보낸다.
⑧ 표시할 문자 데이터를 보낸다.
⑨ 필요할 경우 ⑦~⑧의 과정을 반복한다.

◀참고▶ 텍스트형 LCD 모듈이 리셋되고 나서 내부적인 준비를 마치고 동작을 개시하려면 LCD 모듈에 따라 약 15~30 ms가 소요되므로 전원 투입후나 리셋 후에 최초의 초기화 명령을 보내기 전에는 충분한 시간 지연을 주어야 한다. +3.3V형 LCD 모듈에서는 이 시간이 40~50 ms정도에 달하는 것도 있다. 이렇게 리셋 후에 약간의 대기시간을 필요로 하는 것은 82C55A와 같은 주변 LSI에서도 필요한데, 이러한 현상은 각 소자들이 리셋신호를 인식하는 전압레벨이 다르거나 리셋후의 동작과정이 소자마다 다른데 기인한다. 이 때문에 시스템 부팅시에는 최소한 50 ms 정도의 충분한 시간 지연을 주는 것이 바람직하다.

◀참고▶ 위에서 ③번의 초기화 처리과정은 HD44780U, SED1278, ST7066 등에서만 해당된다. 그러나, 삼성전자의 S6A0069(또는 KS0066) LCD 콘트롤러에서는 이를 개선하였기 때문에 ③번 항목이 필요없으므로 생략한다. 이는 아래에서 설명하는 4비트 인터페이스의 경우에도 동일하게 적용된다.

◀참고▶ 텍스트형 LCD 모듈에 전원이 인가되었으나 초기화가 올바르게 되지 않은 상태에서는 첫번째 행의 모든 문자들이 검은 색으로 표시된다.

▣ 초기화 프로그래밍 순서 - 4비트 인터페이스의 경우

CPU와 텍스트형 LCD 모듈 사이에 4비트 데이터 버스를 사용하여 인터페이스한 경우에 LCD 모듈에 전원을 투입하고 나서 이를 초기화하여 사용하는 과정을 요약하면 다음과 같다.

① 전원을 투입하거나 리셋 스위치를 누른다.
② 초기화를 수행하기 전에 최소한 30 ms 이상을 기다린다.
③ Function set 명령(0011****B)을 보내고, 4.1ms 이상을 기다린 후에 다시 Function set 명령(0011****B)을 보내며, 100μs 이상을 기다린 후에 다시 한번 Function set 명령(0011****B)을 보낸다. 이상의 3회 라이트 동작에서는 비지 체크를 수행하면 안된다.(*는 don't care)
④ Function set 명령(0010****B)을 8비트로 보낸다.
⑤ Function set 명령(0010XX00B)을 상위 4비트와 하위 4비트로 나누어 각각 DB7~DB4로 보낸다.
⑥ Display ON/OFF control 명령(00001XXXB)을 상위 4비트와 하위 4비트로 나누어 각각 DB7~DB4로 보낸다.
⑦ Entry mode set 명령(000001XXB)을 상위 4비트와 하위 4비트로 나누어 각각 DB7~DB4로 보낸다.
⑧ DD RAM 어드레스를 상위 4비트와 하위 4비트로 나누어 각각 DB7~DB4로 보낸다.
⑨ 표시할 문자 데이터를 상위 4비트와 하위 4비트로 나누어 각각 DB7~DB4로 보낸다.
⑩ 필요할 경우 ⑧~⑨의 과정을 반복한다.

◀참고▶ LCD 모듈이 리셋되고 나면 이것은 디폴트(default)로 8비트 인터페이스 모드로 동작하므로 ④에서 라이트한 Function set 명령은 LCD 모듈이 비록 상위 4비트만을 받았더라도 8비트 모드로 처리된 것이다. 따라서, LCD 모듈이 이 명령의 하위 4비트까지 받도록 하려면 ⑤에서처럼 처음부터 4비트씩 다시 보내야만 한다. 이후의 모든 명령이나 데이터는 1바이트를 상위 4비트와 하위 4비트로 나누어 2차례에 전송해야 한다.

(2) DD RAM 어드레스

텍스트형 LCD 모듈의 DD RAM은 표시할 문자들의 ASCII 코드 데이터가 저장되는 내부 메모리이며 모두 80개의 번지가 있는데, 화면의 각 행과 열의 문자 위치에는 고유한 어드레스값이 부여되어 있다.

그런데, 첫번째 행은 DD RAM 어드레스가 00H부터 시작되고 2번째 행은 항상 40H부터 시작되므로, LCD 모듈이 2행 이상으로 구성되는 경우에 각 행과 행 사이에는 어드레스가 연속하여 있지 않게 되어 주의하여야 한다. 또한, 물리적으로 4행으로 되어 있는 LCD 모듈은 어드레스가 1행과 3행이 이어져 있고 2행과 4행이 이어져 있어서 논리적으로는 2행으로 동작한다.

텍스트형 LCD 모듈의 각 모델에 따라 표시 문자의 위치에 대한 DD RAM의 어드레스를 보이면 <그림 4.4.5>와 같다.

	1															16
1행	00	01	02	03	04	05	06	07	40	41	42	43	44	45	46	47

(a) 16문자×1행 (☞ 2행인 것처럼 설정할 것.)

제1행	00	01	02	03	04	05	06	07	08	09	0A	0B	0C	0D	0E	0F
제2행	40	41	42	43	44	45	46	47	48	49	4A	4B	4C	4D	4E	4F

(b) 16문자×2행

제1행	00	01	02	03	04	05	06	07	08	09	0A	0B	0C	0D	0E	0F
제2행	40	41	42	43	44	45	46	47	48	49	4A	4B	4C	4D	4E	4F
제3행	10	11	12	13	14	15	16	17	18	19	1A	1B	1C	1D	1E	1F
제4행	50	51	52	53	54	55	56	57	58	59	5A	5B	5C	5D	5E	5F

(c) 16문자×4행

	1																			20
제1행	00	01	02	03	04	05	06	07	08	09	0A	0B	0C	0D	0E	0F	10	11	12	13
제2행	40	41	42	43	44	45	46	47	48	49	4A	4B	4C	4D	4E	4F	50	51	52	53

(d) 20문자×2행

제1행	00	01	02	03	04	05	06	07	08	09	0A	0B	0C	0D	0E	0F	10	11	12	13
제2행	40	41	42	43	44	45	46	47	48	49	4A	4B	4C	4D	4E	4F	50	51	52	53
제3행	14	15	16	17	18	19	1A	1B	1C	1D	1E	1F	20	21	22	23	24	25	26	27
제4행	54	55	56	57	58	59	5A	5B	5C	5D	5E	5F	60	61	62	63	64	65	66	67

(e) 20문자×4행

	1																							24
제1행	00	01	02	03	04	05	06	07	08	09	0A	0B	0C	0D	0E	0F	10	11	12	13	14	15	16	17
제2행	40	41	42	43	44	45	46	47	48	49	4A	4B	4C	4D	4E	4F	50	51	52	53	54	55	56	57

(f) 24문자×2행

	1																							40
제1행	00	01	02	03	04	05	06	07	08	09	0A	0B	0C	0D	0E	0F	10	11	12	13		25	26	27
제2행	40	41	42	43	44	45	46	47	48	49	4A	4B	4C	4D	4E	4F	50	51	52	53		65	66	67

(g) 40문자×2행

〈그림 4.4.5〉 텍스트형 LCD 모듈의 DD RAM 어드레스

〈그림 4.4.6〉 텍스트형 LCD 모듈의 표시문자 세트

(3) 표시 문자 세트

텍스트형 LCD 모듈에서 화면에 표시할 수 있는 문자의 종류와 그 코드값을 보이면 <그림 4.4.6>과 같다. 표시 가능한 문자들중에는 대부분의 ASCII 도형문자들이 포함되며, 기타 일본어 가나문자와 몇가지의 특수문자들이 포함된다. 그러나, 요즈음에는 대부분의 LCD 콘트롤러에서 일본어가 사용되던 위치에 다른 특수문자 세트를 가지는 여러가지 버전이 판매되고 있으며, 이러한 경우에도 00H~0FH의 사용자 정의문자 영역과 20H~7DH의 ASCII 문자 영역은 항상 동일한 구조를 갖는다.

문자 코드의 00H~0FH의 영역에는 64바이트의 CG RAM이 내장되어 있어서 사용자 정의문자를 저장하여 사용할 수 있다. 여기에는 최대 8문자(5×7 도트의 경우) 또는 4문자(5×10 도트의 경우)까지 사용자가 폰트를 정의할 수 있는데, 이는 당연히 전원이 투입된 후에 사용자에 의하여 새로 정의되어야 유효하므로 전원을 끄고나면 사용자 정의 문자는 모두 소실되어 기억되지 않는다.

◀참고▶ 코드 영역 E0H~FFH는 5×10 도트용의 문자를 정의하는 영역인데, 여기서 g, j, p, q, y는 영문의 알파벳 소문자와 같으나, 원래의 알파벳의 소문자에서는 문자의 폰트를 5×7 도트로 사용하는데 비하여 이 문자들은 5×10 도트를 사용하므로 다른 일반 문자들보다 아래쪽으로 약간 길어지는 점이 다르다. 그러나, 이 문자들을 5×7 도트형의 LCD 모듈에서 사용하면 아래 부분이 모두 잘려서 보이지 않게 된다.

(4) 사용자 정의 문자

앞에서도 설명한 바와 같이 텍스트형 LCD 모듈에는 LCD 콘트롤러가 내장되어 있는데, 이것의 내부에는 각종 제어회로와 DD RAM, CG ROM, CG RAM 등의 메모리를 함께 가지고 있다. CG ROM에는 모두 192개(일본어형) 또는 240개(유럽형)의 기본 문자 폰트(character font)를 가지고 있어서 사용자가 화면에 표시하고자 하는 문자 코드를 DD RAM에 써주기만 하면 이것에 해당하는 폰트가 자동으로 CG ROM에서 찾아져서 화면에 디스플레이된다.

그러나, 이처럼 CG ROM에 지정된 기본 문자 이외의 문자를 화면에 표시하려면 사용자 정의문자를 만들어 사용할 수 있는데, 이와 같이 사용자 정의문자를 지정하는데 사용하는 메모리가 CG RAM이며, 이 CG RAM에는 5×7 도트를 사용하는 경우에 최대 8문자까지 정의할 수 있고, 5×10 도트의 경우에는 최대 4문자까지 정의하여 사용할 수 있다. 사용자 정의문자는 <그림 4.4.6>의 00H~0FH 영역에 할당되어 있는데 1문자가 2개의 코드 영역을 차지하므로 실제 코드값은 00H~07H(또는 08H~0FH)로 사용한다.

〈표 4.4.6〉 텍스트형 LCD 모듈에서의 사용자 정의문자 지정방법

문자 코드(DD RAM data)	CG RAM address	CG RAM data(문자 폰트)
7 6 5 4 3 2 1 0	X X 5 4 3 2 1 0	7 6 5 4 3 2 1 0
0 0 0 0 X 0 0 0	0 1 0 0 0 0 0 0	X X X 0 1 0 0 0
	0 0 1	X X X 0 1 1 0 0
	0 1 0	X X X 0 1 1 1 0
	0 1 1	X X X 0 1 1 1 1
	1 0 0	X X X 0 1 1 1 0
	1 0 1	X X X 0 1 1 0 0
	1 1 0	X X X 0 1 0 0 0
	1 1 1	X X X 0 0 0 0 0
0 0 0 0 X 0 0 1	0 1 0 0 1 0 0 0	X X X 0 1 1 1 1
	0 0 1	X X X 0 1 0 0 1
	0 1 0	X X X 0 1 0 0 1
	0 1 1	X X X 0 1 0 0 1
	1 0 0	X X X 0 1 0 0 1
	1 0 1	X X X 0 1 0 0 1
	1 1 0	X X X 0 1 1 1 1
	1 1 1	X X X 0 0 0 0 0
0 0 0 0 X 0 1 0	0 1 0 1 0 0 0 0	X X X 0 1 0 0 0
	0 0 1	X X X 0 1 0 0 0
	0 1 0	X X X 0 1 0 0 0
	0 1 1	X X X 0 1 1 1 0
	1 0 0	X X X 0 1 0 0 0
	1 0 1	X X X 0 1 0 0 0
	1 1 0	X X X 0 1 0 0 0
	1 1 1	X X X 0 0 0 0 0
0 0 0 0 X 0 1 1	0 1 0 1 1 0 0 0	X X X 0 0 0 0 1
	0 0 1	X X X 0 0 0 1 0
	0 1 0	X X X 0 0 1 0 0
	0 1 1	X X X 0 1 0 0 0
	1 0 0	X X X 0 0 0 0 0
	1 0 1	X X X 0 0 0 0 0
	1 1 0	X X X 0 1 1 1 1
	1 1 1	X X X 0 0 0 0 0
0 0 0 0 X 1 0 0	0 1 1 0 0 0 0 0	X X X 1 0 0 0 0
	0 0 1	X X X 0 1 0 0 0
	0 1 0	X X X 0 0 1 0 0
	0 1 1	X X X 0 0 0 1 0
	1 0 0	X X X 0 0 0 0 0
	1 0 1	X X X 0 0 0 0 0
	1 1 0	X X X 1 1 1 1 0
	1 1 1	X X X 0 0 0 0 0
0 0 0 0 X 1 0 1	0 1 1 0 1 0 0 0	X X X 0 1 1 1 1
	0 0 1	X X X 0 1 0 0 0
	0 1 0	X X X 0 1 0 0 0
	0 1 1	X X X 0 1 1 1 1
	1 0 0	X X X 0 1 0 0 0
	1 0 1	X X X 0 1 0 0 0
	1 1 0	X X X 0 1 1 1 1
	1 1 1	X X X 0 0 0 0 0
0 0 0 0 X 1 1 0	0 1 1 1 0 0 0 0	X X X 0 0 1 0 0
	0 0 1	X X X 0 0 1 0 0
	0 1 0	X X X 0 0 1 0 0
	0 1 1	X X X 1 1 1 0 0
	1 0 0	X X X 0 0 1 0 0
	1 0 1	X X X 0 0 1 0 0
	1 1 0	X X X 0 0 1 0 0
	1 1 1	X X X 0 0 0 0 0
0 0 0 0 X 1 1 1	0 1 1 1 1 0 0 0	X X X 0 0 0 1 0
	0 0 1	X X X 0 0 1 1 0
	0 1 0	X X X 0 1 1 1 0
	0 1 1	X X X 1 1 1 1 0
	1 0 0	X X X 0 1 1 1 0
	1 0 1	X X X 0 0 1 1 0
	1 1 0	X X X 0 0 0 1 0
	1 1 1	X X X 0 0 0 0 0

☞ 여기서 X는 don't care를 의미함.

CG RAM에 사용자 정의문자의 폰트를 작성해 넣으려면 초기화 과정에서 문자 코드와 문자 폰트를 <표 4.4.6>에 나타낸 방법으로 미리 설정해 두는 것이 좋다. 텍스트형 LCD 모듈의 CG RAM에 프로그램으로 실제 사용자 정의문자의 폰트를 작성해 넣는 방법을 요약하면 다음과 같다.

① 사용자 정의문자 코드는 00H~0FH 영역에 해당되며, 이중에서 아래의 3비트만 유효하고 b3은 don't care이므로 실제 코드값은 00H~07H(또는 08H~0FH)로 지정해야 한다.

② 이 문자 코드의 아래 3비트 b2~b0는 그대로 CG RAM 어드레스의 b5~b3에 대응되고 CG RAM 어드레스의 그 나머지 비트 b2~b0에 의하여 문자코드 1개당 8개의 번지가 할당된다. <표 4.4.5>에서 보였던 바와 같이 CG RAM 어드레스를 지정하는 명령의 상위 2비트는 무조건 b7 = 0, b6 = 1로 된다.

③ 따라서, 예를 들어 문자코드 00H의 문자폰트를 써넣으려면 먼저 CG RAM의 어드레스 지정 명령 40H(=01000000B)를 instruction 번지(Rs=0)에 쓰고, 다음에 8개의 CG RAM 데이터를 순서대로 data 번지(Rs=1)에 쓴다.(여기서, CG RAM의 어드레스는 Entry mode set 명령에서 커서를 증가시키는 방향으로 설정하였다면 자동으로 1씩 증가되므로 8개의 폰트 데이터를 순서대로 써넣으면 되는 것이다.)
마찬가지로 문자코드 01H의 문자폰트를 써넣으려면 먼저 CG RAM의 어드레스 지정 명령 48H(=01001000B)를 instruction 번지(Rs=0)에 쓰고, 다음에 8개의 CG RAM 데이터를 순서대로 data 번지(Rs = 1)에 쓴다.

④ 문자 폰트 데이터는 도트(dot)를 검게 표시하고 싶은 부분의 비트를 1로 하고 공백부분은 0으로 한다. 5×8 도트의 경우에 마지막인 8번째 줄은 커서가 나타나는 위치로서 일반적으로 문자 표시에는 사용하지 않으므로 모두 0으로 한다. 이렇게 하면 실제의 문자 폰트는 5×7 도트로 구성된다.

⑤ <표 4.4.6>에서의 예는 문자코드 00H~07H 영역에 차례로 8개의 문자 “▶”, “ㅁ”, “ㅏ”, “스”(2문자), “ㅌ”, “ㅓ”, “◀”의 폰트를 설정하는 경우를 보인 것이다.

◀휴게실▶ 텍스트형 및 그래픽형 LCD 모듈의 근본적인 차이

텍스트형 LCD 모듈과 그래픽형 모듈의 근본적인 차이점은 무엇일까? 이것은 아주 간단한 이야기지만, 사용자들이 이를 잘 구분하지 못하는 경우를 의외로 자주 보게 된다. 이를 분명히 알아두는 것이 LCD 모듈을 공부하는데 매우 중요한 키포인트가 될 것이므로 여기에서 설명하기로 한다.

텍스트형 LCD 모듈에는 아래 <그림 4.4.7>의 (a)에서 보는 것처럼 1개의 텍스트 문자를 표시할 자리가 각 문자당 5×8 도트씩으로 미리 마련되어 있다. 예를 들어 16자×2행 짜리의 텍스트형 LCD 모듈이라면 화면 전체에 이런 자리가 32개 있는 것이다. 이 각 문자 박스는 5×8 도트로 구성되지만 가장 아래의 도트 라인은 사용하지 않고 비워두므로 실제 문자의 크기는 5×7 도트로 되어 있다. 마지막 라인은 예를 들면 커서와 같은 특수한 용도로만 사용된다. 5×8 도트의 문자 박스들 사이에는 약간의 빈 공간이 있다. 문자와 문자 사이에 약간의 거리를 둠으로써 사람이 이를 읽을 때 가독성을 좋게 하기 위함이다. 도트 1개의 크기와 문자 사이의 이격 거리가 얼마인지는 LCD 모듈의 모델마다 다른데, 이는 각 LCD 모듈 데이터 시트의 사양에서 dot size, character size, character pitch 등을 보면 알 수 있다.

텍스트형 LCD 모듈의 사용자가 각 문자 박스에 원하는 문자를 표시하려면 우선 제어 명령으로 커서를 해당 위치로 지정하고 나서 그 문자의 1바이트 ASCII 코드만을 출력하면 된다. 즉, 사용자는 LCD의 각 도트 하나하나를 직접 구동할 수 없고 단지 ASCII 코드를 출력하면 그 문자에 해당하는 폰트를 내장 ROM에서 불러다가 화면에 표시하는 것은 LCD 콘트롤러의 역할이다. 이 때문에 텍스트형 LCD 모듈 내부에는 반드시 문자 발생기(character generator) ROM과 LCD 콘트롤러를 가지고 있다.

이에 비하여 그래픽형 LCD 모듈은 <그림 4.4.7>의 (b)에서 보는 것처럼 모든 도트들이 바둑판처럼 가로 세로가 일정한 간격의 배열로 되어 있어서 여기에 텍스트 문자든 그래픽이든 자유롭게 나타낼 수 있으며, 물론 화면에서 각 텍스트 문자를 표시할 자리도 따로 정해져 있지 않고 또한 문자의 크기를 일정하게 지정하지도 않는다.

따라서, 그래픽형 LCD 모듈에 텍스트 문자를 디스플레이할 때는 사용자가 일일이 도트 하나하나를 구동하여 그래픽적인 방법으로 문자의 모양을 그려주어야 하는데, 이와 같이 콘트롤러를 가지고 있지 않은 그래픽형 LCD 모듈에서는 화면에 텍스트 문자를 디스플레이하는 것만도 상당히 복잡한 프로그램을 필요로 한다. 그래서, 이러한 불편을 개선한 콘트롤러 내장형의 그래픽 LCD 모듈에서는 기본적인 그래픽 기능을 가지면서도 텍스트형 LCD 모듈에서처럼 사용자가 ASCII 코드만을 출력하는 방법으로 화면에 텍스트 문자를 디스플레이할 수 있다.

그러나, 콘트롤러를 내장하지 않은 그래픽형 LCD 모듈의 경우는 좀 덜하지만 콘트롤러를 내장한 그래픽형 LCD 모듈은 이 콘트롤러 LSI의 종류에 따라 LCD 모듈의 기능과 사용법이 전혀 다른 경우가 대부분이므로 사용자가 이를 일일이 익혀서 사용하여야 한다.

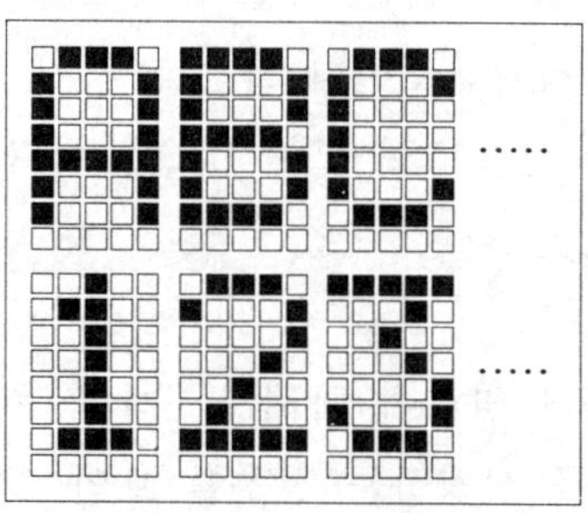

(a) 텍스트형 LCD 모듈

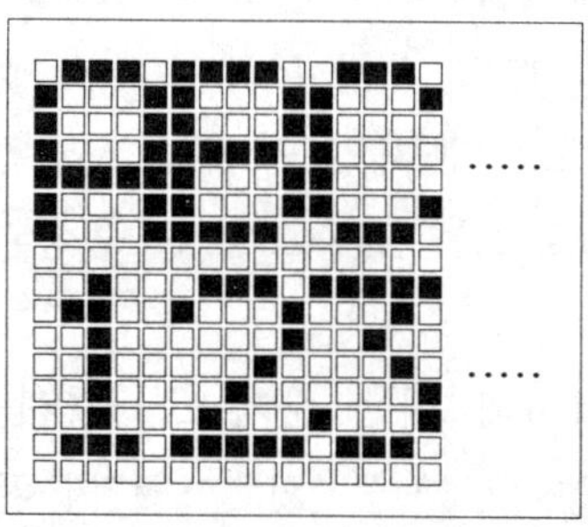

(b) 그래픽형 LCD 모듈

〈그림 4.4.7〉 텍스트형 LCD 모듈과 그래픽형 LCD 모듈의 차이

4. 텍스트형 LCD 모듈의 기본 프로그램

텍스트형 LCD 모듈을 사용하는 프로그램으로 먼저 이를 초기화하고 여기에 문자열을 출력하는 예제를 살펴본다.

(1) 초기화 및 ASCII 문자열의 출력

텍스트형 LCD 모듈을 초기화하고 여기에 ASCII 문자열을 출력하는 기본적인 예제 프로그램은 다음과 같다.

〈프로그램 Xtest04_1.c〉 기본 LCD 디스플레이 예제

```
/* ============================================================================ */
/*                    Xtest04_1.c : Basic Text LCD Display                      */
/* ============================================================================ */
/*                           Designed and programmed by Duck-Yong Yoon in 2007.  */

#include "AT91SAM7S256.h"
#include "lib_AT91SAM7S256.h"
#include "OK7S256gcc.h"

int main(void)
{
  unsigned int i;

  MCU_initialize();                             // initialize AT91SAM7S256 & kit
  Delay_ms(50);                                 // wait for system stabilization
  LCD_initialize();                             // initialize text LCD

  while(1)
    { Beep();
      LCD_string(0x80, " OK-7S256  V1.0 ");     // logo title 1
      LCD_string(0xC0, "AT91SAM7S256 ARM");
      Delay_ms(2000);
      LCD_string(0xC0, "   2007/06/01   ");     // logo title 2
      Delay_ms(2000);
      LCD_string(0xC0, "  Ohm Books Co. ");     // logo title 3
      Delay_ms(2000);

      Beep();
      LCD_string(0x80,"0123456789ABCDEF0123456789ABCDEF"); // display long line
      LCD_string(0xC0,"Go shift left and right 16 times");
      Delay_ms(1000);

      for(i=0; i<16; i++)                       // shift left
        { LCD_command(0x18);
          Delay_ms(300);
        }
      Delay_ms(1000);

      for(i=0; i<16; i++)                       // shift right
        { LCD_command(0x1C);
          Delay_ms(300);
        }
```

```
      Delay_ms(1000);
    }
}
```

(2) 사용자 정의 문자의 출력

텍스트형 LCD 모듈에 8글자의 사용자 정의 문자를 다운로드하고 이를 디스플레이하는 예제 프로그램은 다음과 같다.

〈프로그램 Xtest04_2.c〉 사용자 정의 문자 디스플레이 예제

```
/* ============================================================================ */
/*              Xtest04_2.c : User-Defined Character Display                     */
/* ============================================================================ */
/*                          Designed and programmed by Duck-Yong Yoon in 2007.   */

#include "AT91SAM7S256.h"
#include "lib_AT91SAM7S256.h"
#include "OK7S256gcc.h"

void Set_font(void)                              /* set user character font */
{ unsigned int i;
  unsigned int font[] = {
    0x10, 0x18, 0x1C, 0x1E, 0x1C, 0x18, 0x10, 0x00,    // character 0x00
    0x0F, 0x09, 0x09, 0x09, 0x09, 0x09, 0x0F, 0x00,    // character 0x01
    0x08, 0x08, 0x08, 0x0E, 0x08, 0x08, 0x08, 0x00,    // character 0x02
    0x01, 0x02, 0x04, 0x08, 0x00, 0x00, 0x0F, 0x00,    // character 0x03
    0x10, 0x08, 0x04, 0x02, 0x00, 0x00, 0x1E, 0x00,    // character 0x04
    0x0F, 0x08, 0x08, 0x0F, 0x08, 0x08, 0x0F, 0x00,    // character 0x05
    0x04, 0x04, 0x04, 0x1C, 0x04, 0x04, 0x04, 0x00,    // character 0x06
    0x01, 0x03, 0x07, 0x0F, 0x07, 0x03, 0x01, 0x00 };  // character 0x07

  LCD_command(0x40);                             // set CG RAM address
  for(i=0; i<64; i++)                            // download font data
     LCD_data(font[i]);
}

int main(void)
{
  MCU_initialize();                              // initialize AT91SAM7S256 & kit
  Delay_ms(50);                                  // wait for system stabilization
  LCD_initialize();                              // initialize text LCD

  Set_font();                                    // set user character font

  while(1)
    { Beep();
      LCD_command(0x80);                         // display logo
      LCD_data(0x00);
      LCD_string(0x81," OK-7S256 KIT ");
      LCD_data(0x07);
      LCD_string(0xC0," AT91SAM ");              // display message 1
      LCD_data(0x01);
      LCD_data(0x02);
      LCD_data(0x03);
      LCD_data(0x04);
      LCD_data(0x05);
```

```
        LCD_data(0x06);
        LCD_data(' ');
        Delay_ms(2000);
        LCD_string(0xC0,"   2007/06/01   ");        // display message 2
        Delay_ms(2000);
        LCD_string(0xC0," DUCK-YONG YOON ");        // display message 3
        Delay_ms(2000);
      }
  }
```

☞ 사용자 정의 문자를 다운로드하는 동작은 각 문자의 CG RAM 번지를 지정하고 8바이트의 폰트 데이터를 라이트하면 된다. 여기서는 8문자를 연속으로 다운로드하므로 첫 문자의 CG RAM 번지를 지정하고 나서 64바이트의 폰트 데이터를 라이트하였다.

코드값이 0x00~0x07인 사용자 정의 문자를 텍스트형 LCD 모듈에 출력할 때는 문자열(string)을 의미하는 " " 안에 ASCII 문자로 이것들을 포함시킬 수가 없기 때문에 LCD_string() 함수를 사용하지 못하고 LCD_data() 함수를 사용하여 코드값으로 출력해야 한다.

사용자 정의 문자의 폰트처럼 배열로 처리된 큰 용량의 상수 데이터는 내부 데이터 메모리인 소용량의 SRAM보다는 프로그램 메모리인 대용량의 플래시 메모리에 저장하는 것이 바람직하다. 이 프로그램에서는 상수 데이터 테이블이 64바이트에 불과하므로 문제가 덜하지만 상수 데이터의 용량이 커질수록 이런 필요성은 높아진다. 이렇게 문자 폰트를 대용량의 플래시 메모리에 저장하여 사용하는 방법은 나중에 그래픽형 LCD 모듈의 한글 디스플레이 프로그램에서 사용하게 된다.

5. 수치 데이터의 출력 프로그램

텍스트형 LCD 모듈에 수치 데이터(value)를 디스플레이하려면 먼저 숫자의 각 자리(digit)에 해당하는 글자를 하나씩 ASCII 문자로 변환하여 출력해야 한다. 이는 상당히 복잡한데 정수의 경우와 부동소수점수의 경우가 다르고, 정수 중에서도 16진수, 10진수, 2진수의 처리 방식이 모두 다르며, 부호 있는 수의 경우와 부호 없는 수의 경우에 처리 방식이 서로 다르다.

(1) 정수 데이터의 출력

먼저 수치 데이터 중에서 정수값을 텍스트형 LCD 모듈에 디스플레이하는 프로그래밍 기술을 익혀보기로 한다.

▣ 정수 데이터의 진법 표시

첫번째 예제 프로그램으로서는 16비트의 정수를 16진수, 10진수, 2진수로 각각 표시하는 방법을 살펴보기로 한다.

〈프로그램 Xtest04_3.c〉 정수 데이터의 디스플레이 예제

```
/* ============================================================================ */
/*                    Xtest04_3.c : Integer Number Display                      */
/* ============================================================================ */
/*                        Designed and programmed by Duck-Yong Yoon in 2007.    */

#include "AT91SAM7S256.h"
#include "lib_AT91SAM7S256.h"
#include "OK7S256gcc.h"

void LCD_4hex(unsigned int number)                 /* display 4-digit hex number */
{ unsigned int i;

  i = (number >> 12) & 0x0000000F;                 // 16^3
  if(i <= 9) LCD_data(i + '0');
  else       LCD_data(i - 10 + 'A');

  i = (number >> 8) & 0x0000000F;                  // 16^2
  if(i <= 9) LCD_data(i + '0');
  else       LCD_data(i - 10 + 'A');

  i = (number >> 4) & 0x0000000F;                  // 16^1
  if(i <= 9) LCD_data(i + '0');
  else       LCD_data(i - 10 + 'A');

  i = number & 0x0000000F;                         // 16^0
  if(i <= 9) LCD_data(i + '0');
  else       LCD_data(i - 10 + 'A');
}

void LCD_5d(unsigned int number)                   /* display 5-digit decimal number */
{ unsigned int i, flag;

  flag = 0;
  i = number/10000;                                // 10^4
  if(i == 0) LCD_data(' ');
  else {     LCD_data(i + '0');
             flag = 1;
       }

  number = number % 10000;                         // 10^3
  i = number/1000;
  if((i == 0) && (flag == 0))
             LCD_data(' ');
  else {     LCD_data(i + '0');
             flag = 1;
       }

  number = number % 1000;                          // 10^2
  i = number/100;
  if((i == 0) && (flag == 0))
             LCD_data(' ');
  else {     LCD_data(i + '0');
             flag = 1;
       }

  number = number % 100;                           // 10^1
  i = number/10;
  if((i == 0) && (flag == 0))
             LCD_data(' ');
  else {     LCD_data(i + '0');
```

```
            flag = 1;
        }

    i = number % 10;                                    // 10^0
    LCD_data(i + '0');
  }

  void LCD_16bin(unsigned int number)                   /* display 16-bit binary number */
  {
    LCD_data(((number >> 15) & 0x00000001) + '0'); // 2^15
    LCD_data(((number >> 14) & 0x00000001) + '0'); // 2^14
    LCD_data(((number >> 13) & 0x00000001) + '0'); // 2^13
    LCD_data(((number >> 12) & 0x00000001) + '0'); // 2^12
    LCD_data(((number >> 11) & 0x00000001) + '0'); // 2^11
    LCD_data(((number >> 10) & 0x00000001) + '0'); // 2^10
    LCD_data(((number >> 9) & 0x00000001) + '0');  // 2^9
    LCD_data(((number >> 8) & 0x00000001) + '0');  // 2^8
    LCD_data(((number >> 7) & 0x00000001) + '0');  // 2^7
    LCD_data(((number >> 6) & 0x00000001) + '0');  // 2^6
    LCD_data(((number >> 5) & 0x00000001) + '0');  // 2^5
    LCD_data(((number >> 4) & 0x00000001) + '0');  // 2^4
    LCD_data(((number >> 3) & 0x00000001) + '0');  // 2^3
    LCD_data(((number >> 2) & 0x00000001) + '0');  // 2^2
    LCD_data(((number >> 1) & 0x00000001) + '0');  // 2^1
    LCD_data((number & 0x00000001) + '0');         // 2^0
  }

  int main(void)
  {
    unsigned int i;

    MCU_initialize();                               // initialize AT91SAM7S256 & kit
    Delay_ms(50);                                   // wait for system stabilization
    LCD_initialize();                               // initialize text LCD

    while(1)
      { LCD_string(0x80, "0x0000 = 00000 =");       // display 16-bit integer number
        LCD_string(0xC0, "0000000000000000");
        Beep();

        for(i=1; i<= 0xFFFF; i++)                   // integer number from 1 to 65535
          { LCD_command(0x82);                      // display hexadecimal number
            LCD_4hex(i);
            LCD_command(0x89);                      // display decimal number
            LCD_5d(i);
            LCD_command(0xC0);                      // display binary number
            LCD_16bin(i);
            Delay_ms(500);
          }
      }
  }
```

☞ 수치 데이터를 텍스트형 LCD 모듈에 표시하려면 숫자의 각 자리를 1문자의 ASCII 코드로 변환하여 출력해야 한다. 10진수에서는 각 자리의 수가 0~9로 되지만, 16진수에서는 0~F로 되어야 하며, 2진수에서는 1비트가 1자리가 된다. 10진수는 10의 멱급수로 표시할 수 있으므로 각 자리는 10의 누승 데이터로 나눈 몫으로 구할 수 있으며, 이렇게 구한 각 자리의 수를 ASCII 문자로 변환하면 된다. 예를 들어 234는

$$234 = 2\times10^2 + 3\times10^1 + 4\times10^0$$

으로 표시되므로 100자리의 수는 234를 10^2에 해당하는 100으로 나눈 몫이며, 10자리의 수는 그 나머지를 다시 10^1에 해당하는 10으로 나눈 몫이고, 1자리의 수는 최종적인 나머지가 된다.

그러나, 16진수는 이보다 처리가 훨씬 용이하여 최하위 비트부터 4비트씩 끊어나가면 각 4비트 단위의 수가 그대로 1자리의 16진수로 된다. 또한, 2진수는 데이터의 각 비트를 가장 오른쪽 자리(LSB)까지 시프트시킨 후에 이를 ASCII 문자로 변환하여 출력하면 된다.

10진수에서는 1~9의 숫자가 처음으로 나타나기 전에 왼쪽에 붙는 0은 의미가 없어서 표시하지 않는 것이 일반적이므로 이를 처리하기 위하여 flag을 사용하고 있는 부분에 주목하라. 그러나, 16진수나 2진수에서는 왼쪽 자리의 0도 표시하여 주는 것이 일반적이므로 이런 처리가 필요없다.

헤더파일 OK7S256ads.h나 OK7S256gcc.h에는 이러한 수치 데이터 표시를 위한 사용자 함수를 만들어 놓지 않았기 때문에 위와 같이 사용자 프로그램에서 필요할 때마다 직접 함수를 작성하여 사용해야 한다. 그러나, 원리를 알고 이해하면 이러한 루틴이 그다지 어려운 것은 아니기 때문에 필요할 때마다 이렇게 작성하면 된다.

위의 예제에서 빠른 속도로 변하는 숫자들을 그대로 텍스트형 LCD 모듈에 표시하면 사람의 눈으로 읽기가 거의 불가능하기 때문에 일부러 0.5초 간격으로 천천히 디스플레이하였다.

▣ 부호 없는 정수와 부호 있는 정수의 표시

다음에는 부호가 없는 정수와 부호가 있는 정수의 곱셈을 통하여 이들 수치 데이터를 텍스트형 LCD 모듈에 디스플레이하는 방법을 살펴보기로 한다.

〈프로그램 Xtest04_4.c〉 부호 없는 정수와 부호 있는 정수의 디스플레이 예제

```
/* ============================================================================ */
/*          Xtest04_4.c : Integer Number Display without and with Sign         */
/* ============================================================================ */
/*                         Designed and programmed by Duck-Yong Yoon in 2007.   */

#include <stdlib.h>
#include "AT91SAM7S256.h"
#include "lib_AT91SAM7S256.h"
#include "OK7S256gcc.h"

void LCD_2d(unsigned int number)                /* display 2-digit decimal number */
{ unsigned char i;

  i = number/10;                                // 10^1
  if(i == 0) LCD_data(' ');
  else       LCD_data(i + '0');

  i = number % 10;                              // 10^0
  LCD_data(i + '0');
}

void LCD_s2d(signed int number)                 /* display signed 2-digit decimal number */
{
  if(number >= 0)                               // sign
    LCD_data('+');
  else
    LCD_data('-');
```

```
  LCD_2d(abs(number));                          // magnitude
}

void LCD_4d(unsigned int number)                /* display 4-digit decimal number */
{ unsigned int i, flag;

  flag = 0;
  i = number/1000;                              // 10^3
  if(i == 0) LCD_data(' ');
  else {     LCD_data(i + '0');
             flag = 1;
     }

  number = number % 1000;                       // 10^2
  i = number/100;
  if((i == 0) && (flag == 0))
             LCD_data(' ');
  else {     LCD_data(i + '0');
             flag = 1;
     }

  number = number % 100;                        // 10^1
  i = number/10;
  if((i == 0) && (flag == 0))
             LCD_data(' ');
  else {     LCD_data(i + '0');
             flag = 1;
     }

  i = number % 10;                              // 10^0
  LCD_data(i + '0');
}

void LCD_s4d(signed int number)                 /* display signed 4-digit decimal number */
{
  if(number >= 0)                               // sign
    LCD_data('+');
  else
    LCD_data('-');

  LCD_4d(abs(number));                          // magnitude
}

int main(void)
{
  unsigned int i, j;
  signed int x, y;

  MCU_initialize();                             // initialize AT91SAM7S256 & kit
  Delay_ms(50);                                 // wait for system stabilization
  LCD_initialize();                             // initialize text LCD

  while(1)
    { LCD_string(0x80," UNSIGNED MULTI ");      // multiplication without sign
      LCD_string(0xC0," 00 x 00 = 0000 ");
      Beep();

      for(i = 10; i <= 90; i += 10)
        for(j = 10; j <= 90; j += 10)
          { LCD_command(0xC1); LCD_2d(i);       // display multiplicand
            LCD_command(0xC6); LCD_2d(j);       // display multiplier
            LCD_command(0xCB); LCD_4d(i*j);     // display multiplication
```

```
            Delay_ms(1000);
          }

      LCD_string(0x80,"  SIGNED MULTI  ");          // multiplication with sign
      LCD_string(0xC0,"+00x(+00)= +0000");
      Beep();

      for(x = -90; x <= +90; x += 10)
        for(y = -90; y <= +90; y += 10)
          { LCD_command(0xC0); LCD_s2d(x);          // display multiplicand
            LCD_command(0xC5); LCD_s2d(y);          // display multiplier
            LCD_command(0xCB); LCD_s4d(x*y);        // display multiplication
            Delay_ms(1000);
          }
    }
}
```

☞ 부호가 있는 정수는 먼저 부호를 파악하여 '+' 또는 '-' 기호를 출력하고, 그 다음에는 수치 데이터의 절대값을 취하여 부호가 없는 정수의 경우처럼 출력하면 된다. 정수의 절대값을 취하는 함수 abs()는 C컴파일러의 기본 헤더파일 stdlib.h에 정의되어 있으므로 이를 인클루드해 주어야 한다.

(2) 부동소수점수의 출력

이번에는 텍스트형 LCD 모듈에 수치 데이터 중에서 부동소수점수(floating-point number) 즉 실수(real number)를 출력하는 방법에 대하여 설명한다. 여기서도 부호가 없는 실수와 부호가 있는 실수의 곱셈을 통하여 이들 수치 데이터를 텍스트형 LCD 모듈에 디스플레이하는 방법을 살펴보기로 한다.

〈프로그램 Xtest04_5.c〉 부호 없는 실수와 부호 있는 실수의 디스플레이 예제

```
/* ============================================================================ */
/*          Xtest04_5.c : Real Number Display without and with Sign              */
/* ============================================================================ */
/*                          Designed and programmed by Duck-Yong Yoon in 2007.   */

#include <math.h>
#include "AT91SAM7S256.h"
#include "lib_AT91SAM7S256.h"
#include "OK7S256gcc.h"

void LCD_1d1(double number)                         /* floating-point number x.x */
{ unsigned int i, j;

  j = (int)(number*10. + 0.5);
  i = j / 10;                                       // 10^0
  LCD_data(i + '0');
  LCD_data('.');
  i = j % 10;                                       // 10^-1
  LCD_data(i + '0');
}
```

```
void LCD_s1d1(double number)                         /* floating-point number +x.x */
{
  if(number >= 0.)                                   // sign
    LCD_data('+');
  else
    LCD_data('-');

  LCD_1d1(fabs(number));                             // magnitude
}

void LCD_2d2(double number)                          /* floating-point number xx.xx */
{ unsigned int i, j;

  j = (int)(number*100. + 0.5);
  i = j / 1000;                                      // 10^1
  if(i == 0) LCD_data(' ');
  else       LCD_data(i + '0');

  j = j % 1000;                                      // 10^0
  i = j / 100;
  LCD_data(i + '0');
  LCD_data('.');

  j = j % 100;                                       // 10^-1
  i = j / 10;
  LCD_data(i + '0');

  i = j % 10;                                        // 10^-2
  LCD_data(i + '0');
}

void LCD_s2d2(double number)                         /* floating-point number +xx.xx */
{
  if(number >= 0.)                                   // sign
    LCD_data('+');
  else
    LCD_data('-');

  LCD_2d2(fabs(number));                             // magnitude
}

int main(void)
{
  double i, j;
  double x, y;

  MCU_initialize();                                  // initialize AT91SAM7S256 & kit
  Delay_ms(50);                                      // wait for system stabilization
  LCD_initialize();                                  // initialize text LCD

  while(1)
    { LCD_string(0x80," FLOAT NUMBER ");             // multipllication without sign
      LCD_string(0xC0,"0.0 x 0.0 =00.00");
      Beep();

      for(i = 1.1; i <= 9.9; i += 1.1)
        { for(j = 1.1; j <= 9.9; j += 1.1)
            { LCD_command(0xC0); LCD_1d1(i);         // display multiplicand
              LCD_command(0xC6); LCD_1d1(j);         // display multiplier
              LCD_command(0xCB); LCD_2d2(i*j);       // display multiplication
              Delay_ms(1000);
            }
        }
```

```
        LCD_string(0x80," (+0.0)x(+0.0)  ");        // multiplication with sign
        LCD_string(0xC0,"   = +00.00     ");
        Beep();

        for(x = -9.9; x <= 9.9; x += 1.1)
          { for(y = -9.9; y <= 9.9; y += 1.1)
              { LCD_command(0x82); LCD_s1d1(x);    // display multiplicand
                LCD_command(0x89); LCD_s1d1(y);    // display multiplier
                LCD_command(0xC5); LCD_s2d2(x*y); // display multiplication
                Delay_ms(1000);
              }
          }
      }
}
```

☞ 실수를 ASCII 문자열로 변환할 때는 이와 같이 먼저 10의 누승을 곱하여 정수로 만들고 나서 이를 다시 10의 누승으로 차례로 나누면서 그 몫을 ASCII 문자로 변환하면 된다. 함수명 LCD_1d1()에서 앞의 숫자는 표시할 정수부의 자릿수를 나타내고 뒤의 숫자는 소수부의 자릿수를 나타낸다. 또한 정수부 자릿수 앞에 s가 붙은 것은 부호 있는(signed) 실수를 디스플레이하는 함수라는 것을 나타낸다.

부호가 있는 실수는 먼저 부호를 파악하여 '+' 또는 '-' 기호를 출력하고, 그 다음에는 수치 데이터의 절대값을 취하여 부호가 없는 정수의 경우처럼 출력하면 된다. 실수의 절대값을 취하는 함수 fabs()는 C컴파일러의 기본 헤더파일 math.h에 정의되어 있으므로 이를 인클루드해 주어야 한다.

(3) C언어에서 printf 함수를 사용한 서식지정 출력

텍스트형 LCD 모듈에 정수나 실수를 디스플레이하려면 반드시 이와 같이 수치 데이터를 ASCII 문자열로 변환하는 것이 필요하다. 원리적으로 이를 이해하면 그다지 어려운 일은 아니지만 크기가 다른 여러 가지 종류의 수치 데이터를 매번 이와 같은 디스플레이 전용 함수를 작성하여 표시해야 한다는 것은 분명히 번거로운 일이다. 이것은 LCD 모듈에서 뿐만 아니라 RS-232C 통신을 통하여 수치 데이터를 외부로 전송하는 경우에도 마찬가지이다.

그러나, 일반 C언어의 경우에는 printf() 함수에서 %를 사용한 서식지정 출력 기능을 사용하면 이러한 번거로움을 피할 수 있다. 마이크로콘트롤러용의 C컴파일러에서도 대부분 이러한 printf() 함수를 사용할 수 있는데, 이를 위해서는 각 컴파일러에서 지정하는 방법을 따라야 한다. ADS v1.2나 WinAVR에서도 이러한 printf() 함수를 지원하고 있으므로 아주 편리하게 수치 데이터를 % 서식지정 방법으로 RS-232C 직렬통신이나 LCD 모듈에 출력하는 용도에 사용할 수 있다. 이에 관한 프로그래밍 기술과 예제는 제4.18절에서 자세히 취급하기로 한다.

6. 실습 과제

(1) 헤더파일 OK7S256ads.h 및 OK7S256gcc.h에서 LCD_string() 함수의 동작을 상세하게 설명하라.

(2) 예제 Xtest04_3.c의 함수 LCD_5d()에서 변수 flag이 하는 역할을 설명하라.

(3) 예제 Xtest04_5.c에서 부동소수점수를 정수화할 때 10의 멱수를 곱한 후에 0.5를 더해주는 이유는 무엇인가?

(4) 예제 프로그램 Xtest04_5.c를 다음과 같이 삼각함수의 소수점 아래 4자리까지 표시하는 프로그램 Xtest04_5R.c로 수정하라. 단, 함수값은 + 또는 -의 부호가 있으며, 각도는 0~360도의 범위에서 5도씩 증가시킨다.

```
sin(000)=+0.0000
cos(000)=+0.0000
```

4.5 그래픽형 LCD 모듈의 기본 프로그램

이 절에서는 오늘날 급격히 사용이 증가하고 있으며 *OK-7S256* 키트에도 기본 장착되어 있는 그래픽형 LCD 모듈의 구조, 기능 및 프로그래밍 방법에 대하여 공부한다. 앞의 제4.4절에서 공부하였던 텍스트형 LCD 모듈은 비교적 기술적인 사양이 통일되어 있는데 비하여 그래픽형 LCD 모듈은 제조회사별 또는 모델별로 상당히 차이가 있으며, 여기서는 *OK-7S256* 키트에서 사용하는 128×64 도트의 드라이버만 가지고 있는 간단한 그래픽형 LCD 모듈을 중심으로 설명한다.

1. 그래픽형 LCD 모듈의 특징

텍스트형 LCD 모듈은 내부에 LCD 콘트롤러를 가지고 있어서 CPU가 ASCII 코드를 전송하면 이 콘트롤러가 CG ROM에서 해당 문자의 폰트를 찾아다가 화면에 표시해주므로, 사용하기는 쉽지만 화면에 표시할 수 있는 내용이 지정된 문자로 제한된다. 이에 비하여 그래픽형 LCD 모듈은 화면을 구성하는 화소(dot, pixel)를 하나씩 일일이 소프트웨어로 제어하므로, 상대적으로 사용하기는 어렵지만 ASCII 문자는 물론이고 한글, 한자나 각종 도형을 화면에 마음대로 표시할 수 있다. 이를 위해 그래픽형 LCD 모듈은 텍스트형 LCD 모듈에 비하여 화면의 해상도를 높게 하였고, 화소가 바둑판처럼 가로 및 세로 방향이 거의 1:1로 동일한 간격으로 배열되어 있는 구조를 가진다.

그래픽형 LCD 모듈도 텍스트형의 경우처럼 주로 STN형으로 되어 있으며, 대부분 백라이트 기능을 가지고 있다. 그러나, 텍스트형 LCD 모듈에서는 LED 백라이트를 사용하는 경우가 대부분인데 비하여 그래픽형 LCD 모듈은 화면이 넓어진만큼 EL이나 CCFL 백라이트를 사용하는 비율이 높다.

또한, 텍스트형 LCD 모듈은 인터페이스를 위한 하드웨어 구조나 소프트웨어적인 사용법이 거의 표준화되어 편리하지만, 그래픽형 LCD 모듈은 모델에 따라 구조와 기능, 사용법 등이 천차만별로 다르기 때문에 이를 사용하기 위해서는 철저하게 데이터 시트나 매뉴얼을 분석하여 이해하여야 한다. 아무래도 많은 화소를 소프트웨어적으로 제어해야 하기 때문에 텍스트형 LCD 모듈에 비하여 소프트웨어 작업이 훨씬 복잡하고 어려워진다는 점도 알아두어야 한다.

우리 나라는 텍스트형이나 그래픽형 LCD 모듈에서 모두 세계적인 수준에 있으며 특히 현대 LCD에서 최근까지 많은 모델을 생산해왔다. 여기서는 이중에서 128×64도트 해상도의 LED 백라이트 기능을 가지는 모델인 현대 LCD의 HG12605NY-LY를 중심으로 설명한다. *OK-7S256* 키트에서 이 모델을 사용하도록 설계한 것은 이것이 가장 대중적인 모델의 하나로서 하드웨어 및 소프트웨어의 호환성이 완벽하게 유지되는 많은 유사 기종을 가지고 있기 때문인데, 이를테면 대만 Powertip사의 PG12864-A나 PG12864-K 등은 이와 호환되는 모델이다.

<표 4.5.1>에는 해상도에 따른 여러가지 그래픽형 LCD 모듈의 종류를 보였으며, 또한 참고로서 <표 4.5.2>에는 최근까지 현대 LCD에서 생산 판매하였던 그래픽형 LCD 모듈의 모델들을 보였다.

〈표 4.5.1〉 그래픽형 LCD 모듈의 해상도별 종류

모 델	비 고
60×32, 80×32, 80×80, 84×64 도트 95×38, 96×32, 97×32, 98×32 도트 100×32, 100×64, 120×32, 122×32 도트 128×32, 128×56, 128×64, 128×128 도트 160×80, 160×128, 160×150, 160×160 도트 160×240, 192×128, 192×192, 202×32 도트 240×64, 240×128, 240×160, 256×128 도트 320×200, 320×240, 480×64, 480×128 도트 480×200, 640×200, 640×480, 800×600 도트	각 모델별로 백라이트형이 따로 있으며, 백라이트의 형식에는 LED, EL, CCFL 등이 있다. 최근까지 이러한 제품을 생산하였던 제조회사에는 현대 LCD, Powertip, Nanya 등이 있다.

〈표 4.5.2〉 현대 LCD의 그래픽형 LCD 모듈 제품

모 델	해상도 (W×H dot)	외형 칫수 (W×H×D mm)	표시부 칫수 (W×H mm)	도트 피치 (W×H mm)	도트 크기 (W×H mm)	Controller	백라이트			
							없음	LED	EL	CCFL
HG12601	122×32	84×44×10.5	60.5×18.5	0.44×0.49	0.40×0.45	-	○	○	○	
HG12612	122×32	66×27.1×8.4	60.5×18.5	0.44×0.49	0.40×0.45	-	○		○	
HG12602	128×64	93×70×10	70.7×38.8	0.52×0.52	0.48×0.48	-	○	○	○	
HG12605	128×64	93×70×10	70.7×38.8	0.52×0.52	0.48×0.48	-	○	○	○	
HG12505	128×128	88.4×88.4×9.5	72.0×72.0	0.50×0.50	0.46×0.46	HD61830	○		○	
HG16501	128×128	129×102×11.5	101.0×82.0	0.58×0.58	0.54×0.54	T6963C	○		○	
HG16601	160×150	78.5×78.5×9.5	53.0×50.0	0.30×0.30	0.26×0.26	-	○		○	
HG16602	160×150	84.5×75×10.5	53.0×50.0	0.30×0.30	0.26×0.26	-	○			
HG19501	192×128	98×86×13	77.5×54.0	0.37×0.37	0.33×0.33	SED1330F	○		○	
HG19601	192×128	98×86×13	77.5×54.0	0.37×0.37	0.33×0.33	-	○		○	
HG24501	240×64	180×65×11	132.0×39.0	0.53×0.53	0.49×0.49	T6963C	○		○	
HG24502	240×64	129×62×10	87.0×42.0	0.35×0.35	0.31×0.31	T6963C	○		○	
HG24503	240×64	180×65×10	132.6×39.0	0.53×0.53	0.48×0.48	T6963C	○		○	
HG24507	240×64	180×65×11	132.0×39.0	0.53×0.53	0.49×0.49	T6963C	○		○	
HG25501	256×128	147×116×12	127.0×70.0	0.47×0.47	0.43×0.43	SED1330F	○		○	
HG25601	256×128	147×116×12	127.0×70.0	0.47×0.47	0.43×0.43	-	○		○	
HG25602	256×128	147×116×12	127.0×70.0	0.47×0.47	0.43×0.43	-	○		○	
HG32604	320×240	151.5×96.8×12	104.0×79.3	0.30×0.30	0.27×0.27	-	○		○	○
HG32611	320×240	164.5×110×11	121.0×92.0	0.36×0.36	0.33×0.33	-	○		○	○
HG32612	320×240	151.5×96.8×12	104.0×79.3	0.30×0.30	0.27×0.27	-	○		○	○

일반적인 그래픽형 LCD 모듈의 특징을 요약하면 다음과 같다.

① +5V의 전원 이외에 -10V 정도의 LCD 구동전압을 필요로 하며, 이밖에도 EL이나 CCFL 백라이트 방식에서는 각각 지정된 교류전원을 필요로 한다.
② LSI 콘트롤러를 사용하는 경우와 콘트롤러가 없이 드라이버만으로 구성되는 경우가 있다. 드라이버는 공통 드라이버와 세그먼트 드라이버로 나누어지는데, 이것이 별개의 LSI로 되어 있기도 하고 1개의 LSI로 통합된 모델도 있다.
③ 마이크로프로세서와의 인터페이스(접속 핀번호 및 신호명)가 거의 표준화되어 있지 않아서 대부분의 제품에서 서로 다르다. 이 때문에 각 제품 사이에 인터페이스의 하드웨어적인 호환성이 거의 없다.
④ 내부 제어 명령이 대부분의 콘트롤러나 드라이버 LSI마다 서로 달라서 기능적인 호환성이나 소프트웨어의 호환성이 거의 없다. 액세스 시간이 텍스트형 LCD 모듈에 비하여 더욱 느린 편이다.
⑤ 콘트롤러를 사용한 모델에서는 내부적으로 ASCII 문자에 대한 폰트를 가지고 있지만, 드라이버만으로 구성되는 모델에서는 이러한 기능이 없으므로 영문 ASCII 문자들도 사용자가 화면에 비트맵 그래픽 방식으로 그려주어야 한다. 이 때문에 그래픽형 LCD 모듈의 구동 소프트웨어는 텍스트형에 비하여 상당히 복잡해진다.
⑥ 콘트롤러를 사용한 모델에서는 내장 폰트와 사용자에 의한 비트맵 그래픽 제어를 선택적으로 사용할 수 있다.
⑦ 콘트롤러가 있는 모델에서 내장 문자를 표시할 때 커서의 위치가 자동으로 증가하며, 커서를 임의의 위치로 이동시킬 수도 있다. 물론, 화면에서 커서를 보이거나 보이지 않게 설정할 수도 있다. 비트맵 그래픽 방식으로 제어할 때도 한 번 데이터를 출력하면 데이터 RAM 번지는 오른쪽으로 자동 증가한다.
⑧ 백라이트 기능을 갖는 모델의 경우에는 어두운 곳에서도 화면을 선명하게 볼 수 있다. 그러나, 이중에서 LED를 사용한 백라이트형 모델은 소비전력이 상당히 크며, EL이나 CCFL형의 백라이트는 추가적인 교류전원장치를 요구하므로 이를 사용하려면 경제적 비용이 증가된다.

2. 그래픽형 LCD 모듈의 구조

앞에서도 설명하였듯이 그래픽형 LCD 모듈은 모델에 따라 그 구조와 소프트웨어적인 기능이 상당히 다르므로, 불가피하게 이를 익히려면 특정한 모델을 선택하는 수밖에 없다. 여기서는 현재 국내에서 쉽게 구입할 수 있고 널리 사용되면서 가격도 상대적으로 저렴한 모델인 현대 LCD의 HG12605NY-LY(128×64 도트, LED 백라이트형)를 중심으로 공부하기로 한다.

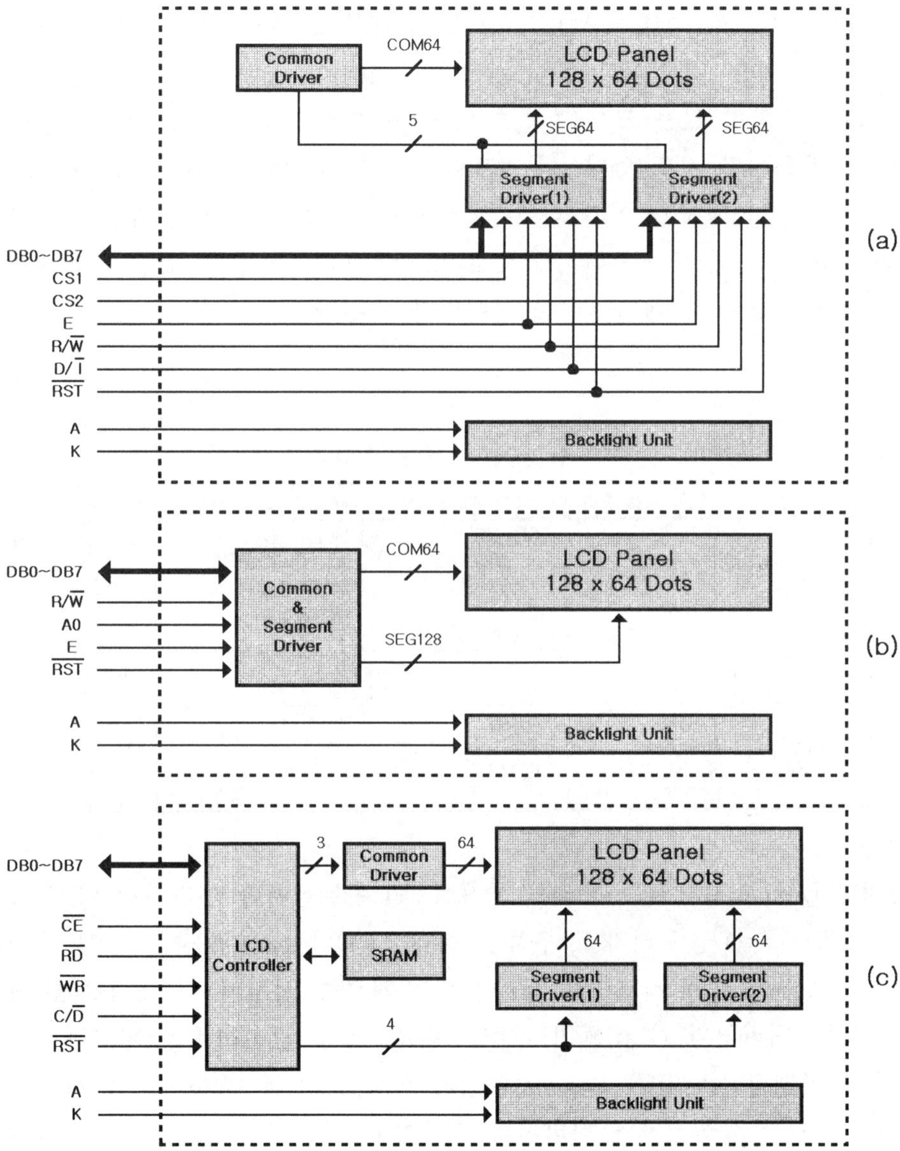

〈그림 4.5.1〉 그래픽형 LCD 모듈의 구조별 유형

그래픽형 LCD 모듈에서 LCD 콘트롤러나 드라이버를 어떻게 사용하고 있는지에 따라 종류를 분류해 보면 <그림 4.5.1>과 같다. 우리가 사용할 HG12605NY-LY는 이

그림의 (a)형에 해당한다. 이것들은 내부에 LCD 콘트롤러를 가지지 않고 공통 드라이버(common or row driver)와 세그먼트 드라이버(segment or column driver)만으로 도트 매트릭스로 구성된 화면을 다이나믹 디스플레이(dynamic display) 방식으로 구동한다.

이처럼 일반적으로 그래픽형 LCD 모듈의 내부도 텍스트형의 경우처럼 콘트롤러, 드라이버, LCD 패널, 백라이트 유닛 등으로 구성된다. 그러나, 그림에서 보는 것처럼 콘트롤러를 내장하지 않는 모델도 있으며, 공통 드라이버와 세그먼트 드라이버를 1개의 LSI로 일체화시킨 것도 있다. 이 그림에서는 모두 128×64 도트의 해상도를 가지는 경우를 보였지만, 해상도가 이와 다른 경우에도 유사한 방식으로 내부가 구성된다. 예를 들어서 (a)의 형태로 구성된 256×128 도트의 LCD 모듈은 공통 드라이버가 수직방향으로 2개 사용되고, 세그먼트 드라이버가 수평방향으로 상하 각 4개씩 총 8개가 사용된다.

〈표 4.5.3〉 그래픽형 LCD 모듈의 콘트롤러 및 드라이버 LSI

<table>
<tr><th>구 분</th><th>LCD 콘트롤러</th><th>공통 드라이버</th><th>세그먼트 드라이버</th><th>반도체 회사</th></tr>
<tr><td rowspan="2">콘트롤러가 없는 형</td><td rowspan="2"></td><td>S6B0107
(구 모델 KS0107)
HD61203U
SED1520
T7933</td><td>S6B0108
(구 모델 KS0108)
HD61202U
SED1521
T7932</td><td>삼성전자

Hitachi
Epson
Toshiba</td></tr>
<tr><td colspan="2">SED1520
SED1565</td><td>Epson
Epson</td></tr>
<tr><td>콘트롤러가 있는 형</td><td>T6963C
HD61830
SED1330
LC7981</td><td>T6A40
HD61103
SED1630</td><td>T6A39
HD61100
SED1600</td><td>Toshiba
Hitachi
Epson
Sanyo</td></tr>
</table>

그래픽형 LCD 모듈에서 사용되는 주요 LCD 콘트롤러와 드라이버 LSI들을 정리하면 <표 4.5.3>과 같다. 우리가 공부하는 현대 LCD의 HG12605NY-LY는 콘트롤러가 사용되지 않는 형으로서 세그먼트 드라이버 소자로는 삼성전자의 S6B0108(옛 모델명 KS0108) 또는 히타치의 HD61202U를 사용하고, 공통 드라이버 소자로는 삼성전자의 S6B0107(옛 모델명 KS0107) 또는 히타치의 HD61203U를 사용하므로 서로 호환성을 가지게 된다. 이들 삼성전자와 히타치의 드라이버 LSI들은 기능이나 동작 타이밍까지 똑같아서 서로 완벽한 호환성을 가지는 소자들이다. 그러나, <표 4.5.3>에 열거한 다른 모든 드라이버 소자들은 이들과 기능이 호환되지 않으니 주의하라.

(1) 내부 구조

현대 LCD의 HG12605NY-LY처럼 LCD 콘트롤러를 사용하지 않고 공통 드라이버와 세그먼트 드라이버만으로 구성되는 모델은 대부분의 소프트웨어 제어기능을 세그먼트 드라이버에서 수행한다. 이 경우 공통 드라이버는 세그먼트 드라이버와 하드웨어적으로 연계되어 단지 다이나믹 디스플레이를 수행할 뿐이다. 이것의 내부 구조는 <그림 4.5.2>와 같다.

HG12605NY-LY에서 사용하는 세그먼트 드라이버는 삼성전자의 S6B0108 또는 히타치의 HD61202U인데, 이것들은 서로 완전한 기능적인 호환성을 가지므로 같은 모델이라고 간주해도 좋다. 이것의 내부 구조는 <그림 4.5.3>과 같다.

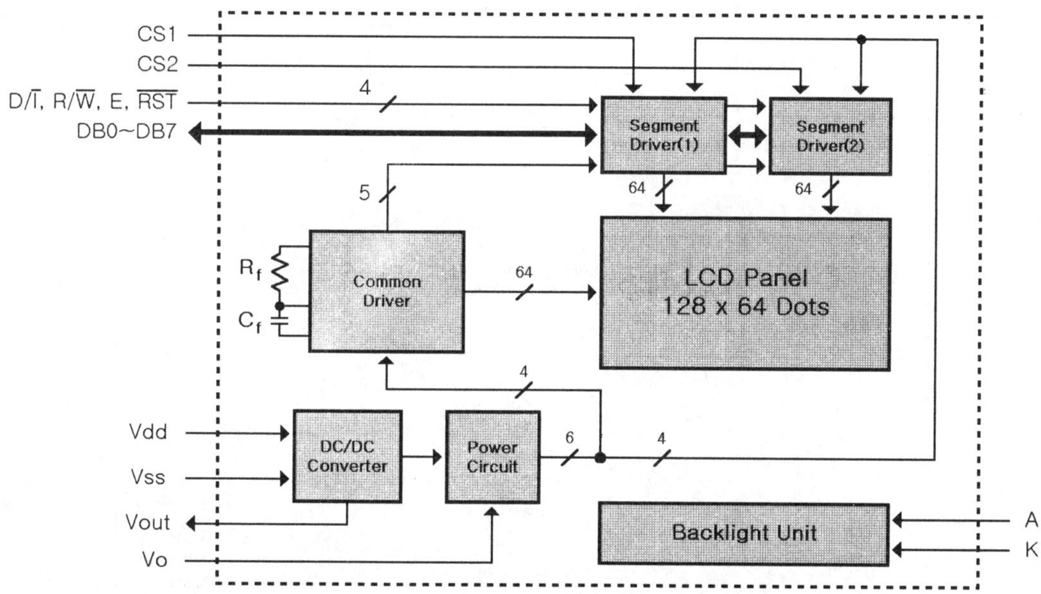

〈그림 4.5.2〉 그래픽형 LCD 모듈의 내부 구조

세그먼트 드라이버는 자체적인 문자 폰트를 가지지 않으므로, CPU의 제어명령을 받아 이를 해독하고 실행할 수 있는 부분, 512×8 = 4096비트의 DD RAM, 그리고 공통 드라이버와 타이밍의 동기를 유지하면서 64개의 액정 화소 열(column)을 구동할 수 있는 드라이버 회로 등 크게 3부분으로 구성된다. 이 소자의 DD RAM이 4096비트라는 것은 4096개의 액정 화소를 표시하기 위한 데이터를 저장할 수 있다는 이야기가 되며, 따라서 128×64 해상도의 그래픽형 LCD 모듈을 구현하려면 <그림 4.5.2>에 보였던 것처럼 이 세그먼트 드라이버 소자가 2개 사용되어 좌우로 각각 1개의 소자가

64×64 도트의 표시 데이터를 저장하도록 하여야 한다. 그리고, 당연히 이것이 수평으로 몇 개가 사용되더라도 공통 드라이버는 1개로 처리된다.

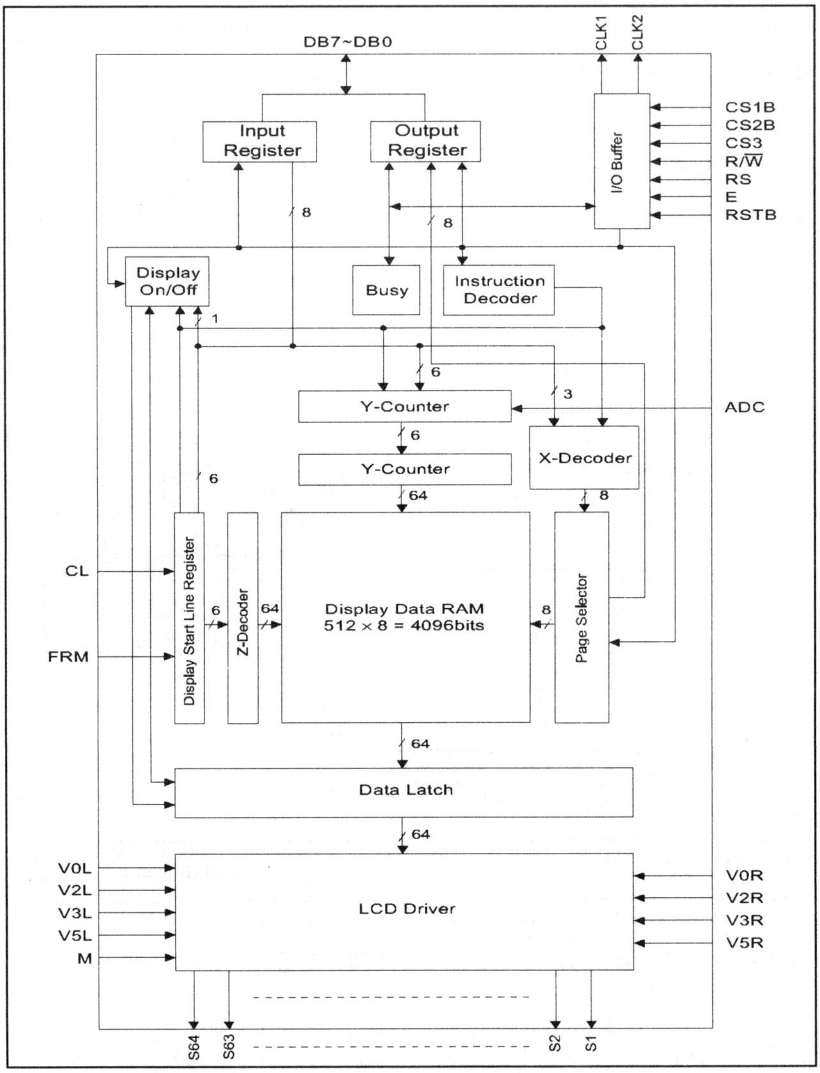

〈그림 4.5.3〉 세그먼트 드라이버 LSI의 내부 구조

또한, 이 그래픽형 LCD 모듈의 타이밍을 결정하는 클록은 공통 드라이버에서 만들어져서 세그먼트 드라이버로 전달되는데, 이를 위해 공통 드라이버에 내장된 발진회로에서 Rf = 47[kΩ], Cf = 20[pF]로 접속하여 450[kHz]의 발진 주파수를 얻으며, 그러면 다이나믹 방식으로 구동되는 화면의 프레임 주파수는 약 70Hz 이상이 된다.

(2) 외부 구조

그래픽형 LCD 모듈의 외부 구조는 너무나도 여러 가지의 형태가 있어서 일일이 예를 들기가 어려울 정도지만 대체로 <그림 4.5.4>와 같은 종류가 많이 사용된다.

상부 콘넥터형은 1~N개의 핀이 좌측 상단에서 좌측으로부터 우측으로 배열되며, 하부 콘넥터형은 1~N개의 핀이 좌측 하단에서 우측으로부터 좌측으로 배열된다. 대체로 LED 백라이트형의 경우에는 백라이트 전원 단자들도 이 1~N개의 핀에 포함되는 경우가 많고 가끔 이 단자들이 좌측 또는 우측에 별도로 떨어지는 경우가 있지만, EL이나 CCFL 백라이트형의 경우에는 고전압의 교류전원이 인가되어야 하므로 백라이트 전원 단자들이 이들 핀과 멀리 떨어져서 우측이나 좌측에 별도로 위치하는 경우가 대부분이다.

이중에서 우리가 사용하는 HG12605NY-LY는 하부 콘넥터형이며, 이는 LED 백라이트형이므로 별도의 백라이트 단자를 가지고 있지 않다.

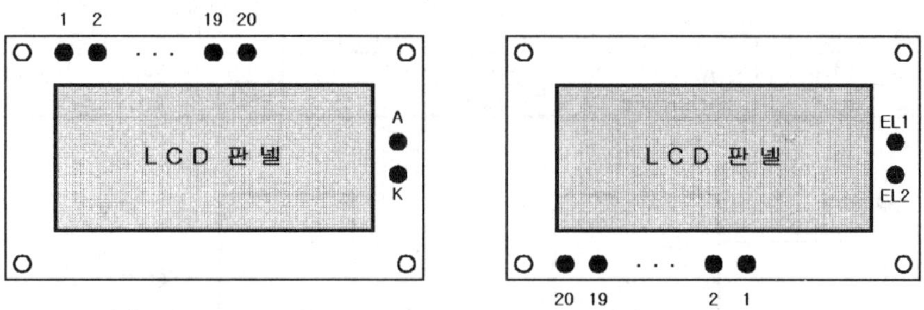

(a) 상부 콘넥터형 (b) 하부 콘넥터형

〈그림 4.5.4〉 그래픽형 LCD 모듈의 외부 구조

그래픽형 LCD 모듈 HG12605NY-LY를 마이크로프로세서와 인터페이스하기 위한 20핀 콘넥터를 요약하면 <표 4.5.4>와 같다. 여기서, LED 백라이트형인 경우에는 19번 및 20번 핀이 각각 애노드(A ; Anode) 및 캐소드(K ; Cathode) 단자로 사용되지만, EL 백라이트형의 경우에는 이것들이 NC(No Connection) 단자로 되고 별도의 EL 백라이트용 교류전원 단자를 사용하여 총 22핀이 된다.

그래픽형 LCD 모듈에 외부에서 전원을 접속하는 방법을 보이면 <그림 4.5.5>와 같다. 여기서 Vo는 화면의 밝기를 제어하는 단자로서 대부분 부전압(-)을 인가할수록 표시화면이 또렷해지는데, 대체로 Vdd-Vo = 8~17[V] 수준이므로 그림 (a)에서처럼 -10[V] 정도의 별도 전원이 추가로 필요하다.

〈표 4.5.4〉 그래픽형 LCD 모듈 인터페이스 콘넥터 핀의 기능

핀	신호명	기 능	
1	Vss	전원 GND	
2	Vdd	전원 +5V	
3	V_O	화면밝기 제어 동작전압, operating voltage ($Vdd-V_O$ = 8~17V)	
4	$D/\overline{I}$	Data/Instruction (1 = data register, 0 = instruction register)	
5	$R/\overline{W}$	Read/Write (1 = CPU ← LCD, 0 = CPU → LCD)	
6	E	Enable signal for read/write LCD	
7	DB0	(LSB)	
8	DB1	데이터 버스	
9	DB2		
10	DB3		
11	DB4		
12	DB5		
13	DB6		
14	DB7	(MSB)	
15	CS1	세그먼트 드라이버(1)을 선택하는 칩선택 신호	
16	CS2	세그먼트 드라이버(2)를 선택하는 칩선택 신호	
17	$\overline{RST}$	리셋 신호	
18	Vout	LCD 구동 전압 Vo를 인가하는데 사용하기 위한 출력 전압	
19	A	Anode : LED backlight용 전원 +3.9~4.4V	EL 백라이트형은 이 단자들을 사용하지 않음(NC).
20	K	Cathode : LED backlight용 전원의 GND	
21	EL1	EL backlight용 전원 단자(1)	LED 백라이트형에는 이 단자들이 없음.
22	EL2	EL backlight용 전원 단자(2)	

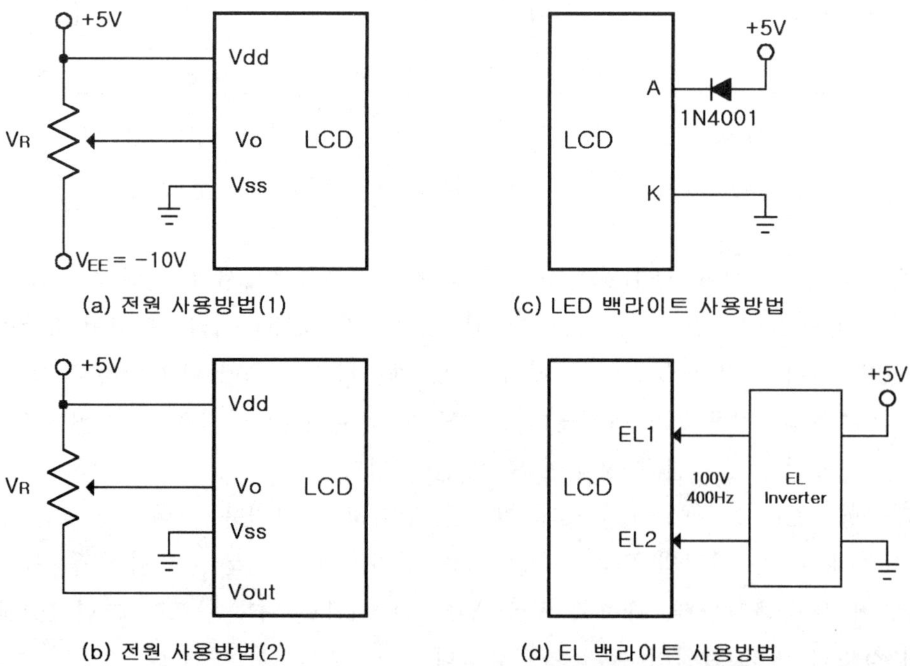

(a) 전원 사용방법(1)

(c) LED 백라이트 사용방법

(b) 전원 사용방법(2)

(d) EL 백라이트 사용방법

〈그림 4.5.5〉 그래픽형 LCD 모듈의 전원 접속 방법

그러나, LCD 구동전압을 위하여 이렇게 또 하나의 전원을 사용해야 한다는 것은 현실적으로 매우 불편하므로, 모델에 따라서는 LCD 모듈의 내부에서 +5V 전원을 사용하여 -10V 전원을 만들어 출력해주는 것도 있다. 우리가 사용하는 HG12605NY-LY는 LCD 모듈의 내부에 모두 이와 같은 DC-DC 컨버터를 내장하고 있고 그 결과 -10V의 전압을 Vout 단자로 출력하고 있으므로 이 그림의 (b)처럼 쉽게 LCD 구동전압 Vo를 공급할 수 있다. 여기서 가변저항은 V_R = 10[kΩ]~20[kΩ] 정도로 사용하며, 화면을 실제로 보면서 적절한 밝기가 되도록 조절하면 된다.

LED 백라이트형인 HG12605NY-LY에서는 +5V에 직렬로 저항을 거쳐서 19(A), 20(K)번 단자에 접속하도록 권장되지만, 백라이트 전원으로 +5V의 안정된 전원을 사용하는 경우에는 그림 (c)처럼 저항 대신에 다이오드를 사용하는 것도 좋은 방법이다. 그러나, EL 백라이트형에서는 약 $100V_{AC}$/400Hz의 교류전원을 필요로 하므로 그림 (d)에서처럼 EL 백라이트용의 인버터를 사용하게 되며, 인버터의 출력을 LCD 모듈의 21(EL1), 22(EL2)번 단자에 접속해야 한다. 이러한 인버터는 소형으로 +5V 직류 입력에 $100V_{AC}$/400Hz 정도의 교류 출력을 갖는 제품들이 판매되고 있다.

(3) 동작 타이밍

HG12605NY-LY에서 사용하는 세그먼트 드라이버는 삼성전자의 S6B0108 또는 히타치의 HD61202U인데, 이것들은 표시하는 기호만 약간 다를 뿐이고 동작 타이밍은 완전히 동일하다. <그림 4.5.6>에 보인 것은 히타치 HD61202U의 라이트 및 리드 동작 타이밍이다.

LCD 모듈을 마이크로프로세서와 접속할 때는 이것들의 제어신호가 일반적인 주변 LSI들에 비하여 다소 특이한 동작을 가지며, 동작 시간이 상당히 느린 편이므로 주의하여 사용해야 한다. 특히 그래픽형 LCD 모듈은 텍스트형에 비하여 동작시간이 더욱 느리다. 이 때문에 텍스트형 LCD 모듈은 어드레스 디코더를 이용하여 I/O 영역에 할당하는 방법으로 사용하는 경우가 많지만, 그래픽형 LCD 모듈은 오늘날의 CPU들이 대부분 상당히 빠른 동작을 수행하는 것을 감안하면 이렇게 하는 것이 매우 어렵다. 따라서, 그래픽형 LCD 모듈을 CPU에 인터페이스하려면 보통 외부 어드레스 확장 영역에 인터페이스하지 않고 병렬 I/O 포트에 붙이거나 또는 래치기능을 가지는 병렬출력 인터페이스 회로를 거쳐서 접속하게 된다.

OK-7S256 키트에서는 AT91SAM7S256 마이크로콘트롤러가 외부 어드레스 공간을 갖지 않으므로 병렬 I/O 포트에 그래픽형 LCD 모듈을 접속하였다. 그러나, 이렇게 하면 하드웨어의 타이밍 문제는 해결이 되지만, 그래픽형 LCD 모듈의 제어신호를 일일

이 병렬 출력 비트로 제어해야 하기 때문에 소프트웨어가 상당히 번거롭고 복잡해진다. 따라서, 이 제어 프로그램을 작성할 때는 <그림 4.5.6>에 따라 세심하게 동작 타이밍을 고려해야 한다.

타이밍	기호	Min.	Typ.	Max.	단위
Enable cycle time	t_{cyc}	1000	-	-	ns
Enable high level width	PW_{EH}	450	-	-	
Enable low level width	PW_{EL}	450	-	-	
Enable rise time	t_r	-	-	25	
Enable fall time	t_f	-	-	25	
Address setup time(CS1,CS2, D/Ī)	t_{AS}	140	-	-	
Address hold time (CS1,CS2, D/Ī)	t_{AH}	10	-	-	
Data setup time(write)	t_{DSW}	200	-	-	
Data delay time(read)	t_{DDR}	-	-	320	
Data hold time(write)	t_{DHW}	10	-	-	
Data hold time(read)	t_{DHR}	20	-	-	

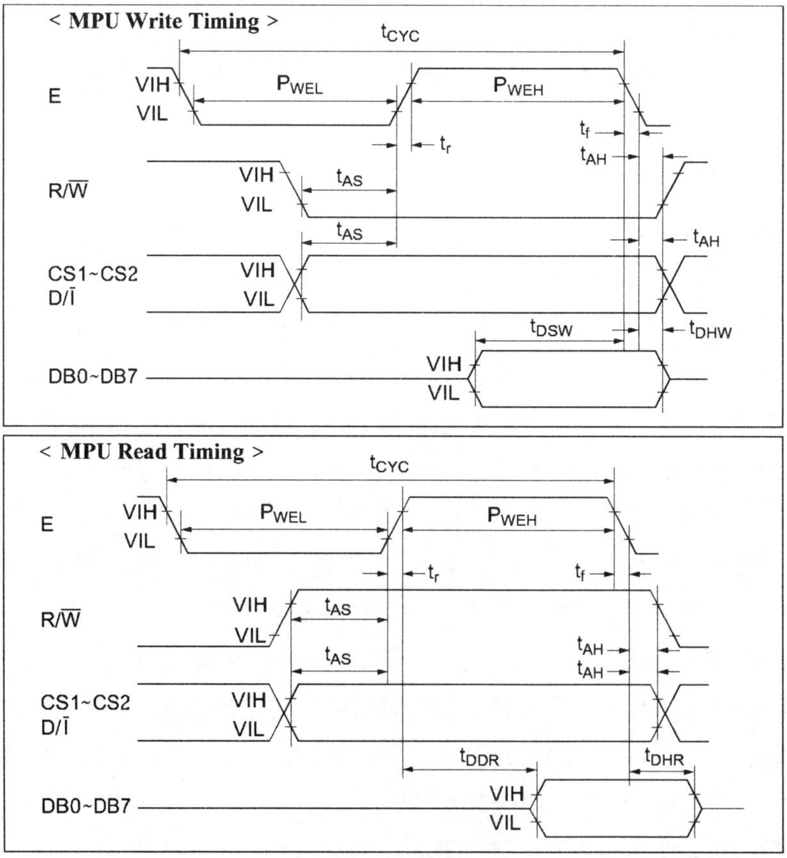

〈그림 4.5.6〉 그래픽형 LCD 모듈의 동작 타이밍

3. 그래픽형 LCD 모듈의 프로그래밍

(1) 그래픽형 LCD 모듈의 내부 동작

HG12605NY-LY처럼 LCD 콘트롤러를 가지지 않고 공통 드라이버와 세그먼트 드라이버로만 구성되는 그래픽형 LCD 모듈은 내부 동작이 매우 단순하다. 즉, 텍스트형 LCD 모듈처럼 CPU가 ASCII 문자의 코드만을 전송하면 LCD 모듈이 내장하는 문자 폰트 중에서 이 코드에 해당하는 문자 폰트를 찾아서 화면의 지정된 위치에 표시하는 기능이 없고, CPU가 각 화소에 해당하는 번지에 데이터를 라이트하여 두면 그래픽형 LCD 모듈은 단지 공통 드라이버와 세그먼트 드라이버 LSI가 다이나믹 방식으로 이 데이터를 화면에 표시하는 것뿐이다. 또한, 그래픽형 LCD 모듈에서는 이러한 화면표시와 관련하여 몇개 정도의 제어명령을 처리할 수 있는 기능을 가진다.

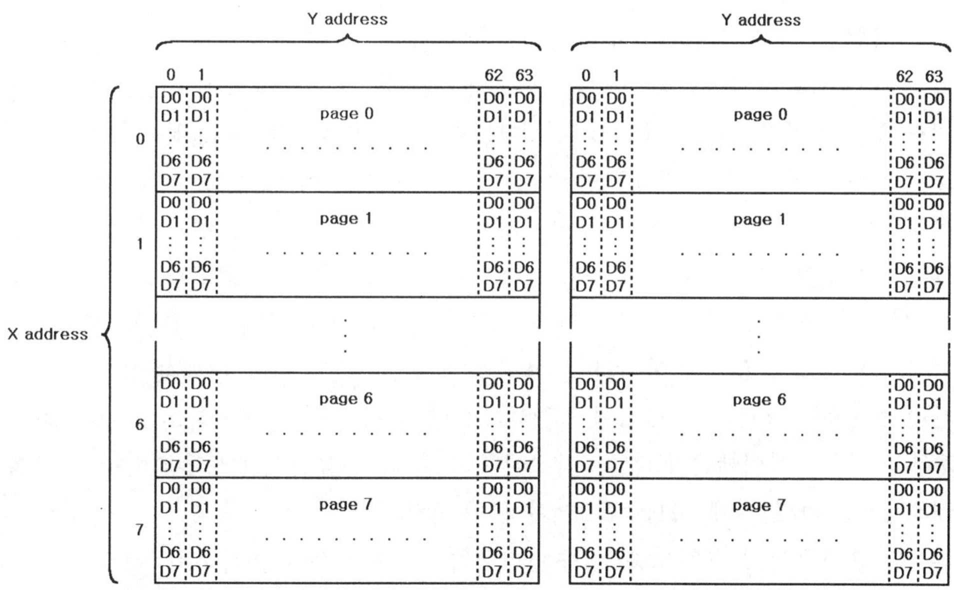

〈그림 4.5.7〉 그래픽형 LCD 모듈의 DD RAM과 화면 구성

이를 위해 그래픽형 LCD 모듈은 내부에 제어명령을 해독하여 처리할 수 있는 회로와 많은 양의 DD(Display Data) RAM 메모리를 가지고 있는데, 이것들은 모두 세그먼트 드라이버 LSI에 내장되어 있다. 세그먼트 드라이버 S6B0108 또는 HD61202U는 512×8 = 4096비트의 DD RAM을 가지고 있는데, 1비트의 메모리는 1개의 액정 화

소를 표시할 수 있으므로 이것은 64×64 = 4096개의 화소를 표시하는데 사용된다. 즉, 세그먼트 드라이버 소자 1개는 공통 드라이버와 타이밍의 동기를 유지하면서 64개의 행(row)과 64개의 열(column)을 구동할 수 있는 것이다. 따라서, 128×64 해상도를 가지는 그래픽형 LCD 모듈은 내부에 이러한 세그먼트 드라이버 소자를 2개 사용하고 있다.

이러한 128×64 도트 해상도를 가지는 그래픽형 LCD 모듈의 화면과 메모리 구조를 그림으로 설명하면 <그림 4.5.7>과 같다. 화면의 좌측 64×64 도트는 세그먼트 드라이버 1이 담당하고, 우측 64×64 도트는 세그먼트 드라이버 2가 담당한다. 화면은 좌측 상단으로부터 아래쪽으로 연속된 8비트가 DD RAM의 1번지 데이터가 되며, 이 연속된 8비트는 1개의 X어드레스 또는 페이지가 된다. DD RAM 데이터의 8비트중에서 LSB(Least Significant Bit)가 위쪽의 도트에 해당되고, MSB(Most Significant Bit)가 아래쪽의 도트에 해당된다는 것에 유의하라. 이렇게 하여 128×64 도트의 화면은 위로부터 아래 방향으로 X어드레스 0~7(또는 페이지 0~7)을 구성한다.

한편, 화면은 좌측 상단으로부터 가로 방향으로 1도트가 1개의 어드레스가 되어 Y어드레스 0~63을 구성하는데, 전체 128개의 도트를 Y어드레스 0~127로 부르지 않고 세그먼트 드라이버가 2개 사용되므로 Y어드레스 0~63이 2차례 반복된다.

128×64 도트 해상도의 그래픽형 LCD 모듈 화면은 이와 같이 매우 특이한 구조를 가지므로 화면에 어떤 내용을 표시하는 프로그램을 작성할 때 상당히 불편하며 세심한 주의를 기울여 프로그래밍해야만 한다. 예를 들어 화면의 최상단 1도트 라인에 좌측 끝에서부터 우측의 끝까지 수평선을 그리고자 한다면, 먼저 세그먼트 드라이버 1에 대하여 X어드레스를 0으로 지정하고 나서 Y어드레스 0~63의 번지에 01H값을 64차례 출력하여야 한다. 이것은 그래픽형 LCD 모듈에서 CS1을 인에이블하고 출력해야만 한다. 그리고 나서, 이번에는 CS2를 인에이블하여 역시 X어드레스를 0으로 지정하고 Y어드레스 0~63의 번지에 01H값을 64차례 출력하여야 한다.

이렇게 그래픽형 LCD 모듈에 수평방향으로 데이터를 출력하는 경우에는 화면의 좌반부와 우반부에 대하여 각각 CS1과 CS2를 인에이블시켜야 한다는 점에 주의하라. 또한 화면의 세로방향이 Y어드레스가 아니라 X어드레스이며, 가로방향이 X어드레스가 아니라 Y어드레스라는 것을 혼동하지 말고 올바르게 기억해야 한다.

(2) 제어 명령

세그먼트 드라이버 S6B0108 또는 HD61202U 소자를 사용하는 그래픽형 LCD 모듈의 제어 명령(Instruction 또는 Command)을 정리하면 <표 4.5.5>와 같다. 이들 명령은 마이크로프로세서가 이 LCD 모듈을 초기화하거나 제어하는 프로그램에서 사용되며 데이터 버스 DB0~DB7을 통하여 전송된다.

그래픽형 LCD 모듈이 각 명령을 받아 이를 실행하는 동안에는 세그먼트 드라이버 내부의 비지 플랙이 1~3클록 주기동안 1로 셋트된다. 따라서, 공통 드라이버의 발진회로에서 일반적으로 f_{osc}=450kHz이고 드라이버 내부의 동작 클록은 이것의 1/2주파수로 동작하는 것을 감안하면 비지 플랙이 셋트되어 있는 시간은 대략 4.4~13.3[μs] 정도가 된다.

그러나, 그래픽형 LCD 모듈을 병렬 포트로 인터페이스하는 경우에는 CPU가 LCD 모듈로 데이터를 출력하는 것만 가능할 뿐이며, 반대로 CPU가 LCD 모듈에서 데이터를 읽어들이는 것은 사실상 불가능하므로 비지 체크가 어려우며, 따라서 이는 적절한 시간 지연으로 처리하는 것이 좋다.

〈표 4.5.5〉 그래픽형 LCD 모듈의 제어 명령표

기 능	R/$\overline{W}$	D/$\overline{I}$	DB7	DB6	DB5	DB4	DB3	DB2	DB1	DB0	비 고
① Display ON/OFF	0	0	0	0	1	1	1	1	1	D	화면 표시 여부를 지정. (D : 0 = OFF, 1 = ON)
② Display start line	0	0	1	1	start line(0~63)						화면의 시작 도트 라인을 지정.
③ Set X address(page)	0	0	1	0	1	1	1	page(0~7)			DD RAM의 X어드레스를 지정.
④ Set Y address	0	0	0	1	Y address(0~63)						DD RAM의 Y어드레스를 지정.
⑤ Read status	1	0	busy	0	on/off	reset	0	0	0	0	LCD 모듈의 상태를 리드. busy : 0 = ready, 1 = busy on/off : 0 = ON, 1 = OFF reset : 0 = normal, 1 = reset
⑥ Write display data	0	1	Write data								데이터를 DD RAM에 라이트.
⑦ Read display data	1	1	Read data								DD RAM에서 데이터를 리드.

① Display ON/OFF

D=1로 설정하면 LCD 화면에 DD RAM의 내용이 표시되고, D=0으로 설정하면 화면이 표시되지 않는다. 그러나, D=0으로 설정하더라도 화면이 보이지 않는 것뿐이며 DD RAM의 내용은 그대로 보존된다.

② Display start line(Z address)

DD RAM의 데이터 중에서 화면의 가장 위쪽 도트에 표시될 스타트 라인(Z어드레스)을 지정한다. 이 값은 0~63으로 지정되는데, 이를 점차로 증가시키면 화면 전체가 위로 조금씩 스크롤되는 효과를 거둘 수 있다.

③ Set X address(page)

DD RAM의 X어드레스 또는 페이지 번호를 지정한다. 이 값은 0~7로 지정되는데, 이것은 CPU가 리드 또는 라이트할 DD RAM이 화면의 세로방향 위치중 어디에 해당하는지를 결정한다. 각 X어드레스는 위로부터 차례로 연속된 8개씩의 도트 라인을 가리킨다. 즉, 페이지0 = 0~7, 페이지1 = 8~15, ... , 페이지6 = 48~55, 페이지7 = 56~63와 같게 된다.

④ Set Y address

DD RAM의 Y어드레스를 지정한다. 이 값은 0~63으로 지정되는데, 이것은 CPU가 리드 또는 라이트할 DD RAM이 화면의 가로방향 위치중 어디에 해당하는지를 결정한다. CPU가 DD RAM을 리드 또는 라이트할 때마다 Y어드레스는 자동으로 1씩 증가한다. Y어드레스는 2개의 세그먼트 드라이버에 대하여 각각 0~63번지씩 2개가 별도로 존재하므로, 화면의 0~63번 열에 대하여는 CS1을 인에이블하고 액세스해야 하며, 화면의 64~127번 열에 대하여는 CS2를 인에이블하고 액세스해야 한다.

⑤ Read status

그래픽형 LCD 모듈의 상태를 읽어들인다. 여기서 상태를 표시하는 플랙 비트는 3개가 있는데, busy 플랙은 1이면 현재 LCD 모듈이 동작중이므로 다음 명령을 보내지 못하도록 하는 것이며, 0이면 동작이 완료되었음을 나타낸다. 각 명령을 보낼 때마다 플랙 비트는 약 4.4~13.3[μs] 동안 1로 된다. on/off 플랙은 현재 화면을 표시하도록 설정되었는지를 나타내는데, 이것은 ① Display ON/OFF 명령에서 설정한 D 비트의 반전값이라는데 유의해야 한다. reset 플랙은 1이면 리셋 직후에 내부적으로 초기화 동작이 수행중임을 나타내고, 0이면 초기화가 완료되어 정상적인 사용이 가능한 상태로 되었음을 의미한다.

⑥ Write display data

화면에 표시할 데이터를 데이터 버스 DB7~DB0를 통하여 DD RAM에 라이트한다. 이 데이터가 라이트되는 DD RAM의 번지는 현재의 X어드레스 및 Y어드레스로 지정되어 있는 번지이다. 라이트 동작이 완료되면 내부에서 자동적으로 Y어드레스가 1만큼 증가된다.

⑦ Read display data

현재 X어드레스 및 Y어드레스로 지정된 DD RAM 번지에 저장되어 있는 내용을 데이터 버스 DB7~DB0를 통하여 읽어들인다. 리드 동작이 완료되면 내부에서 자동적으로 Y어드레스가 1만큼 증가된다. X어드레스나 Y어드레스를 설정하는 명령을 실행한 직후에는 이 리드 동작이 수행되지 않으므로 1번의 더미 리드(dummy read)를 포함하여 2번의 리드 동작이 필요하다.

◀참고▶ 콘트롤러를 가지지 않는 그래픽형 LCD 모듈은 텍스트형 LCD 모듈의 경우처럼 사용자가 이를 소프트웨어적으로 초기화하는 특별한 절차가 필요없다. 그러나, 처음 전원을 투입한 직후에는 DD RAM의 각 번지에 임의의 초기값을 가지게 되어 화면에 랜덤하게 임의의 점들이 켜지므로 화면 전체를 클리어시키는 초기화 과정을 수행하는 것이 일반적이다.

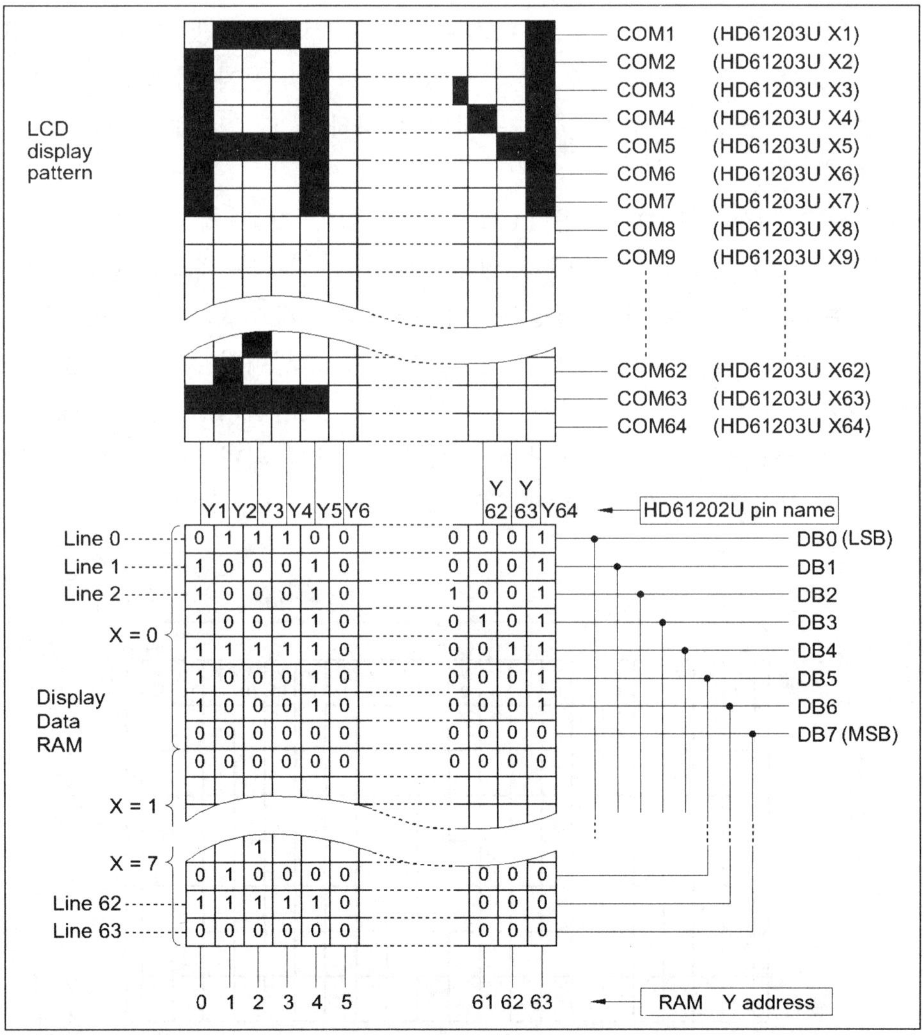

〈그림 4.5.8〉 그래픽형 LCD 모듈의 화면과 DD RAM의 관계

4. 영문 ASCII 디스플레이 프로그램

나중에 제4.7절에서 공부하는 바와 같이 그래픽형 LCD 모듈에 영문 ASCII 또는 한글 문자를 혼용하여 표시하는 경우에 영문은 1문자를 8×16 도트로 사용하고 한글은 1문자를 16×16 도트로 사용하는 것이 일반적이다.

그러나, 그래픽형 LCD 모듈을 사용하는 경우에도 굳이 한글을 표시할 필요가 없이 영문 ASCII 문자만을 표시한다면 이와 같은 8×16 도트의 폰트를 사용하지 말고 텍스트형 LCD 모듈에서와 비슷하게 6×8 문자 박스에 5×7 도트로 표시되는 전형적인 영문 폰트를 사용하여 화면에 훨씬 더 많은 행과 열을 나타낼 수 있다. 텍스트형 LCD 모듈에서는 5×8 문자 박스에 5×7 도트로 텍스트 문자를 사용하지만, 그래픽형 LCD 모듈에서는 모든 도트가 일정한 간격으로 되어 있으므로 6×8 문자 박스에 5×7 도트로 텍스트 문자를 표현함으로써 문자와 문자 사이에 상하나 좌우로 1도트의 이격 거리를 확보할 필요가 있다.

128×64 도트 해상도의 그래픽형 LCD 모듈에 이와 같은 영문을 표현하기 위하여 화면을 구성한 예를 <그림 4.5.9>에 보였다. 여기서는 2개의 세그먼트 드라이버가 각각 Y방향으로 64개의 도트 열을 담당하는데, 1문자가 6개 도트를 차지하므로 모두 10문자를 사용하면 4개의 도트 열이 남게 된다. 따라서, 그림에서 보는 것처럼 화면의 좌우 양단에 4개씩의 도트 열을 빈 공간으로 남겨놓고 사용하기로 한다. 이렇게 하면 1화면은 20자×8행의 영문 텍스트 문자를 표시할 수 있게 되며, 그림에서처럼 문자 및 커서의 위치는 열번호 y = 0~19와 행번호 x = 0~7로 사용하기로 한다.

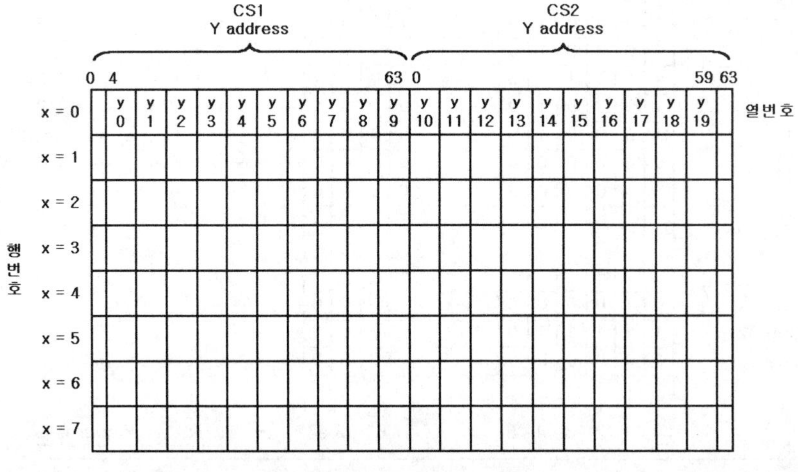

〈그림 4.5.9〉 128×64 화면에 6×8 도트의 영문 전용 폰트를 표시하는 화면 구성

여기서는 이러한 방법으로 128×64 도트의 그래픽형 LCD 모듈에 영문 ASCII 문자를 디스플레이하는 프로그램을 작성하여 본다. 각 문자의 폰트는 5×7 도트이며, 따라서 각 문자당 폰트 데이터가 5바이트를 차지하므로 ASCII 코드의 도형문자인 0x20~0x7E 전체는 95×5=475 바이트에 불과하다.

C언어 프로그램에서 6×8 문자 박스에 5×7 도트로 영문 ASCII 문자를 디스플레이하는데 사용할 함수와 폰트 데이터를 포함하는 헤더파일은 다음과 같다. 여기에는 그래픽 처리기능을 위한 기본 함수를 몇가지 포함하고 있다.

〈헤더파일 OK7S256GLCD.h〉 그래픽형 LCD 모듈을 사용하기 위한 기본 헤더파일

```
/*****************************************************************************/
/*     OK7S256GLCD.h : English(ASCII) and Graphic Display on 128x64 GLCD Module    */
/*****************************************************************************/

/* ------------------------------------------------------------------------- */
/*               6x8 Dot English(ASCII) Character Font                       */
/* ------------------------------------------------------------------------- */
const unsigned char font[95][5] = {                     /* real 5x7 ASCII character font */
        {0x00, 0x00, 0x00, 0x00, 0x00},                 // 0x20 space
        {0x00, 0x00, 0x4f, 0x00, 0x00},                 // 0x21 !
        {0x00, 0x07, 0x00, 0x07, 0x00},                 // 0x22 "
        {0x14, 0x7f, 0x14, 0x7f, 0x14},                 // 0x23 #
        {0x24, 0x2a, 0x7f, 0x2a, 0x12},                 // 0x24 $
        {0x23, 0x13, 0x08, 0x64, 0x62},                 // 0x25 %
        {0x36, 0x49, 0x55, 0x22, 0x50},                 // 0x26 &
        {0x00, 0x05, 0x03, 0x00, 0x00},                 // 0x27 '
        {0x00, 0x1c, 0x22, 0x41, 0x00},                 // 0x28 (
        {0x00, 0x41, 0x22, 0x1c, 0x00},                 // 0x29 )
        {0x14, 0x08, 0x3e, 0x08, 0x14},                 // 0x2a *
        {0x08, 0x08, 0x3e, 0x08, 0x08},                 // 0x2b +
        {0x00, 0x50, 0x30, 0x00, 0x00},                 // 0x2c ,
        {0x08, 0x08, 0x08, 0x08, 0x08},                 // 0x2d -
        {0x00, 0x60, 0x60, 0x00, 0x00},                 // 0x2e .
        {0x20, 0x10, 0x08, 0x04, 0x02},                 // 0x2f /
        {0x3e, 0x51, 0x49, 0x45, 0x3e},                 // 0x30 0
        {0x00, 0x42, 0x7f, 0x40, 0x00},                 // 0x31 1
        {0x42, 0x61, 0x51, 0x49, 0x46},                 // 0x32 2
        {0x21, 0x41, 0x45, 0x4b, 0x31},                 // 0x33 3
        {0x18, 0x14, 0x12, 0x7f, 0x10},                 // 0x34 4
        {0x27, 0x45, 0x45, 0x45, 0x39},                 // 0x35 5
        {0x3c, 0x4a, 0x49, 0x49, 0x30},                 // 0x36 6
        {0x01, 0x71, 0x09, 0x05, 0x03},                 // 0x37 7
        {0x36, 0x49, 0x49, 0x49, 0x36},                 // 0x38 8
        {0x06, 0x49, 0x49, 0x29, 0x1e},                 // 0x39 9
        {0x00, 0x36, 0x36, 0x00, 0x00},                 // 0x3a :
        {0x00, 0x56, 0x36, 0x00, 0x00},                 // 0x3b ;
        {0x08, 0x14, 0x22, 0x41, 0x00},                 // 0x3c <
        {0x14, 0x14, 0x14, 0x14, 0x14},                 // 0x3d =
        {0x00, 0x41, 0x22, 0x14, 0x08},                 // 0x3e >
        {0x02, 0x01, 0x51, 0x09, 0x06},                 // 0x3f ?
        {0x32, 0x49, 0x79, 0x41, 0x3e},                 // 0x40 @
        {0x7e, 0x11, 0x11, 0x11, 0x7e},                 // 0x41 A
        {0x7f, 0x49, 0x49, 0x49, 0x36},                 // 0x42 B
        {0x3e, 0x41, 0x41, 0x41, 0x22},                 // 0x43 C
        {0x7f, 0x41, 0x41, 0x22, 0x1c},                 // 0x44 D
        {0x7f, 0x49, 0x49, 0x49, 0x41},                 // 0x45 E
        {0x7f, 0x09, 0x09, 0x09, 0x01},                 // 0x46 F
        {0x3e, 0x41, 0x49, 0x49, 0x7a},                 // 0x47 G
```

```
        {0x7f, 0x08, 0x08, 0x08, 0x7f},                       // 0x48 H
        {0x00, 0x41, 0x7f, 0x41, 0x00},                       // 0x49 I
        {0x20, 0x40, 0x41, 0x3f, 0x01},                       // 0x4a J
        {0x7f, 0x08, 0x14, 0x22, 0x41},                       // 0x4b K
        {0x7f, 0x40, 0x40, 0x40, 0x40},                       // 0x4c L
        {0x7f, 0x02, 0x0c, 0x02, 0x7f},                       // 0x4d M
        {0x7f, 0x04, 0x08, 0x10, 0x7f},                       // 0x4e N
        {0x3e, 0x41, 0x41, 0x41, 0x3e},                       // 0x4f O
        {0x7f, 0x09, 0x09, 0x09, 0x06},                       // 0x50 P
        {0x3e, 0x41, 0x51, 0x21, 0x5e},                       // 0x51 Q
        {0x7f, 0x09, 0x19, 0x29, 0x46},                       // 0x52 R
        {0x26, 0x49, 0x49, 0x49, 0x32},                       // 0x53 S
        {0x01, 0x01, 0x7f, 0x01, 0x01},                       // 0x54 T
        {0x3f, 0x40, 0x40, 0x40, 0x3f},                       // 0x55 U
        {0x1f, 0x20, 0x40, 0x20, 0x1f},                       // 0x56 V
        {0x3f, 0x40, 0x38, 0x40, 0x3f},                       // 0x57 W
        {0x63, 0x14, 0x08, 0x14, 0x63},                       // 0x58 X
        {0x07, 0x08, 0x70, 0x08, 0x07},                       // 0x59 Y
        {0x61, 0x51, 0x49, 0x45, 0x43},                       // 0x5a Z
        {0x00, 0x7f, 0x41, 0x41, 0x00},                       // 0x5b [
        {0x02, 0x04, 0x08, 0x10, 0x20},                       // 0x5c (\)
        {0x00, 0x41, 0x41, 0x7f, 0x00},                       // 0x5d ]
        {0x04, 0x02, 0x01, 0x02, 0x04},                       // 0x5e ^
        {0x40, 0x40, 0x40, 0x40, 0x40},                       // 0x5f _
        {0x00, 0x01, 0x02, 0x04, 0x00},                       // 0x60 `
        {0x20, 0x54, 0x54, 0x54, 0x78},                       // 0x61 a
        {0x7f, 0x48, 0x44, 0x44, 0x38},                       // 0x62 b
        {0x38, 0x44, 0x44, 0x44, 0x20},                       // 0x63 c
        {0x38, 0x44, 0x44, 0x48, 0x7f},                       // 0x64 d
        {0x38, 0x54, 0x54, 0x54, 0x18},                       // 0x65 e
        {0x08, 0x7e, 0x09, 0x01, 0x02},                       // 0x66 f
        {0x0c, 0x52, 0x52, 0x52, 0x3e},                       // 0x67 g
        {0x7f, 0x08, 0x04, 0x04, 0x78},                       // 0x68 h
        {0x00, 0x04, 0x7d, 0x00, 0x00},                       // 0x69 i
        {0x20, 0x40, 0x44, 0x3d, 0x00},                       // 0x6a j
        {0x7f, 0x10, 0x28, 0x44, 0x00},                       // 0x6b k
        {0x00, 0x41, 0x7f, 0x40, 0x00},                       // 0x6c l
        {0x7c, 0x04, 0x18, 0x04, 0x7c},                       // 0x6d m
        {0x7c, 0x08, 0x04, 0x04, 0x78},                       // 0x6e n
        {0x38, 0x44, 0x44, 0x44, 0x38},                       // 0x6f o
        {0x7c, 0x14, 0x14, 0x14, 0x08},                       // 0x70 p
        {0x08, 0x14, 0x14, 0x18, 0x7c},                       // 0x71 q
        {0x7c, 0x08, 0x04, 0x04, 0x08},                       // 0x72 r
        {0x48, 0x54, 0x54, 0x54, 0x20},                       // 0x73 s
        {0x04, 0x3f, 0x44, 0x40, 0x20},                       // 0x74 t
        {0x3c, 0x40, 0x40, 0x20, 0x7c},                       // 0x75 u
        {0x1c, 0x20, 0x40, 0x20, 0x1c},                       // 0x76 v
        {0x3c, 0x40, 0x30, 0x40, 0x3c},                       // 0x77 w
        {0x44, 0x28, 0x10, 0x28, 0x44},                       // 0x78 x
        {0x0c, 0x50, 0x50, 0x50, 0x3c},                       // 0x79 y
        {0x44, 0x64, 0x54, 0x4c, 0x44},                       // 0x7a z
        {0x00, 0x08, 0x36, 0x41, 0x00},                       // 0x7b {
        {0x00, 0x00, 0x77, 0x00, 0x00},                       // 0x7c |
        {0x00, 0x41, 0x36, 0x08, 0x00},                       // 0x7d }
        {0x08, 0x04, 0x08, 0x10, 0x08}};                      // 0x7e ~

unsigned int xcharacter, ycharacter;                  // x character(0-7), y character(0-19)
unsigned int xcursor, ycursor;                        // x and y cursor position(0-7, 0-19)
unsigned int cursor_flag=0;
}

/* ---------------------------------------------------------------------------- */
/*      Write a Command                                                         */
/* ---------------------------------------------------------------------------- */
void GLCD_command(unsigned int cs, unsigned int command)
{
  AT91F_PIO_ClearOutput(AT91C_BASE_PIOA, GLCD_CS2|GLCD_CS1); // CS0 = CS1 = 0
  AT91F_PIO_SetOutput(AT91C_BASE_PIOA, cs);                  // CS0 or CS1 = 1
  AT91F_PIO_ClearOutput(AT91C_BASE_PIOA, GLCD_DI);           // D/-I = 0
  Delay_1us();
```

```
  AT91F_PIO_SetOutput(AT91C_BASE_PIOA, command << 24);  // output command
  AT91F_PIO_ClearOutput(AT91C_BASE_PIOA, (~command) << 24);
  AT91F_PIO_SetOutput(AT91C_BASE_PIOA, GLCD_E);         // E = 1
  Delay_1us();
  AT91F_PIO_ClearOutput(AT91C_BASE_PIOA, GLCD_E);       // E = 0

  Delay_us(10);                                         // wait for GLCD busy
}

/* ------------------------------------------------------------------------------ */
/*      Write a DD RAM Data                                                        */
/* ------------------------------------------------------------------------------ */
void GLCD_data(unsigned int cs, unsigned int data)
{
  AT91F_PIO_ClearOutput(AT91C_BASE_PIOA, GLCD_CS2|GLCD_CS1); // CS0 = CS1 = 0
  AT91F_PIO_SetOutput(AT91C_BASE_PIOA, cs);             // CS0 or CS1 = 1
  AT91F_PIO_SetOutput(AT91C_BASE_PIOA, GLCD_DI);        // D/-I = 1
  Delay_1us();

  AT91F_PIO_SetOutput(AT91C_BASE_PIOA, data << 24);     // output data
  AT91F_PIO_ClearOutput(AT91C_BASE_PIOA, (~data) << 24);
  AT91F_PIO_SetOutput(AT91C_BASE_PIOA, GLCD_E);         // E = 1
  Delay_1us();
  AT91F_PIO_ClearOutput(AT91C_BASE_PIOA, GLCD_E);       // E = 0

  Delay_us(10);                                         // wait for GLCD busy
}

/* ------------------------------------------------------------------------------ */
/*      Clear GLCD Screen                                                          */
/* ------------------------------------------------------------------------------ */
void GLCD_clear(void)
{ unsigned int i, j, x;

  AT91F_PIO_CfgOutput(AT91C_BASE_PIOA, GLCD_ALL);       // clear all GLCD control signals
  AT91F_PIO_ClearOutput(AT91C_BASE_PIOA, GLCD_ALL);
  AT91F_PIO_Opendrain(AT91C_BASE_PIOA, GLCD_ALL);

  GLCD_command(GLCD_CS2|GLCD_CS1, 0x3F);                // CS1,CS2 display ON
  GLCD_command(GLCD_CS2|GLCD_CS1, 0xC0);                // CS1,CS2 display position

  x = 0xB8;
  for(i = 0; i <= 7; i++)
    { GLCD_command(GLCD_CS2|GLCD_CS1, x);               // X start addtess
      GLCD_command(GLCD_CS2|GLCD_CS1, 0x40);            // Y start address
      for(j = 0; j <= 63; j++)
        GLCD_data(GLCD_CS2|GLCD_CS1, 0x00);             // clear CS1 and CS2 screen
      x++;
    }
}

/* ------------------------------------------------------------------------------ */
/*      Set English(ASCII) Character Position                                      */
/* ------------------------------------------------------------------------------ */
void GLCD_xy(unsigned int x, unsigned int y)
{ xcharacter = x;
  ycharacter = y;

  GLCD_command(GLCD_CS2|GLCD_CS1, 0xB8+xcharacter);     // X address

  if(ycharacter <= 9)                                   // if y <= 9, CS1 Y address
    GLCD_command(GLCD_CS1, 0x40+ycharacter*6+4);
  else                                                  // if y >= 10, CS2 Y address
    GLCD_command(GLCD_CS2, 0x40+(ycharacter-10)*6);
}

/* ------------------------------------------------------------------------------ */
/*      Display a 6x8 Dot English(ASCII)                                           */
/* ------------------------------------------------------------------------------ */
void GLCD_English(unsigned int attribute, unsigned char character)
{ unsigned int i, cs, x;
```

```
  GLCD_xy(xcharacter, ycharacter);
  if(ycharacter <= 9)                                   // if y <= 9, CS1
    cs = GLCD_CS1;
  else                                                  // if y >= 10, CS2
    cs = GLCD_CS2;
  for(i = 0; i <= 4; i++)
    { x = font[character-0x20][i];
      if((cursor_flag == 1) && (xcharacter == xcursor) && (ycharacter == ycursor))
        x |= 0x80;
      if(attribute == 0x01)                             // reverse ?
        x = ~x;
      GLCD_data(cs, x);
    }
  x = 0x00;                                             // last byte of font
  if(attribute == 0x01)
    x = ~x;
  GLCD_data(cs, x);

  ycharacter++;                                         // go next character position
  if(ycharacter == 20)
    { ycharacter = 0;
      xcharacter++;
    }
}

/* ------------------------------------------------------------------------------ */
/*      Display a String(attribute : 0x00 = normal, 0x01 = reverse)               */
/* ------------------------------------------------------------------------------ */
void GLCD_string(unsigned int x, unsigned int y, unsigned int attribute, char *string)
{ xcharacter = x;
  ycharacter = y;

  while(*string != '\0')
     { GLCD_English(attribute, *string);                // display a charcater
       string++;
     }
}

/* ------------------------------------------------------------------------------ */
/*              Graphic Functions on GLCD Module                                  */
/* ------------------------------------------------------------------------------ */
#include <math.h>

#ifndef M_PI
#define M_PI    3.14159265358979323846
#endif

unsigned char screen[8][128];                           // GLCD screen buffer

void Axis_xy(unsigned int x, unsigned int y)            /* set x, y axis position */
{ GLCD_command(GLCD_CS2|GLCD_CS1, 0xB8+x);              // X address(0 - 7)

  if(y <= 63)                                           // if y <= 63, CS1 Y address
    GLCD_command(GLCD_CS1, 0x40 + y);
  else                                                  // if y >= 64, CS2 Y address
    GLCD_command(GLCD_CS2, 0x40 + y - 64);
}

void Draw(void)                                         /* draw screen with buffer data */
{ unsigned int x, y;

  for(x = 0; x <= 7; x++)
    { Axis_xy(x, 0);                                    // draw CS1 area
      for(y = 0; y <= 63; y++)
        GLCD_data(GLCD_CS1, screen[x][y]);
      Axis_xy(x, 64);                                   // draw CS2 area
      for(y = 64; y <= 127; y++)
        GLCD_data(GLCD_CS2, screen[x][y]);
    }
}
```

```
void Clear_screen(void)                                  /* clear buffer and GLCD screen */
{ unsigned int x, y;

  AT91F_PIO_CfgOutput(AT91C_BASE_PIOA, GLCD_ALL);        // clear all GLCD control signals
  AT91F_PIO_ClearOutput(AT91C_BASE_PIOA, GLCD_ALL);
  AT91F_PIO_Opendrain(AT91C_BASE_PIOA, GLCD_ALL);

  GLCD_command(GLCD_CS2|GLCD_CS1, 0x3F);                 // CS1,CS2 display ON
  GLCD_command(GLCD_CS2|GLCD_CS1, 0xC0);                 // CS1,CS2 display position

  for(x = 0; x <= 7; x++)                                // clear screen buffer
    for(y = 0; y <= 127; y++)
      screen[x][y] = 0;

  Draw();                                                // clear screen
}

void Dot(unsigned int xx, unsigned int y)                /* draw a dot on GLCD */
{ unsigned int x, i;

  if((xx > 63) || (y > 127)) return;

  x = xx / 8;                                            // calculate x address
  i = xx % 8;
  if(i == 0)        i = 0x01;
  else if(i == 1) i = 0x02;
  else if(i == 2) i = 0x04;
  else if(i == 3) i = 0x08;
  else if(i == 4) i = 0x10;
  else if(i == 5) i = 0x20;
  else if(i == 6) i = 0x40;
  else              i = 0x80;
  screen[x][y] |= i;                                     // OR old data with new data

  Axis_xy(x, y);                                         // draw dot on GLCD screen
  if(y <= 63)
    GLCD_data(GLCD_CS1, screen[x][y]);
  else
    GLCD_data(GLCD_CS2, screen[x][y]);
}

void Line(int x1, int y1, int x2, int y2)                /* draw a straight line */
{ int x, y;

  if(y1 != y2)                                           // if y1 != y2, y is variable
    { if(y1 < y2)                                        //              x is function
        for(y = y1; y <= y2; y++)
          { x = x1 + (y - y1)*(x2 - x1)/(y2 - y1);
            Dot(x, y);
          }
      else
        for(y = y1; y >= y2; y--)
          { x = x1 + (y - y1)*(x2 - x1)/(y2 - y1);
            Dot(x, y);
          }
    }
  else if(x1 != x2)                                      // if x1 != x2, x is variable
    { if(x1 < x2)                                        //              y is function
        for(x = x1; x <= x2; x++)
          { y = y1 + (x - x1)*(y2 - y1)/(x2 - x1);
            Dot(x, y);
          }
      else
        for(x = x1; x >= x2; x--)
          { y = y1 + (x - x1)*(y2 - y1)/(x2 - x1);
            Dot(x, y);
          }
    }
  else                                                   // if x1 == x2 and y1 == y2,
    Dot(x1, y1);                                         //             it is a dot
```

```
}

void Rectangle(int x1, int y1, int x2, int y2)          /* draw a rectangle */
{ Line(x1, y1, x1, y2);                                  // horizontal line
  Line(x2, y1, x2, y2);
  Line(x1, y1, x2, y1);                                  // vertical line
  Line(x1, y2, x2, y2);
}

void Circle(int x1, int y1, int r)                       /* draw a circle */
{ int x, y;
  float s;

  for(y = y1 - r*3/4; y <= y1 + r*3/4; y++)              // draw with y variable
    { s = sqrt(r*r - (y-y1)*(y-y1)) + 0.5;
      x = x1 + (unsigned int)s;
      Dot(x, y);
      x = x1 - (unsigned int)s;
      Dot(x, y);
    }

  for(x = x1 - r*3/4; x <= x1 + r*3/4; x++)              // draw with x variable
    { s = sqrt(r*r - (x-x1)*(x-x1)) + 0.5;
      y = y1 + (unsigned int)s;
      Dot(x, y);
      y = y1 - (unsigned int)s;
      Dot(x, y);
    }
}

void Sine(int peak)                                      /* draw a sine curve */
{ int x, y;

  if(peak > 30) return;

  for(y = 0; y <= 120; y++)
    { x = 32 - (int)(sin((float)y * 3. * M_PI / 180.) * peak + 0.5);
      Dot(x, y+3);
    }
}

void Cosine(int peak)                                    /* draw a cosine curve */
{ int x, y;

  if(peak > 30) return;

  for(y = 0; y <= 120; y++)
    { x = 32 - (int)(cos((float)y * 3. * M_PI / 180.) * peak + 0.5);
      Dot(x, y+3);
    }
}
```

☞ 콘트롤러가 없고 드라이버만 가지고 있는 그래픽형 LCD 모듈에서는 사실상 초기화라는 개념이 없으며, 전원을 켰을 때 임의로 화면에 나타나는 쓰레기를 클리어시켜 주는 일이 필요한데 GLCD_clear() 함수가 이를 수행한다.

여기서도 가장 먼저 알아야 하는 것은 *OK-7S256* 키트의 하드웨어와 직접 관련된 기능을 수행하는 함수 GLCD_command()와 GLCD_data()이다. 그리고 이것들을 사용하여 GLCD_string()과 GLCD_English() 함수가 각각 문자열과 1문자를 그래픽형 LCD 모듈의 화면에 디스플레이하는 원리를 충분히 이해하는 것이 중요하다. 여기서 그래픽형 LCD 모듈의 동작 파형을 올바르게 처리하기 위하여 짧은 시간지연을 발생하는데는 Delay_1us() 함수를 따로 만들어 사용하였다. 그리고, 함수의 끝부분에서 10[μs]의 시간지연을 준 것은 그래픽형 LCD 모듈이 이 함수에 의하여 지시된 동작을 수행하는데 걸리는 시간이며, 이 시간지연에 의하여 그래픽형 LCD 모듈이 이 동작을 내부적으로 완료할 때까지 CPU가 다음 동작을 지시하지 않고 대기하도록 한다.

디스플레이 문자에는 정상 모드(attribute=0x00)와 역상 모드(attribute=0x01)로 속성을 지정할 수 있음에 주목하라. 또한, 이 헤더파일에서는 디폴트로 cursor_flag=0으로 설정하여 커서가 보이지 않도록 하였지만, 만약 사용자 프로그램에서 cursor_flag=1로 설정하고 xcursor 및 ycursor에 좌표값을 지정하면 원하는 위치에 커서가 나타나도록 할 수 있다. 그러나, 이 커서는 사용자 프로그램에서 소프트웨어적으로 구현한 것이므로 자동으로 이동하지 않으며 모든 기능을 사용자 프로그램에서 처리해 주어야 한다.

여기서 ASCII 문자 폰트는 적지 않은 메모리를 차지하므로 이를 플래시 메모리에 저장하도록 const unsigned char로 정의하였음에 유의하라. 소스에서 어느 행의 마지막 문자로 백슬래쉬(\)를 사용하면 C컴파일러는 이를 주석행의 연속이라는 의미로 해석하여 경고 메시지를 발생하므로 위의 소스에서 폰트 정의 부분의 ASCII 문자 0x5C에는 괄호 ( )를 사용하였다.

〈표 4.5.6〉 OK7S256GLCD.h 파일에 포함된 그래픽형 LCD 모듈 관련 함수 요약

사용자 정의 함수	기 능	입력 파라미터	리턴 값
GLCD_clear()	그래픽형 LCD 모듈의 화면을 클리어한다.	-	-
GLCD_command()	그래픽형 LCD 모듈에 1개의 제어명령을 출력한다.	unsigned int cs unsigned int command	-
GLCD_data()	그래픽형 LCD 모듈에서 현재의 위치에 1바이트의 데이터를 표시한다.	unsigned int cs unsigned int data	-
GLCD_xy()	그래픽형 LCD 모듈에서 문자를 출력할 화면의 좌표를 지정한다.	unsigned int x unsigned int y	-
GLCD_string()	그래픽형 LCD 모듈에서 위치와 속성을 지정하고 그 위치부터 문자열을 출력한다.	unsigned int x, y unsigned int attribute char *string	-
GLCD_Korean()	그래픽형 LCD 모듈에 지정된 속성으로 한글 1문자를 출력한다.	unsigned int attribute unsigned int Kcode	-
GLCD_English()	그래픽형 LCD 모듈에 지정된 속성으로 영문 1문자를 출력한다.	unsigned int attribute unsigned int Ecode	-
Clear_screen()	그래픽형 LCD 모듈의 화면을 클리어한다. 아래의 그래픽 함수들을 사용할 때 화면을 클리어하려면 GLCD_clear() 함수를 사용하지 말고 반드시 이를 사용해야 한다.	-	-
Dot()	그래픽형 LCD 모듈에서 지정된 두 좌표에 점을 찍는다.	unsigned int xx, y	-
Line()	그래픽형 LCD 모듈에서 지정된 두 좌표점을 잇는 직선을 그린다.	int x1, y1 int x2, y2	-
Rectangle()	그래픽형 LCD 모듈에서 지정된 두 좌표점을 대각선 방향의 꼭지점으로 하는 사각형을 그린다.	int x1, y1 int x2, y2	-
Circle()	그래픽형 LCD 모듈에서 지정된 원점과 반경을 가지는 원을 그린다.	int x1, y1 int r	-
Sine()	그래픽형 LCD 모듈에서 지정된 진폭을 가지는 사인 곡선을 그린다.	int peak	-
Cosine()	그래픽형 LCD 모듈에서 지정된 진폭을 가지는 코사인 곡선을 그린다.	int peak	-

이 헤더파일에 만들어둔 함수와 그것들의 기능을 요약하면 <표 4.5.6>과 같다. 이것은 앞의 <표 4.2.1>에서도 정리하여 보였듯이 텍스트형 LCD 모듈을 기본으로 하는 *OK-7S256* 키트의 헤더파일 OK7S256ads.h 또는 OK7S256gcc.h와 상당 부분이 유사하

다는 것을 알 수 있을 것이다. 그러나, 이 헤더파일 OK7S256GLCD.h에서는 사용자가 기억하기에 편리하도록 그래픽형 LCD 모듈을 위한 모든 함수의 이름 선두에 Graphic의 G자를 사용하였다.

☞ 헤더파일 OK7S256GLCD.h에서 정의한 몇개의 함수들은 뒤의 제4.7절에서 설명할 그래픽형 LCD 모듈의 한글 디스플레이 전용 헤더파일 OK7S256Korean.h에서와 동일하다. 예를 들면 함수 GLCD_clear(), GLCD_command(), GLCD_data(), GLCD_xy(), GLCD_string(), GLCD_English() 등이 이에 해당한다. 따라서, 사용자가 프로그램을 작성할 때 헤더파일 OK7S256GLCD.h와 OK7S256Korean.h를 하나의 프로그램에서 동시에 인클루드할 수는 없다.

이제 이 헤더파일을 사용하여 영문 ASCII 문자를 디스플레이하는 프로그램을 작성하여 보면 다음과 같다.

〈프로그램 Xtest05_1.c〉 영문 ASCII 전용 디스플레이 프로그램

```
/* ============================================================================ */
/*                 Xtest05_1.c : Basic Graphic LCD Display                      */
/* ============================================================================ */
/*                    Designed and programmed by Duck-Yong Yoon in 2007.        */

#include "AT91SAM7S256.h"
#include "lib_AT91SAM7S256.h"
#include "OK7S256gcc.h"
#include "OK7S256GLCD.h"

int main(void)
{
  unsigned int i;

  MCU_initialize();                             // initialize AT91SAM7S256 & kit
  Delay_ms(50);                                 // wait for system stabilization
  LCD_initialize();                             // initialize text LCD
  GLCD_clear();                                 // initialize GLCD screen

  LCD_string(0x80,"Graphic LCD Test");          // display title on text LCD
  LCD_string(0xC0," ASCII(English) ");
  Beep();

  while(1)
    { GLCD_string(0,0,1," OK-7S256 Kit  V1.0 "); // display screen 1
      GLCD_string(1,0,0,"     2007/06/01     ");
      GLCD_string(2,0,0,"                    ");
      GLCD_string(3,0,0,"     Designed by    ");
      GLCD_string(4,0,0,"   Duck-Yong Yoon.  ");
      GLCD_string(5,0,0,"                    ");
      GLCD_string(6,0,0,"      Made by       ");
      GLCD_string(7,0,0,"    Ohm Books Co.   ");
      Delay_ms(5000);

      GLCD_string(0,0,1,"     Hyundai LCD    "); // display screen 2
      GLCD_string(1,0,1,"    HG12605NY-LY    ");
```

```
    GLCD_string(2,0,0,"                    ");
    GLCD_string(3,0,0,"    Yellow/Green    ");
    GLCD_string(4,0,0," LED Backlight Type ");
    GLCD_string(5,0,0,"                    ");
    GLCD_string(6,0,0,"128 x 64 Graphic LCD");
    GLCD_string(7,0,0," 6x8 Box, 5x7 ASCII ");
    Delay_ms(5000);

    GLCD_string(0,0,0,"===================="); // display screen 3
    GLCD_string(1,0,1,"  ASCII Characters  ");
    GLCD_string(2,0,0,"====================");
    GLCD_string(7,0,0,"                    ");

    GLCD_xy(3,0);
    for(i=0x20; i<0x7F; i++)                     // from 0x20 to 0x7E
      GLCD_English(0,i);
    Delay_ms(5000);
  }
}
```

5. Visiting Count 프로그램

이번에는 이와 같은 그래픽형 LCD 모듈에 20자×8행의 영문 텍스트 문자를 출력하는 기능을 이용하여 재미있는 게임 프로그램을 작성해 보기로 한다. 이를 좀더 발전시키면 여러 가지의 변형이 가능하며, 문자 단위가 아니라 도트 단위로 처리하여 그래픽형 LCD 모듈의 전체 128×64 도트를 이용할 수도 있다.

■ 기본적인 Visiting Count 프로그램

이것은 C언어의 난수(random number) 발생 기능을 이용한 일종의 주사위 프로그램으로서 난수에서 나올 수 있는 값을 4등분하여 각각 동서남북으로 전진하는 방법으로 진행한다. 즉, 20자×8행의 화면(x=0~7, y=0~19)에서 중앙 부분인 x=4, y=10 좌표에서 출발하는 것으로 하고, 여기서 32비트 정수형인 0x00000000~0x7FFFFFFF 범위의 난수를 발생시켜서 그 난수값이 0x00000000~0x1FFFFFFF라면 동쪽 방향으로 1글자 이동(y를 1증가)하고, 0x20000000~0x3FFFFFFF라면 서쪽 방향으로 1글자 이동(y를 1감소)하며, 난수값이 0x40000000~0x5FFFFFFF라면 남쪽 방향으로 1글자 이동(x를 1증가)하고, 0x60000000~0x7FFFFFFF라면 북쪽 방향으로 1글자 이동(x를 1감소)한다.

이렇게 하는 동안에 각 좌표에 해당하는 20×8 = 160개의 방에는 방문하고 지나간 횟수(visiting count)를 메모리 배열에 저장한다. 이렇게 각 방을 돌아다니다가 외곽의 벽을 만나면 더 이상 진행하지 못하므로 그대로 그 자리에 머무르고 다시 난수를 발생시킨다. 이를 160개의 방을 단 1번씩이라도 모두 방문하여 남은 빈 방이 없게 될 때까지 계속하고, 100ms의 시간 주기로 한 번 난수를 발생할 때마다 각 방의 방문 횟수를 화면에 표시한다.

각 방의 방문 횟수는 1글자만으로 표시해야 하므로 0~9값은 그냥 아라비아 숫자로 표시하고, 10~35값은 대문자 A~Z로 표시하며, 36~61값은 소문자 a~z로 표시한다. 대부분의 경우 이 범위 이상의 값은 잘 나오지 않지만 만약에 62 이상의 방문 횟수가 나오면 그 방은 *로 표시한다.

이 예제에서 핵심은 난수의 발생이다. 난수는 잘 발생되지만 아래 예제 프로그램에서처럼 seed를 일정한 값(1000)으로 지정하면 매번 프로그램을 실행할 때마다 동일한 난수 발생의 과정이 반복된다.

〈프로그램 Xtest05_2.c〉 Visiting Count 프로그램(1)

```
/* ========================================================================== */
/*          Xtest05_2.c : Visiting Count on GLCD using Random Number(1)       */
/* ========================================================================== */
/*                    Designed and programmed by Duck-Yong Yoon in 2007.      */

#include <stdlib.h>
#include "AT91SAM7S256.h"
#include "lib_AT91SAM7S256.h"
#include "OK7S256gcc.h"
#include "OK7S256GLCD.h"

int main(void)
{
  unsigned int i, j, seed, random, count, x, y, visit_flag;
  unsigned int table[8][20];                    // visiting room

  MCU_initialize();                             // initialize AT91SAM7S256 & kit
  Delay_ms(50);                                 // wait for system stabilization
  LCD_initialize();                             // initialize text LCD
  GLCD_clear();                                 // initialize GLCD screen

  LCD_string(0x80,"Graphic LCD Test");          // display title on text LCD
  LCD_string(0xC0," Visiting Count ");
  Beep();

  for(i = 0; i <= 7; i++)                       // clear visiting room
    for(j = 0; j <= 19; j++)
      table[i][j] = 0;
  visit_flag = 0;
  x = 4;                                        // starting position
  y = 10;

  seed = 1000;                                  // make seed of random number
  srand(seed);                                  // initialize random number

  while(visit_flag == 0)
```

```
    { random = rand();                              // get random number

      if(random <= 0x1FFFFFFF)                      // 0x00000000 - 0x1FFFFFFF
        { if(y != 19)
            { y++; table[x][y] += 1; } }
      else if(random <= 0x3FFFFFFF)                 // 0x20000000 - 0x3FFFFFFF
        { if(y != 0)
            { y--; table[x][y] += 1; } }
      else if(random <= 0x5FFFFFFF)                 // 0x40000000 - 0x5FFFFFFF
        { if(x != 7)
            { x++; table[x][y] += 1; } }
      else                                          // 0x60000000 - 0x7FFFFFFF
        { if(x != 0)
            { x--; table[x][y] += 1; } }

      for(i = 0; i <= 7; i++)                       // display visiting count
        for(j = 0; j <= 19; j++)
          { count = table[i][j];
            if(count >= 62) count = '*';
            else if(count >= 36) count = count - 36 + 'a';
            else if(count >= 10) count = count - 10 + 'A';
            else count = count + '0';
            GLCD_xy(i, j);
            GLCD_English(0,count);
          }
      Delay_ms(100);

      visit_flag = 1;                               // check end
      for(i = 0; i <= 7; i++)
        for(j = 0; j <= 19; j++)
          if(table[i][j] == 0)
            visit_flag = 0;
    }

  Beep();                                           // OK sound
  LCD_string(0xC0,"  Visiting OK!  ");              // OK message
  while(1);
}
```

☞ C컴파일러에는 난수를 발생시키는 기능이 기본으로 포함되어 있는데, 이들 함수를 사용하려면 헤더파일 stdlib.h를 인클루드시켜 주어야 한다. srand(unsigned int) 함수는 난수 발생의 시작을 설정하는 seed값을 제공하며, int rand(void) 함수는 난수를 발생하여 0x00000000~0x7FFFFFFF 범위의 int형으로 결과를 리턴한다.

▣ 개선된 Visiting Count 프로그램

다음 예제는 DS1307 RTC를 사용하여 난수 발생을 위한 seed값이 랜덤하게 주어지도록 하여 매번 프로그램을 실행할 때마다 다른 과정으로 난수가 발생되도록 수정한 프로그램이다. 또한 앞의 예제 프로그램 Xtest05_2.c에서는 이동 방향으로 벽을 만나면 더 이상 진행하지 않고 그 자리에서 다시 난수를 발생시켰다. 그러나, 이번 예제에서는 사방의 벽을 뚫고 그대로 진행하도록 수정하였다. 즉, 화면에서 주변의 벽이 없고 그 끝이 화면 반대 방향의 끝과 이어져서 화면이 구(球)의 표면과 같은 형태라고 가정한다. 따라서, 예를 들어 만약 x=4, y=19의 좌표에서 난수가 동쪽으로 진행하는 것으로 나오면 x=4, y=0으로 이동해야 한다. 또한, 만약 x=0, y=10의 좌표에서 난수가 북쪽으로 진행하는 것으로 나오면 x=7, y=10으로 이동해야 한다.

<프로그램 Xtest05_3.c> Visiting Count 프로그램(2)

```
/* ============================================================================ */
/*        Xtest05_3.c : Visiting Count on GLCD using Random Number(2)         */
/* ============================================================================ */
/*                      Designed and programmed by Duck-Yong Yoon in 2007.    */

#include <stdlib.h>
#include "AT91SAM7S256.h"
#include "lib_AT91SAM7S256.h"
#include "OK7S256gcc.h"
#include "OK7S256GLCD.h"

void TWI_initialize(void)                          /* initialize TWI */
{
  AT91F_TWI_CfgPIO();                              // enable TWD, TWCK pin
  AT91F_PIO_Opendrain(AT91C_BASE_PIOA,AT91C_PA4_TWCK|AT91C_PA3_TWD); // open drain
  AT91F_TWI_CfgPMC();                              // enable peripheral clock for TWI

  AT91F_TWI_Configure(AT91C_BASE_TWI);             // TWI master mode
  *AT91C_TWI_CWGR = 0x00023B3B;                    // about 100kHz
}

void TWI_transmit(unsigned int address, unsigned int data) /* transmit by TWI */
{
  *AT91C_TWI_MMR = 0x00680100;                     // master write, device address 1 byte
  *AT91C_TWI_IADR = address;                       // device address
  *AT91C_TWI_CR = AT91C_TWI_MSEN|AT91C_TWI_STOP|AT91C_TWI_START; // control register
  *AT91C_TWI_THR = data;                           // start transmission

  while(!(*AT91C_TWI_SR & AT91C_TWI_TXCOMP));     // complete?(TXCOMP=1)
}

unsigned int TWI_receive(unsigned int address)   /* receive by TWI */
{
  *AT91C_TWI_MMR = 0x00681100;                     // master read, device address 1 byte
  *AT91C_TWI_IADR = address;                       // device address
  *AT91C_TWI_CR = AT91C_TWI_MSEN|AT91C_TWI_STOP|AT91C_TWI_START; // control register

  while(!(*AT91C_TWI_SR & AT91C_TWI_TXCOMP));     // complete?(TXCOMP=1)
  return *AT91C_TWI_RHR;                           // read received data and return
}

void RTC_check(void)                               /* check if DS1307 RTC is OK */
{ unsigned int RTC_flag;

  RTC_flag = 0;                                    // initial flag

  if(TWI_receive(0x00) == 0x00)                    // if second = 0x00, not OK
    RTC_flag = 1;
  else if(TWI_receive(0x00) > 0x59)                // if second > 0x59, not OK
    RTC_flag = 1;
```

```
  else if(TWI_receive(0x01) == 0x00)              // if minute = 0x00, not OK
    RTC_flag = 1;
  else if(TWI_receive(0x01) > 0x59)               // if minute > 0x59, not OK
    RTC_flag = 1;
  else if((TWI_receive(0x02) & 0x9F) == 0x00)     // if hour = 0x00, not OK
    RTC_flag = 1;
  else if((TWI_receive(0x02) & 0x40) == 0x00)
    RTC_flag = 1;
  else if((TWI_receive(0x02) & 0x9F) > 0x12)      // if hour > 0x12, not OK
    RTC_flag = 1;
  else if(TWI_receive(0x03) == 0x00)              // if week = 0x00, not OK
    RTC_flag = 1;
  else if(TWI_receive(0x03) > 0x07)               // if week > 0x07, not OK
    RTC_flag = 1;
  else if(TWI_receive(0x04) == 0x00)              // if date = 0x00, not OK
    RTC_flag = 1;
  else if(TWI_receive(0x04) > 0x31)               // if date > 0x31, not OK
    RTC_flag = 1;
  else if(TWI_receive(0x05) == 0x00)              // if month = 0x00, not OK
    RTC_flag = 1;
  else if(TWI_receive(0x05) > 0x12)               // if month > 0x12, not OK
    RTC_flag = 1;
  else if(TWI_receive(0x06) > 0x99)               // if year > 0x99, not OK
    RTC_flag = 1;

  if(RTC_flag != 0)
    { TWI_transmit(0x00, 0x00);                   // innitialize DS1307 RTC
      TWI_transmit(0x01, 0x00);                   // (2007/06/01 FRI 12:00:00 AM)
      TWI_transmit(0x02, 0x12 | 0x40);
      TWI_transmit(0x03, 0x06);
      TWI_transmit(0x04, 0x01);
      TWI_transmit(0x05, 0x06);
      TWI_transmit(0x06, 0x07);
      TWI_transmit(0x07, 0x00);                   // (control register = 0x00)
    }
}

int main(void)
{
  unsigned int i, j, seed, random, count, x, y, visit_flag;
  unsigned int table[8][20];                      // visiting room

  MCU_initialize();                               // initialize AT91SAM7S256 & kit
  Delay_ms(50);                                   // wait for system stabilization
  LCD_initialize();                               // initialize text LCD
  GLCD_clear();                                   // initialize GLCD screen

  LCD_string(0x80,"Graphic LCD Test");            // display title on text LCD
  LCD_string(0xC0," Visiting Count ");
  Beep();

  for(i = 0; i <= 7; i++)                         // clear visiting room
    for(j = 0; j <= 19; j++)
      table[i][j] = 0;
  visit_flag = 0;
  x = 4;                                          // starting position
  y = 10;

  TWI_initialize();                               // initialize TWI
  RTC_check();                                    // check the status of DS1307 RTC

  seed = TWI_receive(0x02) << 16;                 // make seed of random number
  seed += (TWI_receive(0x01) << 8);               // (seed = hour / minute / second)
```

```
seed += TWI_receive(0x00);
srand(seed);                                    // initialize random number

while(visit_flag == 0)
  { random = rand();                            // get random number

    if(random <= 0x1FFFFFFF)                    // 0x00000000 - 0x1FFFFFFF
      { if(y == 19) y = 0;
        else        y++;
        table[x][y] += 1; }
    else if(random <= 0x3FFFFFFF)               // 0x20000000 - 0x3FFFFFFF
      { if(y == 0)  y = 19;
        else        y--;
        table[x][y] += 1; }
    else if(random <= 0x5FFFFFFF)               // 0x40000000 - 0x5FFFFFFF
      { if(x == 7)  x = 0;
        else        x++;
        table[x][y] += 1; }
    else                                        // 0x60000000 - 0x7FFFFFFF
      { if(x == 0)  x = 7;
        else        x--;
        table[x][y] += 1; }

    for(i = 0; i <= 7; i++)                     // display visiting count
      for(j = 0; j <= 19; j++)
        { count = table[i][j];
          if(count >= 62) count = '*';
          else if(count >= 36) count = count - 36 + 'a';
          else if(count >= 10) count = count - 10 + 'A';
          else count = count + '0';
          GLCD_xy(i, j);
          GLCD_English(0,count);
        }
    Delay_ms(100);

    visit_flag = 1;                             // check end
    for(i = 0; i <= 7; i++)
      for(j = 0; j <= 19; j++)
        if(table[i][j] == 0)
          visit_flag = 0;
  }

 Beep();                                        // OK sound
 LCD_string(0xC0,"  Visiting OK!  ");           // OK message
 while(1);
}
```

▣ 도트 단위의 Visiting Count 프로그램

이번에는 이 프로그램에서 visiting room을 ASCII 문자 단위가 아니라 도트 단위가 되도록 수정해 보기로 한다. 즉, 여기서는 128×64 도트의 visiting room(x=0~63, y=0~127)을 방문하도록 하고, 방문한 좌표에는 방문한 횟수가 아니라 그래픽형 LCD 모듈의 헤더파일 OK7S256GLCD.h에 있는 Dot() 함수를 사용하여 점을 찍으며, 전체 128×64 도트의 화면에 모두 점이 찍힐 때까지 계속한다.

〈프로그램 Xtest05_4.c〉 Visiting Count 프로그램(3)

```
/* ========================================================================== */
/*          Xtest05_4.c : Visiting Count on GLCD using Random Number(3)       */
/* ========================================================================== */
/*                     Designed and programmed by Duck-Yong Yoon in 2007.     */

#include <stdlib.h>
#include "AT91SAM7S256.h"
#include "lib_AT91SAM7S256.h"
#include "OK7S256gcc.h"
#include "OK7S256GLCD.h"

void TWI_initialize(void)                              /* initialize TWI */
{
  AT91F_TWI_CfgPIO();                                  // enable TWD, TWCK pin
  AT91F_PIO_Opendrain(AT91C_BASE_PIOA,AT91C_PA4_TWCK|AT91C_PA3_TWD); // open drain
  AT91F_TWI_CfgPMC();                                  // enable peripheral clock for TWI

  AT91F_TWI_Configure(AT91C_BASE_TWI);                 // TWI master mode
  *AT91C_TWI_CWGR = 0x00023B3B;                        // about 100kHz
}

void TWI_transmit(unsigned int address, unsigned int data) /* transmit by TWI */
{
  *AT91C_TWI_MMR = 0x00680100;                         // master write, device address 1 byte
  *AT91C_TWI_IADR = address;                           // device address
  *AT91C_TWI_CR = AT91C_TWI_MSEN|AT91C_TWI_STOP|AT91C_TWI_START; // control register
  *AT91C_TWI_THR = data;                               // start transmission

  while(!(*AT91C_TWI_SR & AT91C_TWI_TXCOMP));          // complete?(TXCOMP=1)
}

unsigned int TWI_receive(unsigned int address)         /* receive by TWI */
{
  *AT91C_TWI_MMR = 0x00681100;                         // master read, device address 1 byte
  *AT91C_TWI_IADR = address;                           // device address
  *AT91C_TWI_CR = AT91C_TWI_MSEN|AT91C_TWI_STOP|AT91C_TWI_START; // control register

  while(!(*AT91C_TWI_SR & AT91C_TWI_TXCOMP));          // complete?(TXCOMP=1)
  return *AT91C_TWI_RHR;                               // read received data and return
}

void RTC_check(void)                                   /* check if DS1307 RTC is OK */
{ unsigned int RTC_flag;

  RTC_flag = 0;                                        // initial flag

  if(TWI_receive(0x00) == 0x00)                        // if second = 0x00, not OK
    RTC_flag = 1;
  else if(TWI_receive(0x00) > 0x59)                    // if second > 0x59, not OK
    RTC_flag = 1;
  else if(TWI_receive(0x01) == 0x00)                   // if minute = 0x00, not OK
    RTC_flag = 1;
  else if(TWI_receive(0x01) > 0x59)                    // if minute > 0x59, not OK
    RTC_flag = 1;
  else if((TWI_receive(0x02) & 0x9F) == 0x00)          // if hour = 0x00, not OK
    RTC_flag = 1;
  else if((TWI_receive(0x02) & 0x40) == 0x00)
    RTC_flag = 1;
  else if((TWI_receive(0x02) & 0x9F) > 0x12)           // if hour > 0x12, not OK
    RTC_flag = 1;
```

```
  else if(TWI_receive(0x03) == 0x00)              // if week = 0x00, not OK
    RTC_flag = 1;
  else if(TWI_receive(0x03) > 0x07)               // if week > 0x07, not OK
    RTC_flag = 1;
  else if(TWI_receive(0x04) == 0x00)              // if date = 0x00, not OK
    RTC_flag = 1;
  else if(TWI_receive(0x04) > 0x31)               // if date > 0x31, not OK
    RTC_flag = 1;
  else if(TWI_receive(0x05) == 0x00)              // if month = 0x00, not OK
    RTC_flag = 1;
  else if(TWI_receive(0x05) > 0x12)               // if month > 0x12, not OK
    RTC_flag = 1;
  else if(TWI_receive(0x06) > 0x99)               // if year > 0x99, not OK
    RTC_flag = 1;

  if(RTC_flag != 0)
    { TWI_transmit(0x00, 0x00);                   // innitialize DS1307 RTC
      TWI_transmit(0x01, 0x00);                   // (2007/06/01 FRI 12:00:00 AM)
      TWI_transmit(0x02, 0x12 | 0x40);
      TWI_transmit(0x03, 0x06);
      TWI_transmit(0x04, 0x01);
      TWI_transmit(0x05, 0x06);
      TWI_transmit(0x06, 0x07);
      TWI_transmit(0x07, 0x00);                   // (control register = 0x00)
    }
}

int main(void)
{
  unsigned int i, j, seed, random, x, y, visit_flag;

  MCU_initialize();                               // initialize AT91SAM7S256 & kit
  Delay_ms(50);                                   // wait for system stabilization
  LCD_initialize();                               // initialize text LCD
  GLCD_clear();                                   // initialize GLCD screen

  LCD_string(0x80,"Graphic LCD Test");            // display title on text LCD
  LCD_string(0xC0," Visiting Count ");
  Beep();

  Clear_screen();                                 // clear visiting room
  visit_flag = 0;
  x = 32;                                         // starting position
  y = 64;

  TWI_initialize();                               // initialize TWI
  RTC_check();                                    // check the status of DS1307 RTC

  seed = TWI_receive(0x02) << 16;                 // make seed of random number
  seed += (TWI_receive(0x01) << 8);               // (seed = hour / minute / second)
  seed += TWI_receive(0x00);
  srand(seed);                                    // initialize random number

  while(visit_flag == 0)
    { random = rand();                            // get random number

      if(random <= 0x1FFFFFFF)                    // 0x00000000 - 0x1FFFFFFF
        { if(y == 127) y = 0;
          else         y++;
          Dot(x,y); }
      else if(random <= 0x3FFFFFFF)               // 0x20000000 - 0x3FFFFFFF
        { if(y == 0)  y = 127;
          else        y--;
```

```
        Dot(x,y); }
    else if(random <= 0x5FFFFFFF)              // 0x40000000 - 0x5FFFFFFF
      { if(x == 63)  x = 0;
        else         x++;
        Dot(x,y); }
    else                                       // 0x60000000 - 0x7FFFFFFF
      { if(x == 0)  x = 63;
        else        x--;
        Dot(x,y); }

    Delay_ms(1);

    visit_flag = 1;                            // check end
    for(i = 0; i <= 7; i++)
      for(j = 0; j <= 127; j++)
        if(screen[i][j] != 0xFF)
          visit_flag = 0;
  }

  Beep();                                      // OK sound
  LCD_string(0xC0,"  Visiting OK!  ");         // OK message
  while(1);
}
```

☞ 이제까지는 사용자가 프로그램의 진행 상태를 눈으로 볼 수 있도록 1번 진행할 때마다 100ms의 시간지연을 주었으나, 이 프로그램에서는 visiting room의 수가 엄청나게 증가하여 프로그램의 실행 시간이 오래 걸리므로 1번 진행할 때의 시간지연을 1ms로 대폭 줄였다.

6. 실습 과제

(1) C언어에서 상수와 변수의 차이는 무엇인가?

(2) 데이터를 정의할 때 const로 지정하는 것과 지정하지 않는 것의 차이는 무엇인가?

(3) 예제 프로그램 Xtest05_2.c에서 seed=1로 주고 실행하여 보라. seed 값을 1000으로 주었을 경우와 다른 순서로 동작하는가?

(4) 이 절에 소개된 예제 프로그램들을 참고하여 그래픽 LCD 모듈을 이용한 재미있는 임의의 응용 프로그램 Xtest05_1R.c을 작성하여 보라.

4.6 그래픽형 LCD 모듈의 그래픽 프로그램

이 절에서는 *OK-7S256* 키트에 내장된 그래픽형 LCD 모듈에 그래픽을 구현하는 프로그래밍 기술에 대하여 공부한다. 그래픽 프로그램은 수학함수를 사용하는 도형 그래픽 방법과 비트맵 이미지(image) 데이터 화면을 디스플레이하는 방법 등으로 나누어 설명한다.

1. 수학함수에 의한 그래픽 디스플레이 프로그램

수학이나 소프트웨어 공학에서는 아주 다양한 그래픽 알고리즘들이 개발되어 있으나 여기서는 그러한 알고리즘을 공부하는 것이 목적이 아니므로 그냥 단순하고 알기 쉬운 기법들을 적용하여 프로그램하기로 한다. 그러나, 이런 정도의 프로그램도 초보자들에게는 상당히 이해하기가 어려울 수 있으며 그렇다고 여기서 이를 자세히 설명하는 것도 현실적이지 못하므로 예제 프로그램에 포함된 주석과 프로그램 소스 아래의 코멘트를 참조하여 최대한 본인의 노력으로 이해하기 바란다.

다음은 그래픽형 LCD 모듈에 수학함수로서 직선이나 사각형, 원 등을 그리는 그래픽 예제 프로그램이다. 이러한 그래픽 함수들은 그래픽형 LCD 모듈 사용을 위한 헤더 파일 OK7S256GLCD.h에 포함되어 있다.

〈프로그램 Xtest06_1.c〉 수학함수에 의한 도형 그래픽 프로그램

```
/* ============================================================================ */
/*                    Xtest06_1.c : Function Display on GLCD                    */
/* ============================================================================ */
/*                          Designed and programmed by Duck-Yong Yoon in 2007.  */

#include "AT91SAM7S256.h"
#include "lib_AT91SAM7S256.h"
#include "OK7S256gcc.h"
#include "OK7S256GLCD.h"

int main(void)
{
  unsigned int i,x,y;

  MCU_initialize();                              // initialize AT91SAM7S256 & kit
  Delay_ms(50);                                  // wait for system stabilization
  LCD_initialize();                              // initialize text LCD
  GLCD_clear();                                  // initialize GLCD screen
```

```
Beep();

LCD_string(0x80,"Graphic LCD Test");            // display title on text LCD

while(1)
  { LCD_string(0xC0,"   (1) Lines    ");        // graphic show 1
    Rectangle(0,0,63,127);
    Delay_ms(300);
    for(i = 0,x = 7,y = 15; i <= 7; i++,x += 8,y += 16)
      { Line(x,0,0,y);
        Line(0,127-y,x,127);
        Delay_ms(300);
      }
    for(i = 0,x = 7,y = 15; i <= 7; i++,x += 8,y += 16)
      { Line(63,y,x,127);
        Line(x,0,63,127-y);
        Delay_ms(300);
      }
    Delay_ms(2000);
    Clear_screen();

    LCD_string(0xC0," (2) Rectangles ");        // graphic show 2
    for(i = 0,x = 0,y = 0; i <= 7; i++,x += 4,y += 8)
      { Rectangle(x,y,63 - x,127 - y);
        Delay_ms(300);
      }
    Delay_ms(1000);
    for(i = 0; i <= 63; i++)                    // (scroll up)
      { GLCD_command(GLCD_CS2|GLCD_CS1,0xC0 + i);
        Delay_ms(100);
      }
    GLCD_command(GLCD_CS2|GLCD_CS1,0xC0);
    Delay_ms(2000);
    Clear_screen();

    for(i = 0,x = 0,y = 0; i <= 7; i++,x += 4,y += 4) // (two)
      { Rectangle(x,y,63-x,63-y);
        Rectangle(x,y+64,63-x,127-y);
        Delay_ms(300);
      }
    Delay_ms(2000);
    Clear_screen();

    LCD_string(0xC0,"  (3) Circles   ");        // graphic show 3
    Rectangle(0,0,63,127);
    Delay_ms(300);
    for(i = 7; i <= 63; i += 8)
      { Circle(31,63,i);
        Delay_ms(300);
      }
    Delay_ms(1000);
    for(i = 63; i != 0; i--)                    // (scroll down)
      { GLCD_command(GLCD_CS2|GLCD_CS1,0xC0 + i);
        Delay_ms(100);
      }
    GLCD_command(GLCD_CS2|GLCD_CS1,0xC0);
    Delay_ms(2000);
    Clear_screen();

    for(i = 3; i <= 31; i += 4)                 // (two)
      { Circle(31,31,i);
        Circle(31,95,i);
        Delay_ms(300);
      }
    Delay_ms(2000);
    Clear_screen();

    LCD_string(0xC0," (4) Sine Curve ");        // graphic show 4
    Line(32,0,32,127);                          // (X axis)
    Line(29,124,32,127);
```

```
        Line(35,124,32,127);
        Line(31,33,33,33);
        Line(31,63,33,63);
        Line(31,93,33,93);
        Line(31,123,33,123);
        Line(0,3,63,3);                         // (Y axis)
        Line(3,0,0,3);
        Line(3,6,0,3);
        for(i = 5; i <= 30; i += 5)
          { Sine(i);
            Delay_ms(300);
          }
        Delay_ms(2000);
        Clear_screen();

        LCD_string(0xC0,"(5) Cosine Curve");    // graphic show 5
        Line(32,0,32,127);                      // (X axis)
        Line(29,124,32,127);
        Line(35,124,32,127);
        Line(31,33,33,33);
        Line(31,63,33,63);
        Line(31,93,33,93);
        Line(31,123,33,123);
        Line(0,3,63,3);                         // (Y axis)
        Line(3,0,0,3);
        Line(3,6,0,3);
        for(i = 5; i <= 30; i += 5)
          { Cosine(i);
            Delay_ms(300);
          }
        Delay_ms(2000);
        Clear_screen();
      }
  }
```

☞ 도형을 그리는 함수 Line(), Rectangle(), Circle(), Sine(), Cosine() 등은 그래픽형 LCD 모듈 사용을 위한 헤더파일 OK7S256GLCD.h에 포함되어 있으며, 여기서는 이에 대하여 충분히 이해해야 한다.

이들 함수들은 모두 내부적으로 점 1개를 그리는 Dot() 함수를 사용하고 있는데, 실제로는 그래픽형 LCD 모듈에 점 1개만을 그리지는 못하고 그 점이 포함된 8개의 점으로 구성되는 1바이트의 데이터를 라이트해야 한다는 것에 유의해야 한다. 이때 새로 그리려는 1개의 점을 제외한 나머지 7개의 점이 변동되어서는 안되므로 현재 그래픽형 LCD 모듈에서 이 7개의 점이 어떤 상태인지를 알아내어 이를 그대로 다시 써주어야 하는데, *OK-7S256* 키트에서는 그래픽형 LCD 모듈의 DD RAM을 읽는 기능이 없으므로 이렇게 하지 못한다.

그래서, 이 프로그램에서는 그래픽형 LCD 모듈의 DD RAM에 대응하는 버퍼 screen[8][128]을 만들어 놓고 이를 실제의 화면처럼 처리하였다. 즉, 일단 그래픽 데이터는 이 버퍼에서 처리하고 이 버퍼의 내용을 그래픽형 LCD 모듈에 다시 써줌으로써 그래픽이 수행된다. 따라서, 이 버퍼 screen[8][128]의 내용과 그래픽형 LCD 모듈의 DD RAM 내용은 항상 일치하며, 화면을 클리어하는 함수 Clear_screen()에서는 실제의 화면을 클리어하는 것은 물론이고 이 버퍼도 함께 클리어시켜 준다는 것에 유의해야 한다.

이를 컴파일하고 *OK-7S256* 키트에 다운로드하여 실행하라. 비록 간단하고 해상도는 낮지만 텍스트형 LCD 모듈과는 다른 그래픽형 LCD 모듈의 특성을 어느 정도는 맛볼 수 있겠는가?

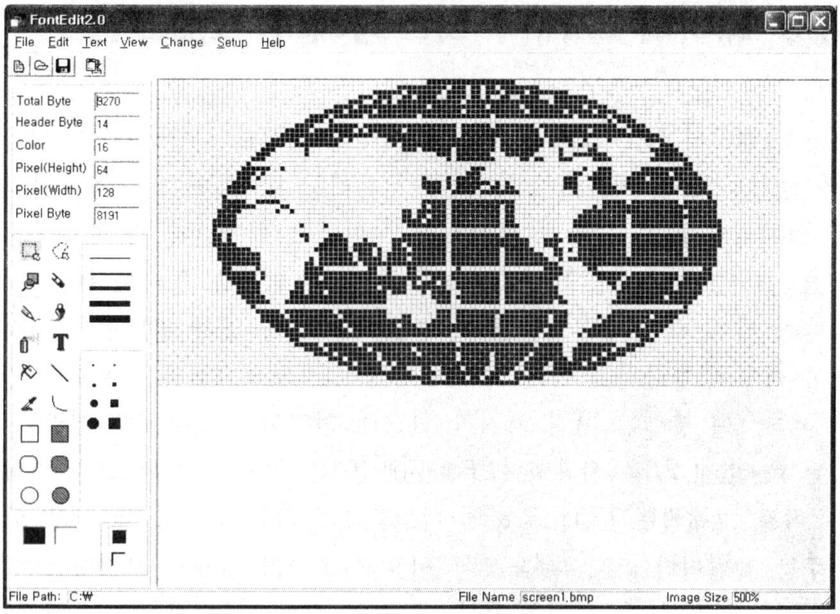

(a) 그림을 불러들인 화면

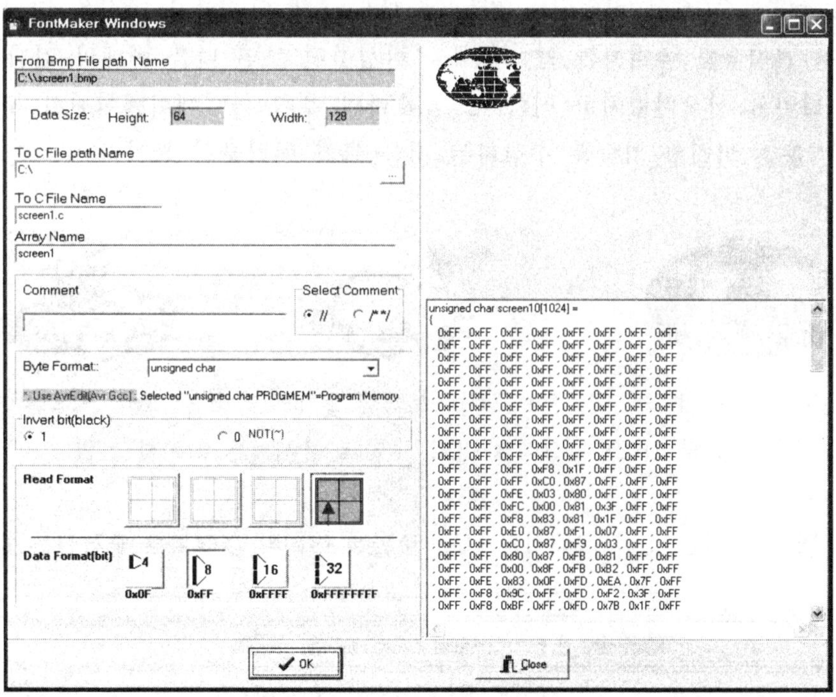

(b) 그림을 C언어 데이터로 변환하는 화면

〈그림 4.6.1〉 FontEdit 2.0으로 BMP 파일을 C언어 데이터로 변환하는 작업

2. 이미지 데이터 그래픽 디스플레이 프로그램

이번에는 그래픽형 LCD 모듈에 이미지 데이터 파일로 만들어진 그림을 직접 디스플레이하여 보기로 한다. 퍼스널컴퓨터에서 사용하는 BMP, PCX, JPG, GIF와 같은 그림 파일을 그래픽형 LCD 모듈에 표시하려면 이들 그림에서의 각 픽셀(pixel)들을 상수 데이터로 읽어들여 그래픽형 LCD 모듈의 해당 위치에 출력하여야 한다. 그러나, 그림 파일에서 이와 같이 상수 데이터를 추출하는 것은 매우 방대한 기계적인 작업이므로 사람이 직접 수행하기 보다는 전용의 유틸리티 프로그램을 사용하면 편리하다.

이러한 프로그램 중에는 여러 가지가 있는데 여기서는 AvrEdit를 개발한 황해권 님이 제공하는 FontEdit 2.0을 사용한다. FontEdit 2.0은 BMP 형식의 그림 파일을 편집하거나 또는 이를 그래픽형 LCD 모듈에 디스플레이하기 위하여 C언어의 상수 배열로 변환하여 주는 유틸리티 프로그램으로서 이를 사용하여 실제로 작업하는 예를 보이면 <그림 4.6.1>과 같다. 물론, 여기서 BMP 파일이 컬러로 된 경우는 흑백 이미지 데이터로 바뀌어 처리된다.

이제 FontEdit 2.0으로 작업하여 만든 <그림 4.6.2>의 3가지 그림을 그래픽형 LCD 모듈에 3초 간격으로 출력하는 프로그램을 작성하여 보면 다음 예제와 같다. 여기서는 정지된 그림만을 사용하였지만 이를 잘 응용하면 움직이는 애니메이션의 구현도 가능할 것이다. 물론 이러한 기술을 구현하는 것은 독자 여러분의 몫이다.

(a) 스크린 1 (b) 스크린 2 (c) 스크린 3

〈그림 4.6.2〉 그래픽 LCD 모듈에 표시되는 이미지 그림

〈프로그램 Xtest06_2.c〉 그래픽형 LCD 모듈에 이미지 그래픽을 출력하는 프로그램

```
/* ============================================================================ */
/*                      Xtest06_2.c : Image Display on GLCD                      */
/* ============================================================================ */
/*                       Designed and programmed by Duck-Yong Yoon in 2007.      */

#include "AT91SAM7S256.h"
#include "lib_AT91SAM7S256.h"
#include "OK7S256gcc.h"
#include "OK7S256GLCD.h"
```

```
const unsigned char screen1[1024] =             /* image data of screen 1 */
{ 0x00, 0x00, 0x00, 0x00, 0x00, 0x00, 0x00, 0x00,
  0x00, 0x00, 0x00, 0x00, 0x00, 0x00, 0x00, 0x00,
  0x00, 0x00, 0x00, 0x00, 0x00, 0x00, 0x00, 0x00,
  0x00, 0x00, 0x00, 0x00, 0x00, 0x00, 0x00, 0x00,
  0x00, 0x00, 0x00, 0x00, 0x00, 0x00, 0x00, 0x00,
  0x00, 0x00, 0x00, 0x00, 0x00, 0x00, 0x00, 0x00,
  0x00, 0x00, 0x00, 0x00, 0x00, 0x00, 0x00, 0x00,
  0x00, 0x00, 0x00, 0x00, 0x00, 0x00, 0x00, 0x00,
  0x00, 0x00, 0x00, 0x00, 0x00, 0x00, 0x00, 0x00,
  0x00, 0x00, 0x00, 0x00, 0x00, 0x00, 0x00, 0x00,
  0x00, 0x00, 0x00, 0x00, 0x00, 0x00, 0x00, 0x00,
  0x00, 0x00, 0x00, 0x07, 0xE0, 0x00, 0x00, 0x00,
  0x00, 0x00, 0x00, 0x3F, 0x78, 0x00, 0x00, 0x00,
  0x00, 0x00, 0x01, 0xFC, 0x7F, 0x00, 0x00, 0x00,
  0x00, 0x00, 0x03, 0xFF, 0x7E, 0xC0, 0x00, 0x00,
  0x00, 0x00, 0x07, 0x7C, 0x7E, 0xE0, 0x00, 0x00,
  0x00, 0x00, 0x1F, 0x78, 0x0E, 0xF8, 0x00, 0x00,
  0x00, 0x00, 0x3F, 0x78, 0x06, 0xFC, 0x00, 0x00,
  0x00, 0x00, 0x7F, 0x78, 0x04, 0x7E, 0x00, 0x00,
  0x00, 0x00, 0xFF, 0x70, 0x04, 0x4D, 0x00, 0x00,
  0x00, 0x01, 0x7C, 0xF0, 0x02, 0x15, 0x80, 0x00,
  0x00, 0x07, 0x63, 0x00, 0x02, 0x0D, 0xC0, 0x00,
  0x00, 0x07, 0x40, 0x00, 0x02, 0x84, 0xE0, 0x00,
  0x00, 0x0F, 0x00, 0x00, 0x02, 0x80, 0x70, 0x00,
  0x00, 0x1F, 0x00, 0x00, 0x0A, 0x00, 0x30, 0x00,
  0x00, 0x1E, 0x00, 0x00, 0x04, 0x04, 0x38, 0x00,
  0x00, 0x3D, 0x40, 0x00, 0x04, 0x00, 0x1C, 0x00,
  0x00, 0x77, 0x70, 0x00, 0x08, 0x00, 0x1C, 0x00,
  0x00, 0xFF, 0x7C, 0x00, 0x00, 0x00, 0x3E, 0x00,
  0x00, 0xAF, 0x7C, 0x01, 0x40, 0x00, 0x2E, 0x00,
  0x01, 0xBF, 0x63, 0xC3, 0x00, 0x00, 0xFF, 0x00,
  0x01, 0xBF, 0x7F, 0xE0, 0x00, 0x00, 0x3B, 0x80,
  0x03, 0xBF, 0x7F, 0x88, 0x00, 0x00, 0x3D, 0x80,
  0x03, 0x3F, 0x7D, 0xFC, 0x00, 0x00, 0x3D, 0x80,
  0x02, 0xBF, 0x6F, 0x7E, 0x40, 0x00, 0x3C, 0xC0,
  0x07, 0xBF, 0x7F, 0x7F, 0x00, 0x00, 0x3F, 0x40,
  0x05, 0xBE, 0x7F, 0x7F, 0x00, 0x00, 0x36, 0xE0,
  0x0F, 0xBD, 0x7F, 0x7F, 0x00, 0x00, 0x1E, 0xE0,
  0x0B, 0xB7, 0x7F, 0x7E, 0x00, 0x00, 0x0E, 0xA0,
  0x1F, 0xAF, 0x7F, 0x70, 0x00, 0x00, 0x1E, 0xF0,
  0x17, 0xBF, 0x7F, 0x4C, 0x00, 0x00, 0x0A, 0xD0,
  0x3F, 0x3F, 0x7F, 0x3C, 0x00, 0x00, 0x0C, 0xF8,
  0x3F, 0xBF, 0x7F, 0x7E, 0x00, 0x00, 0x0A, 0x68,
  0x3E, 0xBF, 0x7F, 0xFC, 0x00, 0x00, 0x0E, 0xE8,
  0x3F, 0xBF, 0x7F, 0xE4, 0x00, 0x00, 0x06, 0xB4,
  0x39, 0xBF, 0x76, 0x78, 0x00, 0x00, 0x0E, 0xFC,
  0x27, 0xBF, 0x7E, 0x40, 0x00, 0x00, 0x0E, 0xEC,
  0x6F, 0xBC, 0x0F, 0xF0, 0x00, 0x00, 0x1E, 0xFC,
  0x77, 0xBC, 0x1E, 0x7E, 0x00, 0x00, 0x3E, 0xE4,
  0x7F, 0xB4, 0x1E, 0x7E, 0x00, 0x00, 0x1E, 0xF6,
  0x7F, 0xBE, 0x1E, 0x7B, 0x38, 0x00, 0x7A, 0xFA,
  0x6F, 0xBE, 0x03, 0xD7, 0x78, 0x00, 0x7E, 0xFE,
  0x4E, 0xB8, 0x0F, 0xFF, 0x60, 0x00, 0x7E, 0xF6,
  0x4D, 0xB0, 0x0A, 0x7F, 0x78, 0x00, 0x3E, 0x7E,
  0xFF, 0xB0, 0x1D, 0x7F, 0x5E, 0x70, 0x7E, 0xFE,
  0xFF, 0xB8, 0x0D, 0x7F, 0x6A, 0xE0, 0x7E, 0xDF,
  0xAF, 0xBC, 0x3F, 0x7F, 0x7E, 0xE0, 0x7E, 0xFF,
  0x8F, 0xBF, 0x7B, 0x7F, 0x7E, 0xE0, 0xFE, 0xF7,
  0xBF, 0xBF, 0x7F, 0x7F, 0x7E, 0x00, 0xFE, 0xF3,
  0xFF, 0xBF, 0x70, 0x00, 0x00, 0x71, 0xFE, 0xFD,
  0xFF, 0x98, 0x03, 0x7F, 0x7E, 0x80, 0x3E, 0xFF,
  0xF9, 0x1F, 0x2F, 0xFF, 0x7E, 0xF1, 0xF0, 0xFF,
  0xEF, 0xBF, 0x7F, 0x7F, 0x7E, 0xF1, 0xFE, 0xAF,
  0xBF, 0xBF, 0x7F, 0x7F, 0x7E, 0xF9, 0xFE, 0xF1,
```

```
    0xFF, 0xBF, 0x7F, 0x7F, 0x7E, 0xFD, 0xFE, 0xFF,
    0xFF, 0xBF, 0x7F, 0x7F, 0x7E, 0x7D, 0xFE, 0xFF,
    0xBF, 0xBF, 0x7F, 0x7F, 0x7E, 0xA5, 0xFE, 0xF1,
    0xCF, 0xBF, 0x7F, 0x7F, 0x7E, 0xA1, 0xFE, 0xDF,
    0xE1, 0xBF, 0x7F, 0x7F, 0x7E, 0xC1, 0x7C, 0x77,
    0xFF, 0xA1, 0x7F, 0x7F, 0x7E, 0xE0, 0x0E, 0xF5,
    0xBF, 0xBE, 0x00, 0x06, 0x02, 0x80, 0x7E, 0xFB,
    0xBF, 0xBF, 0x7F, 0x7F, 0x7E, 0xE0, 0xFE, 0xFF,
    0x9F, 0xBF, 0x7F, 0x7F, 0x7E, 0xC0, 0xFE, 0xF7,
    0xEF, 0xBF, 0x7F, 0x7F, 0x40, 0x80, 0xFE, 0xF6,
    0x67, 0xBF, 0x7F, 0x7E, 0x00, 0x01, 0xFE, 0xDE,
    0x5B, 0xBF, 0x7F, 0x7E, 0x00, 0x01, 0xFE, 0xBA,
    0x7D, 0xBF, 0x7F, 0x78, 0x00, 0x00, 0xFE, 0xFE,
    0x7F, 0x3F, 0x7F, 0x70, 0x00, 0x01, 0x7C, 0xFE,
    0x7F, 0x9F, 0x7F, 0x70, 0x00, 0x01, 0x32, 0xF4,
    0x2F, 0xAF, 0x7F, 0xE6, 0x00, 0x00, 0x0E, 0xF4,
    0x27, 0xB9, 0x7F, 0xC6, 0x00, 0x00, 0x3E, 0xE4,
    0x3F, 0xBF, 0x3B, 0xDF, 0x00, 0x00, 0x1E, 0xFC,
    0x3F, 0xBF, 0x61, 0xBA, 0x00, 0x01, 0xDE, 0xFC,
    0x3C, 0x0F, 0x40, 0x00, 0x00, 0x71, 0x1E, 0xBC,
    0x38, 0x00, 0x00, 0x2B, 0x00, 0x71, 0x3E, 0xF8,
    0x1F, 0x00, 0x00, 0x23, 0x60, 0xF8, 0x8E, 0x78,
    0x1F, 0xA0, 0x00, 0x3F, 0x70, 0x08, 0xAE, 0xF8,
    0x17, 0x90, 0x00, 0x7F, 0x78, 0x04, 0x9E, 0xD8,
    0x1F, 0xB0, 0x00, 0xFF, 0x78, 0x10, 0xCA, 0xF0,
    0x1B, 0xB8, 0x01, 0xFF, 0x7C, 0x79, 0xEE, 0xB0,
    0x0F, 0xBA, 0x03, 0x7F, 0x78, 0xFD, 0x8E, 0xE0,
    0x0D, 0xBC, 0x03, 0x7F, 0x7E, 0xFD, 0x8E, 0xE0,
    0x07, 0xBE, 0x07, 0x7F, 0x7E, 0xFD, 0x1F, 0x40,
    0x06, 0xBF, 0x4F, 0x7F, 0x7E, 0xC0, 0x0E, 0xC0,
    0x03, 0x3F, 0x73, 0x7F, 0x7E, 0x80, 0x0D, 0x80,
    0x03, 0x3F, 0x7D, 0x7F, 0x7E, 0x80, 0x0D, 0x80,
    0x01, 0xBF, 0x7E, 0x60, 0x0C, 0x70, 0x0B, 0x80,
    0x01, 0x9F, 0x7F, 0x7F, 0x7E, 0xF8, 0x0F, 0x00,
    0x00, 0xBF, 0x7F, 0x7F, 0x7E, 0xF8, 0x0E, 0x00,
    0x00, 0xF7, 0x7F, 0x7F, 0x7E, 0xFC, 0x0E, 0x00,
    0x00, 0x7F, 0x7F, 0x7F, 0x7E, 0xEC, 0x1C, 0x00,
    0x00, 0x5D, 0x7F, 0x7F, 0x7E, 0xFD, 0x58, 0x00,
    0x00, 0x3F, 0x7F, 0x7F, 0x7E, 0xFD, 0xD8, 0x00,
    0x00, 0x1F, 0x7F, 0x7F, 0x7E, 0xFD, 0xF0, 0x00,
    0x00, 0x0F, 0x5F, 0x7F, 0x7E, 0xFD, 0xE0, 0x00,
    0x00, 0x07, 0x7F, 0x7F, 0x7E, 0xF5, 0xE0, 0x00,
    0x00, 0x03, 0x73, 0x7F, 0x7E, 0x9D, 0xC0, 0x00,
    0x00, 0x01, 0x7C, 0x7F, 0x7C, 0x7D, 0x80, 0x00,
    0x00, 0x01, 0xFF, 0x60, 0x16, 0xFF, 0x00, 0x00,
    0x00, 0x00, 0x7F, 0x7F, 0x7E, 0xFE, 0x00, 0x00,
    0x00, 0x00, 0x3F, 0x7F, 0x7E, 0xF8, 0x00, 0x00,
    0x00, 0x00, 0x1F, 0x7F, 0x7E, 0xF0, 0x00, 0x00,
    0x00, 0x00, 0x07, 0xFF, 0x7E, 0xE0, 0x00, 0x00,
    0x00, 0x00, 0x03, 0xFF, 0x7F, 0x80, 0x00, 0x00,
    0x00, 0x00, 0x00, 0x7F, 0x7E, 0x00, 0x00, 0x00,
    0x00, 0x00, 0x00, 0x07, 0xE0, 0x00, 0x00, 0x00,
    0x00, 0x00, 0x00, 0x00, 0x00, 0x00, 0x00, 0x00,
    0x00, 0x00, 0x00, 0x00, 0x00, 0x00, 0x00, 0x00,
    0x00, 0x00, 0x00, 0x00, 0x00, 0x00, 0x00, 0x00,
    0x00, 0x00, 0x00, 0x00, 0x00, 0x00, 0x00, 0x00,
    0x00, 0x00, 0x00, 0x00, 0x00, 0x00, 0x00, 0x00,
    0x00, 0x00, 0x00, 0x00, 0x00, 0x00, 0x00, 0x00,
    0x00, 0x00, 0x00, 0x00, 0x00, 0x00, 0x00, 0x00,
    0x00, 0x00, 0x00, 0x00, 0x00, 0x00, 0x00, 0x00,
    0x00, 0x00, 0x00, 0x00, 0x00, 0x00, 0x00, 0x00,
    0x00, 0x00, 0x00, 0x00, 0x00, 0x00, 0x00, 0x00,
    0x00, 0x00, 0x00, 0x00, 0x00, 0x00, 0x00, 0x00,
    0x00, 0x00, 0x00, 0x00, 0x00, 0x00, 0x00, 0x00,
};
```

```
const unsigned char screen2[1024] =                /* image data of screen 2 */
{ 0x00, 0x00, 0x00, 0x00, 0x00, 0x00, 0x00, 0x00,
  0x00, 0x00, 0x00, 0x00, 0x00, 0x00, 0x00, 0x00,

                     (중략)

  0x00, 0x00, 0x00, 0x00, 0x00, 0x00, 0x00, 0x00,
  0x00, 0x00, 0x00, 0x00, 0x00, 0x00, 0x00, 0x00,
};

const unsigned char screen3[1024] =                /* image data of screen 3 */
{ 0x00, 0x00, 0x00, 0x00, 0x00, 0x00, 0x00, 0x00,
  0x00, 0x00, 0x00, 0x00, 0x00, 0x00, 0x00, 0x00,

                     (중략)

  0x00, 0x00, 0x00, 0x00, 0x00, 0x00, 0x00, 0x00,
  0x00, 0x00, 0x00, 0x00, 0x00, 0x00, 0x00, 0x00,
};

void GLCD_draw(unsigned int number)                /* draw a GLCD screen */
{ unsigned int i, j;

  for(i = 0; i <= 7; i++)
    { GLCD_command(GLCD_CS2|GLCD_CS1,0xB8 + (7-i)); // X addtess
      GLCD_command(GLCD_CS1,0x40);                 // Y start address of CS1
      for(j = 0; j <= 63; j++)                     // draw CS1 data
        { if(number == 1)
            GLCD_data(GLCD_CS1, screen1[i + j*8]);
          else if(number == 2)
            GLCD_data(GLCD_CS1, screen2[i + j*8]);
          else if(number == 3)
            GLCD_data(GLCD_CS1, screen3[i + j*8]);
        }
      GLCD_command(GLCD_CS2,0x40);                 // Y start address of CS2
      for(j = 64; j <= 127; j++)                   // draw CS2 data
        { if(number == 1)
            GLCD_data(GLCD_CS2, screen1[i + j*8]);
          else if(number == 2)
            GLCD_data(GLCD_CS2, screen2[i + j*8]);
          else if(number == 3)
            GLCD_data(GLCD_CS2, screen3[i + j*8]);
        }
    }
}

int main(void)
{
  unsigned int i;

  MCU_initialize();                                // initialize AT91SAM7S256 & kit
  Delay_ms(50);                                    // wait for system stabilization
  LCD_initialize();                                // initialize text LCD
  GLCD_clear();                                    // initialize GLCD screen

  LCD_string(0x80," Image Graphic  ");             // display title on text LCD
  LCD_string(0xC0,"   screen(0)    ");
  Beep();

  while(1)
    { for(i=1; i<=3; i++)                          // draw screen 1, 2, 3
        { LCD_command(0xCA);
          LCD_data(i + '0');
          GLCD_draw(i);
          Delay_ms(3000);
        }
```

```
        }
    }
```

☞ 그래픽형 LCD 모듈은 각 모델마다 화면의 픽셀에 대응하는 DD RAM 메모리의 구성 방식이 다른데, FontEdit 2.0은 아쉽게도 HG12605NY-LY에 적합한 형식의 데이터는 생성하지 않는다. 따라서, 여기서는 FontEdit 2.0이 제공하는 4가지의 데이터 형식중에 그나마 처리하기 가장 좋은 ⇧형을 사용하였으며, 이렇게 하였을 경우 변환된 이미지 데이터가 그래픽형 LCD 모듈의 각 픽셀에 어떻게 대응되는지를 잘 살펴보아야만 이 프로그램을 이해할 수 있다. 이를테면 <그림 4.6.1>의 (a)와 이 프로그램의 상수 배열 screen1[1024]에 저장되는 데이터를 잘 비교하여 보라.

3. 실습 과제

(1) *OK-7S256* 키트에서는 왜 마이크로콘트롤러가 그래픽형 LCD 모듈의 DD RAM을 읽지 못하는지 설명하라.

(2) 헤더파일 OK7S256GLCD.h에서 사각형 및 원을 그리는 함수는 화면의 기존 내용을 유지하면서 그 위에 도형을 그리는 것으로 다음과 같다.

```
void Rectangle(int xx1, int yy1, int xx2, int yy2)
void Circle(int xx1, int yy1, int r)
```

이를 변형하여 다음과 같은 사용자 함수를 포함하는 프로그램 Xtest06_1R.c로 수정하고 이 함수를 이용하여 여러 가지 그래픽을 구현하는 프로그램을 작성하여 보라.

```
void RectangleNew(int xx1, int yy1, int xx2, int yy2, int fill)
void CircleNew(int xx1, int yy1, int r, int fill)
```

여기서 fill=0이면 현재와 기능이 같고, fill=1이면 도형 내부를 검게 채우며, fill=2로 지정되면 도형의 내부를 클리어한다.

(3) 예제 프로그램 Xtest06_2.c에서 이 예제와 다른 자신이 원하는 이미지를 디스플레이하도록 수정한 프로그램 Xtest06_2R.c를 작성하라. 2가지 이상의 화면 이미지를 표시하도록 하라.

4.7 그래픽형 LCD 모듈의 한글 표시 프로그램

이 절에서는 *OK-7S256* 키트에서 사용하는 128×64 도트의 그래픽형 LCD 모듈인 현대 LCD의 HG12605NY-LY 및 그 호환기종에서 사용자가 프로그램으로 영문 및 한글의 폰트를 LCD 화면에 표시하는 원리와 기술에 대하여 설명하고 이와 관련된 프로그램을 직접 작성하여 보기로 한다.

ASCII 문자를 중심으로 하는 영문은 기본적으로 언어 구조가 풀어쓰기로 되어 있으므로 키보드로부터 이를 입력하는 과정과 화면에 이를 표시하는 과정이 동일하여 아주 간단하게 처리된다. 그러나, 한글은 모아쓰기 구조를 가지므로 키보드에서 한글의 자모를 입력받아 이를 1음절의 한글 문자로 변환시켜 주는 한글 오토마타와, 완성된 1음절의 한글 문자를 화면에 표시하는 과정은 상당히 복잡한 기술이며 서로 전혀 다른 기술이다. 그러나, 그래픽형 LCD 모듈에 한글을 표시하는 경우에는 한글 오토마타가 필요 없으므로 여기서는 화면표시에 관한 기술만 취급하기로 한다.

또한, 한글 오토마타와 화면표시 기술은 모두 한글을 조합형으로 사용하는 경우와 완성형으로 사용하는 경우가 서로 다른데, 마이크로프로세서에서 그래픽형 LCD 모듈을 구동하는 경우는 한글 폰트의 메모리 용량 때문에 완성형을 사용하기가 매우 어려우므로 여기서는 조합형에 대하여만 취급하기로 한다.

1. 영문 ASCII 문자의 화면표시 기술

영문 ASCII 문자를 표시하는데는 <그림 4.4.6>의 텍스트형 LCD 모듈에서처럼 최소한 가로×세로=5×8 도트의 문자 박스(character box)에 가로×세로=5×7 도트의 문자 폰트(character font)를 만들면 된다. 그러나, <그림 4.4.7>에서도 설명하였듯이 텍스트형 LCD 모듈은 각 문자 박스들의 사이에 약간의 공백이 있으므로 이렇게 표시해도 문제가 없지만, 그래픽형 LCD는 상하좌우로 모든 도트들의 간격이 균일하기 때문에 문자와 문자 사이의 좌우 공간을 확보하기 위하여 가로×세로=8×8 도트의 문자 박스에 가로×세로=5×7 도트의 문자 폰트로 표시하는 것이 바람직하다. 이렇게 하면 128×64 해상도의 그래픽형 LCD 모듈에는 16열×8행의 영문 ASCII 문자를 표시할 수 있게 된다.

그러나, 그래픽형 LCD 모듈의 화면이 영문 전용으로 사용된다면 이렇게 할 수도 있지만, 같은 화면에 한글과 영문이 혼용되는 경우라면 영문 ASCII 글자들의 모양과 크기가 한글 글자들과 균형 및 조화를 이루어야 하므로 이렇게 할 수가 없다. 즉, 한글의 표시에는 최소한 가로×세로=16×16 도트의 문자 박스가 필요하다는 점을 고려하여, 영문 ASCII 문자들이 한글 글자와 높이는 비슷하고 좌우 폭은 한글의 ½이 되도록 가로×세로=8×16 도트의 문자 박스를 사용하는 것이 가장 바람직하다. 이렇게 하면 128×64 해상도의 그래픽형 LCD 모듈에는 16열×4행의 영문 ASCII 문자를 표시할 수 있게 된다. 이와 같이 표시한 영문 ASCII 문자들의 예를 보이면 <그림 4.7.1>과 같다. 즉, 각 문자들을 폰트를 표시하기 위해서는 1개의 문자당 16바이트씩의 폰트 데이터가 필요하다.

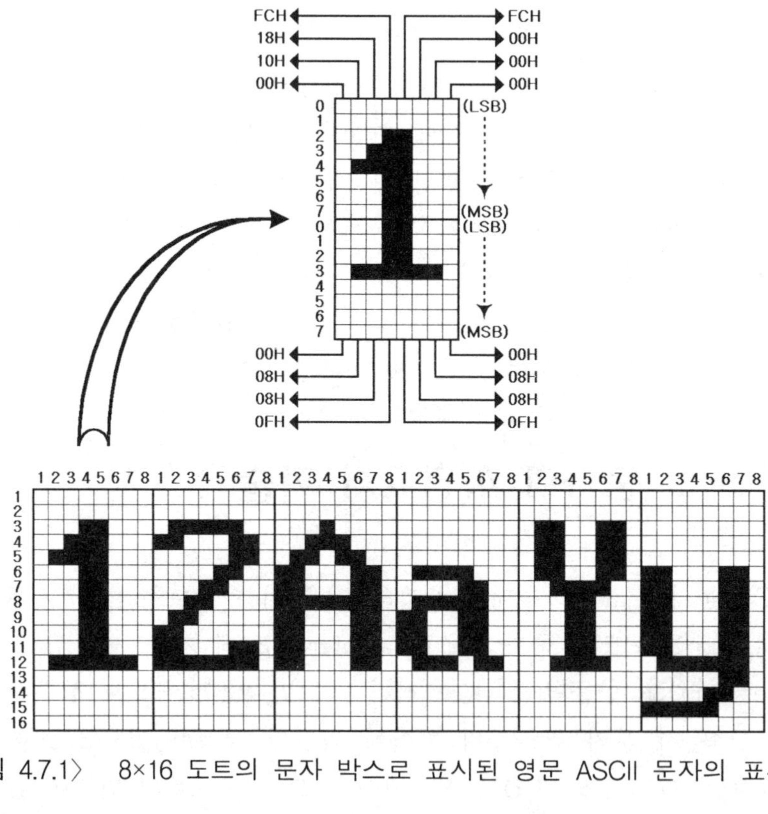

〈그림 4.7.1〉 8×16 도트의 문자 박스로 표시된 영문 ASCII 문자의 표시 방법

이를 실제로 그래픽형 LCD 모듈에 표시하려면 LCD 모듈의 DD RAM 메모리 구조가 <그림 4.5.7>과 같다는 것을 상기하여야 한다. 따라서, 각 영문 ASCII 문자는 세로로 16개의 도트 라인(dot line) 즉 2개의 X어드레스를 차지하고, 가로로 8개의 Y어

드레스를 차지하게 된다. 그리고, 임의의 X어드레스와 Y어드레스에 출력되는 8비트의 데이터는 윗쪽의 도트에 해당하는 값이 LSB로 되고, 아랫쪽의 도트에 해당하는 값이 MSB로 되도록 2진수값을 만들어야 하는데 유의해야 한다.

예를 들어서 문자 "1"을 화면의 첫번째 행, 첫번째 열에 표시하고자 한다면 이에 해당하는 ASCII 코드값 31H가 메인 루틴으로부터 디스플레이 서브루틴으로 전달된다. 그러면 이 디스플레이 루틴은 미리 준비되어 있는 폰트 테이블로부터 이 문자 "1"에 해당하는 16바이트의 폰트 데이터를 찾아낸 후에, 먼저 X어드레스=0, Y어드레스=0으로 놓고 CS1을 인에이블하면서 00H, 10H, 18H, FCH, FCH, 00H, 00H, 00H의 8개 데이터를 차례로 LCD 모듈에 출력한다. 그러면, 자동으로 Y어드레스가 1씩 증가하면서 차례로 8개의 데이터가 DD RAM에 저장되어 이 문자 폰트의 상반부가 화면에 표시된다. 이어서 디스플레이 루틴은 다시 X어드레스=1, Y어드레스=0으로 놓고 CS1을 인에이블하면서 나머지 8개의 데이터 00H, 08H, 08H, 0FH, 0FH, 08H, 08H, 00H를 차례로 LCD 모듈에 출력한다. 그러면, 같은 원리로 이번에는 이 문자 폰트의 하반부가 화면에 표시되어 1개의 글자가 모두 완성된다.

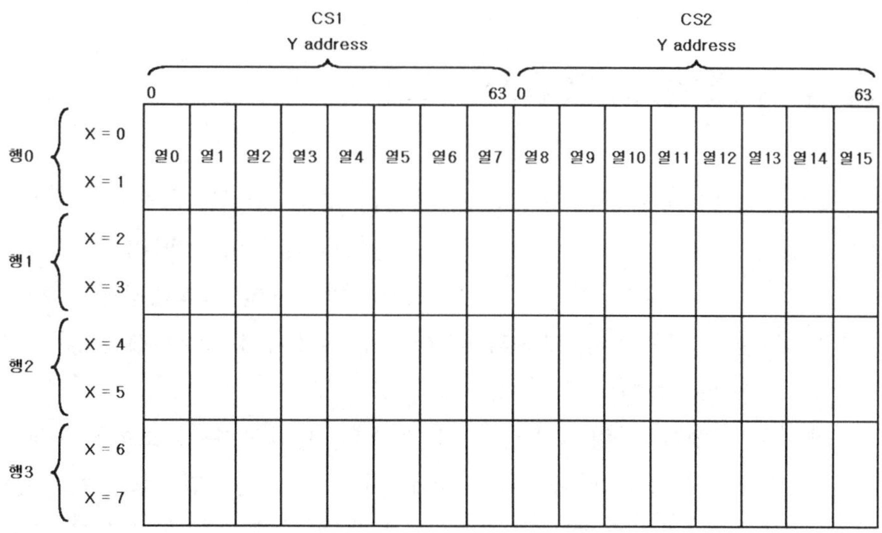

〈그림 4.7.2〉 128×64 도트의 화면에 8×16 도트의 영문 ASCII 문자를 표시한 모습

각 문자가 8×16 도트의 크기를 가지므로 128×64 해상도의 그래픽형 LCD 모듈에 모두 16열×4행의 영문 ASCII 문자를 표시하는 화면 구성을 그림으로 나타내면 <그림 4.7.2>와 같다. 이와 같이 영문 ASCII 문자를 그래픽형 LCD 모듈에 직접 표시하려면 사용자 프로그램은 이들 문자에 대한 폰트 데이터를 미리 만들어서 가지고 있어야 하

며, 화면의 지정된 위치에 각 문자에 해당하는 16바이트의 폰트 데이터를 찾아서 출력하는 기능을 가지고 있어야 한다. 전체 95자의 영문 ASCII 폰트를 저장하기 위해서는 95자×16바이트=1520바이트의 메모리가 필요하다.

ASCII 코드란 이 책의 238페이지에서도 설명하였듯이 컴퓨터와 컴퓨터 사이의 정보교환 또는 컴퓨터와 주변장치 사이의 정보교환을 위하여 만든 7비트, 128문자의 국제표준 코드이다. 이 ASCII 코드의 128문자 중에서 20H~7EH(총 95자)는 도형문자로서 영문의 대/소문자, 아라비아 숫자, 또는 각종 문장부호 등을 표현하는데 사용되고, 00H~1FH 및 7FH(총 33자)는 기능제어 문자로서 주변장치의 제어, 직렬통신 제어 등에 사용된다. 따라서, 화면에 표시되는 코드는 원칙적으로 95자의 도형문자에만 해당되지만, 특별한 경우에는 기능제어 문자에 해당하는 33자에 사용자가 임의의 도형문자를 정의하여 사용하기도 한다.

그러나, 우리나라에서는 기본적으로 ASCII 코드를 8비트로 정의하며, 표준 ASCII 문자의 경우에는 최상위 비트를 b7=0으로 하여 128문자를 수용하고, b7=1인 경우에는 이 코드값과 그 다음에 오는 8비트를 하나로 연결하여 16비트의 한글 및 한자 코드로 사용하고 있다.

2. 한글의 구조와 화면표시 기술

한글을 그래픽형 LCD 모듈에 표시하는 기술은 영문 ASCII 문자에 비하여 훨씬 복잡하다. 이는 한글이 풀어쓰기 구조를 가지는 영어나 일본어와 달리 모아쓰기라는 독특한 구조를 가지기 때문이다. 한글은 조선 제4대 임금이신 세종대왕께서 1443년에 창제하고 1446년에 반포하신 우리 고유의 문자로서 세계에서 그 유래를 찾기 어려울만큼 과학적이고 아름다운 문자라고 한다.

그러나, 한글은 이렇게 자랑스러운 우리 민족의 유산이지만, 모아쓰기라는 독특한 특성 때문에 컴퓨터로 이를 처리하기에는 다소 까다롭다. 하지만, 물론 한글은 음절 단위의 완성된 형태만을 가지는 한자에 비하면 훨씬 처리하기에 용이한 것도 사실이다. 이제 이를 그래픽형 LCD 모듈에 표시하고자 하면 먼저 한글의 과학적인 구조를 자세히 살펴볼 필요가 있다.

(1) 한글의 구조

한글은 초성, 중성, 종성의 자소(字素)가 모여서 1음절(音節)의 글자를 구성하는 모아쓰기 구조를 갖는 언어이다. 그러나, 글자에 따라서는 종성(받침)이 없고 초성과 중성으로만 만들어지기도 한다.

초성과 종성은 반드시 자음으로 사용되고 중성은 반드시 모음이 사용되는데, 이렇게 한글을 구성하는 자소들과 그것들이 초성, 중성, 종성에 각각 사용되는 내역을 정리하면 <표 4.7.1>과 같다.

이렇게 각 자소를 사용하여 한글 글자가 구성되므로 이론적으로 만들 수 있는 총 글자수는 다음과 같다.

받침이 없는 글자 : 초성(19) × 중성(21) = 399자
받침이 있는 글자 : 초성(19) × 중성(21) × 종성(27) = 10,773자
계 = 11,172자

이렇게 한글은 자음 14개와 모음 10개를 기본으로 하면서 여기에서 파생된 쌍자음, 복자음 및 복모음들을 결합시켜 글자를 만들게 된다. 이것이 한글의 기본적인 특징이다.

〈표 4.7.1〉 한글 글자의 구성

한글 자소	기본 자음(14개)	ㄱ ㄴ ㄷ ㄹ ㅁ ㅂ ㅅ ㅇ ㅈ ㅊ ㅋ ㅌ ㅍ ㅎ
	쌍자음(5개)	ㄲ ㄸ ㅃ ㅆ ㅉ
	복자음(11개)	ㄳ ㄵㄶ ㄺ ㄻ ㄼ ㄽ ㄾ ㄿ ㅀ ㅄ
	기본 모음(10개)	ㅏ ㅑ ㅓ ㅕ ㅗ ㅛ ㅜ ㅠ ㅡ ㅣ
	복모음(11개)	ㅐ ㅒ ㅔ ㅖ ㅘ ㅙ ㅚ ㅝ ㅞ ㅟ ㅢ
글자 구성	초성(19개)	기본 자음(14) + 쌍자음(5)
	중성(21개)	기본 모음(10) + 복모음(11)
	종성(27개)	기본 자음(14) + 쌍자음(2 ; ㄲ ㅆ) + 복자음(11)

(2) 한글 코드

우리나라에 컴퓨터가 소개되면서 영문 ASCII 문자만을 처리하는 컴퓨터에서 이와 충돌이 되지 않으면서 한글을 표시하고 처리하는 방법이 문제가 되었다. 국내에서 컴퓨터가 사용되기 시작한 이후 상당히 오랜 시간이 지나도록 N바이트 코드나 3바이트 코드와 같은 여러가지 한글처리 방식이 사용되기도 하였고, 각 회사별로 서로 다른 종류의 조합형 한글 코드를 사용하기도 하였다. 이러한 상황은 당시의 컴퓨터 사용자들에게 소프트웨어의 호환성이 유지되지 않아서 혼란을 주었지만, 각 회사의 영업적 이해관계나 기술적인 차이 등으로 하여 쉽게 해결될 전망이 보이지 않았다.

그러던 중에 1987년에 정부는 치열한 논란 끝에 완성형 코드를 KS 표준 규격으로

정하였는데, 그것이 오늘날까지 사용되는 KSC5601-1987 정보 교환용 부호(현재는 이를 1998년에 개정하여 KSX 1001로 되어 있음.)이다. 이는 한글이 초성, 중성, 종성으로 구성되어 모두 11172자를 표현할 수 있다는 점을 고려하지 않고, 사용빈도가 높은 한글 글자들을 완성된 형태로 2350자만 정의하고, 여기에 한자 4888자, 특수문자 1128자, 사용자 정의문자 188자 등을 지정함으로써 한글의 기본적인 원리와 장점을 훼손한다는 거센 비판을 받았다. 실제로 이를 사용하면 표시할 수 없는 글자가 상당히 많아서 종종 불편을 초래하며, 사용자 정의문자에 이를 정의한다고 하더라도 일반성이 없고 순서대로 정렬(sort)하는데 문제가 생기므로 전혀 불편이 해결되지 못한다. 그러나, 완성형은 국제적 표준코드인 ISO 2022와 비교적 충돌이 적고 글자체를 미려하게 디자인할 수 있는 등의 장점도 가지고 있다.

이러한 완성형 한글코드의 문제점을 인식하여 정부는 1992년에 기존의 완성형 코드에 보조적으로 조합형 코드를 사용할 수 있도록 KS 표준 규격을 개정하였는데, 그것이 KSC5601-1992 정보 교환용 부호의 보조 부호(현재는 역시 1998년에 개정되어 KSX 1001로 되어 있음.)이다. 이와 같이 현재는 16비트 완성형과 2바이트(16비트) 조합형이 모두 국가 표준규격으로 정해져 있는데, 어쩔 수 없는 현실의 반영으로 볼 수도 있으나 국가 표준이 2가지라는 것은 사리에 맞지 않는 것으로서 아직까지도 적지 않은 혼란을 불러일으키고 있다.

그러나, 이러한 문제들에 관계없이 그래픽형 LCD 모듈에 한글을 표시해야 하는 우리의 입장에서는 메모리 용량의 한계 때문에 반드시 2바이트 조합형 코드를 사용해야 하므로 여기서는 이것에 대하여 자세히 알아보기로 한다.

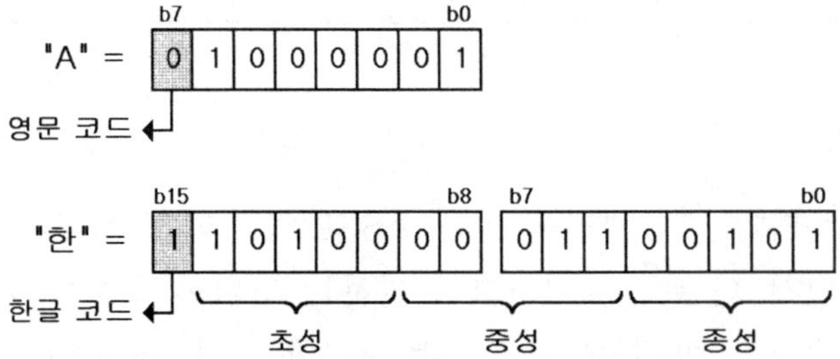

〈그림 4.7.3〉 2바이트 조합형 한글 코드의 구조

2바이트 조합형 한글 코드에서는 <그림 4.7.3>에 보인 것처럼 초성, 중성, 종성을 각각 5비트의 길이로 나타낸다. 즉, 영문 ASCII 코드인 경우에는 8비트로 나타내는데, 여기서 최상위 비트를 b7 = 0으로 하여 영문이라는 것을 나타내고, 나머지 7개의 비트

(b6~b0)들로는 이 문자의 ASCII 코드값을 나타낸다. 그러나, 한글 코드는 최상위 비트를 b7 = 1로 표시하고 이 경우에는 이 바이트와 그 다음에 오는 또 하나의 바이트를 연속으로 붙여서 2바이트(16비트)의 한글 코드로 사용하게 된다. 이때, 나머지 15개의 비트(b14~b0)들은 차례로 5비트씩 분할하여 각각 초성, 중성, 종성을 표시하게 된다.

이렇게 초성, 중성, 종성의 자소를 각각 5비트씩으로 표시할 수 있는 것은 앞에서도 살펴보았듯이 초성이 19자, 중성이 21자, 종성이 27자이기 때문에 모두 5비트로 표현 가능한 2^5=32종류 이하이기 때문이다. 그러나, 실제로는 초성, 중성, 종성에 각각 자리 채움 표시(fill code)를 1개씩 추가하여 20자, 22자, 28자로 된다. KSC5601-1992 정보 교환용 부호의 보조 부호로 정의된 2바이트 조합형 한글코드를 보이면 <표 4.7.2>와 같다.

〈표 4.7.2〉 KSC5601-1992의 2바이트 조합형 한글코드

비트값		초성(20자)		중성(22자)		종성(28자)	
10진수	2진수						
0	00000						
1	00001	fill code	0			fill code	0
2	00010	ㄱ	1	fill code	0	ㄱ	1
3	00011	ㄲ	2	ㅏ	1	ㄲ	2
4	00100	ㄴ	3	ㅐ	2	ㄳ	3
5	00101	ㄷ	4	ㅑ	3	ㄴ	4
6	00110	ㄸ	5	ㅒ	4	ㄵ	5
7	00111	ㄹ	6	ㅓ	5	ㄶ	6
8	01000	ㅁ	7			ㄷ	7
9	01001	ㅂ	8			ㄹ	8
10	01010	ㅃ	9	ㅔ	6	ㄺ	9
11	01011	ㅅ	10	ㅕ	7	ㄻ	10
12	01100	ㅆ	11	ㅖ	8	ㄼ	11
13	01101	ㅇ	12	ㅗ	9	ㄽ	12
14	01110	ㅈ	13	ㅘ	10	ㄾ	13
15	01111	ㅉ	14	ㅙ	11	ㄿ	14
16	10000	ㅊ	15			ㅀ	15
17	10001	ㅋ	16			ㅁ	16
18	10010	ㅌ	17	ㅚ	12	*	
19	10011	ㅍ	18	ㅛ	13	ㅂ	17
20	10100	ㅎ	19	ㅜ	14	ㅄ	18
21	10101	(한자)		ㅝ	15	ㅅ	19
22	10110	(한자)		ㅞ	16	ㅆ	20
23	10111	(한자)		ㅟ	17	ㅇ	21
24	11000	(한자)				ㅈ	22
25	11001	(한자)				ㅊ	23
26	11010	(한자)		ㅠ	18	ㅋ	24
27	11011	(한자)		ㅡ	19	ㅌ	25
28	11100	(한자)		ㅢ	20	ㅍ	26
29	11101	(한자)		ㅣ	21	ㅎ	27
30	11110	(한자)		*		*	
31	11111			*			

이중에서 사선으로 표시한 부분은 사용하지 못하도록 되어 있는 빈 자리이며, 그중

에서 *표로 표시한 부분은 한글 고어(古語)를 정의하기도 하는 자리이나 우리는 전혀 사용하지 않으므로 그냥 비워두기로 한다. 초성, 중성, 종성의 우측에 있는 각 숫자들은 이들 비트들이 00000에서부터 2진수가 증가하면서 차례로 연속하여 정의되어 있지 않기 때문에 나중에 각 자소들을 인덱싱(indexing)하는데 편리하게 사용하기 위한 인수들이다.

키입력 루틴에서 사용하는 한글 오토마타(automata) 프로그램은 키보드에서 입력되는 자소들을 모아서 <표 4.7.2>와 같은 2바이트 조합형 코드를 만든다. 한글 1음절은 초성+중성 또는 초성+중성+종성으로 구성되므로 초성에 해당하는 자음과 중성에 해당하는 모음이 입력될 때까지는 비교적 처리가 용이하지만, 그 다음에 자음이 입력되는 경우에는 처리가 복잡해진다. 이 자음은 일단 종성으로 처리되었다가 그 다음에 자음이 입력되면 그대로 종성으로 결정되지만, 그 다음에 입력된 것이 모음인 경우에는 이 자음이 2번째 음절의 초성으로 바뀌어 처리된다. 여기서, fill code는 1음절을 구성하는 3가지의 자소중에 최소한 어느 1가지 또는 2가지가 생략된 경우에 그 생략 부분을 채워서 2바이트의 코드를 완성해주는 값이다. 즉, 받침이 없는 글자에서는 항상 종성이 fill code로 채워지고, “ ㅏ ㄴ”과 같이 표시하는 경우는 초성이 fill code로 채워지며, “ㅜ”와 같이 표시하는 경우는 초성과 종성이 모두 fill code로 채워진다.

이렇게 하여 한글 오토마타 프로그램을 거친 각 한글 글자들은 16비트의 조합형 코드로 만들어져 저장된다. 그러나, 완성형 코드를 사용하는 경우에는 이와 같이 일단 조합형 코드까지 처리하는 과정은 동일하지만, 여기에서 다시 코드 변환 테이블을 이용하여 조합형 코드를 완성형 코드로 바꾸므로 키입력 처리 루틴이 더욱 복잡해진다.

(3) 조합형 한글의 화면표시

앞에서 살펴본 바와 같이 영문 ASCII 문자의 경우에는 각 문자의 코드에 대하여 8×16 도트의 문자 박스에 이 문자를 표시하기 위하여 각 문자당 16바이트씩으로 구성되는 폰트 데이터 테이블을 미리 만들어 저장해 놓았다가 이를 찾아서 화면에 출력하면 되므로 비교적 처리가 단순하고 쉬웠다. 그러나, 조합형 한글의 경우에는 16×16 도트의 문자 박스에 한글 글자를 표시하기 위하여 초성, 중성, 종성을 각각 별도로 32바이트 폰트로 만들어 놓은 테이블에서 찾아다가 이를 모두 중첩시켜서 합친 후에 화면에 출력하는 복잡한 처리 과정을 거쳐야 한다. 이 과정을 알기 쉽게 그림으로 설명하면 <그림 4.7.4>와 같다.

더구나, 이들 초성, 중성, 종성은 각각 1가지씩의 폰트만을 가지는 것이 아니라 여러 벌의 폰트를 가지고 있어야 한다. 즉, 초성의 “ㄱ”은 항상 조합형 코드내에서는 같은 값으로 표시되지만 이를 화면에 표시할 때는 글자에 따라 다른 모양의 폰트가 사용되어야 한다. 예를 들면 "가"에서의 초성과 "강"에서의 초성, 그리고 "고"에서의 초성 및 "공"에서의 초성, "광"에서의 초성은 모두 같은 초성의 "ㄱ"으로 코드가 표시되지만, 이를 화면에 표시할 때는 상당히 다른 모양이 되어야만 전체적인 글자의 모양이 보기 좋도록 균형과 조화를 이루게 되는 것이다. 이것은 "ㄱ"뿐만 아니라 모든 초성에 대하여 마찬가지이며, 나아가 초성뿐만 아니라 중성이나 종성에서도 또한 마찬가지이다.

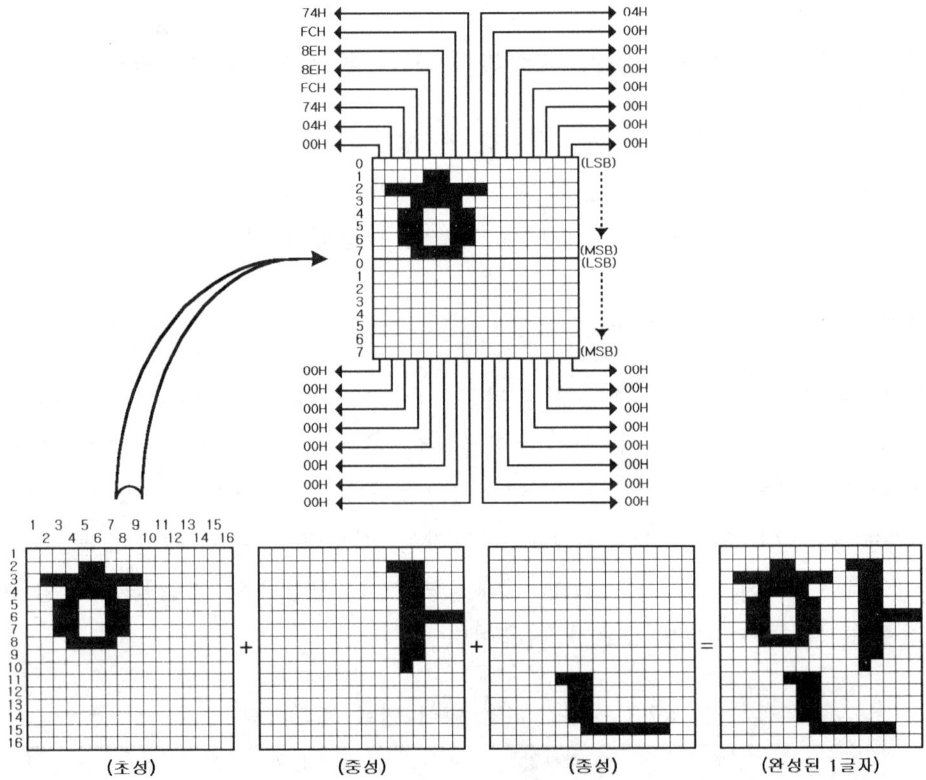

<그림 4.7.4> 16×16 도트의 문자 박스로 된 한글의 표시 방법

결국 초성, 중성, 종성을 화면에 표시하기 위한 폰트들은 여러개의 벌을 가져야 하며, 벌수가 많을수록 좀더 미려한 글자 모양을 얻을 수 있다. 그러나, 이들 벌수를 지나치게 많게 만들면 화면표시 처리 과정이 복잡해지는 것은 물론이고 이들 폰트를 저장하는 메모리 용량이 지나치게 커지므로 실용적이지 못하다. 그래서 이들 벌수를 처리하는 방식은 여러가지가 있지만, 가장 널리 사용되는 것이 8×4×4벌 방식이며 이 책

에서도 이를 따르기로 한다. 즉, 초성 폰트 8벌, 중성 폰트 4벌, 종성 폰트 4벌로 사용한다는 것이다.

만약 초성, 중성, 종성에 각각 1벌씩의 폰트만을 사용한다면 이들 폰트를 저장하는데 필요한 메모리 용량은

초성(20)×32바이트 + 중성(22)×32바이트 + 종성(28)×32바이트 = 2240바이트

가 될 것이다. 하지만, 8×4×4벌 방식을 사용하면 총 폰트 데이터의 용량은 크게 증가하여

초성(20)×8벌×32바이트 + 중성(22)×4벌×32바이트 + 종성(28)×4벌×32바이트 = 11520바이트

즉, 약 11KB가 된다. 이런 정도의 메모리 용량은 대부분의 마이크로프로세서 응용 시스템에서 충분히 실용적으로 사용할 수 있는 양이다. 그러나, 완성형의 경우는 2350자를 모두 32바이트의 완성된 문자 폰트로 만들어 저장해야 하므로

2350자×32바이트 = 75200바이트

즉, 약 73KB 정도의 엄청난 메모리 용량을 필요로 한다. 이는 대부분의 마이크로프로세서 응용 시스템에서 전체 주기억 용량을 초과하는 많은 양으로서 거의 실용적이지 못하다.(만약 조합형 한글로 만들 수 있는 11172자를 모두 이런 식으로 완성형 폰트로 저장한다면 11172자×32바이트=357504바이트라는 메모리 용량이 필요하게 된다.) 이것이 마이크로프로세서 응용 시스템의 그래픽형 LCD 모듈에서 한글을 표시할 때 대부분 조합형을 선호하는 가장 중요한 이유이다.

〈표 4.7.3〉 8×4×4벌 방식 한글 조합형의 구성

초성	초성 0벌	받침없는 ㅏㅐㅑㅒㅓㅔㅕㅖㅣ 와 결합
	초성 1벌	받침없는 ㅗㅛㅡ 와 결합
	초성 2벌	받침없는 ㅜㅠ 와 결합
	초성 3벌	받침없는 ㅘㅙㅚㅢ 와 결합
	초성 4벌	받침없는 ㅝㅞㅟ 와 결합
	초성 5벌	받침있는 ㅏㅐㅑㅒㅓㅔㅕㅖㅣ 와 결합
	초성 6벌	받침있는 ㅗㅛㅜㅠㅡ 와 결합
	초성 7벌	받침있는 ㅘㅙㅚㅝㅞㅟㅢ 와 결합
중성	중성 0벌	받침없는 ㄱㅋ 와 결합
	중성 1벌	받침없는 ㄱㅋ 이외의 자음과 결합
	중성 2벌	받침있는 ㄱㅋ 와 결합
	중성 3벌	받침있는 ㄱㅋ 이외의 자음과 결합
종성	종성 0벌	중성 ㅏㅑㅘ 와 결합
	종성 1벌	중성 ㅓㅕㅚㅝㅟㅢㅣ 와 결합
	종성 2벌	중성 ㅐㅒㅔㅖㅙㅞ 와 결합
	종성 3벌	중성 ㅗㅛㅜㅠㅡ 와 결합

8×4×4벌을 사용하는 조합형 한글의 표시 방식을 요약하면 <표 4.7.3>과 같다. 이와 같이 처리하는 이유는 각각에 해당하는 한글 음절의 글자들을 살펴보면 충분히 짐작하고 이해할 수 있을 것이다.

이제 2바이트(16비트) 한글 조합형으로 표시된 문자 코드를 받아서 이를 화면에 표시하는 알고리즘을 차례로 요약하여 설명하면 다음과 같다.

① 2바이트의 한글 코드로부터 각각 초성, 중성, 종성에 해당하는 5비트의 코드값을 분리한다.

```
void GLCD_Korean(unsigned int Kcode)
{ unsigned int cho_5bit;                          // 초성
  unsigned int joong_5bit;                        // 중성
  unsigned int jong_5bit;                         // 종성

  cho_5bit   = (Kcode>>10) & 0x001F;
  joong_5bit = (Kcode>>5) & 0x001F;
  jong_5bit  = Kcode & 0x001F;
       .
       .
       .
}
```

② 그런데, 이들 5비트의 코드는 2바이트 조합형 한글 코드표에서 초성, 중성, 종성 모두 각 자소들이 순차적으로 정의되어 있지 않기 때문에, 예를 들어 초성의 경우 "ㄱ, ㄲ, ㄴ, ㄷ, ㄸ, ..."에 순서대로 1, 2, 3, 4, 5, ...의 번호를 매길 수가 없으므로 아래와 같이 인덱스 테이블로 처리하면 편리하다. 이렇게 하여 만들어지는 인덱스 번호는 <표 4.7.2>에서 표시한 것과 같다.

```
unsigned char table_cho[21]={0,0,1,2,3,4,5,6,7,8,9,10,11,12,13,14,15,16,17,18,19};
unsigned char table_joong[30]={0,0,0,1,2,3,4,5,0,0,6,7,8,9,10,11,0,0,12,13,14,15,16,17,0,0,18,19,20,21};
unsigned char table_jong[30]={0,0,1,2,3,4,5,6,7,8,9,10,11,12,13,14,15,16,0,17,18,19,20,21,22,23,24,25,26,27};

void GLCD_Korean(unsigned int Kcode)
{ unsigned int cho_5bit;                          // 초성
  unsigned int joong_5bit;                        // 중성
  unsigned int jong_5bit;                         // 종성

  cho_5bit   = table_cho[(Kcode>>10) & 0x001F];
  joong_5bit = table_joong[(Kcode>>5) & 0x001F];
  jong_5bit  = table_jong[Kcode & 0x001F];
       .
       .
       .
}
```

③ 여기서는 초성, 중성, 종성에 8×4×4벌 방식을 사용하는데, 이것들의 조합에 따른 각 자소들의 벌수를 알아내는 것도 상당히 복잡하므로 역시 테이블로 처리하는 것이 편리하다.

```
unsigned char table_cho[21]={0,0,1,2,3,4,5,6,7,8,9,10,11,12,13,14,15,16,17,18,19};
unsigned char table_joong[30]={0,0,0,1,2,3,4,5,0,0,6,7,8,9,10,11,0,0,12,13,14,15,16,17,0,0,18,19,20,21};
unsigned char table_jong[30]={0,0,1,2,3,4,5,6,7,8,9,10,11,12,13,14,15,16,0,17,18,19,20,21,22,23,24,25,26,27};
unsigned char bul_cho1[22]={0,0,0,0,0,0,0,0,0,1,3,3,3,1,2,4,4,4,2,1,3,0};
unsigned char bul_cho2[22]={0,5,5,5,5,5,5,5,5,6,7,7,7,6,6,7,7,7,6,6,7,5};
unsigned char bul_jong[22]={0,0,2,0,2,1,2,1,2,3,0,2,1,3,3,1,2,1,3,3,1,1};

void GLCD_Korean(unsigned int Kcode)
{ unsigned int cho_5bit;                          // 초성
  unsigned int joong_5bit;                        // 중성
  unsigned int jong_5bit;                         // 종성
  unsigned int cho_bul, joong_bul, jong_bul;      // 초성, 중성, 종성의 벌수

  cho_5bit   = table_cho[(Kcode>>10) & 0x001F];
  joong_5bit = table_joong[(Kcode>>5) & 0x001F];
  jong_5bit  = table_jong[Kcode & 0x001F];

  if(jong_5bit==0) {                              // 먼저 종성이 있는지 없는지를 조사
    cho_bul=bul_cho1[joong_5bit];                 // 초성
    if(cho_5bit==1 || cho_5bit==16) joong_bul=0;  // 중성
    else                            joong_bul=1;
          /* 처리 루틴 */
    }
  else {
    cho_bul=bul_cho2[joong_5bit];                 // 초성
    if(cho_5bit==1 || cho_5bit==16) joong_bul=2;  // 중성
    else                            joong_bul=3;
    jong_bul=bul_jong[joong_5bit];                // 종성
          /* 처리 루틴 */
    }
      .
      .
      .
}
```

④ 이렇게 하여 cho_bul, joong_bul, jong_bul이 결정되면 이에 따라 각각 초성, 중성, 종성의 문자 폰트들중에서 이 벌수에 해당하는 것을 꺼내어 사용하면 된다. 이와같이 해당 폰트를 얻기 위해서는 어드레스를 올바르게 계산해야 한다. 각 글자 폰트들은 모두 32바이트씩으로 이루어져 있으므로 초성이나 중성의 각 자소별 코드에 32를 곱하면 해당 자소의 위치를 알 수 있다. 그러나, 벌수의 경우에는 자소 하나를 뛰어 넘는 것이 아니라 한 벌 전체를 건너뛰는 것이므로 각 벌의 크기를 알아야 한다. 예를 들어 초성의 경우 20자(fill code 포함)이니 20×32하면 한 벌의 크기가 된다.

초성 : 20자×32 = 640

중성 : 22자×32 = 704

종성 : 28자×32 = 896

전체 폰트의 메모리 용량 = 640×8 + 704×4 + 896×4 = 5120+2816+3584 = 11520 바이트

따라서, 초성, 중성, 종성의 자소 및 벌수에 따른 폰트 데이터를 얻기 위한 계산식은 아래와 같이 나타낼 수 있다.

초성의 폰트 = (cho_bul×20 + cho_5bit)×32 에서부터 32바이트

중성의 폰트 = (8×20 + joong_bul×22 + joong_5bit)×32 에서부터 32바이트

종성의 폰트 = (8×20 + 4×22 + jong_bul×28 + jong_5bit)×32 에서부터 32바이트

⑤ 이렇게 하여 원하는 초성, 중성, 종성의 폰트를 얻을 수 있게 되면 이것들을 모두 같은 32바이트 버퍼에서 OR로 합하여 1개의 완성된 문자를 생성한다. 이렇게 만들어진 32바이트의 버퍼를 <그림 4.7.4>에서 설명한 방법처럼 차례로 그래픽형 LCD 모듈에 출력하면 된다.

```
unsigned char table_cho[21]={0,0,1,2,3,4,5,6,7,8,9,10,11,12,13,14,15,16,17,18,19};
unsigned char table_joong[30]={0,0,0,1,2,3,4,5,0,0,6,7,8,9,10,11,0,0,12,13,14,15,16,17,0,0,18,19,20,21};
unsigned char table_jong[30]={0,0,1,2,3,4,5,6,7,8,9,10,11,12,13,14,15,16,0,17,18,19,20,21,22,23,24,25,26,27};
unsigned char bul_cho1[22]={0,0,0,0,0,0,0,0,0,1,3,3,3,1,2,4,4,4,2,1,3,0};
unsigned char bul_cho2[22]={0,5,5,5,5,5,5,5,5,6,7,7,7,6,6,7,7,7,6,6,7,5};
unsigned char bul_jong[22]={0,0,2,0,2,1,2,1,2,3,0,2,1,3,3,1,2,1,3,3,1,1};
unsigned char Korean_buffer[32];
unsigned char K_font[8*20 + 4*22 + 4*28][32];

void GLCD_Korean(unsigned int Kcode)
{ unsigned int cho_5bit;                           // 초성
  unsigned int joong_5bit;                         // 중성
  unsigned int jong_5bit;                          // 종성
  unsigned int cho_bul, joong_bul, jong_bul;       // 초성, 중성, 종성의 벌수
  unsigned int i;
  unsigned int character;

  cho_5bit   = table_cho[(Kcode>>10) & 0x001F];
  joong_5bit = table_joong[(Kcode>>5) & 0x001F];
  jong_5bit  = table_jong[Kcode & 0x001F];

  if(jong_5bit==0) {                               // 먼저 종성이 있는지 없는지를 조사
    cho_bul=bul_cho1[joong_5bit];                  // 초성
    if(cho_5bit==1 || cho_5bit==16) joong_bul=0;   // 중성
    else                            joong_bul=1;
         /* 처리 루틴 */
  }
  else {
```

```
    cho_bul=bul_cho2[joong_5bit];                       // 초성
    if(cho_5bit==1 || cho_5bit==16) joong_bul=2;        // 중성
    else                            joong_bul=3;
    jong_bul=bul_jong[joong_5bit];                      // 종성
          /* 처리 루틴 */
    }

  character = cho_bul*20 + cho_5bit;                    // 초성 폰트를 읽어 버퍼로 복사
  for(i = 0; i <= 31; i++)
    Korean_buffer[i] = K_font[character][i];

  character = 8*20 + joong_bul*22 + joong_5bit;         // 중성 폰트를 읽어 버퍼에 OR
  for(i = 0; i <= 31; i++)
    Korean_buffer[i] |= K_font[character][i];

  character = 8*20 + 4*22 + jong_bul*28 + jong_5bit; // 종성 폰트를 읽어 버퍼에 OR
  for(i = 0; i <= 31; i++)
    Korean_buffer[i] |= K_font[character][i];
        .
        .
        .
}
```

이상과 같은 방법으로 우리가 사용하는 128×64 해상도의 그래픽형 LCD 모듈에 16×16 도트의 크기를 갖는 8열×4행의 한글 문자를 표시하는 화면 구성을 그림으로 나타내면 <그림 4.7.5>와 같다. 물론 화면에는 이렇게 한글만을 나타내는 것이 아니라 8×16 도트 크기의 영문 ASCII 문자도 표시할 수 있다. 그러나, 항상 영문 ASCII 문자는 한글에 비하여 좌우의 폭은 1/2로 작고 상하의 높이는 같다.

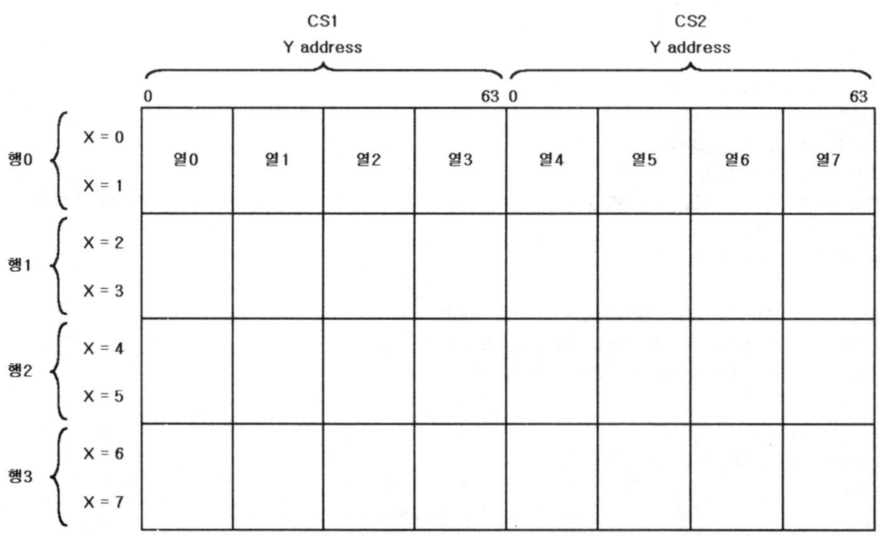

〈그림 4.7.5〉 128×64 도트의 화면에 16×16 도트의 한글 문자를 표시한 모습

그래픽형 LCD 모듈에 영문이나 한글을 표시할 때 또 하나 고려해야 할 사항은 커서(cursor)의 표시이다. 문자의 폰트를 사용자가 일일이 디스플레이하는 것처럼 당연히 커서도 사용자 프로그램에서 만들어 주어야 한다. 그러나, 커서는 항상 필요한 것은 아니므로 텍스트형 LCD 모듈에서처럼 필요할 때만 디스플레이하도록 처리하는 것이 좋으며, 항상 사용자 프로그램에서 이것의 위치를 기억하여 관리해야 한다.

이는 매우 간단하므로 이 책에서 제공하는 프로그램 소스를 보고 독자 여러분이 직접 분석하여 보기 바란다. 128×64 해상도의 그래픽형 LCD 모듈에서는 X어드레스를 0~7로 사용하고 Y어드레스를 0~63으로 2차례 반복하여 사용하지만, 이 책의 소스에서는 각 글자의 위치를 영문자의 글자 크기를 기준으로 하여 화면에서의 좌표로 나타내므로 세로 방향(행)은 X = 0~7 범위로 사용하고 가로 방향(열)은 Y = 0~15 범위로 사용한다. 커서의 위치도 물론 이와 같이 관리한다. 그리고, 물론 한글 모드에서는 커서도 영문 모드에 비하여 좌우로 2배 커져야 한다.

3. 영문 및 조합형 한글 폰트의 사용

이와 같이 그래픽형 LCD 모듈에 영문 ASCII 문자나 한글을 표시하려면 이 구동 프로그램은 자체적으로 이들 문자에 대한 비트맵(bit map) 폰트를 가지고 있어야 한다. 따라서, 화면에 표시되는 이들 문자들의 모양은 전적으로 프로그램이 내장하고 있는 문자 폰트에 의하여 결정된다.

하지만, 이러한 문자 폰트는 공학적 기술과 예술적 디자인이 결합된 산물이므로 이들 폰트를 디자인하는 것은 매우 어려운 일이다. 특히, 영문 ASCII 문자에 비하여 한글이나 한자 폰트의 경우에는 더욱 그러하다. 따라서, 오늘날은 퍼스널컴퓨터나 워드프로세서 또는 전자출판 시스템 등에서 사용하는 여러가지 문자 폰트도 소프트웨어처럼 상품으로 판매되고 있는데 이는 너무나도 당연한 일이라고 할 것이다.

그러나, 우리가 사용하려는 8×16 도트의 화면용 영문 ASCII 문자 폰트나 16×16 도트의 화면용 조합형 한글 폰트는 이미 오래전부터 퍼스널컴퓨터의 모니터에서 널리 사용되어 왔으므로 거의 표준처럼 설계가 잘 되어 있어서, 다행스럽게도 우리처럼 이를 그래픽형 LCD 모듈에 적용하고자 하는 경우에 폰트를 우리가 다시 설계할 필요가 없다. 오늘날은 윈도우즈 운영체제에서 주로 완성형 한글을 사용하므로 조합형 한글 폰트를 구하기가 다소 어려워졌지만, MS-DOS 시절에는 거의 대부분 조합형 한글을 사용하였고, 이러한 한글 폰트들은 대부분 8×4×4벌 방식을 채택하고 있다.

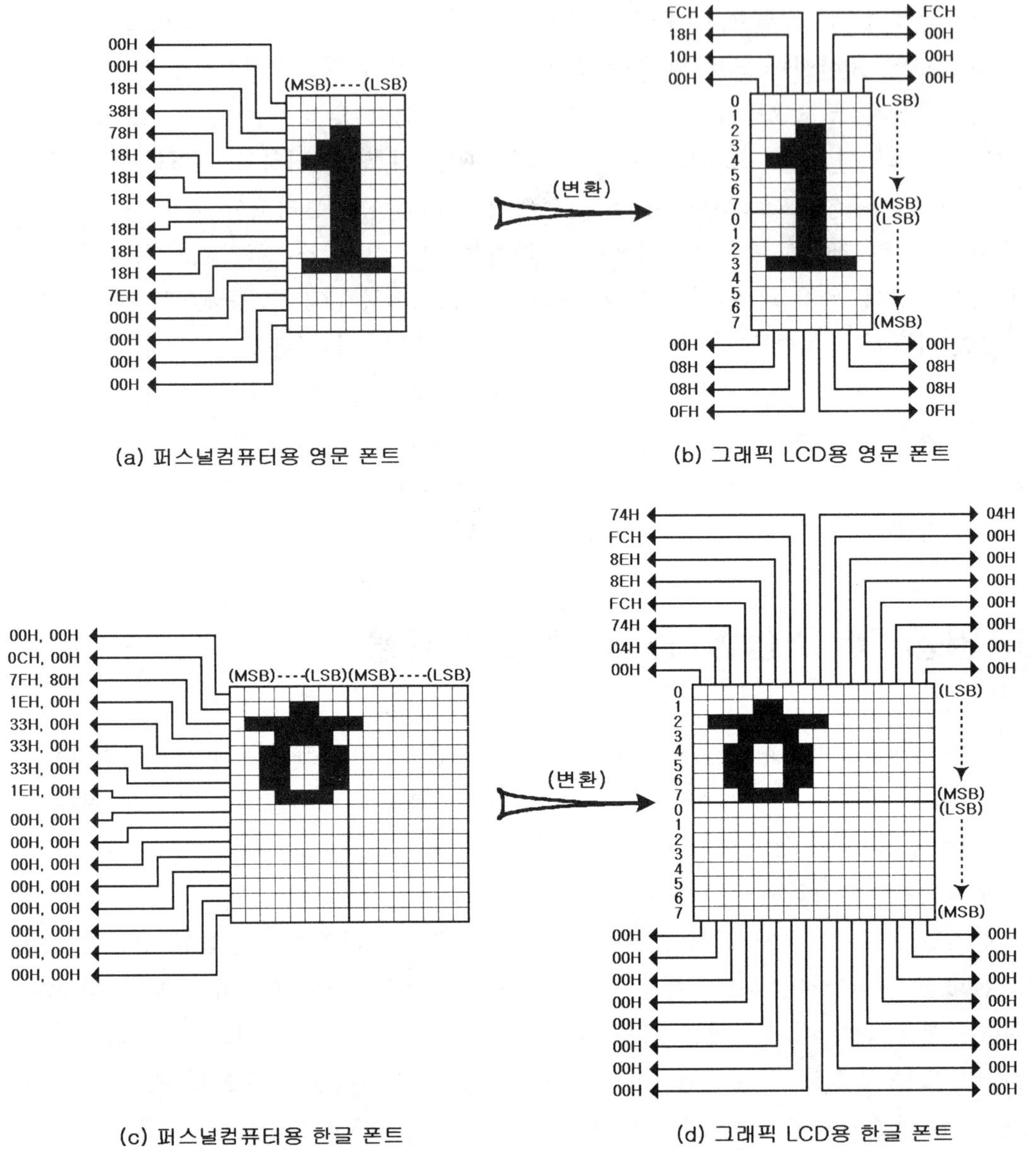

(a) 퍼스널컴퓨터용 영문 폰트 (b) 그래픽 LCD용 영문 폰트

(c) 퍼스널컴퓨터용 한글 폰트 (d) 그래픽 LCD용 한글 폰트

〈그림 4.7.6〉 퍼스널컴퓨터용의 폰트를 그래픽형 LCD용의 폰트로 변환

다만, 퍼스널컴퓨터의 모니터 화면용 폰트는 비트 배열이 수평 방향으로 되어 있는데 비하여 그래픽형 LCD 모듈의 폰트는 비트 배열이 수직 방향으로 되어야 하므로, 퍼스널컴퓨터용의 폰트를 그래픽형 LCD 모듈에서 사용하려면 폰트 데이터를 수정 변환하여야 한다.

즉, 영문 ASCII 문자의 경우 그래픽형 LCD 모듈에서는 <그림 4.7.1>과 같은 방법으로 폰트가 사용되며, 한글의 경우 그래픽형 LCD 모듈에서는 <그림 4.7.4>와 같이 폰트가 사용된다. 그러나, 퍼스널컴퓨터의 모니터 화면용 폰트에서는 도트가 수평 방향으로 배열되는 순서대로 1바이트의 폰트 데이터를 구성한다. 즉, 화면에서 가로 방향으로 8개의 도트는 1바이트의 폰트 데이터에 대응하는데, 이중에서 처음 나오는 도트가 MSB에 대응하고 마지막에 나오는 도트가 LSB에 대응한다.

이러한 원리를 바탕으로 퍼스널컴퓨터용의 폰트를 그래픽형 LCD용으로 변환하는 내용을 설명하면 <그림 4.7.6>과 같다. 예를 들어서 영문 ASCII 코드 31H에 해당하는 글자 "1"은 퍼스널컴퓨터용의 폰트에서는

00H, 00H, 18H, 38H, 78H, 18H, 18H, 18H, 18H, 18H, 18H, 7EH, 00H, 00H, 00H, 00H

의 16바이트로 구성되어 있다. 그러나, 이를 그래픽형 LCD에서 사용하려면

00H, 10H, 18H, FCH, FCH, 00H, 00H, 00H, 00H, 08H, 08H, 0FH, 0FH, 08H, 08H, 00H

와 같은 16바이트 데이터로 변환되어야 한다.

마찬가지로 조합형 한글 초성 제5번의 "ㅎ"은 퍼스널컴퓨터용의 폰트에서는 다음과 같이 32바이트로 구성된다.

00H, 00H, 0CH, 00H, 7FH, 80H, 1EH, 00H, 33H, 00H, 33H, 00H, 33H, 00H, 1EH, 00H
00H, 00H, 00H, 00H, 00H, 00H, 00H, 00H, 00H, 00H, 00H, 00H, 00H, 00H, 00H, 00H

그러나, 이를 그래픽형 LCD에서 사용하려면 이를 다음과 같은 32바이트의 폰트 데이터로 변환하여야 한다

00H, 04H, 74H, FCH, 8EH, 8EH, FCH, 74H, 04H, 00H, 00H, 00H, 00H, 00H, 00H, 00H
00H, 00H, 00H, 00H, 00H, 00H, 00H, 00H, 00H, 00H, 00H, 00H, 00H, 00H, 00H, 00H

이와 같은 폰트 변환은 물론 사람이 수작업으로 할 수도 있지만, 많은 문자수가 있는 것을 생각하면 수작업보다는 변환 프로그램이 필요하다는 것을 알게 된다. 이러한 폰트 변환 프로그램은 자신이 직접 작성해야 하지만, 본 저자의 "LCD 모듈 활용 마스터" 책에서 제공하는 폰트변환 프로그램을 사용해도 좋다. 이것은 저자가 Turbo C언어로 작성하여 제공하는 MS-DOS용의 프로그램으로서 퍼스널컴퓨터에서 모니터 디스플레이용으로 사용하는 8×16 도트의 영문 ASCII 문자 폰트 파일과 16×16 도트의 조합형 한글 폰트(8×4×4벌 방식) 파일을 그래픽형 LCD 모듈에서 사용하기 위한 폰트로

변환한다. 우리가 앞으로 작성할 예제 프로그램에서도 물론 이 변환 프로그램을 이용하여 만든 폰트 데이터를 사용한다. 앞으로 예제 프로그램에서 영문 ASCII 문자는 "산"에서 제공하는 "한메 Standard 1"을 사용하고, 한글 폰트는 "이야기 굵은체"를 사용할 것이다. 이에 대한 보다 자세한 내용은 이미 본 저자가 Ohm사에서 출판한 바 있는 "LCD 모듈 활용 마스터" 책을 참조하라.

4. 조합형 한글이 포함된 소스 프로그램의 작성

OK-7S256 키트의 그래픽형 LCD 모듈에 한글을 표시하려면 어셈블리 및 C언어 소스 프로그램에 포함되는 한글 문자열을 조합형 한글 코드로 작성하여 어셈블 또는 컴파일해야 한다. 만약 소스 프로그램에서 한글을 완성형 코드로 작성하면 이를 그래픽형 LCD 모듈에 표시하였을 경우 한글이 모두 깨져서 제대로 표시되지 않게 된다.

그러나, 퍼스널컴퓨터의 Windows 운영체제에서는 모두 기본적으로 KS 완성형 코드를 사용하여 한글 문자를 처리하며, 따라서 우리가 사용하는 Notepad나 WordPad와 같은 모든 Windows용 에디터들도 한글 코드를 완성형으로 처리하여 파일을 작성하므로 이것들을 사용하면 문제가 된다.

그렇다면 우리는 Windows 운영체제에서 어떻게 조합형 한글을 사용하는 소스 프로그램을 작성할 수 있는가? 여기에는 다음과 같이 2가지의 방법이 있다.

(1) MS-DOS용 조합형 에디터를 사용하는 방법

한글 조합형 에디터에서는 소프트웨어 내부에 자체적으로 한글 처리기능을 가지고 있어서 직접 한글 코드를 조합형으로 저장하므로 우리의 사용 목적에 맞는다. 그러나, Windows 운영체제에서 사용하는 거의 모든 에디터들은 완성형 한글 코드를 사용하게 되어 있으므로 차라리 옛날의 MS-DOS 운영체제에서 사용하던 조합형 한글 에디터를 구하여 사용하는 것이 좋다. 이러한 프로그램들은 MS-DOS 운영체제에서 사용하거나 또는 Windows 운영체제의 MS-DOS 창에서 사용하면 대부분 잘 동작하므로 이를 가지고 C언어 프로그램을 작성하면 된다.

예를 들면 1994년에 건국대학교 전자계산학과 2학년에 재학중이던 박규현 님이 독자적으로 개발하여 당시의 통신망에 프리웨어(freeware)로 배포한 MS-DOS용의 한글 에디터인 "산"은 매우 훌륭한 조합형 한글 에디터이다. 이 프로그램은 자체적으로 가지고 있는 한글 폰트 파일을 사용하여 소프트웨어적으로 조합형으로 한글을 표시하며,

이를 위해 어떤 추가적인 하드웨어도 요구하지 않는다. 이 시절의 한글 프로그램들은 특정한 회사의 비디오 카드 또는 별도의 한글 확장카드를 필요로 하는 것들도 종종 있었다.

이 프로그램에는 박규현 님이 직접 디자인한 몇 종류의 폰트를 비롯하여 당시에 MS-DOS에서 널리 사용되던 각각 50여종씩의 다양한 영문 폰트와 한글 폰트들을 제공한다. 이렇게 많은 폰트들중에서 이 책에서 사용하는 모든 예제에서는 영문 ASCII 문자는 한메 Standard 1(파일명 HMSTD1.ENG, 4096바이트)을 사용하였고, 한글 폰트는 이야기 굵은체(파일명 IYG.KOR, 11520바이트)를 사용하였다. 다만, 영문 ASCII 폰트를 변환하고 나서 7EH에 해당하는 "~"는 전체적인 글자 모양이 너무 위로 치우쳐 있으므로 저자가 이를 "～" 모양으로 수정하였다.

그러나, 필요하다면 본 저자의 "LCD 모듈 활용 마스터" 책에서 제공하는 폰트변환 프로그램으로 쉽게 다른 종류의 폰트를 변환하여 자신의 소프트웨어에서 사용할 수 있다. 약 50여 가지의 폰트들을 보면 예쁘고 특이한 것들이 많다. 이것들은 "산" 에디터에 포함되어 있는 FONT.DOC이라는 문서 파일에 자세히 설명되어 있으며, "산"을 실행하고 나서 "선택/영문글꼴" 또는 "선택/한글글꼴" 메뉴로 들어가면 이들 폰트들을 원하는대로 설정하여 그 글꼴 모양을 컴퓨터 화면에서 확인해 볼 수 있다.

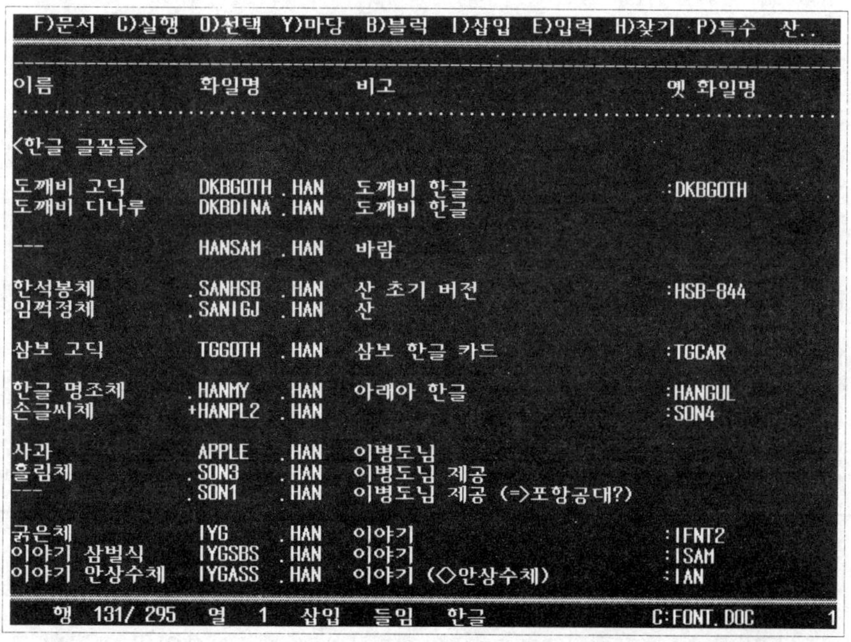

〈그림 4.7.7〉 MS-DOS용의 조합형 한글 에디터인 "산"을 실행한 화면

MS-DOS에서 이 조합형 한글 에디터 "산"을 사용한 화면을 보이면 <그림 4.7.7>와 같다.

(2) 윈도우용 완성형 에디터로 작성하여 조합형으로 변환하는 방법

Windows 운영체제의 완성형 에디터를 사용하여 소스 프로그램을 작성하고 이를 코드변환 프로그램을 사용하여 조합형 한글 파일로 변환한 후에 컴파일하는 방법도 가능하다. 이렇게 하면 ADS v1.2나 WinARM의 프로그래머 노트패드에서 직접 한글을 포함하는 소스 프로그램을 작성할 수 있다.

그러나, 이를 위해서는 완성형 한글 코드를 조합형 한글 코드로 변환하는 기능을 가지는 코드변환 프로그램이 있어야 한다. 이러한 프로그램중에는 여러가지가 있지만 이 책에서는 2000년에 부산대학교 전자계산학과 4학년에 재학중이던 김도현 님이 개발하여 인터넷에 공개한 한글변환 프로그램인 HanConv.exe를 사용한다. 이 프로그램을 사용하면 여러 가지의 한글코드 상호간의 변환이 가능하지만 우리는 완성형 한글을 포함하는 파일을 조합형 한글을 포함하는 파일로 변환하는데 사용하기로 한다.

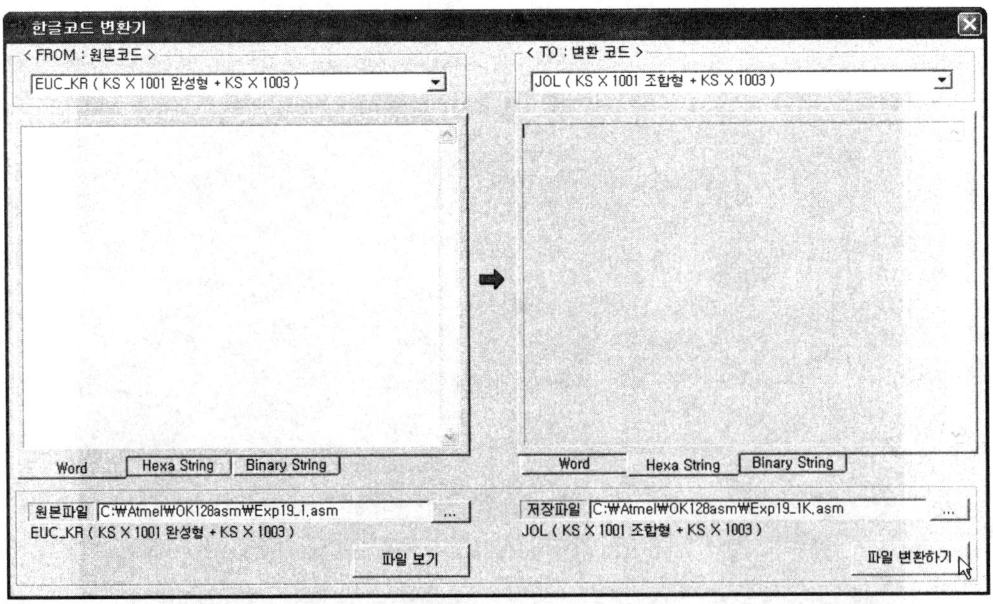

〈그림 4.7.8〉 한글코드변환 프로그램 HanConv.exe를 실행한 화면

이 한글코드변환 프로그램 HanConv.exe를 사용한 예를 보이면 <그림 4.7.8>과 같다. 이 프로그램에서 변환할 완성형 파일은 "원본파일"로 지정하여 읽어오고, 변환된

조합형 파일은 "저장파일"로 지정하며, 변환 및 저장을 수행하려면 "파일변환하기" 버튼을 누른다.

예를 들어 Windows XP 운영체제에서 ADS v1.2 또는 WinARM의 프로그래머 노트패드로 C언어의 예제 프로그램 Xtest07_1.c를 완성형 한글 코드로 작성하였다고 하면, 이 그림에서와 같이 HanConv.exe를 사용하여 이를 조합형 파일 Xtest07_1K.c로 변환한다. 그리고 나서 이렇게 변환된 조합형 한글 소스 파일 Xtest07_1K.c를 다시 현재의 프로젝트로 읽어들여 컴파일하고 *OK-7S256* 키트에 다운로드하여 실행하면 된다.

5. 한글 디스플레이 프로그램

이제 128×64 도트의 그래픽형 LCD 모듈에 8×16 도트로 구성되는 영문 ASCII 문자나 16×16 도트로 구성되는 조합형 한글을 디스플레이할 수 있는 프로그램을 작성하여 보기로 한다.

한글을 디스플레이하기 위한 문자 폰트와 이에 관련된 함수는 상당히 길어서 사용자 프로그램에 이를 포함시키는 것은 매우 거추장스러우므로 이를 헤더파일로 처리한다. 사용자 프로그램에서는 서두 부분에서 이 헤더파일을 사용하도록 지시하기만 하면 한글 처리에 관련된 모든 기능을 사용할 수 있다.

C언어 프로그램에서 한글을 디스플레이하는데 사용할 함수와 폰트 데이터를 포함하는 헤더파일은 다음과 같다.

〈헤더파일 OK7S256Korean.h〉 그래픽형 LCD 모듈에 한글을 표시하기 위한 헤더파일

```
/*******************************************************************************/
/*          OK7S256Korean.h : Korean(Hangul) Display on 128x64 GLCD Module     */
/*******************************************************************************/

/* ------------------------------------------------------------------------- */
/*                8x16 Dot English(ASCII) Character Font                     */
/* ------------------------------------------------------------------------- */
const unsigned char E_font[128][16] = {              /* 8x16 ASCII character font */
  {0x00,0x00,0x00,0x00,0x00,0x00,0x00,0x00,0x00,0x00,0x00,0x00,0x00,0x00,0x00,0x00}, // 0x00
  {0xF8,0x04,0x14,0x04,0x04,0x14,0x04,0xF8,0x07,0x08,0x09,0x0B,0x0B,0x09,0x08,0x07}, // 0x01
  {0xF8,0xFC,0x6C,0x7C,0x7C,0x6C,0xFC,0xF8,0x07,0x0F,0x0F,0x0C,0x0C,0x0F,0x0F,0x07}, // 0x02
  {0x00,0xF0,0xF8,0xF8,0xF0,0xF8,0xF8,0xF0,0x00,0x00,0x01,0x03,0x07,0x03,0x01,0x00}, // 0x03
  {0x00,0x40,0xE0,0xF0,0xF8,0xF0,0xE0,0x40,0x00,0x00,0x00,0x01,0x03,0x01,0x00,0x00}, // 0x04
  {0xE0,0xE0,0xF8,0x1C,0x1C,0xF8,0xE0,0xE0,0x00,0x00,0x04,0x07,0x07,0x04,0x00,0x00}, // 0x05
  {0x60,0xF0,0xF8,0xFC,0xFC,0xF8,0xF0,0x60,0x00,0x00,0x04,0x07,0x07,0x04,0x00,0x00}, // 0x06
  {0x00,0x00,0x60,0xF0,0xF0,0x60,0x00,0x00,0x00,0x00,0x00,0x00,0x00,0x00,0x00,0x00}, // 0x07
  {0x00,0xFF,0x1F,0x0F,0x0F,0x0F,0x1F,0xFF,0x00,0xFF,0xFF,0xFE,0xFE,0xFE,0xFF,0xFF}, // 0x08
  {0x00,0x00,0xE0,0x10,0x10,0x10,0xE0,0x00,0x00,0x00,0x00,0x01,0x01,0x01,0x00,0x00}, // 0x09
  {0x00,0xFF,0x1F,0xEF,0xEF,0xEF,0x1F,0xFF,0x00,0xFF,0xFF,0xFE,0xFE,0xFE,0xFF,0xFF}, // 0x0A
  {0x00,0x00,0x90,0x48,0x7C,0x48,0x90,0x00,0x00,0x03,0x04,0x08,0x08,0x08,0x04,0x03}, // 0x0B
  {0x00,0x30,0x48,0x84,0x84,0x84,0x48,0x30,0x00,0x02,0x02,0x02,0x0F,0x02,0x02,0x02}, // 0x0C
```

```
{0x00, 0x00, 0x00, 0xFC, 0x04, 0x08, 0x70, 0x00, 0x00, 0x06, 0x0F, 0x07, 0x00, 0x00, 0x00, 0x00},  // 0x0D
{0x00, 0x00, 0x00, 0xFC, 0x14, 0x14, 0x14, 0xFC, 0x00, 0x0C, 0x1E, 0x0F, 0x00, 0x06, 0x0F, 0x07},  // 0x0E
{0x50, 0x50, 0xE0, 0xBC, 0xBC, 0xE0, 0x50, 0x50, 0x01, 0x01, 0x00, 0x07, 0x07, 0x00, 0x01, 0x01},  // 0x0F
{0x00, 0x00, 0xFC, 0xF8, 0xF0, 0xE0, 0x40, 0x00, 0x00, 0x00, 0x07, 0x03, 0x01, 0x00, 0x00, 0x00},  // 0x10
{0x00, 0x00, 0x40, 0xE0, 0xF0, 0xF8, 0xFC, 0x00, 0x00, 0x00, 0x00, 0x00, 0x01, 0x03, 0x07, 0x00},  // 0x11
{0x00, 0x10, 0x18, 0xFC, 0xFC, 0x18, 0x10, 0x00, 0x00, 0x01, 0x03, 0x07, 0x07, 0x03, 0x01, 0x00},  // 0x12
{0x00, 0x00, 0xFC, 0xFC, 0x00, 0x00, 0xFC, 0xFC, 0x00, 0x00, 0x04, 0x04, 0x00, 0x00, 0x04, 0x04},  // 0x13
{0x38, 0x7C, 0x44, 0xFC, 0xFC, 0x04, 0xFC, 0xFC, 0x00, 0x00, 0x00, 0x07, 0x07, 0x00, 0x07, 0x07},  // 0x14
{0x00, 0xC4, 0xEE, 0x3A, 0x12, 0x32, 0xE6, 0xC4, 0x00, 0x08, 0x19, 0x13, 0x12, 0x17, 0x1D, 0x08},  // 0x15
{0x00, 0x00, 0x00, 0x00, 0x00, 0x00, 0x00, 0x00, 0x00, 0x0E, 0x0E, 0x0E, 0x0E, 0x0E, 0x0E, 0x00},  // 0x16
{0x00, 0x10, 0x18, 0xFC, 0xFC, 0x18, 0x10, 0x00, 0x08, 0x09, 0x0B, 0x0F, 0x0F, 0x0B, 0x09, 0x08},  // 0x17
{0x00, 0x10, 0x18, 0xFC, 0xFC, 0x18, 0x10, 0x00, 0x00, 0x00, 0x00, 0x07, 0x07, 0x00, 0x00, 0x00},  // 0x18
{0x00, 0x00, 0x00, 0xFC, 0xFC, 0x00, 0x00, 0x00, 0x00, 0x01, 0x03, 0x07, 0x07, 0x03, 0x01, 0x00},  // 0x19
{0x00, 0x40, 0x40, 0x40, 0x50, 0xF0, 0xE0, 0x40, 0x00, 0x00, 0x00, 0x00, 0x01, 0x01, 0x00, 0x00},  // 0x1A
{0x00, 0x40, 0xE0, 0xF0, 0x50, 0x40, 0x40, 0x40, 0x00, 0x00, 0x00, 0x01, 0x01, 0x00, 0x00, 0x00},  // 0x1B
{0xF8, 0x00, 0x00, 0x00, 0x00, 0x00, 0x00, 0x00, 0x03, 0x02, 0x02, 0x02, 0x02, 0x02, 0x02, 0x02},  // 0x1C
{0x40, 0xE0, 0x50, 0x40, 0x40, 0x50, 0xE0, 0x40, 0x00, 0x00, 0x01, 0x00, 0x00, 0x01, 0x00, 0x00},  // 0x1D
{0x00, 0x00, 0x00, 0xC0, 0xF0, 0xC0, 0x00, 0x00, 0x00, 0x04, 0x07, 0x07, 0x07, 0x07, 0x07, 0x04},  // 0x1E
{0x00, 0x10, 0x70, 0xF0, 0xF0, 0xF0, 0x70, 0x10, 0x00, 0x00, 0x00, 0x01, 0x07, 0x01, 0x00, 0x00},  // 0x1F
{0x00, 0x00, 0x00, 0x00, 0x00, 0x00, 0x00, 0x00, 0x00, 0x00, 0x00, 0x00, 0x00, 0x00, 0x00, 0x00},  // space
{0x00, 0x00, 0x38, 0xFC, 0xFC, 0x38, 0x00, 0x00, 0x00, 0x00, 0x00, 0x0D, 0x0D, 0x00, 0x00, 0x00},  // !
{0x00, 0x0E, 0x1E, 0x00, 0x00, 0x1E, 0x0E, 0x00, 0x00, 0x00, 0x00, 0x00, 0x00, 0x00, 0x00, 0x00},  // ″
{0x20, 0xF8, 0xF8, 0x20, 0xF8, 0xF8, 0x20, 0x00, 0x02, 0x0F, 0x0F, 0x02, 0x0F, 0x0F, 0x02, 0x00},  // #
{0x38, 0x7C, 0x44, 0x47, 0x47, 0xCC, 0x98, 0x00, 0x06, 0x0C, 0x08, 0x38, 0x38, 0x0F, 0x07, 0x00},  // $
{0x30, 0x30, 0x00, 0x80, 0xC0, 0x60, 0x30, 0x00, 0x0C, 0x06, 0x03, 0x01, 0x00, 0x0C, 0x0C, 0x00},  // %
{0x80, 0xD8, 0x7C, 0xE4, 0xBC, 0xD8, 0x40, 0x00, 0x07, 0x0F, 0x08, 0x08, 0x07, 0x0F, 0x08, 0x00},  // &
{0x00, 0x10, 0x1E, 0x0E, 0x00, 0x00, 0x00, 0x00, 0x00, 0x00, 0x00, 0x00, 0x00, 0x00, 0x00, 0x00},  // ´
{0x00, 0x00, 0xF0, 0xF8, 0x0C, 0x04, 0x00, 0x00, 0x00, 0x00, 0x03, 0x07, 0x0C, 0x08, 0x00, 0x00},  // (
{0x00, 0x00, 0x04, 0x0C, 0xF8, 0xF0, 0x00, 0x00, 0x00, 0x00, 0x08, 0x0C, 0x07, 0x03, 0x00, 0x00},  // )
{0x80, 0xA0, 0xE0, 0xC0, 0xC0, 0xE0, 0xA0, 0x80, 0x00, 0x02, 0x03, 0x01, 0x01, 0x03, 0x02, 0x00},  // *
{0x00, 0x80, 0x80, 0xE0, 0xE0, 0x80, 0x80, 0x00, 0x00, 0x00, 0x00, 0x03, 0x03, 0x00, 0x00, 0x00},  // +
{0x00, 0x00, 0x00, 0x00, 0x00, 0x00, 0x00, 0x00, 0x00, 0x00, 0x10, 0x1E, 0x0E, 0x00, 0x00, 0x00},  // ,
{0x80, 0x80, 0x80, 0x80, 0x80, 0x80, 0x80, 0x00, 0x00, 0x00, 0x00, 0x00, 0x00, 0x00, 0x00, 0x00},  // -
{0x00, 0x00, 0x00, 0x00, 0x00, 0x00, 0x00, 0x00, 0x00, 0x00, 0x00, 0x0C, 0x0C, 0x00, 0x00, 0x00},  // .
{0x00, 0x00, 0x00, 0x80, 0xC0, 0x60, 0x30, 0x00, 0x0C, 0x06, 0x03, 0x01, 0x00, 0x00, 0x00, 0x00},  // /
{0xF0, 0xF8, 0x0C, 0xC4, 0x0C, 0xF8, 0xF0, 0x00, 0x03, 0x07, 0x0C, 0x08, 0x0C, 0x07, 0x03, 0x00},  // 0
{0x00, 0x10, 0x18, 0xFC, 0xFC, 0x00, 0x00, 0x00, 0x00, 0x08, 0x08, 0x0F, 0x0F, 0x08, 0x08, 0x00},  // 1
{0x08, 0x0C, 0x84, 0xC4, 0x64, 0x3C, 0x18, 0x00, 0x0E, 0x0F, 0x09, 0x08, 0x08, 0x0C, 0x0C, 0x00},  // 2
{0x08, 0x0C, 0x44, 0x44, 0x44, 0xFC, 0xB8, 0x00, 0x04, 0x0C, 0x08, 0x08, 0x08, 0x0F, 0x07, 0x00},  // 3
{0xC0, 0xE0, 0xB0, 0x98, 0xFC, 0xFC, 0x80, 0x00, 0x00, 0x00, 0x00, 0x08, 0x0F, 0x0F, 0x08, 0x00},  // 4
{0x7C, 0x7C, 0x44, 0x44, 0x44, 0xC4, 0x84, 0x00, 0x04, 0x0C, 0x08, 0x08, 0x08, 0x0F, 0x07, 0x00},  // 5
{0xF0, 0xF8, 0x4C, 0x44, 0x44, 0xC0, 0x80, 0x00, 0x07, 0x0F, 0x08, 0x08, 0x08, 0x0F, 0x07, 0x00},  // 6
{0x0C, 0x0C, 0x04, 0x84, 0xC4, 0x7C, 0x3C, 0x00, 0x00, 0x00, 0x0F, 0x0F, 0x00, 0x00, 0x00, 0x00},  // 7
{0xB8, 0xFC, 0x44, 0x44, 0x44, 0xFC, 0xB8, 0x00, 0x07, 0x0F, 0x08, 0x08, 0x08, 0x0F, 0x07, 0x00},  // 8
{0x38, 0x7C, 0x44, 0x44, 0x44, 0xFC, 0xF8, 0x00, 0x00, 0x08, 0x08, 0x08, 0x0C, 0x07, 0x03, 0x00},  // 9
{0x00, 0x00, 0x00, 0x30, 0x30, 0x00, 0x00, 0x00, 0x00, 0x00, 0x00, 0x06, 0x06, 0x00, 0x00, 0x00},  // :
{0x00, 0x00, 0x00, 0x30, 0x30, 0x00, 0x00, 0x00, 0x00, 0x00, 0x08, 0x0E, 0x06, 0x00, 0x00, 0x00},  // ;
{0x00, 0x80, 0xC0, 0x60, 0x30, 0x18, 0x08, 0x00, 0x00, 0x00, 0x01, 0x03, 0x06, 0x0C, 0x08, 0x00},  // 〈
{0x00, 0x20, 0x20, 0x20, 0x20, 0x20, 0x20, 0x00, 0x00, 0x01, 0x01, 0x01, 0x01, 0x01, 0x01, 0x00},  // =
{0x00, 0x08, 0x18, 0x30, 0x60, 0xC0, 0x80, 0x00, 0x00, 0x08, 0x0C, 0x06, 0x03, 0x01, 0x00, 0x00},  // 〉
{0x18, 0x1C, 0x04, 0xC4, 0xE4, 0x3C, 0x18, 0x00, 0x00, 0x00, 0x00, 0x0D, 0x0D, 0x00, 0x00, 0x00},  // ?
{0xF0, 0xF8, 0x08, 0xC8, 0xC8, 0xF8, 0xF0, 0x00, 0x07, 0x0F, 0x08, 0x0B, 0x0B, 0x0B, 0x01, 0x00},  // @
{0xE0, 0xF0, 0x98, 0x8C, 0x98, 0xF0, 0xE0, 0x00, 0x0F, 0x0F, 0x00, 0x00, 0x00, 0x0F, 0x0F, 0x00},  // A
{0x04, 0xFC, 0xFC, 0x44, 0x44, 0xFC, 0xB8, 0x00, 0x08, 0x0F, 0x0F, 0x08, 0x08, 0x0F, 0x07, 0x00},  // B
{0xF0, 0xF8, 0x0C, 0x04, 0x04, 0x0C, 0x18, 0x00, 0x03, 0x07, 0x0C, 0x08, 0x08, 0x0C, 0x06, 0x00},  // C
{0x04, 0xFC, 0xFC, 0x04, 0x0C, 0xF8, 0xF0, 0x00, 0x08, 0x0F, 0x0F, 0x08, 0x0C, 0x07, 0x03, 0x00},  // D
{0x04, 0xFC, 0xFC, 0x44, 0xE4, 0x0C, 0x1C, 0x00, 0x08, 0x0F, 0x0F, 0x08, 0x08, 0x0C, 0x0E, 0x00},  // E
{0x04, 0xFC, 0xFC, 0x44, 0xE4, 0x0C, 0x1C, 0x00, 0x08, 0x0F, 0x0F, 0x08, 0x00, 0x00, 0x00, 0x00},  // F
{0xF0, 0xF8, 0x0C, 0x84, 0x84, 0x8C, 0x98, 0x00, 0x03, 0x07, 0x0C, 0x08, 0x08, 0x07, 0x0F, 0x00},  // G
{0xFC, 0xFC, 0x40, 0x40, 0x40, 0xFC, 0xFC, 0x00, 0x0F, 0x0F, 0x00, 0x00, 0x00, 0x0F, 0x0F, 0x00},  // H
{0x00, 0x00, 0x04, 0xFC, 0xFC, 0x04, 0x00, 0x00, 0x00, 0x00, 0x08, 0x0F, 0x0F, 0x08, 0x00, 0x00},  // I
{0x00, 0x00, 0x00, 0x04, 0xFC, 0xFC, 0x04, 0x00, 0x07, 0x0F, 0x08, 0x08, 0x0F, 0x07, 0x00, 0x00},  // J
{0x04, 0xFC, 0xFC, 0xC0, 0xE0, 0x3C, 0x1C, 0x00, 0x08, 0x0F, 0x0F, 0x00, 0x01, 0x0F, 0x0E, 0x00},  // K
{0x04, 0xFC, 0xFC, 0x04, 0x00, 0x00, 0x00, 0x00, 0x08, 0x0F, 0x0F, 0x08, 0x08, 0x0C, 0x0E, 0x00},  // L
{0xFC, 0xFC, 0x38, 0x70, 0x38, 0xFC, 0xFC, 0x00, 0x0F, 0x0F, 0x00, 0x00, 0x00, 0x0F, 0x0F, 0x00},  // M
{0xFC, 0xFC, 0x38, 0x70, 0xE0, 0xFC, 0xFC, 0x00, 0x0F, 0x0F, 0x00, 0x00, 0x00, 0x0F, 0x0F, 0x00},  // N
{0xF8, 0xFC, 0x04, 0x04, 0x04, 0xFC, 0xF8, 0x00, 0x07, 0x0F, 0x08, 0x08, 0x08, 0x0F, 0x07, 0x00},  // O
{0x04, 0xFC, 0xFC, 0x44, 0x44, 0x7C, 0x38, 0x00, 0x08, 0x0F, 0x0F, 0x08, 0x00, 0x00, 0x00, 0x00},  // P
{0xF8, 0xFC, 0x04, 0x04, 0x04, 0xFC, 0xF8, 0x00, 0x07, 0x0F, 0x08, 0x0E, 0x3C, 0x3F, 0x27, 0x00},  // Q
{0x04, 0xFC, 0xFC, 0x44, 0xC4, 0xFC, 0x38, 0x00, 0x08, 0x0F, 0x0F, 0x00, 0x00, 0x0F, 0x0F, 0x00},  // R
{0x18, 0x3C, 0x64, 0x44, 0xC4, 0x9C, 0x18, 0x00, 0x06, 0x0E, 0x08, 0x08, 0x08, 0x0F, 0x07, 0x00},  // S
```

```
  {0x00, 0x1C, 0x0C, 0xFC, 0xFC, 0x0C, 0x1C, 0x00, 0x00, 0x00, 0x08, 0x0F, 0x0F, 0x08, 0x00, 0x00},  // T
  {0xFC, 0xFC, 0x00, 0x00, 0x00, 0xFC, 0xFC, 0x00, 0x07, 0x0F, 0x08, 0x08, 0x08, 0x0F, 0x07, 0x00},  // U
  {0xFC, 0xFC, 0x00, 0x00, 0x00, 0xFC, 0xFC, 0x00, 0x01, 0x03, 0x06, 0x0C, 0x06, 0x03, 0x01, 0x00},  // V
  {0xFC, 0xFC, 0x00, 0xC0, 0x00, 0xFC, 0xFC, 0x00, 0x07, 0x0F, 0x0E, 0x03, 0x0E, 0x0F, 0x07, 0x00},  // W
  {0x0C, 0x3C, 0xF0, 0xE0, 0xF0, 0x3C, 0x0C, 0x00, 0x0C, 0x0F, 0x03, 0x01, 0x03, 0x0F, 0x0C, 0x00},  // X
  {0x00, 0x3C, 0x7C, 0xC0, 0xC0, 0x7C, 0x3C, 0x00, 0x00, 0x00, 0x08, 0x0F, 0x0F, 0x08, 0x00, 0x00},  // Y
  {0x1C, 0x0C, 0x84, 0xC4, 0x64, 0x3C, 0x1C, 0x00, 0x0E, 0x0F, 0x09, 0x08, 0x08, 0x0C, 0x0E, 0x00},  // Z
  {0x00, 0x00, 0xFC, 0xFC, 0x04, 0x04, 0x00, 0x00, 0x00, 0x00, 0x0F, 0x0F, 0x08, 0x08, 0x00, 0x00},  // [
  {0x38, 0x70, 0xE0, 0xC0, 0x80, 0x00, 0x00, 0x00, 0x00, 0x00, 0x00, 0x01, 0x03, 0x07, 0x0E, 0x00},  // (\)
  {0x00, 0x00, 0x04, 0x04, 0xFC, 0xFC, 0x00, 0x00, 0x00, 0x00, 0x08, 0x08, 0x0F, 0x0F, 0x00, 0x00},  // ]
  {0x08, 0x0C, 0x06, 0x03, 0x06, 0x0C, 0x08, 0x00, 0x00, 0x00, 0x00, 0x00, 0x00, 0x00, 0x00, 0x00},  // ^
  {0x00, 0x00, 0x00, 0x00, 0x00, 0x00, 0x00, 0x00, 0x20, 0x20, 0x20, 0x20, 0x20, 0x20, 0x20, 0x20},  //
  {0x00, 0x00, 0x03, 0x07, 0x04, 0x00, 0x00, 0x00, 0x00, 0x00, 0x00, 0x00, 0x00, 0x00, 0x00, 0x00},  // `
  {0x00, 0xA0, 0xA0, 0xA0, 0xE0, 0xC0, 0x00, 0x00, 0x07, 0x0F, 0x08, 0x08, 0x07, 0x0F, 0x08, 0x00},  // a
  {0x04, 0xFC, 0xFC, 0x20, 0x60, 0xC0, 0x80, 0x00, 0x00, 0x0F, 0x0F, 0x08, 0x08, 0x0F, 0x07, 0x00},  // b
  {0xC0, 0xE0, 0x20, 0x20, 0x20, 0x60, 0x40, 0x00, 0x07, 0x0F, 0x08, 0x08, 0x08, 0x0C, 0x04, 0x00},  // c
  {0x80, 0xC0, 0x60, 0x24, 0xFC, 0xFC, 0x00, 0x00, 0x07, 0x0F, 0x08, 0x08, 0x07, 0x0F, 0x08, 0x00},  // d
  {0xC0, 0xE0, 0xA0, 0xA0, 0xA0, 0xE0, 0xC0, 0x00, 0x07, 0x0F, 0x08, 0x08, 0x08, 0x0C, 0x04, 0x00},  // e
  {0x40, 0xF8, 0xFC, 0x44, 0x0C, 0x18, 0x00, 0x00, 0x08, 0x0F, 0x0F, 0x08, 0x00, 0x00, 0x00, 0x00},  // f
  {0xC0, 0xE0, 0x20, 0x20, 0xC0, 0xE0, 0x20, 0x00, 0x27, 0x6F, 0x48, 0x48, 0x7F, 0x3F, 0x00, 0x00},  // g
  {0x04, 0xFC, 0xFC, 0x40, 0x20, 0xE0, 0xC0, 0x00, 0x08, 0x0F, 0x0F, 0x00, 0x00, 0x0F, 0x0F, 0x00},  // h
  {0x00, 0x00, 0x20, 0xEC, 0xEC, 0x00, 0x00, 0x00, 0x00, 0x00, 0x08, 0x0F, 0x0F, 0x08, 0x00, 0x00},  // i
  {0x00, 0x00, 0x00, 0x00, 0x20, 0xEC, 0xEC, 0x00, 0x00, 0x30, 0x70, 0x40, 0x40, 0x7F, 0x3F, 0x00},  // j
  {0x04, 0xFC, 0xFC, 0x80, 0xC0, 0x60, 0x20, 0x00, 0x08, 0x0F, 0x0F, 0x01, 0x03, 0x0E, 0x0C, 0x00},  // k
  {0x00, 0x00, 0x04, 0xFC, 0xFC, 0x00, 0x00, 0x00, 0x00, 0x00, 0x08, 0x0F, 0x0F, 0x08, 0x00, 0x00},  // l
  {0xE0, 0xE0, 0x60, 0xC0, 0x60, 0xE0, 0xC0, 0x00, 0x0F, 0x0F, 0x00, 0x07, 0x00, 0x0F, 0x0F, 0x00},  // m
  {0x20, 0xE0, 0xC0, 0x20, 0x20, 0xE0, 0xC0, 0x00, 0x00, 0x0F, 0x0F, 0x00, 0x00, 0x0F, 0x0F, 0x00},  // n
  {0xC0, 0xE0, 0x20, 0x20, 0x20, 0xE0, 0xC0, 0x00, 0x07, 0x0F, 0x08, 0x08, 0x08, 0x0F, 0x07, 0x00},  // o
  {0x20, 0xE0, 0xC0, 0x20, 0x20, 0xE0, 0xC0, 0x00, 0x40, 0x7F, 0x7F, 0x48, 0x08, 0x0F, 0x07, 0x00},  // p
  {0xC0, 0xE0, 0x20, 0x20, 0xC0, 0xE0, 0x20, 0x00, 0x07, 0x0F, 0x08, 0x48, 0x7F, 0x7F, 0x40, 0x00},  // q
  {0x20, 0xE0, 0xC0, 0x60, 0x20, 0xE0, 0xC0, 0x00, 0x08, 0x0F, 0x0F, 0x08, 0x00, 0x00, 0x00, 0x00},  // r
  {0x40, 0xE0, 0xA0, 0x20, 0x20, 0x60, 0x40, 0x00, 0x04, 0x0C, 0x09, 0x09, 0x0B, 0x0E, 0x04, 0x00},  // s
  {0x20, 0x20, 0xF8, 0xFC, 0x20, 0x20, 0x00, 0x00, 0x00, 0x00, 0x07, 0x0F, 0x08, 0x0C, 0x04, 0x00},  // t
  {0xE0, 0xE0, 0x00, 0x00, 0xE0, 0xE0, 0x00, 0x00, 0x07, 0x0F, 0x08, 0x08, 0x07, 0x0F, 0x08, 0x00},  // u
  {0x00, 0xE0, 0xE0, 0x00, 0x00, 0xE0, 0xE0, 0x00, 0x00, 0x03, 0x07, 0x0C, 0x0C, 0x07, 0x03, 0x00},  // v
  {0xE0, 0xE0, 0x00, 0x80, 0x00, 0xE0, 0xE0, 0x00, 0x07, 0x0F, 0x0C, 0x07, 0x0C, 0x0F, 0x07, 0x00},  // w
  {0x20, 0x60, 0xC0, 0x80, 0xC0, 0x60, 0x20, 0x00, 0x08, 0x0C, 0x07, 0x03, 0x07, 0x0C, 0x08, 0x00},  // x
  {0xE0, 0xE0, 0x00, 0x00, 0x00, 0xE0, 0xE0, 0x00, 0x47, 0x4F, 0x48, 0x48, 0x68, 0x3F, 0x1F, 0x00},  // y
  {0x60, 0x60, 0x20, 0xA0, 0xE0, 0x60, 0x20, 0x00, 0x0C, 0x0E, 0x0B, 0x09, 0x08, 0x0C, 0x0C, 0x00},  // z
  {0x00, 0x40, 0x40, 0xF8, 0xBC, 0x04, 0x04, 0x00, 0x00, 0x00, 0x00, 0x07, 0x0F, 0x08, 0x08, 0x00},  // {
  {0x00, 0x00, 0x00, 0xBC, 0xBC, 0x00, 0x00, 0x00, 0x00, 0x00, 0x00, 0x0F, 0x0F, 0x00, 0x00, 0x00},  // |
  {0x00, 0x04, 0x04, 0xBC, 0xF8, 0x40, 0x40, 0x00, 0x00, 0x08, 0x08, 0x0F, 0x07, 0x00, 0x00, 0x00},  // }
  {0x80, 0xC0, 0x40, 0xC0, 0x80, 0xC0, 0x40, 0x00, 0x00, 0x00, 0x00, 0x00, 0x00, 0x00, 0x00, 0x00},  // ~
  {0x80, 0xC0, 0x60, 0x30, 0x60, 0xC0, 0x80, 0x00, 0x07, 0x07, 0x04, 0x04, 0x04, 0x07, 0x07, 0x00}}; // 0x7F

/* ------------------------------------------------------------------------------ */
/*                Font Processing Table for Korean Character                       */
/* ------------------------------------------------------------------------------ */
const unsigned char table_cho[21] =
        {0, 0, 1, 2, 3, 4, 5, 6, 7, 8, 9, 10, 11, 12, 13, 14, 15, 16, 17, 18, 19};
const unsigned char table_joong[30] =
        {0, 0, 0, 1, 2, 3, 4, 5, 0, 0, 6, 7, 8, 9, 10, 11, 0, 0, 12, 13, 14, 15, 16, 17, 0, 0, 18, 19, 20, 21};
const unsigned char table_jong[30] =
        {0, 0, 1, 2, 3, 4, 5, 6, 7, 8, 9, 10, 11, 12, 13, 14, 15, 16, 0, 17, 18, 19, 20, 21, 22, 23, 24, 25, 26, 27};

const unsigned char bul_cho1[22] =
        {0, 0, 0, 0, 0, 0, 0, 0, 0, 1, 3, 3, 3, 1, 2, 4, 4, 4, 2, 1, 3, 0};
const unsigned char bul_cho2[22] =
        {0, 5, 5, 5, 5, 5, 5, 5, 5, 6, 7, 7, 7, 6, 6, 7, 7, 7, 6, 6, 7, 5};
const unsigned char bul_jong[22] =
        {0, 0, 2, 0, 2, 1, 2, 1, 2, 3, 0, 2, 1, 3, 3, 1, 2, 1, 3, 3, 1, 1};

/* ------------------------------------------------------------------------------ */
/*                16x16 Dot Korean Character Font                                  */
/* ------------------------------------------------------------------------------ */
const unsigned char K_font[360][32] = {                  /* 16x16 Korean character font */
  {0x00, 0x00, 0x00, 0x00, 0x00, 0x00, 0x00, 0x00, 0x00, 0x00, 0x00, 0x00, 0x00, 0x00, 0x00, 0x00,
   0x00, 0x00, 0x00, 0x00, 0x00, 0x00, 0x00, 0x00, 0x00, 0x00, 0x00, 0x00, 0x00, 0x00, 0x00, 0x00},
  {0x00, 0x00, 0x08, 0x08, 0x08, 0x88, 0xC8, 0x78, 0x38, 0x00, 0x00, 0x00, 0x00, 0x00, 0x00, 0x00,
   0x00, 0x00, 0x02, 0x02, 0x01, 0x01, 0x00, 0x00, 0x00, 0x00, 0x00, 0x00, 0x00, 0x00, 0x00, 0x00},
  {0x00, 0x08, 0x08, 0xC8, 0xF8, 0x38, 0xC8, 0xF8, 0x38, 0x00, 0x00, 0x00, 0x00, 0x00, 0x00, 0x00,
```

```
 0x00, 0x02, 0x01, 0x01, 0x02, 0x01, 0x01, 0x00, 0x00, 0x00, 0x00, 0x00, 0x00, 0x00, 0x00, 0x00},
{0x00, 0x08, 0xF8, 0xF8, 0x00, 0x00, 0x00, 0x00, 0x00, 0x00, 0x00, 0x00, 0x00, 0x00, 0x00, 0x00,
 0x00, 0x00, 0x01, 0x03, 0x02, 0x02, 0x02, 0x02, 0x02, 0x02, 0x00, 0x00, 0x00, 0x00, 0x00, 0x00},
{0x00, 0x08, 0xF8, 0xF8, 0x08, 0x08, 0x08, 0x08, 0x00, 0x00, 0x00, 0x00, 0x00, 0x00, 0x00, 0x00,
 0x00, 0x00, 0x01, 0x03, 0x02, 0x02, 0x02, 0x02, 0x02, 0x00, 0x00, 0x00, 0x00, 0x00, 0x00, 0x00},
{0x00, 0x08, 0xF8, 0xF8, 0x08, 0xF8, 0xF8, 0x08, 0x08, 0x00, 0x00, 0x00, 0x00, 0x00, 0x00, 0x00,
 0x00, 0x00, 0x01, 0x03, 0x02, 0x01, 0x03, 0x02, 0x02, 0x02, 0x00, 0x00, 0x00, 0x00, 0x00, 0x00},
{0x00, 0x00, 0xC8, 0xC8, 0x48, 0x48, 0x48, 0x78, 0x78, 0x00, 0x00, 0x00, 0x00, 0x00, 0x00, 0x00,
 0x00, 0x00, 0x01, 0x03, 0x02, 0x02, 0x02, 0x02, 0x02, 0x02, 0x00, 0x00, 0x00, 0x00, 0x00, 0x00},
{0x00, 0x08, 0xF8, 0xF8, 0x08, 0x08, 0x08, 0xF8, 0xF8, 0x00, 0x00, 0x00, 0x00, 0x00, 0x00, 0x00,
 0x00, 0x00, 0x03, 0x03, 0x02, 0x02, 0x02, 0x03, 0x03, 0x00, 0x00, 0x00, 0x00, 0x00, 0x00, 0x00},
{0x00, 0x10, 0xF0, 0xF0, 0x40, 0x40, 0x48, 0xF8, 0xF8, 0x00, 0x00, 0x00, 0x00, 0x00, 0x00, 0x00,
 0x00, 0x00, 0x03, 0x03, 0x02, 0x02, 0x02, 0x03, 0x03, 0x00, 0x00, 0x00, 0x00, 0x00, 0x00, 0x00},
{0x10, 0xF0, 0xF0, 0x40, 0xF0, 0xF0, 0x48, 0xF8, 0xF8, 0x00, 0x00, 0x00, 0x00, 0x00, 0x00, 0x00,
 0x00, 0x03, 0x03, 0x02, 0x03, 0x03, 0x02, 0x03, 0x03, 0x00, 0x00, 0x00, 0x00, 0x00, 0x00, 0x00},
{0x00, 0x00, 0x00, 0x00, 0xC4, 0x7C, 0xFC, 0x80, 0x00, 0x00, 0x00, 0x00, 0x00, 0x00, 0x00, 0x00,
 0x00, 0x02, 0x02, 0x01, 0x01, 0x00, 0x00, 0x01, 0x03, 0x02, 0x00, 0x00, 0x00, 0x00, 0x00, 0x00},
{0x00, 0x00, 0xF8, 0x78, 0x80, 0x80, 0x78, 0xF8, 0x00, 0x00, 0x00, 0x00, 0x00, 0x00, 0x00, 0x00,
 0x02, 0x03, 0x01, 0x00, 0x03, 0x03, 0x00, 0x01, 0x03, 0x02, 0x00, 0x00, 0x00, 0x00, 0x00, 0x00},
{0x00, 0xE0, 0xF0, 0x18, 0x08, 0x08, 0x18, 0xF0, 0xE0, 0x00, 0x00, 0x00, 0x00, 0x00, 0x00, 0x00,
 0x00, 0x00, 0x01, 0x03, 0x02, 0x02, 0x03, 0x01, 0x00, 0x00, 0x00, 0x00, 0x00, 0x00, 0x00, 0x00},
{0x00, 0x08, 0x08, 0x08, 0x88, 0xC8, 0x78, 0x38, 0x00, 0x00, 0x00, 0x00, 0x00, 0x00, 0x00, 0x00,
 0x00, 0x02, 0x02, 0x01, 0x01, 0x00, 0x01, 0x03, 0x02, 0x00, 0x00, 0x00, 0x00, 0x00, 0x00, 0x00},
{0x00, 0x08, 0x88, 0xC8, 0xF8, 0xB8, 0xC8, 0xF8, 0x38, 0x00, 0x00, 0x00, 0x00, 0x00, 0x00, 0x00,
 0x02, 0x03, 0x01, 0x02, 0x03, 0x01, 0x00, 0x01, 0x03, 0x02, 0x00, 0x00, 0x00, 0x00, 0x00, 0x00},
{0x00, 0x10, 0x10, 0x14, 0x94, 0xD4, 0xF4, 0x30, 0x00, 0x00, 0x00, 0x00, 0x00, 0x00, 0x00, 0x00,
 0x00, 0x02, 0x02, 0x01, 0x01, 0x00, 0x01, 0x03, 0x02, 0x00, 0x00, 0x00, 0x00, 0x00, 0x00, 0x00},
{0x00, 0x28, 0x28, 0x28, 0x28, 0xA8, 0xE8, 0x78, 0x38, 0x00, 0x00, 0x00, 0x00, 0x00, 0x00, 0x00,
 0x00, 0x02, 0x02, 0x02, 0x01, 0x01, 0x00, 0x00, 0x00, 0x00, 0x00, 0x00, 0x00, 0x00, 0x00, 0x00},
{0x00, 0x08, 0xF8, 0xF8, 0x48, 0x48, 0x48, 0x48, 0x48, 0x00, 0x00, 0x00, 0x00, 0x00, 0x00, 0x00,
 0x00, 0x00, 0x01, 0x03, 0x02, 0x02, 0x02, 0x02, 0x02, 0x02, 0x00, 0x00, 0x00, 0x00, 0x00, 0x00},
{0x08, 0x08, 0xF8, 0xF8, 0x08, 0x08, 0xF8, 0xF8, 0x08, 0x08, 0x00, 0x00, 0x00, 0x00, 0x00, 0x00,
 0x02, 0x02, 0x03, 0x03, 0x02, 0x02, 0x03, 0x03, 0x02, 0x02, 0x00, 0x00, 0x00, 0x00, 0x00, 0x00},
{0x00, 0x08, 0xC8, 0xE8, 0x2C, 0x2C, 0x2C, 0xE8, 0xC8, 0x08, 0x00, 0x00, 0x00, 0x00, 0x00, 0x00,
 0x00, 0x00, 0x01, 0x03, 0x02, 0x02, 0x02, 0x03, 0x01, 0x00, 0x00, 0x00, 0x00, 0x00, 0x00, 0x00},
{0x00, 0x00, 0x00, 0x00, 0x00, 0x00, 0x00, 0x00, 0x00, 0x00, 0x00, 0x00, 0x00, 0x00, 0x00, 0x00,
 0x00, 0x00, 0x00, 0x00, 0x00, 0x00, 0x00, 0x00, 0x00, 0x00, 0x00, 0x00, 0x00, 0x00, 0x00, 0x00},
{0x00, 0x00, 0x00, 0x04, 0x04, 0x04, 0x04, 0x04, 0x04, 0x04, 0xFC, 0x7C, 0x00, 0x00, 0x00, 0x00,
 0x00, 0x00, 0x00, 0x00, 0x00, 0x00, 0x00, 0x00, 0x00, 0x00, 0x00, 0x00, 0x00, 0x00, 0x00, 0x00},
{0x00, 0x00, 0x00, 0x04, 0x04, 0x04, 0xFC, 0x7C, 0x04, 0x04, 0x04, 0xFC, 0x7C, 0x00, 0x00, 0x00,
 0x00, 0x00, 0x00, 0x00, 0x00, 0x00, 0x00, 0x00, 0x00, 0x00, 0x00, 0x00, 0x00, 0x00, 0x00, 0x00},
{0x00, 0x00, 0x04, 0x3C, 0x7C, 0x40, 0x40, 0x40, 0x40, 0x40, 0x40, 0x40, 0x40, 0x00, 0x00, 0x00,
 0x00, 0x00, 0x00, 0x00, 0x00, 0x00, 0x00, 0x00, 0x00, 0x00, 0x00, 0x00, 0x00, 0x00, 0x00, 0x00},
{0x00, 0x00, 0x04, 0x3C, 0x7C, 0x44, 0x44, 0x44, 0x44, 0x44, 0x44, 0x44, 0x00, 0x00, 0x00, 0x00,
 0x00, 0x00, 0x00, 0x00, 0x00, 0x00, 0x00, 0x00, 0x00, 0x00, 0x00, 0x00, 0x00, 0x00, 0x00, 0x00},
{0x00, 0x00, 0x04, 0x3C, 0x7C, 0x44, 0x44, 0x44, 0x3C, 0x7C, 0x44, 0x44, 0x44, 0x00, 0x00, 0x00,
 0x00, 0x00, 0x00, 0x00, 0x00, 0x00, 0x00, 0x00, 0x00, 0x00, 0x00, 0x00, 0x00, 0x00, 0x00, 0x00},
{0x00, 0x00, 0x00, 0x34, 0x74, 0x54, 0x54, 0x54, 0x54, 0x54, 0x54, 0x5C, 0x5C, 0x00, 0x00, 0x00,
 0x00, 0x00, 0x00, 0x00, 0x00, 0x00, 0x00, 0x00, 0x00, 0x00, 0x00, 0x00, 0x00, 0x00, 0x00, 0x00},
{0x00, 0x00, 0x04, 0x7C, 0x7C, 0x44, 0x44, 0x44, 0x44, 0x44, 0x7C, 0x7C, 0x00, 0x00, 0x00, 0x00,
 0x00, 0x00, 0x00, 0x00, 0x00, 0x00, 0x00, 0x00, 0x00, 0x00, 0x00, 0x00, 0x00, 0x00, 0x00, 0x00},
{0x00, 0x00, 0x04, 0x7C, 0x7C, 0x50, 0x50, 0x50, 0x50, 0x54, 0x7C, 0x7C, 0x00, 0x00, 0x00, 0x00,
 0x00, 0x00, 0x00, 0x00, 0x00, 0x00, 0x00, 0x00, 0x00, 0x00, 0x00, 0x00, 0x00, 0x00, 0x00, 0x00},
{0x00, 0x00, 0x04, 0x7C, 0x7C, 0x50, 0x50, 0x7C, 0x7C, 0x50, 0x50, 0x7C, 0x7C, 0x00, 0x00, 0x00,
 0x00, 0x00, 0x00, 0x00, 0x00, 0x00, 0x00, 0x00, 0x00, 0x00, 0x00, 0x00, 0x00, 0x00, 0x00, 0x00},
{0x00, 0x00, 0x80, 0x80, 0x40, 0x60, 0x34, 0x1C, 0x1C, 0x10, 0x20, 0x60, 0xC0, 0x80, 0x00, 0x00,
 0x00, 0x00, 0x00, 0x00, 0x00, 0x00, 0x00, 0x00, 0x00, 0x00, 0x00, 0x00, 0x00, 0x00, 0x00, 0x00},
{0x00, 0x80, 0xC0, 0x60, 0x3C, 0x1C, 0xB0, 0xC0, 0x60, 0x3C, 0x3C, 0x60, 0xC0, 0x80, 0x00, 0x00,
 0x00, 0x00, 0x00, 0x00, 0x00, 0x00, 0x00, 0x00, 0x00, 0x00, 0x00, 0x00, 0x00, 0x00, 0x00, 0x00},
{0x00, 0x00, 0x00, 0x38, 0x7C, 0x44, 0x44, 0x44, 0x44, 0x44, 0x7C, 0x38, 0x00, 0x00, 0x00, 0x00,
 0x00, 0x00, 0x00, 0x00, 0x00, 0x00, 0x00, 0x00, 0x00, 0x00, 0x00, 0x00, 0x00, 0x00, 0x00, 0x00},
{0x00, 0x00, 0x80, 0x84, 0x44, 0x44, 0x24, 0x24, 0x14, 0x3C, 0x2C, 0x44, 0xC0, 0x80, 0x00, 0x00,
 0x00, 0x00, 0x00, 0x00, 0x00, 0x00, 0x00, 0x00, 0x00, 0x00, 0x00, 0x00, 0x00, 0x00, 0x00, 0x00},
{0x00, 0x00, 0x44, 0x64, 0x34, 0x1C, 0x1C, 0x64, 0x64, 0x1C, 0x1C, 0x34, 0x64, 0x40, 0x00, 0x00,
 0x00, 0x00, 0x00, 0x00, 0x00, 0x00, 0x00, 0x00, 0x00, 0x00, 0x00, 0x00, 0x00, 0x00, 0x00, 0x00},
{0x00, 0x00, 0x80, 0x88, 0x48, 0x48, 0x6A, 0x3A, 0x1A, 0x3A, 0x28, 0x48, 0xC8, 0x80, 0x00, 0x00,
 0x00, 0x00, 0x00, 0x00, 0x00, 0x00, 0x00, 0x00, 0x00, 0x00, 0x00, 0x00, 0x00, 0x00, 0x00, 0x00},
{0x00, 0x00, 0x00, 0x24, 0x24, 0x24, 0x24, 0x24, 0x24, 0x24, 0x24, 0xFC, 0xFC, 0x00, 0x00, 0x00,
 0x00, 0x00, 0x00, 0x00, 0x00, 0x00, 0x00, 0x00, 0x00, 0x00, 0x00, 0x01, 0x00, 0x00, 0x00, 0x00},
{0x00, 0x00, 0x04, 0x3C, 0x7C, 0x54, 0x54, 0x54, 0x54, 0x54, 0x54, 0x54, 0x54, 0x00, 0x00, 0x00,
 0x00, 0x00, 0x00, 0x00, 0x00, 0x00, 0x00, 0x00, 0x00, 0x00, 0x00, 0x00, 0x00, 0x00, 0x00, 0x00},
```

```
{0x00, 0x00, 0x00, 0x44, 0x44, 0x7C, 0x7C, 0x44, 0x44, 0x7C, 0x7C, 0x44, 0x44, 0x00, 0x00, 0x00,
 0x00, 0x00, 0x00, 0x00, 0x00, 0x00, 0x00, 0x00, 0x00, 0x00, 0x00, 0x00, 0x00, 0x00, 0x00, 0x00},
{0x00, 0x00, 0x00, 0x04, 0x34, 0x7C, 0x4E, 0x4E, 0x4E, 0x4E, 0x7C, 0x34, 0x04, 0x00, 0x00, 0x00,
 0x00, 0x00, 0x00, 0x00, 0x00, 0x00, 0x00, 0x00, 0x00, 0x00, 0x00, 0x00, 0x00, 0x00, 0x00, 0x00},
{0x00, 0x00, 0x00, 0x00, 0x00, 0x00, 0x00, 0x00, 0x00, 0x00, 0x00, 0x00, 0x00, 0x00, 0x00, 0x00,
 0x00, 0x00, 0x00, 0x00, 0x00, 0x00, 0x00, 0x00, 0x00, 0x00, 0x00, 0x00, 0x00, 0x00, 0x00, 0x00},
{0x00, 0x00, 0x00, 0x04, 0x04, 0x04, 0x04, 0x04, 0x04, 0x04, 0xFC, 0x7C, 0x00, 0x00, 0x00, 0x00,
 0x00, 0x00, 0x00, 0x00, 0x00, 0x00, 0x00, 0x00, 0x00, 0x00, 0x00, 0x00, 0x00, 0x00, 0x00, 0x00},
{0x00, 0x00, 0x00, 0x04, 0x04, 0x04, 0x7C, 0x3C, 0x04, 0x04, 0x04, 0x7C, 0x3C, 0x00, 0x00, 0x00,
 0x00, 0x00, 0x00, 0x00, 0x00, 0x00, 0x00, 0x00, 0x00, 0x00, 0x00, 0x00, 0x00, 0x00, 0x00, 0x00},
{0x00, 0x00, 0x04, 0x3C, 0x7C, 0x40, 0x40, 0x40, 0x40, 0x40, 0x40, 0x40, 0x40, 0x00, 0x00, 0x00,
 0x00, 0x00, 0x00, 0x00, 0x00, 0x00, 0x00, 0x00, 0x00, 0x00, 0x00, 0x00, 0x00, 0x00, 0x00, 0x00},
{0x00, 0x00, 0x04, 0x3C, 0x7C, 0x44, 0x44, 0x44, 0x44, 0x44, 0x44, 0x44, 0x00, 0x00, 0x00, 0x00,
 0x00, 0x00, 0x00, 0x00, 0x00, 0x00, 0x00, 0x00, 0x00, 0x00, 0x00, 0x00, 0x00, 0x00, 0x00, 0x00},
{0x00, 0x00, 0x04, 0x3C, 0x7C, 0x44, 0x44, 0x44, 0x3C, 0x7C, 0x44, 0x44, 0x44, 0x00, 0x00, 0x00,
 0x00, 0x00, 0x00, 0x00, 0x00, 0x00, 0x00, 0x00, 0x00, 0x00, 0x00, 0x00, 0x00, 0x00, 0x00, 0x00},
{0x00, 0x00, 0x00, 0x34, 0x74, 0x54, 0x54, 0x54, 0x54, 0x54, 0x54, 0x5C, 0x5C, 0x00, 0x00, 0x00,
 0x00, 0x00, 0x00, 0x00, 0x00, 0x00, 0x00, 0x00, 0x00, 0x00, 0x00, 0x00, 0x00, 0x00, 0x00, 0x00},
{0x00, 0x00, 0x04, 0x7C, 0x7C, 0x44, 0x44, 0x44, 0x44, 0x44, 0x7C, 0x7C, 0x00, 0x00, 0x00, 0x00,
 0x00, 0x00, 0x00, 0x00, 0x00, 0x00, 0x00, 0x00, 0x00, 0x00, 0x00, 0x00, 0x00, 0x00, 0x00, 0x00},
{0x00, 0x00, 0x04, 0x7C, 0x7C, 0x50, 0x50, 0x50, 0x50, 0x54, 0x7C, 0x7C, 0x00, 0x00, 0x00, 0x00,
 0x00, 0x00, 0x00, 0x00, 0x00, 0x00, 0x00, 0x00, 0x00, 0x00, 0x00, 0x00, 0x00, 0x00, 0x00, 0x00},
{0x00, 0x00, 0x04, 0x7C, 0x7C, 0x50, 0x50, 0x7C, 0x7C, 0x50, 0x50, 0x7C, 0x7C, 0x00, 0x00, 0x00,
 0x00, 0x00, 0x00, 0x00, 0x00, 0x00, 0x00, 0x00, 0x00, 0x00, 0x00, 0x00, 0x00, 0x00, 0x00, 0x00},
{0x00, 0x00, 0x40, 0x40, 0x20, 0x30, 0x1A, 0x0E, 0x0E, 0x08, 0x10, 0x30, 0x60, 0x40, 0x00, 0x00,
 0x00, 0x00, 0x00, 0x00, 0x00, 0x00, 0x00, 0x00, 0x00, 0x00, 0x00, 0x00, 0x00, 0x00, 0x00, 0x00},
{0x00, 0x40, 0x60, 0x30, 0x1E, 0x0E, 0x18, 0x60, 0x18, 0x0E, 0x1E, 0x30, 0x60, 0x40, 0x00, 0x00,
 0x00, 0x00, 0x00, 0x00, 0x00, 0x00, 0x00, 0x00, 0x00, 0x00, 0x00, 0x00, 0x00, 0x00, 0x00, 0x00},
{0x00, 0x00, 0x00, 0x00, 0x1C, 0x3E, 0x22, 0x22, 0x22, 0x22, 0x3E, 0x1C, 0x00, 0x00, 0x00, 0x00,
 0x00, 0x00, 0x00, 0x00, 0x00, 0x00, 0x00. 0x00, 0x00, 0x00, 0x00, 0x00, 0x00, 0x00, 0x00, 0x00},
{0x00, 0x00, 0x40, 0x42, 0x22, 0x22, 0x12, 0x12, 0x0A, 0x1E, 0x16, 0x22, 0x60, 0x40, 0x00, 0x00,
 0x00, 0x00, 0x00, 0x00, 0x00, 0x00, 0x00, 0x00, 0x00, 0x00, 0x00, 0x00, 0x00, 0x00, 0x00, 0x00},
{0x00, 0x00, 0x44, 0x64, 0x34, 0x1C, 0x1C, 0x64, 0x64, 0x1C, 0x1C, 0x34, 0x64, 0x40, 0x00, 0x00,
 0x00, 0x00, 0x00, 0x00, 0x00, 0x00, 0x00, 0x00, 0x00, 0x00, 0x00, 0x00, 0x00, 0x00, 0x00, 0x00},
{0x00, 0x00, 0x40, 0x44, 0x24, 0x24, 0x36, 0x1E, 0x0E, 0x1E, 0x14, 0x24, 0x64, 0x40, 0x00, 0x00,
 0x00, 0x00, 0x00, 0x00, 0x00, 0x00, 0x00, 0x00, 0x00, 0x00, 0x00, 0x00, 0x00, 0x00, 0x00, 0x00},
{0x00, 0x00, 0x00, 0x24, 0x24, 0x24, 0x24, 0x24, 0x24, 0x24, 0x24, 0xFC, 0x7C, 0x00, 0x00, 0x00,
 0x00, 0x00, 0x00, 0x00, 0x00, 0x00, 0x00, 0x00, 0x00, 0x00, 0x00, 0x00, 0x00, 0x00, 0x00, 0x00},
{0x00, 0x00, 0x04, 0x3C, 0x7C, 0x54, 0x54, 0x54, 0x54, 0x54, 0x54, 0x54, 0x54, 0x00, 0x00, 0x00,
 0x00, 0x00, 0x00, 0x00, 0x00, 0x00, 0x00, 0x00, 0x00, 0x00, 0x00, 0x00, 0x00, 0x00, 0x00, 0x00},
{0x00, 0x00, 0x00, 0x44, 0x44, 0x7C, 0x7C, 0x44, 0x44, 0x7C, 0x7C, 0x44, 0x44, 0x00, 0x00, 0x00,
 0x00, 0x00, 0x00, 0x00, 0x00, 0x00, 0x00, 0x00, 0x00, 0x00, 0x00, 0x00, 0x00, 0x00, 0x00, 0x00},
{0x00, 0x00, 0x00, 0x04, 0x34, 0x7C, 0x4E, 0x4E, 0x4E, 0x4E, 0x7C, 0x34, 0x04, 0x00, 0x00, 0x00,
 0x00, 0x00, 0x00, 0x00, 0x00, 0x00, 0x00, 0x00, 0x00, 0x00, 0x00, 0x00, 0x00, 0x00, 0x00, 0x00},
{0x00, 0x00, 0x00, 0x00, 0x00, 0x00, 0x00, 0x00, 0x00, 0x00, 0x00, 0x00, 0x00, 0x00, 0x00, 0x00,
 0x00, 0x00, 0x00, 0x00, 0x00, 0x00, 0x00, 0x00, 0x00, 0x00, 0x00, 0x00, 0x00, 0x00, 0x00, 0x00},
{0x00, 0x00, 0x04, 0x04, 0x04, 0x04, 0x04, 0xFC, 0x7C, 0x00, 0x00, 0x00, 0x00, 0x00, 0x00, 0x00,
 0x00, 0x00, 0x00, 0x00, 0x00, 0x00, 0x00, 0x00, 0x00, 0x00, 0x00, 0x00, 0x00, 0x00, 0x00, 0x00},
{0x00, 0x00, 0x04, 0x04, 0xFC, 0x7C, 0x04, 0x04, 0xFC, 0x7C, 0x00, 0x00, 0x00, 0x00, 0x00, 0x00,
 0x00, 0x00, 0x00, 0x00, 0x00, 0x00, 0x00, 0x00, 0x00, 0x00, 0x00, 0x00, 0x00, 0x00, 0x00, 0x00},
{0x00, 0x04, 0x3C, 0x7C, 0x40, 0x40, 0x40, 0x40, 0x40, 0x40, 0x00, 0x00, 0x00, 0x00, 0x00, 0x00,
 0x00, 0x00, 0x00, 0x00, 0x00, 0x00, 0x00, 0x00, 0x00, 0x00, 0x00, 0x00, 0x00, 0x00, 0x00, 0x00},
                              (중략)
{0x00, 0x00, 0x00, 0x00, 0x00, 0x00, 0x00, 0x00, 0x00, 0x00, 0x00, 0x00, 0x00, 0x00, 0x00, 0x00,
 0x00, 0x00, 0x00, 0x00, 0x38, 0x7C, 0x44, 0x44, 0x44, 0x44, 0x7C, 0x38, 0x00, 0x00, 0x00, 0x00},
{0x00, 0x00, 0x00, 0x00, 0x00, 0x00, 0x00, 0x00, 0x00, 0x00, 0x00, 0x00, 0x00, 0x00, 0x00, 0x00,
 0x00, 0x00, 0x00, 0x44, 0x44, 0x24, 0x34, 0x1C, 0x1C, 0x34, 0x24, 0x44, 0x44, 0x00, 0x00, 0x00},
{0x00, 0x00, 0x00, 0x00, 0x00, 0x00, 0x00, 0x00, 0x00, 0x00, 0x00, 0x00, 0x00, 0x00, 0x00, 0x00,
 0x00, 0x00, 0x00, 0x48, 0x48, 0x28, 0x38, 0x1C, 0x1C, 0x38, 0x28, 0x48, 0x48, 0x00, 0x00, 0x00},
{0x00, 0x00, 0x00, 0x00, 0x00, 0x00, 0x00, 0x00, 0x00, 0x00, 0x00, 0x00, 0x00, 0x00, 0x00, 0x00,
 0x00, 0x00, 0x00, 0x14, 0x14, 0x14, 0x14, 0x14, 0x14, 0x14, 0x14, 0x7C, 0x3C, 0x00, 0x00, 0x00},
{0x00, 0x00, 0x00, 0x00, 0x00, 0x00, 0x00, 0x00, 0x00, 0x00, 0x00, 0x00, 0x00, 0x00, 0x00, 0x00,
 0x00, 0x00, 0x00, 0x04, 0x3C, 0x7C, 0x54, 0x54, 0x54, 0x54, 0x54, 0x54, 0x54, 0x00, 0x00, 0x00},
{0x00, 0x00, 0x00, 0x00, 0x00, 0x00, 0x00, 0x00, 0x00, 0x00, 0x00, 0x00, 0x00, 0x00, 0x00, 0x00,
 0x00, 0x00, 0x00, 0x44, 0x44, 0x7C, 0x7C, 0x44, 0x44, 0x7C, 0x7C, 0x44, 0x44, 0x00, 0x00, 0x00},
{0x00, 0x00, 0x00, 0x00, 0x00, 0x00, 0x00, 0x00, 0x00, 0x00, 0x00, 0x00, 0x00, 0x00, 0x00, 0x00,
 0x00, 0x00, 0x00, 0x08, 0x28, 0x78, 0x5C, 0x5C, 0x5C, 0x5C, 0x78, 0x28, 0x08, 0x00, 0x00, 0x00}};

unsigned int xcharacter, ycharacter;              // x character(0-3), y character(0-15)
unsigned int xcursor, ycursor;                    // x and y cursor position(0-3, 0-15)
unsigned int cursor_flag=0;
```

```
/* ------------------------------------------------------------------------------ */
/*      Write a Command                                                           */
/* ------------------------------------------------------------------------------ */
void GLCD_command(unsigned int cs, unsigned int command)
{
  AT91F_PIO_ClearOutput(AT91C_BASE_PIOA, GLCD_CS2|GLCD_CS1); // CS0 = CS1 = 0
  AT91F_PIO_SetOutput(AT91C_BASE_PIOA, cs);                  // CS0 or CS1 = 1
  AT91F_PIO_ClearOutput(AT91C_BASE_PIOA, GLCD_DI);           // D/-I = 0
  Delay_1us();

  AT91F_PIO_SetOutput(AT91C_BASE_PIOA, command << 24);  // output command
  AT91F_PIO_ClearOutput(AT91C_BASE_PIOA, (~command) << 24);
  AT91F_PIO_SetOutput(AT91C_BASE_PIOA, GLCD_E);              // E = 1
  Delay_1us();
  AT91F_PIO_ClearOutput(AT91C_BASE_PIOA, GLCD_E);            // E = 0

  Delay_us(10);                                              // wait for GLCD busy
}

/* ------------------------------------------------------------------------------ */
/*      Write a DD RAM Data                                                       */
/* ------------------------------------------------------------------------------ */
void GLCD_data(unsigned int cs, unsigned int data)
{
  AT91F_PIO_ClearOutput(AT91C_BASE_PIOA, GLCD_CS2|GLCD_CS1); // CS0 = CS1 = 0
  AT91F_PIO_SetOutput(AT91C_BASE_PIOA, cs);                  // CS0 or CS1 = 1
  AT91F_PIO_SetOutput(AT91C_BASE_PIOA, GLCD_DI);             // D/-I = 1
  Delay_1us();

  AT91F_PIO_SetOutput(AT91C_BASE_PIOA, data << 24);     // output data
  AT91F_PIO_ClearOutput(AT91C_BASE_PIOA, (~data) << 24);
  AT91F_PIO_SetOutput(AT91C_BASE_PIOA, GLCD_E);              // E = 1
  Delay_1us();
  AT91F_PIO_ClearOutput(AT91C_BASE_PIOA, GLCD_E);            // E = 0

  Delay_us(10);                                              // wait for GLCD busy
}

/* ------------------------------------------------------------------------------ */
/*      Clear GLCD Screen                                                         */
/* ------------------------------------------------------------------------------ */
void GLCD_clear(void)
{ unsigned int i, j, x;

  AT91F_PIO_CfgOutput(AT91C_BASE_PIOA, GLCD_ALL);       // clear all GLCD control signals
  AT91F_PIO_ClearOutput(AT91C_BASE_PIOA, GLCD_ALL);
  AT91F_PIO_Opendrain(AT91C_BASE_PIOA, GLCD_ALL);

  GLCD_command(GLCD_CS2|GLCD_CS1, 0x3F);                // CS1,CS2 display ON
  GLCD_command(GLCD_CS2|GLCD_CS1, 0xC0);                // CS1,CS2 display position

  x = 0xB8;
  for(i = 0; i <= 7; i++)
    { GLCD_command(GLCD_CS2|GLCD_CS1, x);               // X start addtess
      GLCD_command(GLCD_CS2|GLCD_CS1, 0x40);            // Y start address
      for(j = 0; j <= 63; j++)
        GLCD_data(GLCD_CS2|GLCD_CS1, 0x00);             // clear CS1 and CS2 screen
      x++;
    }
}

/* ------------------------------------------------------------------------------ */
/*      Set English Character Position                                            */
/* ------------------------------------------------------------------------------ */
void GLCD_xy(unsigned int x, unsigned int y)
{ xcharacter = x;                                       // x = 0 - 3
  ycharacter = y;                                       // y = 0 - 15
}

/* ------------------------------------------------------------------------------ */
```

```
/*      Set Character Upper/Lower Row                                            */
/* ---------------------------------------------------------------------------- */
void GLCD_xy_row(unsigned int x, unsigned int y, unsigned int row)
{
  if(row == 0)                                          // if upper row, set Y address
    GLCD_command(GLCD_CS2|GLCD_CS1, 0xB8 + x*2);
  else                                                  // if lower row, set Y address + 1
    GLCD_command(GLCD_CS2|GLCD_CS1, 0xB8 + x*2 + 1);

  if(y <= 7)                                            // if y <= 7, CS1 Y address
    GLCD_command(GLCD_CS1, 0x40 + y*8);
  else                                                  // if y >= 8, CS2 Y address
    GLCD_command(GLCD_CS2, 0x40 + (y-8)*8);
}

/* ---------------------------------------------------------------------------- */
/*      Display a 8x16 Dot English(ASCII)                                        */
/* ---------------------------------------------------------------------------- */
void GLCD_English(unsigned int attribute, unsigned char Ecode)
{ unsigned int i, cs, x;

  GLCD_xy_row(xcharacter, ycharacter, 0);               // display upper row
  if(ycharacter <= 7)                                   // if y <= 7, CS1
    cs = GLCD_CS1;
  else                                                  // if y >= 8, CS2
    cs = GLCD_CS2;
  for(i = 0; i <= 7; i++)
    { x = E_font[Ecode][i];
      if(attribute & 0x01)                              // reverse ?
        x = ~x;
      GLCD_data(cs, x);
    }

  GLCD_xy_row(xcharacter, ycharacter, 1);               // display lower row
  if(ycharacter <= 7)                                   // if y <= 7, CS1
    cs = GLCD_CS1;
  else                                                  // if y >= 8, CS2
    cs = GLCD_CS2;
  for(i = 8; i <= 15; i++)
    { x = E_font[Ecode][i];                             // cursor ?
      if((cursor_flag == 1) && (xcharacter == xcursor) && (ycharacter == ycursor))
        x |= 0xC0;
      if(attribute & 0x02)                              // underline ?
        x |= 0x80;
      if(attribute & 0x01)                              // reverse ?
        x = ~x;
      GLCD_data(cs, x);
    }

  ycharacter++;                                         // go next character position
  if(ycharacter == 16)
    { ycharacter = 0;
      xcharacter++;
    }
}

/* ---------------------------------------------------------------------------- */
/*      Display a 16x16 Dot Korean                                               */
/* ---------------------------------------------------------------------------- */
void GLCD_Korean(unsigned int attribute, unsigned int Kcode)
{ unsigned int i, cs, x, character;
  unsigned int cho_5bit, joong_5bit, jong_5bit;
  unsigned int cho_bul, joong_bul, jong_bul=0, jong_flag;
  unsigned char Korean_buffer[32];                      // 32 byte Korean font buffer

  if(ycharacter == 15)                                  // if can not display, go next line
    GLCD_English(0x20,0);

  cho_5bit = table_cho[(Kcode >> 10) & 0x001F];         // get cho, joong, jong 5 bit
  joong_5bit = table_joong[(Kcode >> 5) & 0x001F];
  jong_5bit = table_jong[Kcode & 0x001F];
```

```
if(jong_5bit == 0)                                    // don't have jongsung
  { jong_flag = 0;
    cho_bul = bul_cho1[joong_5bit];
    if((cho_5bit == 1) || (cho_5bit == 16)) joong_bul = 0;
    else                                    joong_bul = 1;
  }
else                                                  // have jongsung
  { jong_flag = 1;
    cho_bul = bul_cho2[joong_5bit];
    if((cho_5bit == 1) || (cho_5bit == 16)) joong_bul = 2;
    else                                    joong_bul = 3;
    jong_bul = bul_jong[joong_5bit];
  }

character = cho_bul*20 + cho_5bit;                    // copy chosung font
for(i = 0; i <= 31; i++)
  Korean_buffer[i] = K_font[character][i];

character = 8*20 + joong_bul*22 + joong_5bit;         // OR joongsung font
for(i = 0; i <= 31; i++)
  Korean_buffer[i] |= K_font[character][i];

if(jong_flag == 1)                                    // if jongsung, OR jongsung font
  { character = 8*20 + 4*22 +jong_bul*28 + jong_5bit;
    for(i = 0; i <= 31; i++)
      Korean_buffer[i] |= K_font[character][i];
  }

GLCD_xy_row(xcharacter, ycharacter, 0);               // display upper left row
if(ycharacter <= 7)                                   // if y <= 7, CS1
  cs = GLCD_CS1;
else                                                  // if y >= 8, CS2
  cs = GLCD_CS2;
for(i = 0; i <= 7; i++)
  { x = Korean_buffer[i];
    if(attribute & 0x01)                              // reverse ?
      x = ~x;
    GLCD_data(cs, x);
  }

GLCD_xy_row(xcharacter, ycharacter, 1);               // display lower left row
if(ycharacter <= 7)                                   // if y <= 7, CS1
  cs = GLCD_CS1;
else                                                  // if y >= 8, CS2
  cs = GLCD_CS2;
for(i = 16; i <= 23; i++)
  { x = Korean_buffer[i];                             // cursor ?
    if((cursor_flag == 1) && (xcharacter == xcursor) && (ycharacter == ycursor))
      x |= 0xC0;
    if(attribute & 0x02)                              // underline ?
      x |= 0x80;
    if(attribute & 0x01)                              // reverse ?
      x = ~x;
    GLCD_data(cs, x);
  }

ycharacter++;

GLCD_xy_row(xcharacter, ycharacter, 0);               // display upper right row
if(ycharacter <= 7)                                   // if y <= 7, CS1
  cs = GLCD_CS1;
else                                                  // if y >= 8, CS2
  cs = GLCD_CS2;
for(i = 8; i <= 15; i++)
  { x = Korean_buffer[i];
    if(attribute & 0x01)                              // reverse ?
      x = ~x;
    GLCD_data(cs, x);
  }
```

```
  GLCD_xy_row(xcharacter, ycharacter, 1);                    // display lower right row
  if(ycharacter <= 7)                                        // if y <= 7, CS1
    cs = GLCD_CS1;
  else                                                       // if y >= 8, CS2
    cs = GLCD_CS2;
  for(i = 24; i <= 31; i++)
    { x = Korean_buffer[i];                                  // cursor ?
      if((cursor_flag == 1) && (xcharacter == xcursor) && (ycharacter == (ycursor+1)))
        x |= 0xC0;
      if(attribute & 0x02)                                   // underline ?
        x |= 0x80;
      if(attribute & 0x01)                                   // reverse ?
        x = ~x;
      GLCD_data(cs, x);
    }

  ycharacter++;                                              // go next character position
  if(ycharacter == 16)
    { ycharacter = 0;
      xcharacter++;
    }
}

/* ---------------------------------------------------------------------------- */
/*   Display a String(attribute : 0x00=normal, 0x01 = reverse, 0x02 = underline)  */
/* ---------------------------------------------------------------------------- */
void GLCD_string(unsigned int x, unsigned int y, unsigned int attribute, char *string)
{ unsigned char character1;
  unsigned int character2;

  GLCD_xy(x, y);                                             // x = 0 - 3, y = 0 - 15

  while(*string != '\0')
     { character1 = *string;
       string++;
       if(character1 < 0x80)
         GLCD_English(attribute, character1);                // display English character
       else
         { character2 = 256*character1 + (*string & 0xFF);
           string++;
           GLCD_Korean(attribute, character2);               // display Korean character
         }
     }
}
```

☞ 여기서도 가장 먼저 알아야 하는 것은 *OK-7S256* 키트의 하드웨어와 직접 관련된 기능을 수행하는 함수 GLCD_command()와 GLCD_data()이다. 그리고 이것들을 사용하여 GLCD_string()과 GLCD_English() 함수가 각각 문자열과 1문자를 그래픽형 LCD 모듈의 화면에 디스플레이하는 원리를 충분히 이해하는 것이 중요하다. 여기서 그래픽형 LCD 모듈의 동작 파형을 올바르게 처리하기 위하여 짧은 시간지연을 발생하는 데는 Delay_1us() 함수를 따로 만들어 사용하였다. 그리고, 함수의 끝부분에서 10[μs]의 시간지연을 준 것은 그래픽형 LCD 모듈이 이 함수에 의하여 지시된 동작을 수행하는데 걸리는 시간이며, 이 시간지연에 의하여 그래픽형 LCD 모듈이 이 동작을 내부적으로 완료할 때까지 CPU가 다음 동작을 지시하지 않고 대기하도록 한다.

디스플레이 문자에는 정상 모드(attribute=0x00)와 역상 모드(attribute=0x01) 또는 밑줄(attribute=0x02)로 속성을 지정할 수 있음에 주목하라. 또한, 이 헤더파일에서는 디폴트로 cursor_flag=0으로 설정하여 커서가 보이지 않도록 하였지만, 만약 사용자 프로그램에서 cursor_flag=1로 설정하고 xcursor 및 ycursor에 좌표값을 지정하면 원하는 위치에 커서가 나타나도록 할 수 있다. 그러나, 이 커서는 사용자 프로그램에서 소프트웨어적으로 구현한 것이므로 문자를 출력할 때 자동으로 이동하지 않으며 모든 기능을 사용자 프로그램에서 처리해 주어야 한다.

디스플레이 동작에 필요한 메모리 변수 및 한글 디스플레이 버퍼를 프로그램의 서두에서 정의하였으며, 문자 폰트는 상당히 많은 메모리 용량을 차지하므로 프로그램 메모리 영역인 플래시 메모리에 저장하였음에 주목하라. 소스에서 어느 행의 마지막 문자로 백슬래쉬(\)를 사용하면 C컴파일러는 이를 주석행의 연속이라는 의미로 해석하여 경고 메시지를 발생하므로 위의 소스에서 폰트 정의 부분의 ASCII 문자 0x5C에는 괄호 ( )를 사용하였다.

이 헤더파일에 만들어둔 함수와 그것들의 기능을 요약하면 <표 4.7.4>와 같다. 이것은 앞의 <표 4.2.1>에서도 정리하여 보였듯이 텍스트형 LCD 모듈을 기본으로 하는 *OK-7S256* 키트의 헤더파일 OK7S256ads.h 또는 OK7S256gcc.h와 상당 부분이 유사하다는 것을 알 수 있을 것이다. 그러나, 이 헤더파일 OK7S256Korean.h에서는 사용자가 기억하기에 편리하도록 그래픽형 LCD 모듈을 위한 모든 함수의 이름 선두에 Graphic의 G자를 사용하였다.

〈표 4.7.4〉 OK7S256Korean.h 파일에 포함된 그래픽형 LCD 모듈 관련 함수 요약

사용자 정의 함수	기 능	입력 파라미터	리턴 값
GLCD_clear()	그래픽형 LCD 모듈의 화면을 클리어한다.	-	-
GLCD_command()	그래픽형 LCD 모듈에 1개의 제어명령을 출력한다.	unsigned int cs unsigned int command	-
GLCD_data()	그래픽형 LCD 모듈에서 현재의 위치에 1바이트의 데이터를 표시한다.	unsigned int cs unsigned int data	-
GLCD_xy()	그래픽형 LCD 모듈에서 문자를 출력할 화면의 좌표를 지정한다.	unsigned int x unsigned int y	-
GLCD_string()	그래픽형 LCD 모듈에서 위치와 속성을 지정하고 그 위치부터 문자열을 출력한다.	unsigned int x unsigned int y unsigned int attribute char *string	-
GLCD_Korean()	그래픽형 LCD 모듈에 지정된 속성으로 한글 1문자를 출력한다.	unsigned int attribute unsigned int Kcode	-
GLCD_English()	그래픽형 LCD 모듈에 지정된 속성으로 영문 1문자를 출력한다.	unsigned int attribute unsigned int Ecode	-

☞ 헤더파일 OK7S256Korean.h에서 정의한 몇개의 함수들은 앞의 제4.5절에서 설명한 그래픽형 LCD 모듈의 영문 전용 또는 그래픽용 헤더파일 OK7S256GLCD.h에서와 동일하다. 예를 들면 함수 GLCD_clear(), GLCD_command(), GLCD_data(), GLCD_xy(), GLCD_string(), GLCD_English() 등이 이에 해당한다. 따라서, 사용자가 프로그램을 작성할 때 헤더파일 OK7S256Korean.h와 OK7S256GLCD.h를 하나의 프로그램에서 동시에 인클루드할 수는 없다.

이제 영문 ASCII 문자와 한글을 혼용하는 화면을 디스플레이하는 예제 프로그램 Xtest07_1.c를 작성하면 다음과 같다.

〈프로그램 Xtest07_1.c〉 영문 ASCII 및 한글 디스플레이 프로그램

```
/* ========================================================================== */
/*          Xtest07_1.c : English/Korean Language Display on GLCD            */
/* ========================================================================== */
/*                     Designed and programmed by Duck-Yong Yoon in 2007.    */

#include "AT91SAM7S256.h"
#include "lib_AT91SAM7S256.h"
#include "OK7S256gcc.h"
#include "OK7S256Korean.h"

int main(void)
{
  unsigned int i;

  MCU_initialize();                          // initialize AT91SAM7S256 & kit
  Delay_ms(50);                              // wait for system stabilization
  LCD_initialize();                          // initialize text LCD
  GLCD_clear();                              // initialize GLCD screen

  LCD_string(0x80,"Graphic LCD Test");       // display title on text LCD
  LCD_string(0xC0," Englisk/Korean ");

  while(1)
    { Beep();
      GLCD_string(0,0,0,"ARM7 마스터 키트");      // display screen 1
      GLCD_string(1,0,1," OK-7S256  V1.0 ");
      GLCD_string(2,0,0,"   2007/06/01   ");
      GLCD_string(3,0,0,"윤덕용 설계,제작");
      Delay_ms(5000);

      Beep();
      GLCD_string(0,0,0,"    현대 LCD    ");      // display screen 2
      GLCD_string(1,0,1,"  HG12605NY-LY  ");
      GLCD_string(2,0,0,"                ");
      GLCD_string(3,0,2,"128x64 그래픽LCD");
      Delay_ms(5000);

      Beep();
      GLCD_string(0,0,0," 3가지 문자속성 ");      // display screen 3
      GLCD_string(1,0,0,"문자속성0 : 정상");
      GLCD_string(2,0,0,"문자속성1 : ");
      GLCD_string(2,12,1,"역상");
      GLCD_string(3,0,0,"문자속성2 : ");
      GLCD_string(3,12,2,"밑줄");
      Delay_ms(5000);

      Beep();
      GLCD_xy(0,0);                          // display screen 4
      for(i=0x00; i<=0x3F; i++)              // (from 0x00 to 0x3F)
        GLCD_English(0, i);
      Delay_ms(5000);
      GLCD_xy(0,0);                          // display screen 5
      for(i=0x40; i<=0x7F; i++)              // (from 0x40 to 0x7F)
        GLCD_English(1, i);
      Delay_ms(5000);
    }
}
```

☞ 이 예제 프로그램은 윈도우 운영체제에서 ADS v1.2의 에디터나 WinARM의 프로그래머 노트패드를 사용하여 완성형 한글 코드로 작성한 것이므로 한글코드변환기 프로그램 HanConv.exe를 사용하여 이를 조합형으로 변환한 후에 컴파일한다.

이 프로그램을 작성하고 한글코드변환기 HanConv.exe를 사용하여 이를 KS 조합형 코드로 변환하여 Xtest07_1K.c 파일로 저장하라. 다시 ADS v1.2나 WinARM에서 프로젝트로 Xtest07_1K.c 파일을 불러들여 등록하고 이를 컴파일한 후에 *OK-7S256* 키트에 다운로드하여 실행하라.

6. 수치 데이터 출력 프로그램

앞의 제4.4절에서 텍스트형 LCD 모듈에 정수 데이터를 출력하였던 것처럼 여기서는 그래픽형 LCD 모듈에 정수 데이터를 출력하는 프로그램을 작성하여 본다. 그래픽형 LCD 모듈에 수치 데이터(value)를 디스플레이하는 과정도 텍스트형 LCD 모듈에서와 똑같이 먼저 숫자의 각 자리(digit)에 해당하는 글자를 하나씩 ASCII 문자로 변환하여 출력하면 된다.

(1) 정수 데이터의 출력

먼저 수치 데이터 중에서 정수값을 그래픽형 LCD 모듈에 디스플레이하는 프로그래밍 기술을 익혀보기로 한다.

▣ 정수 데이터의 진법 표시

첫번째 예제 프로그램으로서는 16비트의 정수를 16진수, 10진수, 2진수로 각각 표시하는 방법을 살펴보기로 한다.

〈프로그램 Xtest07_2.c〉 정수 데이터의 디스플레이 예제

```
/* ============================================================================ */
/*              Xtest07_2.c : Integer Number Display on GLCD                    */
/* ============================================================================ */
/*                        Designed and programmed by Duck-Yong Yoon in 2007.    */

#include "AT91SAM7S256.h"
#include "lib_AT91SAM7S256.h"
#include "OK7S256gcc.h"
#include "OK7S256Korean.h"
```

```
void GLCD_2hex(unsigned int number)              /* display 2-digit hex number */
{ unsigned int i;

  i = (number >> 4) & 0x0000000F;                // 16^1
  if(i <= 9) GLCD_English(0,i + '0');
  else       GLCD_English(0,i - 10 + 'A');

  i = number & 0x0000000F;                       // 16^0
  if(i <= 9) GLCD_English(0,i + '0');
  else       GLCD_English(0,i - 10 + 'A');
}

void GLCD_3d(unsigned int number)                /* display 3-digit decimal number */
{ unsigned int i, flag;

  flag = 0;
  i = number/100;                                // 10^2
  if(i == 0) GLCD_English(0,' ');
  else {     GLCD_English(0,i + '0');
             flag = 1;
       }

  number = number % 100;                         // 10^1
  i = number/10;
  if((i == 0) && (flag == 0))
             GLCD_English(0,' ');
  else {     GLCD_English(0,i + '0');
             flag = 1;
       }

  i = number % 10;                               // 10^0
  GLCD_English(0,i + '0');
}

void GLCD_8bin(unsigned int number)              /* display 8-bit binary number */
{
  GLCD_English(0,((number >> 7) & 0x00000001) + '0'); // 2^7
  GLCD_English(0,((number >> 6) & 0x00000001) + '0'); // 2^6
  GLCD_English(0,((number >> 5) & 0x00000001) + '0'); // 2^5
  GLCD_English(0,((number >> 4) & 0x00000001) + '0'); // 2^4
  GLCD_English(0,((number >> 3) & 0x00000001) + '0'); // 2^3
  GLCD_English(0,((number >> 2) & 0x00000001) + '0'); // 2^2
  GLCD_English(0,((number >> 1) & 0x00000001) + '0'); // 2^1
  GLCD_English(0,(number & 0x00000001) + '0');        // 2^0
}

int main(void)
{
  unsigned int i;

  MCU_initialize();                              // initialize AT91SAM7S256 & kit
  Delay_ms(50);                                  // wait for system stabilization
  LCD_initialize();                              // initialize text LCD
  GLCD_clear();                                  // initialize GLCD screen

  LCD_string(0x80,"Graphic LCD Test");           // display title on text LCD
  LCD_string(0xC0," Integer Number ");

  while(1)
    { Beep();
      GLCD_string(0,0,0," ** 정수표시 ** ");       // display 8 bit integer
      GLCD_string(1,0,0,"16진수= 0x00    ");
```

```
      GLCD_string(2,0,0,"10진수= 000      ");
      GLCD_string(3,0,0," 2진수= 00000000");

      for(i=1; i<=255; i++)
        { GLCD_xy(1,10);                              // (display hex)
          GLCD_2hex(i);
          GLCD_xy(2,8);                               // (display decimal)
          GLCD_3d(i);
          GLCD_xy(3,8);                               // (display binary)
          GLCD_8bin(i);
          Delay_ms(500);
        }
    }
}
```

☞ 텍스트형 LCD 모듈에 대한 예제 프로그램 Xtest04_3.c에서 우리가 사용하던 LCD_4hex(), LCD_5d(), LCD_16bin() 함수를 간단히 수정하여 위와 같이 GLCD_2hex(), GLCD_3d(), GLCD_8bin() 함수를 만들어 사용할 수 있다. 텍스트형 LCD 모듈에서는 1문자를 출력하는데 LCD_data() 함수를 사용했지만 그래픽형 LCD 모듈에서는 GLCD_English() 함수를 사용한다는 것에 유의하라.

▣ 부호 없는 정수와 부호 있는 정수의 표시

다음에는 부호가 없는 정수와 부호가 있는 정수의 곱셈을 통하여 이들 수치 데이터를 그래픽형 LCD 모듈에 디스플레이하는 방법을 살펴보기로 한다.

〈프로그램 Xtest07_3.c〉 부호 없는 정수와 부호 있는 정수의 디스플레이 예제

```
/* ========================================================================== */
/*      Xtest07_3.c : Integer Number Display without and with Sign on GLCD     */
/* ========================================================================== */
/*                        Designed and programmed by Duck-Yong Yoon in 2007.   */

#include <stdlib.h>
#include "AT91SAM7S256.h"
#include "lib_AT91SAM7S256.h"
#include "OK7S256gcc.h"
#include "OK7S256Korean.h"

void GLCD_2d(unsigned int number)                    /* display 2-digit decimal number */
{ unsigned int i;

  i = number/10;                                     // 10^1
  if(i == 0) GLCD_English(0,' ');
  else       GLCD_English(0,i + '0');

  i = number % 10;                                   // 10^0
  GLCD_English(0,i + '0');
}

void GLCD_s2d(signed int number)                     /* display signed 2-digit decimal number */
{
  if(number >= 0)                                    // sign
    GLCD_English(0,'+');
```

```
  else
    GLCD_English(0,'-');

  GLCD_2d(abs(number));                          // magnitude
}

void GLCD_4d(unsigned int number)                /* display 4-digit decimal number */
{ unsigned int i, flag;

  flag = 0;
  i = number/1000;                               // 10^3
  if(i == 0) GLCD_English(0,' ');
  else {     GLCD_English(0,i + '0');
             flag = 1;
       }

  number = number % 1000;                        // 10^2
  i = number/100;
  if((i == 0) && (flag == 0))
             GLCD_English(0,' ');
  else {     GLCD_English(0,i + '0');
             flag = 1;
       }

  number = number % 100;                         // 10^1
  i = number/10;
  if((i == 0) && (flag == 0))
             GLCD_English(0,' ');
  else {     GLCD_English(0,i + '0');
             flag = 1;
       }

  i = number % 10;                               // 10^0
  GLCD_English(0,i + '0');
}

void GLCD_s4d(signed int number)                 /* display signed 4-digit decimal number */
{
  if(number >= 0)                                // sign
    GLCD_English(0,'+');
  else
    GLCD_English(0,'-');

  GLCD_4d(abs(number));                          // magnitude
}

int main(void)
{
  unsigned int i, j;
  signed int x, y;

  MCU_initialize();                              // initialize AT91SAM7S256 & kit
  Delay_ms(50);                                  // wait for system stabilization
  LCD_initialize();                              // initialize text LCD
  GLCD_clear();                                  // initialize GLCD screen

  LCD_string(0x80,"Graphic LCD Test");           // display title on text LCD
  LCD_string(0xC0," Integer Number ");

  while(1)
    { GLCD_string(0,0,1," 부호 없는 정수 ");       // multiplication without sign
      GLCD_string(1,0,0," 00 x 00 = 0000 ");
      GLCD_string(2,0,1," 부호 있는 정수 ");       // multiplication with sign
```

```
        GLCD_string(3,0,0,"+00x(+00)= +0000");

        Beep();
        for(i = 10; i <= 90; i += 10)                  // multiplication without sign
          for(j = 10; j <= 90; j += 10)
            { GLCD_xy(1,1); GLCD_2d(i);                // display multiplicand
              GLCD_xy(1,6); GLCD_2d(j);                // display multiplier
              GLCD_xy(1,11); GLCD_4d(i*j);             // display multiplication
              Delay_ms(1000);
            }

        Beep();
        for(x = -90; x <= +90; x += 10)                // multiplication with sign
          for(y = -90; y <= +90; y += 10)
            { GLCD_xy(3,0); GLCD_s2d(x);               // display multiplicand
              GLCD_xy(3,5); GLCD_s2d(y);               // display multiplier
              GLCD_xy(3,11); GLCD_s4d(x*y);            // display multiplication
              Delay_ms(1000);
            }
      }
  }
```

☞ 부호가 있는 정수는 먼저 부호를 파악하여 '+' 또는 '-' 기호를 출력하고, 그 다음에는 수치 데이터의 절대값을 취하여 부호가 없는 정수의 경우처럼 출력하면 된다. 정수의 절대값을 취하는 함수 abs()는 C컴파일러의 기본 헤더파일 stdlib.h에 정의되어 있으므로 이를 인클루드해 주어야 한다.

(2) 부동소수점수의 출력

이번에는 그래픽형 LCD 모듈에 수치 데이터 중에서 부동소수점수(floating-point number) 즉 실수(real number)를 출력하는 방법에 대하여 설명한다. 여기서도 부호가 없는 실수와 부호가 있는 실수의 곱셈을 통하여 이들 수치 데이터를 그래픽형 LCD 모듈에 디스플레이하는 방법을 살펴보기로 한다.

〈프로그램 Xtest07_4.c〉 부호 없는 실수와 부호 있는 실수의 디스플레이 예제

```
/* ========================================================================== */
/*      Xtest07_4.c : Real Number Display without and with Sign on GLCD       */
/* ========================================================================== */
/*                      Designed and programmed by Duck-Yong Yoon in 2007.    */

#include <math.h>
#include "AT91SAM7S256.h"
#include "lib_AT91SAM7S256.h"
#include "OK7S256gcc.h"
#include "OK7S256Korean.h"

void GLCD_1d1(double number)                          /* floating-point number x.x */
{ unsigned int i, j;

  j = (int)(number*10. + 0.5);
  i = j / 10;                                         // 10^0
```

```
  GLCD_English(0,i + '0');
  GLCD_English(0,'.');
  i = j % 10;                                    // 10^-1
  GLCD_English(0,i + '0');
}

void GLCD_s1d1(double number)                    /* floating-point number +x.x */
{
  if(number >= 0.)                               // sign
    GLCD_English(0,'+');
  else
    GLCD_English(0,'-');

  GLCD_1d1(fabs(number));                        // magnitude
}

void GLCD_2d2(double number)                     /* floating-point number xx.xx */
{ unsigned int i, j;

  j = (int)(number*100. + 0.5);
  i = j / 1000;                                  // 10^1
  if(i == 0) GLCD_English(0,' ');
  else       GLCD_English(0,i + '0');

  j = j % 1000;                                  // 10^0
  i = j / 100;
  GLCD_English(0,i + '0');
  GLCD_English(0,'.');

  j = j % 100;                                   // 10^-1
  i = j / 10;
  GLCD_English(0,i + '0');

  i = j % 10;                                    // 10^-2
  GLCD_English(0,i + '0');
}

void GLCD_s2d2(double number)                    /* floating-point number +xx.xx */
{
  if(number >= 0.)                               // sign
    GLCD_English(0,'+');
  else
    GLCD_English(0,'-');

  GLCD_2d2(fabs(number));                        // magnitude
}

int main(void)
{
  double i, j;
  double x, y;

  MCU_initialize();                              // initialize AT91SAM7S256 & kit
  Delay_ms(50);                                  // wait for system stabilization
  LCD_initialize();                              // initialize text LCD
  GLCD_clear();                                  // initialize GLCD screen

  LCD_string(0x80,"Graphic LCD Test");           // display title on text LCD
  LCD_string(0xC0,"  Real Number   ");

  while(1)
    { GLCD_string(0,0,1," 부호 없는 실수 ");     // multiplication without sign
      GLCD_string(1,0,0,"                ");
```

```
        GLCD_string(2,0,0,"0.0 x 0.0 =00.00");
        GLCD_string(3,0,0,"                ");

        Beep();
        for(i = 1.1; i <= 9.9; i += 1.1)           // multiplication without sign
          for(j = 1.1; j <= 9.9; j += 1.1)
            { GLCD_xy(2,0); GLCD_1d1(i);           // display multiplicand
              GLCD_xy(2,6); GLCD_1d1(j);           // display multiplier
              GLCD_xy(2,11); GLCD_2d2(i*j);        // display multiplication
              Delay_ms(1000);
            }

        GLCD_string(0,0,1," 부호 있는 실수 ");      // multiplication with sign
        GLCD_string(1,0,0,"                ");
        GLCD_string(2,0,0," (+0.0)x(+0.0)  ");
        GLCD_string(3,0,0,"    = +00.00    ");

        Beep();
        for(x = -9.9; x <= +9.9; x += 1.1)         // multiplication with sign
          for(y = -9.9; y <= +9.9; y += 1.1)
            { GLCD_xy(2,2); GLCD_s1d1(x);          // display multiplicand
              GLCD_xy(2,9); GLCD_s1d1(y);          // display multiplier
              GLCD_xy(3,5); GLCD_s2d2(x*y);        // display multiplication
              Delay_ms(1000);
            }
      }
  }
```

☞ 실수를 ASCII 문자열로 변환할 때는 이와 같이 먼저 10의 누승을 곱하여 정수로 만들고 나서 이를 다시 10의 누승으로 차례로 나누면서 그 몫을 ASCII 문자로 변환하면 된다. 함수명 GLCD_1d1()에서 앞의 숫자는 표시할 정수부의 자릿수를 나타내고 뒤의 숫자는 소수부의 자릿수를 나타낸다. 또한 정수부 자릿수 앞에 s가 붙은 것은 부호 있는(signed) 실수를 디스플레이하는 함수라는 것을 나타낸다.

부호가 있는 실수는 먼저 부호를 파악하여 '+' 또는 '-' 기호를 출력하고, 그 다음에는 수치 데이터의 절대값을 취하여 부호가 없는 정수의 경우처럼 출력하면 된다. 실수의 절대값을 취하는 함수 fabs()는 C컴파일러의 기본 헤더파일 math.h에 정의되어 있으므로 이를 인클루드해 주어야 한다.

(3) C언어에서 printf 함수를 사용한 서식지정 출력

그래픽형 LCD 모듈에 정수나 실수를 디스플레이하려면 반드시 이와 같이 수치 데이터를 ASCII 문자열로 변환하는 것이 필요하다. 원리적으로 이를 이해하면 그다지 어려운 일은 아니지만 크기가 다른 여러 가지 종류의 수치 데이터를 매번 이와 같은 디스플레이 전용 함수를 작성하여 표시해야 한다는 것은 분명히 번거로운 일이다. 이것은 LCD 모듈에서 뿐만 아니라 RS-232C 통신을 통하여 수치 데이터를 외부로 전송하는 경우에도 마찬가지이다.

그러나, 일반 C언어의 경우에는 printf() 함수에서 %를 사용한 서식지정 출력 기능을 사용하면 이러한 번거로움을 피할 수 있다. 마이크로콘트롤러용의 C컴파일러에서도 대부분 이러한 printf() 함수를 사용할 수 있는데, 이를 위해서는 각 컴파일러에서 지정하는 방법을 따라야 한다. ADS v1.2나 WinAVR에서도 이러한 printf() 함수를 지원하고 있으므로 아주 편리하게 수치 데이터를 % 서식지정 방법으로 RS-232C 직렬통신이나 LCD 모듈에 출력하는 용도에 사용할 수 있다. 이에 관한 프로그래밍 기술과 예제는 제4.18절에서 자세히 취급하기로 한다.

7. 실습 과제

(1) 한글 코드에는 조합형 및 완성형 이외에 또 어떤 방식이 있는지 조사하라. 또한, 조합형 한글 코드와 완성형 한글 코드의 장단점을 비교하여 설명하라.

(2) 문자 폰트에는 비트맵 방식 이외에 또 어떤 방식이 있는지 조사하고, 이것들의 장단점은 무엇인지 비교하여 설명하라.

(3) 컴퓨터 모니터에서 주로 사용하는 문자 폰트와 프린터에서 사용하는 문자 폰트에는 어떤 차이가 있는지 비교하여 설명하라.

(4) 예제 프로그램 Xtest07_4.c를 다음과 같이 삼각함수의 소수점 아래 4자리까지 표시하는 프로그램 Xtest07_4R.c로 수정하라. 단, 함수값은 + 또는 -의 부호가 있으며, 각도는 0~360도의 범위에서 5도씩 증가시킨다.

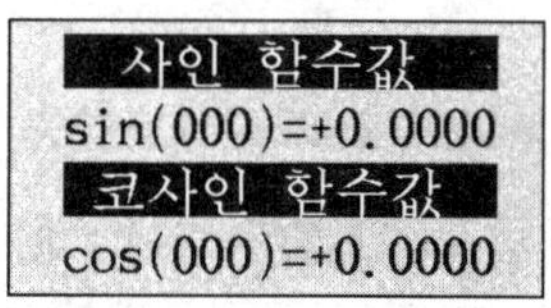

4.8 키입력 및 인터럽트 처리 프로그램

이 절에서는 *OK-7S256* 키트에 내장된 키의 입력을 수행하는 프로그램과 인터럽트 처리 프로그램을 작성하는 프로그래밍 기술을 익힌다.

관련 내용	(1) 제1.5절 AT91SAM7S256의 시스템 제어기 (2) 제3.1절 *OK-7S256* 키트의 구조와 기능

1. 키입력의 원리

OK-7S256 키트에는 데이터 입력을 위하여 2개의 키 KEY1, KEY2를 가지고 있는데, 이들 키를 입력하는 것은 얼핏 매우 단순해 보이지만 여기에 디바운싱 기술을 적용하여 제대로 키를 읽는 기술은 그리 단순하지 않다.

키(key)에는 여러 가지 종류가 있는데 마이크로프로세서 응용 시스템에서 사용하는 대부분의 키는 기계적인 방법으로 금속 접점을 ON/OFF시키는 구조로 되어 있으며, 이를 <그림 4.8.1>의 (a)와 같이 풀업 저항(pull-up resistor)과 함께 사용하여 키를 누르지 않았을 때는 논리적으로 H상태(3.3V)의 출력을 발생하고 키를 눌렀을 때는 L상태(0V)의 출력을 발생하도록 하여 마이크로프로세서가 키 입력 여부를 확인할 수 있게 된다.

그러나, 이러한 기계적인 접점 방식으로 되어 있는 키를 누르거나 뗄 때는 접점 부분에서의 기계적인 진동(bouncing)에 의하여 출력 파형이 <그림 4.8.2>와 같은 형태로 되고, 이를 매우 빠르게 동작하는 마이크로프로세서가 읽어들이게 되면 키를 여러 번 누른 것으로 잘못 인식될 수 있다. 이러한 진동은 대부분 최대 약 20ms 정도 이내에 끝나는 것으로 알려져 있으나, 키 접점 부분이 산화, 부식, 먼지 등으로 청결하지 못한 경우에는 더 길어질 수도 있다.

마이크로프로세서가 안정된 키 입력 동작을 수행하기 위해서는 이러한 키 접점에서의 진동을 제거해야 하는데 이를 디바운싱(debouncing)이라고 한다. 키 접점에서의 하드웨어적인 디바운싱 기법으로는 <그림 4.8.1>의 (b)처럼 저항 및 콘덴서를 이용한 저역통과 필터(LPF ; Low-Pass Filter)로 진동 신호를 완만하게 만들고, 여기에 슈미트 트리거(Schmitt Trigger) 회로를 추가하여 정확한 디지털 신호를 얻어내는 방법이 사용된다. 하지만, 이러한 하드웨어적인 디바운싱 방법은 추가적인 회로가 필요하게 되고 따라서 키의 수가 많을 때는 경제적인 부담과 수용 면적의 증가 때문에 이를 적용하기가 어렵다.

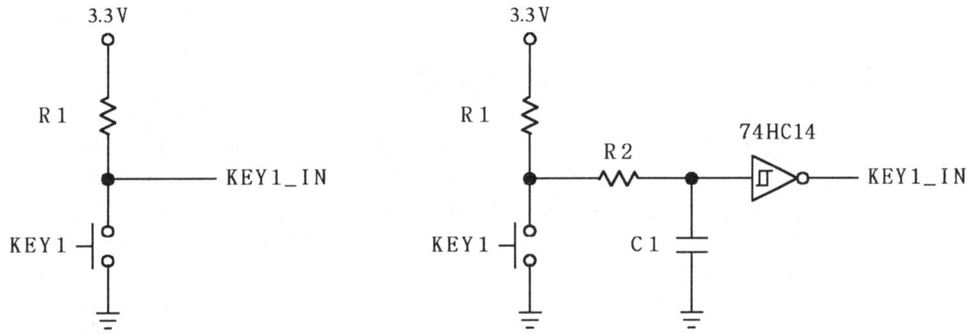

(a) 키 입력 기본회로 (b) 디바운싱 기능이 포함된 키 입력 회로

〈그림 4.8.1〉 키 입력 회로

〈그림 4.8.2〉 바운싱 현상이 포함된 키 입력 신호

소프트웨어적인 디바운싱 기법에서는 시간지연(time delay) 루틴을 이용한다. 즉, 키가 눌려질 때는 처음 L상태가 검출되면 약 20ms의 시간지연 후에 다시 L상태를 확인하고 나서 키가 눌러진 것으로 인식하고, 반대로 키가 떼어질 때는 처음 H상태가 검출되면 약 20ms의 시간지연 후에 다시 H상태를 확인하고 나서 키가 떼어진 것으로 인식하면 된다. 이렇게 하여 1번 눌러진 동작과 1번 떼어진 동작이 수행되어야만 키가 정확히 1번 입력된 것으로 처리된다. 퍼스널컴퓨터에서는 키가 일정한 시간동안 계속하여 눌러져 있으면 이를 반복키(typematic key)로 처리하지만 마이크로프로세서 응용 시스템에서는 이런 기능을 거의 사용하지 않는다. 소프트웨어적인 디바운싱 방법은 마이크로프로세서의 키 스캔 동작에 따르는 처리시간이 부담되지만 키입력 회로가 간단

해지고 시스템에 유연성이 있으므로 널리 사용된다.

이러한 키는 낱개로 몇 개 정도가 사용되는 경우도 있지만 많은 수의 키를 포함하는 전용 보드를 사용하기도 한다. 보통은 숫자키나 몇 개의 기능키 정도를 가지는 소규모 보드를 키패드(keypad)라고 하고, 알파벳키와 숫자키, 기능키 등을 가지는 완전한 보드를 키보드(keyboard)라고 한다.

◀휴게실▶ **키 접점 방식**

키보드에 사용되는 각각의 키는 기본적으로 눌려진 상태와 눌려지지 않은 상태를 구분하는 스위치로 동작하는데, 키보드는 이와 같은 2가지의 상태를 발생하고 검출하는 방식에 따라 hard contact keyboard, capacitive keyboard, rubber keyboard, Hall-Effect keyboard 등으로 나눌 수 있다.

hard contact 방식의 키보드는 구조가 매우 간단하고 가격이 싸므로 가장 광범위하게 사용되며, 대부분의 퍼스널컴퓨터와 마이크로프로세서 트레이닝 키트에서도 이를 사용하고 있다. 그러나, 기계 접점이 전기적 신호를 직접 ON/OFF하므로 바운싱 현상이 심하고, 이를 오래 사용하면 접점의 상태가 나빠져서 키의 수명이 짧아지거나 접점 사이에 이물질이 끼어있을 경우 동작이 불량해지는 것이 단점이다.

capacitive keyboard는 키를 눌렀을 때와 누르지 않았을 때 nickel-plated copper로 만들어진 한 쌍의 패드(pad) 사이에 정전 용량이 수십 pF에서 수 pF로 변하는 것을 검출하는 방식으로 동작한다. 이 정전 용량의 변화를 검출하는데는 보통 마이크로프로세서를 사용하며, 바운싱 현상이 적어서 debouncing time을 고려하더라도 300 CPS(characters per second) 이상의 고속 입력이 가능하고, 접점이 직접 접촉하지 않으므로 수명이 길며, 접점 사이에 이물질이 있더라도 동작상태에 영향이 적다. 이는 퍼스널컴퓨터에서 일부 사용했던 적이 있다.

rubber keyboard에서는 접점에 금속이 아닌 도전성의 molded rubber sheet를 사용하고 있는데, 이것은 키를 소형화하기에 유리하고 바운싱이 적은 장점이 있다. 그러나, 가격이 비교적 비싸므로 키의 수가 적거나 키보드를 제어하기 위하여 마이크로프로세서를 사용하기 어려운 전화기, 휴대용 계산기, 리모콘 등에 주로 사용한다.

Hall-Effect 방식의 키보드는 각 키에 영구자석 및 홀 소자를 사용하고 키가 눌려져 이들 사이의 거리가 가까워지면 홀 소자에 전압이 발생하는 것을 이용한다. 이는 성능이 우수하고 수명이 길지만, 가격이 비싸므로 일반적인 용도에는 잘 사용하지 않는다.

이러한 소프트웨어적인 디바운싱 기법을 적용하여 *OK-7S256* 키트에 내장된 2개의 키 KEY1, KEY2를 읽어들이는 루틴은 앞의 제4.1절과 제4.2절에서 보였듯이 이 키트의 기본 헤더파일 OK7S256ads.h 및 OK7S256gcc.h에 Key_input()이라는 함수로 작성하여 놓았으므로 사용자는 필요할 때 이를 호출하여 쉽게 디바운싱 기능을 포함하는 키 입력을 수행할 수 있다. 이 사용자 함수 Key_input()의 동작을 보여주는 플로우차트는 <그림 4.8.3>과 같다.

기본 헤더파일 OK7S256ads.h 및 OK7S256gcc.h에 포함되어 있는 Key_input() 함수를 다시 보이면 아래와 같다. 여기서 보듯이 Key_input() 함수에는 디바운싱 기능이 포함되어 있으며, Key_in() 함수에는 디바운싱 기능이 없다.

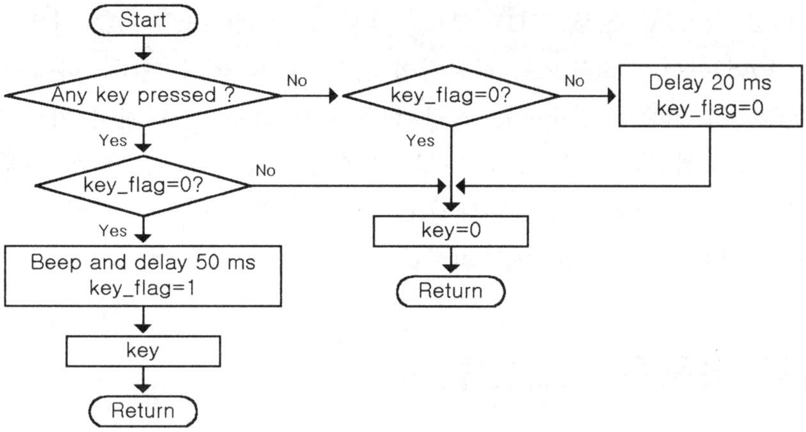

〈그림 4.8.3〉 키입력 함수 Key_input()의 순서도

〈사용자 정의 함수〉 OK7S256ads.h 및 OK7S256gcc.h에 포함된 Key_input() 함수

```
unsigned char key_flag = 0;

unsigned int Key_in(void)                        /* input key KEY2 - KEY1 without debouncing */
{ unsigned int keycode;                          //   (no input = 0, KEY1 = 1, KEY2 = 2)

  AT91F_PIO_CfgInput(AT91C_BASE_PIOA, KEY2|KEY1); // PA8,PA7 = input with pullup
  AT91F_PIO_Pullup(AT91C_BASE_PIOA, KEY2|KEY1);

  keycode = (~(AT91F_PIO_GetInput(AT91C_BASE_PIOA) >> 7)) & 0x00000003;

  return keycode;
}

unsigned int Key_input(void)                     /* input key KEY2 - KEY1 with debouncing */
{ unsigned int key;                              //   (no input = 0, KEY1 = 1, KEY2 = 2)

  key = Key_in();                                // any key pressed ?
  if(key == 0)                                   // if no key, check key off
    { if(key_flag == 0)
        return key;
      else
        { Delay_ms(20);
          key_flag = 0;
          return key;
        }
    }
  else                                           // if key input, check continuous key
    { if(key_flag != 0)                          // if continuous key, treat as no key input
        return 0;
      else                                       // if new key, beep and delay for debounce
        { Beep();
          key_flag = 1;
          return key;
        }
    }
}
```

<그림 3.1.2>의 *OK-7S256* 키트 회로도에서 보면 KEY1은 PA7 핀에 연결되어 있고 KEY2는 PA8 핀에 접지쪽으로 접속되어 있는 것을 알 수 있다. 따라서, 이들 핀을 풀업으로 설정하고 읽으면 평소에는 해당 신호가 H상태로 읽혀지며 키를 누르면 해당 신호가 L상태로 읽혀진다. 이들 함수에서는 이렇게 키입력을 검출하여 아무 키가 눌러지지 않았을 때는 key값을 0으로 리턴하고, KEY1이 눌러졌을 때는 key=1을 리턴하며, KEY2가 눌러졌을 때는 key=2를 리턴하는 것을 이해해야 한다.

2. 키입력 카운트 프로그램

여기서는 *OK-7S256* 키트에 내장된 2개의 키 KEY1, KEY2를 읽어들여 어느 키가 눌러졌는지를 확인하는 예를 살펴보기로 한다. 이 예제들을 보면 디바운싱 기능이나 키를 한번 눌렀을 때 정확히 키입력이 1번만 인식되도록 하는 기능이 얼마나 중요한지를 알 수 있다. 먼저 디바운싱 기능을 사용하지 않고 키를 검출하여 각 키가 몇번 입력되었는지를 텍스트형 LCD 모듈에 표시하는 프로그램을 작성하면 다음과 같다.

〈프로그램 Xtest08_1.c〉 디바운싱을 사용하지 않은 키입력 카운트 프로그램

```
/* ========================================================================== */
/*                 Xtest08_1.c : Key Input Count without Debouncing           */
/* ========================================================================== */
/*                         Designed and programmed by Duck-Yong Yoon in 2007.  */

#include "AT91SAM7S256.h"
#include "lib_AT91SAM7S256.h"
#include "OK7S256gcc.h"

void LCD_3d(unsigned int number)                    /* display 3-digit decimal number */
{ unsigned int i, flag;

  flag = 0;
  i = number/100;                                   // 10^2
  if(i == 0) LCD_data(' ');
  else {     LCD_data(i + '0');
             flag = 1;
       }

  number = number % 100;                            // 10^1
  i = number/10;
  if((i == 0) && (flag == 0))
             LCD_data(' ');
  else {     LCD_data(i + '0');
             flag = 1;
       }

  i = number % 10;                                  // 10^0
  LCD_data(i + '0');
}
```

```
int main(void)
{
  unsigned int key1=0, key2=0;

  MCU_initialize();                          // initialize AT91SAM7S256 & kit
  Delay_ms(50);                              // wait for system stabilization
  LCD_initialize();                          // initialize text LCD

  LCD_string(0x80,"   KEY1 = 000    ");      // display title on text LCD
  LCD_string(0xC0,"   KEY2 = 000    ");
  Beep();

  while(1)
    { switch(Key_in())                       // key input without debouncing
        { case 0x01 : key1++;                // if KEY1, display KEY1 count
                      if(key1 > 999) key1 = 0;
                      LCD_command(0x8A);
                      LCD_3d(key1);
                      break;
          case 0x02 : key2++;                // if KEY2, display KEY2 count
                      if(key2 > 999) key2 = 0;
                      LCD_command(0xCA);
                      LCD_3d(key2);
                      break;
          default :   break;
        }
    }
}
```

☞ 여기서는 디바운싱 기능을 포함하고 있는 Key_input() 함수를 사용하지 않고 디바운싱 기능이 없는 Key_in() 함수를 사용하였으므로 키를 누를 때 이것이 정확히 1번씩만 검출되지 않는다. 따라서, 키를 1번 눌렀는데도 텍스트형 LCD 모듈에 표시되는 키입력 횟수가 마구잡이로 증가하는 것을 볼 수 있다. 키입력 카운트 표시는 0~999의 범위에서만 표시하도록 하였다.

이 프로그램을 컴파일하여 다운로드하고 실행하라. 그리고, 키 KEY1, KEY2를 차례로 누르면서 텍스트형 LCD 모듈에 나타나는 카운트값을 관찰하라. 디바운싱 기능과 키입력을 1회만 수행하는 기능이 포함되어 있지 않으므로 키를 분명히 1번만 눌렀는데도 카운트값이 예상과 다르게 변하는 것을 볼 수 있는가?

이번에는 디바운싱 기능과 키입력이 1회만 검출되도록 하는 기능을 사용한 키입력 카운트 프로그램을 작성하여 보면 다음과 같다.

〈프로그램 Xtest08_2.c〉 디바운싱을 사용한 키입력 카운트 프로그램

```
/* ========================================================================== */
/*                Xtest08_2.c : Key Input Count with Debouncing               */
/* ========================================================================== */
/*                     Designed and programmed by Duck-Yong Yoon in 2007.     */

#include "AT91SAM7S256.h"
#include "lib_AT91SAM7S256.h"
```

```
#include "OK7S256gcc.h"

void LCD_3d(unsigned int number)                        /* display 3-digit decimal number */
{ unsigned int i, flag;

  flag = 0;
  i = number/100;                                       // 10^2
  if(i == 0) LCD_data(' ');
  else {     LCD_data(i + '0');
             flag = 1;
       }

  number = number % 100;                                // 10^1
  i = number/10;
  if((i == 0) && (flag == 0))
             LCD_data(' ');
  else {     LCD_data(i + '0');
             flag = 1;
       }

  i = number % 10;                                      // 10^0
  LCD_data(i + '0');
}

int main(void)
{
  unsigned int key1=0, key2=0;

  MCU_initialize();                                     // initialize AT91SAM7S256 & kit
  Delay_ms(50);                                         // wait for system stabilization
  LCD_initialize();                                     // initialize text LCD

  LCD_string(0x80,"    KEY1 = 000    ");                // display title on text LCD
  LCD_string(0xC0,"    KEY2 = 000    ");
  Beep();

  while(1)
    { switch(Key_input())                               // key input without debouncing
        { case 0x01 : key1++;                           // if KEY1, display KEY1 count
                      if(key1 > 999) key1 = 0;
                      LCD_command(0x8A);
                      LCD_3d(key1);
                      break;
          case 0x02 : key2++;                           // if KEY2, display KEY2 count
                      if(key2 > 999) key2 = 0;
                      LCD_command(0xCA);
                      LCD_3d(key2);
                      break;
          default :   break;
        }
    }
}
```

☞ 여기서는 키를 입력할 때 디바운싱 기능이 있는 Key_input() 함수를 사용하였으므로 키를 누를 때 이것이 정확히 1번씩만 검출된다. 따라서, 키를 1번 누르면 텍스트형 LCD 모듈에 표시되는 키입력 횟수가 정확하게 1씩 증가한다.

이 프로그램을 컴파일하여 다운로드하고 실행하라. 그리고, 키 KEY1, KEY2를 차례로 누르면서 텍스트형 LCD 모듈에 나타나는 카운트값을 관찰하라. 디바운싱 기능과 키입력을 1회만 수행하는 기능이 포함되어 있으므로 키를 누를 때마다 해당 키의 카운트값이 정확히 1씩 증가하는 것을 볼 수 있는가?

3. 키입력 인터럽트 처리 프로그램

마이크로콘트롤러의 인터럽트 기능은 매우 하드웨어 의존적이기 때문에 C언어에서 이를 표준적으로 지원하지 않으며, 따라서 C컴파일러마다 고유한 방법으로 이를 처리하는 것이 일반적이다. 그러나, AT91SAM7S256은 매우 독특한 벡터형 인터럽트 방식을 사용하여 C컴파일러에서 이를 고유하게 처리할 필요가 없게 되어 있다. 즉, 사용자가 인터럽트 서비스 루틴 함수의 번지에 해당하는 벡터 어드레스를 지정된 레지스터에 써주기만 하면 인터럽트 설정이 끝나기 때문에 C컴파일러에게는 이를 처리하기 위한 특별한 지시어를 가지고 있을 필요가 없다는 것이다.

Atmel에서 제공하는 lib_AT91SAM7S256.h 헤더파일에는 인터럽트 설정을 위한 함수 AT91F_AIC_ConfigureIt()가 제공되기 때문에 이를 사용하면 좀더 편리하게 인터럽트 처리 프로그램을 작성할 수 있으며, 이는 ADS v1.2에서나 WinARM에서 공통적으로 사용된다. 물론 이 책의 예제에서도 이를 적극적으로 사용하기로 한다.

AT91SAM7S256의 병렬 I/O 포트에서는 각 핀에서 하강 에지나 상승 에지와 같은 입력변화가 있을 때 PIO 인터럽트를 발생할 수 있다. 이 인터럽트는 <표 1.2.12>에서 보였듯이 인터럽트 번호 2에 해당한다. 따라서, *OK-7S256* 키트의 KEY1, KEY2는 각각 병렬 I/O 포트의 PA7, PA8에 연결되어 있으므로 이 핀에서의 입력변화를 이용하여 키입력 인터럽트를 발생할 수 있다. 다만, PIO 인터럽트는 입력 신호의 하강 에지와 상승 에지에서 모두 인터럽트를 발생하는 구조로 되어 있으므로 키를 누를 때도 인터럽트가 발생하고 키를 뗄 때도 인터럽트가 발생한다는 점에 유의해야 한다.

(1) 기본적인 키입력 인터럽트 발생

먼저 *OK-7S256* 키트의 KEY1, KEY2를 이용하여 인터럽트를 발생시키는 예를 살펴보기로 한다. PIO 인터럽트를 사용하는 방법으로 *OK-7S256* 키트의 KEY1을 누르면 이를 텍스트형 LCD 모듈에 표시하면서 LED1을 300ms 속도로 3차례 깜빡이고, KEY2를 누르면 이를 텍스트형 LCD 모듈에 표시하면서 LED2를 300ms 속도로 3차례 깜빡이는 프로그램을 작성하여 보면 다음과 같다.

〈프로그램 Xtest08_3.c〉 PIO 인터럽트 처리 프로그램

```
/* ============================================================================ */
/*            Xtest08_3.c : PIO Interrupt Program by KEY1 & KEY2                */
/* ============================================================================ */
/*                       Designed and programmed by Duck-Yong Yoon in 2007.     */

#include "AT91SAM7S256.h"
#include "lib_AT91SAM7S256.h"
#include "OK7S256gcc.h"

void PIO_ISR(void)                                  /* PIO interrupt service routine */
{ unsigned int i, status;

  status = (AT91F_PIO_GetInterruptStatus(AT91C_BASE_PIOA) >> 7) & 0x00000003;
  if(status == 1)                                   // if KEY1, blink LED1 by 3 times
    { LCD_string(0xC0,"     by KEY1      ");
      for(i=1; i<=3; i++)
        { LED_on(LED1);
          Delay_ms(300);
          LED_off(LED1);
          Delay_ms(300);
        }
    }
  else if(status == 2)                              // if KEY2, blink LED2 by 3 times
    { LCD_string(0xC0,"     by KEY2      ");
      for(i=1; i<=3; i++)
        { LED_on(LED2);
          Delay_ms(300);
          LED_off(LED2);
          Delay_ms(300);
        }
    }
}

int main(void)
{
  MCU_initialize();                                 // initialize AT91SAM7S256 & kit
  Delay_ms(50);                                     // wait for system stabilization
  LCD_initialize();                                 // initialize text LCD

  LCD_string(0x80," PIO Interrupt   ");             // display title on text LCD
  LCD_string(0xC0,"                 ");
  Beep();

  AT91F_PIO_InputFilterEnable(AT91C_BASE_PIOA,KEY2|KEY1); // initialize PIO interrupt
  AT91F_PIO_InterruptEnable(AT91C_BASE_PIOA,KEY2|KEY1);
  AT91F_AIC_ConfigureIt(AT91C_BASE_AIC,AT91C_ID_PIOA,7,1,PIO_ISR);
  AT91F_AIC_EnableIt(AT91C_BASE_AIC,AT91C_ID_PIOA);

  while(1);                                         // wait for interrupts
}
```

☞ 인터럽트를 초기화하는 과정은 먼저 병렬 I/O 포트에서 PA7, PA8 단자에 입력변화가 있을 때 인터럽트를 요청하도록 설정해야 한다. 이때 입력필터를 사용하는 것이 바람직하다. 다음에는 인터럽트 제어기를 초기화하는데 이는 AT91F_AIC_ConfigureIt() 함수를 사용하는 것이 편리하다. 이 함수를 사용하려면 인터럽트 번호, 인터럽트 우선순위 레벨, 입력신호의 형식, 인터럽트 서비스 루틴 함수 이름 등을 지정하는데 유의하여 올바르게 설정해야 한다.

인터럽트가 발생하고 나면 PA7, PA8 단자에 중에서 어느 단자의 인터럽트가 발생한 것인지를 구분해야 하는데 이는 AT91F_PIO_GetInterruptStatus() 함수를 사용하여 PIO_ISR 레지스터를 읽어보면 알 수 있다.

이 프로그램을 컴파일하여 *OK-7S256* 키트에 다운로드하고 실행하라. 그리고, 키트의 KEY1과 KEY2를 여러 차례 눌러보면서 인터럽트가 발생하는 것을 확인하라. 키를 잠깐 눌렀다 떼면 LED가 3차례가 아니고 6차례 깜빡이는 것을 볼 수 있는가? 이것은 키를 누를 때도 인터럽트가 발생하고 키를 뗄 때도 PIO 인터럽트가 발생하기 때문이다.

만약, 키를 누른 채로 있으면 인터럽트가 1번만 발생하므로 LED가 3번 깜빡이는 것을 볼 수 있다. 그 이후에 키를 떼는 경우에도 마찬가지이다. 그러나, 이 경우에도 키를 조심스럽게 누르고 조심스럽게 떼지 않으면 키 접점에서의 바운싱에 의하여 인터럽트가 2차례 이상 연속으로 발생하고 따라서 LED가 6번 깜빡이게 된다.

(2) 키입력 인터럽트 카운트 프로그램

이제 인터럽트를 사용하여 *OK-7S256* 키트의 KEY1과 KEY2를 누를 때 키입력 횟수를 카운트하는 프로그래밍 기술을 살펴보기로 한다.

먼저 키를 누르고 뗄 때 각각 인터럽트가 발생하는 것을 그냥 두고 또한 디바운싱 기술을 적용하지 않은 상태에서 프로그램을 작성하면 다음과 같다.

〈프로그램 Xtest08_4.c〉 디바운싱 기술을 적용하지 않은 인터럽트 카운트 프로그램

```
/* ========================================================================== */
/*     Xtest08_4.c : Key Input Count without Debouncing by PIO Interrupt      */
/* ========================================================================== */
/*                         Designed and programmed by Duck-Yong Yoon in 2007.  */

#include "AT91SAM7S256.h"
#include "lib_AT91SAM7S256.h"
#include "OK7S256gcc.h"

void LCD_3d(unsigned int number)                    /* display 3-digit decimal number */
{ unsigned int i, flag;

  flag = 0;
  i = number/100;                                   // 10^2
  if(i == 0) LCD_data(' ');
  else {     LCD_data(i + '0');
             flag = 1;
       }

  number = number % 100;                            // 10^1
  i = number/10;
  if((i == 0) && (flag == 0))
             LCD_data(' ');
  else {     LCD_data(i + '0');
             flag = 1;
       }

  i = number % 10;                                  // 10^0
  LCD_data(i + '0');
```

```
}

unsigned int key1=0, key2=0;                        // key input counter

void PIO_ISR(void)                                  /* PIO interrupt service routine */
{ unsigned int status;

  Beep();

  status = (AT91F_PIO_GetInterruptStatus(AT91C_BASE_PIOA) >> 7) & 0x00000003;
  if(status == 1)                                   // if KEY1, display KEY1 count
    { key1++;                                       // increment and display count
      if(key1 > 999) key1 = 0;
      LCD_command(0x8A);
      LCD_3d(key1);
    }
  else if(status == 2)                              // if KEY2, display KEY2 count
    { key2++;
      if(key2 > 999) key2 = 0;
      LCD_command(0xCA);
      LCD_3d(key2);
    }
}

int main(void)
{
  MCU_initialize();                                 // initialize AT91SAM7S256 & kit
  Delay_ms(50);                                     // wait for system stabilization
  LCD_initialize();                                 // initialize text LCD

  LCD_string(0x80,"   KEY1 = 000    ");             // display title on text LCD
  LCD_string(0xC0,"   KEY2 = 000    ");
  Beep();

  AT91F_PIO_InputFilterEnable(AT91C_BASE_PIOA,KEY2|KEY1); // initialize PIO interrupt
  AT91F_PIO_InterruptEnable(AT91C_BASE_PIOA,KEY2|KEY1);
  AT91F_AIC_ConfigureIt(AT91C_BASE_AIC,AT91C_ID_PIOA,7,1,PIO_ISR);
  AT91F_AIC_EnableIt(AT91C_BASE_AIC,AT91C_ID_PIOA);

  while(1);                                         // wait for interrupts
}
```

이 예제 프로그램을 컴파일하여 *OK-7S256* 키트에 다운로드하고 실행하라. 그리고, KEY1과 KEY2를 여러 차례 번갈아 눌러보면서 키입력 횟수가 카운트되는 것을 확인하라. 이 프로그램에서는 키를 누르고 뗄 때마다 각각 인터럽트가 발생하므로 카운트 횟수가 최소한 2씩 증가하며, 키 접점에서의 바운싱 현상 때문에 가끔은 좀더 많이 카운트 횟수가 증가하는 것을 눈으로 확인할 수 있다. 더구나 여기서는 인터럽트 서비스 루틴 함수에서 Beep() 함수를 실행하여 인터럽트 처리 시간을 길게 하였기 때문에 내부적으로 약간의 디바운싱 효과를 가지고 있지만, 만약 여기서 Beep() 함수를 제거하면 바운싱 현상은 더욱 심해진다.

위의 프로그램에서 키를 눌렀을 때만 키입력 카운트가 증가하고 키를 뗄 때는 키

입력 카운트가 증가하지 않으며, 키접점에서의 디바운싱 기술을 적용하도록 수정하면 다음과 같다.

〈프로그램 Xtest08_5.c〉 디바운싱 기술을 적용한 인터럽트 카운트 프로그램

```
/* ============================================================================ */
/*       Xtest08_5.c : Key Input Count with Debouncing by PIO Interrupt        */
/* ============================================================================ */
/*                          Designed and programmed by Duck-Yong Yoon in 2007.  */

#include "AT91SAM7S256.h"
#include "lib_AT91SAM7S256.h"
#include "OK7S256gcc.h"

void LCD_3d(unsigned int number)                /* display 3-digit decimal number */
{ unsigned int i, flag;

  flag = 0;
  i = number/100;                               // 10^2
  if(i == 0) LCD_data(' ');
  else {     LCD_data(i + '0');
             flag = 1;
       }

  number = number % 100;                        // 10^1
  i = number/10;
  if((i == 0) && (flag == 0))
             LCD_data(' ');
  else {     LCD_data(i + '0');
             flag = 1;
       }

  i = number % 10;                              // 10^0
  LCD_data(i + '0');
}

unsigned int key1=0, key2=0;                    // key input counter

void PIO_ISR(void)                              /* PIO interrupt service routine */
{ unsigned int status;

  Delay_ms(20);                                 // delay for debouncing
  status = (AT91F_PIO_GetInput(AT91C_BASE_PIOA) >> 7) & 0x00000003;
  if(status == 3)                               // if key off, don't count and return
    { status = AT91F_PIO_GetInterruptStatus(AT91C_BASE_PIOA);
      return;
    }
  else                                          // if key on, beep and count
    Beep();

  status = (AT91F_PIO_GetInterruptStatus(AT91C_BASE_PIOA) >> 7) & 0x00000003;
  if(status == 1)                               // if KEY1, display KEY1 count
    { key1++;                                   // increment and display count
      if(key1 > 999) key1 = 0;
      LCD_command(0x8A);
      LCD_3d(key1);
    }
  else if(status == 2)                          // if KEY2, display KEY2 count
    { key2++;
      if(key2 > 999) key2 = 0;
      LCD_command(0xCA);
      LCD_3d(key2);
    }
```

```
}

int main(void)
{
  MCU_initialize();                              // initialize AT91SAM7S256 & kit
  Delay_ms(50);                                  // wait for system stabilization
  LCD_initialize();                              // initialize text LCD

  LCD_string(0x80,"   KEY1 = 000   ");           // display title on text LCD
  LCD_string(0xC0,"   KEY2 = 000   ");
  Beep();

  AT91F_PIO_InputFilterEnable(AT91C_BASE_PIOA,KEY2|KEY1); // initialize PIOA interrupt
  AT91F_PIO_InterruptEnable(AT91C_BASE_PIOA,KEY2|KEY1);
  AT91F_AIC_ConfigureIt(AT91C_BASE_AIC,AT91C_ID_PIOA,7,1,PIO_ISR);
  AT91F_AIC_EnableIt(AT91C_BASE_AIC,AT91C_ID_PIOA);

  while(1);                                      // wait for interrupts
}
```

☞ 인터럽트가 발생하면 디바운싱을 위하여 20ms의 시간지연을 주고 나서 PA7, PA8 단자의 입력을 읽어서 현재 키가 눌려진 상태인지 떼어진 상태인지를 확인하는 점에 주목하라. PA7, PA8 단자의 입력중에서 적어도 하나가 0이면 어느 키가 눌려졌음을 의미하므로 카운트를 진행하고, 그렇지 않으면 키가 떼어졌음을 의미하므로 무시하고 그냥 리턴하면 된다.

이 예제 프로그램을 컴파일하여 *OK-7S256* 키트에 다운로드하고 실행하라. 그리고, KEY1과 KEY2를 누르면서 키입력 횟수가 카운트되는 것을 확인하라. 키를 1번 눌렀다 뗄 때마다 해당 키의 카운트 횟수가 정확하게 1씩 증가하는가?

4. 실습 과제

(1) AT91SAM7S256의 외부 인터럽트에서 레벨 트리거 방식과 에지 트리거 방식의 차이를 비교 설명하라.

(2) 예제 프로그램 Xtest08_5.c에서 status=3일 때 먼저 AT91F_PIO_GetInterruptStatus() 함수를 실행하고 나서 리턴하는 이유를 설명하라.

(3) 예제 프로그램 Xtest08_5.c를 KEY1만을 사용하는 키입력 카운트 프로그램으로 수정한 Xtest08_5R.c를 작성하라.

4.9 PIT를 이용한 주기적인 인터럽트 프로그램

이 절에서는 AT91SAM7S256의 시스템 제어기에 내장된 주기적인 시간간격 타이머(PIT)를 사용하여 인터럽트를 발생하고 처리하는 프로그래밍 기술을 익힌다. 이를 이용한 응용으로 전자 스톱워치를 만들어 본다.

관련 내용	(1) 제1.5절 AT91SAM7S256의 시스템 제어기 7. 인터럽트 제어기(AIC) 10. 주기적인 시간간격 타이머(PIT) (2) 제3.1절 *OK-7S256* 키트의 구조와 기능

1. 주기적인 인터럽트 발생

마이크로콘트롤러에서 타이머를 이용하여 주기적으로 일정하게 인터럽트를 발생시키는 일은 매우 많다. 주기적인 인터럽트를 발생하여 디지털 시계를 구현하는 것도 이러한 예이며, 자동제어 시스템에서 일정한 샘플링 주기로 제어를 수행하거나 동시에 여러 가지의 일을 처리하기 위하여 시분할 방식으로 각각의 일을 번갈아 수행하는 경우도 이에 해당한다. 이런 경우 인터럽트 발생주기를 사용자가 임의로 결정할 수 있어야 하고 또한 그 주기가 매우 정확해야 하는데, 이는 마이크로콘트롤러에 내장된 타이머 기능을 이용하는 것이 좋다. 특히 이처럼 정확한 주기의 인터럽트를 발생시킬 때는 타이머의 주기가 하드웨어적으로 자동 처리되는 출력비교 및 자동 클리어 기능을 사용해야 한다.

8051과 같은 마이크로콘트롤러에서 널리 사용하고 있는 타이머에서 주기가 소프트웨어적으로 처리되는 타이머 오버플로우(timer overflow) 인터럽트의 동작을 그림으로 설명하면 <그림 4.9.1>과 같다. 즉, 타이머 오버플로우 인터럽트가 발생하면 오버플로우에 의하여 타이머의 값이 0xFF→0x00(16비트 타이머에서는 0xFFFF→0x0000)으로 클리어되므로 인터럽트 서비스 루틴에서 이를 소프트웨어적으로 다시 원하는 주기를 만들기 위한 값으로 초기화해 주어야 한다. 그러나, 인터럽트가 요청되어 처리를 시작하기까지의 지연시간과 타이머를 초기화하는 소프트웨어의 처리시간이 인터럽트 설정

주기에 추가되므로 이런 경우에는 실제로 발생하는 인터럽트 주기가 설정치에 비하여 더 길어지게 된다. 그런데, 이러한 오차가 일정하다면 인터럽트 설정 주기를 그만큼 줄이는 방법으로 보완할 수도 있겠지만, 인터럽트 지연시간은 상황에 따라 달라지므로 이러한 보완 방법을 사용하는 것도 사실상 불가능하다.

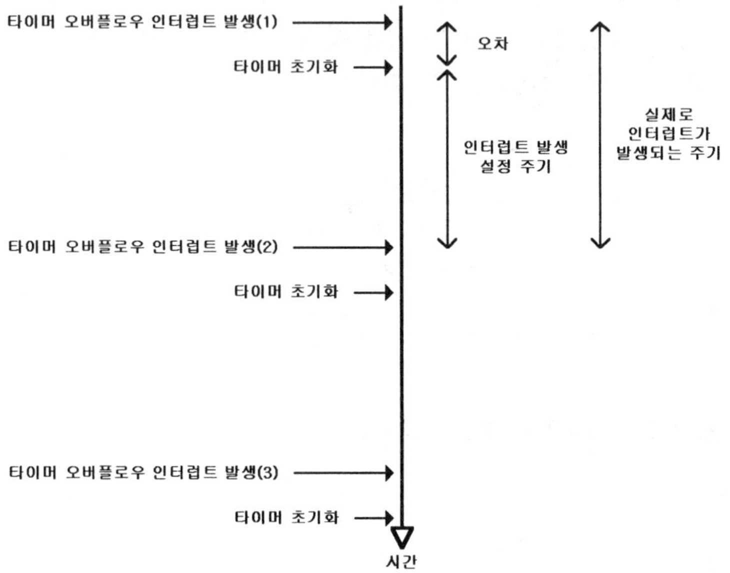

〈그림 4.9.1〉 8051에서 타이머 오버플로우 인터럽트를 사용한 주기적인 인터럽트

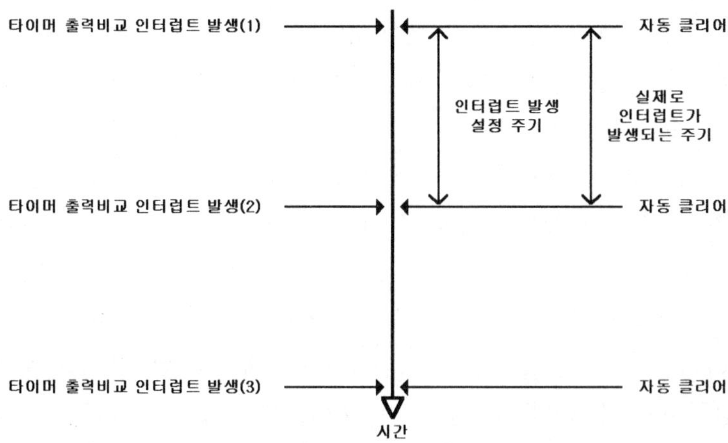

〈그림 4.9.2〉 AT91SAM7S256에서 PIT를 사용한 주기적인 인터럽트

그러나, <그림 4.9.2>에서 보인 바와 같이 AT91SAM7S256의 PIT처럼 출력비교 기능과 자동 클리어 기능이 있는 타이머 출력비교 인터럽트를 사용하면 원천적으로 이

런 문제가 발생하지 않는다. 즉, AT91SAM7S256의 PIT에서는 20비트 증가형 카운터 CPIV가 MCK/16의 클록 주파수를 받아서 0부터 증가하다가 PIT_MR 레지스터에 설정해둔 PIV값과 같아지면 출력비교 인터럽트가 발생하면서 하드웨어에 의하여 자동으로 20비트 증가형 카운터 CPIV의 값이 0으로 클리어되므로 이후부터 정확히 인터럽트 설정 주기만큼의 시간이 지나면 다시 이 출력비교 인터럽트를 발생하게 된다. 따라서 이와 같은 방법으로 PIT를 이용한 인터럽트 발생 주파수는 정확하게

$$f_{PIT} = \frac{MCK}{16(PIV+1)}$$

이 된다. 여기서 PIV는 20비트 값이므로 1~1048575 범위의 값을 사용할 수 있다.

▣ 기본 인터럽트 발생 프로그램

이제 PIT를 사용하여 4Hz의 속도로 주기적인 인터럽트를 발생하고, 인터럽트가 발생될 때마다 LED2를 점멸하는 프로그램을 작성하면 다음과 같다. 결국 LED2는 2Hz의 속도 즉 0.5초에 한번씩 깜빡이게 된다.

〈프로그램 Xtest09_1.c〉 PIT를 사용한 4Hz의 주기적인 인터럽트의 발생

```
/* ============================================================================ */
/*              Xtest09_1.c : PIT Interrupt Program(4Hz Speed)                  */
/* ============================================================================ */
/*                       Designed and programmed by Duck-Yong Yoon in 2007.     */

#include "AT91SAM7S256.h"
#include "lib_AT91SAM7S256.h"
#include "OK7S256gcc.h"

volatile unsigned int PIT_flag=0;               // PIT interrupt flag

void PIT_ISR(void)                              /* PIT interrupt service routine */
{
  AT91F_PITGetPIVR(AT91C_BASE_PITC);            // clear PITS

  PIT_flag ^= 0x01;                             // toggle PIT_flag(4Hz/2 = 2Hz)

  if(PIT_flag == 1)                             // if PIT_flag=1, LED2 on
    LED_on(LED2);
  else                                          // if PIT_flag=0, LED2 off
    LED_off(LED2);
}

int main(void)
{
  MCU_initialize();                             // initialize AT91SAM7S256 & kit
  Delay_ms(50);                                 // wait for system stabilization
  LCD_initialize();                             // initialize text LCD module
```

```
    LCD_string(0x80, " PIT Interrupt  ");           // display title
    LCD_string(0xC0, "     (4 Hz)     ");
    Beep();

    LED_off(LED2|LED1);                              // LED2~LED1 off

    AT91F_PITC_CfgPMC();                             // enable peripheral clock for PIT
    AT91F_PITInit(AT91C_BASE_PITC,1,48);             // enable and initialize PIT
    AT91F_PITSetPIV(AT91C_BASE_PITC,750000-1);       // 48MHz/16/750000 = 4Hz

    AT91F_PITEnableInt(AT91C_BASE_PITC);             // initialize PIT interrupt
    AT91F_AIC_ConfigureIt(AT91C_BASE_AIC,AT91C_ID_SYS,7,1,PIT_ISR);
    AT91F_AIC_EnableIt(AT91C_BASE_AIC,AT91C_ID_SYS);

    while(1);                                        // wait for interrupt
  }
```

☞ PIT 인터럽트를 반복적으로 발생시키려면 인터럽트 서비스 루틴 함수에서 PIT_PIVR 레지스터를 읽어서 상태 레지스터의 PITS 비트를 클리어시켜 주어야 한다.

이 프로그램에서는 인터럽트가 발생할 때마다 PIT_flag을 0과 1로 토글시켜서 LED2를 점멸하였다. 4Hz의 주파수로 인터럽트가 발생하고 그때마다 LED2의 on, off가 교대로 반복되므로 LED2가 점멸하는 주기 즉 *OK-7S256* 키트에서 TP2 단자로 출력되는 신호의 주파수는 2Hz가 된다.

이 프로그램을 컴파일하여 *OK-7S256* 키트에 다운로드하고 실행하여 보라. 그리고, LED2가 정확히 0.5초의 주기로 교대로 점멸하는지 관찰하라. *OK-7S256* 키트에서 TP2 단자로 출력되는 신호를 오실로스코프로 관측하여 보면 <그림 4.9.1>과 같다. 정확하게 0.5초의 주기 즉 2Hz의 신호가 출력되는 것을 알 수 있다.

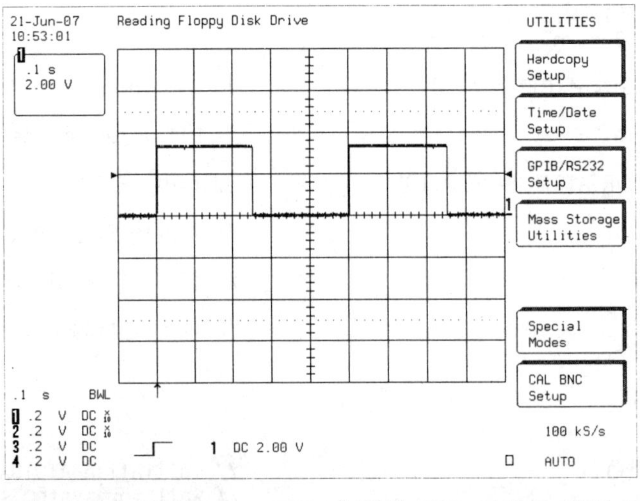

〈그림 4.9.3〉 오실로스코프로 측정한 TP2 단자의 출력 파형

▣ 매우 긴 주기로 인터럽트를 발생하는 프로그램

앞에서 설명하였듯이 AT91SAM7S256의 PIT 인터럽트를 발생할 수 있는 주파수는 MCK/16/(PIV+1)로 표시되고 PIV는 20비트의 값으로서 1~1048575의 범위를 사용할 수 있다. 따라서, *OK-7S256* 키트에서처럼 마스터 클록을 48MHz로 사용하면 결국 인터럽트 주파수의 낮은 쪽 한계는 48MHz/16/(1048575+1) ≒ 2.86Hz 정도가 된다. 이는 대략 1초에 3번 인터럽트가 발생하는 정도의 속도에 해당한다.

그런데, 만약 PIT를 사용하여 이보다 훨씬 긴 주기, 예를 들어 5초에 한번씩 인터럽트를 발생하고자 하면 어떻게 할까? 이런 경우에는 소프트웨어적으로 인터럽트 카운터를 사용하면 된다. 즉, PIT를 이용하여 적당한 기본 시간 주기로 인터럽트를 발생시키고 이 인터럽트 발생 횟수를 인터럽트 서비스 루틴 함수에서 소프트웨어적으로 카운트하여 원하는 횟수에 도달하였을 경우에만 작업을 수행하면 된다.

이러한 방법을 사용하면 아무리 긴 시간 주기라도 상당히 정확하고 쉽게 만들 수 있다. 다음은 이 방법으로 0.5Hz의 매우 느린 인터럽트 발생 주기를 구현한 프로그램이다.

〈프로그램 Xtest09_2.c〉 PIT를 사용한 0.5Hz의 주기적인 인터럽트의 발생

```
/* ========================================================================= */
/*              Xtest09_2.c : PIT Interrupt Program(0.5Hz Speed)             */
/* ========================================================================= */
/*                   Designed and programmed by Duck-Yong Yoon in 2007.      */

#include "AT91SAM7S256.h"
#include "lib_AT91SAM7S256.h"
#include "OK7S256gcc.h"

volatile unsigned int PIT_count=0;            // PIT interrupt count
volatile unsigned int PIT_flag=0;             // PIT interrupt flag

void PIT_ISR(void)                            /* PIT interrupt service routine */
{
  AT91F_PITGetPIVR(AT91C_BASE_PITC);          // clear PITS

  PIT_count++;                                // increment PIT_count

  if(PIT_count < 10)                          // 5Hz/10 = 0.5Hz
    return;

  PIT_count = 0;                              // if PIT_count=10, clear it
  PIT_flag ^= 0x01;                           // toggle PIT_flag

  if(PIT_flag == 1)                           // if PIT_flag=1, LED2 on
    LED_on(LED2);
  else                                        // if PIT_flag=0, LED2 off
    LED_off(LED2);
}
```

```
int main(void)
{
  MCU_initialize();                              // initialize AT91SAM7S256 & kit
  Delay_ms(50);                                  // wait for system stabilization
  LCD_initialize();                              // initialize text LCD module

  LCD_string(0x80, " PIT Interrupt  ");          // display title
  LCD_string(0xC0, "    (0.5 Hz)    ");
  Beep();

  LED_off(LED2|LED1);                            // LED2~LED1 off

  AT91F_PITC_CfgPMC();                           // enable peripheral clock for PIT
  AT91F_PITInit(AT91C_BASE_PITC,1,48);           // enable and initialize PIT
  AT91F_PITSetPIV(AT91C_BASE_PITC,600000-1);     // 48MHz/16/600000 = 5Hz

  AT91F_PITEnableInt(AT91C_BASE_PITC);           // initialize PIT interrupt
  AT91F_AIC_ConfigureIt(AT91C_BASE_AIC,AT91C_ID_SYS,7,1,PIT_ISR);
  AT91F_AIC_EnableIt(AT91C_BASE_AIC,AT91C_ID_SYS);

  while(1);                                      // wait for interrupt
}
```

☞ 이 예제 프로그램에서는 PIT 인터럽트를 5Hz의 속도로 발생시키고 이를 10번씩 카운트하여 LED2를 점멸시키므로써 결과적으로 0.5Hz의 인터럽트 발생 효과를 거두었다.

인터럽트 서비스 루틴 함수에서 사용하는 PIT_count, PIT_flag과 같은 전역변수는 volatile 속성으로 선언하는 것이 바람직하다.

2. PIT를 이용한 스톱워치

이제 주기적인 시간간격 타이머 PIT를 이용하여 전자식 스톱워치(stop watch)를 구현해보기로 한다. 여기서 스톱워치는 최소 시간단위가 1/100초까지 표시되며, 스톱워치의 스타트 버튼과 스톱 버튼으로는 KEY1을 사용하고, 리셋 버튼은 KEY2를 사용하기로 한다.

〈프로그램 Xtest09_3.c〉 PIT를 이용한 스톱워치 프로그램

```
/* ============================================================================ */
/*              Xtest09_3.c : Stop Watch by PIT Interrupt                      */
/* ============================================================================ */
/*                         Designed and programmed by Duck-Yong Yoon in 2007.  */

#include "AT91SAM7S256.h"
#include "lib_AT91SAM7S256.h"
#include "OK7S256gcc.h"

void LCD_2d(unsigned int number)                 /* display 2-digit decimal number */
```

```
{
  LCD_data(number/10 + '0');                      // 10^1
  LCD_data(number%10 + '0');                      // 10^0
}

volatile unsigned int second, minute, hour;       // time variable
volatile unsigned int run_flag;                   // stop watch run flag

void PIT_ISR(void)                                /* PIT interrupt service routine */
{
  AT91F_PITGetPIVR(AT91C_BASE_PITC);              // clear PITS

  second++;                                       // increment 1/100 second
  if(second == 6000)                              // second = 60 ?
    { second = 0;                                 // if yes, second = 0 and minute++
      minute++;
      if(minute == 60)                            // minute = 60 ?
        { minute = 0;                             // if yes, minute = 0 and hour++
          hour++;
          if(hour == 100)                         // hour = 100 ?
            hour = 0;                             // if yes, hour = 0
        }
    }

  LCD_command(0xC2);                              // display hour
  LCD_2d(hour);
  LCD_command(0xC5);                              // display minute
  LCD_2d(minute);
  LCD_command(0xC8);                              // display second
  LCD_2d(second/100);
  LCD_command(0xCB);                              // display 1/100 second
  LCD_2d(second%100);
}

void Clear_time(void)                             /* clear time */
{
  second = 0;                                     // clear time
  minute = 0;
  hour = 0;
  LCD_string(0xC0,"   00:00:00.00    ");          // clear display
}

int main(void)
{
  MCU_initialize();                               // initialize AT91SAM7S256 & kit
  Delay_ms(50);                                   // wait for system stabilization
  LCD_initialize();                               // initialize text LCD module
  Beep();

  AT91F_PITC_CfgPMC();                            // enable peripheral clock for PIT
  AT91F_PITInit(AT91C_BASE_PITC,1,48);            // enable and initialize PIT
  AT91F_PITSetPIV(AT91C_BASE_PITC,30000-1);       // 48MHz/16/30000 = 100Hz

  AT91F_PITEnableInt(AT91C_BASE_PITC);            // initialize PIT interrupt
  AT91F_AIC_ConfigureIt(AT91C_BASE_AIC,AT91C_ID_SYS,7,1,PIT_ISR);
  AT91F_AIC_DisableIt(AT91C_BASE_AIC,AT91C_ID_SYS);

  LCD_string(0x80, "** STOP WATCH **");           // display title
  Clear_time();                                   // clear time and display
  run_flag = 0;                                   // default state

  while(1)
    { switch(Key_input())                         // key input
```

```
    { case 0x01 : if(run_flag == 0)          // if KEY1 & run_flag=0, strat
                    { run_flag =  1;
                      AT91F_AIC_EnableIt(AT91C_BASE_AIC,AT91C_ID_SYS);
                    }
                  else                       // if KEY1 & run_flag=1, stop
                    { run_flag =  0;
                      AT91F_AIC_DisableIt(AT91C_BASE_AIC,AT91C_ID_SYS);
                    }
                  break;
      case 0x02 : if(run_flag == 1) break;   // if KEY2 & run_flag=1, ignore
                  Clear_time();              // if KEY2 & run_flag=0, clear time
                  break;
      default:    break;
    }
  }
}
```

☞ 이 예제에서는 전체 프로그램의 구조를 파악하는 것이 중요하다. 메인 프로그램에서는 키입력을 검출하여 그에 따른 동작을 지시하는 것만을 수행하며, 스톱워치의 동작은 모두 인터럽트 서비스 루틴에서 처리된다. 이 때문에 스톱워치를 텍스트형 LCD 모듈에 표시하는 루틴은 상당히 길지만 인터럽트 서비스 루틴내에서 처리하였다.(일반적으로 긴 처리 시간이 요구되는 루틴은 인터럽트 서비스 루틴 함수에서 처리하지 않는 것이 중요한 경험 법칙이다.)

스톱워치에서 시간을 측정하는 중에는 KEY2의 리셋 기능이 동작하지 않으며, 이는 스톱워치가 정지되었을 경우에만 동작한다는 것에 유의하라. 물론 스톱워치가 정지된 상태에서 리셋하지 않고 다시 KEY1을 누르면 스톱워치는 계속하여 시간을 측정한다.

이 프로그램을 컴파일하여 *OK-7S256* 키트에 다운로드하고 실행하라. 그리고, KEY1과 KEY2를 사용하여 스톱워치를 여러 가지로 동작시켜 보라.

3. 실습 과제

(1) AT91SAM7S256의 주기적인 시간간격 타이머 PIT를 사용하여 인터럽트를 발생할 수 있는 최고 주파수는 이론적으로 얼마인지 계산하라. 그리고, 실제로 이를 사용하는데는 어떤 제한이 있는지 설명하라.

(2) 예제 프로그램 Xtest09_2.c에서 인터럽트 발생 주파수가 0.1Hz로 되도록 수정한 프로그램 Xtest09_2R.c를 작성하라.

4.10 PIT/RTT를 이용한 디지털 시계 프로그램

이 절에서는 AT91SAM7S256에 주기적인 시간간격 타이머(PIT)나 내장된 실시간 타이머(RTT)를 이용한 응용 프로그램으로서 디지털 시계를 구현하여 보기로 한다. 디지털 시계 전용의 DS1307 소자를 이용한 실시간 시계 프로그램에 대하여는 제4.16절에서 따로 공부한다.

관련 내용	(1) 제1.5절 AT91SAM7S256의 시스템 제어기 9. 실시간 타이머(RTT) 10. 주기적인 시간간격 타이머(PIT) (2) 제3.1절 *OK-7S256* 키트의 구조와 기능

1. PIT를 이용한 시계 프로그램

마이크로콘트롤러의 타이머를 이용하여 디지털 시계를 구현하려면 기본적으로 정확한 1Hz 속도의 주기적인 인터럽트 발생이 필요하다. 즉, 1초에 한번씩 발생하는 인터럽트를 이용하여 초(秒)를 증가시키고, 이것이 60번 반복되면 분(分)을 증가시키며, 그 결과 60분이 되면 다시 시(時)를 증가시키고 오전/오후를 처리하는 방식으로 프로그래밍하면 된다.

제4.9절에서 공부한 바 있는 AT91SAM7S256의 주기적인 시간간격 타이머(PIT)는 내장된 마스터 클록 MCK를 16으로 분주하고 이를 다시 20비트 카운터로 분주하여 원하는 시간주기로 인터럽트를 발생할 수 있으므로 용이하게 1Hz의 기본시간 주기를 얻을 수 있다.

이러한 디지털 시계를 실용성 있게 구현하려면, 첫째는 표시되는 시각을 언제라도 수정할 수 있어야 하며, 둘째는 전원을 껐다가 다시 켜더라도 항상 표시되는 값이 현재 시각과 맞아야 한다. 이중에서 후자의 조건을 위해서는 최소한 클록 발생 및 카운터에 관련되는 회로의 전원을 배터리로 백업해야 하는데 이러한 기능을 가지는 소자를 특별히 RTC(Real Time Clock)라고 한다.

OK-7S256 키트에는 배터리 백업 기능을 사용할 수 있는 RTC 소자인 DS1307을

내장하여 아주 쉽게 정확한 시계를 구현할 수 있다. 이 소자를 사용하면 현재 시각은 물론이고 날짜와 요일과 같은 캘린더 기능을 용이하게 처리할 수 있다. 오늘날 이러한 RTC의 기능들은 퍼스널컴퓨터나 많은 산업용 제어기에서도 사용하고 있다. 이를 사용한 프로그래밍에 대하여는 제4.16절에서 자세히 공부한다.

▣ 텍스트형 LCD 모듈에 표시하는 디지털 시계

먼저 주기적인 시간간격 타이머(PIT)를 이용하여 텍스트형 LCD 모듈에 다음과 같은 디지털 시계를 구현하는 프로그램을 작성하여 보기로 한다.

```
Digital Clock
 12:00:00 AM
```

〈프로그램 Xtest10_1.c〉 PIT를 이용한 텍스트형 LCD 모듈용 디지털 시계 프로그램

```
/* ============================================================================ */
/*                Xtest10_1.c : Digital Clock by PIT Interrupt                  */
/* ============================================================================ */
/*                           Designed and programmed by Duck-Yong Yoon in 2007.  */

#include "AT91SAM7S256.h"
#include "lib_AT91SAM7S256.h"
#include "OK7S256gcc.h"

volatile unsigned int PIT_count=0;              // PIT interrupt count
volatile unsigned int second, minute, hour, ampm; // time variable

void LCD_2d(unsigned int number)                /* display 2-digit decimal number */
{
  LCD_data(number/10 + '0');                    // 10^1
  LCD_data(number%10 + '0');                    // 10^0
}

void PIT_ISR(void)                              /* PIT interrupt service routine */
{
  AT91F_PITGetPIVR(AT91C_BASE_PITC);            // clear PITS

  PIT_count++;                                  // increment PIT_count
  if(PIT_count == 4) PIT_count = 0;             // 4Hz/4 = 1Hz

  if(PIT_count != 0) return;                    // display time once per second

  second++;                                     // increment second
  if(second == 60)                              // if second = 60, second = 0
    { second = 0;
      minute++;                                 // increment minute
      if(minute == 60)                          // if minute = 60, minute = 0
        { minute = 0;
          hour++;                               // increment hour
          if(hour == 13)                        // if hour = 13, hour = 1
            hour = 1;
          if(hour == 12)                        // if hour = 12, adjust AM/PM
```

```
                { if(ampm == 'A') ampm = 'P';
                  else            ampm = 'A';
                }
            }
        }

    LCD_command(0xC2); LCD_2d(hour);                  // display hour
    LCD_command(0xC5); LCD_2d(minute);                // display minute
    LCD_command(0xC8); LCD_2d(second);                // display second
    LCD_command(0xCB); LCD_data(ampm);                // display AM/PM
  }

  int main(void)
  {
    MCU_initialize();                                 // initialize AT91SAM7S256 & kit
    Delay_ms(50);                                     // wait for system stabilization
    LCD_initialize();                                 // initialize text LCD module

    hour = 12;                                        // initial time
    minute = 0;
    second = 0;
    ampm = 'A';

    LCD_string(0x80," Digital Clock  ");              // display title
    LCD_string(0xC0,"  12:00:00 AM   ");
    Beep();

    AT91F_PITC_CfgPMC();                              // enable peripheral clock for PIT
    AT91F_PITInit(AT91C_BASE_PITC,1,48);              // enable and initialize PIT
    AT91F_PITSetPIV(AT91C_BASE_PITC,750000-1);        // 48MHz/16/750000 = 4Hz

    AT91F_PITEnableInt(AT91C_BASE_PITC);              // initialize PIT interrupt
    AT91F_AIC_ConfigureIt(AT91C_BASE_AIC,AT91C_ID_SYS,7,1,PIT_ISR);
    AT91F_AIC_EnableIt(AT91C_BASE_AIC,AT91C_ID_SYS);

    while(1);                                         // wait for interrupt
  }
```

☞ 여기서는 12시제를 사용하여 디지털 시계를 구현하였으므로 시간은 01:00:00부터 12:59:59까지 표현되며 오전 및 오후를 각각 AM, PM으로 표시하였다. 시계를 설정하고 나면 모든 것이 인터럽트로 처리되므로 메인 루틴은 특별히 할 일이 없기 때문에 무한 루프로 처리하였다.

PIT의 인터럽트 발생 속도는 최저 약 2.86Hz까지 가능하므로 이를 이용하여 1Hz의 기본 시간 주기를 직접 만들 수는 없다. 따라서, 여기서는 PIT 인터럽트를 4Hz의 속도로 발생하고 이를 소프트웨어로 4분주하여 1Hz를 만들었다.

이 프로그램을 컴파일하여 다운로드하고 실행하라. 그리고, 시계가 정확하게 잘 가는지 확인하여 보라.

위의 예제 프로그램에서는 시계가 항상 12:00:00 AM부터 출발하므로 현재의 시각과 다르며, 현재의 시각에 맞는 시계를 만들려면 프로그램의 소스를 수정해야 하는 불편이 있다. 따라서, 프로그램 실행중에 원하면 어느 때나 현재의 시작을 설정할 수 있는 기능이 있어야 실용적인 디지털 시계가 된다.

또한, 위의 예제 프로그램에서는 PIT의 인터럽트를 이용하여 1초에 한번씩 현재 시각을 표시하므로 시계 문자판 내의 콜론(:)이 정지하여 있어서 보기에 좋지 않다. 이를 자연스럽게 점멸시키려면 이 콜론을 0.5초 간격으로 ON/OFF해야 하므로 1Hz가 아니라 2Hz의 주기적인 디스플레이 동작이 필요하다. 이와 같은 콜론의 점멸 기능을 추가한 디지털 시계 프로그램은 다음과 같다.

〈프로그램 Xtest10_2.c〉 개선된 텍스트형 LCD 모듈용 디지털 시계 프로그램

```
/* ========================================================================== */
/*       Xtest10_2.c : Digital Clock with Time Adjust by PIT Interrupt         */
/* ========================================================================== */
/*                        Designed and programmed by Duck-Yong Yoon in 2007.   */

#include "AT91SAM7S256.h"
#include "lib_AT91SAM7S256.h"
#include "OK7S256gcc.h"

volatile unsigned int PIT_count=0;               // PIT interrupt count
volatile unsigned int cursor, second, minute, hour, ampm; // time variable

void LCD_2d(unsigned int number)                 /* display 2-digit decimal number */
{
  LCD_data(number/10 + '0');                     // 10^1
  LCD_data(number%10 + '0');                     // 10^0
}

void Cursor_left(void)                           /* go cursor left */
{
  if(cursor != 0xC3) cursor -= 3;
  else               cursor = 0xCF;
  LCD_command(cursor);
}

void Increment(void)                             /* increment time */
{
  switch(cursor)
    { case 0xC3 : if(hour != 12) hour++;         // in case of hour
                  else           hour = 1;
                  LCD_command(0xC2); LCD_2d(hour);
                  LCD_command(cursor);
                  break;
      case 0xC6 : if(minute != 59) minute++;     // in case of minute
                  else             minute = 0;
                  LCD_command(0xC5); LCD_2d(minute);
                  LCD_command(cursor);
                  break;
      case 0xC9 : if(second != 59) second++;     // in case of second
                  else             second = 0;
                  LCD_command(0xC8); LCD_2d(second);
                  LCD_command(cursor);
                  break;
      case 0xCC : if(ampm == 'A') ampm = 'P';    // in case of AM/PM
                  else           ampm = 'A';
                  LCD_command(0xCB); LCD_data(ampm);
                  LCD_command(cursor);
                  break;
```

```
      default   : break;
    }
}

void PIT_ISR(void)                                 /* PIT interrupt service routine */
{
  AT91F_PITGetPIVR(AT91C_BASE_PITC);               // clear PITS

  PIT_count++;                                     // increment PIT_count
  if(PIT_count == 4) PIT_count = 0;                // 4Hz/4 = 1Hz

  if(PIT_count == 0)                               // blink semicolon
    { LCD_command(0xC4); LCD_data(':');
      LCD_command(0xC7); LCD_data(':');
    }
  else if(PIT_count == 2)
    { LCD_command(0xC4); LCD_data(' ');
      LCD_command(0xC7); LCD_data(' ');
    }
  LCD_command(cursor);                             // go cursor position

  if(PIT_count != 0) return;                       // display time once per second

  second++;                                        // increment second
  if(second == 60)                                 // if second = 60, second = 0
    { second = 0;
      minute++;                                    // increment minute
      if(minute == 60)                             // if minute = 60, minute = 0
        { minute = 0;
          hour++;                                  // increment hour
          if(hour == 13)                           // if hour = 13, hour = 1
            hour = 1;
          if(hour == 12)                           // if hour = 12, adjust AM/PM
            { if(ampm == 'A') ampm = 'P';
              else            ampm = 'A';
            }
        }
    }

  LCD_command(0xC2); LCD_2d(hour);                 // display hour
  LCD_command(0xC5); LCD_2d(minute);               // display minute
  LCD_command(0xC8); LCD_2d(second);               // display second
  LCD_command(0xCB); LCD_data(ampm);               // display AM/PM
  LCD_command(cursor);                             // go cursor position
}

int main(void)
{
  MCU_initialize();                                // initialize AT91SAM7S256 & kit
  Delay_ms(50);                                    // wait for system stabilization
  LCD_initialize();                                // initialize text LCD module

  cursor = 0xCF;                                   // initial cursor position
  LCD_command(0x0F);                               // cursor ON

  hour = 12;                                       // initial time
  minute = 0;
  second = 0;
  ampm = 'A';

  LCD_string(0x80," Digital Clock  ");             // display title
  LCD_string(0xC0,"  12:00:00 AM   ");
  Beep();
```

```
    AT91F_PITC_CfgPMC();                              // enable peripheral clock for PIT
    AT91F_PITInit(AT91C_BASE_PITC,1,48);              // enable and initialize PIT
    AT91F_PITSetPIV(AT91C_BASE_PITC,750000-1);        // 48MHz/16/750000 = 4Hz

    AT91F_PITEnableInt(AT91C_BASE_PITC);              // initialize PIT interrupt
    AT91F_AIC_ConfigureIt(AT91C_BASE_AIC,AT91C_ID_SYS,7,1,PIT_ISR);
    AT91F_AIC_EnableIt(AT91C_BASE_AIC,AT91C_ID_SYS);

    while(1)
      { switch(Key_input())                           // key input
          { case 0x01 : Increment();                  // if KEY1, increment time
                        break;
            case 0x02 : Cursor_left();                // if KEY2, go cursor left
                        break;
            default   : break;
          }
      }
  }
```

☞ 이 프로그램에서는 1초에 4번씩 인터럽트가 발생하여 텍스트형 LCD 모듈에 시간을 표시하고 있는 동안에 메인 프로그램에서는 항상 키입력을 검출하여 현재 시각을 설정할 수 있도록 한다. 이 프로그램에서 KEY2는 커서 좌측 이동, KEY1은 시간 설정값 증가의 기능을 수행한다.

현재 시각 중에서 시, 분, 초, 오전/오후를 눈으로 보면서 설정할 수 있으려면 텍스트형 LCD 모듈에서 커서가 보이도록 해야 하며, 이 값을 수정하고 있는 동안에도 인터럽트가 발생하여 텍스트형 LCD 모듈을 표시하게 되므로 커서의 위치가 달라지게 된다. 따라서, 항상 사용자가 화면에서 수정중인 시간에 해당하는 커서의 위치를 내부적으로 기억하고 있다가 인터럽트 처리가 끝난 후에는 커서를 원래의 위치로 되돌려 놓아야 한다는 것이 매우 중요한 프로그래밍 포인트이다. 이와 같이 여기서는 프로그램의 전체적인 흐름을 이해하는데 주력하라.

1초에 4번씩 발생하는 인터럽트에서 첫번째에서는 콜론을 보이도록 처리하고 3번째에서는 콜론을 보이지 않도록 설정함으로써 0.5초 간격으로 콜론이 점멸하도록 하였다.

이 프로그램을 컴파일하여 다운로드하고 실행하라. 그리고, KEY1 및 KEY2를 사용하여 현재 시각을 설정하여 보라.

▣ 그래픽형 LCD 모듈에 표시하는 한글 디지털 시계

앞에서 작성하였던 현재 시각을 설정하는 기능이 있는 디지털 시계 프로그램을 그래픽형 LCD 모듈에 한글로 표시하는 것으로 수정하여 보면 다음과 같다.

〈프로그램 Xtest10_3.c〉 RTT를 이용한 그래픽형 LCD 모듈용 디지털 시계 프로그램

```
/* ============================================================================ */
/*      Xtest10_3.c : GLCD Digital Clock with Time Adjust by PIT Interrupt      */
/* ============================================================================ */
/*                      Designed and programmed by Duck-Yong Yoon in 2007.      */

#include "AT91SAM7S256.h"
#include "lib_AT91SAM7S256.h"
#include "OK7S256gcc.h"
#include "OK7S256Korean.h"

volatile unsigned int PIT_count=0;               // PIT interrupt count
volatile unsigned int cursor, second, minute, hour, ampm; // time variable

void GLCD_2d(unsigned int number)                /* display 2-digit decimal number */
{
  GLCD_English(0,number/10 + '0');               // 10^1
  GLCD_English(0,number%10 + '0');               // 10^0
}

void Cursor_left(void)                           /* go cursor left */
{
  if(cursor != 3) cursor -= 3;
  else            cursor = 15;
  ycursor = cursor;                              // set cursor position
  GLCD_xy(2,cursor);
}

void Increment(void)                             /* increment time */
{
  switch(cursor)
    { case  3 : if(hour != 12) hour++;           // in case of hour
                else           hour = 1;
                GLCD_xy(2,2); GLCD_2d(hour);
                GLCD_xy(2,cursor);
                break;
      case  6 : if(minute != 59) minute++;       // in case of minute
                else             minute = 0;
                GLCD_xy(2,5); GLCD_2d(minute);
                GLCD_xy(2,cursor);
                break;
      case  9 : if(second != 59) second++;       // in case of second
                else             second = 0;
                GLCD_xy(2,8); GLCD_2d(second);
                GLCD_xy(2,cursor);
                break;
      case 12 : if(ampm == 'A') ampm = 'P';      // in case of AM/PM
                else            ampm = 'A';
                GLCD_xy(2,11); GLCD_English(0,ampm);
                GLCD_xy(2,cursor);
                break;
      default : break;
    }
}

void PIT_ISR(void)                               /* PIT interrupt service routine */
{
  AT91F_PITGetPIVR(AT91C_BASE_PITC);             // clear PITS

  PIT_count++;                                   // increment PIT_count
  if(PIT_count == 4) PIT_count = 0;              // 4Hz/4 = 1Hz
```

```
   if(PIT_count == 0)                                  // blink semicolon
     { GLCD_xy(2,4); GLCD_English(0,':');
       GLCD_xy(2,7); GLCD_English(0,':');
     }
   else if(PIT_count == 2)
     { GLCD_xy(2,4); GLCD_English(0,' ');
       GLCD_xy(2,7); GLCD_English(0,' ');
     }
   GLCD_xy(2,cursor);                                  // go cursor position

   if(PIT_count == 0) second++;                        // display time 4 times per second

   if(second == 60)                                    // if second = 60, second = 0
     { second = 0;
       minute++;                                       // increment minute
       if(minute == 60)                                // if minute = 60, minute = 0
         { minute = 0;
           hour++;                                     // increment hour
           if(hour == 13)                              // if hour = 13, hour = 1
             hour = 1;
           if(hour == 12)                              // if hour = 12, adjust AM/PM
             { if(ampm == 'A') ampm = 'P';
               else            ampm = 'A';
             }
         }
     }

   GLCD_xy(2,2); GLCD_2d(hour);                        // display hour
   GLCD_xy(2,5); GLCD_2d(minute);                      // display minute
   GLCD_xy(2,8); GLCD_2d(second);                      // display second
   GLCD_xy(2,11); GLCD_English(0,ampm);                // display AM/PM
   GLCD_English(0,'M');
   GLCD_xy(2,15); GLCD_English(0,' ');                 // clear cursor at x=2, y=15
   GLCD_xy(2,cursor);                                  // go cursor position
}

int main(void)
{
   MCU_initialize();                                   // initialize AT91SAM7S256 & kit
   Delay_ms(50);                                       // wait for system stabilization
   LCD_initialize();                                   // initialize text LCD module
   GLCD_clear();                                       // initialize GLCD screen

   cursor = 15;                                        // initial cursor position
   xcursor = 2;
   ycursor = cursor;
   cursor_flag = 1;                                    // cursor ON

   hour = 12;                                          // initial time
   minute = 0;
   second = 0;
   ampm = 'A';

   LCD_string(0x80," Digital Clock  ");                // display title on text LCD
   LCD_string(0xC0,"    on GLCD     ");

   GLCD_string(0,0,0,"****************");              // display title on graphic LCD
   GLCD_string(1,0,0,"  디지털 시계   ");
   GLCD_string(2,0,0,"  12:00:00 AM   ");
   GLCD_string(3,0,0,"****************");
   Beep();

   AT91F_PITC_CfgPMC();                                // enable peripheral clock for PIT
```

```
  AT91F_PITInit(AT91C_BASE_PITC,1,48);              // enable and initialize PIT
  AT91F_PITSetPIV(AT91C_BASE_PITC,750000-1);        // 48MHz/16/750000 = 4Hz

  AT91F_PITEnableInt(AT91C_BASE_PITC);              // initialize PIT interrupt
  AT91F_AIC_ConfigureIt(AT91C_BASE_AIC,AT91C_ID_SYS,7,1,PIT_ISR);
  AT91F_AIC_EnableIt(AT91C_BASE_AIC,AT91C_ID_SYS);

  while(1)
    { switch(Key_input())                           // key input
        { case 0x01 : Increment();                  // if KEY1, increment time
                      break;
          case 0x02 : Cursor_left();                // if KEY2, go cursor left
                      break;
          default   : break;
        }
    }
}
```

☞ 텍스트형 LCD 모듈에서는 하드웨어적으로 커서가 표시되므로 사용자 프로그램에서는 커서를 보이도록 설정하는 것으로 충분하지만, 그래픽형 LCD 모듈에서는 커서를 보이게 하고 커서의 위치를 관리하는 것을 모두 사용자 프로그램에서 소프트웨어적으로 수행해야 한다. 따라서, 이 프로그램에서는 커서 표시에 관련된 기능에 주목해야 한다.

커서는 지정된 위치에 글자를 새로 디스플레이해야만 이 글자와 함께 출력되므로 1초에 1번씩만 시간을 디스플레이하면 커서의 이동시에 표시되는 속도가 너무 늦어서 매우 불편하다. 따라서, 이 프로그램에서는 앞의 예제 프로그램에서와 달리 1초에 4번씩 발생하는 인터럽트에서 모두 현재 시각을 표시하고 있다는 점도 유의해서 보아야 한다.

2. RTT를 이용한 시계 프로그램

AT91SAM7S256의 실시간 타이머(RTT)는 내장된 32.768kHz의 슬로우 클록 SLCK를 16비트 분주기로 분주하여 발생한 주파수로 32비트 카운터가 동작하는데, 이 16비트 분주기의 분주비가 디폴트로 32768로 설정되므로 용이하게 1Hz의 기본시간 주기를 얻을 수 있다. 이 1Hz의 주파수 신호에 의하여 32비트 카운터가 증가하는 것은 물론이고 주기적인 인터럽트를 발생할 수 있다. 이때 만약 필요하다면 4Hz의 속도로 인터럽트를 발생하도록 16비트 분주비를 설정할 수도 있다.

따라서, 앞에서 PIT를 이용한 시계 프로그램에서는 현재 시각을 나타내는 변수 second, minute, hour, ampm을 모두 사용자 프로그램에서 관리하였지만, RTT를 사용하여 시계를 구현할 때는 1Hz의 속도로 발생하는 인터럽트 발생 횟수가 RTT_VR 레지스터에 저장되어 있으므로 이를 읽어서 현재 시각에 해당하는 second, minute, hour, ampm 값을 환산해 주어야 한다. 즉, PIT를 사용하는 경우에는 현재 시각을 소프트웨어가 관리하지만, RTT를 사용하는 경우에는 현재 시각을 하드웨어가 관리하고 있다고 말할 수 있다. 그러나, AT91SAM7S256의 RTT에서는 RTT_VR 레지스터가 read-only로 되어 있어서 원하는 값으로 설정할 수 없기 때문에 현재 시각을 설정할 수가 없다. 따라서, RTT는 시간의 경과를 측정하는 실시간 타이머로 사용할 수 있겠으나 여기서와 같은 디지털 시계용의 실시간 타이머로는 부적합하다. 결국 디지털 시계용으로 사용할 때 이는 인터럽트 주파수를 0.5Hz까지 낮게 사용할 수 있다는 것 이외에는 PIT의 기능과 별반 다를 것이 없다.

또한, AT91SAM7S256에서 디지털 시계를 만들 때 또 한가지 고려해야 하는 사항은 RTT가 클록 소스로 사용하는 32.768kHz의 슬로우 클록 SLCK가 얼마나 정확하냐 하는 것이다. <부록 1>에 보인 바와 같이 AT91SAM7S256의 데이터 시트에 의하면 이 클록 주파수 범위는 22kHz~42kHz로서 Atmel에서 사양으로 보증하는 값이 매우 정확하지 않다. 만약 이 주파수가 실제로 이렇게 부정확하다면 이를 이용한 디지털 시계의 오차가 커지는 것은 당연하다.(☞ 실제로 *OK-7S256* 키트에서 실험해본 결과 RTT를 이용한 디지털 시계는 하루에 1시간 정도의 엄청난 오차가 발생하였다. 그러나, PIT를 이용한 디지털 시계는 하루에 불과 몇초 정도의 오차가 발생하였다.) 이런 점을 감안하면 디지털 시계를 만들 때 RTT보다는 주파수 정밀도가 매우 높은 외부 크리스털 소자를 사용하여 마스터 클록 MCK를 발생하고 이를 분주한 MCK/16의 주파수를 클록 소스로 사용하는 PIT쪽이 절대로 유리하다고 하겠다.

▣ 텍스트형 LCD 모듈에 표시하는 디지털 시계

실시간 타이머(RTT)를 이용하여 텍스트형 LCD 모듈에 디지털 시계를 구현하는 프로그램을 작성하면 다음과 같다. PIT에서는 분주비의 한계 때문에 직접적으로 2Hz의 인터럽트를 발생하지 못하므로 이보다 높은 4Hz의 인터럽트를 발생하였지만, 여기서는 RTT를 이용하여 쉽게 2Hz의 인터럽트를 발생시켰다.

〈프로그램 Xtest10_4.c〉 RTT를 이용한 텍스트형 LCD 모듈용 디지털 시계 프로그램

```
/* ========================================================================== */
/*        Xtest10_4.c : Digital Clock with Time Adjust by RTT Interrupt       */
/* ========================================================================== */
/*                       Designed and programmed by Duck-Yong Yoon in 2007.   */

#include "AT91SAM7S256.h"
#include "lib_AT91SAM7S256.h"
#include "OK7S256gcc.h"

volatile unsigned int RTT_flag=0;                    // RTT interrupt flag
```

```
volatile unsigned int cursor, second, minute, hour, ampm; // time variable

void LCD_2d(unsigned int number)                /* display 2-digit decimal number */
{
  LCD_data(number/10 + '0');                    // 10^1
  LCD_data(number%10 + '0');                    // 10^0
}

void Cursor_left(void)                          /* go cursor left */
{
  if(cursor != 0xC3) cursor -= 3;
  else               cursor = 0xCF;
  LCD_command(cursor);
}

void Increment(void)                            /* increment time */
{
  switch(cursor)
    { case 0xC3 : if(hour != 12) hour++;        // in case of hour
                  else           hour = 1;
                  LCD_command(0xC2); LCD_2d(hour);
                  LCD_command(cursor);
                  break;
      case 0xC6 : if(minute != 59) minute++;    // in case of minute
                  else             minute = 0;
                  LCD_command(0xC5); LCD_2d(minute);
                  LCD_command(cursor);
                  break;
      case 0xC9 : if(second != 59) second++;    // in case of second
                  else             second = 0;
                  LCD_command(0xC8); LCD_2d(second);
                  LCD_command(cursor);
                  break;
      case 0xCC : if(ampm == 'A') ampm = 'P';   // in case of AM/PM
                  else            ampm = 'A';
                  LCD_command(0xCB); LCD_data(ampm);
                  LCD_command(cursor);
                  break;
      default   : break;
    }
}

void RTT_ISR(void)                              /* RTT interrupt service routine */
{
  AT91F_RTTGetStatus(AT91C_BASE_RTTC);          // clear RTTINC

  RTT_flag ^= 0x01;                             // toggle RTT_flag(2Hz/2 = 1Hz)

  if(RTT_flag == 0)                             // blink semicolon
    { LCD_command(0xC4); LCD_data(':');
      LCD_command(0xC7); LCD_data(':');
    }
  else
    { LCD_command(0xC4); LCD_data(' ');
      LCD_command(0xC7); LCD_data(' ');
    }
  LCD_command(cursor);                          // go cursor position

  if(RTT_flag != 0) return;                     // display time once per second

  second++;                                     // increment second
  if(second == 60)                              // if second = 60, second = 0
    { second = 0;
      minute++;                                 // increment minute
      if(minute == 60)                          // if minute = 60, minute = 0
```

```
        { minute = 0;
          hour++;                                  // increment hour
          if(hour == 13)                           // if hour = 13, hour = 1
            hour = 1;
          if(hour == 12)                           // if hour = 12, adjust AM/PM
            { if(ampm == 'A') ampm = 'P';
              else            ampm = 'A';
            }
        }
      }

    LCD_command(0xC2); LCD_2d(hour);               // display hour
    LCD_command(0xC5); LCD_2d(minute);             // display minute
    LCD_command(0xC8); LCD_2d(second);             // display second
    LCD_command(0xCB); LCD_data(ampm);             // display AM/PM
    LCD_command(cursor);                           // go cursor position
  }

  int main(void)
  {
    MCU_initialize();                              // initialize AT91SAM7S256 & kit
    Delay_ms(50);                                  // wait for system stabilization
    LCD_initialize();                              // initialize text LCD module

    cursor = 0xCF;                                 // initial cursor position
    LCD_command(0x0F);                             // cursor ON

    hour = 12;                                     // initial time
    minute = 0;
    second = 0;
    ampm = 'A';

    LCD_string(0x80," Digital Clock   ");          // display title
    LCD_string(0xC0,"   12:00:00 AM   ");
    Beep();

    AT91F_RTTC_CfgPMC();                           // enable peripheral clock for RTT
    AT91F_RTTRestart(AT91C_BASE_RTTC);             // clear and restart RTT
    AT91F_RTTSetPrescaler(AT91C_BASE_RTTC,16384);  // 32.768kHz/16384 = 2Hz

    AT91F_RTTSetRttIncINT(AT91C_BASE_RTTC);        // initialize RTT interrupt
    AT91F_AIC_ConfigureIt(AT91C_BASE_AIC,AT91C_ID_SYS,7,1,RTT_ISR);
    AT91F_AIC_EnableIt(AT91C_BASE_AIC,AT91C_ID_SYS);

    while(1)
      { switch(Key_input())                        // key input
          { case 0x01 : Increment();               // if KEY1, increment time
                        break;
            case 0x02 : Cursor_left();             // if KEY2, go cursor left
                        break;
            default   : break;
          }
      }
  }
```

☞ 이 프로그램에서는 RTT를 이용하여 1초에 2번씩 인터럽트가 발생하고 그중에서 1번씩만 현재 시각을 표시하였다. 1초에 2번씩 발생하는 인터럽트에서 첫번째에서는 콜론을 보이도록 처리하고 2번째에서는 콜론을 보이지 않도록 설정함으로써 0.5초 간격으로 콜론이 점멸하도록 하였다.

이 프로그램을 컴파일하여 다운로드하고 실행하라. 그리고, KEY1 및 KEY2를 사용하여 현재 시각을 설정하여 보라. 그리고, 이 시계를 몇시간 이상 동작시켜 오차가 얼마나 발생하는지 확인하여 보라.

▣ 그래픽형 LCD 모듈에 표시하는 한글 디지털 시계

앞의 RTT를 이용한 디지털 시계 프로그램을 그래픽형 LCD 모듈에 한글로 표시하는 것으로 수정하여 보면 다음과 같다.

〈프로그램 Xtest10_5.c〉 RTT를 이용한 그래픽형 LCD 모듈용 디지털 시계 프로그램

```
/* ========================================================================== */
/*     Xtest10_5.c : GLCD Digital Clock with Time Adjust by RTT Interrupt     */
/* ========================================================================== */
/*                      Designed and programmed by Duck-Yong Yoon in 2007.   */

#include "AT91SAM7S256.h"
#include "lib_AT91SAM7S256.h"
#include "OK7S256gcc.h"
#include "OK7S256Korean.h"

volatile unsigned int RTT_flag=0;                  // RTT interrupt flag
volatile unsigned int cursor, second, minute, hour, ampm; // time variable

void GLCD_2d(unsigned int number)                  /* display 2-digit decimal number */
{
  GLCD_English(0,number/10 + '0');                 // 10^1
  GLCD_English(0,number%10 + '0');                 // 10^0
}

void Cursor_left(void)                             /* go cursor left */
{
  if(cursor != 3) cursor -= 3;
  else            cursor = 15;
  ycursor = cursor;                                // set cursor position
  GLCD_xy(2,cursor);
}

void Increment(void)                               /* increment time */
{
  switch(cursor)
    { case  3 : if(hour != 12) hour++;             // in case of hour
                else           hour = 1;
                GLCD_xy(2,2); GLCD_2d(hour);
                GLCD_xy(2,cursor);
                break;
      case  6 : if(minute != 59) minute++;         // in case of minute
                else             minute = 0;
                GLCD_xy(2,5); GLCD_2d(minute);
                GLCD_xy(2,cursor);
                break;
      case  9 : if(second != 59) second++;         // in case of second
                else             second = 0;
                GLCD_xy(2,8); GLCD_2d(second);
                GLCD_xy(2,cursor);
```

```
                break;
        case 12 : if(ampm == 'A') ampm = 'P';        // in case of AM/PM
                  else            ampm = 'A';
                  GLCD_xy(2,11); GLCD_English(0,ampm);
                  GLCD_xy(2,cursor);
                  break;
        default : break;
      }
}

void RTT_ISR(void)                                   /* RTT interrupt service routine */
{
  AT91F_RTTGetStatus(AT91C_BASE_RTTC);               // clear RTTINC

  RTT_flag ^= 0x01;                                  // toggle RTT_flag(2Hz/2 = 1Hz)

  if(RTT_flag == 0)                                  // blink semicolon
    { GLCD_xy(2,4); GLCD_English(0,':');
      GLCD_xy(2,7); GLCD_English(0,':');
    }
  else
    { GLCD_xy(2,4); GLCD_English(0,' ');
      GLCD_xy(2,7); GLCD_English(0,' ');
    }
  GLCD_xy(2,cursor);                                 // go cursor position

  if(RTT_flag == 0) second++;                        // display time 2 times per second

  if(second == 60)                                   // if second = 60, second = 0
    { second = 0;
      minute++;                                      // increment minute
      if(minute == 60)                               // if minute = 60, minute = 0
        { minute = 0;
          hour++;                                    // increment hour
          if(hour == 13)                             // if hour = 13, hour = 1
            hour = 1;
          if(hour == 12)                             // if hour = 12, adjust AM/PM
            { if(ampm == 'A') ampm = 'P';
              else            ampm = 'A';
            }
        }
    }

  GLCD_xy(2,2); GLCD_2d(hour);                       // display hour
  GLCD_xy(2,5); GLCD_2d(minute);                     // display minute
  GLCD_xy(2,8); GLCD_2d(second);                     // display second
  GLCD_xy(2,11); GLCD_English(0,ampm);               // display AM/PM
  GLCD_English(0,'M');
  GLCD_xy(2,15); GLCD_English(0,' ');                // clear cursor at x=2, y=15
  GLCD_xy(2,cursor);                                 // go cursor position
}

int main(void)
{
  MCU_initialize();                                  // initialize AT91SAM7S256 & kit
  Delay_ms(50);                                      // wait for system stabilization
  LCD_initialize();                                  // initialize text LCD module
  GLCD_clear();                                      // initialize GLCD screen

  cursor = 15;                                       // initial cursor position
  xcursor = 2;
  ycursor = cursor;
  cursor_flag = 1;                                   // cursor ON
```

```
    hour = 12;                                     // initial time
    minute = 0;
    second = 0;
    ampm = 'A';

    LCD_string(0x80," Digital Clock  ");           // display title on text LCD
    LCD_string(0xC0,"    on GLCD     ");

    GLCD_string(0,0,0,"****************");         // display title on graphic LCD
    GLCD_string(1,0,0,"  디지털 시계   ");
    GLCD_string(2,0,0,"  12:00:00 AM   ");
    GLCD_string(3,0,0,"****************");
    Beep();

    AT91F_RTTC_CfgPMC();                           // enable peripheral clock for RTT
    AT91F_RTTRestart(AT91C_BASE_RTTC);             // clear and restart RTT
    AT91F_RTTSetPrescaler(AT91C_BASE_RTTC,16384);  // 32.768kHz/16384 = 2Hz

    AT91F_RTTSetRttIncINT(AT91C_BASE_RTTC);        // initialize RTT interrupt
    AT91F_AIC_ConfigureIt(AT91C_BASE_AIC,AT91C_ID_SYS,7,1,RTT_ISR);
    AT91F_AIC_EnableIt(AT91C_BASE_AIC,AT91C_ID_SYS);

    while(1)
      { switch(Key_input())                        // key input
          { case 0x01 : Increment();               // if KEY1, increment time
                        break;
            case 0x02 : Cursor_left();             // if KEY2, go cursor left
                        break;
            default   : break;
          }
      }
  }
```

☞ 커서는 지정된 위치에 글자를 새로 출력해야만 이 글자와 함께 표시되므로 1초에 1번씩만 시간을 디스플레이하면 커서의 이동시에 커서가 표시되는 속도가 너무 늦어서 매우 불편하다. 따라서, 이 프로그램에서는 1초에 2번씩 발생하는 인터럽트에서 모두 현재 시각을 표시하고 있다.

3. 실습 과제

(1) AT91SAM7S256의 PIT나 RTT를 이용하여 구현한 시계와 DS1307 RTC 소자를 이용하여 만든 시계의 근본적인 차이점은 무엇인지 설명하라.

(2) 예제 프로그램 Xtest10_3.c에서 매시 정각에 비프음을 한번씩 울리는 기능을 갖도록 프로그램 Xtest10_3R.c로 수정하라.

4.11 타이머/카운터 응용 프로그램

이 절에서는 AT91SAM7S256의 타이머/카운터 관련 기능 중에서 PWM 출력 파형 발생 기능에 관련된 프로그래밍 기술을 익힌다.

관련 내용	(1) 제2.1절 타이머/카운터(TC) (2) 제3.1절 *OK-7S256* 키트의 구조와 기능

1. 타이머/카운터의 파형발생 모드 동작

AT91SAM7S256의 타이머/카운터는 완전히 독립적으로 동작하는 3개의 채널이 있으며, 각 채널에서는 캡쳐 모드와 파형발생 모드를 사용할 수 있다. 파형발생 모드에서는 TIOAx 및 TIOBx 신호로 파형을 발생하는데, 이를 출력하려면 병렬 I/O 포트를 Perpheral B로 설정해야 한다. *OK-7S256* 키트에서는 PA0/TIOA0과 PA1/TIOB0 신호를 Perpheral B에서 각각 TP1 및 TP2 단자로 출력할 수 있도록 하였다.

파형발생 모드에서는 TCx_CMR 레지스터의 WAVSEL 필드를 사용하여 제2장에서 설명한 <그림 2.1.6>~<그림 2.1.9>와 같은 4가지 파형 중에서 하나를 지정할 수 있다. 이를 다시 요약하면

WAVSEL=00 : 카운터 TCx_CV가 0x0000~0xFFFF 범위에서 증가(싱글 슬로프)
WAVSEL=01 : 카운터 TCx_CV가 0x0000~0xFFFF~0x0000 범위로 변화(듀얼 슬로프)
WAVSEL=10 : 카운터 TCx_CV가 0x0000~TCx_RC 범위에서 증가(싱글 슬로프)
WAVSEL=11 : 카운터 TCx_CV가 0x0000~TCx_RC~0x0000 범위로 변화(듀얼 슬로프)

가 된다. 따라서, WAVSEL=00 및 01의 경우에는 출력 파형의 스위칭 주기는 선택된 클록 주파수에 따라 일정하게 고정되고 듀티 사이클만 TCx_RA, TCx_RB, TCx_RC 레지스터를 사용하여 가변하는 동작을 수행하며, WAVSEL=10 및 11의 경우에는 출력 파형의 스위칭 주기도 TCx_RC 레지스터로 가변할 수 있고 듀티 사이클은 TCx_RA, TCx_RB 레지스터를 사용하여 가변하는 동작을 수행한다.

여기서는 사용자가 스위칭 주기를 쉽게 설정할 수 있는 WAVSEL=10 및 11의 경우를 사용하는 프로그램을 작성하여 보기로 한다.

2. 타이머/카운터를 이용한 파형발생 프로그램

▣ WAVSEL=10의 경우(싱글 슬로프)

WAVSEL=10의 경우에는 카운터가 0x0000~TCx_RC까지 증가하고 카운터의 값이 TCx_RC 레지스터 값과 같아지는 순간 다시 0으로 클리어되면서 1주기의 파형을 완성한다. 따라서, 이때 내부 클록을 사용한다면 스위칭 주파수는 마스터 클록 MCK를 5가지의 분주비로 나누고 이 클록 주파수를 다시 레지스터 TCx_RC로 나누는 것으로 결정된다. 즉, 타이머/카운터 출력 파형의 스위칭 주파수는 다음과 같이 계산된다.

$$f_{TCx} = \frac{MCK}{N \times TCx\_RC} \ [Hz]$$

여기서, N은 2, 8, 32, 128, 1024 등 5가지 중의 하나이며, TCx_RC는 16비트이므로 1~65535의 범위에서 사용할 수 있다. 분주비 N을 선택하는 것은 TCx_CMR 레지스터에서 TCCLKS 필드로 설정한다.

분주비 N을 32로 하고 TC0_RC를 1500으로 설정하여 48MHz/32/1500 = 1kHz의 스위칭 주파수를 갖는 가변 펄스폭의 TIOA0 및 TIOB0 출력을 발생하는 프로그램을 작성하여 보면 다음과 같다. 여기서 TIOA0의 펄스폭을 결정하는 TC0_RA 레지스터 값은 KEY1로 조정하고, TIOB0의 펄스폭을 결정하는 TC0_RB 레지스터 값은 KEY2로 조정한다. TIOA0 출력은 PA0 핀을 통하여 TP1 단자로 출력하고, TIOB0 출력은 PA1 핀을 통하여 TP2 단자로 출력하였다.

〈프로그램 Xtest11_1.c〉 WAVSEL=10에서 TIOA0, TIOB0의 펄스폭을 가변하여 출력

```
/* ============================================================================ */
/*        Xtest11_1.c : Timer/Counter Waveform Generation(WAVSEL=10)            */
/* ============================================================================ */
/*                       Designed and programmed by Duck-Yong Yoon in 2007.     */

#include "AT91SAM7S256.h"
#include "lib_AT91SAM7S256.h"
#include "OK7S256gcc.h"

void LCD_4d(unsigned int number)                  /* display 4-digit decimal number */
{ unsigned int i, flag;
```

```
    flag = 0;
    i = number/1000;                              // 10^3
    if(i == 0) LCD_data(' ');
    else {      LCD_data(i + '0');
                flag = 1;
         }

    number = number % 1000;                       // 10^2
    i = number/100;
    if((i == 0) && (flag == 0))
                LCD_data(' ');
    else {      LCD_data(i + '0');
                flag = 1;
         }

    number = number % 100;                        // 10^1
    i = number/10;
    if((i == 0) && (flag == 0))
                LCD_data(' ');
    else {      LCD_data(i + '0');
                flag = 1;
         }

    i = number % 10;                              // 10^0
    LCD_data(i + '0');
}

int main(void)
{
  unsigned int TC0_RA = 500;                      // initial register value
  unsigned int TC0_RB = 1000;
  unsigned int TC0_RC = 1500;

  MCU_initialize();                               // initialize AT91SAM7S256 & kit
  Delay_ms(50);                                   // wait for system stabilization
  LCD_initialize();                               // initialize text LCD

  LCD_string(0x80,"KEY1:TC0_RA=0500");            // display title
  LCD_string(0xC0,"KEY2:TC0_RB=1000");
  Beep();

  AT91F_TC0_CfgPMC();                             // enable clock of TC0
  AT91F_PIO_CfgPeriph(AT91C_BASE_PIOA, 0, AT91C_PA1_TIOB0 | AT91C_PA0_TIOA0);
                                                  // TIOA0,TIOB0 output(Peripheral B)

  *AT91C_TC0_CMR = 0x8989C402;                    // TC0 Channel Control Register
  *AT91C_TC0_CCR = 0x0005;                        // TC0 clock enable and start

  *AT91C_TC0_RA = TC0_RA;                         // set TC0 register
  *AT91C_TC0_RB = TC0_RB;
  *AT91C_TC0_RC = TC0_RC;

  while(1)
    { switch(Key_input())
        { case 1 : TC0_RA += 100;                 // increment TC0_RA by 100
                   if(TC0_RA == TC0_RC)
                     TC0_RA = 100;
                   *AT91C_TC0_RA = TC0_RA;        // new setting of TC0_RA
                   LCD_command(0x8C);             // display TC0_RA
                   LCD_4d(TC0_RA);
                   break;
          case 2 : TC0_RB += 100;                 // increment TC0_RB by 100
                   if(TC0_RB == TC0_RC)
                     TC0_RB = 100;
                   *AT91C_TC0_RB = TC0_RB;        // new setting of TC0_RB
                   LCD_command(0xCC);             // display TC0_RB
                   LCD_4d(TC0_RB);
                   break;
```

```
        }
    }
}
```

☞ Atmel사에서 제공하는 lib_AT91SAM7S256.h 헤더파일에는 타이머/카운터의 I/O 레지스터를 액세스하기 위한 함수가 매우 부족하기 때문에 이와 같이 포인터를 사용하여 원하는 레지스터를 액세스하였다.

여기서는 펄스폭을 결정하는 TC0_RA 및 TC0_RB 레지스터의 설정값이 주기를 결정하는 TC0_RC 값을 초과하지 않도록 처리한 것에 주의해야 한다.

이 프로그램을 컴파일하여 *OK-7S256* 키트에 다운로드하고 실행하라. 이 키트의 TP1, TP2 단자에서 각각 오실로스코프로 관측한 TIOA0, TIOB0의 출력 파형은 <그림 4.11.1>과 같다. 여기서 KEY1과 KEY2를 사용하여 이들 펄스폭을 변화시켜 보라.

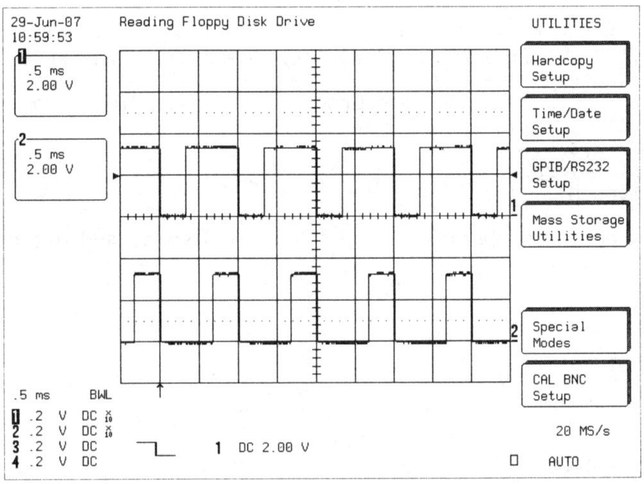

〈그림 4.11.1〉 오실로스코프로 측정한 TIOA0, TIOB0 출력 파형(WAVSEL=10)

▣ WAVSEL=11의 경우(듀얼 슬로프)

WAVSEL=11의 경우에는 카운터가 0x0000~TCx_RC~0x0000의 범위에서 증가하였다가 감소하면서 1주기의 파형을 완성한다. 따라서, 이때 내부 클록을 사용한다면 스위칭 주파수는 마스터 클록 MCK를 5가지의 분주비로 나누고 이 클록 주파수를 다시 레지스터 TCx_RC의 2배값으로 나누는 것으로 결정된다. 즉, 타이머/카운터 출력 파형의 스위칭 주파수는 다음과 같이 계산된다.

$$f_{TCx} = \frac{MCK}{2 \times N \times TCx\_RC} \text{ [Hz]}$$

여기서, N은 2, 8, 32, 128, 1024 등 5가지 중의 하나이며, TCx_RC는 16비트이므로 1~65535의 범위에서 사용할 수 있다. 분주비 N을 선택하는 것은 TCx_CMR 레지스터에서 TCCLKS 필드로 설정한다.

분주비 N을 32로 하고 TC0_RC를 1500으로 설정하여 48MHz/2/32/1500 = 500Hz의 스위칭 주파수를 갖는 가변 펄스폭의 TIOA0 및 TIOB0 출력을 발생하는 프로그램을 작성하여 보면 다음과 같다. 여기서 TIOA0의 펄스폭을 결정하는 TC0_RA 레지스터 값은 KEY1로 조정하고, TIOB0의 펄스폭을 결정하는 TC0_RB 레지스터 값은 KEY2로 조정한다. TIOA0 출력은 PA0 핀을 통하여 TP1 단자로 출력하고, TIOB0 출력은 PA1 핀을 통하여 TP2 단자로 출력하였다.

〈프로그램 Xtest11_2.c〉 WAVSEL=11에서 TIOA0, TIOB0의 펄스폭을 가변하여 출력

```
/* ============================================================================ */
/*          Xtest11_2.c : Timer/Counter Waveform Generation(WAVSEL=11)          */
/* ============================================================================ */
/*                        Designed and programmed by Duck-Yong Yoon in 2007.    */

#include "AT91SAM7S256.h"
#include "lib_AT91SAM7S256.h"
#include "OK7S256gcc.h"

void LCD_4d(unsigned int number)                        /* display 4-digit decimal number */
{ unsigned int i, flag;

  flag = 0;
  i = number/1000;                                      // 10^3
  if(i == 0) LCD_data(' ');
  else {      LCD_data(i + '0');
              flag = 1;
       }

  number = number % 1000;                               // 10^2
  i = number/100;
  if((i == 0) && (flag == 0))
              LCD_data(' ');
  else {      LCD_data(i + '0');
              flag = 1;
       }

  number = number % 100;                                // 10^1
  i = number/10;
  if((i == 0) && (flag == 0))
              LCD_data(' ');
  else {      LCD_data(i + '0');
              flag = 1;
       }

  i = number % 10;                                      // 10^0
  LCD_data(i + '0');
}

int main(void)
{
  unsigned int TC0_RA = 500;                            // initial register value
```

```
    unsigned int TC0_RB = 1000;
    unsigned int TC0_RC = 1500;

    MCU_initialize();                                   // initialize AT91SAM7S256 & kit
    Delay_ms(50);                                       // wait for system stabilization
    LCD_initialize();                                   // initialize text LCD

    LCD_string(0x80,"KEY1:TC0_RA=0500");                // display title
    LCD_string(0xC0,"KEY2:TC0_RB=1000");
    Beep();

    AT91F_TC0_CfgPMC();                                 // enable clock of TC0
    AT91F_PIO_CfgPeriph(AT91C_BASE_PIOA, 0, AT91C_PA1_TIOB0 | AT91C_PA0_TIOA0);
                                                        // TIOA0,TIOB0 output(Peripheaeral B)

    *AT91C_TC0_CMR = 0x4343E402;                        // TC0 Channel Control Register
    *AT91C_TC0_CCR = 0x0005;                            // TC0 clock enable and start

    *AT91C_TC0_RA = TC0_RA;                             // set TC0 register
    *AT91C_TC0_RB = TC0_RB;
    *AT91C_TC0_RC = TC0_RC;

    while(1)
      { switch(Key_input())
          { case 1 : TC0_RA += 100;                     // increment TC0_RA by 100
                     if(TC0_RA == TC0_RC)
                       TC0_RA = 100;
                     while(*AT91C_TC0_CV != 0);         // synchronize
                     *AT91C_TC0_RA = TC0_RA;            // new setting of TC0_RA
                     LCD_command(0x8C);                 // display TC0_RA
                     LCD_4d(TC0_RA);
                     break;
            case 2 : TC0_RB += 100;                     // increment TC0_RB by 100
                     if(TC0_RB == TC0_RC)
                       TC0_RB = 100;
                     while(*AT91C_TC0_CV != 0);         // synchronize
                     *AT91C_TC0_RB = TC0_RB;            // new setting of TC0_RB
                     LCD_command(0xCC);                 // display TC0_RB
                     LCD_4d(TC0_RB);
                     break;
          }
      }
  }
```

☞ 여기서는 RA 비교 및 RB 비교에 의하여 출력 신호를 토글하는데, TC0_RA와 TC0_RB 레지스터에는 이중 버퍼 기능이 없어서 이 값을 라이트하는 즉시 새로운 값으로 갱신되기 때문에 어느 값을 수정하는 경우 과도적인 글리치(glitch)가 발생하는 것은 물론이고 2개의 출력신호 TIOA0과 TIOB0 사이에 동기가 흐트러질 우려가 크다.

이런 문제를 방지하려면 TC0_RA와 TC0_RB 레지스터의 값을 아무 때나 갱신하지 말고 위의 예제에서처럼 카운터 레지스터 TC0_CV가 0이 되었을 때 수행하는 것이 좋다. 다음의 제4.12절에서 공부하는 PWM 제어기에는 채널 갱신 레지스터 PWM_CUPDx를 가지고 있어서 이런 문제를 좀더 쉽게 해결하고 있다.

이 프로그램을 컴파일하여 *OK-7S256* 키트에 다운로드하고 실행하라. 이 키트의 TP1, TP2 단자에서 각각 오실로스코프로 관측한 TIOA0, TIOB0의 출력 파형은 <그림 4.11.2>와 같다. 여기서 KEY1과 KEY2를 사용하여 이들 펄스폭을 변화시켜 보라.

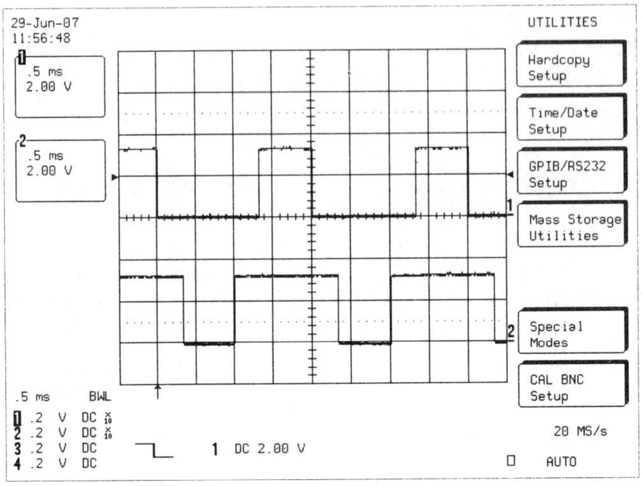

〈그림 4.11.2〉 오실로스코프로 측정한 TIOA0, TIOB0 출력 파형(WAVSEL=11)

3. 다중 인터럽트 프로그램

이제 AT91SAM7S256의 인터럽트를 다중으로 처리하는 프로그램 작성 기술에 대하여 알아보기로 한다. 여기서 말하는 다중 인터럽트는 nested interrupt의 개념이 아니라 multiple interrupt의 개념이다. 즉, 하나의 프로그램에서 1개의 인터럽트만을 사용하는 것이 아니라 여러 개의 인터럽트가 랜덤하게 발생하는 경우를 말한다.

▣ 동일한 인터럽트 벡터의 다중 인터럽트

시스템 제어기에는 PMC, DBGU, RTT, PIT, EFC 등 여러 가지의 I/O 디바이스가 포함되어 있는데 이것들은 각각 개별적으로 인터럽트를 발생할 수 있으나 이 인터럽트들은 모두 인터럽트 번호 1번으로 처리되어 동일한 인터럽트 벡터를 갖는다. 또한, TC0 채널의 경우에도 카운터 오버플로우 인터럽트, 로드 오버런 인터럽트, RA 비교 인터럽트, RB 비교 인터럽트, RC 비교 인터럽트 등 여러 가지의 인터럽트를 발생할 수 있는데 이것들은 모두 인터럽트 번호 12번으로 동일하게 처리된다.

이와 같이 인터럽트 소스는 다르지만 2개 이상의 인터럽트가 하나의 동일한 인터럽트 번호로 걸리는 경우에는 이것들을 구분하기 위하여 인터럽트 서비스 루틴 함수에서 각 인터럽트 소스의 상태 플랙을 조사하고 그에 따라 해당 루틴으로 분기하여 수행해야 한다. 다음은 시스템 제어기에 포함된 RTT와 PIT가 인터럽트 번호 1번으로 다중 인터럽트를 발생하는 경우 이를 처리하는 예제 프로그램이다.

〈프로그램 Xtest11_3.c〉 인터럽트 번호가 동일한 RTT와 PIT의 다중 인터럽트 처리

```
/* ============================================================================ */
/*  Xtest11_3.c : Multiple Interrupt Program(RTT & PIT in System Controller)   */
/* ============================================================================ */
/*                      Designed and programmed by Duck-Yong Yoon in 2007.   */

#include "AT91SAM7S256.h"
#include "lib_AT91SAM7S256.h"
#include "OK7S256gcc.h"

volatile unsigned int RTT_flag=0;                // RTT interrupt flag
volatile unsigned int PIT_flag=0;                // PIT interrupt flag

void SYS_ISR(void)                                      /* RTT & PIT interrupt service
routine */
{
  if(AT91F_RTTGetStatus(AT91C_BASE_RTTC) & 0x0002) // RTT interrupt ?
    { RTT_flag ^= 0x01;                            // toggle RTT_flag(2Hz/2 = 1Hz)
      if(RTT_flag == 1)                            // if RTT_flag=1, LED1 on
        LED_on(LED1);
      else                                         // if RTT_flag=0, LED1 off
        LED_off(LED1);
    }
  else if(AT91F_PITGetStatus(AT91C_BASE_PITC) & 0x0001) // PIT interrupt ?
    { AT91F_PITGetPIVR(AT91C_BASE_PITC);           // clear PITS
      PIT_flag ^= 0x01;                            // toggle PIT_flag(4Hz/2 = 2Hz)
      if(PIT_flag == 1)                            // if PIT_flag=1, LED2 on
        LED_on(LED2);
      else                                         // if PIT_flag=0, LED2 off
        LED_off(LED2);
    }
}

int main(void)
{
  MCU_initialize();                                // initialize AT91SAM7S256 & kit
  Delay_ms(50);                                    // wait for system stabilization
  LCD_initialize();                                // initialize text LCD module

  LCD_string(0x80, "RTT(LED1) = 2 Hz");            // display title
  LCD_string(0xC0, "PIT(LED2) = 4 Hz");
  Beep();

  LED_off(LED2|LED1);                              // LED2~LED1 off

  AT91F_RTTC_CfgPMC();                             // initialize RTT
  AT91F_RTTRestart(AT91C_BASE_RTTC);               // clear and restart RTT
  AT91F_RTTSetPrescaler(AT91C_BASE_RTTC,16384);    // 32.768kHz/16384 = 2Hz
  AT91F_RTTSetRttIncINT(AT91C_BASE_RTTC);          // initialize RTT interrupt

  AT91F_PITC_CfgPMC();                             // initialize PIT
  AT91F_PITInit(AT91C_BASE_PITC,1,48);             // enable and initialize PIT
  AT91F_PITSetPIV(AT91C_BASE_PITC,750000-1);       // 48MHz/16/750000 = 4Hz
  AT91F_PITEnableInt(AT91C_BASE_PITC);             // initialize PIT interrupt

  AT91F_AIC_ConfigureIt(AT91C_BASE_AIC,AT91C_ID_SYS,7,1,SYS_ISR); // set interrupts
  AT91F_AIC_EnableIt(AT91C_BASE_AIC,AT91C_ID_SYS);

  while(1);                                        // wait for interrupts
}
```

☞ RTT와 PIT는 모두 시스템 제어기에 포함되므로 동일하게 인터럽트 번호 1번을 사용하며, 이 프로그램에서는 이 인터럽트 서비스 루틴 함수를 SYS_ISR()이라고 하였다. 이 함수에서는 인터럽트가 발생하였을 경우 인터럽트 소스를 구분하기 위하여 각 인터럽트의 상태 레지스터 플랙을 조사한다.

이 프로그램을 컴파일하여 *OK-7S256* 키트에 다운로드하고 실행하라. LED1과 LED2가 LCD 모듈에 표시된 속도로 올바르게 점멸하는가?

▣ 서로 다른 인터럽트 벡터의 다중 인터럽트

시스템 제어기에 있는 RTT는 인터럽트 번호 1번으로 처리되고 타이머/카운터 TC0은 인터럽트 12번으로 처리되므로 서로 다른 인터럽트 벡터를 갖는다. 이와 같이 하나의 프로그램에서 벡터가 다른 2개 이상의 인터럽트가 걸리는 경우에는 각 인터럽트마다 자신의 인터럽트 서비스 루틴 함수를 가져야 한다. 물론 이들 각 인터럽트 서비스 루틴 함수들과 메인 함수들 사이에는 변수의 충돌이 없어야 하며, 서로 공유하는 함수를 갖지 않는 것이 좋다. 각 인터럽트 함수들과 메인 함수 사이에 공유하는 변수가 필요하면 이는 volatile로 선언하여 두는 것이 바람직하다.

다음은 시스템 제어기에 포함된 RTT와 타이머/카운터 TC0이 다중 인터럽트를 발생하는 경우 이를 처리하는 예제 프로그램이다.

〈프로그램 Xtest11_4.c〉 인터럽트 번호가 다른 RTT와 TC0의 다중 인터럽트 처리

```
/* ========================================================================== */
/*        Xtest11_4.c : Multiple Interrupt Program(RTT & TC0 interrupt)       */
/* ========================================================================== */
/*                          Designed and programmed by Duck-Yong Yoon in 2007.  */

#include "AT91SAM7S256.h"
#include "lib_AT91SAM7S256.h"
#include "OK7S256gcc.h"

volatile unsigned int RTT_flag=0;              // RTT interrupt flag
volatile unsigned int TC0_flag=0;              // TC0 interrupt flag

void RTT_ISR(void)                             /* RTT interrupt service routine */
{
  if(AT91F_RTTGetStatus(AT91C_BASE_RTTC) & 0x0002) // RTT RTTINC interrupt ?
    { RTT_flag ^= 0x01;                        // toggle RTT_flag(2Hz/2 = 1Hz)
      if(RTT_flag == 1)                        // if RTT_flag=1, LED1 on
        LED_on(LED1);
      else                                     // if RTT_flag=0, LED1 off
        LED_off(LED1);
    }
}

void TC0_ISR(void)                             /* TC0 interrupt service routine */
{
  if(*AT91C_TC0_SR & 0x0010)                   // TC0 CPCS interrupt ?
    { TC0_flag ^= 0x01;                        // toggle TC0_flag(6Hz/2 = 3Hz)
```

```
        if(TC0_flag == 1)                            // if TC0_flag=1, LED2 on
          LED_on(LED2);
        else                                         // if TC0_flag=0, LED2 off
          LED_off(LED2);
      }
  }

  int main(void)
  {
    MCU_initialize();                                // initialize AT91SAM7S256 & kit
    Delay_ms(50);                                    // wait for system stabilization
    LCD_initialize();                                // initialize text LCD module

    LCD_string(0x80, "RTT(LED1) = 2 Hz");            // display title
    LCD_string(0xC0, "TC0(LED2) = 6 Hz");

    LED_off(LED2|LED1);                              // LED2~LED1 off

    AT91F_RTTC_CfgPMC();                             // initialize RTT
    AT91F_RTTRestart(AT91C_BASE_RTTC);               // clear and restart RTT
    AT91F_RTTSetPrescaler(AT91C_BASE_RTTC,16384);    // 32.768kHz/16384 = 2Hz

    AT91F_RTTSetRttIncINT(AT91C_BASE_RTTC);          // initialize RTT interrupt
    AT91F_AIC_ConfigureIt(AT91C_BASE_AIC,AT91C_ID_SYS,7,1,RTT_ISR);
    AT91F_AIC_EnableIt(AT91C_BASE_AIC,AT91C_ID_SYS);

    AT91F_TC0_CfgPMC();                              // initialize TC0
    *AT91C_TC0_CMR = 0x8989C402;                     // TC0 Channel Control Register
    *AT91C_TC0_CCR = 0x0005;                         // TC0 clock enable and start
    *AT91C_TC0_RA = 10000;                           // set TC0 register
    *AT91C_TC0_RB = 20000;
    *AT91C_TC0_RC = 62500;                           // (48MHz/128/62500 = 6Hz)

    AT91F_TC_InterruptEnable(AT91C_BASE_TC0,AT91C_TC_CPCS); // initialize TC0 interrupt
    AT91F_AIC_ConfigureIt(AT91C_BASE_AIC,AT91C_ID_TC0,7,1,TC0_ISR);
    AT91F_AIC_EnableIt(AT91C_BASE_AIC,AT91C_ID_TC0);

    while(1);                                        // wait for interrupts
  }
```

☞ 여기서 TC0은 단지 RC 비교에 의하여 주기적인 인터럽트를 발생하는 용도로 사용하였다. 따라서, TC0의 TIOA0 및 TIOB0 신호는 외부로 출력하지 않으며, TC0_RA와 TC0_RB 레지스터에는 의미없는 더미값(dummy value)을 초기화하였다.

▣ 인터럽트 서비스 루틴 함수에서의 플랙의 사용

인터럽트 서비스 루틴 함수에서는 가급적 시간이 오래 걸리는 작업을 처리하지 않는 것이 좋다. 대부분의 인터럽트에서는 타이밍이 중요한데 하나의 인터럽트 처리 함수에서 오랜 시간을 소비하게 되면 다른 인터럽트가 발생되지 못하고 긴 시간을 대기상태에 있게 되어 여러 가지 문제를 야기할 수 있기 때문이다. 이러한 문제는 nested interrupt든 multiple interrupt든 다중 인터럽트의 경우에는 더욱 그러하다.

이러한 경우에 하나의 좋은 해결책은 인터럽트 발생 플랙을 사용하는 것이다. 즉, 인터럽트 서비스 루틴 함수에서는 플랙을 세트하는 기능만 수행하고, 그에 대한 처리는 메인 함수에서 수행하는 것이다. 물론 메인 함수에서 처리를 수행하고 나면 다시 플랙을 클리어시키는 것을 잊지 말아야 한다.

다음은 RTT와 TC0 채널이 다중 인터럽트를 발생하는 경우에 플랙을 사용하는 방법으로 원하는 작업을 처리하는 예제 프로그램이다.

〈프로그램 Xtest11_5.c〉 인터럽트 서비스 루틴 함수에서 플랙의 사용

```
/* ============================================================================ */
/*                Xtest11_5.c : Multiple Interrupt Program by Flag              */
/* ============================================================================ */
/*                        Designed and programmed by Duck-Yong Yoon in 2007.    */

#include "AT91SAM7S256.h"
#include "lib_AT91SAM7S256.h"
#include "OK7S256gcc.h"

volatile unsigned int RTT_flag=0;                 // RTT interrupt flag
volatile unsigned int TC0_flag=0;                 // TC0 interrupt flag

void RTT_ISR(void)                                /* RTT interrupt service routine */
{
  if(*AT91C_RTTC_RTSR & 0x0002)                   // RTT RTTINC interrupt ?
    RTT_flag = 1;                                 // if yes, set RTT_flag
}

void TC0_ISR(void)                                /* TC0 interrupt service routine */
{
  if(*AT91C_TC0_SR & 0x0010)                      // TC0 CPCS interrupt ?
    TC0_flag = 1;                                 // if yes, set TC0_flag
}

int main(void)
{
  unsigned int LED1_status, LED2_status;          // LED1, LED2 toggle status

  MCU_initialize();                               // initialize AT91SAM7S256 & kit
  Delay_ms(50);                                   // wait for system stabilization
  LCD_initialize();                               // initialize text LCD module

  LCD_string(0x80, "RTT(LED1) = 2 Hz");           // display title
  LCD_string(0xC0, "TC0(LED2) = 6 Hz");
  Beep();

  LED_off(LED2|LED1);                             // LED2~LED1 off

  AT91F_RTTC_CfgPMC();                            // initialize RTT
  AT91F_RTTRestart(AT91C_BASE_RTTC);              // clear and restart RTT
  AT91F_RTTSetPrescaler(AT91C_BASE_RTTC,16384);  // 32.768kHz/16384 = 2Hz

  AT91F_RTTSetRttIncINT(AT91C_BASE_RTTC);         // initialize RTT interrupt
  AT91F_AIC_ConfigureIt(AT91C_BASE_AIC,AT91C_ID_SYS,7,1,RTT_ISR);
  AT91F_AIC_EnableIt(AT91C_BASE_AIC,AT91C_ID_SYS);

  AT91F_TC0_CfgPMC();                             // initialize TC0
  *AT91C_TC0_CMR = 0x8989C402;                    // TC0 Channel Control Register
  *AT91C_TC0_CCR = 0x0005;                        // TC0 clock enable and start
  *AT91C_TC0_RA = 10000;                          // set TC0 register
  *AT91C_TC0_RB = 20000;
  *AT91C_TC0_RC = 62500;                          // (48MHz/128/62500 = 6Hz)
```

```
  AT91F_TC_InterruptEnable(AT91C_BASE_TC0,AT91C_TC_CPCS); // initialize TC0 interrupt
  AT91F_AIC_ConfigureIt(AT91C_BASE_AIC,AT91C_ID_TC0,7,1,TC0_ISR);
  AT91F_AIC_EnableIt(AT91C_BASE_AIC,AT91C_ID_TC0);

  LED1_status = 0;
  LED2_status = 0;

  while(1)
    { if(RTT_flag == 1)                       // RTT interrupt ?
        { RTT_flag = 0;                       // if yes, clear flag

          LED1_status ^= 0x01;                // toggle LED1_status(2Hz/2 = 1Hz)
          if(LED1_status == 1)                // if LED1_status=1, LED1 on
            LED_on(LED1);
          else                                // if LED1_status=0, LED1 off
            LED_off(LED1);
        }

      if(TC0_flag == 1)                       // TC0 interrupt ?
        { TC0_flag = 0;                       // if yes, clear flag

          LED2_status ^= 0x01;                // toggle LED2_status(6Hz/2 = 3Hz)
          if(LED2_status == 1)                // if LED2_status=1, LED2 on
            LED_on(LED2);
          else                                // if LED2_status=0, LED2 off
            LED_off(LED2);
        }
    }
}
```

4. 실습 과제

(1) 타이머와 카운터는 어떻게 다른지 설명하라.

(2) 예제 프로그램 Xtest11_2.c에서 2군데의 while(*AT91C_TC0_CV != 0); 명령을 삭제하면 어떻게 되는지 실험으로 확인하고 설명하라.

(3) 예제 프로그램 Xtest11_2.c를 출력 파형의 스위칭 주파수가 10kHz로 되도록 프로그램 Xtest11_2R.c로 수정하라.

4.12 PWM 제어기 응용 프로그램

이 절에서는 AT91SAM7S256에 내장된 주변장치 중에서 PWM 제어기를 사용하는 프로그래밍 기술을 익힌다.

관련 내용	(1) 제2.2절 PWM 제어기(PWM) (2) 제3.1절 *OK-7S256* 키트의 구조와 기능

1. PWM 제어기의 기능

AT91SAM7S256의 PWM 제어기는 완전히 독립적으로 동작하는 4개의 채널이 있으며, 각 채널의 PWM 신호에서는 사용자가 스위칭 주기와 듀티 사이클을 모두 가변할 수 있다. Perpheral A로는 PWM0~PWM2의 신호만 출력할 수 있고, Perpheral B로는 PWM0~PWM3의 신호를 모두 출력할 수 있다.

PWM 출력신호를 발생하는 것은 <그림 2.2.4>에서 설명한 바와 같이 PWM_CMRx 레지스터에서 CALG=1로 설정하여 삼각파를 발생하고 이와 PWM_CDTYx 레지스터를 비교하여 중앙 정렬된 PWM 출력신호를 얻는 방법이 있고, CALG=0으로 설정하여 톱니를 발생하고 이와 PWM_CDTYx 레지스터를 비교하여 좌측으로 정렬된 PWM 출력신호를 얻는 방법이 있다. 각각의 경우에 모두 CPOL=0으로 설정하여 부(負)의 PWM 출력 파형을 얻을 수도 있고, CPOL=1로 설정하여 정(正)의 PWM 출력 파형을 얻을 수도 있다.

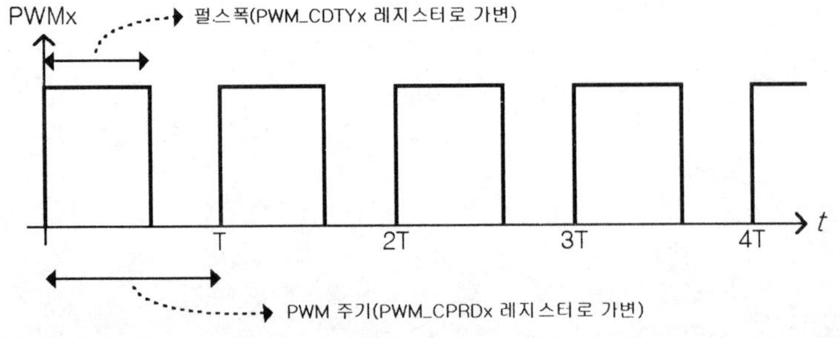

〈그림 4.12.1〉 PWM 제어기를 사용한 가변 주기, 가변 듀티 사이클 출력 제어

PWMx 출력의 스위칭 주파수는 마스터 클록 MCK를 13가지의 분주비로 나누고 이 클록 주파수를 다시 레지스터 PWM_CPRDx로 나누는 것으로 결정된다. 즉, PWM 스위칭 주파수는 다음과 같이 계산된다.

$$f_{\mathrm{PWMx}} = \frac{\mathrm{MCK}}{\left(\mathrm{N}\ \text{또는}\ \dfrac{\mathrm{N}}{\mathrm{DIVA}}\ \text{또는}\ \dfrac{\mathrm{N}}{\mathrm{DIVB}}\right) \times \mathrm{PWM\_CPRDx}}\ [\mathrm{Hz}]$$

여기서, N은 1, 2, 4, 8, 16, 32, 64, 128, 256, 512, 1024 등 11가지 중의 하나이며, DIVA와 DIVB는 각각 1~255의 범위에서 사용할 수 있다. N/DIVA나 N/DIVB를 지정하는 것은 PWM_MR 레지스터로 수행하며, 이들 13가지의 주파수 분주 방법중에서 하나를 선택하는 것은 각 채널의 PWM_CMRx 레지스터로 설정한다.

2. PWM 제어 프로그램

▣ 고정 PWM 출력 프로그램

스위칭 주파수와 듀티 사이클이 일정한 PWM 출력을 발생하는 프로그램을 작성하여 보면 다음과 같다. 여기서는 PWM0 출력을 스위칭 주파수 2kHz, 듀티 사이클 25%로 하고 PA0 핀을 통하여 TP1 단자로 출력하였으며, PWM1 출력을 스위칭 주파수 1kHz, 듀티 사이클 50%로 하고 PA1 핀을 통하여 TP2 단자로 출력하였다.

〈프로그램 Xtest12_1.c〉 PWM0, PWM1의 주파수와 듀티 사이클을 고정하여 출력

```
/* ========================================================================== */
/*              Xtest12_1.c : Constant PWM0, PWM1 Output                      */
/* ========================================================================== */
/*                      Designed and programmed by Duck-Yong Yoon in 2007.   */

#include "AT91SAM7S256.h"
#include "lib_AT91SAM7S256.h"
#include "OK7S256gcc.h"

__inline void AT91F_PWMC_CfgMode(
        AT91PS_PWMC pPWM,                        // pointer to a PWM controller
        unsigned int mode)                       // PWM_MR register value
{
        pPWM->PWMC_MR = mode;
}

int main(void)
{
  MCU_initialize();                              // initialize AT91SAM7S256 & kit
  Delay_ms(50);                                  // wait for system stabilization
  LCD_initialize();                              // initialize text LCD
```

```
    LCD_string(0x80,"PWM0 = 2kHz, 25%");           // display title
    LCD_string(0xC0,"PWM1 = 1kHz, 50%");
    Beep();

    AT91F_PWMC_CfgPMC();                           // enable clock of PWMC
    AT91F_PIO_CfgPeriph(AT91C_BASE_PIOA, AT91C_PA1_PWM1 | AT91C_PA0_PWM0, 0);
                                                   // PWM1,PWM0 output(Peripheral A)

    AT91F_PWMC_CfgMode(AT91C_BASE_PWMC, 0x031E031E); // CLKA=CLKB = 48MHz/8/30 = 200kHz
    AT91F_PWMC_CfgChannel(AT91C_BASE_PWMC, 0, 0x020B, 100, 25);  // CLKA/100 = 2kHz
    AT91F_PWMC_CfgChannel(AT91C_BASE_PWMC, 1, 0x020B, 200, 100); // CLKA/200 = 1kHz
    AT91F_PWMC_StartChannel(AT91C_BASE_PWMC, AT91C_PWMC_CHID1 | AT91C_PWMC_CHID0);
                                                   // start PWM1 and PWM0

    while(1);                                      // infinite loop
}
```

☞ Atmel사에서 제공하는 lib_AT91SAM7S256.h 헤더파일에는 PWM 모드 제어 레지스터 PWM_MR을 설정하는 기능의 함수가 포함되어 있지 않으므로 위에서와 같이 사용자 함수로 만들어 사용하였다. 그러나, 이는 뒤에서 보게 될 Xtest12_3.c의 예제 프로그램에서 PWM_CMR0(실제는 *AT91C_PWMC_CH0_CMR로 사용) 레지스터처럼 사용자 함수로 만들지 않고 포인터로 지정하여 사용해도 된다.

이 프로그램을 실행하면 TP1 단자로 출력되는 PWM0 출력 신호는 스피커로도 연결되어 있어서 많은 소음이 발생하는데, 이를 방지하려면 콘넥터 CN7을 분리하여 스피커를 구동하지 않도록 하면 된다.

이 프로그램을 컴파일하여 *OK-7S256* 키트에 다운로드하고 실행하라. 이 키트의 TP1, TP2 단자에서 각각 오실로스코프로 관측한 PWM0, PWM1의 출력 파형은 <그림 4.12.2>와 같다. 여기서는 PWM0 출력은 스위칭 주파수 2kHz, 듀티 사이클 25%이며, PWM1 출력은 스위칭 주파수 1kHz, 듀티 사이클 50%인 것을 확인할 수 있다.

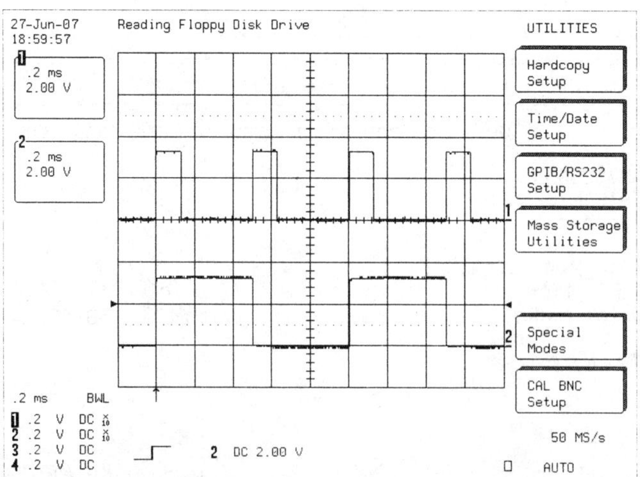

〈그림 4.12.2〉 오실로스코프로 측정한 PWM0, PWM1 고정 출력 파형

▣ 가변 듀티 사이클 PWM 출력 프로그램

이번에는 PWM0과 PWM1 출력 신호의 듀티 사이클을 가변하는 프로그램을 작성하여 보기로 한다. 역시 PWM0과 PWM1 출력 신호의 스위칭 주파수는 2kHz, 1kHz로 설정하고, 이것들을 각각 KEY1과 KEY2를 사용하여 듀티 사이클을 10%씩 증가시킬 수 있는 프로그램을 작성하여 보면 다음과 같다.

〈프로그램 Xtest12_2.c〉 PWM0, PWM1의 듀티 사이클을 10%씩 가변하여 출력

```
/* ========================================================================= */
/*            Xtest12_2.c : Variable Duty Cycle of PWM0, PWM1 Output         */
/* ========================================================================= */
/*                        Designed and programmed by Duck-Yong Yoon in 2007.  */

#include "AT91SAM7S256.h"
#include "lib_AT91SAM7S256.h"
#include "OK7S256gcc.h"

void LCD_3d(unsigned int number)                /* display 3-digit decimal number */
{ unsigned int i, flag;

  flag = 0;
  i = number/100;                               // 10^2
  if(i == 0) LCD_data(' ');
  else {     LCD_data(i + '0');
             flag = 1;
       }

  number = number % 100;                        // 10^1
  i = number/10;
  if((i == 0) && (flag == 0))
             LCD_data(' ');
  else {     LCD_data(i + '0');
             flag = 1;
       }

  i = number % 10;                              // 10^0
  LCD_data(i + '0');
}

__inline void AT91F_PWMC_CfgMode(
        AT91PS_PWMC pPWM,                       // pointer to a PWM controller
        unsigned int mode)                      // PWM_MR register value
{
        pPWM->PWMC_MR = mode;
}

int main(void)
{
  unsigned int PWM0_duty = 10, PWM1_duty = 20;  // initial PWM duty value

  MCU_initialize();                             // initialize AT91SAM7S256 & kit
  Delay_ms(50);                                 // wait for system stabilization
  LCD_initialize();                             // initialize text LCD

  LCD_string(0x80,"PWM0 = 2kHz, 10%");          // display title
  LCD_string(0xC0,"PWM1 = 1kHz, 10%");
  Beep();
```

```
    AT91F_PWMC_CfgPMC();                              // enable clock of PWMC
    AT91F_PIO_CfgPeriph(AT91C_BASE_PIOA, AT91C_PA1_PWM1 | AT91C_PA0_PWM0, 0);
                                                      // PWM1,PWM0 output(Peripheral A)

    AT91F_PWMC_CfgMode(AT91C_BASE_PWMC, 0x031E031E); // CLKA=CLKB = 48MHz/8/30 = 200kHz
    AT91F_PWMC_CfgChannel(AT91C_BASE_PWMC, 0, 0x020B, 100, PWM0_duty); // CLKA/100 = 2kHz
    AT91F_PWMC_CfgChannel(AT91C_BASE_PWMC, 1, 0x020B, 200, PWM1_duty); // CLKA/200 = 1kHz
    AT91F_PWMC_StartChannel(AT91C_BASE_PWMC, AT91C_PWMC_CHID1 | AT91C_PWMC_CHID0);
                                                      // start PWM1 and PWM0

    while(1)
      { switch(Key_input())
          { case 1 : if(PWM0_duty < 90)  PWM0_duty += 10; // increment PWM0 duty by 10%
                     else                PWM0_duty = 10;
                     AT91F_PWMC_UpdateChannel(AT91C_BASE_PWMC, 0, PWM0_duty);
                     LCD_command(0x8C);
                     LCD_3d(PWM0_duty*100/100);
                     break;
            case 2 : if(PWM1_duty < 180) PWM1_duty += 20; // increment PWM1 duty by 10%
                     else                PWM1_duty = 20;
                     AT91F_PWMC_UpdateChannel(AT91C_BASE_PWMC, 1, PWM1_duty);
                     LCD_command(0xCC);
                     LCD_3d(PWM1_duty*100/200);
                     break;
          }
      }
  }
```

☞ 여기서는 PWM 듀티 사이클을 변화시킬 때 lib_AT91SAM7S256.h 헤더파일에서 제공하는 채널 업데이트 함수 AT91F_PWMC_UpdateChannel()을 사용하였다. 이는 설정값을 PWM_CUPDx 레지스터에 라이트하는데, 현재 PWM_CMRx 레지스터에서 미리 CPD=0으로 지정되어 있기 때문에 이 값은 현재의 주기가 종료되는 순간에 PWM_CPRDx 레지스터를 갱신함으로써 글리치 없는 깔끔한 동작을 얻을 수 있게 된다.

이 프로그램을 실행하면 PWM0과 PWM1 출력 신호의 듀티 사이클이 증가함에 따라서 각각 LED1과 LED2의 밝기도 증가하는 것을 볼 수 있다.

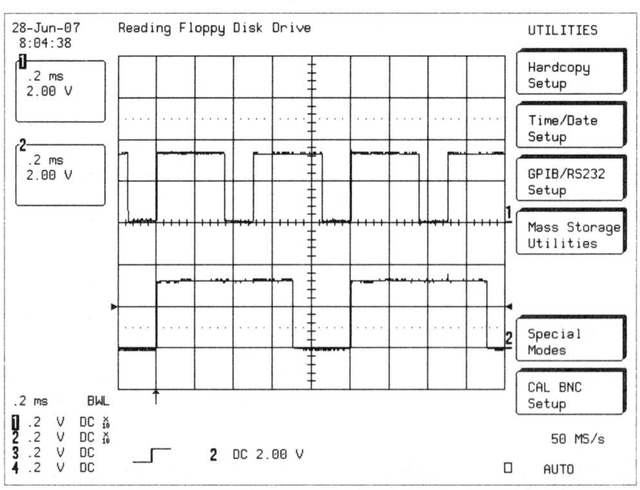

〈그림 4.12.3〉 오실로스코프로 측정한 PWM0, PWM1 가변 듀티 사이클 출력 파형

이 프로그램을 컴파일하여 *OK-7S256* 키트에 다운로드하고 실행하라. 이 키트의 TP1, TP2 단자에서 각각 오실로스코프로 관측한 PWM0, PWM1의 출력 파형은 <그림 4.12.3>과 같다. 여기서는 각 PWM 출력 파형의 듀티 사이클이 70%인 경우를 보였다.

▣ 가변 듀티 사이클, 가변 주기 PWM 출력 프로그램

이번에는 PWM0 출력 신호의 듀티 사이클과 스위칭 주기를 모두 가변하는 프로그램을 작성하여 본다. PWM0 출력 신호의 듀티 사이클은 KEY1로 가변하고, 스위칭 주파수는 KEY2로 가변하는 프로그램을 작성하여 보면 다음과 같다.

〈프로그램 Xtest12_3.c〉 PWM0의 듀티 사이클 및 스위칭 주파수를 가변하여 출력

```
/* ============================================================================ */
/*      Xtest12_3.c : Variable Period and Duty Cycle of PWM0 Output             */
/* ============================================================================ */
/*                         Designed and programmed by Duck-Yong Yoon in 2007.   */

#include "AT91SAM7S256.h"
#include "lib_AT91SAM7S256.h"
#include "OK7S256gcc.h"

void LCD_3d(unsigned int number)                   /* display 3-digit decimal number */
{ unsigned int i, flag;

  flag = 0;
  i = number/100;                                   // 10^2
  if(i == 0) LCD_data(' ');
  else {     LCD_data(i + '0');
             flag = 1;
       }

  number = number % 100;                            // 10^1
  i = number/10;
  if((i == 0) && (flag == 0))
             LCD_data(' ');
  else {     LCD_data(i + '0');
             flag = 1;
       }

  i = number % 10;                                  // 10^0
  LCD_data(i + '0');
}

void LCD_2d(unsigned int number)                   /* display 2-digit decimal number */
{ unsigned int i;

  i = number/10;                                    // 10^1
  if(i == 0) LCD_data(' ');
  else       LCD_data(i + '0');

  i = number % 10;                                  // 10^0
  LCD_data(i + '0');
}

__inline void AT91F_PWMC_CfgMode(
        AT91PS_PWMC pPWM,                           // pointer to a PWM controller
```

```
        unsigned int mode)                          // PWM_MR register value
{
        pPWM->PWMC_MR = mode;
}

int main(void)
{
  unsigned int PWM0_period = 100, PWM0_duty = 10; // initial PWM period and duty value
  unsigned int step = 10;                          // initial PWM duty step
  unsigned int flag = 0;                           // new setting flag
  double current_duty;                             // current duty cycle

  MCU_initialize();                                // initialize AT91SAM7S256 & kit
  Delay_ms(50);                                    // wait for system stabilization
  LCD_initialize();                                // initialize text LCD

  LCD_string(0x80,"PWM0 Freq & Duty");             // display title
  LCD_string(0xC0," 100/100kHz,10% ");
  Beep();

  AT91F_PWMC_CfgPMC();                             // enable clock of PWMC
  AT91F_PIO_CfgPeriph(AT91C_BASE_PIOA, AT91C_PA0_PWM0, 0);
                                                   // PWM0 output(Peripheral A)

  AT91F_PWMC_CfgMode(AT91C_BASE_PWMC, 0x041E041E); // CLKA=CLKB = 48MHz/16/30 = 100kHz
  AT91F_PWMC_CfgChannel(AT91C_BASE_PWMC, 0, 0x020B, 100, PWM0_duty); // CLKA/100=1kHz
  AT91F_PWMC_StartChannel(AT91C_BASE_PWMC, AT91C_PWMC_CHID0); // start PWM0

  while(1)
    { switch(Key_input())
        { case 1 : PWM0_duty += step;              // increment PWM0 duty by 10%
                   if(PWM0_duty == PWM0_period)
                     PWM0_duty = step;
                   flag = 1;
                   break;
          case 2 : current_duty = (double)PWM0_duty / (double)PWM0_period;
                   PWM0_period += 100;             // increment PWM0 period by 100
                   if(PWM0_period == 1000)
                     PWM0_period = 100;
                   PWM0_duty = current_duty * (double)PWM0_period + 0.5;
                   step = PWM0_period / 10;        // calculate new duty step
                   flag = 2;
                   break;
          default: flag = 0;
                   break;
        }

      if(flag == 1)
        { flag = 0;
          *AT91C_PWMC_CH0_CMR &= ~AT91C_PWMC_CPD; // update duty cycle
          AT91F_PWMC_UpdateChannel(AT91C_BASE_PWMC, 0, PWM0_duty);
          LCD_command(0xCC);                       // display PWM0 duty cycle
          LCD_2d(PWM0_duty*100/PWM0_period);
        }
      else if(flag == 2)
        { flag = 0;
          if(PWM0_duty > *AT91C_PWMC_CH0_CPRDR)
            { while(!(*AT91C_PWMC_ISR & AT91C_PWMC_CHID0));
              *AT91C_PWMC_CH0_CMR |= AT91C_PWMC_CPD;  // update period
              AT91F_PWMC_UpdateChannel(AT91C_BASE_PWMC, 0, PWM0_period);
              while(!(*AT91C_PWMC_ISR & AT91C_PWMC_CHID0));
              *AT91C_PWMC_CH0_CMR &= ~AT91C_PWMC_CPD; // update duty cycle
              AT91F_PWMC_UpdateChannel(AT91C_BASE_PWMC, 0, PWM0_duty);
            }
          else
            { while(!(*AT91C_PWMC_ISR & AT91C_PWMC_CHID0));
```

```
                *AT91C_PWMC_CH0_CMR &= ~AT91C_PWMC_CPD; // update duty cycle
                AT91F_PWMC_UpdateChannel(AT91C_BASE_PWMC, 0, PWM0_duty);
                while(!(*AT91C_PWMC_ISR & AT91C_PWMC_CHID0));
                *AT91C_PWMC_CH0_CMR |= AT91C_PWMC_CPD;  // update period
                AT91F_PWMC_UpdateChannel(AT91C_BASE_PWMC, 0, PWM0_period);
              }
            LCD_command(0xC5);                   // display PWM0 period and duty
            LCD_3d(PWM0_period);
            LCD_command(0xCC);
            LCD_2d(PWM0_duty*100/PWM0_period);
          }
      }
  }
```

☞ Atmel사에서 제공하는 lib_AT91SAM7S256.h 헤더파일에는 PWM 인터럽트 상태 레지스터 PWM_ISR을 읽는 기능의 함수가 포함되어 있지 않기 때문에 위에서와 같이 포인터를 사용하여 액세스하였다. 그러나, 이는 PWM_MR 레지스터의 경우처럼 사용자 함수로 만들어 사용해도 된다.

여기서 듀티 사이클과 스위칭 주기를 각각 PWM_CDTY0 레지스터 및 PWM_CPRD0 레지스터에 직접 라이트하면 1주기의 파형이 동작하는 도중에 이것들이 변경되므로 PWM 출력 파형에 과도적으로 원하지 않는 글리치가 발생하게 된다. 이를 해결하기 위하여 여기서는 이들 값을 변경할 때 PWM_CUPD0 레지스터를 사용하였다.

특히, 스위칭 주기를 변경할 때 듀티 사이클은 현재의 값을 그대로 유지하도록 처리하였으며, 이 때문에 스위칭 주기와 듀티 사이클 2가지를 차례로 변경하는 과정에서 과도적으로 듀티 사이클을 결정하기 위한 PWM_CDTY0 레지스터의 값이 스위칭 주기를 결정하기 위한 PWM_CPRD0 레지스터의 값보다 크게 설정되지 않도록 하였다.

3. 실습 과제

(1) PWM 출력신호에서 글리치(glitch)란 무엇이며, 이것은 어떤 경우에 발생하는지 구체적으로 예를 들어 설명하라.

(2) PWM 출력 제어 신호가 사용되는 응용 분야를 설명해 보라.

(3) 예제 프로그램 Xtest12_3.c를 PWM0이 아니라 PWM1 출력 신호에 대하여 동일한 기능을 수행하도록 프로그램 Xtest12_3R.c로 수정하라.

4.13 PWM 제어기를 이용한 음악연주 프로그램

이 절에서는 AT91SAM7S256의 PWM 제어기를 이용하여 음악 멜로디 연주 및 음향 발생을 수행하는 프로그래밍 기술을 익히기로 한다. 이를 위해서는 당연히 먼저 음악의 기본 이론 및 음향 발생의 원리를 알아야 한다.

OK-7S256 키트에서는 음악 및 음향을 발생하기 위해 CN7로 소형 스피커를 1개 접속하고 있으며, 이것은 PWM 제어기의 출력 단자 PA0/PWM0에 의하여 구동된다.

1. 음악 멜로디 연주의 원리

여기서는 AT91SAM7S256에 내장된 PWM 제어기를 사용하여 음악의 멜로디를 연주하는 원리에 대하여 알아보기로 한다. 기본적으로 음악의 멜로디(melody)는 스피커를 구동하는 신호의 주파수와 연주시간에 따라 결정되는데, 이는 타이머의 분주 기능을 이용하면 쉽게 원하는 주파수의 신호를 발생할 수 있으며, 연주시간은 시간지연 루틴을 사용하면 용이하게 구현할 수 있다.

음악의 멜로디에 필요한 주파수를 발생하기 위해서는 마이크로콘트롤러의 시스템 클록으로 사용된 정확하고 일정한 주파수를 분주하여 사용하는 것이 바람직하므로 타이머의 분주 기능을 사용하게 된다. 또한, 일반적으로 스피커를 구동하는 신호 파형은 듀티 사이클을 50%에 가깝게 하는 것이 좋은데, 이를 위해서는 AT91SAM7S256의 타이머/카운터 또는 PWM 제어기를 사용하는 것이 편리하다.

(1) 음악의 기본 구성

음악은 기본적으로 음의 높이(음계, 음정, tone), 음의 길이(박자, beat), 음의 강약, 음의 색깔 등으로 구성된다. 음의 높이는 스피커를 구동하는 신호의 주파수와 관계되어 주파수가 높으면 고음이 되고 주파수가 낮으면 저음이 된다. 음의 길이는 음표(note)와 쉼표(rest)로 구분되는데 이는 각 음계에 해당하는 신호 발생시간의 길고 짧음에 비례한다. 또한, 음의 강약은 신호 파형의 진폭에 의해 결정되고, 음의 색깔은 신호 파형에 고조파(高調波) 성분의 포함 정도나 진폭의 변화(envelope)에 의해 결정된다.

마이크로프로세서는 디지털 신호(digital signal)만을 직접 처리할 수 있기 때문에 음의 높이나 음의 길이를 변화시키는 것은 용이하나, 음의 강약 또는 음의 색깔을 변화시키는 것은 단순하지 않다. 이와 같은 기능을 갖는 본격적인 전자 음악 합성기(electronic music synthesizer)를 만들려면 주파수 발생 회로는 물론 각종 고조파 신호들을 증폭하고 합성할 수 있어야 하는데, 이를 위해서는 전용의 반도체 소자를 사용하거나 또는 D/A 컨버터 및 Op Amp와 같은 별도의 복잡한 아날로그 회로들이 필요하게 된다. 이러한 방식으로 된 사운드 카드나 전자 악기는 이미 많은 제품들이 개발되어 판매되고 있다.

그러나, 여기서는 마이크로콘트롤러에 내장된 타이머/카운터 기능을 이용하여 음높이와 음길이를 가변함으로써 단순히 음악의 멜로디를 연주할 수 있는 프로그램 작성에 대하여 연구하기로 한다. 이러한 프로그램은 기본적인 음악 이론에 근거하여 다양한 방법으로 작성될 수 있을 것이나, 여기서는 프로그래밍 기술을 익히고 실제 악보를 보고 이를 프로그램으로 옮기기 쉽도록 하려는 목적에 주안점을 두어 저자가 설계한 방법을 사용하는 것으로 전제하고 설명한다.

(2) 음계 발생의 원리

음악에서 음계는 0에서 8까지 9개의 옥타브(octave)로 구성되며, 각 옥타브에는 C, C#, D, D#, E, F, F#, G, G#, A, A#, B 등 반음(半音)의 간격으로 볼 때 12개의 음이 존재한다. 이들 각 음계에는 모두 표준 주파수가 정해져 있고, 이웃하는 2개의 음계 사이에는 1 : $2^{1/12}$, 즉 1 : 1.05946의 비율로 주파수가 증가하게 되어 있다. 따라서, 이와 같이 각 음계마다 약 6%씩 주파수가 증가하면 어느 음계와 이보다 1 옥타브 증가한 12번째 음과는 정확히 2배의 주파수 차이가 생기게 된다.

음계를 발생시키려면 AT91SAM7S256의 타이머/카운터나 PWM 제어기를 사용하면 되는데, 여기서는 PWM 제어기가 좀더 편리할 것으로 판단되므로 이를 사용하기로 한다. PWM 제어기에서 PWM0의 출력 주파수는 다음과 같이 표시된다.

$$f_{\mathrm{PWM0}} = \frac{\mathrm{MCK}}{\mathrm{N \cdot DIVA \cdot PWM\_CPRD0}} = \frac{48\mathrm{MHz}}{4 \cdot 4 \cdot \mathrm{PWM\_CPRD0}} = \frac{3\mathrm{MHz}}{\mathrm{PWM\_CPRD0}}\,[\mathrm{Hz}]$$

즉, 3MHz의 기본 주파수를 PWM0 채널 주기 레지스터 PWM_CPRD0의 설정값으로 나눈 주파수가 PWM0 신호로 출력된다. 이때, PWM0 채널 듀티 사이클 레지스터 PWM_CDTY0에는 PWM_CPRD0 레지스터의 1/2에 해당하는 값을 설정하여 출력되는 PWM0 신호의 듀티 사이클이 항상 50%로 유지되도록 한다.

〈표 4.13.1〉 음계별 표준주파수와 PWM 제어기에 의한 출력 주파수

옥타브	음계		표준	PWM_CPRD0	출력	정확도
	음계명	서브루틴	주파수[Hz]	레지스터의 값	주파수[Hz]	출력/표준[%]
2	A	VLA	110.000	27273	110.000	100.000
	A#	VLAX	116.541	25742	116.537	99.997
	B	VLB	123.471	24297	123.472	100.000
3	C	LC	130.813	22934	130.804	99.993
	C#	LCX	138.591	21646	138.600	100.006
	D	LD	146.832	20432	146.821	99.993
	D#	LDX	155.563	19285	155.569	100.004
	E	LE	164.814	18202	164.826	100.007
	F	LF	174.614	17181	174.611	99.998
	F#	LFX	184.997	16216	185.014	100.009
	G	LG	195.998	15306	196.002	100.002
	G#	LGX	207.652	14447	207.641	99.995
	A	LA	220.000	13636	220.022	100.010
	A#	LAX	233.082	12871	233.100	100.008
	B	LB	246.942	12149	246.914	99.989
4	C	MC	261.626	11467	261.643	100.006
	C#	MCX	277.183	10823	277.162	99.992
	D	MD	293.665	10216	293.686	100.007
	D#	MDX	311.127	9642	311.139	100.004
	E	ME	329.628	9101	329.598	99.991
	F	MF	349.228	8590	349.284	100.016
	F#	MFX	369.994	8108	369.959	99.991
	G	MG	391.995	7653	392.003	100.002
	G#	MGX	415.305	7224	415.282	99.994
	A	MA	440.000	6818	439.947	99.988
	A#	MAX	466.164	6436	466.200	100.008
	B	MB	493.883	6074	493.827	99.989
5	C	HC	523.251	5733	523.286	100.007
	C#	HCX	554.365	5412	554.324	99.993
	D	HD	587.330	5108	587.199	99.978
	D#	HDX	622.254	4821	622.278	100.004
	E	HE	659.255	4551	659.196	99.991
	F	HF	698.456	4295	698.324	99.981
	F#	HFX	739.989	4054	740.192	100.027
	G	HG	783.991	3827	783.699	99.963
	G#	HGX	830.609	3612	830.565	99.995
	A	HA	880.000	3409	880.282	100.032
	A#	HAX	932.328	3218	931.966	99.961
	B	HB	987.767	3037	988.142	100.038
6	C	VHC	1046.502	2867	1046.025	99.954
	C#	VHCX	1108.731	2706	1108.647	99.992
	D	VHD	1174.659	2554	1175.088	100.037
	D#	VHDX	1244.508	2411	1243.781	99.942
	E	VHE	1318.510	2275	1319.261	100.057

<표 4.13.1>에 옥타브 2~6의 표준 주파수와 AT91SAM7S256의 PWM 제어기를 사용하여 이를 발생시키는 방법을 보였다. 9개의 옥타브중에서 중간의 기준은 옥타브 4이므로 이를 middle octave로 하여 상하로 high octave와 low octave 각각 1개씩만을 고려하면 대부분 음악을 연주하는데 별 문제가 없다. 그러나, 더욱 넓은 음역을 포함시켜 실용적으로 문제가 없게 하려면 옥타브 2의 일부 음계와 옥타브 6의 일부 음계까지를 포함시키는 것이 좋다.

앞에서 설명한 바와 같이 표준 주파수는 무리수(無理數)로 증가하여 소수점 이하의 값을 가지게 되는데, 3MHz의 기본 주파수 및 채널 주기 레지스터 PWM_CPRD0을 이용하여 음계 주파수를 발생할 때 분주비는 0~65535의 정수만을 사용할 수 있으므로 이들 표준 음계 주파수를 정확히 발생시키는 것은 불가능하다. 따라서, 위의 식에 근거하여 PWM_CPRD0을 <표 4.13.1>에 보인 값으로 프로그램하고 가장 근사치의 주파수를 발생하도록 하면 모든 음계들이 거의 ±0.02% 이내의 오차 범위에 들어가는 만족스러운 결과를 얻을 수 있다.

이와 같이 각 음계에 대하여 결정된 주파수를 출력하려면 AT91SAM7S256의 PWM 제어기를 프로그래밍해야 하는데 이것은 각 음계별 주파수를 발생하기 위한 분주비를 상수로 정의하고 이를 PWM 제어기에 설정하는 함수로 작성하여 사용하면 편리하다. PWM 제어기를 위한 분주비 상수의 이름은 사용자가 기억하기 좋도록 하기 위하여 옥타브 3, 4, 5의 서브루틴 이름에 각각 LO(low), MI(middle), HI(high)의 두문자(頭文字)를 사용하고, 그 다음에 음계명을 놓도록 하며, 반음 올림을 표시하는 #은 X로 표기하도록 한다. 또한, 옥타브 2에는 두문자로 VLO(very low)을 사용하고, 옥타브 6에는 VHI(very high)를 사용하였다.

이렇게 만든 상수와 사용자 함수들은 헤더파일 OK7S256music.h로 만들어 놓고 사용자 프로그램에서 음악연주를 수행할 때 이를 인클루드하여 사용하면 편리하다.

(3) 음표 및 쉼표 발생의 원리

음표나 쉼표는 각 음계의 연주시간(演奏時間) 또는 휴지시간(休止時間)을 나타내는 것으로 <표 4.13.2>와 같이 각각 10가지씩의 종류가 있다. 그러나, 여기서 연주시간이라 하면 상대적인 것이며 절대적인 시간값을 갖는 것은 아니다. 예를 들어 4분 음표는 온음표에 비하여 연주시간이 1/4의 길이를 가지며, 32분 음표는 온음표의 1/32에 해당한다. 이와 같은 연주시간의 상대 길이를 <표 4.13.2>에 함께 표시하였다. 이 표에서는 표시하지 않았지만 실제로는 음표의 경우에는 겹3분 음표가 포함된다.

각 음표의 실제 연주시간은 음표의 종류뿐만 아니라 음악의 연주 속도를 표시하는 템포(tempo)에 의해 결정된다. 여기서는 편의상 템포를 1~7로 정의하며, tempo = 1이 가장 빠른 것으로 하고 tempo = 7은 가장 느린 것으로 하기로 한다. 또한, 가장 짧은 연주시간 단위인 32분 음표를 21[ms]의 기본 시간(base time)으로 정의하고, 이 기본 시간에 상대 길이와 템포 값을 곱한 시간을 실제 음표의 연주시간으로 한다. 예를 들어 tempo = 4(보통 빠르기)에서 32분 음표, 16분 음표, 8분 음표, 4분음표의 연주시간을 각각 계산하여 보면

𝅘𝅥𝅰 = base time × 상대 길이 × tempo

　= 21[ms] × 1 × 4 = 84[ms]

𝅘𝅥𝅯 = 21[ms] × 2 × 4 = 168[ms]

♪ = 21[ms] × 4 × 4 = 336[ms]

♩ = 21[ms] × 8 × 4 = 672[ms]

가 된다. 이렇게 하면 tempo = 4에서 4분 음표를 약 89개 연주하여 보통 빠르기의 기준인 88개와 거의 유사하게 된다.

〈표 4.13.2〉 음표 및 쉼표의 종류와 상대길이

종류	음표		쉼표		상대 길이
32분	𝅘𝅥𝅰	NOTE32	𝅀	REST32	$\frac{1}{32} = \frac{1}{32}$
16분	𝅘𝅥𝅯	NOTE16	𝄿	REST16	$\frac{1}{16} = \frac{2}{32}$
점16분	𝅘𝅥𝅯.	NOTE16D	𝄿.	REST16D	$\frac{1}{16} + \frac{1}{16} \times \frac{1}{2} = \frac{3}{32}$
8분	♪	NOTE8	𝄾	REST8	$\frac{1}{8} = \frac{4}{32}$
점8분	♪.	NOTE8D	𝄾.	REST8D	$\frac{1}{8} + \frac{1}{8} \times \frac{1}{2} = \frac{6}{32}$
4분	♩	NOTE4	𝄽	REST4	$\frac{1}{4} = \frac{8}{32}$
점4분	♩.	NOTE4D	𝄽.	REST4D	$\frac{1}{4} + \frac{1}{4} \times \frac{1}{2} = \frac{12}{32}$
2분	𝅗𝅥	NOTE2	𝄼	REST2	$\frac{1}{2} = \frac{16}{32}$
점2분	𝅗𝅥.	NOTE2D	𝄼.	REST2D	$\frac{1}{2} + \frac{1}{2} \times \frac{1}{2} = \frac{24}{32}$
온	𝅝	NOTE1	𝄻	REST1	$1 = \frac{32}{32}$

☞ 겹3분 음표는 NOTE16T, NOTE8T, NOTE4T로 하였음.

음표 및 쉼표를 프로그램으로 작성하는 것은 앞에서도 설명한 바와 같이 사용자 함수로 정의하여 사용하면 편리하다. 즉, 음표는 먼저 이 음계를 구현하기 위하여 PWM 제어기의 분주비를 설정하고 듀티 사이클을 50%로 지정하며, 음표의 길이는 위에서 계산한 시간만큼의 단순한 시간지연 루틴(delay routine)을 수행하면 된다. 또한, 쉼표는 음계가 연주되지 않는 상태에서 음표와 동일한 방법으로 시간지연 루틴을 수행하면 된다. 템포 값은 메모리 변수로 하여 음악연주 시작전의 첫머리에서 지정하도록 하고, 각 음표 및 쉼표를 처리하는 함수에서 이를 참조하여 지연시간을 결정하도록 한다.

이러한 기능을 수행하기 위한 상수와 함수들은 모두 헤더파일 OK7S256music.h에 정의되어 있는데 그 내용을 보이면 다음과 같다.

〈헤더파일 OK7S256music.h〉 *OK-7S256* 키트의 음악연주용으로 사용하는 헤더파일

```
/*******************************************************************************/
/*      OK7S256music.h : Music Play Function for OK-7S256 V1.0 Training Kit    */
/*******************************************************************************/
#define VLOA    27273                          // define divider for octave 2
#define VLOAX   25742
#define VLOB    24297
#define LOC     22934                          // define divider for octave 3
#define LOCX    21646
#define LOD     20432
#define LODX    19285
#define LOE     18202
#define LOF     17181
#define LOFX    16216
#define LOG     15306
#define LOGX    14447
#define LOA     13636
#define LOAX    12871
#define LOB     12149
#define MIC     11467                          // define divider for octave 4
#define MICX    10823
#define MID     10216
#define MIDX    9642
#define MIE     9101
#define MIF     8590
#define MIFX    8108
#define MIG     7653
#define MIGX    7224
#define MIA     6818
#define MIAX    6436
#define MIB     6074
#define HIC     5733                           // define divider for octave 5
#define HICX    5412
#define HID     5108
#define HIDX    4821
#define HIE     4551
#define HIF     4295
#define HIFX    4054
#define HIG     3827
#define HIGX    3612
#define HIA     3409
#define HIAX    3218
#define HIB     3037
#define VHIC    2867                           // define divider for octave 6
#define VHICX   2706
#define VHID    2554
#define VHIDX   2411
#define VHIE    2275

#define NOTE32  1*3                            // define note length
#define NOTE16  2*3
#define NOTE16D 3*3
#define NOTE16T 2*2
#define NOTE8   4*3
#define NOTE8D  6*3
#define NOTE8T  4*2
```

```
#define NOTE4   8*3
#define NOTE4D  12*3
#define NOTE4T  8*2
#define NOTE2   16*3
#define NOTE2D  24*3
#define NOTE1   32*3

#define REST32  1*3                              // define rest length
#define REST16  2*3
#define REST16D 3*3
#define REST8   4*3
#define REST8D  6*3
#define REST4   8*3
#define REST4D  12*3
#define REST2   16*3
#define REST2D  24*3
#define REST1   32*3

unsigned int tempo;                              // tempo = from 1(fast) to 7(slow)
unsigned int cut_flag = 1;                       // cut sound between notes

void Set_tempo(unsigned int number)              /* set tempo and PWMC */
{
  if((number == 0) || (number > 7))              // set tempo
    tempo = 4;
  else
    tempo = number;

  AT91F_PWMC_CfgPMC();                           // enable clock of PWMC
  AT91F_PIO_CfgPeriph(AT91C_BASE_PIOA, SPEAKER, 0); // PWM0 output on PA0
}

void Play_note(unsigned int divider, unsigned int note) /* play note */
{
  AT91F_PWMC_CfgChannel(AT91C_BASE_PWMC, 0, 0x0204, divider, divider >> 1);
                                                 // Hz=MCK/16/divider(duty ration 50%)
  AT91F_PWMC_StartChannel(AT91C_BASE_PWMC, AT91C_PWMC_CHID0); // start sound
  Delay_ms(note*tempo*7);                        // note play time
  AT91F_PWMC_StopChannel(AT91C_BASE_PWMC, AT91C_PWMC_CHID0);  // stop sound

  if(cut_flag != 0)                              // if not 0, cut sound between notes
    Delay_ms(5);
}

void Play_rest(unsigned int rest)                /* play rest */
{
  Delay_ms(rest*tempo*7);                        // rest play time
}
```

(4) 악보 연주 프로그램의 작성

앞에서 설명한 바와 같이 음표와 쉼표를 처리하는 함수를 모두 완성하였으면 주어진 악보를 연주하는 프로그램을 작성하는 것은 악보를 보면서 각 음에 대하여 음표 및 쉼표 함수를 호출(call)하기만 하면 된다. 이와 같은 음악연주 프로그램 작성시 유의 사항을 나열하면 다음과 같다.

① 프로그램 또는 각 연주곡의 서두에서 반드시 템포를 지정하라. 템포는 1~7의 범위에서 적절히 선택한다.

② 곡이 어떤 장조(長調) 또는 단조(短調)로 되어 있든지 관계없이 그냥 음계로 읽어라. 이때 #(sharp) 또는 ♭(flat)이 붙은 음에 유의하고, ♭이 붙은 음은 그 아래의 음에 #이 붙은 것으로 간주하여 처리하라.

③ 동일한 음계가 연속될 경우에는 마이크로프로세서의 처리속도가 매우 빨라서 연속된 하나의 음처럼 연주되기 때문에 이 부분의 멜로디 연주가 어색하게 들린다. 이를 해결하기 위하여 Play_note() 함수에서는 디폴트로 cut_flag=1의 상태에서 모든 음계 사이에 아주 짧은 5ms의 시간 공백을 주고 있다. 그러나, 만약 이러한 시간 공백을 원하지 않는다면 연속된 2개의 음표 길이를 합하여 하나의 음표로 연주하든지 또는 일시적으로 cut_flag=0; 으로 지정한 후에 2개의 음표를 연주하면 된다.

④ 겹3분 음표는 해당 음표 2개의 길이를 3등분하여 연주하라는 것인데, 이것들은 각각 NOTE16T, NOTE8T, NOTE4T 등으로 만들어 두었으니 이를 사용하면 된다.

```
Set_tempo(4);                           // tempo = 4

Play_note(LOB,NOTE8);                   // line 1
Play_note(MID,NOTE8);
Play_note(MIG,NOTE8);
Play_note(LOB,NOTE8);
Play_note(MID,NOTE4);
Play_note(MIC,NOTE4);
Play_note(MIE,NOTE4);
Play_note(MIE,NOTE4);
Play_note(MID,NOTE8);
Play_note(MIFX,NOTE8);
Play_note(MIA,NOTE8);
Play_note(HIC,NOTE8);
Play_note(MIB,NOTE8);
Play_note(MIA,NOTE8);
Play_note(MIG,NOTE2);
Play_rest(REST4);
```

〈그림 4.13.1〉 "옹달샘" 악보의 일부 및 이를 연주하는 프로그램의 예

이제 이와 같은 사항에 유의하면서 동요 "옹달샘" 악보의 일부를 연주하는 프로그램을 작성하여 보면 <그림 4.13.1>과 같다.

2. 음향 발생의 원리

타이머/카운터의 분주 기능을 이용하면 앞에서와 같이 음악은 물론 특수 음향을 발생할 수도 있다. 음향을 발생시키기 위해서는 여러가지 주파수의 소리를 반복시키거나 혼합시키는 방법이 주로 이용되는데, 규칙적인 디지털 전자 음향은 발생이 비교적 용이하지만 자연음과 같이 불규칙적인 음향은 D/A 컨버터와 같은 아날로그 회로를 사용하지 않으면 구현하기가 매우 어려우며, 이와 같은 것은 디지털 신호처리 이론뿐만 아니라 많은 경험이 요구되는 작업이다. 컴퓨터의 게임 프로그램 등에서는 초창기에는 단순한 디지털 전자 합성 음향을 많이 사용하였으나 지금은 기술이 발전하여 매우 어렵고 재미있는 효과음을 내는 것을 많이 볼 수 있다.

여기서는 매우 초보적이고 간단한 예로서 적색 경보음 및 전자식 전화벨을 닮은 음향 등의 발생에 대하여 알아보기로 한다.

(1) 적색경보 음향

적색 경보음은 기본적으로 점점 주파수가 상승하였다가 다시 하강하는 음의 연속이다. 점진적으로 주파수가 증가하는 신호는 타이머에서 분주비를 프로그램 루프에 의해 점차 감소시키면 얻을 수 있으며, 점진적으로 주파수가 감소하는 신호는 이와 반대로 하면 된다.

하나의 프로그램에서도 발생 주파수의 범위를 변화시키거나 각 주파수에서의 음이 발생되는 지속 시간을 다르게 하면 갖가지 재미있는 다른 음향을 만들어 볼 수 있다. 이때 사람의 귀로 들을 수 있는 가청 주파수 범위는 약 20[Hz]~20000[Hz]라는 것을 고려하여야 한다.

(2) 전화벨 음향

전자식 전화 벨 소리는 서로 다른 주파수의 2가지의 음을 연속 반복시킴으로써 만들 수 있다. 즉, 약 320[Hz]의 저주파(低周波) 소리와 480[Hz] 정도의 고주파(高周波) 소리를 1~2초 동안 각 25[ms] 정도씩 반복시킨 후에 2초 동안 쉬면 전화벨과 매우 유사한 소리가 된다. 이 경우에도 역시 타이머에서 분주비를 변화시키면 발생 주파수는 쉽게 조정되며, 음향 지속 시간 및 휴지 시간을 위해서 시간지연 루틴을 사용해야 한다.

저주파 소리 및 고주파 소리의 주파수를 이와 다른 임의의 값으로 바꾸거나 지속 시간 25[ms]를 여러가지로 바꾸어 보면 이것은 전화 벨소리와는 전혀 관계가 없을 것 같은 맹꽁이 소리, 119 구급차 소리 등으로 쉽게 변형되어 갖가지의 재미있는 다른 음향을 만들어 볼 수 있다.

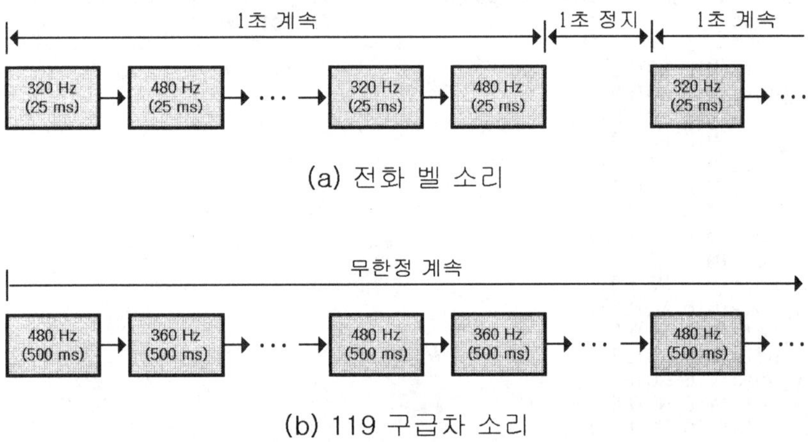

〈그림 4.13.2〉 규칙적인 음향 발생의 원리

3. 음악 멜로디 연주 프로그램

앞에서 설명한 바와 같이 여기서는 AT91SAM7S256의 PWM 제어기를 이용하여 시스템 클록을 분주한 출력으로 스피커를 구동하여 음악 멜로디를 연주하는 프로그램을 작성하여 보기로 한다.

헤더파일 OK7S256music.h를 사용하여 "퐁당퐁당", "낭랑 18세", "돌아가는 삼각지", "칠갑산", "허공" 등 5곡의 멜로디를 연주하는 프로그램은 다음과 같다.

〈프로그램 Xtest13_1.c〉 음악 멜로디 연주 프로그램

```
/* ========================================================================== */
/*                      Xtest13_1.c : Play Music Melody                       */
/* ========================================================================== */
/*                        Designed and programmed by Duck-Yong Yoon in 2007.  */

#include "AT91SAM7S256.h"
```

```
#include "lib_AT91SAM7S256.h"
#include "OK7S256gcc.h"
#include "OK7S256music.h"

int main(void)
{
  MCU_initialize();                            // initialize AT91SAM7S256 & kit
  Delay_ms(50);                                // wait for system stabilization
  LCD_initialize();                            // initialize text LCD

  LCD_string(0x80,"** MUSIC PLAY **");         // display title

  while(1)
    { LCD_string(0xC0,"PongdangPongdang");     // display music title
      Set_tempo(4);                            // set tempo

      Play_note(MIC,NOTE8);                    // line 1
      Play_note(MID,NOTE8);
      Play_note(MIE,NOTE8);
      Play_note(MIE,NOTE8);
      Play_note(MIC,NOTE8);
      Play_note(MIE,NOTE8);
      Play_note(MIG,NOTE16);
      Play_note(MIA,NOTE16);
      Play_note(MIG,NOTE8);
      Play_note(MIC,NOTE8);
      Play_note(MID,NOTE8);
      Play_note(MIE,NOTE8);
      Play_note(MIE,NOTE8);
      Play_note(MIC,NOTE8);
      Play_note(MIE,NOTE8);
      Play_note(MIG,NOTE16);
      Play_note(MIA,NOTE16);
      Play_note(MIG,NOTE8);
      Play_note(MIA,NOTE4);                    // line 2
      Play_note(MIG,NOTE8);
      Play_note(MIE,NOTE8);
      Play_note(MIA,NOTE4);
      Play_note(MIG,NOTE8);
      Play_note(MIE,NOTE8);
      Play_note(MID,NOTE8);
      Play_note(MID,NOTE8);
      Play_note(MIC,NOTE8);
      Play_note(MID,NOTE8);
      Play_note(MIE,NOTE8);
      Play_note(MIG,NOTE8);
      Play_note(MIG,NOTE4);
      Play_note(MIA,NOTE8D);                   // line 3
      Play_note(MIA,NOTE16);
      Play_note(MIG,NOTE8);
      Play_note(MIA,NOTE8);
      Play_note(HIC,NOTE8);
      Play_note(HIC,NOTE8);
      Play_note(HIC,NOTE8);
      Play_rest(REST8);
      Play_note(MIG,NOTE8D);
      Play_note(MIG,NOTE16);
      Play_note(MIE,NOTE8);
      Play_note(MID,NOTE8);
      Play_note(MIC,NOTE4D);
      Play_rest(REST8);
      Play_note(MID,NOTE8D);                   // line 4
      Play_note(MIE,NOTE16);
```

```
Play_note(MIC,NOTE8);
Play_note(MIE,NOTE8);
Play_note(MIG,NOTE8);
Play_note(MIG,NOTE8);
Play_note(MIG,NOTE4);
Play_note(MID,NOTE8);
Play_note(MIE,NOTE16);
Play_note(MIF,NOTE16);
Play_note(MIE,NOTE8);
Play_note(MID,NOTE8);
Play_note(MIC,NOTE4D);
Play_rest(REST8);
Delay_ms(1000);

LCD_string(0xC0,"     Age 18     ");        // display music title
Set_tempo(3);                               // set tempo

Play_note(MIG,NOTE4D);                      // line 1
Play_note(MIG,NOTE16);
Play_note(MIA,NOTE16);

   (중간 생략)

Play_note(HIC,NOTE8);
Play_note(HIC,NOTE8);
Play_note(HIC,NOTE2);
Delay_ms(1000);

LCD_string(0xC0,"Triangle Rotary ");        // display music title
Set_tempo(5);                               // set tempo

Play_note(MIC,NOTE4);                       // prelude
Play_note(MIC,NOTE16);
Play_note(MID,NOTE16);

   (중간 생략)

Play_note(MIE,NOTE16T);
Play_note(MID,NOTE8);
Play_note(MIC,NOTE2D);
Delay_ms(1000);

LCD_string(0xC0,"  Chil-Gab San  ");        // display music title
Set_tempo(4);                               // set tempo

Play_note(HIG,NOTE16);                      // prelude line 1
Play_note(HIAX,NOTE16);
Play_note(HIG,NOTE2);

   (중간 생략)

Play_note(HIC,NOTE8T);
Play_note(MIAX,NOTE8T);
Play_note(MIG,NOTE1);
Play_rest(REST1);
Delay_ms(1000);

LCD_string(0xC0,"   Empty Sky    ");        // display music title
Set_tempo(4);                               // set tempo

Play_note(MIA,NOTE8);                       // line 1
Play_note(MIB,NOTE8);
Play_note(MIFX,NOTE4D);
```

```
        (중간 생략)

        Play_note(MIA,NOTE8);
        Play_note(MIB,NOTE8);
        Play_note(HID,NOTE1);
        Play_rest(REST1);
        Delay_ms(1000);
      }
  }
```

이 프로그램을 컴파일하여 다운로드하고 실행하라. 이 프로그램이 올바르게 수행되려면 *OK-7S256* 키트의 콘넥터 CN7을 통하여 소형 스피커를 접속해야 한다.

4. 음향 발생 프로그램

이번에는 전화벨 소리나 119 구급차 소리와 같이 비교적 규칙적이어서 구현하기 쉬운 음향을 발생하는 프로그램을 작성하여 본다.

(1) 전화벨 소리 프로그램

앞의 <그림 4.13.2>에서 설명한 전자식 전화기의 벨소리를 구현한 프로그램은 다음과 같다.

〈프로그램 Xtest13_2.c〉 전자식 전화벨 소리 프로그램

```
/* ============================================================================ */
/*                    Xtest13_2.c : Telephone Bell Sound                        */
/* ============================================================================ */
/*                         Designed and programmed by Duck-Yong Yoon in 2007.   */

#include "AT91SAM7S256.h"
#include "lib_AT91SAM7S256.h"
#include "OK7S256gcc.h"

int main(void)
{
  unsigned int i;

  MCU_initialize();                          // initialize AT91SAM7S256 & kit
  Delay_ms(50);                              // wait for system stabilization
  LCD_initialize();                          // initialize text LCD

  LCD_string(0x80,"  ** SOUND **    ");      // display title
  LCD_string(0xC0," Telephone Bell ");
```

```
  AT91F_PWMC_CfgPMC();                                  // enable clock of PWMC
  AT91F_PIO_CfgPeriph(AT91C_BASE_PIOA, SPEAKER, 0); // PWM0 output on PA0

  while(1)
    { AT91F_PWMC_StartChannel(AT91C_BASE_PWMC, AT91C_PWMC_CHID0); // start sound
      for(i=0; i<20; i++)
        { AT91F_PWMC_CfgChannel(AT91C_BASE_PWMC, 0, 0x0204, 9375, 4688);
                                                        // 48MHz/16/9375 = 320Hz
          Delay_ms(25);
          AT91F_PWMC_CfgChannel(AT91C_BASE_PWMC, 0, 0x0204, 6250, 3125);
                                                        // 48MHz/16/6250 = 480Hz
          Delay_ms(25);
        }

      AT91F_PWMC_StopChannel(AT91C_BASE_PWMC, AT91C_PWMC_CHID0);  // stop sound
      Delay_ms(1000);
    }
}
```

이 프로그램을 컴파일하여 다운로드하고 실행하라. 전화벨 소리가 실제 전화기처럼 제대로 들리는가?

(2) 119 구급차 소리 프로그램

다음에 119 구급차가 발생하는 고유한 앰블런스 소리를 구현한 프로그램은 아래와 같다.

〈프로그램 Xtest13_3.c〉 119 구급차 앰블런스 소리 프로그램

```
/* ========================================================================== */
/*                    Xtest13_3.c : 119 Ambulance Sound                        */
/* ========================================================================== */
/*                    Designed and programmed by Duck-Yong Yoon in 2007.   */

#include "AT91SAM7S256.h"
#include "lib_AT91SAM7S256.h"
#include "OK7S256gcc.h"

int main(void)
{
  unsigned int i;

  MCU_initialize();                                   // initialize AT91SAM7S256 & kit
  Delay_ms(50);                                       // wait for system stabilization
  LCD_initialize();                                   // initialize text LCD

  LCD_string(0x80,"  ** SOUND **   ");                // display title
  LCD_string(0xC0," 119 Ambulance  ");

  AT91F_PWMC_CfgPMC();                                // enable clock of PWMC
  AT91F_PIO_CfgPeriph(AT91C_BASE_PIOA, SPEAKER, 0); // PWM0 output on PA0
```

```
    while(1)
      { AT91F_PWMC_StartChannel(AT91C_BASE_PWMC, AT91C_PWMC_CHID0); // start sound
        for(i=0; i<5; i++)
          { AT91F_PWMC_CfgChannel(AT91C_BASE_PWMC, 0, 0x0204, 6250, 3125);
                                                    // 48MHz/16/6250 = 480Hz
            Delay_ms(500);
            AT91F_PWMC_CfgChannel(AT91C_BASE_PWMC, 0, 0x0204, 8333, 4167);
                                                    // 48MHz/16/8333 = 360Hz
            Delay_ms(500);
          }

        AT91F_PWMC_StopChannel(AT91C_BASE_PWMC, AT91C_PWMC_CHID0);  // stop sound
        Delay_ms(1000);
      }
  }
```

이 프로그램을 컴파일하여 다운로드하고 실행하라. 119 구급차에서와 같은 소리가 제대로 들리는가?

이 프로그램에서 2가지의 주파수와 이들 각 신호 발생의 지속 시간을 여러 가지로 변경하여 보라. 다양한 새로운 음향을 얻을 수 있을 것이다.

5. 실습 과제

(1) *OK-7S256* 키트의 스피커 구동회로에서 다이오드 D4와 콘덴서 C22의 역할은 무엇인지 설명하라. 또한, R20의 저항값과 스피커의 음량 사이에는 어떤 관련이 있는지 설명하라.

(2) *OK-7S256* 키트와 AT91SAM7S256에서 PWM 제어기를 사용하지 않고 이러한 음악 연주나 음향 발생을 수행할 수 있는 또 다른 방법을 설명하라.

(3) 자신이 소속된 학교의 교가(校歌) 또는 회사의 사가(社歌)를 연주하는 프로그램 Xtest13_1R.c를 작성하라.

(4) 예제 프로그램 Xtest13_3.c를 수정하여 자신이 원하는 임의의 음향을 발생하는 프로그램 Xtest13_3R.c를 작성하라.

4.14 DBGU 및 USART 직렬통신 프로그램

이 절에서는 AT91SAM7S256의 디버그 유닛(DBGU)과 동기 및 비동기 직렬통신 포트(USART)를 사용하여 비동기 RS-232C 통신을 수행하는 프로그램 작성 기술을 익힌다.

DBGU 포트는 비동기 직렬통신 방식으로 AT91SAM7S256의 디버그 기능에 사용하기 위하여 만들어 놓은 것이지만 이를 그냥 일반 UART 포트로 사용할 수도 있다. 한편, USART 포트는 동기 및 비동기 통신을 모두 사용할 수 있으나, 이러한 동기통신 방식은 마땅히 적용할 곳이 없으므로 여기서는 비동기 통신에 대하여만 공부한다. 또한, AT91SAM7S256에는 동기 직렬통신 포트(SSC)를 가지고 있는데 이 역시 마땅히 적용할 곳을 찾기 어려우므로 *OK-7S256* 키트에서는 이를 사용하지 않는다.

퍼스널컴퓨터와 *OK-7S256* 키트 사이에 비동기 직렬통신을 수행하려면 퍼스널컴퓨터에도 당연히 이에 대응되는 통신 프로그램이 있어야 한다. 여기서는 윈도우즈 운영체제에 포함된 하이퍼터미널을 사용하기로 한다.

관련 내용	(1) 제1.5절 AT91SAM7S256의 시스템 제어기 6. 디버그 유닛(DBGU) (2) 제2.3절 동기 및 비동기 직렬통신 포트(USART) (2) 제3.1절 *OK-7S256* 키트의 구조와 기능

1. DBGU를 사용한 RS-232C 통신

DBGU를 일반 UART 포트로 사용할 경우 이것은 데이터 전송 포맷이 8데이터 비트와 1스톱 비트로 고정되며, 패리티 비트는 사용하지 않거나 우수 또는 기수 패리티를 사용할 수도 있고 강제로 스페이스(space) 또는 마크(mark)로 설정할 수도 있다. 보레이트는 마스터 클록 MCK를 분주하여 임의로 설정할 수 있으며, 패리티 에러, 프레임 에러, 오버런 에러 등 3가지의 통신에러 체크 기능과 자동 에코, 로컬 루프백, 원격 루프백 등 3가지의 루프백 테스트 기능을 가진다.

▣ 루프백 테스트

루프백 테스트(loopback test)란 상대방과 통신선으로 직접 연결하여 데이터를 송수신하지 않고 자신 스스로 송수신을 테스트하거나 상대방이 자체적으로 송수신을 테스트할 수 있도록 하는 동작이다. 이렇게 하면 양쪽에서 각각 송수신을 수행하는 프로그램을 실행하지 않고도 통신 테스트가 가능하므로 편리하다.

여기서는 로컬 루프백 모드(Local Loopback Mode)를 사용하여 통신 프로그램의 이상 여부나 DBGU 포트의 정상 동작 여부를 확인하여 보기로 한다. 로컬 루프백 모드로 DBGU 포트를 이용한 직렬통신 테스트 프로그램을 작성하면 다음과 같다.

〈프로그램 Xtest14_1.c〉 DBGU 포트의 로컬 루프백 모드를 이용한 통신 테스트

```
/* ============================================================================ */
/*          Xtest14_1.c : DBGU Loopback Test by Local Loopback Mode             */
/* ============================================================================ */
/*                       Designed and programmed by Duck-Yong Yoon in 2007.     */

#include "AT91SAM7S256.h"
#include "lib_AT91SAM7S256.h"
#include "OK7S256gcc.h"

void DBGU_TX_char(unsigned int data)             /* transmit a character by DBGU */
{
  while(!(*AT91C_DBGU_CSR & 0x0002));            // wait until TXRDY=1

  *AT91C_DBGU_THR = data;                         // transmit a character
}

unsigned int DBGU_RX_char(void)                   /* receive a character by DBGU */
{
  unsigned int i;

  i = 0;
  while(!(*AT91C_DBGU_CSR & 0x0001) && (i < 1000000)) // wait until RXRDY=1
    i++;

  if(i < 1000000)
    return *AT91C_DBGU_RHR;                       // receive a character
  else
    return ' ';
}

int main(void)
{
  unsigned int i, RxD;

  MCU_initialize();                               // initialize AT91SAM7S256 & kit
  Delay_ms(50);                                   // wait for system stabilization
  LCD_initialize();                               // initialize text LCD

  LCD_string(0x80,"DBGU Loopback(1)");            // display title

  AT91F_DBGU_CfgPMC();                            // enable clock of DBGU
  AT91F_DBGU_CfgPIO();                            // DTXD, DRXD by Peripheral A
```

```
    *AT91C_DBGU_MR = 0x00008800;                    // Local Loopback mode, no parity
    *AT91C_DBGU_BRGR = 26;                          // MCK/16/26 = 115200 bps
    *AT91C_DBGU_CR = 0x00000150;                    // TX, RX enable

    while(1)
      { for(i = 'A'; i <= 'Z'; i++)
          { LCD_string(0xC0,"TxD=0,RxD=0      ");
            DBGU_TX_char(i);                        // transmit a character
            LCD_command(0xC4); LCD_data(i);         // display TxD

            RxD = DBGU_RX_char();                   // receive a character
            LCD_command(0xCA); LCD_data(RxD);       // display RxD

            if(RxD == i)                            // if equal, OK
              { LCD_string(0xCB, ", OK!");
                Beep();
              }
            else                                    // if not equal, error
              { LCD_string(0xCB, ",Err!");
                Error();
              }

            Delay_ms(2000);
          }
      }
  }
```

☞ 1문자를 송신할 때는 DBGU_SR 레지스터에서 TXRDY 플랙이 1이 된 것을 확인하고 송신하며, 1문자를 수신할 때는 RXRDY 플랙이 1이 된 것을 확인하고 수신한다. 그러나, 1문자 수신 함수에서 이렇게 무한정 RXRDY=1이 되기를 기다린다면 수신 문자가 없을 경우 프로그램이 무한루프에 빠지게 되므로 이러한 폴링 횟수를 제한해야 한다. 따라서, 루프백 테스트의 경우는 지정된 횟수 이내에 1문자의 수신이 없다면 당연히 루프백 테스트 에러로 처리한다.

이 프로그램을 컴파일하여 *OK-7S256* 키트에 다운로드하고 실행하라. 텍스트형 LCD 모듈에 DBGU 포트의 동작이 계속 OK로 표시되는가?

그러나, AT91SAM7S256의 로컬 루프백 모드는 <그림 1.5.27>에서 보였듯이 이 소자의 내부에서 TxD 신호를 RxD 신호로 연결하여 루프백하는 것이기 때문에 이 테스트 결과가 OK라고 하더라도 이것이 실제 통신이 올바르게 동작할 것이라는 점을 100% 보장하지는 못한다. 즉, 테스트 OK가 되었더라도 만약 <그림 3.1.2>의 회로도에서 보는 것처럼 MAX232 소자를 거쳐서 콘넥터 CN5와 RS-232C 통신 케이블에 이르기까지의 모든 하드웨어가 올바르지 않으면 실제 통신이 정상적으로 수행될 수 없게 된다. 따라서, 하드웨어를 포함한 완전한 루프백 테스트는 *OK-7S256* 키트의 콘넥터 CN5에 RS-232C 통신 케이블을 <그림 3.1.6>처럼 접속하고 실시해야만 가능하다. 이러한 루프백 테스트 프로그램을 작성하여 보면 다음과 같다.

〈프로그램 Xtest14_2.c〉 DBGU 포트의 외부 하드웨어를 포함한 루프백 테스트

```
/* ============================================================================ */
/*              Xtest14_2.c : DBGU Loopback Test by RS-232C Cable               */
/* ============================================================================ */
/*                       Designed and programmed by Duck-Yong Yoon in 2007.     */

#include "AT91SAM7S256.h"
#include "lib_AT91SAM7S256.h"
#include "OK7S256gcc.h"

void DBGU_TX_char(unsigned int data)              /* transmit a character by DBGU */
{
  while(!(*AT91C_DBGU_CSR & 0x0002));             // wait until TXRDY=1

  *AT91C_DBGU_THR = data;                         // transmit a character
}

unsigned int DBGU_RX_char(void)                   /* receive a character by DBGU */
{
  unsigned int i;

  i = 0;
  while(!(*AT91C_DBGU_CSR & 0x0001) && (i < 1000000)) // wait until RXRDY=1
    i++;

  if(i < 1000000)
    return *AT91C_DBGU_RHR;                       // receive a character
  else
    return ' ';
}

int main(void)
{
  unsigned int i, RxD;

  MCU_initialize();                               // initialize AT91SAM7S256 & kit
  Delay_ms(50);                                   // wait for system stabilization
  LCD_initialize();                               // initialize text LCD

  LCD_string(0x80,"DBGU Loopback(2)");            // display title

  AT91F_DBGU_CfgPMC();                            // enable clock of DBGU
  AT91F_DBGU_CfgPIO();                            // DTXD, DRXD by Peripheral A

  *AT91C_DBGU_MR = 0x00000800;                    // normal mode, no parity
  *AT91C_DBGU_BRGR = 26;                          // MCK/16/26 = 115200 bps
  *AT91C_DBGU_CR = 0x00000150;                    // TX, RX enable

  while(1)
    { for(i = 'A'; i <= 'Z'; i++)
        { LCD_string(0xC0,"TxD=0,RxD=0       ");
          DBGU_TX_char(i);                        // transmit a character
          LCD_command(0xC4); LCD_data(i);         // display TxD

          RxD = DBGU_RX_char();                   // receive a character
          LCD_command(0xCA); LCD_data(RxD);       // display RxD

          if(RxD == i)                            // if equal, OK
            { LCD_string(0xCB, ", OK!");
              Beep();
            }
```

```
            else                                        // if not equal, error
              { LCD_string(0xCB, ",Err!");
                Error();
              }

            Delay_ms(2000);
          }
      }
  }
```

☞ 여기서는 RS-232C 통신선을 통하여 전송 데이터가 루프백되므로 DBGU 포트를 정상 모드(normal mode)로 초기화해야 한다는 것에 주의하라.

이 프로그램을 컴파일하여 *OK-7S256* 키트에 다운로드하고 실행하라. 그러고 나서 만약 RS-232C 케이블을 연결하지 않으면 텍스트형 LCD 모듈에 DBGU 포트의 동작이 계속 Err로 표시되는가? 또한, 콘넥터 CN5에 RS-232C 케이블을 <그림 3.1.6>처럼 연결하면 텍스트형 LCD 모듈에 DBGU 포트의 동작이 OK로 표시되는가?

▣ 폴링에 의한 직렬통신

먼저 송신 및 수신에서 플랙 비트를 폴링하는 방법으로 통신을 수행하는 프로그램을 작성한다. 송신할 때는 DBGU_SR 레지스터의 TXRDY 플랙 비트를 조사하여 현재 송신 버퍼가 비어있는지를 확인하고 송신할 데이터를 출력해야 하며, 수신할 때는 같은 레지스터의 RXRDY 플랙 비트를 조사하여 현재 버퍼에 수신되어 있는 데이터가 있는지를 확인하고 수신 데이터를 읽어야 한다. 이러한 플랙 비트를 CPU가 빈번하게 조사하여 상태를 확인하고 동작을 처리하는 것을 폴링(polling)이라고 한다.

DBGU 포트를 사용하여 폴링 방식으로 데이터를 전송하는 프로그램을 작성하면 다음과 같다. 이 프로그램을 실행한 후에 KEY1, KEY2를 누르면 각각 지정된 메시지가 *OK-7S256* 키트에서 퍼스널컴퓨터로 송신되며, 퍼스널컴퓨터에서 키보드를 사용하여 임의의 문자를 입력하면 퍼스널컴퓨터는 직렬포트로 이것을 전송하고 *OK-7S256* 키트가 이를 수신하여 텍스트형 LCD 모듈의 아랫줄에 표시한다.

〈프로그램 Xtest14_3.c〉 DBGU 포트를 이용한 폴링 방식의 통신 프로그램(1)

```
/* ========================================================================== */
/*          Xtest14_3.c : RS-232C Communication by DBGU Polling(1)            */
/* ========================================================================== */
/*                        Designed and programmed by Duck-Yong Yoon in 2007.  */

#include "AT91SAM7S256.h"
```

```
#include "lib_AT91SAM7S256.h"
#include "OK7S256gcc.h"

unsigned int DBGU_RX_char_nowait(void)          /* receive a character by DBGU */
{
  if(*AT91C_DBGU_CSR & 0x0001)                  // if RXRDY=1, return a character
    return *AT91C_DBGU_RHR;
  else                                          // if RXRDY=0, return 0
    return 0;
}

unsigned int DBGU_RX_char(void)                 /* receive a character by DBGU */
{
  while(!(*AT91C_DBGU_CSR & 0x0001));           // wait until RXRDY=1

  return *AT91C_DBGU_RHR;                       // receive a character
}

void DBGU_TX_char(unsigned int data)            /* transmit a character by DBGU */
{
  while(!(*AT91C_DBGU_CSR & 0x0002));           // wait until TXRDY=1

  *AT91C_DBGU_THR = data;                       // transmit a character
}

void DBGU_string(char *string)                  /* transmit a string by DBGU */
{
  while(*string != '\0')
    { DBGU_TX_char(*string);
      string++;
    }
}

int main(void)
{
  unsigned int cursor, RxD;

  MCU_initialize();                             // initialize AT91SAM7S256 & kit
  Delay_ms(50);                                 // wait for system stabilization
  LCD_initialize();                             // initialize text LCD

  LCD_string(0x80," RS-232C (DBGU) ");          // display title
  LCD_string(0xC0,"                ");
  Beep();

  LCD_command(0x0F);                            // cursor ON
  LCD_command(0xC0);                            // initial cursor position
  cursor = 0;

  AT91F_DBGU_CfgPMC();                          // enable clock of DBGU
  AT91F_DBGU_CfgPIO();                          // DTXD, DRXD by Peripheral A

  *AT91C_DBGU_MR = 0x00000800;                  // normal mode, no parity
  *AT91C_DBGU_BRGR = 26;                        // MCK/16/26 = 115200 bps
  *AT91C_DBGU_CR = 0x00000150;                  // TX, RX enable

 while(1)
    { switch(Key_input())                       // key input
        { case 1 : LED_on(LED1); LED_off(LED2); // KEY1 ?
                   DBGU_string("  KEY1 is OK !  ");
                   DBGU_TX_char(0x0D);
                   DBGU_TX_char(0x0A);
                   break;
          case 2 : LED_on(LED2); LED_off(LED1); // KEY2 ?
                   DBGU_string("  KEY2 is OK !  ");
```

```
                DBGU_TX_char(0x0D);
                DBGU_TX_char(0x0A);
                break;
          default: break;
        }

      RxD = DBGU_RX_char_nowait();               // receive a character if any
      if(RxD != 0x00)
        { LCD_data(RxD);                         // display a received character
          cursor++;                              // 16 character OK ?
          if(cursor == 16)
            { LCD_command(0xC0);                 // if yes, go home
              cursor = 0;
              Beep();
            }
        }
    }
}
```

☞ 이렇게 폴링 방식으로 송수신을 반복하는 프로그램에서는 1문자 수신 함수에서 RXRDY 플랙이 1이 될 때까지 기다리며 폴링하는 방법을 사용하면 안된다. DBGU 포트로 문자가 수신되지 않으면 프로그램이 무한루프에 빠지기 때문이다. 그래서 위의 프로그램에서는 샘플로 이와 같은 함수 DBGU_RX_char()를 만들어 놓기는 했지만 이를 사용하지는 않으며, 실제로는 수신된 문자가 없으면 리턴값을 0으로 하여 곧바로 리턴하는 DBGU_RX_char_nowait() 함수를 사용한다.

이 프로그램을 컴파일하여 *OK-7S256* 키트에 다운로드하고 실행하라. 프로그램을 실행할 때는 <그림 3.1.9>에서와 같이 제작한 RS-232C 통신 케이블을 *OK-7S256* 키트의 콘넥터 CN5와 퍼스널컴퓨터의 직렬포트 COM1 또는 COM2 사이에 연결하여야 한다. 그리고, 퍼스널컴퓨터에서 하이퍼터미널과 같은 통신 프로그램을 실행한다.

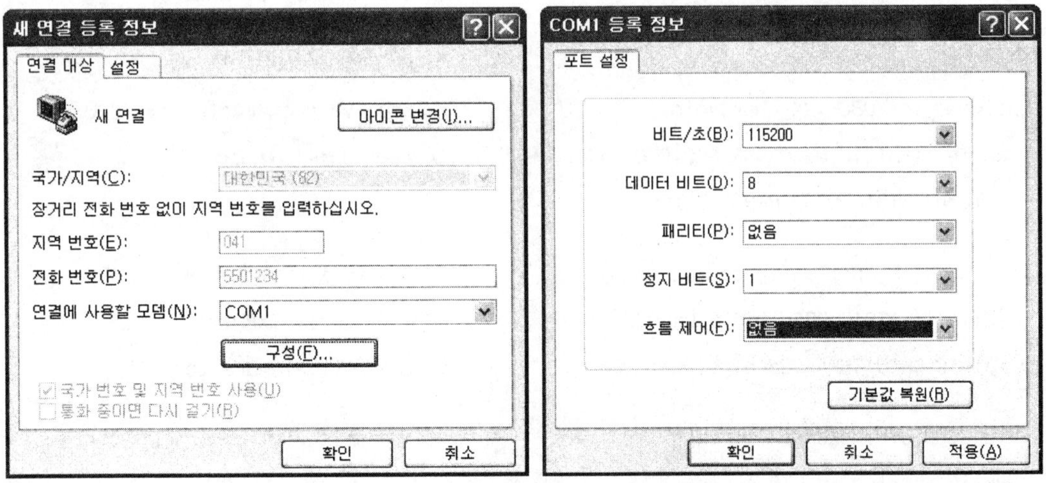

〈그림 4.14.1〉 Windows XP에서 하이퍼터미널의 설정

만약 이제 여러분이 Windows XP 운영체제에서 "하이퍼터미널" 프로그램을 사용한다면 <그림 4.14.1>과 같이 파일→속성→연결대상→구성 메뉴를 선택하여 통신 포맷을 "비트/초" 115200, "데이터 비트" 8, "패리티" 없음, "정지 비트" 1, "흐름 제어" 없음으로 설정하라.

이러한 준비가 끝났으면 *OK-7S256* 키트의 KEY1과 KEY2를 번갈아 누르면서 퍼스널컴퓨터의 모니터 화면을 관찰하여 송신 동작이 정상적으로 수행되는지 확인하라. 또한, 퍼스널컴퓨터의 키보드로 임의의 문자를 입력하면서 *OK-7S256* 키트의 텍스트형 LCD 모듈을 관찰하여 수신 동작이 정상적으로 수행되는지 확인하라.

DBGU 포트에서 폴링으로 문자를 수신하는 방법에는 위의 예제 프로그램에서처럼 2가지 종류의 문자 수신 함수를 따로 만들어 사용하지 않고 일반 C언어에서의 kbhit() 함수처럼 현재의 RXRDY 플랙을 체크하는 함수를 만들어 사용하면 편리하다. 다음은 이러한 방법을 사용한 예제 프로그램이다.

〈프로그램 Xtest14_4.c〉 DBGU 포트를 이용한 폴링 방식의 통신 프로그램(2)

```
/* ============================================================================ */
/*              Xtest14_4.c : RS-232C Communication by DBGU Polling(2)          */
/* ============================================================================ */
/*                          Designed and programmed by Duck-Yong Yoon in 2007.  */

#include "AT91SAM7S256.h"
#include "lib_AT91SAM7S256.h"
#include "OK7S256gcc.h"

unsigned int DBGU_check_RXRDY(void)                /* check RXRDY of DBGU */
{
  return *AT91C_DBGU_CSR & 0x0001;                 // if RXRDY=1, return 1
}                                                  // if not, return 0

unsigned int DBGU_RX_char(void)                    /* receive a character by DBGU */
{
  while(!(*AT91C_DBGU_CSR & 0x0001));              // wait until RXRDY=1

  return *AT91C_DBGU_RHR;                          // receive a character
}

void DBGU_TX_char(unsigned int data)               /* transmit a character by DBGU */
{
  while(!(*AT91C_DBGU_CSR & 0x0002));              // wait until TXRDY=1

  *AT91C_DBGU_THR = data;                          // transmit a character
}

void DBGU_string(char *string)                     /* transmit a string by DBGU */
{
  while(*string != '\0')
    { DBGU_TX_char(*string);
      string++;
```

```
    }
}

int main(void)
{
  unsigned int cursor;

  MCU_initialize();                             // initialize AT91SAM7S256 & kit
  Delay_ms(50);                                 // wait for system stabilization
  LCD_initialize();                             // initialize text LCD

  LCD_string(0x80," RS-232C (DBGU) ");          // display title
  LCD_string(0xC0,"                ");
  Beep();

  LCD_command(0x0F);                            // cursor ON
  LCD_command(0xC0);                            // initial cursor position
  cursor = 0;

  AT91F_DBGU_CfgPMC();                          // enable clock of DBGU
  AT91F_DBGU_CfgPIO();                          // DTXD, DRXD by Peripheral A

  *AT91C_DBGU_MR = 0x00000800;                  // normal mode, no parity
  *AT91C_DBGU_BRGR = 26;                        // MCK/16/26 = 115200 bps
  *AT91C_DBGU_CR = 0x00000150;                  // TX, RX enable

  while(1)
    { switch(Key_input())                       // key input
        { case 1 : LED_on(LED1); LED_off(LED2); // KEY1 ?
                   DBGU_string("  KEY1 is OK !  ");
                   DBGU_TX_char(0x0D);
                   DBGU_TX_char(0x0A);
                   break;
          case 2 : LED_on(LED2); LED_off(LED1); // KEY2 ?
                   DBGU_string("  KEY2 is OK !  ");
                   DBGU_TX_char(0x0D);
                   DBGU_TX_char(0x0A);
                   break;
          default: break;
        }

      if(DBGU_check_RXRDY() == 1)
        { LCD_data(DBGU_RX_char());             // display a received character
          cursor++;                             // 16 character OK ?
          if(cursor == 16)
            { LCD_command(0xC0);                // if yes, go home
              cursor = 0;
              Beep();
            }
        }
    }
}
```

▣ 수신 인터럽트에 의한 직렬통신

이번에는 인터럽트를 사용하여 데이터를 수신하는 방법으로 통신을 수행하는 프로그램을 작성한다. 그러나, 송신을 인터럽트로 수행할 필요성은 거의 없으므로 송신 동작은 앞에서와 같이 폴링 방법을 사용한다.

DBGU 포트를 사용하여 인터럽트 방식으로 데이터를 수신하고 폴링 방식으로 데이터를 송신하는 프로그램을 작성하면 다음과 같다.

〈프로그램 Xtest14_5.c〉 DBGU 포트를 이용한 인터럽트 방식의 통신 프로그램

```
/* ============================================================================ */
/*        Xtest14_5.c : RS-232C Communication by DBGU RXRDY Interrupt          */
/* ============================================================================ */
/*                        Designed and programmed by Duck-Yong Yoon in 2007.   */

#include "AT91SAM7S256.h"
#include "lib_AT91SAM7S256.h"
#include "OK7S256gcc.h"

volatile unsigned int cursor;                   // cursor position of text LCD

void DBGU_RX_ISR(void)                          /* DBGU interrupt service routine */
{
  LCD_data(*AT91C_DBGU_RHR);                    // display a received character
  cursor++;                                     // 16 character OK ?
  if(cursor == 16)
    { LCD_command(0xC0);                        // if yes, go home
      cursor = 0;
      Beep();
    }
}

void DBGU_TX_char(unsigned int data)            /* transmit a character by DBGU */
{
  while(!(*AT91C_DBGU_CSR & 0x0002));           // wait until TXRDY=1

  *AT91C_DBGU_THR = data;                       // transmit a character
}

void DBGU_string(char *string)                  /* transmit a string by DBGU */
{
  while(*string != '\0')
    { DBGU_TX_char(*string);
      string++;
    }
}

int main(void)
{
  MCU_initialize();                             // initialize AT91SAM7S256 & kit
  Delay_ms(50);                                 // wait for system stabilization
  LCD_initialize();                             // initialize text LCD

  LCD_string(0x80," RS-232C (DBGU) ");          // display title
  LCD_string(0xC0,"                ");
  Beep();

  LCD_command(0x0F);                            // cursor ON
  LCD_command(0xC0);                            // initial cursor position
  cursor = 0;

  AT91F_DBGU_CfgPMC();                          // enable clock of DBGU
  AT91F_DBGU_CfgPIO();                          // DTXD, DRXD by Peripheral A

  *AT91C_DBGU_MR = 0x00000800;                  // normal mode, no parity
```

```
    *AT91C_DBGU_BRGR = 26;                          // MCK/16/26 = 115200 bps
    *AT91C_DBGU_CR = 0x00000150;                    // TX, RX enable

    AT91F_DBGU_InterruptEnable(AT91C_BASE_DBGU,AT91C_US_RXRDY); // DBGU RXRDY interrupt
    AT91F_AIC_ConfigureIt(AT91C_BASE_AIC,AT91C_ID_SYS,7,1,DBGU_RX_ISR);
    AT91F_AIC_EnableIt(AT91C_BASE_AIC,AT91C_ID_SYS);

  while(1)
      { switch(Key_input())                         // key input
          { case 1 : LED_on(LED1); LED_off(LED2); // KEY1 ?
                     DBGU_string("  KEY1 is OK !  ");
                     DBGU_TX_char(0x0D);
                     DBGU_TX_char(0x0A);
                     break;
            case 2 : LED_on(LED2); LED_off(LED1); // KEY2 ?
                     DBGU_string("  KEY2 is OK !  ");
                     DBGU_TX_char(0x0D);
                     DBGU_TX_char(0x0A);
                     break;
            default: break;
          }
      }
}
```

☞ 현재는 RXRDY=1에 의해서만 단독으로 인터럽트가 발생하므로 인터럽트 서비스 루틴 함수에서 플래그을 체크할 필요없이 곧바로 1문자의 수신 데이터를 읽었다. 그러나, DBGU 포트에서 여러 가지의 인터럽트가 발생하거나 또는 이밖에도 다른 시스템 제어기의 인터럽트가 추가로 발생되는 경우에는 이것들이 모두 동일한 인터럽트로 사용되므로 인터럽트 서비스 루틴 함수에서 이들 인터럽트에 대한 플래그을 체크하여 어떤 원인으로 인터럽트가 발생한 것인지를 구분하고 그에 따라 올바른 처리 루틴을 수행해야 한다.

이 프로그램을 컴파일하여 *OK-7S256* 키트에 다운로드하고 실행하라. 그리고, 퍼스널컴퓨터에서 하이퍼터미널을 실행하고 <그림 4.14.1>처럼 설정하며, RS-232C 통신 케이블을 *OK-7S256* 키트의 콘넥터 CN5와 퍼스널컴퓨터의 직렬포트 COM1 또는 COM2 사이에 연결한 상태에서 KEY1과 KEY2를 번갈아 누르면서 퍼스널컴퓨터의 모니터 화면을 관찰하여 송신 동작이 정상적으로 수행되는지 확인하라. 또한, 퍼스널컴퓨터의 키보드로 임의의 문자를 입력하면서 *OK-7S256* 키트의 텍스트형 LCD 모듈을 관찰하여 수신 동작이 정상적으로 수행되는지 확인하라.

2. USART를 사용한 RS-232C 통신

동기 및 비동기 직렬통신 포트 USART0과 USART1을 UART로 사용할 경우 이것은 데이터 전송 포맷이 5~9데이터 비트와 1~2스톱 비트로 설정할 수 있으며, 패리티 비트는 사용하지 않거나 우수 또는 기수 패리티를 사용할 수도 있고 강제로 스페이스

(space) 또는 마크(mark)로 설정할 수도 있다. 보레이트는 마스터 클록 MCK를 분주하여 임의로 설정할 수 있으며, 패리티 에러, 프레임 에러, 오버런 에러 등 3가지의 통신 에러 체크 기능과 자동 에코, 로컬 루프백, 원격 루프백 등 3가지의 루프백 테스트 기능을 가진다. DBGU를 UART로 사용하는 경우와 달리 USART0과 USART1에서는 모뎀제어 신호를 사용할 수도 있다.

OK-7S256 키트에서는 콘넥터 CN6을 통하여 USART0 포트를 Peripheral A로 RS-232C 비동기 직렬통신에 사용하며, USART1 포트는 사용하지 않는다.

▣ 루프백 테스트

여기서는 USART0 포트의 로컬 루프백 모드(Local Loopback Mode)를 사용하여 통신 프로그램의 이상 여부나 이 포트의 정상 동작 여부를 확인하여 보기로 한다. 로컬 루프백 모드로 USART0 포트를 이용한 직렬통신 테스트 프로그램을 작성하면 다음과 같다.

〈프로그램 Xtest14_6.c〉 USART0 포트의 로컬 루프백 모드를 이용한 통신 테스트

```
/* ========================================================================= */
/*          Xtest14_6.c : USART0 Loopback Test by Local Loopback Mode        */
/* ========================================================================= */
/*                          Designed and programmed by Duck-Yong Yoon in 2007. */

#include "AT91SAM7S256.h"
#include "lib_AT91SAM7S256.h"
#include "OK7S256gcc.h"

void USART0_TX_char(unsigned int data)          /* transmit a character by USART0 */
{
  while(!(*AT91C_US0_CSR & 0x0002));            // wait until TXRDY=1

  *AT91C_US0_THR = data;                        // transmit a character
}

unsigned int USART0_RX_char(void)               /* receive a character by USART0 */
{
  unsigned int i;

  i = 0;
  while(!(*AT91C_US0_CSR & 0x0001) && (i < 1000000)) // wait until RXRDY=1
    i++;

  if(i < 1000000)
    return *AT91C_US0_RHR;                      // receive a character
  else
    return ' ';
}

int main(void)
{
```

```
  unsigned int i, RxD;

  MCU_initialize();                              // initialize AT91SAM7S256 & kit
  Delay_ms(50);                                  // wait for system stabilization
  LCD_initialize();                              // initialize text LCD

  LCD_string(0x80,"USART0 Loopback1");           // display title

  AT91F_US0_CfgPMC();                            // enable clock of USART0
  AT91F_PIO_CfgPeriph(AT91C_BASE_PIOA,AT91C_PA6_TXD0|AT91C_PA5_RXD0,0);
                                                 // TXD0, RXD0 by Peripheral A

  *AT91C_US0_MR = 0x100088C0;                    // Local Loopback mode, no parity
                                                 // 8 data, 1 stop, LSB first, 16x
  *AT91C_US0_BRGR = 26;                          // MCK/16/26 = 115200 bps
  *AT91C_US0_CR = 0x00000150;                    // TX, RX enable

  while(1)
    { for(i = 'A'; i <= 'Z'; i++)
        { LCD_string(0xC0,"TxD=0,RxD=0      ");
          USART0_TX_char(i);                     // transmit a character
          LCD_command(0xC4); LCD_data(i);        // display TxD

          RxD = USART0_RX_char();                // receive a character
          LCD_command(0xCA); LCD_data(RxD);      // display RxD

          if(RxD == i)                           // if equal, OK
            { LCD_string(0xCB, ", OK!");
              Beep();
            }
          else                                   // if not equal, error
            { LCD_string(0xCB, ",Err!");
              Error();
            }

          Delay_ms(2000);
        }
    }
}
```

☞ 1문자를 송신할 때는 US0_CSR 레지스터에서 TXRDY 플랙이 1이 된 것을 확인하고 송신하며, 1문자를 수신할 때는 RXRDY 플랙이 1이 된 것을 확인하고 수신한다. 그러나, 1문자 수신 함수에서 이렇게 무한정 RXRDY=1이 되기를 기다린다면 수신 문자가 없을 경우 프로그램이 무한루프에 빠지게 되므로 이러한 폴링 횟수를 제한해야 한다. 따라서, 루프백 테스트의 경우는 지정된 횟수 이내에 1문자의 수신이 없다면 당연히 루프백 테스트 에러로 처리한다.

이 프로그램을 컴파일하여 *OK-7S256* 키트에 다운로드하고 실행하라. 텍스트형 LCD 모듈에 USART0 포트의 동작이 계속 OK로 표시되는가?

그러나, AT91SAM7S256의 로컬 루프백 모드는 <그림 2.3.22>에서 보였듯이 이 소자의 내부에서 TxD 신호를 RxD 신호로 연결하여 루프백하는 것이기 때문에 이 테스트 결과가 OK라고 하더라도 이것이 실제 통신이 올바르게 동작할 것이라는 점을 100% 보장하지는 못한다. 즉, 테스트 OK가 되었더라도 만약 <그림 3.1.2>에서 보는 것처럼 MAX232 소자를 거쳐서 콘넥터 CN6과 RS-232C 통신 케이블에 이르기까지의 모든 하드웨어가 올바르지 않으면 실제 통신이 정상적으로 수행될 수 없게 된다. 따라서, 하드웨어를 포함한 완전한 루프백 테스트는 *OK-7S256* 키트의 콘넥터 CN6에 RS-232C 통신 케이블을 <그림 3.1.6>처럼 접속하고 실시해야만 가능하다. 이러한 루프백 테스트 프로그램을 작성하여 보면 다음과 같다.

〈프로그램 Xtest14_7.c〉 USART0 포트의 외부 하드웨어를 포함한 루프백 테스트

```
/* ========================================================================== */
/*              Xtest14_7.c : USART0 Loopback Test by RS-232C Cable           */
/* ========================================================================== */
/*                      Designed and programmed by Duck-Yong Yoon in 2007.    */

#include "AT91SAM7S256.h"
#include "lib_AT91SAM7S256.h"
#include "OK7S256gcc.h"

void USART0_TX_char(unsigned int data)          /* transmit a character by USART0 */
{
  while(!(*AT91C_US0_CSR & 0x0002));            // wait until TXRDY=1

  *AT91C_US0_THR = data;                        // transmit a character
}

unsigned int USART0_RX_char(void)               /* receive a character by USART0 */
{
  unsigned int i;

  i = 0;
  while(!(*AT91C_US0_CSR & 0x0001) && (i < 1000000)) // wait until RXRDY=1
    i++;

  if(i < 1000000)
    return *AT91C_US0_RHR;                      // receive a character
  else
    return ' ';
}

int main(void)
{
  unsigned int i, RxD;

  MCU_initialize();                             // initialize AT91SAM7S256 & kit
  Delay_ms(50);                                 // wait for system stabilization
  LCD_initialize();                             // initialize text LCD

  LCD_string(0x80,"USART0 Loopback2");          // display title

  AT91F_US0_CfgPMC();                           // enable clock of USART0
  AT91F_PIO_CfgPeriph(AT91C_BASE_PIOA,AT91C_PA6_TXD0|AT91C_PA5_RXD0,0);
                                                // TXD0, RXD0 by Peripheral A

  *AT91C_US0_MR = 0x100008C0;                   // normal mode, no parity
                                                // 8 data, 1 stop, LSB first, 16x
  *AT91C_US0_BRGR = 26;                         // MCK/16/26 = 115200 bps
  *AT91C_US0_CR = 0x00000150;                   // TX, RX enable
```

```
  while(1)
    { for(i = 'A'; i <= 'Z'; i++)
        { LCD_string(0xC0,"TxD=0,RxD=0      ");
          USART0_TX_char(i);                    // transmit a character
          LCD_command(0xC4); LCD_data(i);       // display TxD

          RxD = USART0_RX_char();               // receive a character
          LCD_command(0xCA); LCD_data(RxD);     // display RxD

          if(RxD == i)                          // if equal, OK
            { LCD_string(0xCB, ", OK!");
              Beep();
            }
          else                                  // if not equal, error
            { LCD_string(0xCB, ",Err!");
              Error();
            }

          Delay_ms(2000);
        }
    }
}
```

☞ 여기서는 실제로 RS-232C 통신선을 통하여 전송 데이터가 루프백되므로 USART0 포트를 정상 모드(normal mode)로 초기화해야 한다는 것에 주의하라.

이 프로그램을 컴파일하여 *OK-7S256* 키트에 다운로드하고 실행하라. 그러고 나서 만약 RS-232C 케이블을 연결하지 않으면 텍스트형 LCD 모듈에 USART0 포트의 동작이 계속 Err로 표시되는가? 또한, 콘넥터 CN6에 RS-232C 케이블을 <그림 3.1.6>처럼 연결하면 텍스트형 LCD 모듈에 USART0 포트의 동작이 OK로 표시되는가?

▣ 폴링에 의한 직렬통신

먼저 송신 및 수신에서 플랙 비트를 폴링하는 방법으로 통신을 수행하는 프로그램을 작성한다. 송신할 때는 US0_CSR 레지스터의 TXRDY 플랙 비트를 조사하여 현재 송신 버퍼가 비어있는지를 확인하고 송신할 데이터를 출력해야 하며, 수신할 때는 같은 레지스터의 RXRDY 플랙 비트를 조사하여 현재 버퍼에 수신되어 있는 데이터가 있는지를 확인하고 수신 데이터를 읽어야 한다.

USART0 포트를 사용하여 폴링 방식으로 데이터를 전송하는 프로그램을 작성하면 다음과 같다. 이 프로그램을 실행한 후에 KEY1, KEY2를 누르면 각각 지정된 메시지가 *OK-7S256* 키트에서 퍼스널컴퓨터로 송신되며, 퍼스널컴퓨터에서 키보드를 사용하여 임의의 문자를 입력하면 퍼스널컴퓨터는 직렬포트로 이것을 전송하고 *OK-7S256* 키트가 이를 수신하여 텍스트형 LCD 모듈의 아랫줄에 표시한다.

〈프로그램 Xtest14_8.c〉 USART0 포트를 이용한 폴링 방식의 통신 프로그램(1)

```
/* ============================================================================ */
/*          Xtest14_8.c : RS-232C Communication by USART0 Polling(1)           */
/* ============================================================================ */
/*                     Designed and programmed by Duck-Yong Yoon in 2007.      */

#include "AT91SAM7S256.h"
#include "lib_AT91SAM7S256.h"
#include "OK7S256gcc.h"

unsigned int USART0_RX_char_nowait(void)          /* receive a character by USART0 */
{
  if(*AT91C_US0_CSR & 0x0001)                     // if RXRDY=1, return a character
    return *AT91C_US0_RHR;
  else                                            // if RXRDY=0, return 0
    return 0;
}

unsigned int USART0_RX_char(void)                 /* receive a character by USART0 */
{
  while(!(*AT91C_US0_CSR & 0x0001));              // wait until RXRDY=1

  return *AT91C_US0_RHR;                          // receive a character
}

void USART0_TX_char(unsigned int data)            /* transmit a character by USART0 */
{
  while(!(*AT91C_US0_CSR & 0x0002));              // wait until TXRDY=1

  *AT91C_US0_THR = data;                          // transmit a character
}

void USART0_string(char *string)                  /* transmit a string by USART0 */
{
  while(*string != '\0')
    { USART0_TX_char(*string);
      string++;
    }
}

int main(void)
{
  unsigned int cursor, RxD;

  MCU_initialize();                               // initialize AT91SAM7S256 & kit
  Delay_ms(50);                                   // wait for system stabilization
  LCD_initialize();                               // initialize text LCD

  LCD_string(0x80,"RS-232C (USART0)");            // display title
  LCD_string(0xC0,"                ");
  Beep();

  LCD_command(0x0F);                              // cursor ON
  LCD_command(0xC0);                              // initial cursor position
  cursor = 0;

  AT91F_US0_CfgPMC();                             // enable clock of USART0
  AT91F_PIO_CfgPeriph(AT91C_BASE_PIOA,AT91C_PA6_TXD0|AT91C_PA5_RXD0,0);
                                                  // TXD0, RXD0 by Peripheral A

  *AT91C_US0_MR = 0x100008C0;                     // normal mode, no parity
                                                  // 8 data, 1 stop, LSB first, 16x
```

```
    *AT91C_US0_BRGR = 26;                          // MCK/16/26 = 115200 bps
    *AT91C_US0_CR = 0x00000150;                    // TX, RX enable

    while(1)
      { switch(Key_input())                        // key input
          { case 1 : LED_on(LED1); LED_off(LED2);  // KEY1 ?
                     USART0_string("  KEY1 is OK !  ");
                     USART0_TX_char(0x0D);
                     USART0_TX_char(0x0A);
                     break;
            case 2 : LED_on(LED2); LED_off(LED1);  // KEY2 ?
                     USART0_string("  KEY2 is OK !  ");
                     USART0_TX_char(0x0D);
                     USART0_TX_char(0x0A);
                     break;
            default: break;
          }

        RxD = USART0_RX_char_nowait();             // receive a character if any
        if(RxD != 0x00)
          { LCD_data(RxD);                         // display a received character
            cursor++;                              // 16 character OK ?
            if(cursor == 16)
              { LCD_command(0xC0);                 // if yes, go home
                cursor = 0;
                Beep();
              }
          }
      }
}
```

☞ 이렇게 폴링 방식으로 송수신을 반복하는 프로그램에서는 1문자 수신 함수에서 RXRDY 플랙이 1이 될 때까지 기다리며 폴링하는 방법을 사용하면 안된다. USART0 포트로 문자가 수신되지 않으면 프로그램이 무한루프에 빠지기 때문이다. 그래서 위의 프로그램에서는 샘플로 이와 같은 함수 USART0_RX_char()를 만들어 놓기는 했지만 이를 사용하지는 않으며, 실제로는 수신된 문자가 없으면 리턴값을 0으로 하여 곧바로 리턴하는 USART0_RX_char_nowait() 함수를 사용한다.

이 프로그램을 컴파일하여 *OK-7S256* 키트에 다운로드하고 실행하라. 프로그램을 실행할 때는 <그림 3.1.9>에서와 같이 제작한 RS-232C 통신 케이블을 *OK-7S256* 키트의 콘넥터 CN6과 퍼스널컴퓨터의 직렬포트 COM1 또는 COM2 사이에 연결하여야 한다. 그리고, 퍼스널컴퓨터에서 하이퍼터미널과 같은 통신 프로그램을 실행한다.

이러한 준비가 끝났으면 *OK-7S256* 키트의 KEY1과 KEY2를 번걸아 누르면서 퍼스널컴퓨터의 모니터 화면을 관찰하여 송신 동작이 정상적으로 수행되는지 확인하라. 또한, 퍼스널컴퓨터의 키보드로 임의의 문자를 입력하면서 *OK-7S256* 키트의 텍스트형 LCD 모듈을 관찰하여 수신 동작이 정상적으로 수행되는지 확인하라.

USART0 포트에서 폴링으로 문자를 수신하는 방법에는 위의 예제 프로그램에서처럼 2가지 종류의 문자 수신 함수를 따로 만들어 사용하지 않고 일반 C언어에서의

kbhit() 함수처럼 현재의 RXRDY 플랙을 체크하는 함수를 만들어 사용하면 편리하다. 다음은 이러한 방법을 사용한 예제 프로그램이다.

〈프로그램 Xtest14_9.c〉 USART0 포트를 이용한 폴링 방식의 통신 프로그램(2)

```
/* ========================================================================== */
/*          Xtest14_9.c : RS-232C Communication by USART0 Polling(2)          */
/* ========================================================================== */
/*                         Designed and programmed by Duck-Yong Yoon in 2007.   */

#include "AT91SAM7S256.h"
#include "lib_AT91SAM7S256.h"
#include "OK7S256gcc.h"

unsigned int USART0_check_RXRDY(void)           /* check RXRDY of USART0 */
{
  return *AT91C_US0_CSR & 0x0001;               // if RXRDY=1, return 1
}                                               // if not, return 0

unsigned int USART0_RX_char(void)               /* receive a character by USART0 */
{
  while(!(*AT91C_US0_CSR & 0x0001));            // wait until RXRDY=1

  return *AT91C_US0_RHR;                        // receive a character
}

void USART0_TX_char(unsigned int data)          /* transmit a character by USART0 */
{
  while(!(*AT91C_US0_CSR & 0x0002));            // wait until TXRDY=1

  *AT91C_US0_THR = data;                        // transmit a character
}

void USART0_string(char *string)                /* transmit a string by USART0 */
{
  while(*string != '\0')
    { USART0_TX_char(*string);
      string++;
    }
}

int main(void)
{
  unsigned int cursor;

  MCU_initialize();                             // initialize AT91SAM7S256 & kit
  Delay_ms(50);                                 // wait for system stabilization
  LCD_initialize();                             // initialize text LCD

  LCD_string(0x80,"RS-232C (USART0)");          // display title
  LCD_string(0xC0,"                ");
  Beep();

  LCD_command(0x0F);                            // cursor ON
  LCD_command(0xC0);                            // initial cursor position
  cursor = 0;

  AT91F_US0_CfgPMC();                           // enable clock of USART0
  AT91F_PIO_CfgPeriph(AT91C_BASE_PIOA,AT91C_PA6_TXD0|AT91C_PA5_RXD0,0);
```

```
                                                    // TXD0, RXD0 by Peripheral A
  *AT91C_US0_MR = 0x100008C0;                       // normal mode, no parity
                                                    // 8 data, 1 stop, LSB first, 16x
  *AT91C_US0_BRGR = 26;                             // MCK/16/26 = 115200 bps
  *AT91C_US0_CR = 0x00000150;                       // TX, RX enable

  while(1)
    { switch(Key_input())                           // key input
        { case 1 : LED_on(LED1); LED_off(LED2);     // KEY1 ?
                   USART0_string("  KEY1 is OK !  ");
                   USART0_TX_char(0x0D);
                   USART0_TX_char(0x0A);
                   break;
          case 2 : LED_on(LED2); LED_off(LED1);     // KEY2 ?
                   USART0_string("  KEY2 is OK !  ");
                   USART0_TX_char(0x0D);
                   USART0_TX_char(0x0A);
                   break;
          default: break;
        }

      if(USART0_check_RXRDY() == 1)
        { LCD_data(USART0_RX_char());               // display a received character
          cursor++;                                 // 16 character OK ?
          if(cursor == 16)
            { LCD_command(0xC0);                    // if yes, go home
              cursor = 0;
              Beep();
            }
        }
    }
}
```

▣ 수신 인터럽트에 의한 직렬통신

이번에는 인터럽트를 사용하여 데이터를 수신하는 방법으로 통신을 수행하는 프로그램을 작성한다. 그러나, 송신을 인터럽트로 수행할 필요성은 거의 없으므로 송신 동작은 앞에서와 같이 폴링 방법을 사용한다.

USART0 포트를 사용하여 인터럽트 방식으로 데이터를 수신하고 폴링 방식으로 데이터를 송신하는 프로그램을 작성하면 다음과 같다.

〈프로그램 Xtest14_10.c〉 USART0 포트를 이용한 인터럽트 방식의 통신 프로그램

```
/* ============================================================================ */
/*      Xtest14_10.c : RS-232C Communication by USART0 RXRDY Interrupt          */
/* ============================================================================ */
/*                       Designed and programmed by Duck-Yong Yoon in 2007.     */

#include "AT91SAM7S256.h"
#include "lib_AT91SAM7S256.h"
#include "OK7S256gcc.h"
```

```
volatile unsigned int cursor;                              // cursor position of text LCD

void USART0_RX_ISR(void)                                    /* USART0 interrupt service routine
*/
{
  LCD_data(*AT91C_US0_RHR);                                // display a received character
  cursor++;                                                 // 16 character OK ?
  if(cursor == 16)
    { LCD_command(0xC0);                                   // if yes, go home
      cursor = 0;
      Beep();
    }
}

void USART0_TX_char(unsigned int data)                     /* transmit a character by USART0 */
{
  while(!(*AT91C_US0_CSR & 0x0002));                       // wait until TXRDY=1

  *AT91C_US0_THR = data;                                   // transmit a character
}

void USART0_string(char *string)                           /* transmit a string by USART0 */
{
  while(*string != '\0')
    { USART0_TX_char(*string);
      string++;
    }
}

int main(void)
{
  MCU_initialize();                                        // initialize AT91SAM7S256 & kit
  Delay_ms(50);                                            // wait for system stabilization
  LCD_initialize();                                        // initialize text LCD

  LCD_string(0x80,"RS-232C (USART0)");                     // display title
  LCD_string(0xC0,"                ");
  Beep();

  LCD_command(0x0F);                                       // cursor ON
  LCD_command(0xC0);                                       // initial cursor position
  cursor = 0;

  AT91F_US0_CfgPMC();                                      // enable clock of USART0
  AT91F_PIO_CfgPeriph(AT91C_BASE_PIOA,AT91C_PA6_TXD0|AT91C_PA5_RXD0,0);
                                                           // TXD0, RXD0 by Peripheral A

  *AT91C_US0_MR = 0x100008C0;                              // Local Loopback mode, no parity
                                                           // 8 data, 1 stop, LSB first, 16x
  *AT91C_US0_BRGR = 26;                                    // MCK/16/26 = 115200 bps
  *AT91C_US0_CR = 0x00000150;                              // TX, RX enable

  AT91F_US_EnableIt(AT91C_BASE_US0,AT91C_US_RXRDY); // USART0 RXRDY interrupt
  AT91F_AIC_ConfigureIt(AT91C_BASE_AIC,AT91C_ID_US0,7,1,USART0_RX_ISR);
  AT91F_AIC_EnableIt(AT91C_BASE_AIC,AT91C_ID_US0);

  while(1)
    { switch(Key_input())                                  // key input
        { case 1 : LED_on(LED1); LED_off(LED2); // KEY1 ?
                   USART0_string("  KEY1 is OK !  ");
                   USART0_TX_char(0x0D);
                   USART0_TX_char(0x0A);
```

```
                    break;
            case 2 : LED_on(LED2); LED_off(LED1); // KEY2 ?
                     USART0_string("  KEY2 is OK !  ");
                     USART0_TX_char(0x0D);
                     USART0_TX_char(0x0A);
                     break;
            default: break;
          }
      }
  }
```

☞ 현재는 RXRDY=1에 의해서만 단독으로 인터럽트가 발생하므로 인터럽트 서비스 루틴 함수에서 플랙을 체크할 필요없이 곧바로 1문자의 수신 데이터를 읽었다. 그러나, USART0 포트에서 여러 가지의 인터럽트가 발생되는 경우에는 이것들이 모두 동일한 인터럽트로 사용되므로 인터럽트 서비스 루틴 함수에서 이들 인터럽트에 대한 플랙을 체크하여 어떤 원인으로 인터럽트가 발생한 것인지를 구분하고 그에 따라 올바른 처리 루틴을 수행해야 한다.

이 프로그램을 컴파일하여 *OK-7S256* 키트에 다운로드하고 실행하라. 그리고, 퍼스널컴퓨터에서 하이퍼터미널을 실행하고 <그림 4.14.1>처럼 설정하며, RS-232C 통신 케이블을 *OK-7S256* 키트의 콘넥터 CN6과 퍼스널컴퓨터의 직렬포트 COM1 또는 COM2 사이에 연결한 상태에서 KEY1과 KEY2를 번갈아 누르면서 퍼스널컴퓨터의 모니터 화면을 관찰하여 송신 동작이 정상적으로 수행되는지 확인하라. 또한, 퍼스널컴퓨터의 키보드로 임의의 문자를 입력하면서 *OK-7S256* 키트의 텍스트형 LCD 모듈을 관찰하여 수신 동작이 정상적으로 수행되는지 확인하라.

3. 실습 과제

(1) DBGU 포트를 UART로 사용할 때와 USART0(또는 USART1) 포트에서 비동기식 전송 모드를 사용할 때 사용자가 설정할 수 있는 데이터 전송 포맷에는 어떤 차이가 있는지 비교하여 보라.

(2) AT91SAM7S256에 내장된 USART0 및 USART1 포트에서 동기식 전송 모드와 비동기식 전송 모드는 서로 어떤 장단점이 있는지 설명하라.

(3) 비동기식 직렬통신에서 폴링을 사용하는 방법과 인터럽트를 사용하는 방법에는 어떤 장단점이 있는지 설명하라.

(4) 폴링 방법을 사용한 비동기식 직렬통신의 송신 동작에서 TXEMPTY 플래그 비트를 폴링하는 것과 TXRDY 플래그 비트를 폴링하는 것에는 어떤 차이가 있는지 설명하라.

(5) 예제 프로그램 Xtest14_1.c에서 현재 수신 버퍼가 비어있는지를 체크하는

```
while(!(*AT91C_DBGU_CSR & 0x0001));
```

부분과 송신 버퍼가 비어있는지를 체크하는

```
while(!(*AT91C_DBGU_CSR & 0x0002));
```

부분의 동작을 설명하라.

(6) 예제 프로그램 Xtest14_4.c를 전송속도 19200 bps로 동작하도록 수정한 프로그램 Xtest14_4R.c를 작성하라. 이를 *OK-7S256* 키트에서 실행하고 하이퍼터미널로 테스트하여 보라.

(7) 예제 프로그램 Xtest14_5.c를 전송속도 19200 bps로 동작하도록 수정한 프로그램 Xtest14_5R.c를 작성하라. 이를 *OK-7S256* 키트에서 실행하고 하이퍼터미널로 테스트하여 보라.

4.15 SPI 직렬통신 응용 프로그램

이 절에서는 AT91SAM7S256의 SPI 직렬통신 포트를 응용한 통신 프로그램 작성 기술을 익힌다. *OK-7S256* 키트에서는 여기에 SPI 통신방식으로 사용하는 3-wire serial EEPROM으로서 AT93C56을 접속하였고, 또한 오늘날 디지털 카메라 등과 같은 모바일 기기에 많이 사용하는 SD/MMC 카드를 접속하였다.

여기서는 SPI 직렬통신의 응용으로서 AT93C56을 액세스하는 프로그램을 공부하기로 한다. SD/MMC 카드를 액세스하는 예제는 상당히 많은 기술적인 내용을 포함해야 하므로 이 책에서 설명하지 않으며 이는 나중에 별도의 책으로 취급할 예정이다.

관련 내용	(1) 제2.5절 SPI 직렬통신 포트(SPI) (2) AT93C56 EEPROM의 데이터 시트(Atmel사)

1. AT93C56의 구조와 기능

OK-7S256 키트에는 SPI 직렬통신 포트의 CS1 신호에 3선식 직렬 EEPROM인 AT93C56(U7)을 접속하여 두었으므로 SPI 직렬통신으로 이를 액세스하는 것을 직접 수행해 볼 수 있다. 키트에서 이 부분의 회로를 다시 그려보면 <그림 4.15.1>과 같다. 그러나, U7에는 3선식 직렬 EEPROM AT93C46/56/66/86 중에서 어느 것을 사용해도 하드웨어적으로는 아무 문제가 없다.

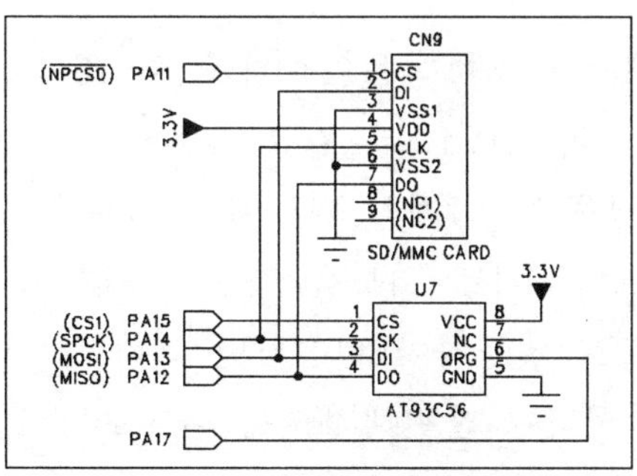

〈그림 4.15.1〉 *OK-7S256* 키트에서 AT93C56 및 SD/MMC 메모리 카드 관련 회로

AT93C56은 4개의 신호 CS, SK, DI, DO를 통하여 SPI 직렬통신으로 액세스하는 8핀 짜리의 매우 간편한 EEPROM으로서, ORG 핀을 사용하여 내부 구조를 256×8비트 또는 128×16비트로 설정할 수 있다. *OK-7S256* 키트에서는 PA17=0으로 출력하면 ORG=0으로 되어 8비트 워드 방식인 256×8비트 구조로 동작하고, PA17=1로 출력하면 ORG=1로 되어 16비트 워드 방식인 128×16비트 구조로 동작한다.

AT93C56을 각각 8비트 워드 방식 또는 16비트 워드 방식으로 사용할 때의 명령은 <표 4.15.1>과 같고, 이들 동작 파형의 몇가지 예를 보이면 <그림 4.15.2>와 같다. 이 그림에서 보듯이 이 소자를 액세스하는 명령은 CS 신호가 상승 에지를 보내고 나서 H상태인 스타트 비트와 2비트의 명령 코드(Op Code)로 이어지며, 명령에 따라 그 뒤에 어드레스와 데이터가 이어진다. 이것은 EEPROM이므로 각 번지별로 라이트 동작이 가능하며, WRITE 명령을 사용하기 전에 미리 그 번지를 지우는 ERASE 명령을 사용할 필요는 없다.

이 명령표에서 X로 표시된 비트들은 don't care를 의미한다. AT93C56을 256×8비트로 사용할 때는 어드레스 A7~A0만이 유효하고 A8은 don't care로 동작하며, 결국 1개의 명령이 총 12비트로 구성된다. 그러나, AT93C56을 128×16비트로 사용할 때는 어드레스 A6~A0만이 유효하고 A7은 don't care로 동작하며, 결국 1개의 명령이 총 11비트로 구성된다. 물론, 이들 명령 중에서 don't care 비트들도 생략하지 말고 클록에 의하여 반드시 출력되어야 한다.

이것의 동작 타이밍은 <그림 4.15.3>에 보였다. SPI 클록신호 SK는 평소에 0으로 유지되다가 이것의 상승 에지에서 1비트의 데이터 DI가 전송되므로 AT91SAM7S256의 SPI 통신 모듈에서 NCPHA=1, CPOL=0인 경우에 해당하는 것을 알 수 있다. 클록신호 SK의 최대 사용가능 주파수는 전원전압에 따라 달라져서 3.3V에서 1MHz이고 5V에서 2MHz이며, 1개의 번지를 라이트하는데 내부적으로 소요되는 시간 t_{WP}는 전형적으로 3ms 정도이고 최대 10ms이다. 이 소자에는 각 번지에 데이터를 1백만번까지 라이트할 수 있다.

AT91SAM7S256에서 SPI 직렬통신은 1문자를 8~16비트로 임의 지정하여 전송할 수 있으므로 AT93C56에 <표 4.15.1>과 같은 명령을 전송하는 것이 매우 용이하다. 즉, 8비트 워드를 사용할 경우에는 1개의 명령이 12비트로 구성되므로 1문자를 12비트로 지정하여 전송하면 되고, 16비트 워드를 사용할 경우에는 1개의 명령이 11비트로 구성되므로 1문자를 11비트로 지정하여 전송하면 된다. 그러나, 이렇게 하면 8비트 또는 16비트 데이터를 읽는 동작이 불편해지므로 실제로는 1문자를 8비트 또는 16비트 단위로 지정하여 사용하는 것이 편리하다.

〈표 4.15.1〉 AT93C56을 256×8 또는 128×16 비트로 사용할 때의 명령

명령	스타트 비트	명령 코드	어드레스		데이터		동 작
			256×8	128×16	256×8	128×16	
ERASE	1	11	A8～A0	A7～A0			메모리 번지 A8～A0의 내용을 삭제
READ	1	10	A8～A0	A7～A0			메모리 번지 A8～A0의 내용을 리드
WRITE	1	01	A8～A0	A7～A0	D7～D0	D15～D0	메모리 번지 A8～A0에 지정된 값을 라이트
EWEN	1	00	11XXXXXXX	11XXXXXX			메모리 라이트 동작을 허용 상태로 설정
ERAL	1	00	10XXXXXXX	10XXXXXX			모든 번지의 내용을 한 번에 삭제
WRAL	1	00	01XXXXXXX	01XXXXXX	D7～D0	D15～D0	모든 번지에 동일하게 지정된 내용을 라이트
EWDS	1	00	00XXXXXXX	00XXXXXX			메모리 라이트 동작을 금지 상태로 설정

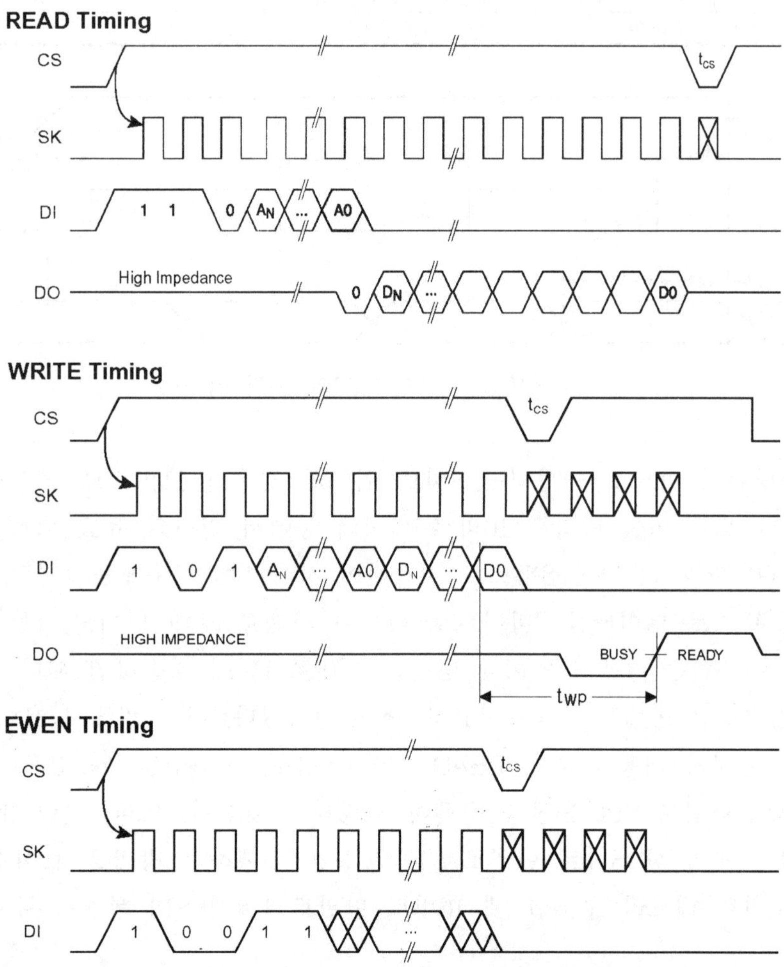

〈그림 4.15.2〉 AT93C56의 동작 파형

파라미터		테스트 조건	특성값			단위
			최소값	대표값	최대값	
f_{SK}	SK Clock Frequency	4.5V≤Vcc≤5.5V 2.7V≤Vcc≤5.5V	0 0		2 1	MHz
t_{SKH}	SK High Time	4.5V≤Vcc≤5.5V 2.7V≤Vcc≤5.5V	250 250			ns
t_{SKL}	SK Low Time	4.5V≤Vcc≤5.5V 2.7V≤Vcc≤5.5V	250 250			ns
t_{CS}	Minimum CS Low Time	4.5V≤Vcc≤5.5V 2.7V≤Vcc≤5.5V	250 250			ns
t_{CSS}	CS Setup Time	4.5V≤Vcc≤5.5V 2.7V≤Vcc≤5.5V	50 50			ns
t_{CSH}	CS Hold Time		0			ns
t_{DIS}	DI Setup Time	4.5V≤Vcc≤5.5V 2.7V≤Vcc≤5.5V	100 100			ns
t_{DIH}	DI Hold Time	4.5V≤Vcc≤5.5V 2.7V≤Vcc≤5.5V	100 100			ns
t_{WP}	Write Cycle Time	2.7V≤Vcc≤5.5V	0.1	3	10	ms
Endurance	Write Cycle	5.0V, 25℃	1M			cycles

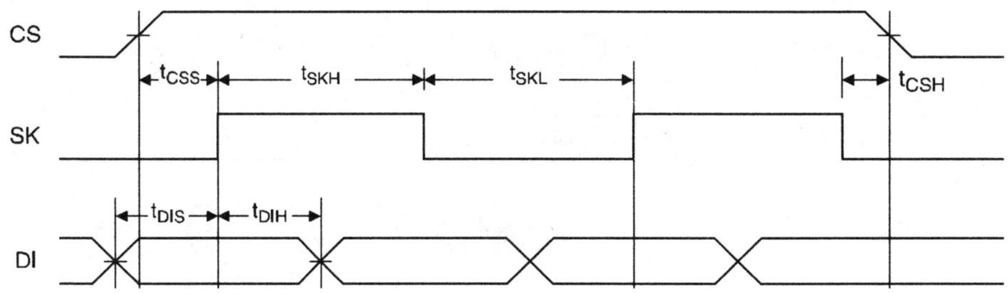

〈그림 4.15.3〉 AT93C56의 동작 타이밍

1개의 명령이 12비트로 구성되는 8비트 워드의 경우나 11비트로 구성되는 16비트 워드의 경우나 모두 이들 명령은 16비트 데이터 중에서 명령의 유효 비트를 우측으로 정렬해야 한다. 만약 1문자를 8비트로 지정하여 사용하는 경우에는 1명령을 전송하기 위하여 이들 16비트 데이터를 2바이트로 나누어 차례로 보내면 되고, 1문자를 16비트로 지정하여 사용하는 경우에는 이들 명령을 그대로 1번에 전송하면 된다.

이렇게 전송하는 방법을 <그림 4.15.4>에 설명하였다. 이 그림에서 보이는 예는 지정된 메모리 번지의 내용을 읽는 READ 명령의 경우로서 (a)는 256×8비트 메모리 구조일 때 8비트 단위로 SPI 통신을 수행하는 방법을 보인다. 또한, 그림 (b)는 128×16비트 메모리 구조일 때 8비트 단위로 SPI 통신을 수행하는 방법을 보여주고 있으며, (c)는 128×16비트 메모리 구조일 때 16비트 단위로 1번에 SPI 통신을 수행하는 방법을 보여준다.

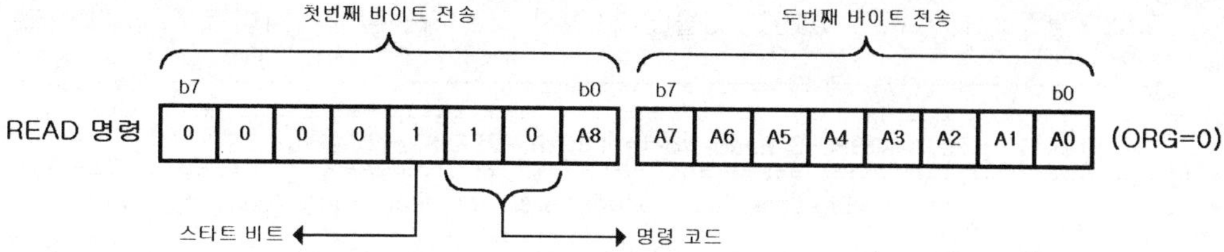

(a) 256×8비트 구조에서 12비트로 구성되는 명령을 8비트 단위로 2차례 전송

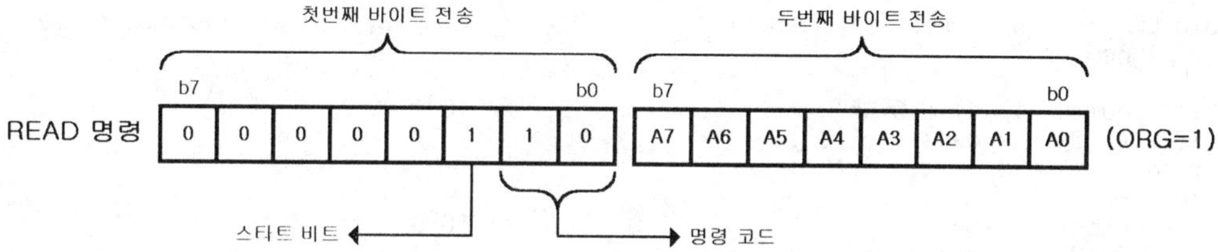

(b) 128×16비트 구조에서 11비트로 구성되는 명령을 8비트 단위로 2차례 전송

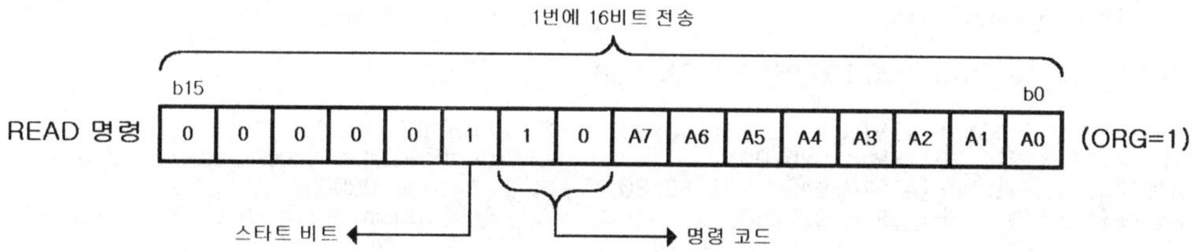

(c) 128×16비트 구조에서 11비트로 구성되는 명령을 16비트 단위로 1번에 전송

〈그림 4.15.4〉 AT93C56에 1개의 명령을 전송하는 방법

2. AT93C56을 액세스하는 프로그램

OK-7S256 키트에서 아래 예제 프로그램들을 실행할 때는 병렬 I/O 포트 PA17을 출력으로 설정하여 ORG 신호를 제어하는 용도로 사용하므로 이와 신호가 충돌하지 않도록 점퍼 J3은 반드시 OFF시켜 두어야 한다.

▣ AT93C56을 8비트 워드(256번지×8비트)로 사용하는 경우

OK-7S256 키트에서 PA17=0으로 하여 AT93C56 EEPROM을 256번지×8비트의 구조로 동작하도록 설정하고, SPI 직렬통신을 사용하여 여기에 데이터를 라이트 및 리드하는 프로그램을 작성하여 보면 다음과 같다. 여기서는 SPI 직렬통신의 1문자를 8비트로 설정하였으므로 1개의 명령을 보내기 위하여 8비트씩 2차례 전송한다.

〈프로그램 Exp15_1.c〉 AT93C56을 8비트 워드로 사용할 때 라이트/리드 테스트

```
/* ============================================================================ */
/*        Xtest15_1.c : AT93C56 Read/Write(ORG=0, 256x8 bit, 8-bit SPI)        */
/* ============================================================================ */
/*                        Designed and programmed by Duck-Yong Yoon in 2007.    */

#include "AT91SAM7S256.h"
#include "lib_AT91SAM7S256.h"
#include "OK7S256gcc.h"

void LCD_2hex(unsigned int number)                   /* display 2-digit hex number */
{ unsigned char i;

  i = (number >> 4) & 0x0F;                          // 16^1
  if(i <= 9) LCD_data(i + '0');
  else       LCD_data(i - 10 + 'A');

  i = number & 0x0F;                                 // 16^0
  if(i <= 9) LCD_data(i + '0');
  else       LCD_data(i - 10 + 'A');
}

void AT93C56_EWEN(void)                              /* write enable */
{
  AT91F_PIO_SetOutput(AT91C_BASE_PIOA, CS1);         // CS = 1

  AT91F_SPI_PutChar(AT91C_BASE_SPI, 0x09, 1);        // 0000 1001
  while(!(*AT91C_SPI_SR & 0x0200));                  // transmit complete ?
  AT91F_SPI_PutChar(AT91C_BASE_SPI, 0x80, 1);        // 1000 0000
  while(!(*AT91C_SPI_SR & 0x0200));                  // transmit complete ?

  AT91F_PIO_ClearOutput(AT91C_BASE_PIOA, CS1);       // CS = 0
}

void AT93C56_EWDS(void)                              /* write disable */
{
  AT91F_PIO_SetOutput(AT91C_BASE_PIOA, CS1);         // CS = 1

  AT91F_SPI_PutChar(AT91C_BASE_SPI, 0x08, 1);        // 0000 1000
  while(!(*AT91C_SPI_SR & 0x0200));                  // transmit complete ?
  AT91F_SPI_PutChar(AT91C_BASE_SPI, 0x00, 1);        // 0000 0000
  while(!(*AT91C_SPI_SR & 0x0200));                  // transmit complete ?

  AT91F_PIO_ClearOutput(AT91C_BASE_PIOA, CS1);       // CS = 0
}

void AT93C56_WRITE(unsigned int address,unsigned int byte) /* write 8 bit */
{
  AT91F_PIO_SetOutput(AT91C_BASE_PIOA, CS1);         // CS = 1

  AT91F_SPI_PutChar(AT91C_BASE_SPI, 0x0A, 1);        // 0000 1010
  while(!(*AT91C_SPI_SR & 0x0200));                  // transmit complete ?
  AT91F_SPI_PutChar(AT91C_BASE_SPI, address, 1);     // A7~A0
  while(!(*AT91C_SPI_SR & 0x0200));                  // transmit complete ?
  AT91F_SPI_PutChar(AT91C_BASE_SPI, byte, 1);        // D7~D0
  while(!(*AT91C_SPI_SR & 0x0200));                  // transmit complete ?

  AT91F_PIO_ClearOutput(AT91C_BASE_PIOA, CS1);       // CS = 0
  Delay_ms(10);                                      // delay 10 ms for twp time
}

unsigned int AT93C56_READ(unsigned int address) /* read a byte */
```

```
{
  AT91F_PIO_SetOutput(AT91C_BASE_PIOA, CS1);      // CS = 1

  AT91F_SPI_PutChar(AT91C_BASE_SPI, 0x0C, 1);     // 0000 1100
  while(!(*AT91C_SPI_SR & 0x0200));               // transmit complete ?
  AT91F_SPI_PutChar(AT91C_BASE_SPI, address, 1);  // A7~A0
  while(!(*AT91C_SPI_SR & 0x0200));               // transmit complete ?
  AT91F_SPI_PutChar(AT91C_BASE_SPI, 0x00, 1);     // dummy data
  while(!(*AT91C_SPI_SR & 0x0200));               // transmit complete ?

  AT91F_PIO_ClearOutput(AT91C_BASE_PIOA, CS1);    // CS = 0
  return AT91F_SPI_GetChar(AT91C_BASE_SPI);       // read SPI_RDR and return
}

int main(void)
{
  unsigned int address, byte;

  MCU_initialize();                               // initialize AT91SAM7S256 & kit
  Delay_ms(50);                                   // wait for system stabilization
  LCD_initialize();                               // initialize text LCD

  LCD_string(0x80," AT93C56 EEPROM ");            // display title
  LCD_string(0xC0,"0x00 = 0x00/0x00");
  Beep();

  AT91F_PIO_CfgOutput(AT91C_BASE_PIOA, CS1);      // PA15 output signal
  AT91F_PIO_ClearOutput(AT91C_BASE_PIOA, CS1);    // CS1=0

  AT91F_PIO_CfgOutput(AT91C_BASE_PIOA, PA17);     // PA17=0 for ORG=0
  AT91F_PIO_ClearOutput(AT91C_BASE_PIOA, PA17);

  AT91F_PIO_CfgPeriph(AT91C_BASE_PIOA, AT91C_PA12_MISO | AT91C_PA13_MOSI | AT91C_PA14_SPCK, 0);
                                                  // MISO,MOSI,SPCK output(Peripheral A)

  AT91F_SPI_CfgPMC();                             // enable clock of SPI
  *AT91C_SPI_CR = 0x01000001;                     // enable SPI
  *AT91C_SPI_MR = 0x00010001;                     // master mode
  AT91F_SPI_CfgCs(AT91C_BASE_SPI, 1, 0x3002);     // CS1,1M bps,8 bit,NCPHA=1,CPOL=0

  AT93C56_EWEN();                                 // AT93C56 write enable

  for(address = 0x00; address <= 0xFF; address++)
    { LCD_command(0xC2);                          // display address
      LCD_2hex(address);

      LCD_command(0xC9);                          // display write data
      LCD_2hex(0x55);
      AT93C56_WRITE(address,0x55);                // write 0x55
      byte = AT93C56_READ(address);
      LCD_command(0xCE);                          // display read data
      LCD_2hex(byte);
      Delay_ms(500);
      if(byte != 0x55)                            // if error, beep
        { Beep();
          Delay_ms(2000);
        }

      LCD_command(0xC9);                          // display write data
      LCD_2hex(0xAA);
      AT93C56_WRITE(address,0xAA);                // write 0xAA
      byte = AT93C56_READ(address);
      LCD_command(0xCE);                          // display read data
      LCD_2hex(byte);
      Delay_ms(500);
```

```
        if(byte != 0xAA)                              // if error, beep
          { Beep();
            Delay_ms(2000);
          }
      }

    AT93C56_EWDS();                                   // AT93C56 write disable

    Beep();
    while(1);                                         // infinite loop
  }
```

☞ *OK-7S256* 키트에서는 SPI 직렬통신 포트의 채널1을 사용하지만 칩선택 신호는 AT91SAM7S256의 NPCS1을 사용하지 않고 병렬 I/O 포트의 PA15에 해당하는 CS1을 사용한다. 따라서, SPI 직렬통신 포트에는 NPCS1을 사용하는 것처럼 프로그래밍하지만 실제로는 PA15(CS1)에 인위적으로 0 또는 1을 내보내어 AT93C56의 CS 신호를 제어하고 있다. 이 때문에 병렬 I/O 포트에서 PA12, PA13, PA14는 Peripheral A로 초기화하여 각각 MISO, MOSI, SPCK로 동작하도록 설정하지만, NPCS1은 따로 초기화하지 않고 대신에 PA15를 병렬 I/O 포트로 사용하여 인위적으로 CS1 신호를 만들고 있으며, 이런 이유로 이 CS1 신호를 제대로 발생시키기 위해서는 SPI 직렬통신 포트에서 명령을 전송할 때 SPI_SR 레지스터의 TDRE 비트가 아니라 TXEMPTY 비트를 폴링해야 한다는 것에 유의해야 한다.

병렬 I/O 포트의 PA17은 AT93C56의 ORG 신호를 제어하는데 사용한다. 이 신호를 0으로 출력하면 AT93C56이 256번지×8비트 구조로 동작하고, 이를 1로 출력하면 128번지×16비트 구조로 동작한다.

AT93C56은 평소에 클록 신호 SK가 0 상태로 있다가 상승 에지에서 데이터 신호 DI가 인식되므로 AT91SAM7S256의 SPI 직렬통신 모듈에서 NCPHA=1, CPOL=0으로 설정하였다. 1문자는 8비트로 설정하였으며, 클록 주파수는 사양 범위인 1MHz로 선택하였다. 내부에서 데이터를 라이트하는데 걸리는 시간 t_{WP}는 충분히 여유있게 최대값인 10ms로 주었다.

이 프로그램에서는 사람이 눈으로 각 번지의 라이트 및 리드 동작 상황을 볼 수 있도록 0.5초 간격으로 천천히 동작 루프를 수행하였다. AT93C56이 8비트 워드로 동작할 때는 0x00~0xFF 번지가 있으므로 여기서는 이들 모든 번지에 0x55와 0xAA를 썼다가 다시 읽어서 정상 동작 여부를 테스트하였다.

▣ AT93C56을 16비트 워드(128번지×16비트)로 사용하는 경우

OK-7S256 키트에서 PA17=1로 하여 AT93C56 EEPROM을 128번지×16비트의 구조로 동작하도록 설정하고, SPI 직렬통신을 사용하여 여기에 데이터를 라이트 및 리드하는 프로그램을 작성하여 보면 다음과 같다. 여기서는 SPI 직렬통신의 1문자를 8비트로 설정하였으므로 1개의 명령을 보내기 위하여 8비트씩 2차례 전송한다.

〈프로그램 Exp15_2.c〉 AT93C56을 16비트 워드로 사용할 때 라이트/리드 테스트(1)

```
/* ========================================================================== */
/*      Xtest15_2.c : AT93C56 Read/Write(ORG=1, 128x16 bit, 8-bit SPI)        */
/* ========================================================================== */
/*                        Designed and programmed by Duck-Yong Yoon in 2007.  */
```

```
#include "AT91SAM7S256.h"
#include "lib_AT91SAM7S256.h"
#include "OK7S256gcc.h"

void LCD_2hex(unsigned int number)                 /* display 2-digit hex number */
{ unsigned char i;

  i = (number >> 4) & 0x0F;                        // 16^1
  if(i <= 9) LCD_data(i + '0');
  else       LCD_data(i - 10 + 'A');

  i = number & 0x0F;                               // 16^0
  if(i <= 9) LCD_data(i + '0');
  else       LCD_data(i - 10 + 'A');
}

void LCD_4hex(unsigned int number)                 /* display 4-digit hex number */
{ unsigned char i;

  i = (number >> 12) & 0x0F;                       // 16^3
  if(i <= 9) LCD_data(i + '0');
  else       LCD_data(i - 10 + 'A');

  i = (number >> 8) & 0x0F;                        // 16^2
  if(i <= 9) LCD_data(i + '0');
  else       LCD_data(i - 10 + 'A');

  i = (number >> 4) & 0x0F;                        // 16^1
  if(i <= 9) LCD_data(i + '0');
  else       LCD_data(i - 10 + 'A');

  i = number & 0x0F;                               // 16^0
  if(i <= 9) LCD_data(i + '0');
  else       LCD_data(i - 10 + 'A');
}

void AT93C56_EWEN(void)                            /* write enable */
{
  AT91F_PIO_SetOutput(AT91C_BASE_PIOA, CS1);       // CS = 1

  AT91F_SPI_PutChar(AT91C_BASE_SPI, 0x04, 1);      // 0000 0100
  while(!(*AT91C_SPI_SR & 0x0200));                // transmit complete ?
  AT91F_SPI_PutChar(AT91C_BASE_SPI, 0xC0, 1);      // 1100 0000
  while(!(*AT91C_SPI_SR & 0x0200));                // transmit complete ?

  AT91F_PIO_ClearOutput(AT91C_BASE_PIOA, CS1);     // CS = 0
}

void AT93C56_EWDS(void)                            /* write disable */
{
  AT91F_PIO_SetOutput(AT91C_BASE_PIOA, CS1);       // CS = 1

  AT91F_SPI_PutChar(AT91C_BASE_SPI, 0x04, 1);      // 0000 0100
  while(!(*AT91C_SPI_SR & 0x0200));                // transmit complete ?
  AT91F_SPI_PutChar(AT91C_BASE_SPI, 0x00, 1);      // 0000 0000
  while(!(*AT91C_SPI_SR & 0x0200));                // transmit complete ?

  AT91F_PIO_ClearOutput(AT91C_BASE_PIOA, CS1);     // CS = 0
}

void AT93C56_WRITE(unsigned int address,unsigned int byte2) /* write 16 bit */
{
```

```
  AT91F_PIO_SetOutput(AT91C_BASE_PIOA, CS1);     // CS = 1

  AT91F_SPI_PutChar(AT91C_BASE_SPI, 0x05, 1);    // 0000 0101
  while(!(*AT91C_SPI_SR & 0x0200));              // transmit complete ?
  AT91F_SPI_PutChar(AT91C_BASE_SPI, address, 1); // A7~A0
  while(!(*AT91C_SPI_SR & 0x0200));              // transmit complete ?
  AT91F_SPI_PutChar(AT91C_BASE_SPI, byte2 >> 8, 1);     // D15~D8
  while(!(*AT91C_SPI_SR & 0x0200));              // transmit complete ?
  AT91F_SPI_PutChar(AT91C_BASE_SPI, byte2 & 0x00FF, 1); // D7~D0
  while(!(*AT91C_SPI_SR & 0x0200));              // transmit complete ?

  AT91F_PIO_ClearOutput(AT91C_BASE_PIOA, CS1);   // CS = 0
  Delay_ms(10);                                  // delay 10 ms for twp time
}

unsigned int AT93C56_READ(unsigned int address) /* read a byte */
{ unsigned int upper, lower;

  AT91F_PIO_SetOutput(AT91C_BASE_PIOA, CS1);     // CS = 1

  AT91F_SPI_PutChar(AT91C_BASE_SPI, 0x06, 1);    // 0000 0110
  while(!(*AT91C_SPI_SR & 0x0200));              // transmit complete ?
  AT91F_SPI_PutChar(AT91C_BASE_SPI, address, 1); // A7~A0
  while(!(*AT91C_SPI_SR & 0x0200));              // transmit complete ?
  AT91F_SPI_PutChar(AT91C_BASE_SPI, 0x00, 1);    // dummy data
  while(!(*AT91C_SPI_SR & 0x0200));              // transmit complete ?
  upper = AT91F_SPI_GetChar(AT91C_BASE_SPI);
  AT91F_SPI_PutChar(AT91C_BASE_SPI, 0x00, 1);    // dummy data
  while(!(*AT91C_SPI_SR & 0x0200));              // transmit complete ?
  lower = AT91F_SPI_GetChar(AT91C_BASE_SPI);

  AT91F_PIO_ClearOutput(AT91C_BASE_PIOA, CS1);   // CS = 0
  return (upper << 8) + lower;                   // get data and return
}

int main(void)
{
  unsigned int address, byte2;

  MCU_initialize();                              // initialize AT91SAM7S256 & kit
  Delay_ms(50);                                  // wait for system stabilization
  LCD_initialize();                              // initialize text LCD

  LCD_string(0x80," AT93C56 0x00 = ");           // display title
  LCD_string(0xC0,"  0x0000/0x0000 ");
  Beep();

  AT91F_PIO_CfgOutput(AT91C_BASE_PIOA, CS1);     // PA15 output signal
  AT91F_PIO_ClearOutput(AT91C_BASE_PIOA, CS1);   // CS1=0

  AT91F_PIO_CfgOutput(AT91C_BASE_PIOA, PA17);    // PA17=1 for ORG=1
  AT91F_PIO_SetOutput(AT91C_BASE_PIOA, PA17);

  AT91F_PIO_CfgPeriph(AT91C_BASE_PIOA, AT91C_PA12_MISO | AT91C_PA13_MOSI | AT91C_PA14_SPCK, 0);
                                                 // MISO,MOSI,SPCK output(Peripheral A)

  AT91F_SPI_CfgPMC();                            // enable clock of SPI
  *AT91C_SPI_CR = 0x01000001;                    // enable SPI
  *AT91C_SPI_MR = 0x00010001;                    // master mode
  AT91F_SPI_CfgCs(AT91C_BASE_SPI, 1, 0x02003002); // CS1,1M bps,8 bit,NCPHA=1,CPOL=0

  AT93C56_EWEN();                                // AT93C56 write enable
```

```
    for(address = 0x00; address <= 0x7F; address++)
      { LCD_command(0x8B);                        // display address
        LCD_2hex(address);

        LCD_command(0xC4);                        // display write data
        LCD_4hex(0x5555);
        AT93C56_WRITE(address,0x5555);            // write 0x5555
        byte2 = AT93C56_READ(address);
        LCD_command(0xCB);                        // display read data
        LCD_4hex(byte2);
        Delay_ms(500);
        if(byte2 != 0x5555)                       // if error, beep
          { Beep();
            Delay_ms(2000);
          }

        LCD_command(0xC4);                        // display write data
        LCD_4hex(0xAAAA);
        AT93C56_WRITE(address,0xAAAA);            // write 0xAAAA
        byte2 = AT93C56_READ(address);
        LCD_command(0xCB);                        // display read data
        LCD_4hex(byte2);
        Delay_ms(500);
        if(byte2 != 0xAAAA)                       // if error, beep
          { Beep();
            Delay_ms(2000);
          }
      }

    AT93C56_EWDS();                               // AT93C56 write disable
    Beep();

    while(1);                                     // infinite loop
  }
```

☞ 여기서는 병렬 I/O 포트의 PA17을 1로 출력하여 AT93C56이 128번지×16비트 구조로 동작한다. SPI 직렬통신 포트에서 1문자를 8비트로 설정하였으므로 16비트를 액세스하려면 8비트씩 나누어 2차례 전송해야 한다. AT93C56이 16비트 워드로 동작할 때는 0x00~0x7F 번지가 있으므로 여기서는 이들 모든 번지에 0x5555와 0xAAAA를 썼다가 다시 읽어서 정상 동작 여부를 테스트하였다.

위의 예제 프로그램을 SPI 직렬통신의 1문자를 16비트로 설정하여 1개의 명령을 1번에 전송하도록 수정하면 다음과 같다.

〈프로그램 Exp15_3.c〉 AT93C56을 16비트 워드로 사용할 때 라이트/리드 테스트(2)

```
/* ====================================================================== */
/*      Xtest15_3.c : AT93C56 Read/Write(ORG=1, 128x16 bit, 16-bit SPI)    */
/* ====================================================================== */
/*                   Designed and programmed by Duck-Yong Yoon in 2007.    */

#include "AT91SAM7S256.h"
#include "lib_AT91SAM7S256.h"
#include "OK7S256gcc.h"
```

```
void LCD_2hex(unsigned int number)                /* display 2-digit hex number */
{ unsigned char i;

  i = (number >> 4) & 0x0F;                       // 16^1
  if(i <= 9) LCD_data(i + '0');
  else       LCD_data(i - 10 + 'A');

  i = number & 0x0F;                              // 16^0
  if(i <= 9) LCD_data(i + '0');
  else       LCD_data(i - 10 + 'A');
}

void LCD_4hex(unsigned int number)                /* display 4-digit hex number */
{ unsigned char i;

  i = (number >> 12) & 0x0F;                      // 16^3
  if(i <= 9) LCD_data(i + '0');
  else       LCD_data(i - 10 + 'A');

  i = (number >> 8) & 0x0F;                       // 16^2
  if(i <= 9) LCD_data(i + '0');
  else       LCD_data(i - 10 + 'A');

  i = (number >> 4) & 0x0F;                       // 16^1
  if(i <= 9) LCD_data(i + '0');
  else       LCD_data(i - 10 + 'A');

  i = number & 0x0F;                              // 16^0
  if(i <= 9) LCD_data(i + '0');
  else       LCD_data(i - 10 + 'A');
}

void AT93C56_EWEN(void)                           /* write enable */
{
  AT91F_PIO_SetOutput(AT91C_BASE_PIOA, CS1);      // CS = 1

  AT91F_SPI_PutChar(AT91C_BASE_SPI, 0x04C0, 1);   // 0000 0100 1100 0000
  while(!(*AT91C_SPI_SR & 0x0200));               // transmit complete ?

  AT91F_PIO_ClearOutput(AT91C_BASE_PIOA, CS1);    // CS = 0
}

void AT93C56_EWDS(void)                           /* write disable */
{
  AT91F_PIO_SetOutput(AT91C_BASE_PIOA, CS1);      // CS = 1

  AT91F_SPI_PutChar(AT91C_BASE_SPI, 0x0400, 1);   // 0000 0100 0000 0000
  while(!(*AT91C_SPI_SR & 0x0200));               // transmit complete ?

  AT91F_PIO_ClearOutput(AT91C_BASE_PIOA, CS1);    // CS = 0
}

void AT93C56_WRITE(unsigned int address,unsigned int byte2) /* write 16 bit */
{
  AT91F_PIO_SetOutput(AT91C_BASE_PIOA, CS1);      // CS = 1

  AT91F_SPI_PutChar(AT91C_BASE_SPI, 0x0500+address, 1); // 0000 0101 + A7~A0
  while(!(*AT91C_SPI_SR & 0x0200));               // transmit complete ?
  AT91F_SPI_PutChar(AT91C_BASE_SPI, byte2, 1);    // D15~D0
  while(!(*AT91C_SPI_SR & 0x0200));               // transmit complete ?

  AT91F_PIO_ClearOutput(AT91C_BASE_PIOA, CS1);    // CS = 0
  Delay_ms(10);                                   // delay 10 ms for twp time
```

```
}

unsigned int AT93C56_READ(unsigned int address) /* read a byte */
{
  AT91F_PIO_SetOutput(AT91C_BASE_PIOA, CS1);    // CS = 1

  AT91F_SPI_PutChar(AT91C_BASE_SPI, 0x0600+address, 1); // 0000 0110 + A7~A0
  while(!(*AT91C_SPI_SR & 0x0200));              // transmit complete ?
  AT91F_SPI_PutChar(AT91C_BASE_SPI, 0x0000, 1); // dummy data
  while(!(*AT91C_SPI_SR & 0x0200));              // transmit complete ?

  AT91F_PIO_ClearOutput(AT91C_BASE_PIOA, CS1);  // CS = 0
  return AT91F_SPI_GetChar(AT91C_BASE_SPI);     // read SPI_RDR and return
}

int main(void)
{
  unsigned int address, byte2;

  MCU_initialize();                              // initialize AT91SAM7S256 & kit
  Delay_ms(50);                                  // wait for system stabilization
  LCD_initialize();                              // initialize text LCD

  LCD_string(0x80," AT93C56 0x00 = ");           // display title
  LCD_string(0xC0,"  0x0000/0x0000 ");
  Beep();

  AT91F_PIO_CfgOutput(AT91C_BASE_PIOA, CS1);    // PA15 output signal
  AT91F_PIO_ClearOutput(AT91C_BASE_PIOA, CS1);  // CS1=0

  AT91F_PIO_CfgOutput(AT91C_BASE_PIOA, PA17);   // PA17=1 for ORG=1
  AT91F_PIO_SetOutput(AT91C_BASE_PIOA, PA17);

  AT91F_PIO_CfgPeriph(AT91C_BASE_PIOA, AT91C_PA12_MISO | AT91C_PA13_MOSI | AT91C_PA14_SPCK, 0);
                                                 // MISO,MOSI,SPCK output(Peripheral A)

  AT91F_SPI_CfgPMC();                            // enable clock of SPI
  *AT91C_SPI_CR = 0x01000001;                    // enable SPI
  *AT91C_SPI_MR = 0x00010001;                    // master mode
  AT91F_SPI_CfgCs(AT91C_BASE_SPI, 1, 0x02003082); // CS1,1M bps,16 bit,NCPHA=1,CPOL=0

  AT93C56_EWEN();                                // AT93C56 write enable

  for(address = 0x00; address <= 0x7F; address++)
    { LCD_command(0x8B);                         // display address
      LCD_2hex(address);

      LCD_command(0xC4);                         // display write data
      LCD_4hex(0x5555);
      AT93C56_WRITE(address,0x5555);             // write 0x5555
      byte2 = AT93C56_READ(address);
      LCD_command(0xCB);                         // display read data
      LCD_4hex(byte2);
      Delay_ms(500);
      if(byte2 != 0x5555)                        // if error, beep
        { Beep();
          Delay_ms(2000);
        }

      LCD_command(0xC4);                         // display write data
      LCD_4hex(0xAAAA);
      AT93C56_WRITE(address,0xAAAA);             // write 0xAAAA
      byte2 = AT93C56_READ(address);
      LCD_command(0xCB);                         // display read data
```

```
        LCD_4hex(byte2);
        Delay_ms(500);
        if(byte2 != 0xAAAA)                       // if error, beep
          { Beep();
            Delay_ms(2000);
          }
      }

    AT93C56_EWDS();                             // AT93C56 write disable
    Beep();

    while(1);                                   // infinite loop
  }
```

☞ 여기서는 병렬 I/O 포트의 PA17을 1로 출력하여 AT93C56이 128번지×16비트 구조로 동작한다. SPI 직렬통신 포트에서 1문자를 16비트로 설정하였으므로 16비트씩 1번에 전송한다. AT93C56이 16비트 워드로 동작할 때는 0x00~0x7F 번지가 있으므로 여기서는 이들 모든 번지에 0x5555와 0xAAAA를 썼다가 다시 읽어서 정상 동작 여부를 테스트하였다.

3. 실습 과제

(1) serial EEPROM은 parallel EEPROM에 비하여 어떤 장단점이나 특징이 있는지 설명하라.

(2) 예제 프로그램 Xtest15_1.c에서 AT93C56의 데이터를 읽을 때 AT93C56_READ() 함수에서 dummy로 0x00 데이터를 2차례 출력하는 이유를 설명하라.

(3) 예제 프로그램 Xtest15_1.c에서는 AT93C56에 데이터를 쓸 때 무조건 10ms를 기다리는 방법을 사용하였다. 그러나, 이 메모리에는 라이트 동작이 완료되었는지를 확인하기 DO 단자를 READY/-BUSY 신호로 제공하는 기능을 가지고 있으므로 이를 폴링하는 방법을 사용할 수도 있다. 라이트 동작의 완료를 확인하기 위하여 시간지연 방법이 아니라 폴링 방법으로 수정한 프로그램 Xtest15_1R.c를 작성하라.

4.16 TWI 직렬통신과 DS1307 응용 프로그램

이 절에서는 AT91SAM7S256의 TWI 직렬통신 포트를 응용한 통신 프로그램 작성 기술을 익힌다. 그러나, 퍼스널컴퓨터는 TWI 통신을 지원하지 않으므로 실험을 위한 통신의 상대방을 찾기가 어려우며, 따라서 *OK-7S256* 키트에서는 I2C 통신방식으로 사용하는 직렬 RTC 소자인 DS1307을 접속하였다.

관련 내용	(1) 제2.6절 TWI 직렬통신 포트(TWI) (2) DS1307의 데이터 시트(Maxim사)

1. RTC의 원리 및 종류

실시간 시계(RTC ; Real Time Clock)는 우리가 일상 생활에서 사용하는 실제의 시간을 표시하는 소자이다. 오늘날 이것은 시간 정보가 필요한 범용 컴퓨터나 자동화 기기에 널리 사용되는 추세에 있다.

RTC가 항상 실시간으로 시간을 표시하기 위해서는 최소한 ① 정확한 기준 주파수를 발생하는 수정발진자 및 발진회로, ② 이 기준 주파수를 적절히 분주하여 초/분/시(오전, 오후 포함)/일(요일 포함)/월/년(윤년 환산기능 포함) 등의 정보로 변환하는 카운터 회로, ③ 공급전원이 꺼지더라도 시계가 멈추지 않도록 항상 회로를 동작시켜 주는 배터리 백업 회로 등이 필요하다.

이러한 구성을 기준으로 생각할 때 RTC 소자에는 다음과 같은 3가지의 형태가 있다. 첫째는 수정발진자와 배터리 백업 회로를 외부에 별도로 접속하게 되어 있어서 사실상 카운터 및 제어회로만을 가지고 있는 가장 초보적인 형태이다. 이러한 소자의 대표적인 모델로는 Ricoh사의 RP5C15, Motorola사의 MC146818A 등이 있다. 물론 이러한 기능을 수행하는 시계 회로는 카운터 전용의 소자나 논리소자들을 사용하여 사용자가 설계할 수도 있지만, 이렇게 하드웨어적으로만 구성할 경우에는 회로가 상당히 복잡하여 경제적으로나 보드를 차지하는 면적으로 볼 때 불리해진다.

초창기의 RTC는 대부분 이러한 형태였지만, 외부에 별도로 사용하는 32.768[kHz] 수정발진자의 정밀도나 안정도가 비교적 낮고, 또한 배터리 회로를 사용하는데 여러가지의 불편이 있어서 오늘날은 점점 사용 빈도가 감소하는 추세이다. IBM PC AT 이상의 퍼스널컴퓨터에서는 MC146818A 호환의 RTC 소자를 사용한다. 이들 소자에서는 경우에 따라 배터리 백업회로를 사용하지 않기도 하는데, 이러한 경우에는 컴퓨터의 전원을 켤 때마다 사용자가 올바른 시간값을 다시 설정해 주어야 하므로 상당히 불편하다.

DS1307은 원래 Dallas사에서 개발한 제품이지만 이 회사가 Maxim사에 합병되어 이제는 Maxim사의 제품이 되었으며, 마이크로프로세서와의 인터페이스가 I2C 직렬통신으로 수행되는 것이 특이할 뿐이고 기본적으로 이러한 부류에 속한다. *OK-7S256* 키트에서는 이 소자를 충전용 배터리 또는 수퍼 커패시터로 백업하여 사용한다.

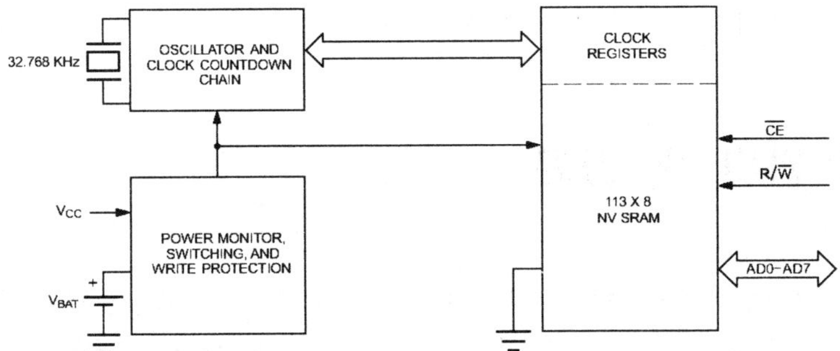

〈그림 4.16.1〉 수정발진자 및 배터리를 내장한 일체형 RTC 소자의 구조

둘째는 이 3가지의 구성 요소를 1개의 패키지에 모두 내장(encapsulated package)한 소자로서 이 구조는 <그림 4.16.1>과 같다. 이러한 소자로는 종래의 MC146818A와 핀배열이 동일하여 직접 대치가 가능한 Dallas사의 DS1287, DS12887 등이 있고 Y2K 문제를 해결한 DS12C887 소자도 있다. 이것은 패키지에 내장된 수정 발진 회로의 정밀도나 안정도가 상당히 높고, 또한 배터리 회로를 내장하고 있어서 단일 소자로서 1개의 IC처럼 보드에 실장하기가 쉬우며, 외부 전원이 차단된 상태에서도 데이터의 보증시간이 약 10년 정도로서 매우 길기 때문에 오늘날 그 사용 빈도가 크게 증가하고 있다. 현재는 IBM PC 호환 퍼스널컴퓨터나 각종 제어계측 장비 또는 마이크로콘트롤러 트레이닝 키트에서 DS12C887과 같은 소자가 널리 사용되고 있다.

이 소자에는 수십 바이트 이상(DS1287은 50바이트, DS12887은 114바이트)의 배터리 백업 SRAM을 내장하고 있어서 불휘발성 데이터를 저장하는 용도로 사용할 수 있다. 그러나, 대부분의 경우 어드레스 및 데이터 버스가 시분할 다중화되어 있어서 이와 동일한 버스 구조를 갖는 Intel사의 마이크로콘트롤러에 접속하는 경우에는 별 문제가 없으나 다른 CPU의 경우에는 하드웨어적인 인터페이스가 불편할 수도 있다.

셋째는 위의 일체형 RTC처럼 3가지의 구성 요소를 1패키지에 모두 내장하는 것은 물론이고, 여기에 대용량(수KB~수백KB)의 SRAM까지를 포함하는 소자로서 그 구조는 <그림 4.16.2>와 같다. 이러한 소자로는 Dallas사의 DS1243Y/1244Y/1248Y/1251Y, DS1742/1743 등이 있다. 이것은 RTC 기능에 주기억장치로 사용할 수 있는 대용량의 SRAM을 포함하고 있기 때문에 RAM 전체를 배터리 백업해야 하는 제어계측 시스템의 경우에 유용하다.

이러한 소자들은 앞에서 설명한 일체형 RTC와 달리 어드레스 버스와 데이터 버스가 별도로 분리되어 있으며, 더구나 이것들이 기존의 일반 SRAM이나 EPROM과 호환이 되는 핀배열로 되어 있어서 인터페이스하기에 매우 편리하다. 그러나, 아직은 이러한 소자들의 가격이 상대적으로 비싼 편이며 액세스 시간이 비교적 길어서 널리 사용되지는 않고 있다.

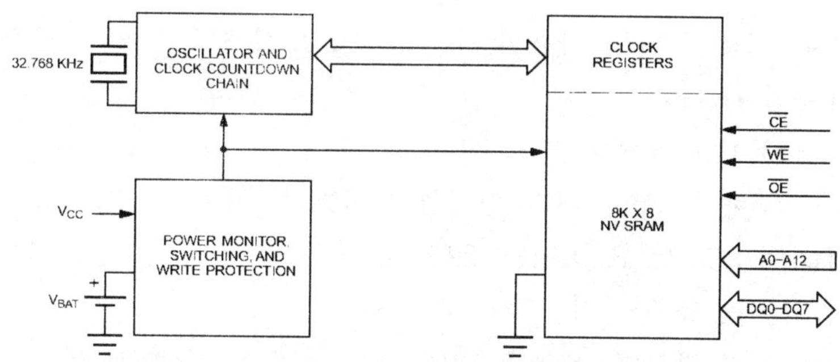

〈그림 4.16.2〉 대용량의 배터리 백업 SRAM을 내장하는 일체형 RTC 소자

2. DS1307 RTC의 구조와 기능

DS1307은 외부에 수정발진자와 배터리 백업 회로를 별도로 접속해야하는 가장 초보적인 형태의 RTC 소자지만, 직렬통신 방식으로서 8핀의 소형 패키지로 되어 있기 때문에 오늘날 매우 널리 선호되는 제품중의 하나이다.

OK-7S256 키트에서도 이것이 TWI(I2C) 직렬통신 방식이라는 점 때문에 선택되었다. 원래 DS1307에서는 3V의 리튬 전지를 사용하는 것으로 개발되어 V_{BAT} 전압의 사양이 2.0~3.5V로 되어 있으나, 오늘날 리튬(lithium) 전지는 거의 찾아보기 어렵고

3.6V 정격의 니켈카드뮴(NiCd) 또는 니켈수소(NiMH) 전지가 널리 사용되고 있다. 따라서, *OK-7S256* 키트에서도 이를 사용하기로 하는데, 이 경우 백업 전원의 정격전압이 DS1307의 사양보다 다소 높아져서 동작에 문제가 발생할 수 있으므로 이를 방지하기 위하여 다이오드 D5~D7을 사용하였다.

(1) 특징

① 외부에 수정발진자 배터리 백업 회로를 별도로 부착하여 사용하는 RTC이다.

② 자동으로 전원 차단을 검출(배터리 전압의 1.25배 이하)하여 배터리 전원으로 교체하는 기능을 가지고 있다. 배터리 백업 모드에서 내부 오실레이터가 동작한다면 전류는 사용 최대 500nA 이하이다. 이는 48mAH 용량의 리튬 전지일 경우 10년 이상의 백업을 보장하는 정도이다.

③ 외부와의 인터페이스는 I2C 직렬통신 방식을 사용한다.

④ 연, 월, 일, 요일, 시, 분, 초 데이터를 저장하고 있으며, 서기 2100년까지 윤년을 자동으로 환산하여 처리하는 기능을 가진다.

⑤ 12시제 및 24시제를 임의로 사용할 수 있으며, 12시제를 사용하는 경우에는 오전, 오후를 표시할 수 있다.

⑥ 모든 데이터는 BCD로 표시된다.

⑦ 내부에는 모두 56바이트의 배터리 백업형 불휘발성 SRAM을 가지고 있다.

⑧ 주파수를 1Hz, 4.096kHz, 8.192kHz, 32.768kHz로 프로그램할 수 있는 오픈 드레인형 구형파 출력 기능을 가진다.

⑨ +5V의 전원으로 동작하며, 8핀의 DIP(Dual In-line Package)형 또는 SO(Small Outline)형 패키지로 되어 있다.

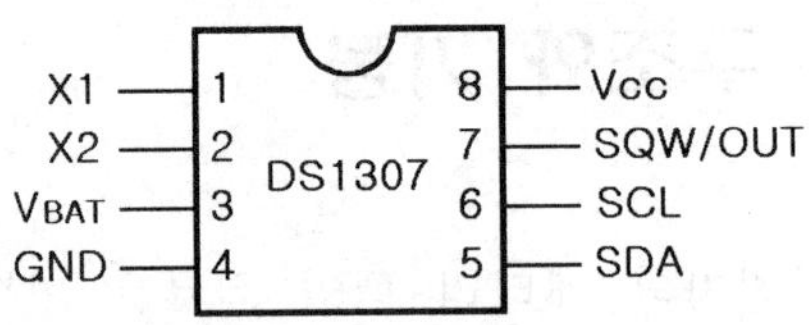

〈그림 4.16.3〉 DS1307의 외부 구조

(2) 외부 구조

DS1307의 외부 핀 구조는 <그림 4.16.3>과 같고, 각 핀의 기능을 간단히 요약하면 <표 4.16.1>과 같다.

〈표 4.16.1〉 DS1307 외부 핀의 기능

신호 이름	핀 번호	I/O	기 능
Vcc	8	-	Primary Power Supply : +5V±10%의 전원 단자이다.
V_{BAT}	3	-	Backup Supply : 3V의 리튬전지 등으로 백업용 전원을 공급하는 단자이다. 2.0~3.5V의 전압을 사용할 수 있다. Vcc 전압이 배터리 전압의 1.25배 이하로 떨어지면 RTC나 내부 SRAM의 액세스가 금지되며, 내부에서 Vcc가 차단되고 V_{BAT}로 교체되어 사용된다. 만약, 백업용 전원을 사용하지 않는 경우에는 이 단자를 접지시켜야 한다.
GND	4	-	Ground : 전원 및 신호에 대한 접지 단자이다.
X1	1	I	Crystal Oscillator Input and Output : 32.768kHz의 수정발진자를 접속하는 단자이다. 외부에 수정발진자 이외에는 어떤 저항이나 콘덴서와 같은 소자도 필요 없다. 외부에서 이 주파수의 신호를 인가할 때는 입력단자인 X1에 접속해야 하며, 출력단자인 X2는 플로팅시켜 두어야 한다.
X2	2	O	
SDA	5	I/O (open drain)	Serial Data Input/Output : I2C 직렬통신을 위한 데이터 입출력 신호이다. 이 단자는 오픈 드레인형으로 되어 있으므로 외부에서 수 kΩ 정도의 저항으로 풀업해 주어야 한다.
SCL	6	I	Serial Clock Input : I2C 직렬통신을 위한 클록 입력 신호이다. DS1307은 항상 슬레이브로 사용되므로 이 클록은 마스터로부터 공급된다. 최고 100kHz 이하로 사용해야 한다.
SQW/OUT	7	O (open drain)	Square Wave/Output Driver : 이 단자에는 4가지 클록 주파수(1Hz, 4.096kHz, 8.192kHz, 32.768kHz) 중에서 한가지를 지정하여 출력할 수 있다. 이는 Vcc 상태나 V_{BAT} 상태에서 모두 사용할 수 있으며, 오픈 드레인형 출력이므로 외부에서 수 kΩ 정도의 저항으로 풀업해 주어야 한다.

(3) 내부 구조와 기능

DS1307의 내부 구조를 블록도로 보이면 <그림 4.16.4>와 같다.

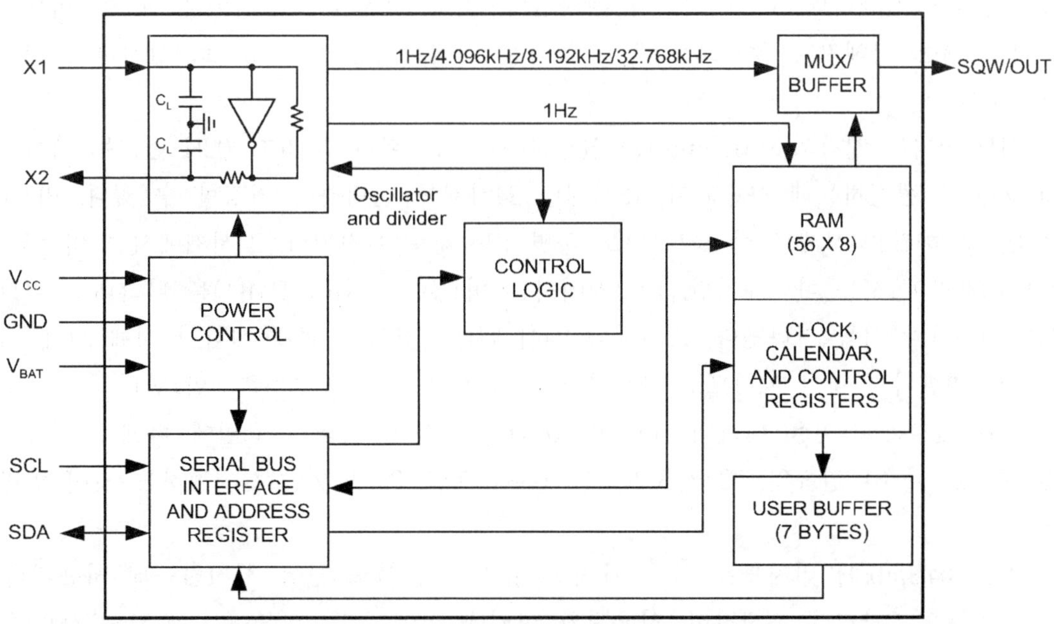

〈그림 4.16.4〉 DS1307의 내부 구조

DS1307의 내부 어드레스 맵과 각 번지의 기능을 요약하면 <표 4.16.2>와 같다. 여기서 보듯이 DS1307의 00H~07H 번지는 RTC 기능으로 사용되며, 08H~3FH 번지는 56바이트의 SRAM으로 사용된다. RTC 기능에서 모든 시각, 요일, 날짜 등의 값은 항상 BCD(Binary-Coded Decimal) 포맷으로 표시된다.

〈표 4.16.2〉 DS1307의 내부 어드레스 맵 및 기능

<table>
<tr><th rowspan="2">번지</th><th rowspan="2">기능</th><th rowspan="2">범위</th><th colspan="8">비트 구성</th></tr>
<tr><th>D7</th><th>D6</th><th>D5</th><th>D4</th><th>D3</th><th>D2</th><th>D1</th><th>D0</th></tr>
<tr><td>00H</td><td>초</td><td>00~59</td><td>CH</td><td colspan="3">10초</td><td colspan="4">1초</td></tr>
<tr><td>01H</td><td>분</td><td>00~59</td><td>0</td><td colspan="3">10분</td><td colspan="4">1분</td></tr>
<tr><td rowspan="2">02H</td><td rowspan="2">시</td><td>00~23</td><td rowspan="2">0</td><td>0=24시제</td><td colspan="2">10시</td><td colspan="4" rowspan="2">1시</td></tr>
<tr><td>01~12 AM/PM</td><td>1=12시제</td><td>0=AM
1=PM</td><td>10시</td></tr>
<tr><td>03H</td><td>요일</td><td>01~07</td><td>0</td><td>0</td><td>0</td><td>0</td><td>0</td><td colspan="3">요일</td></tr>
<tr><td>04H</td><td>날짜</td><td>01~31</td><td>0</td><td>0</td><td colspan="2">10자리 날짜</td><td colspan="4">1자리 날짜</td></tr>
<tr><td>05H</td><td>월</td><td>01~12</td><td>0</td><td>0</td><td>0</td><td>10월</td><td colspan="4">1월</td></tr>
<tr><td>06H</td><td>년</td><td>00~99</td><td colspan="4">10년</td><td colspan="4">1년</td></tr>
<tr><td>07H</td><td>제어 레지스터</td><td>-</td><td>OUT</td><td>0</td><td>0</td><td>SQWE</td><td>0</td><td>0</td><td>RS1</td><td>RS0</td></tr>
<tr><td>08H~
3FH</td><td>SRAM</td><td>00H~FFH</td><td>D7</td><td>D6</td><td>D5</td><td>D4</td><td>D3</td><td>D2</td><td>D1</td><td>D0</td></tr>
</table>

▣ RTC 레지스터

00H 번지는 시각의 초(second)를 설정하는데 사용된다. 여기서 비트7의 CH(clock halt)를 1로 설정하면 오실레이터가 정지한다. 처음 전원을 투입하였을 때 이 비트의 초기 상태는 정해지지 않으므로 정상 동작을 시작하려면 이를 0으로 설정하는 것이 필요하다.

01H 번지는 시각의 분(minute)을 설정하는데 사용된다. 그리고, 02H 번지는 시각의 시(hour)를 설정하는데 사용되며, 12시제나 24시제를 선택하여 지정할 수 있다. 비트6을 0으로 하면 24시제로 설정되고 1로 하면 12시제로 설정된다. 24시제에서는 비트5~4가 10자리의 시를 나타내지만, 12시제에서는 비트5가 AM(0)/PM(1)을 나타내고 비트4는 10자리의 시를 나타낸다. 12시제와 24시제를 변경하면 현재 시각이 이에 맞게 자동으로 변환되는 것이 아니므로 사용자가 현재 시각을 새로 초기화해야 한다.

03H 번지는 요일을 나타내는데, 01~07의 숫자들을 임의의 요일에 차례로 대응시킬 수 있으나 01=일요일, 02=월요일, ... , 06=금요일, 07=토요일로 지정하는 것이 일반적이다.

03H, 04H, 05H 번지들은 각각 차례로 날짜, 월, 연도 등을 설정하는데 사용된다. 연도는 끝의 2자리만 표시하며, 사용자가 여기에 앞에 20을 덧붙여서 2000~2099년을

표시하게 된다.

RTC에 해당하는 값들을 읽거나 써넣을 때는 내부 동작에 에러를 발생하지 않도록 보호하기 위하여 2차 사용자 버퍼를 사용하고 있다. 리드 동작에서 이 사용자 버퍼는 I2C 직렬통신의 START 조건에서 내부의 해당 레지스터와 동기된다.

00H 번지의 초를 설정할 때는 내부의 클록 분주기가 리셋된다. 설정값을 I2C 직렬통신으로 전송하면 확인 동작(acknowledge)이 수행될 때 내부적으로 라이트된다. 초값을 설정하여 클록 분주기가 리셋되면 그 이후 1초 이내에 모든 시각과 날짜를 다시 설정해야 한다.

▣ 제어 레지스터

07H 번지는 제어 레지스터로서 이것은 SQW/OUT 핀의 동작을 제어하는데 사용된다. 비트4의 SQWE(Square-Wave Enable)는 0으로 설정하면 SQW/OUT 핀의 출력을 차단하고, 1로 설정하면 이 핀에 지정된 주파수의 구형파 클록을 출력한다.

비트7의 OUT(Output Control)은 SQWE=0으로 설정되어 구형파 출력이 금지되어 있을 때 출력 레벨을 지정한다. 즉, OUT=0이면 SQW/OUT 핀이 0으로 출력되고, OUT=1이면 이 핀이 1로 출력된다.

비트1~0의 RS1~0(Rate Select)은 SQW/OUT 핀에 출력되는 구형파 클록의 주파수를 <표 4.16.3>과 같이 설정하는데 사용된다.

〈표 4.16.3〉 DS1307에서 SQW/OUT 단자의 출력 주파수 설정

제어 레지스터				SQW/OUT 핀의 출력 신호
SQWE	OUT	RS1	RS0	
1	X	0	0	1 Hz
1	X	0	1	4.096 kHz
1	X	1	0	8.192 kHz
1	X	1	1	32.768 kHz
0	0	X	X	0
0	1	X	X	1

▣ 내부 SRAM

내부 SRAM은 모두 56바이트로서 이것은 특별한 용도가 지정되어 있지 않으므로 사용자가 임의로 액세스하여 사용할 수 있다. *OK-7S256* 키트에서는 이 영역을 특별한 용도로 사용하지 않고 비워 두었으므로 사용자가 필요에 따라 배터리 백업용 데이터 메모리로 사용할 수 있다.

(4) I2C 직렬통신을 사용한 액세스 기능

DS1307은 I2C 버스에서 슬레이브로 동작하므로 이를 사용하려면 외부에 마스터를 접속해야 한다. 따라서, 클록 신호 SCL은 외부의 마스터에 의하여 구동되는데 이는 표준 모드인 100kHz로만 사용될 수 있다.

DS1307에서 사용하는 I2C 직렬 데이터 전송의 전형적인 형식은 <그림 4.16.5>와 같다. 데이터는 항상 MSB부터 전송되며, 확인(acknowledge) 비트 신호는 데이터 수신측에서 송신측에 응답하는 것이다. 마지막 바이트를 제외한 모든 바이트 전송마다 수신측은 송신측에 확인 응답 신호를 보낸다.

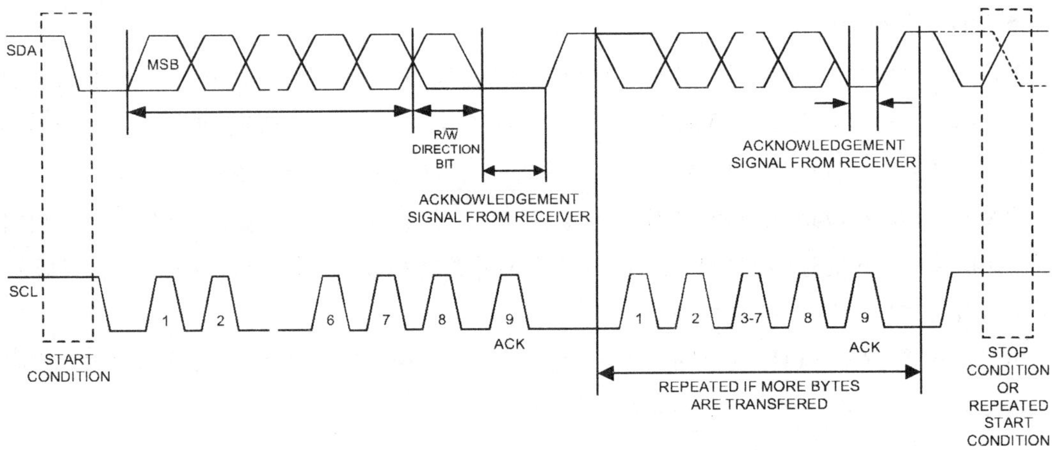

〈그림 4.16.5〉 DS1307에서 I2C를 통한 데이터 전송의 기본 포맷

외부의 마스터가 슬레이브인 DS1307에게 I2C 직렬통신으로 어떤 데이터를 라이트(write) 또는 리드(read)하는 동작을 좀더 자세하게 보이면 <그림 4.16.6>과 같다. 데이터를 라이트하는 것은 그림의 (a)처럼 슬레이브 어드레스와 DS1307 내부의 워드 어드레스를 차례로 전송하고, 이어서 데이터를 전송한다. 7비트로 구성되는 DS1307의 슬레이브 어드레스는 1101000으로 정해져 있으며, 이 슬레이브 어드레스의 마지막에는 R/$\overline{W}$ 비트가 라이트 동작을 의미하는 0으로 이어져야 한다. 여러개의 데이터 바이트를 전송하는 경우에는 내부에서 자동적으로 워드 어드레스가 증가한다. 모든 바이트 전송마다 슬레이브는 마스터에게 확인 응답 신호를 보낸다.

데이터를 리드하는 것은 그림의 (b)처럼 슬레이브 어드레스 전송하고, 이어서 데이터를 읽기 시작한다. 역시 7비트로 구성되는 DS1307의 슬레이브 어드레스는 1101000으로 정해져 있으며, 이 슬레이브 어드레스의 마지막에는 R/$\overline{W}$ 비트가 리드 동작을 의미하는 1로 이어져야 한다. 읽는 동작은 현재의 워드 어드레스에서 시작되며, 여러개의 데이터 읽는 경우에는 내부에서 자동적으로 워드 어드레스가 증가한다. 첫번째 바이트에서 슬레이브 어드레스를 전송할 때는 슬레이브가 마스터에게 확인 응답 신호를 보내지만, 그 이후에 데이터를 읽는 동작에서는 모든 바이트마다 마스터가 슬레이브에게 확인 응답 신호를 보내야 한다.

데이터를 읽을 때 DS1307의 내부 어드레스를 지정하고 읽으려면 그 동작 시퀀스는 <그림 4.16.6>의 (c)처럼 수행하면 된다.

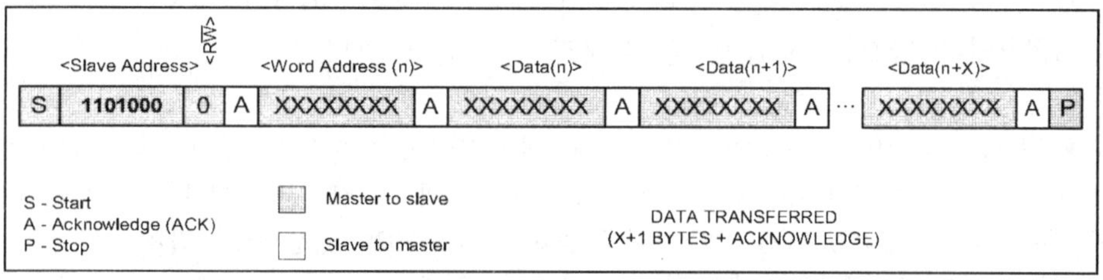

(a) 데이터 라이트 - 슬레이브 수신 모드

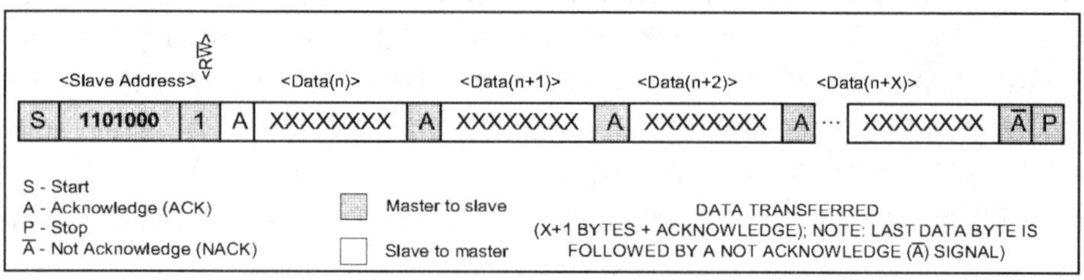

(b) 데이터 리드 - 슬레이브 송신 모드

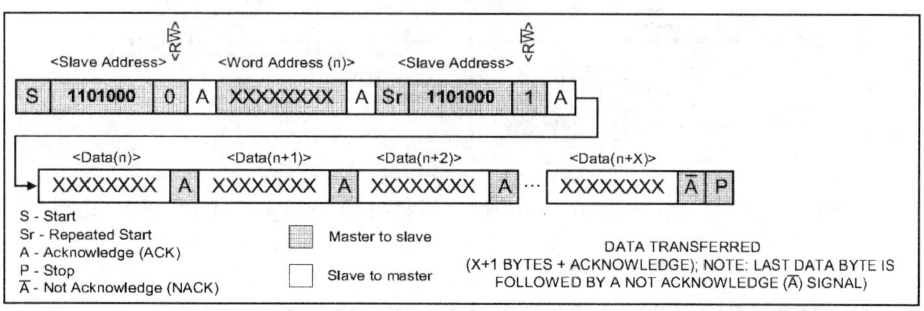

(c) 데이터 리드 - 슬레이브 수신 및 송신 모드

〈그림 4.16.6〉 I2C를 통한 DS1307의 데이터 라이트/리드 동작

3. *OK-7S256* 키트에서 DS1307의 접속

OK-7S256 키트에서 TWI 직렬통신 포트에는 <그림 4.16.7>처럼 DS1307(U8) RTC를 접속하고, 3.6V의 NiCd나 NiMH 전지 또는 수퍼 커패시터로 백업하는 기능을 추가하였다. DS1307에서 V_{BAT} 전압의 사양이 2.0~3.5V로 되어 있으므로 백업 전원의 전압을 약간 낮추기 위하여 다이오드 D5~D7을 사용하고 있음에 주목하라. 그러나, 만약 이러한 백업 회로를 사용하지 않는 경우에는 점퍼 J4를 ON시켜 V_{BAT} 단자를 접지시켜야 한다. 이 회로에서 TWI 직렬통신의 데이터 신호 SDA와 클록 신호 SCL 단자에 각각 3.3kΩ의 저항으로 풀업해 준 것에도 유의해야 한다.

◀참고▶ DS1307의 데이터 시트에는 백업용 배터리와 DS1307의 3번 핀(V_{BAT}) 사이에 다이오드를 사용하지 말라고 되어 있으므로 다이오드 D5~D7은 모두 배터리의 앞쪽에 사용하였다. 실제로 배터리와 3번 핀 사이에 다이오드를 사용하면 V_{BAT} 전압이 너무 높아져서 DS1307이 정상으로 동작하지 않는다.

그러나, 이렇게 배터리의 앞쪽에 3개의 다이오드 D5~D7을 사용하더라도 배터리 또는 수퍼 커패시터의 충전 전압이 허용범위인 3.5V를 훨씬 넘어서 DS1307의 동작에 문제가 발생하는 경우가 있다. 이론적으로 보면 다이오드 1개의 순방향 전압강하가 약 0.7V에 해당하므로 최고 충전 전압은 5.0-0.7×3 = 2.9V로 될 것 같지만 다이오드에 흐르는 전류가 매우 작을 때는 순방향 전압강하가 0.7V 이하로 감소하기 때문이다.

이를 방지하는 방법은 여러 가지를 생각할 수 있는데, 이를테면 <그림 4.16.7>에 보인 것처럼 다이오드 D6과 D7 사이에서 접지 방향으로 10kΩ 정도의 저항을 연결해주면 좋다. 그러면 이 풀다운 저항을 통하여 전류가 흐르므로 D5와 D6에서 충분한 전압강하가 발생하며, 전원이 꺼져서 백업 모드로 동작하는 경우에는 다이오드 D7이 배터리 또는 수퍼 커패시터로부터 이 풀다운 저항으로 전류가 역류하는 것을 막아준다.

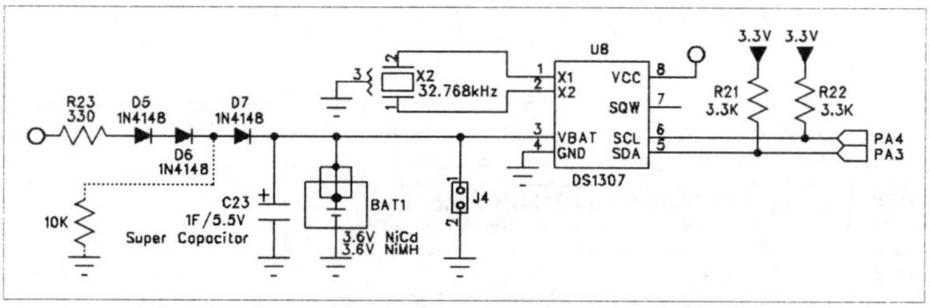

〈그림 4.16.7〉 *OK-7S256* 키트에서 사용하는 DS1307 RTC 관련 회로

4. DS1307을 사용한 디지털 시계 프로그램

앞의 제4.10절에서는 AT91SAM7S256의 PIT 및 RTT를 이용하여 디지털 시계를 구현하였는데, 여기서는 DS1307과 배터리 백업회로를 사용하여 전원을 꺼놓아도 계속

동작하는 시계를 만들어 보기로 한다.

■ 기본적인 시계 프로그램

DS1307을 사용하여 기본적으로 동작하는 24시제의 디지털 시계 프로그램을 작성하여 보면 다음과 같다. 이 시계는 초기값으로 23:55:00으로 설정하였으며, TWI 직렬통신을 이용하여 DS1307에 데이터를 송신하거나 DS1307로부터 데이터를 수신하는 방법을 익히는데 중점을 두었으므로 그다지 실용성은 없다. 시계의 초기값을 바꾸려면 프로그램을 수정하여 hour, minute, second를 자신이 원하는대로 지정하면 된다.

〈프로그램 Xtest16_1.c〉 기본적인 24시제 표시 디지털 시계 프로그램

```
/* ========================================================================== */
/*          Xtest16_1.c : Digital Clock by DS1307 RTC(24-Hour Format)          */
/* ========================================================================== */
/*                          Designed and programmed by Duck-Yong Yoon in 2007.  */

#include "AT91SAM7S256.h"
#include "lib_AT91SAM7S256.h"
#include "OK7S256gcc.h"

unsigned int second, minute, hour, ampm;          // time variable

void LCD_2BCD(unsigned int number)                /* display 2-digit BCD number */
{
  LCD_data((number >> 4) + '0');                  // 10^1
  LCD_data((number & 0x0F) + '0');                // 10^0
}

void TWI_transmit(unsigned int address, unsigned int data) /* transmit by TWI */
{
  *AT91C_TWI_MMR = 0x00680100;                    // master write, device address 1 byte
  *AT91C_TWI_IADR = address;                      // device address
  *AT91C_TWI_CR = AT91C_TWI_MSEN|AT91C_TWI_STOP|AT91C_TWI_START; // control register
  *AT91C_TWI_THR = data;                          // start transmission

  while(!(*AT91C_TWI_SR & AT91C_TWI_TXCOMP));     // complete?(TXCOMP=1)
}

unsigned int TWI_receive(unsigned int address)    /* receive by TWI */
{
  *AT91C_TWI_MMR = 0x00681100;                    // master read, device address 1 byte
  *AT91C_TWI_IADR = address;                      // device address
  *AT91C_TWI_CR = AT91C_TWI_MSEN|AT91C_TWI_STOP|AT91C_TWI_START; // control register

  while(!(*AT91C_TWI_SR & AT91C_TWI_TXCOMP));     // complete?(TXCOMP=1)
  return *AT91C_TWI_RHR;                          // read received data and return
}

int main(void)
{
  MCU_initialize();                               // initialize AT91SAM7S256 & kit
  Delay_ms(50);                                   // wait for system stabilization
  LCD_initialize();                               // initialize text LCD module
```

```
    hour = 0x23;                                    // initial time 23:55:00
    minute = 0x55;
    second = 0x00;

    LCD_string(0x80," Digital Clock  ");            // display title
    LCD_string(0xC0,"    12:00:00    ");
    Beep();

    AT91F_TWI_CfgPIO();                             // enable TWD, TWCK pin
    AT91F_PIO_Opendrain(AT91C_BASE_PIOA,AT91C_PA4_TWCK|AT91C_PA3_TWD); // open drain
    AT91F_TWI_CfgPMC();                             // enable peripheral clock for TWI

    AT91F_TWI_Configure(AT91C_BASE_TWI);            // TWI master mode
    *AT91C_TWI_CWGR = 0x00023B3B;                   // about 100kHz

    TWI_transmit(0x00, second);                     // innitialize DS1307 RTC
    TWI_transmit(0x01, minute);
    TWI_transmit(0x02, hour);
    TWI_transmit(0x03, 0x06);
    TWI_transmit(0x04, 0x01);
    TWI_transmit(0x05, 0x06);
    TWI_transmit(0x06, 0x07);
    TWI_transmit(0x07, 0x00);                       // (control register = 0x00)

    while(1)
      { hour = TWI_receive(0x02);                   // read hour
        minute = TWI_receive(0x01);                 // read minute
        second = TWI_receive(0x00);                 // read second

        LCD_command(0xC3); LCD_2BCD(hour);          // display hour
        LCD_command(0xC6); LCD_2BCD(minute);        // display minute
        LCD_command(0xC9); LCD_2BCD(second);        // display second
      }
}
```

☞ 여기서는 DS1307을 초기화하고 TWI_transmit()와 TWI_receive() 함수에서 직렬통신을 수행하는 방법에 중점을 두어 프로그램을 이해하기 바란다. 시계 프로그램은 단지 DS1307로부터 BCD로 표현된 현재 시각을 읽어서 텍스트형 LCD 모듈에 디스플레이하는 단순 동작을 반복하고 있을 뿐이다.

이 프로그램을 12시제의 디지털 시계 프로그램으로 수정하여 보면 다음과 같다. 이 시계는 초기값으로 12:00:00 AM으로 설정하였으며, 역시 TWI 직렬통신을 이용하여 DS1307에 데이터를 송신하거나 DS1307로부터 데이터를 수신하는 방법을 익히는데 중점을 두었으므로 그다지 실용성은 없다. 시계의 초기값을 바꾸려면 프로그램을 수정하여 hour, minute, second, ampm을 자신이 원하는대로 지정하면 된다.

〈프로그램 Xtest16_2.c〉 기본적인 12시제 표시 디지털 시계 프로그램

```
/* ========================================================================== */
/*          Xtest16_2.c : Digital Clock by DS1307 RTC(12-Hour Format)         */
/* ========================================================================== */
/*                        Designed and programmed by Duck-Yong Yoon in 2007.  */
```

```
#include "AT91SAM7S256.h"
#include "lib_AT91SAM7S256.h"
#include "OK7S256gcc.h"

unsigned int second, minute, hour, ampm;          // time variable

void LCD_2BCD(unsigned int number)                /* display 2-digit BCD number */
{
  LCD_data((number >> 4) + '0');                  // 10^1
  LCD_data((number & 0x0F) + '0');                // 10^0
}

void TWI_transmit(unsigned int address, unsigned int data) /* transmit by TWI */
{
  *AT91C_TWI_MMR = 0x00680100;                    // master write, device address 1 byte
  *AT91C_TWI_IADR = address;                      // device address
  *AT91C_TWI_CR = AT91C_TWI_MSEN|AT91C_TWI_STOP|AT91C_TWI_START; // control register
  *AT91C_TWI_THR = data;                          // start transmission

  while(!(*AT91C_TWI_SR & AT91C_TWI_TXCOMP));     // complete?(TXCOMP=1)
}

unsigned int TWI_receive(unsigned int address)    /* receive by TWI */
{
  *AT91C_TWI_MMR = 0x00681100;                    // master read, device address 1 byte
  *AT91C_TWI_IADR = address;                      // device address
  *AT91C_TWI_CR = AT91C_TWI_MSEN|AT91C_TWI_STOP|AT91C_TWI_START; // control register

  while(!(*AT91C_TWI_SR & AT91C_TWI_TXCOMP));     // complete?(TXCOMP=1)
  return *AT91C_TWI_RHR;                          // read received data and return
}

int main(void)
{
  MCU_initialize();                               // initialize AT91SAM7S256 & kit
  Delay_ms(50);                                   // wait for system stabilization
  LCD_initialize();                               // initialize text LCD module

  hour = 0x12;                                    // initial time 12:00:00 AM
  minute = 0x00;
  second = 0x00;
  ampm = 'A';

  LCD_string(0x80," Digital Clock  ");            // display title
  LCD_string(0xC0,"  12:00:00 AM   ");
  Beep();

  AT91F_TWI_CfgPIO();                             // enable TWD, TWCK pin
  AT91F_PIO_Opendrain(AT91C_BASE_PIOA,AT91C_PA4_TWCK|AT91C_PA3_TWD); // open drain
  AT91F_TWI_CfgPMC();                             // enable peripheral clock for TWI

  AT91F_TWI_Configure(AT91C_BASE_TWI);            // TWI master mode
  *AT91C_TWI_CWGR = 0x00023B3B;                   // about 100kHz

  TWI_transmit(0x00, second);                     // innitialize DS1307 RTC
  TWI_transmit(0x01, minute);
  if(ampm == 'A')
    TWI_transmit(0x02, hour | 0x40);
  else
    TWI_transmit(0x02, hour | 0x60);
  TWI_transmit(0x03, 0x06);
  TWI_transmit(0x04, 0x01);
  TWI_transmit(0x05, 0x06);
  TWI_transmit(0x06, 0x07);
  TWI_transmit(0x07, 0x00);                       // (control register = 0x00)
```

```
  while(1)
    { hour = TWI_receive(0x02) & 0x3F;              // read hour
      if(hour > 0x20)
        { hour &= 0x1F;
          ampm = 'P';
        }
      else
        ampm = 'A';

      minute = TWI_receive(0x01);                   // read minute
      second = TWI_receive(0x00);                   // read second

      LCD_command(0xC2); LCD_2BCD(hour);            // display hour
      LCD_command(0xC5); LCD_2BCD(minute);          // display minute
      LCD_command(0xC8); LCD_2BCD(second);          // display second
      LCD_command(0xCB); LCD_data(ampm);            // display AM/PM
    }
}
```

☞ 24시제의 시계에서는 시간이 00~23으로 표시되지만, 12시제 시계에서는 시간이 01~12로 표시되고 여기에 오전(AM)/오후(PM)가 포함되는 것 이외에는 별다른 차이점이 없다.

▣ 현재 시각을 설정할 수 있는 시계 프로그램

실용적인 디지털 시계 프로그램이라면 위에서와 같이 현재 시각을 초기값으로 설정하지 말고 사용자가 원할 때 수정할 수 있어야 한다. 또한, 전원을 켤 때 DS1307에 무조건 현재 시각을 초기값으로 새로 설정하지 말고 배터리 백업된 DS1307의 값을 그대로 사용해야 한다. 물론 전원을 켰을 때 어떤 이유로 DS1307의 값이 유효한 시간값이 아닌 상태로 있었다면 이는 새로 초기화해 주어야 한다.

현재 시각을 설정하는 것은 *OK-7S256* 키트에 장착된 KEY1과 KEY2를 사용한다. KEY2는 커서를 좌측으로 이동하여 수정할 항목을 선택하는 용도로 사용하고, KEY1은 선택된 항목의 값을 증가시키는 용도로 사용한다. 그러나, 만약 이 키트에서 키를 4개 가지고 있다면 이들 키를 이용하여 커서를 좌/우로 이동하고, 선택된 항목의 값을 증가/감소시켜서 보다 편리하게 현재 시각을 수정할 수 있다. 이러한 작업이 가능하도록 이 프로그램에서는 텍스트형 LCD 모듈에서 커서를 보이도록 설정하였다.

〈프로그램 Xtest16_3.c〉 현재 시각을 설정할 수 있는 텍스트 LCD형 디지털 시계

```
/* ========================================================================== */
/*     Xtest16_3.c : Digital Clock with Calendar on Text LCD by DS1307 RTC    */
/* ========================================================================== */
/*                      Designed and programmed by Duck-Yong Yoon in 2007.    */

#include "AT91SAM7S256.h"
```

```
#include "lib_AT91SAM7S256.h"
#include "OK7S256gcc.h"

unsigned int year, month, date, weekday;          // time variable
unsigned int second, minute, hour, ampm, cursor;

void LCD_2BCD(unsigned int number)                /* display 2-digit BCD number */
{
  LCD_data((number >> 4) + '0');                  // 10^1
  LCD_data((number & 0x0F) + '0');                // 10^0
}

unsigned int BCD_increment(unsigned int number) /* BCD increment */
{ unsigned int i;

  i = (number >> 4)*10 + (number & 0x0F);         // convert BCD to binary
  i++;                                            // incrment
  i = ((i/10) << 4) + (i % 10);                   // convert binary to BCD
  return i;
}

void TWI_transmit(unsigned int address, unsigned int data) /* transmit by TWI */
{
  *AT91C_TWI_MMR = 0x00680100;                    // master write, device address 1 byte
  *AT91C_TWI_IADR = address;                      // device address
  *AT91C_TWI_CR = AT91C_TWI_MSEN|AT91C_TWI_STOP|AT91C_TWI_START; // control register
  *AT91C_TWI_THR = data;                          // start transmission

  while(!(*AT91C_TWI_SR & AT91C_TWI_TXCOMP));     // complete?(TXCOMP=1)
}

unsigned int TWI_receive(unsigned int address)    /* receive by TWI */
{
  *AT91C_TWI_MMR = 0x00681100;                    // master read, device address 1 byte
  *AT91C_TWI_IADR = address;                      // device address
  *AT91C_TWI_CR = AT91C_TWI_MSEN|AT91C_TWI_STOP|AT91C_TWI_START; // control register

  while(!(*AT91C_TWI_SR & AT91C_TWI_TXCOMP));     // complete?(TXCOMP=1)
  return *AT91C_TWI_RHR;                          // read received data and return
}

void RTC_check(void)                              /* check if DS1307 RTC is OK */
{ unsigned int RTC_flag;

  RTC_flag = 0;                                   // initial flag

  if(TWI_receive(0x00) == 0x00)                   // if second = 0x00, not OK
    RTC_flag = 1;
  else if(TWI_receive(0x00) > 0x59)               // if second > 0x59, not OK
    RTC_flag = 1;
  else if(TWI_receive(0x01) == 0x00)              // if minute = 0x00, not OK
    RTC_flag = 1;
  else if(TWI_receive(0x01) > 0x59)               // if minute > 0x59, not OK
    RTC_flag = 1;
  else if((TWI_receive(0x02) & 0x9F) == 0x00)     // if hour = 0x00, not OK
    RTC_flag = 1;
  else if((TWI_receive(0x02) & 0x40) == 0x00)
    RTC_flag = 1;
  else if((TWI_receive(0x02) & 0x9F) > 0x12)      // if hour > 0x12, not OK
    RTC_flag = 1;
  else if(TWI_receive(0x03) == 0x00)              // if week = 0x00, not OK
    RTC_flag = 1;
  else if(TWI_receive(0x03) > 0x07)               // if week > 0x07, not OK
```

```
    RTC_flag = 1;
  else if(TWI_receive(0x04) == 0x00)              // if date = 0x00, not OK
    RTC_flag = 1;
  else if(TWI_receive(0x04) > 0x31)               // if date > 0x31, not OK
    RTC_flag = 1;
  else if(TWI_receive(0x05) == 0x00)              // if month = 0x00, not OK
    RTC_flag = 1;
  else if(TWI_receive(0x05) > 0x12)               // if month > 0x12, not OK
    RTC_flag = 1;
  else if(TWI_receive(0x06) > 0x99)               // if year > 0x99, not OK
    RTC_flag = 1;

  if(RTC_flag != 0)
    { TWI_transmit(0x00, 0x00);                   // innitialize DS1307 RTC
      TWI_transmit(0x01, 0x00);                   // (2007/06/01 FRI 12:00:00 AM)
      TWI_transmit(0x02, 0x12 | 0x40);
      TWI_transmit(0x03, 0x06);
      TWI_transmit(0x04, 0x01);
      TWI_transmit(0x05, 0x06);
      TWI_transmit(0x06, 0x07);
      TWI_transmit(0x07, 0x00);                   // (control register = 0x00)
    }
}

void RTC_display(void)                            /* display clock from RTC */
{
  LCD_command(0x0C);                              // cursor OFF

  year = TWI_receive(0x06);                       // display year
  LCD_command(0x83); LCD_2BCD(year);

  month = TWI_receive(0x05);                      // display month
  LCD_command(0x86); LCD_2BCD(month);

  date = TWI_receive(0x04);                       // display date
  LCD_command(0x89); LCD_2BCD(date);

  weekday = TWI_receive(0x03);                    // display weekday
  if(weekday == 1)        LCD_string(0x8C,"SUN");
  else if(weekday == 2)   LCD_string(0x8C,"MON");
  else if(weekday == 3)   LCD_string(0x8C,"TUE");
  else if(weekday == 4)   LCD_string(0x8C,"WED");
  else if(weekday == 5)   LCD_string(0x8C,"THU");
  else if(weekday == 6)   LCD_string(0x8C,"FRI");
  else                    LCD_string(0x8C,"SAT");

  hour = TWI_receive(0x02) & 0x3F;                // display hour
  if(hour > 0x20) { hour &= 0x1F; ampm = 'P';}
  else              ampm = 'A';
  LCD_command(0xC2); LCD_2BCD(hour);
  LCD_command(0xCB); LCD_data(ampm);              // display AM/PM

  minute = TWI_receive(0x01);                     // display minute
  LCD_command(0xC5); LCD_2BCD(minute);

  second = TWI_receive(0x00);                     // display second
  LCD_command(0xC8); LCD_2BCD(second);

  LCD_command(cursor);                            // go cursor position
  LCD_command(0x0F);                              // cursor ON
  Delay_ms(10);                                   // time delay for cursor

  if((minute == 0x00) && (second == 0x00))        // beep for each o'clock
```

```
    { Beep();
      Delay_ms(1000);
    }
}

void Cursor_left(void)                               /* go cursor left */
{
  if(cursor == 0xCF)       cursor = 0xCC;
  else if(cursor == 0xCC) cursor = 0xC9;
  else if(cursor == 0xC9) cursor = 0xC6;
  else if(cursor == 0xC6) cursor = 0xC3;
  else if(cursor == 0xC3) cursor = 0x8E;
  else if(cursor == 0x8E) cursor = 0x8A;
  else if(cursor == 0x8A) cursor = 0x87;
  else if(cursor == 0x87) cursor = 0x84;
  else if(cursor == 0x84) cursor = 0xCF;
}

void Increment(void)                                 /* increment time */
{
  switch(cursor)
    { case 0x84 : year = TWI_receive(0x06);      // in case of year
                  if(year == 0x99)        year = 0x00;
                  else                    year = BCD_increment(year);
                  TWI_transmit(0x06, year);
                  break;
      case 0x87 : month = TWI_receive(0x05);     // in case of month
                  if(month == 0x12)       month = 0x01;
                  else                    month = BCD_increment(month);
                  TWI_transmit(0x05, month);
                  break;
      case 0x8A : date = TWI_receive(0x04);      // in case of date
                  if(date == 0x31)        date = 0x01;
                  else                    date = BCD_increment(date);
                  TWI_transmit(0x04, date);
                  break;
      case 0x8E : weekday = TWI_receive(0x03);  // in case of weekday
                  if(weekday == 0x07)     weekday = 0x01;
                  else                    weekday++;
                  TWI_transmit(0x03, weekday);
                  break;
      case 0xC3 : hour = TWI_receive(0x02) & 0x3F; // in case of hour
                  if(hour == 0x12)        hour = 0x01;
                  else if(hour == 0x32)   hour = 0x21;
                  else                    hour = BCD_increment(hour);
                  TWI_transmit(0x02, hour | 0x40);
                  break;
      case 0xC6 : minute = TWI_receive(0x01);    // in case of minute
                  if(minute == 0x59)      minute = 0x00;
                  else                    minute = BCD_increment(minute);
                  TWI_transmit(0x01, minute);
                  break;
      case 0xC9 : second = TWI_receive(0x00);    // in case of second
                  if(second == 0x59)      second = 0x00;
                  else                    second = BCD_increment(second);
                  TWI_transmit(0x00, second);
                  break;
      case 0xCC : hour = TWI_receive(0x02);      // in case of AM/PM
                  if((hour & 0x20) == 0x20) hour &= 0xDF;
                  else                      hour |= 0x20;
                  TWI_transmit(0x02, hour);
                  break;
      default   : break;
```

```
    }
}

int main(void)
{
  MCU_initialize();                              // initialize AT91SAM7S256 & kit
  Delay_ms(50);                                  // wait for system stabilization
  LCD_initialize();                              // initialize text LCD module

  LCD_string(0x80," 2007/06/01 FRI ");          // display title
  LCD_string(0xC0,"  12:00:00 AM   ");
  Beep();

  LCD_command(0x0F);                             // cursor ON
  cursor = 0xCF;                                 // initial cursor position

  AT91F_TWI_CfgPIO();                            // enable TWD, TWCK pin
  AT91F_PIO_Opendrain(AT91C_BASE_PIOA,AT91C_PA4_TWCK|AT91C_PA3_TWD); // open drain
  AT91F_TWI_CfgPMC();                            // enable peripheral clock for TWI

  AT91F_TWI_Configure(AT91C_BASE_TWI);           // TWI master mode
  *AT91C_TWI_CWGR = 0x00023B3B;                  // about 100kHz

  RTC_check();                                   // check the status of DS1307 RTC

  while(1)
    { RTC_display();                             // display clock

      switch(Key_input())                        // key input
        { case 0x01 : Increment();               // if KEY1, increment time
                      break;
          case 0x02 : Cursor_left();             // if KEY2, go cursor left
                      break;
          default   : break;
        }
    }
}
```

☞ 여기서 RTC_check() 함수는 키트의 전원을 켰을 때 DS1307에 들어있는 현재 시간값이 유효한 것인지를 체크한다. 만약, 이 값이 하나라도 유효하지 않으면 배터리 백업이 되지 않았거나 또는 프로그램의 오류 등으로 DS1307의 내용이 지워진 것이므로 DS1307을 새로 초기화해 주어야 한다.

현재 시각중에서 연, 월, 일, 요일, 시, 분, 초, 오전/오후를 눈으로 보면서 설정할 수 있으려면 텍스트형 LCD 모듈에서 커서가 보이도록 해야 하며, 이 값을 수정한 이후에 텍스트형 LCD 모듈에 시간을 표시하고 다시 커서가 원래의 위치로 되돌아 와야 하므로 항상 사용자가 화면에서 수정중인 시간에 해당하는 커서의 위치를 내부적으로 기억하고 있어야 한다는 것이 중요한 포인트이다. 또한, 시간값을 표시할 때는 커서를 보이지 않도록 설정하고, 수정중인 위치로 되돌아가 키입력을 기다리는 동안에는 다시 커서를 보이도록 하는 테크닉이 매우 중요하다. 이렇게 처리하지 않으면 화면에서 문자를 출력하면서 커서가 돌아다닐 때 커서의 잔상이 남기 때문에 화면이 아주 지저분해 보이는 현상이 나타나게 된다. 또한, RTC_display() 함수의 마지막 부분에서 현재 시각을 디스플레이하고 나서 10ms의 시간지연을 준 것도 이와 같은 커서 디스플레이와 관련이 있다.

이 프로그램에서 KEY2는 커서 좌측 이동, KEY1은 시간값 증가의 용도로 사용된다.

▣ 그래픽 LCD 모듈용 한글 시계 프로그램

텍스트형 LCD 모듈용으로 작성된 앞의 Xtest16_3.c 프로그램을 그래픽형 LCD 모듈에 맞도록 수정하면 다음과 같다. 그래픽형 LCD 모듈을 사용하므로 요일을 한글로 표시하였으며, 오전/오후는 한글로 표시하지 않고 그냥 AM/PM으로 표시하였다.

〈프로그램 Xtest16_4.c〉 현재 시각을 설정할 수 있는 그래픽 LCD형 디지털 시계

```
/* ============================================================================ */
/*   Xtest16_4.c : Digital Clock with Calendar on Graphic LCD by DS1307 RTC    */
/* ============================================================================ */
/*                        Designed and programmed by Duck-Yong Yoon in 2007.   */

#include "AT91SAM7S256.h"
#include "lib_AT91SAM7S256.h"
#include "OK7S256gcc.h"
#include "OK7S256Korean.h"

unsigned int year, month, date, weekday;        // time variable
unsigned int second, minute, hour, ampm;

void GLCD_2BCD(unsigned int number)             /* display 2-digit BCD number */
{
  GLCD_English(0, (number >> 4) + '0');         // 10^1
  GLCD_English(0, (number & 0x0F) + '0');       // 10^0
}

unsigned int BCD_increment(unsigned int number) /* BCD increment */
{ unsigned int i;

  i = (number >> 4)*10 + (number & 0x0F);       // convert BCD to binary
  i++;                                          // incrment
  i = ((i/10) << 4) + (i % 10);                 // convert binary to BCD
  return i;
}

void TWI_transmit(unsigned int address, unsigned int data) /* transmit by TWI */
{
  *AT91C_TWI_MMR = 0x00680100;                  // master write, device address 1 byte
  *AT91C_TWI_IADR = address;                    // device address
  *AT91C_TWI_CR = AT91C_TWI_MSEN|AT91C_TWI_STOP|AT91C_TWI_START; // control register
  *AT91C_TWI_THR = data;                        // start transmission

  while(!(*AT91C_TWI_SR & AT91C_TWI_TXCOMP));   // complete?(TXCOMP=1)
}

unsigned int TWI_receive(unsigned int address)  /* receive by TWI */
{
  *AT91C_TWI_MMR = 0x00681100;                  // master read, device address 1 byte
  *AT91C_TWI_IADR = address;                    // device address
  *AT91C_TWI_CR = AT91C_TWI_MSEN|AT91C_TWI_STOP|AT91C_TWI_START; // control register

  while(!(*AT91C_TWI_SR & AT91C_TWI_TXCOMP));   // complete?(TXCOMP=1)
  return *AT91C_TWI_RHR;                        // read received data and return
}

void RTC_check(void)                            /* check if DS1307 RTC is OK */
{ unsigned int RTC_flag;
```

```
  RTC_flag = 0;                                    // initial flag

  if(TWI_receive(0x00) == 0x00)                    // if second = 0x00, not OK
    RTC_flag = 1;
  else if(TWI_receive(0x00) > 0x59)                // if second > 0x59, not OK
    RTC_flag = 1;
  else if(TWI_receive(0x01) == 0x00)               // if minute = 0x00, not OK
    RTC_flag = 1;
  else if(TWI_receive(0x01) > 0x59)                // if minute > 0x59, not OK
    RTC_flag = 1;
  else if((TWI_receive(0x02) & 0x9F) == 0x00)      // if hour = 0x00, not OK
    RTC_flag = 1;
  else if((TWI_receive(0x02) & 0x40) == 0x00)
    RTC_flag = 1;
  else if((TWI_receive(0x02) & 0x9F) > 0x12)       // if hour > 0x12, not OK
    RTC_flag = 1;
  else if(TWI_receive(0x03) == 0x00)               // if week = 0x00, not OK
    RTC_flag = 1;
  else if(TWI_receive(0x03) > 0x07)                // if week > 0x07, not OK
    RTC_flag = 1;
  else if(TWI_receive(0x04) == 0x00)               // if date = 0x00, not OK
    RTC_flag = 1;
  else if(TWI_receive(0x04) > 0x31)                // if date > 0x31, not OK
    RTC_flag = 1;
  else if(TWI_receive(0x05) == 0x00)               // if month = 0x00, not OK
    RTC_flag = 1;
  else if(TWI_receive(0x05) > 0x12)                // if month > 0x12, not OK
    RTC_flag = 1;
  else if(TWI_receive(0x06) > 0x99)                // if year > 0x99, not OK
    RTC_flag = 1;

  if(RTC_flag != 0)
    { TWI_transmit(0x00, 0x00);                    // innitialize DS1307 RTC
      TWI_transmit(0x01, 0x00);                    // (2007/06/01 FRI 12:00:00 AM)
      TWI_transmit(0x02, 0x12 | 0x40);
      TWI_transmit(0x03, 0x06);
      TWI_transmit(0x04, 0x01);
      TWI_transmit(0x05, 0x06);
      TWI_transmit(0x06, 0x07);
      TWI_transmit(0x07, 0x00);                    // (control register = 0x00)
    }
}

void RTC_display(void)                             /* display clock from RTC */
{
  year = TWI_receive(0x06);                        // display year
  GLCD_xy(1,3); GLCD_2BCD(year);

  month = TWI_receive(0x05);                       // display month
  GLCD_xy(1,6); GLCD_2BCD(month);

  date = TWI_receive(0x04);                        // display date
  GLCD_xy(1,9); GLCD_2BCD(date);

  weekday = TWI_receive(0x03);                     // display weekday
  if(weekday == 1)      GLCD_string(1,12,0,"일");
  else if(weekday == 2) GLCD_string(1,12,0,"월");
  else if(weekday == 3) GLCD_string(1,12,0,"화");
  else if(weekday == 4) GLCD_string(1,12,0,"수");
  else if(weekday == 5) GLCD_string(1,12,0,"목");
  else if(weekday == 6) GLCD_string(1,12,0,"금");
  else                  GLCD_string(1,12,0,"토");
```

```
  hour = TWI_receive(0x02) & 0x3F;                // display hour
  if(hour > 0x20) { hour &= 0x1F; ampm = 'P';}
  else              ampm = 'A';
  GLCD_xy(2,2); GLCD_2BCD(hour);
  GLCD_xy(2,11); GLCD_English(0,ampm);            // display AM/PM
  GLCD_xy(2,12); GLCD_English(0,'M');

  minute = TWI_receive(0x01);                     // display minute
  GLCD_xy(2,5); GLCD_2BCD(minute);

  second = TWI_receive(0x00);                     // display second
  GLCD_xy(2,8); GLCD_2BCD(second);

  GLCD_xy(2,15); GLCD_English(0,' ');             // display home position
  Delay_ms(10);                                   // time delay for cursor

  if((minute == 0x00) && (second == 0x00))        // beep for each o'clock
    { Beep();
      Delay_ms(1000);
    }
}

void Cursor_left(void)                            /* go cursor left */
{
  if((xcursor == 2) && (ycursor == 15))      ycursor = 12;
  else if((xcursor == 2) && (ycursor == 12)) ycursor = 9;
  else if((xcursor == 2) && (ycursor == 9))  ycursor = 6;
  else if((xcursor == 2) && (ycursor == 6))  ycursor = 3;
  else if((xcursor == 2) && (ycursor == 3)) {xcursor = 1; ycursor = 12;}
  else if((xcursor == 1) && (ycursor == 12)) ycursor = 10;
  else if((xcursor == 1) && (ycursor == 10)) ycursor = 7;
  else if((xcursor == 1) && (ycursor == 7))  ycursor = 4;
  else if((xcursor == 1) && (ycursor == 4)) {xcursor = 2; ycursor = 15;}
}

void Increment(void)                              /* increment time */
{
  if(xcursor == 1)
    switch(ycursor)
      { case 4 :  year = TWI_receive(0x06);       // in case of year
                  if(year == 0x99)       year = 0x00;
                  else                   year = BCD_increment(year);
                  TWI_transmit(0x06, year);
                  break;
        case 7 :  month = TWI_receive(0x05);      // in case of month
                  if(month == 0x12)      month = 0x01;
                  else                   month = BCD_increment(month);
                  TWI_transmit(0x05, month);
                  break;
        case 10 : date = TWI_receive(0x04);       // in case of date
                  if(date == 0x31)       date = 0x01;
                  else                   date = BCD_increment(date);
                  TWI_transmit(0x04, date);
                  break;
        case 12 : weekday = TWI_receive(0x03);    // in case of weekday
                  if(weekday == 0x07)    weekday = 0x01;
                  else                   weekday++;
                  TWI_transmit(0x03, weekday);
                  break;
        default : break;
      }
  else if(xcursor == 2)
```

```
    switch(ycursor)
      { case 3 :  hour = TWI_receive(0x02) & 0x3F; // in case of hour
                  if(hour == 0x12)       hour = 0x01;
                  else if(hour == 0x32) hour = 0x21;
                  else                   hour = BCD_increment(hour);
                  TWI_transmit(0x02, hour | 0x40);
                  break;
        case 6 :  minute = TWI_receive(0x01);    // in case of minute
                  if(minute == 0x59)     minute = 0x00;
                  else                   minute = BCD_increment(minute);
                  TWI_transmit(0x01, minute);
                  break;
        case 9 :  second = TWI_receive(0x00);    // in case of second
                  if(second == 0x59)     second = 0x00;
                  else                   second = BCD_increment(second);
                  TWI_transmit(0x00, second);
                  break;
        case 12 : hour = TWI_receive(0x02);      // in case of AM/PM
                  if((hour & 0x20) == 0x20) hour &= 0xDF;
                  else                      hour |= 0x20;
                  TWI_transmit(0x02, hour);
                  break;
        default : break;
      }
}

int main(void)
{
  MCU_initialize();                              // initialize AT91SAM7S256 & kit
  Delay_ms(50);                                  // wait for system stabilization
  LCD_initialize();                              // initialize text LCD module
  GLCD_clear();                                  // initialize GLCD screen

  xcursor = 2;                                   // initial cursor position
  ycursor = 15;
  cursor_flag = 1;                               // cursor ON

  LCD_string(0x80," Digital Clock  ");           // display title on text LCD
  LCD_string(0xC0,"    on GLCD     ");

  GLCD_string(0,0,0,"****************");         // display title on graphic LCD
  GLCD_string(1,0,0," 2007/06/01(월) ");
  GLCD_string(2,0,0,"  12:00:00 AM   ");
  GLCD_string(3,0,0,"****************");
  Beep();

  AT91F_TWI_CfgPIO();                            // enable TWD, TWCK pin
  AT91F_PIO_Opendrain(AT91C_BASE_PIOA,AT91C_PA4_TWCK|AT91C_PA3_TWD); // open drain
  AT91F_TWI_CfgPMC();                            // enable peripheral clock for TWI

  AT91F_TWI_Configure(AT91C_BASE_TWI);           // TWI master mode
  *AT91C_TWI_CWGR = 0x00023B3B;                  // about 100kHz

  RTC_check();                                   // check the status of DS1307 RTC

  while(1)
    { RTC_display();                             // display clock

      switch(Key_input())                        // key input
        { case 0x01 : Increment();               // if KEY1, increment time
                      break;
          case 0x02 : Cursor_left();             // if KEY2, go cursor left
                      break;
```

```
            default    : break;
          }
        }
}
```

5. 실습 과제

(1) 병렬로 인터페이스하는 RTC 소자와 직렬로 인터페이스하여 사용하는 RTC 소자에는 어떤 모델들이 있으며, 이것들은 어떻게 사용하는지 조사하여 보라.

(2) 예제 프로그램 Xtest16_3.c에서 텍스트형 LCD 모듈에 시간을 표시할 때 커서를 OFF시키는 이유는 무엇인지 설명하라. 실제로 커서를 OFF하지 말고 프로그램을 실행하여 그 이유를 확인하라.

(3) 예제 프로그램 Xtest16_3.c에 있는 함수 RTC_display()의 끝부분에서 커서를 ON시킨 이후에 10ms의 시간 지연을 주는 이유를 설명하라. 실제로 이 시간 지연을 삭제하고 프로그램을 실행하여 그 이유를 확인하라. 또한, Xtest16_4.c에서는 이렇게 처리하지 않아도 되는 이유가 무엇인가?

(4) 예제 프로그램 Xtest16_3.c를 1초에 한번씩 시, 분, 초 사이에 있는 콜론(:)이 깜빡이도록(즉, 이것이 0.5초 동안 ON되고 0.5초 동안 OFF됨) 프로그램 Xtest16_3R.c로 수정하라.

4.17 A/D 컨버터 응용 프로그램

이 절에서는 AT91SAM7S256에 내장된 A/D 컨버터를 응용하는 프로그래밍 기술을 공부하기로 한다.

관련 내용	(1) 제2.8절 A/D 컨버터(ADC) (2) 제3.1절 *OK-7S256* 키트의 구조와 기능

1. *OK-7S256* 키트의 A/D 컨버터

AT91SAM7S256에는 기본적으로 8채널 10비트의 A/D 컨버터를 내장하고 있다. 이 중에서 AD0~AD3 채널은 병렬 I/O 포트 PA17~PA20과 핀을 겸용으로 사용하며, AD4~AD7 채널은 핀 3~6에 전용으로 할당되어 있다.

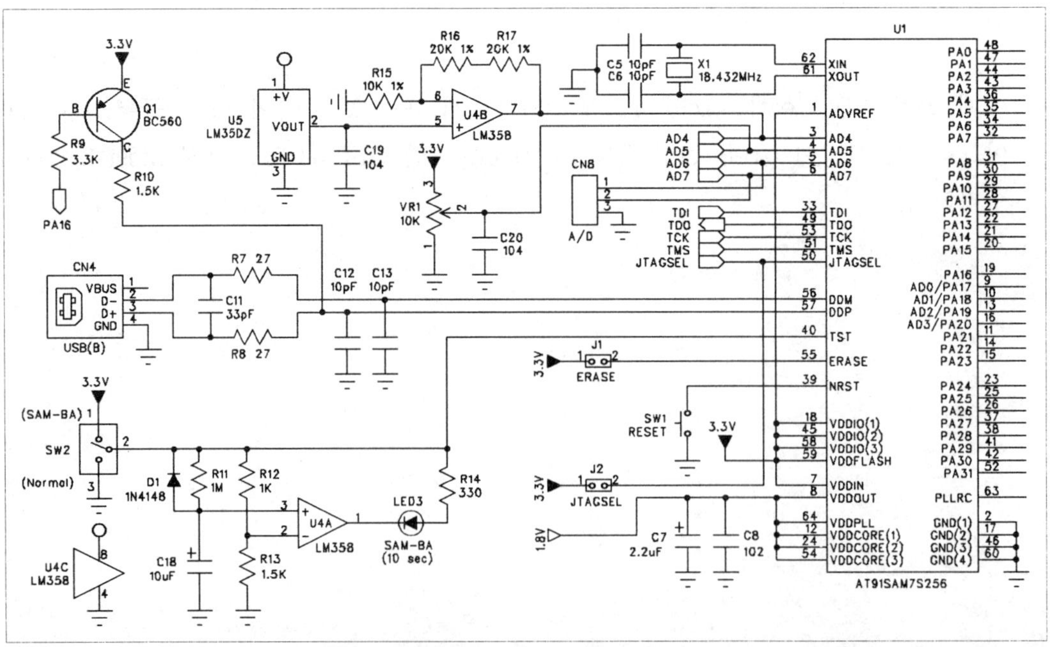

〈그림 4.17.1〉 *OK-7S256* 키트의 A/D 컨버터 관련 회로

OK-7S256 키트에서 사용하고 있는 A/D 컨버터 관련 회로는 <그림 4.17.1>과 같이 AD4~AD7 채널뿐이다. 즉, AD4 채널에는 반도체 온도센서 LM35DZ의 출력을 Op Amp로 증폭하여 접속하였으며, AD5 채널은 반고정 저항 VR1에 의한 전압센서를 접속하였다. 이밖에 AD6~AD7 채널은 콘넥터 CN8을 통하여 외부에서 아날로그 신호를 입력할 수 있도록 하였다.

AT91SAM7S256의 A/D 컨버터에서 아날로그 신호의 입력전압 범위는 0~V_{ADVREF}이다. 따라서, *OK-7S256* 키트에서는 아날로그 기준전압 ADVREF 단자에 외부에서 3.3V를 인가하였으므로 아날로그 입력전압 범위는 0~3.3V가 된다. 다시 말하면 아날로그 신호가 0~3.3V의 범위로 입력될 때 10비트 분해능을 사용한다면 A/D 변환 결과는 0x0000~0x03FF(10진수로 0~1023)로 되며, 8비트 분해능을 사용한다면 A/D 변환 결과는 0x00~0xFF(10진수로 0~255)로 된다는 것이다.

온도센서 LM35DZ는 섭씨 1도에 10mV가 변화하여 0~100℃의 온도변화에 대해 0~1V의 직류전압 신호를 출력한다. *OK-7S256* 키트에서 사용한 비반전 증폭기는 증폭률이 5이므로 채널 AD4에 입력되는 아날로그 신호는 1℃에 50mV씩 변화되는 결과가 된다. 따라서, 채널 AD4에 입력되는 0~3.3V의 아날로그 전압은 0~66℃의 온도에 대응하며, 10비트로 동작할 경우 분해능은 66℃/1024=0.064℃가 되고 8비트로 동작할 경우 분해능은 66℃/256=0.258℃가 된다.

반고정 저항 VR1에 의한 전압센서는 0~3.3V의 직류전압 신호를 출력하며, 이것이 직접 채널 AD5에 입력된다. 따라서, 채널 AD5에 입력되는 0~3.3V의 아날로그 전압은 10비트로 동작할 경우 분해능이 3.3V/1024=0.003V가 되고 8비트로 동작할 경우 분해능은 3.3V/256=0.013V가 된다.

2. A/D 변환 프로그램

여기서는 채널 AD4 단자에 입력되는 LM35DZ의 온도센서 신호와 채널 AD5 단자에 입력되는 반고정 저항 VR1의 전압센서 신호를 A/D 변환하여 온도와 전압으로 표시하는 예제 프로그램을 작성하여 보기로 한다.

▣ 반도체 온도센서 LM35DZ를 이용한 디지털 온도계 프로그램

Op Amp로 LM35DZ의 출력을 5배 증폭하여 AD4 단자에 입력하고 이를 A/D 변환하여 현재 기온을 텍스트형 LCD 모듈에 표시하는 프로그램은 다음과 같다.

◀휴게실▶

A/D 컨버터의 분류

○ 분해능에 따라

- 저분해능형 – 2비트형, 3½비트형, 4비트형, 6비트형, 8비트형
- 고분해능형 – 10비트형, 12비트형, 14비트형, 16비트형, 24비트형

○ 변환시간에 따라

- 저속형 – 적분형(변환시간 수 ms 이상)
- 중속형 – 축차비교형(변환시간 수십 μs 이상)
- 고속형 – 병렬비교형(변환시간 수 μs 이하)

○ 데이터 변환방식에 따라

- 적분방식
  - 전압–시간 변환형
    - 램프형
    - 듀얼 슬로프형(이중적분형)
    - 쿼드 슬로프형
    - 트리플 램프형
    - 전하평형형
  - 전압–주파수 변환형
    - 전하 평형형
    - 리세트형
    - 알터네이트 적분형
- 비교방식
  - 궤환 비교형
    - 계수비교형
    - 추적비교형(추종비교형)
    - 축차비교형(축차근사형)
  - 무궤환 비교형
    - 병렬비교형(flash형)
    - 종속비교형
    - 직렬비교형

○ 입력전압의 극성 및 출력 데이터 형식에 따라

- 단극성형
  - straight(또는 true) binary형
  - complementary binary형
  - BCD(Binary–Coded Decimal)형
  - complementary BCD형
- 양극성형
  - offset binary형
  - complementary offset binary형
  - sign magnitude binary형
  - 1's complement형
  - 2's complement형
  - complementary 2's complement형
  - sign magnitude BCD형

○ 데이터 출력 형태에 따라

- 병렬 출력형 – 마이크로프로세서 접속형
- 직렬 출력형
- 주파수 출력형 – VFC(Voltage/Frequency Converter), VCO(Voltage–Controlled Oscillator)

○ 아날로그 입력 채널수에 따라

- 싱글 채널형
- 멀티 채널형

○ 기타

- T/H 내장형
- T/H 외장형

〈프로그램 Xtest17_1.c〉 LM35DZ에 의한 온도 측정 프로그램

```
/* ============================================================================ */
/*              Xtest17_1.c : A/D Conversion of AD4 Input for LM35DZ            */
/* ============================================================================ */
/*                       Designed and programmed by Duck-Yong Yoon in 2007.    */

#include "AT91SAM7S256.h"
#include "lib_AT91SAM7S256.h"
#include "OK7S256gcc.h"

void LCD_4hex(unsigned int number)             /* display 4-digit hex number */
{ unsigned int i;

  i = number >> 12;                            // 16^3
  if(i <= 9) LCD_data(i + '0');
  else       LCD_data(i - 10 + 'A');

  i = (number >> 8) & 0x000F;                  // 16^2
  if(i <= 9) LCD_data(i + '0');
  else       LCD_data(i - 10 + 'A');

  i = (number >> 4) & 0x000F;                  // 16^1
  if(i <= 9) LCD_data(i + '0');
  else       LCD_data(i - 10 + 'A');

  i = number & 0x000F;                         // 16^0
  if(i <= 9) LCD_data(i + '0');
  else       LCD_data(i - 10 + 'A');
}

void LCD_2d1(float number)                     /* floating-point number xx.x */
{ unsigned int i, j;

  j = (int)(number*10. + 0.5);
  i = j / 100;                                 // 10^1
  if(i == 0) LCD_data(' ');
  else       LCD_data(i + '0');

  j = j % 100;                                 // 10^0
  i = j / 10;
  LCD_data(i + '0');
  LCD_data('.');

  i = j % 10;                                  // 10^-1
  LCD_data(i + '0');
}

int main(void)
{ unsigned int i, sum;

  MCU_initialize();                            // initialize AT91SAM7S256 & kit
  Delay_ms(50);                                // wait for system stabilization
  LCD_initialize();                            // initialize text LCD module

  LCD_string(0x80,"    AD4(LM35DZ)    ");      // display title
  LCD_string(0xC0,"0x0000 = 00.0 ");
  LCD_data(0xDF);
  LCD_data('C');
  Beep();

  AT91F_ADC_CfgPMC();                          // enable peripheral clock for ADC
  AT91F_ADC_SoftReset(AT91C_BASE_ADC);         // clear all previous ADC settings
  *AT91C_ADC_MR = 0x02020400;                  // SHTIM=2 (sample & hold time = 625ns)
                                               // STARTUP=2 (startup time = 5us)
                                               // 4.8MHz, 10 bit, software trigger
```

```
  AT91F_ADC_EnableChannel(AT91C_BASE_ADC, AT91C_ADC_CH4); // select CH4 for LM35DZ

  while(1)
    { sum = 0;
      for(i=0; i<32; i++)
        { AT91F_ADC_StartConversion(AT91C_BASE_ADC); // start conversion
          while(!(AT91F_ADC_GetStatus(AT91C_BASE_ADC) & AT91C_ADC_EOC4)); // wait for EOC
          sum += AT91F_ADC_GetConvertedDataCH4(AT91C_BASE_ADC); // add A/D result 32 times
          Delay_ms(1);
        }
      sum >>= 5;                                // divide sum by 32 for average value

      LCD_command(0xC2);                        // display in HEX
      LCD_4hex(sum);
      LCD_command(0xC9);                        // display temperature(xx.x)
      LCD_2d1((float)sum * 66. / 1024.);        // temperature = sum*66/1024

      Delay_ms(250);                            // delay 250 ms
    }
}
```

☞ AT91SAM7S256의 ADC_MR 레지스터에서 PRESCAL=4로 지정하여 A/D 컨버터에 공급되는 클록 주파수는 48MHz/((4+1)×2)=4.8MHz로 설정하였으며, 분해능은 10비트로 설정하였다. 또한, SHTIM=2로 설정하여 A/D 변환기의 샘플/홀드시간=(2+1)/4.8MHz=625ns가 되도록 하였고, STARTUP=2로 설정하여 기동시간=(2+1)×8/4.8MHz=5µs가 되도록 하였다.

A/D 변환 결과의 0x0000~0x03FF(0~1023)는 0~3.3V의 입력전압 즉 0~66℃의 온도에 대응한다. 그러나, 정확히 말하면 0x03FF+1인 1024가 66℃에 대응한다. 따라서, A/D 컨버터로 읽어들인 임의의 값 x가 얼마의 온도에 대응하는지를 계산하려면 비례식으로부터

$$1024 : 66 = x : \text{온도} \qquad \therefore \text{온도} = \frac{66x}{1024}\ [℃]$$

로 계산된다. 그러나, 이 결과는 일반적으로 0.0~66.0의 실수로 나오기 때문에 이를 소수점 아래의 첫째 자리까지 표시하려면 그 결과에 10을 곱하여 0~660으로 만들고 이를 100으로 나눈 몫을 10자리 정수부로 하고, 그 나머지를 10으로 나눈 몫을 1자리 정수부로 하며, 최종적인 나머지를 소수부로 처리하면 된다.

이 프로그램을 실행하였을 때 텍스트형 LCD 모듈에 표시되는 온도값의 변화가 심하다면 전원의 불안정을 의심해 보아야 한다. 특히 A/D 컨버터의 기준전압 ADVREF 단자의 전압은 정확하고 안정되게 공급되어야 한다. 온도값이 흔들리는 것을 해결하는 방법중의 하나는 이 프로그램에서처럼 이를테면 32회를 읽어서 이를 평균 처리하는 것이다. 시간이 허용하는 한 많은 횟수를 읽어서 평균 처리할수록 흔들림은 적어지고 정확성은 높아질 것이다. 이처럼 평균처리 방법을 사용하기 위하여 여러번 A/D 변환을 수행하는 경우에는 나눗셈을 우측 시프트로 빠르고 간편하게 수행할 수 있도록 4회, 8회, 16회, 32회, 64회... 처럼 2의 누승 횟수로 처리하는 것이 좋다.

이 프로그램에서 온도값을 그대로 읽어서 표시하면 값이 너무 빨리 변하여 보기에 불편하므로 사람이 보다 읽기에 편하도록 텍스트형 LCD 모듈에 1초에 약 4번 정도씩 천천히 디스플레이되도록 하였다.

이 프로그램을 컴파일하여 *OK-7S256* 키트에 다운로드하고 실행하라. 주변에 온도계가 있다면 이 온도계의 눈금과 텍스트형 LCD 모듈에 표시된 현재 기온을 비교해

보라. 현재의 기온이 올바르게 측정되고 있는 것으로 판단되는가?

만약 표시되는 온도값이 실제의 기온과 1℃ 이상 차이가 난다면 *OK-7S256* 키트의 저항 R15, R16, R17을 확인하여 보라. 여기에는 원래 1% 오차범위의 저항 소자들을 사용하도록 권장하였는데 만약 이보다 오차가 큰 저항을 사용하였다면 증폭률이 달라지므로 당연히 A/D 컨버터가 정확하게 온도값을 읽어내지 못한다.

그리고, 현재 텍스트형 LCD 모듈에 표시되는 온도값을 눈으로 보면서 반도체 온도센서 LM35DZ를 왼손의 엄지와 검지 손가락으로 꼭 눌러 잡아 시간이 지남에 따라 사람의 체온에 의하여 표시 온도가 점차로 올라가도록 해보라. 이 프로그램에서 온도측정의 분해능은 66℃/1024=0.064℃이므로 텍스트형의 LCD 모듈에 표시되는 온도값이 거의 0.1℃ 간격으로 변화하고 있음을 확인할 수 있을 것이다.

▣ 반고정 저항 VR1을 이용한 디지털 전압계 프로그램

반고정 저항 VR1의 출력을 AD5 단자에 입력하고 이를 A/D 변환하여 현재 전압을 텍스트형 LCD 모듈에 표시하는 프로그램은 다음과 같다.

〈프로그램 Xtest17_2.c〉 VR1에 의한 전압 측정 프로그램

```
/* ========================================================================== */
/*              Xtest17_2.c : A/D Conversion of AD5 Input for VR1             */
/* ========================================================================== */
/*                   Designed and programmed by Duck-Yong Yoon in 2007.       */

#include "AT91SAM7S256.h"
#include "lib_AT91SAM7S256.h"
#include "OK7S256gcc.h"

void LCD_4hex(unsigned int number)                  /* display 4-digit hex number */
{ unsigned int i;

  i = number >> 12;                                 // 16^3
  if(i <= 9) LCD_data(i + '0');
  else       LCD_data(i - 10 + 'A');

  i = (number >> 8) & 0x000F;                       // 16^2
  if(i <= 9) LCD_data(i + '0');
  else       LCD_data(i - 10 + 'A');

  i = (number >> 4) & 0x000F;                       // 16^1
  if(i <= 9) LCD_data(i + '0');
  else       LCD_data(i - 10 + 'A');

  i = number & 0x000F;                              // 16^0
  if(i <= 9) LCD_data(i + '0');
  else       LCD_data(i - 10 + 'A');
}

void LCD_1d2(float number)                          /* floating-point number x.xx */
{ unsigned int i, j;
```

```
  j = (int)(number*100. + 0.5);
  i = j / 100;                                    // 10^0
  LCD_data(i + '0');
  LCD_data('.');

  j = j % 100;                                    // 10^-1
  i = j / 10;
  LCD_data(i + '0');

  i = j % 10;                                     // 10^-2
  LCD_data(i + '0');
}

int main(void)
{ unsigned int i, sum;

  MCU_initialize();                               // initialize AT91SAM7S256 & kit
  Delay_ms(50);                                   // wait for system stabilization
  LCD_initialize();                               // initialize text LCD module

  LCD_string(0x80,"     AD5(VR1)     ");          // display title
  LCD_string(0xC0,"0x0000 = 0.00[V]");
  Beep();

  AT91F_ADC_CfgPMC();                             // enable peripheral clock for ADC
  AT91F_ADC_SoftReset(AT91C_BASE_ADC);            // clear all previous ADC settings
  *AT91C_ADC_MR = 0x02020400;                     // SHTIM=2 (sample & hold time = 625ns)
                                                  // STARTUP=2 (startup time = 5us)
                                                  // 4.8MHz, 10 bit, software trigger
  AT91F_ADC_EnableChannel(AT91C_BASE_ADC, AT91C_ADC_CH5); // select CH5 for VR1

  while(1)
    { sum = 0;
      for(i=0; i<32; i++)
        { AT91F_ADC_StartConversion(AT91C_BASE_ADC); // start conversion
          while(!(AT91F_ADC_GetStatus(AT91C_BASE_ADC) & AT91C_ADC_EOC5)); // wait for EOC
          sum += AT91F_ADC_GetConvertedDataCH5(AT91C_BASE_ADC); // add A/D result 32 times
          Delay_ms(1);
        }
      sum >>= 5;                                  // divide sum by 32 for average value

      LCD_command(0xC2);                          // display in HEX
      LCD_4hex(sum);
      LCD_command(0xC9);                          // display voltage(x.xx)
      LCD_1d2((float)sum*3.3/1024.);              // voltage = sum*3.3/1024

      Delay_ms(250);                              // delay 250 ms
    }
}
```

☞ A/D 변환결과의 0x0000~0x03FF(0~1023)는 0~3.3V의 전압에 대응한다. 정확히 말하면 0x03FF+1인 1024가 3.3V에 대응한다. 따라서, A/D 컨버터로 읽어들인 임의의 값 x가 얼마의 아날로그 입력전압에 대응하는지를 계산하려면 비례식으로부터

$$1024 : 3.3 = x : \text{전압} \qquad \therefore \text{전압} = \frac{3.3x}{1024} \text{ [V]}$$

로 계산된다. 그러나, 이 결과는 일반적으로 0.00~3.30의 부동소수점 수로 나오기 때문에 이를 소수점 아

래의 둘째 자리까지 표시하려면 그 결과에 100을 곱하여 0~330으로 만들고 이를 100으로 나눈 몫을 정수부로 하며, 그 나머지를 다시 10으로 나눈 몫을 소수점 아래 첫째 자리로 하고, 최종적인 나머지를 소수점 아래 둘째 자리로 처리하면 된다.

이와 같이 실수에 10의 누승을 곱하여 소수부를 정수화시키면 모든 것을 정수연산으로 처리할 수 있으므로 편리하다. 때로는 이렇게 정수화 처리 기법으로 10을 곱하기 위하여 A/D 변환을 10번 수행하여 이를 모두 더한 결과를 사용하는 방법도 있다. 그러면 10번을 읽어서 평균을 처리하는 나눗셈 연산과 이를 정수화하기 위하여 다시 10을 곱하는 연산이 생략되므로 처리속도가 빨라진다. 만약 이 예제에서처럼 정수화를 위하여 100을 곱하는 경우에는 100번 A/D 변환한 결과를 더하여 그냥 사용하면 된다. 이러한 방법은 연산 프로그램 작성이 상대적으로 좀더 어려운 어셈블리 언어 프로그램에서 더욱 유용하다.

이 프로그램을 컴파일하여 다운로드하고 실행하라. 그리고, ⊖자형의 스크류 드라이버로 *OK-7S256* 키트의 가변저항 VR1을 좌우로 돌리면서 텍스트형 LCD 모듈에 표시되는 전압값을 관찰하여 보라.

▣ 온도와 전압을 동시에 표시하는 프로그램

앞의 온도 측정 프로그램과 전압 측정 프로그램을 하나로 합쳐서 온도와 전압을 동시에 표시하는 프로그램은 다음과 같다.

〈프로그램 Xtest17_3.c〉 온도 측정 및 전압 측정 프로그램(1)

```
/* ========================================================================== */
/*          Xtest17_3.c : A/D Conversion of AD4(LM35DZ) and AD5(VR1)          */
/* ========================================================================== */
/*                     Designed and programmed by Duck-Yong Yoon in 2007.    */

#include "AT91SAM7S256.h"
#include "lib_AT91SAM7S256.h"
#include "OK7S256gcc.h"

void LCD_2d1(float number)                          /* floating-point number xx.x */
{ unsigned int i, j;

  j = (int)(number*10. + 0.5);
  i = j / 100;                                      // 10^1
  if(i == 0) LCD_data(' ');
  else       LCD_data(i + '0');

  j = j % 100;                                      // 10^0
  i = j / 10;
  LCD_data(i + '0');
  LCD_data('.');

  i = j % 10;                                       // 10^-1
  LCD_data(i + '0');
}

void LCD_1d2(float number)                          /* floating-point number x.xx */
{ unsigned int i, j;
```

```
  j = (int)(number*100. + 0.5);
  i = j / 100;                                  // 10^0
  LCD_data(i + '0');
  LCD_data('.');

  j = j % 100;                                  // 10^-1
  i = j / 10;
  LCD_data(i + '0');

  i = j % 10;                                   // 10^-2
  LCD_data(i + '0');
}

int main(void)
{ unsigned int i, sum;

  MCU_initialize();                             // initialize AT91SAM7S256 & kit
  Delay_ms(50);                                 // wait for system stabilization
  LCD_initialize();                             // initialize text LCD module

  LCD_string(0x80,"LM35 = 00.0 [");             // display title
  LCD_data(0xDF);
  LCD_string(0x8E,"C]");
  LCD_string(0xC0," VR1 = 0.00 [V] ");
  Beep();

  AT91F_ADC_CfgPMC();                           // enable peripheral clock for ADC
  AT91F_ADC_SoftReset(AT91C_BASE_ADC);          // clear all previous ADC settings
  *AT91C_ADC_MR = 0x02020400;                   // SHTIM=2 (sample & hold time = 625ns)
                                                // STARTUP=2 (startup time = 5us)
                                                // 4.8MHz, 10 bit, software trigger

  while(1)
    { AT91F_ADC_DisableChannel(AT91C_BASE_ADC, AT91C_ADC_CH5);
      AT91F_ADC_EnableChannel(AT91C_BASE_ADC, AT91C_ADC_CH4); // select CH4 for LM35DZ
      sum = 0;
      for(i=0; i<32; i++)
        { AT91F_ADC_StartConversion(AT91C_BASE_ADC); // start conversion
          while(!(AT91F_ADC_GetStatus(AT91C_BASE_ADC) & AT91C_ADC_EOC4)); // wait for EOC
          sum += AT91F_ADC_GetConvertedDataCH4(AT91C_BASE_ADC); // add A/D result 32 times
          Delay_ms(1);
        }
      sum >>= 5;                                // divide sum by 32 for average value
      LCD_command(0x87);                        // display temperature(xx.x)
      LCD_2d1((float)sum * 66. / 1024.);        // temperature = sum*66/1024

      AT91F_ADC_DisableChannel(AT91C_BASE_ADC, AT91C_ADC_CH4);
      AT91F_ADC_EnableChannel(AT91C_BASE_ADC, AT91C_ADC_CH5); // select CH5 for VR1
      sum = 0;
      for(i=0; i<32; i++)
        { AT91F_ADC_StartConversion(AT91C_BASE_ADC); // start conversion
          while(!(AT91F_ADC_GetStatus(AT91C_BASE_ADC) & AT91C_ADC_EOC5)); // wait for EOC
          sum += AT91F_ADC_GetConvertedDataCH5(AT91C_BASE_ADC); // add A/D result 32 times
          Delay_ms(1);
        }
      sum >>= 5;                                // divide sum by 32 for average value
      LCD_command(0xC7);                        // display voltage(x.xx)
      LCD_1d2((float)sum*3.3/1024.);            // voltage = sum*3.3/1024

      Delay_ms(250);                            // delay 250 ms
    }
}
```

위의 프로그램에서 A/D 변환 결과를 평균 처리하거나 정수화 처리하는 연산을 생략하여 좀더 간편하게 할 수 있도록 수정하여 보면 다음과 같다.

〈프로그램 Xtest17_4.c〉 온도 측정 및 전압 측정 프로그램(2)

```
/* ============================================================================ */
/*          Xtest17_4.c : A/D Conversion of AD4(LM35DZ) and AD5(VR1)            */
/* ============================================================================ */
/*                    Designed and programmed by Duck-Yong Yoon in 2007.        */

#include "AT91SAM7S256.h"
#include "lib_AT91SAM7S256.h"
#include "OK7S256gcc.h"

void LCD_2d1(float number)                          /* floating-point number xx.x */
{ unsigned int i, j;

  j = (int)(number + 0.5);
  i = j / 100;                                      // 10^1
  if(i == 0) LCD_data(' ');
  else       LCD_data(i + '0');

  j = j % 100;                                      // 10^0
  i = j / 10;
  LCD_data(i + '0');
  LCD_data('.');

  i = j % 10;                                       // 10^-1
  LCD_data(i + '0');
}

void LCD_1d2(float number)                          /* floating-point number x.xx */
{ unsigned int i, j;

  j = (int)(number + 0.5);
  i = j / 100;                                      // 10^0
  LCD_data(i + '0');
  LCD_data('.');

  j = j % 100;                                      // 10^-1
  i = j / 10;
  LCD_data(i + '0');

  i = j % 10;                                       // 10^-2
  LCD_data(i + '0');
}

int main(void)
{ unsigned int i, sum;

  MCU_initialize();                                 // initialize AT91SAM7S256 & kit
  Delay_ms(50);                                     // wait for system stabilization
  LCD_initialize();                                 // initialize text LCD module

  LCD_string(0x80,"LM35 = 00.0 [");                 // display title
  LCD_data(0xDF);
  LCD_string(0x8E,"C]");
  LCD_string(0xC0," VR1 = 0.00 [V] ");
  Beep();

  AT91F_ADC_CfgPMC();                               // enable peripheral clock for ADC
  AT91F_ADC_SoftReset(AT91C_BASE_ADC);              // clear all previous ADC settings
  *AT91C_ADC_MR = 0x02020400;                       // SHTIM=2 (sample & hold time = 625ns)
```

```
                                                // STARTUP=2 (startup time = 5us)
                                                // 4.8MHz, 10 bit, software trigger

  while(1)
    { AT91F_ADC_DisableChannel(AT91C_BASE_ADC, AT91C_ADC_CH5);
      AT91F_ADC_EnableChannel(AT91C_BASE_ADC, AT91C_ADC_CH4); // select CH4 for LM35DZ
      sum = 0;
      for(i=0; i<10; i++)
        { AT91F_ADC_StartConversion(AT91C_BASE_ADC); // start conversion
          while(!(AT91F_ADC_GetStatus(AT91C_BASE_ADC) & AT91C_ADC_EOC4)); // wait for EOC
          sum += AT91F_ADC_GetConvertedDataCH4(AT91C_BASE_ADC); // add A/D result 10 times
          Delay_ms(1);
        }
      LCD_command(0x87);                        // display temperature(xx.x)
      LCD_2d1((float)sum * 66. / 1024.);        // temperature = sum*66/1024

      AT91F_ADC_DisableChannel(AT91C_BASE_ADC, AT91C_ADC_CH4);
      AT91F_ADC_EnableChannel(AT91C_BASE_ADC, AT91C_ADC_CH5); // select CH5 for VR1
      sum = 0;
      for(i=0; i<100; i++)
        { AT91F_ADC_StartConversion(AT91C_BASE_ADC); // start conversion
          while(!(AT91F_ADC_GetStatus(AT91C_BASE_ADC) & AT91C_ADC_EOC5)); // wait for EOC
          sum += AT91F_ADC_GetConvertedDataCH5(AT91C_BASE_ADC); // add A/D result 100 times
          Delay_ms(1);
        }
      LCD_command(0xC7);                        // display voltage(x.xx)
      LCD_1d2((float)sum*3.3/1024.);            // voltage = sum*3.3/1024

      Delay_ms(250);                            // delay 250 ms
    }
}
```

☞ 여기서는 온도를 측정할 때 xx.x의 형태로 디스플레이하기 위하여 10을 곱하여 정수화하는 것을 10번 A/D 변환하여 더한 값으로 사용하였으며, 전압을 측정할 때 x.xx의 형태로 디스플레이하기 위하여 100을 곱하여 정수화하는 것을 100번 A/D 변환하여 더한 값으로 사용하였다.

3. 센서 측정에 의한 그래픽 디스플레이 프로그램

이번에는 AT91SAM7S256에 내장된 A/D 컨버터를 사용하여 읽어들인 센서 데이터를 그래픽형 LCD 모듈에 그래픽 곡선으로 디스플레이하는 프로그램을 작성해 보기로 한다. 이는 잘 응용하면 그래픽형 LCD 모듈로 간단한 디지털 오실로스코프를 만들 수 있을 것이다.

가변저항 VR1에서 읽어들인 전압을 그래픽형 LCD 모듈에 그래프로 보여주는 프로그램을 작성하여 보면 다음과 같다. x축(전압축인 종축)은 0~5V(실제 입력은 0~3.3V)의 전압을 나타내며, y축(시간축인 횡축)은 0~11초 동안 100ms 간격으로 A/D 변환한 데이터를 표시하였다. 11초가 지나면 화면을 클리어하고 나서 다시 처음부터 동작을 시작함으로써 오실로스코프의 sweep처럼 동작한다.

〈프로그램 Xtest17_5.c〉 그래픽형 LCD 모듈에 센서 그래프를 출력하는 프로그램

```
/* ============================================================================ */
/*            Xtest17_5.c : Digital Oscilloscope on GLCD Module                 */
/* ============================================================================ */
/*                       Designed and programmed by Duck-Yong Yoon in 2007.     */

#include "AT91SAM7S256.h"
#include "lib_AT91SAM7S256.h"
#include "OK7S256gcc.h"
#include "OK7S256GLCD.h"

volatile unsigned int n;                        // interrupt count (0-110)
volatile unsigned int AD_data, AD_flag;         // A/D data and flag
unsigned int ydot;

void PIT_ISR(void)                              /* PIT interrupt service routine */
{ unsigned int i, sum;

  AT91F_PITGetPIVR(AT91C_BASE_PITC);            // clear PITS

  sum = 0;
  for(i=0; i<16; i++)
    { AT91F_ADC_StartConversion(AT91C_BASE_ADC); // start conversion
      while(!(AT91F_ADC_GetStatus(AT91C_BASE_ADC) & AT91C_ADC_EOC5)); // wait for EOC
      sum += AT91F_ADC_GetConvertedDataCH5(AT91C_BASE_ADC); // add A/D result 16 times
      Delay_ms(1);
    }
  sum >>= 4;                               // divide sum by 16 for average value
  AD_data = (int)((float)sum*33./1024. + 0.5);  // voltage = 10*(sum*3.3/1024)

  n++;
  if(n == 111) n = 0;

  AD_flag = 1;
}

void GLCD_xy_temp(unsigned int x,unsigned int y) /* set character position */
{ xcharacter = x;
  ydot = y;

  GLCD_command(GLCD_CS2|GLCD_CS1, 0xB8+xcharacter); // X address

  if(ydot <= 63)                                // if y <= 63, CS1 Y address
    GLCD_command(GLCD_CS1, 0x40+ydot);
  else                                          // if y >= 64, CS2 Y address
    GLCD_command(GLCD_CS2, 0x40+ydot-64);
}

void GLCD_English_temp(unsigned int attribute, unsigned char character)
                                                /* display a character */
{ unsigned int i, cs, x;

  GLCD_xy_temp(xcharacter, ydot);
  if(ydot <= 63)                                // if y <= 63, CS1
    cs = GLCD_CS1;
  else                                          // if y >= 64, CS2
    cs = GLCD_CS2;
  for(i = 0; i <= 4; i++)
    { x = font[character-0x20][i];
      if((cursor_flag == 1) && (xcharacter == xcursor) && (ycharacter == ycursor))
        x |= 0x80;
      if(attribute == 0x01)                     // reverse ?
        x = ~x;
      GLCD_data(cs, x);
```

```
    }
  x = 0x00;                                       // last byte of font
  if(attribute == 0x01)
    x = ~x;
  GLCD_data(cs, x);

  ydot += 6;                                      // go next character position
}

void GLCD_string_temp(unsigned int x, unsigned int y, unsigned int attribute, char *string)
                                                  /* display a string */
{ xcharacter = x;
  ydot = y;

  while(*string != '\0')
     { GLCD_English_temp(attribute, *string);     // display a charcater
       string++;
     }
}

void Line_temp(int xx1, int yy1, int xx2, int yy2) /* draw a straight line */
{ int x, y;

  if(xx1 != xx2)                                  // if xx1 != xx2, x is variable
    { if(xx1 < xx2)                               //                y is function
        for(x = xx1; x <= xx2; x++)
          { y = yy1 + (x - xx1)*(yy2 - yy1)/(xx2 - xx1);
            Dot(x,y);
          }
      else
        for(x = xx1; x >= xx2; x--)
          { y = yy1 + (x - xx1)*(yy2 - yy1)/(xx2 - xx1);
            Dot(x,y);
          }
    }
  else if(yy1 != yy2)                             // if yy1 != yy2, y is variable
    { if(yy1 < yy2)                               //                x is function
        for(y = yy1; y <= yy2; y++)
          { x = xx1 + (y - yy1)*(xx2 - xx1)/(yy2 - yy1);
            Dot(x,y);
          }
      else
        for(y = yy1; y >= yy2; y--)
          { x = xx1 + (y - yy1)*(xx2 - xx1)/(yy2 - yy1);
            Dot(x,y);
          }
    }
  else                                            // if xx1 == xx2 and yy1 == yy2,
    Dot(xx1,yy1);                                 //                it is a dot
}

int main(void)
{ unsigned int i, x, y, xo, yo;
  unsigned int xaxis = 10, yaxis = 53;

  MCU_initialize();                               // initialize AT91SAM7S256 & kit
  Delay_ms(50);                                   // wait for system stabilization
  LCD_initialize();                               // initialize text LCD module
  GLCD_clear();                                   // initialize GLCD screen

  LCD_string(0x80," Oscilloscope ");              // display title
  LCD_string(0xC0," for VR1 Voltage");
  Beep();

  AT91F_PITC_CfgPMC();                            // enable peripheral clock for PIT
  AT91F_PITInit(AT91C_BASE_PITC,1,48);            // enable and initialize PIT
```

```
    AT91F_PITSetPIV(AT91C_BASE_PITC,300000-1);      // 48MHz/16/300000 = 10Hz

    AT91F_PITEnableInt(AT91C_BASE_PITC);            // initialize PIT interrupt
    AT91F_AIC_ConfigureIt(AT91C_BASE_AIC,AT91C_ID_SYS,7,1,PIT_ISR);
    AT91F_AIC_EnableIt(AT91C_BASE_AIC,AT91C_ID_SYS);

    AT91F_ADC_CfgPMC();                             // enable peripheral clock for ADC
    AT91F_ADC_SoftReset(AT91C_BASE_ADC);            // clear all previous ADC settings
    *AT91C_ADC_MR = 0x02020400;                     // SHTIM=2, STARTUP=2, 4.8MHz, 10 bit
    AT91F_ADC_EnableChannel(AT91C_BASE_ADC, AT91C_ADC_CH5); // select CH5 for VR1

    n = 0;                                          // initial interrupt count
    AD_flag = 0;

    while(1)
      { Clear_screen();                             // initialize GLCD screen

        Line_temp(yaxis,xaxis-1,yaxis,125);         // draw X axis
        Line_temp(yaxis-2,123,yaxis,125);
        Line_temp(yaxis+2,123,yaxis,125);
        for(y=xaxis+10; y<=xaxis+110; y += 10)
          Line_temp(yaxis-1,y,yaxis+1,y);
        for(y=xaxis, i=0; y<=xaxis+80; y += 20, i += 2)
          { GLCD_xy_temp(7, y-2);
            GLCD_English_temp(0,i+'0');
          }
        GLCD_string_temp(7,108,0,"sec");

        Line_temp(0,xaxis,yaxis+1,xaxis);           // draw Y axis
        Line_temp(2,xaxis-2,0,xaxis);
        Line_temp(2,xaxis+2,0,xaxis);
        for(x=3; x<=43; x += 10)
          Line_temp(x,xaxis-1,x,xaxis+1);
        GLCD_xy_temp(6,2); GLCD_English_temp(0,'0');
        GLCD_xy_temp(0,2); GLCD_English_temp(0,'V');

        yo = xaxis;                                 // initial point of old data
        xo = yaxis;

        while(n)
          { while(!AD_flag);                        // wait until new A/D data
            AD_flag = 0;

            y = xaxis + n;                          // draw line from old point
            x = yaxis - AD_data;                    //            to new point
            Line_temp(xo,yo,x,y);

            yo = y;                                 // old point <-- new point
            xo = x;
          }
      }
}
```

☞ 여기서는 100ms의 일정한 시간주기로 VR1의 전압을 A/D 변환하여 읽어들이기 위해서 주기적인 시간간격 타이머(PIT)에 의한 인터럽트 기능을 사용하였다. 100ms 간격으로 10번 A/D 변환을 수행하면 1초가 되며, 1화면에서는 110번 A/D 변환이 수행되어 11초 동안의 그래프가 만들어진다.

흔히 우리가 사용하는 x, y 좌표와 그래픽형 LCD 모듈에서 사용하는 x, y 축은 서로 반대로 되어 있음을 다시 한번 유의하라. 여기서는 화면을 물론 그래픽 화면으로 사용하기도 하지만 6×8 크기의 영문 ASCII 문자를 표시하는 텍스트 화면으로 사용하기도 한다. 이때 시간축인 y축에 시간값을 적으려면 특별한 노력이 필요하다. 즉, 그래픽형 LCD 모듈에 <그림 4.5.9>처럼 영문 ASCII 문자를 표시하게 되면 글자를 표시하는 위치가 텍스트형 LCD 모듈처럼 지정되어 y축의 눈금에 적합한 위치에 문자를 쓰기가 어렵기 때문에 여기서는 그래픽 LCD 모듈용 헤더파일 OK7S256GLCD.h에 들어있는 함수 GLCD_xy()를 수정하여 글자의 위치를 xcharacter, ycharacter가 아니라 xcharacter, ydot로 지정하는 새로운 함수 GLCD_xy_temp()를 만들어 사용하였다. 다시 말하면 y축으로는 글자의 위치를 문자 단위가 아니라 도트 단위로 지정할 수 있게 한다는 것이다. GLCD_English_temp() 및 함수 GLCD_string_temp() 함수도 마찬가지이다. 그러나, x축으로 이런 기능을 구현하는 것은 상당히 어렵다.

또한, 파형의 기울기가 급격할 때 이것이 넓은 점 간격으로 표시되어 보기에 나빠지는 것을 방지하기 위하여 Line() 함수도 수정하여 if문과 else if 문의 내용을 반대로 바꾸어 놓은 Line_temp() 함수를 만들어 사용하였음에 유의하라. Line_temp() 함수의 내용을 OK7S256GLCD.h 헤더파일에 들어있는 Line() 함수와 비교하여 보라.

이를 컴파일하고 *OK-7S256* 키트에 다운로드하여 실행하라. 그리고, 반고정 저항 VR1을 드라이버로 좌우로 천천히 돌리면서 그래픽형 LCD 모듈에 표시되는 그래프를 관찰하라.

4. 실습 과제

(1) <그림 4.17.1.>의 Op Amp를 이용한 비반전 증폭기(non-inverting amplifier)에서 어떻게 증폭률이 5가 되는지 설명하라. 그리고, 여기서 사용한 저항들은 왜 1% 오차라고 명시하였는지, 그리고 *OK-7S256* 키트의 설계자는 여기서 왜 반전증폭기(inverting amplifier)를 사용하지 않고 비반전 증폭기를 사용했는지도 설명하라.

(2) C언어에서 >> 또는 <<로 사용하는 논리적 시프트와 산술적 시프트 동작을 비교하여 설명하라.

(3) 예제 프로그램 Xtest17_1.c를 수정하여 온도가 소수점 아래 둘째 자리까지 표시되도록 한 프로그램 Xtest17_1R.c를 작성하라.

(4) 예제 프로그램 Xtest17_5.c에서 온도센서 LM35DZ에서 읽은 온도를 그래프로 표시하도록 수정한 프로그램 Xtest17_5R.c를 작성하라. 온도는 0~50℃ 범위를 표시하도록 하라.

4.18 AT91SAM7S256의 기타 응용 프로그램

이 절에서는 AT91SAM7S256에 내장된 워치독 타이머, 슬립 모드, DMA 제어기 등에 관련된 응용 프로그램 기술과 ADS v1.2 및 WinARM에서 printf() 함수를 이용한 출력장치로의 서식지정 출력 방법을 익힌다.

관련 내용	(1) 제1.5절 AT91SAM7S256의 시스템 제어기 3. 전력관리 제어기(PMC) 8. 워치독 타이머(WDT) (2) 제3.3절 ADS v1.2 컴파일러의 설치 및 사용 (3) 제3.4절 WinARM 컴파일러의 설치 및 사용

1. AT91SAM7S256의 워치독 타이머 응용 프로그램

제1.5절의 "8. 워치독 타이머(WDT)"에서 자세히 설명하였듯이 AT91SAM7S256에는 워치독 타이머를 내장하고 있다. 이것은 내부의 슬로우 클록 SLCK를 사용하므로 슬립 모드에서도 동작하도록 설정할 수 있으며, SLCK/128의 클록 소스를 사용하는 12비트 다운 카운터로 되어 있으므로 최대 16초까지의 워치독 타임아웃 시간주기를 설정할 수 있다.

AT91SAM7S256에서는 특이하게 디폴트로 워치독 타이머가 사용되는 상태에 있으므로 주의해야 하며, 이를 설정하는 레지스터 WDT_MR은 오직 1번만 라이트가 가능하다는 것에도 유의해야 한다. 만약 다시 한번 WDT_MR 레지스터에 라이트하려면 이 소자를 리셋시키지 않으면 안된다.

그런데, 기본적으로 워치독 타이머는 사용하지 않는 경우가 많으므로 스타트업 파일 Cstartup_SAM7.c에서

```
//* Watchdog Disable
AT91C_BASE_WDTC->WDTC_WDMR = AT91C_WDTC_WDDIS;
```

라고 설정하여 놓았다. 이는 앞의 514~515페이지 Cstartup_SAM7.c 파일에서 보인 바

있다. 따라서, 이 레지스터에는 다시 라이트가 불가능하기 때문에 만약 사용자 프로그램에서 워치독 타이머를 사용하려면 먼저 Cstartup_SAM7.c 파일에서 이 부분을

```
//* Watchdog Disable
// AT91C_BASE_WDTC->WDTC_WDMR = AT91C_WDTC_WDDIS;
```

로 수정하고, 사용자 프로그램에서 WDT_MR 레지스터를 자신이 원하는 값으로 설정하면 된다.

워치독 타이아웃이 발생하지 않도록 하려면 워치독 카운터가 0에 도달하여 언더플로우(underflow)가 발생하기 전에 WDT_CR 레지스터에서 WDRSTT=1로 설정하여 워치독 카운터를 다시 스타트(restart)시켜 주면 된다. 만약, 워치독 타임아웃이 발생하면 시스템을 리셋시키도록 설정할 수도 있고, 시스템 제어기 인터럽트가 발생하도록 설정할 수도 있다.

▣ 워치독 타임아웃에 의한 시스템 리셋

워치독 타임아웃 시간을 200ms로 설정하고, 타임아웃이 되었을 때 시스템을 리셋시키는 예제 프로그램은 다음과 같다.

〈프로그램 Xtest18_1.c〉 워치독 타이머 테스트 프로그램(1)

```
/* ======================================================================== */
/*              Xtest18_1.c : Watchdog Timer Test(1) - Reset                */
/* ======================================================================== */
/*                     Designed and programmed by Duck-Yong Yoon in 2007.   */

#include "AT91SAM7S256.h"
#include "lib_AT91SAM7S256.h"
#include "OK7S256gcc.h"

int main(void)
{ unsigned int mode=0;

  MCU_initialize();                          // initialize AT91SAM7S256 & kit
  Delay_ms(50);                              // wait for system stabilization
  LCD_initialize();                          // initialize text LCD module

  LCD_string(0x80," OK-7S256  V1.0 ");       // display title
  LCD_string(0xC0," Watchdog Reset ");
  Beep();

  LED_on(LED2 | LED1);                       // blink LED2 and LED1
  Delay_ms(1000);
  LED_off(LED2 | LED1);

  AT91F_WDTC_CfgPMC();                       // enable peripheral clock for WDT
```

```
    *AT91C_WDTC_WDMR = 0x30002000 | (51 << 16) | 51; // enable watchdog reset
                                                     // WDD=WDV=51 for 200ms

    while(1)
      { LCD_string(0x80," KEY1 = 100 ms  ");        // display title
        LCD_string(0xC0," KEY2 = 300 ms  ");

        switch(Key_input())                         // key input
          { case 1 : mode = 1;                      // if KEY1, mode=1
                     break;
            case 2 : mode = 2;                      // if KEY2. mode=2
                     break;
            default: if(mode == 0)
                       { AT91F_WDTRestart(AT91C_BASE_WDTC); // restart WDT
                         break;
                       }
                     LED_on(LED2);                       // if mode=1, 100ms interval
                     if(mode == 1)      Delay_ms(100); // if mode=2, 300ms interval
                     else if(mode == 2) Delay_ms(300);
                     AT91F_WDTRestart(AT91C_BASE_WDTC); // restart WDT
                     LED_off(LED2);
                     if(mode == 1)      Delay_ms(100);
                     else if(mode == 2) Delay_ms(300);
                     AT91F_WDTRestart(AT91C_BASE_WDTC); // restart WDT
                     break;
          }
      }
}
```

☞ AT91SAM7S256에서 워치독 타이머는 슬로우 클록으로부터 SLCK/128을 클록 소스로 사용하므로 만약 타임아웃 주기를 200ms로 설정하려면

$$200[\text{ms}] \times \frac{32.768[\text{kHz}]}{128} \fallingdotseq 51$$

이므로 WDT_MR 레지스터에서 WDD=WDV=51로 설정하였다. 이와 같이 워치독 타임아웃 주기가 200ms인데, KEY1을 누르면 LED2가 100ms의 속도로 깜빡이면서 그때마다 워치독 카운터를 다시 스타트하므로 워치독 타임아웃이 발생하지 않고 정상으로 동작한다. 그러나, KEY2를 누르면 LED2가 300ms의 속도로 깜빡이면서 그때마다 워치독 카운터를 다시 스타트하려 하므로 워치독 타임아웃이 발생하여 시스템이 리셋된다. 시스템이 리셋되는 것은 텍스트형 LCD 모듈에 나타나는 메시지와 LED1 및 LED2가 동시에 점등되는 것을 보면 알 수 있다.

이 프로그램을 컴파일하고 *OK-7S256* 키트에 다운로드하여 실행하라. 이를 컴파일할 때는 앞에서 설명한 것처럼 스타트업 파일 Cstartup_SAM7.c에서 워치독 타이머 설정 부분을 주석문으로 변경하고 컴파일해야 한다는 점에 유의해야 한다. 프로그램이 실행되었으면 KEY1을 누르고 워치독 타임아웃이 발생하는지 관찰하라. 또한, KEY2를 누르고 워치독 타임아웃이 발생하는지 관찰하라. 만약 타임아웃이 발생하면 이는 어떤 증상으로 확인할 수 있는지 파악해 보라.

▣ 워치독 타임아웃에 의한 인터럽트

워치독 타임아웃 시간을 200ms로 설정하고, 타임아웃이 되었을 때 시스템 제어기 인터럽트를 발생시키는 예제 프로그램은 다음과 같다.

〈프로그램 Xtest18_2.c〉 워치독 타이머 테스트 프로그램(2)

```
/* ========================================================================== */
/*              Xtest18_2.c : Watchdog Timer Test(2) - Interrupt              */
/* ========================================================================== */
/*                        Designed and programmed by Duck-Yong Yoon in 2007.  */

#include "AT91SAM7S256.h"
#include "lib_AT91SAM7S256.h"
#include "OK7S256gcc.h"

volatile unsigned int mode=0;                     // test mode

void WDT_ISR(void)                                /* WDT interrupt service routine */
{ unsigned int i;

  AT91F_WDTSGettatus(AT91C_BASE_WDTC);            // clear WDUNF

  LCD_string(0x80," OK-7S256  V1.0 ");            // display interrupt
  LCD_string(0xC0,"  Watchdog Int.  ");
  Beep();

  LED_on(LED2 | LED1);                            // blink LED2 and LED1
  Beep();
  for(i=0; i < 10; i++)                           // delay 1 sec
    { Delay_ms(100);
      AT91F_WDTRestart(AT91C_BASE_WDTC);
    }
  LED_off(LED2 | LED1);

  mode = 0;                                       // return to mode=0
}

int main(void)
{
  MCU_initialize();                               // initialize AT91SAM7S256 & kit
  Delay_ms(50);                                   // wait for system stabilization
  LCD_initialize();                               // initialize text LCD module

  LCD_string(0x80," OK-7S256  V1.0 ");            // display title
  LCD_string(0xC0," Watchdog Reset ");
  LED_on(LED2 | LED1);                            // blink LED2 and LED1
  Delay_ms(1000);
  LED_off(LED2 | LED1);

  AT91F_WDTC_CfgPMC();                            // enable peripheral clock for WDT
  *AT91C_WDTC_WDMR = 0x30001000 | (51 << 16) | 51; // enable watchdog interrupt
                                                  // WDD=WDV=51 for 200ms

  AT91F_AIC_ConfigureIt(AT91C_BASE_AIC,AT91C_ID_SYS,7,1,WDT_ISR); // enable interrupt
  AT91F_AIC_EnableIt(AT91C_BASE_AIC,AT91C_ID_SYS);

  while(1)
    { LCD_string(0x80," KEY1 = 100 ms  ");        // display title
      LCD_string(0xC0," KEY2 = 300 ms  ");
```

```
        switch(Key_input())                           // key input
          { case 1 : mode = 1;                        // if KEY1, mode=1
                     break;
            case 2 : mode = 2;                        // if KEY2. mode=2
                     break;
            default: if(mode == 0)
                       { AT91F_WDTRestart(AT91C_BASE_WDTC); // restart WDT
                         break;
                       }
                     LED_on(LED2);                         // if mode=1, 100ms interval
                     if(mode == 1)      Delay_ms(100); // if mode=2, 300ms interval
                     else if(mode == 2) Delay_ms(300);
                     AT91F_WDTRestart(AT91C_BASE_WDTC); // restart WDT
                     LED_off(LED2);
                     if(mode == 1)      Delay_ms(100);
                     else if(mode == 2) Delay_ms(300);
                     AT91F_WDTRestart(AT91C_BASE_WDTC); // restart WDT
                     break;
          }
      }
  }
```

☞ 여기서도 워치독 타이머의 타임아웃 주기를 200ms로 설정하였다. 따라서, KEY1을 누르면 LED2가 100ms의 속도로 깜빡이면서 그때마다 워치독 카운터를 다시 스타트하므로 워치독 타임아웃이 발생하지 않고 정상으로 동작한다. 그러나, KEY2를 누르면 LED2가 300ms의 속도로 깜빡이면서 그때마다 워치독 카운터를 다시 스타트하려 하므로 워치독 타임아웃이 발생하고 이는 시스템 제어기 인터럽트를 요청한다. 인터럽트가 발생하는 것은 텍스트형 LCD 모듈에 나타나는 메시지와 버저가 울리고 LED1 및 LED2가 동시에 점등되는 것을 보면 알 수 있다.

2. AT91SAM7S256의 아이들 모드 응용 프로그램

제1.5절의 "3. 전력관리 제어기(PMC)"에서 자세히 설명하였듯이 AT91SAM7S256에는 소비전력을 절감하기 위하여 아이들 모드(idle mode)로 설정할 수 있다. 이것은 프로세서 클록 PCK를 차단하여 ARM 프로세서의 동작을 정지시키는 것이다.

AT91SAM7S256에서 아이들 모드로 들어가려면 전력관리 제어기의 PMC_SCDR 레지스터에서 PCK=1로 설정하면 되며, 이를 해제하는 수단은 시스템 리셋 또는 인터럽트 발생이다. 따라서, AT91SAM7S256이 평소에 아이들 모드에 있다가 주기적으로 살아나 어떤 일을 수행하도록 하려면 아이들 모드와 워치독 타이머를 결합하여 사용하면 된다. 즉, 워치독 타이머의 타임아웃 주기를 원하는 시간 간격으로 설정하고 타임아웃이 발생하였을 때 인터럽트를 요구하도록 하여 이 인터럽트 서비스 루틴 함수에서 원하는 작업을 수행하면 된다. 인터럽트가 끝나면 다시 아이들 모드로 들어가게 한다. 단, 이때 워치독 타이머는 아이들 모드에서도 동작하도록 WDT_MR 레지스터에서

WDIDLEHLT=0으로 설정해야 한다.

또한, 여기서도 역시 스타트업 파일 Cstartup_SAM7.c에서

```
//* Watchdog Disable
AT91C_BASE_WDTC->WDTC_WDMR = AT91C_WDTC_WDDIS;
```

라고 된 부분을

```
//* Watchdog Disable
// AT91C_BASE_WDTC->WDTC_WDMR = AT91C_WDTC_WDDIS;
```

로 수정하고, 사용자 프로그램에서 WDT_MR 레지스터를 자신이 원하는 값으로 설정해야 한다.

▣ 아이들 모드를 사용하지 않은 경우

아이들 모드를 사용하지 않고 워치독 타임아웃 시간을 5초로 설정하며, 타임아웃이 되었을 때 시스템 제어기 인터럽트를 발생한 예제 프로그램은 다음과 같다.

〈프로그램 Xtest18_3.c〉 워치독 타이머와 아이들 모드의 결합(1)

```
/* ============================================================================ */
/*                 Xtest18_3.c : Idle Mode and Watchdog Timer(1)                 */
/* ============================================================================ */
/*                    Designed and programmed by Duck-Yong Yoon in 2007.        */

#include "AT91SAM7S256.h"
#include "lib_AT91SAM7S256.h"
#include "OK7S256gcc.h"

void WDT_ISR(void)                                  /* WDT interrupt service routine */
{
  AT91F_WDTSGettatus(AT91C_BASE_WDTC);              // clear WDUNF

  LCD_string(0xC0," WDT Interrupt !");              // display interrupt
  Beep();
  Delay_ms(1000);
  LCD_string(0xC0,"Now, sleep mode!");              // display sleep mode
}

int main(void)
{
  MCU_initialize();                                 // initialize AT91SAM7S256 & kit
  Delay_ms(50);                                     // wait for system stabilization
  LCD_initialize();                                 // initialize text LCD module

  LCD_string(0x80," OK-7S256  V1.0 ");              // display title
  LCD_string(0xC0," Watchdog Reset ");
```

```
  Beep();

  LED_on(LED2 | LED1);                              // blink LED2 and LED1
  Delay_ms(1000);
  LED_off(LED2 | LED1);
  LCD_string(0xC0,"Now, sleep mode!");              // display sleep mode

  AT91F_WDTC_CfgPMC();                              // enable peripheral clock for WDT
  *AT91C_WDTC_WDMR = 0x10001000 | (1280 << 16) | 1280; // enable watchdog interrupt
                                                    // WDD=WDV=1280 for 5 sec

  AT91F_AIC_ConfigureIt(AT91C_BASE_AIC,AT91C_ID_SYS,7,1,WDT_ISR); // enable interrupt
  AT91F_AIC_EnableIt(AT91C_BASE_AIC,AT91C_ID_SYS);

  while(1)                                          // blink LED2 and LED1
    {
   // AT91F_PMC_CfgSysClkDisableReg(AT91C_BASE_PMC,AT91C_PMC_PCK); // go in idle mode

      LED_off(LED2); LED_on(LED1);
      Delay_ms(100);
      LED_on(LED2);  LED_off(LED1);
      Delay_ms(100);
    }
}
```

이 프로그램을 컴파일하고 *OK-7S256* 키트에 다운로드하여 실행하라. 여기서는 메인 함수에서 100ms의 속도로 LED1과 LED2를 깜빡이다가 5초 주기로 워치독 타이머에 의한 인터럽트가 발생하는 것을 확인할 수 있다. 아이들 모드는 사용하지 않았다.

▣ 워치독 타임아웃에 의한 인터럽트

아이들 모드를 사용하고 워치독 타임아웃 시간을 5초로 설정하며, 타임아웃이 되었을 때 시스템 제어기 인터럽트를 발생한 예제 프로그램은 다음과 같다.

〈프로그램 Xtest18_4.c〉 워치독 타이머와 아이들 모드의 결합(2)

```
/* ========================================================================== */
/*                Xtest18_4.c : Idle Mode and Watchdog Timer(2)               */
/* ========================================================================== */
/*                        Designed and programmed by Duck-Yong Yoon in 2007.  */

#include "AT91SAM7S256.h"
#include "lib_AT91SAM7S256.h"
#include "OK7S256gcc.h"

void WDT_ISR(void)                                 /* WDT interrupt service routine */
{
  AT91F_WDTSGettatus(AT91C_BASE_WDTC);             // clear WDUNF

  LCD_string(0xC0," WDT Interrupt !");             // display interrupt
  Beep();
  Delay_ms(1000);
  LCD_string(0xC0,"Now, sleep mode!");             // display sleep mode
```

```
}

int main(void)
{
  MCU_initialize();                                 // initialize AT91SAM7S256 & kit
  Delay_ms(50);                                     // wait for system stabilization
  LCD_initialize();                                 // initialize text LCD module

  LCD_string(0x80," OK-7S256  V1.0 ");              // display title
  LCD_string(0xC0," Watchdog Reset ");
  Beep();

  LED_on(LED2 | LED1);                              // blink LED2 and LED1
  Delay_ms(1000);
  LED_off(LED2 | LED1);
  LCD_string(0xC0,"Now, sleep mode!");              // display sleep mode

  AT91F_WDTC_CfgPMC();                              // enable peripheral clock for WDT
  *AT91C_WDTC_WDMR = 0x10001000 | (1280 << 16) | 1280; // enable watchdog interrupt
                                                    // WDD=WDV=1280 for 5 sec

  AT91F_AIC_ConfigureIt(AT91C_BASE_AIC,AT91C_ID_SYS,7,1,WDT_ISR); // enable interrupt
  AT91F_AIC_EnableIt(AT91C_BASE_AIC,AT91C_ID_SYS);

  while(1)                                          // blink LED2 and LED1
    { AT91F_PMC_CfgSysClkDisableReg(AT91C_BASE_PMC,AT91C_PMC_PCK); // go in idle mode

      LED_off(LED2); LED_on(LED1);
      Delay_ms(100);
      LED_on(LED2);  LED_off(LED1);
      Delay_ms(100);
    }
}
```

이 프로그램을 컴파일하고 *OK-7S256* 키트에 다운로드하여 실행하라. 여기서는 메인 함수에서 아이들 모드로 들어가므로 ARM 프로세서는 정지하며, 따라서 100ms의 속도로 LED1과 LED2를 깜빡이는 동작을 수행하지 않는다. 그러다가 5초 후에 워치독 인터럽트가 발생하면 아이들 모드는 해제되며, 인터럽트 서비스 루틴 함수에서 원하는 작업을 수행한다. 작업이 끝나면 다시 아이들 모드로 들어가서 다시 ARM 프로세서는 정지하여 있게 된다. 다시 아이들 모드로 들어가기 전에 이를 확인할 수 있도록 1차례 LED1과 LED2를 점등하였다.

3. printf() 함수를 사용한 I/O 스트림 출력

오늘날 대부분의 마이크로콘트롤러용 C컴파일러에서는 ANSI C 표준의 printf() 함수를 지원하고 있으며, 이것은 내부적으로 기본 라이브러리 파일에서 1문자를 출력하는 저수준의 스트림 출력(low-level stream output) 함수를 사용하여 특정한 장치로 서식지정 문자열을 출력한다. C컴파일러에 따라 사용 방법이 다소 다르기는 하지만 사용자가 이 printf() 함수를 사용하여 출력할 장치를 변경하고자 하면 대체로 사용자가 이 1문자 출력함수를 수정함으로써 가능하게 되어 있다. 즉, 사용자 프로그램에서 지정된 방법으로 이 1문자 출력함수를 정의하여 사용하면 자동적으로 C컴파일러의 라이브러리에 들어있던 이 함수는 무시되고 printf() 함수는 사용자가 정의한 1문자 출력함수를 내부적으로 호출하여 사용하게 된다. 디폴트 출력장치로는 흔히 직렬통신 포트를 사용하고 있다.

이와 같이 C언어 프로그램에서 printf() 함수를 사용하여 %로 서식 지정하는 데이터를 출력한다면 각종 출력장치의 액세스가 매우 편리해진다. 예를 들어 이제까지 우리가 텍스트형 LCD 모듈의 출력 예제에서 했던 것처럼 수치 데이터를 출력하기 위하여 각종 사용자 정의 함수 LCD_2hex(), LCD_2d(), LCD_2d1() 등을 만들어 사용할 필요가 없기 때문이다. 이러한 데이터 출력의 편리함은 RS-232C 직렬통신 포트는 물론이고 텍스트형 LCD 모듈이나 그래픽형 LCD 모듈과 같은 모든 출력장치에 적용된다. 그러나, 이와 같이 printf() 함수를 사용하여 % 서식 지정으로 출력하는 방법은 사용하기에 편리한 장점이 있는 반면에 이것은 라이브러리 파일에서 상당히 긴 루틴을 링크하여 가져오기 때문에 오브젝트 파일이 매우 길어지고, 스택 메모리를 많이 사용하며, 그에 따라 이 루틴의 실행속도도 낮아진다는 단점을 갖는다.

▣ ADS v1.2의 경우

ADS v1.2 C컴파일러에서도 printf() 함수의 모든 표준적인 기능을 지원하고 있는데, 여기서는 printf() 함수가 내부적으로 저수준 스트림 출력함수 fputc()를 사용하고 있다. 따라서, 사용자 프로그램에서 원하는 주변장치에 데이터를 출력하기 위하여 printf() 함수를 사용하려면 먼저 헤더파일 stdio.h를 인클루드해 주고, 해당 출력장치를 미리 초기화하며, 1문자를 출력할 수 있는 fputc() 함수를 새로 작성하여 주는 것으로 printf() 함수를 사용하기 위한 준비는 끝난다.

ADS v1.2에서 printf() 함수를 사용하는 절차와 방법을 요약하면 다음과 같다.

① 사용자 프로그램의 서두에서 헤더파일 stdio.h를 인클루드한다. printf() 함수에 관련된 모든 사항은 이 헤더파일에 정의되어 있다.

② 1문자를 출력하는 저수준 스트림 함수에서 사용할 주변장치를 초기화한다. 일반적으로 그렇듯이 ADS v1.2에서도 1문자를 출력하는 저수준 스트림 함수에는 해당 출력장치를 초기화하는 기능을 포함하지 않으므로 이를 별도로 초기화해야 한다.

③ 1문자를 출력하는 저수준 스트림 함수 fputc()를 지정된 형식으로 만든다. 이 함수에서는 모든 ASCII 문자를 출력할 수 있어야 한다.

④ 필요할 때 printf() 함수를 사용한다. 여기서는 일반적인 ANSI C 표준의 모든 % 서식 지정이 사용될 수 있다.

▣ WinARM의 경우

WinARM에서도 printf() 함수의 모든 표준적인 기능을 지원하고 있는데, 여기서는 printf() 함수가 내부적으로 저수준 스트림 출력함수 _write_r()을 사용하고 있다. 따라서, 사용자 프로그램에서 원하는 주변장치에 데이터를 출력하기 위하여 printf() 함수를 사용하려면 먼저 헤더파일 stdio.h를 인클루드해 주고, 해당 출력장치를 미리 초기화하며, 1문자를 출력할 수 있는 _write_r() 함수를 새로 작성해야 한다. 단, WinARM에서는 사용자가 비록 사용하지 않더라도 scanf() 함수가 내부적으로 사용하는 저수준 스트림 입력함수 _read_r()까지 함께 만들어주어야 하며, 이밖에도 몇가지의 부수적인 함수를 만들어 주어야 한다.

WinARM에서 printf() 함수를 사용하는 절차와 방법을 요약하면 다음과 같다.

① 사용자 프로그램의 서두에서 헤더파일 stdio.h를 인클루드한다. printf() 함수에 관련된 모든 사항은 이 헤더파일에 정의되어 있다.

② 1문자를 출력하는 저수준 스트림 함수에서 사용할 주변장치를 초기화한다. 일반적으로 그렇듯이 WinARM에서도 1문자를 출력하는 저수준 스트림 함수에는 해당 출력장치를 초기화하는 기능을 포함하지 않으므로 이를 별도로 초기화해야 한다.

③ 1문자를 출력하는 저수준 스트림 함수 _write_r()을 지정된 형식으로 만든다. 이 함수에서는 모든 ASCII 문자를 출력할 수 있어야 한다. 이때, 1문자를 입력하는 함수 _read_r()도 함께 만들어두어야 하며, 만약 사용자 프로그램에서 scanf() 함수를 사용하지 않거나 또는 1문자의 입력이 필요없다면 이 _read_r() 함수는 아무 내용도 없는 빈 것으로 만들면 된다.

④ 필요할 때 printf() 함수를 사용한다. 여기서는 일반적인 ANSI C 표준의 모든 % 서식 지정이 사용될 수 있다. 단, WinARM에서 printf() 함수를 사용할 때는 스트링의 마지막에 반드시 \n 문자를 사용해야 한다는 점에 유의하라.

▣ % 서식지정 형식의 요약

표준적으로 printf() 함수에서 사용할 수 있는 % 서식지정 형식을 요약하면 다음과 같다. 이는 ANSI C에서 표준으로 사용하는 % 서식지정 형식을 모두 포함하고 있다.

%[-][+][[0]w][.n][l]변환문자

%: 서식 제어 문자열의 시작을 의미한다.
-: 서식은 항상 필드의 오른쪽으로 정렬이 되지만 -를 붙이면 왼쪽으로 정렬된다.
+: 필드의 서두에 항상 부호를 붙인다.
0: 필드의 왼쪽 남는 자리를 공백으로 두지 않고 0을 채워 표시한다.
w: 전체 필드의 폭(field width)을 자리수로 나타낸다.
.n: 실수의 경우 소수점 이하의 자리수(precision)를 나타낸다.
l: long형 정수를 나타내며 변환문자 d, u, o, x의 앞에 붙을 수 있다.
변환문자 d: 부호 있는 10진수(signed int)로 표시한다.
변환문자 i: 부호 있는 10진수(signed int)로 표시한다. d와 같다.
변환문자 u: 부호 없는 10진수(unsigned int)로 표시한다.
변환문자 o: 부호 있는 8진수(signed int)로 표시한다.
변환문자 x: 부호 없는 16진수(unsigned int)로 표시한다.(a~f를 소문자로 출력)
변환문자 X: 부호 없는 16진수(unsigned int)로 표시한다.(A~F를 대문자로 출력)
변환문자 f: 부동소수점 수(double)를 소수점을 포함하는 실수 형식으로 표시한다.
변환문자 e: 부동소수점 수(double)를 지수 형식으로 표시한다.(e를 소문자로 출력)
변환문자 E: 부동소수점 수(double)를 지수 형식으로 표시한다.(E를 대문자로 출력)
변환문자 g: %f나 %e 중에서 적당한 방식으로 표시한다.
변환문자 G: %f나 %E 중에서 적당한 방식으로 표시한다.
변환문자 c: 1문자(unsigned char)를 표시한다.
변환문자 s: 문자열(char *)을 표시한다. 문자열은 NULL 문자로 종료된다.

예
```
printf("%5d\n", 123);              --->   123
printf("%05d\n", 123);             ---> 00123
printf("%-5d\n", 123);             ---> 123
printf("%7.2f\n", 123.456);        --->  123.46
printf("%07.2f\n", 123.456);       ---> 0123.46
printf("%+7.2f\n", 123.456);       ---> +123.46
printf("%10.2e\n", 123.456);       --->   1.23e+002
printf("%10.2E\n", 123.456);       --->   1.23E+002
```

☞ 필드를 지정한 값이 실제 숫자의 폭보다 작으면 서식지정은 무시되고 숫자 전체가 표시된다. 부동소수점 수에서 소수점 이하의 맨 아래 자리는 그 아래에서 반올림 처리된다.

(1) ADS v1.2에서의 printf() 사용 프로그램

▣ DBGU 직렬통신 포트로 출력하는 경우

AT91SAM7S256에는 디버그 및 프로그램 다운로드용의 디버그 유닛(DBGU) 포트를 일반 UART 직렬통신 포트로 사용할 수도 있다. printf() 함수를 사용하여 DBGU 포트로 % 서식지정 출력을 내보내는 프로그램을 ADS v1.2에서 작성하여 보면 다음과 같다.

〈프로그램 Xtest18_5.c〉 printf() 함수에 의한 DBGU로의 RS-232C 출력 프로그램

```
/* ============================================================================ */
/*            Xtest18_5.c : User-defined printf() Function for DBGU             */
/* ============================================================================ */
/*                        Designed and programmed by Duck-Yong Yoon in 2007.   */

#include <stdio.h>
#include "AT91SAM7S256.h"
#include "lib_AT91SAM7S256.h"
#include "OK7S256ads.h"

void DBGU_TX_char(unsigned int data)            /* transmit a character by DBGU */
{
  while(!(*AT91C_DBGU_CSR & 0x0002));           // wait until TXRDY=1

  *AT91C_DBGU_THR = data;                       // transmit a character
}

int fputc(int ch, FILE *f)                      // for the user-defined printf()
{
  if(ch == '\n')
    { DBGU_TX_char('\r');                       // (CR character = 0x0D)
      DBGU_TX_char('\n');                       // (LF character = 0x0A)
    }
  else
    DBGU_TX_char(ch);

  return ch;
}

int main(void)
{ unsigned int i;
  double x;

  MCU_initialize();                             // initialize AT91SAM7S256 & kit
  Delay_ms(50);                                 // wait for system stabilization
  LCD_initialize();                             // initialize text LCD
  Beep();

  LCD_string(0x80,"    printf()     ");           // display title
  LCD_string(0xC0,"    for DBGU     ");

  AT91F_DBGU_CfgPMC();                          // enable clock of DBGU
  AT91F_DBGU_CfgPIO();                          // DTXD, DRXD by Peripheral A
```

```
    *AT91C_DBGU_MR = 0x00000800;                        // normal mode, no parity
    *AT91C_DBGU_BRGR = 26;                              // MCK/16/26 = 115200 bps
    *AT91C_DBGU_CR = 0x00000150;                        // TX, RX enable

    while(1)
      { for(i=1, x=0.001; i <= 200; i++, x += 0.001) // loop by 200 times
          { printf("printf() function test for DBGU : %3d  %5.3f\n", i, x);
            Delay_ms(500);
          }
        Beep();
      }
  }
```

☞ 함수 fputc()의 형식은 반드시 위와 같이 처리해야 한다. 이 함수안에서 DBGU 포트로 1문자를 출력하고 있는 것에 주목하라. 그리고, \n 문자의 경우에는 상대방에서 수신하여 화면에 출력할 것에 대비하여 이렇게 2개의 ASCII 문자인 캐리지 리턴(0x0D)과 라인 피드(0x0A)로 전송하는 것이 좋다.

이 프로그램을 컴파일하여 *OK-7S256* 키트에 다운로드하고 실행하라. 이 프로그램의 출력 결과를 확인하려면 *OK-7S256* 키트의 DBGU 직렬통신 포트인 콘넥터 CN5와 퍼스널컴퓨터의 직렬포트를 RS-232C 통신 케이블로 연결해야 한다. 그리고, 하이퍼터미널과 같은 통신 프로그램을 <그림 4.14.1>에서처럼 115200 bps, 8 데이터, 패리티 없음, 1 스톱 비트로 설정하여 사용해야 한다.

▣ USART0 직렬통신 포트로 출력하는 경우

이번에는 printf() 함수를 사용하여 USART0 포트로 % 서식지정 출력을 내보내는 프로그램을 ADS v1.2에서 작성하여 보면 다음과 같다.

〈프로그램 Xtest18_6.c〉 printf() 함수에 의한 USART0으로의 RS-232C 출력 프로그램

```
/* ========================================================================== */
/*          Xtest18_6.c : User-defined printf() Function for USART0           */
/* ========================================================================== */
/*                        Designed and programmed by Duck-Yong Yoon in 2007.  */

#include <stdio.h>
#include "AT91SAM7S256.h"
#include "lib_AT91SAM7S256.h"
#include "OK7S256ads.h"

void USART0_TX_char(unsigned int data)             /* transmit a character by USART0 */
{
  while(!(*AT91C_US0_CSR & 0x0002));               // wait until TXRDY=1

  *AT91C_US0_THR = data;                           // transmit a character
}
```

```
int fputc(int ch, FILE *f)                             // for the user-defined printf()
{
  if(ch == '\n')
    { USART0_TX_char('\r');                            // (CR character = 0x0D)
      USART0_TX_char('\n');                            // (LF character = 0x0A)
    }
  else
    USART0_TX_char(ch);

  return ch;
}

int main(void)
{ unsigned int i;
  double x;

  MCU_initialize();                                    // initialize AT91SAM7S256 & kit
  Delay_ms(50);                                        // wait for system stabilization
  LCD_initialize();                                    // initialize text LCD
  Beep();

  LCD_string(0x80,"    printf()    ");                 // display title
  LCD_string(0xC0,"   for USART0   ");

  AT91F_US0_CfgPMC();                                  // enable clock of USART0
  AT91F_PIO_CfgPeriph(AT91C_BASE_PIOA,AT91C_PA6_TXD0|AT91C_PA5_RXD0,0);
                                                       // TXD0, RXD0 by Peripheral A

  *AT91C_US0_MR = 0x100008C0;                          // normal mode, no parity
                                                       // 8 data, 1 stop, LSB first, 16x
  *AT91C_US0_BRGR = 26;                                // MCK/16/26 = 115200 bps
  *AT91C_US0_CR = 0x00000150;                          // TX, RX enable

  while(1)
    { for(i=1, x=0.001; i <= 200; i++, x += 0.001) // loop by 200 times
        { printf("printf() function test for USART0 : %3d  %5.3f\n", i, x);
          Delay_ms(500);
        }
      Beep();
    }
}
```

이 프로그램을 컴파일하여 *OK-7S256* 키트에 다운로드하고 실행하라. 이 프로그램의 출력 결과를 확인하려면 *OK-7S256* 키트의 USART0 직렬통신 포트인 콘넥터 CN6과 퍼스널컴퓨터의 직렬포트를 RS-232C 통신 케이블로 연결해야 한다. 그리고, 하이퍼터미널과 같은 통신 프로그램을 <그림 4.14.1>에서처럼 115200 bps, 8 데이터, 패리티 없음, 1 스톱 비트로 설정하여 사용해야 한다.

▣ 텍스트형 LCD 모듈에 출력하는 경우

이번에는 printf() 함수를 사용하여 텍스트형 LCD 모듈에 % 서식지정 출력을 내보내는 프로그램을 ADS v1.2에서 작성하여 보면 다음과 같다.

〈프로그램 Xtest18_7.c〉 printf() 함수에 의한 텍스트형 LCD 모듈로의 출력 프로그램

```
/* ========================================================================== */
/*          Xtest18_7.c : User-defined printf() Function for Text LCD         */
/* ========================================================================== */
/*                     Designed and programmed by Duck-Yong Yoon in 2007.     */

#include <stdio.h>
#include "AT91SAM7S256.h"
#include "lib_AT91SAM7S256.h"
#include "OK7S256ads.h"

int fputc(int ch, FILE *f)                      // for the user-defined printf()
{
  if((ch >= 0x20) && (ch <= 0x7E))              // check from 0x20 to 0x7E
    LCD_data(ch);

  return ch;
}

int main(void)
{ unsigned int i;
  double x;

  MCU_initialize();                             // initialize AT91SAM7S256 & kit
  Delay_ms(50);                                 // wait for system stabilization
  LCD_initialize();                             // initialize text LCD
  Beep();

  LCD_string(0x80,"Integer  =   000");          // display title
  LCD_string(0xC0,"Floating = 0.000");

  while(1)
    { for(i=1, x=0.001; i <= 200; i++, x += 0.001) // loop by 200 times
        { LCD_command(0x8D);
          printf("%3d\n", i);
          LCD_command(0xCB);
          printf("%5.3f\n", x);
          Delay_ms(500);
        }
      Beep();
    }
}
```

☞ 텍스트형 LCD로 1문자를 출력할 때는 ASCII 코드값이 0x20~0x7E의 범위일 때만 정상적으로 출력하도록 하였다. 이렇게 하면 텍스트형 LCD 모듈에서 아무 의미가 없는 여러 가지의 기능제어 문자를 무시할 수 있다.

▣ 그래픽형 LCD 모듈에 출력하는 경우

이번에는 printf() 함수를 사용하여 그래픽형 LCD 모듈에 % 서식지정 출력을 내보내는 프로그램을 ADS v1.2에서 작성하여 보면 다음과 같다.

〈프로그램 Xtest18_8.c〉 printf() 함수에 의한 그래픽형 LCD 모듈로의 출력 프로그램

```
/* ========================================================================== */
/*        Xtest18_8.c : User-defined printf() Function for Graphic LCD        */
/* ========================================================================== */
/*                     Designed and programmed by Duck-Yong Yoon in 2007.     */

#include <stdio.h>
#include "AT91SAM7S256.h"
#include "lib_AT91SAM7S256.h"
#include "OK7S256ads.h"
#include "OK7S256Korean.h"

int fputc(int ch, FILE *f)                              // for the user-defined printf()
{
  if((ch >= 0x20) && (ch <= 0x7E))                      // check from 0x20 to 0x7E
    GLCD_English(0,ch);

  return ch;
}

int main(void)
{ unsigned int i;
  double x;

  MCU_initialize();                                     // initialize AT91SAM7S256 & kit
  Delay_ms(50);                                         // wait for system stabilization
  LCD_initialize();                                     // initialize text LCD
  GLCD_clear();                                         // initialize GLCD screen
  Beep();

  LCD_string(0x80,"    printf()    ");                  // display title on text LCD
  LCD_string(0xC0,"    for GLCD    ");

  GLCD_string(0,0,1," printf() 함수  ");                // display title on graphic LCD
  GLCD_string(1,0,0,"                ");
  GLCD_string(2,0,0,"  정수 =   000  ");
  GLCD_string(3,0,0,"  실수 = 0.000  ");

  while(1)
    { for(i=1, x=0.001; i <= 200; i++, x += 0.001) // loop by 200 times
        { GLCD_xy(2,11);
          printf("%3d\n", i);
          GLCD_xy(3,9);
          printf("%5.3f\n", x);
          Delay_ms(500);
        }
      Beep();
    }
}
```

☞ 그래픽형 LCD로 1문자를 출력할 때는 ASCII 코드값이 0x20~0x7E의 범위일 때만 정상적으로 출력하도록 하였다. 이렇게 하면 텍스트형 LCD 모듈에서 아무 의미가 없는 여러 가지의 기능제어 문자를 무시할 수 있다. printf()에서는 내부적으로 fputc() 함수를 통하여 무조건 1바이트씩 출력하므로 2바이트로 구성되는 한글 문자를 출력하는 기능이 수행되지 않으며, 이런 기능이 필요한 경우에는 GLCD_string() 함수로 별도 처리하면 된다.

(2) WinARM에서의 printf() 사용 프로그램

▣ DBGU 직렬통신 포트로 출력하는 경우

AT91SAM7S256에는 디버그 및 프로그램 다운로드용의 DBGU 포트를 UART 직렬통신 포트로 사용할 수도 있다. printf() 함수를 사용하여 DBGU 포트로 % 서식지정 출력을 내보내는 프로그램을 WinARM에서 작성하여 보면 다음과 같다.

〈프로그램 Xtest18_5.c〉 printf() 함수에 의한 DBGU로의 RS-232C 출력 프로그램

```
/* ============================================================================ */
/*          Xtest18_5.c : User-defined printf() Function for DBGU               */
/* ============================================================================ */
/*                        Designed and programmed by Duck-Yong Yoon in 2007.   */

#include <stdio.h>
#include "AT91SAM7S256.h"
#include "lib_AT91SAM7S256.h"
#include "OK7S256gcc.h"

unsigned int DBGU_RX_char(void)          /* receive a character by DBGU */
{
  while(!(*AT91C_DBGU_CSR & 0x0001));            // wait until RXRDY=1

  return *AT91C_DBGU_RHR;                        // receive a character
}

void DBGU_TX_char(unsigned int data)             /* transmit a character by DBGU */
{
  while(!(*AT91C_DBGU_CSR & 0x0002));            // wait until TXRDY=1

  *AT91C_DBGU_THR = data;                        // transmit a character
}

/* ===== System Call Reentrant Function ===================================== */

#include <reent.h>
#include <sys/stat.h>

_ssize_t _read_r(struct _reent *r, int file, void *ptr, size_t len)
{ char c;
  int  i;
  unsigned char *p;

  p = (unsigned char*)ptr;

  for(i=0; i < len; i++)
    { c = DBGU_RX_char();
      *p++ = c;
      DBGU_TX_char(c);

      if(c == 0x0D && i <= (len - 2))
        { *p = 0x0A;
          DBGU_TX_char(0x0A);
          return i + 2;
```

```
        }
    }

  return i;
}

_ssize_t _write_r(struct _reent *r, int file, const void *ptr, size_t len)
{ int i;
  const unsigned char *p;

  p = (const unsigned char*)ptr;

  for(i=0; i < len; i++)
    { if(*p == '\n' )
        DBGU_TX_char('\r');
      DBGU_TX_char(*p++);
    }

  return len;
}

int _close_r(struct _reent *r, int file)
{
  return 0;
}

_off_t _lseek_r(struct _reent *r, int file, _off_t ptr, int dir)
{
  return (_off_t)0;
}

int _fstat_r(struct _reent *r, int file, struct stat *st)
{
  st->st_mode = S_IFCHR;
  return 0;
}

int isatty(int file)
{
  return 1;
}

extern char end[];

static char *heap_ptr;

void *_sbrk_r(struct _reent *_s_r, ptrdiff_t nbytes)
{ char *base;

  if(!heap_ptr)
    heap_ptr = end;
  base = heap_ptr;
  heap_ptr += nbytes;

  return base;
}

/* ========================================================================= */

int main(void)
{ unsigned int i;
  double x;
```

```
    MCU_initialize();                                  // initialize AT91SAM7S256 & kit
    Delay_ms(50);                                      // wait for system stabilization
    LCD_initialize();                                  // initialize text LCD
    Beep();

    LCD_string(0x80,"    printf()     ");              // display title
    LCD_string(0xC0,"    for DBGU     ");

    AT91F_DBGU_CfgPMC();                               // enable clock of DBGU
    AT91F_DBGU_CfgPIO();                               // DTXD, DRXD by Peripheral A

    *AT91C_DBGU_MR = 0x00000800;                       // normal mode, no parity
    *AT91C_DBGU_BRGR = 26;                             // MCK/16/26 = 115200 bps
    *AT91C_DBGU_CR = 0x00000150;                       // TX, RX enable

    while(1)
      { for(i=1, x=0.001; i <= 200; i++, x += 0.001) // loop by 200 times
          { printf("printf() function test for DBGU : %3d  %5.3f\n", i, x);
            Delay_ms(500);
          }
        Beep();
      }
  }
```

☞ ADS v1.2에서 printf() 함수를 사용하려면 사용자 프로그램에서 fputc() 함수를 하나 만들어주는 것으로 가능하였지만, WinARM에서 printf() 함수를 사용하려면 이와 같이 _read_r() 및 _write_r() 함수 이외에도 몇가지 함수를 더 만들어 주어야 한다. 이 때문에 위 소스에서 "System Call Reentrant Function"이라고 묶어진 부분 전체를 syscalls.c와 같은 별도의 파일로 작성하여 링크시키기도 한다. 그러나, 이렇게 이를 별도의 파일로 작성하면 printf() 함수에서 사용할 주변장치를 바꿀 때마다 사용자 프로그램의 소스는 물론이고 이 별도의 파일까지 찾아가서 그 내용을 수정해주어야 하는 불편이 있기 때문에 이 책에서는 이처럼 사용자 프로그램 내부에 이 루틴들을 포함시키는 방법을 사용하였다. 이 루틴들의 내용은 굳이 이해하려고 노력하지 않아도 된다. 다만, 사용자가 필요로 할 때 이 루틴에서 각 주변장치에 1문자를 출력하거나 입력하는 함수를 호출하는 부분만을 수정할 수 있으면 그것으로 충분하다.

함수 _write_r()의 형식은 반드시 위와 같이 처리해야 한다. 이 함수안에서 DBGU 포트로 1문자를 출력하고 있는 것에 주목하라. 그리고, \n 문자의 경우에는 상대방에서 수신하여 화면에 출력할 것에 대비하여 이렇게 2개의 ASCII 문자인 캐리지 리턴(0x0D)과 라인 피드(0x0A)로 전송하는 것이 좋다.

WinARM에서 printf() 함수를 사용하는 경우에는 위에서처럼 반드시 문자열의 끝을 \n 문자로 처리해야 한다. 만약, 문자열의 끝에 \n 문자를 넣지 않으면 이 문자열이 버퍼에만 저장되고 실제로 해당 주변장치로 출력되지 않으므로 프로그램이 올바르게 실행되지 않을 수 있다.

이 프로그램을 컴파일하여 *OK-7S256* 키트에 다운로드하고 실행하라. 이 프로그램의 출력 결과를 확인하려면 *OK-7S256* 키트의 DBGU 직렬통신 포트인 콘넥터 CN5와 퍼스널컴퓨터의 직렬포트를 RS-232C 통신 케이블로 연결해야 한다. 그리고, 하이퍼터미널과 같은 통신 프로그램을 <그림 4.14.1>에서처럼 115200 bps, 8 데이터, 패리티 없음, 1 스톱 비트로 설정하여 사용해야 한다.

▣ USART0 직렬통신 포트로 출력하는 경우

이번에는 printf() 함수를 사용하여 USART0 포트로 % 서식지정 출력을 내보내는 프로그램을 WinARM에서 작성하여 보면 다음과 같다.

〈프로그램 Xtest18_6.c〉 printf() 함수에 의한 USART0으로의 RS-232C 출력 프로그램

```
/* ========================================================================= */
/*           Xtest18_6.c : User-defined printf() Function for USART0         */
/* ========================================================================= */
/*                        Designed and programmed by Duck-Yong Yoon in 2007.  */

#include <stdio.h>
#include "AT91SAM7S256.h"
#include "lib_AT91SAM7S256.h"
#include "OK7S256gcc.h"

unsigned int USART0_RX_char(void)               /* receive a character by USART0 */
{
  while(!(*AT91C_US0_CSR & 0x0001));            // wait until RXRDY=1

  return *AT91C_US0_RHR;                        // receive a character
}

void USART0_TX_char(unsigned int data)          /* transmit a character by USART0 */
{
  while(!(*AT91C_US0_CSR & 0x0002));            // wait until TXRDY=1

  *AT91C_US0_THR = data;                        // transmit a character
}

/* ===== System Call Reentrant Function ===================================== */

#include <reent.h>
#include <sys/stat.h>

_ssize_t _read_r(struct _reent *r, int file, void *ptr, size_t len)
{ char c;
  int  i;
  unsigned char *p;

  p = (unsigned char*)ptr;

  for(i=0; i < len; i++)
    { c = USART0_RX_char();
      *p++ = c;
      USART0_TX_char(c);

      if(c == 0x0D && i <= (len - 2))
        { *p = 0x0A;
          USART0_TX_char(0x0A);
          return i + 2;
        }
    }

  return i;
}

_ssize_t _write_r(struct _reent *r, int file, const void *ptr, size_t len)
```

```
{ int i;
  const unsigned char *p;

  p = (const unsigned char*)ptr;

  for(i=0; i < len; i++)
    { if(*p == '\n' )
        USART0_TX_char('\r');
      USART0_TX_char(*p++);
    }

  return len;
}

int _close_r(struct _reent *r, int file)
{
  return 0;
}

_off_t _lseek_r(struct _reent *r, int file, _off_t ptr, int dir)
{
  return (_off_t)0;
}

int _fstat_r(struct _reent *r, int file, struct stat *st)
{
  st->st_mode = S_IFCHR;
  return 0;
}

int isatty(int file)
{
  return 1;
}

extern char end[];

static char *heap_ptr;

void *_sbrk_r(struct _reent *_s_r, ptrdiff_t nbytes)
{ char *base;

  if(!heap_ptr)
    heap_ptr = end;
  base = heap_ptr;
  heap_ptr += nbytes;

  return base;
}

/* ========================================================================== */

int main(void)
{ unsigned int i;
  double x;

  MCU_initialize();                               // initialize AT91SAM7S256 & kit
  Delay_ms(50);                                   // wait for system stabilization
  LCD_initialize();                               // initialize text LCD
  Beep();

  LCD_string(0x80,"    printf()    ");             // display title
  LCD_string(0xC0,"   for USART0   ");
```

```
	AT91F_US0_CfgPMC();                                       // enable clock of USART0
	AT91F_PIO_CfgPeriph(AT91C_BASE_PIOA,AT91C_PA6_TXD0|AT91C_PA5_RXD0,0);
	                                                          // TXD0, RXD0 by Peripheral A

	*AT91C_US0_MR = 0x100008C0;                               // normal mode, no parity
	                                                          // 8 data, 1 stop, LSB first, 16x
	*AT91C_US0_BRGR = 26;                                     // MCK/16/26 = 115200 bps
	*AT91C_US0_CR = 0x00000150;                               // TX, RX enable

	while(1)
	  { for(i=1, x=0.001; i <= 200; i++, x += 0.001) // loop by 200 times
	      { printf("printf() function test for USART0 : %3d  %5.3f\n", i, x);
	        Delay_ms(500);
	      }
	    Beep();
	  }
}
```

이 프로그램을 컴파일하여 *OK-7S256* 키트에 다운로드하고 실행하라. 이 프로그램의 출력 결과를 확인하려면 *OK-7S256* 키트의 USART0 직렬통신 포트인 콘넥터 CN6과 퍼스널컴퓨터의 직렬포트를 RS-232C 통신 케이블로 연결해야 한다. 그리고, 하이퍼터미널과 같은 통신 프로그램을 <그림 4.14.1>에서처럼 115200 bps, 8 데이터, 패리티 없음, 1 스톱 비트로 설정하여 사용해야 한다.

▣ 텍스트형 LCD 모듈에 출력하는 경우

이번에는 printf() 함수를 사용하여 텍스트형 LCD 모듈에 % 서식지정 출력을 내보내는 프로그램을 WinARM에서 작성하여 보면 다음과 같다.

〈프로그램 Xtest18_7.c〉 printf() 함수에 의한 텍스트형 LCD 모듈로의 출력 프로그램

```
/* ========================================================================== */
/*          Xtest18_7.c : User-defined printf() Function for Text LCD         */
/* ========================================================================== */
/*                        Designed and programmed by Duck-Yong Yoon in 2007.  */

#include <stdio.h>
#include "AT91SAM7S256.h"
#include "lib_AT91SAM7S256.h"
#include "OK7S256gcc.h"

/* ===== System Call Reentrant Function ===================================== */

#include <reent.h>
#include <sys/stat.h>

_ssize_t _read_r(struct _reent *r, int file, void *ptr, size_t len)
{
```

```
  return 0;
}

_ssize_t _write_r(struct _reent *r, int file, const void *ptr, size_t len)
{ int i;
  const unsigned char *p;

  p = (const unsigned char*)ptr;

  for(i=0; i < len; i++)
    if((*p >= 0x20) && (*p <= 0x7E))
      LCD_data(*p++);

  return len;
}

int _close_r(struct _reent *r, int file)
{
  return 0;
}

_off_t _lseek_r(struct _reent *r, int file, _off_t ptr, int dir)
{
  return (_off_t)0;
}

int _fstat_r(struct _reent *r, int file, struct stat *st)
{
  st->st_mode = S_IFCHR;
  return 0;
}

int isatty(int file)
{
  return 1;
}

extern char end[];

static char *heap_ptr;

void *_sbrk_r(struct _reent *_s_r, ptrdiff_t nbytes)
{ char *base;

  if(!heap_ptr)
    heap_ptr = end;
  base = heap_ptr;
  heap_ptr += nbytes;

  return base;
}

/* ============================================================================ */

int main(void)
{ unsigned int i;
  double x;

  MCU_initialize();                            // initialize AT91SAM7S256 & kit
  Delay_ms(50);                                // wait for system stabilization
  LCD_initialize();                            // initialize text LCD
  Beep();
```

```
  LCD_string(0x80,"Integer  =   000");          // display title
  LCD_string(0xC0,"Floating = 0.000");

  while(1)
    { for(i=1, x=0.001; i <= 200; i++, x += 0.001) // loop by 200 times
        { LCD_command(0x8D);
          printf("%3d\n", i);
          LCD_command(0xCB);
          printf("%5.3f\n", x);
          Delay_ms(500);
        }
      Beep();
    }
}
```

☞ 텍스트형 LCD 모듈은 출력장치이므로 여기서는 절대로 scanf() 함수를 사용할 수가 없으며, 따라서 이것이 호출하여 사용할 _read_r() 함수는 형식만 유지하고 내용이 없는 빈 함수로 처리하였다.

텍스트형 LCD로 1문자를 출력할 때는 ASCII 코드값이 0x20~0x7E의 범위일 때만 정상적으로 출력하도록 하였다. 이렇게 하면 텍스트형 LCD 모듈에서 아무 의미가 없는 여러 가지의 기능제어 문자를 무시할 수 있다.

▣ 그래픽형 LCD 모듈에 출력하는 경우

이번에는 printf() 함수를 사용하여 그래픽형 LCD 모듈에 % 서식지정 출력을 내보내는 프로그램을 WinARM에서 작성하여 보면 다음과 같다.

〈프로그램 Xtest18_8.c〉 printf() 함수에 의한 그래픽형 LCD 모듈로의 출력 프로그램

```
/* ========================================================================== */
/*        Xtest18_8.c : User-defined printf() Function for Graphic LCD       */
/* ========================================================================== */
/*                        Designed and programmed by Duck-Yong Yoon in 2007.  */

#include <stdio.h>
#include "AT91SAM7S256.h"
#include "lib_AT91SAM7S256.h"
#include "OK7S256gcc.h"
#include "OK7S256Korean.h"

/* ===== System Call Reentrant Function ===================================== */

#include <reent.h>
#include <sys/stat.h>

_ssize_t _read_r(struct _reent *r, int file, void *ptr, size_t len)
{
  return 0;
}

_ssize_t _write_r(struct _reent *r, int file, const void *ptr, size_t len)
{ int i;
  const unsigned char *p;
```

```
  p = (const unsigned char*)ptr;

  for(i=0; i < len; i++)
   if((*p >= 0x20) && (*p <= 0x7E))
     GLCD_English(0,*p++);

  return len;
}

int _close_r(struct _reent *r, int file)
{
  return 0;
}

_off_t _lseek_r(struct _reent *r, int file, _off_t ptr, int dir)
{
  return (_off_t)0;
}

int _fstat_r(struct _reent *r, int file, struct stat *st)
{
  st->st_mode = S_IFCHR;
  return 0;
}

int isatty(int file)
{
  return 1;
}

extern char end[];

static char *heap_ptr;

void *_sbrk_r(struct _reent *_s_r, ptrdiff_t nbytes)
{ char *base;

  if(!heap_ptr)
    heap_ptr = end;
  base = heap_ptr;
  heap_ptr += nbytes;

  return base;
}

/* ============================================================================ */

int main(void)
{ unsigned int i;
  double x;

  MCU_initialize();                              // initialize AT91SAM7S256 & kit
  Delay_ms(50);                                  // wait for system stabilization
  LCD_initialize();                              // initialize text LCD
  GLCD_clear();                                  // initialize GLCD screen
  Beep();

  LCD_string(0x80,"    printf()     ");           // display title on text LCD
  LCD_string(0xC0,"    for GLCD     ");

  GLCD_string(0,0,1," printf() 함수  ");          // display title on graphic LCD
  GLCD_string(1,0,0,"                ");
```

```
    GLCD_string(2,0,0,"  정수 =   000  ");
    GLCD_string(3,0,0,"  실수 = 0.000  ");

    while(1)
      { for(i=1, x=0.001; i <= 200; i++, x += 0.001) // loop by 200 times
          { GLCD_xy(2,2);
            printf("정수 = %3d\n", i);
            GLCD_xy(3,2);
            printf("실수 = %5.3f\n", x);
            Delay_ms(500);
          }
        Beep();
      }
  }
```

☞ 그래픽형 LCD로 1문자를 출력할 때는 ASCII 코드값이 0x20~0x7E의 범위일 때만 정상적으로 출력하도록 하였다. 이렇게 하면 텍스트형 LCD 모듈에서 아무 의미가 없는 여러 가지의 기능제어 문자를 무시할 수 있다.

ADS v1.2의 printf() 함수에서는 한글이 처리되지 않는다. 그러나, WinARM의 printf()에서는 내부적으로 _write_r() 함수를 사용하여 각 문자들을 연속으로 출력하므로 2바이트로 된 한글 문자들이 문제없이 처리된다. 물론, 한글 문자열은 굳이 printf() 함수에서 처리하지 말고 GLCD_string() 함수로 별도 처리해도 된다.

4. 실습 과제

(1) 텍스트형 LCD 모듈에서는 ASCII 코드 0x20~0x7E의 문자들만 출력해야 하는 이유를 설명하라.

(2) 예제 프로그램 Xtest18_5.c에서 DBGU 포트를 통하여 printf() 및 scanf() 함수를 사용할 수 있는 프로그램 Xtest18_5R.c로 수정하라. 그렇게 하여 텍스트형 LCD 모듈의 첫번째 행에는 예제 Xtest18_7.c에서 그랬던 것처럼 3자리의 정수를 scanf() 함수로 읽어서 출력하고, 두 번째 행에는 5자리의 실수를 scanf() 함수로 읽어서 출력하도록 프로그램을 작성하라.

부록

OK-7S256 키트 관련 자료

〈부록1〉 AT91SAM7S256의 데이터 시트

〈부록2〉 AT91SAM7S256.inc 인클루드 파일

〈부록3〉 키트 테스트 프로그램 Xkit_test.c의 소스

☞

<부록 1>에 실은 AT91SAM7S256의 데이터 시트는 수백 페이지에 이르는 방대한 분량이므로 여기에는 필요한 일부분만을 발췌하여 싣는다. 나머지 부분들은 이 책에서 대부분 설명하고 있으니 거의 필요가 없지만, 이것의 전체를 보고자 하는 독자는 저자나 Atmel사의 홈페이지에서 직접 다운받아 사용하기 바란다.

<부록 2>에는 ADS v1.2에서 어셈블리 언어로 프로그램을 작성하는 경우에 사용할 수 있는 인클루드 파일 AT91SAM7S256.inc의 소스를 실었다. WinARM에서는 어셈블리 언어의 문법이 다소 다르므로 이를 그대로 사용하지 못하며 필요한 부분을 수정해야 한다.

<부록 3>에는 *OK-7S256* 키트를 사용자가 처음 조립하고 나서 이것의 정상적인 동작 여부를 체크할 수 있는 키트 진단용의 테스트 프로그램인 Xkit_test.c의 소스를 실었다. 여기에는 WinARM을 사용하는 경우의 소스만을 실었지만 ADS v1.2의 경우도 헤더 파일이 1개만 다를 뿐이고 나머지 사항은 동일하다. 이것을 번역한 타겟 실행 파일도 이 책의 예제와 함께 제공하므로 자신이 직접 키트를 조립하는 사용자는 이를 가지고 키트를 테스트하면 된다.

〈부록 1〉 AT91SAM7S256의 데이터 시트(부분 발췌)

Features

- Incorporates the ARM7TDMI® ARM® Thumb® Processor
  - High-performance 32-bit RISC Architecture
  - High-density 16-bit Instruction Set
  - Leader in MIPS/Watt
  - EmbeddedICE™ In-circuit Emulation, Debug Communication Channel Support
- Internal High-speed Flash
  - 512 Kbytes (AT91SAM7S512) Organized in Two Contiguous Banks of 1024 Pages of 256 Bytes (Dual Plane)
  - 256 kbytes(AT91SAM7S256) Organized in 1024 Pages of 256 Bytes (Single Plane)
  - 128 Kbytes (AT91SAM7S128) Organized in 512 Pages of 256 Bytes (Single Plane)
  - 64 Kbytes (AT91SAM7S64) Organized in 512 Pages of 128 Bytes (Single Plane)
  - 32 Kbytes (AT91SAM7S321/32) Organized in 256 Pages of 128 Bytes (Single Plane)
  - Single Cycle Access at Up to 30 MHz in Worst Case Conditions
  - Prefetch Buffer Optimizing Thumb Instruction Execution at Maximum Speed
  - Page Programming Time: 6 ms, Including Page Auto-erase, Full Erase Time: 15 ms
  - 10,000 Write Cycles, 10-year Data Retention Capability, Sector Lock Capabilities, Flash Security Bit
  - Fast Flash Programming Interface for High Volume Production
- Internal High-speed SRAM, Single-cycle Access at Maximum Speed
  - 64 kbytes (AT91SAM7S512/256)
  - 32 kbytes (AT91SAM7S128)
  - 16 kbytes (AT91SAM7S64)
  - 8 kbytes (AT91SAM7S321/32)
- Memory Controller (MC)
  - Embedded Flash Controller, Abort Status and Misalignment Detection
- Reset Controller (RSTC)
  - Based on Power-on Reset and Low-power Factory-calibrated Brown-out Detector
  - Provides External Reset Signal Shaping and Reset Source Status
- Clock Generator (CKGR)
  - Low-power RC Oscillator, 3 to 20 MHz On-chip Oscillator and one PLL
- Power Management Controller (PMC)
  - Software Power Optimization Capabilities, Including Slow Clock Mode (Down to 500 Hz) and Idle Mode
  - Three Programmable External Clock Signals
- Advanced Interrupt Controller (AIC)
  - Individually Maskable, Eight-level Priority, Vectored Interrupt Sources
  - Two (AT91SAM7S512/256/128/64/321) or One (AT91SAM7S32) External Interrupt Source(s) and One Fast Interrupt Source, Spurious Interrupt Protected
- Debug Unit (DBGU)
  - 2-wire UART and Support for Debug Communication Channel Interrupt, Programmable ICE Access Prevention
- Periodic Interval Timer (PIT)
  - 20-bit Programmable Counter plus 12-bit Interval Counter
- Windowed Watchdog (WDT)
  - 12-bit key-protected Programmable Counter
  - Provides Reset or Interrupt Signals to the System
  - Counter May Be Stopped While the Processor Is in Debug State or in Idle Mode

AT91 ARM Thumb-based Microcontrollers

AT91SAM7S512
AT91SAM7S256
AT91SAM7S128
AT91SAM7S64
AT91SAM7S321
AT91SAM7S32

Preliminary

6175G–ATARM–22-Nov-06

- Real-time Timer (RTT)
  - 32-bit Free-running Counter with Alarm
  - Runs Off the Internal RC Oscillator
- One Parallel Input/Output Controller (PIOA)
  - Thirty-two (AT91SAM7S512/256/128/64/321) or twenty-one (AT91SAM7S32) Programmable I/O Lines Multiplexed with up to Two Peripheral I/Os
  - Input Change Interrupt Capability on Each I/O Line
  - Individually Programmable Open-drain, Pull-up resistor and Synchronous Output
- Eleven (AT91SAM7S512/256/128/64/321) or Nine (AT91SAM7S32) Peripheral DMA Controller (PDC) Channels
- One USB 2.0 Full Speed (12 Mbits per Second) Device Port (Except for the AT91SAM7S32).
  - On-chip Transceiver, 328-byte Configurable Integrated FIFOs
- One Synchronous Serial Controller (SSC)
  - Independent Clock and Frame Sync Signals for Each Receiver and Transmitter
  - I²S Analog Interface Support, Time Division Multiplex Support
  - High-speed Continuous Data Stream Capabilities with 32-bit Data Transfer
- Two (AT91SAM7S512/256/128/64/321) or One (AT91SAM7S32) Universal Synchronous/Asynchronous Receiver Transmitters (USART)
  - Individual Baud Rate Generator, IrDA® Infrared Modulation/Demodulation
  - Support for ISO7816 T0/T1 Smart Card, Hardware Handshaking, RS485 Support
  - Full Modem Line Support on USART1 (AT91SAM7S512/256/128/64/321)
- One Master/Slave Serial Peripheral Interface (SPI)
  - 8- to 16-bit Programmable Data Length, Four External Peripheral Chip Selects
- One Three (AT91SAM7S512/256/128/64/321)-channel or Two (AT91SAM7S32)-channel 16-bit Timer/Counter (TC)
  - Three (AT91SAM7S512/256/128/64/321) or One (AT91SAM7S32) External Clock Input(s), Two Multi-purpose I/O Pins per Channel
  - Double PWM Generation, Capture/Waveform Mode, Up/Down Capability
- One Four-channel 16-bit PWM Controller (PWMC)
- One Two-wire Interface (TWI)
  - Master Mode Support Only, All Two-wire Atmel EEPROMs Supported
- One 8-channel 10-bit Analog-to-Digital Converter, Four Channels Multiplexed with Digital I/Os
- SAM-BA™ Boot Assistant
  - Default Boot program
  - Interface with SAM-BA Graphic User Interface
- IEEE® 1149.1 JTAG Boundary Scan on All Digital Pins
- 5V-tolerant I/Os, including Four High-current Drive I/O lines, Up to 16 mA Each
- Power Supplies
  - Embedded 1.8V Regulator, Drawing up to 100 mA for the Core and External Components
  - 3.3V or 1.8V VDDIO I/O Lines Power Supply, Independent 3.3V VDDFLASH Flash Power Supply
  - 1.8V VDDCORE Core Power Supply with Brown-out Detector
- Fully Static Operation: Up to 55 MHz at 1.65V and 85°C Worst Case Conditions
- Available in 64-lead LQFP Green or 64-pad QFN Green Package (AT91SAM7S512/256/128/64/321) and 48-lead LQFP Green or 48-pad QFN Green Package (AT91SAM7S32)

AT91SAM7S Series Preliminary

1. Description

Atmel's AT91SAM7S is a series of low pincount Flash microcontrollers based on the 32-bit ARM RISC processor. It features a high-speed Flash and an SRAM, a large set of peripherals, including a USB 2.0 device (except for the AT91SAM7S32), and a complete set of system functions minimizing the number of external components. The device is an ideal migration path for 8-bit microcontroller users looking for additional performance and extended memory.

The embedded Flash memory can be programmed in-system via the JTAG-ICE interface or via a parallel interface on a production programmer prior to mounting. Built-in lock bits and a security bit protect the firmware from accidental overwrite and preserves its confidentiality.

The AT91SAM7S Series system controller includes a reset controller capable of managing the power-on sequence of the microcontroller and the complete system. Correct device operation can be monitored by a built-in brownout detector and a watchdog running off an integrated RC oscillator.

The AT91SAM7S Series are general-purpose microcontrollers. Their integrated USB Device port makes them ideal devices for peripheral applications requiring connectivity to a PC or cellular phone. Their aggressive price point and high level of integration pushes their scope of use far into the cost-sensitive, high-volume consumer market.

Note: References to the AT91SAM7S512 in this document concern a future product under development.

1.1 Configuration Summary of the AT91SAM7S512, AT91SAM7S256, AT91SAM7S128, AT91SAM7S64, AT91SAM7S321 and AT91SAM7S32

The AT91SAM7S512, AT91SAM7S256, AT91SAM7S128, AT91SAM7S64, AT91SAM7S321 and AT91SAM7S32 differ in memory size, peripheral set and package. Table 1-1 summarizes the configuration of the six devices.

Except for the AT91SAM7S32, all other AT91SAM7S devices are package and pinout compatible.

Table 1-1. Configuration Summary

Device	Flash	Flash Organization	SRAM	USB Device Port	USART	External Interrupt Source	PDC Channels	TC Channels	I/O Lines	Package
AT91SAM7S512	512K byte	dual plane	64K byte	1	2(1) (2)	2	11	3	32	LQFP/ QFN 64
AT91SAM7S256	256K byte	single plane	64K byte	1	2(1) (2)	2	11	3	32	LQFP/ QFN 64
AT91SAM7S128	128K byte	single plane	32K byte	1	2(1) (2)	2	11	3	32	LQFP/ QFN 64
AT91SAM7S64	64K byte	single plane	16K byte	1	2(2)	2	11	3	32	LQFP/ QFN 64
AT91SAM7S321	32K byte	single plane	8K byte	1	2(2)	2	11	3	32	LQFP/ QFN 64
AT91SAM7S32	32K byte	single plane	8K byte	not present	1	1	9	2	21	LQFP/ QFN 48

Notes: 1. Fractional Baud Rate.
2. Full modem line support on USART1.

36. AT91SAM7S Electrical Characteristics

36.1 Absolute Maximum Ratings

Table 36-1. Absolute Maximum Ratings*

Operating Temperature (Industrial)..........-40°C to + 85°C
Storage Temperature...............................-60°C to + 150°C
Voltage on Input Pins with Respect to Ground..............................-0.3V to + 5.5V
Maximum Operating Voltage (VDDCORE, and VDDPLL)..2.0V
Maximum Operating Voltage (VDDIO, VDDIN and VDDFLASH)..............................4.0V
Total DC Output Current on all I/O lines 48-lead LQFP/QFN package.................................100 mA
64-lead LQFP/QFN package.................................150 mA

*NOTICE: Stresses beyond those listed under "Absolute Maximum Ratings" may cause permanent damage to the device. This is a stress rating only and functional operation of the device at these or other conditions beyond those indicated in the operational sections of this specification is not implied. Exposure to absolute maximum rating conditions for extended periods may affect device reliability.

36.2 DC Characteristics

The following characteristics are applicable to the operating temperature range: T_A = -40°C to 85°C, unless otherwise specified and are certified for a junction temperature up to T_J = 100°C.

Table 36-2. DC Characteristics

Symbol	Parameter	Conditions	Min	Typ	Max	Units
$V_{VDDCORE}$	DC Supply Core		1.65		1.95	V
V_{VDDPLL}	DC Supply PLL		1.65		1.95	V
V_{VDDIO}	DC Supply I/Os		3.0		3.6	V
			1.65		1.95	V
$V_{VDDFLASH}$	DC Supply Flash		3.0		3.6	V
V_{IL}	Input Low-level Voltage	V_{VDDIO} from 3.0V to 3.6V	-0.3		0.8	V
		V_{VDDIO} from 1.65V to 1.95V	-0.3		0.45	V
V_{IH}	Input High-level Voltage	V_{VDDIO} from 3.0V to 3.6V	2.0		5.5	V
		V_{VDDIO} from 1.65V to 1.95V	0.6 x V_{VDDIO}		5.5	V
V_{OL}	Output Low-level Voltage	I_O = 8 mA, V_{VDDIO} from 3.0V to 3.6V			0.4	V
		I_O = 1.5 mA, V_{VDDIO} from 1.65V to 1.95V			0.2	V
V_{OH}	Output High-level Voltage	I_O = 8 mA, V_{VDDIO} from 3.0V to 3.6V	V_{DDIO} - 0.4			V
		I_O = 1.5 mA, V_{VDDIO} from 1.65V to 1.95V	V_{DDIO} - 0.2			V
I_{LEAK}	Input Leakage Current	PA0-PA3, Pull-up resistors disabled (Typ: T_A = 25°C, Max: T_A = 85°C)		40	400	nA
		Other PIOs, Pull-up resistors disabled (Typ: T_A = 25°C, Max: T_A = 85°C)		20	200	nA
I_{PULLUP}	Input Pull-up Current	PA17-PA20, V_{VDDIO} from 3.0V to 3.6V, PAx connected to ground	10	20.6	60	μA
		PA17-PA20, V_{VDDIO} from 1.65V to 1.95V, PAx connected to ground	2.46	5.15	11.5	μA
		Other PIOs and NRST, V_{VDDIO} from 3.0V to 3.6V, PAx connected to ground	143	321	600	μA
		Other PIOs and NRST, V_{VDDIO} from 1.65V to 1.95V, PAx connected to ground	25	75	100	μA
$I_{PULLDOWN}$	Input Pull-down Current, (TST, ERASE, JTAGSEL)	V_{VDDIO} from 3.0V to 3.6V, Pins connected to V_{VDDIO}	135	295	550	μA
		V_{VDDIO} from 1.65V to 1.95V, Pins connected to V_{VDDIO}	30	67	130	μA
C_{IN}	Input Capacitance	48 or 64 LQFP Package			13.9	pF
I_{SC}	Static Current (AT91SAM7S64/321/32)	On $V_{VDDCORE}$ = 1.85V, MCK = 500Hz; T_A = 25°C		4.0	15	μA
		All inputs driven at 1 (including TMS, TDI, TCK, NRST) Flash in standby mode All peripherals off.; T_A = 85°C		25	100	μA

AT91SAM7S Series Preliminary

Table 36-2. DC Characteristics (Continued)

I_{SC}	Static Current (AT91SAM7S256/128)	On $V_{VDDCORE}$ = 1.85V, MCK = 500Hz	T_A = 25°C		4.0	20	µA
		All inputs driven at 1 (including TMS, TDI, TCK, NRST) Flash in standby mode All peripherals off	T_A = 85°C		35	150	
I_{SC}	Static Current (AT91SAM7S512)	On $V_{VDDCORE}$ = 1.85V, MCK = 500Hz	T_A = 25°C		6.0	30	µA
		All inputs driven at 1 (including TMS, TDI, TCK, NRST) Flash in standby mode All peripherals off	T_A = 85°C		45	200	
I_O	Output Current	PA0-PA3, V_{VDDIO} from 3.0V to 3.6V				16	mA
		PA0-PA3, V_{VDDIO} from 1.65V to 1.95V				3	mA
		PA17-PA20, V_{VDDIO} from 3.0V to 3.6V				2	mA
		PA17-PA20, V_{VDDIO} from 1.65V to 1.95V				0.5	mA
		Other PIOs, V_{VDDIO} from 3.0V to 3.6V				8	mA
		Other PIOs, V_{VDDIO} from 1.65V to 1.95V				1.5	mA
T_{SLOPE}	Supply Core Slope			6			V/ms

Note that even during startup, $V_{VDDFLASH}$ must always be superior or equal to $V_{VDDCORE}$.

Table 36-3. 1.8V Voltage Regulator Characteristics

Symbol	Parameter	Conditions	Min	Typ	Max	Units
V_{VDDIN}	Supply Voltage		3.0	3.3	3.6	V
V_{VDDOUT}	Output Voltage	I_O = 20 mA	1.81	1.85	1.89	V
I_{VDDIN}	Current consumption	After startup, no load		90		µA
		After startup, Idle mode, no load			25	µA
T_{START}	Startup Time	C_{load} = 2.2 µF, after V_{DDIN} > 2.7V			150	µS
I_O	Maximum DC Output Current	V_{DDIN} = 3.3V			100	mA
I_O	Maximum DC Output Current	V_{DDIN} = 3.3V, in Idle Mode			1	mA

Table 36-4. Brownout Detector Characteristics

Symbol	Parameter	Conditions	Min	Typ	Max	Units
V_{BOT-}	Threshold Level		1.65	1.68	1.71	V
V_{HYST}	Hysteresis	$V_{HYST} = V_{BOT+} - V_{BOT-}$		50	65	mV
I_{DD}	Current Consumption	BOD on (GPNVM0 bit active)		12	18	µA
		BOD off (GPNVM0 bit inactive)			1	µA
T_{START}	Startup Time			100	200	µs

Table 36-2. DC Characteristics (Continued)

I_{SC}	Static Current (AT91SAM7S256/128)	On $V_{VDDCORE}$ = 1.85V, MCK = 500Hz	T_A = 25°C		4.0	20	µA
		All inputs driven at 1 (including TMS, TDI, TCK, NRST) Flash in standby mode All peripherals off	T_A = 85°C		35	150	µA
I_{SC}	Static Current (AT91SAM7S512)	On $V_{VDDCORE}$ = 1.85V, MCK = 500Hz	T_A = 25°C		6.0	30	µA
		All inputs driven at 1 (including TMS, TDI, TCK, NRST) Flash in standby mode All peripherals off	T_A = 85°C		45	200	µA
I_O	Output Current	PA0-PA3, V_{VDDIO} from 3.0V to 3.6V				16	mA
		PA0-PA3, V_{VDDIO} from 1.65V to 1.95V				3	mA
		PA17-PA20, V_{VDDIO} from 3.0V to 3.6V				2	mA
		PA17-PA20, V_{VDDIO} from 1.65V to 1.95V				0.5	mA
		Other PIOs, V_{VDDIO} from 3.0V to 3.6V				8	mA
		Other PIOs, V_{VDDIO} from 1.65V to 1.95V				1.5	mA
T_{SLOPE}	Supply Core Slope			6			V/ms

Note that even during startup, $V_{VDDFLASH}$ must always be superior or equal to $V_{VDDCORE}$.

Table 36-3. 1.8V Voltage Regulator Characteristics

Symbol	Parameter	Conditions	Min	Typ	Max	Units
V_{VDDIN}	Supply Voltage		3.0	3.3	3.6	V
V_{VDDOUT}	Output Voltage	I_O = 20 mA	1.81	1.85	1.89	V
I_{VDDIN}	Current consumption	After startup, no load		90		µA
		After startup, Idle mode, no load			25	µA
T_{START}	Startup Time	C_{load} = 2.2 µF, after V_{DDIN} > 2.7V			150	µS
I_O	Maximum DC Output Current	V_{DDIN} = 3.3V			100	mA
I_O	Maximum DC Output Current	V_{DDIN} = 3.3V, in Idle Mode			1	mA

Table 36-4. Brownout Detector Characteristics

Symbol	Parameter	Conditions	Min	Typ	Max	Units
V_{BOT-}	Threshold Level		1.65	1.68	1.71	V
V_{HYST}	Hysteresis	$V_{HYST} = V_{BOT+} - V_{BOT-}$		50	65	mV
I_{DD}	Current Consumption	BOD on (GPNVM0 bit active)		12	18	µA
		BOD off (GPNVM0 bit inactive)			1	µA
T_{START}	Startup Time			100	200	µs

36.3 Power Consumption

- Typical power consumption of PLLs, Slow Clock and Main Oscillator.
- Power consumption of power supply in two different modes: Active and ultra Low-power.
- Power consumption by peripheral: calculated as the difference in current measurement after having enabled then disabled the corresponding clock.

36.3.1 Power Consumption Versus Modes

The values in Table 36-7 and Table 36-8 on page 503 are measured values of the power consumption with operating conditions as follows:

- $V_{DDIO} = V_{DDIN} = V_{DDFLASH} = 3.3V$
- $V_{DDCORE} = V_{DDPLL} = 1.85V$
- $T_A = 25°C$
- There is no consumption on the I/Os of the device

Figure 36-1. Measure Schematics:

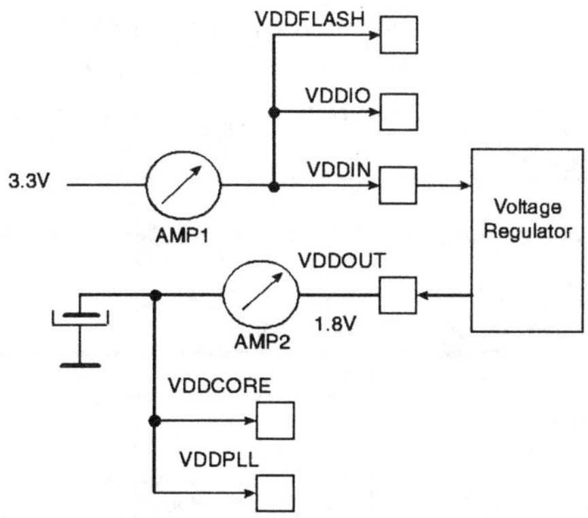

These figures represent the power consumption typically measured on the power supplies..

Table 36-7. Power Consumption for Different Modes

Mode	Conditions	Consumption	Unit
Active (AT91SAM7S64/321/32)	Voltage regulator is on. Brown Out Detector is activated. Flash is read. ARM Core clock is 50MHz. Analog-to-Digital Converter activated. All peripheral clocks activated. USB transceiver enabled. onto AMP1 onto AMP2	29.4 28.1	mA
Active (AT91SAM7S512/256/128)	Voltage regulator is on. Brown Out Detector is activated. Flash is read. ARM Core clock is 50MHz. Analog-to-Digital Converter activated. All peripheral clocks activated. USB transceiver enabled. onto AMP1 onto AMP2	31.9 30.6	mA
Ultra low power	Voltage regulator is in Low-power mode. Brown Out Detector is de-activated. Flash is in standby mode.(1) ARM Core in idle mode. MCK @ 500Hz. Analog-to-Digital Converter de-activated. All peripheral clocks de-activated. USB transceiver disabled. DDM and DDP pins connected to ground. onto AMP1 onto AMP2	34.3 4.0	µA

Note: 1. "Flash is in standby mode" means the Flash is not accessed at all.
Low power consumption figures found in the above table cannot be guaranteed when accessing the Flash in Ultra Low Power Mode. In order to meet given low power consumption figures, it is recommended to either stop the processor or jump to SRAM.

36.3.2 Peripheral Power Consumption in Active Mode

Table 36-8. Power Consumption on V_{DDCORE}[1]

Peripheral	Consumption (Typ)	Unit
PIO Controller	12	µA/MHz
USART	28	
UDP	20	
PWM	16	
TWI	5	
SPI	16	
SSC	32	
Timer Counter Channels	6	
ARM7TDMI	160	
System Peripherals (AT91SAM7S512/256/128)	190	
System Peripherals (AT91SAM7S64/321/32)	140	

Note: 1. Note: V_{DDCORE} = 1.85V, T_A = 25°C

36.4 Crystal Oscillators Characteristics

36.4.1 RC Oscillator Characteristics

Table 36-9. RC Oscillator Characteristics

Symbol	Parameter	Conditions	Min	Typ	Max	Unit
$1/(t_{CPRC})$	RC Oscillator Frequency	V_{DDPLL} = 1.65V	22	32	42	kHz
	Duty Cycle		45	50	55	%
t_{ST}	Startup Time	V_{DDPLL} = 1.65V			75	μs
I_{OSC}	Current Consumption	After Startup Time			1.9	μA

36.4.2 Main Oscillator Characteristics

Table 36-10. Main Oscillator Characteristics

Symbol	Parameter	Conditions	Min	Typ	Max	Unit
$1/(t_{CPMAIN})$	Crystal Oscillator Frequency		3	16	20	MHz
C_{L1}, C_{L2}	Internal Load Capacitance ($C_{L1} = C_{L2}$)	Integrated Load Capacitance ((XIN or XOUT))	34	40	46	pF
C_L	Equivalent Load Capacitance	Integrated Load Capacitance (XIN and XOUT in series)	17	20	23	pF
	Duty Cycle		30	50	70	%
t_{ST}	Startup Time	V_{DDPLL} = 1.2 to 2V C_S = 3 pF(1) $1/(t_{CPMAIN})$ = 3 MHz C_S = 7 pF(1) $1/(t_{CPMAIN})$ = 16 MHz C_S = 7 pF(1) $1/(t_{CPMAIN})$ = 20 MHz			 14.5 1.4 1	ms
I_{DDST}	Standby Current Consumption	Standby mode			1	μA
P_{ON}	Drive level	@3 MHz @8 MHz @16 MHz @20 MHz			15 30 50 50	μW
$I_{DD\ ON}$	Current dissipation	@3 MHz (2) @8 MHz (3) @16 MHz (4) @20 MHz (5)		150 150 300 400	250 250 450 550	μA
C_{LEXT}	Maximum external capacitor on XIN and XOUT				10	pF

Notes: 1. C_S is the shunt capacitance.
2. R_S = 100-200 Ω; C_{SHUNT} = 2.0 - 2.5 pF; C_M = 2 – 1.5 fF (typ, worst case) using 1 K ohm serial resistor on xout.
3. R_S = 50-100 Ω; C_{SHUNT} = 2.0 - 2.5 pF; C_M = 4 - 3 fF (typ, worst case).
4. R_S = 25-50 Ω; C_{SHUNT} = 2.5 - 3.0 pF; C_M = 7 -5 fF (typ, worst case).
5. R_S = 20-50 Ω; C_{SHUNT} = 3.2 - 4.0 pF; C_M = 10 - 8 fF (typ, worst case).

36.4.3 Crystal Characteristics

Table 36-11. Crystal Characteristics

Symbol	Parameter	Conditions	Min	Typ	Max	Unit
ESR	Equivalent Series Resistor Rs	Fundamental @3 MHz Fundamental @8 MHz Fundamental @16 MHz Fundamental @20 MHz			200 100 80 50	Ω
C_M	Motional capacitance				8	fF
C_{SHUNT}	Shunt capacitance				7	pF

36.4.4 XIN Clock Characteristics

Table 36-12. XIN Clock Electrical Characteristics

Symbol	Parameter	Conditions	Min	Max	Units
$1/(t_{CPXIN})$	XIN Clock Frequency	(1)		50.0	MHz
t_{CPXIN}	XIN Clock Period	(1)	20.0		ns
t_{CHXIN}	XIN Clock High Half-period	(1)	0.4 x t_{CPXIN}	0.6 x t_{CPXIN}	
t_{CLXIN}	XIN Clock Low Half-period	(1)	0.4 x t_{CPXIN}	0.6 x t_{CPXIN}	
C_{IN}	XIN Input Capacitance	(1)		46	pF
R_{IN}	XIN Pull-down Resistor	(1)		500	kΩ
V_{XIN_IL}	V_{XIN} Input Low-level Voltage	(1)	-0.3	0.2 x V_{DDPLL}	V
V_{XIN_IH}	V_{XIN} Input High-level Voltage	(1)	0.8 x V_{DDPLL}	1.95	V
I_{DDBP}	Bypass Current Consumption	(1)		15	µW/MHz

Note: 1. These characteristics apply only when the Main Oscillator is in bypass mode (i.e., when MOSCEN = 0 and OSCBYPASS = 1 in the CKGR_MOR register, see the Clock Generator Main Oscillator Register.

36.5 PLL Characteristics

Table 36-13. Phase Lock Loop Characteristics

Symbol	Parameter	Conditions		Min	Typ	Max	Unit
F_{OUT}	Output Frequency: AT91SAM7S64/321/32	Field OUT of CKGR_PLL is:	00	80		160	MHz
			10	150		200	MHz
F_{OUT}	Output Frequency: AT91SAM7S512/256/128	Field OUT of CKGR_PLL is:	00	80		160	MHz
			10	150		180	MHz
F_{IN}	Input Frequency			1		32	MHz
I_{PLL}	Current Consumption	Active mode				4	mA
		Standby mode				1	µA

Note: Startup time depends on PLL RC filter. A calculation tool is provided by Atmel.

38. AT91SAM7S Ordering Information

Table 38-1. LQFP/QFN Ordering Information

Ordering Code	Package	Package Type	Temperature Operating Range
AT91SAM7S512-AU-001 AT91SAM7S512-MU	LQFP 64 QFN 64	Green	Industrial (-40°C to 85°C)
AT91SAM7S256-AU-001 AT91SAM7S256-MU	LQFP 64 QFN 64	Green	Industrial (-40°C to 85°C)
AT91SAM7S128-AU-001 AT91SAM7S128-MU	LQFP 64 QFN 64	Green	Industrial (-40°C to 85°C)
AT91SAM7S64-AU-001 AT91SAM7S64-MU	LQFP 64 QFN 64	Green	Industrial (-40°C to 85°C)
AT91SAM7S321-AU AT91SAM7S321-MU	LQFP 64 QFN 64	Green	Industrial (-40°C to 85°C)
AT91SAM7S32-AU-001 AT91SAM7S32-MU	LQFP 48 QFN 48	Green	Industrial (-40°C to 85°C)

〈부록 2〉 AT91SAM7S256.inc 인클루드 파일

ADS v1.2 C컴파일러에서 사용자가 어셈블리 언어 프로그램용으로 사용할 수 있도록 Atmel사에서 제공하는 인클루드 파일 AT91SAM7S256.inc의 내용은 다음과 같다.

```
;- ----------------------------------------------------------------------------
;-          ATMEL Microcontroller Software Support  -  ROUSSET  -
;- ----------------------------------------------------------------------------
;-  DISCLAIMER:  THIS SOFTWARE IS PROVIDED BY ATMEL "AS IS" AND ANY EXPRESS OR
;-  IMPLIED WARRANTIES, INCLUDING, BUT NOT LIMITED TO, THE IMPLIED WARRANTIES OF
;-  MERCHANTABILITY, FITNESS FOR A PARTICULAR PURPOSE AND NON-INFRINGEMENT ARE
;-  DISCLAIMED. IN NO EVENT SHALL ATMEL BE LIABLE FOR ANY DIRECT, INDIRECT,
;-  INCIDENTAL, SPECIAL, EXEMPLARY, OR CONSEQUENTIAL DAMAGES (INCLUDING, BUT NOT
;-  LIMITED TO, PROCUREMENT OF SUBSTITUTE GOODS OR SERVICES; LOSS OF USE, DATA,
;-  OR PROFITS; OR BUSINESS INTERRUPTION) HOWEVER CAUSED AND ON ANY THEORY OF
;-  LIABILITY, WHETHER IN CONTRACT, STRICT LIABILITY, OR TORT (INCLUDING
;-  NEGLIGENCE OR OTHERWISE) ARISING IN ANY WAY OUT OF THE USE OF THIS SOFTWARE,
;-  EVEN IF ADVISED OF THE POSSIBILITY OF SUCH DAMAGE.
;- ----------------------------------------------------------------------------
;- File Name           : AT91SAM7S256.h
;- Object              : AT91SAM7S256 definitions
;- Generated           : AT91 SW Application Group  01/16/2006 (16:36:07)
;-
;- CVS Reference       : /AT91SAM7S256.pl/1.11/Tue Aug 30 12:00:29 2005
;- CVS Reference       : /SYS_SAM7S.pl/1.2/Tue Feb  1 17:01:52 2005
;- CVS Reference       : /MC_SAM7S.pl/1.3/Fri May 20 14:12:30 2005
;- CVS Reference       : /PMC_SAM7S_USB.pl/1.4/Tue Feb  8 13:58:22 2005
;- CVS Reference       : /RSTC_SAM7S.pl/1.2/Wed Jul 13 14:57:40 2005
;- CVS Reference       : /UDP_SAM7S.pl/1.1/Tue May 10 11:34:52 2005
;- CVS Reference       : /PWM_SAM7S.pl/1.1/Tue May 10 11:53:07 2005
;- CVS Reference       : /RTTC_6081A.pl/1.2/Tue Nov  9 14:43:58 2004
;- CVS Reference       : /PITC_6079A.pl/1.2/Tue Nov  9 14:43:56 2004
;- CVS Reference       : /WDTC_6080A.pl/1.3/Tue Nov  9 14:44:00 2004
;- CVS Reference       : /VREG_6085B.pl/1.1/Tue Feb  1 16:05:48 2005
;- CVS Reference       : /AIC_6075B.pl/1.3/Fri May 20 14:01:30 2005
;- CVS Reference       : /PIO_6057A.pl/1.2/Thu Feb  3 10:18:28 2005
;- CVS Reference       : /DBGU_6059D.pl/1.1/Mon Jan 31 13:15:32 2005
;- CVS Reference       : /US_6089C.pl/1.1/Mon Jul 12 18:23:26 2004
;- CVS Reference       : /SPI_6088D.pl/1.3/Fri May 20 14:08:59 2005
;- CVS Reference       : /SSC_6078A.pl/1.1/Tue Jul 13 07:45:40 2004
;- CVS Reference       : /TC_6082A.pl/1.7/Fri Mar 11 12:52:17 2005
;- CVS Reference       : /TWI_6061A.pl/1.1/Tue Jul 13 07:38:06 2004
;- CVS Reference       : /PDC_6074C.pl/1.2/Thu Feb  3 08:48:54 2005
;- CVS Reference       : /ADC_6051C.pl/1.1/Fri Oct 17 09:12:38 2003
;- ----------------------------------------------------------------------------

;- Hardware register definition

;- *****************************************************************************
;-               SOFTWARE API DEFINITION  FOR System Controller
;- *****************************************************************************

;- *****************************************************************************
;-               SOFTWARE API DEFINITION  FOR Peripheral DMA Controller
;- *****************************************************************************
                ^ 0   ;- AT91S_PDC
PDC_RPR         # 4   ;- Receive Pointer Register
PDC_RCR         # 4   ;- Receive Counter Register
PDC_TPR         # 4   ;- Transmit Pointer Register
PDC_TCR         # 4   ;- Transmit Counter Register
PDC_RNPR        # 4   ;- Receive Next Pointer Register
PDC_RNCR        # 4   ;- Receive Next Counter Register
PDC_TNPR        # 4   ;- Transmit Next Pointer Register
PDC_TNCR        # 4   ;- Transmit Next Counter Register
```

```
PDC_PTCR        #  4  ;- PDC Transfer Control Register
PDC_PTSR        #  4  ;- PDC Transfer Status Register

;- -------- PDC_PTCR : (PDC Offset: 0x20) PDC Transfer Control Register --------
AT91C_PDC_RXTEN           EQU (0x1:SHL:0) ;- (PDC) Receiver Transfer Enable
AT91C_PDC_RXTDIS          EQU (0x1:SHL:1) ;- (PDC) Receiver Transfer Disable
AT91C_PDC_TXTEN           EQU (0x1:SHL:8) ;- (PDC) Transmitter Transfer Enable
AT91C_PDC_TXTDIS          EQU (0x1:SHL:9) ;- (PDC) Transmitter Transfer Disable
;- -------- PDC_PTSR : (PDC Offset: 0x24) PDC Transfer Status Register --------

;- *****************************************************************************
;-              SOFTWARE API DEFINITION  FOR Advanced Interrupt Controller
;- *****************************************************************************
                ^ 0   ;- AT91S_AIC
AIC_SMR         # 128 ;- Source Mode Register
AIC_SVR         # 128 ;- Source Vector Register
AIC_IVR         #  4  ;- IRQ Vector Register
AIC_FVR         #  4  ;- FIQ Vector Register
AIC_ISR         #  4  ;- Interrupt Status Register
AIC_IPR         #  4  ;- Interrupt Pending Register
AIC_IMR         #  4  ;- Interrupt Mask Register
AIC_CISR        #  4  ;- Core Interrupt Status Register
                #  8  ;- Reserved
AIC_IECR        #  4  ;- Interrupt Enable Command Register
AIC_IDCR        #  4  ;- Interrupt Disable Command Register
AIC_ICCR        #  4  ;- Interrupt Clear Command Register
AIC_ISCR        #  4  ;- Interrupt Set Command Register
AIC_EOICR       #  4  ;- End of Interrupt Command Register
AIC_SPU         #  4  ;- Spurious Vector Register
AIC_DCR         #  4  ;- Debug Control Register (Protect)
                #  4  ;- Reserved
AIC_FFER        #  4  ;- Fast Forcing Enable Register
AIC_FFDR        #  4  ;- Fast Forcing Disable Register
AIC_FFSR        #  4  ;- Fast Forcing Status Register

;- -------- AIC_SMR  : (AIC Offset: 0x0) Control Register --------
AT91C_AIC_PRIOR                       EQU (0x7:SHL:0) ;- (AIC) Priority Level
AT91C_AIC_PRIOR_LOWEST                EQU (0x0)       ;- (AIC) Lowest priority level
AT91C_AIC_PRIOR_HIGHEST               EQU (0x7)       ;- (AIC) Highest priority level
AT91C_AIC_SRCTYPE                     EQU (0x3:SHL:5) ;- (AIC) Interrupt Source Type
AT91C_AIC_SRCTYPE_INT_HIGH_LEVEL      EQU (0x0:SHL:5) ;- (AIC) Internal High-level Sensitive
AT91C_AIC_SRCTYPE_EXT_LOW_LEVEL       EQU (0x0:SHL:5) ;- (AIC) External Low-level Sensitive
AT91C_AIC_SRCTYPE_INT_POSITIVE_EDGE EQU (0x1:SHL:5) ;- (AIC) Internal Positive Edge triggered
AT91C_AIC_SRCTYPE_EXT_NEGATIVE_EDGE EQU (0x1:SHL:5) ;- (AIC) External Negative Edge triggered
AT91C_AIC_SRCTYPE_HIGH_LEVEL          EQU (0x2:SHL:5) ;- (AIC) Int./Ext. High-level Sensitive
AT91C_AIC_SRCTYPE_POSITIVE_EDGE       EQU (0x3:SHL:5) ;- (AIC) Int./Ext. Positive Edge triggered
;- -------- AIC_CISR : (AIC Offset: 0x114) AIC Core Interrupt Status Register --------
AT91C_AIC_NFIQ                        EQU (0x1:SHL:0) ;- (AIC) NFIQ Status
AT91C_AIC_NIRQ                        EQU (0x1:SHL:1) ;- (AIC) NIRQ Status
;- -------- AIC_DCR  : (AIC Offset: 0x138) AIC Debug Control Register (Protect) --------
AT91C_AIC_DCR_PROT                    EQU (0x1:SHL:0) ;- (AIC) Protection Mode
AT91C_AIC_DCR_GMSK                    EQU (0x1:SHL:1) ;- (AIC) General Mask

;- *****************************************************************************
;-              SOFTWARE API DEFINITION  FOR Debug Unit
;- *****************************************************************************
                ^ 0   ;- AT91S_DBGU
DBGU_CR         #  4  ;- Control Register
DBGU_MR         #  4  ;- Mode Register
DBGU_IER        #  4  ;- Interrupt Enable Register
DBGU_IDR        #  4  ;- Interrupt Disable Register
DBGU_IMR        #  4  ;- Interrupt Mask Register
DBGU_CSR        #  4  ;- Channel Status Register
DBGU_RHR        #  4  ;- Receiver Holding Register
DBGU_THR        #  4  ;- Transmitter Holding Register
DBGU_BRGR       #  4  ;- Baud Rate Generator Register
                # 28  ;- Reserved
DBGU_CIDR       #  4  ;- Chip ID Register
DBGU_EXID       #  4  ;- Chip ID Extension Register
DBGU_FNTR       #  4  ;- Force NTRST Register
                # 180 ;- Reserved
DBGU_RPR        #  4  ;- Receive Pointer Register
```

```
DBGU_RCR        # 4  ;- Receive Counter Register
DBGU_TPR        # 4  ;- Transmit Pointer Register
DBGU_TCR        # 4  ;- Transmit Counter Register
DBGU_RNPR       # 4  ;- Receive Next Pointer Register
DBGU_RNCR       # 4  ;- Receive Next Counter Register
DBGU_TNPR       # 4  ;- Transmit Next Pointer Register
DBGU_TNCR       # 4  ;- Transmit Next Counter Register
DBGU_PTCR       # 4  ;- PDC Transfer Control Register
DBGU_PTSR       # 4  ;- PDC Transfer Status Register

;- -------- DBGU_CR  : (DBGU Offset: 0x0) Debug Unit Control Register --------
AT91C_US_RSTRX            EQU (0x1:SHL:2)  ;- (DBGU) Reset Receiver
AT91C_US_RSTTX            EQU (0x1:SHL:3)  ;- (DBGU) Reset Transmitter
AT91C_US_RXEN             EQU (0x1:SHL:4)  ;- (DBGU) Receiver Enable
AT91C_US_RXDIS            EQU (0x1:SHL:5)  ;- (DBGU) Receiver Disable
AT91C_US_TXEN             EQU (0x1:SHL:6)  ;- (DBGU) Transmitter Enable
AT91C_US_TXDIS            EQU (0x1:SHL:7)  ;- (DBGU) Transmitter Disable
AT91C_US_RSTSTA           EQU (0x1:SHL:8)  ;- (DBGU) Reset Status Bits
;- -------- DBGU_MR  : (DBGU Offset: 0x4) Debug Unit Mode Register --------
AT91C_US_PAR              EQU (0x7:SHL:9)  ;- (DBGU) Parity type
AT91C_US_PAR_EVEN         EQU (0x0:SHL:9)  ;- (DBGU) Even Parity
AT91C_US_PAR_ODD          EQU (0x1:SHL:9)  ;- (DBGU) Odd Parity
AT91C_US_PAR_SPACE        EQU (0x2:SHL:9)  ;- (DBGU) Parity forced to 0 (Space)
AT91C_US_PAR_MARK         EQU (0x3:SHL:9)  ;- (DBGU) Parity forced to 1 (Mark)
AT91C_US_PAR_NONE         EQU (0x4:SHL:9)  ;- (DBGU) No Parity
AT91C_US_PAR_MULTI_DROP   EQU (0x6:SHL:9)  ;- (DBGU) Multi-drop mode
AT91C_US_CHMODE           EQU (0x3:SHL:14) ;- (DBGU) Channel Mode
AT91C_US_CHMODE_NORMAL    EQU (0x0:SHL:14) ;- (DBGU) Normal Mode
AT91C_US_CHMODE_AUTO      EQU (0x1:SHL:14) ;- (DBGU) Automatic Echo Mode
AT91C_US_CHMODE_LOCAL     EQU (0x2:SHL:14) ;- (DBGU) Local Loopback Mode
AT91C_US_CHMODE_REMOTE    EQU (0x3:SHL:14) ;- (DBGU) Remote Loopback Mode
;- -------- DBGU_IER  : (DBGU Offset: 0x8) Debug Unit Interrupt Enable Register --------
AT91C_US_RXRDY            EQU (0x1:SHL:0)  ;- (DBGU) RXRDY Interrupt
AT91C_US_TXRDY            EQU (0x1:SHL:1)  ;- (DBGU) TXRDY Interrupt
AT91C_US_ENDRX            EQU (0x1:SHL:3)  ;- (DBGU) End of Receive Interrupt
AT91C_US_ENDTX            EQU (0x1:SHL:4)  ;- (DBGU) End of Transmit Interrupt
AT91C_US_OVRE             EQU (0x1:SHL:5)  ;- (DBGU) Overrun Interrupt
AT91C_US_FRAME            EQU (0x1:SHL:6)  ;- (DBGU) Framing Error Interrupt
AT91C_US_PARE             EQU (0x1:SHL:7)  ;- (DBGU) Parity Error Interrupt
AT91C_US_TXEMPTY          EQU (0x1:SHL:9)  ;- (DBGU) TXEMPTY Interrupt
AT91C_US_TXBUFE           EQU (0x1:SHL:11) ;- (DBGU) TXBUFE Interrupt
AT91C_US_RXBUFF           EQU (0x1:SHL:12) ;- (DBGU) RXBUFF Interrupt
AT91C_US_COMM_TX          EQU (0x1:SHL:30) ;- (DBGU) COMM_TX Interrupt
AT91C_US_COMM_RX          EQU (0x1:SHL:31) ;- (DBGU) COMM_RX Interrupt
;- -------- DBGU_IDR  : (DBGU Offset: 0xc) Debug Unit Interrupt Disable Register --------
;- -------- DBGU_IMR  : (DBGU Offset: 0x10) Debug Unit Interrupt Mask Register --------
;- -------- DBGU_CSR  : (DBGU Offset: 0x14) Debug Unit Channel Status Register --------
;- -------- DBGU_FNTR : (DBGU Offset: 0x48) Debug Unit FORCE_NTRST Register --------
AT91C_US_FORCE_NTRST      EQU (0x1:SHL:0)  ;- (DBGU) Force NTRST in JTAG

;- *****************************************************************************
;-              SOFTWARE API DEFINITION  FOR Parallel Input Output Controller
;- *****************************************************************************
                ^ 0  ;- AT91S_PIO
PIO_PER         # 4 ;- PIO Enable Register
PIO_PDR         # 4 ;- PIO Disable Register
PIO_PSR         # 4 ;- PIO Status Register
                # 4 ;- Reserved
PIO_OER         # 4 ;- Output Enable Register
PIO_ODR         # 4 ;- Output Disable Registerr
PIO_OSR         # 4 ;- Output Status Register
                # 4 ;- Reserved
PIO_IFER        # 4 ;- Input Filter Enable Register
PIO_IFDR        # 4 ;- Input Filter Disable Register
PIO_IFSR        # 4 ;- Input Filter Status Register
                # 4 ;- Reserved
PIO_SODR        # 4 ;- Set Output Data Register
PIO_CODR        # 4 ;- Clear Output Data Register
PIO_ODSR        # 4 ;- Output Data Status Register
PIO_PDSR        # 4 ;- Pin Data Status Register
PIO_IER         # 4 ;- Interrupt Enable Register
PIO_IDR         # 4 ;- Interrupt Disable Register
```

```
PIO_IMR         #  4 ;- Interrupt Mask Register
PIO_ISR         #  4 ;- Interrupt Status Register
PIO_MDER        #  4 ;- Multi-driver Enable Register
PIO_MDDR        #  4 ;- Multi-driver Disable Register
PIO_MDSR        #  4 ;- Multi-driver Status Register
                #  4 ;- Reserved
PIO_PPUDR       #  4 ;- Pull-up Disable Register
PIO_PPUER       #  4 ;- Pull-up Enable Register
PIO_PPUSR       #  4 ;- Pull-up Status Register
                #  4 ;- Reserved
PIO_ASR         #  4 ;- Select A Register
PIO_BSR         #  4 ;- Select B Register
PIO_ABSR        #  4 ;- AB Select Status Register
                # 36 ;- Reserved
PIO_OWER        #  4 ;- Output Write Enable Register
PIO_OWDR        #  4 ;- Output Write Disable Register
PIO_OWSR        #  4 ;- Output Write Status Register

;- ****************************************************************************
;-              SOFTWARE API DEFINITION  FOR Power Management Controller
;- ****************************************************************************
                ^ 0  ;- AT91S_PMC
PMC_SCER        #  4 ;- System Clock Enable Register
PMC_SCDR        #  4 ;- System Clock Disable Register
PMC_SCSR        #  4 ;- System Clock Status Register
                #  4 ;- Reserved
PMC_PCER        #  4 ;- Peripheral Clock Enable Register
PMC_PCDR        #  4 ;- Peripheral Clock Disable Register
PMC_PCSR        #  4 ;- Peripheral Clock Status Register
                #  4 ;- Reserved
PMC_MOR         #  4 ;- Main Oscillator Register
PMC_MCFR        #  4 ;- Main Clock  Frequency Register
                #  4 ;- Reserved
PMC_PLLR        #  4 ;- PLL Register
PMC_MCKR        #  4 ;- Master Clock Register
                # 12 ;- Reserved
PMC_PCKR        # 12 ;- Programmable Clock Register
                # 20 ;- Reserved
PMC_IER         #  4 ;- Interrupt Enable Register
PMC_IDR         #  4 ;- Interrupt Disable Register
PMC_SR          #  4 ;- Status Register
PMC_IMR         #  4 ;- Interrupt Mask Register

;- -------- PMC_SCER  : (PMC Offset: 0x0) System Clock Enable Register --------
AT91C_PMC_PCK              EQU (0x1:SHL:0)  ;- (PMC) Processor Clock
AT91C_PMC_UDP              EQU (0x1:SHL:7)  ;- (PMC) USB Device Port Clock
AT91C_PMC_PCK0             EQU (0x1:SHL:8)  ;- (PMC) Programmable Clock Output
AT91C_PMC_PCK1             EQU (0x1:SHL:9)  ;- (PMC) Programmable Clock Output
AT91C_PMC_PCK2             EQU (0x1:SHL:10) ;- (PMC) Programmable Clock Output
;- -------- PMC_SCDR  : (PMC Offset: 0x4) System Clock Disable Register --------
;- -------- PMC_SCSR  : (PMC Offset: 0x8) System Clock Status Register --------
;- -------- CKGR_MOR  : (PMC Offset: 0x20) Main Oscillator Register --------
;- -------- CKGR_MCFR : (PMC Offset: 0x24) Main Clock Frequency Register --------
;- -------- CKGR_PLLR : (PMC Offset: 0x2c) PLL B Register --------
;- -------- PMC_MCKR  : (PMC Offset: 0x30) Master Clock Register --------
AT91C_PMC_CSS              EQU (0x3:SHL:0)  ;- (PMC) Programmable Clock Selection
AT91C_PMC_CSS_SLOW_CLK     EQU (0x0)        ;- (PMC) Slow Clock is selected
AT91C_PMC_CSS_MAIN_CLK     EQU (0x1)        ;- (PMC) Main Clock is selected
AT91C_PMC_CSS_PLL_CLK      EQU (0x3)        ;- (PMC) Clock from PLL is selected
AT91C_PMC_PRES             EQU (0x7:SHL:2)  ;- (PMC) Programmable Clock Prescaler
AT91C_PMC_PRES_CLK         EQU (0x0:SHL:2)  ;- (PMC) Selected clock
AT91C_PMC_PRES_CLK_2       EQU (0x1:SHL:2)  ;- (PMC) Selected clock divided by 2
AT91C_PMC_PRES_CLK_4       EQU (0x2:SHL:2)  ;- (PMC) Selected clock divided by 4
AT91C_PMC_PRES_CLK_8       EQU (0x3:SHL:2)  ;- (PMC) Selected clock divided by 8
AT91C_PMC_PRES_CLK_16      EQU (0x4:SHL:2)  ;- (PMC) Selected clock divided by 16
AT91C_PMC_PRES_CLK_32      EQU (0x5:SHL:2)  ;- (PMC) Selected clock divided by 32
AT91C_PMC_PRES_CLK_64      EQU (0x6:SHL:2)  ;- (PMC) Selected clock divided by 64
;- -------- PMC_PCKR : (PMC Offset: 0x40) Programmable Clock Register --------
;- -------- PMC_IER  : (PMC Offset: 0x60) PMC Interrupt Enable Register --------
AT91C_PMC_MOSCS            EQU (0x1:SHL:0)  ;- (PMC) MOSC Status/Enable/Disable/Mask
AT91C_PMC_LOCK             EQU (0x1:SHL:2)  ;- (PMC) PLL Status/Enable/Disable/Mask
AT91C_PMC_MCKRDY           EQU (0x1:SHL:3)  ;- (PMC) MCK_RDY Status/Enable/Disable/Mask
```

```
AT91C_PMC_PCK0RDY        EQU (0x1:SHL:8)  ;- (PMC) PCK0_RDY Status/Enable/Disable/Mask
AT91C_PMC_PCK1RDY        EQU (0x1:SHL:9)  ;- (PMC) PCK1_RDY Status/Enable/Disable/Mask
AT91C_PMC_PCK2RDY        EQU (0x1:SHL:10) ;- (PMC) PCK2_RDY Status/Enable/Disable/Mask
;- -------- PMC_IDR  : (PMC Offset: 0x64) PMC Interrupt Disable Register --------
;- -------- PMC_SR   : (PMC Offset: 0x68) PMC Status Register --------
;- -------- PMC_IMR  : (PMC Offset: 0x6c) PMC Interrupt Mask Register --------

;- *****************************************************************************
;-              SOFTWARE API DEFINITION  FOR Clock Generator
;- *****************************************************************************
                ^ 0  ;- AT91S_CKGR
CKGR_MOR        # 4 ;- Main Oscillator Register
CKGR_MCFR       # 4 ;- Main Clock  Frequency Register
                # 4 ;- Reserved
CKGR_PLLR       # 4 ;- PLL Register

;- -------- CKGR_MOR  : (CKGR Offset: 0x0) Main Oscillator Register --------
AT91C_CKGR_MOSCEN        EQU (0x1:SHL:0)    ;- (CKGR) Main Oscillator Enable
AT91C_CKGR_OSCBYPASS     EQU (0x1:SHL:1)    ;- (CKGR) Main Oscillator Bypass
AT91C_CKGR_OSCOUNT       EQU (0xFF:SHL:8)   ;- (CKGR) Main Oscillator Start-up Time
;- -------- CKGR_MCFR : (CKGR Offset: 0x4) Main Clock Frequency Register --------
AT91C_CKGR_MAINF         EQU (0xFFFF:SHL:0) ;- (CKGR) Main Clock Frequency
AT91C_CKGR_MAINRDY       EQU (0x1:SHL:16)   ;- (CKGR) Main Clock Ready
;- -------- CKGR_PLLR : (CKGR Offset: 0xc) PLL B Register --------
AT91C_CKGR_DIV           EQU (0xFF:SHL:0)   ;- (CKGR) Divider Selected
AT91C_CKGR_DIV_0         EQU (0x0)          ;- (CKGR) Divider output is 0
AT91C_CKGR_DIV_BYPASS    EQU (0x1)          ;- (CKGR) Divider is bypassed
AT91C_CKGR_PLLCOUNT      EQU (0x3F:SHL:8)   ;- (CKGR) PLL Counter
AT91C_CKGR_OUT           EQU (0x3:SHL:14)   ;- (CKGR) PLL Output Frequency Range
AT91C_CKGR_OUT_0         EQU (0x0:SHL:14)   ;- (CKGR) Please refer to the PLL datasheet
AT91C_CKGR_OUT_1         EQU (0x1:SHL:14)   ;- (CKGR) Please refer to the PLL datasheet
AT91C_CKGR_OUT_2         EQU (0x2:SHL:14)   ;- (CKGR) Please refer to the PLL datasheet
AT91C_CKGR_OUT_3         EQU (0x3:SHL:14)   ;- (CKGR) Please refer to the PLL datasheet
AT91C_CKGR_MUL           EQU (0x7FF:SHL:16) ;- (CKGR) PLL Multiplier
AT91C_CKGR_USBDIV        EQU (0x3:SHL:28)   ;- (CKGR) Divider for USB Clocks
AT91C_CKGR_USBDIV_0      EQU (0x0:SHL:28)   ;- (CKGR) Divider output is PLL clock output
AT91C_CKGR_USBDIV_1      EQU (0x1:SHL:28)   ;- (CKGR) Divider output is PLL clock output/2
AT91C_CKGR_USBDIV_2      EQU (0x2:SHL:28)   ;- (CKGR) Divider output is PLL clock output/4

;- *****************************************************************************
;-              SOFTWARE API DEFINITION  FOR Reset Controller
;- *****************************************************************************
                ^ 0  ;- AT91S_RSTC
RSTC_RCR        # 4 ;- Reset Control Register
RSTC_RSR        # 4 ;- Reset Status Register
RSTC_RMR        # 4 ;- Reset Mode Register

;- -------- RSTC_RCR : (RSTC Offset: 0x0) Reset Control Register --------
AT91C_RSTC_PROCRST        EQU (0x1:SHL:0)   ;- (RSTC) Processor Reset
AT91C_RSTC_PERRST         EQU (0x1:SHL:2)   ;- (RSTC) Peripheral Reset
AT91C_RSTC_EXTRST         EQU (0x1:SHL:3)   ;- (RSTC) External Reset
AT91C_RSTC_KEY            EQU (0xFF:SHL:24) ;- (RSTC) Password
;- -------- RSTC_RSR : (RSTC Offset: 0x4) Reset Status Register --------
AT91C_RSTC_URSTS          EQU (0x1:SHL:0)   ;- (RSTC) User Reset Status
AT91C_RSTC_BODSTS         EQU (0x1:SHL:1)   ;- (RSTC) Brownout Detection Status
AT91C_RSTC_RSTTYP         EQU (0x7:SHL:8)   ;- (RSTC) Reset Type
AT91C_RSTC_RSTTYP_POWERUP EQU (0x0:SHL:8)   ;- (RSTC) Power-up Reset. VDDCORE rising.
AT91C_RSTC_RSTTYP_WAKEUP  EQU (0x1:SHL:8)   ;- (RSTC) WakeUp Reset. VDDCORE rising.
AT91C_RSTC_RSTTYP_WATCHDOG EQU (0x2:SHL:8)  ;- (RSTC) Watchdog Reset
AT91C_RSTC_RSTTYP_SOFTWARE EQU (0x3:SHL:8)  ;- (RSTC) Software Reset
AT91C_RSTC_RSTTYP_USER    EQU (0x4:SHL:8)   ;- (RSTC) User Reset. NRST pin detected low.
AT91C_RSTC_RSTTYP_BROWNOUT EQU (0x5:SHL:8)  ;- (RSTC) Brownout Reset occured.
AT91C_RSTC_NRSTL          EQU (0x1:SHL:16)  ;- (RSTC) NRST pin level
AT91C_RSTC_SRCMP          EQU (0x1:SHL:17)  ;- (RSTC) Software Reset Command in Progress.
;- -------- RSTC_RMR : (RSTC Offset: 0x8) Reset Mode Register --------
AT91C_RSTC_URSTEN         EQU (0x1:SHL:0)   ;- (RSTC) User Reset Enable
AT91C_RSTC_URSTIEN        EQU (0x1:SHL:4)   ;- (RSTC) User Reset Interrupt Enable
AT91C_RSTC_ERSTL          EQU (0xF:SHL:8)   ;- (RSTC) User Reset Length
AT91C_RSTC_BODIEN         EQU (0x1:SHL:16)  ;- (RSTC) Brownout Detection Interrupt Enable

;- *****************************************************************************
;-              SOFTWARE API DEFINITION  FOR Real Time Timer
```

```
;- ****************************************************************************
                ^ 0  ;- AT91S_RTTC
RTTC_RTMR       #  4 ;- Real-time Mode Register
RTTC_RTAR       #  4 ;- Real-time Alarm Register
RTTC_RTVR       #  4 ;- Real-time Value Register
RTTC_RTSR       #  4 ;- Real-time Status Register

;- -------- RTTC_RTMR : (RTTC Offset: 0x0) Real-time Mode Register --------
AT91C_RTTC_RTPRES          EQU (0xFFFF:SHL:0) ;- (RTTC) Real-time Timer Prescaler Value
AT91C_RTTC_ALMIEN          EQU (0x1:SHL:16)   ;- (RTTC) Alarm Interrupt Enable
AT91C_RTTC_RTTINCIEN       EQU (0x1:SHL:17)   ;- (RTTC) Real Time Timer Increment Interrupt Enable
AT91C_RTTC_RTTRST          EQU (0x1:SHL:18)   ;- (RTTC) Real Time Timer Restart
;- -------- RTTC_RTAR : (RTTC Offset: 0x4) Real-time Alarm Register --------
AT91C_RTTC_ALMV            EQU (0x0:SHL:0)    ;- (RTTC) Alarm Value
;- -------- RTTC_RTVR : (RTTC Offset: 0x8) Current Real-time Value Register --------
AT91C_RTTC_CRTV            EQU (0x0:SHL:0)    ;- (RTTC) Current Real-time Value
;- -------- RTTC_RTSR : (RTTC Offset: 0xc) Real-time Status Register --------
AT91C_RTTC_ALMS            EQU (0x1:SHL:0)    ;- (RTTC) Real-time Alarm Status
AT91C_RTTC_RTTINC          EQU (0x1:SHL:1)    ;- (RTTC) Real-time Timer Increment

;- ****************************************************************************
;-              SOFTWARE API DEFINITION  FOR Periodic Interval Timer
;- ****************************************************************************
                ^ 0  ;- AT91S_PITC
PITC_PIMR       #  4 ;- Period Interval Mode Register
PITC_PISR       #  4 ;- Period Interval Status Register
PITC_PIVR       #  4 ;- Period Interval Value Register
PITC_PIIR       #  4 ;- Period Interval Image Register

;- -------- PITC_PIMR : (PITC Offset: 0x0) Periodic Interval Mode Register --------
AT91C_PITC_PIV             EQU (0xFFFFF:SHL:0) ;- (PITC) Periodic Interval Value
AT91C_PITC_PITEN           EQU (0x1:SHL:24)    ;- (PITC) Periodic Interval Timer Enabled
AT91C_PITC_PITIEN          EQU (0x1:SHL:25)    ;- (PITC) Periodic Interval Timer Interrupt Enable
;- -------- PITC_PISR : (PITC Offset: 0x4) Periodic Interval Status Register --------
AT91C_PITC_PITS            EQU (0x1:SHL:0)     ;- (PITC) Periodic Interval Timer Status
;- -------- PITC_PIVR : (PITC Offset: 0x8) Periodic Interval Value Register --------
AT91C_PITC_CPIV            EQU (0xFFFFF:SHL:0) ;- (PITC) Current Periodic Interval Value
AT91C_PITC_PICNT           EQU (0xFFF:SHL:20)  ;- (PITC) Periodic Interval Counter
;- -------- PITC_PIIR : (PITC Offset: 0xc) Periodic Interval Image Register --------

;- ****************************************************************************
;-              SOFTWARE API DEFINITION  FOR Watchdog Timer
;- ****************************************************************************
                ^ 0  ;- AT91S_WDTC
WDTC_WDCR       #  4 ;- Watchdog Control Register
WDTC_WDMR       #  4 ;- Watchdog Mode Register
WDTC_WDSR       #  4 ;- Watchdog Status Register

;- -------- WDTC_WDCR : (WDTC Offset: 0x0) Periodic Interval Image Register --------
AT91C_WDTC_WDRSTT          EQU (0x1:SHL:0)    ;- (WDTC) Watchdog Restart
AT91C_WDTC_KEY             EQU (0xFF:SHL:24)  ;- (WDTC) Watchdog KEY Password
;- -------- WDTC_WDMR : (WDTC Offset: 0x4) Watchdog Mode Register --------
AT91C_WDTC_WDV             EQU (0xFFF:SHL:0)  ;- (WDTC) Watchdog Timer Restart
AT91C_WDTC_WDFIEN          EQU (0x1:SHL:12)   ;- (WDTC) Watchdog Fault Interrupt Enable
AT91C_WDTC_WDRSTEN         EQU (0x1:SHL:13)   ;- (WDTC) Watchdog Reset Enable
AT91C_WDTC_WDRPROC         EQU (0x1:SHL:14)   ;- (WDTC) Watchdog Timer Restart
AT91C_WDTC_WDDIS           EQU (0x1:SHL:15)   ;- (WDTC) Watchdog Disable
AT91C_WDTC_WDD             EQU (0xFFF:SHL:16) ;- (WDTC) Watchdog Delta Value
AT91C_WDTC_WDDBGHLT        EQU (0x1:SHL:28)   ;- (WDTC) Watchdog Debug Halt
AT91C_WDTC_WDIDLEHLT       EQU (0x1:SHL:29)   ;- (WDTC) Watchdog Idle Halt
;- -------- WDTC_WDSR : (WDTC Offset: 0x8) Watchdog Status Register --------
AT91C_WDTC_WDUNF           EQU (0x1:SHL:0)    ;- (WDTC) Watchdog Underflow
AT91C_WDTC_WDERR           EQU (0x1:SHL:1)    ;- (WDTC) Watchdog Error

;- ****************************************************************************
;-              SOFTWARE API DEFINITION  FOR Voltage Regulator Mode Controller
;- ****************************************************************************
                ^ 0  ;- AT91S_VREG
VREG_MR         #  4 ;- Voltage Regulator Mode Register

;- -------- VREG_MR : (VREG Offset: 0x0) Voltage Regulator Mode Register --------
AT91C_VREG_PSTDBY          EQU (0x1:SHL:0)    ;- (VREG) Voltage Regulator Power Standby Mode
```

```
;- *****************************************************************************
;-              SOFTWARE API DEFINITION  FOR Memory Controller
;- *****************************************************************************
                ^ 0  ;- AT91S_MC
MC_RCR          #  4 ;- MC Remap Control Register
MC_ASR          #  4 ;- MC Abort Status Register
MC_AASR         #  4 ;- MC Abort Address Status Register
                # 84 ;- Reserved
MC_FMR          #  4 ;- MC Flash Mode Register
MC_FCR          #  4 ;- MC Flash Command Register
MC_FSR          #  4 ;- MC Flash Status Register

;- -------- MC_RCR : (MC Offset: 0x0) MC Remap Control Register --------
AT91C_MC_RCB              EQU (0x1:SHL:0) ;- (MC) Remap Command Bit
;- -------- MC_ASR : (MC Offset: 0x4) MC Abort Status Register --------
AT91C_MC_UNDADD           EQU (0x1:SHL:0)   ;- (MC) Undefined Addess Abort Status
AT91C_MC_MISADD           EQU (0x1:SHL:1)   ;- (MC) Misaligned Addess Abort Status
AT91C_MC_ABTSZ            EQU (0x3:SHL:8)   ;- (MC) Abort Size Status
AT91C_MC_ABTSZ_BYTE       EQU (0x0:SHL:8)   ;- (MC) Byte
AT91C_MC_ABTSZ_HWORD      EQU (0x1:SHL:8)   ;- (MC) Half-word
AT91C_MC_ABTSZ_WORD       EQU (0x2:SHL:8)   ;- (MC) Word
AT91C_MC_ABTTYP           EQU (0x3:SHL:10)  ;- (MC) Abort Type Status
AT91C_MC_ABTTYP_DATAR     EQU (0x0:SHL:10)  ;- (MC) Data Read
AT91C_MC_ABTTYP_DATAW     EQU (0x1:SHL:10)  ;- (MC) Data Write
AT91C_MC_ABTTYP_FETCH     EQU (0x2:SHL:10)  ;- (MC) Code Fetch
AT91C_MC_MST0             EQU (0x1:SHL:16)  ;- (MC) Master 0 Abort Source
AT91C_MC_MST1             EQU (0x1:SHL:17)  ;- (MC) Master 1 Abort Source
AT91C_MC_SVMST0           EQU (0x1:SHL:24)  ;- (MC) Saved Master 0 Abort Source
AT91C_MC_SVMST1           EQU (0x1:SHL:25)  ;- (MC) Saved Master 1 Abort Source
;- -------- MC_FMR : (MC Offset: 0x60) MC Flash Mode Register --------
AT91C_MC_FRDY             EQU (0x1:SHL:0)   ;- (MC) Flash Ready
AT91C_MC_LOCKE            EQU (0x1:SHL:2)   ;- (MC) Lock Error
AT91C_MC_PROGE            EQU (0x1:SHL:3)   ;- (MC) Programming Error
AT91C_MC_NEBP             EQU (0x1:SHL:7)   ;- (MC) No Erase Before Programming
AT91C_MC_FWS              EQU (0x3:SHL:8)   ;- (MC) Flash Wait State
AT91C_MC_FWS_0FWS         EQU (0x0:SHL:8)   ;- (MC) 1 cycle for Read,  2 for Write operations
AT91C_MC_FWS_1FWS         EQU (0x1:SHL:8)   ;- (MC) 2 cycles for Read, 3 for Write operations
AT91C_MC_FWS_2FWS         EQU (0x2:SHL:8)   ;- (MC) 3 cycles for Read, 4 for Write operations
AT91C_MC_FWS_3FWS         EQU (0x3:SHL:8)   ;- (MC) 4 cycles for Read, 4 for Write operations
AT91C_MC_FMCN             EQU (0xFF:SHL:16) ;- (MC) Flash Microsecond Cycle Number
;- -------- MC_FCR : (MC Offset: 0x64) MC Flash Command Register --------
AT91C_MC_FCMD                 EQU (0xF:SHL:0)    ;- (MC) Flash Command
AT91C_MC_FCMD_START_PROG      EQU (0x1)          ;- (MC) Write Page
AT91C_MC_FCMD_LOCK            EQU (0x2)          ;- (MC) Set Lock Bit
AT91C_MC_FCMD_PROG_AND_LOCK   EQU (0x3)          ;- (MC) Write Page and Lock
AT91C_MC_FCMD_UNLOCK          EQU (0x4)          ;- (MC) Clear Lock Bit
AT91C_MC_FCMD_ERASE_ALL       EQU (0x8)          ;- (MC) Erase All
AT91C_MC_FCMD_SET_GP_NVM      EQU (0xB)          ;- (MC) Set General Purpose NVM Bit
AT91C_MC_FCMD_CLR_GP_NVM      EQU (0xD)          ;- (MC) Clear General Purpose NVM Bit
AT91C_MC_FCMD_SET_SECURITY    EQU (0xF)          ;- (MC) Set Security Bit
AT91C_MC_PAGEN                EQU (0x3FF:SHL:8)  ;- (MC) Page Number
AT91C_MC_KEY                  EQU (0xFF:SHL:24)  ;- (MC) Writing Protect Key
;- -------- MC_FSR : (MC Offset: 0x68) MC Flash Command Register --------
AT91C_MC_SECURITY         EQU (0x1:SHL:4)   ;- (MC) Security Bit Status
AT91C_MC_GPNVM0           EQU (0x1:SHL:8)   ;- (MC) Sector 0 Lock Status
AT91C_MC_GPNVM1           EQU (0x1:SHL:9)   ;- (MC) Sector 1 Lock Status
AT91C_MC_GPNVM2           EQU (0x1:SHL:10)  ;- (MC) Sector 2 Lock Status
AT91C_MC_GPNVM3           EQU (0x1:SHL:11)  ;- (MC) Sector 3 Lock Status
AT91C_MC_GPNVM4           EQU (0x1:SHL:12)  ;- (MC) Sector 4 Lock Status
AT91C_MC_GPNVM5           EQU (0x1:SHL:13)  ;- (MC) Sector 5 Lock Status
AT91C_MC_GPNVM6           EQU (0x1:SHL:14)  ;- (MC) Sector 6 Lock Status
AT91C_MC_GPNVM7           EQU (0x1:SHL:15)  ;- (MC) Sector 7 Lock Status
AT91C_MC_LOCKS0           EQU (0x1:SHL:16)  ;- (MC) Sector 0 Lock Status
AT91C_MC_LOCKS1           EQU (0x1:SHL:17)  ;- (MC) Sector 1 Lock Status
AT91C_MC_LOCKS2           EQU (0x1:SHL:18)  ;- (MC) Sector 2 Lock Status
AT91C_MC_LOCKS3           EQU (0x1:SHL:19)  ;- (MC) Sector 3 Lock Status
AT91C_MC_LOCKS4           EQU (0x1:SHL:20)  ;- (MC) Sector 4 Lock Status
AT91C_MC_LOCKS5           EQU (0x1:SHL:21)  ;- (MC) Sector 5 Lock Status
AT91C_MC_LOCKS6           EQU (0x1:SHL:22)  ;- (MC) Sector 6 Lock Status
AT91C_MC_LOCKS7           EQU (0x1:SHL:23)  ;- (MC) Sector 7 Lock Status
AT91C_MC_LOCKS8           EQU (0x1:SHL:24)  ;- (MC) Sector 8 Lock Status
```

```
AT91C_MC_LOCKS9          EQU (0x1:SHL:25)  ;- (MC) Sector 9 Lock Status
AT91C_MC_LOCKS10         EQU (0x1:SHL:26)  ;- (MC) Sector 10 Lock Status
AT91C_MC_LOCKS11         EQU (0x1:SHL:27)  ;- (MC) Sector 11 Lock Status
AT91C_MC_LOCKS12         EQU (0x1:SHL:28)  ;- (MC) Sector 12 Lock Status
AT91C_MC_LOCKS13         EQU (0x1:SHL:29)  ;- (MC) Sector 13 Lock Status
AT91C_MC_LOCKS14         EQU (0x1:SHL:30)  ;- (MC) Sector 14 Lock Status
AT91C_MC_LOCKS15         EQU (0x1:SHL:31)  ;- (MC) Sector 15 Lock Status

;- *****************************************************************************
;-              SOFTWARE API DEFINITION  FOR Built-In Peripherals
;- *****************************************************************************

;- *****************************************************************************
;-              SOFTWARE API DEFINITION  FOR Timer Counter Channel
;- *****************************************************************************
                ^ 0  ;- AT91S_TC
TC_CCR          # 4 ;- Channel Control Register
TC_CMR          # 4 ;- Channel Mode Register (Capture Mode / Waveform Mode)
                # 8 ;- Reserved
TC_CV           # 4 ;- Counter Value
TC_RA           # 4 ;- Register A
TC_RB           # 4 ;- Register B
TC_RC           # 4 ;- Register C
TC_SR           # 4 ;- Status Register
TC_IER          # 4 ;- Interrupt Enable Register
TC_IDR          # 4 ;- Interrupt Disable Register
TC_IMR          # 4 ;- Interrupt Mask Register

;- -------- TC_CCR : (TC Offset: 0x0) TC Channel Control Register --------
AT91C_TC_CLKEN           EQU (0x1:SHL:0)  ;- (TC) Counter Clock Enable Command
AT91C_TC_CLKDIS          EQU (0x1:SHL:1)  ;- (TC) Counter Clock Disable Command
AT91C_TC_SWTRG           EQU (0x1:SHL:2)  ;- (TC) Software Trigger Command
;- -------- TC_CMR : (TC Offset: 0x4) TC Channel Mode Register: Capture/Waveform Mode --------
AT91C_TC_CLKS            EQU (0x7:SHL:0)  ;- (TC) Clock Selection
AT91C_TC_CLKS_TIMER_DIV1_CLOCK EQU (0x0)  ;- (TC) Clock selected: TIMER_DIV1_CLOCK
AT91C_TC_CLKS_TIMER_DIV2_CLOCK EQU (0x1)  ;- (TC) Clock selected: TIMER_DIV2_CLOCK
AT91C_TC_CLKS_TIMER_DIV3_CLOCK EQU (0x2)  ;- (TC) Clock selected: TIMER_DIV3_CLOCK
AT91C_TC_CLKS_TIMER_DIV4_CLOCK EQU (0x3)  ;- (TC) Clock selected: TIMER_DIV4_CLOCK
AT91C_TC_CLKS_TIMER_DIV5_CLOCK EQU (0x4)  ;- (TC) Clock selected: TIMER_DIV5_CLOCK
AT91C_TC_CLKS_XC0        EQU (0x5)        ;- (TC) Clock selected: XC0
AT91C_TC_CLKS_XC1        EQU (0x6)        ;- (TC) Clock selected: XC1
AT91C_TC_CLKS_XC2        EQU (0x7)        ;- (TC) Clock selected: XC2
AT91C_TC_CLKI            EQU (0x1:SHL:3)  ;- (TC) Clock Invert
AT91C_TC_BURST           EQU (0x3:SHL:4)  ;- (TC) Burst Signal Selection
AT91C_TC_BURST_NONE      EQU (0x0:SHL:4)  ;- (TC) The clock is not gated by an external signal
AT91C_TC_BURST_XC0       EQU (0x1:SHL:4)  ;- (TC) XC0 is ANDed with the selected clock
AT91C_TC_BURST_XC1       EQU (0x2:SHL:4)  ;- (TC) XC1 is ANDed with the selected clock
AT91C_TC_BURST_XC2       EQU (0x3:SHL:4)  ;- (TC) XC2 is ANDed with the selected clock
AT91C_TC_CPCSTOP         EQU (0x1:SHL:6)  ;- (TC) Counter Clock Stopped with RC Compare
AT91C_TC_LDBSTOP         EQU (0x1:SHL:6)  ;- (TC) Counter Clock Stopped with RB Loading
AT91C_TC_LDBDIS          EQU (0x1:SHL:7)  ;- (TC) Counter Clock Disabled with RB Loading
AT91C_TC_CPCDIS          EQU (0x1:SHL:7)  ;- (TC) Counter Clock Disable with RC Compare
AT91C_TC_ETRGEDG         EQU (0x3:SHL:8)  ;- (TC) External Trigger Edge Selection
AT91C_TC_ETRGEDG_NONE    EQU (0x0:SHL:8)  ;- (TC) Edge: None
AT91C_TC_ETRGEDG_RISING  EQU (0x1:SHL:8)  ;- (TC) Edge: rising edge
AT91C_TC_ETRGEDG_FALLING EQU (0x2:SHL:8)  ;- (TC) Edge: falling edge
AT91C_TC_ETRGEDG_BOTH    EQU (0x3:SHL:8)  ;- (TC) Edge: each edge
AT91C_TC_EEVTEDG         EQU (0x3:SHL:8)  ;- (TC) External Event Edge Selection
AT91C_TC_EEVTEDG_NONE    EQU (0x0:SHL:8)  ;- (TC) Edge: None
AT91C_TC_EEVTEDG_RISING  EQU (0x1:SHL:8)  ;- (TC) Edge: rising edge
AT91C_TC_EEVTEDG_FALLING EQU (0x2:SHL:8)  ;- (TC) Edge: falling edge
AT91C_TC_EEVTEDG_BOTH    EQU (0x3:SHL:8)  ;- (TC) Edge: each edge
AT91C_TC_ABETRG          EQU (0x1:SHL:10) ;- (TC) TIOA or TIOB External Trigger Selection
AT91C_TC_EEVT            EQU (0x3:SHL:10) ;- (TC) External Event  Selection
AT91C_TC_EEVT_TIOB       EQU (0x0:SHL:10) ;- (TC) TIOB TIOB direction: input
AT91C_TC_EEVT_XC0        EQU (0x1:SHL:10) ;- (TC) XC0 TIOB direction: output
AT91C_TC_EEVT_XC1        EQU (0x2:SHL:10) ;- (TC) XC1 TIOB direction: output
AT91C_TC_EEVT_XC2        EQU (0x3:SHL:10) ;- (TC) XC2 TIOB direction: output
AT91C_TC_ENETRG          EQU (0x1:SHL:12) ;- (TC) External Event Trigger enable
AT91C_TC_WAVESEL         EQU (0x3:SHL:13) ;- (TC) Waveform  Selection
AT91C_TC_WAVESEL_UP      EQU (0x0:SHL:13) ;- (TC) UP without atomatic trigger on RC Compare
AT91C_TC_WAVESEL_UPDOWN  EQU (0x1:SHL:13) ;- (TC) UPDOWN without automatic trigger on RC Compare
```

```
AT91C_TC_WAVESEL_UP_AUTO  EQU (0x2:SHL:13) ;- (TC) UP with automatic trigger on RC Compare
AT91C_TC_WAVESEL_UPDOWN_AUTO EQU (0x3:SHL:13) ;- (TC) UPDOWN with automatic trigger on RC Compare
AT91C_TC_CPCTRG           EQU (0x1:SHL:14) ;- (TC) RC Compare Trigger Enable
AT91C_TC_WAVE             EQU (0x1:SHL:15) ;- (TC)
AT91C_TC_LDRA             EQU (0x3:SHL:16) ;- (TC) RA Loading Selection
AT91C_TC_LDRA_NONE        EQU (0x0:SHL:16) ;- (TC) Edge: None
AT91C_TC_LDRA_RISING      EQU (0x1:SHL:16) ;- (TC) Edge: rising edge of TIOA
AT91C_TC_LDRA_FALLING     EQU (0x2:SHL:16) ;- (TC) Edge: falling edge of TIOA
AT91C_TC_LDRA_BOTH        EQU (0x3:SHL:16) ;- (TC) Edge: each edge of TIOA
AT91C_TC_ACPA             EQU (0x3:SHL:16) ;- (TC) RA Compare Effect on TIOA
AT91C_TC_ACPA_NONE        EQU (0x0:SHL:16) ;- (TC) Effect: none
AT91C_TC_ACPA_SET         EQU (0x1:SHL:16) ;- (TC) Effect: set
AT91C_TC_ACPA_CLEAR       EQU (0x2:SHL:16) ;- (TC) Effect: clear
AT91C_TC_ACPA_TOGGLE      EQU (0x3:SHL:16) ;- (TC) Effect: toggle
AT91C_TC_LDRB             EQU (0x3:SHL:18) ;- (TC) RB Loading Selection
AT91C_TC_LDRB_NONE        EQU (0x0:SHL:18) ;- (TC) Edge: None
AT91C_TC_LDRB_RISING      EQU (0x1:SHL:18) ;- (TC) Edge: rising edge of TIOA
AT91C_TC_LDRB_FALLING     EQU (0x2:SHL:18) ;- (TC) Edge: falling edge of TIOA
AT91C_TC_LDRB_BOTH        EQU (0x3:SHL:18) ;- (TC) Edge: each edge of TIOA
AT91C_TC_ACPC             EQU (0x3:SHL:18) ;- (TC) RC Compare Effect on TIOA
AT91C_TC_ACPC_NONE        EQU (0x0:SHL:18) ;- (TC) Effect: none
AT91C_TC_ACPC_SET         EQU (0x1:SHL:18) ;- (TC) Effect: set
AT91C_TC_ACPC_CLEAR       EQU (0x2:SHL:18) ;- (TC) Effect: clear
AT91C_TC_ACPC_TOGGLE      EQU (0x3:SHL:18) ;- (TC) Effect: toggle
AT91C_TC_AEEVT            EQU (0x3:SHL:20) ;- (TC) External Event Effect on TIOA
AT91C_TC_AEEVT_NONE       EQU (0x0:SHL:20) ;- (TC) Effect: none
AT91C_TC_AEEVT_SET        EQU (0x1:SHL:20) ;- (TC) Effect: set
AT91C_TC_AEEVT_CLEAR      EQU (0x2:SHL:20) ;- (TC) Effect: clear
AT91C_TC_AEEVT_TOGGLE     EQU (0x3:SHL:20) ;- (TC) Effect: toggle
AT91C_TC_ASWTRG           EQU (0x3:SHL:22) ;- (TC) Software Trigger Effect on TIOA
AT91C_TC_ASWTRG_NONE      EQU (0x0:SHL:22) ;- (TC) Effect: none
AT91C_TC_ASWTRG_SET       EQU (0x1:SHL:22) ;- (TC) Effect: set
AT91C_TC_ASWTRG_CLEAR     EQU (0x2:SHL:22) ;- (TC) Effect: clear
AT91C_TC_ASWTRG_TOGGLE    EQU (0x3:SHL:22) ;- (TC) Effect: toggle
AT91C_TC_BCPB             EQU (0x3:SHL:24) ;- (TC) RB Compare Effect on TIOB
AT91C_TC_BCPB_NONE        EQU (0x0:SHL:24) ;- (TC) Effect: none
AT91C_TC_BCPB_SET         EQU (0x1:SHL:24) ;- (TC) Effect: set
AT91C_TC_BCPB_CLEAR       EQU (0x2:SHL:24) ;- (TC) Effect: clear
AT91C_TC_BCPB_TOGGLE      EQU (0x3:SHL:24) ;- (TC) Effect: toggle
AT91C_TC_BCPC             EQU (0x3:SHL:26) ;- (TC) RC Compare Effect on TIOB
AT91C_TC_BCPC_NONE        EQU (0x0:SHL:26) ;- (TC) Effect: none
AT91C_TC_BCPC_SET         EQU (0x1:SHL:26) ;- (TC) Effect: set
AT91C_TC_BCPC_CLEAR       EQU (0x2:SHL:26) ;- (TC) Effect: clear
AT91C_TC_BCPC_TOGGLE      EQU (0x3:SHL:26) ;- (TC) Effect: toggle
AT91C_TC_BEEVT            EQU (0x3:SHL:28) ;- (TC) External Event Effect on TIOB
AT91C_TC_BEEVT_NONE       EQU (0x0:SHL:28) ;- (TC) Effect: none
AT91C_TC_BEEVT_SET        EQU (0x1:SHL:28) ;- (TC) Effect: set
AT91C_TC_BEEVT_CLEAR      EQU (0x2:SHL:28) ;- (TC) Effect: clear
AT91C_TC_BEEVT_TOGGLE     EQU (0x3:SHL:28) ;- (TC) Effect: toggle
AT91C_TC_BSWTRG           EQU (0x3:SHL:30) ;- (TC) Software Trigger Effect on TIOB
AT91C_TC_BSWTRG_NONE      EQU (0x0:SHL:30) ;- (TC) Effect: none
AT91C_TC_BSWTRG_SET       EQU (0x1:SHL:30) ;- (TC) Effect: set
AT91C_TC_BSWTRG_CLEAR     EQU (0x2:SHL:30) ;- (TC) Effect: clear
AT91C_TC_BSWTRG_TOGGLE    EQU (0x3:SHL:30) ;- (TC) Effect: toggle
;- -------- TC_SR : (TC Offset: 0x20) TC Channel Status Register --------
AT91C_TC_COVFS            EQU (0x1:SHL:0)  ;- (TC) Counter Overflow
AT91C_TC_LOVRS            EQU (0x1:SHL:1)  ;- (TC) Load Overrun
AT91C_TC_CPAS             EQU (0x1:SHL:2)  ;- (TC) RA Compare
AT91C_TC_CPBS             EQU (0x1:SHL:3)  ;- (TC) RB Compare
AT91C_TC_CPCS             EQU (0x1:SHL:4)  ;- (TC) RC Compare
AT91C_TC_LDRAS            EQU (0x1:SHL:5)  ;- (TC) RA Loading
AT91C_TC_LDRBS            EQU (0x1:SHL:6)  ;- (TC) RB Loading
AT91C_TC_ETRGS            EQU (0x1:SHL:7)  ;- (TC) External Trigger
AT91C_TC_CLKSTA           EQU (0x1:SHL:16) ;- (TC) Clock Enabling
AT91C_TC_MTIOA            EQU (0x1:SHL:17) ;- (TC) TIOA Mirror
AT91C_TC_MTIOB            EQU (0x1:SHL:18) ;- (TC) TIOA Mirror
;- -------- TC_IER : (TC Offset: 0x24) TC Channel Interrupt Enable Register --------
;- -------- TC_IDR : (TC Offset: 0x28) TC Channel Interrupt Disable Register --------
;- -------- TC_IMR : (TC Offset: 0x2c) TC Channel Interrupt Mask Register --------

;- *****************************************************************************
;-               SOFTWARE API DEFINITION  FOR Timer Counter
```

```
;- ******************************************************************************
                ^ 0  ;- AT91S_TCB
TCB_TC0         # 48 ;- TC Channel 0
                # 16 ;- Reserved
TCB_TC1         # 48 ;- TC Channel 1
                # 16 ;- Reserved
TCB_TC2         # 48 ;- TC Channel 2
                # 16 ;- Reserved
TCB_BCR         #  4 ;- TC Block Control Register
TCB_BMR         #  4 ;- TC Block Mode Register

;- -------- TCB_BCR : (TCB Offset: 0xc0) TC Block Control Register --------
AT91C_TCB_SYNC            EQU (0x1:SHL:0) ;- (TCB) Synchro Command
;- -------- TCB_BMR : (TCB Offset: 0xc4) TC Block Mode Register --------
AT91C_TCB_TC0XC0S         EQU (0x3:SHL:0) ;- (TCB) External Clock Signal 0 Selection
AT91C_TCB_TC0XC0S_TCLK0   EQU (0x0)       ;- (TCB) TCLK0 connected to XC0
AT91C_TCB_TC0XC0S_NONE    EQU (0x1)       ;- (TCB) None signal connected to XC0
AT91C_TCB_TC0XC0S_TIOA1   EQU (0x2)       ;- (TCB) TIOA1 connected to XC0
AT91C_TCB_TC0XC0S_TIOA2   EQU (0x3)       ;- (TCB) TIOA2 connected to XC0
AT91C_TCB_TC1XC1S         EQU (0x3:SHL:2) ;- (TCB) External Clock Signal 1 Selection
AT91C_TCB_TC1XC1S_TCLK1   EQU (0x0:SHL:2) ;- (TCB) TCLK1 connected to XC1
AT91C_TCB_TC1XC1S_NONE    EQU (0x1:SHL:2) ;- (TCB) None signal connected to XC1
AT91C_TCB_TC1XC1S_TIOA0   EQU (0x2:SHL:2) ;- (TCB) TIOA0 connected to XC1
AT91C_TCB_TC1XC1S_TIOA2   EQU (0x3:SHL:2) ;- (TCB) TIOA2 connected to XC1
AT91C_TCB_TC2XC2S         EQU (0x3:SHL:4) ;- (TCB) External Clock Signal 2 Selection
AT91C_TCB_TC2XC2S_TCLK2   EQU (0x0:SHL:4) ;- (TCB) TCLK2 connected to XC2
AT91C_TCB_TC2XC2S_NONE    EQU (0x1:SHL:4) ;- (TCB) None signal connected to XC2
AT91C_TCB_TC2XC2S_TIOA0   EQU (0x2:SHL:4) ;- (TCB) TIOA0 connected to XC2
AT91C_TCB_TC2XC2S_TIOA1   EQU (0x3:SHL:4) ;- (TCB) TIOA2 connected to XC2

;- ******************************************************************************
;-              SOFTWARE API DEFINITION  FOR USB Device Port
;- ******************************************************************************
                ^ 0  ;- AT91S_UDP
UDP_NUM         #  4 ;- Frame Number Register
UDP_GLBSTATE    #  4 ;- Global State Register
UDP_FADDR       #  4 ;- Function Address Register
                #  4 ;- Reserved
UDP_IER         #  4 ;- Interrupt Enable Register
UDP_IDR         #  4 ;- Interrupt Disable Register
UDP_IMR         #  4 ;- Interrupt Mask Register
UDP_ISR         #  4 ;- Interrupt Status Register
UDP_ICR         #  4 ;- Interrupt Clear Register
                #  4 ;- Reserved
UDP_RSTEP       #  4 ;- Reset Endpoint Register
                #  4 ;- Reserved
UDP_CSR         # 16 ;- Endpoint Control and Status Register
                # 16 ;- Reserved
UDP_FDR         # 16 ;- Endpoint FIFO Data Register
                # 20 ;- Reserved
UDP_TXVC        #  4 ;- Transceiver Control Register

;- -------- UDP_FRM_NUM : (UDP Offset: 0x0) USB Frame Number Register --------
AT91C_UDP_FRM_NUM         EQU (0x7FF:SHL:0)  ;- (UDP) Frame Number
AT91C_UDP_FRM_ERR         EQU (0x1:SHL:16)   ;- (UDP) Frame Error
AT91C_UDP_FRM_OK          EQU (0x1:SHL:17)   ;- (UDP) Frame OK
;- -------- UDP_GLB_STATE : (UDP Offset: 0x4) USB Global State Register --------
AT91C_UDP_FADDEN          EQU (0x1:SHL:0)    ;- (UDP) Function Address Enable
AT91C_UDP_CONFG           EQU (0x1:SHL:1)    ;- (UDP) Configured
AT91C_UDP_ESR             EQU (0x1:SHL:2)    ;- (UDP) Enable Send Resume
AT91C_UDP_RSMINPR         EQU (0x1:SHL:3)    ;- (UDP) A Resume Has Been Sent to the Host
AT91C_UDP_RMWUPE          EQU (0x1:SHL:4)    ;- (UDP) Remote Wake Up Enable
;- -------- UDP_FADDR : (UDP Offset: 0x8) USB Function Address Register --------
AT91C_UDP_FADD            EQU (0xFF:SHL:0)   ;- (UDP) Function Address Value
AT91C_UDP_FEN             EQU (0x1:SHL:8)    ;- (UDP) Function Enable
;- -------- UDP_IER   : (UDP Offset: 0x10) USB Interrupt Enable Register --------
AT91C_UDP_EPINT0          EQU (0x1:SHL:0)    ;- (UDP) Endpoint 0 Interrupt
AT91C_UDP_EPINT1          EQU (0x1:SHL:1)    ;- (UDP) Endpoint 0 Interrupt
AT91C_UDP_EPINT2          EQU (0x1:SHL:2)    ;- (UDP) Endpoint 2 Interrupt
AT91C_UDP_EPINT3          EQU (0x1:SHL:3)    ;- (UDP) Endpoint 3 Interrupt
AT91C_UDP_RXSUSP          EQU (0x1:SHL:8)    ;- (UDP) USB Suspend Interrupt
AT91C_UDP_RXRSM           EQU (0x1:SHL:9)    ;- (UDP) USB Resume Interrupt
```

```
AT91C_UDP_EXTRSM          EQU (0x1:SHL:10)   ;- (UDP) USB External Resume Interrupt
AT91C_UDP_SOFINT          EQU (0x1:SHL:11)   ;- (UDP) USB Start Of frame Interrupt
AT91C_UDP_WAKEUP          EQU (0x1:SHL:13)   ;- (UDP) USB Resume Interrupt
;- -------- UDP_IDR   : (UDP Offset: 0x14) USB Interrupt Disable Register --------
;- -------- UDP_IMR   : (UDP Offset: 0x18) USB Interrupt Mask Register --------
;- -------- UDP_ISR   : (UDP Offset: 0x1c) USB Interrupt Status Register --------
AT91C_UDP_ENDBUSRES       EQU (0x1:SHL:12)   ;- (UDP) USB End Of Bus Reset Interrupt
;- -------- UDP_ICR   : (UDP Offset: 0x20) USB Interrupt Clear Register --------
;- -------- UDP_RST_EP : (UDP Offset: 0x28) USB Reset Endpoint Register --------
AT91C_UDP_EP0             EQU (0x1:SHL:0)    ;- (UDP) Reset Endpoint 0
AT91C_UDP_EP1             EQU (0x1:SHL:1)    ;- (UDP) Reset Endpoint 1
AT91C_UDP_EP2             EQU (0x1:SHL:2)    ;- (UDP) Reset Endpoint 2
AT91C_UDP_EP3             EQU (0x1:SHL:3)    ;- (UDP) Reset Endpoint 3
;- -------- UDP_CSR   : (UDP Offset: 0x30) USB Endpoint Control and Status Register --------
AT91C_UDP_TXCOMP          EQU (0x1:SHL:0)    ;- (UDP)
AT91C_UDP_RX_DATA_BK0     EQU (0x1:SHL:1)    ;- (UDP) Receive Data Bank 0
AT91C_UDP_RXSETUP         EQU (0x1:SHL:2)    ;- (UDP) Sends STALL to the Host (Control endpoints)
AT91C_UDP_ISOERROR        EQU (0x1:SHL:3)    ;- (UDP) Isochronous error (Isochronous endpoints)
AT91C_UDP_TXPKTRDY        EQU (0x1:SHL:4)    ;- (UDP) Transmit Packet Ready
AT91C_UDP_FORCESTALL      EQU (0x1:SHL:5)    ;- (UDP) Force Stall
AT91C_UDP_RX_DATA_BK1     EQU (0x1:SHL:6)    ;- (UDP) Receive Data Bank 1
AT91C_UDP_DIR             EQU (0x1:SHL:7)    ;- (UDP) Transfer Direction
AT91C_UDP_EPTYPE          EQU (0x7:SHL:8)    ;- (UDP) Endpoint type
AT91C_UDP_EPTYPE_CTRL     EQU (0x0:SHL:8)    ;- (UDP) Control
AT91C_UDP_EPTYPE_ISO_OUT  EQU (0x1:SHL:8)    ;- (UDP) Isochronous OUT
AT91C_UDP_EPTYPE_BULK_OUT EQU (0x2:SHL:8)    ;- (UDP) Bulk OUT
AT91C_UDP_EPTYPE_INT_OUT  EQU (0x3:SHL:8)    ;- (UDP) Interrupt OUT
AT91C_UDP_EPTYPE_ISO_IN   EQU (0x5:SHL:8)    ;- (UDP) Isochronous IN
AT91C_UDP_EPTYPE_BULK_IN  EQU (0x6:SHL:8)    ;- (UDP) Bulk IN
AT91C_UDP_EPTYPE_INT_IN   EQU (0x7:SHL:8)    ;- (UDP) Interrupt IN
AT91C_UDP_DTGLE           EQU (0x1:SHL:11)   ;- (UDP) Data Toggle
AT91C_UDP_EPEDS           EQU (0x1:SHL:15)   ;- (UDP) Endpoint Enable Disable
AT91C_UDP_RXBYTECNT       EQU (0x7FF:SHL:16) ;- (UDP) Number Of Bytes Available in the FIFO
;- -------- UDP_TXVC  : (UDP Offset: 0x74) Transceiver Control Register --------
AT91C_UDP_TXVDIS          EQU (0x1:SHL:8)    ;- (UDP)

;- *****************************************************************************
;-              SOFTWARE API DEFINITION  FOR Two-Wire Interface
;- *****************************************************************************
                ^ 0    ;- AT91S_TWI
TWI_CR          #  4   ;- Control Register
TWI_MMR         #  4   ;- Master Mode Register
                #  4   ;- Reserved
TWI_IADR        #  4   ;- Internal Address Register
TWI_CWGR        #  4   ;- Clock Waveform Generator Register
                # 12   ;- Reserved
TWI_SR          #  4   ;- Status Register
TWI_IER         #  4   ;- Interrupt Enable Register
TWI_IDR         #  4   ;- Interrupt Disable Register
TWI_IMR         #  4   ;- Interrupt Mask Register
TWI_RHR         #  4   ;- Receive Holding Register
TWI_THR         #  4   ;- Transmit Holding Register

;- -------- TWI_CR   : (TWI Offset: 0x0) TWI Control Register --------
AT91C_TWI_START           EQU (0x1:SHL:0)    ;- (TWI) Send a START Condition
AT91C_TWI_STOP            EQU (0x1:SHL:1)    ;- (TWI) Send a STOP Condition
AT91C_TWI_MSEN            EQU (0x1:SHL:2)    ;- (TWI) TWI Master Transfer Enabled
AT91C_TWI_MSDIS           EQU (0x1:SHL:3)    ;- (TWI) TWI Master Transfer Disabled
AT91C_TWI_SWRST           EQU (0x1:SHL:7)    ;- (TWI) Software Reset
;- -------- TWI_MMR  : (TWI Offset: 0x4) TWI Master Mode Register --------
AT91C_TWI_IADRSZ          EQU (0x3:SHL:8)    ;- (TWI) Internal Device Address Size
AT91C_TWI_IADRSZ_NO       EQU (0x0:SHL:8)    ;- (TWI) No internal device address
AT91C_TWI_IADRSZ_1_BYTE   EQU (0x1:SHL:8)    ;- (TWI) One-byte internal device address
AT91C_TWI_IADRSZ_2_BYTE   EQU (0x2:SHL:8)    ;- (TWI) Two-byte internal device address
AT91C_TWI_IADRSZ_3_BYTE   EQU (0x3:SHL:8)    ;- (TWI) Three-byte internal device address
AT91C_TWI_MREAD           EQU (0x1:SHL:12)   ;- (TWI) Master Read Direction
AT91C_TWI_DADR            EQU (0x7F:SHL:16)  ;- (TWI) Device Address
;- -------- TWI_CWGR : (TWI Offset: 0x10) TWI Clock Waveform Generator Register --------
AT91C_TWI_CLDIV           EQU (0xFF:SHL:0)   ;- (TWI) Clock Low Divider
AT91C_TWI_CHDIV           EQU (0xFF:SHL:8)   ;- (TWI) Clock High Divider
AT91C_TWI_CKDIV           EQU (0x7:SHL:16)   ;- (TWI) Clock Divider
;- -------- TWI_SR   : (TWI Offset: 0x20) TWI Status Register --------
```

```
AT91C_TWI_TXCOMP          EQU (0x1:SHL:0)   ;- (TWI) Transmission Completed
AT91C_TWI_RXRDY           EQU (0x1:SHL:1)   ;- (TWI) Receive holding register ReaDY
AT91C_TWI_TXRDY           EQU (0x1:SHL:2)   ;- (TWI) Transmit holding register ReaDY
AT91C_TWI_OVRE            EQU (0x1:SHL:6)   ;- (TWI) Overrun Error
AT91C_TWI_UNRE            EQU (0x1:SHL:7)   ;- (TWI) Underrun Error
AT91C_TWI_NACK            EQU (0x1:SHL:8)   ;- (TWI) Not Acknowledged
;- -------- TWI_IER  : (TWI Offset: 0x24) TWI Interrupt Enable Register --------
;- -------- TWI_IDR  : (TWI Offset: 0x28) TWI Interrupt Disable Register --------
;- -------- TWI_IMR  : (TWI Offset: 0x2c) TWI Interrupt Mask Register --------

;- *****************************************************************************
;-              SOFTWARE API DEFINITION  FOR USART
;- *****************************************************************************
                ^ 0   ;- AT91S_USART
US_CR           #  4  ;- Control Register
US_MR           #  4  ;- Mode Register
US_IER          #  4  ;- Interrupt Enable Register
US_IDR          #  4  ;- Interrupt Disable Register
US_IMR          #  4  ;- Interrupt Mask Register
US_CSR          #  4  ;- Channel Status Register
US_RHR          #  4  ;- Receiver Holding Register
US_THR          #  4  ;- Transmitter Holding Register
US_BRGR         #  4  ;- Baud Rate Generator Register
US_RTOR         #  4  ;- Receiver Time-out Register
US_TTGR         #  4  ;- Transmitter Time-guard Register
                # 20  ;- Reserved
US_FIDI         #  4  ;- FI_DI_Ratio Register
US_NER          #  4  ;- Nb Errors Register
                #  4  ;- Reserved
US_IF           #  4  ;- IRDA_FILTER Register
                # 176 ;- Reserved
US_RPR          #  4  ;- Receive Pointer Register
US_RCR          #  4  ;- Receive Counter Register
US_TPR          #  4  ;- Transmit Pointer Register
US_TCR          #  4  ;- Transmit Counter Register
US_RNPR         #  4  ;- Receive Next Pointer Register
US_RNCR         #  4  ;- Receive Next Counter Register
US_TNPR         #  4  ;- Transmit Next Pointer Register
US_TNCR         #  4  ;- Transmit Next Counter Register
US_PTCR         #  4  ;- PDC Transfer Control Register
US_PTSR         #  4  ;- PDC Transfer Status Register

;- -------- US_CR  : (USART Offset: 0x0) Debug Unit Control Register --------
AT91C_US_STTBRK           EQU (0x1:SHL:9)   ;- (USART) Start Break
AT91C_US_STPBRK           EQU (0x1:SHL:10)  ;- (USART) Stop Break
AT91C_US_STTTO            EQU (0x1:SHL:11)  ;- (USART) Start Time-out
AT91C_US_SENDA            EQU (0x1:SHL:12)  ;- (USART) Send Address
AT91C_US_RSTIT            EQU (0x1:SHL:13)  ;- (USART) Reset Iterations
AT91C_US_RSTNACK          EQU (0x1:SHL:14)  ;- (USART) Reset Non Acknowledge
AT91C_US_RETTO            EQU (0x1:SHL:15)  ;- (USART) Rearm Time-out
AT91C_US_DTREN            EQU (0x1:SHL:16)  ;- (USART) Data Terminal ready Enable
AT91C_US_DTRDIS           EQU (0x1:SHL:17)  ;- (USART) Data Terminal ready Disable
AT91C_US_RTSEN            EQU (0x1:SHL:18)  ;- (USART) Request to Send enable
AT91C_US_RTSDIS           EQU (0x1:SHL:19)  ;- (USART) Request to Send Disable
;- -------- US_MR  : (USART Offset: 0x4) Debug Unit Mode Register --------
AT91C_US_USMODE           EQU (0xF:SHL:0)   ;- (USART) Usart mode
AT91C_US_USMODE_NORMAL    EQU (0x0)         ;- (USART) Normal
AT91C_US_USMODE_RS485     EQU (0x1)         ;- (USART) RS485
AT91C_US_USMODE_HWHSH     EQU (0x2)         ;- (USART) Hardware Handshaking
AT91C_US_USMODE_MODEM     EQU (0x3)         ;- (USART) Modem
AT91C_US_USMODE_ISO7816_0 EQU (0x4)         ;- (USART) ISO7816 protocol: T = 0
AT91C_US_USMODE_ISO7816_1 EQU (0x6)         ;- (USART) ISO7816 protocol: T = 1
AT91C_US_USMODE_IRDA      EQU (0x8)         ;- (USART) IrDA
AT91C_US_USMODE_SWHSH     EQU (0xC)         ;- (USART) Software Handshaking
AT91C_US_CLKS             EQU (0x3:SHL:4)   ;- (USART) Clock Selection
AT91C_US_CLKS_CLOCK       EQU (0x0:SHL:4)   ;- (USART) Clock
AT91C_US_CLKS_FDIV1       EQU (0x1:SHL:4)   ;- (USART) fdiv1
AT91C_US_CLKS_SLOW        EQU (0x2:SHL:4)   ;- (USART) slow_clock (ARM)
AT91C_US_CLKS_EXT         EQU (0x3:SHL:4)   ;- (USART) External (SCK)
AT91C_US_CHRL             EQU (0x3:SHL:6)   ;- (USART) Clock Selection
AT91C_US_CHRL_5_BITS      EQU (0x0:SHL:6)   ;- (USART) Character Length: 5 bits
AT91C_US_CHRL_6_BITS      EQU (0x1:SHL:6)   ;- (USART) Character Length: 6 bits
```

```
AT91C_US_CHRL_7_BITS       EQU (0x2:SHL:6)  ;- (USART) Character Length: 7 bits
AT91C_US_CHRL_8_BITS       EQU (0x3:SHL:6)  ;- (USART) Character Length: 8 bits
AT91C_US_SYNC              EQU (0x1:SHL:8)  ;- (USART) Synchronous Mode Select
AT91C_US_NBSTOP            EQU (0x3:SHL:12) ;- (USART) Number of Stop bits
AT91C_US_NBSTOP_1_BIT      EQU (0x0:SHL:12) ;- (USART) 1 stop bit
AT91C_US_NBSTOP_15_BIT     EQU (0x1:SHL:12) ;- (USART) Asynchronous 1.5 stop bits
AT91C_US_NBSTOP_2_BIT      EQU (0x2:SHL:12) ;- (USART) 2 stop bits
AT91C_US_MSBF              EQU (0x1:SHL:16) ;- (USART) Bit Order
AT91C_US_MODE9             EQU (0x1:SHL:17) ;- (USART) 9-bit Character length
AT91C_US_CKLO              EQU (0x1:SHL:18) ;- (USART) Clock Output Select
AT91C_US_OVER              EQU (0x1:SHL:19) ;- (USART) Over Sampling Mode
AT91C_US_INACK             EQU (0x1:SHL:20) ;- (USART) Inhibit Non Acknowledge
AT91C_US_DSNACK            EQU (0x1:SHL:21) ;- (USART) Disable Successive NACK
AT91C_US_MAX_ITER          EQU (0x1:SHL:24) ;- (USART) Number of Repetitions
AT91C_US_FILTER            EQU (0x1:SHL:28) ;- (USART) Receive Line Filter
;- -------- US_IER : (USART Offset: 0x8) Debug Unit Interrupt Enable Register --------
AT91C_US_RXBRK             EQU (0x1:SHL:2)  ;- (USART) Break Received/End of Break
AT91C_US_TIMEOUT           EQU (0x1:SHL:8)  ;- (USART) Receiver Time-out
AT91C_US_ITERATION         EQU (0x1:SHL:10) ;- (USART) Max number of Repetitions Reached
AT91C_US_NACK              EQU (0x1:SHL:13) ;- (USART) Non Acknowledge
AT91C_US_RIIC              EQU (0x1:SHL:16) ;- (USART) Ring INdicator Input Change Flag
AT91C_US_DSRIC             EQU (0x1:SHL:17) ;- (USART) Data Set Ready Input Change Flag
AT91C_US_DCDIC             EQU (0x1:SHL:18) ;- (USART) Data Carrier Flag
AT91C_US_CTSIC             EQU (0x1:SHL:19) ;- (USART) Clear To Send Input Change Flag
;- -------- US_IDR : (USART Offset: 0xc) Debug Unit Interrupt Disable Register --------
;- -------- US_IMR : (USART Offset: 0x10) Debug Unit Interrupt Mask Register --------
;- -------- US_CSR : (USART Offset: 0x14) Debug Unit Channel Status Register --------
AT91C_US_RI                EQU (0x1:SHL:20) ;- (USART) Image of RI Input
AT91C_US_DSR               EQU (0x1:SHL:21) ;- (USART) Image of DSR Input
AT91C_US_DCD               EQU (0x1:SHL:22) ;- (USART) Image of DCD Input
AT91C_US_CTS               EQU (0x1:SHL:23) ;- (USART) Image of CTS Input

;- *****************************************************************************
;-              SOFTWARE API DEFINITION  FOR PWM Controller
;- *****************************************************************************
                ^ 0   ;- AT91S_PWMC
PWMC_MR         #  4  ;- PWMC Mode Register
PWMC_ENA        #  4  ;- PWMC Enable Register
PWMC_DIS        #  4  ;- PWMC Disable Register
PWMC_SR         #  4  ;- PWMC Status Register
PWMC_IER        #  4  ;- PWMC Interrupt Enable Register
PWMC_IDR        #  4  ;- PWMC Interrupt Disable Register
PWMC_IMR        #  4  ;- PWMC Interrupt Mask Register
PWMC_ISR        #  4  ;- PWMC Interrupt Status Register
                # 220 ;- Reserved
PWMC_VR         #  4  ;- PWMC Version Register
                # 256 ;- Reserved
PWMC_CH         # 96  ;- PWMC Channel

;- -------- PWMC_MR  : (PWMC Offset: 0x0) PWMC Mode Register --------
AT91C_PWMC_DIVA            EQU (0xFF:SHL:0)  ;- (PWMC) CLKA divide factor.
AT91C_PWMC_PREA            EQU (0xF:SHL:8)   ;- (PWMC) Divider Input Clock Prescaler A
AT91C_PWMC_PREA_MCK        EQU (0x0:SHL:8)   ;- (PWMC)
AT91C_PWMC_DIVB            EQU (0xFF:SHL:16) ;- (PWMC) CLKB divide factor.
AT91C_PWMC_PREB            EQU (0xF:SHL:24)  ;- (PWMC) Divider Input Clock Prescaler B
AT91C_PWMC_PREB_MCK        EQU (0x0:SHL:24)  ;- (PWMC)
;- -------- PWMC_ENA : (PWMC Offset: 0x4) PWMC Enable Register --------
AT91C_PWMC_CHID0           EQU (0x1:SHL:0)   ;- (PWMC) Channel ID 0
AT91C_PWMC_CHID1           EQU (0x1:SHL:1)   ;- (PWMC) Channel ID 1
AT91C_PWMC_CHID2           EQU (0x1:SHL:2)   ;- (PWMC) Channel ID 2
AT91C_PWMC_CHID3           EQU (0x1:SHL:3)   ;- (PWMC) Channel ID 3
;- -------- PWMC_DIS : (PWMC Offset: 0x8) PWMC Disable Register --------
;- -------- PWMC_SR  : (PWMC Offset: 0xc) PWMC Status Register --------
;- -------- PWMC_IER : (PWMC Offset: 0x10) PWMC Interrupt Enable Register --------
;- -------- PWMC_IDR : (PWMC Offset: 0x14) PWMC Interrupt Disable Register --------
;- -------- PWMC_IMR : (PWMC Offset: 0x18) PWMC Interrupt Mask Register --------
;- -------- PWMC_ISR : (PWMC Offset: 0x1c) PWMC Interrupt Status Register --------

;- *****************************************************************************
;-              SOFTWARE API DEFINITION  FOR PWM Controller Channel
;- *****************************************************************************
                ^ 0  ;- AT91S_PWMC_CH
```

```
PWMC_CMR          #  4 ;- Channel Mode Register
PWMC_CDTYR        #  4 ;- Channel Duty Cycle Register
PWMC_CPRDR        #  4 ;- Channel Period Register
PWMC_CCNTR        #  4 ;- Channel Counter Register
PWMC_CUPDR        #  4 ;- Channel Update Register
PWMC_Reserved     # 12 ;- Reserved

;- -------- PWMC_CMR   : (PWMC_CH Offset: 0x0) PWMC Channel Mode Register --------
AT91C_PWMC_CPRE            EQU (0xF:SHL:0)   ;- (PWMC_CH) Channel Prescaler : PWMC_CLKx
AT91C_PWMC_CPRE_MCK        EQU (0x0)         ;- (PWMC_CH)
AT91C_PWMC_CPRE_MCKA       EQU (0xB)         ;- (PWMC_CH)
AT91C_PWMC_CPRE_MCKB       EQU (0xC)         ;- (PWMC_CH)
AT91C_PWMC_CALG            EQU (0x1:SHL:8)   ;- (PWMC_CH) Channel Alignment
AT91C_PWMC_CPOL            EQU (0x1:SHL:9)   ;- (PWMC_CH) Channel Polarity
AT91C_PWMC_CPD             EQU (0x1:SHL:10)  ;- (PWMC_CH) Channel Update Period
;- -------- PWMC_CDTYR : (PWMC_CH Offset: 0x4) PWMC Channel Duty Cycle Register --------
AT91C_PWMC_CDTY            EQU (0x0:SHL:0)   ;- (PWMC_CH) Channel Duty Cycle
;- -------- PWMC_CPRDR : (PWMC_CH Offset: 0x8) PWMC Channel Period Register --------
AT91C_PWMC_CPRD            EQU (0x0:SHL:0)   ;- (PWMC_CH) Channel Period
;- -------- PWMC_CCNTR : (PWMC_CH Offset: 0xc) PWMC Channel Counter Register --------
AT91C_PWMC_CCNT            EQU (0x0:SHL:0)   ;- (PWMC_CH) Channel Counter
;- -------- PWMC_CUPDR : (PWMC_CH Offset: 0x10) PWMC Channel Update Register --------
AT91C_PWMC_CUPD            EQU (0x0:SHL:0)   ;- (PWMC_CH) Channel Update

;- *****************************************************************************
;-              SOFTWARE API DEFINITION  FOR Synchronous Serial Controller
;- *****************************************************************************
                ^ 0   ;- AT91S_SSC
SSC_CR          #  4  ;- Control Register
SSC_CMR         #  4  ;- Clock Mode Register
                #  8  ;- Reserved
SSC_RCMR        #  4  ;- Receive Clock ModeRegister
SSC_RFMR        #  4  ;- Receive Frame Mode Register
SSC_TCMR        #  4  ;- Transmit Clock Mode Register
SSC_TFMR        #  4  ;- Transmit Frame Mode Register
SSC_RHR         #  4  ;- Receive Holding Register
SSC_THR         #  4  ;- Transmit Holding Register
                #  8  ;- Reserved
SSC_RSHR        #  4  ;- Receive Sync Holding Register
SSC_TSHR        #  4  ;- Transmit Sync Holding Register
                #  8  ;- Reserved
SSC_SR          #  4  ;- Status Register
SSC_IER         #  4  ;- Interrupt Enable Register
SSC_IDR         #  4  ;- Interrupt Disable Register
SSC_IMR         #  4  ;- Interrupt Mask Register
                # 176 ;- Reserved
SSC_RPR         #  4  ;- Receive Pointer Register
SSC_RCR         #  4  ;- Receive Counter Register
SSC_TPR         #  4  ;- Transmit Pointer Register
SSC_TCR         #  4  ;- Transmit Counter Register
SSC_RNPR        #  4  ;- Receive Next Pointer Register
SSC_RNCR        #  4  ;- Receive Next Counter Register
SSC_TNPR        #  4  ;- Transmit Next Pointer Register
SSC_TNCR        #  4  ;- Transmit Next Counter Register
SSC_PTCR        #  4  ;- PDC Transfer Control Register
SSC_PTSR        #  4  ;- PDC Transfer Status Register

;- -------- SSC_CR   : (SSC Offset: 0x0) SSC Control Register --------
AT91C_SSC_RXEN            EQU (0x1:SHL:0)   ;- (SSC) Receive Enable
AT91C_SSC_RXDIS           EQU (0x1:SHL:1)   ;- (SSC) Receive Disable
AT91C_SSC_TXEN            EQU (0x1:SHL:8)   ;- (SSC) Transmit Enable
AT91C_SSC_TXDIS           EQU (0x1:SHL:9)   ;- (SSC) Transmit Disable
AT91C_SSC_SWRST           EQU (0x1:SHL:15)  ;- (SSC) Software Reset
;- -------- SSC_RCMR : (SSC Offset: 0x10) SSC Receive Clock Mode Register --------
AT91C_SSC_CKS             EQU (0x3:SHL:0)   ;- (SSC) Receive/Transmit Clock Selection
AT91C_SSC_CKS_DIV         EQU (0x0)         ;- (SSC) Divided Clock
AT91C_SSC_CKS_TK          EQU (0x1)         ;- (SSC) TK Clock signal
AT91C_SSC_CKS_RK          EQU (0x2)         ;- (SSC) RK pin
AT91C_SSC_CKO             EQU (0x7:SHL:2)   ;- (SSC) Receive/Transmit Clock Selection
AT91C_SSC_CKO_NONE        EQU (0x0:SHL:2)   ;- (SSC) None RK pin: Input-only
AT91C_SSC_CKO_CONTINOUS   EQU (0x1:SHL:2)   ;- (SSC) RK pin: Output
AT91C_SSC_CKO_DATA_TX     EQU (0x2:SHL:2)   ;- (SSC) RK pin: Output
```

```
AT91C_SSC_CKI             EQU (0x1:SHL:5)   ;- (SSC) Receive/Transmit Clock Inversion
AT91C_SSC_START           EQU (0xF:SHL:8)   ;- (SSC) Receive/Transmit Start Selection
AT91C_SSC_START_CONTINOUS EQU (0x0:SHL:8)   ;- (SSC) Continuous
AT91C_SSC_START_TX        EQU (0x1:SHL:8)   ;- (SSC) Transmit/Receive start
AT91C_SSC_START_LOW_RF    EQU (0x2:SHL:8)   ;- (SSC) Detection of a low level on RF input
AT91C_SSC_START_HIGH_RF   EQU (0x3:SHL:8)   ;- (SSC) Detection of a high level on RF input
AT91C_SSC_START_FALL_RF   EQU (0x4:SHL:8)   ;- (SSC) Detection of a falling edge on RF input
AT91C_SSC_START_RISE_RF   EQU (0x5:SHL:8)   ;- (SSC) Detection of a rising edge on RF input
AT91C_SSC_START_LEVEL_RF  EQU (0x6:SHL:8)   ;- (SSC) Detection of any level change on RF input
AT91C_SSC_START_EDGE_RF   EQU (0x7:SHL:8)   ;- (SSC) Detection of any edge on RF input
AT91C_SSC_START_0         EQU (0x8:SHL:8)   ;- (SSC) Compare 0
AT91C_SSC_STTDLY          EQU (0xFF:SHL:16) ;- (SSC) Receive/Transmit Start Delay
AT91C_SSC_PERIOD          EQU (0xFF:SHL:24) ;- (SSC) Receive/Transmit Period Divider Selection
;- -------- SSC_RFMR : (SSC Offset: 0x14) SSC Receive Frame Mode Register --------
AT91C_SSC_DATLEN          EQU (0x1F:SHL:0)  ;- (SSC) Data Length
AT91C_SSC_LOOP            EQU (0x1:SHL:5)   ;- (SSC) Loop Mode
AT91C_SSC_MSBF            EQU (0x1:SHL:7)   ;- (SSC) Most Significant Bit First
AT91C_SSC_DATNB           EQU (0xF:SHL:8)   ;- (SSC) Data Number per Frame
AT91C_SSC_FSLEN           EQU (0xF:SHL:16)  ;- (SSC) Receive/Transmit Frame Sync length
AT91C_SSC_FSOS            EQU (0x7:SHL:20)  ;- (SSC) Receive/Transmit Frame Sync Output Selection
AT91C_SSC_FSOS_NONE       EQU (0x0:SHL:20)  ;- (SSC) None RK pin Input-only
AT91C_SSC_FSOS_NEGATIVE   EQU (0x1:SHL:20)  ;- (SSC) Negative Pulse
AT91C_SSC_FSOS_POSITIVE   EQU (0x2:SHL:20)  ;- (SSC) Positive Pulse
AT91C_SSC_FSOS_LOW        EQU (0x3:SHL:20)  ;- (SSC) Driver Low during data transfer
AT91C_SSC_FSOS_HIGH       EQU (0x4:SHL:20)  ;- (SSC) Driver High during data transfer
AT91C_SSC_FSOS_TOGGLE     EQU (0x5:SHL:20)  ;- (SSC) Toggle at each start of data transfer
AT91C_SSC_FSEDGE          EQU (0x1:SHL:24)  ;- (SSC) Frame Sync Edge Detection
;- -------- SSC_TCMR : (SSC Offset: 0x18) SSC Transmit Clock Mode Register --------
;- -------- SSC_TFMR : (SSC Offset: 0x1c) SSC Transmit Frame Mode Register --------
AT91C_SSC_DATDEF          EQU (0x1:SHL:5)   ;- (SSC) Data Default Value
AT91C_SSC_FSDEN           EQU (0x1:SHL:23)  ;- (SSC) Frame Sync Data Enable
;- -------- SSC_SR   : (SSC Offset: 0x40) SSC Status Register --------
AT91C_SSC_TXRDY           EQU (0x1:SHL:0)   ;- (SSC) Transmit Ready
AT91C_SSC_TXEMPTY         EQU (0x1:SHL:1)   ;- (SSC) Transmit Empty
AT91C_SSC_ENDTX           EQU (0x1:SHL:2)   ;- (SSC) End Of Transmission
AT91C_SSC_TXBUFE          EQU (0x1:SHL:3)   ;- (SSC) Transmit Buffer Empty
AT91C_SSC_RXRDY           EQU (0x1:SHL:4)   ;- (SSC) Receive Ready
AT91C_SSC_OVRUN           EQU (0x1:SHL:5)   ;- (SSC) Receive Overrun
AT91C_SSC_ENDRX           EQU (0x1:SHL:6)   ;- (SSC) End of Reception
AT91C_SSC_RXBUFF          EQU (0x1:SHL:7)   ;- (SSC) Receive Buffer Full
AT91C_SSC_TXSYN           EQU (0x1:SHL:10)  ;- (SSC) Transmit Sync
AT91C_SSC_RXSYN           EQU (0x1:SHL:11)  ;- (SSC) Receive Sync
AT91C_SSC_TXENA           EQU (0x1:SHL:16)  ;- (SSC) Transmit Enable
AT91C_SSC_RXENA           EQU (0x1:SHL:17)  ;- (SSC) Receive Enable
;- -------- SSC_IER  : (SSC Offset: 0x44) SSC Interrupt Enable Register --------
;- -------- SSC_IDR  : (SSC Offset: 0x48) SSC Interrupt Disable Register --------
;- -------- SSC_IMR  : (SSC Offset: 0x4c) SSC Interrupt Mask Register --------

;- *****************************************************************************
;-             SOFTWARE API DEFINITION  FOR Analog-to-Digital Converter
;- *****************************************************************************
               ^ 0   ;- AT91S_ADC
ADC_CR         # 4   ;- ADC Control Register
ADC_MR         # 4   ;- ADC Mode Register
               # 8   ;- Reserved
ADC_CHER       # 4   ;- ADC Channel Enable Register
ADC_CHDR       # 4   ;- ADC Channel Disable Register
ADC_CHSR       # 4   ;- ADC Channel Status Register
ADC_SR         # 4   ;- ADC Status Register
ADC_LCDR       # 4   ;- ADC Last Converted Data Register
ADC_IER        # 4   ;- ADC Interrupt Enable Register
ADC_IDR        # 4   ;- ADC Interrupt Disable Register
ADC_IMR        # 4   ;- ADC Interrupt Mask Register
ADC_CDR0       # 4   ;- ADC Channel Data Register 0
ADC_CDR1       # 4   ;- ADC Channel Data Register 1
ADC_CDR2       # 4   ;- ADC Channel Data Register 2
ADC_CDR3       # 4   ;- ADC Channel Data Register 3
ADC_CDR4       # 4   ;- ADC Channel Data Register 4
ADC_CDR5       # 4   ;- ADC Channel Data Register 5
ADC_CDR6       # 4   ;- ADC Channel Data Register 6
ADC_CDR7       # 4   ;- ADC Channel Data Register 7
               # 176 ;- Reserved
```

```
ADC_RPR         # 4  ;- Receive Pointer Register
ADC_RCR         # 4  ;- Receive Counter Register
ADC_TPR         # 4  ;- Transmit Pointer Register
ADC_TCR         # 4  ;- Transmit Counter Register
ADC_RNPR        # 4  ;- Receive Next Pointer Register
ADC_RNCR        # 4  ;- Receive Next Counter Register
ADC_TNPR        # 4  ;- Transmit Next Pointer Register
ADC_TNCR        # 4  ;- Transmit Next Counter Register
ADC_PTCR        # 4  ;- PDC Transfer Control Register
ADC_PTSR        # 4  ;- PDC Transfer Status Register

;- -------- ADC_CR : (ADC Offset: 0x0) ADC Control Register --------
AT91C_ADC_SWRST          EQU (0x1:SHL:0)   ;- (ADC) Software Reset
AT91C_ADC_START          EQU (0x1:SHL:1)   ;- (ADC) Start Conversion
;- -------- ADC_MR : (ADC Offset: 0x4) ADC Mode Register --------
AT91C_ADC_TRGEN          EQU (0x1:SHL:0)   ;- (ADC) Trigger Enable
AT91C_ADC_TRGEN_DIS      EQU (0x0)         ;- (ADC) Hradware trigger disable
AT91C_ADC_TRGEN_EN       EQU (0x1)         ;- (ADC) Hardware trigger enable
AT91C_ADC_TRGSEL         EQU (0x7:SHL:1)   ;- (ADC) Trigger Selection
AT91C_ADC_TRGSEL_TIOA0   EQU (0x0:SHL:1)   ;- (ADC) Selected TRGSEL = TIAO0
AT91C_ADC_TRGSEL_TIOA1   EQU (0x1:SHL:1)   ;- (ADC) Selected TRGSEL = TIAO1
AT91C_ADC_TRGSEL_TIOA2   EQU (0x2:SHL:1)   ;- (ADC) Selected TRGSEL = TIAO2
AT91C_ADC_TRGSEL_TIOA3   EQU (0x3:SHL:1)   ;- (ADC) Selected TRGSEL = TIAO3
AT91C_ADC_TRGSEL_TIOA4   EQU (0x4:SHL:1)   ;- (ADC) Selected TRGSEL = TIAO4
AT91C_ADC_TRGSEL_TIOA5   EQU (0x5:SHL:1)   ;- (ADC) Selected TRGSEL = TIAO5
AT91C_ADC_TRGSEL_EXT     EQU (0x6:SHL:1)   ;- (ADC) Selected TRGSEL = External Trigger
AT91C_ADC_LOWRES         EQU (0x1:SHL:4)   ;- (ADC) Resolution.
AT91C_ADC_LOWRES_10_BIT  EQU (0x0:SHL:4)   ;- (ADC) 10-bit resolution
AT91C_ADC_LOWRES_8_BIT   EQU (0x1:SHL:4)   ;- (ADC) 8-bit resolution
AT91C_ADC_SLEEP          EQU (0x1:SHL:5)   ;- (ADC) Sleep Mode
AT91C_ADC_SLEEP_NORMAL_MODE EQU (0x0:SHL:5) ;- (ADC) Normal Mode
AT91C_ADC_SLEEP_MODE     EQU (0x1:SHL:5)   ;- (ADC) Sleep Mode
AT91C_ADC_PRESCAL        EQU (0x3F:SHL:8)  ;- (ADC) Prescaler rate selection
AT91C_ADC_STARTUP        EQU (0x1F:SHL:16) ;- (ADC) Startup Time
AT91C_ADC_SHTIM          EQU (0xF:SHL:24)  ;- (ADC) Sample & Hold Time
;- -------- ADC_CHER : (ADC Offset: 0x10) ADC Channel Enable Register --------
AT91C_ADC_CH0            EQU (0x1:SHL:0)   ;- (ADC) Channel 0
AT91C_ADC_CH1            EQU (0x1:SHL:1)   ;- (ADC) Channel 1
AT91C_ADC_CH2            EQU (0x1:SHL:2)   ;- (ADC) Channel 2
AT91C_ADC_CH3            EQU (0x1:SHL:3)   ;- (ADC) Channel 3
AT91C_ADC_CH4            EQU (0x1:SHL:4)   ;- (ADC) Channel 4
AT91C_ADC_CH5            EQU (0x1:SHL:5)   ;- (ADC) Channel 5
AT91C_ADC_CH6            EQU (0x1:SHL:6)   ;- (ADC) Channel 6
AT91C_ADC_CH7            EQU (0x1:SHL:7)   ;- (ADC) Channel 7
;- -------- ADC_CHDR : (ADC Offset: 0x14) ADC Channel Disable Register --------
;- -------- ADC_CHSR : (ADC Offset: 0x18) ADC Channel Status Register --------
;- -------- ADC_SR   : (ADC Offset: 0x1c) ADC Status Register --------
AT91C_ADC_EOC0           EQU (0x1:SHL:0)   ;- (ADC) End of Conversion
AT91C_ADC_EOC1           EQU (0x1:SHL:1)   ;- (ADC) End of Conversion
AT91C_ADC_EOC2           EQU (0x1:SHL:2)   ;- (ADC) End of Conversion
AT91C_ADC_EOC3           EQU (0x1:SHL:3)   ;- (ADC) End of Conversion
AT91C_ADC_EOC4           EQU (0x1:SHL:4)   ;- (ADC) End of Conversion
AT91C_ADC_EOC5           EQU (0x1:SHL:5)   ;- (ADC) End of Conversion
AT91C_ADC_EOC6           EQU (0x1:SHL:6)   ;- (ADC) End of Conversion
AT91C_ADC_EOC7           EQU (0x1:SHL:7)   ;- (ADC) End of Conversion
AT91C_ADC_OVRE0          EQU (0x1:SHL:8)   ;- (ADC) Overrun Error
AT91C_ADC_OVRE1          EQU (0x1:SHL:9)   ;- (ADC) Overrun Error
AT91C_ADC_OVRE2          EQU (0x1:SHL:10)  ;- (ADC) Overrun Error
AT91C_ADC_OVRE3          EQU (0x1:SHL:11)  ;- (ADC) Overrun Error
AT91C_ADC_OVRE4          EQU (0x1:SHL:12)  ;- (ADC) Overrun Error
AT91C_ADC_OVRE5          EQU (0x1:SHL:13)  ;- (ADC) Overrun Error
AT91C_ADC_OVRE6          EQU (0x1:SHL:14)  ;- (ADC) Overrun Error
AT91C_ADC_OVRE7          EQU (0x1:SHL:15)  ;- (ADC) Overrun Error
AT91C_ADC_DRDY           EQU (0x1:SHL:16)  ;- (ADC) Data Ready
AT91C_ADC_GOVRE          EQU (0x1:SHL:17)  ;- (ADC) General Overrun
AT91C_ADC_ENDRX          EQU (0x1:SHL:18)  ;- (ADC) End of Receiver Transfer
AT91C_ADC_RXBUFF         EQU (0x1:SHL:19)  ;- (ADC) RXBUFF Interrupt
;- -------- ADC_LCDR : (ADC Offset: 0x20) ADC Last Converted Data Register --------
AT91C_ADC_LDATA          EQU (0x3FF:SHL:0) ;- (ADC) Last Data Converted
;- -------- ADC_IER  : (ADC Offset: 0x24) ADC Interrupt Enable Register --------
;- -------- ADC_IDR  : (ADC Offset: 0x28) ADC Interrupt Disable Register --------
;- -------- ADC_IMR  : (ADC Offset: 0x2c) ADC Interrupt Mask Register --------
```

```
;- -------- ADC_CDR0 : (ADC Offset: 0x30) ADC Channel Data Register 0 --------
AT91C_ADC_DATA            EQU (0x3FF:SHL:0) ;- (ADC) Converted Data
;- -------- ADC_CDR1 : (ADC Offset: 0x34) ADC Channel Data Register 1 --------
;- -------- ADC_CDR2 : (ADC Offset: 0x38) ADC Channel Data Register 2 --------
;- -------- ADC_CDR3 : (ADC Offset: 0x3c) ADC Channel Data Register 3 --------
;- -------- ADC_CDR4 : (ADC Offset: 0x40) ADC Channel Data Register 4 --------
;- -------- ADC_CDR5 : (ADC Offset: 0x44) ADC Channel Data Register 5 --------
;- -------- ADC_CDR6 : (ADC Offset: 0x48) ADC Channel Data Register 6 --------
;- -------- ADC_CDR7 : (ADC Offset: 0x4c) ADC Channel Data Register 7 --------

;- *****************************************************************************
;-              SOFTWARE API DEFINITION  FOR Serial Peripheral Interface
;- *****************************************************************************
                ^ 0   ;- AT91S_SPI
SPI_CR          #  4  ;- Control Register
SPI_MR          #  4  ;- Mode Register
SPI_RDR         #  4  ;- Receive Data Register
SPI_TDR         #  4  ;- Transmit Data Register
SPI_SR          #  4  ;- Status Register
SPI_IER         #  4  ;- Interrupt Enable Register
SPI_IDR         #  4  ;- Interrupt Disable Register
SPI_IMR         #  4  ;- Interrupt Mask Register
                # 16  ;- Reserved
SPI_CSR         # 16  ;- Chip Select Register
                # 192 ;- Reserved
SPI_RPR         #  4  ;- Receive Pointer Register
SPI_RCR         #  4  ;- Receive Counter Register
SPI_TPR         #  4  ;- Transmit Pointer Register
SPI_TCR         #  4  ;- Transmit Counter Register
SPI_RNPR        #  4  ;- Receive Next Pointer Register
SPI_RNCR        #  4  ;- Receive Next Counter Register
SPI_TNPR        #  4  ;- Transmit Next Pointer Register
SPI_TNCR        #  4  ;- Transmit Next Counter Register
SPI_PTCR        #  4  ;- PDC Transfer Control Register
SPI_PTSR        #  4  ;- PDC Transfer Status Register

;- -------- SPI_CR  : (SPI Offset: 0x0) SPI Control Register --------
AT91C_SPI_SPIEN           EQU (0x1:SHL:0)     ;- (SPI) SPI Enable
AT91C_SPI_SPIDIS          EQU (0x1:SHL:1)     ;- (SPI) SPI Disable
AT91C_SPI_SWRST           EQU (0x1:SHL:7)     ;- (SPI) SPI Software reset
AT91C_SPI_LASTXFER        EQU (0x1:SHL:24)    ;- (SPI) SPI Last Transfer
;- -------- SPI_MR  : (SPI Offset: 0x4) SPI Mode Register --------
AT91C_SPI_MSTR            EQU (0x1:SHL:0)     ;- (SPI) Master/Slave Mode
AT91C_SPI_PS              EQU (0x1:SHL:1)     ;- (SPI) Peripheral Select
AT91C_SPI_PS_FIXED        EQU (0x0:SHL:1)     ;- (SPI) Fixed Peripheral Select
AT91C_SPI_PS_VARIABLE     EQU (0x1:SHL:1)     ;- (SPI) Variable Peripheral Select
AT91C_SPI_PCSDEC          EQU (0x1:SHL:2)     ;- (SPI) Chip Select Decode
AT91C_SPI_FDIV            EQU (0x1:SHL:3)     ;- (SPI) Clock Selection
AT91C_SPI_MODFDIS         EQU (0x1:SHL:4)     ;- (SPI) Mode Fault Detection
AT91C_SPI_LLB             EQU (0x1:SHL:7)     ;- (SPI) Clock Selection
AT91C_SPI_PCS             EQU (0xF:SHL:16)    ;- (SPI) Peripheral Chip Select
AT91C_SPI_DLYBCS          EQU (0xFF:SHL:24)   ;- (SPI) Delay Between Chip Selects
;- -------- SPI_RDR : (SPI Offset: 0x8) Receive Data Register --------
AT91C_SPI_RD              EQU (0xFFFF:SHL:0)  ;- (SPI) Receive Data
AT91C_SPI_RPCS            EQU (0xF:SHL:16)    ;- (SPI) Peripheral Chip Select Status
;- -------- SPI_TDR : (SPI Offset: 0xc) Transmit Data Register --------
AT91C_SPI_TD              EQU (0xFFFF:SHL:0)  ;- (SPI) Transmit Data
AT91C_SPI_TPCS            EQU (0xF:SHL:16)    ;- (SPI) Peripheral Chip Select Status
;- -------- SPI_SR  : (SPI Offset: 0x10) Status Register --------
AT91C_SPI_RDRF            EQU (0x1:SHL:0)     ;- (SPI) Receive Data Register Full
AT91C_SPI_TDRE            EQU (0x1:SHL:1)     ;- (SPI) Transmit Data Register Empty
AT91C_SPI_MODF            EQU (0x1:SHL:2)     ;- (SPI) Mode Fault Error
AT91C_SPI_OVRES           EQU (0x1:SHL:3)     ;- (SPI) Overrun Error Status
AT91C_SPI_ENDRX           EQU (0x1:SHL:4)     ;- (SPI) End of Receiver Transfer
AT91C_SPI_ENDTX           EQU (0x1:SHL:5)     ;- (SPI) End of Receiver Transfer
AT91C_SPI_RXBUFF          EQU (0x1:SHL:6)     ;- (SPI) RXBUFF Interrupt
AT91C_SPI_TXBUFE          EQU (0x1:SHL:7)     ;- (SPI) TXBUFE Interrupt
AT91C_SPI_NSSR            EQU (0x1:SHL:8)     ;- (SPI) NSSR Interrupt
AT91C_SPI_TXEMPTY         EQU (0x1:SHL:9)     ;- (SPI) TXEMPTY Interrupt
AT91C_SPI_SPIENS          EQU (0x1:SHL:16)    ;- (SPI) Enable Status
;- -------- SPI_IER : (SPI Offset: 0x14) Interrupt Enable Register --------
;- -------- SPI_IDR : (SPI Offset: 0x18) Interrupt Disable Register --------
```

```
;- -------- SPI_IMR : (SPI Offset: 0x1c) Interrupt Mask Register --------
;- -------- SPI_CSR : (SPI Offset: 0x30) Chip Select Register --------
AT91C_SPI_CPOL          EQU (0x1:SHL:0)    ;- (SPI) Clock Polarity
AT91C_SPI_NCPHA         EQU (0x1:SHL:1)    ;- (SPI) Clock Phase
AT91C_SPI_CSAAT         EQU (0x1:SHL:3)    ;- (SPI) Chip Select Active After Transfer
AT91C_SPI_BITS          EQU (0xF:SHL:4)    ;- (SPI) Bits Per Transfer
AT91C_SPI_BITS_8        EQU (0x0:SHL:4)    ;- (SPI) 8 Bits Per transfer
AT91C_SPI_BITS_9        EQU (0x1:SHL:4)    ;- (SPI) 9 Bits Per transfer
AT91C_SPI_BITS_10       EQU (0x2:SHL:4)    ;- (SPI) 10 Bits Per transfer
AT91C_SPI_BITS_11       EQU (0x3:SHL:4)    ;- (SPI) 11 Bits Per transfer
AT91C_SPI_BITS_12       EQU (0x4:SHL:4)    ;- (SPI) 12 Bits Per transfer
AT91C_SPI_BITS_13       EQU (0x5:SHL:4)    ;- (SPI) 13 Bits Per transfer
AT91C_SPI_BITS_14       EQU (0x6:SHL:4)    ;- (SPI) 14 Bits Per transfer
AT91C_SPI_BITS_15       EQU (0x7:SHL:4)    ;- (SPI) 15 Bits Per transfer
AT91C_SPI_BITS_16       EQU (0x8:SHL:4)    ;- (SPI) 16 Bits Per transfer
AT91C_SPI_SCBR          EQU (0xFF:SHL:8)   ;- (SPI) Serial Clock Baud Rate
AT91C_SPI_DLYBS         EQU (0xFF:SHL:16)  ;- (SPI) Delay Before SPCK
AT91C_SPI_DLYBCT        EQU (0xFF:SHL:24)  ;- (SPI) Delay Between Consecutive Transfers

;- *****************************************************************************
;-              REGISTER ADDRESS DEFINITION FOR AT91SAM7S256
;- *****************************************************************************
;- ========== Register definition for System Controller ==========
;- ========== Register definition for AIC ==========
AT91C_AIC_SMR           EQU (0xFFFFF000) ;- (AIC) Source Mode Register
AT91C_AIC_SVR           EQU (0xFFFFF080) ;- (AIC) Source Vector Register
AT91C_AIC_IVR           EQU (0xFFFFF100) ;- (AIC) IRQ Vector Register
AT91C_AIC_FVR           EQU (0xFFFFF104) ;- (AIC) FIQ Vector Register
AT91C_AIC_ISR           EQU (0xFFFFF108) ;- (AIC) Interrupt Status Register
AT91C_AIC_IPR           EQU (0xFFFFF10C) ;- (AIC) Interrupt Pending Register
AT91C_AIC_IMR           EQU (0xFFFFF110) ;- (AIC) Interrupt Mask Register
AT91C_AIC_CISR          EQU (0xFFFFF114) ;- (AIC) Core Interrupt Status Register
AT91C_AIC_IECR          EQU (0xFFFFF120) ;- (AIC) Interrupt Enable Command Register
AT91C_AIC_IDCR          EQU (0xFFFFF124) ;- (AIC) Interrupt Disable Command Register
AT91C_AIC_ICCR          EQU (0xFFFFF128) ;- (AIC) Interrupt Clear Command Register
AT91C_AIC_ISCR          EQU (0xFFFFF12C) ;- (AIC) Interrupt Set Command Register
AT91C_AIC_EOICR         EQU (0xFFFFF130) ;- (AIC) End of Interrupt Command Register
AT91C_AIC_SPU           EQU (0xFFFFF134) ;- (AIC) Spurious Vector Register
AT91C_AIC_DCR           EQU (0xFFFFF138) ;- (AIC) Debug Control Register (Protect)
AT91C_AIC_FFER          EQU (0xFFFFF140) ;- (AIC) Fast Forcing Enable Register
AT91C_AIC_FFDR          EQU (0xFFFFF144) ;- (AIC) Fast Forcing Disable Register
AT91C_AIC_FFSR          EQU (0xFFFFF148) ;- (AIC) Fast Forcing Status Register
;- ========== Register definition for DBGU ==========
AT91C_DBGU_CR           EQU (0xFFFFF200) ;- (DBGU) Control Register
AT91C_DBGU_MR           EQU (0xFFFFF204) ;- (DBGU) Mode Register
AT91C_DBGU_IER          EQU (0xFFFFF208) ;- (DBGU) Interrupt Enable Register
AT91C_DBGU_IDR          EQU (0xFFFFF20C) ;- (DBGU) Interrupt Disable Register
AT91C_DBGU_IMR          EQU (0xFFFFF210) ;- (DBGU) Interrupt Mask Register
AT91C_DBGU_CSR          EQU (0xFFFFF214) ;- (DBGU) Channel Status Register
AT91C_DBGU_RHR          EQU (0xFFFFF218) ;- (DBGU) Receiver Holding Register
AT91C_DBGU_THR          EQU (0xFFFFF21C) ;- (DBGU) Transmitter Holding Register
AT91C_DBGU_BRGR         EQU (0xFFFFF220) ;- (DBGU) Baud Rate Generator Register
AT91C_DBGU_CIDR         EQU (0xFFFFF240) ;- (DBGU) Chip ID Register
AT91C_DBGU_EXID         EQU (0xFFFFF244) ;- (DBGU) Chip ID Extension Register
AT91C_DBGU_FNTR         EQU (0xFFFFF248) ;- (DBGU) Force NTRST Register
;- ========== Register definition for PDC_DBGU ==========
AT91C_DBGU_RPR          EQU (0xFFFFF300) ;- (PDC_DBGU) Receive Pointer Register
AT91C_DBGU_RCR          EQU (0xFFFFF304) ;- (PDC_DBGU) Receive Counter Register
AT91C_DBGU_TPR          EQU (0xFFFFF308) ;- (PDC_DBGU) Transmit Pointer Register
AT91C_DBGU_TCR          EQU (0xFFFFF30C) ;- (PDC_DBGU) Transmit Counter Register
AT91C_DBGU_RNPR         EQU (0xFFFFF310) ;- (PDC_DBGU) Receive Next Pointer Register
AT91C_DBGU_RNCR         EQU (0xFFFFF314) ;- (PDC_DBGU) Receive Next Counter Register
AT91C_DBGU_TNPR         EQU (0xFFFFF318) ;- (PDC_DBGU) Transmit Next Pointer Register
AT91C_DBGU_TNCR         EQU (0xFFFFF31C) ;- (PDC_DBGU) Transmit Next Counter Register
AT91C_DBGU_PTCR         EQU (0xFFFFF320) ;- (PDC_DBGU) PDC Transfer Control Register
AT91C_DBGU_PTSR         EQU (0xFFFFF324) ;- (PDC_DBGU) PDC Transfer Status Register
;- ========== Register definition for PIOA ==========
AT91C_PIOA_PER          EQU (0xFFFFF400) ;- (PIOA) PIO Enable Register
AT91C_PIOA_PDR          EQU (0xFFFFF404) ;- (PIOA) PIO Disable Register
AT91C_PIOA_PSR          EQU (0xFFFFF408) ;- (PIOA) PIO Status Register
AT91C_PIOA_OER          EQU (0xFFFFF410) ;- (PIOA) Output Enable Register
AT91C_PIOA_ODR          EQU (0xFFFFF414) ;- (PIOA) Output Disable Registerr
```

```
AT91C_PIOA_OSR          EQU (0xFFFFF418) ;- (PIOA) Output Status Register
AT91C_PIOA_IFER         EQU (0xFFFFF420) ;- (PIOA) Input Filter Enable Register
AT91C_PIOA_IFDR         EQU (0xFFFFF424) ;- (PIOA) Input Filter Disable Register
AT91C_PIOA_IFSR         EQU (0xFFFFF428) ;- (PIOA) Input Filter Status Register
AT91C_PIOA_SODR         EQU (0xFFFFF430) ;- (PIOA) Set Output Data Register
AT91C_PIOA_CODR         EQU (0xFFFFF434) ;- (PIOA) Clear Output Data Register
AT91C_PIOA_ODSR         EQU (0xFFFFF438) ;- (PIOA) Output Data Status Register
AT91C_PIOA_PDSR         EQU (0xFFFFF43C) ;- (PIOA) Pin Data Status Register
AT91C_PIOA_IER          EQU (0xFFFFF440) ;- (PIOA) Interrupt Enable Register
AT91C_PIOA_IDR          EQU (0xFFFFF444) ;- (PIOA) Interrupt Disable Register
AT91C_PIOA_IMR          EQU (0xFFFFF448) ;- (PIOA) Interrupt Mask Register
AT91C_PIOA_ISR          EQU (0xFFFFF44C) ;- (PIOA) Interrupt Status Register
AT91C_PIOA_MDER         EQU (0xFFFFF450) ;- (PIOA) Multi-driver Enable Register
AT91C_PIOA_MDDR         EQU (0xFFFFF454) ;- (PIOA) Multi-driver Disable Register
AT91C_PIOA_MDSR         EQU (0xFFFFF458) ;- (PIOA) Multi-driver Status Register
AT91C_PIOA_PPUDR        EQU (0xFFFFF460) ;- (PIOA) Pull-up Disable Register
AT91C_PIOA_PPUER        EQU (0xFFFFF464) ;- (PIOA) Pull-up Enable Register
AT91C_PIOA_PPUSR        EQU (0xFFFFF468) ;- (PIOA) Pull-up Status Register
AT91C_PIOA_ASR          EQU (0xFFFFF470) ;- (PIOA) Select A Register
AT91C_PIOA_BSR          EQU (0xFFFFF474) ;- (PIOA) Select B Register
AT91C_PIOA_ABSR         EQU (0xFFFFF478) ;- (PIOA) AB Select Status Register
AT91C_PIOA_OWER         EQU (0xFFFFF4A0) ;- (PIOA) Output Write Enable Register
AT91C_PIOA_OWDR         EQU (0xFFFFF4A4) ;- (PIOA) Output Write Disable Register
AT91C_PIOA_OWSR         EQU (0xFFFFF4A8) ;- (PIOA) Output Write Status Register
;- ========== Register definition for PMC ==========
AT91C_PMC_SCER          EQU (0xFFFFFC00) ;- (PMC) System Clock Enable Register
AT91C_PMC_SCDR          EQU (0xFFFFFC04) ;- (PMC) System Clock Disable Register
AT91C_PMC_SCSR          EQU (0xFFFFFC08) ;- (PMC) System Clock Status Register
AT91C_PMC_PCER          EQU (0xFFFFFC10) ;- (PMC) Peripheral Clock Enable Register
AT91C_PMC_PCDR          EQU (0xFFFFFC14) ;- (PMC) Peripheral Clock Disable Register
AT91C_PMC_PCSR          EQU (0xFFFFFC18) ;- (PMC) Peripheral Clock Status Register
AT91C_PMC_MOR           EQU (0xFFFFFC20) ;- (PMC) Main Oscillator Register
AT91C_PMC_MCFR          EQU (0xFFFFFC24) ;- (PMC) Main Clock  Frequency Register
AT91C_PMC_PLLR          EQU (0xFFFFFC2C) ;- (PMC) PLL Register
AT91C_PMC_MCKR          EQU (0xFFFFFC30) ;- (PMC) Master Clock Register
AT91C_PMC_PCKR          EQU (0xFFFFFC40) ;- (PMC) Programmable Clock Register
AT91C_PMC_IER           EQU (0xFFFFFC60) ;- (PMC) Interrupt Enable Register
AT91C_PMC_IDR           EQU (0xFFFFFC64) ;- (PMC) Interrupt Disable Register
AT91C_PMC_SR            EQU (0xFFFFFC68) ;- (PMC) Status Register
AT91C_PMC_IMR           EQU (0xFFFFFC6C) ;- (PMC) Interrupt Mask Register
;- ========== Register definition for CKGR ==========
AT91C_CKGR_MOR          EQU (0xFFFFFC20) ;- (CKGR) Main Oscillator Register
AT91C_CKGR_MCFR         EQU (0xFFFFFC24) ;- (CKGR) Main Clock  Frequency Register
AT91C_CKGR_PLLR         EQU (0xFFFFFC2C) ;- (CKGR) PLL Register
;- ========== Register definition for RSTC ==========
AT91C_RSTC_RCR          EQU (0xFFFFFD00) ;- (RSTC) Reset Control Register
AT91C_RSTC_RSR          EQU (0xFFFFFD04) ;- (RSTC) Reset Status Register
AT91C_RSTC_RMR          EQU (0xFFFFFD08) ;- (RSTC) Reset Mode Register
;- ========== Register definition for RTTC ==========
AT91C_RTTC_RTMR         EQU (0xFFFFFD20) ;- (RTTC) Real-time Mode Register
AT91C_RTTC_RTAR         EQU (0xFFFFFD24) ;- (RTTC) Real-time Alarm Register
AT91C_RTTC_RTVR         EQU (0xFFFFFD28) ;- (RTTC) Real-time Value Register
AT91C_RTTC_RTSR         EQU (0xFFFFFD2C) ;- (RTTC) Real-time Status Register
;- ========== Register definition for PITC ==========
AT91C_PITC_PIMR         EQU (0xFFFFFD30) ;- (PITC) Period Interval Mode Register
AT91C_PITC_PISR         EQU (0xFFFFFD34) ;- (PITC) Period Interval Status Register
AT91C_PITC_PIVR         EQU (0xFFFFFD38) ;- (PITC) Period Interval Value Register
AT91C_PITC_PIIR         EQU (0xFFFFFD3C) ;- (PITC) Period Interval Image Register
;- ========== Register definition for WDTC ==========
AT91C_WDTC_WDCR         EQU (0xFFFFFD40) ;- (WDTC) Watchdog Control Register
AT91C_WDTC_WDMR         EQU (0xFFFFFD44) ;- (WDTC) Watchdog Mode Register
AT91C_WDTC_WDSR         EQU (0xFFFFFD48) ;- (WDTC) Watchdog Status Register
;- ========== Register definition for VREG ==========
AT91C_VREG_MR           EQU (0xFFFFFD60) ;- (VREG) Voltage Regulator Mode Register
;- ========== Register definition for MC ==========
AT91C_MC_RCR            EQU (0xFFFFFF00) ;- (MC) MC Remap Control Register
AT91C_MC_ASR            EQU (0xFFFFFF04) ;- (MC) MC Abort Status Register
AT91C_MC_AASR           EQU (0xFFFFFF08) ;- (MC) MC Abort Address Status Register
AT91C_MC_FMR            EQU (0xFFFFFF60) ;- (MC) MC Flash Mode Register
AT91C_MC_FCR            EQU (0xFFFFFF64) ;- (MC) MC Flash Command Register
AT91C_MC_FSR            EQU (0xFFFFFF68) ;- (MC) MC Flash Status Register
```

```
;- ========== Register definition for Built-In Peripherals ==========
;- ========== Register definition for TC0 of TC peripheral ==========
AT91C_TC0_CCR             EQU (0xFFFA0000) ;- (TC0) Channel Control Register
AT91C_TC0_CMR             EQU (0xFFFA0004) ;- (TC0) Channel Mode Register (Capture/Waveform)
AT91C_TC0_CV              EQU (0xFFFA0010) ;- (TC0) Counter Value
AT91C_TC0_RA              EQU (0xFFFA0014) ;- (TC0) Register A
AT91C_TC0_RB              EQU (0xFFFA0018) ;- (TC0) Register B
AT91C_TC0_RC              EQU (0xFFFA001C) ;- (TC0) Register C
AT91C_TC0_SR              EQU (0xFFFA0020) ;- (TC0) Status Register
AT91C_TC0_IER             EQU (0xFFFA0024) ;- (TC0) Interrupt Enable Register
AT91C_TC0_IDR             EQU (0xFFFA0028) ;- (TC0) Interrupt Disable Register
AT91C_TC0_IMR             EQU (0xFFFA002C) ;- (TC0) Interrupt Mask Register
;- ========== Register definition for TC1 peripheral ==========
AT91C_TC1_CCR             EQU (0xFFFA0040) ;- (TC1) Channel Control Register
AT91C_TC1_CMR             EQU (0xFFFA0044) ;- (TC1) Channel Mode Register (Capture/Waveform)
AT91C_TC1_CV              EQU (0xFFFA0050) ;- (TC1) Counter Value
AT91C_TC1_RA              EQU (0xFFFA0054) ;- (TC1) Register A
AT91C_TC1_RB              EQU (0xFFFA0058) ;- (TC1) Register B
AT91C_TC1_RC              EQU (0xFFFA005C) ;- (TC1) Register C
AT91C_TC1_SR              EQU (0xFFFA0060) ;- (TC1) Status Register
AT91C_TC1_IER             EQU (0xFFFA0064) ;- (TC1) Interrupt Enable Register
AT91C_TC1_IDR             EQU (0xFFFA0068) ;- (TC1) Interrupt Disable Register
AT91C_TC1_IMR             EQU (0xFFFA006C) ;- (TC1) Interrupt Mask Register
;- ========== Register definition for TC2 peripheral ==========
AT91C_TC2_CCR             EQU (0xFFFA0080) ;- (TC2) Channel Control Register
AT91C_TC2_CMR             EQU (0xFFFA0084) ;- (TC2) Channel Mode Register (Capture/Waveform)
AT91C_TC2_CV              EQU (0xFFFA0090) ;- (TC2) Counter Value
AT91C_TC2_RA              EQU (0xFFFA0094) ;- (TC2) Register A
AT91C_TC2_RB              EQU (0xFFFA0098) ;- (TC2) Register B
AT91C_TC2_RC              EQU (0xFFFA009C) ;- (TC2) Register C
AT91C_TC2_SR              EQU (0xFFFA00A0) ;- (TC2) Status Register
AT91C_TC2_IER             EQU (0xFFFA00A4) ;- (TC2) Interrupt Enable Register
AT91C_TC2_IDR             EQU (0xFFFA00A8) ;- (TC2) Interrupt Disable Register
AT91C_TC2_IMR             EQU (0xFFFA00AC) ;- (TC2) Interrupt Mask Register
;- ========== Register definition for TCB peripheral ==========
AT91C_TCB_BCR             EQU (0xFFFA00C0) ;- (TCB) TC Block Control Register
AT91C_TCB_BMR             EQU (0xFFFA00C4) ;- (TCB) TC Block Mode Register
;- ========== Register definition for UDP peripheral ==========
AT91C_UDP_NUM             EQU (0xFFFB0000) ;- (UDP) Frame Number Register
AT91C_UDP_GLBSTATE        EQU (0xFFFB0004) ;- (UDP) Global State Register
AT91C_UDP_FADDR           EQU (0xFFFB0008) ;- (UDP) Function Address Register
AT91C_UDP_IER             EQU (0xFFFB0010) ;- (UDP) Interrupt Enable Register
AT91C_UDP_IDR             EQU (0xFFFB0014) ;- (UDP) Interrupt Disable Register
AT91C_UDP_IMR             EQU (0xFFFB0018) ;- (UDP) Interrupt Mask Register
AT91C_UDP_ISR             EQU (0xFFFB001C) ;- (UDP) Interrupt Status Register
AT91C_UDP_ICR             EQU (0xFFFB0020) ;- (UDP) Interrupt Clear Register
AT91C_UDP_RSTEP           EQU (0xFFFB0028) ;- (UDP) Reset Endpoint Register
AT91C_UDP_CSR             EQU (0xFFFB0030) ;- (UDP) Endpoint Control and Status Register
AT91C_UDP_FDR             EQU (0xFFFB0050) ;- (UDP) Endpoint FIFO Data Register
AT91C_UDP_TXVC            EQU (0xFFFB0074) ;- (UDP) Transceiver Control Register
;- ========== Register definition for TWI peripheral ==========
AT91C_TWI_CR              EQU (0xFFFB8000) ;- (TWI) Control Register
AT91C_TWI_MMR             EQU (0xFFFB8004) ;- (TWI) Master Mode Register
AT91C_TWI_IADR            EQU (0xFFFB800C) ;- (TWI) Internal Address Register
AT91C_TWI_CWGR            EQU (0xFFFB8010) ;- (TWI) Clock Waveform Generator Register
AT91C_TWI_SR              EQU (0xFFFB8020) ;- (TWI) Status Register
AT91C_TWI_IER             EQU (0xFFFB8024) ;- (TWI) Interrupt Enable Register
AT91C_TWI_IDR             EQU (0xFFFB8028) ;- (TWI) Interrupt Disable Register
AT91C_TWI_IMR             EQU (0xFFFB802C) ;- (TWI) Interrupt Mask Register
AT91C_TWI_RHR             EQU (0xFFFB8030) ;- (TWI) Receive Holding Register
AT91C_TWI_THR             EQU (0xFFFB8034) ;- (TWI) Transmit Holding Register
;- ========== Register definition for USART0 peripheral ==========
AT91C_US0_CR              EQU (0xFFFC0000) ;- (US0) Control Register
AT91C_US0_MR              EQU (0xFFFC0004) ;- (US0) Mode Register
AT91C_US0_IER             EQU (0xFFFC0008) ;- (US0) Interrupt Enable Register
AT91C_US0_IDR             EQU (0xFFFC000C) ;- (US0) Interrupt Disable Register
AT91C_US0_IMR             EQU (0xFFFC0010) ;- (US0) Interrupt Mask Register
AT91C_US0_CSR             EQU (0xFFFC0014) ;- (US0) Channel Status Register
AT91C_US0_RHR             EQU (0xFFFC0018) ;- (US0) Receiver Holding Register
AT91C_US0_THR             EQU (0xFFFC001C) ;- (US0) Transmitter Holding Register
AT91C_US0_BRGR            EQU (0xFFFC0020) ;- (US0) Baud Rate Generator Register
AT91C_US0_RTOR            EQU (0xFFFC0024) ;- (US0) Receiver Time-out Register
```

```
AT91C_US0_TTGR           EQU (0xFFFC0028) ;- (US0) Transmitter Time-guard Register
AT91C_US0_FIDI           EQU (0xFFFC0040) ;- (US0) FI_DI_Ratio Register
AT91C_US0_NER            EQU (0xFFFC0044) ;- (US0) Nb Errors Register
AT91C_US0_IF             EQU (0xFFFC004C) ;- (US0) IRDA_FILTER Register
;- ========== Register definition for PDC_US0 peripheral ==========
AT91C_US0_RPR            EQU (0xFFFC0100) ;- (PDC_US0) Receive Pointer Register
AT91C_US0_RCR            EQU (0xFFFC0104) ;- (PDC_US0) Receive Counter Register
AT91C_US0_TPR            EQU (0xFFFC0108) ;- (PDC_US0) Transmit Pointer Register
AT91C_US0_TCR            EQU (0xFFFC010C) ;- (PDC_US0) Transmit Counter Register
AT91C_US0_RNPR           EQU (0xFFFC0110) ;- (PDC_US0) Receive Next Pointer Register
AT91C_US0_RNCR           EQU (0xFFFC0114) ;- (PDC_US0) Receive Next Counter Register
AT91C_US0_TNPR           EQU (0xFFFC0118) ;- (PDC_US0) Transmit Next Pointer Register
AT91C_US0_TNCR           EQU (0xFFFC011C) ;- (PDC_US0) Transmit Next Counter Register
AT91C_US0_PTCR           EQU (0xFFFC0120) ;- (PDC_US0) PDC Transfer Control Register
AT91C_US0_PTSR           EQU (0xFFFC0124) ;- (PDC_US0) PDC Transfer Status Register
;- ========== Register definition for USART1 peripheral ==========
AT91C_US1_CR             EQU (0xFFFC4000) ;- (US1) Control Register
AT91C_US1_MR             EQU (0xFFFC4004) ;- (US1) Mode Register
AT91C_US1_IER            EQU (0xFFFC4008) ;- (US1) Interrupt Enable Register
AT91C_US1_IDR            EQU (0xFFFC400C) ;- (US1) Interrupt Disable Register
AT91C_US1_IMR            EQU (0xFFFC4010) ;- (US1) Interrupt Mask Register
AT91C_US1_CSR            EQU (0xFFFC4014) ;- (US1) Channel Status Register
AT91C_US1_RHR            EQU (0xFFFC4018) ;- (US1) Receiver Holding Register
AT91C_US1_THR            EQU (0xFFFC401C) ;- (US1) Transmitter Holding Register
AT91C_US1_BRGR           EQU (0xFFFC4020) ;- (US1) Baud Rate Generator Register
AT91C_US1_RTOR           EQU (0xFFFC4024) ;- (US1) Receiver Time-out Register
AT91C_US1_TTGR           EQU (0xFFFC4028) ;- (US1) Transmitter Time-guard Register
AT91C_US1_FIDI           EQU (0xFFFC4040) ;- (US1) FI_DI_Ratio Register
AT91C_US1_NER            EQU (0xFFFC4044) ;- (US1) Nb Errors Register
AT91C_US1_IF             EQU (0xFFFC404C) ;- (US1) IRDA_FILTER Register
;- ========== Register definition for PDC_US1 peripheral ==========
AT91C_US1_RPR            EQU (0xFFFC4100) ;- (PDC_US1) Receive Pointer Register
AT91C_US1_RCR            EQU (0xFFFC4104) ;- (PDC_US1) Receive Counter Register
AT91C_US1_TPR            EQU (0xFFFC4108) ;- (PDC_US1) Transmit Pointer Register
AT91C_US1_TCR            EQU (0xFFFC410C) ;- (PDC_US1) Transmit Counter Register
AT91C_US1_RNPR           EQU (0xFFFC4110) ;- (PDC_US1) Receive Next Pointer Register
AT91C_US1_RNCR           EQU (0xFFFC4114) ;- (PDC_US1) Receive Next Counter Register
AT91C_US1_TNPR           EQU (0xFFFC4118) ;- (PDC_US1) Transmit Next Pointer Register
AT91C_US1_TNCR           EQU (0xFFFC411C) ;- (PDC_US1) Transmit Next Counter Register
AT91C_US1_PTCR           EQU (0xFFFC4120) ;- (PDC_US1) PDC Transfer Control Register
AT91C_US1_PTSR           EQU (0xFFFC4124) ;- (PDC_US1) PDC Transfer Status Register
;- ========== Register definition for PWMC peripheral ==========
AT91C_PWMC_MR            EQU (0xFFFCC000) ;- (PWMC) PWMC Mode Register
AT91C_PWMC_ENA           EQU (0xFFFCC004) ;- (PWMC) PWMC Enable Register
AT91C_PWMC_DIS           EQU (0xFFFCC008) ;- (PWMC) PWMC Disable Register
AT91C_PWMC_SR            EQU (0xFFFCC00C) ;- (PWMC) PWMC Status Register
AT91C_PWMC_IER           EQU (0xFFFCC010) ;- (PWMC) PWMC Interrupt Enable Register
AT91C_PWMC_IDR           EQU (0xFFFCC014) ;- (PWMC) PWMC Interrupt Disable Register
AT91C_PWMC_IMR           EQU (0xFFFCC018) ;- (PWMC) PWMC Interrupt Mask Register
AT91C_PWMC_ISR           EQU (0xFFFCC01C) ;- (PWMC) PWMC Interrupt Status Register
AT91C_PWMC_VR            EQU (0xFFFCC0FC) ;- (PWMC) PWMC Version Register
;- ========== Register definition for PWMC_CH0 peripheral ==========
AT91C_PWMC_CH0_CMR       EQU (0xFFFCC200) ;- (PWMC_CH0) Channel Mode Register
AT91C_PWMC_CH0_CDTYR     EQU (0xFFFCC204) ;- (PWMC_CH0) Channel Duty Cycle Register
AT91C_PWMC_CH0_CPRDR     EQU (0xFFFCC208) ;- (PWMC_CH0) Channel Period Register
AT91C_PWMC_CH0_CCNTR     EQU (0xFFFCC20C) ;- (PWMC_CH0) Channel Counter Register
AT91C_PWMC_CH0_CUPDR     EQU (0xFFFCC210) ;- (PWMC_CH0) Channel Update Register
AT91C_PWMC_CH0_Reserved  EQU (0xFFFCC214) ;- (PWMC_CH0) Reserved
;- ========== Register definition for PWMC_CH1 peripheral ==========
AT91C_PWMC_CH1_CMR       EQU (0xFFFCC220) ;- (PWMC_CH1) Channel Mode Register
AT91C_PWMC_CH1_CDTYR     EQU (0xFFFCC224) ;- (PWMC_CH1) Channel Duty Cycle Register
AT91C_PWMC_CH1_CPRDR     EQU (0xFFFCC228) ;- (PWMC_CH1) Channel Period Register
AT91C_PWMC_CH1_CCNTR     EQU (0xFFFCC22C) ;- (PWMC_CH1) Channel Counter Register
AT91C_PWMC_CH1_CUPDR     EQU (0xFFFCC230) ;- (PWMC_CH1) Channel Update Register
AT91C_PWMC_CH1_Reserved  EQU (0xFFFCC234) ;- (PWMC_CH1) Reserved
;- ========== Register definition for PWMC_CH2 peripheral ==========
AT91C_PWMC_CH2_CMR       EQU (0xFFFCC240) ;- (PWMC_CH2) Channel Mode Register
AT91C_PWMC_CH2_CDTYR     EQU (0xFFFCC244) ;- (PWMC_CH2) Channel Duty Cycle Register
AT91C_PWMC_CH2_CPRDR     EQU (0xFFFCC248) ;- (PWMC_CH2) Channel Period Register
AT91C_PWMC_CH2_CCNTR     EQU (0xFFFCC24C) ;- (PWMC_CH2) Channel Counter Register
AT91C_PWMC_CH2_CUPDR     EQU (0xFFFCC250) ;- (PWMC_CH2) Channel Update Register
AT91C_PWMC_CH2_Reserved  EQU (0xFFFCC254) ;- (PWMC_CH2) Reserved
```

```
;- ========== Register definition for PWMC_CH3 peripheral ==========
AT91C_PWMC_CH3_CMR        EQU (0xFFFCC260) ;- (PWMC_CH3) Channel Mode Register
AT91C_PWMC_CH3_CDTYR      EQU (0xFFFCC264) ;- (PWMC_CH3) Channel Duty Cycle Register
AT91C_PWMC_CH3_CPRDR      EQU (0xFFFCC268) ;- (PWMC_CH3) Channel Period Register
AT91C_PWMC_CH3_CCNTR      EQU (0xFFFCC26C) ;- (PWMC_CH3) Channel Counter Register
AT91C_PWMC_CH3_CUPDR      EQU (0xFFFCC270) ;- (PWMC_CH3) Channel Update Register
AT91C_PWMC_CH3_Reserved   EQU (0xFFFCC274) ;- (PWMC_CH3) Reserved
;- ========== Register definition for SSC peripheral ==========
AT91C_SSC_CR              EQU (0xFFFD4000) ;- (SSC) Control Register
AT91C_SSC_CMR             EQU (0xFFFD4004) ;- (SSC) Clock Mode Register
AT91C_SSC_RCMR            EQU (0xFFFD4010) ;- (SSC) Receive Clock ModeRegister
AT91C_SSC_RFMR            EQU (0xFFFD4014) ;- (SSC) Receive Frame Mode Register
AT91C_SSC_TCMR            EQU (0xFFFD4018) ;- (SSC) Transmit Clock Mode Register
AT91C_SSC_TFMR            EQU (0xFFFD401C) ;- (SSC) Transmit Frame Mode Register
AT91C_SSC_RHR             EQU (0xFFFD4020) ;- (SSC) Receive Holding Register
AT91C_SSC_THR             EQU (0xFFFD4024) ;- (SSC) Transmit Holding Register
AT91C_SSC_RSHR            EQU (0xFFFD4030) ;- (SSC) Receive Sync Holding Register
AT91C_SSC_TSHR            EQU (0xFFFD4034) ;- (SSC) Transmit Sync Holding Register
AT91C_SSC_SR              EQU (0xFFFD4040) ;- (SSC) Status Register
AT91C_SSC_IER             EQU (0xFFFD4044) ;- (SSC) Interrupt Enable Register
AT91C_SSC_IDR             EQU (0xFFFD4048) ;- (SSC) Interrupt Disable Register
AT91C_SSC_IMR             EQU (0xFFFD404C) ;- (SSC) Interrupt Mask Register
;- ========== Register definition for PDC_SSC peripheral ==========
AT91C_SSC_RPR             EQU (0xFFFD4100) ;- (PDC_SSC) Receive Pointer Register
AT91C_SSC_RCR             EQU (0xFFFD4104) ;- (PDC_SSC) Receive Counter Register
AT91C_SSC_TPR             EQU (0xFFFD4108) ;- (PDC_SSC) Transmit Pointer Register
AT91C_SSC_TCR             EQU (0xFFFD410C) ;- (PDC_SSC) Transmit Counter Register
AT91C_SSC_RNPR            EQU (0xFFFD4110) ;- (PDC_SSC) Receive Next Pointer Register
AT91C_SSC_RNCR            EQU (0xFFFD4114) ;- (PDC_SSC) Receive Next Counter Register
AT91C_SSC_TNPR            EQU (0xFFFD4118) ;- (PDC_SSC) Transmit Next Pointer Register
AT91C_SSC_TNCR            EQU (0xFFFD411C) ;- (PDC_SSC) Transmit Next Counter Register
AT91C_SSC_PTCR            EQU (0xFFFD4120) ;- (PDC_SSC) PDC Transfer Control Register
AT91C_SSC_PTSR            EQU (0xFFFD4124) ;- (PDC_SSC) PDC Transfer Status Register
;- ========== Register definition for ADC peripheral ==========
AT91C_ADC_CR              EQU (0xFFFD8000) ;- (ADC) ADC Control Register
AT91C_ADC_MR              EQU (0xFFFD8004) ;- (ADC) ADC Mode Register
AT91C_ADC_CHER            EQU (0xFFFD8010) ;- (ADC) ADC Channel Enable Register
AT91C_ADC_CHDR            EQU (0xFFFD8014) ;- (ADC) ADC Channel Disable Register
AT91C_ADC_CHSR            EQU (0xFFFD8018) ;- (ADC) ADC Channel Status Register
AT91C_ADC_SR              EQU (0xFFFD801C) ;- (ADC) ADC Status Register
AT91C_ADC_LCDR            EQU (0xFFFD8020) ;- (ADC) ADC Last Converted Data Register
AT91C_ADC_IER             EQU (0xFFFD8024) ;- (ADC) ADC Interrupt Enable Register
AT91C_ADC_IDR             EQU (0xFFFD8028) ;- (ADC) ADC Interrupt Disable Register
AT91C_ADC_IMR             EQU (0xFFFD802C) ;- (ADC) ADC Interrupt Mask Register
AT91C_ADC_CDR0            EQU (0xFFFD8030) ;- (ADC) ADC Channel Data Register 0
AT91C_ADC_CDR1            EQU (0xFFFD8034) ;- (ADC) ADC Channel Data Register 1
AT91C_ADC_CDR2            EQU (0xFFFD8038) ;- (ADC) ADC Channel Data Register 2
AT91C_ADC_CDR3            EQU (0xFFFD803C) ;- (ADC) ADC Channel Data Register 3
AT91C_ADC_CDR4            EQU (0xFFFD8040) ;- (ADC) ADC Channel Data Register 4
AT91C_ADC_CDR5            EQU (0xFFFD8044) ;- (ADC) ADC Channel Data Register 5
AT91C_ADC_CDR6            EQU (0xFFFD8048) ;- (ADC) ADC Channel Data Register 6
AT91C_ADC_CDR7            EQU (0xFFFD804C) ;- (ADC) ADC Channel Data Register 7
;- ========== Register definition for PDC_ADC peripheral ==========
AT91C_ADC_RPR             EQU (0xFFFD8100) ;- (PDC_ADC) Receive Pointer Register
AT91C_ADC_RCR             EQU (0xFFFD8104) ;- (PDC_ADC) Receive Counter Register
AT91C_ADC_TPR             EQU (0xFFFD8108) ;- (PDC_ADC) Transmit Pointer Register
AT91C_ADC_TCR             EQU (0xFFFD810C) ;- (PDC_ADC) Transmit Counter Register
AT91C_ADC_RNPR            EQU (0xFFFD8110) ;- (PDC_ADC) Receive Next Pointer Register
AT91C_ADC_RNCR            EQU (0xFFFD8114) ;- (PDC_ADC) Receive Next Counter Register
AT91C_ADC_TNPR            EQU (0xFFFD8118) ;- (PDC_ADC) Transmit Next Pointer Register
AT91C_ADC_TNCR            EQU (0xFFFD811C) ;- (PDC_ADC) Transmit Next Counter Register
AT91C_ADC_PTCR            EQU (0xFFFD8120) ;- (PDC_ADC) PDC Transfer Control Register
AT91C_ADC_PTSR            EQU (0xFFFD8124) ;- (PDC_ADC) PDC Transfer Status Register
;- ========== Register definition for SPI peripheral ==========
AT91C_SPI_CR              EQU (0xFFFE0000) ;- (SPI) Control Register
AT91C_SPI_MR              EQU (0xFFFE0004) ;- (SPI) Mode Register
AT91C_SPI_RDR             EQU (0xFFFE0008) ;- (SPI) Receive Data Register
AT91C_SPI_TDR             EQU (0xFFFE000C) ;- (SPI) Transmit Data Register
AT91C_SPI_SR              EQU (0xFFFE0010) ;- (SPI) Status Register
AT91C_SPI_IER             EQU (0xFFFE0014) ;- (SPI) Interrupt Enable Register
AT91C_SPI_IDR             EQU (0xFFFE0018) ;- (SPI) Interrupt Disable Register
AT91C_SPI_IMR             EQU (0xFFFE001C) ;- (SPI) Interrupt Mask Register
```

```
AT91C_SPI_CSR              EQU (0xFFFE0030) ;- (SPI) Chip Select Register
;- ========== Register definition for PDC_SPI peripheral ==========
AT91C_SPI_RPR              EQU (0xFFFE0100) ;- (PDC_SPI) Receive Pointer Register
AT91C_SPI_RCR              EQU (0xFFFE0104) ;- (PDC_SPI) Receive Counter Register
AT91C_SPI_TPR              EQU (0xFFFE0108) ;- (PDC_SPI) Transmit Pointer Register
AT91C_SPI_TCR              EQU (0xFFFE010C) ;- (PDC_SPI) Transmit Counter Register
AT91C_SPI_RNPR             EQU (0xFFFE0110) ;- (PDC_SPI) Receive Next Pointer Register
AT91C_SPI_RNCR             EQU (0xFFFE0114) ;- (PDC_SPI) Receive Next Counter Register
AT91C_SPI_TNPR             EQU (0xFFFE0118) ;- (PDC_SPI) Transmit Next Pointer Register
AT91C_SPI_TNCR             EQU (0xFFFE011C) ;- (PDC_SPI) Transmit Next Counter Register
AT91C_SPI_PTCR             EQU (0xFFFE0120) ;- (PDC_SPI) PDC Transfer Control Register
AT91C_SPI_PTSR             EQU (0xFFFE0124) ;- (PDC_SPI) PDC Transfer Status Register

;- *****************************************************************************
;-              PIO DEFINITIONS FOR AT91SAM7S256
;- *****************************************************************************
AT91C_PIO_PA0              EQU (1:SHL:0)         ;- Pin Controlled by PA0
AT91C_PA0_PWM0             EQU (AT91C_PIO_PA0)   ;-  PWM Channel 0
AT91C_PA0_TIOA0            EQU (AT91C_PIO_PA0)   ;-  Timer Counter 0 Multipurpose Timer I/O Pin A
AT91C_PIO_PA1              EQU (1:SHL:1)         ;- Pin Controlled by PA1
AT91C_PA1_PWM1             EQU (AT91C_PIO_PA1)   ;-  PWM Channel 1
AT91C_PA1_TIOB0            EQU (AT91C_PIO_PA1)   ;-  Timer Counter 0 Multipurpose Timer I/O Pin B
AT91C_PIO_PA2              EQU (1:SHL:2)         ;- Pin Controlled by PA2
AT91C_PA2_PWM2             EQU (AT91C_PIO_PA2)   ;-  PWM Channel 2
AT91C_PA2_SCK0             EQU (AT91C_PIO_PA2)   ;-  USART 0 Serial Clock
AT91C_PIO_PA3              EQU (1:SHL:3)         ;- Pin Controlled by PA3
AT91C_PA3_TWD              EQU (AT91C_PIO_PA3)   ;-  TWI Two-wire Serial Data
AT91C_PA3_NPCS3            EQU (AT91C_PIO_PA3)   ;-  SPI Peripheral Chip Select 3
AT91C_PIO_PA4              EQU (1:SHL:4)         ;- Pin Controlled by PA4
AT91C_PA4_TWCK             EQU (AT91C_PIO_PA4)   ;-  TWI Two-wire Serial Clock
AT91C_PA4_TCLK0            EQU (AT91C_PIO_PA4)   ;-  Timer Counter 0 external clock input
AT91C_PIO_PA5              EQU (1:SHL:5)         ;- Pin Controlled by PA5
AT91C_PA5_RXD0             EQU (AT91C_PIO_PA5)   ;-  USART 0 Receive Data
AT91C_PA5_NPCS3            EQU (AT91C_PIO_PA5)   ;-  SPI Peripheral Chip Select 3
AT91C_PIO_PA6              EQU (1:SHL:6)         ;- Pin Controlled by PA6
AT91C_PA6_TXD0             EQU (AT91C_PIO_PA6)   ;-  USART 0 Transmit Data
AT91C_PA6_PCK0             EQU (AT91C_PIO_PA6)   ;-  PMC Programmable Clock Output 0
AT91C_PIO_PA7              EQU (1:SHL:7)         ;- Pin Controlled by PA7
AT91C_PA7_RTS0             EQU (AT91C_PIO_PA7)   ;-  USART 0 Ready To Send
AT91C_PA7_PWM3             EQU (AT91C_PIO_PA7)   ;-  PWM Channel 3
AT91C_PIO_PA8              EQU (1:SHL:8)         ;- Pin Controlled by PA8
AT91C_PA8_CTS0             EQU (AT91C_PIO_PA8)   ;-  USART 0 Clear To Send
AT91C_PA8_ADTRG            EQU (AT91C_PIO_PA8)   ;-  ADC External Trigger
AT91C_PIO_PA9              EQU (1:SHL:9)         ;- Pin Controlled by PA9
AT91C_PA9_DRXD             EQU (AT91C_PIO_PA9)   ;-  DBGU Debug Receive Data
AT91C_PA9_NPCS1            EQU (AT91C_PIO_PA9)   ;-  SPI Peripheral Chip Select 1
AT91C_PIO_PA10             EQU (1:SHL:10)        ;- Pin Controlled by PA10
AT91C_PA10_DTXD            EQU (AT91C_PIO_PA10)  ;-  DBGU Debug Transmit Data
AT91C_PA10_NPCS2           EQU (AT91C_PIO_PA10)  ;-  SPI Peripheral Chip Select 2
AT91C_PIO_PA11             EQU (1:SHL:11)        ;- Pin Controlled by PA11
AT91C_PA11_NPCS0           EQU (AT91C_PIO_PA11)  ;-  SPI Peripheral Chip Select 0
AT91C_PA11_PWM0            EQU (AT91C_PIO_PA11)  ;-  PWM Channel 0
AT91C_PIO_PA12             EQU (1:SHL:12)        ;- Pin Controlled by PA12
AT91C_PA12_MISO            EQU (AT91C_PIO_PA12)  ;-  SPI Master In Slave
AT91C_PA12_PWM1            EQU (AT91C_PIO_PA12)  ;-  PWM Channel 1
AT91C_PIO_PA13             EQU (1:SHL:13)        ;- Pin Controlled by PA13
AT91C_PA13_MOSI            EQU (AT91C_PIO_PA13)  ;-  SPI Master Out Slave
AT91C_PA13_PWM2            EQU (AT91C_PIO_PA13)  ;-  PWM Channel 2
AT91C_PIO_PA14             EQU (1:SHL:14)        ;- Pin Controlled by PA14
AT91C_PA14_SPCK            EQU (AT91C_PIO_PA14)  ;-  SPI Serial Clock
AT91C_PA14_PWM3            EQU (AT91C_PIO_PA14)  ;-  PWM Channel 3
AT91C_PIO_PA15             EQU (1:SHL:15)        ;- Pin Controlled by PA15
AT91C_PA15_TF              EQU (AT91C_PIO_PA15)  ;-  SSC Transmit Frame Sync
AT91C_PA15_TIOA1           EQU (AT91C_PIO_PA15)  ;-  Timer Counter 1 Multipurpose Timer I/O Pin A
AT91C_PIO_PA16             EQU (1:SHL:16)        ;- Pin Controlled by PA16
AT91C_PA16_TK              EQU (AT91C_PIO_PA16)  ;-  SSC Transmit Clock
AT91C_PA16_TIOB1           EQU (AT91C_PIO_PA16)  ;-  Timer Counter 1 Multipurpose Timer I/O Pin B
AT91C_PIO_PA17             EQU (1:SHL:17)        ;- Pin Controlled by PA17
AT91C_PA17_TD              EQU (AT91C_PIO_PA17)  ;-  SSC Transmit data
AT91C_PA17_PCK1            EQU (AT91C_PIO_PA17)  ;-  PMC Programmable Clock Output 1
AT91C_PIO_PA18             EQU (1:SHL:18)        ;- Pin Controlled by PA18
AT91C_PA18_RD              EQU (AT91C_PIO_PA18)  ;-  SSC Receive Data
```

```
AT91C_PA18_PCK2          EQU (AT91C_PIO_PA18) ;-  PMC Programmable Clock Output 2
AT91C_PIO_PA19           EQU (1:SHL:19)       ;- Pin Controlled by PA19
AT91C_PA19_RK            EQU (AT91C_PIO_PA19) ;-  SSC Receive Clock
AT91C_PA19_FIQ           EQU (AT91C_PIO_PA19) ;-  AIC Fast Interrupt Input
AT91C_PIO_PA20           EQU (1:SHL:20)       ;- Pin Controlled by PA20
AT91C_PA20_RF            EQU (AT91C_PIO_PA20) ;-  SSC Receive Frame Sync
AT91C_PA20_IRQ0          EQU (AT91C_PIO_PA20) ;-  External Interrupt 0
AT91C_PIO_PA21           EQU (1:SHL:21)       ;- Pin Controlled by PA21
AT91C_PA21_RXD1          EQU (AT91C_PIO_PA21) ;-  USART 1 Receive Data
AT91C_PA21_PCK1          EQU (AT91C_PIO_PA21) ;-  PMC Programmable Clock Output 1
AT91C_PIO_PA22           EQU (1:SHL:22)       ;- Pin Controlled by PA22
AT91C_PA22_TXD1          EQU (AT91C_PIO_PA22) ;-  USART 1 Transmit Data
AT91C_PA22_NPCS3         EQU (AT91C_PIO_PA22) ;-  SPI Peripheral Chip Select 3
AT91C_PIO_PA23           EQU (1:SHL:23)       ;- Pin Controlled by PA23
AT91C_PA23_SCK1          EQU (AT91C_PIO_PA23) ;-  USART 1 Serial Clock
AT91C_PA23_PWM0          EQU (AT91C_PIO_PA23) ;-  PWM Channel 0
AT91C_PIO_PA24           EQU (1:SHL:24)       ;- Pin Controlled by PA24
AT91C_PA24_RTS1          EQU (AT91C_PIO_PA24) ;-  USART 1 Ready To Send
AT91C_PA24_PWM1          EQU (AT91C_PIO_PA24) ;-  PWM Channel 1
AT91C_PIO_PA25           EQU (1:SHL:25)       ;- Pin Controlled by PA25
AT91C_PA25_CTS1          EQU (AT91C_PIO_PA25) ;-  USART 1 Clear To Send
AT91C_PA25_PWM2          EQU (AT91C_PIO_PA25) ;-  PWM Channel 2
AT91C_PIO_PA26           EQU (1:SHL:26)       ;- Pin Controlled by PA26
AT91C_PA26_DCD1          EQU (AT91C_PIO_PA26) ;-  USART 1 Data Carrier Detect
AT91C_PA26_TIOA2         EQU (AT91C_PIO_PA26) ;-  Timer Counter 2 Multipurpose Timer I/O Pin A
AT91C_PIO_PA27           EQU (1:SHL:27)       ;- Pin Controlled by PA27
AT91C_PA27_DTR1          EQU (AT91C_PIO_PA27) ;-  USART 1 Data Terminal ready
AT91C_PA27_TIOB2         EQU (AT91C_PIO_PA27) ;-  Timer Counter 2 Multipurpose Timer I/O Pin B
AT91C_PIO_PA28           EQU (1:SHL:28)       ;- Pin Controlled by PA28
AT91C_PA28_DSR1          EQU (AT91C_PIO_PA28) ;-  USART 1 Data Set ready
AT91C_PA28_TCLK1         EQU (AT91C_PIO_PA28) ;-  Timer Counter 1 external clock input
AT91C_PIO_PA29           EQU (1:SHL:29)       ;- Pin Controlled by PA29
AT91C_PA29_RI1           EQU (AT91C_PIO_PA29) ;-  USART 1 Ring Indicator
AT91C_PA29_TCLK2         EQU (AT91C_PIO_PA29) ;-  Timer Counter 2 external clock input
AT91C_PIO_PA30           EQU (1:SHL:30)       ;- Pin Controlled by PA30
AT91C_PA30_IRQ1          EQU (AT91C_PIO_PA30) ;-  External Interrupt 1
AT91C_PA30_NPCS2         EQU (AT91C_PIO_PA30) ;-  SPI Peripheral Chip Select 2
AT91C_PIO_PA31           EQU (1:SHL:31)       ;- Pin Controlled by PA31
AT91C_PA31_NPCS1         EQU (AT91C_PIO_PA31) ;-  SPI Peripheral Chip Select 1
AT91C_PA31_PCK2          EQU (AT91C_PIO_PA31) ;-  PMC Programmable Clock Output 2

;- ******************************************************************************
;-               PERIPHERAL ID DEFINITIONS FOR AT91SAM7S256
;- ******************************************************************************
AT91C_ID_FIQ             EQU ( 0)             ;- Advanced Interrupt Controller (FIQ)
AT91C_ID_SYS             EQU ( 1)             ;- System Peripheral
AT91C_ID_PIOA            EQU ( 2)             ;- Parallel IO Controller
AT91C_ID_3_Reserved      EQU ( 3)             ;- Reserved
AT91C_ID_ADC             EQU ( 4)             ;- Analog-to-Digital Converter
AT91C_ID_SPI             EQU ( 5)             ;- Serial Peripheral Interface
AT91C_ID_US0             EQU ( 6)             ;- USART 0
AT91C_ID_US1             EQU ( 7)             ;- USART 1
AT91C_ID_SSC             EQU ( 8)             ;- Serial Synchronous Controller
AT91C_ID_TWI             EQU ( 9)             ;- Two-Wire Interface
AT91C_ID_PWMC            EQU (10)             ;- PWM Controller
AT91C_ID_UDP             EQU (11)             ;- USB Device Port
AT91C_ID_TC0             EQU (12)             ;- Timer Counter 0
AT91C_ID_TC1             EQU (13)             ;- Timer Counter 1
AT91C_ID_TC2             EQU (14)             ;- Timer Counter 2
AT91C_ID_15_Reserved     EQU (15)             ;- Reserved
AT91C_ID_16_Reserved     EQU (16)             ;- Reserved
AT91C_ID_17_Reserved     EQU (17)             ;- Reserved
AT91C_ID_18_Reserved     EQU (18)             ;- Reserved
AT91C_ID_19_Reserved     EQU (19)             ;- Reserved
AT91C_ID_20_Reserved     EQU (20)             ;- Reserved
AT91C_ID_21_Reserved     EQU (21)             ;- Reserved
AT91C_ID_22_Reserved     EQU (22)             ;- Reserved
AT91C_ID_23_Reserved     EQU (23)             ;- Reserved
AT91C_ID_24_Reserved     EQU (24)             ;- Reserved
AT91C_ID_25_Reserved     EQU (25)             ;- Reserved
AT91C_ID_26_Reserved     EQU (26)             ;- Reserved
AT91C_ID_27_Reserved     EQU (27)             ;- Reserved
```

```
AT91C_ID_28_Reserved       EQU (28)         ;- Reserved
AT91C_ID_29_Reserved       EQU (29)         ;- Reserved
AT91C_ID_IRQ0              EQU (30)         ;- Advanced Interrupt Controller (IRQ0)
AT91C_ID_IRQ1              EQU (31)         ;- Advanced Interrupt Controller (IRQ1)
AT91C_ALL_INT              EQU (0xC0007FF7) ;- ALL VALID INTERRUPTS

;- *****************************************************************************
;-              BASE ADDRESS DEFINITIONS FOR AT91SAM7S256
;- *****************************************************************************
AT91C_BASE_TCB             EQU (0xFFFA0000) ;- (TCB) Base Address
AT91C_BASE_TC0             EQU (0xFFFA0000) ;- (TC0) Base Address
AT91C_BASE_TC1             EQU (0xFFFA0040) ;- (TC1) Base Address
AT91C_BASE_TC2             EQU (0xFFFA0080) ;- (TC2) Base Address
AT91C_BASE_UDP             EQU (0xFFFB0000) ;- (UDP) Base Address
AT91C_BASE_TWI             EQU (0xFFFB8000) ;- (TWI) Base Address
AT91C_BASE_US0             EQU (0xFFFC0000) ;- (US0) Base Address
AT91C_BASE_PDC_US0         EQU (0xFFFC0100) ;- (PDC_US0) Base Address
AT91C_BASE_US1             EQU (0xFFFC4000) ;- (US1) Base Address
AT91C_BASE_PDC_US1         EQU (0xFFFC4100) ;- (PDC_US1) Base Address
AT91C_BASE_PWMC            EQU (0xFFFCC000) ;- (PWMC) Base Address
AT91C_BASE_PWMC_CH0        EQU (0xFFFCC200) ;- (PWMC_CH0) Base Address
AT91C_BASE_PWMC_CH1        EQU (0xFFFCC220) ;- (PWMC_CH1) Base Address
AT91C_BASE_PWMC_CH2        EQU (0xFFFCC240) ;- (PWMC_CH2) Base Address
AT91C_BASE_PWMC_CH3        EQU (0xFFFCC260) ;- (PWMC_CH3) Base Address
AT91C_BASE_SSC             EQU (0xFFFD4000) ;- (SSC) Base Address
AT91C_BASE_PDC_SSC         EQU (0xFFFD4100) ;- (PDC_SSC) Base Address
AT91C_BASE_ADC             EQU (0xFFFD8000) ;- (ADC) Base Address
AT91C_BASE_PDC_ADC         EQU (0xFFFD8100) ;- (PDC_ADC) Base Address
AT91C_BASE_SPI             EQU (0xFFFE0000) ;- (SPI) Base Address
AT91C_BASE_PDC_SPI         EQU (0xFFFE0100) ;- (PDC_SPI) Base Address

AT91C_BASE_SYS             EQU (0xFFFFF000) ;- (SYS) Base Address
AT91C_BASE_AIC             EQU (0xFFFFF000) ;- (AIC) Base Address
AT91C_BASE_DBGU            EQU (0xFFFFF200) ;- (DBGU) Base Address
AT91C_BASE_PDC_DBGU        EQU (0xFFFFF300) ;- (PDC_DBGU) Base Address
AT91C_BASE_PIOA            EQU (0xFFFFF400) ;- (PIOA) Base Address
AT91C_BASE_PMC             EQU (0xFFFFFC00) ;- (PMC) Base Address
AT91C_BASE_CKGR            EQU (0xFFFFFC20) ;- (CKGR) Base Address
AT91C_BASE_RSTC            EQU (0xFFFFFD00) ;- (RSTC) Base Address
AT91C_BASE_RTTC            EQU (0xFFFFFD20) ;- (RTTC) Base Address
AT91C_BASE_PITC            EQU (0xFFFFFD30) ;- (PITC) Base Address
AT91C_BASE_WDTC            EQU (0xFFFFFD40) ;- (WDTC) Base Address
AT91C_BASE_VREG            EQU (0xFFFFFD60) ;- (VREG) Base Address
AT91C_BASE_MC              EQU (0xFFFFFF00) ;- (MC) Base Address

;- *****************************************************************************
;-              MEMORY MAPPING DEFINITIONS FOR AT91SAM7S256
;- *****************************************************************************
AT91C_ISRAM                    EQU (0x00200000) ;- Internal SRAM base address
AT91C_ISRAM_SIZE               EQU (0x00010000) ;- Internal SRAM size in byte (64 Kbytes)
AT91C_IFLASH                   EQU (0x00100000) ;- Internal FLASH base address
AT91C_IFLASH_SIZE              EQU (0x00040000) ;- Internal FLASH size in byte (256 Kbytes)
AT91C_IFLASH_PAGE_SIZE         EQU (256)        ;- Internal FLASH Page Size: 256 bytes
AT91C_IFLASH_LOCK_REGION_SIZE  EQU (16384)      ;- Internal FLASH Lock Region Size : 16 Kbytes
AT91C_IFLASH_NB_OF_PAGES       EQU (1024)       ;- Internal FLASH Number of Pages : 1024 bytes
AT91C_IFLASH_NB_OF_LOCK_BITS   EQU (16)         ;- Internal FLASH Number of Lock Bits : 16 bytes

        END
```

〈부록 3〉 키트 테스트 프로그램 Xkit_test.c의 소스

사용자가 *OK-7S256* 키트를 조립한 후에 이것의 동작을 테스트하는데 사용할 수 있도록 WinARM C컴파일러로 작성한 키트 테스트 프로그램 Xkit_test.c의 내용은 다음과 같다.

```
/* ============================================================================ */
/*              Xkit_test.c : Test Program for OK-7S256 Kit V1.0                */
/* ============================================================================ */
/*                        Designed and programmed by Duck-Yong Yoon in 2007.   */

#include "AT91SAM7S256.h"
#include "lib_AT91SAM7S256.h"
#include "OK7S256gcc.h"                    (☞ ADS v1.2에서는 이 부분이 #include "OK7S256ads.h"로 됨)
#include "OK7S256GLCD.h"
#include "OK7S256music.h"

void Test1()                                                    /* graphic LCD test */
{ unsigned int i, x, y;

  GLCD_string(0,0,1,"   OK-7S256  V1.0   ");                   // display text 1
  GLCD_string(1,0,0,"     2007/06/01     ");
  GLCD_string(2,0,0,"                    ");
  GLCD_string(3,0,0,"     Designed by    ");
  GLCD_string(4,0,0,"   Duck-Yong Yoon.  ");
  GLCD_string(5,0,0,"                    ");
  GLCD_string(6,0,0,"128 x 64 Graphic LCD");
  GLCD_string(7,0,0," 6x8 Box, 5x7 ASCII ");
  Delay_ms(3000);

  GLCD_string(0,0,0,"====================");                   // display text 2
  GLCD_string(1,0,0,"  ASCII Characters  ");
  GLCD_string(2,0,0,"====================");
  GLCD_string(7,0,0,"                    ");

  GLCD_xy(3,0);
  for(i=0x20; i<0x7F; i++)                                      // from 0x20 to 0x7E
    GLCD_English(0,i);
  Delay_ms(3000);
  Clear_screen();

  LCD_string(0xC0,"   Rectangles   ");                          // display graphic 1
  for(i = 0,x = 0,y = 0; i <= 7; i++,x += 4,y += 8)
    { Rectangle(x,y,63 - x,127 - y);
      Delay_ms(300);
    }
  Delay_ms(1000);
  Clear_screen();

  for(i = 0,x = 0,y = 0; i <= 7; i++,x += 4,y += 4)            // display graphic 2
    { Rectangle(x,y,63-x,63-y);
      Rectangle(x,y+64,63-x,127-y);
      Delay_ms(300);
    }
  Delay_ms(1000);
  Clear_screen();

  LCD_string(0xC0,"    Circles     ");                          // display graphic 3
  Rectangle(0,0,63,127);
  Delay_ms(300);
  for(i = 7; i <= 63; i += 8)
    { Circle(31,63,i);
      Delay_ms(300);
```

```
    }
  Delay_ms(1000);
  Clear_screen();

  for(i = 3; i <= 31; i += 4)                          // display graphic 4
    { Circle(31,31,i);
      Circle(31,95,i);
      Delay_ms(300);
    }
  Delay_ms(1000);
  Clear_screen();
}

void Test2()                                           /* LED and buzzer test */
{ unsigned int i;

  for(i=0; i<3; i++)
    { LCD_string(0xC0, "     LED1 on      ");           // LED1 on and buzzer sound
      LED_on(LED1);
      Beep();
      Delay_ms(1000);
      LED_off(LED1);
      LCD_string(0xC0, "     LED2 on      ");           // LED2 on and buzzer sound
      LED_on(LED2);
      Beep();
      Delay_ms(1000);
      LED_off(LED2);
    }
}

void Test3()                                           /* key input test */
{ unsigned int i, key;

  for(i=0; i<800; i++)                                 // for 8 seconds
    { key = Key_in();                                  // input key
      if(key == 1)                                     // if KEY1, LED1 = on
        { LED_on(LED1);
          LCD_string(0xC0, "   KEY1 is OK.  ");
        }
      else if(key == 2)                                // if KEY2, LED2 = on
        { LED_on(LED2);
          LCD_string(0xC0, "   KEY2 is OK.  ");
        }
      else if(key == 3)                                // if KEY2/1, LED2/1 = on
        { LED_on(LED2|LED1);
          LCD_string(0xC0, "KEY2/KEY1 is OK.");
        }
      else
        { LED_off(LED2|LED1);                          // if no key, LED2/1 = off
          LCD_string(0xC0, " Press KEY2/1 ! ");
        }
      Delay_ms(10);
    }
}

void Test4()                                           /* speaker sound test */
{
  Set_tempo(4);
  LCD_string(0xC0, " Do Re Mi Fa ...");              // play octave 4 forward
  Play_note(MIC, NOTE8);
  Play_note(MID, NOTE8);
  Play_note(MIE, NOTE8);
  Play_note(MIF, NOTE8);
  Play_note(MIG, NOTE8);
  Play_note(MIA, NOTE8);
  Play_note(MIB, NOTE8);
  Play_note(HIC, NOTE4);
  Play_rest(REST4);
  LCD_string(0xC0, " Do Si Ra Sol...");              // play octave 4 reverse
  Play_note(HIC, NOTE8);
  Play_note(MIB, NOTE8);
```

```
  Play_note(MIA, NOTE8);
  Play_note(MIG, NOTE8);
  Play_note(MIF, NOTE8);
  Play_note(MIE, NOTE8);
  Play_note(MID, NOTE8);
  Play_note(MIC, NOTE4);
}

void Test5()                                              /* PCK1 output test */
{
  AT91F_PWMC_CfgPMC();                                    // enable clock of PWMC
  AT91F_PIO_CfgPeriph(AT91C_BASE_PIOA, 0, PCK1);          // PCK1 output on PA17

  LCD_string(0xC0, "TP3(Slow)=1024Hz");                   // PCK1=Slow Clock/32=32.768kHz/32=1024Hz
  AT91F_PMC_EnablePCK(AT91C_BASE_PMC, 1, AT91C_PMC_PRES_CLK_32|AT91C_PMC_CSS_SLOW_CLK);
  Delay_ms(3000);
  AT91F_PMC_DisablePCK(AT91C_BASE_PMC, AT91C_PMC_CSS_SLOW_CLK);

  LCD_string(0xC0, "TP3(Main)=576kHz");                   // PCK1=Main Clock/32=18.432Hz/32=576kHz
  AT91F_PMC_EnablePCK(AT91C_BASE_PMC, 1, AT91C_PMC_PRES_CLK_32|AT91C_PMC_CSS_MAIN_CLK);
  Delay_ms(3000);
  AT91F_PMC_DisablePCK(AT91C_BASE_PMC, AT91C_PMC_CSS_MAIN_CLK);

  LCD_string(0xC0, "TP3(PLL) = 6MHz ");                   // PCK1=PLL Clock/32=192MHz/32=6MHz
  AT91F_PMC_EnablePCK(AT91C_BASE_PMC, 1, AT91C_PMC_PRES_CLK_32|AT91C_PMC_CSS_PLL_CLK);
  Delay_ms(3000);
  AT91F_PMC_DisablePCK(AT91C_BASE_PMC, 1);
}

void LCD_2d1(float number)                                /* floating-point number xx.x */
{ unsigned int i, j;

  j = (int)(number*10. + 0.5);
  i = j / 100;                                            // 10^1
  if(i == 0) LCD_data(' ');
  else       LCD_data(i + '0');

  j = j % 100;                                            // 10^0
  i = j / 10;
  LCD_data(i + '0');
  LCD_data('.');

  i = j % 10;                                             // 10^-1
  LCD_data(i + '0');
}

void LCD_1d2(float number)                                /* floating-point number x.xx */
{ unsigned int i, j;

  j = (int)(number*100. + 0.5);
  i = j / 100;                                            // 10^0
  LCD_data(i + '0');
  LCD_data('.');

  j = j % 100;                                            // 10^-1
  i = j / 10;
  LCD_data(i + '0');

  i = j % 10;                                             // 10^-2
  LCD_data(i + '0');
}

void Test6()                                              /* A/D converter test */
{ unsigned int i, j, sum;

  AT91F_ADC_CfgPMC();                                     // enable clock of ADC
  AT91F_ADC_SoftReset(AT91C_BASE_ADC);                    // clear all previous settings
  AT91F_ADC_CfgModeReg (AT91C_BASE_ADC,                   // 4.8MHz, 10-bit resolution
    (2 << 24) | (2 << 16) | (4 << 8) | (0 << 5) | (0 << 4) | (0 << 1) | (0 << 0));

  for(i=0; i<40; i++)
```

```
    { AT91F_ADC_DisableChannel(AT91C_BASE_ADC, AT91C_ADC_CH5);
      AT91F_ADC_EnableChannel(AT91C_BASE_ADC, AT91C_ADC_CH4); // select CH4 for LM35DZ
      sum = 0;
      for(j=0; j<32; j++)
        { AT91F_ADC_StartConversion (AT91C_BASE_ADC);   // start conversion
          while(!(AT91F_ADC_GetStatus(AT91C_BASE_ADC) & AT91C_ADC_EOC4)); // wait for EOC
          sum += AT91F_ADC_GetConvertedDataCH4(AT91C_BASE_ADC); // add A/D result 32 times
          Delay_ms(1);
        }
      sum >>= 5;                                  // calculate average value
      LCD_command(0xC0);                          // display temperature for xx.x
      LCD_2d1((float)sum * 66. / 1024.);

      AT91F_ADC_DisableChannel(AT91C_BASE_ADC, AT91C_ADC_CH4);
      AT91F_ADC_EnableChannel(AT91C_BASE_ADC, AT91C_ADC_CH5); // select CH5 for VR1
      sum = 0;
      for(j=0; j<32; j++)
        { AT91F_ADC_StartConversion (AT91C_BASE_ADC);   // start conversion
          while(!(AT91F_ADC_GetStatus(AT91C_BASE_ADC) & AT91C_ADC_EOC5)); // wait for EOC
          sum += AT91F_ADC_GetConvertedDataCH5(AT91C_BASE_ADC); // add A/D result 32 times
          Delay_ms(1);
        }
      sum >>= 5;                                  // calculate average value
      LCD_command(0xC9);                          // display voltage for x.xx
      LCD_1d2((float)sum * 3.3 / 1024.);

      Delay_ms(250);                              // 10sec = 40 * 250ms
    }
}

void Test7()                                      /* USART0 RS-232C test */
{ unsigned loopback;

  Delay_ms(2000);

  AT91F_US0_CfgPMC();                             // enable clock of USART0
  AT91F_PIO_CfgPeriph(AT91C_BASE_PIOA, AT91C_PA6_TXD0|AT91C_PA5_RXD0, 0); // enable TXD0, RXD0
  AT91F_US_Configure(AT91C_BASE_US0, MCK, 0x08C0, 115200, 0); // 115200 bps, 8 data, no parity, 1 stop
  AT91F_US_ResetTx(AT91C_BASE_US0);               // reset and enable USART0 transmitter
  AT91F_US_ResetRx(AT91C_BASE_US0);               // reset and enable USART0 receiver

  AT91F_US_PutChar(AT91C_BASE_US0, 0x11);         // loopback test 4 times
  Delay_ms(1);
  loopback = AT91F_US_GetChar(AT91C_BASE_US0) << 24;
  AT91F_US_PutChar(AT91C_BASE_US0, 0x22);
  Delay_ms(1);
  loopback += AT91F_US_GetChar(AT91C_BASE_US0) << 16;
  AT91F_US_PutChar(AT91C_BASE_US0, 0x33);
  Delay_ms(1);
  loopback += AT91F_US_GetChar(AT91C_BASE_US0) << 8;
  AT91F_US_PutChar(AT91C_BASE_US0, 0x44);
  Delay_ms(1);
  loopback += AT91F_US_GetChar(AT91C_BASE_US0);

  if(loopback == 0x11223344)
    { LCD_string(0xC0, "   USART0 OK!   ");      // display OK message
      Beep();
    }
  else
    { LCD_string(0xC0, "USART0 error !!!");      // display error message
      Error();
    }

  Delay_ms(3000);
}

int main(void)
{
  MCU_initialize();                               // initialize AT91SAM7S256 & kit
  Delay_ms(50);                                   // wait for system stabilization
  LCD_initialize();                               // initialize text LCD module
```

```
  GLCD_clear();                                   // initialize graphic LCD module
  cursor_flag = 0;

  LCD_string(0x80, " OK-7S256  V1.0 ");           // logo title 1
  LCD_string(0xC0, "D.Y.Yoon in 2007");

  Buzzer_on();                                    // buzzer on
  LED_on(LED1);                                   // LED1 on
  Delay_ms(500);
  LED_off(LED1);                                  // LED1 off
  LED_on(LED2);                                   // LED2 on
  Delay_ms(500);
  LED_off(LED2);                                  // LED2 off
  Buzzer_off();                                   // buzzer off

  LCD_string(0x80, " OK-7S256  V1.0 ");           // logo title 2
  LCD_string(0xC0, "AT91SAM7S256 ARM");
  Delay_ms(2000);

  while(1)
    { LCD_string(0x80, "GRAPHIC LCD TEST");       // display test1
      LCD_string(0xC0, "   128 x 64 dot  ");      //   graphic LCD test
      Test1();

      LCD_string(0x80, "LED/BUZZER TEST ");       // display test2
      LCD_string(0xC0, "                ");       //   LED and buzzer test
      Test2();

      LCD_string(0x80, " KEY INPUT TEST ");       // display test3
      LCD_string(0xC0, " Press KEY2/1 ! ");       //   key input test
      Test3();

      LCD_string(0x80, "  SPEAKER TEST  ");       // display test4
      LCD_string(0xC0, "                ");       //   speaker sound test
      Test4();

      LCD_string(0x80, " CPU CLOCK TEST ");       // display test5
      LCD_string(0xC0, "                ");       //   PCK1 output test
      Test5();
      Beep();                                     // beep

      LCD_string(0x80, "    A/D TEST    ");       // display test6
      LCD_string(0xC0, "00.0[");                  //   A/D converter test
      LCD_data(0xDF);
      LCD_string(0xC6, "C] 0.00[V]");
      Test6();

      LCD_string(0x80, "  RS-232C TEST  ");       // display test7
      LCD_string(0xC0, " USART0 test... ");       //   USART0 RS-232C test
      Test7();
    }
}
```

참고 문헌

[1] AT91SAM7S512/256/128/64/321/32 AT91 ARM Thumb-based Microcontrollers, Atmel, 2007.
[2] DDI 0100E : ARM Architecture Reference Manual, ARM, 2000.
[3] DDI 0210B : ARM7TDMI (Rev 4) Technical Reference Manual, ARM, 2001.
[4] DUI 0065D : ARM Developer Suite Version 1.2 CodeWarrior IDE Guide, ARM, 2001.
[5] DUI 0067D : ARM Developer Suite Version 1.2 Compilers and Libraries Guide, ARM, 2001.
[6] DUI 0068B : ARM Developer Suite Version 1.2 Assembler Guide, ARM, 2001.
[7] DUI 0151A : ARM Developer Suite Version 1.2 Linker and Utilities Guide, ARM, 2001.
[8] Dean Elsner, Jay Fenlason, Using as(The GNU Assembler, V2.17), Cygnus, 2002.
[9] Richard M. Stallman, Using the GNU Compiler Collection(GCC, V4.1.1), 2005.
[10] Steve Chamberlain, Ian Lance Taylor, Using ld(The GNU Linker, V2.17), Red Hat Inc., 2004.
[11] Steve Chamberlain, Roland Pesch, The Red Hat newlib C Library(libc, V1.12.0), Red Hat Inc., 2004.
[12] Steve Chamberlain, Roland Pesch, The Red Hat newlib C Math Library(libm, V1.12.0), Red Hat Inc., 2004.
[13] Richard M. Stallman, Roland McGrath, Paul D. Smith, GNU Make(A Program for Directing Recompilation, V3.81), 2006.

저자 소개

(1) 학력

1981. 2. 서울대학교 전기공학과 졸업
1983. 2. 서울대학교 대학원 전기공학과 졸업(공학석사)
1995. 2. 단국대학교 대학원 전기공학과 졸업(공학박사)

(2) 주요 경력

1982. 12.~1984. 5. 삼성전자(주) 종합연구소 근무
1984. 6. ~1985. 2. 한독(주) 컴퓨터기술연구소 근무
1985. 3. ~2006. 2. 국립 천안공업대학 전자계산기과/제어계측과 교수
2005. 3. ~현재 국립 공주대학교 천안공과대학 전기전자제어공학부 교수

(3) 저서

마이크로프로세서 응용실습 (1988, 자유아카데미)
16비트 마이크로프로세서 및 IBM PC 하드웨어 입문 (1991, 조원사)
마이크로프로세서 응용 -Z80 MASTER- (1998, Ohm사)
DSP 마스터 시리즈 ① - TMS320C31 마스터 (1998, Ohm사)
DSP 마스터 시리즈 ② - TMS320C32 마스터 (1999, Ohm사)
어셈블리와 C언어로 익히는 80C196KC 마스터(I) (2000, Ohm사)
어셈블리와 C언어로 익히는 80C196KC 마스터(II) (2000, Ohm사)
어셈블리와 C언어로 익히는 8051 마스터 (2001, Ohm사)
어셈블리와 C언어로 익히는 AT89S52 마스터 (2006, Ohm사)
프로세서 응용 시리즈 ① - LCD 모듈의 철저 활용 (2002, Ohm사)
프로세서 응용 시리즈 ② - LCD 모듈 활용 마스터 (2004, Ohm사)
프로세서 응용 시리즈 ③ - ATmega128을 활용한 졸업작품 만들기(I) (2005, Ohm사)
AVR 마스터 시리즈 ① - AVR ATmega128 마스터 (2004, Ohm사)
AVR 마스터 시리즈 ② - AVR ATmega162 마스터 (2004, Ohm사)
AVR 마스터 시리즈 ③ - AVR ATmega8515 마스터 (2004, Ohm사)
고성능 AVR 정복 시리즈 ① - AVR ATmega128 정복 (2006, Ohm사)
고성능 AVR 정복 시리즈 ② - AVR ATmega1281/2561 정복 (2006, Ohm사)
고성능 AVR 정복 시리즈 ③ - AVR ATmega1280/2560 정복 (2006, Ohm사)
ARM 시작하기 시리즈 ① - ARM7TDMI AT91SAM7S256으로 시작하기 (2007, Ohm사)

(4) 주 관심 분야

벡터제어 인버터를 이용한 유도전동기 및 동기전동기 서보제어 시스템 설계
마이크로프로세서를 이용한 자동화 시스템 및 제어계측 시스템 설계
기타 마이크로프로세서, 마이크로콘트롤러 및 DSP 응용분야
마이크로프로세서와 마이크로콘트롤러의 기초 및 응용분야 교육

홈에 방문하시면 많은 정보와 자료가 있습니다!

www.ohm.co.kr

Microcontroller Training Kits & Books

도서출판 Ohm사
Ohm Publishing Co.

학습기기 R&C사
Robot & Computer Co.

http://www.ohm.co.kr

Ohm사 · R&C사 홈페이지 안내

OHM사 홈페이지를 방문하시면 보다 많은 정보를 얻을 수 있습니다. 앞으로도 OHM사는 엔지니어들을 위한 학습교재와 최신 기술들을 보급하여 나가는데 최선을 다할 것이며 엔지니어들이 우대받는 세상이 되도록 선도하여 나가겠습니다.

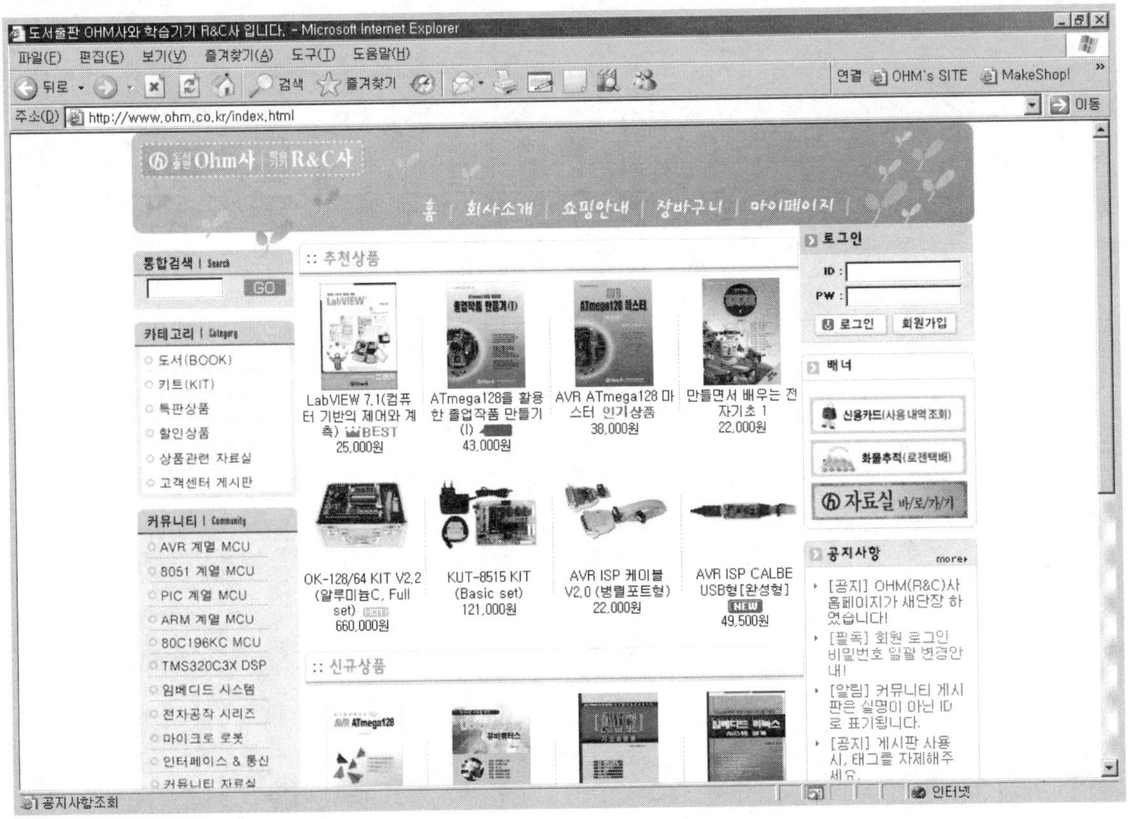

▶ 도서상품

OHM사에서 발행되는 교재를 직접 구매할 수 있으며, 상품에 따라 정해진 마일리지를 적립하여 드리고, 일정 금액이 적립되면 현금과 동일하게 사용할 수 있습니다.

▶ 키트상품

교재와 관련하여, 부설기관인 R&C사에서 교육용 키트를 제작, 그와 관련된 장비 등의 기자재를 함께 판매하고 있습니다.

▶ 특판상품

교재와 함께 그에 관련된 학습용 키트를 한데 모아 특판상품으로 구성하여 개별 구입시보다 저렴하게 구입할 수 있도록하여 판매하고 있습니다.

▶ 할인상품

교재 및 R&C사에서 제작되는 학습용 키트상품 중 일부 품목의 할인율을 높여 매우 저렴한 가격에 판매하고 있습니다.

▶ 커뮤니티

교재 및 학습용 키트에 대한 의문점을 분야별로 세분화된 커뮤니티를 통해 저자들과 관련 분야의 전문가들에게 직접 질문하고 상담할 수 있습니다.

▶ 상품관련 자료실

교재 및 R&C사에서 제작되는 학습용 키트상품 관련 예제소스 등의 본사 상품에 관련된 자료를 열람하고 다운로드 하실 수 있습니다.

E-mail : ohm@ohm.co.kr

클릭!! www.ohm.co.kr

"Ohm사/R&C사에서는 마이컴 관련 교재와 함께 KIT를 제작 판매하고 있습니다.
준비된 실습키트와 부품SET는 엔지니어와 학생들에게 보다 많은 시간을 절약해주고
학습능률을 최대한으로 올려줄 것입니다!"

OK-8051 KIT

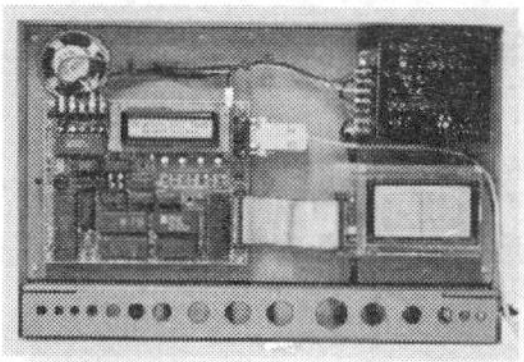

H/W 사양
CPU : 80C32(12 MHz)
A/D, D/A 컨버터 전압, 온도,
광센서 타이머 & 직렬통신
Real-time clock(battry backup)
TEXT & GRAPH LCD 채용

S/W 사양
DL51제공
예제와 소스 제공
개발 환경(μ Vision, dScope)
매크로 어셈블러 A51
C컴파일러 C51
(BL51, OH51, OC51, LIB51)

■ 관련도서 : 어셈블리와 C언어로 익히는 8051 마스터

T-51 KIT

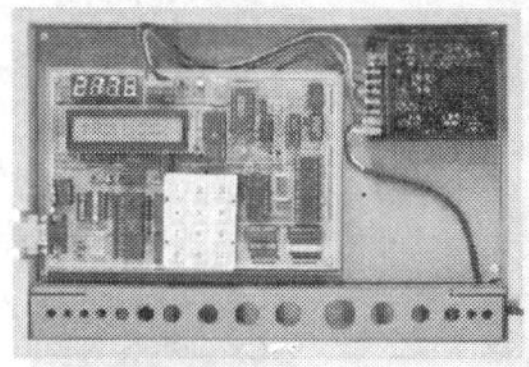

H/W 사양
CPU : 8051/8052/80C251
디지털 입출력 포트
7SEGMENT & TEXT LCD
키패드 (64키까지 확장 가능)
A/D, D/A컨버터 내장
타이머, 직렬통신, 센서 실험

S/W 사양
AnyCpu Tutor(WINDOWS용)
*직렬통신,그래픽 터미널 기능
*프로그램 컴파일 통합 환경
*Os51.hex 트레이스 & 실행

■ 관련도서 : C로 쓰는 8051

OK-128 KIT

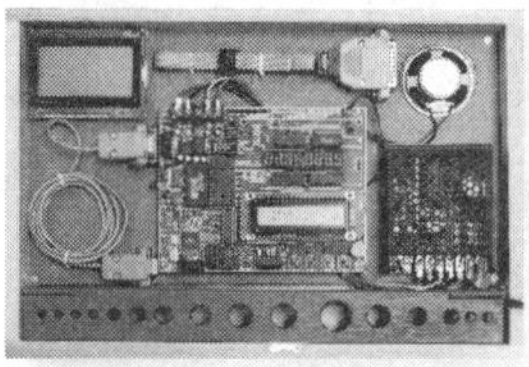

CPU : ATmega128-16AI(16MHz)
AD, D/A 컨버터(8BIT)
Real-time clock (battery backup)
TEXT & GRAPH LCD 모듈 JTAG
ICE 에뮬레이터 사용
AVR ISP와 직렬 포트 사용
ISP와 병렬 포트 사용
RS-232C 직렬통신 포트 2개
24BIT & 16BIT 병렬 입출력 기능
병렬포트용 ISP케이블 기본

■ 관련도서 : AVR ATmega 128 마스터

OK-162 KIT / OK-8515 KIT

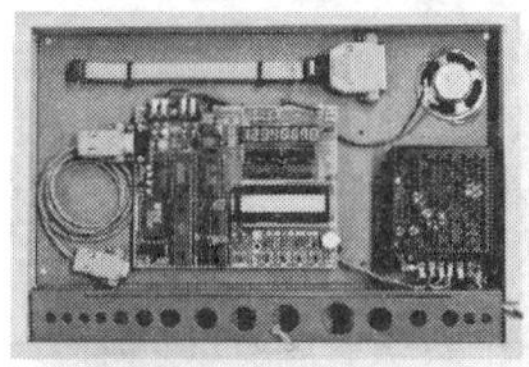

CPU : ATmega162-16PI(16MHz)
메모리 : 내부 플래시 16KB,
내부 EEPROM 512 바이트
내부 SRAM 1KB, 외부 SRAM 32KB(62256)

I/O : 16*2행 텍스트 LCD 모듈
8개의 7세그먼트 LED
DS12C887 리얼타임 클럭
8채널 8비트 A/D, 8비트 D/A 등 20여 가지의
IO 기능 내장

프린터 포트를 사용하는 AVR ISP 다운로드
케이블 제공
모든 소프트웨어는 윈도우 운영체제에서 사용

■ 관련도서 : AVR ATmega162마스터
■ 관련도서 : AVR ATmega8515마스터

MDS-196 KIT

H/W 사양 (31,32 공통)
DSP : TMS320C31 PQL-40 (31 KIT)
TMS320C32 PCM 50 (32 KIT)
12BIT × 8CH. A/D MAX122BCNG
12BIT × 4CH. D/A AD664JN-BIP
Real-time clock (battery backup)
페러렐포트를 이용한 프로그램 다운로드
RS-232C 시리얼통신
TEXT & GRAPH LCD 채용
XDS510 에뮬레이터용 콘텍터
시스템 I/O 확장용 콘넥터
디지털 신호처리 및 서보제어에 응용

■ 관련도서 : 인텔 80C196KC의 모든것

OK-196 KIT

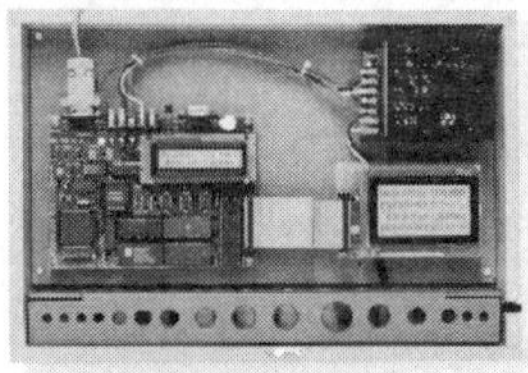

H/W 사양
CPU : N80C196KC20
4층 에폭시 기판
Real-time clock (battry backup)
EPLD 채용, 타이머 & 직렬통신
A/D, D/A 컨버터
TEXT & GRAPH LCD 채용

S/W 사양
DL51, 예제와 소스 ASM. : ASM96
링커 : RL96.EXE
OH.EXE, LIB96.LIB
부동소수점 LIB. FPAL96.LIB
C컴파일러 IC96.EXE

■ 관련도서 : 어셈블리와 C언어로 익히는
80C196KC 마스터(I)
80C196KC 마스터(II)

TMS-31 KIT

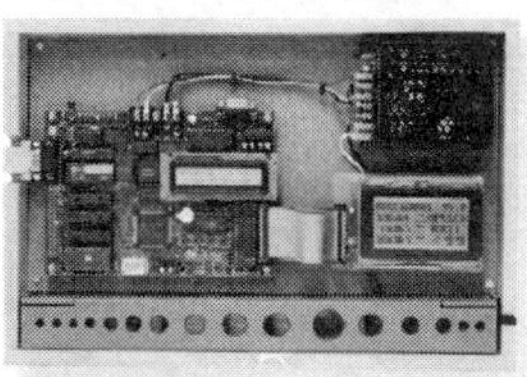

H/W 사양 (31,32 공통)
DSP : TMS320C31 PQL-40 (31 KIT)
TMS320C32 PCM 50 (32 KIT)
12BIT × 8CH. A/D MAX122BCNG
12BIT × 4CH. D/A AD664JN-BIP
Real-time clock (battery backup)
페러렐포트를 이용한 프로그램 다운로드
RS-232C 시리얼통신
TEXT & GRAPH LCD 채용
XDS510 에뮬레이터용 콘텍터
시스템 I/O 확장용 콘넥터
디지털 신호처리 및 서보제어에 응용

■ 관련도서 : TMS320C31 마스터

TMS-32 KIT

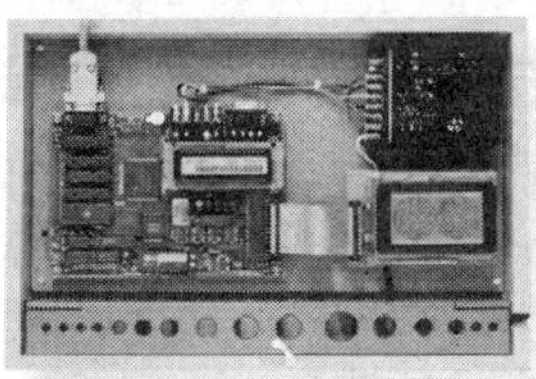

S/W Tool 사양 (31,32 공통)
C : CL30, AC30, OPT30,
CG30,CLIST
ASM. : Ar30. LNK30.
UTIL : AR30, MK30,HEX30
Debug : SIM30, EMU30

■ 관련도서 : TMS320C32 마스터

구입문의 : 한솔기기 R&C사 / 도서출판 Ohm사 ☎ 02) 776-4868~9

AVR-8515 Kit

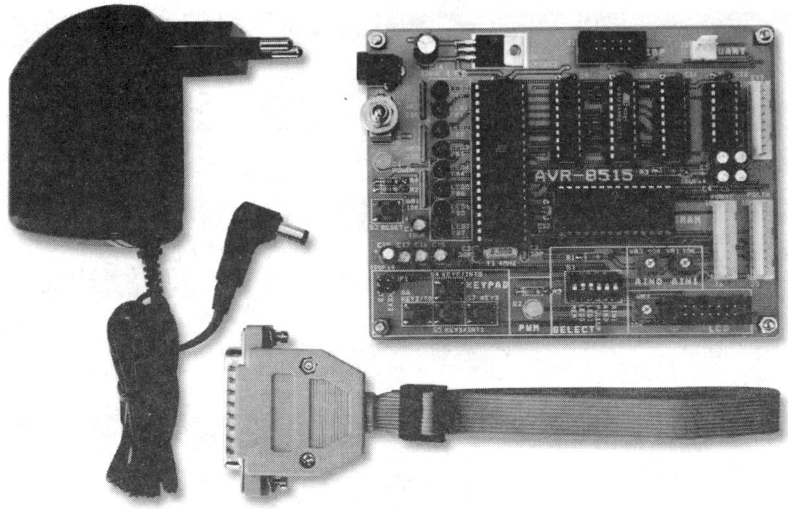

♣ 부품 SET 별도 판매

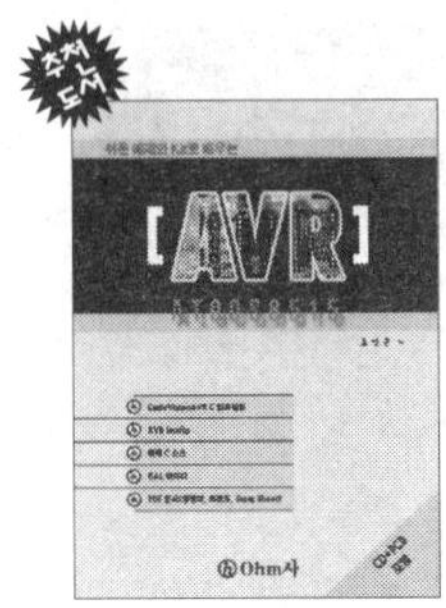

저 자 : 조영준
ISBN : 89-7101-717-1
판 형 : B5
쪽 수 : 301
가 격 : 25,000원

AVR-8515 KIT의 주요 사양

항 목	사 양	비 고
CPU	AT90S8515	4MHz 클럭 사용(8MHz 까지 가능)
메모리	RAM : 32K 바이트	선택적 사용
내장 주변장치	B 포트 : LED×8	선택적 사용
	D 포트 : LED×4	인터럽트와 연동 사용
	PWM	LED로 확인
	아날로그 입력	가변저항 이용
	직렬 포트 : RS232C	MAX232 내장
외부 인터럽트	RAM : 32K 바이트	스위치 입력
디스플레이	LCD : 16 문자 × 2줄	C 포트에 연결
전원	+9V ~ +12V 외부 전원 사용	아답터 잭, 5V 정전압 회로 내장
외부 인터페이스	ISP 케이블	프로그래밍용(PC의 프린터 포트에 연결)
PCB 외형	132×102mm 2층 에폭시 기판	

ATMEL사의 AVR 8 비트 RISC 프로세서인 AT90S8515의 기본적인 하드웨어 구조와 프로그래밍 연습을 해볼 수 있는 **쉽고 간단하며, 저렴한** Training KIT이다. 가장 기본적인 기능을 익히고 실험하는데 필요한 최소한의 하드웨어로 구성되어 초보자가 익히고 실험하기에 적합하다.

ISP 케이블과 CodeVisionAVR C 컴파일러를 이용하여 사용자가 작성한 프로그램을 PC로 다운로드하여 즉시 실험해 볼 수 있기 때문에 롬라이터와 같은 별도의 장비가 필요하지 않으며, 기본적인 사양만으로 설계되어 학생들이나 AVR을 익히려는 일반인이 사용하기 적합한 저가형 KIT이다.

KUT-51 Kit

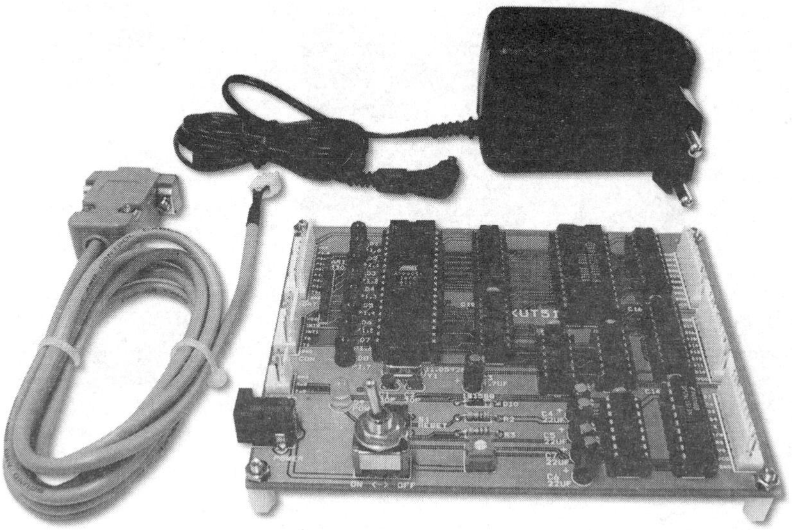

♣ 부품 SET 별도 판매

저 자 : 신동욱, 조영준
ISBN : 89-7101-718-X
판 형 : B5
쪽 수 : 382
가 격 : 28,000원

KUT-51 KIT의 주요 사양

항 목	사 양	비 고
CPU	AT89C51(ATMEL)	11.0592MHz 클럭 사용
메모리	FLASH : 4K 바이트	AT89C51에 내장
	RAM : 32K 바이트	프로그램 & 데이터 메모리로 사용
내장 주변장치	P1 포트 : LED×8	커넥터를 통해 외부와 연결 가능
	직렬 포트 : RS232C	MAX232 내장
디스플레이	LCD : 16문자 ×2줄	외부 커넥터에 연결
확장 커넥터	입력 : 8 비트	래치에 의한 입력
	출력 : 8 비트	래치에 의한 출력
	LCD : 8 비트	래치에 의한 출력 - 4비트 제어
	P1 포트 : 8 비트	P1 포트의 입출력 사용
	인터럽트 신호 : 4 비트	INTn, Tn 신호
	총 36비트	
전원	+5V의 외부 전원 사용	아답터 잭, 5V 정전압 아답터 사용
프로그래밍	직렬 포트에 의한 다운로딩	모니터 프로그램 내장
PCB 외형	127×101mm 2층 에폭시 기판	

Intel의 MCS51과 100% 호환되는 ATMEL의 AT89C51을 사용한 **KUT51 Training KIT**는 8051을 배우고 익힐 수 있는 최소한의 기능을 내장하고 있다. 간단하게 구성되었기 때문에 가격이 저렴하고 크기가 작아 좁은 공간에서도 쉽게 사용할 수 있으며, 응용 실험을 할 수 있도록 외부 커넥터를 내장하여 사용자가 직접 구성한 외부 기기나 책의 응용예제에 사용된 보드 등을 제작 연결하여 실험해 볼 수 있도록 되어 있다. 또한, **AT89C51 내부의 플래시 메모리에 모니터 프로그램을 내장하고 있어서 별도의 롬라이터가 필요 없이 시리얼 포트를 통해서 프로그램을 다운로드하여 실행시켜 볼 수 있는 장점**이 있다.
KEIL-C 컴파일러 평가판을 사용하여 C언어와 어셈블러로 플그램을 연습할 수 있다.

Homepage : http://www.ohm.co.kr   E-mail : ohm@ohm.co.kr

OK-8051 Kit

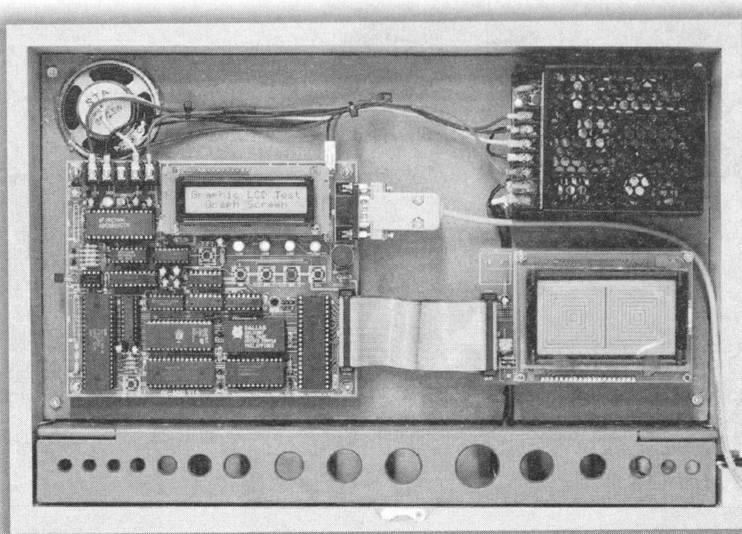

추천 도서

저 자 : 윤덕용
ISBN : 89-7101-715-5
판 형 : B5
쪽 수 : 870
가 격 : 30,000원

OK-8051 KIT의 주요 사양

항 목	사 양	비 고
CPU	89C52(12MHz)	12MHz 수정발진 모듈 사용
ROM	27C256-15(32 KB)	모니터 프로그램 및 응용 프로그램
RAM	62256-7(32 KB) (80C32에 내장된 256바이트는 별도)	사용자의 프로그램 및 데이터 저장
프로그램의 입력 및 실행	1. IBM PC의 직렬 포트를 사용하는 방법 (RS-232C 통신 에뮬레이터 DL51 기본 제공) 2. 키트에 ROM을 삽입하여 사용하는 방법 3. ROM 에뮬레이터를 사용하는 방법	1. 9핀 RS-232C 케이블 기본 제공 2. 모니터 프로그램 기본 내장 (트레이스 기능, 2개의 브레이크 포인트 기능, 역어셈블러 내장)
I/O	1. CPU가 직접 제어하는 I/O (1) RS-232C 직렬통신 포트(CN2) (2) +5V용 버저, 스피커 사운드 제어 (3) 스위치에 의한 사용자 인터럽트 (4) 포트1 콘넥터(CN3) 2. DS12C887 배터리 백업형 리얼타임 클럭 3. 82C54 타이머 (1) 외부 클럭 입력(CN4) (2) 스피커 출력(CN5) 4. 82C55 병렬 인터페이스 (1) 외부 병렬 입출력 콘넥터(CN4) (2) 4개의 키입력 스위치 및 상태표시 LED (3) 스텝 모터 제어 콘넥터(CN6) 5. 16자×2행 LCD 모듈 (backlight 가능) 6. ADC0809 8채널 8비트 A/D 컨버터 (1) 전압센서, 온도센서, 광센서 각 1개 (2) 4채널 아날로그 입력 콘넥터(CN7) 7. DAC0800 8비트 D/A 컨버터	1. 기본적인 주변 인터페이스용 LSI와 TTL 소자만을 사용하여 저렴한 가격으로 손쉽게 키트를 조립할 수 있도록 설계 2. A/D 입력 범위는 0V~+5V 3. D/A 출력 범위는 0V~+10V, -10V~+10V 중에서 선택 사용 4. 모니터 프로그램 사용시 9600, 19200 bps 중에서 선택 사용 5. 어셈블리 및 C언어로 작성된 수십가지의 응용 예제 프로그램을 기본으로 제공
전원	+5V, ±15V (또는 ±12V도 사용 가능)	±15V는 아날로그 회로에서만 사용
PCB	160×130mm 양면 에폭시 기판	

구입문의 : 한승기기 R&C사 / 도서출판 Ohm사 ✆ 02) 776-4868-9

T-51 Kit

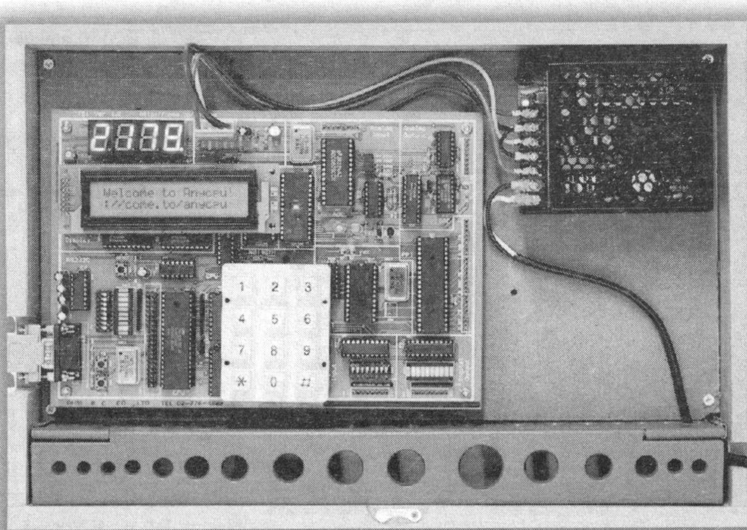

♣ PCB 별도 판매

저 자 : 박귀태, 이상락
ISBN : 89-7101-713-9
판 형 : B5
쪽 수 : 650
가 격 : 25,000원

T-51 KIT의 주요 사양

항 목	사 양	비 고
CPU	8051/8052 겸용 80C251 지원	11.0592MHz 15배 성능 향상
메모리	ROM : 32K 바이트 RAM : 32K 바이트	27C256, 플래시 사용 가능 62256
내장 주변장치	P1 포트 : LED×8, 스위치×8 직렬 포트 : RS232C 타이머/카운터 : 16비트×2	 MAX232 내장 입력 스위치 내장
외부 인터럽트	2채널	입력 스위치 내장
디지털 입출력 포트	디지털 입력 : 8채널, 스위치×8 내장 디지털 입력 : 8채널, LED×8 내장 PPI 8255 : 24채널 입출력	8핀 헤더 제공 8핀 헤더 제공 8핀 헤더×3 제공
디스플레이	7세그먼트 표시기 : 4자리 LCD 표시기 : 20자×2줄	숫자 표시용 80×2, 40×4 확장 가능
키패드	12키	전화기용, 64키 확장 가능
아날로그 입력 DAC	8채널 입력 입력범위 : 0~5[V] 분해능 : 8비트 변환시간 : 100usec 가변저항, Cds, 온도센서, DAC 루프백 내장	ADC0809 OpAmp 버퍼 내장 8핀 헤더 제공 LM35DZ
아날로그 출력 DAC	1채널 출력 출력범위 : 0~5 또는 ±10V[V] 안정시간 : 150nsec 슬루레이트 : 8mA/usec	DAC0800 OpAmp 버퍼 내장 8핀 헤더
전원	−12, 0, +12, 0, 5[V]	5핀 헤더
윈도우용 소프트웨어	문제출시, 풀이제시 프로그램 컴파일 통합환경 프로그램 다운로드 트레이스, 실행 직렬통신 터미널, 그래픽 터미널	AnyCpu Tutor 제공 Keil사 제공 AnyCpu Tutor 제공 Os51.hex 제공 AnyCpu Tutor 제공

Homepage : http://www.ohm.co.kr E-mail : ohm@ohm.co.kr

OK-196 Kit

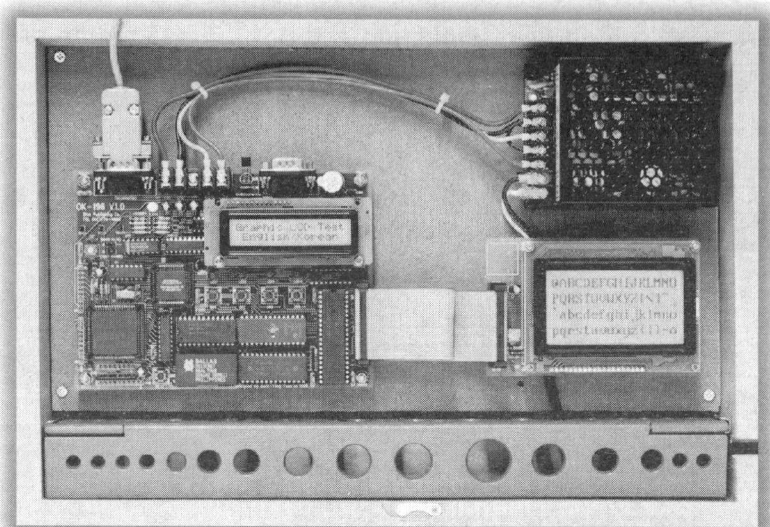

♣ PCB 별도 판매

저 자 : 윤덕용
ISBN : 89-7101-726-0
89-7101-727-9
판 형 : B5
쪽 수 : 808/535
가 격 : 33,000/28,000원

OK-196 KIT의 주요 사양

항 목	사 양	비 고
CPU	N80C196KC20(20MHz)	20MHz 수정발진자 사용
ROM	27C256-15(32 KB)	모니터 프로그램 및 응용 프로그램
RAM	62256-7(32 KB) (80C196KC에 내장된 488바이트는 별도)	사용자의 프로그램 및 데이터용
프로그램의 입력 및 실행	1. IBM PC의 직렬 포트를 사용하는 방법 2. 키트에 ROM을 삽입하여 사용하는 방법 3. ROM 에뮬레이터를 사용하는 방법	1. 9핀 RS-232C 케이블 기본 제공 2. 모니터 프로그램 기본 내장 (트레이스 기능, 4개의 브레이크 포인트 기능, 역어셈블러 내장)
I/O	1. CPU가 직접 제어하는 I/O (1) +5V용 버저, 온도센서, 전압센서 (2) RS-232C 직렬통신 포트(CN3) (3) 스텝/서보 모터 제어 콘넥터(CN5) (4) 포트1 콘넥터(CN6) (5) HSI/HSO 콘넥터(CN7) (6) 6채널 아날로그 입력 콘넥터(CN8) 2. 1채널 8비트 D/A 컨버터(DAC0800) 3. 8255A 병렬 인터페이스 (1) 4개의 키입력 스위치 (2) 4개의 상태표시 LED (3) 외부 병렬 입출력 콘넥터(CN4) 4. 8251A 및 RS-232C 포트(CN2, 모니터 전용) 5. 8254 타이머 및 스피커(CN9) 6. 16자×2행 LCD 모듈 (backlight 기능) 7. DS12887 배터리 백업형 리얼타임 클럭	1. EPLD를 사용하여 컴팩트하고 유연한 인터페이스 설계 2. A/D 입력 범위는 0V~+5V 3. D/A 출력 범위는 0~+10V, -10V~+10V중에서 선택 사용 4. 모니터 프로그램 사용시 9600, 19200 bps 중에서 선택 사용 5. 어셈블리 및 C언어로 작성된 수십가지의 응용 예제 프로그램을 기본으로 제공
전원	+5V, ±15V (또는 ±12V도 사용 가능)	±15V는 아날로그 회로에서만 사용
PCB	163×120mm 4층 에폭시 기판	

구입문의 : 한소기기 R&C사 / 도서출판 Ohm사 ☎ 02) 776-4868~9

MDS-196 Kit

저 자 : 김대근, 정순배 외
ISBN : 89-7101-725-2
판 형 : B5
쪽 수 : 770
가 격 : 33,000원

MDS-196 KIT의 주요 사양

항 목	사 양	비 고
CPU	N80C196KC20(20MHz)	
ROM	27C256-15(32 KB)	
RAM	62256-7(32 KB) (80C196KC에 내장된 488바이트는 별도)	
프로그램의 입력 및 실행	1. IBM PC의 직렬 포트를 사용하는 방법 2. 키트에 ROM을 삽입하여 사용하는 방법	
I/O	1. 기본 입출력 기판 (1) 출력 장치-LCD 모듈 (2) 입력 장치-키패드 2. 응용 보드 (1) 소형 DC 모터 제어 회로 (2) 스텝 모터 구동 회로 (3) AD 변환기 - 광센서 - 온도센서 - 가변저항 3. 다양한 시스템 응용을 위한 입출력 인터페이스 보드	 16문자×2줄 LCD 사용 16진 숫자 입력 스위치 16개 제어 입력 스위치 3개 PWM을 이용한 속도 제어 고속 출력(HSO)를 이용한 구동회로 고속 입력(HSI) 기능을 이용 포토 TR과 적외선 LED 사용 CdS 광센서 사용 외부 확장용 전원 회로 포함
전원	+12V(외부 입력 전압), +5V(정전압 회로 내장)	+12V는 모터 제어에 사용

Homepage : http://www.ohm.co.kr E-mail : ohm@ohm.co.kr

TMS-31 Kit

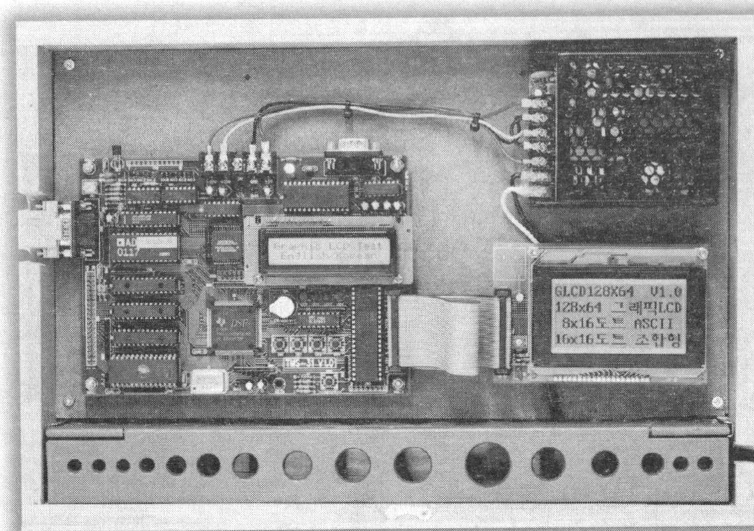

♣ 중간형 별도 판매
PCB+CPU+EPLD

저 자 : 윤덕용
ISBN : 89-7101-750-3
판 형 : B5
쪽 수 : 636
가 격 : 30,000원

TMS-31 KIT의 주요 사양

항 목	사 양	비 고
DSP	TMS320C31PQL-40 (40MHz)	40MHz 수정발진 모듈사용
ROM	27C256(32 KB) 또는 27C512(64KB)	PCB 진단 및 각종 응용 프로그램
RAM	68257-15(32 KB)×4개= 32K 워드 (TMS320C31에 내장된 2K 워드는 별도)	사용자의 프로그램 및 데이터용
프로그램의 입력 및 실행	1. XDS-510 에뮬레이터를 사용하는 방법 2. 내장 ROM을 사용하는 방법 3. IBM PC의 프린터포트를 사용하는 방법	1. 에뮬레이터용 콘넥터 내장 2. 예제가 포함된 27C256 기본 제공 3. 프린터포트용의 케이블 기본 제공
A/D 컨버터	12비트 MAX122 1개 (5MHz, 2.6μs) 8채널 아날로그 스위치 (1) 4개 채널은 콘넥터로 아날로그 입력 (2) 반고정 저항에 의한 -5V~+5V 입력 (3) 온도센서 LM35DZ 입력 (4) 2개 채널은 D/A 컨버터의 출력을 입력	1. 아날로그 입력 범위는 -5V~+5V 2. 아날로그 출력 범위는 -5V~+5V 3. 내장된 D/A 컨버터의 출력을 A/D 컨버터에 입력함으로써 외부에 별도의 함수발생기를 사용하지 않고 신호처리 실험이 가능
D/A 컨버터	12비트 AD664 (4채널 전압 출력) (1) 4개 채널 모두 콘넥터로 외부출력 (2) 2개 채널은 A/D 컨버터에 입력 가능	
기타 I/O	1. 시스템 확장용 콘넥터 2. 8255A 1개 내장 (1) 16자×2행 LCD 모듈 (backlight 가능) (2) buzzer (3) 4개의 상태표시용 LED (4) 4개의 입력키 (5) 8255A를 통한 외부 입출력 콘넥터 3. 8251A 및 MAX232 내장 외부와 RS-232C 직렬통신 4. 직류 서보모터 제어를 위한 콘넥터	
전원	+5V, ±15V (또는 ±12V)	±15V는 A/D, D/A 컨버터에서 사용
PCB	180×130mm 4층 에폭시 기판	

구입문의 : 학습기기 R&C사 / 도서출판 Ohm사 ✆ 02) 776-4868-9

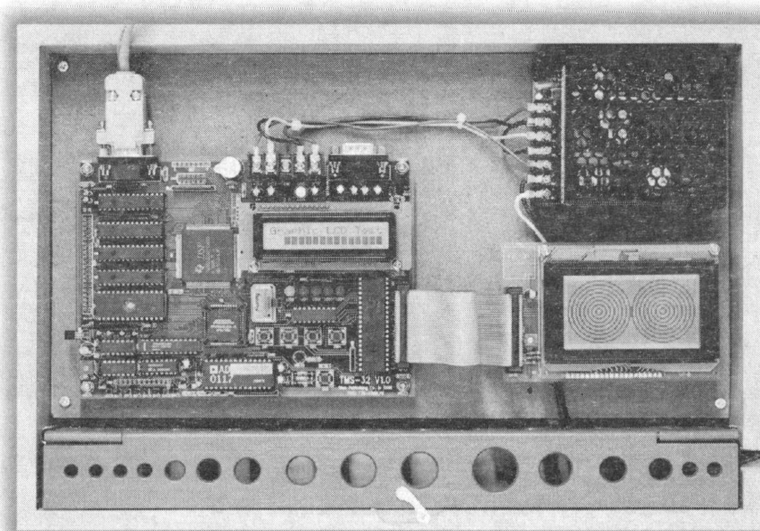

♣ 중간형 별도 판매
PCB+CPU+EPLD

저 자 : 윤덕용
ISBN : 89-7101-751-1
판 형 : B5
쪽 수 : 768
가 격 : 33,000원

TMS-32 KIT의 주요 사양

항 목	사 양	비 고
DSP	TMS320C32PCM50 (50MHz) 기본사양 TMS320C32PCM40 (40MHz)도 사용가능	50MHz 수정발진 모듈사용 40MHz 수정발진 모듈사용
ROM	27C512-15(64KB)	PCB 진단 및 각종 응용 프로그램
RAM	KM68257-15(32 KB)×4개= 32K 워드 (TMS320C32에 내장된 512 워드는 별도)	사용자의 프로그램 및 데이터용
프로그램의 입력 및 실행	1. IBM PC의 프린터 포트를 사용하는 방법 2. 키트에 내장된 ROM을 사용하는 방법 3. XDS510 에뮬레이터를 사용하는 방법	1. 에뮬레이터용 콘넥터 내장 2. 예제가 포함된 27C256 기본 제공 3. 프린터포트용의 케이블 기본 제공
A/D 컨버터	12비트 MAX122BCNG 1개 (5MHz, 2.6μs) 8채널 아날로그 스위치 (1) 4개 채널은 콘넥터로 아날로그 입력 (2) 내장 온도센서 LM35D 입력 (3) 내장 광센서 Cds 입력 (4) 내장 가변 저항에 의한 −5V~+5V 입력 (5) 1개 채널은 A/D 컨버터의 출력을 입력	1. 아날로그 입력 범위는 −5V~+5V 2. 아날로그 출력 범위는 −5V~+5V 3. D/A 컨버터의 출력을 A/D 컨버터에 다시 입력함으로써 외부에 별도의 함수발생기를 사용하지 않고 신호처리 실험이 가능 4. 각종 응용 프로그램 기본 제공
D/A 컨버터	12비트 AD664JN-BIP (4채널 전압 출력) (1) 4개 채널 모두 콘넥터로 외부출력 (2) 1개 채널은 A/D 컨버터에 입력 가능	
기타 I/O	1. DSP가 직접 제어하는 I/O (1) +5V용 버저 (2) 1개의 동작 테스트용 LED (3) 직류 서보모터 제어를 위한 콘넥터 2. 8255A 1개 내장 (1) 16자×2행 LCD 모듈 (backlight 가능) (2) 4개의 상태표시용 LED (3) 4개의 키 입력 스위치 (4) 외부 병렬 입출력 콘넥터 3. 8251A 및 MAX232 내장 외부와 RS-232C 직렬통신 4. 시스템 I/O 확장용 콘넥터	각종 응용 프로그램 기본 제공
전원	+5V, ±15V (또는 ±12V)	±15V는 A/D, D/A 컨버터에서 사용
PCB	180×130mm 4층 에폭시 기판	

OK-128 Kit

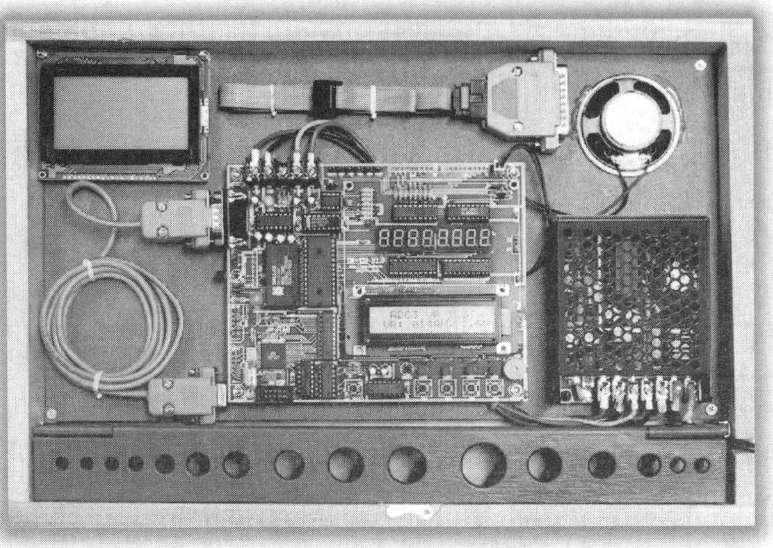

♣ PCB 별도 판매
(CPU 포함)

저 자 : 윤덕용
ISBN : 89-7101-765-1
판 형 : B5
쪽 수 : 920
가 격 : 38,000원

OK-128 KIT의 주요 사양

항 목	사 양	비 고
CPU	ATmega128-16AI(16MHz)	16MHz 수정발진자 사용
ROM	CPU에 내장된 128KB의 플래시 메모리	프로그램 저장
외부 RAM	62256-7(32 KB) (CPU에 내장된 4KB는 별도)	사용자 데이터 저장
프로그램의 입력/실행	1. JTAG ICE 에뮬레이터를 사용하는 방법 2. AVR ISP와 병렬 포트를 사용하는 방법 3. 기타 ISP와 직렬 포트를 사용하는 방법	1. 병렬포트형 AVR ISP 케이블 제공 (직렬포트형과 USB 포트형은 옵션) 2. 테스트 프로그램 기본 제공
I/O	1. CPU 프로그램용 콘넥터 (1) AVR ISP용 10핀 DIP 콘넥터(CN2) (2) JTAG ICE용 10핀 DIP 콘넥터(CN3) 2. CPU가 직접 제어하는 I/O (1) 2개의 RS-232C 직렬포트(CN4, CN5) (2) 4개의 키입력 스위치(SW1~SW4) (3) 4개의 상태표시 LED(LED1~LED4) (4) +5V용 버저 (5) 스피커 사운드 출력(CN6) (6) LM35D에 의한 온도센서(ADC1, ADC2) (7) 가변저항에 의한 전압센서(ADC3) (8) DAC0800 8비트 D/A 컨버터 (9) AT93C56 및 AT24C16 직렬 EEPROM (10) 도트 매트릭스 LED 접속(CN10) (11) 병렬 I/O 포트 확장 콘넥터(CN9) 3. 16자×2 문자 텍스트형 LCD 모듈 4. 128×64 도트 그래픽형 LCD 모듈 5. 8개의 7세그먼트 LED 6. DS12C887 배터리 백업형 리얼타임 클럭 7. 8비트 병렬출력 인터페이스(CN7) 8. 스텝모터 구동 인터페이스(CN8)	 STK200/300의 AVR ISP 표준 Atmel사의 JTAG ICE 표준 RS-232C 통신 케이블 기본 제공 A/D 입력 범위는 0V~+5V 0V~+10V, -10V~+10V 중에서 선택 화면밝기 조절 및 백라이트 기능 포함 화면밝기 조절 및 백라이트 기능 포함 ULN2803 출력
전원	+5V, ±15V (또는 ±12V도 사용 가능)	±15V는 아날로그 회로에서만 사용
PCB 외형	160×130mm 양면 에폭시 기판	

☞ 이것은 *OK-128* 키트와 *OK-64* 키트 겸용이므로 ATmega64-16AI를 조립하면 *OK-64* 키트가 된다.

구입문의 : 한소기기 B&C사 / 도서출판 Ohm사 ☎ 02) 776-4868~9

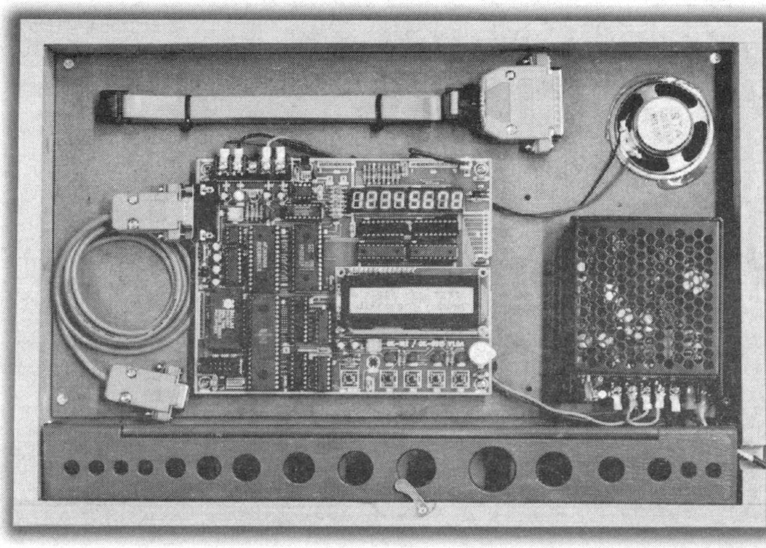

♣ PCB 별도 판매
(MPU 장착)

추천 도서

저 자 : 윤덕용
ISBN : 89-7101-759-7
판 형 : B5
쪽 수 : 726
가 격 : 32,000원

OK-162 KIT의 주요 사양

항 목	사 양	비 고
CPU	ATmega162-16PI(16MHz)	16MHz 수정발진자 사용
ROM	CPU에 내장된 16KB의 플래시 메모리	프로그램 저장
외부 RAM	62256-7(32 KB) (CPU에 내장된 1KB는 별도)	사용자 데이터 저장
프로그램의 입력/실행	1. AVR ISP와 병렬 포트를 사용하는 방법 2. 기타 ISP와 직렬 포트를 사용하는 방법 3. JTAG ICE 에뮬레이터를 사용하는 방법	1. AVR ISP 케이블 기본 제공 2. 응용 프로그램 기본 제공 (☞ JTAG 콘넥터는 사용자가 조립)
I/O	1. CPU 프로그램용 콘넥터 (1) AVR ISP용 10핀 DIP 콘넥터(CN2) (2) JTAG용 콘넥터는 사용자가 조립해야 함 2. CPU가 직접 제어하는 I/O (1) 포트 B 및 포트 D 확장 콘넥터(CN3) (2) 2개의 RS-232C 직렬포트(CN4, CN5) (3) 4개의 키입력 스위치(SW1~SW4) (4) 4개의 상태표시 LED(LED1~LED4) (5) +5V용 버저, 스피커 사운드 출력(CN6) (6) DAC0800 8비트 D/A 컨버터 (7) SPI 직렬통신에 의한 시리얼 EEPROM (8) 아날로그 비교기(J2, J3) 3. CPU 외부의 확장 I/O (1) 16자×2 문자 텍스트형 LCD 모듈 (2) 8개의 7세그먼트 LED (3) 8비트 병렬출력 인터페이스(CN7) (4) 스텝모터 구동 인터페이스(CN8) (5) DS12C887 베터리 백업형 리얼타임 클럭 (6) 8비트 8채널 A/D 컨버터 ADC0809 - 전압센서(VR1), 온도센서(LM35), 광센서(CdS) - 4채널 A/D 입력 콘넥터(CN9)	STK200/300의 AVR ISP 표준 RS-232C 통신 케이블 기본 제공 0V~+10V, -10V~+10V 중에서 선택 화면밝기 조절 및 백라이트 기능 포함 ULN2803 출력 A/D 입력 범위는 0V~+5V
전원	+5V, ±15V (또는 ±12V도 사용 가능)	±15V는 아날로그 회로에서만 사용
PCB 외형	160×130mm 양면 에폭시 기판	

☞ *OK-162* 키트는 *OK-8515* 키트와 PCB를 공통으로 사용한다.

OK-8515 Kit

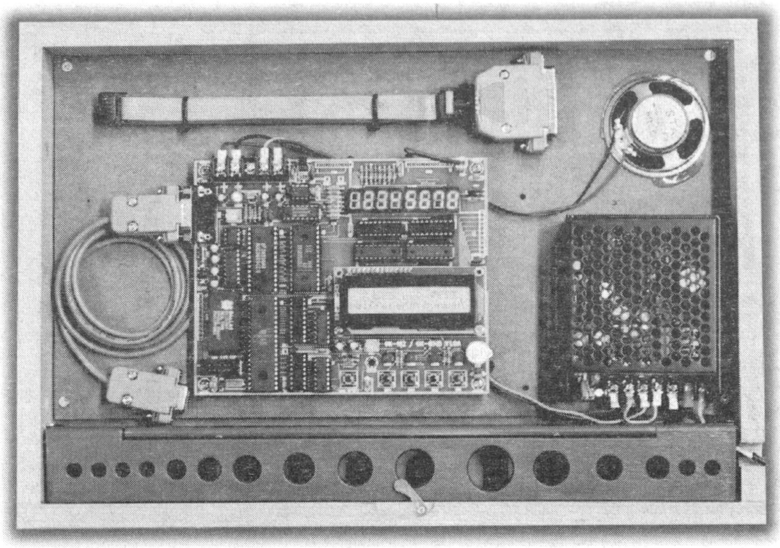

♣ PCB 별도 판매

저 자 : 윤덕용
ISBN : 89-7101-762-7
판 형 : B5
쪽 수 : 692
가 격 : 28,000원

OK-8515 KIT의 주요 사양

항 목	사 양	비 고
CPU	ATmega8515-16PI(16 MHz)	16 Mhz 수정발진자 사용
ROM	CPU에 내장된 8KB의 플래시 메모리	프로그램 저장
외부 RAM	62256-7(32 KB) (CPU에 내장된 512바이트는 별도)	사용자 데이터 저장
프로그램의 입력/실행	1. AVR ISP와 병렬 포트를 사용하는 방법 2. 기타 ISP와 직렬 포트를 사용하는 방법	1. AVR ISP 케이블 기본 제공 2. 응용 프로그램 기본 제공
I/O	1. CPU 프로그램용 콘넥터 AVR ISP용 10핀 DIP 콘넥터(CN2) 2. CPU가 직접 제어하는 I/O (1) 포트 B 및 포트 D 확장 콘넥터(CN3) (2) 1개의 RS-232C 직렬포트(CN4) (3) 4개의 키입력 스위치(SW1~SW4) (4) 4개의 상태표시 LED(LED1~LED4) (5) +5V용 버저, 스피커 사운드 출력(CN6) (6) DAC0800 8비트 D/A 컨버터 (7) SPI 직렬통신에 의한 시리얼 EEPROM (8) 아날로그 비교기(J2, J3) 3. CPU 외부의 확장 I/O (1) 16X2 문자 텍스트형 LCD 모듈 (2) 8개의 7세그먼트 LED (3) 8비트 병렬출력 인터페이스(CN7) (4) 스텝모터 구동 인터페이스(CN8) (5) DS12C887 배터리 백업형 리얼타임 클럭 (6) 8비트 8채널 A/D 컨버터 ADC0809 -전압센서(VR1), 온도센서(LM35), 광 센서(CdS) -4채널 A/D 입력 콘넥터(CN9)	STK200/300의 AVR ISP 표준 RS-232C 통신 케이블 기본 제공 0V~+10V, -10V~+10V 중에서 선택 화면밝기 조절 및 백라이트 기능 포함 ULN2803 출력 A/D 입력 범위는 0V~+5V
전원	+5V, ±15V (또는 ±12V도 사용 가능)	±15V는 아날로그 회로에서만 사용
PCB 외형	160×130mm 양면 에폭시 기판	

☞ *OK-8515* 키트는 *OK-162* 키트와 PCB를 공통으로 사용한다.

구입문의 : 한승기기 R&C사 / 도서출판 Ohm사 ✆ 02) 776-4868-9

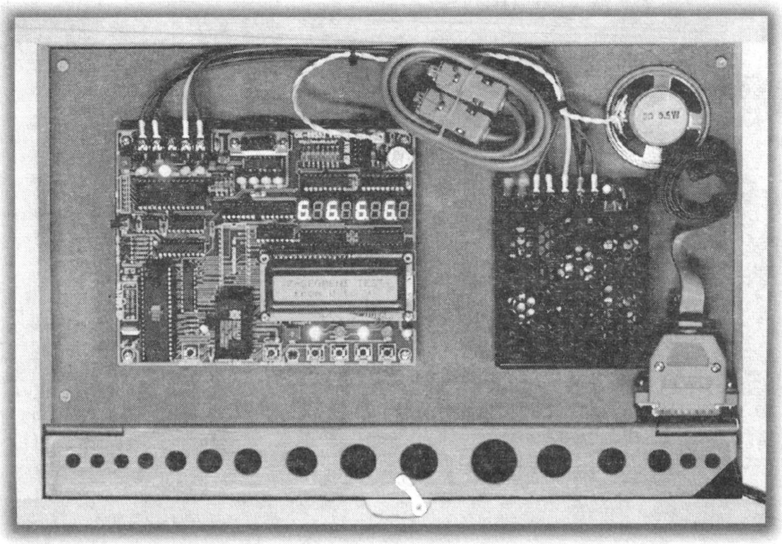

♣ PCB 및 AT89S ISP 케이블 별도 판매

저 자 : 윤덕용
ISBN : 89-7101-769-4
판 형 : B5
쪽 수 : 830
가 격 : 30,000원

OK-89S52 KIT의 주요 사양

항 목	사 양	비 고
CPU	AT89S52-24PC 또는 AT89S52-24PI (AT89S51이나 AT89S8253도 사용 가능)	24MHz 수정발진자 사용
ROM	1. CPU에 내장된 8KB의 플래시 메모리 2. 외부 확장 27C256 또는 29C256(32KB)	사용자 프로그램용
RAM	CPU에 내장된 256 바이트	스택 및 데이터 저장용
프로그램의 입력/실행	1. 병렬포트형 AT89ISP를 사용(Atmel 표준) 2. 병렬포트형 AVR ISP를 사용 3. 직렬포트형 AVR ISP를 사용 4. USB포트형 AVR ISP를 사용	1. AT89S ISP 케이블(Atmel 호환) 2. AVR-ISP Parallel 케이블(기본 제공) 3. AVR-ISP Studio/STK500 케이블 4. USB-ISP 케이블
I/O	1. CPU가 직접 제어하는 I/O (1) RS-232C 직렬통신 포트(CN4) (2) +5V용 버저 (3) 스피커 사운드 출력(CN5) (4) 4개의 키입력 (5) 스위치에 의한 사용자 인터럽트(SW2) (6) AT89S ISP 케이블 접속용 콘넥터(CN2) (7) AVR ISP 케이블 접속용 콘넥터(CN3) 2. 외부 확장 I/O (1) 16×2행 텍스트형 LCD 모듈 (2) 8글자의 7세그먼트 LED (3) 4개의 상태표시 LED (4) ADC0809 8채널 8비트 A/D 컨버터 – 전압센서, 온도센서, 조도센서 각 1개 – 4채널 아날로그 입력 콘넥터(CN6) (5) DAC0800 8비트 D/A 컨버터 (6) DS12C887 배터리 백업형 리얼타임 클럭	backlight 기능 사용 가능 A/D 입력 범위는 0V~+5V D/A 출력 범위는 0V~+10V, -10V~+10V 중에서 선택 사용
전원	+5V, ±15V (또는 ±12V도 사용 가능)	±15V는 아날로그 회로에서만 사용
PCB 외형	160×130mm 양면 에폭시 기판	

KUT-8515 Kit

AVR ATmega8515

♣ 제작용 PCB 포함

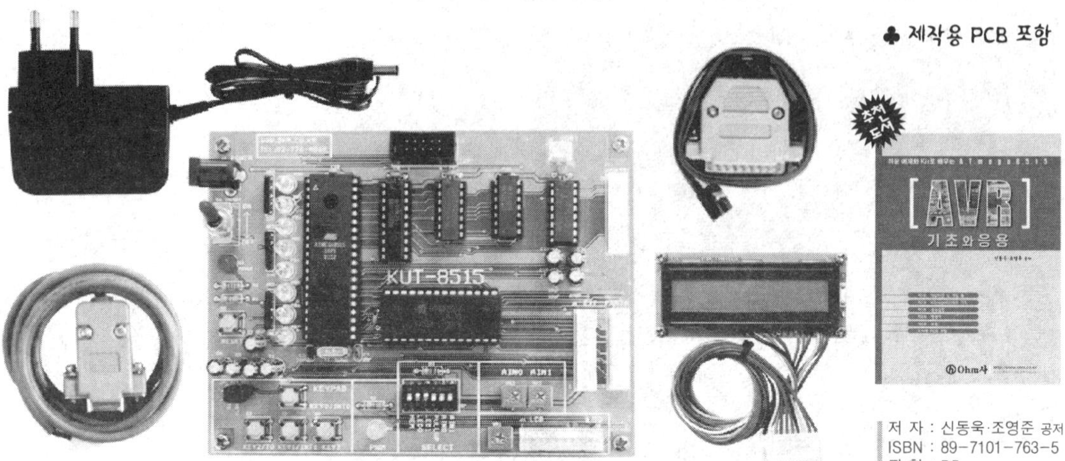

저 자 : 신동욱·조영준 공저
ISBN : 89-7101-763-5
판 형 : B5
쪽 수 : 350
가 격 : 32,000원

KUT-8515 KIT의 주요 사양

항 목	사 양	비 고
CPU	ATmega8515	16MHz 클럭 사용
메모리	RAM : 32K 바이트	선택적 사용
내장 주변장치	B 포트 : LED×8	선택적 사용
	D 포트 : 스위치×4	인터럽트와 연동 사용
	PWM 출력	LED로 확인
	아날로그 입력 비교	가변저항 이용
	2채널	스위치 입력, 외부 커넥터
전원	+5V	아답터 잭
외부 인터페이스	A 포트 커넥터	5V, PA0~PA7, GND(10핀)
	C 포트 커넥터	5V, PC0~PC7, GND(10핀)
	제어신호 커넥터	INT1 등 제어 신호 (10핀)
	RS-232C 커넥터	MAX232 내장(3핀)
	LCD 커넥터	4비트 데이터 버스 방식 (16문자×2라인 LCD 사용)
	ISP 커넥터	ISP 케이블 제작 필요 (또는 Ohm사 별매용 이용 가능)
PCB 외형	132×102mm 2층 에폭시 기판	

KUT-8515 완성 키트는 Atmel사의 AVR 8비트 RISC 프로세서인 ATmega8515의 기본적인 기능을 익히고 실험하는데 필요한 **최소한의 하드웨어로 구성된 쉽고 간단하며, 저렴한 트레이닝 키트**이다.
기존의 트레이닝 키트와는 달리 많은 주변기기를 내장하고 있지 않기 때문에 크기가 작아서 PC 옆에 놓고 사용하기에도 편리하다. 그리고 어느정도의 기본 학습이 끝나면, 단순한 교육용 키트가 아니라 독자 여러분이 제작하는 응용 시스템의 메인 CPU 보드로도 손쉽게 이용할 수가 있다. 책에서 소개된 ISP 케이블과 *CodeVisionAVR C* 컴파일러를 이용하여 사용자가 작성한 프로그램을 PC로부터 다운로드 하여 즉시 실험해 볼 수 있기 때문에 롬라이터와 같은 별도의 장비가 필요하지 않다.

구입문의 : 한솔기기 R&C사 / 도서출판 Ohm사 ☎ 02) 776-4868~9

KUT-128 Kit

KUT-128 인터페이스 보드 + MCU 보드 장착

MCU 보드 ▶

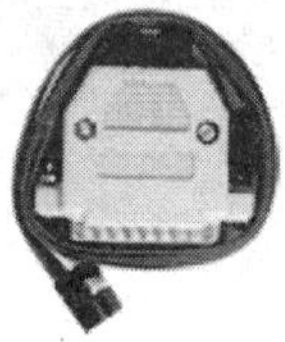

♣ 상품 구성
Interface 보드+CPU 보드(Full Set) 판매
Interface 보드 별도 판매
MCU 보드 별도 판매

저 자 : 신동욱/오창헌 공저
ISBN : 89-7101-768-6
판 형 : B5
쪽 수 : 380
가 격 : 20,000원

KUT-128 KIT의 주요 사양

항 목	사 양	비 고
MCU	ATmega128	16MHz 클럭 사용
내장 주변장치	· 포트 B, F : 7-Segment × 4	· 동적 구동
	· 포트 C : LED × 8	· 선택적 사용
	· 포트 E : 스위치 × 4	· 인터럽트와 연동 사용
	· PWM 출력	· LED로 확인
	· 아날로그 입력 비교	· 가변 저항 이용
	· A/D변환 2 입력	· 가변저항 이용
전원	+5V	아답터 잭
외부 인터페이스	· 포트 A 커넥터	· 5V, PA0-PA7, GND(10핀)
	· 포트 C 커넥터	· 5V, PC0-PC7, GND(10핀)
	· 포트 G 커넥터	· 메모리, I/O 확장 제어신호(10핀)
	· RS-232 커넥터	· MAX232 내장(3핀)
	· LCD 커넥터	· 4비트 데이터 버스 방식 (16문자 × 2라인 LCD 사용)
	· ISP 커넥터	· ISP 케이블 제작 필요 (또는 Ohm사 별매품 이용 가능)
PCB 외형	KUT-128 MCU 보드 : 38mm × 40mm	2층 에폭시 기판
	KUT-128 인터페이스 보드 : 142mm × 104mm	2층 에폭시 기판

KUT-128 완성 보드는 Atmel사의 AVR 8비트 RISC 프로세서인 ATmega128 MCU 보드와 인터페이스 보드로 구성되며, ATmega128의 기본적인 기능을 익히고 실험하는데 필요한 최소한의 하드웨어로 구성된 **쉽고 간단하며, 저렴한 트레이닝 키트**이다. 기존의 트레이닝 키트와는 달리 많은 주변기기를 내장하고 있지 않기 때문에 크기가 작아서 PC 옆에 놓고 사용하기에도 편리하다. 그리고 어느 정도의 기본 학습이 끝나면, 단순한 교육용 키트가 아니라 독자 여러분이 제작하는 졸업작품 또는 응용 시스템의 메인 CPU 보드로도 손쉽게 이용할 수가 있다. 책에서 소개된 ISP 케이블과 *CodeVisionAVR C* 컴파일러를 이용하여 사용자가 작성한 프로그램을 PC로부터 다운로드 하여 즉시 실험해 볼 수 있기 때문에 롬라이터와 같은 별도의 장비가 필요하지 않다.

GLCD128X64

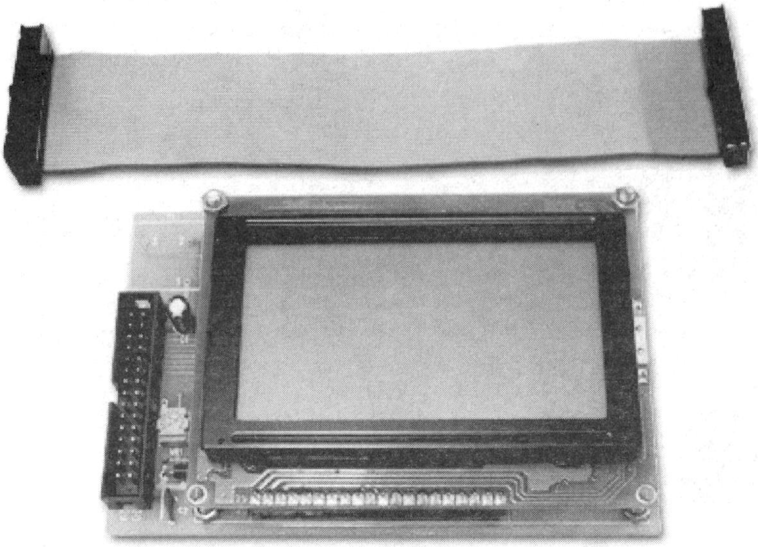

♣ PCB 포함

저 자 : 윤덕용
ISBN : 89-7101-760-0
판 형 : B5
쪽 수 : 798
가 격 : 43,000원

그래픽 LCD 확장보드의 주요 사양

항 목	사 양	비 고
해상도	128×64 도트, 단색	
사용 가능 LCD 모듈	(1) 삼성 SDI UG-13B04-SEAT5-2 (2) 현대 LCD HG12605NY-LY (3) 기타 이와 호환되는 그래픽형 LCD 모듈	 EL 백라이트형 LED 백라이트형
접속 가능 키트	(1) *OK-8051* 키트 (2) *OK-196* 키트 (3) *TMS-31* 키트 (4) *TMS-32* 키트	
인터페이스 방법	(1) 82C55A를 사용하여 구동 (2) HIF3F-30PA-2.54DSA 콘넥터를 사용	
전원	키트에서 공급되는 +5V (LCD 모듈 내부에서 -10V를 만들어 사용)	30핀(전원 포함) EL 백라이트형은
PCB 외형	114×75 mm 양면 에폭시 기판	인버터 사용

그래픽형 LCD 모듈 확장보드 *GLCD128X64*는 *OK-8051* **키트**, *OK-196* **키트**, 그리고 ***TMS-31/32*** **키트**에 128×64 해상도의 그래픽형 LCD 모듈을 확장하여 사용할 수 있는 제품이다.

이들 키트에는 모두 16자×2행의 텍스트형 LCD 모듈이 내장되어 있으므로 이를 사용하는데는 문제가 없으나, 이들 키트들이 그래픽형 LCD 모듈은 가지고 있지 않으므로 이를 사용하려면 외부에 추가로 확장하여야 한다.

MSTK2440 Training Kit

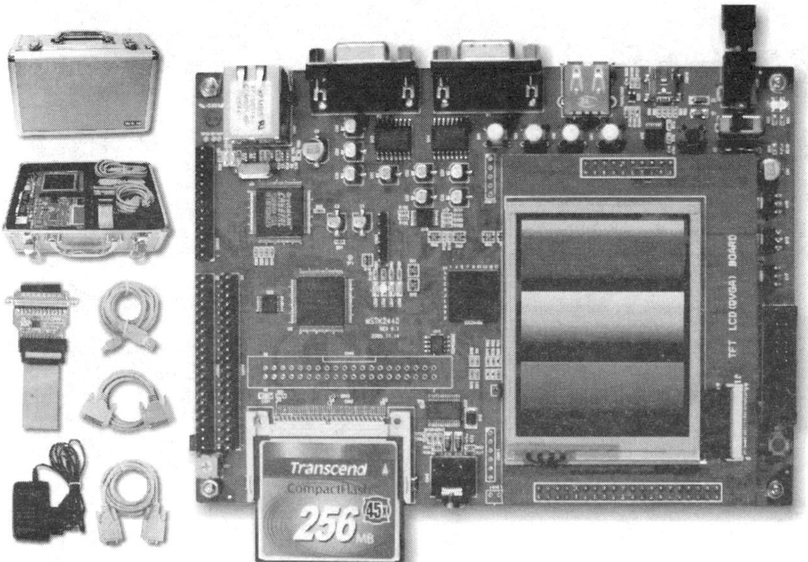

♣ 완성품 판매
RAM 별도 판매

저 자 : 홍건표/하동호 공저
ISBN : 89-7101-770-8
판 형 : B5
쪽 수 : 728
가 격 : 35,000원

MSTK2440 Training Kit의 주요 사양

항 목	사 양	
CPU	Samsung S3C2440A-40 (ARM920T with MMU) - CPU Operation Frequency : Up to 400MHz	
Boot ROM	AM29LV800 Nor Flash (1MByte) K9F1208 Nand Flash (64MByte)	
SDRAM	K4S561632E 4EA (128MByte)	
LCD	2.8" LTP280QV-E01 (240×320 Size TFT LCD, Touch Screen)	
Peripheral	IDE & CF Interface	XC95144XL-TQ100 (각각 1 Port)
	Ethernet	CS8900A (10 Based-T 1 Port)
	SD/MMC	1 Slot
	Audio	UDA1341TS (Audio Jack)
	Serial	RS-232 2 Port
	USB	Host & Device
	Speaker	0.25W/20mm
	JTAG	20 Pin Box Header
	Infrared Receiver	KSM603LM
	Key Pad	4EA & 1 External Interrupt SW
	Connector	Data, Address, Camera, IrDA External Interrupt, GPIO
Internal Function	IIC	AT24C16 EEPROM
	Timer, Watch-Dog, RTC, ADC(10bit 8:1 Mux CH & Pen Drag)	
OS Support	uC/OS-II	
OPerating Temperature	0 ~ 70℃	

MSTK2440은 삼성전자 S3C2440A(ARM920T 코어) 기반의 트레이닝 키트입니다. S3C2440A는 최대 400MHz까지의 빠른 속도와 다양한 Peripheral을 가지고 있는 강력한 프로세서이며 RTOS(Real Time O/S) 포팅 및 Pen Drag, CF & HDD 인터페이스가 가능합니다.

OK-128 V3.0 Kit

PCB 별매

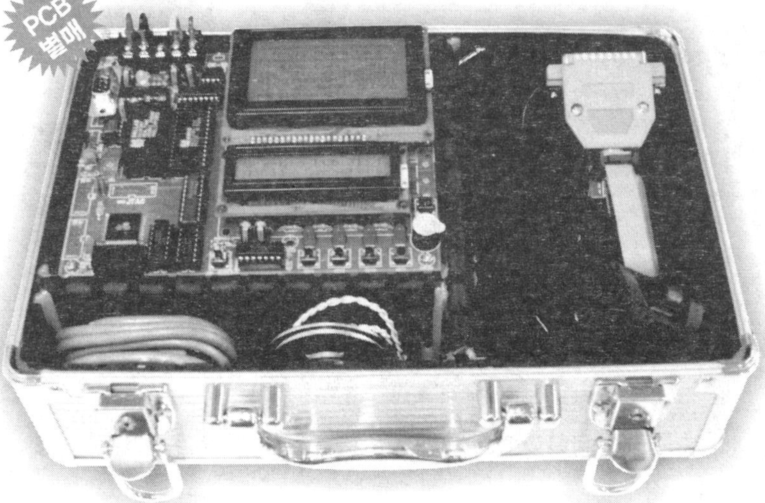

♣ PCB 별도 판매 (CPU 포함)

추천도서

저 자 : 윤덕용
ISBN : 89-7101-771-6
판 형 : B5
쪽 수 : 1044
가 격 : 42,000원

OK-128 V3.0 KIT의 주요 사양

항 목	사 양	비 고
CPU	ATmega128-16AI/AU(16MHz)	16MHz 수정발진자 사용
ROM	CPU에 내장된 128KB의 플래시 메모리	프로그램 저장
외부 RAM	62256-7(32KB) (CPU에 내장된 4KB는 별도)	사용자 데이터 저장
프로그램의 입력/실행	1. AVR ISP 다운로드 케이블을 사용하는 방법 2. JTAG ICE 에뮬레이터를 사용하는 방법	1. 병렬포트형 AVR ISP 케이블 제공 (직렬포트형과 USB 포트형은 옵션) 2. 테스트 프로그램 기본 제공
I/O	1. CPU 프로그램용 콘넥터 (1) AVR ISP용 10핀 DIP 콘넥터(CN2) (2) JTAG ICE용 10핀 DIP 콘넥터(CN3) 2. CPU가 직접 제어하는 I/O (1) 4개의 키입력 스위치(KEY1~KEY4) (2) 4개의 상태표시 LED(LED1~LED4) (3) 외부 인터럽트 스위치(SW2) (4) +5V용 버저, 스피커 사운드 출력(CN6) (5) LM35D에 의한 온도센서(ADC1, ADC2) (6) 가변저항에 의한 전압센서(ADC3) (7) DAC0800 8비트 D/A 컨버터 (8) AT93C56 및 AT24C16 직렬 EEPROM (9) 2개의 RS-232C 직렬포트(CN4, CN5) (10) 병렬 I/O 포트 확장 콘넥터(CN8) (11) 도트 매트릭스 LED 접속 콘넥터(CN9) 3. 16×2 문자 텍스트형 LCD 모듈 4. 128×64 도트 그래픽형 LCD 모듈 5. 8개의 7세그먼트 LED 6. DS12C887 배터리 백업형 리얼타임 클록 7. 스텝모터 구동 인터페이스 콘넥터(CN7)	 STK200/300의 AVR ISP 표준 Atmel사의 JTAG ICE 표준 A/D 입력 범위는 0V~+5V 0V~+10V, -10V~+10V 중에서 선택 RS-232C 통신 케이블 기본 제공 화면밝기 조절 및 백라이트 기능 포함 화면밝기 조절 및 백라이트 기능 포함 ULN2803 출력
전원	+5V, ±15V (또는 ±12V도 사용 가능)	±15V는 아날로그 회로에서만 사용
PCB 외형	160×130mm 양면 에폭시 기판	

☞ 이것은 *OK-128* 키트와 *OK-64* 키트 겸용이므로 ATmega64-16AI/AU를 조립하면 *OK-64* 키트가 된다.

구입문의 : 한소기기 R&C사 / 도서출판 Ohm사 ☏ 02) 776-4868-9

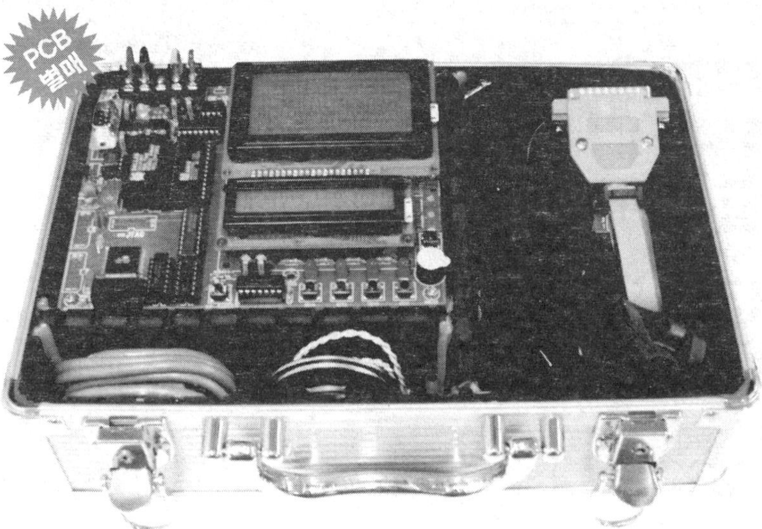

♣ 완성품 판매
SD, CF 카드 별매

저 자 : 윤덕용
ISBN : 89-7101-772-4
판 형 : B5
쪽 수 : 1092
가 격 : 43,000원

OK-1281/2561 KIT의 주요 사양

항 목	사 양	비 고
CPU	ATmega1281-16AU(16MHz) 또는 ATmega2561-16AU(16MHz)	16MHz 수정발진자 사용
ROM	CPU에 내장된 128/256KB의 플래시 메모리	프로그램 저장
외부 RAM	62256-7(32KB) (CPU에 내장된 8KB는 별도)	스택 및 사용자 데이터 저장
프로그램의 입력/실행	1. AVR ISP 다운로드 케이블을 사용하는 방법 2. JTAG ICE 에뮬레이터를 사용하는 방법	1. 병렬포트형 AVR ISP 케이블 제공 (직렬포트형과 USB 포트형은 옵션) 2. 테스트 프로그램 및 예제 기본 제공
I/O	1. CPU 프로그램용 콘넥터 (1) AVR ISP용 10핀 DIP 콘넥터(CN2) (2) JTAG ICE용 10핀 DIP 콘넥터(CN3) 2. CPU가 직접 제어하는 I/O (1) 4개의 키입력 스위치(KEY1~KEY4) (2) 4개의 상태표시 LED(LED1~LED4) (3) 외부 인터럽트 스위치(SW2) (4) +5V용 버저, 스피커 사운드 출력(CN6) (5) LM35D에 의한 온도센서(ADC1, ADC2) (6) 가변저항에 의한 전압센서(ADC3) (7) DAC0800 8비트 D/A 컨버터 (8) AT93C56 및 AT24C16 직렬 EEPROM (9) 2개의 RS-232C 직렬포트(CN4, CN5) (10) 병렬 I/O 포트 확장 콘넥터(CN8) (11) 도트 매트릭스 LED 접속 콘넥터(CN9) 3. 16×2 문자 텍스트형 LCD 모듈 4. 128×64 도트 그래픽형 LCD 모듈 5. 8개의 7세그먼트 LED 6. DS12C887 배터리 백업형 리얼타임 클록 7. 스텝모터 구동 인터페이스 콘넥터(CN7)	 STK200/300의 AVR ISP 표준 Atmel사의 JTAG ICE 표준 A/D 입력 범위는 0V~+5V 0V~+10V, -10V~+10V 중에서 선택 RS-232C 통신 케이블 기본 제공 화면밝기 조절 및 백라이트 기능 포함 화면밝기 조절 및 백라이트 기능 포함 ULN2803 출력
전원	+5V, ±15V (또는 ±12V도 사용 가능)	±15V는 아날로그 회로에서만 사용
PCB 외형	160×130mm 양면 에폭시 기판	

☞ 이것은 *OK-1281* 키트와 *OK-2561* 키트 겸용이므로 자신이 원하는 MCU 소자를 조립하면 된다.

OK-1280/2560 Kit

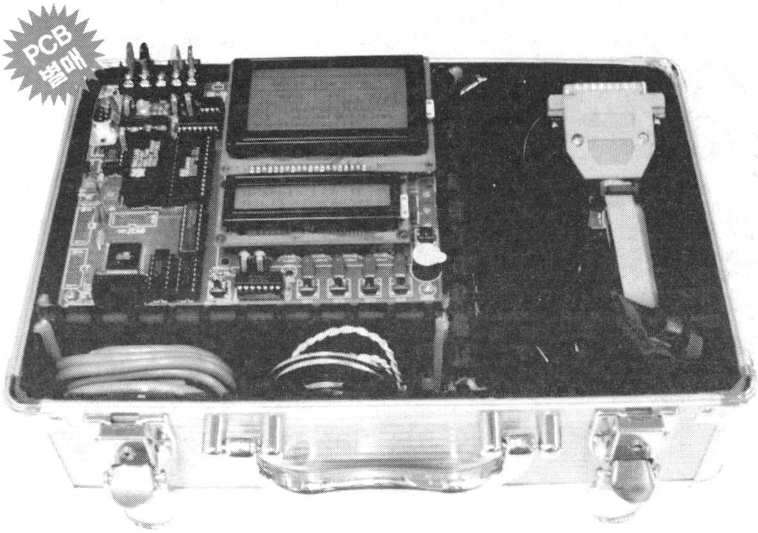

♣ PCB 별도 판매
(CPU 포함)

저 자 : 윤덕용
ISBN : 89-7101-773-2
판 형 : B5
쪽 수 : 1092
가 격 : 43,000원

OK-1280/2560 KIT의 주요 사양

항 목	사 양	비 고
CPU	ATmega1280-16AU(16MHz) 또는 ATmega2560-16AU(16MHz)	16MHz 수정발진자 사용
ROM	CPU에 내장된 128/256KB의 플래시 메모리	프로그램 저장
RAM	CPU에 내장된 8KB의 플래시 메모리	스택 및 사용자 데이터 저장
프로그램의 입력/실행	1. AVR ISP 다운로드 케이블을 사용하는 방법 2. JTAG ICE 에뮬레이터를 사용하는 방법	1. 병렬포트형 AVR ISP 케이블 제공 (직렬포트형과 USB 포트형은 옵션) 2. 테스트 프로그램 및 예제 기본 제공
I/O	1. CPU 프로그램용 콘넥터 (1) AVR ISP용 10핀 DIP 콘넥터(CN2) (2) JTAG ICE용 10핀 DIP 콘넥터(CN3) 2. CPU가 직접 제어하는 I/O (1) 4개의 키입력 스위치(KEY1~KEY4) (2) 4개의 상태표시 LED(LED1~LED4) (3) 외부 인터럽트 스위치(SW2) (4) +5V용 버저, 스피커 사운드 출력(CN6) (5) LM35D에 의한 온도센서(ADC1, ADC2) (6) 가변저항에 의한 전압센서(ADC3) (7) DAC0800 8비트 D/A 컨버터 (8) AT93C56 및 AT24C16 직렬 EEPROM (9) 2개의 RS-232C 직렬포트(CN4, CN5) (10) 병렬 I/O 포트 확장 콘넥터(CN8~CN10) (11) 16×2 문자 텍스트형 LCD 모듈 (12) 128×64 도트 그래픽형 LCD 모듈 (13) 8개의 7세그먼트 LED (14) 스텝모터 구동 인터페이스 콘넥터(CN7) 3. DS12C887 배터리 백업형 리얼타임 클록	 STK200/300의 AVR ISP 표준 Atmel사의 JTAG ICE 표준 A/D 입력 범위는 0V~+5V 0V~+10V, -10V~+10V 중에서 선택 RS-232C 통신 케이블 기본 제공 화면밝기 조절 및 백라이트 기능 포함 화면밝기 조절 및 백라이트 기능 포함 ULN2803 출력
전원	+5V, ±15V (또는 ±12V도 사용 가능)	±15V는 아날로그 회로에서만 사용
PCB 외형	160×130mm 양면 에폭시 기판	

☞ 이것은 *OK-1280* 키트와 *OK-2560* 키트 겸용이므로 자신이 원하는 MCU 소자를 조립하면 된다.

OK-7S256 Kit

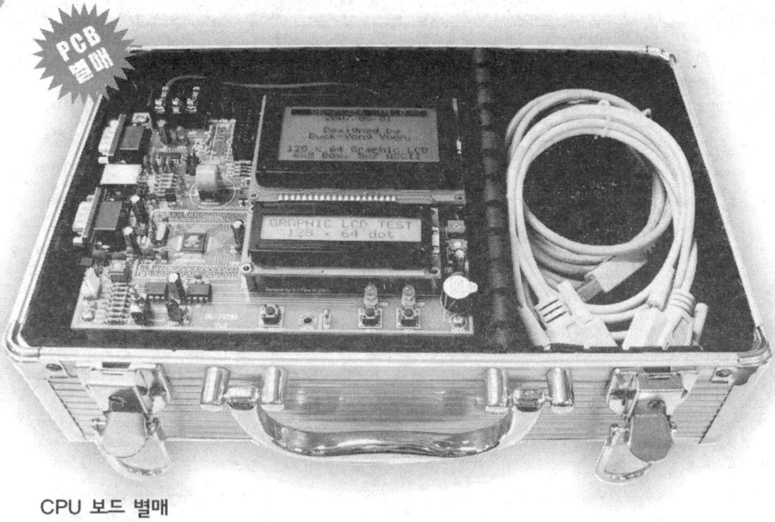

ARM 시작하기 시리즈 1

ARM7TDMI
AT91SAM7S256으로 시작하기

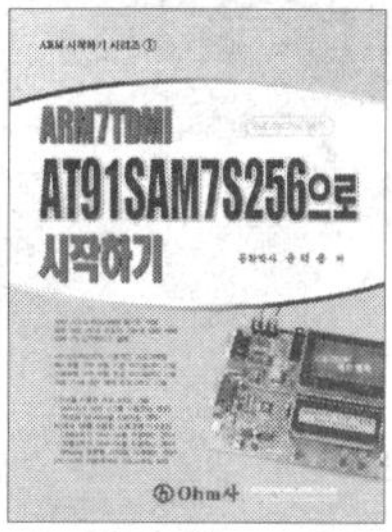

저 자 : 윤덕용
ISBN : 89-7101-775-9
판 형 : B5
쪽 수 : 924
가 격 : 39,000원

CPU 보드 별매

☞ CPU는 메인보드에 직접 납땜할 수도 있고, CPU보드에 납땜하여 메인보드에 장착할 수도 있다.

OK-7S256 키트의 주요 사양

항 목	사 양	비 고
CPU	AT91SAM7S256-AU-001	1.메인 보드에 직접 조립하는 방법 2.CPU 보드를 사용하는 방법(CN10~11)
ROM	CPU에 내장된 256KB(64KW)의 플래시 메모리	프로그램 및 상수 데이터 저장
RAM	CPU에 내장된 64KB의 SRAM	프로그램, 스택, 사용자 데이터 저장
프로그램의 입력/실행	1. USB포트형 다운로드 케이블을 사용하는 방법 2. 직렬포트형 다운로드 케이블을 사용하는 방법 3. JTAG 인터페이스를 사용하는 방법	1. USB A-B형 케이블 사용(기본 제공) 2. RS-232C 케이블 사용(기본 제공) 3. *OK-JTAG* 케이블 사용(선택 사양)
I/O	1. CPU 프로그램용 콘넥터 (1) JTAG 인터페이스용 20핀 콘넥터(CN2) (2) JTAG 인터페이스용 14핀 콘넥터(CN3) (3) USB 포트용 4핀 콘넥터(CN4) (4) 직렬포트 DBUG용 9핀 콘넥터(CN5) 2. SAM-BA Boot 프로그램을 플래시 메모리에 로드하는 장치(SW2 및 LED3) 3. CPU가 직접 제어하는 I/O (1) 2개의 키입력 스위치(KEY1~KEY2) (2) 2개의 상태표시 LED(LED1~LED2) (3) +5V용 버저, 스피커 사운드 출력(CN7) (4) 16×2 문자 텍스트형 LCD 모듈 (5) 128×64 도트 그래픽형 LCD 모듈 (6) LM35D에 의한 온도센서(AD4) (7) 가변저항에 의한 전압센서(AD5) (8) 외부 A/D 입력 콘넥터(CN8, AD6~AD7) (9) RS-232C 직렬통신 포트(CN6) (10) SPI를 사용한 SD/MMC 카드 인터페이스(CN9) (11) SPI를 사용한 AT93C56 직렬 EEPROM (12) TWI를 사용한 DS1307 리얼타임 클록 (13) 3개의 테스트 포인트 TP1~TP3	 Wiggler 호환의 *OK-JTAG*을 사용 Wiggler 호환의 *OK-JTAG*을 사용 표준 USB A-B형 케이블 사용 표준 9핀 RS-232C 케이블 사용 약 10초의 동작시간 동안 LED3이 점등 화면밝기 조절 및 백라이트 기능 포함 화면밝기 조절 및 백라이트 기능 포함 A/D 입력 범위는 0V~+3.3V 표준 9핀 RS-232C 케이블 사용 전원 백업 기능 포함(배터리, 수퍼캡) 각각 PWM0, PWM1, PCK1 출력
전원	+5V(키트에서 +3.3V 레귤레이터 사용)	CPU 내부에서 +1.8V 레귤레이터 사용
PCB	160×130mm 양면 에폭시 기판	

☞ *OK-7S256* 키트에는 필요하면 AT91SAM7S512/256/128/64/321을 조립하여 사용할 수도 있다.

Homepage : http://www.ohm.co.kr　　E-mail : ohm@ohm.co.kr

전자공작 및 인터페이스 외

도서 및 키트는 OHM사 홈페이지 SHOP에서 구입 가능!

적외선 6족 보행로봇

♣ 부품 SET로 판매

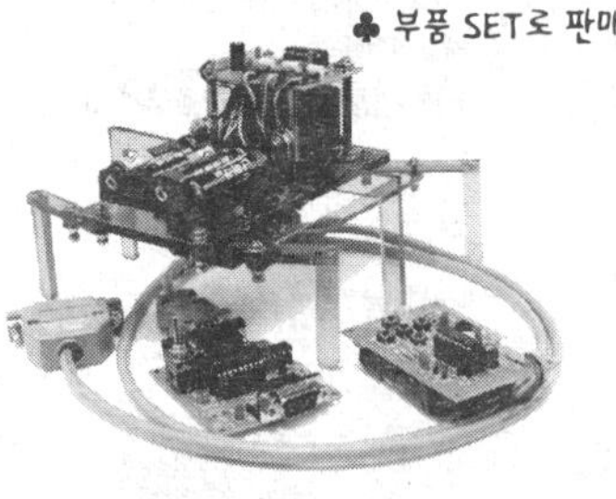

적외선 송신기로부터 전송 되어온 데이터를 판독하여 3개의 서브모터를 순차적으로 구동하여 로봇을 보행할 수 있고 프로그램에 의하여 보행속도도 조절할 수 있다.
교재 : 적외선으로 움직이는 PIC ROBOT

적외선 주행로봇 & 라인트레이서

♣ 부품 SET로 판매

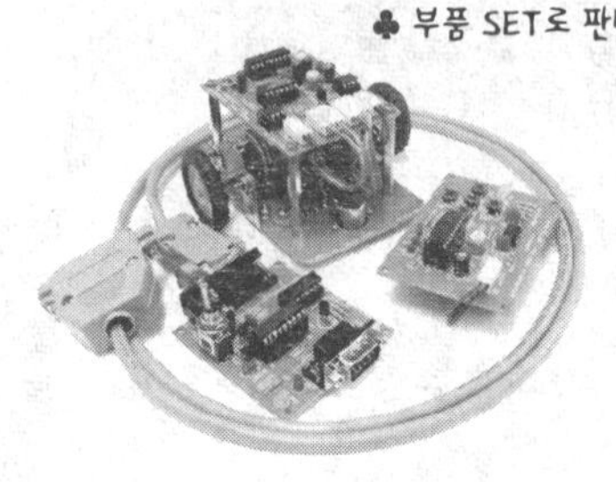

기어모터(감속비 38:1)를 채용하므로서 정밀제어가가능하고, 360도 회전이 가능하며 빠른 스피드를 낼 수 있다. 데이터의 송수신 방법은 6족 로봇과 동일
교재 : 적외선으로 움직이는 PIC ROBOT

PIC 응용 제작

♣ 부품 SET로 판매

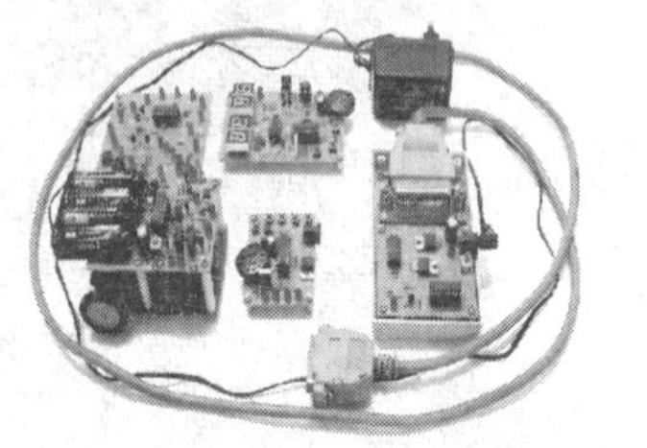

PIC프로그래머, 암호인식 초인종 하트무늬 깜빡이, 시계와 라인트레이서등의 아이템으로 구성되어 있어 마이컴 입문자들에게 유익한 실습키트임.
교재 : PIC16F84 응용 제작

침입자 경보기

♣ 부품 SET로 판매

레이저빔을 가로질러가는 사람이나 물체가 있다면 경보를 울리는 키트. 응용범위가 매우 넓은 아이템(작품 1,2키트 포함)
교재 : 기초로봇의 제작

라인트레이서

♣ 부품 SET로 판매

검정라인을 추적하여 주행 6개의 적외선 센서
패키지 구성
*센서감지와 비교, 제어회로
*로봇프레임 & 기어박스
교재 : 기초로봇의 제작

축구로봇

♣ 부품 SET로 판매

RF를 이용한 로봇 제어, 4ch. 송수신 가능
패키지 구성
* RF송수신회로 제어회로
* 로봇프레임SET & 기어모터 SET
교재 : 기초로봇의 제작

라인마우스-깨돌이

♣ 부품 SET로 판매

CPU:V25
RAM:61256
ROM:27256
모터구동부:SLA7024*2조
밧데리:SANYO 1.2 250mA 3A*10개
* CPU,모터,센서,몸체부로 구성
* 기본 프로그램이 포함

V-IO Board

완제품

♣ 부품 SET도 판매함

PC의 ISA슬롯을 이용하는 인터페이스카드로A/D, D/A컨버터를 이용한 아날로그 디지털 상호변환 신호처리와 I/O, 타이머, 카운터, 스텝모터, LCD제어등에 활용할 수 있다.
교재 : C가 미는 로보트 I, II, III

C-패러렐포트 I

완제품

PC의 페러럴 포트를 이용하여 LED, 7Segment, 키패드 입력등의 실험을 할 수 있는 키트
교재 : C로 미는 PC자동제어응용
C로 쓰는 윈도우즈 병렬포트
VB로 미는 PC 자동제어 응용

C-패러렐포트 II

완제품

정역회전, 스피드조절, 센서의 동작을 실험해 볼 수 있는 스테핑모터 모듈
교재 : VB 로 미는 PC 제동제어 응용
그 밖의 마이컴 응용교재

AT89C Writer

완제품

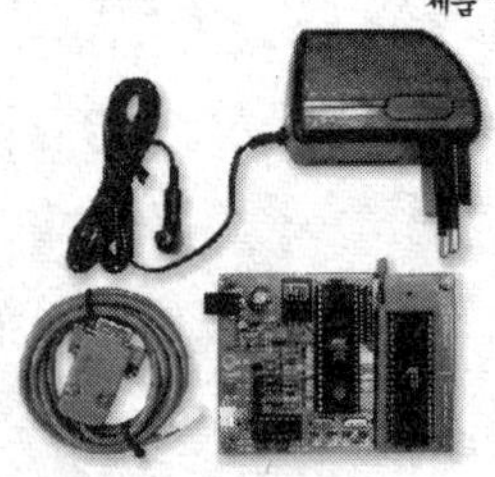

AT89C51,52 40DIP 핀 AT89C1051, 2051, 4051 20DIP 핀 지원
RS-232C serial 다운로드
TEXTOOL 장착, 라이터 전용프로그램 제공
(TEXTOOL에 장착된 89C51은 제외)

구입문의 : 한솔기기 R&C사 / 도서출판 Ohm사 ☎ 02) 776-4868~9

도서 및 키트는 OHM사 홈페이지 SHOP에서 구입 가능!

AVR ISP Studio / STK500 · AVR ISP Studio / AvrProg [직렬포트형]

RS-232C 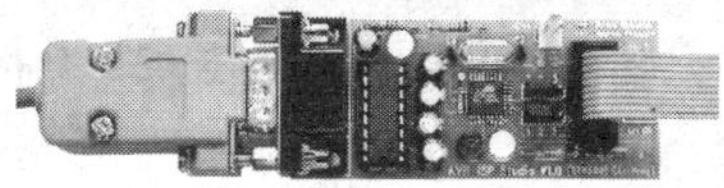 ISP

AVR ISP Studio 다운로드 케이블은 퍼스널컴퓨터 측에서 어떤 통신프로그램을 사용하는지에 따라 **AVR ISP Studio/STK500** 모델과 **AVR ISP Studio/AvrProg** 모델로 나누어진다. 이것들은 동일한 하드웨어를 사용하지만 ATmega8에 장착되는 펌웨어가 서로 다르다.

(1) AVR 모델의 모든 ATmega 패밀리에 적용
(2) 별도의 장비 없이 이 케이블만으로 사용자 프로그램을 다운로드
(3) AVR Studio 프로그램과 함께 사용
(4) 초고속 다운로드
(5) 10핀 80센티 플랫 케이블 포함

AVR ISP 케이블 [USB형]

노트북 사용자에게 꼭 필요한

USB  ISP

(1) AVR 모델의 모든 ATmega 패밀리에 적용
(2) 별도의 장비 없이 이 케이블만으로 사용자 프로그램을 다운로드
(3) AVR Studio 프로그램과 함께 사용
(4) 초고속 다운로드
(5) 10핀 80센티 플랫 케이블 포함

AVR ISP 케이블 [직렬포트형]

RS-232C 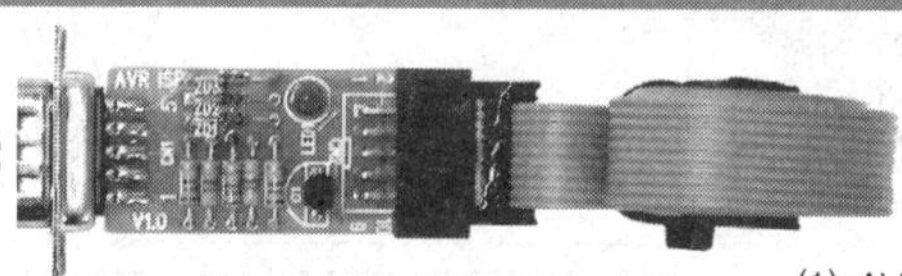 ISP

(1) AVR 모델의 모든 ATmega 패밀리에 적용
(2) 별도의 장비 없이 이 케이블만으로 사용자 프로그램을 다운로드
(3) PonyProg2000 프로그램과 함께 사용
(4) 병렬포트형 AVR ISP와 비슷한 다운로드 속도
(5) 10핀 80센티 플랫 케이블 포함

USB TO RS-232C 컨버터 동글

노트북 사용자에게 꼭 필요한

USB  RS-232C

(1) USB 신호를 RS-232C 신호로 변환
(2) USB 포트를 가상적인 COM3 포트로 사용
(3) 하이퍼터미널등과 같은 직렬통신 프로그램 사용
(4) 9600, 19200, 115200 등 하이퍼터미널에서 설정할 수 있는 모든 통신 포맷 사용 가능
(5) 본사의 모든 키트에서 직렬통신 또는 모니터 프로그램용으로 사용 가능

MOTOR CONTROL BOARD

이 보드는 OK-128/162/8515 키트 또는 JJ-128 키트에 접속하여 스텝모터 및 직류서보모터를 동시에 구동 또는 제어할 수 있는 I/O 확장 보드.

스텝모터 또는 직류서보모터를 동시에 구동하지 않고 하나씩만 구동한다면 8051 등의 임의 마이크로콘트롤러 키트에 적용할 수 있다.

케이블 외

도서 및 키트는 OHM사 홈페이지 SHOP에서 구입 가능!

AVR ISP 케이블 [USB형]

노트북 사용자에게 꼭 필요한

USB 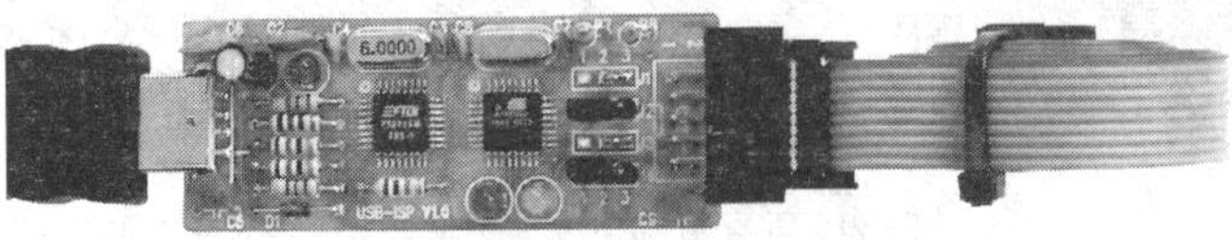 ISP

(1) AVR 모델의 모든 ATmega 패밀리에 적용
(2) 별도의 장비 없이 이 케이블만으로 사용자 프로그램을 다운로드
(3) AVR Studio 프로그램과 함께 사용
(4) 초고속 다운로드
(5) 10핀 80센티 플랫 케이블 포함

AVR ISP 케이블 [직렬포트형]

RS-232C 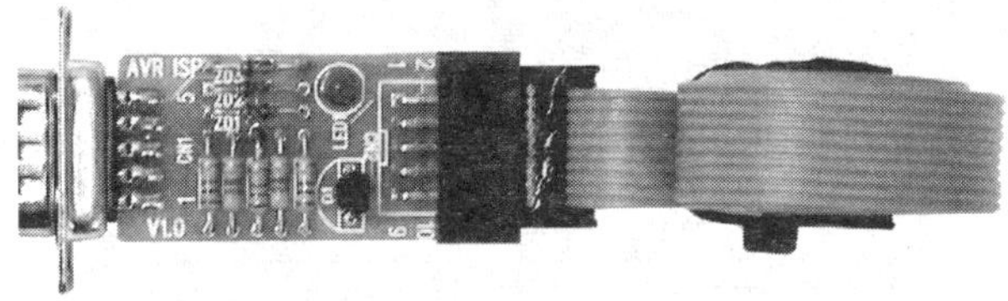 ISP

(1) AVR 모델의 모든 ATmega 패밀리에 적용
(2) 별도의 장비 없이 이 케이블만으로 사용자 프로그램을 다운로드
(3) PonyProg2000 프로그램과 함께 사용
(4) 병렬포트형 AVR ISP와 비슷한 다운로드 속도
(5) 10핀 80센티 플랫 케이블 포함

USB TO RS-232C 컨버터 동글

노트북 사용자에게 꼭 필요한

USB  RS-232C

(1) USB 신호를 RS-232C 신호로 변환
(2) USB 포트를 가상적인 COM3 포트로 사용
(3) 하이퍼터미널등과 같은 직렬통신 프로그램 사용
(4) 9600, 19200, 115200등 하이퍼터미널에서 설정할 수 있는 모든 통신 포맷 사용 가능
(5) 본사의 모든 키트에서 직렬통신 또는 모니터 프로그램용으로 사용 가능

MOTOR CONTROL BOARD

이 보드는 OK-128/162/8515 키트 또는 JJ-128 키트에 접속하여 스텝모터 및 직류서보모터를 동시에 구동 또는 제어할 수 있는 I/O 확장 보드.

스텝모터 또는 직류서보모터를 동시에 구동하지 않고 하나씩만 구동한다면 8051 등의 임의 마이크로콘트롤러 키트에 적용할 수 있다.

구입문의 : 한소기기 R&C사 / 도서출판 Ohm사 ☎ 02) 776-4868-9

http://www.ohm.co.kr
E-mail : ohm@ohm.co.kr

소스는 홈페이지 자료실에 있습니다.

ARM 시작하기 시리즈 1 ARM7TDMI

AT91SAM7S256으로 시작하기 - OK-7S256 키트 -

1판 2쇄	2008년 1월 5일
초판 발행	2007년 9월 10일
저 자	윤 덕 용
발 행 인	곽 종 학
발 행 처	도서출판 Ohm사
주 소	140-150 서울 용산구 갈월동 17번지 세기B/D
전 화	02-776-4868~9
팩 스	02-779-6757
등록번호	1975년 9월 12일 제3-3호

■ 이 책을 무단복사, 복제, 전재하는 것은 저작권법에 저촉됩니다.

ISBN 89-7101-775-9 정가 39,000원

시작하기 시리즈1